増補大神宮叢書23

神宮近世奉賽拾要 前篇

吉川弘文館

JN170740

『伊勢參宮春の賑』所收「豊受宮北御門口春景圖」

神宮遷世奉賽拾要

前篇

一、本巻は編集委員である國學院大學名譽教授安蘇谷正彦氏の監修のもとに、國學院大學教授武田秀章氏・同大學教授西岡和彦氏竝びに神社本廳主事嶋津宣史氏及び神宮權禰宜石垣仁久・同宮掌大野由之・同宮掌芝本行亮・同宮掌西本俊一朗・同宮掌山內健史・同主事黑川典雄・出仕垣內聰・主事補窪寺恭秀・學藝員深田一郎・元臨時囑託石野浩司が編修を擔當した。

一、本巻の扉竝びに表紙・函の文字は神宮大宮司鷹司尚武の揮毫による。

神宮近世奉賽拾要 前篇 目次

神領歷代記

神領歷代記　上

神領歷代記　下

神領歷代記附錄　諸覺書留

五十鈴乃落葉……六四三

圖版目次

解　題

祠官啓蒙俗俗解

神宮文庫所藏、第一門一〇八七八號。一册。縱二七・〇糎、横一八・七糎の袋綴册子本。神宮に關する名義について詳細に解說を施したもの。松木命彥著。天明元年（一七八一）自序。序文は漢文體、本文は和文體。刷毛目澁引表紙の左肩に打付書で「祠官啓蒙俗俗解　全」と外題を記す。內題は外題に同じ。一面一三行、一行二三字ほど。全五八丁。料紙は楮紙。巻首に「□壽之印」「御巫私藏」「神宮文庫」の朱印をそれ〴〵捺す。本文や頭註の隨所に朱筆の校合が見られるが、書寫年代は不詳である。巻尾には判者不明の花押影が一つある。

本書撰述の目的は、序文に「欲レ使三天下之蒼生到二吾神道一也、不敏不レ違、聊斯蒙味吾子孫、原レ之爲レ便二啓レ蒙之津梁一、吾微意足矣、以レ是緝二錄同一册巻一、殆倣二祖父卿一顯二祠官啓蒙俗俗解巻首一而授云爾」とあるやうに、曾て命彥の祖父檜垣貞盈が伊勢神道の興隆を意圖した『神道啓蒙』に倣ひ、自らも天下の民衆に伊勢神道を弘める手引書として子孫に書き殘したといふものであつた。本文は「內外御名義之解」から「裝束之解」に至るまで全一二項目から成り、項目別に諸書を博捜し自說を交へながら解釋を行つてゐる。その引用史料は、『倭姬命世記』『江家次第』『公事根源』『延喜式』『永正記』等七〇種餘りに及んでゐる。また祖父貞盈の著作に依據したと記すやうに、本書と『神道啓蒙』の內容を檢討すると、「內外御名義之解」をはじめとする八項目が『神道啓蒙』を引用、或いはその說を踏襲してをり、「地下権任之解」「位階之解」「御師之解」「装束之解」の四つは命彦によつて新たに立てられた項目である。

著者の松木命彦は、享保十八年（一七三三）檜垣常好の二男として生まれる。初名は貞高。通稱は八之丞・主殿・內藏・外記・越後・前作と號す。外宮權禰宜に補任し、敍爵の後は正四位上まで累進する。寶曆七年（一七五七）二十五歲の時に故松木邑彥（延享元年〈一七四四〉卒）後家の養子となつて松木越後家を繼承し、名を命彥に改める。同家は外宮作所を家職とする家柄にあり、明和六年（一七六九）の外宮正遷宮に際し、命彥は外宮作所として造營に關する諸事全般を取り仕切つた。遷御後には養子慱彦（初名寛彦）に作所職を讓渡し、同役の後見となる。寛政十年（一七九八）六月三日卒去、享年六十六。著作として『伊勢神境早懸葬祭傳辨』『伊勢兩宮直道案內記』などがある。

本書の類本は、神宮文庫に一本がある。

宮中物語

神宮文庫所藏、第一門一〇八〇七號。一册。縱二七・四糎、横一九・三糎の袋綴册子本。江戸時代前期の外宮宮域に關する記錄。御巫清弘著。山吹色凹凸模樣の表紙の左端に無枠題簽で「宮中物語／四所物忌火消役免許訟狀寫　全」と外題を記す。本書は享保十九年（一七三四）七月八日に西村高義が御巫清集所藏本を書寫した一本で、『四所物忌火消役免許訟狀寫』と合本となつてゐる。成立年に關しては、本文記事の最下限である承應二年（一六五三）八月から清弘が歿した寛文元年（一六六一）四月の間に絞られる。料紙は楮紙。丁數は四二丁（本書は三七丁）。本文和文體。一面一二行、一行二三字ほど。卷頭に「神宮文庫」「御巫書藏」「西村高義」、卷末に「昭和二十年九月獻納／神宮文庫　御巫清白」の朱印をそれ〴〵捺す。

著者については、元治元年（一八六四）八月十五日に福村履正が書寫した一本（同文庫所藏、第一門一六三一九號）に載せる御巫清直の考證が詳しい。これによると、清弘は多賀宮の守見物忌や度會大國魂比賣社の祝部を勤仕し、寛文元年四月に七十三歳で歿した人物であるといふ。また『御巫家々筋興亡』（同文庫所藏、第一門一八五二四號）では、清集を清弘の直孫、清直をその遠裔としてゐる。

本書は、寛永十七年（一六四〇）九月から承應二年八月までの記事を載せてをり、宮山の普請・法度の整備・災害の被害・横目の設置など外宮宮域で起きた出來事を關連する文書を引きつゝ、詳細に記してゐる。江戸時代前期の外宮宮域の實情を具に知ることができる數少ない史料のひとつである。なほ末尾に寛文八年四月二十二日付の幕府下知狀を載せるが、上述の考證で清直が指摘してゐるやうに、これは外宮宮域と直接的には無關係のものであつて、後から書き加へられた可能性が高いと思料される。

類本としては、前記の福村履正本を含め神宮文庫に五本を所藏する。このほかに國立公文書館内閣文庫・國學院大學圖書館・大和文華館鈴鹿文庫などの所藏本が知られる。

外宮年中雜事記

神宮文庫所藏、第一門一八〇二號。上・下二冊。縱二三・四糎、横一五・九糎の袋綴冊子本。江戸時代中期の外宮（豐受大神宮）の年中行事に伴ふ雜事及びその他關係史料をまとめたもの。編者は不明だが、外宮宮廳の雜事を掌握し、外宮長官（一禰宜）の被官であつた家司《けいし》によつて作成された可能性がある。成立年は不詳。たゞ本書には二月九日の項に祈年祭の記事が見えることから、まづその祭儀が再興された元祿十二年（一六九九）以後の事柄を記したものと考へられる。次に、徳川吉宗の將軍在任期間（享保元年〈一七一六〉～延享二年〈一七四五〉）の老中（松平乘邑・酒井忠音・松平信祝・安藤重行）・老中格（松平輝貞）・若年寄（本多忠統・水野忠定・石川總茂・松平乘賢・太田資晴）・寺社奉行（黒田直邦・小出英貞・

井上正之）宛の書状案があるのに對し、元文元年（一七三六）に寺社奉行に昇進した大岡忠相の名が寺社奉行宛の書状案になく、別個に記載されてゐることから勘案すると、本書は享保年間（一七一六～一七三六）を中心に、その前後の外宮の年中雜事の樣子を記したものと考へられよう。刷毛目澁引表紙の左端に、打付書で「外宮年中雜事記　上（下）」と外題を記すが、上・下巻ともに内題なし。各巻頭には、それ〳〵「久志本」の朱角印（墨消）・「止支比古」の朱丸印（朱消）・「久志本氏藏書」の朱角印（墨消）・「林崎文庫」の朱長印を捺す。料紙は楮紙。墨付は上巻一一四丁、下巻九五丁。本文和文體。一面八行、一行一八字ほど。書寫年代は不明だが、類本（第一門六八三五號）の奥書に、

（朱筆）外宮年中雜事記上下二巻ハ久志本常彰神主書寫本ニシテ、曾テ同家ヨリ賣却セラレシヲ購入シ吾所有トセシガ、神宮文庫ニ入用ノ事情アリテ之ヲ讓リ、今又薗田氏ニ乞ヒテ一本ヲ寫スモノ也、時正大正二年一月十一日、四月十五日校合、加レ朱、度會時彥（花押）

とあることから、本書が久志本常彰書寫本であることが知られる。

本書の内容は、正月朔日から大晦日までの外宮年中行事に伴ふ雜事を記録するが、基本的に恆例祭典や年中行事は記さない。具體的には内外からの授受文書や廻文にはじまり、獻立・黑米などの雜物渡・祝儀覺・裝束・下行物・上ケ物（供へ物）など多岐にわたつてゐる。本書は、外宮の祭典や年中行事が圓滑に遲滯なく進行するやうに、萬全の準備を整へるための詳細な手順をまとめた覺書と言へよう。また外宮とその周邊地域である山田十二鄕や朝幕閒と交はされた文書など、各所との交渉や關係性がわかる史料も含まれてゐる。

本書の類本は、前記の一本のみである。

世々の恵

神宮文庫所藏、第一門一〇二二一號。一册。縱二四・七糎、横一七・六糎の袋綴册子本。歴代山田奉行の主要な治績を聚集したもの。足代弘訓著。澁色花型押文様の表紙の左端に、一重黒枠の白題簽で「世々の恵 稿本」と外題を記すが、これは昭和十八年（一九四三）の後補である。その次に、中扉が二葉（扉㈠、扉㈡）ある。本書は、ほゞ弘訓自筆草稿本である『世々のめくみ』（第一門三五七四號）のやうに、最初は上下二册本であつたが、清書される段階で一册本となつた。中扉は、その名殘である。扉㈡表右上に「神宮文庫」の朱角印を捺す。本文和文體。一部弘訓自筆の箇所があるが、大部分はその門人と見られる筆寫である。但し全卷の隨所に弘訓の朱筆添削を施す。料紙は楮紙。一面七行、一行一七字ほど。墨付は八五丁。扉㈠の表には、弘訓自筆で「（朱筆）第二度稿本」「此本を以て清書すへし」とある。また裏には、弘訓朱筆で「〇御樋代再興の事、書加ふへき也」「〇瀧原・伊雜遷宮再興の事も書加ふへき也」「〇鄕談・杉落葉にて校合すへき事あり」など本書執筆における五箇條の備忘録を記してゐる。成立時期について注目されるのは、上下二册本より本書一册本に改變した際、末尾に增補された二項目中「高井山城守實德朝臣、京家の人々の入込む事を禁し給ひし事」に「遺功莫大也」とあることである。「遺功」と記すことにより、その成立は、高井山城守が山田奉行を退任した文政三年（一八二〇）十一月五日以降となる。

本文卷頭に、全六箇條からなる「凡例」がある。第五條に『神境紀談』以下一九種の引用書を明記し、さらに「此外無名の書數部あり」と記す。また第六條に「一予、書籍に乏しき故、搜索ひろからす、此後人にも問ひ尋ねて、つき〳〵に脱漏を補ふへし」とあり、考證學者足代弘訓の態度が窺へよう。扉㈠に「此本を以て清書すへし」と記してゐるが、弘訓は增補を考へてゐたやうで、その意味で本書も稿本の類であらう。

山田奉行とは、江戸幕府遠國奉行のひとつである。神宮の警固を中心に宇治・山田の政治などを監督することを職掌とした。また神嘗祭には神事奉行となり、遷宮時には遷宮奉行となつた。管轄は老中支配、席次は芙蓉間詰で、役料は一五〇〇俵であつた。本書に収載する山田奉行の治績は、「花房志摩守源幸次朝臣、二見の郷を神領に復し給ふ事」から「高井實徳朝臣、高利の金子御停止の事」まで二一項目にまとめられてゐる。初代とされる長野友秀から高井實徳まで、本書に収載されてゐる山田奉行は九名である。それらを多い順に列記（附録を含む）すれば、桑山貞政が一〇回、八木宗直が五回、花房幸次・岡部勝重・高井實徳が各二回、石川政長（次）・黒川正増・小林正祕・大河内政長が各一回となる。

著者の足代弘訓は、本姓度會氏。弘早《ひろとし》の子として天明四年（一七八四）に誕生、外宮權禰宜に補し累進して正四位上に至る。權大夫・慶二・式部などゝ通稱し、號を寛居《ゆたゐ》と言ふ。『萬葉集』を荒木田久老に、律令を龜田末雅に、國學を本居大平・同春庭に、和歌を芝山持豊に、有職を竹屋光棣《みつとみ》に學んで一家を成す。著書には一二〇〇部以上に達すと言ふ。弘訓の學風は考證學にあつたが、本居系の學者の中で最も思想性が強かつた。天保の大飢饉の際には窮民救濟に奔走し、古今の飢饉の史實と救荒食物の製法を記した『おろかおひ』を著した。三條實萬らの公卿と親しく相交り、遂にその名は天聽に達した。弘化二年（一八四五）敕命を蒙り、『續日本紀人名部類』『文徳實録人名部類』『三代實録人名部類』『文徳實録故事成語考』を仁孝天皇に奉り、寶硯一面を賜る。安政三年（一八五六）十一月五日卒、享年七十三であつた。

本書の類本として、神宮文庫に一一部を所藏するほか、國立國會圖書館・國立公文書館内閣文庫・宮内廳書陵部などに所藏されてゐる。なほ近世史料講讀會が、『皇學館論叢』第十九巻第一號（昭和六十一年二月）に本書を飜刻してゐる。

神領歴代記

神宮文庫所藏、第一門五〇六四號。上下二冊。縦二三・七糎、横一六・九糎の袋綴冊子本。山田奉行歴代の治績を、各奉行の代ごとに概ね編年でまとめたもの。澁引表紙に打付書で「神領歴代記　上（下）」と外題を記す。丁數は上巻一〇二丁（本文九八丁）、下巻九八丁（本文九五丁）。本文和文體。行數・文字數不定。複數人の手によつて書寫されてゐる。

奥書によれば、神宮故事編纂所が明治四十二年（一九〇九）年九月二十日に、山田奉行所舊同心松本敏政より借り入れて書寫したもの。また同じく山田奉行所の記録である『諸覺書留』（同文庫所藏、第一門五〇五九號）を、『神領歴代記　附錄』として併せて飜刻した。『諸覺書留』は全一册。縦二三・九糎、横一六・八糎の袋綴册子本。表紙は澁引。外題は「諸覺書留」と打付書で記す。丁數は全七六丁（本文七五丁）。本書も『神領歴代記』同様に、神宮故事編纂所が明治四十二年十月一日に松本敏政より借り入れて書寫したものである。兩書ともに料紙は楮紙で、冒頭に「神宮司廳」と印字された罫紙に書かれた内容細目がある。巻首に「神宮故事編纂所」「神宮文庫」の朱印をそれ〴〵捺す。

ともに著者は不明。『神領歴代記』は、山田奉行所において御廣間詰御番所撰用役（書記）を勤めてゐた志賀守右衛門定義といふ人物が寛政・文化年間に作成したものであると推測されてゐる（中村澄夫「伊勢國山田奉行の諸相について」『三重の古文化』第八十七號、平成十四年三月）。『諸覺書留』も同じ山田奉行所の役人による記録のやうだが、書寫形式が『神領歴代記』と若干異なること、また寛政・文化以降の記事が多いことなどから、志賀定義とは別の人物の作成であると思はれる。

『神領歴代記』の冒頭は記述が安定してをらず、七社奉幣發遣や大湊廻船法令の由緒等を列記する。それに次いで「山田御役所御奉行所之事」と題し、戰國から織豊期に神宮領の支配を擔つてゐたとされる人物の名前を記した後、德川幕府草創期に伊勢一國の國奉行として當地の支配に關與してゐた長野友秀・日向正成の項目を立てゝゐる。以下、奉行ごとに項を改め、それ〴〵着任・離任の年月日や家臣の名、歿年や戒名などを記し、概ね年代順に治績や事件等が詳記される。上巻は寶暦元年（一七五一）より同十一年まで奉行を務めた水野忠福の項目を末とする。下巻は寶暦十一年から同十三年まで奉行を務めた大岡忠移（忠禁とも）から、天明六年（一七八六）より寛政六年（一七九四）まで奉行を務めた野一色義恭の項目を末としてゐる。奉行として項目が立つてゐるのは野一色義恭までゝあるが、同氏が離任した後の時代の記事も所々に書き込まれてゐる。記述内容は年代が新しいほど詳細になるので、おそらく寛政年間以前の事項については、奉行所内の記録などから書寫するなどして時代を遡つて編集したものであらう。

『諸覺書留』は、『神領歴代記』のやうに各奉行ごとに明確な項目分けはされてをらず、離着任年月日等も記されてゐない。內容は、少々亂れはあるものゝ概ね年代順になつてをり、天保十五年（一八四四）より弘化四年（一八四七）まで奉行を務めた太田資愛から、最後の奉行で伊勢國神戸藩主であつた本多忠貫までの出來事が記されてゐる。例へば寶永三年（一七〇六）に山田中島町で發生した火災の記事など、過去の事件が記されてゐる場合もあるが、これは舊例を確認するために引用したものと思はれる。また後半以降には、山田奉行所の下級役人（在地の役人）の養子願・役職引繼願・拜借金願等の文書の雛形や寫が收錄されてゐる。『神領歴代記』と比較すると、本書はほとんど編集されてをらず、個人の備忘のために作成されたものといふ性格が強いやうに見受けられる。

いづれも山田奉行所の內部の人物により作成された記錄であり、奉行所內での些細な出來事の記事もある。山田奉行所のまとまつた記錄は多く殘つてゐないので、本書の利用價値は高いと思はれる。

類本は神宮文庫に抄錄を含め三本ある。

山田奉行所年中行事案

神宮文庫所藏、第一門一六八二二號の三七九（神宮領御師研究資料）。一册。縱二三・九糎、横一六・六糎の袋綴册子本。幕府の出先機關として設置された山田奉行所における年間の定例行事を記したもの。澁引表紙の左肩に無枠題簽に「山田奉行所年中行事案」と外題を記す。丁數は一九丁。本文和文體。一面一〇行、一行二〇字。本文は「神宮領御師研究資料」及び「神宮皇學館研究室用紙」と印字された原稿用紙に書寫されてゐる。巻頭に「神宮皇學館印」「神宮文庫」

の朱印をそれ〴〵捺す。原本の所在は不明で、類本も確認できない。

本文は元日に始まり、十二月二十九日に至るまで連綿と箇條書きで記されてゐる。原本の成立年代、及び著者は不明。本文をみると、七月十三日條に朱書で「右ハ慶應二丙寅年七月ニ極ル」、また十二月二十六日頃の條には「但慶應元乙丑十二月相談之上取極」といふ書き込みがあり、成立年は少なくとも慶應二年（一八六六）七月以降と考へられる。

內容は、山田奉行所における實務に關する事項が大半を占める。例へば正月行事をみると、三が日の裝束、泊まり番の勤め方、正月年禮行事の人數、用人・給人（山田奉行直屬の家臣）へ差し出す手札の雛形等が記されてをり、これらはいづれも奉行所の下級役人（在地の役人）を對象とした事項であらう。一冊を通してみても、山田奉行や用人・給人の勤務事項等は記されてをらず、本書は下級役人クラスの人物によつて作成されたものである可能性が高いと思はれる。扶持米・給金のやりとり、神宮の祭典への勤め方、宇治會合・三方會合といつた地域住民組織との關はり方など、本書からは奉行所で日常的に行はれてゐた様々な業務を知ることができる。

同じく山田奉行所の役人によつて著された、歷代奉行の治績を記錄する『神領歷代記』（本巻所收）と併せて利用することで、山田奉行個人の施政だけではなく、奉行所役人の勤務實態や、地域のなかでの奉行所の役割をも見出すことができると思はれる。

御蔭見聽集

神宮文庫所藏、第一門八五六九號。本編（天・地）に、附錄を合せた全三冊。縱二三・五糎、横一六・四糎の袋綴冊子本。文政十三年（一八三〇、十二月十日に天保と改元）における全國からの御蔭參の見聞を記錄したもの。「見聽集」は、「みきゝしふ」と讀む。天部の自序の末尾に「月夜見の杜近　誌」とあり、また本文巻頭に「予神宮家ノ御家某様之御旦所勤罷有」とあることから、編者は、月夜見宮の近くに居住し、「五近畿內・近江・紀伊・播磨」を廻國してゐた御師關係者と推測される。地部本文の末尾には「文政十三庚寅年閏三月」とあり、それに續く跋文の末に、

庚寅八月　小鹽の長滿

しるす（花押影）

とある。また各冊の末尾に「文政十三庚寅年八月　西武良（花押影）」とあるので、本書の成立は文政十三年である。刷毛目澁引表紙に、打付書でそれ〴〵「御蔭見聽集　天（地）（附錄）」と外題を記す。中扉に、それ〴〵「御蔭見聽集　天　草案」「御蔭見聽集　地　草案」「御蔭見聽集　御影集附錄　全草案」とあり、またそこには、「神宮司廳」「神宮司廳藏書」「神宮文庫」の朱角印があり、附錄には「臨時大神宮史編修部」の朱長印が付加されてゐる。內題はそれ〴〵「御蔭見聞集　上」「御寄瑞之部　中」とあり、附錄には內題がない。料紙は薄手の半紙。墨付は、天部四二丁、地部四八丁、附錄は三〇丁である。本文和文體。一面一二行、一行一八字ほど。天部の本文巻頭には、「小俣口」「宮川」の彩色圖版がある。書寫年は大正八年（一九一八）で、神宮司廳囑託大西源一が「宇治山田市野村彌三郞氏藏本」を柳井榮治に摸寫させたものである。因みに野村彌三郞藏本は、現在所在不明である。

本書は、文政十三年閏三月以來、全國各地で起こつた「奇瑞」に端を發する伊勢群參の諸相を詳細に手錄する。とりわけ群參者の地域ごとの特徵とその風俗、町內における群衆混雜の實態や宿泊者受け入れの狀況、さらにはその間の落首や諸事件（博奕・盜人など）に至るまで、その具體相を活寫してゐる。また各地のお國ぶりの粹を競ふかのやうな華やかな參宮風俗の描寫が印象深い。そこには、編者も示唆するやうに、從前の寶曆度（一七〇五）・明和度（一七七一）の御蔭參と較べて、文政度における庶民の經濟力の一層の向上といふ事態が窺へ、まさに本書は、文政度の御蔭參の諸相を、具に記錄する好史料と言へよう。因みに文政度の御蔭參は、同年閏三月から八月にかけて爆發的に大流行した。

附録は、同年閏三月十九日、宇治で發生した火災の顚末について記したものである。これによれば、この日の火災で荒祭宮ほかが焼亡し、多くの民家が類焼した。編者は、荒祭宮等の被災に留まつたことを「神變不思議」と讃へると共に、神宮から朝廷への注進次第、朝廷における五箇日の廢朝と公卿敕使發遣の御沙汰、その故實取調等々の經緯を詳細に記録してゐる。また同年七月二日の京都大地震に際して、御沙汰により一七日間の祈禱が命ぜられた經緯も傳へてゐる。

本書の類本は、神宮文庫に一本がある。

御影參宮三寶荒神

神宮文庫所藏、第一門一八九六三號。全六冊（前編三冊、後編三冊）。縱一八・〇糎、横一二・〇糎の袋綴冊子本。伊勢參りを題材にした滑稽本。書名の「三寶荒神」とは、方形の枠や箱を馬の背と左右に取り付けた三人乗り用の鞍、またはその乗り方のこと。瀧野登鯉著。瀧亭鯉丈校閲（前編のみ）。前編は文政十三年（一八三〇）八月、後編は天保三年（一八三二）春に刊行。板元は前編未詳（無刊記）、後編は江戸の丁子屋平兵衞。前編の表紙は、藍色貝殻散らし模様の表紙の左端に無枠題簽で「三方廣人　上（中・下）」と外題を記す。内題は「御影參宮三寶荒神上之巻（中之巻・下之巻）」、尾題は「三寶荒神上之巻終（中之巻終・下之巻大尾）」。後編は、綠色竪縞梅花散らし模様の表紙の左端に無枠題簽で「三方廣人後編　上（中・下）」と外題を記す。内題は「御蔭參宮三寶荒神後編上之巻」「御蔭參宮三寶荒神後篇中之巻（下之巻）」、尾題は「三寶荒神後編巻之上終」「三寶荒神中之巻終（下之巻終）」。前編三冊の巻頭に「神宮文庫」（大）及び「ヨコ一橋源」の印を、後編三冊の巻頭に「神宮文庫」（小）の印をそれ〲捺す。料紙は楮紙。丁數は、前編上巻二七丁、中巻二二丁、下巻二二丁、後編上巻二二丁、中巻一九丁、下巻一八丁。本文和文體。一面八行、一行二〇字ほど。前編上巻に文政十三年八月瀧亭鯉丈の序文を、後編上巻に天保三年爲永春水の序文を共に收める。後編下巻の末尾には「書林　江戸小傳馬町三丁目　文溪堂　丁子屋平兵衞」とある。

本書前編は、文政十三年八月に江戸で板行されたものである。著者の瀧野登鯉については詳らかではない。序文を寄せ、さらに校閲者として名前を連ねる瀧亭鯉丈は、『花暦八笑人』『滑稽和合人』などの作品で知られる滑稽本作者である。本書は既に文政十三年閏三月、大坂において初版本が板行されてをり、江戸版は再版本に位置付けられる。初版本の著者は表野黒人、校閲者が翁齋蛭成、序文は案山子といふ人物である。表野黒人は『御蔭參宮倭郡鄲』（文政十三年）の作者であるが詳細は不明であり、序文の案山子及び翁齋蛭成も同様である。兩者を比べると、表紙・外題・序文・巻頭插繪、そして著者・校閲者が相違してゐるもの丶、本文や文中の插繪は同じ內容であることから本書前編は初版本の一部を改編して出版されたものである。また前編刊行より二年後の天保三年春に本書後編が江戸の丁子屋平兵衞より出版されてゐる。著者は前編と同じく瀧野登鯉で、序文は戲作者として著名な爲永春水である。

本書は、いはゞ膝栗毛もの丶スタイルで書かれた滑稽本である。その內容は、あたかも文政十三年庚申、折からの御蔭參りの全國的昂揚に誘はれて、浪花のはづれの長屋に住む民間宗教者の面々、卽ち神道者の今丹赤內・賣卜（占ひ師）の安井見龍・道心坊（僧形の祈禱師）の鈍佛らが、申し合はせて伊勢參りに赴いた顚末を、當意卽妙の遣り取りを交へながら物語るものである。この種の常套として、さま〴〵な失敗談・滑稽談を織り込みながら、神宮及び別宮、さらにその他の名所舊跡などが次々と紹介されていく。前編は松坂から磯部まで、後編は磯部から二見までの旅程を描いてゐる。登場人物は、いづれも浪花在住の設定でありながら、浪花訛りの口跡はなく、專ら江戸風の啖呵を切るあたりが印象深く、とりわけ民間宗教者ならではのユーモアと蘊蓄披露がなされるさまは興味深い。宗教者たちの姿を通して描かれる當時の一般認識が如何なるものであつたかを垣間見ることができる。

類本としては、神宮文庫と神宮徵古館にそれ〴〵一本（初版本）を所藏する。このほかに蓬左文庫・京都大學大學院文學研究科圖書館・關西大學圖書館・立命館大學アートリサーチセンターなどの所藏本が知られる。

宇治山田皆尤

神宮文庫所藏、第八門一七八七號。一册。縱二三・〇糎、横一七・〇糎の袋綴册子本。江戸時代の宇治・山田における師職の暮しぶりや參宮客の様子を對話形式で揶揄した洒落本。澁引表紙に打付書で「宇治山田皆尤」と外題がある。料紙は楮紙。丁數は四四丁。本文和文體。一面八行、一行一八字ほど。御巫家舊藏で、巻首に「御巫書臧」「神宮文庫」の朱印がそれ〴〵捺されてゐる。著者及び成立年は不明。類本は神宮文庫に二本ある。うち一本（第八門一三三三號）は松木時彦舊藏で、奥書に朱筆で「宇治山田皆尤ハ何人の作たるをしらす候、是徳川時代に於る神都の狀況を評に云ひ得たり、されば一篇の假作として見すつべきにあらねは、息末彦に命して寫さしめたり、于時大正六年九月一日入手、四月三日校正、但し原本は御巫氏藏なるを以て直下し返納す　ときひこ誌（印）」と記されてをり、大正六年（一九一七）に本書（御巫家舊藏本）を書寫したものであることが示される。時彦は後に『正續神都百物語』（昭和七年〈一九三二〉刊）で「宇治山田皆尤」の項目を掲げ、本書末に收錄される「宇治ト山田ト爭ひのうた」三〇句を引用し、これを「神都の世態人情を穿てる、幕府時代の寫實とも云ふべき」ものと評價してゐる。

本書中には、山田奉行で大湊に波除堤を築いた保科正純（在任期間享保十一年〈一七二六〉～享保十七年）、のちに堤を補修するなどした堀直方（直知とも、同期間享保十七年～元文三年〈一七三八〉）の名が見え、江戸時代中期よりも後の成立であることを窺はせる。さらに巻末に「六歌仙語」として織田信長・豐臣秀吉・徳川家康の性分を表す川柳として知られる「なかずんバ（鳴かぬなら）……ほと、ぎす」の句が記されてをり、さらに「御當代御申ニハ」として「なかずんバ元直トでかやせほと丶ぎす」と記す。この「御當代」が誰を指すのか不詳である。信長・秀吉・家康の川柳はそれ〴〵本人が詠んだものではなく、長崎平戸藩主松浦静山の隨筆『甲子夜話』に紹介されるものが初見とされてゐる。『甲子夜話』は静山が文政四年（一八二一）から天保十二年（一八四一）に歿するまで書き繼いだもの。以上のことから、本書の成立年代は江戸後期から幕末までに絞り込むことができよう。

本文は「作大夫」の許を訪れた「五大夫」の茶飲み話として、兩者の對話形式で展開する。宇治・山田の御師の生活、古市等の遊里の景況、特に金錢感覺や、妻子の暮しぶりについて揶揄する部分が中心となつてゐる。特に御師に關する記述はかなり辛辣で、好意的とはいへない。最後は兄弟・夫婦の和、正直と儉約の重要性を說いて締め括られてをり、巻末には先述の「宇治ト山田ト争ひのうた」「老人の六歌仙」「六歌仙語」の三種の俳句・川柳が收録されてゐる。いづれも低俗な內容ではあるもの丶、客觀的な視點からみた宇治・山田の様子を窺ひ知ることができる內容になつてゐる。

伊勢參宮春の賑

神宮文庫所藏、第八門二八四號。一册。縱二六・五糎、横一八・九糎の袋綴册子本。適宜彩色の畫を配して伊勢參宮の名所を平易に敍述したもの。錦水園主人洞龜著。自序及び本文の末に「明治元年辰仲春」とあるが、明治元年（一八六八）の改元は九月八日であるので、これは信用し難い。柿澁表紙の左端に、打付書で「伊勢參宮春の賑　全」と外題を記すが、これは大正十年（一九二一）の後補である。その次に內扉があり、これが本來の表紙と思料され、左端に二重黑枠の書き題簽で外題を記す。本文巻頭の右上方に「神宮文庫」の朱角印を捺す。料紙は雲母入鳥の子紙。匡郭あり。墨付四一丁。自序の末に「錦水園洞龜誌」とあり、その左横に「横地」「長重之章」（朱角印）の寫あり。また本文末尾には「神都錦水園主人撰」とあり、その左横に同樣の印影を書寫してゐる。明治元年九月八日以降の書寫と見られ、書寫人は不明である。本書は版本を書寫したものと見られるが、刊年・版元などは不詳、版本の所在も不明である。自序及び本文ともに和文體。本文の漢字にはほゞ朱で振り假名を付す。一面六行、一行一八字ほど。ほゞ全丁にわたつて、見開きの半丁に彩色の指圖がある。その數は、「宮川渡場圖」より「自今一色之濱望大湊及神社港圖」まで全三六圖と多い。自序に「伊勢參宮春の賑と題して女・童子の樂しミ」とあるやうに、その文體は平易で、しかも七五調でリズミカルである。その主な順路は、宮川→筋向橋→外宮→古市→內宮→伊雜宮→朝熊嶽→二見→今一色→河崎→宮川の如くである。本書の主旨を、「宮川うちのミちしるへ、名所しるへの端とやならんと、街〳〵の賑ふさま、亦風俗と言葉のをかしきこと、もハ、いとはつかしけれと、內幕をすこしかゝげて、詣する人のむた足を踏さぬやうに道順をこと面白く綴しも、后の世にうつりかはりしその時に昔のさまをしるために」と自序は記すが、普通の參詣記とは少し趣を異にする。まづ「伊勢參宮」とあるのに、その中心となるべき內宮・外宮の說明よりも、朝熊嶽（金剛證寺）本堂が多いほどで、且つ第一に物見遊山すべき所（見どころ）を多數掲げ、面白くしかも興味深く記してゐる。また岡本町名產の塗物器の種類や、伊勢みやげには何が良いかなどを具體的に記す。一方二見では、朝日を拜むのに適した旅籠屋を具體的に掲記するなど、本書は、內宮・外宮の周邊における物見遊山的なガイドブックの性格を有し、だからこそ「女・童子の樂しミ」としたのだらう。

著者の錦水園主人洞龜こと横地長重は、嘉永二年（一八四九）宇治館町に生まれる。文久元年（一八六一）皇大神宮權禰宜兼祇承宮掌大內人に補し、從五位下に敍され、累進して正五位下に進み、若狹と別稱した。明治四年神宮御改正により二十三歲で位記を返上したが、同十一年神宮宮掌に任ぜられ、同十四年には主典《しゆてん》、同三十三年には權禰宜に榮進した。喜田寄青に俳諧を學び、また和歌にも秀でゝゐた。若年のころより勝れた畫才を發揮した。『明治元年神宮神嘗祭參進列圖』（本叢書『神宮神事圖錄』所收）をはじめ、『明治二十二年正遷宮行列之圖』『宇治鄉之圖』などを作成し、また

「伊勢兩宮圖」「伊勢參宮名所之圖」などの伊勢關係錦繪も描いてゐる。ほかに明治二年度皇大神宮式年遷宮を記録した『當宮正遷宮行事竝達書記』、宇治・山田の年中行事を月ごとに民俗學的に記録した『五十鈴乃落葉』（本巻所收）などの著作がある。明治三十五年十二月三十日、五十四歳で歿した。

本書の類本としては神宮文庫に、指圖があるものとないもの各一本を所藏する。

御師考證

神宮文庫所藏、第一門三四八二號。一册。縱二七・六糎、横一九・八糎の袋綴册子本。神宮御師について豐富な史料から詳密に考證したもの。足代弘訓稿。天保四年（一八三三）成。刷毛目薄澁引の表紙の左端に、一重黒枠の白題簽で「御師考證」と外題を記すが、これは後補である。その次に、中扉が二葉（扉㈠、扉㈡）ある。扉㈠の表には、左端に「御師考證」、右下方に「度會弘訓稿」と別筆で記されてゐる。「度會弘訓稿」の上方には、本來「足代權大夫」と記されてゐたが、その上に「從四位上」が押紙された。またほゞ中央には「門外へ出さす、他借をゆるさす」と記された貼紙があり、右端には「原本也、不﹅出﹅門外﹅」とある。それ〴〵弘訓自筆と見られる。扉㈠の裏の右端には、「宣胤卿記ノ條ノ押紙九枚ハ、竹屋光棣朝臣ノ御自筆ナリ」（弘訓自筆）の貼紙あり。扉㈡の表には、切り取られた刷毛目濃澁引の表紙が貼付され、その左端には打付書で外題が記され、そのほゞ一面には、「此本、竹屋光棣卿御自筆の御書入あり、條々のはり紙これなり、別して大切の本なり、祕藏すへし」とある。何れも弘訓自筆である。內題も「御師考證」。次行に、弘訓自筆による「從四位上度會神主弘訓著」といふ押紙があつて、本文に續く。本文巻頭の右下方には弘訓の號である「寬居」の朱長印、右上方には「神宮文庫」の朱角印がそれ〴〵捺されてゐる。料紙は楮紙。本文の墨付は四九丁、うち四一丁目は遊紙である。四八丁まで版心に丁數を記す。本文和文體。一面一〇行、一行一九字ほど。弘訓の門人二、三人によつて書寫されたと見られる。本文中、歴代天皇の右脇に歴代數を朱筆で記し、また主要な年號の右脇に歴代數及び天皇名を朱筆で記すほか、若干朱筆の注記がある。加へて脱字などを朱筆で補つてゐるが、これは弘訓自筆と見られる。三三丁裏から三五丁裏にかけて全面的に押紙され、弘訓自ら書き改めてゐる。巻末（四四丁裏〜四八丁表）には、「御師考證附錄一條」が收載されてゐる。これには、檀家賣買の實狀や神宮祠官（御師）のあり方について『檜垣兵庫家古券』『東鑑』などを援用して考證してゐるが、これを付した理由を、「祠官一同私を忘れ、公平を存し、深くおもひ、遠くはからハ、いかにもよろしき商量あるへき事なるへし、しからハ土地の爲、末代の大功にて、大神宮の神威もまた增し加ハるへきかといへり、いかにも道理ある議論故、此書の附錄にしるしおく也」と記してゐる。次に二六丁裏から三一丁表にかけて、竹屋光棣《みつとみ》自筆による『宣胤卿記』における奏事始關連記事を拔粹した付箋が二六丁裏に一枚以下計九枚が貼られ、朱丸で誤字・脱字の箇所を示してゐる。これについては、弘訓が本書最巻末に、

奏事始の條、宣胤卿記の押紙九枚は竹屋前左兵衛佐殿の御自筆なり、努々ミたりにはきとるへからす、天保四年癸巳九月十日給二消息一、其文云

一御師考證　　一冊

右返進候、事々精細被二考注一、誠令二感心一候、宣胤記之分比挍候、相違之所押紙ニ注付、入二一覽一候、宜御取捨可レ給候

九月十日　　光棣

足代權大夫殿

と自書してゐる。竹屋家は藤原氏北家日野家流、廣橋家支流の堂上公家である。家格は名家に屬し、儒道及び插花を家業として朝廷に仕へた。足代弘訓は三年間の江戸遊學から天保三年に山田に戻り、その翌四年七月二十日に上洛して友

人猪飼敬所を訪問した。その紹介で有職の大家と稱された竹屋光棣に面會することができた。そこで弘訓は、光棣に『御師考證』の校閲を願ひ出て、その回答が例の九枚の付箋であつた。弘訓は大變滿足かつ恐縮したやうで、早速『御師考證』を訂正した。その後の兩者の交誼は、主に書簡などを通じて同八年二月に光棣が五十七歳で薨ずるまで續いた。

本書の內容は、まづ朝廷の伊勢二所大神宮に對する尊敬が天下の諸社に異なることを強調し、私幣禁斷の制と神領に關する例證を列擧してゐる。この神領は平安時代末期に生じた養和・壽永の亂以降、減少していつた。その缺乏を補ふために次第に私幣を受けるやうになつてきた。それに伴つて御師の活動が始まつたと記し、その沿革について史料上から詳密に考證してゐる。他に奏事始、御師の號は『源氏物語』に初見すること、檀那・檀越の號、神宮祠官を大夫と稱すること、初穗・御祓などについてその由來を記してゐる。引用史料は『類聚三代格』『內宮儀式帳』『延喜大神宮式』から『桃華蕊葉』まで實に三九種に及ぶ。

著者の足代弘訓については、本巻所收の『世々の惠』の解題を參照されたい。

本書の類本として、神宮文庫に一二部を所藏するほか、國立國會圖書館・國立公文書館內閣文庫・靜嘉堂文庫・國學院大學・東京大學などに所藏されてゐる。なほ本書は、明治十七年（一八八四）に清泉堂より飜刻されてゐる。

五十鈴乃落葉

神宮文庫所藏、第一門二〇五六六號。一冊。縦二七・〇糎、横一九・五糎の袋綴冊子本。宇治・山田の年中行事や民俗行事、方言等を纏めたもの。澁引表紙に打付書で「五十鈴乃落葉　完」と外題を記す。中扉も外題に同じ。料紙は楮紙。丁數は八三丁。本文和文體。一面一二行、一行三〇字ほど。自序の末尾に「明治三十年初春　洞龜園乃龜洞」、奥書に「明治三十年二月　横地長重記」とある。また序文冒頭に「神宮文庫」の朱方印を捺す。

本書は自序及び奥書に記すやうに明治三十年（一八九七）二月に横地長重によつて著されたものである。自序には、文明開化により「外國なとにまけさるやう、只何事も悪しきハ捨て、能きを習ふ」風潮は昔よりあることだが、「あしき事にもなくして、世のうつり替りにより、おのづと替りて無くなりしもの多く」あつて、中には面白いこともある。そこで、幼少の時より覺えあることを忘れぬうちに書き記したと本書執筆の契機を記してゐる。

本文は正月から十二月までの年間を通して、様々な項目を掲げ、時には圖を交へながら近世の様相を描いてゐる。いづれも長重が宇治の生まれであつたことから、どちらかといふと宇治の舊様を記したものが多いやうである。末には「附録」として、當地の方言、禰宜の葬儀の方法、宇治・山田の忌事などについて箇條書きで記されてゐる。なほ神宮徴古館所藏『神都年中行事圖』（本叢書『神宮神事圖録』所收）は、本書の記述を基にして描かれたものである。

横地長重は嘉永二年（一八四九）十月、内宮權禰宜横地民徳の子として宇治館町に生まれる。本姓は荒木田氏。文久元年（一八六一）四月に内宮權禰宜に補任されるもの、、明治四年の神宮御改正によつて職務を免ぜられ、外宮權禰宜に補任される。同五年八月、外宮權主典となり、同十一年四月神宮宮掌、同十四年三月神宮主典、同三十三年神宮權禰宜に任ぜられ、同三十五年十二月に五十四歳で卒した。國史・國文、俳諧を能くし、雅號は錦水、洞龜園、または龜洞の俳號をもつ。本書をはじめとして、豐富な插繪を交へながら、宇治・山田の民俗や神宮の舊様を詳細に記録した著作が多く、代表的なものに、『伊勢參宮春の賑』（本卷所收）、『明治元年神宮神嘗祭參進列圖』『維新以前皇太神宮祭典祭具圖』（本叢書『神宮神事圖録』所收）等がある。

類本としては神宮文庫に二本ある。また明治三十四年一月から翌年一月にかけて計一〇回にわたり、子息の横地晃重によつて雜誌『風俗畫報』（東陽堂支店刊）に飜刻されてゐる（同誌第二二五・二二九・二三〇・二三一・二三五・二三七・二三八・二四〇・二四二・二四三號）。

大主家年間行事

神宮文庫所藏、第一門九二六七號。一冊。縱二七・七糎、横一九・七糎の袋綴册子本。外宮御師大主家の年中恆例行事を記したもの。澁色花形押文様の表紙に、一重黑枠の白題簽で「大主家年間行事」と記し、內題に「天保四年癸巳正月吉日／大主家年間行事／大主繼枝改二書之一」とある。料紙は楮紙。丁數は一〇二丁。本文和文體。字數・行數は不定。卷首に「神宮文庫」の朱印を捺す。

冒頭に「享保二丁酉年記録古帳・同十六年辛亥古帳・天明八戊申歲古帳／天保四癸巳年大主繼枝改レ之」とあることから、原本は大主繼枝なる人物が、自家の記録を整理するため享保二年（一七一七）・同十六年・天明八年（一七八八）年の古帳をもとに、天保四年（一八三三）正月、書き改め作成したものと推察される。神宮文庫所藏本は、昭和十二年（一九三七）七月に宇治山田市（現伊勢市）二俣町在住の大主磯次郎氏所藏本を書寫したもの。現在、原本は皇學館大學研究開發推進センター史料編纂所に所藏されてをり、翻刻にあたつてはこの原本を用ゐて校合をした。

大主家については、明治十二年（一八七九）『舊師職人名其他取調帳』（『神宮御師資料　外宮篇一』皇學館大學史料編纂所編・同大學出版部刊、昭和五十七年）によれば二家あり、いづれも八日市場町在住で町年寄格。その一つ大主織部家は、宮掌大內人、豐受大神宮別宮月夜見宮御炊物忌職。甲斐國都留のうち五ケ村、紀伊國伊都郡のうち四五ケ村へは「大主大夫」銘にて、師職株を他家より讓り受けた備前國・若狹國・近江國等へは「丸林大夫」「白米織部大夫」等の銘で配札に及んでゐた。もう一つの大主長左衞門家は、近江國・美濃國を中心に若狹國・三河國・駿河國、また京都方面へも「大主大夫」銘で配札してゐたといふ。本書の著者である大主繼枝がどちらの家かは不詳。卷末の親族を列記した箇所に「大主織部」の名が確認できるので、前者の系統の可能性があるが、後考を俟つことにしたい。

内容は正月元日の「兩宮參宮・早朝水汲初メ・土藏開初メ・臺所あきの方掃除初メ」等から、一年間の行事が日ごとに記され、時刻や行事内容のみならず、供する料理の獻立も記されてをり、大變詳細な記述となつてゐる。また家内に祀る神々をみると、「神棚、夷棚、天神様、大釜、上藏、下藏、歳徳神様、雪隱、御靈様」等が擧げられてをり、このうち天神への祭祀が毎月二十五日に行はれてゐることや、先祖の忌日に關する行事が多いことから、御師家の信仰や先祖供養の實態についても窺ひ知ることができる。巻末は大晦日で終はらずに、翌年の正月二十日までの行事を記し、さらに最後に古記から引用したと思はれる大主家の親類名を列記する。

同様の史料は、例へば安永八年（一七七九）『御師福村大夫年中行事記』（同文庫所藏、第一門六一七八號）等いくつか現存してゐるが、本書はそれらの中でも群を抜いて記述が詳細である。江戸時代後期の御師家の年中行事を知るための好著といへる。

類本としては神宮文庫に一本がある。また同家の年中行事書には本書とは別に文政十三年（一八二八）成立の同名異書の存在が知られ、昭和十五年書寫の一本が、同大學研究開發推進センター神道博物館毎文社文庫に所藏されてゐる。

禁裏御願御神樂之記

禁裏御願の御神樂に關する史料をまとめたもの。それ〴〵別本である①『自㆓寛文六年㆒至㆓寛保二年㆒禁裏御願御神樂之記』、②『明和元年禁裡御願御神樂記』、③『明和九年三月十九日女院御所御願御神樂之記／安永四年八月十九日仙洞御所御願御神樂之記／安永四年九月廿四日禁裏御願御神樂之記』の三冊をこゝに集成した（以下書名は①②③と略す）。

①は神宮文庫所藏、第一門一六八二二號の九四（神宮領御師研究資料）。一冊。縦二五・〇糎、横一七・〇糎の袋綴冊子本。澁色表紙の左肩に打付書で「自寛文六年至寛保二年禁裏御願御神樂之記」と外題を記す。料紙は楮紙。丁數は一二丁。本文和文體。

一面一〇行、一行二〇字。本文は「神宮領御師研究資料」及び「神宮皇學館研究室用紙」と印字された原稿用紙に書寫されてゐる。原本の所在は不明。本文巻頭に「神宮皇學館印」「神宮文庫」の朱印をそれ〴〵捺す。本書は寛文六年（一六六六）から寛保二年（一七四二）に至るまで歴代の御願御神樂の記録をまとめたもので、寛保二年七月の內宮神樂役人山崎寛末の序文がある。奥書に「寛保二年二月吉日」と記されてをり、本文は同年二月に書き終へてゐたことが窺へる。

②は同文庫所藏、第一門一四六七〇號。縦二六・五糎、横一九・〇糎の袋綴册子本。薄茶色横刷毛目模様の表紙の左肩に打付書で「明和元年禁裡御願御神樂記」と外題を記す。本文巻頭に「神宮文庫」、奥書末尾に「徵古館農業館」の各朱印を捺す。料紙は楮紙。丁數は一八丁。本文和文體。一面一一行、一行二二字ほど。大正十年（一九二一）三月に山崎猪之助藏本を書寫した旨の奥書がある。本書は明和元年（一七六四）八月十九日の禁裏御願の御神樂を記録したもの。奥書の記述から山崎寛末の執筆であることが知られる。

③は同文庫所藏、第一門一四六六九號。縦二六・七糎、横一九・〇糎の袋綴册子本。薄茶色横刷毛目模様の表紙に打付書で「明和九年三月十九日女院御所御願御神樂之記／安永四年八月十九日仙洞御所御願御神樂之記／安永四年九月廿四日禁裏御願御神樂之記」と外題を記す。中表紙も外題に同じ。藏書印は②に同じ。料紙は楮紙。丁數は三六丁。本文和文體。一面一〇行、一行一八字ほど。奥書は②と同様に山崎猪之助藏本を以て書寫した旨が記されてゐる。本書は表題が示す通り明和九年及び安永四年（一七七五）に奏行された三つの御神樂の記録を收載してゐる。本奥書から安永四年九月に一口頭山崎寛末が著したものであることがわかる。

禁裏御願の御神樂は、近世初頭より禁裏御師であつた神宮禰宜家の藤波家（內宮）、檜垣家（外宮）の兩家が、天皇や仙洞、女院等の願意を承つて個々に神樂を主催し、代參として臨時に差遣された女官等を迎へて御神樂を奏行するものであつた。御神樂は一社奉幣や一七ケ日の御祈禱等と性質は異なり、專ら御師の邸宅や神樂殿、或いは臨時に設けた場所において執り行はれてゐた。本書は內宮の神樂役人山崎寬末が著した記錄で、御神樂に使用される祭器・樂器・裝束等をはじめ、奉仕する神樂役人の氏名や人數、御神樂の構成に至るまで詳細に記されてゐる。

著者の山崎寬末は本姓磯部氏。初名は末正。通稱を東馬と號す。神樂役人を勤める傍ら內宮攝社神前神社祝部として贄海神事などの祭儀にも奉仕した。安永二年七月五日より一口頭に就任。天明二年（一七八二）六月十八日に歿す。

類本としては、神宮文庫に①が二本、②が二本、③が一本、それ〴〵確認できる。

御神樂執行次第調度練拍子式

神宮文庫所藏、第一門一四六七八號。一册。縱二六・〇糎、横一八・三糎の袋綴册子本。外宮の神樂に關する內容を記したもの。著者、成立年ともに不詳。共紙の表紙中央に打付書で「御神樂執行次第調度練拍子式」と外題を記す。卷頭に「神宮文庫」の朱方印を捺す。料紙は楮紙。丁數は九丁。本文和文體。一面一五行、一行一三字ほど。天保四年（一八三三）夏に井阪德辰が書寫した旨の奧書がある。但し筆致を見る限り德辰の自筆本とは考へ難く、轉寫を經たものである可能性が高い。

奧書によると、本書はもと〳〵「大竹家藏神樂歌」の卷末に所載されてゐたものであつて、その本の表題には「大上」とあり、傍らには「上野勝之」と記されてゐたといふ。本田安次氏によると、「大上」とは、「だいじやう」と讀み、神樂歌本のことを意味する。これは冒頭に載せる神樂歌の最初の語「大じやう」を題としたもので、この語は最上のもの、貴きもの、意であり、神樂座の上に吊す天蓋のことではないかとされてゐる（「伊勢神樂考」・「伊勢神樂歌考」『本田安次著作集　日本の傳統藝能』第七卷所收、錦正社、平成七年）。

本書の內容としては、「外宮大々神樂執行之次第」「大神樂拍子之事」「小神樂入用之覺」「大神樂入用之覺」「大々神樂竈淨入用之覺」「大々神樂入用之覺」と、巻末に載せる神樂歌の練拍子を記した樂譜から構成されてゐる。前者に關しては、各種神樂の概要とその際に必要とされた品目などが記されてをり、神樂の實態を知る上で興味深い。

後者に關しては、神樂歌のうち「上分の遊び」といふ歌に相當するもので、「練拍子」とは、執行列座の長である「一口頭」（音頭）と「地」（地謠）とが掛け合ひ、特別の拍子で歌ふものを指すとされる（前掲「伊勢神樂考」「伊勢神樂歌考」）。囃子詞と思はれる歌詞を抜き出すと左のやうになる（原文は片假名）。

一、上分なるぶんごより辰巳々々より、吹き來る風は花の香ぞする
二、我が君は今ぞ坐します大空に、葦毛の駒に手綱ゆりかけ
三、八橋を渡し揃へてその上を、降り給ふよ尊とかりける
四、我が君の坐します道に綾を延へ、錦を敷きて御座と踏ません
五、榊葉に御幣取り添へ拜むには、四方の神も寄り來坐します
六、度會や山田の原の綾杉は、年は經れども色も變はらず
七、大宮の御垣に生ゆる玉葛

注目すべきは、「葦毛の駒に手綱ゆりかけ」「四方の神も寄り來坐します」などの歌詞があることである。これらのことから、神降ろしの歌であることがわかる。

本書の類本としては、神宮文庫に二本を所藏する。

庭　燎　雜　纂

神宮文庫所藏、第一門一四六二三號。一册。縱二三・六糎、横一五・九糎の袋綴册子本。神樂に關することを備忘的にコンパクトにまとめたもの。神樂は本來夜に執行されるところから、庭燎の必要を生じる。「庭燎」は「にはび」、または「ていれう」と讀むか。井阪德辰編。本奥書に「天保十三年壬寅九月二日しるし竟ぬ」とあるので、成立は天保十三年（一八四二）、德辰三十二歳の時である。青地空押花模様の表紙の左端に、黄土色の貼題簽で「庭燎雜纂　一」（本文とは明らかに別筆）と外題を記すが、內題は「庭燎雜纂」とあることなどにより、全一册本で端本とは認められない。神宮徵古館農業館舊藏で、昭和五十年（一九七五）九月神宮文庫に移管された。卷頭の右上方に「神宮文庫」の朱角印を捺す。料紙は楮紙。墨付は全八四丁。うち青罫四七丁、黑罫四丁、朱罫三三丁、末尾半丁は手書の墨罫である。本文和文體。一面青罫及び黑罫は一〇行、朱罫は九行。一行は一定せず二三〜二八字ほどである。卷頭二丁にわたつて二段組で收載項目を記す。その數六六項目である。德辰自筆との說があるが、二、三人の手で書寫してゐるやうである。

本書の內容は、まづ全一三箇條からなる「神樂庭燎」に關する箇條書（明暦二年〈一六五六〉正月二十一日書寫）を登載し、以下淺井直堅『故事考』・杉木吉昵《よしちか》『故事考愚案』及び『神樂中引留帳』を多く引抄してゐる。德辰は本書で『故事考愚案』を「故事考ノ說ヲ評論シテ杉木氏ノ淺井氏ニ與ヘタル書ナリ」と記し、また杉木吉昵については「吾職○神樂職の事に心を竭して故事故實をよく知り、博聞強記古今類ひなきは此吉昵主なり」と評する。『神樂中引留帳』については「神樂中、古來の引留帳を拔きて故實舊例等を尋ねんとするに、式目・小日記の二書に引合せて考へされハ通せぬ事數多あり」と記す。他には『萬葉集』『日本書紀神代卷』『延喜祝詞式』など參照書籍は七五部にも及び、「橋村正身の說」「或老人の說」「岡村氏の傳」などの口承も記錄してゐる。また「德辰按るに」「德辰云」として自說をも披瀝する。德辰にとつて、神樂に關する主著が『神樂考證』『神樂歌解』『神樂歌考』とすれば、本書はまさに便覽や實用書の類と見るべきであらう。

井阪徳辰は、文化八年（一八一一）伊勢國多氣郡濱田村に田瀨太治衞門の次男として生まれた。のち山田曾禰の井阪太郎左衞門の養嗣子となり、家職である神樂職を繼承し笛を能くした。足代弘訓に入門し神典・古學を學んだ。和歌文章の才があり、勤王家でもあつた。明治維新後は、神祇史生・皇大神宮權主典・箕曲中松原神社祠掌などを歴任し、その間敎導職として中講義に補せられた。明治五年（一八七二）には、前年の神宮御改正に伴ふ內宮祈禱所における御神樂・御饌供進式の取調べを、皇大神宮禰宜澤田泰綱とゝもに行ひ、新たな祈禱所においては從前の里神樂ではなく、新時代に相應しく宮中に傳はる舞樂を用ゐることを上申してゐる。明治十四年七月三十一日、七十一歲で歿す。神樂關係以外にも、『神境防夷』『祖祭本義』『志摩國舊地考』『神家學訓材料』など著作が多い。

本書の類本は少なく、神宮文庫に『神樂庭燎』（同一內容、二部）を所藏するのみである。

神樂故事問

神宮文庫所藏、第一門一四六七六號。一冊。縱二七・六糎、橫一一・一糎の袋綴冊子本。神樂の故實に關する問ひを纏めたもの。著者は不詳。共紙の表紙中央に打付書で「神樂故事問」と外題を記す。內題は「故事問　舊事或問トモ」とある。卷頭に「神宮文庫」の朱方印を捺す。料紙は楮紙。丁數は一一丁。本文和文體。一面一一行、一行二三字ほど。料紙と筆致から江戶時代後期の書寫と思料される。

著者に關しては詳らかではないが、神樂役人を勤めた人物の手によるものと推定される。これに關し、井阪徳辰編『庭燎雜纂』（本卷所收）では、本書を杉木吉昵《よしちか》の著述としてゐる。しかしながら、その證左は確認できず、さらに本書を吉昵著とするのには疑點が殘る。それは本文卷頭において『神樂故實小傳』といふ書物を「杲堂杉木氏か著す所の故實小傳」と述べてゐることである。『庭燎雜纂』によると『神樂故實小傳』も吉昵の著であつて、わざ〳〵自著をこのやうに記述するのは不自然であらう。或いは、本田安次氏が指摘してゐるやうに、敢へて名前を隠したものか（「内宮の神樂」『本田安次著作集　日本の傳統藝能』第七巻所收、錦正社、平成七年）。また、成立年については、本文頭註に「御遷宮ノ前、御神寶拜見ヲ諸人ニ許サル、予寛延・明和兩度コレヲ拜見セシカ」とあつて、明和年間（一七六四〜一七七二）以降の成立と見て大過ないであらう。

巻頭の一文によれば、神樂役人の家に生まれた著者にとつて、神樂の故事は極めて廣く、「邃遠深祕の儀」であり容易に知ることができないことを憂いてゐたところ、『故實小傳』を閲覽し甚だ益するところがあつた。しかし、遺漏も多いので、吉昵が解明しなかつた事柄を問ひの形で殘したといふ。これら五三項目にのぼる問ひを「右之數ケ條、俗語を以記レ之、不分明之言多し、吾子審ニ察シ明ニ辨せよ、是予か所レ願也」と子孫に託する文言で結んでゐる。問ひの形式ながら、神樂の實態を知る上で有益な史料が多く收められてをり、前記の『庭燎雜纂』と併せて參照されたい。

本書の類本としては、神宮文庫に二本を所藏する。

神樂歌解

神宮文庫所藏、第一門一四六四八號。全五冊。縦二六・七糎、横一八・八糎の袋綴冊子本。神樂歌についての注釋書。井阪德辰編。天保六年（一八三五）夏成。薄茶色横刷毛目模樣の表紙左端に打付書で、「神樂歌解　五冊ノ内　一（二・三・四・五）」と外題を記す。各巻の本文巻頭に「神宮文庫」、奥書末尾に「徵古館農業館」の朱印をそれ〳〵捺す。料紙は楮紙。丁數は、一之巻は二四丁、二之巻は六二丁、三之巻は五二丁、四之巻は六五丁、五之巻は四一丁。本文和文體。一面一〇行、一行二五字ほど。奥書によれば、大正十年（一九二一）三月に近藤勇助氏の所藏本を書寫したとある。井阪德辰については『庭燎雜纂』（本巻所收）の解題を參照されたい。

本書は外宮の宮掌大内人である井阪德辰が、自らが神樂職として傳承する神宮の神樂歌についての考察及び注釋を施したものである。一之卷は總論にあたり、「神樂歌傳來の事」「佛語及俗言の交れる事」「解かたきこと、又誤りたることの多かる事」「諸本の事」「注釋の事」「書體の事」「二見神樂歌の事」「肥後國神樂歌の事」「外宮の神樂歌を內宮より乞へる事」等々の項目によつて、神樂歌の由來とその特徵が概觀される。二之卷以降では、神樂歌の歌詞が逐語的に注釋されていく。二之卷・三之卷が「外宮部」(上)(下)、四之卷・五之卷が「內宮部」(上)(下)で、各々の一節ごとに、その語句の意義や背景が、仔細に考察されてゐる。この中で、とりわけ參照されるのが本居宣長『古事記傳』の所説である。著者の注釋の手法は、足代弘訓門下の國學者にふさはしく、古語解釋を通して古代信仰を明かにする國學の研究方法を、しつかりと受け繼ぐものと言へよう。

なほ著者は、維新後、皇大神宮權主典・中講義などを拜命、明治五年(一八七二)には、神宮御改正に伴ふ內宮祈禱所(神樂殿)の御神樂・御饌供進式の立案に從事した。本書は、幕末維新の變革に際して神宮の傳統を擔ひ、かつ時代の要請に應じてその刷新をも圖つた著者の眞摯な見識を、如實に示すものと言へよう。

本書の類本としては、神宮文庫に一本を所藏する。この他、本田安次氏の所藏本が知られる。

祠官啓蒙俗解

(下)(朱書)儀可レ作レ義

祠官啓蒙俗俗解序

啓蒙之爲レ書也、余《カ》實祖父故三品前二禰宜貞盈卿講業之暇、編二集神道啓蒙一小册子《ヲ》一、而以殘《ス》二之《ヲ》於子孫《ニ》一也、今竊見《ルニ》取レ本者神道興起之意而欲《スル》下以《テ》二得一《ヲ》一爲レ念守《トテ》二混沌之始《ヲ》一、以吾侍中神明《ヲ》上、庶幾俠《テ》下天下之蒼生以《テ》二正直《ヲ》一爲《スル》レ元到《ト》中神道《ニ》上也、餘《レハ》抱《キ》二擁腫材《ヲ》一雖《モ》二飛禽囀《リニ》一似《リト》一、今時吾《カ》儕《ノ》祠官適慕《々ヒ》二事跡《ヲ》一雖《モ》レ有《ト》二好《ム》レ古《ヲ》者一、風俗頽敗《シテ》舍《テ》レ近《ヲ》求《メ》レ遠《ヲ》、省《キ》レ易《ヲ》索《ル》レ難《ヲ》之費《ニ》而、神宮之故實妄《リニ》所レ沒《スル》二口頭《ヲ》一也、是《レ》俗諺《ニ》所レ謂燈臺之燈雖《モ》二能《ク》明徵《ト》一、有二流油盞一而爲《ニ》レ是蔽《テ》レ明則其處太暗《タシ》、是《レヲ》取《ルコト》似《テ》レ易《ニ》亦又難《シ》、所《ヲ》二其《ノ》有害《スル》一不レ舍、而挑《ケ》レ燈《ヲ》點《テ》レ膏《ヲ》以見《ミル》、則非《ス》二赫明之異《ルニ》一レ常《ニ》蔽《フコト》レ之夜陰耳《ミシ》屯《ンニ》及《テ》二日出《スル》時《ニ》一、其《ノ》物顯《ル》且《ツ》自《ラ》陰《ル》也、莫《レハ》レ見《ルハ》乎、隱《ルヽハ》彼《ノ》聖語《ニ》而一《ニ》從《フ》レ之《ニ》人人無《シ》二私惡一也、誰《レカ》謂《ン》二鸚鵡能《モク》言《ト》一哉、噫々靜《ニシテ》而后《ニ》求《メ》レ之《ヲ》、欲《スルコト》レ使《シム》三天下之蒼生《ヲ》到《ラ》二吾《カ》神道《ニ》一也、不敏不レ違《ハ》、聊斯蒙昧《タル》吾《カ》子孫、原《モトツキ》レ之《ニ》爲《セハ》レ便《リニモ》二啓《ラク》レ蒙《ヲ》之津梁《ニ》一、吾《カ》微意足《ヌ》矣、以《テ》レ是《ヲ》緝二錄《シテ》同一册卷《ニ》一、殆《ント》倣《ヒ》二祖父卿《ノニ》一顯《シテ》二祠官啓蒙俗俗解卷首《ニ》一而授《クト》云爾

時天明改元辛丑孟秋旦

天照豐受皇太神宮祠官造前作所

權禰宜正四位下度會神主命彥謾書

祠官啓蒙俗俗解

内外御名儀之解

伊勢二所皇太神宮ヲ內宮・外宮ト奉レ申事者、天神地神陰陽配合ノ事ヲ以、古人說《ノ》々多トイヘトモ、暫我徒辨勘一二事解侍《シル》、抑外者遠儀、天地開闢始神座故爾云トソ、

（上）（朱書）內ノ字、當口ニ作歟

內者外對テ奉レ申トモ云、尚又內宇治ノ本名也、土地自ラ爾云トノ說、是モ其理有ニヤ、倭姬命世記・傳記・神記云、佐古久志呂宇治之五十鈴川上者ト云々、是等ニ內ノ儀不レ見、宇治ハ御鎭座以前ヨリノ名ナル事明ケシ、人皇六十二代村上天皇ノ御宇、祭主公節之時、皇太神宮ハ奧ニ座之故號二內宮一、度會宮ハ內ニ座之故《ニ》申二外宮ト一、內宮・外宮之稱號自二此時一始テ出也ト神境雜話附錄ニ見タリ、雄略天皇卽位廿二年戊午、豐受太神度會《ノ》山田原ニ御鎭座之後名曰《テク》二二所太神宮《ト》一、亦號二內宮・外宮一矣、按ルニ、是七字ハ後人ノ書加タルナルヘキ歟、舊事記云、登由宇氣神者是者外宮之度會神坐者也ト云々、此等モ是類ナランヤ、唯內ト云モ外ト云モ豐受太神山田原ニ御鎭座有テ、二所皇太神宮ト奉レ申如、奧ニ座故號二內宮一、口ニ座故號二外宮一奉《ル》二稱號一事、朝廷ヨリノ路順自然ノ理ニテ、二宮ノ御對號ト成タル事ト勘辨シテ難レ有ルマシ、內ハ宇治ノ本名、或天地開闢ヲ爰ニ出合程ノコトニモ有マシケレハ、尙通居ノ人ニ尋テ深意明ムヘシ、御名儀解スル事モ恐多、忝モ二所皇太神宮ハ伊勢國度會一郡ノ內ニ御鎭座有テ、程隔ノ間僅ニシテ竝座故ニ此御對號起タル御尊號ナルヘシ、然ニ御名儀ノコトヲ不レ辨カ、近年宇治・山田ノ民俗鄕名・地名ノ如ニ心得、假初ノ事ニモ內外ノ御稱號ヲ出、道具・調度・箱物等ニモ書記ス族アリ、宇治・山田町役所年寄・三方ト可レ云モ、內宮・外宮ト斷、殊宇治曆師抔ハ內宮何某ト露顯ニ記シタリ、如レ此ナレハ市店ノ日記帳等ハ勿論、他國・他所駈合ノ證文・注文等ニモ鄕名・町號ノ如書記事ナラントソ覺ユ、旣御當世御代々ノ御朱印ニモ宇治ハ宇治二鄕年寄共ト被二成下一、山田ハ外宮年寄共ト被レ爲レ載タルカト奉二拜見一、然ル時御朱印ハ重キ御事ナレハ、月日ニ續テ被レ爲二居置一、彼御神號ハ卷末ノ下也、於二御大樹一《ニ》ハ尚近キ御元祖ノ御尊號ヲ下トナシ給フ樣ナシ、山田年寄共ニテ頂戴シ事足ニアラン、是等皆地名・鄕名ノ如ク心得申上タルカ故ニ如レ此モ被二成下一タルナルヘシ、此外每事御尊號ヲ出ス事閒可レ有、別而宇治ハ鄕名ヲ嫌テ專內宮ノ御稱號ヲ唱フル様ニ聞タリ、按ニ、全家數山田ヨリ劣至テ小所タル故、卑俗好テ御神號ヲ所名ニ呼事ニアランカ、地名・村名等ハ皆古風ノ遺迹ニシテ、其國所ニテモ規模トスルコト多、況宇治・山田ハ御鎮座以前ヨリノ名ニシテ、大八洲ノ内珍圖ノ靈地也ト神記ニモ明ナレハ如何ソ、覆二古名《ヲ》一テ恐《レク》多モ御神號ヲ地名ノ如ニ用ユルヤ、祠官ハ勿論、宇治・山田ノ人民等、内外ノ御稱號ハ御尊號ナルコトヲ辨へ、地名・郷名ニアラサル事ヲ可レ存

神樂之解

神樂ノ起源ハ、古今露顯ノ沙汰ニシテ諸人知處也、伊勢兩宮ニテハ、御鎮座傳記曰、依《テ》二舊氏《ノ》權《ニ》一猿女《ノ》神率二來目命孫屯倉男女《ヲ》一、轉二神仕之遺迹《ヲ》一而今供二三節祭一、永復《ルキ》例也ト云々、朝廷ニテモ行ハルコト也、江家次第（十一巻三十三丁）云、御火白奉仕、次仰二掃部寮《ニ》一給レ軾《ヲ》、次召《ニ》二和琴一、其人着レ軾引レ之、仰云、本方候、最上着、次召レ笛、本方候、次召二篳篥一、末方候、次召二御歌一、可二奉仕一者末方候、次云、令二奉仕一、次人長退、人々皆着レ座、次衞府召人着レ座、次神樂、各借《テ》二陪從五位笏一枚《ヲ》一打レ之ト云々、倭舞・五節舞・烏名子舞、是等皆神樂也、吹レ笛、搔レ琴、歌長、宮司・寮官御歌各別ニシテ三首也、烏名子ノ歌十二首也、是等ノ事ハ儀式帳ニ載セタリ、今兩宮三節ノ祭ニ形《カタ》ハカク殘リテ行ル、是皆神代高天原ノ遺迹ニシテ、御鎮座之時、屯倉男女ノ所爲自レ爾天武御宇ニモ起リテ、禮ト樂ト二ツ竝テシ、平ク安ク長ク可レ有ト思食テ、此舞ヲ始給造賜ト云々、是皆神樂ト可レ云モノ也、此外神記・傳記ニ載セラル處、何レモ神代ノ遺風ヲ例トシテ歌舞ヲ奏獻セラル、然ル時ハ神明怒ヲ解給《キ》、平ク安ク納受アラントノ事也、今時宇治・山田里中ニテ仕業スル神樂ハ何ツ比ヨリ行ヒ始シコトヤ、其濫觴ハ不レ知、是亂世以來近代ヨリノ事ニテ時ニ當テ才覺ナル者始シコトニモヤアラン、古記・實記ニ不二見當一ハ據トスル事ナシ、太神宮祭祀ノ事ニ付テ、毎年五月下旬太御田祭ノ神事ニ囃ノ事アリ、此時里中ノ神樂役人ト云者ヲ神宮ヨリ頼事ア

リ、是モ太神宮儀式帳・年中行事、尙近比外宮常眞長官・貴彥長官等ノ神事目錄、天正・文祿比ノ記錄ニモ不《ル》レ見也、寛文二年內宮祠官ハ伊雜宮神人等訴論ノ事ニ付テ、伊雜宮年中行事破文ノ中ニ、外宮御田祭ノ神事モ中古マテハ今樣ノ儀ニテモ無二御座一候ト云々、元祿十年五月廿六日ノ記云、常和長官ノ家司長數神主、神樂役人ニ御田扇四百三十本、囃賴料羽書ニテ貳百五十匁送レ之ト書タリ、是等ヲ以併合スレハ、彌近世ヨリノコトニシテ屯倉男女ノ裔ニモアラス、又正シキ蔭子孫ノ傳モ不レ聞、如何ノ由緣ヲ以假初ニモ神樂ノ御名目ヲ出、役人ト稱、仕業トスルコトニヤ、神宮之古記・實記ニ不レ載ハ其筋ノ是非ハ難《シ》レ述、併古來相傳由緒正シキコトナリセハ、自二往古一神事ニモ可《シ》レ從《フ》、亦御田祭ニ囃ノコト出來スルニモ、其料ヲ受ル事モアルマシキニアランヤ、依テ可レ賞者ニアラサル事ヲ可レ辨

寛文十一年兩宮御神號ノ銘論ノ時、有レ故テ差出ス由、其書如レ左

外宮大々神樂御祈禱執行次第

一御山莊御注連を引奉　　一兩宮御膳
一外宮御本宮相殿 市幣舞　一別宮四番舞
一內宮御本宮相殿 市幣舞　一別宮七番舞
一兩宮諸末社十八番舞　一八乙女舞
一すしへの拍子　一山まつりの舞
一ゑひす舞　一くしなひ遊ひ
一へんはい　一注連擧

以上三十六番

如レ古書出シタル由、何ソ如《キ》レ此《ノ》樣ノ物ヲ以御神號訴論ノ證抔ニ用ヒシ事モアリヤ、注連ヲ引奉《ル》二御膳《ヲ》一ト云事、如《イ》何《カ》ナル譯ニヤ、御饌供進ノ事ハ御供ノ解ニ述ル如ク、里中ニテ調備スルコト其例ヲ不レ聞、又相殿ノ事抔ハ祠官ノ上ニテモ深キ習アリテ、神祕ナレハ容易ニ凡俗ノ知ルコトニアラス、別宮四番・七番ノコトハ四所・七所ニ配合シタルナルヘシ、是モ蒙古ノ御祈・宮川堤守護地主ノ神等ノ御由緣アリテ、御鎭座ヨリシテハ幽力後宮號　宣

下アリテ四所・七所ノ御名儀出タルコト也、又兩宮諸末社十八番ノ舞トハ何事ソヤ、別宮ノ如ク其數ニ宛テハ外宮ハカリニテモ四十七前也、況內宮末社モヤ、此餘コトハ雜唾ノ沙汰ニシテ述ニタラス、後人ノ僞作ナルコト明ケシ、兩宮三節ノ御祭ニ行ハレン五節・鳥名子《トナコ》・倭舞スラ其事跡ヲ失ヒ斷絶シ、形ハカリ傳ヘ、其事知《リ》タル祠官トテモナキコトナルニ、如何シテカ神代ノ遺迹土風ヲ傳フヘキコトアランヤ、抑今市中ニテ行フ神樂ト云ハ、元祿初比マテハ述作ノ儘ニ行ヒ來リシカ、代《ヨ》靜《カ》ニナリ人心風流ヲ好ミ、唱歌ニ佛語アル事ヲ厭ヒ振リノ數アラヌハ、時ノ俗不レ說トヤ思ヒケン、山田大世古町ノ住人龍氏熙近ヲ賴、佛語ヲ點削シ、歌舞ヲ增減シ、謳歌・舞列ヲ定メタリ、尙今執行スル神樂ハ是ナルヘシ、所緣アリテ歌舞點削前後ノ草藁ヲ得タレトモ、去明和ノ火災ニ燒失シ、二、三曲覺エ殘セシコトモアリシカ、是モ亡却シ了、近比享保五年庚子五月十四日、山田神樂役人ノ數ヲ改ルコトアリ、其時書出ス數如レ左ナル由

神樂役人之家數三百六十五家

一男四百九十六人　一女二百十三人

素人之家數百三十家

一男三十八人　一女四十四人

ト書出シタル由也、都合シテ見レハ凡男女八百人程ノコト也、此役人父母共筋ヲ引テ仲間トナリ、餘人役人トスル事不レ許ト也、然レトモ如レ此ノ人數也、是全ク神樂ト云業ヲ取立ルノ時、同心ノ者數十家ニシテ其末葉增長シタル事ナルヘシ、素人ト云ハ其筋スレトモ、執行勤務ノ內ニ不レ入者ヲサシテ素人ト云ナル由、此事宇治里中ニテモ行フ事也、發端・事記・始終山田ニテ仕始シニ異ルコトアルマシ、尙所爲唱歌・舞形ハ又彼ノ方ノ風流アリテ仕業スル由、正シキ御祈禱ノ沙汰ニシテ終行スル業ナラハ、人數ノ過不足、着服ノ違ヒアルトモ事務ハ可レ爲二同樣一コトナランニ、雙方至テ齟齬スル事、猶僞事、僞作ヲ顯ス證トモ可レ云コトカ、如《キ》レ此《ノ》仕業ナレハ神事祭禮ノ如ク事嚴重ノ姿モアリ、聲花《ハナヤカ》ニシテ仰山ナル有樣也、

遠國ヨリ此ノ祈禱ニ誑レ詣來百姓・町人等驚レ目、噺ノ音ニ耳ヲ劫シ、信心一途ニシテ無《キ》二他事一也、又近國都符(府)ノ工商等企《テ》レ之《ヲ》爲レ之ニ、莫太ノ饗應ヲ得ルコトヲ說、過量ノ料物ヲ抛テハ、費ヲ不レ厭奔走スル故ニ、尙《ホ》歲月ニ增シ、諸國民俗此事ヲ取結專企ル事也、然レハ今此ノ事萬民卑俗ハ勿論、上下トモ伊勢兩宮ニテハ御祈禱ノコト是ニスキタル事ナキ樣ニ云倣セ、別テ天下ノ御祈禱、大名・高家ノ御方ヨリモ御祈禱ニ此仕業ヲ被二仰付一事、御大樹ハ日本ノ大君タリ、大名・御高家ハ其國郡ヲ治メ給フ大臣ナリ、御大人タル御家ニシテケ程ノコト御斟酌可レ被レ爲レ有ニモアラサルコトカ、御太切ノ御祈禱ニ雜談ノ仕業ヲ以卑俗同前ニ御願ヲ可レ爲レ達コト、乍レ恐如何ナル御事ニヤ、御祈禱ノコトニオイテハ二宮ニ祠官アリ、朝廷ヨリ被二付置一正權禰宜アリ、御君臣トシテ被二仰付一ニ何ソ否アランヤ、師職タルモノ一身ノ益ヲ以誑掠ノ數(贅)言ヲ述ルトモ、御大身ニシテハ凡俗渡世トスル仕業ヲ以御祈禱ニ被レ爲レ用事御無益ナルコトニモアランヤ、又近比大御乳入御參宮ノ砌、彼里中ニテ執行スル神樂ヲ御奏覽ノコトアリ、此等ハ故實是非ノコトハ勿論、御身被レレ爲レ行《ハ》、別而神樂ノ深意ハ常ニモ御會得可レ爲レ有事ニテ、ソモヤ御祈禱ニ御奏行被レ爲レ成シニモ有ルマシキコトカ、若御旅館ノ御獻事召寄ラレシコト抔ニモアランヤ、左ナレハ是モ假初ナカラ神樂ト云業ヲ眞似テスルコトナレハ、乍レ恐御遊ノ御沙汰ニシテハ畏怖ノ御事ニモアラン、實亦寔ニ御祈禱ノ御由緣ナト有リテ、執行被レ爲レ成シコトナリセハ如何ト云モ恐アリ、拜伏シテ俯笑スルヨリ外他事ナカラン歟

御供之解

御供ノ事ハ、太神宮祠官・正權禰宜覺語最上極一ノコトナリ、神宮ニテハ御饌ト云供進ヲ略シテ世俗御供ト云、御饌殿ト云モ御供殿ト云倣ハセ來レリ、抑御饌ハ神事祭祀ノ根源ニシテ數卷ノ神記・國史・實記ニ被レ載如ク、垂仁天皇ノ御宇、天照太神御鎭座アリテ後、雄略天皇ノ

御宇、豐受太神ヲ丹波國（今ハ丹後）與佐郡眞名井原ヨリ山田原ヘ奉レ迎サセ給フモ、朝ノ御饌・夕ノ御饌ヲ倶ニ安クキコシメサシメ玉ハン爲、御託宣ニ告覺サシメ給フ也、夫レヨリシテ天地トキハマリナリ無レ限、今上皇帝ノ今日マテ懈ル事ナシ、聖武天皇神龜六年マテ兩宮ノ御饌ハ外宮ニテ調備シ、內宮ヘ物忌・內人等朝夕持運ヒ奉二供進一シコト也、然ルニ同年正月十日、字ハ浦田坂西ノ方谷道ノ中ニ死人有（畜馬喰損）、爰ニ內人川倉弘美等見過シテ內宮ニ參、如レ例奉二供進一了、同年二月十三日、俄ニ天皇御腦極重ニ御座、因レ之御トヲ行ハセラル、陰陽・本官兩道勘ヘテ云、巽ノ方太神仁不淨ノ御祟有ル由ヲ申、依テ同月廿日、宮司高長比連千上ニ被二宣旨ヲ下一、二宮ノ禰宜ニ不淨ノ子細ヲ召問ル、禰宜等各無《キ》二違例一事ヲ陳申、者《レハ》尚番勤ノ內人等ヲ重テ召問ルノ處、件ノ內人等路中ニ死人有シ條ヲ陳申、依テ敕使ヲシテ令二祈《リ》申一給、且陰陽寮勘答ニ依テ、同年六月十五日、依右大臣藤原武智麻呂宣、奉レ敕、宮司千上令二承知一、豐受太神ノ中ノ

重ニ新ニ御饌殿ヲ被レ進、自今以後、皇太神宮朝夕ノ御饌モ於二此殿一令二備進一ト云々、此外委クハ禰宜神主安麿カ記ニ見エタリ、又朝廷ニテモ內侍所ノ御供調進ノコトハ公事根源ニアリ、尚觸穢ノ時モ止メサセサルニヤ、禁祕抄ニ出タリ、神宮ノ法、御饌供進ノ時ハ參宮ノ輩歩ミヲ止メテ神拜セス、外宮齋館式ニ云、不レ供二御饌一前不レ得二饗食就《クコトヲ》一、朝夕供進ハ寅ノ刻・申ノ刻、此ニ時ヲ勿レ差ト云々、別而神地ノ人等ハ此二時ヲ過シテ食用セヨカシト永正記ニモ書シタリ、御饌供進シテ後、御サカリヲ御食下シト書シテ御マカリト云、サトマト横音通スル故カ、且直會ト云ハ、大古ノ如ク玉串門ニテ所レ奠《スル》ノ御酒・魚饗・菜物等ヲ於二神前一正權禰宜・物忌等マテ拜食スルヲ直會ト云、正月元日鮎饗、皆悉同《シ》レ之《ニ》、辨官抄云、一殿一宇（敕使中臣以上居レ之）有二酒肴一ト云々、一殿及神祇官殿等ノ防籬ノ內ヲ直會院ト云、是ヲ以見レハ御饌殿ニテ供進シタル御下ヲ御マカリト云、神前及於二一殿等《ニ》一酒肴拜食スルハ直會ト云、其證明ケシ、尤御饌供進ノ時、必

御湯アリ、此ノ御井ノ水ハ天御孫高天原ヨリ天降マスノ時、天村雲命度會氏之遠祖ニタヒ、天ニ上リテ天忍井ノ水ヲ治二琥珀ノ鉢一《ニ》天降マシテ、日向ノ高千穂宮ニ定崇居奉ル、依二其功一此命ヲ天二上命ト申賜、天小橋命トモ申給フ由縁アリ、爾ヨリ丹波ノ眞名井ニ鎭メ移居玉ヒシヲ、其後外宮ノ乾ニ藤岡山ト云所ヘ又移鎭メ居奉リテ、天村雲命ヲ奉レ祭、今モ朝ノ御饌・夕ノ御饌トニ子良ノ副物忌・小内人ヲ率ヒテ、攜二堝物《ヲ》一啓《キ》二御扉《ヲ》一、口裏ニ神歌ヲ唱ヘ、水面ニ己レカ影ヲ不レ移シテ汲取來リ、朝夕御饌ノ御陽ニ奉《ル》二供進《シ》一、天照太神此水ヲ下シ給フ時ノ敕詔ヲ守リ、如二神記一此御湯ヲ正權禰宜・物忌等拜飲スルコト正月元日ニ式アリ、當時諸國ノ萬民等御供ヲ獻スルコトアリ、或御下ヲ拜戴センコトニ願フ者アリテ、其職家手次ノ宿坊ヲ頼ミテ獻備シ頂戴スルコト也、是皆御食下ナトモ如何ナル訣ニヤ、俗家御供直《ニ》會ト云唱ヘ通號シ來レリ、近世内宮ニハ其料物ヲ出シテ諸人御供ヲ獻ルコトナリ、其者《ノ》御門ノ内ニ入參拜シ、彼役人衣冠ノ如キ服ヲ着シ、祝詞ヲ申、御供ヲ獻備シ、其姿ヲ彼ノ願主ニ見覽サセテ、於二其序一御食下ヲ拜食サスル由、是則直會ト云形ナルヘシ、言語ヲ絶スル事アレトモ、何ツ比ヨリ始シコトニヤ、暫ク年月モ經シ仕業ナルカ、度會延佳モ太神宮或問ニ此コト不審ヲ述タルカト覺エタリ、不作法ノ事ハ朝廷ノ御沙汰・御制令タルコトナレハ、私ニ是非シテ難《シ》レ解《シ》、此事外宮ニモ近年行ハル由、サレトモ、如二内宮一サシテ不二目立一ハ其仕業ノコト未二見聞一也、是モ増長セサル内、速ニ停止シテ是ナラント云者アラハ、予モ夫レニ從ンノ徒也、今時諸國ノ萬民上下トモ諸願ニ依テ頼ミ來ル祈禱ノ樣躰如レ此ノ品數多アレトモ、此《ノ》御供頂戴ノ事ハ僞事ナキ所也、拜食頂戴ヲ願ヘハ、則彼朝夕《タヘ》ノ御饌ノ御食下ヲ子良物忌ノ齋館、或其職仕奉スル小内人ノ許ニテ乞請來リ令二拜食一、又御供直會ト書號シ與フルコトナレハ、少シモ御饌ノ御食下給《ニ》ル物ナシ、此御供ニ限リ如何ナル僞名ノ師職トイヘトモ、祈禱祓麻ノ如ク私僞作スル事、甚神慮不敬ヲ恐惧スル事ナレハ、實寔ニ御食下サルコトヲ存シテ頂戴スル輩、不淨ヲ去テ清淨ニシテ愼テ可二拝食一、又今此事モ山田里中ニテ大々御供・大御供抔ノト稱シ修行スル事アリ、是モ近世ヨリ仕始シコトナラン、此仕業ハサシテ太々神樂ノ如ク可二一笑一ス、振リモナク拍子モナシ、御膳ヲ花美ニシテ調備、中臣祓ノ祝詞ヲ申テ願主ノ意趣ヲ述ルマテノコト也、世俗外宮ノ四十末社、內宮ノ八十末社、合百二十ケ所ニ御膳ヲ供スルコト也ト云倣ハセタレトモ、此ノ仕業スル者神宮遠隔ノ族ニモアラサレハ、其等ノ覺語モアルニヤ、又外ニ據アルコトカ、大々御供ニ御膳ヲ奉ルハ兩宮合百卅三ケ所ノ末社ニテ、俗諺スル百二十ケ所ニテハアラサル由申トノコト也、尙此仕業ヲ勤ル者ハ外宮ニテ宮人ト稱シテ數十家アル者也、此內神宮ノ許ニ依テ太神宮年中ノ神事祭禮ニ従ヒ勤務アル神役人也、延喜式ニハ小內人・戸人《ヘヒト》等トアリ、新任辨官抄ニハ宮掌 下人也、兼二大內人ヲ一 ト云々、此等ノ者ナルヘシ、勿論太神宮御造宮御遷幸ノ時ハ召立文ニモ載セラレテ、其事務ヲ仕奉スル職掌人也、然レトモ御饌供進ノ事ハ、禰宜・神主其式ヲ守リ仕奉スル重事ヲ似移シ、於二里中一ニ修行スル事、是モ不作法ノ沙汰限リナキコトナレトモ、今神領モ絶果、勿論彼等マテ下行スヘキ應裁ノコト斷絶ナレハ、露命ヲシノキ渡世ノ助ケニモト如レ此仕業モ思ヒ付タルコトナルヘシ、是等ハ薄クモ神役ニ攜リ、其流ノ汁ヲ啜ル理アラン歟、無位無官、平俗ノ者師職ト號シ、祈禱ヲ僞行シ、市中ノ神樂役人神事ヲヲン行スル者ヨリハ、此御供調進ノ眞似ハ少シ見許ルシ易キニモアランヤ

神馬之解

兩宮神馬ハ上古ヨリ有來ル事ニテ、天子幣馬ヲ奉ラル事數多也、古記曰、櫪飼ノ御馬各二疋餘ハ禰宜拝領スト云々、延喜式曰、凡二所皇太神宮ニ櫪飼ノ御馬各二疋、簡二テ幣馬之內一ヲ恆ニ令二養飼一、自餘ノ馬ハ皆放二神牧一ト云々、外宮儀式帳云、御厩一間、馬集ノ御厩二間、幣帛ノ御馬隱《ノカクレノ》御厩一間トアリ、兩宮共ニ內ノ御厩・外ノ御厩有シ事モ神宮ノ古記ニ出タリ、又將軍・國守ヨリ奉ラレ

シコトモアリ、太神宮へ頼朝馬數疋ヲ獻セラルニ付イテ、俊兼候二簀子一勤ル二毛附ヲ一ト云コト東鑑ニ見エタリ、其後亂世ニ及ンテ是等ノ例モ斷絶シタリ、外宮神領出納帳云、近江國福永ノ御廚三石但神馬二疋料、信濃國ノ長田御廚布貳百端・神馬一疋、何レモ國守・地頭ノ沙汰トシテ毎年如レ此トアリ、御廚ノ馬ハ神前奉納ノ後、時ノ一禰宜家ニ納メテ養飼シコト也、此事モ近比、文祿・慶長時分マテモ其式殘リテ、既ニ予家ニテモ前一禰宜貴彥卿長官タリシ時、御廚ノ馬ヲ家ニ納メ養飼事記錄ニ見エタリ、尙寛永六年御遷宮ノ御材木ヲ兩宮へ奉レ分時、彼養飼シ形殘リシニヤ、騎馬ニテ宮川へ出ルコト日次記ニ有リ、今時ハ是等ノコトモ絶果タリ、況兩宮御神馬ノ式サへ亡タレハ如レ此様《サマ》ハ尙更ノ事也、今二宮ノ上モ內宮ニハ漸ヤク適ニ生馬一疋ヲ外ノ御厩ニ殘シテ上古ノ形ヲ守リ、外宮ハ內ノ御厩ニ木彫ノ馬ヲ置テ櫪飼ノ御馬ニ准へ姿ヲ殘シタリ、當時モ公卿敕使・臨時奉幣有ル時、又毎年神嘗會祭敕使ノ例幣ニ幣馬ヲ添テ奉ラルコト上古ヨリノ形ヲ殘サセ給テ牽セラルコト也、然レトモ是モ今馬代ニシテ、其時馱馬ヲ以テ暫時ノ閒用ヒラル、尤此馬代ハ上代生馬ヲ禰宜拜領セシ任二古記文ニ一順番ニ禰宜拜納ス、今亦將軍御代參ノ時御奉納御目錄ニハ雄劍龍馬ト被レ爲レ載タレトモ、是モ馬代ニシテ御師職ノ者納レ之ヲ、太神宮へ御奉納ノ沙汰ナシ、馬ハ武門第一ノ畜獸ナレハ、將軍御奉納ハ如二御目錄一生馬ヲ以被レ進度事也、於二他社一モ加茂・春日・住吉等其外國々ノ宮社、其國主・地頭ヨリ奉納アリテ養飼シメラル事也、兩宮ハ日本ノ宗廟ナリ、如何ソ內宮ニハ生馬一疋ヲ殘シタレトモ、外宮ハ歎ケ敷モ嬰子ノ遊具ニ異ナラサル木馬ヲ市店如二賣物一晒レ之、シカノミナラス參詣ノ輩ニ飼口料ヲ受ル如何シテカ、此ノ木馬飼口ノ業ヲ働カンヤ、他社ノ聞エ參詣ノ諸人ハ笑止ト云トモ、萬言ノ嘲リヲ防ニハ術ナカルヘシ、夫レ馬ハ群獸ノ中最上也、其用助レ人ヲ、字書云、八尺以上ヲ龍ト云、七尺以上ヲ騋ト云、能ク總二武事ヲ一、助二農事ヲ一、代二人力之勞ニ一ト云々、馬ハ陽物ニシテ良獸タリ、神明モ是ヲ捨給フコト不レ有、尚又神宮雑事記曰、天慶三年二月九日、朝敵将門追討ノ御祈ヲ二宮禰宜ニ被二仰付一各抽二懇祈《ヲ》一、同月十三日ノ夜、太神宮正殿ノ内ニ有下召二立姓名《ヲ》一、賜二弓箭甲冑一聲上、宿直ノ内人・物忌等聞レ之畏恐甚シ、然ルニ歴ノ御馬流レ汗如二以レ水洗《ヲ》一奇怪ノ至也、ハタシテ翌十四日未ノ刻、東賤（賊カ）平将門被二誅罪一了、是皆太神宮ノ御加護、被レ令二養飼一神馬ノ大徳ニアランヤ、如レ此畜獣ナレハコソ今モ被レ任二古記文《ニ》一、駄馬ノ汚タルモ厭ヒ給ハス、用具ヲ飾リ付、毎年例幣ノ時、幣馬ノ姿ヲアラハシ給ヘハ、ナクテ不レ叶物トハ見エタリ、居《ル》二其職一祠官等、速ニ其旨趣ヲ奏二朝廷一、巨細ヲ時ノ奉行ニ言上シ、大樹ノ御家ニ御奉納ノ事ヲ願ハ、別テ武邊第一ノ用獣タレハ、如何ソ是ヲ不レ被レ令レ進ト云コト有ルマシキヤ、公務ノ故事繁《ハ》多也、願ノ字有テ許ノ字次事ヲ不レ辨ヤ、見《テ》レ義《ヲ》不レ爲者無レ勇ト、是モ於二神忠一テハ一ツノ怠リトモ云ハンカ、今又諸國ノ參詣人、其止宿スル家ニ頼ミ神馬ト號シ、駄馬ニ紙ヲ切付カケテ神前ニ牽廻ヲシムコト、彼幣馬ヲ思ヨリテ仕出シタルコトナルヘシ、神前不作法ノコトハ是モ云ハカリナキ限リ也

祈禱之解

祈禱ノ起源ハ、天照大神幽二居天岩窟一之日、思兼命・大玉命・兒屋根命・手力雄命・鈿女命等ノ所爲ヨリ始也、寶基本記ニ曰、天皇即位廿六年丁巳冬十月、新嘗會祭ノ夜、神主・物忌八十氏等ニ託宣ノ事アリ、神垂ルニ以二祈禱一爲レ先ト云々、此外倭姫命世記・傳記等皆以二祈禱一爲レ先ト云事記文明也、是等ヲ又モ始シテ神ノ惠幸《ヒ》玉フ事ハ、祈禱ヲ以セヨトノ詔命也、其本誓ハ皆令レ待二大道一、天下和順、日月精明、風雨時ヲ以シ、國豊ニシテ萬民安穏トナリ、神事隨筆ニ云、祈禱ノ字ハネキコト、訓シ、凡祠官ノ職分也、抑祠官ハ祈禱ヲ以業トスルコト、武士ノ武ヲ習ヒ、農夫ノ田ニ往クニ同シト書シタリ、如レ此ニシテ祈禱ハ祠官・禰宜・神主第一ノ勤業也、上古ノ太神主今ノ禰宜・神主ハ從二朝廷一御祈禱ヲ可レ被二仰

付一爲ニ太神宮ニ被二付置一ノ役職也、私ニ勤ル業ニアラス、常ニハ朝廷ノ命令ニ従ヒ神事祭祀ヲ勤行シ、天下泰平・國土安穩・五穀豊饒・寶祚延長・將軍武運永久・君臣調和・萬民快樂ト旦夕祈禱スルコトヲ業トシ、又由アリテ天皇御祈御祈願之　宣旨、或御敎書ヲ以、其子細ヲ被二仰下一時ハ則兩宮ノ正權禰宜一同ニ抽キ二懇祈ヲ一専奉レ祈事也、如レ此ナレハ日本國中君臣上下・士農工商・社職ノ僧侶・平俗卑賤、萬萬民此神國ニ生ヲ受タル人者乃神《チミタマ》物《モノ》也、皆大道ヲ得テ御神恩ヲ不レ蒙ト云者ナシ、漏ル物ナシ、依テ其各ノ諸願ヲ告達被レ令レ申タメニ朝廷ヨリ附補シ置ル伊勢二宮ノ祠官正權禰宜ハ、諸國ノ他社神主・祝部等ニ異リ、祈禱ノ子細ニ於テハ天下一同ノ用器タルコト明也、然レハ二宮ノ祠官等祈禱ノ深意ヲ覺語シ、倭姫命ノ御聖敎・御詔命ノ重キ習ヒヲ會得シ、愼テ勿レ怠トノ御遺命ヲ守リ、玉常ヲ亂サス、敬心ヲ不レ犯シテ、太神ニ奉レ祈ハ神明御納受アリテ、冥ハ加ルニ以二正直一爲レ本、住二基本誓ニ一、皆令レ得二大道一惠幸《ミヒ》給フ、若シ背二御威

命一不信懈怠ニシテ、萬言ノ祝詞ヲ述奉レ祈トモ神明如何シテカ惠《ミ》ヲ垂給ハン、神惠幸《ミヒ》不レ給ハ、祈禱無ノ二本意一、然ル時ハ二宮ノ祠官於二朝廷ニ一ハ畏レ二違命罪ヲ一、天下ノ爲ニハ無益ノ器トナルヘシ、當時二宮ノ祠官等不祥ノ時ニ遭ヒ、神領ハ廢亡シ、俸料モ不レ給レトモ、適其家ニ生シ、蒙二天恩一、位階ハ遂二昇進一、今猶當《マサニ》ヘシ二己カ爲一、祈禱ノ職分ニ因テ諸人ノ諸願モ達シ、託ヲ請、神納賽幣ヲ拜受シ、其取納充乏多少ハ其身ノ禍福ニシテ、妻子ヲ育ミ、從者ニ扶持シ、渡世スル輩又煖ニ着、飽マテニ喰フ者ハ勿論、皆神恩・朝恩ヲ不レ蒙祠官ナシ、能々祈禱ノ深意ヲサトシ、専ラ勘辨ヲ要トスヘキコトナランヤ、且祈禱仕業ノコトニ於テハ口授深習アルコトニテ、親子眷屬タレトモ不レ得二傳授ヲ一ハ修セサル事、兩宮祠官神宮故實ノ法也、然ルニ近代無位無官ノ輩、祠官ノ者ニ請フテ參宮神拜ノ式ヲ習ヒ得ルコトヲ祈禱傳授ノ如ク心得ル者アリ、甚以相違ノ事也、於二兩宮一ハ祠官正權禰宜ノ外、祈禱ノ仕業ヲ傳授スルト云事ナシ、辟ヘ覺語有リ度其書ヲ見、得二其傳一

トモ位職拜任セサル輩其用如何センヤ、所詮覺エテ益ナキ事也、尙祠官ノ内ニモ如レ右心得、專ラ祈禱ノ傳授ニ仕ナス故歟、彼無位無官タル族ニテ祈禱ヲ修行スル者モアル由、是等ノコトハ祠官ノ家ニ生レ、殊ニ其職ニテモ昇進シ、斟酌程ノ事ハ心付クニモ有ンヤ、予祖父貞盈卿ハ平俗ノ者ニテモ志シアリテ請フ時ハ、太神宮參拜ノ仕樣ハ敎覺サセケレトモ、祈禱ノ仕業ハ無位無官ノ輩ニハ授ケテ無益ノ業覺テ、後代其者己カ本職ヲ不レ勤ルノ害アラント、一向此傳ハ祠官ノ外ニハ不レ許由、中臣祓祝詞集解ニ書殘サレタリ、此外皆於二一宮一ハ官位任職拜補スル輩ナラテ、祈禱ヲ修行スル沙汰決而ナキコト也、然ルニ此地宇治・山田ノ民俗・平俗ノ者諸國ニ旦那ヲ持、施物ヲ受テ渡世トスル輩、御師・師職ト稱シ、兩宮祠官同樣ニ祈禱ヲ以テ仕業トスルト云コトアリ、如何ナル由緣據者（有カ）ル事ニヤ、諸國ニ檀那ヲ持、其因ニ依テ初穗ト稱シ施物ヲ受、其緣ニヨリテ參宮ニ詣來ル時、其旦那ノ止宿ヲ勤メ、饗應料ノ助情ヲ以テ渡世スルコトハ、天下之

御祈禱ニ拘リタル仕業ニテハナシ、此事ニ就テハ勿論諸國ニ旦那ヲ持者無位無官ノ平俗タリトモ、御祈禱ヲ修セヨトノ號令アリシ事モナシ、又宇治・山田ノ民俗ニ學二神祇道一ヲトノ御條目アル沙汰モ不レ聞、尙他國於テ二餘社一モ神主・祝部・社人ノ外、鄕村ノ庄屋、市中ノ宿老氏子ヲ持、祈禱ヲ修スルノ例モナシ、況ヤ二所皇太神宮ハ天下ノ宗廟也、醍醐天皇御宇、延喜式文ヲ被レ撰シニモ、神祇令ヲ初卷ニ被レ置、于二此國一神道ナル事ヲ顯シ給ヒ、專祈禱ノ事ヲ先務ニ被レ載タリ、斯ク重事タル仕業ヲ無位無官ノ凡俗トノ故ナリ、假リニモ修行スルト云コトハ神慮ニ對シ恐アリ、朝命蔑犯スル者ニアラスヤ、旣祠官トイヘトモ大内人・物忌職等ヲ兼行シテモ、物忌・内人等ハ其神役ヲ勤ル職掌ニシテ祈禱ヲ修スルノ役ニハアラス、祈禱ハ唯二宮正權禰宜任職拜任ノ輩一身ノミニ付從フ業ナルコトヲ可レ知、此外祈禱ノ事ヲ己レカ職分仕業ナリト云ヘキ者ナシ、辟ヘ何ク何方ヨリ得二其傳ヲ一テ、諸國旦那ノ爲ニ修行スル者アリトモ、二所太神宮ノ御尊號

ヲサシテ奉レ祈ハ、位職拝任セサル族ハ皆天下ヲ不レ晴シテ穏行《ヲンカウ》ナルコト明也

祓之解　麻之事

祓ト云ハ、去二不浄ヲ一復リ二清浄ニ一、除キ二悪念ヲ一求二吉善之道ヲ一之業也、神祇令義解ニ曰、謂レ祓ト者解二除不浄ヲ一也、廣韻曰、除レ災求レ福也、此祓二（三）品アリ、除災祓、求福祓、遂降祓等也、両宮ニテ修スル祓ハ齋内親王御参宮ノ時、公卿勅使例幣使ノ砌、宮川ニテ祓ノコトアリ、神宮ニテ御巫内人修スル祓、外宮ニテ濱出ノ神事ニ三禰宜修スル祓、祠官神事ニ従フ時、當日潔齋次ニ祓ヲ申、是等皆除災祓也、朝廷・将軍家・國守・地頭・高家ノ方ヲ始メ、士農工商萬民為二諸願ノ一修行スル祓等ハ是皆求福祓也、尚又外宮禰宜補任曰、神主士主童男死穢ノ内、依テ二神事供奉スルニ一仁壽二年八月十九日、任二宣旨ニ一科二大祓ニ一解任ト云々、是等ハ神代ノ昔、素戔嗚尊諸神達ニ拂ヒ玉ヒシ古ノ跡ヲ以見レハ遂降祓ト可レ云モノナラン歟、當時モ外宮子良退職ノ時、解祓ノ事アリ、是モ遂降祓ノ意残リタル事ニモアラン、且廣韻ノ字儀ヲ次見レハ、除災・求福ト二ツニ分レタルコトモナシ、天武紀・神祇令等ノ祓ノ條ヲ見テ可レ考、麻ハ則祓ヲ申コムルノ具ニシテ、祓ノ祝詞ハ無形ナリ、麻ハ有形ナリ、中臣祓祝詞ノ文ニ、天ツ金木ヲ本打伐リ末打伐テ、天菅麻本苅斷チ末苅斷テト云々、是祓ノ具也、文選ノ銑注カニ云、筳ハ小キ木ノ枝也トアリ、孫姫式カニ曰、裂二管麻ヲ一尚ホ禱レ神ヲト出タリ、藻鹽草ニモ中臣ノ天ノ管麻ヲ斷、ミソキ祈リシ神ハ今日ノ為コソ（神中抄ニハ今日ノ、タメシニトアリ）如レ此祓ノ具ハ皆形アルモノナリ、此外置物ノ事、其祓ニ従ヒ贖物等ノ差別有リシ事モ、今皆斷絶シテ其沙汰アルコトナシ、當時二宮ニテ祓ノ麻ト云ハ、唯木ノ串ニ紙ヲ切カケテ用ユルノミ也、又竹串ヲ以スルコトモアリヤ、延喜式ニ出タリ、榊ノ枝ヲ以テ、モシ何レニテモ祓ニ用ユル具ハ麻也、太麻ト書稱スル事、大ハ美稱ノ詞ナリ、神事随筆大麻ノ條ニ、木工式ニ出タル幣帛木ノ事、神宮雑例集載スル齋宮寮幣ノコトヲ書シテ、今神宮ニ用ユル

（上）（朱書）延喜式ニ云、ノスゞノヤソタニ串ノコト覺タリ

祓ノ大麻ハ幣串ノ束ネタル也ト云々、此事予蚊蝱ニシテ古人ノ書ニ及スルニハ不レ有レトモ、考ルニ、幣ト麻トハ異ル物ニアランヤ、神明ニ奉ルハ幣也、串ハ臺ノ意ナラン歟、麻ハ祓ヲ申ノ具ニシテ、串ハ振ヨキ爲メニ用ユル物ナラン、幣串ト麻串ト異ル事ヲ云ニ其證アリ、祓ヲ修スルニ大麻ナクテモ笏・扇、或木ノ枝ニ葉等ノ類ヲ以スルトモ、祓ヲ修スルニ違フ事ナシ、外宮年中行事今式ニ曰、正月元日ノ條下云、擬禰宜修禊ノ法、持レ扇而行二大麻・錢切・散米一、皆不レ用レ之ト云々、是等ヲ以テモ可レ考レ合、且兩宮正權禰宜・物忌・内人等日所作、或神事ニ従フ時ノ祓ニ用ル麻（丸木ノ串ニ紙三下リヲ付）、外宮ニテハ是ヲ十座祓ト云、内宮ニテハ是ニ異リ一座祓ト稱シテ、尙此串ヲ幣串ト云テ長サ一尺二寸、箸ヨリハ少シ細ク、四手ハ少ハ、一枚ハ廣キヲ付ル、是神宮ノ故實也ト祓勤仕式ニ見エタリ、外宮ニテモ毎月一日正禰宜・權官於テ二大麻所一ニ修スル列祓ニ用ユル麻ハ紙ノ切カケ様異レトモ、内宮ニ用ル一座祓ト云ニ同様ナル串也、又是ヲ外宮ニテハ祓串

ト云、今時《イマ》朝廷之御祈・關東ノ御祈禱差上ル麻ヲ始、諸萬民ノ諸願ニ依テ頂戴サスル麻ハ、彼内宮ノ一座祓ト云麻、外宮ノ十座祓ト云ニ麻串ヲ細略シ、祈禱ノ祝詞ヲ申、員數ニ従ヒ、千度・萬度ニテモ此麻串ヲ集メ束ネタル事也、尤此麻今見分宜キ様ニ作リ立集メ束ヌレハ、祓祝詞ノ數不レ合事アリ、然レトモ是其儘ニテ始ヨリ修スルコトナレハ、祓ノ數ハ其好ムニ従ヒテ麻串ノ數ニ不レ拘シテモ祈禱ノ起意ハ異ル事ナシ、尙《ホ》又此祓ノ麻ヲサシテ世俗皆祓トハカリ稱ス、祓ノ祝詞ヲ申コムル故ニ是祓ノ麻也、麻ハ實也、祓ハ虚也、前後辨ヘテ可レ考、扨又此麻ヲ太神宮ト號シ、或御神體ト稱スル事、今世俗上下萬民、皆云倣ハセ稱ス、旣兩宮祠官タル者居二其職一ニテモ斯《ク》心得ル族アレハ、遠國邊鄙ノ輩ハ左モ可レ有コト歟、麻ハ祓ノ祝詞ヲ修セサレハ、唯木ノ串ニ紙ヲ切カケタルハカリ也、童子ノ手遊ヒ物ニ異ル事ナシ、尙《ホ》麻ト云名目モナシ、辟ヘハ麻ノ如キ物ヲ拵ヘ、包紙ニ神明ノ御稱號ヲ記シ、祠官其位署ヲ顯ストモ、御祈禱ノ祓ノ祝詞ノ申コメサル

ハ、弘麻ノ如キ様ノ物ニテ、木串ニ紙ヲ付タルマテノ物也、如何ソ是ヲ御神體ト稱シ、太神ト奉レ號事ハ盲嫗稚兒令ニ威怖一也、又他國ヨリノ渡來ル紙ト小刀ヲ以、割斷タル木串ハカリニテハ除《キ》レ災《ヲ》求レ福《ヲ》之徳アルコトナシ、爰ニ又不審ノ事アリ、今時モ伊勢宇治・山田町家ノ長、年寄・三方ト云モノヨリ朝廷・關東ヘ御年頭御祝詞ヲ奉ニ申上一ノ時、又御代參ノ砌、或御吉事御説諸式、右様ノ如キ節、御祓ノ大麻ニ過量ノ熨斗ヲ添テ獻ルコトアリ、此麻ノ包紙ニハ內宮年寄・外宮三方ト各書號シ、仕立様ハ両宮祠官御祈禱ノ大麻ニ異ルコトナキ由、是如何ナル事ニヤ、何ツ比ヨリ仕始シコトニヤ、山田三方ノ上ヲ以考レハ、明德二年ニ解狀ヲ奉ル事有テ山田神人等謹言ノ端作アリ、其奥ニ各名判シテ三《ミ》方《カタ》神人ト云名目出タリ、又文祿三年甲午十一月十六日、太閤秀吉公山田撿地御免除之御朱印ヲ被レ下、此時禮答トシテ山田三方ヨリ五奉行ヲ宛テ送ニ書翰《ヲ》一、其草藁ヲ見ルニ、御祓大麻・熨斗ヲ差上ルトノコトアリ、此以前モ如レ此例アリヤ、然レト

モ皆亂世中ノ事也、殊ニ秀吉公抔ハ俗家ヨリ出生シ給シ由ナレハ、今モ尚《ホ》被レ行如ク彼平俗ノ檀那ニ准シ取扱フタルコトナルヘシ、是等ノ類ヲ例トモシタル歟、夫等ノ事ハトモカクモ可レ有、今時及ニ御治世《ニ》一テ諸人文華モヒラキ、コト細ニ勘辨スレハ、此事其事ヲ窺フ者ハ可《キ》ニ不審《カ》一歟、抑年寄ト云ハ、其町郷ニテ諸民ノ長タル名ナルヘシ、三方ト云ハ、元來山田ノ市中、須原方・坂方・岩淵方ト三ツニ分レテ人民ヲ下知シ、此三方ヨリ集合シテ民俗ノ犯罪ヲ糺セシ事ナリ、依テ三方ト云名出タリ、宇治年寄ト云ニ異ル事ナシ、是皆町家人民ノ頭役ニシテ公事ヲ判斷シ、刑罪ヲ糺タシ、得ニ公命《ヲ》一テ下知ヲ行フ事ヲ專ラ仕業ノ勤トス、勿論此長役ノ者集語スル席ヲ會合所ト云、汚穢不淨ノ不レ及ニ沙汰《ニ》一罪人ヲ曳居ヱ穢人逃廻ス、宇治郷ニテハ法樂舍ト云坊ニ於テ會合スル由、是又寺院也、各服忌令・文保記・永正記等撰述ノ以後出來ノコトナラン歟、此席ノ沙汰漏レタレトモ、今觸穢ノ令ニ及ンテ甲乙丙ヲ糺サハ、是穢所トスヘケン哉、勿論兩宮神拜

祓勤仕式ニ曰、前三日物忌ノ內、不レ判二形殺《ヲ》一、不レ決二罪人《ヲ》一、不レ預二穢悪事《ニ》一ト云々、清淨ノ所ニシテモ非常ノコト覺語アルコトニアラス、況決斷所ニシテ何ヲ歟斯二清淨ノ遑《ヲ》一ヤ、祓ニハ齋アリ麻所アリ、然ルニ彼祓ノ大麻ハ、於二其所《ニ》一テ祓ノ祝詞ヲ修シ行フテ朝廷・關東ヘ獻ル事カ、且大麻ノ包紙ニ年寄・三方ト書號スル歟、是モ諸人ノ犯罪ヲ糺ス政務ニ從フ役名ナルヘキニ、其名目ヲ以テ御祈禱ノ丹誠主タル事尚《ホ》如何ソヤ、又此事ノ內ニ位職拜任ノ者アリ、其事ヲ知リテ其業ヲ行フトモ、於二彼所一修セハ其祓ノ麻ハ乙丙ノ穢ニモ及ハンカ、且祓ノ祝詞ヲ不レ修シテ大麻ニ作リ立タルハカリノ物ナレハ、是如レ麻樣ノ僞物也、朝廷ハ皇帝ノ內裏也、關東ハ將軍ノ御城郭也、何ソ汚僞ノ疑否物ヲ以テ廷中・御內ニ奉レ捧事恐有ルニアランヤ、庶幾ハ彼等ノ徒、速ニ祓大麻ハ退採センコトヲ改、子細ヲ言上セハ是如何ソ蒙二御咎ヲ一事アランヤ、熨斗ハ倭國ノ珍物、國產ナレハ於二公武ノ御家一ハ猶用途タリ、是而已獻シテ慶賀嘉詞ノ禮ヲ盡サハ、彼汚物・僞物ニ近キ大麻ヲ不レ奉ル方、却而可レ令レ爲二御滿足一歟、尚又卑俗ノ諺トイヘトモ、天地自然ノ理トモ可レ云事アリ、此祓ノ麻・熨斗ヲ關東ニ獻スル惣使、每年臘月東府ニ下タル、此時東海道ノ驛々ニシテ步賤族是レヲサシテ伊勢町代ノ熨斗獻上ト云倣ハセタリ、兩宮內ヨリ出テ往反スレトモ、祓麻ノコト曾テ不レ云也、是天ニ無レ口以レ人令《ヲ》レ云トノ俗言モ時當《ニ》テ思ヒ合スル事モアルモノニヤ、此ノ祓麻ノコト時至テ風ト朝廷官家ノ有《ル》二御沙汰一歟、又關東マテ不レ被レ達二御聞《ニ》一トモ、時ノ奉行タル方此等ノ類ヒ御會得有《リ》テ其子細ヲ召問ル事抔アラハ、何ヲ證トシ是ヲ據トシテ如何答ン哉

初穗之解　幣物之事

初穗ト云ハ、倭姬命世記《ノ》・傳記・延喜式等ニ初穗トモ先穗トモ出リ、尚《ホ》荷前《テ》御調《ノ》類《ヒ》是《レ》都二合天地生長之土毛《ヲ》一或レ備《ヒ》二宗廟之祭《ニ》一ト云々、續日本紀《ニ》曰、歲竟《リニ》分レ銖《ヲ》號《テ》曰二荷前《ト》一トアリ、三代實錄云、所二鑄作一之早穗《ハツホ》二十文令《ヲ》二捧

持二テト云々、世記・延喜式皆稲穂ヲサシテ初穂・先穂ト云、是《レ》等ノ記文ヲ併合シテ、何ニテモ神ニ献ル物ハ初穂ト可レ云由、古人釋スル事アリ、是左モアルヘキ事歟、併初穂ト云ハ、其年初テ成熟スル稲穂ヲ太神宮ニ献ル事ヨリ初穂・先穂トモ云事起リタルコト也、兩宮ニテハ神明ニ献ル物スヘテ初穂ト而已不《ル》レ云差別アリ、荷前・土毛・金銀銭・絹布・大刀・刀ノ類ヒハ初穂ニハアラス、幣物ト可レ云物也、且魚鱗・海藻・菓蓏ノ類ハ皆神宮ニテハ御贄ト云モノナリ、太神宮儀式帳《ニ》曰、御調《ノ》荷前供奉事、赤引絲 豐受宮ニハ明曳ノ絲ニ作 四十斤、郡内 神郡度會郡調二先絲一 諸百姓等人別私家解《ヲ》除清御調絲持二參向太神宮司一《ニ》卽《チ》太神宮司卜《ヒ》二定《テ》絲《ヲ》一編《ニ》定御調櫃《ニ》入鹽湯《ヲ》持清《メ》御調《ノ》御倉進《ス》納、六月ニハ絲、九月ニハ絹進納ト云々、是等ヲ以テ見レハ、荷前ト書テ、ハツホト訓ヲ付タル事アレトモ、此ニテハ絲絹ノ事ニテ先絲《ニ》荷ノ初ト可レ云モノナルヘシ、又朝廷ニテモ諸國ヨリ運フ貢物ヲ太神宮被レ奉レ備、天神地祇ヲ御祭アリシ事モ侍リシ由、是則貢物ノ初ヲ以テ供進シ給《ヒ》シ事ナ

ラン、然レハ初物・荷前或幣物スヘテ神ニ献スル品々初穂トノミ可レ云事難レ決《シ》、何レモハツホノ訓付タリトモ、穂ノ意ナキコト明也、依テ今尚世俗皆混シテ初穂ト云ハ大略ニシテ非ナルヘシ、或記《ニ》曰、抑　兩宮奉幣皇帝一人限《ニリ》、其外誡《メ》置給《ノミ》、此頃神主始諸職掌人等至二萬民一蔽捧物ヲ貪ル故ニ神徳薄ク王佐輕シト云々、是モ幣物ト初穂・初物等ヲ同様ニ心得タル者ノ書シタル記文ナルヘシ、幣帛ノコト延喜式文ノ如キハ、凡王臣以下不レ得三輙《ク》供二太神幣帛一、其三后・皇太子若有二應レ供者一、臨時ノ奏聞ト云々、又永承三年　宣旨、應四永《ク》停三止進二《ルコトヲ》　於二所太神宮人民百姓幣帛一《ヲ》トアリ、勿論帝王ノ幣帛ハ瑞垣ノ内ノ財殿ニ納メ、親王・皇子等ノ幣物ハ外幣殿奉《ル》レ置事、神宮古記ノ文ナリ、今此式亂レ諸民モ幣物ヲ奉レ納ル様ニ心得ル族アルヨリシテ、右或記ノ如キ妖言モ出タリ、今尚全《ク》延喜・永承ノ格文失スル事ナシ、内ノ寶殿ニ奉レ置幣物ハ皇帝一人ニ限リタルコト也、且永承以後壽永五年五月十九日戊子、十郎藏人行家在二三河國一《ニ》、平家爲二追

討二可レ令二上洛一之由內儀也、爲二祈禱請一相二語當國目代大中臣藏人以通一、密勤二告文一相二副幣帛等一奉タル二二所太神宮一ニ

奉レ送御幣物　美紙拾帖　八丈絹二疋

右ノ幣物大中臣以通奉テ內外政所大夫殿ト宛テタリ、此事東鑑ニ出テ嚴重タル幣物奉納ノ旨神宮ノ書ニモ載合シタレトモ、王臣以下ノ奉幣ニモ難レ准シテ神前ニ奉納ノ狀チヲ述、時ノ一禰宜家ニ拜受シタルナルヘシ、是等ノ類ヒハ此前後今時《イマ》ニテモ如レ此倣セナラン、尚ホ古今考合シ可シレ辨《ワキマフ》、又御贄・荷前等ハ朝廷へ諸國ヨリ持運シ貢物ト心得、異ル事アルマシ、唯初穗ノ事ハ今年成熟スル稻穗ノ初ヲ獻スルコト明ナレハ、是ニ始リシ事勿論也、尙稻ハ五穀ノ最上、命ノ根ト云和訓ナル由ニテ諸民萬寶ノ極一色、天照座二所皇太神宮ノ御神德御惠ミニ依テ、風雨隨時シ、暑冷以レ時ヲ巡順スルカ故ニ豐饒スル稻穗ナレハ、萬民此ノ神恩ヲ仰イテ、先ツ初穗ヲ神明ニ獻ル、是初穗ナリ、先穗也、二所皇太神宮ハ御神德天地通滿シ、君臣上下ノ元祖、日本ノ宗廟也、依テ帝王ハ萬民快樂ヲ願ハセ給ヒテ奉幣シ、其職ニ被二補置一ノ者ヲ以テ令二祈申サ一給フ、臣仕奉ノ調和ナラン事ヲ被レ願ハサセ、士ハ忠信ノ志願ヲナシ、農ハ五穀ノ豐饒ヲ頼ミ、工商ハ其業ノ繁榮セシ事ヲ欲シ、社釋ハ其勤職恙ナキコトヲ祈ルコトナラン、故ニ君主タル人ハ其知行ヲ納テ其初穗ノ初ヲ獻リ、得ル二扶持一人ハ其レヲ受テ其ノ初ヲ奉ル、社頭・佛閣・市店・農工商皆倣レ之、是何レモ御神恩ノ冥加ヲ存シテ獻備スル初物也、然レハ今時節ヲ失ヒ居ル二宮ノ祠官此御下リヲ拜受シテ神事祭禮ヲモ勤メ、渡世ノ助力トモシテ宮務勤行スヘキコト、天地自然ノ理、神明ノ冥慮ナルヘキコトナルニ、祠官トシテ重役タル輩ハ漸ヤク千萬分ノ一ツ二ツヲ拜納シ、過半餘皆無位無官ニシテ神職ノ業ナキ家ニ私納シ、太神宮ニ奉獻ノ事ナシ、然レハ是御初穗・御初御幣物而已トモ難二云定一歟、御師・師職ヲ僞名シテ無官タルモノ旦那ノ許ヨリ御初穗ト稱シテ申受ルトモ、其物ニ於テハ御初穗御初ニテハナク、則施物トモ可レ云物ナリ、

是神前ニ奉納ナキノミニアラス、無職ノ者其儘穩納スル故也、位職拜任ノ輩ハ其職ヲ以奉獻シ、其儘御下リヲ拜受スルコトナレハ御初穂・御初御幣物ノ御下リナルコト明也

正員禰宜之解　重代權禰宜之事

二所太神宮正禰宜ハ祠官ノ長上ニシテ上代太神主ト云シ者ナリ、垂仁天皇御宇、天照太神度會ノ宇治ノ五十鈴川上ニ御鎭座ノ時、天御中主尊十二世孫ノ天御雲命御子天牟羅雲命八世孫伊勢國造ノ大若子命ヲ太神主ニ定メ給シヨリ連綿シテ、雄略天皇御宇、豊受太神山田原ニ御鎭座有リテモ尙《ホ》大若子命ノ弟乙若命五世孫大佐々命ヲ二所太神宮ノ太神主兼行ノ職ニ被レ補シナリ、此大佐々命ヨリ十八代ノ間、二宮ノ大神主ト云ハ一人シテ兼帶ナリシニ、人皇四十代天武天皇御宇卽位元年壬申、乙若子命十世孫大神主御氣ト云人依二老耄一辭職ス、依テ御氣一男兄蟲《エムシ》ヲ以外宮ノ禰宜トシ、乙若命九世孫大神主タリシ吉田三男志己夫ヲ以内宮ノ禰宜トシ給フ、是ヨリシテ二宮ニ禰宜ヲ一人宛分テ置給フ、依テ兩宮兼行ノ大神主ト云事ヲ被レ止メ、禰宜ト云名目出タル始是也、然ルニ内宮禰宜ニ被レ補タル志己夫子ナクシテ子孫絶タリ、則志己夫カ跡職天見通命十八世孫、度會郡ノ大領荒木田野守ト云人ヲ禰宜職ニ被レ補タリ、此事永仁五年ノ注進狀ニモ出タリ、外宮ノ禰宜兄蟲ハ子孫繁榮シ、尙《ホ》禰宜職連綿相續シテ今更ニ異ルコトナシ、依テ二宮禰宜度會姓・荒木田姓ト二ツニ分レタル事是始也、此ヨリシテ兩姓ノ氏族倶ニ榮エテ數門ニ別レ、皆二所皇太神宮ニ仕奉ル職掌人ノ家數軒ト成タリ、其後朱雀天皇御宇マテ兩宮共正禰宜ト云ハ一人宛ニ限リタル事ナリシニ、六十二代村上天皇御宇ニ至テ兩姓ノ氏族權禰宜ニ補レタル者ノ内ヲ以、二宮ニ一人宛正禰宜ヲ加補ナシ玉フ、是兩宮ノ正禰宜二人宛トナリタル始也、卽外宮ニテハ兄蟲末孫雅風、天暦四年庚戌閏五月十一日加任ス、内宮ハ禰宜德雄孫興忠、應和元年辛酉十一月廿二日ニ加補シ了、又圓融院御代三員トナリ、一條院御代

永延・正暦四員トナリ、同寛弘二五員、同六員トナル、崇德院御代七員、順德院御代八員、後一條院御代九員、同御代十員トナル、如レ此御代々ノ天子加補シ給ヒテ今正禰宜兩宮ニハ十人宛トナリタルコト是始ナリ、且或記云、天武ノ御宇大神主ヲ被レ止ノ禰宜トシ給フ事ヲ不審シ、尙ホ禰宜加補ノ次第ヲ難シテ二人・三人ニテコトタルヘシ、今様ノ如ク十人宛アリテ無益ノ趣ヲ述タルコトナリ、然リトイヘトモ此禰宜御加補ノコトハ御代々ノ天子御崇敬ヲ以奉幣・神事・祭祀ノ不レ闕タメニ加任ナサレタルニモ可レ有ナレト、此書ノ意ヲ得テ是非ノコト難レ述、然レトモ少シキナルヨリ明ナルハナシト儒經ニモ其敎アレハ數《ス》多キモノ又其德モ薄カラン歟、禰宜神主ハ六十以上ノコトニ堪ヘタル者ヲ以可レ補トノ事モアリ、又天武ノ御宇ヨリ醍醐天皇延喜年中マテハ凡ニモ二百三、四十年ノ年歷也、然レトモ其內禰宜一人宛ニテ神事祭禮ノ闕如シタル事モナカリシニヤ、二宮共神祇式トハ禰宜一人ト載レタリ、殊ニ其頃前後ハ神事祭祀モ如二式條《ノ》一被

レ行嚴重ナルコトナラン、其後亂國以後ハ朝廷ヨリ御制令ヲ被レ示事《モ》多クハ斷絶シ、天正十四年十一月廿二日、後陽成帝ノ卽位奉幣マテ神祇官モ有リタル由ナレト、聚樂ノ亭ニ廢亡シ、尙《ホ》二月《ノ》祈年《トシコヒノ》幣帛《ミテグラ》抔ハ朝使《ミカトノツカヒ》アリシ大祭ナレトモ、文正二年ヨリ中絶シ、二百卅二年ヲ經テ近頃文祿十二年御再興ノ沙汰ニ及シモ故アリテ不二行屆一、漸ヤク形ハカリヲ興行ス、如レ此ノ様多分ナレハ構ヘ數間ノ垣墻アル家ハ勿論小家ト雖、門戶開塞スル輩等ヲ始、諸國ニ旦那ヲ持ツ者ハ惣ヘテ祠官ノ神職人ト心得、尙ホ又己レ旦那ニテ其身ノ師職御師ト差賴者、何レトモ禰宜神主ト思定居ル事千萬人ニシテ千萬人ナリ、抑二宮ハ日本ノ宗廟トイヘトモ、如何シテカ數千ノ者皆神孫ノ祠官ニ可レ有樣ナシ、能々勘辨シテ會通ノ振舞可レ有事也、唯於二伊勢二宮一祠官神職家ト云ハ、漸ク兩宮ニテ五十家程ニ充兼タル、此重代正權禰宜ノ家ナラテ朝夕太神宮ニ奉仕スル者ナキ事ヲ可レ知、猶此外位職拜任ノ者有レトモ又其品異ル事也、次ニ解ノ其差別ヲ顯ス

地下權任之解

地下權任ト云ハ同權禰宜ノ事ニシテ、是モ遠祖大村雲命・天見通命ノ裔孫荒木田・度會二姓ノ氏族、重代正權禰宜ニ同姓タルコト兩宮共異ルコトナシ、何ノ頃ヨリカ如レ今重代權禰宜・地下權禰宜ト分レタル事ニヤ、未タレ聞二其來由ヲ一、位階モ同正四位上ヲ極位トシ昇進ス、上代此ノ名目不レ有時ハ重代ト云名モアルマシ、此差別起シヨリ重代・地下ト云ナルヘシ、上古ノ大神主猶正禰宜トナリタル時モ神事ニ從ヒ、神宮事務今ノ重代權禰宜ニ異ル事有マシ、且此今地下權任ト云家ニシテ正禰宜ニ補シタル家モ可レ有ナレトモ、當時太神宮年中神事祭禮ニモ不レ屬、位職拜位ノ規矩モ不二相糺一、唯荒木田・度會ノ二姓氏族連綿スルト云ハカリニテ、同權禰宜ニ補シ擧奏ヲ請テ爵ニ敍スルマテノ事也、雖レ然元德奏覽ノ本系帳ヲ以テ見レハ、一門・二門・四門ノ孫裔實ニ分明ニシテ、朝廷於二官庫ニ一重代・地下ノ分レ有ル事ナキ由ナレトモ、中古前後ヨリシテハ此家間ニハ繼二異姓一復二舊姓ヲ一、猶祖考ナクシテ爵ニ敍シタル族モアリシ由、何レニ祖考ノ混雜、連綿ノ絕繼覺束ナキ家モ有ン、御代々ノ天子加補アリシ正禰宜ノ事務、今繁多ニモ不レ有ラシテ、數輩連列スル事無益ト云可レ云族アラン歟、ナレトモ村上天皇御宇ヨリ後二條院御代ニ至テ、十人宛ト加補シ定メ給シ事ハ如何ナル御由緣アルニヤ、凡慮ヲ以其意察解スル事恐レ有、然レトモ今二宮正禰宜ノ有樣ニテ考レハ、上代一人タル時ハ勿論、二人・三人加補アリシ比マテハ神領・神戶等モアリ、又俸料モ給リ神事祭祀ニ仕奉スルノ外、餘ノ事務ナシ、然ルニ九員・十員ト加增アリシ以來ハ、彼ノ神領等モ追々廢亡スルニ從ヒ、俸祿モ不レ給ハ露命ヲ凌ク渡業シ、依如レ今諸國萬民ノ祈禱ヲ勤ル事專ラ渡世ノ仕業トシ、其御祈禱幣物ヲ神納スル後御下リヲ拜受シ、其助情ヲ以テ年中四時ノ神事祭禮ヲモ勤メ、一向《ヒタスラ》渡世ノ株トスル事ナレハ、時ニ從ヒ折ニ依テ其仕業ノ故障有レハ、神事ニ不勤シ懈怠アル砌、尚ホ餘數ノ禰宜俱ニ助讓シテ勤行スル故ニ神事祭禮ニ正禰宜闕皆スル事ナル、殊ニハ今正權禰宜共在家ニ軒竝シテ居住スレハ、間ニハ觸二雜穢一事モ古ヨリシテハ此怠リ杯モ今《イマ》時繁カラン歟、旁以察考スレハ、十人ト定メ加補ナリシ事、乍レ恐未然ヲ察シ給シ御沙汰モ可レ云事ナラン歟、抑今此正禰宜十人トシテ事務スルコト、年中七十餘度ノ神事ヲ勤メ、御饌供進ノ事ニ於テハ、上代ハ一人ノ長番タリシコトナルヘシ、神祇式ニ云、凡度會宮禰宜・內人等依レ例供二進ヨ 太神宮及度會宮ニ朝夕御膳ヲ一ト云々、今ハ尚ホ毎月旬中ヲ十人ノ結番ニシテ仕奉スル事也、番順ノ日數ハ齋館ニ宿シテ勤レ之、禰宜故障アレハ其番ヲ闕イテ不レ參、大物忌父正禰宜ニ代リテ祝詞ヲ申奉二供進一、是上代ヨリ一人タリシ時ノ例ナラン歟、一人トシテ故障アラハ不レ得二止事ニ一ハ勿論也、當時神事祭祀・奉幣ノ事不レ闕爲メ二加增アリシ正禰宜ナランヤ、殊ニ以御饌ノ事ハ諸祭神事ノ根源ニシテ、御代々ノ天子御卽位ノ後、被レ爲レ行ハ大嘗會ト云モ御饌供進ノ御大祭也、然レハ今《イマ》時十人有二其職一ニテ上古一人タル時ノ

例ニ據ル歟、禰宜故障ヲ以テ此ノコト務ノミ懈怠スル事神慮難レ測ニモ有ンヤ、是實ニ據二舊例一ニハ其例ヲ守誤スルトモ云ン歟、尙其證顯然ニシテ是ヲ守ルト云トモ、目前天理ニ不レ叶レハ又勘辨モ可レ有事ナランヤ、十人ト御加補定給レハ是中言以來ノ事也、舊例ニ從フ事、神宮ノ故實ト云トモ、十人ノ員職ヲ改、被二定置一上ハ其例證ヲ棄損シ、員次結番ノ順列ニ不レ拘、當番ノ禰宜故障アラハ他數ノ禰宜代レ之テ奉ル二供進一事ヲ不二定置一レヤ、神事祭祀ノ式條不レ闕ルタメニ、御崇敬ヲ以寔ニ御加補有ラセラレシニモ有ラハ、其御甲斐モ空シクスルニ非スヤ、庶幾ハ朝廷ヨリ改メ御掟言ヲ被レ令レ下、御饌供進ニ於テハ正禰宜闕如セサル事ノ御制令被レ行サセ樣モナキ御事ニヤトコソハ思ヒ侍ル、二宮禰宜至要集ニ云、禰宜職ハ爲レ神ノ爲二朝家一、可レ被レ撰二補文博故實存之輩ヲ一之由度々之宣旨也、又建久四年四月十四日ノ仰ニ云、正禰宜七人之事、擒二文博故實ヲ一之者可二拜任ス一、偏依テ二年臈ニ一輔任之間、非器之者多以居二其職ニ一、此德爲レ神爲二朝家一、甚以無益、自今

以後、祭主・宮司相共儀《ニ》定撰《シテ》二器量《ヲ》一可レ擧ト云々、如レ此御嚴重ナル仰格文ノ事モ、建久以後元弘頃續テ、永享四年内宮氏經ヲ被二撰補一ヨリ此事モ絶タルカ、且祠官ニモ攜《ル》二文博故實《ヲ》一者其器モ乏キニヤ、其後適々雖《モ》レ有《リト》二此沙汰《ニ》及《フ》一、皆事ヲ舊格ニヨセ、實ハ謀計内　奏等ヲ以轉任シ、或勞職ノ讓職ノ古例ヲ考ヘテ一向朝廷官ノ御家ヲ申掠メ、非器ノ者、幼稚ノ者、押シテ轉任シ、有《リ》二其職《ニ》一、是寔《レ》ニ神ノ爲・朝家ノ爲ニ無益之器ト云者多カラン、且於二朝廷《ニ》一モ彼《ノ》仰御格文ノ事御儀定《シテ》御沙汰可《ニ》レ被レ及程《ノ》祠官ナキ事モ御存知被《ル》レ爲レ有ニヤ、近代禰宜闕替職競望抔アル時、文博故實ヲ申立ル族ナキ事ハ勿論故、高年・座上等ノ違モ、或幼少若輩ニシテ其理薄カラント思フ者ハ俄ニ勞職・讓職ヲ企テ、又暫時ノ間一禰宜ノ猶子トナリ鄕上ノ便宜アル者ハ其事ヲ謀リ、皆非義・非例ヲ結構シテ請二擧奏《ヲ》一、故ニ朝廷モ彼狂《ノ》掠《ウウ》ノ數言ニ被二混紛一給テ、古記文・舊例ノ符合ノミヲ以理運トナリ、又便宜ノ符ハ格別御憐愍ヲ以テ被レ補シ事等アリ、如レ此シテ轉補シタル

者聞ニハ其身次第ノ不レ遂二昇進《モ》一、重病ニ臥シ赴二死亡一、狂病ニヲカサレテ神事參勤モ數年ヲ空シウシ、其儘居二其職《ニ》一テ連席ヲ汚塞事、於二神慮《ニ》一ハ難レ測《恐　恐レ有》ニモアラスヤ、二宮御鎭座以來、正禰宜轉任《ニテン》スル者數百輩也、然トイヘトモ狂病ニ依テ停止セラレシハ康平ノ常親一人ト見エタリ、然ルニ近年外宮ハカリニテモ今死亡、存在ニシテ狂病ヲ受ル正禰宜三人也、是等ノ徒、非器ナリセハ其職ヲ不レ汚、便宜ニ從ヒ不レ蒙二御憐愍《ヲ》一、非義ノ事不《ヲ》二結構《セ》一ハ斯《カ》ク廢《ハイ》人トナルコト、アルマシキ者ナラント、其親屬後悔シテ有《ン》レ期二堪歎《ヲ》一哉、抑讓職・勞職ノ事ハ外宮禰宜神主兄蟲、内宮志己夫讓職ニ補シタルハ大神主御氣依二老耄辭職《ニ》一不レ得二止事《ヲ》一カ故也、外宮一禰宜彦晴一男貞雄、長保三年九月勞職ノ禰宜ニ轉補シタルハ外祖父廣隣カ讓ヲ受タル子細有リ、同宮忠房一男重房轉任セシハ忠房執印七十五歳也、尚ホ重房三十九歳ニシテ子勞ノ職ナクテ不レ叶カ故有リ、又一禰宜彦忠養子稚彦、實父越二忠雅《ヲ》一テ禰宜ニ補シハ七員加增ノ訣アリ、皆起源ハ其理アツテ

譲労ノ職ニ補シタル事也、唯當時ハ其子細モ不二召問一御議定ノ御沙汰ニモ不レ被レ及、古記・舊例ノミヲ以理運トナシ給フ故歟、専ラ此事ヲ企テ長者ヲ犯シ、位次ノ禮ヲ亂シ、非器・幼年・若輩トイヘトモ先進タル事ヲ要トス、此ヲ竊聞ニ、神務ノ勤労多年ノ願フニ非ス、其身靜而《ニシテ》索《シテ》二故實《ヲ》一文博而《ニ》非二神明之忠勤《キン》勵《ニ》一、偏唯速《ヤ》ク長職ニ至リ、過量ノ散銭ヲ納メ、多クノ幣物ヲ受テ、其家繁《ノ》榮ヲ願ヒ、親屬ニ施シ、諂諛スル者ヲ集メ、老テハ有《リ》レ得《ルニ》ノ聖戒モ忘レ、其身三品・二品ノ重位ヲ望ミ、及二極老《ニ》一テ其身枯槁トナリ、花實空シケレトモ萬國ノ春ヲ嘉、唯夕招《キ》レ壽《ヲ》、長生ナラン事《ヲ》樂ハン而已ナルヘシ、噫愚哉、壽ハ天然ニ稟ル所也、先輩生《ハ》全《ヲシ》、後人先歩《スル》ハ不定ノ習也、長職ニ至ル事ハ可レ有二神慮《ニ》一、内宮禰宜守親ハ七才ニテ轉任シ、正棟・守氏等ハ十才ニテ被レ補タレトモ、三人共不レ得二長職《ニ》至ル事《ヲ》一シテ、各二禰宜マテ昇進シテ終リタリ、今二宮ノ祠官時ヲ不レ得シテ、諸國ノ神戸・封戸モ濫妨トナリ、神三郡ノ御領ハ國司・秀吉等ノ為ニ被二取放一、守護使御不入地ノ神領・境内モ穏田ノ沙汰ナルカ故、正禰宜ニ補スル輩轉補ノ初ヨリ彼長職ニ至ル事而已ヲ利ス、依テ背《キ》二五常《ヲ》一雖二禮譲《ヲ》亂《ト》一、唯先座セン事《ヲ》願フ事ナルヘシ、二所皇太神宮御神徳ハ、天地ト共ニ無レ窮事ナレハ、又得レ時《ヲ》テ凡俗・平人ノ捧物・散銭ヲ不レ貪トモ朝廷ヨリ令ヲ被レ示《メ》、武邊ノ計アラハ復二舊類《ニ》一ルコトモアランカ、然ル時ハ彼長職而已ニ急キ昇越センコト願フマシキニモアランヤ、既《ニ》外宮神主俊光ハ七十歳ニテ正禰宜ニ補、五禰宜マテ至リ終タレトモ、十七ケ年ノ勤労ハ仕奉シタリ、是等ハ全ク長職ヲ望ノ徒ニアラス、唯御神恩ノ冥加ヲ存シテ轉補シタルナルヘシ、祠官ニシテ正員轉任ヲ望者、必不レ企二非義《ヲ》一、謀計ヲ不二結構《セ》一、競ヒ不レ争シテ後次安二本產《ヲ》一、又其器アル時ハ辭シテ譲二其席《ヲ》一、朝廷ヲ重シ官家ヲ敬シテ可レ仕二奉奏《ニ》一者《レハ》、神敕・倭姫命如二御詔命一左ヲ左トシ右ヲ右トシテ、於二祈禱之事《ニ》一ハ二宮ノ正禰宜別テ天下ノ重器ナルコトヲ辨ヘ、御師・師職ノ本意ヲ可レ守事ニアラン哉且重代權禰宜ト云モ、同荒木田・度會ノ兩姓ノ氏族ニシテ、上代大神主一人タル時モ推古・孝德・天智御宇等ニ行ハレシ上中下大小錦冠ノ階ニ任シテ、大神主窺ル時ハ則今ノ權禰宜ト云者ヨリ任セシコト也、天武ノ御宇始テ禰宜ノ名目行ハレシナレハ、此權禰宜《ノ》名モ此時ヨリ起リタルコトナルヘシ、外宮ニテハ禰宜春彥男晨晴正禰宜ニ不レ補、前一員ノ權禰宜タリシ由、禰宜補任ニ見エタリ、尙此權禰宜《ハ》大內人・物忌ヨリモ轉補シ、又物忌大內人ニ兼行シタルコトナリ、勿論此時ノ權禰宜ハ敕許ノ沙汰ニテ補シタル様ニ聞ヘタリ、其後是モ如二正禰宜一加補アリテ數輩トナリ、又官符權禰宜・擬符權禰宜トハ差別アル事モ行ハレシカ、此事モ中古ヨリ絕タルカ今ハ唯《タ》惣官《ノ》家許ノミニシテ權禰宜正六位上ヲ申補シ、其後擧奏ニ從ヒ爵ニ敍スルコト也、然ル故ニ權禰宜ニ補シ爵ニ敍スル者、荒木田・度會兩姓ノ輩重代家ハカリニテモ數十餘人也、尤今モ正禰宜ノ闕替職ハ此重代權禰宜ノ內ヨリ轉任スル事也、且如二昔古一大內人物忌兼行スル事モ絕テ、重代權禰宜ノ族ハ正禰宜同様ニ年中神事祭禮ヲ仕奉シ、正禰宜ニ附屬スル事上代ヨリ今ニ異ルコトナシ、正禰宜ニ不レ補輩モ權禰宜ノ一座・二座ニ昇進シ、權官ノ上首トナルコトヲ得レハ、御造宮御遷幸ノ時、東西相殿ノ奉載御體仕奉スルコト也、

又此權禰宜ヲ重代ト云コトハ、正禰宜ニ其子孫續テ轉任スル故重代ト云ナルヘシ、權官ト云モ其證アリ、建久二年三月廿八日宣旨曰前後略レ之、於二正禰宜《ニ》一者爲二長番一、於二權官一者皆有二結番一ト被レ載タリ、依テ權官ノ名朝廷ヨリ出タルコト明也、此外事務萬端正禰宜ノ勤行ニ差シテ異ルコトナシ、正禰宜ニ補ス事數代中絕シ、權禰宜而已連綿シテモ市中ノ事ニ不レ抱、至テ在家トハ異ルコト也、當時兩宮ニテ正權禰宜ニシテ重代家トハ稱スル輩二拾餘家宛ニテ、二宮惣テ五十家ニ不レ充《カ》、是喩ヲ以ハ雖レ有レ障、此ノ重代家ト云ハ、於二朝廷《ニ》一御堂上方ノ御家ニ競倣テ勘辨シ易シ、抑寛文十年伊勢宇治・山田町在守護使不入地ノ家數改メシ事有リヤ、其書錄ヲ見ルニ、宇治町在々合二千四百三十八軒、山田

町在々合一萬九百八十九軒トアリ、此時正權禰宜重代家モ此ノ家數入《ニ》リタルヤ否、其子細ハ不レ聞トモ宇治・山田ノ家數、如レ此萬千ノ內ニテモ一宮重代家ト云ハ五十家程ノ家而已ニ限リ、御公儀ノ諸役ヲ不レ勤、宗旨ノ寺院ヲ不レ持、役金等ヲ不レ出、萬事市中ノコトニ放レ、二所太神宮ニ仕奉スル祠官神職人タル者是也、今時日本諸國都府邊鄙モ一同上下ノ貴賤、諸萬民皆伊勢兩宮境內宮川ヨリ內宇治・山田ノ市中ニシテ、過分ノ家宅ヲ欺、適々歷代顯然タル家アレトモ、正禰宜ニ至テ數十代ノ中絕得《ヲ》タリ、如何シテモ今重代同樣ニ可二取立一便モナカルヘシ、殊近代殿下ノ依二御命一重代家ノ本系帳ヲ備二高覽《ニ》一タレハ、彌重代ト地下分レ有ル事ニナリタリ、然レトモ今モ此地下權任ト云者、公卿敕使有ル時ハ參勤シ、亦一社一同御祈等ニハ神宮ヨリ得二告知《ヲ》一テ御敎書ノ旨ヲ承リ參宮シ奉レ祈事ナリ、且太神宮御造替御遷幸ノ砌ハ、絹垣ヨリ以下御神寶ヲ持運ノ役ヲ被二宛行一供奉スルコトヲ勤トス、其外例幣敕使ノ度ハ祗承ヲ順次ノ勤トス、常ニハ其身蒙二天恩一冥加ヲ仰ヒテ、參宮ヲ勤メ寶祚延長・天下泰平ヲ奉レ祈事ナラン、尙ホ又此重代ト地下ト分レタル由緣ヲ併合シ、愚按スルニ、今ノ重代家ト云ハ亂世ノ時、正禰宜タリシ者氏族續タルナルヘシ、地下權任トナリタル家ハ同シ氏族タレトモ市中ノ長《ヲサ》トナリ、或附屬シテ宮中ニハ不レ抱、專ラ民家ノコトニ加ハリ、位職頂戴ノコトヲ輕ンシ、利潤ニ迷ヒタル徒ノ自然ト神宮ニ遠サカリタルコトナラン、何レ實正ノ據ナシ、神宮家ノ古キ記錄ノ表紙ニ誰人ノ詠トモナクテ書付歌ヲ見ルニ

神垣ノアタリモクラキ闇谷ニ夜コソ晝ヨフシテ月見ル

トアル歌ハ、亂世ノ時、宮中ニテ詠タル樣ニモ聞ヘタレハ、如レ此時世今重代家タル祖ハ宮中ヲ守リ、地下權任ノ祖タル人ハ市中ヲ防キタル事ナラン、今モ尙ホ如レ此ノ樣ナレハ、亂世ノ砌ヨリ分レタルコトニモヤ有ン、依テ今時地下權任ノ仕業トスルコト、抑市中坊間ノ長役ヲ掌リ、又其長役ノ家ニ附屬シ、尙ホ其居町ニテ宿老役ニ次列シ、平日公命ヲ承テ政務判斷ノコトヲ預リ、人民ノ

示シヲナシ、非常火災ノ時ハ遠近トイヘトモ結番ニシテ宮中ニ馳來、殿舍ヲ奉二守護一シ、其餘ハ皆其場ヘ至テ民家ニ下知ヲナシ、孟冬初春ノ風烈ニハ夜巡リヲ勤メ、其所々ヲ衞ル是等ノ事ヲ平日ノ仕業トシテ位職頂戴ノ敕人ナレトモ、宇治・山田ノ長役其居町ノ宿老ヲ勤ル、其列ニ於テハ官職拜任ノ式條神孫タル規模モナク、無位無官ノ者ニ下席シ、市中ノ人民公事公裁ノ時ハ、其支配ニ從ヒ付副ヒ往テ御公儀御裁許ノ御制度ヲ承リ、或犯非ノ者同樣ニ御白洲ニ候スル者モアリ、又罪人モ預リ皆悉ク皇都・東府等ノ三町人町家ノ宿老ニ少シキ異ルコトナシ、又希有ニハ其居所ノ町竝ニ交リ、平俗同前ニ組ヲ結ヒ、町人同格ニナリ、其鄕町ニオイテ無位無官ノ卑俗ナル者モ町宿老ノ役ヲ以云時ハ、位職拜任敕許シテ恐會釋ノ沙汰ニ不レ抱レ如ニ二奴婢一ノ、平伏サセ下知ヲ令レ受事ナリ、如レ右ノ仕業ト云ヒ、如レ此ノ有樣ノ地下權任ナレハ、寬永年中御公儀御改御法度ノ宗旨證文モ出シ、各手次ノ寺院ヲ賴ミ持ツ事、町家平俗百姓工商ノ輩同前也、此事於二權任一ニテハ宗旨ノ沙汰有マシキ事也、平俗ノ者於二其家一ニ傳有テ、何某家ノ流、何公ノ末葉ハ子孫ナル抔云暴族アレトモ皆僞事也、譬ヘ顯然ノ由緒傳有リテモ可二糺合一ス龜鏡ナシ、今地下權禰(宜脱)トナリ、凡俗ノ仕業ヲ勤トスレトモ皆神孫ニシテ、元徳ニハ系譜ヲ備二高覽一ニ、今猶朝廷ノ官庫ニ其名記ヲシテ被二合鑑一、祖考ヲ以蒙二敕爵一ヲ族如何シテカ御公儀御法ノ宗旨ハ勿論、寺院ニ從フヘキ徒ニ有ンヤ、斯ク顯然タル事ヲ覆蔽スルハ淺マシキ事ニアラスヤ、其時器ナクシテ不レ能二訴達一、後輩頻ニモ此事不レ請レ許ヲ哉、等閑ニ捨置事對シ二神慮一怖難レ測ニモ有ン、其神孫タル本意ヲ失ヒ、濁水ニ溺レ居ル事ヲ不レ辨ヤ、是等ノ徒後レタレトモ心付カハ許免ノ御沙汰ヲ願ンヤ、當時他國他社ノ祝部・神主等ハ勿論、其宮社ニ仕奉スル社人スラ此御治世ノ時ヲ得テ、其國守・地頭ニ訴ヘ、中古先祖ノナシ置タル汚名ヲキヨメテ、専ラ古風ノ復リ二神祇道一ニ、修二學吾神道一ヲ、守ル二社務一ヲ族アルコトヲ傳ヘテハ、尙恥辱ヲ重ヌルト云コトヲ不レ思ヤ、然レトモ又今此地下權任タル者ノ有樣ヲ窺コトニ、旦夕凌《ク》二露命《ヲ》一コト曾テ神恩ト不レ思《ハ》、先祖ヨリ仕ニセシ商賣ノ如ク心得、參宮ノ時ノミ神主事ヲ思ヒ、平日ノ行ヒ、家内ニ佛像・名號等ヲ置テ、先祖親靈ヲ同祀シ、魚肉ヲ禁シ、專ラ浮屠家ノ業ヲ以勤行スル事、平俗民家ノ者ニ異ルコトナキ族多分ナレハ、佛道ニ深入リタル祠官モ可レ有ナレハ、此訴等モ一致セスシテ宗旨アリ、寺院ヲ頼ムコト説喜スル者モ有ンカ、如レ此ノ様ナレハ重代正權禰宜ト地下權任ト優劣有ル事甚シ、一席同斷ノ沙汰ニアラサル者也、依テ此地下權任ノ位職ハ其家身ニモ付カサル歟、又一身而已ト考レハ左ニモアラス、唯其身中ニ受テ常ニハ平服ヲ以覆レ之《ヲ》、參宮スル時ハ狩衣・直垂ヲ着シテ位職拜任ノ姿ヲ顯シ、御遷宮ノ時而已衣冠ヲ着シテ大床マテ座次ニ從ヒ昇殿スルコト被レ許、親屬ノ忌服ヲ受ルニ凡俗ト輕重アルコトヲ位階官職頂戴スル規模トスル而已也、此外仕業事務ハ市中平俗ノ者ニ異ルコトナシ

位階之解　官職之事

兩宮祠官位階官職ノ事ハ、其起源人皇十一代垂仁天皇ノ御宇、天照太神御鎭座時《ノ》、大若子命大神主職定給《メ》ヨリ天武《ノ》御宇至《ニテ》二宮《ノ》禰宜《ト》シテ一人宛置給《フ》事是始也、豐受太神宮禰宜補任云《ニ》、外少初位上神主兄蟲トアリ、延喜式《ニ》ハ、太神宮禰宜外從七位之官、度會宮禰宜外從八位之官《ト》載《セ》ラレタリ、雜儀式《ニ》云、遷宮之《ノ》間奉レ戴二正體一禰宜一人、若帶二六位一敍二五位一令二供奉一（上代無二此事一、近代例也、又内宮禰宜敍二内階一、豐受宮禰宜敍二外階一例也）ト云々、寶龜十一年正月廿一日格《ニ》云、二所太神宮《ノ》禰宜、自今以後、改《メ》二十考成撰一《ヲ》、准《シ》二長上例《ノ》一、以《テ》二四考成撰一《ヲ》敍二内階一《ニ》ト云々、仍《テ》貞觀七年二月四日内宮禰宜繼長寶龜ノ格文ヲ考《ヘ》テ、敍《ス》二内階一《ニ》、此時外宮禰宜眞水《ノ》格文《ノ》事心付《カ》サル歟、上養セサルニ仍テ敍《シ》二外階一《ニ》タリ、其後天慶五年四月四日外宮禰宜晨晴モ内階ニ敍了《シ》、是ヨリシテ兩宮正禰宜皆《ハ》内階以《ニテ》被レ補シナリ、尙權禰宜《ハ》外階《ニ》敍セシ事見《ト》エタリ、又是長寛《モ》・永萬比《ノ》マテ行《ハ》レシ歟、其沙汰《モ》絶テ二宮共《ニ》正權禰宜一同敍二内階一《ニ》、此内外階ハ敕人・奏人差《ノ》別有

テ上代其近比ニ直《ニ》内階《ニ》入《ル》事不レ能《ハ》敍二外階一、其上ニテ内階《ニ》敍スルコトト見タリ、當時尚《ホ》外階ノ沙汰《モ》ナク皆内階正四位上ヲ極位トシテ昇進スル事也、又二宮ノ禰宜加階シ始ハ天平勝寶元年四月從二陸奥國一リ黄金出來スルニ依テ、其御祈爲《ノ》二御賞一内宮禰宜首名・外宮禰宜《ノ》忍人各加階被《ヲ》レ下、彼《ノ》黄金ヲ二宮被《ニ》レ進《ル》《ト》補任勘文《ニ》出タリ、又天平神護元年正月恵美麿謀反事御祈爲二御賞一二宮禰宜《ノ》各加階、神護景雲元年八月ニハ五色雲《ノ》出《ル》コト有ルニ依テ年號景雲《ノ》二一字被《ヲ》レ加、二宮禰宜《ニ》一級ヲ給ル、是等ヲ始トシテ時々其差《ニ》仍テ加階シ一級ヲ賜シ事也、且天祿四年内宮禰宜行眞始テ敍二從四位下一《ニ》、是品位ノ始也、又兩宮一禰宜上階《ノ》事ハ九十六代光嚴院御代元德二年四月十七日御祈禱御賞《ニ》依テ從三位《ニ》被レ敍、尤此上階《ノ》コトハ天子ニモ御難儀ノ事ニ思食被レ敍カタキ由ナレトモ、オホロケナラヌ御沙汰ニテ　宣下有リシ趣ヲ女房ノ奉書マテ添テ被レ下シ事也、此時始テ敍二三位一シハ内宮荒木田氏成・外宮度會常昌拜二任《シ》之一タリ、二宮共三位ノ始ハ是也、如レ此位階昇進ノ事ハ重二御沙汰一ト見《エ》シニ、中古以來世上一統ノ風俗ニ移リ、官位ノ事ヲ容易ニ心得タル歟、皆其德アラスシテ唯位階ノミ昇進スルコトヲ好ミ、近世二宮共一禰宜トナレハ彼氏成・常昌ノ例ニ據《セ》テ三位ニ不《レ》レ敍ハ不レ叶カ如ク思、今尚兩宮一禰宜三位ニ敍スルコト通規ノ恆例トモナリタリ、是ニ續テ近年ニ禰宜モ三位ニ敍スル奉ヲ請フ、是等ハ漸ク近代内宮經盛・守宗、外宮ハ常有・末彥等ヲ始トシテ皆二禰宜ニ至ル者敍《ス》二三位一《ニ》爾而已ナラス、二禰宜三位ニ敍スレハ又一禰宜二品マテモ昇ンコトヲ望、外宮ハカリニテモ近代常有・貞命・常倚ト三人マテ二位ニ被レ敍タリ、如レ此今專ラ高位ヲ雖《トモ》レ望《ト》、又位階ノ重キコトヲ知リ、其身其格不レ有ハ相當セサルコトナリ、却テ朝位ヲ輕ンスルニ似タリト恐レヲ辨ヘ會通スル者モ可《キ》レ有ナレトモ、今時官位ノ事ハ重キ御沙汰ニモ不レ存歟、他國餘社共ニ神主・祝部・社人麗掃シ、門扉ヲ啓塞シ、隨役タル神人モ敍レ爵、加階ヲ望ノ時節ナレハ、況ヤ日本宗廟ノ祠官今時ヲ失ヒ身不肖トイヘトモ、如何他社ニ劣ルニモ有マシキカ、依テ畏《ル》二高位《ヲ》一族有《リ》テモ多分ハ不レ従レ之《ニ》事ナラン、尚今二宮正權禰宜共ニ唯階ヲ重ネ、昇進ノ事ノミヲ願フ事也、寛弘七年二宮正權禰宜等一同ニ敍二加階《ニ》一、且寛仁元年七月十一日後一條院ノ御代始爲二御賞《ト》一一級ヲ被レ下、又是等ヲ加級ノ例トシテ御代々ノ天子御即位度毎《ニ》浴二朝恩《ニ》一來リシコト也、近比慶安年中ニ至リ此濫觴召問ルコトモ有リテ勘例ノ解狀ヲ奉リ、尚今御代始ノ御賞正權禰宜一同ニ加階スル事也、殊ニ二宮ノ祠官ハ出生二才ヨリ權禰宜正六位上ヲ申補爵ニ敍スル、仍幼稚若輩ノ者モ不レ思昇二高位《ニ》一、壯年ニシテ極位ニ至ル事也、如レ此ニシテ蒙《ル》二天恩《ヲ》一事諸國ノ他社ニモ異事ナレハ、位品ノ格モ可レ有事ナルニ、二宮ノ祠官加階恩賜ノ有様ハ交名帳ニ其位署ヲ被《ル》レ記《サ》ハカリノ事ニテ、別ニ五位・四品ノ差別アル事モ見エス、唯口 宣案ノ數通ヲ庫藏ニ納《メ》テ空シク所持スルマテノコト也、其内正禰宜加階ヲ望《ム》ハ二座一座ト昇進シテ彼三品二品ニ至ンコトヲ據トスルカ、又權官ニ於テハ正禰宜闕替ヲ望ノ時、一階ノ後レ

ニテ聞ニハ其意ヲ不レ遂ノ愁アラン事ヲ思ヒテ、階ヲ重ネ居ラン事ヲ願フ理モアランヤ、地下權任タル者數階ヲ昇リ、極位ニ至リ何ヲ以其規模トシ、此《レ》ニ因テ身ノ望ヲ達スルコトアリヤ、所詮公私共ニ位職拜任ノ格不レ立事アレハ、實ニ昇進ノ加階無益ト云モノ是ナルヘシ、上代外階内階ノ重キ事跡、彼ノ三位ヲ始テ被レ下シ時、女房ヨリ奉書抔ヲ拜讀シテハ位階ノ事假初ナラヌ御沙汰ナランニ、容易ノコトニシテ昇進スルコト恐《レ》多キ事ナランヤ、實ニ兩宮ハ日本宗廟《ノ》トイヘトモ、賀茂下上等《ノ》如ク朝廷ヨリ程近キニモアラサレハ、今時《イマ》二宮《ノ》祠官斯《カ》ク衰タル事尚《ホ》地下權任ノ有様抔、具ニ聞傳ヘサセ給ヒ細ニ御會得有ルマシキ事ナレハ、唯古ノ姿ニコト務スル事ト思食テ、此位階モ請フニ任セテ被レ下事ニモヤ有ン歟、且重代權禰宜・地下權任ノ子孫嫡男・次男・末子マテモ家督ヲ不レ定前ニ皆權禰宜ニ補シ爵ニ闕ル、然ルニ有レ故テ異姓平俗ノ家ヲ續者波拜任シタル位職ヲ其儘身ニ附ケ往キ、朝廷神宮ノ表ニテハ實親ノ子弟孫ナル事ヲ立、實生家ノ生

名ヲ以事務シ、奏事始ノ順次タレハ一級ヲ給リ、且御代始ノ御賞等ニ加階スル事皆實家ニ如《シ》レ在《カ》、是ヲサシテ一代權禰宜ト云ナシ來リタリ、又此者御公儀表市中町並御政務ノ勤事ニハ、則其《ノ》續リ家異姓ノ在名ヲ呼ンテ其家ノ本主ナル事實正也、既地下權任ノ解ニ述ル如ク、天下御法度宗旨御改等ノ時ハ異姓ノ家ヲ繼タル一代權禰宜ト云者モ、則其異姓ノ家ノ在名ヲ以邪宗門ニ不レ有趣ヲ申上ハ、是於《テ》二御公儀一ハ諸國一同嚴シキ御制禁ノ證文也、又朝廷ノ官庫ニ記《シ》被レ爲レ置《カ》交名帳ハ天下ノ御政事也、然ル時ハ此一代權禰宜ト云何某タル者朝廷官之御家ニ僞名ヲ以テスルヤ、又御公儀臺命ノ廳ニ似名ヲ上ルヤ、何レ一人トシテ二名ヲ用ユル事今更ナルコトニ不レ有トモ、意アル者ハ一笑シ退テ思フ時ハ愧シキ事ニモアラシ哉、辟ヘ仕來リ顯然トイヘトモ異姓ノ家ヲ不レ續シテ不レ叶者アラハ、速任職ヲ辭シ解任シテ其己カ續リ家ノ格ヲ可レ守事本意ト云ンカ、神孫タレトモ失二時節《ヲ》一ハ無二是非一、恐多クモ位職拜任シテ浴二朝恩《ヲ》一スル身ヲ以、卑俗《ノ》下賤族生

不分明ノ者美《ヲ》ト敬ヒ母ト貴ヒぬ、卑俗下郎モ其家ノ親屬タレハ、家風ニ從ヒ禮ヲ盡ス事、何程ノ大家以ケ計ノ家督ヲ受得スルトモ、此位階官職ヲ蔑如スル事、神慮難レ測、朝恩ノ恐不レ顧アランヤ、又近年是續《ニ》テ擬符權禰宜再興之企有テ、此擬符ニ補スル者數輩也、是古ノ擬符トハ格別ノ沙汰ナル事歟、其起リヲ聞ニ、近年神人減少ナル事ヲ惣官ノ御家ニ申歎キ、彼ノ異姓ヲ繼ク一代權禰宜ノ子孫ヲ以此擬符ニ任スル由、尤是モ正六位上ヲ申補《シ》下ス事ナルヘシ、神職表徵ノ時ヲ以如レ此事再興ノ沙汰ハ神妙・神忠トモ可レ云コト歟、併是ニ不審ノコトアリ、荒木田・度會兩姓ノ氏族權禰宜ニ不レ補シテ異姓ノ家ヲ續ク者アリトモ、其子孫出生ノ上、其實家ヲ繼キ、舊姓ニ復リ祖考不レ絕シテ權禰宜ヲ申補、闕レ爵ル事難アルマシキカ、一代權禰宜ノ子異姓ノ家ニ至テ擬符權禰宜ニ補シ、其子孫續テ此擬符ヨリシテノ祖考、終ラハ如何シテカ復二舊姓《ニ》一位職拜任スルコト可《シ》レ不レ許《サ》、若及二其事《ニ》一ハ實龜ノ格文ニ違ヒ、四考成撰ノ式モ亂レ、神宮ノ故實モ失

フニアラスヤ、尚又此勅宣格文ヲ守ル時ハ近比ヨリ被レ行擬符權禰宜ハ神人減少ノ助トナル事モ不レ有歟、其由縁巨細ヲ不レ知ハ是非難レ述、然レトモ重代權官ハ勿論、地下權任タル輩、異姓ノ家ヲ繼カハ速ニ解任ヲ願ヒ平俗ノ身トナリテ、其續ク所ノ家格ヲ守リ神職ヲ放ルコソ是則神道ナルヘシ、容易ナラサル後階官職ヲ異姓ノ家ニ負《ヒ》往キ、所詮神事・祭禮ノ供奉スル事不レ叶ハ、唯畢竟ハ自分參宮ノ時、狩衣・直垂ヲ着用シ、忌服ノ差別凡俗ト異ナラン事ヲ好ノ外他事ナカルヘシ、一身ノ小事僅ナル望ミニ神恩・朝恩ノ高大ナル大事ヲ犯誤ル事恐惕甚シカラン哉、爰ニ又外宮別宮ノ物忌等、近比六位ヲ拜任スル事アリ、此起リハ寶暦五乙亥年八月高宮物忌依《テ》二度會姓タル舊記《ニ》一許容アリ、土宮・月讀宮・風宮三所ノ物忌等モ雖二同時願《ニト》一、三所ハ各異姓也、依レ之無二許容一、然ルニ又翌年三所ノ物忌等頻リニ此事ヲ願二神宮《ニ》一ノ處、是モ又及二許容《ニ》一、補任相調拜二任六位《ヲ》一スル事如《シ》二高宮一、其子細ヲ竊コトニ三所ノ六位ハ不レ屬二其宮《ニ》一シテ、新ニ度會姓

ヲ許シテ令レ任二六位《ニ》一、然レトモ三旬ノ番文ニハ尚載二舊姓《ヲ》一ト云々、又物忌辭職解任ノ後ト、彼度會姓ヲ剝テ爲《ル》二異姓《ト》一由也、然ルニ彼物忌等死亡ノ後モ尚度會姓タル事ヲ露顯ニ書號スル由、粗其沙汰ヲ聞ク、不審至極絶《ス》二言語一、此等ハ全ク神宮新儀ヲ企テタルコト也、剩《サ》ヘ延寶五丁巳七月十一日令《ニ》云、非《ス》二其人《ニ》一而度會姓《ヲ》不レ可レ負之旨也、如レ此嚴重タル廳裁ヲ以テ示シ觸置ナカラ、是モ又忘却シタル歟、彼高宮《ノ》度會姓タリシコトノ舊記ニ據セ混シテ、恐多クモ官タル御家ヲ申掠、押シテ六位ヲ申下シタル事ナルヘシ、殊ニハ各居二其職《ニ》一タル輩尸姓ノコトヲ如何心得タルニヤ、荒木田姓ハ波己利命ノ子最上ニ給リ、度會姓ハ誤テ負二石部姓《ヲ》一居タレトモ、持統天皇御宇ニ仕奉シタル大神主祖父、和銅四年三月十六日依《テ》二官符《ニ》一復《ル》二舊姓《ニ》一ト補任次第記着シ、尚《ホ》寛仁元年七月神主彦晴《カ》位記ニ度會姓ノ旨ヲ被レ載、又神主氏忠口　宣案ニモ度會ノ二字ヲ加給ルコト見エタリ、今尚如レ此《ノ》尸姓ノ事ハ容易ノ沙汰ナルモノニアラス、神官ノ古記古老口實傳ニモ、姓ヲ不

レ知輩ハ秦氏ノ可レ稱事故實ナル事出タリ、是ニ不レ限諸姓皆私ニ稱シ、臣トシテ姓ヲ許事ノ例ヲ不レ聞、既ニ中古モ江州ノ住淺井新三郎ハ有レ故テ備前守ト私稱號シタル事不レ蒙ニ 敕許《ヲ》一旨、甚不レ快トイヘトモ、其頃京都ノ便宜障リシ故不レ得ニ止ム事《ヲ》一也ト述タリ、官名スラ如レ此キ例有ルコトナルニ、於ニ祠官《ニ》一ハ專ラ位職拜任ノ礎タル尸姓ヲ禰宜・神主等私ノ沙汰ヲ以凡俗卑賤ノ者ニ附與センコト、不埒至極思ヒモ不レ寄コトニアラン哉、又諸國ノ餘社・世俗ノ人民守掾等ノ類《ヒ》ノミ官名ト心得、伊勢二宮ノ祠官ハ位アレトモ官ナシト云募リ爭フ俗諺アリ、尚《ホ》其身居ニ其職《ニ》一テモ此事ヲ是ト覺語シタル祠官モアリ、如何ソ官ナクシテ位ヲ給ランヤ、業ナクシテ職ニ可《キ》レ被レ補ヤ、國史ノ實記ヲ見テ位階官職相當タルコトヲ可レ辨

御師之解　諸國旦那之事

御師ト云ハ御祈師ノ事由、東鑑 第三、四丁メ 云、年來ノ御禱師トアリ、弘安元年公卿敕使記・內宮延德記等ニハ皆本宮之御師ト出タリ、御祈師・御禱師何レトモ御祈禱師ノ中略・下略ニシテ御師ト云、伊勢兩宮ニテ御師ト云ハ朝廷ヨリ嚴命ヲ蒙リ、天下泰平・國土安穩・五穀豐饒・寶作延長・將軍武運永久・君臣調和・萬民快樂之御祈禱ヲ勤行スル故、兩宮正禰宜ヲサシテ御師トモ御禱師トモ、又此職役ナル故、師職トモ稱號ス、勿論此二、三字ハ正禰宜轉任ノ款狀、權禰宜位職拜任スル解狀、蒙《ル》ニ 天恩《ヲ》一口 宣案・官狀等、各其記文ノ中ヨリ出テ故實正シキ稱號ナリ、又詔刀師トモ云、是モ帝王ノ詔命ヲ受テ告申之器ナル故爾カモ云、宮司長則供奉記ニ內宮之詔刀師・外宮之詔刀師ト書シタリ、此外二所太神宮ニテ御師師職ト書言スル事ハ、皆二宮正權禰宜ヲサシタル惣號也、御師ノ御ノ字、師職ノ職ノ字ニ心ヲ付テ勘辨シ、忝モ爵ニ敍スル輩祠官ニシテ美目タル稱號ノ事ヲ可レ存、然ルニ此御師ノ稱號ヲ中古前後以來ヨリ諸國ニ旦那ヲ持、祓ノ麻ヲ配リ、又其旦那參宮ニ詣テ來ル時、饗應ノ止宿ヲ勤ル事起リテ、兩宮祠官ヲ始、無位無官ノ平俗モ是レヲ渡世

トスル者、一同ニ御師・師職ト通號スル事如二家銘一、仍テ他國・他所ヨリ宇治・山田ノ里中ニ來リ居住シ、其己レカ生國在所ノ所縁因ヲ以夫レヲ旦那トシ、其彼レカ因旦那ヲ價ニ替ヘテ是カ旦那ト納シ渡世ノ株トス、或諸士タル人亂世ノ砌、進退ニ依テ此地ニ來リ、斷時モ身ヲヨセ由馴タル由緣ヲ以恩祿ヲ給レハ、是ヲ則太神宮ニ奉納ト云立、其者無位無職ナレトモ彼ノ本主ヲ旦那ト崇メ、祓ノ麻ヲ捹納ル類、彼ト云是ト云其事品異レトモ、大樣無位無官タル者如レ此コトヨリ濫觴シテ旦那トナリ、師職ト號スル輩皆一同ニ御師・師職ト云倣來リシナリ、依尙無位無官タル平俗ノ族モ數カ國ニテ莫大ノ旦那場ヲ持、居宅モ手廣ク構ヘ、參詣ノ數千人止宿ヲ勤ル者、皆中古ヨリ以來ノ家多カルヘシ、又卑俗言傳ヘ或其始祖ヲ聞クニ、先ツ山田ニアリテ其二、三ケ所ヲ竊ハ武州金原ヨリ來リシ山伏アリ、紀州熊野山ヨリ出タル比丘尼ノ孫アリ、攝州天王寺樂人ノ末葉等ノ類ヒアル由ヲ始、亂世前後諸國ノ浪人・落人アリ、又當國多氣北畠家沒落ノ砌、數多

（上）（朱書）優婆夷
（上）（朱書）優婆塞

ノ浪人山田・宇治ニ逃廻シテ居住ヲ定メ、子孫ノ殘ルモノアリ、及《テ》二近世《ニ》一ハ皇都・東府ヨリ來リシ商人・町人、近國近在ヨリ出ル農工商、或此土地ニテ仕出シタル民俗アリ、夫ト云是ト云皆差別アレトモ、無位無官ノ家主タル者此徒《ニ》漏ル者少シ、然レトモ唯諸國ニ旦那ヲ持ツ者皆御師・師職ト稱號スルコト如何ナル由緣、何レノ據アリテ斯ク云倣ハ已來リシヤ、位職拜任セサル者ヲ御師・師職ト可レ云例アランヤ、無位無官ニシテ御師ト號スル者何程勘辨シ併考シテモ、御師・師職ト云ハ僞名ナル事明白也、且近代此師職ト云者ノ樣ヲ聞クニ、諸國旦那ニ頂戴サスル祓麻ノ包紙・箱類等ニ太神宮ノ御尊號記シ、下ニハ各位階・職名等ヲ書ス、無位無官ナル族ハ可二書號《ス》一位署ナケレハ家銘ノミヲ書シテ、肩書ニ專ラ御師ノ二字ヲ記ス事ヲ要トス、兩宮正權禰宜ノ者ハ却而御師ノ字ヲ除ク樣ニ見エタリ、是全ク宇治・山田平俗ノ輩一同ニ御師ト記ス故、彼等ニ混雜セシ事ヲ嫌ヒテ不レ書族モ可レ有、是祠官ノ職名《ナル》事ニ不二心附《カ》一、唯御師・師職ハ下職也云

（下）（朱書）明和八卯年三月會合所ヨリ町々年寄申渡候趣、近年師職家之内致㆓改姓㆒候ニ付、不心得之族も有㆑之ニ付、會合之支配も不㆓相用㆒様ニ相成、難㆓打捨置㆒、及㆓公邊ニ㆒候得ハ其身も難義之事ニ候、殊更町ニ古き家銘も致㆓斷絶㆒候儀、不本意之段、歎ケ敷事ニ候、已來改姓仕候義無㆑之様ニ可㆑致候、此段可㆓相心得㆒候、との旨書付を以申候事、是ハ何か歎ケ敷候哉之事、是ハ此條ニ可㆑加㆓思慮㆒

募ル祠官モアリ、御師ノ二字ハ其身ノ稱號ナルコトヲ不㆑知故也、諸國ニ旦那ヲ持、其因ニ依テ施物ヲ受ケ、此所縁ヲ求メテ參宮ノ時止宿ヲ乞受、饗應ヲ勤メ、其助情ニテ渡世スルコトハ海陸道驛宿同前ノ業ナレハ、天下之御祈禱ヲ奉㆑修祠官ノ業職トハ甚異ル事也、必御師ノ二字ハ諸國ニ旦那ヲ持タル事ニ拘リタル名目ニ不㆑有コトヲ可㆑知、中古以來ノ祠官等モ御師・師職ト云コトハ其身ノ稱號ナルコトヲ不㆑辨《ヘ》カ、數百年ノ星霜ヲ經レトモ、無位無官タル者御師ノ二字ヲ汚名スル事判斷シタル沙汰モナク、斯ク云倣セノ仕來リトナリタルコトナルヘシ、如㆑右無位・無官・無職ノ族諸國ニ旦那ヲ指、門塀ヲ構ルトイヘトモ、御師・師職ニアラサル事、天下一同露顯ノ事ハ勿論、二宮ノ正權禰宜各一身而已ニ附從フ御師・師職ノ稱號明ナルニ如何シタル御事ニヤ、御當世御代々ノ御朱印御文面ニモ師職ノ二字ヲ被㆑爲㆑載、又寛文年中神宮ニ被㆓下置㆒御下知ノ御條目ニモ御奥書ニ師職ノ二字アリ、其御文面如㆑左

右之條々、兩宮禰宜等年寄師職以下迄相互ニ申合、糺㆓古法㆒、猥之儀無㆑之様可㆑令㆓沙汰㆒

トノ御趣ヲ被㆓成下㆒タリ、如㆑此ニテハ師職ト云ハ年寄ノ下タル様ニモ奉《ル》㆓拜見㆒、然レトモ御公裁ノ御事ハ重キ御沙汰ニシテ此上ヲ併考スル事恐レ有リ、尚《ホ》就㆑中我徒啓蒙ノ爲ニ俗諺ヲ以解スルナレハ、無位無官ノ族一統師職ト云時ハ、是參宮人ノ宿屋師・旅飯屋職トモ可《キコト》㆑云ヲ上略シテ師職ト云ハン歟、其證アリ、今宇治・山田市中ノ商家・町人諸國ノ旦那場ヲ買得スレハ、則其支配所ニ訴ヘ受《ヲ》㆓許容㆒、其者師職ト云家ニナリ、又有㆑故卑賤・俗家トイヘトモ彼長《ヲサ》會所意ニ叶者アレハ、是モ師職ト云コトヲ免許シ、皆宇治・山田市中ニテ御師・師職ト號スル輩ハ、何レモ年寄・三方ト云町家ノ長役所ヨリ下知シテ、當時尚《ホ》商家買物ノ如クニシテ御師株・師職株ト稱號シ、彼役所ヨリ免許ナクシテ私ニ師職ト號スルコト不㆑能、然レハ是今餘國ニテモ行ハル酒店、米穀、或問屋等ノ類ヒニ准シテ此株ヲ立タル事ナル歟、如何シテモ朝廷ノ御

沙汰ナル御師・師職ト云コトヲ市中町家人民ノ犯罪ヲ糺ス會席ヨリ免許許容ノコトハ有マシキ事ニアラン、依此師職ト云ハ御祈禱ノコト拘リタルニテハナク、彼上略シタル師職ト可レ云カ、唯二宮ノ祠官任職拜任ノ輩ニオイテハ御師・師職ト云コト必家號・屋號ニ不レ有事ヲ存シ、朝廷ヨリ被《ル》二附置一御祈禱師ト其役ニ被レ補シ、正權禰宜職ノ二字ヲ以御師トモ師職トモ云テ、其身一人ニ限リタル稱號ナル事ヲ可《シ》レ辨《フ》

且檀那ト云事ハ佛語也、瑯琊代醉編《ニ》云、梵語陀那鉢底唐《ニ》言二施主一、稱《ト》二檀那《ト》一者卽訛《テ》レ陀《ヲ》爲レ檀《ト》、去《ル》二鉢底《ヲ》一故曰二檀那《ト》一、亦檀越トモ云也、大藏一覽經律異《ノ》相《ニ》云、佛ノ大檀越須達多長者書言故事《ニ》云、僧道爾二施主《ニ》一曰二檀那《ト》一、萬葉集第十一歌《ノ》ニモ檀越《ダンヲチヤ》也トアリ、皆物ヲ施シ貧窮ヲ救フ者《ヲ》サシテ檀那ト稱スル也、是浮屠家ノ言葉ニシテ佛語ナル事明ケシ、然レハ伊勢兩宮ノ祠官ハ勿論、宇治・山田ノ人民等太神宮ヘ御初穗・御初幣物ヲ獻ル輩ヲサシテ旦那トハ云マシキ事也、倭姫命世記《ニ》云、天皇卽位廿三年己未二月、召二集於神主・物忌部等一屛二佛法之息一奉レ再二拜神祇一禮、日月廻二四州一、雖レ照二六合《ヲ》一、須レ照二正直頂一止、詔命則矣ト云々、如レ此詔顯然タル上、內七言・外七言ノ忌詞マテ令二教覺一給シニ、如何ソ佛語ノ旦那ト云コトヲ用ヒンヤ、殊ニ師檀抔云連字ヲ構云放セル事不快ノ事ナランカ、是モ全ク神領境內宇治・山田ノ輩、諸國ニ祓ノ麻ヲ配リ、御初穗・御初穗幣物ヲ受テ太神宮ニ奉《ル》レ獻《シ》後、御下リヲ拜納スル事ハ薄ク心得、自分私納ノ事ヲ厚クシ、尙於二祈禱料《ニ》一ハ得マシキ物ヲ受タル樣ニ思フ、故彼初穗幣物等ヲ捧ル人ハ神明ヨリモ尊ク、又己カ窮ヲ救給レハ、是其身ノ爲ニハ旦那ナリ、無位無官ニシテ其職業ニアラサル輩ハ勿論旦那ナルコト顯也、此外不如意ニテ其手當ヲ賴ミ、居墎《ノ》破損、火災・水難ノ愁、疊・立具・道具・調度ニ至マテ大名・高家ヲ始、諸萬民ノ寄附・寄進ヲ得ル是實ニ施物也、則是ヲ受得ル者ノ爲ニハ施主也、且今時《イマ》モ如レ右施物ヲ乞受貪リ得ルコトノ樣《サマ》ヲ竊見ルニ、分限ナル者モ窮家トナリ、有レ德者モ損家ト

云有ル家モ不㆑有者トナリ、貧窮ナル者《ハ》實ノ困窮ニシテ、彼旦那ニ其手當・其救ヒヲ受ルコトヲ曾テ恥辱汚名ノ沙汰ニセサルコト、二宮・宇治・山田一統ノ風俗也、是等モ全ク無位無官卑俗ノ輩諸國ニ旦那ヲ持、御師・師職ノ僞名ヲ以祈禱ノ業《ヲ》穩行仕來ルニ従ヒ、同市店・町家ノ商買人等マテ旦那ヲ持師職ト云、依テ此輩ハ尙米穀賣買センヨリハ此ノ利潤宜シ、酒油魚服ノ商ヨリハ其廻リ速《スミヤカ》ナリト皆利得算勘ニ據テ旦那ヲ持、參詣人ノ寄宿ヲ勧ル事也、仍テ神威ノ衰ル事モ、作法ノ亂ル訣モ不㆑辨レハ、唯二宮ノ祠官等モ倭姫命御聖女ノ御詔教ヲ犯シ、彼等ノ徒ニ陷リ一同ニ佛語ノ旦那ト云コトヲ專ラ呼唱スル事ナラン、實ニ無位無官平俗ノ者其職業ニアラサレトモ御師ト僞號シ、旦那場ニ祓ノ麻ヲ配ル事、其大小ニ從ヒ手代ヲ遣セ、其身常ニ爲スコトナリシテ、温ニ衣飽マテニ喰ヒ、田不㆑作、桑不㆑取、募㆓驕奢《ニ》㆒事、皆旦那ノ情恩ヲ蒙リ、家鼠蚤虱マテモ此施主ノ身油ヲ啜ル、仍彼旦那ヲ如㆓君主㆒敬ヒ貴ヒ、下賤下郎タレトモ、施物ヲ出セハ聖敎ヲ守テ設㆓禮客《ヲ》㆒、佛ノ示シヲ受テ大檀越須達多長者ノ如クス、是則於㆓彼等徒《カニ》㆒ハ大旦那施主ナルカ故也、二宮ノ祠官タル者ハ諸國上下ノ萬民、太神宮之御神恩ヲ仰キ冥加ヲ存シテ、御初穗・御幣物・御贄等ヲ奉獻ス、其御下タヲ拜受シテ神事祭禮ヲ勤ル助トシ、妻子ヲ育ミ家人ヲ扶持シ、專ラ渡世ノ株トスル事、是全ク旦那ノ施物ヲ受得スルニアラス、皆神物ナリ、此神物ヲ拜納シテ祠官其業ヲ不㆑務、役ノ施物ヲ受ル族同樣ニ穩納スル時ハ、祠官ノ中ニテ職役ヲ違犯スルト云者也、必旦那施主ノ怨敵ナル者ニアラス、唯神罪ヲ可㆑恐、然レトモ今尙旦那ト云コト土地ノ流風トナリ、云倣ハテ不㆑叶事ナリセハ、忝モ天照座二所皇太神宮コソ祠官等ノ爲ニハ大檀那トモ可㆑奉㆑申事ナラン哉

装束之解

装束ノ事ハ桃華蘂葉ニ深淺紫緋黃ノ品アル事ヲ云、近代行ハル要例舊式等ニ著《アラハ》ス如ク、服色ノ差別アル事ハ官

位任職ノ輩、天下一同ノ御制法アル事也、兩宮祠官モ専ラ守レ法ヲ、着用スル事サシテ違フコトナシ、太神宮年中行事ニ云、正月元日禰宜束帶、但上古ハ一禰宜一人布袴、自餘ハ衣冠也ト云々、新任辨官抄ニ云、執柄春日・賀茂詣等之日着二布袴ヲ一ト云コト見エタリ、神事社參ニ布袴ヲ用ユル事モ明ケシ、兩宮一禰宜布袴ヲ着セシ事、彌上古之コトニヤ、近代其沙汰ナシ、永祿・元龜比、外宮諸神事目錄ヲ見ルニ、五月三日御川ノ神事、魚迎番ニ當ル禰宜袖ヒトヘニサシヌキニテ、久保出口東ノ方西向ニ立ト云々、是位袍ニ袖ヒトヘヲ用ヒタルカ、下襲ト袖ヒトヘ異ル物ナレトモ、彼布袴ノ姿ニモ有ンヤ、尙束帶セサル時、下具ニ大帷子ヲ用ユル事雜事抄ニ出タリ、當時正月元日、禰宜束帶、權官衣冠トハ年中行事今式ノ文ナリ、此外神事ニ禰宜束帶スル時、權官ニオイテハ狩衣・直垂着用ニ限ル、内宮ニハ淨衣モ用ユルカ、是モ中古ヨリノ事ナルヘシ、内宮五月五日菖蒲ノ御饌奉仕次第ニ云、各自レ宵宿館シ參ル、正權禰宜共ニ衣冠ヲ着ス、但シ近代束帶也、正・五・九月之內、今日無二束帶一、一有俊神主束帶ニ被二申定一ト云々、中古前後此比マテハ權官モ衣冠着用シテ神事從ニシコト明ナリ、位袍ハ官位ノ禮服ナリ、狩衣・直垂ノ類ハ任職ノ式服トモ云ナルヘシ、神事祭祀ニ位袍ヲ着セサルハ却テ不敬ノコトナラン、神宮雜事記ニ曰、康平二年九月、豐受太神宮遷宮ニ六神主頼元六位也、依任二式文一帶二位袍一可レ被レ令レ供二奉於遷宮一ニ之由、祭主經二奏聞一ヲ了、而ルニ位記到來之前、有レ限遷宮今夜也、因レ之祭主賜二下文於大神宮司一、卽奉行之後、件頼元帶二位袍一昇殿供奉已了ト云々、如レ此ニテハ五位ノ位袍ヲ不レ着ハ昇殿ナリカタキ様ニモ聞ヘタレトモ、位階之解ニ述ル雜儀式ニ所謂如キニテハ左ノコトトモ異ルカ、又五位・四位ニテモ正權禰宜不レ補ニル者昇殿ヲ不レ許コト神宮故實ノ法也ト云、古記文ニ據リテハ六位袍ノニテ昇殿スルコト不レ叶ト云ニモアラス、此類六位袍ノコトハ一身ノ故有ル事ナルヘシ、且兩宮ニテ正員ノ禰宜今モ內昇殿可レ有神事ノ時、束帶ノ上ニ必白キ絹或練ノ類ヲ以闕腋ノ服ヲ

着ス 但祈年祭・月次祭・新嘗會祭、用レ之、内宮ハ御衣祭ニモ着ス 是上代皆内昇殿アリシ神事ナル故ナルヘシ、此ノ服ヲ清衣トモ明衣トモ云、是延喜式神祇ノ四巻云《ニ》、禰宜・内人等ノ明衣、又山口神祭ノ條ニ、内人等明衣料《ノ》庸布、遷宮禰宜・内人等装束條下ニ、絹ノ明衣・布ノ明衣ノ事、其外明衣ノ文字數條ニ見エタリ、勿論内人・物忌男女・諸職掌《ニ》給フコト出タレハ、禰宜而已ニ限リタル服ニテモナキカ、殊ニ其製調不《レ》レ分ハ愚盲ニシテ明察難レ及、仍テシハラク是ヲサシオク、然ルニ嘉祿三年外宮造宮日記云、十月十四日、以二黑木《ヲ》一三間之假屋ヲ造立ス、内人友光・清光相作、二人ノ明衣本尺各二丈ト云々、是短尺ニシテ如《シ》二禰宜《ノ》一着用スル明衣ノ製調ニハナリカタシ、又内宮氏經日次記ヲ見ルニ、永享十三年二月九日、祈年祭ノ神事、二・七・予・九束帶着《シ》二清衣等《ヲ》一、錦裲ノ襠ヲスト云々、是則今時モ用ル明衣ナラン、論語子罕ノ篇云《ニ》、齋《スル》必有《ス》二明衣一布《ヲス》、朱註ノ意明二潔其體《ヲ》一也、是沐浴ノ上用ユル服ナランカ、此ノ外明衣ノ名目諸書ニ可レ出ナレトモ皆其差別ナルヘシ、今ニ

宮ニ用ユル有様ヲ以見ル時ハ、太神宮御造替ノ砌、御遷幸ノ次第等ノ時、正禰宜・權官・權任等以下絹布ヲ以襠ノ如ク肩ニカケテ用ユル物是明衣ト云ナルヘシ、正禰宜今モ用ユル服ハ其體明潔ニスルコトハ同意ニシテ、正禰宜ノ差ヲ分テ製シタル服ナルヘシ、昇殿ニ付從フ天下ノ式服ナラハ昇殿スル輩、正禰宜ニ不レ限着用ナクテ不レ叶事也、近比天文前後弘治比ノ記録ニモ皆清衣ト出タリ、是等併考シテ尙覺語セヨカシ、且近代外宮一禰宜滿彥卿立烏帽子ニ直垂ヲ着用セラレシコト、延寶三年正月十一日ヨリ長官ノ服トシ始タリ、是珍事ニシテ一禰宜異服ノ始也ト度會神主何某雜記ニ書シタリ、依テ是ヲ考ルニ、東鑑 四十六巻廿六丁メ 云、遠江守晴直 折烏帽子、直垂 、各侍二人 直垂立烏帽子 トアレハ此式モアル事ニヤ、今尙《ホ》一禰宜用レ之、此外兩宮正禰宜神事祭禮ノ外、公私ノ勤服ニゾク衣・カク衣抔ト稱シテ直垂ノ上ノ如クナル物、或浮屠ノ法衣ニ似據タル製調ニシテ、地紋ノ紗又絹紗綾ノ類ヲ以テシ、下具ハ内袴ニシテ葛布絹綾ヲ用、色ハ紫ヲ專トス、是等ハ皆

社中私ノ服ニテ制ノ限リ有ル物ニアラス、然レトモ此服近頃元祿・寶永時分マテハ兩宮正禰宜上首、二、三座ハ公務ニモ着用シタレトモ此事モ止ミテ、當時皆正禰宜公用ニハ狩衣ヲ着スルコト大様近代ノ式トナリタル也、又去ル寛保四年マテ正權禰宜・權任一同品位ヲ不レ辨、紫ノ指貫ヲ着用スルコト亂雜ナリシカ、同年二月品位ノ式條々ニ不レ拘、二宮共正禰宜ノ外、一統紫ノ指貫着用、公私共堅ク御制禁ノ旨、從二祭主殿一御下知有テ被二停止一了、尚《ホ》又前解ニモ述タル如ク、外宮別宮ノ物忌等六位拜任ノ後、神宮ヨリ告知ノ趣ヲ聞《ク》ニ、御饌供進神事ニ從フ砌ハ、素キ布衣ヲ着用シ、自分參宮ノ時ハ狩衣直垂ヲ着用スヘキ許容ノコト治定ナル由ナリ、此素キ布衣ト云モノ雜事抄・舊式要例等ニモ不レ見《エ》様ニ覺タリ、尚其外諸書ニ出タルコトハ不レ知レトモ、於二一宮《ニ》一素キ布衣ト名目出タル是始ナルヘシ、薩戒記《ニ》云

堂上の輩、事により時に隨ひて、雜色折帽子ニ繪書たる白き直垂を着せしめて召具する事やト云々

東鑑ニモ白キ直垂ノコトハ出タリ、彼素キ布衣ト云物ノ製調、淨衣ニ少シモ違フコトナシ、淨衣ノコトハ公清公《ノ》記ニモ具ニ顯シ給テ、尚《ホ》仙洞モ內々御社參之時ハ着御有リシ御事アル由ヲ載セラレタリ、別ニ子細アルコトハ不レ知モ、名目・製調僞似シテ、新ニ素ニ布衣ト云唱ルコト、故實ヲ守ル神宮ノ祠官ニテ有二其職《ニ》一シ、禰宜新規ナルコトハ閒後難殘愁アラン事モ思ヒ不レ屆ル哉、勿論自分ノ參宮ニ狩衣直垂着用ヲ許容シタル事前ニ如レ述《ル》、今重代權官正月元日衣冠着用ノ外、年中ノ神事祭禮皆狩衣直垂ヲ以テ專ラ祭服タルコト年中行事今式ノ文アリ、依テ守レ之《ヲ》、更ニ犯スコト無シ、然ルヲ凡俗卑賤ノ者ニテモ祭拜補スル別宮物忌等ノ自由ニ着用ヲ許スルコト、適々神宮ノ故實書殘セシ今式ノ文條ニモ障リ、權官權任ノ規摸モ薄スルコトナラン、權官・權任ニ有ル輩愚蒙ニシテ、是等《ノ》様不快ニモ思フ族アラハ、却テ神忠ヲ勵ム害トモナルコトアランカヤ、亦當時宇治・山田ニテ無位無職ノ者御師ト號シ、其旦那トスル大名・御高家ノ方御參

宮ノ時、御對禮ヲ勤メ、又ハ宮社ノ御案内等ヲ申ノ砌、一日晴ト稱シテ布直垂・折烏帽子ヲ着用スル事アリ、此ノ起リヲ考ルニ、近頃寶永二年當地御奉行長谷川周防守殿在勤ノ時、山田三方ヨリ内々及二訴訟ニ一歟、同年六月七日ニ參宮ノ砌、外宮於二神庫ニ一彼三方等被レ告テ云、内々中承タル布直垂着用之事相考ル處、裝束之事ハ禁裏ノ御政事ナレハ、時ノ奉行トシテ免許スルコトナラス、然レトモ宇治年寄共大紋ノ直垂ヲ着用仕來リシ由ナレハ、山田ニテモ無位ノ三方師職スル者、時ニヨリ布直垂ヲ着用シテモ可レ然カ、自用ニ曾テ不二罷成一、勿論自分ノ參宮ニ急度無用ナリト云々、如レ此ナル趣ヲ如何心得タルニヤ、山田ニテ無位無官ノ三方、町々ニテモ無位ニテ師職ト號スル月行事ニ告觸レ、同月九日無位ノ三方人、町々ノ月行事二人宛ヲ召連、御役屋敷ニ往キ、彼ノ布直垂・折烏帽子着用御免ノ禮言ヲ述ル、時ニ奉行周防守殿被レ遂二對面ヲ一告命云、布直垂・折烏帽子着用ノコト我奉行トシテ差免シタル訣ナシ、如レ右計ヒタランハ可レ然歟ト申聞ケタル也、仍此ノ禮答ヲ受ル由縁ナシトテ各被二差返シ一了、其後又長谷川氏ノ御師・師職ト被レ頼ハ、幸福出雲ト云者ニテ無位無官、其居町ノ宿老格ニテ彼ノ月行事ト云者也、仍テ裝束着用スルコト不レ能レハ、御自分ノ紋付タル布直垂ヲ賜リ、自今我等參宮ノ時着シレ之ヲ可二相供一シ、勿論其方自分ノ參宮ニ着用スルコト決シテ罷不レ成也ト云々、是ヨリシテ大名方・高家方參宮ノ砌、旦那ニ持タル無位無官ニテ師職ト號スル者、右樣ノ如キ時ハ、其前日時ノ一禰宜長官タル家ニ申屆、請二許容ヲ一着用スルコトトナリタリ、此外攝社・末社ノ祝部、市中ノ神樂仕業人布衣ヲ着用スル事ハ、皆神宮ノ許容ニテ令レ着事也、又近年師職布衣ト云事行ハル、是等ハ彼ノ御師ノ解ニ述ル如クナレハ、師職ノ二字ヲ以テ布衣着用スル事、神宮ニテ如何ナル記録ニ據セテ可二明察一ヤ、其由縁ヲ不レ知ハ可レ解キ便リナシ、唯是モ自分ノ參宮ニ平俗ノ中ニテモ、姿異ルコトヲ願フノ外、深意モナカルヘシ、抑裝束ノ事ハ朝廷ノ御制令、天下一同ノ御政事ニテ私ニ許容シ、自分ニ差免スコトアルマシキ事ナラン、既ニ寛文年中、天下一同御下知ノ御條目ニモ、無位之社人ハ白張ヲ可レ着、此外ノ装束ハ其管領ノ許容ニ従ヒ着用スヘキ御趣ナルヨシ奉二覺語一ヘキコトナレハ、白張ノ外、自餘ノ装束ハ、其御本所・惣官ヨリノ免許ナクシテ着用不レ叶事明也、如レ此御公儀ノ御條目モ御嚴重ナル處、此ノ地宇治・山田ニ於テハ二宮ノ祠官ニモナリ、神役人ニテモ無《キ》レ之平俗卑賤ノ輩、無位無官ニシテ諸國ニ旦那ヲ持ツ者手代ヲ不レ遣、自身其旦那場ニ往ク事アリ、是大様ハ奉加ト稱シ勸化ト云ノ類ヒナリ、此ノ時無位無官ノ者凡ハ束帶シ着《シ》二衣冠《ヲ》一、或立烏帽子狩衣ヲ用、把笏シテ大名・御高家ノ御前ニモ上リ、余神職タル旨ヲ述、貴人・御大家モ申掠メ、遠國邊鄙ニ至テハ彼ノ装束ヲ以テ百姓・町人等ヲ令二畏怖一、勸化奉加ノ趣意ニ與起アランコトヲ結構スル族モアル由、近年モ宇治・山田ニテ相流布スル事ナリ、又旦那參宮シテ此地ニ來ル時、止宿ヲ勤メ、嘉詞・對禮抔ヲ述ル砌モ右同様ノ姿ヲ以對面シ、且里中ノ神樂仕業

ノ時、莊《リ》山ヲ拜スル事、是モ各如《ク》レ右シテ御制法ノ官服ヲ着用スル由、是等ハ又墎内ノ所爲ニテ穩便ノ沙汰トモ可二云易《ス》一歟、諸國他所ニテ無位無官ノ者御制禁ノ装束ヲ着シ露顯スルコトハ如何ソヤ、雖レ似《ニ》二小事一、寛文ノ御條目ヲ違犯スルハ恐アルコトナランヤ、殊ニ非《ニ》二其職一シテ着《ヲ》二官位ノ服一スルコト、不レ重《ゼ》二朝廷《ヲ》一、天下之御政事ヲ輕ンスルニ有ニヤ、祠官等官服装束ノコトハ其位ニ從ヒ任レ許《ニ》セテ拜着シ、守レ制、禁色法制ヲ勿《カ》レ犯《スコト》レ

刀衣服之解

兩宮正權禰宜位職ニ從フ官服ハ勿論ノ事也、古ヨリ公武ノ徒ニ被レ准テ平日刀ヲ指シ、衣服・乘轅・肩駕・騎馬等ニ至マテ御免許ニテ、御制禁ノ沙汰ナキ事也、是皆神孫ニシテ卑俗ニアラサル故也、度會氏ノ考祖大若子命ハ伊勢ノ國造ニシテ、越ノ國之凶賤阿彦不レ從二皇化《ニ》一、幡ヲ上テ罷行向テ平《ケ》テ返《リ》事ヲ白《ス》時、天皇歡給、依二其武功《ニ》一大幡主命ト又ノ一名ヲ給支、天照太神御鎭座ノ時、大神主

職ニ被レ補給ヒシカ、尙ホ國造ハ兼行アリシ事也、且內宮禰宜荒木田野守ハ天見通命十八世孫ニシテ度會郡ノ大領タリ、各其氏族モ御代々ノ天子ニ仕奉シ、官職ニ任シ、國守・郡領職ヲ給リ、太神宮ノ祠官ヲモ兼行シタルコト、具ニ補任次第記・勘文等ニ見エタリ、兵範記ニモ、仁平三年三月二日小除目、伊勢守荒木田《ノ》元定功ト云々、類聚三代格云

應レ置二伊勢太神宮郡撿非違使一事

右依二神祇官奏狀《ニ》一偁、太神宮司解偁、撿非違使雖レ在二國內一、非二卜食者一、無レ入二神郡一、因レ玆管度會・多氣・飯野三箇神郡諸人、或犯二禁忌一、或好二濫惡一、訴訟之輩日月不レ絕、司勤二神事一、無レ遑二巡察一、望請、神民之中幹レ事者充二撿非違使一、一向令レ糺二犯罪之人一、但不レ給二俸料一、准二大內人一把笏從事者錄二解狀一、謹請二天裁一者、權大納言正三位兼行右近衛大將民部卿中宮大夫菅原朝臣道眞宣、奉レ勅依レ請

寛平九年十二月廿二日

如レ此官符下テ豐受太神宮ノ祠官神主春彥ヲ以、太神宮司撿非違使ニ始テ撰ミ被二定置一ル、此春彥ハ大若子命ノ弟乙若子命十八世孫ニシテ、文武ノ道ヲ兼達シ、萬事ニ堪タル人ナリシ由、度會大系圖ニモ細錄ニ書シタリ、右ノ宣奉レ勅タル道眞ハ菅神ノ御事ニテ、北野ニ御勸請ノ時、彼春彥モ故アリテ重祀シ給ヒ、白大夫大明神ト奉レ申ハ是也、今外宮ノ正權禰宜過半餘、皆此春彥神主ノ孫裔也、勿論右ノ撿非違使祠官トシテ兼行終後、延喜ノ御代ニ一人タリシ外宮ノ禰宜春彥ト云是ナリ、如レ此自《リ》二先祖一祠官タレトモ武事モ兼、公家ニ仕奉スルコト歷代分明、連綿ノ正權禰宜ナレハ御式條ヲ守リ、禮服ヲ着、刀ヲ指シ、乘駕・乘馬等ヲ用ユル事、御制禁ノ限リ可レ有《ルタメ》例シナキ事ナルニ、物換リ星ウツリテ、去ル天和三癸亥年二月諸國一同ノ御制法御下知ノ趣如レ左

一祭祀・法事彌輕く可レ執二行之一、惣而寺社・山伏法衣・裝束等萬端輕く可レ仕事

一町人・舞々・猿樂者縱雖レ爲二御扶持人一、向後刀さす

へからさる事
一百姓・町人之衣服、絹紬・木綿・麻布以二此内一應二分限一妻子とも二可レ着事
一舞々・猿樂者右同斷、役相務候時分ハ熨斗目着用不レ苦候事
亥二月

如レ此ハ諸國一同ノ御制禁タルニヨツテ兩宮御神領内宇治・山田ニテモ御下知有《ツ》テ、時ノ奉行桑山下野守源貞政被レ得二臺命《ヲ》一、兩宮一禰宜ヲ始、宇治・山田人民ノ長《ヲサ》役年寄・三方ヲ被二召招一被二申告一テ云、今度從《リ》二關東一如レ右御制法ノ御條目ヲ被レ下タリ、兩宮祠官ノ面々、年寄・三方以下町家在々ノ者ニ至マテ、自今以後、御條目ノ趣ヲ堅ク相守ルヘキ旨被レ告テ、尙御條目《ノ》御文面ニ無《キ》レ之帶・袖口等ノ事マテ被二申添一嚴シキ告命也、依テ各奉二畏承一ル旨ヲ述了、此時内宮一禰宜ハ氏富、外宮一禰宜ハ常和也、如何シテカ御條目御ケ條ノ御文言ヲ熟覽ノ拜見ヲ不レ遂ヤ、重代正權禰宜而已ニテモ宇治・山田町家ノ民俗同樣ニ御請ハ中間シキコトアランヤ、御條目《ノ》御ケ條初ケ條ノミ奉二畏伏一リ、餘ケ條ハ年寄・三方等以下ノ可レ奉二承伏一事明カ也、然レハ又此時ノ奉行貞政モ兩宮正權禰宜等今時ヲ失ヒ、身上輕ク身不肖タルニヨツテ勘辨ノ會得モ行キ不レ屆歟、故實モ不レ被レ糺、宇治・山田ノ民俗、舞々・猿樂者同樣ノ者ニ被二取計《ルム》一タルナルヘシ、其證アリ、御制法ハ日本國中一同ノ御制禁タレトモ、此時差當テ賀茂下上・北野・平野・松尾・吉田・稻荷・上中下《ノ》御靈・藤森・八幡・天滿・住吉・春日、是等ノ神社ニ承リ合ノ處、御條目ノ初ケ條ハ各覺語ノ事承《ル》レ之、徐ケ條ハ社中無用ノ事ナレトモ亦神領・社領ノ百姓・町人等ニ申渡セトノ旨ヲ以、奉行人・地頭ヨリ得二告命《ヲ》一令二承知一也ト、何《モ》レ同樣ノ趣ニテ事終リ了、尙此時大宮司ノ沙汰曾テナキヨシ、如レ此大宮司ヲ始、諸國ノ餘社神主・祝部・社人等マテ常ニ刀ヲ指シ、禮服着用ノ事御制禁ノ沙汰無レ之事ナルニ、日本ノ宗廟ト云、朝廷ヨリ其職ニ補シオカル一所皇太神宮ノ祠官而已ニ限リ、衣服ハ

絹紬ニ限リ、刀ヲ不レ指《ル》様、堅ク御制禁ノ有ルヘキ例ナシ、尚又諸國一同ノ事ナルニ伊勢山田奉行而已如《ク》レ右《ノ》被レ業二公命《ヲ》一シニヤ、殊ニ以テ此時一禰宜ハ二宮共ニ上階シテ三位也、官服ハ勿論、地紋ノ白無垢・大紋ノ指貫等ヲ公私ニ用ユルコトハ式服也、是モ猿樂師役ヲ勤ル時ノ熨斗目等ニ被レ進シカ、此沙汰等マテニハ不レ被レ及、唯衣服・刀ノコト嚴シキ御制禁ナリ、聖人《モ》悉《ク》非《ス》レ知《ニ》、爲《タメ》レ爲二先務《ヲ》一也トノ訓言《ノ》意モアレハ、時ノ奉行タル方御覺語ノ薄キコトアラハ、如何ソ二宮ノ祠官正權禰宜ハ先祖歷代分明タル子孫連綿ノ者ニテ、宇治・山田年寄・三方・町家ノ卑俗無位無官ナル者ニ不レ有《ル》事、舊例・勘例ノ解狀ヲ以モ不レ訟《ル》ヤ、非器ノ輩有二其職《ニ》一恐レ恐レサルノ差別ヲ不レ辨、唯其身ヲ固フテ美令ヲ亂シ、先祖ノ餘光モ掩フコト不信至極ト云ンカ、然リトイヘトモ誰一人トシテ訴ヲ企ル者モナケレハ御制禁ヲ守リ、其儘數日經《ヲ》タリシ處、同年八月廿四日ノ夜、奉行下野守殿參州吉田マテ出舟ニテ被二參勤《セ》一了、然レトモ此衣服・刀之コト、内々神宮悲歎ノ旨於二東府一勘語アリ、二宮正權禰宜ハ平俗ノコト《ニ》アラサルコト被二心付《カ》一シカ、同年十月二日兩宮正禰宜・神主ヲ御役屋敷ニ被レ招、下野守殿留主居役陪臣笹岡九良右衞門告言ニ云、此度關東ヨリ各方衣服・刀之コト御式目ヲ被レ爲レ改、御免許ノ旨被二御下一也、依テ此趣可二申達一ト下野守方ヨリ申來ル也、則被二附與《セ》一、御式文如レ左

一正禰宜・權任幷諸神役人衣類・刀指申儀、可レ爲レ如二前々一事

一右之面々家來供召連候時、又ハ旅へ遣し候節、刀指セ可レ申候事

一拜領之時服、其者着用可レ仕事

一鑓持せ候儀、無用之事

一上下女衣服幷町人・百姓等衣類・刀之儀、最前之ことく御法度可二相守一事

一奈良晒上下ニよらす着用不レ苦候事

亥十月

如レ此、又改御式目ヲ被二成下一、両宮正権禰宜始、物忌・内人其外御師任二頂戴一シテ、實ニ御神役ヲ勤ル輩ハ無位無官無職タル宇治・山田ノ民俗ト異ルコト顕レ、各御式目ノ御文面ニテ安堵ノ思ヒヲナシ、太神宮ノ御恵・御冥慮ナル事ヲ奉レ仰シ事ナリ、奉行貞政於二東府《ニ》一テ自然ト心附《キ》アリシ事ハ、凡慮ノ察シ及マシキ處ニアラン、唯御神徳ノ令レ為二遍満一給フ故ナルヘシ、若右ノ御條目改メ不レ被レ下、空シク悲歎ヲ等閑ニ打過キナハ、二宮ノ祠官ハ市中俗賤ノ族同前トナルノミナラス、他國ノ餘社ニハ面目ヲ失ナヒ、於二東府一ハ長史ノ三番・四番ニモ云《ヒ》傚ハセタル舞々・猿楽者ノ如キ徒ニ陥リ、神孫ノ規摸モ空シク可二朽果一處、改メ被レ下シ御式目ニテ古ニ不レ異ルコト、偏《ニ》神恩ノ無《キ》レ限《リ》事ナラスヤ、抑其度御公儀アリ御條目ヲ以、天下一同衣服・刀御制禁ノ御下知ハ、乍レ恐今萬民御治世ノ時ニアヒ、飢窮ノ苦レ難《ヲ》不レ知、驕リニ長シ、一統上下ノ無二差別一、乱雑ノコト不レ易、御憐愍ノ御沙汰ニシテ被二成下一シ事ナルヘシ、依テ他國・他所ニ於テハ國守・地頭ヨリ厳シキ御下知ナレハ、御制法ヲ堅ク守ル事也、然ルニ伊勢宇治・山田ニ限リ、一向御停止ノ前後、如《ク》レ右《ノ》ナル次第ノ事ヲ不レ辨、天和《ノ》御式目被二成下一シ後モ尚衣服・刀ノ事不レ改様ニ見エタリ、依此事ヲ竊聞ニ、宇治・山田ニテ無位無官ニシテ曾テ神役人ニモ不レ有輩、御厳重ナル背《キ》二御式目《ニ》一刀ヲ指シ、御制禁ノ衣服ヲ着用スル者数多也、殊ニ武家方同様ニ着流ノ制非ニ帯刀シ徘徊スル族アリ、是如何ナル訣ニヤト尚ホ其由縁ヲ尋ルニ、彼ノ諸國ニ旦那ヲ持、御師・師職ト號スル者、無位無官タレトモ神役人ト偽リ、御制服ヲ着《シ》、刀ヲ指由也、仍又此ノ上ヲ考ルニ、天和三年天下一同御制禁ノ御條目ヲ被二成下一シ後、両宮正権禰宜・神役人ニハ格別可《キ》レ為レ如二先規《ノ》一旨改御式目ヲ被レ下シ時、奉行下野守殿陪臣笹岡九良右衛門、此度改リシ神宮ノ御式目ヲ従二関東一持参アリシ和知儀左衛門、二人連席ニテ被レ告シ時ノ詞ニ云、両宮正権禰宜・神役人ノ刀・衣服御免許ノコト、御式目ニテ無二子細一、其外師職ヲ勤ル族ノコトハ下野守自分ノ心得ニテ取リ計ラヒ、神役人ニ准シ置シタリ、急度御公儀ヨリ御條目ニ被レ爲レ載タル御沙汰ニハアラサル間、其心得可レ有旨和知氏被二申渡一了トノ由ナリ、如レ此ナレハ宇治・山田市中人民ノ長上・重役タレトモ、年寄・三方ト云名目出タル御條目ノ御沙汰モナケレハ、尚ホ無位無官タル平俗ノ者ニテハ何レトモ皆刀・衣服ノコト、彼ノ僞名ノ師職ト云名目ニ事據是如レ此證トスル事ナシ、然レトモ今時尚《ホ》公私共專ラ刀ヲ指、御制服着用スル事也、別シテ近年近頃ハ如レ右混雜始終ノ事知リタル者モナキカ、尚《ホ》聞傳ヘシ事忘《モ》却セシ歟、又知リテモ其沙汰セサルニヤ、卑俗町人トイヘトモ師職トノミ名目ノ株ヲ立レハ刀ヲサシ、御制服ヲ着用不レ苦旨、彼ノ長役ノ方ヨリ免許スル樣ノ躰ニモ見エタル、其證町家ノ者一間ノ構ヘニテ二軒ノ表口ヲ用ヒ、二名ヲ立、一ト口ニハ何大夫、歟大夫抔ト百姓・町家・商人ニハ少シ耳立難レ呼名ヲ以、是ハ師職ト號シ、又一ト口ノ表ニテハ其身其儘云傳ヘシ何某ヲ呼名トシ、事ハ町家ニ列立シテモ彼ノ刀ヲ指シ、

御制服熨斗目等ヲ着用スル者アリ、是等ノコトハ沙汰ノ限《リ》ナルコトアランヤ、依テ御師・師職ト云ヲ屋號・家號ト心得タルモ宜ナル哉、就レ中歎ケシキ哉、祠官タル者ニテモ間ニハ刀・衣服御免許ノコトハ位職拜任、諸大夫タル身ニ御免許アルコトヲ不レ知、唯《タ》師職ニ付タル刀・衣服ナレハ諸國ニ旦那ヲ不レ待シテハ着用不レ叶ト覺語シタル族モアリ、如レ此キ異存犯誤ノ輩ハ道風書シタル朗詠集所持ノ徒ニテ、解狀ヲ屈ケンコト難《シ》レ及、實ニ刀・衣服ハ師職ニ附タルコトトノミ覺語決定タラハ、彼ノ無位無官ノ者旦那ニ應對、或參宮人案內等ノ時而已ニ專ラ着用要トスヘキコトナランニ、却而師職ト云者ノ勤トスル事ノ由ナル時ハ用ヒサルコトモアリテ、唯公私ノ事務ニ刀ヲ指シ、衣服ノ制禁ヲ不二心得一ハ是モ尚ホモ私ノ御式目ノ事曾テ不二勘得一ノ者ナラン、別テ私ノ嘉事・婚姻・祭葬ハ實身ノ式ヲ可レ守事本意ナラン事ナルニ、如レ此ノ時尚ホ刀・御制服ヲ專ニ用ユル事、是又師職ニ附從フ刀・衣服ト心得タル者ニテモアラスヤ、御制服・刀

之事ハ右ニ記ス御條目兩通ノ御文面ヲ拜誦シテ此訣ヲ可レ知、師職ノ事ハ御師ノ解ニ述タル文字ノ理ニテモ可レ辨事ナランヤ、且中古マテハ宇治・山田ノ市中ニテ月行事ト云シ者、當時一統ニ町年寄ト稱ス、此役ヲ勤ル家古新ノ差別アリテ今モ尚加入増減事アルヨシ、又御制服・刀之コトハ此役ニ附從ヒ着用不レ苦事ト重々此上ヲモ心得違ヒスル者アル由、唯此地ノ輩無位・無官・無職ニテ刀ヲ指シ、御制服ヲ着用センコトヲ好ミ、上下ノ差別、官位有無之格、其式不レ定事甚シ、近頃享保九甲辰年九月廿日、時ノ奉行黒川丹波守殿御在勤ノ砌、一統儉約ヲ可レ守號令有テ、其御ケ條ニモ男ハ一同木綿紬ノ服ヲ着用ユヘキ旨、宇治・山田ノ市中ニ嚴シキ御觸アリシ聞傳ヘタリ、是等ノ事尚《ホ》更年歴僅ナル事ナレトモ、其沙汰スル事絶タルニヤ、此ノ事守リ傳フル者モ希ナルヘシ、兎シテモ角シテモ兩宮境内ノ族、唯タ官職拜任セス、平俗ノ身トシテ刀ヲ指シ、御制服着用ノ事好マハ、別而此地ノ人民長上ノ重役タル輩ハ、忝モ御公儀御代々ノ御朱印頂戴シテ郷村諸民ノ長役ナル旨ヲ陳、其役ニ付從フ御免許ヲ不レ蒙事ニヤ、神職ニテモ不レ有、御師・師職ノ僞名ヲ以テ無實ノ神役人ニ被レ准、其徒ニ從フテ刀ヲ指シ、御制衣ヲ着用スル事未練ノ至リ、役式ノ本意ヲ失ヒ、祠官ノ差別混雜スルト云ニ有ン哉、然レトモ又皇都・東府・浪花ノ三町人、肥州長崎ノ惣年寄等ハ皆帶刀セサレトモ、御役屋敷ニ候シ、公事刑罪ノ御判斷ヲ承ル由、刀ハ不レ指シテモ其所ニシテ長上ノ重役ナル事《ヲ》規摸トス、是等モ併考シテ見レハ、宇治・山田ニテモ人民ノ長上タル頭役ノ輩刀ヲ指スシテ、町家・郷村共諸人ニ下知シテ令二恐悚一ル事、是モ又其規摸甚シウシテ大權ナルコトナラン、尚町年寄・月行事倣ヒテ共ニ權威ナル事ニアラン歟、抑又御制服・刀ノコトヲ實ニ正シク犯違スル者、於二神領《ニ》一大湊・今一色村等ノ宿老タル者、年寄ト稱スル族、皆刀ヲ指シ、御制服モ着用スル由、是等ハ全ク神役人ニアラス、又宇治・山田ニテ云倣セタル御師・師職ト云ニモアラス、各其仕業有《ツ》テ耕作シ商賣ス、百姓・町人タル事明也、仍テハ天和之御式目ヲ違犯スルコト顯然タルニ有ンヤ、斯ク一、二言ヲ以述ル如ク、於二此地《ニ》一御制禁ノ刀・衣服ノコト、天和以來モ尙ホ異存ノ者アリ、違犯ノ者アリ、心得違ヘスル族有《ツ》テ皆混雜懶惰ニシテ制ノ限リ非レ有事、然レトモ御制法ハ天下之御政事ナレハ、私ノ意ヲ以テ述ルコト恐レ多シ、唯二宮ノ祠官天和之御式目前後ノ御文面ヲ守リ、裝束官服ハ勿論、刀・衣服モ不レ背二御制禁《ヲ》一、及二驕奢之沙汰《ニ》一者相互守《リ》レ約《ヲ》當《マサニ》《ベシ》二己爲《カス》一事ヲ爲ヨト云而已

（花押影）

宮中物語

御巫權大夫宮原清集之祖父之書留也

宮山普請之事

寛永十七かのえたつ年、宮山普請縄張九月中旬ノ比、其時ノ御奉行花房志摩守殿十ケ年餘ル御奉行也、小鹽(忍穂)井宮山ノ間田ヲ落、三ツノ池ヲ執行ル、御池ノ流タメ池トナス也、山田十二鄕江宛、辨才天山ヨリ夜を日ニツキ惣中堤ノ普請也、山田中前代未聞義なり、川普請ハ小田河ヨリ堀ヲサラヘ(浚)、雙方ニシカラミ(柵)ヲ拵、吹上ノ橋爪マテ普請ナス也、橋ノ上ニ久志本式部殿畠・大坂攝津守殿田畠有、斷アレトモ承引なく、故橋キリノ普請也、又御池ノ普請ハ翌年ノ二月始、大坂ゟ石キリ(切)下リ、石ハ石橋山・鹽合向山ニテ切トリ、十二鄕ヨリ石ヲ引、普請ハ日用トテ大坂衆大分金ヲトル也、御奉行十七年夏比ヨリ十八年三月迄小林ト云鄕ニ居住、始ハ有瀧ニ居住を小林江殿ヲ引替テナリ、江戸火事、二月廿九日大火事、夜日五、六日ト也、志摩守殿屋敷類火ニテ、召狀來テ乍㆓病氣㆒、三月四日ニ江戸下、其時五文字屋玄鈞御下、玄鈞老頓而御登リ、卯月十二日死去也、年六十三

一一ノ鳥居ヨリ山のコシマテノ道も此時作ル

一寛永十八かのとのみ年卯月十一日に山田三方中ゟ宮中之掟十三ケ條長官江被㆓仰付㆒ル、子細之段、就㆑其禰宜・權任中會合シテ長官與中惡ク成、又神宮衆與三方中幷山田惣月行事下々已下迄同心シテ、神宮衆と不通之次第、段々の事ハ下馬所之內外前野岩戸屋彌一郎と云者古殿ヲ請テ居ル、彌一郎子に長次郎と云者有、宮引ヲシタル扇館七郎兵衞といさかひ(諍)て、其日七郎兵衞

相當有たれは長官ゟ七郎兵衛か親兄弟ともを宮ノ住居をなさす、右相當する時有合かうじヲシタル者共迄宮をいだす、其時勝兵衛と云者ハ居合せさるを、彌一郎いつはり（僞）を長官江云テ是も同前に出す、合五人なり、則兩加用宮奉行を以色々斷とも合點なく彌腹立とて、右六人の親兄弟共、以上十四、五人宮を出す故、其時宮人中ゟ長官江訴狀を上ル、猶聞分なき故山田三方中江訴狀を上ル、幷山田町々惣月行事衆へハ廻文を遣ス、右六人ハ、扇館七郎兵衛・橋本源兵衛・杉館宗助・中館新吉・野依源十郎・人長館勝兵衛、此內勝兵衛ハ其日ハ龜田八左衛門殿江御道者の見舞して宮中ニ居す、日比彌一郎意趣有タト、其故長官江いつはりヲ云上テ宮をいたすトなり

長官江上ケタル訴狀之寫

一今月廿一日に吉ノ三左衛門殿ゟ、御道者卅人計御參宮被レ成候ニ付、七郎兵衛と申者宮引仕候處に、古殿に居申候長次郎御道者をあと四、五人押留置候而、色々惡口を申、御道者とからかひ申候を、七郎兵衛聞候てあとへ立歸り相尋候へハ、御道者の御申候ハせきなとのやうに仕候とて、殊外御腹立被レ成候間、大事の御道者をあら（荒）氣なくあたり候ハ、いはれさる義にて候と申候へハ推參申候とて、古殿より下十二社めのうら道ゟ長次郎罷出、七郎兵衛がつら（頰）をはり申候、其時當座に相當可レ仕を多勢に無勢、其上大事の御道者を宮引仕候間、宮廻不レ殘引屆申候て、則兩加用ニ御道者を引合、七郎兵衛がつらはられ申候趣慥ニ屆置候、同日の夕に右の長次郎宿江歸り候所を、七郎兵衛見付候て相當を可レ仕と存、追かけ申候間、其に有相候ものとも宮中の義に御座候故れうじ（聊爾）させ申ましきと存、あとゟかけつき引のけ候へば、結句造意の由申上候ハ以外いつはりにて御座候を理不盡に被レ爲二仰付一めいわくに御座候事

右之趣被レ爲二聞食分一（ママ）

寛永十八かのとのみ年三月廿三日　　外宮宮人中判

進上御長官様

一如レ此之訴狀を長官江上ケタレハ、堤刑部殿あつかひ（曖）可レ有とて、中津與兵衞殿を使にて、彌一郎かたへ一禮七郎兵衞ニいはせ、落着有やうにと有たれとも宮人中合點せす、山田三方中江訴狀上ル幷山田惣月行事中へハ折紙ヲ遣

三方中へ上ケタル訴狀之寫

一近年宮中之作法先規ニ相違仕候て、宮人共致二迷惑一候、御道者衆古來ゟ宮引仕候處ニ、宮請申候もの共宮々に五人・三人・七、八人居申、其内ゟにせ道者ニ罷成とて御道者衆をむりに押留つきもとし〱惡口を申通し不レ申候故、御道者何れも御腹立被レ成候て惣宮引とも迷惑仕候御事

一御道者衆之御宿ゟ御幣箱持候女房、又ハわらんへ（童）なと參候へハ、右之ものとも立かゝり一錢も入させ不レ申候様ニ仕候、自然彼ものとも立のき申候間ニ錢を入、をかミ（拜）可レ申と被レ成候御道者御座候へハ、又立ふさかり錢をとり可レ申と申候故、錢なきと御申候へハ彌惡口申、おかませ不レ申候て御道者殊外御腹立被レ成候御事

一ぬけまゐり（拔參）之子共をハ一段と押留、むりに錢をとりなかせ申、中々にか〱（苦苦）しき躰ニテ御座候御事

一當三月七日に高宮古殿に居申候ものとも、上中之鄕松村甚大夫殿御道者をつきたふし（突倒）候へハ、右之御道者腰をぬかし候ニ付、右之つれの御道者衆おひおろし、御池のはた（端）迄被レ參候へハ氣を取失候故、藥なとまゐらせ候て甚大夫殿ゟ乘物をとりよせ被二罷歸一候御事

一三月十八日ニぬけ參と相見え候六十餘之男幷わらんへ三人つれ宮廻仕候へハ、古殿之裏御門請候ものむりニ押留、初尾錢上ケよと申、とほし（通）不レ申、あら氣なくこつきたふし、鼻血をたらさせ、其上ふところへ手を入候て何とやらん取出し、是ハ初尾にてハなきかとしかり候へハ、道者衆是ハ國元ゟ言傳り候て狀なとも添申候間、返事をとり申さねハ叶ハぬよし被レ申候へハ、

返事ニ可レ及か、我々ニ渡し候へ、宮江上ケ可レ申と申
候て、又つきころはかし候、道者聲《コヱ》を上なき申候、其
折節　長官様之御内に佐左衛門と申人居合候、まゝ佐
左衛門こあれ見候へ、餘にか〳〵敷躰にて候と宮人共
申候へとも、何とも不レ被レ申候、右之御道者ハ其ゟ御
本社之前へ被レ出候て、鳥居の本にて神ハ無二御座一か
と被レ申、聲をあけ彌なかれ候て、我々ハ慶徳藤右衛
門殿之道者之由申候て下向被レ仕候御事
一宮ヲ請申候ものとも御道者衆江悪口申、銭なき御道者
をはとほし不レ申候ニ付、宮引とも是ハ何たる仕やう
ニて候哉と申候へハ、かやうニ致候ハねは不二罷成一候
由申、其上悪口申候へハ御道者之前へ宮引面目を失申
候御事
一今月廿一日ニ吉ノ三左衛門殿ゟ御道者衆卅人計御參宮
被レ成候ニ付、七郎兵衛と申者宮引仕候處ニ、古殿を
請申者岩戸屋彌一郎子長二郎御道者をあと四、五人押
留め置候而色々悪口を申、御道者とからかひ申候を七
郎兵衛聞候てあとへ立歸り相尋候へハ、御道者之御申
候ハ、セキ（關）なとのやうに仕候とて殊外御腹立被レ成候
間、大事之御道者をあら（荒）氣なくあたり候ハいはれさる
義ニて候と申候へハ、推參申候とて古殿ゟ下二社めの
うら（裏）道ゟ長次郎罷出、七郎兵衛かつら（頬）をはり申候、其
時當座ニ相當可レ仕を多勢ニ無勢、其上大事之御道者
を宮引仕候間、宮廻不レ殘引居申候て、則兩加用ニ御
道者衆を引合、七郎兵衛かつらはられ申候趣慥ニ居置
候、同日の夕ニ右之長次郎宿へ歸り申候を七郎兵衛見
付候而相當可レ仕候と存追かけ申候處ニ、其ニ有相申
候ものとも宮中之義ニ御座候へハれうじ（聊爾）させ申ましき
と存候て、あとゟかけつき引のけ候へハ、結句造意之
由申上候ハ以外いつはりにて御座候を、理不盡に　長
官様ゟ造意と被二仰付一、宮人六人之親子兄弟ともニ宮
中之住居仕ましき由被二仰付一、迷惑ニ御座候御事
右之宮請申候もの御道者衆江悪敷仕、無作法之義、
數多御座候へとも難二書上一候、乍レ恐早々被レ成二御

會合一御相談奉レ仰候、尤宮引仕ル者ともの義計にても無二御座一候、山田惣御師中様之御ためかと奉レ存申上候、已上

寛永十八かのとのみ年三月廿三日　外宮　宮人中

進上　山田三方御衆中様

一山田十二郷江廻文之寫

乍レ恐致二啓上一候、仍宮中宮請申候もの共、御道者衆江悪敷あたり無作法ニ付、三方中様江以二書付一申上、山田惣御師中之義ニ御座候條、三方中様江上ケ申候、書付被レ成二御覧一候而御相談御尤候、此上以來、御道者衆江宮請申候もの如何様之義仕候共、宮引ともハ不レ存候間、左様ニ被レ成二御心得一可レ被レ下候、恐惶謹言

三月廿三日　外宮宮引　惣中

如レ此之書ヲ一郷江壹ツつゝ遣たる也

一此一巻山田ニ而於レ無二落着一者宮人共京都江罷上可レ申と相定、祭主様江御狀一通被レ遣被レ下候様ニと宮司様江以二訴狀一御斷申上候ヘハ、何時成共御狀可レ被レ遣候と御同心被レ成候

一此一巻出來シテ已後、長官ゟ三方中江内々斷ハ、昔ゟ宮人之義ハ長官之まゝニなる者共なり、付テハ十六人之役人之事迄も我まゝ成よしをいひ、次ニ四月十一日ニ三方衆御會合被レ成タレハ、宮人共不レ殘眞性寺江つめたるなり、御會合中ゟ河村勘兵衛殿を以四、五人罷出よと被二仰付一候、其時野依吉右衛門・藤原甚大夫・長橋重右衛門・野依彌三大夫・梅松右衛門、此者共御前江罷出タレハ、宮人ハ昔ゟ長官のまゝニ罷成者か、十六人之役人之子細并宮中作法之事、段々御尋有し間、卽座ニ返答申ス、宮人ハ一向長官之まゝなる者ニてハ無二御座一候、次ニ役人之事ハ長官ゟふち（扶持）を給候ヘハ役人ニ罷成候、其もすこしのふちにてハ中々成不レ申候、役人ニ罷成候而もふちをあけ候ヘハ何時にても役をつとめ不レ申候と、其外色々子細段々申上タレハ御聞分被レ成、早々宮中江出申様ニ長官江可レ被二仰付一と被レ成二御意一候、其日惣月行事衆五十餘人ほと欣淨寺ニ御

寄合にて相談ニて、宮中之掟十三ケ條書付、同十一日之夕ニ河村勘兵衛殿ヲ使ニ而長官江御申候ハ、早々先宮人ヲ宮中江御出し候而此うら（裏）書を被レ成二御判一可レ有と御申付候、此十三ケ條之うつし

宮中之定

一宮山領内顚倒之外之諸木を伐、土石を御堀採候義有レ之間敷事

付、道之外之篠草を御から（苅）せ有レ之間敷事

一參宮人之心さし之外之散錢取へからさる事

付、白石持同前之事

一宮守參宮人ニたいし惡口を言、又ハすかり（縋）付儀有レ之へからさる事

一にせ道者を仕、色々致二調略一候義有レ之へからさる事

一大社・小社によらす宮守烏帽子・素袍にて座に居、一切參宮人ニ立むかひ申ましく候、惣テ少も不禮ケ間敷義有レ之ましき事

一外宮領内之外之者に宮御請させ有ましき事

付、女を宮に置ましき事

一法體之者を禮物にて神前近くまゐらせ候義有レ之ましき事

一神前にて燈明錢を取、又ハ帳に付候義有レ之ましき事

一磐戶之口にて關之ことくに錢を取、又ハ燈明錢を押てとり候不レ可レ有レ之事

付、無理に植木をさせ候義有レ之間敷事

一宮中幷岩戶道ニ古來無レ之新宮、同小板置候義有レ之間敷事

付、無理ニ宮廻させ候義有レ之へからさる事

一道に注連をはり、垣を仕、幣祓等を足本ニ而ふり、參宮人をとほし不レ申候義有へからさる事

一宮中同御池にきたな（穢）き物を捨置、又ハ大小便をむさと仕候義有へからさる事

一火之用心惡敷仕候義不レ可レ有レ之事

付、宮之外ニ小屋を作り、飯を焼へからさる事
右十三ケ條之趣不レ残於二御合點一者可レ為二御神忠一候、
已上
寛永十八年四月十一日　　山田三方
外宮官長殿
一右如二書付一、十一日之晩、河村勘兵衛殿此十三ケ條以うら（裏）書御判ゟ先ニ、早々宮人を宮中江御出し候へと被二仰遣一タレハ、明ル十二日之早天ニ長官ゟ兩加用ヲ以、宮人六人之親子兄弟とも早々宮中江罷出よと被レ仰タレとモ、十二日之日ハ出ス、又三方中江斷申上ル、其段ハ十三ケ條之御うら判出不レ申候ハヽ、其内ハ宮中江罷出申ましきと申上タレハ、かまハす早々罷出よと被二仰付一シ程に、任二御意一十四日之日六人之親兄弟共宮中江罷出て、長官江ハ一禮も不レ云
一三方ゟ之被二仰渡一、長官ハ合點有、雖二然と一禰宜衆幷權任中江長官ゟ人を廻、會合シテ相談ありて、是ハ末代神宮之きす（瑕）に成と云方も有、いや是ハ長官一代之きずと云方も有て其日ハくれ（暮）ぬ、次ノ日ゟ毎日三殿江寄合々々談合シテ神宮之きずと云立、長官を流罪ニせんと云合、一代之悪き事を祭主殿江申上ント定ム、其時二殿計禰宜方にてもなく又長官方ニもなく、御神事をハ長官與同心シテ御勤有り、十殿ハ其比十ヲ餘ノ禰宜檜垣兵庫殿子也、此兵庫殿も初メハ神宮方にてあれとも、後ニハ長官方ニ成、子細ハ此一巻を内宮慶光院・久志本彌四郎殿あつかひ（曖）有たれ共、神宮かた不レ聞、其時上人・兵庫殿へ御異見ニて長官ニ付ク、長官うれしさにや、十殿館を作りて被レ遣ル、扨神宮衆ハ三方中之宮中之掟十三ケ條ハ神宮末代之きずに成とて、檜垣三河殿・同主馬殿・松木修理殿、是三人を祭主殿江遣、右之段々ゟも長官一代之悪キ事ともをさま〳〵云上ケけれ者、祭主殿ゟ宮中九ケ條之掟下着ス、次ニ右兩人のあつかひハ長官之子四殿久志本彌四郎殿幷内宮上人江はしりこみ御たのミあり、無二是非一たのまれ御あつかひあれとも、神宮無二合點一、京都江被レ上たれと

も何たるせんもなく、結句山田惣中之はねたし《（撥出）》者ニなる、長官之御うん《（運）》こそつよけれと人皆申

宮中之掟、祭主殿九ケ條之寫

一宮山領內顚倒之外、伐二採諸木一、穿二土石一、荒二宮山一事ハ自レ古被レ載二大科式目一之條、今以堅可レ令二禁止一者也、次宮道之外篠草一切爲レ刈申間敷事

一於二宮山一殺生禁斷之事、彌可レ相二守舊法一事

一自二往古一相定宮地之內雖レ爲二寸地一不レ可二押領一事

一至二宮社・神木・御池石地形等一迄、上古之風義今更不レ可二作改一事

一僧尼・俗人ニ不レ寄法體之者、如二古法一神前近不レ可レ有二參入一事

一宮中同御池江物を捨、不淨仕義堅可レ制事

付、從二先規一相定殿舍之外小屋を作り、火ヲ燒、酒食を拵、自由之働仕間敷事

一宮中諸役人幷宮守・宮人以下迄、他所之者を不レ可二成置一、其上子良館居住女子之外宮社に女子を置ましき事

一神前にて帳ヲ付、燈明錢を取、於二宮中岩戶邊一從二先規一無レ之新宮を立、板をかまへ、宮道に垣を作、曳二注連一、幣祓をふりかけ、參宮人を不レ可二押留一事

一於二宮中一宮守・宮人・白石持種々之企二謀略一、惱二參宮人一散錢を貪取、剩對二參宮人一致二狼藉一之由、前代未聞曲事沙汰之限候、向後堅可レ令二停止一事

右之趣爲二 神慮一候條、於二末代一各堅可レ被レ相二守此旨一候、若違犯之輩於レ有レ之者、早可レ致二注進一者也、仍如レ件

寛永十八年四月廿七日　祭主神祇權大副　判

宮司

外宮　禰宜中

同　權任中

右九ケ條之通、爲二神宮一於二末代一可レ然義與各奉レ存候間、彌堅右之旨可二相守一者也、仍言上如レ件、九ケ條ニ此奥書にて宮司・禰宜・權任中惣連判ニて祭主殿江

宮司ヨリ上ル

一神宮衆ゟ長官一代之悪行を書立云上けれとも如レ此九ケ條計下着シテ別成事もなし、三方ゟ之十三ケ條ほんご(反故)ニせんためなれともかひ(甲斐)もなし、剰神宮衆山田物中ニはね出され不通ニなる、禰宜・権任中ハ、三神主信彦・五神主全彦・六神主満彦・七神主常和・八神主集彦・九神主貞和、神宮之衆ハ檜垣内膳・檜垣三川・同金左衛門・同主馬・同五郎兵衛・同作之丞・松木修理・同長作・同主計、此衆を五月十二日ゟえらミ(撰)出す、禰宜衆是ゟ六人なから御膳之番不レ参

一去年ゟ之宮請之者とも、又今年之五月ゟ之宮請之者とも相替ル也、其者共ニ二度なから三方中之宮中之掟十三ケ條を以うけ(請)させらる、祭主殿九ケ條ハふれ(触)もなし、終誰も不レ聞、乍レ去九ケ條下りテ已後宮を御うけさせ候へハ又三方ゟ町々江廻文

一今度宮中作法之事、長官江申届候へとも不二相済一子細候ニ付、末町々江も申渡候義無レ之候、其内自然宮を請申度存候もの有レ之候者、三方ゟ書出し之十三ケ條之趣、以来毛頭無二相違一可二相守一と存候ハヽ、其通能々心得候て宮を請可レ然候、相済次第ニ町々江急度可二申渡一候、末代少も十三ケ條之通ハ猥ニさせ申間敷候、若以来者ゆるかせにも可レ成なとヽ頼を仕候而ハ、可レ為二曲事一候間能々心得可レ然候、已上

五月廿一日　三方

一此文ニいまた不レ済と有ハ、神宮衆祭主殿江又申さんとてひしめ(犇)ける故、其時長官ゟ三方江断、うら書すこし御待候へと有テ、四殿預り分成ゆゑニ延引ス、雖レ然四殿ノうら書判シテ三方江わたる

一五月廿四日、御田之御神事、執行之衆、長官・二神主・四神主・十神主、是四人也

一六月朔日之御神事ニ御付候禰宜衆、五殿・六殿・八殿、六月ゟ御膳之番をも御勤也、残リ三人之禰宜衆も後々番ニ御立ナリ、子細ハ宮司殿ゟ殊外御とかめ有テ

（ママ）
一神宮ハ三方衆・惣月行事衆・下々迄ニえらミ出されて、又京都江上訴訴あれハ、其時祭主殿ゟ長官・二殿江折紙下ル、其寫

一態々申候、然者宮中下知法度、山田三方年寄共申付候義、自二先規一其例有レ之事ニ候哉、彌被レ正二舊法一具可レ被二申越一候、次山田三方中ゟ禰宜・權任中各別撰出候由、是又如何様之子細候哉、其旨趣以二墨付一可レ承候、爲レ其如レ此候、謹言

六月十四日　友忠　判

一禰宜殿

二禰宜殿

從二長官一返狀之寫

一御書中令二拜見一候、然者　宮中下知法度、山田三方年寄中被二申付一候様ニ被二仰越一候、今度宮中之義三方ゟ異見被レ申候段ハ、如二先書一申達候、宮守とも我等申付候作法共相背之由、我等ハ不レ存候而居候處ニ、從二

三方中一被二聞出一、其趣を書立、此通於二合點一者可レ爲二神忠一與被二申越一候間、右之紙面神宮中江相談申、宮中宮守作法之義、任二舊例一我等申付候、其後從二京都一九ケ條之掟被レ下候、御下知之上ハ無二異義一領掌之連判仕上申候、將又禰宜・權任之內各別ニ被二撰出一之義、三方年寄中ゟ此方へハ様子不レ被二申聞一候故、意趣分明不レ存候、委細ハ宮司殿江申入候、恐惶謹言

六月廿日　常晨　判

進上祭主殿　右之返狀宮司殿へ

二殿ゟ返上之寫

一尊書致二拜見一候、仍　宮中下知法度從二山田三方年寄中一被二申付一候様ニ蒙レ仰候、此頃宮守共對二參宮人一無作法之事有レ之由ニ付而、從二三方中一以二書付一長官江被二申越一候處ニ、則宮中之仕置長官ゟ被二申付一候、次ニ三方中ゟ禰宜・權任之內各別に被二撰出一候趣以二墨付一可二申上一候由蒙レ仰候へとも、子細分明不レ存候間難二申上一候、此旨御披露所レ仰候、恐々謹言

外宮二禰宜
朝雄

六月廿一日

澤地民部殿　祭主殿へアテ處也、是も宮司殿へ

一神宮衆兩度迄京着スレともせんなき（詮無）ニゟ御奉行石川八左衛門様江度々以二訴状一なけ候とも御聞入もなし

十人ノ禰宜衆

長官常晨・二朝雄ヲ・三信彦寛永二十癸未五月九日ニ死去、歳四十二、神宮事未レ濟・四貞晨長官之子・五全彦・六滿彦・七常和・八集彦・九貞和・十貞惟コレ

一宮中之掟ハ三方ゟ之十三ケ條を守

一祭主殿九ケ條并長官之十五ケ條ニ通ハ不レ守

此時代に長官ゟ宮を扶持にえ（得）たる宮人ハ、加用市原五郎右衛門錢藏の宮・加用甚兵衛牛頭天王の宮・人長の役人山本長右衛門かのえさる（庚申）の宮・ひるばん（晝番）之役人下たち彌右衛門ゑべす宮、此外十六人の役人六人有、先いらこたち與三兵衛勢田大明神の宮、同兵左衛門いさなきの宮、綿屋館茂左衛門三嶋の明神の宮、同長左衛門いなくらの宮、中館四郎右衛門若宮八幡の宮・原館五郎兵衛ひしやもん（毘沙門）の宮、此等ハ皆諸役人にふちし（扶持）たる宮なり、たゝふちえたる宮人ハ、野依八大夫やハた八幡の宮・桑原石大夫大黑升取之宮・野依三郎左衛門三輪の明神の宮・扇館十左衛門日光月光の宮・梅松右衛門ハおさめの神の宮、宮人以上十五社其外館の人々ニハ黑瀬辰大夫御供館・中倉七郎大夫山王權現の宮、次ニ宮奉行被官并近付とも五、六人ニふち有、右之宮々ハ皆中之宮・下之宮也、其外上ノ宮并大社・小社ハ御藏入トテ地下郷々の中間ともニうけさせたる也、但宮々を主と宮守したる者ハ、甚兵衛・長右衛門・十左衛門・松右衛門、是四人也、其外の宮々ハ皆中間ともうけ、一社に小板を廿計つゝすゑならへ、老若男女子共をつれ二百四、五十人なと（多）宮中へ出入をそしたりける、其内に乞食の躰成者おほかりけり、或ハ子をおふつ、或ハちのミ（乳飲）子をふところ（懷）ニいだき（抱）つ、或ハ手を引つ、又ハけいせい（傾城）のやうなるものも有、又ハはらミ（孕）たるも有、此内ニ若さかり（盛）のあら（荒）氣なき大をとこ（男）ハ參

宮人に悪口を云、あら氣なくあたり銭をむりにとりたるゆゑに、山田三方中ゟ宮中の掟十三ケ條を以、宮中を女をはらひ（拂）、えほし上下にて宮を守らすると也

一此後長官ゟ宮中之掟十五ケ條之寫

宮中御掟御請申條々

一宮山諸木ヲ剪、土石を堀採、宮山を荒し、篠草ヲ苅取等之義仕ましき事

一宮山にて弓ヲ射、鐵砲ヲ放幷殺生仕ましき事

一僧尼・俗人ニよらす法體之者ヲ古法之ことく神前近ク參入させ申ましき事

一神前ニて帳ヲ付、燈明銭ヲ取申ましき事

付、岩戸ノ口にて關のことくニ銭を取、押テ燈明銭をとり、無理に植木ヲさせ候義仕ましき事

一宮中幷岩戸道ニて先規無レ之新宮ヲ立、小板ヲかま（構）ゆる義仕ましき事

一參宮人之心さしの外、散銭貪取申ましき事

一參宮人ニ對し悪口ヲ云、又ハすかり（縋）付狼藉成義ヲ仕ましき事

一にせ道者ヲ仕、種々ノ調略ヲ企義仕ましき事

一大宮・小宮ニよらす宮守烏帽子・素袍を着し、座ニ居て一切參宮人ニ立むかひ申ましく候、惣テ不禮かましき義を仕、參宮人を悩ス義仕ましき事

一宮守他所之者ニ下請させ申ましく候、幷女ヲ置申ましき事

一宮道ニ垣ヲ仕、注連ヲ曳、幣祓ヲ足本ニてふりかけ、參宮人ヲ押留申ましき事

付、無理ニ宮廻りさせ候義仕ましき事

一宮中御池江不浄之物を捨、大小便ヲむさと仕ましき事

一先規より相定殿舎の外、小屋ヲ作り、火を焼、酒食を拵、自由ノ働仕ましき事

一火の用心堅仕、宮守里江かへる時彌念ヲ入、火を仕廻可レ申事

一宮守面々の宮之前ヲ掃、地奇麗ニ可レ仕事

右十五ケ條之通被二仰付一慥ニ御請申候上者、自今以後、自然相背候ハヽ、同様之曲事ニ成共可レ被二仰付一候、其時一言之異義も往々御侘言も申上間敷候、仍爲二後日一御請狀如レ件

六月五日

一如レ此十五ケ條ノ前書ヲ以長官ゟ大社・小社ニよらす、宮守共ニ連判仕レト被二仰付一たれ者、加用五郎右衞門・加用甚兵衞・人長ノ役人長右衞門・ひる番の役人彌左衞門、是四人うけ判をつぐ、其外大勢の宮守共ハ一人も連判ハつがず、然共請宮もふちニ給たる宮もとりあけ（取上）もし給ハす、掟ノさた（沙汰）もなし、寛永十九年之年ハ諸國ゟ之御參宮人つね（常）のとし（年）の百分一ほどもなきニより、宮廻之道ハ草茂り垣もかへもなし、ひしけ（拉）たる宮も有、小板共ハ過半ころひ、大社・小社のかさりもなし、其故參宮人ハ八幡ゟ古殿迄八社之間宮廻シテ、其ゟ下向也、參宮人すくなきゆゑ、宮請の中間共皆にけ（逃）たるゆゑニ、古殿ゟ下ハひろき野原ニ所々ニ四つ足ノ堂ノ有體也、おそろしき物すこき宮廻ノ有さま也

一寛永十九年之夏比、米壹石は（羽）書九十五匁、同年之極月壹石ニ付八十匁、如レ此米ハたかし、參宮人ハなし、山田之きゝん（飢饉）中々筆ニハつく（盡）されす、節分・立春・大晦日にも被官共よぶ主々なし、正月の餅ハ毎年の三ケ一・四ケ一ほとつく（搗）、內の者ニつかせたる家山田中になし、皆獨うちにそつかせたる、近所并親類・緣類・被官共にせちすゑ（節据）る事法度とてすゑず、子のかたより親計にせちすゑたる也、正月三ケ日并七ケ日、又十五日にも被官共よびたる主々ハせう〳〵內の者よびたる家ハ、さけ（酒）一へんのま（呑）せたる所も有、のませぬもあり、正月の御祓の事の振舞も禰宜計、御祈禱の振舞も坊主計、法度とて相伴もなし、被官近所の者もよはす、如レ此之世門なる故、夜ハぬす（盗）人之用心ニねむ（眠）るま（間）もなし、晝ハ乞食共數を不レ知、家々に入、ゆたん（油斷）もならさる也、下人三人つかふ人ハ一人つかふ、一人つかふ身上ハ下人をかす、此ゆゑ給恩なしに奉公人あまた（數多）あ

（下）此四人ノ者
下馬所ノ者
岩戸請四人
籠舎
福井主計殿
被官久三郎
慶徳主馬殿
被官和右衛
門
春木殿被官
味右衛門
出口信濃殿
被官勝助

れともか丶ゆる家なし、人・牛馬の死たる數ハしるされす、明ル年ノ正月十六、七日比ハ米壹石百目のねな（値）り、寛永十九、廿年の始の比より宮請共又宮中をミたり（猥）になす

一寛永二十一年正月廿三日に御奉行石川大隅様江戸ゟ小林御留主居衆へ飛脚到來、其飛札之寫

一臺徳院様當御年季ニ付籠舎赦免之覺

一はくち（博奕）打三人籠舎令㆓赦免㆒、勢州國中拂可㆑申候、以來勢州中に於㆑有㆑之者、急度曲事に可㆓申付㆒候、但此者共家屋敷・諸道具闕所に可㆓申付㆒候事

一小川町左助・庄次郎此二人同町年寄共ニ預ケ置候、此上構無㆑之間、此旨可㆓申渡㆒事

一脇指盗候紀伊國をわせ（尾鷲）の坊主二人ニ可㆓申渡㆒事、盗いたし候儀、出家と云、重科ニ候へとも、御年季ニ付令㆓赦免㆒候、此二人伊勢國中拂可㆑申候

一大湊内海屋一郎兵衛・同所與次右衛門ニ可㆓申渡㆒事、うせ物事手前ふせんさくニいたし申かけを仕候義、急度可㆓申付㆒候へ共、御年季ニ付令㆓赦免㆒候事

一岩戸宮請四人ニ可㆓申付㆒事、當神宮運上ニ相定請候義、曲事ニ候へとも御年季ニ付、此度ハ令㆓赦免㆒候、重而運上ニ請候者於㆑有㆑之ハ急度可㆓申付㆒事

右之通勘兵衛・六兵衛ニ申付、籠舎の者共奉行屋敷へ呼可㆓申渡㆒事、右之外籠舎・法光寺并留守中ニ入置候者、我等登候てせんさく（穿鑿）の上可㆓申付㆒候、

以上

正月十八日　　石川大隅

山田十左衛門殿

鈴木忠大夫殿

一如㆑此之御書付參候へハ、則河村勘兵衛・扇館三右衛門を小林江被㆓食寄㆒被㆓仰付㆒候ハ、此書付を以三方中江相ふれ、三方中ゟ長官江如㆓書付之㆒御申渡し候へと被㆓仰遣㆒候へハ、廿七日に御會合有テ、其日長官江勘兵衛・三右衛門兩使にて御申渡し被㆑成、同日に山田物中江三方ゟ廻文有、其寫

一一筆申入候、仍宮を運上に相定請候者於レ有レ之ハ、急度曲事に可レ被二仰付一候旨、今度石川大隅殿ゟ小林御留守居衆迄御書付參候ニ付、三方江被二申渡一候間、此旨町々下々迄念を入被二申聞一、以來宮中運上にて請不レ申候樣ニ可レ被二申付一候、爲レ其如レ此候、以上

正月廿七日　　三方

山田惣中

一明ル廿八日の晝時分ゟ宮請之者共一人も宮中にゐす

一此御法度已前に運上にて宮請衆之覺

一大宮・小宮・坊主之宮、是三社、金小判四百五十兩にて吹上衆五人、米屋與次右衛門・大工杢大夫・桶屋一良右衛門・同八兵衛・坊主も一人有と云常徳庵 是ハ杉松七郎右衛門弟

一小宮五十三兩、又請之衆五人、館茂左衛門・下馬所甚右衛門・同所忠三郎・岡本市十郎幷木錢屋太郎兵衛

一坊主之宮四十七兩、又請之衆三人、下たち彌左衛門・下たち半大夫・下馬所三吉、是ハ半大夫被官也

一古殿之宮七十五兩、たち衆四人、津村九兵衛・中西彦八郎・山本善兵衛・下たち善五大夫

一岩戸之宮二百九十兩、請衆八人、下馬所長兵衛・同所次兵衛・同所兵藏・同所久四郎・同所七郎兵衛・同所久藏・堀切半十郎・八日市仁兵衛

一向之宮長官之持分を惣〆二十八兩、加用いらこたち(伊良胡館)甚兵衛、右運上之外に過分に金子入たと人云袖の下にて、公義才覺してせり合たる故なり、かね之ほと(程)しれす、惣宮請之者入事也

一三方ゟ宮中十三ケ條之掟はし〲ミたりになり、三方江もれ聞え候ヘハ、内々御請合有て御會合ゟ御申付いか丶あらんとおほつかなし(覺束無)と云所ニ、不思義(議)に江戸御年寄衆樣ゟ御奉行石川大隅樣ヘ宮中之掟御申付にて、御奉行より三方中江御申渡しにて、宮請共宮中を追出され、運上にて宮請ル事御法度に成事、前代未聞是た丶事にあらす、御神慮々々々

一此時代之　御上様家光公、御年寄衆松平伊豆殿・阿部豊後殿・同對馬殿・堀田加賀殿・酒井河内殿

一水上もすくになかるゝ石川のおほすミやかな代ハ久しかれ

一文祿二年七月に二禰宜匡彦長替を得給ふ、此匡彦長官之代迄ハ大宮幷大社・小社によらす運上にて請宮と云事なくて、めくりの宮も如二古法の一四十末社有し也、匡彦長官の次貞副長官、其次辰彦長官、其次當長官常晨、是三代之長官、代々に宮廻ニ新地にあひ遠に宮を作らせて五十三社有、其上小板餘多すぢかひ（筋違）にすゑたる故に、宮廻の道二十町計有、右に書付たることく、宮めくりあばれはてたる折節、御奉行石川大隅様御參宮にて宮廻をなされ、見苦き躰を御覽し、其後江戸にて御取沙汰さま〳〵あしかりしと聞ゆ、長官心もとなくてや、家老に伊野小右衛門宮奉行二人ニ云付テ、宮廻の道近くなすなり、二月十二日に右三人出合、宮廻の地取縄はり（張）して宮々をつりよせ〳〵させて、三月の中頃迄普請有テ四十三社ニなし、小板モ一社に一ツヽにさため、宮々を合近ク立ならへ（竝）、宮めくりの道三町に不レ足、是ハ寛永廿一年三月よりの事なり、參宮人押留ル者もなく、道近く成たるニ依テ、宮中神妙なりと云道者多かりけり、是ハ御公儀におそれ（恐）てかくなりたるなり、御神慮をあかめ（崇）てし給ふとハ人不レ云

一寛永二十一年きのえさる七月二日に大隅様吹上の御屋敷江御出被レ成、目安のうら判御出し被レ成候、其日長官江御申付ハ、右岩戸宮請籠舍の者共、しきかね（敷金）金小判九十兩仕置候由に候、早々御調可レ有と、是ハ御公儀江上りかねにて候間、其分相心得、三方中へ御渡し可レ有と御申付にて御座候

一同七月六日に三方衆御會合有たれは、其日長官ゟ金小判九十兩三方中江渡り申候間、御奉行如レ仰候、三方に御預り置被レ成候

一寛永二十一年きのえさる年七月廿九日の夜の四ツ過より明ル八朔の明ほの迄、大風吹テ大木・小木餘多吹た

ふし、又ハ中折にしたる木々モ有、梢枝を吹拂たれは、外宮の御山まはら（疎）に成、顚倒の木々いく（幾）千本と云數ハしるされす、大社・小社數多大木にて折ひし（拉）くなり、小宮ハ二社なから吹ひしく、御子良館ハ北の軒を大杉にて打破ル、鳥居もころぶなり、此大杉ハ御子良の御寝ならせ給ひたる上へころびたるか、何としてかハひしけざるえた（枝）にてやねを所々つきぬき、雨もり御かほにかゝり御目覺たると聞ゆ、御子良の運命つよき神力にてや、殊更御山にすぐれたる大木の打ひしかざる事、神方便り有難き事ともなり、扨御神馬の宮・御氣殿の御水（瑞）垣・ちやうしや（廳舍）・ごき（御器）の御藏、是皆大木にて打ひしく用殿に中の杉ころひかゝり、むねつゝミたる木おつる（落）なり、高宮のやてんに役人二人其夜籠ル、明ル朔日の御膳そなへんためなり、石松重大夫・同忠三郎是二人やてんを下上打返すやうにおもひて、おそろしさに高宮の御殿の御下やへにけ（逃）籠たれは、卽時大木櫟ころひ、やてんをミぢん（微塵）になす、こかね石の宮ハ吹ひ

しく、流水の宮・山の神の御寶殿・同拜所の宮のはふ（搏風）うらおもて、月讀の宮の拜所の宮・土宮の前成千木北南二本・同鳥居・風宮の御殿内拜所の宮、是皆大木にて打ひしくなり、おさめの宮ハ吹ひしく、其外ハやねを吹はく（剝）なり、宮廻四十三社の内三十一社大木にて打ひしく、殘り十二社ハやねを吹はくも有、又ハかべ（壁）をはなす（離）も有、又ハ吹かたげたるも有、幷小板の事ハしるすニ不ㇾ及、古殿にハ大杉ころびかゝり、東の方の御むね（棟）持の御柱をすり、軒・千木・大床を打拂、御かつを木も一本落る、同前成御板も打ひしくなり、扨御本宮ハ十二本の御門を松の木にて打破ル、さるかしら（猿頭）の御門・水垣の御門大木にて打破ル、水垣ハ四方不ㇾ殘ころぶなり、御殿の西北の角へ大杉ころびかゝり、御たる（垂）木九本・千木・大床そんじ（損）たり、右十二本の御門に其夜白石もち（持）二人ゐたりけるが、いきる心ち（地）なくて松の大木ころばん以前に玉くし（串）の御門へにけ入、番の者二人以上四人一本の御柱にいたきつき（抱付）、不ㇾ及㆓是

非」とてゐたれは、玉くしの御門の軒をすりて、前と後へ大杉たう〳〵と二本一度にたふれたれは、いよ〳〵今をかきりとおもひさためたる所に、風もやハ《和》らき、夜もほの〳〵と明たれは、先手水うがひ《嗽》をして、御本宮を拝したると聞ゆ、扨小宮の橋のうちより御本宮・四所の別宮へのミち《道》とほらざるに依テ、八朔の朝より杣人足數百人計入テ木々をのけんとすれとも、いやがうへ《上》にかさなり《重》たる大木なれは自由にならす、則杉の枝を以テのほり《登》はしをいくつ《幾》もゆひ《結》、大杉一本に兩方よりかけならへて十日計參宮人を通す、老少ハ不レ叶、宮廻の道の木、其外の木々には手を付す、先御本宮・四所の別宮の道を專と切あけたれは、八月十日比にハほそ《細》道付たれは夜參も成たるなり、風の宮の御殿にころひたる大杉を切のけさせて、八月四日の夕暮に禰宜衆御神體をもりたてまつり幣帛殿に遷入し給ふ

一寛永十二年きのとのゐの年八月十三日の朝食過より夕飯時分迄大風吹て、大木餘多たふしたれとも宮々もそんせず《損》、乍レ去御山ハあれはて《荒果》、客神の山のこし《腰》往來の人小宮より見え、宮中より下馬所前野の家々、堀切の家々も見わたし、宮めくりよりハ世義寺、同キ道の家々、前野村の家々、いつれも見わたしたれは、其時八、九十に成人、前代未聞の義なりと云しを聞たれとも、きのえさるのとし七月廿九日の夜の大風のやうに御本宮・諸末社もそんし《損》給ハす、此度の大風是たゝ事にてハあらし、おそろし〳〵と人皆云、七月廿日比より晦日迄、雨ふりたれとも雲の色も靜にて、海のなるさたもなくて、風吹ん氣色もなし、晦日の宵にハ殊青天にてほし《星》の光も一入さやか《明》なりけれは、大風など吹んと用心したる人なし、其故山田町々家々のそんし《損》たる品々ハしるされす、堂寺・家藏・座敷・門のかはら《瓦》のおちたるに多少ハあれとも、かハらふき《瓦葺》ハ一段と吹おとしたり、此大風日中に吹たりともやね《屋根》へのほり《登》事ハ成ましきに、夜ルの事にてハ有、おひ〳〵と聲をはかりにをめき、きもをけす計にてみる〳〵や

此（下）同ト有ハ寛永二十一年ナリ、寛保元年マテニ九十八年ニ成ル、寛保元年七月廿二日夜八ツ時ヨリ大水出、前代未聞ノ事ナリ、手前店庭マテ來ル、此度ノ流死・潰家左ニ記ス
流死男女　四十八人
流家廿壹軒
潰家九十九軒
半潰四百七十五軒
落橋六ケ所
宮川堤切口百九拾八間五尺
宮川切場所京町ト中川原ノ間ナリ、
宮川ノ川筋礒村ヨリ川上ヘ堤ノ切場十八ケ所

ねをはかれ、門かべ・高へい（塀）を吹たふさるゝより外ハなし、古き家に居住したるものともハ、隣のつよき家におち行、命たすかりたるものおほ（多）かりけり

一天正十二年きのえさる年八月に大風吹て大木・小木餘多ころびたれは、其時八、九十に餘ル人のいは（云）れしハ、昔より今にいた（至）るまて、かやう成大風吹たるとハ聞も不レ及とかたられしを、其時の大風をたしかに覺たる人、今年ハ七十に餘、八十に及へり、此人の物かたり（語）にハ天正十二年の八月・寛永十二年の八月、此兩年の大風を寛永二十一年七月廿九日の夜の大風にくらぶれ者、右兩年の風ハ中々に大風とハいはれすとなり、二百年このかたの大風と聞えし、同年の八月十九日の夜、又大風ふく、されとも右の風ほとハなし、其上夕食前より風雲矢をいる（射）ことく出たれは、われも〳〵と用心したる故、そこねたる家なし、七月晦日の夜の大風の時、宮中にて命あやふ（危）かりし人々ハ御子良・同番の役人に松尾善大夫殿・藤原三右衛門・同理兵衛・藤本傳十郎はいぜんうばおうぢ、扨高宮の役人石松重大夫・同忠三郎大宮の夜ルの番の者二人、白石持二人此人々ハ宮中に籠たる衆なり、命ハ千秋萬歳目出かりけり〳〵

一同八月廿八日の夜、又大風ふ（吹）く、されとも七月晦日の夜の風ほとハなし、同八月十九日の夜の風よりハ大風なり、さるほと（去程）に七月下旬より八月廿八日の夜の鳥（酉）過まて雨降たるか、其内により〳〵雨降らぬ日ハ四、五日程もあらん、八月廿七、八日此兩日の雨ハあしをたはねて板屋をつくかことく有しか、廿八日の夜に入て鳥の比まて降たり、雨ハ大きなる瀧の水をおとす（落）かことくにてそ有ける、故に宮川堤四百間不レ足切て山田ハ皆白妙の海のことし、五十五年以前寅のとしに大水出たると聞ゆ、其此八、九十に成人のいはれしは、廿五年以前の寅のとしの八月の大水是にハおとるましけれとも、昔より今に至迄かほとの大水聞も不レ及、外宮御池へ小家とも其外川流とも、あまたきたる事ため

ト云、但雲津川ヨリ山田マテノ大水也、津邊ハ大水ノ不レ及二沙汰一也

しなきといひしを聞、其時の川流を取たる人今年ハ八十にあまれり、此人の物語にハ寅のとしの水より今年の水ハはるかにましたれとも、御池へ川流來ぬ事ハため池の堤有故かとそ、又ハ宮川の堤切所替たるかとそ、廿七年以前午の年八月の大水、五十五年以前寅のとし八月の大水ハ慥覺たる事なし、七十九年已前寅のとし八月の大水ハ聞及たる事なれは、此三ケ度の水よりハ寛永廿一きのえさる八月廿八日の夜の大水ハ殊外ましたると覺たり、寅のとしの水家々にあかりたる覺有、されは其時代の家々今ハ一家もあらし、年々に皆普請したる人々其時の水をかんかへて高所も屋敷をつくなれは、くほき所ハ云に不レ及、町々の海道も年々につき、家々のいたしき（板敷）をも高くしたる上に入たるハ、此度の水ハはるかにましたるとなり、そのかミも山田繁昌なれは町内の外中川原よりかちやかいと（垣外）の下迄、新町を立たるか此家とも卅不レ足なかれたり、ねちゆるめたる家ハ數不レ知、死人も十五、六人有、先中河原にてハ三右衛門・與兵衛の女房・同子一人七十郎と云もの是三人、中新町にてハ七兵衛と云もの、女房・助右衛門・與兵衛夫婦是三人（ママ）、はしりおり（走下）にてハ地藏堂の坊主・三十郎と云者の女房・同子一人、此女ハこゝ（九）の月と云是三人、川崎にて二人、名ハ不レ聞、船江にても二人、おかめと云むすめ十八、九也、今一人ハ是も名ハ不レ知、正藏坊か橋のあたりにけいせい（傾城）のやう成者二人一所に死かい（骸）有たと云、船江・川崎にて四人流たる内二人死かいなし、右の助右衛門か死かいハとほ（通）りに有、同女房か死かいハ二見浦御鹽殿のうらに有、さるほと（去程）に水にひたりてもなかれ（流）さる家ことへ念佛の聲、又ハよは（呼）ハる音聞えけるほとに、火をあかして二かい（階）より見れは流行家々のやね（屋根）に二人・三人居てしやうこ（鉦鼓）をたゝく（叩）も有、又ハてどり（手取）のふた（蓋）をたゝくも有て、聲々に念佛申たるか、あかしの火を見てたすけ給へと我先にとよは（呼）ハりかけたれとも、夜ルの事にてハ有、もとより船ハなし、いつ〳〵（何時）にとまらんもさた

めなく流行人家ともを見てをとりあかり（踊上）〳〵あれハ〳〵と計いひたと、夜明てこそ聞えけれ、中河原の家々ハ水にひたり屋根を破り、くび計いたしていまた流ぬも有、流か丶りたるも有、折ふし（節）に中嶋よりうかひ（鵜飼）をこきよせ（漕寄）たすけたるもの多し、たすけふねなき先に家をなかし死たるものハ右にしるしたる三人なり、水心有もの丶流たるハ北岡の石たう（堂）藪垣なとにか丶りてたすかりたるもの多し、親を流し子のたすかるも有、子を流すも有、をとこを流すも有、女房を流すも有て、いのち（命）なからへたるもの丶おもひハいつれもかハらねとも、爰に物のあはれをと丶めしハ、はしりおり（走下）の三十郎と云者なり、北岡六地藏の本に地藏堂有、其に軒をなら（竝）へ此三十郎居住ス、水かさミ（嵩）たれは先子を二人はしりおりの町へおとしのけ、さて我家に立歸り今一人の子を者女房におはせ（負）てかた（肩）に引かけのく所に、地藏堂の坊主是ヲ見て我をもたすけてくれよと云て取つくほとに、女をのけて又歸りてのけんといひて家を出

たれは、坊主もつ丶いて三十郎かくひ（首）にひしといたき（抱）つきたるを、彼よ是よとことハるうちに大山をくつす（崩）かことくに水かさなり、矢をいる（射）かことくはやかりけれ者、三十郎水心ハあれとも殊すくれたる大坊主の大力三十郎をはなさし（離）とつかミ付たれは、身も自由にならす、女房ハすてられ（捨）す、とやかくやと有うちにおし（押）おとされ（落）てしつむ（沈）なり、水のそこ（底）にて心も遠く成ま丶に女を取はなし、あきれたる所に坊主も死てはなれたれハ、三十郎うかミあかり（浮上）あたり（邊）を見れとも女房ハなし、堂も家もなし次第〳〵に水かさミたれはよハり（弱）はて（果）丶浮ぬしつミぬ流行されとも、水心有故に粮藏寺の前にあかりて三十郎おもふやう、坊主なく者なんなく走下の町へあかるへきに、坊主ゆゑに妻子をとりはなし（放）、うしなひ（失）し事の無念さよ、此女房は身もた丶ならす、來ル九月ハ產月にあたりたれは、いよ〳〵あハれにおもひ、今ハさまをかへ世を捨念佛申、諸國修行せんとおもへとも、右たすけたる二人の子ハすてら

れすとや、せんかくやせんとおもひのあまりに涙の淵に又しつむこそあハれなれ

一従二江戸一御願主有とて御奉行石川大隅守殿両宮めくりの諸末社可レ有二御再興一とて大工等を集て請札入させ給ふ、外宮の末社一社に付金小判九両三歩・銀拾匁つゝ、内宮の末社一社に付拾両・拾匁つゝに相定、大工三手に御渡し有テ、外宮にて十一社大工堀切儀兵衛・六兵衛・七蔵是三人請取、同十七社前野七左衛門うけとる《（請取）》、同十社宮大工小工等請取、合三十八社ハ外宮の宮廻、下の井の宮も此内なり、扨内宮にてハ十五社、右儀兵衛・六兵衛・七蔵請取、同三十四社、右七左衛門うけとる、右之外にうハふき《（上葺）》したる宮有、外宮にて二社、内宮にて二十一社、両宮合二十三社、此上ふきの代金一社に付金貳両貳歩・六匁つゝなり、寛永二十一きのえさるのとし七月二日の日、両宮同日に手斧始有て、同年の極月廿一日に成就、右之代金銀惣〆金小判千五十八両・銀子壹貫百四拾八匁、宮大工等内宮にて十四社受取

一外宮末社御神入、極月廿八日神主中へ御いはひ《（祝）》として銀子廿枚、大工等へハはしめ銀三枚つゝ三組へ九枚、成就して金小判二両つゝ六両くたされたるとなり、内宮の神主中へハ銀子三十枚被レ遣たるとなり

一物高〆金小判千六拾四両・銀子三貫六百八拾五匁

一昔ハ小板を宮々すゑたれとも此時よりなし

一正保二年きのとのとり四月の中比より、月のさはり《（障）》のけかれ《（穢）》包たるを宮中へはこひ《（運）》おきたるを、宮守・宮人ともとりかくし《（取隠）》たれとも、後々にハ数をかさね、爰かしこ《（彼処）》につミ《（積）》たる程に其数ハしるされす、五月の中比にハたハら《（俵）》に入、二俵・三俵つゝ四、五日か間取のけたる也、閏五月の末つかたハ長官の家中上下四、五十人ほと宮山の口々におし《（押）》分り夜番をし其外にかこなとをおきたれとも用す、御本宮鳥居のうち、又ハめくり《（廻）》の宮の前なとへはこひ、六月の末にハ宮々の板の上なとへおきたるなり、故に狐つり《（釣）》の上手を長官より御尋

にて、勢州松坂の住清藏と云者を禮物にてめされたれ者、七月十日の日山田へ參着す、其夜壹疋つり、明ル朝長官の御館の庭にいきなからつなきおき諸人に見せたれは群集す、又十一日の夜壹疋つりて、是もいきなから人に見せて十二日にハ用所有とて松坂へ歸る、其後又めし（召）たれは同月廿五日に來りて其夜一疋つり、明ル廿六日の夜にハ四疋つりたるなり、其後八月の末に二、三日逗留してつりたる中に、殊外の古狐と見えていかにも大きなるか有しなり、それよりしてけかれ物をはこはす

一正保三ひのえいぬのとし極月四日の夜半計に、檜垣兵庫殿より火事出來、折節いぬゐ（乾）の方ゟ以外の大風にて火を吹ちらし、爰かしこの家々五、六所より一度にやけ（燒）あかり、またゝきせさるうちに坂のせこよこはし（世古横橋）ミそやかいと（味噌屋垣外）やき拂ふ、餘多の藏ともに火入、代々の重寶、家々の古き文書・日記ミなはい（灰）となす、又ハやけ死する者も有、火の付たる戸板そきなとを雨の降ことくに宮山へ吹かけ、大木・小木・篠に至迄火付たり、神主中をはしめ三方中已下分入て、杣人餘多あつめ、やける木々を切ルおと（音）・倒るゝおと・やける音・數人の聲・天地もひゝき（響）おひたゝし（夥）とも、中々筆にハつくされす、去程に小林にハ御山やけると云ほとこそあれ、此よしを山田の御奉行石川大隅守殿聞食おとろき、はたせ（裸背）馬に打乘てかけ付、御殿に仕へ下知し給へとも、風ハ木をおつて次第々々にはけしく成程に、御殿あやふく見えさせ給ひて、上下あきれてをとりあかり（踊上）、たふれ（倒）つおきつあわてたる所に、人のいきにてや有けん、風色かハつて火御殿をよけたり、有難き事とて數人とつと一度に喜悅の聲をそ上にける、八日市より下の鄕々、岩淵ハミの（箕曲）をかきり、岡本ハ妙見町のはて（果）までやね（屋根）へ水を上、火をけし（消）かね、宮山の火ひろかりたり、是たゝ事にあらすと云所に高神・客神の宮々不レ殘やき（燒）拂、もゆる（燃）板そき（削）、木々のえた（枝）を風に木葉のちる（散）ことく（如）吹ちらしたるに、依テ中山・入門寺・天福

寺山・古市の町なミ（竝）火をけしかねたるとそ聞ゆ、天福寺山ハ人なかりしゆゑ（故）山せう（少）〳〵やけ（焼）たり、去程に藤社より客神山の間にやける木々を、四日の夜より切ルほと（程）に、明ル五日の夜の中比ニ切けし（消）たる、さて七日の穢なり、切たる木々ハけかれ（穢）有とて、又明ル六日の未明に常晨長官より人足をいたしゑ（穢）のうちに引よとて、來十日の日の夜をかけて宮山を引出し捨給ふ、然とも（共）山田中に此木をつかハす、又拜田へもとらせす、山田の外在之所々の川よけ（除）・はし（橋）なとにかけ（架）たるとそ、前代未聞の火事也

一六十八年たえたる白張着を十七人とりたて、えほし（烏帽子）かしら（頭）四人の衆へ斷り、えほししらはれ（白張）き（着）して、十七人の衆中中間に壁書置たる其寫

外宮宮人烏帽子白張着ス中間之事

一今度えほし白はれ（張）着仕候、從㆓衆中㆒上錢壹貫文つゝ、中間へ相渡し候、此代物を以えほしかしらの御衆を振舞、其上右之集錢之內にて壹貫文・杉原壹束つゝ、

御祝仕候、相殘る代物を以えほし白はれ着したる衆中、一殿大中にて一萬度御祓申、天下泰平の奉㆑致㆓御祈念㆒、宮人老若・子共衆に至迄不㆑殘大中にて振舞申候事

一以來えほし白はれ着スル人々上錢一貫文ツ、大中へ可㆑被㆑渡候事

一其月之月行事、右之代物請取、誰ニえほし着被㆑致候と人をまハし一萬度之ことく御振舞用意仕、宮人老若・子共至迄一殿大中へ被㆑集候而御祝可㆑有候、但前々のえほしかしらの衆中へハ禮錢無㆑之候、若代物相殘り候ハ、少しツ、成とも始今えほしき（着）たる人數配當可㆑仕候事

右之掟末代ニ至迄可㆓相守㆒者也、仍如㆑件

正保四 ひのとのゐのとし 九月八日

一えほしかしら四人、中津九郎右衛門・いらこ（伊良胡）與大夫・桑原二郎左衛門・上館六左衛門

一今度えほししらはれきたる十七人、藤原喜兵衛・相可

七郎右衛門・山本善五大夫・山本長右衛門・野依又助・いらこ兵左衛門・橋本四郎右衛門・野依彌三大夫・いらこ七郎右衛門・扇館三右衛門・梅松右衛門・いらこ甚兵衛・長橋十右衛門・市原五郎右衛門・桑原石大夫・いらこ與左衛門・人長藤右衛門

一長官様江御禮に參候時瓶子一雙・三種進上

一坂之世古檜垣兵庫殿より出たる火事に宮山の木々、高神・客神の宮やけたるに依テ、神宮衆より八日市郷内へ斷有、近年みそやかいと（味噌屋垣外）三ケ度の火事に二度宮山やけ、今度ハ宮もやけたれは行末宮中おほつか（覺束）なし、御神忠たるへし、ミそやかいとやけ（燒）跡へ家作らぬやう（様）にと云つかハされたれとも合點なくて、もとのことくに家作りたれは、其時又神宮衆より御奉行石川大隅守殿江訴訟にハ、宮中火の用心のためにみそやかいとの家をとらせて給ハれと有たと聞ゆ、就レ其八日市鄕内よりミそやかいとに屋敷持たる他町の衆中へ人をまハ（廻）し、寄合相談して御奉行へうつたへ申さる丶、其旨趣ハ、

ミそやかいとの義ハ宮山の外に大成いろこかた（鱗形）の池をか丶へ、其外に世義寺道をへたて丶居住いたし候、火事ハ時の風にしたかひ（從）候、わかま丶（我儘）に豊川南の岸を切くつし（崩）、其土を以めん〳〵の屋敷をつき出し、あるひハ豊川をうめ、つきち（築地）にして川をは宮山に新義にほり（掘）、其土にて屋敷をつき、宮山を押領して御神木の下に家を作らせて年貢ををさめ（納）、又ハ宮山へ杣人足を大勢入、いた（板）柱こうれう（棟梁）なとを引出し、其外大木を小なし、薪にとて牛馬にてはこは（運）せ給ふ、火の用心の事よりハ先よきや、おが土の用心こそ有度事に候と申上られたれは、御奉行聞食届させられて、よく申上たりとて打うなつき（領）給ふと聞ゆ、其後豊川を改めて繪ず（圖）出來り、人皆是をふしんし（不審）あへり、正保四年ひのとのゐ十月廿日の日、御奉行江戸下、明ル年の四月に山田へ御登有テ、慶安元年つちのえ子五月十六日に豊川の縄はり（張）有テ、川へりの家屋敷、ミそやかいと（味噌屋垣外）の家屋敷をめし（召）上られたり、ミそやかいとの屋敷（家か）五十家餘、先藤本入庵

の家屋敷、其外の者ともハ年貢地に居るなり、大小ハあれともミそやかいとに屋敷持たる人々ハ、丸井甚左衛門・山村九右衛門・村山民部・同被官の源右衛門・爲田六右衛門・同孫右衛門・宮井小四右衛門、八日市郷内の屋敷世義寺密藏院、扨豊川のはた（端）にて十六、七家有、常晨長官の御館の場、東西卅四、五間南北十四、五間有たるを、御館の壁より南へ五間めに縄をはり（張）道になし、五間めより南へ豊川はゝ（幅）三間にほらさせ、川より南に残りたる地ハ宮山へかへし給ふ、右にしるしたる御館のやしき（屋敷）ハ道になり、川になり宮山に成て一坪も不レ殘、其外いぬゐの方に有長官の藪、はゝ五間長三十間あまり切拂、世義寺道より一鳥居迄はゝ五間の新道を付させ給ふ、御前石かき（垣）のもとより西へとれたる家々ハ先野依彌三大夫家をはしめ、此屋敷主ハ藤原三郎右衛門、其次六左衛門家屋敷、黒瀬半兵衛家、此屋敷主ハ同半右衛門、わたやたち（綿谷館）茂左衛門家、此屋敷主ハ中津宗七、其次いらこ（伊良胡）館與左衛門あきやしき（空屋敷）、

同與三大夫家屋敷、同與左衛門家、此屋敷主は中津宗七、いらこたち甚兵衛家、此屋敷主ハ長官、此甚兵衛家のうしろ、南に宮後右衛門殿家有、又西の方屋敷さかひに八禰宜貞惟のたち（館）、是ハ兵庫殿子也、其次源右衛門家是三人の居たる屋敷主も長官、豊川をうめ（埋）たるつきちなり、御前石かきと黒瀬館とのせこ（世古）口ハ五尺計有しを、黒瀬たちの家をはすきり（斜切）にして道の入口五間になし、川へりの家とらせて道に成たるなり、扨小宮のはしつめより東へハ先人長館忠右衛門家、此屋敷ハ一志たう（黨）中間の屋敷なり、人長たち藤右衛門家ハおもて南のすミ軒少しきらるゝ、其次山本市右衛門家屋敷五間四方きりて道に成、其次は六禰宜集《タネ》彦の屋敷東西南北五間道に成、此屋敷のうちに藤兵衛はゝ（母）のね（寝）所有、其次長橋宗右衛門家屋敷、同屋敷ハ東西十七、八間、南北五間餘、其次九禰宜因《ヨリ》彦の屋敷東西二十二、四間、南北六間餘、七間有所も有、是皆道に成たる也、其次下館にてハ山本孫右衛門家、此屋敷主ハ藤本勘兵

衛、其次わたやたちのやしき、其次前野彌一郎屋敷、其次下馬所鄕内の屋敷、此北野依八郎右衛門屋敷廿二、三坪道に成て家ハ火のもと水たなの分きらる丶、何れも屋敷一坪に付銀八匁か丶り、家一坪に五匁か丶りに御公義より給りたるなり、但長官の屋敷の代銀ハ不參なり、慶安元年つちのえ子七月四日の日より山田惣中人足を以、豊川新道の普請はしまりて、同月の十二日に普請成就、雖ニ然と一雨や水にそこ（損）ねたる川きし（岸）道をなほしてハ又なほし普請終、はてさる豊川新道の躰を、小宮のはし（橋）の上より上下を見渡す諸人、そのかミハかくのことくにてそ有らんとほめつかんしつ、彌御神慮をたつとむなり、去程に兩宮の館、ミそやかいとの家屋敷とれたるハおもひの外の事なり、是たゝ事にあらし、正保三年ひのえいぬ極月四日の夜の火事故に豊川改り新道付たるハ兵庫殿火にてハよもあらし、うたかひもなき御神火たるへし、御神慮おそろし〳〵と人皆いへり

一豊川いろこかた（鱗形）の池のはた（端）の竝木の杉ハ、慶安二つちのとのうし二月に御奉行大隅守殿より植させ給ふ

一外宮一殿御造營ハ山田御奉行石川大隅守殿慶安二つちのとのうしのとしなされたる也、手斧始ハ六月十四日、此日時ハ宮人中ゟ取たるなり、大工ハ吹上岸田次郎兵衛・同松兵衛、御普請奉行ハ山田十左衛門殿・兩福五兵衛殿兩人なり、然處ニ長官・神宮衆ゟ新法に持分とて六ケ敷義とも被レ仰たれとも、宮人とも合點不レ仕候故、長官・神宮衆ゟ御公儀へ御中上候ニ付、宮人とも小林へまゐ（參）り、古法の通り申上たれは大隅守殿聞食届させられ、古法のことく宮人ともまかなひに被ニ仰付一候、古殿不レ残慶寶寺へ宮人中ゟ寄進ス、法印ゟ禮狀給りたる也、其狀ハ一殿大中の帳箱に入置なり、檜垣常晨長官の時代の事なり

一慶安五ミつのえたつの年正月廿六日の夜、岩戸のおく（奥）よりやけ（燒）、出口のかさり（飾）の宮やき拂ヒ、同岩あなの上成木々こかれ（焦）たるなり

一先年從二三方中一宮中之掟十三ケ條長官江被レ遣、於二御同心一者うら（裏）書御判可レ有と被レ仰たる、就レ其長官と神宮衆と出入出來、其時長官之御子二禰宜之出入預り分にてうら書御判延引、然共宮中ハ十三ケ條之定にて十餘年の間宮守共ハ相守たるなり、雖二然と一近年ミたりに依二成たるに一、承應二きのとのみのとし八月に從二三方中一右之定十三ケ條にうら書御判被レ遊、宮守共に能御二云付可レ然なり、其上從二此方一も横目ヲつけんと云被レ遣たれは、長官御同心にて御判有たると云々

一長官ゟ三方中へ御申有たるハ、幣箱持女を法度、をとこにもたせ、素袍の上を打かけさせ、定りたるすゑ所におき、立のき（退）かしこまり、一言もさんせん（散銭）の事いハさるやうに可レ有なり、無作法に幣箱持又ハ宿之案內者立寄、參宮人の御初尾、宮々の板へハなけさせす、我まゝするなり、并神馬引打かけにて有度事、白衣にてハ御師中無作法不レ聞之義なりと被レ仰たれは、三方中尤と御同心にて其より長官之御意之通に御定有テ、

承應二年九月朔日ゟ大社の宮々へ横目付、此者ハ山田中の道者申に三方中ゟ云付にて、先小宮に一人、坊主の宮に一人、本社に一人、古殿に一人、高宮に一人、流水の宮・土宮・風之宮是三社に一人、岩戸に二人、右八人若油斷するか又用捨をするかとて三方中より每日二人つゝ惣横目付きびしき事なり、八人の横目衆ハ寄二未明一烏帽子素袍着して相守なり

一太田長左衛門方ゟ神馬十二疋有たるとき、獨して馬二疋引たるを惣横目見付、此由被露したれは長左衛門に過錢五貫文、其日の横目に五貫文、神馬のしめ（注連）をさめたる宮人に二貫文何れも過錢出す、則三方中へ御取有たるなり、其ゟ横目衆彌無二油斷一硯を前に置相守なり

一高向五郎大夫方ゟ幣箱をはかま（袴）計にて持せたるを横目披露したれは、過錢五貫文五郎大夫とらる、

一從レ宿道者の案內者大わきさし（脇指）・大なて（撫）付法度、是ハ御公義ゟの御沙汰と云々

三方中ゟ宮人江被二仰付一たる三ケ條之寫

一宮中萬事不作法に無レ之様に、先年相定候十三ケ條之書付之趣無二相違一様に可二相守一事

一於二宮中一方々に扇を開き道者にすかり、しひて代參をこひ、散銭を貪とるへからさる事

一宮引を仕候上にて心さし無レ之散銭をしひて貪取へからさる事

右之趣ハ大躰之義ニ候、此外萬事宮中にていやしく散銭をこひ候ハぬやうに、老若能々相心得候やうに尤候、少にても相背義候ハ、、横目の者可二見改一候間、急度可二申付一者也

承應二年ミつのとのみ八月廿八日

一伊勢外宮師職久保倉右近と內宮師職佐八掃部就二檀那論一、兩宮之年寄共召二寄之一遂二穿鑿一之處、外宮年寄共申候ハ、古來相傳之旦那、以二才覺一不レ可二奪取一之旨、御朱印御文言ハ兩宮通用之事候故、前々奉行人以二其趣一裁許《サイキヨ》有レ之證文數通出し候、內宮年寄共申候ハ、內宮・外宮御神躰各々《カツカク》付而、右御朱印之御文言、內宮ハ內宮中間、外宮ハ外宮中間にて不レ可レ奪二取之一との御事ニ候、其子細ハ兩師職之旦那も數多有レ之候、是を以各々之證據之由申也、兩師職之義、外宮方へ相尋候處、旦那信仰之上不レ及二是非一、其通ニて指置候、從二師職方一以二才覺一不二奪取一義法式之由申候、雙方之心得雖レ爲二各別一、共以非《ニテ》二不レ謂《イハレ》一儀、兩宮神慮ハ不レ可レ有レ隔《ヘタツ》之旨、不レ可レ及二異論《ニ》一、自今已後、通用各々之儀ハ、任二願主之信心一、或《ハ》一人之師職、或可レ爲二兩師職一、但兩宮之內離《ハナレ》二古來相傳之師職一而新規屬《ソクスル》二一方《ニ》一旦方雖レ有レ之、從二師職一申二斷之一、旦那ニ不レ可レ仕レ之、若此趣於レ令二違背一ハ可レ爲二曲事一、右近義宇都宮領古來相傳之旦那之由雖レ申レ之、右近證文ハ天文十四年也、掃部證文ハ永正十一年也、然ハ掃部證據卅一年以前、其上兩師職之義ハ、爲二旦那心次第一之條、不レ及二異論一、尤可レ爲二兩師職一者守二此旨一、至二末代一迄不レ可レ致二違犯一、仍後證如レ此、雙方へ成二下知一者也

寛文八年戊申四月廿二日　丹後印

甲斐印

山城印

內膳印

但馬印

大和印

美濃印

外宮年寄共

（奥書）

右一書宮原清集所持也、令二懇望一書寫者也

享保十九甲寅年七月八日

宮原高義

外宮年中雑事記

外宮年中雑事記　上

正月朔日

一御奉行所御參宮　内宮ゟ先

御案内　権任一人、直垂・熨斗目・大小　宮奉行　二人、麻上下・熨斗目・大小

神庫江御入、禰宜中御出合、御口祝ヒ有

獻立

御手掛熨斗　盞盆

御茶

御雑煮

吸物　壹ツ

取肴　三ツ

酒　三獻

御家老・近習何れも同前、下々江酒なし

一年始之御祝詞ニ御屋鋪へ名代罷越　麻上下・熨斗目・大小

口上　誰

御宮御安全ニ御座候、然ハ彌御機嫌能御超歳可レ被レ爲レ遊與目出度珍重奉レ存候、爲二御祝詞一參上仕候、此旨宜被二仰上一可レ被レ下候、以上

右之附ケ豊後奉書ニツ裁

正月朔日

一司對面之雑物渡ス覺

人長役人へ

黒米　壹升　海老　三ツ

串柹　二串　美濃紙　壹帖

麻　三結

九丈殿江

高麗へり　貳枚　　居しり　一枚

瓶子　片シ酒入テ

一御伯様廳舍へ御不參之時、宿館ニ而御判形之祝儀之覺

御炊物忌へ

美濃紙　壹帖　　麻　壹結

荷用役人へ

美濃紙　壹帖

一擬禰宜役人へ渡ス雜物覺

串柿　貳串　　名吉開　貳ツ

たつくり　壹升　　酒　壹升

一子良物忌宿館ニ而節事　先達テ此方ゟ使ヲ遣ス 打かけ袴

獻立

八寸ノへキ幷箸 貳種肴　壺土器 たつくり　同 とミたわら

酒　銚子加へ

八寸ノへキ幷箸ハタヒキ、カハらけ 芋かん　芋・大根輪切壹ツ宛

八寸ノへキ 吸物　貝合 しやうゆ仕立

酒　銚子加へ

取肴一種

酒　銚子加へ

須子餅組様

八寸ノへキ組幷箸 つほ たつくり

同 柑子　　ハタヒキ 須子餅　五切 但し一ツヲ五ツニきる

同 くり

物忌不參之人數は右之膳部を請ニ來ル、但し八寸ノへキハなし

一兩荷用・人長二人・晝番・布設・六人方宿館ニ而節事　先達テ人を遣ス

獻立

平折敷ニ組幷箸 つほ たつくり

同 香の物　　飯椀 雜煮　醬油仕立 餅貳切 菜

須子餅壹ツ宛引

一饗膳渡し宮人十人計宿館ニ來リ、夕飯一汁壹菜、九ツ時饗膳之具を廳舍へ遣ス
酒 五合・銚子加へ同遣ス、廳舍へ饗膳之番一人付ル 突飯ハ今日搗ル、飯押一人宿館ゟ申付ル、こび代之米人長へ一升、六人方へ二升渡ス
宮司・禰宜對座、御臺之饗膳
宮机ニ組
同 干貝《スモリ》 同 大根 ハタヒキ 芋豆 同 鳥代 したミ
同 干魚
同 鮎 上ニ振り飯 飯 盆蓋ニスへ 長箸 箸置
同 開 同 たれ ハタヒキ 鯉代 同 一切
小かわらけ 肴 枕餅 二ツ、六寸ノへキニスへ
宮司饗膳ハ、白掛盤、四汁ハ八寸ノへキ、銚子加へ、瓶子 片シ、土瓶 片シ、盃かハらけ 二ツ、八寸ノへキ一枚を添ル
祇承下膳十八膳ハ下行之膳也、飯ハ切突飯、四寸へキなし
子良・物忌・政所之饗膳

宮机ニ組
中土器 鮎 同 干魚 同 芋 同 鳥代
同 開 同 切餅 二ツ 小飯 四寸ノへキスへ 幷箸
同 大根 同 たれ 同 鯉代 同 一切 貝合
子良之贈り膳貳拾九膳
内九膳 政所ゟ調出ス
雜役人饗膳 四拾五膳
右七拾四膳ニ者四汁なし、廳舍ニ而皆々宮人支配ス、廳舍ニ於て饗膳獻上之節、權任之配膳一人を出ス
狩衣、手傳一人 烏帽子素袍
宮司へ饗膳贈ル覺
使者一人 烏帽子・素袍大小 長持釣二人 下部打かけ計
長官御臺之饗膳廳舍へ取ニ遣覺
長持壹棹 下部二人打かけ計
一六人方江祝儀之覺
年頭ニ參ル時

杜餅　八ツ　　海老　三ツ

丸餅　壹　　瓶子　かたし酒入テ

御餘り當番へ

美濃紙　壹帖　　麻　壹結ひ

串柹　貳串

一晝番役人江御祝儀之覺

丸餅　壹　　美濃紙　壹帖

麻　壹結

一山田中權任幷三方年寄年頭祝儀之引かへ之覺

本壹束　　壹貫文五百文ニ
金銀中啓壹本　引かへ

但し三方へハ金銀之末廣也

七帖壹束　　三百文之
青地中啓壹本　引かへ

金銀中啓壹本　貳百文之引かへ

一家司ゟ上ケ物

雁　壹羽

二日

一御口祝之御禮ニ付、御屋鋪へ名代罷越　例之通

外宮長官名代
誰

口上

御宮御安全ニ御座候、然ハ御機嫌能、年始之御參宮被㆑爲㆑遊、殊於㆓神庫㆒御口祝奉㆓差上㆒、有難仕合ニ奉㆑存候、右爲㆓御禮㆒參上仕候、此旨宜被㆓仰上㆒可㆑被㆑下候、已上

正月二日　附ケ例之通

一扇子差上候ニ付、御屋敷へ名代罷越　例之通り

外宮長官名代
誰

口上

御宮御安全ニ御座候、然ハ年始之爲㆓御祝詞㆒、任㆓御吉例㆒扇子差㆓上之㆒候、此旨宜被㆓仰上㆒可㆑被㆑下候、已上

正月二日　附ケ例ノことく

扇子獻上之覺

御奉行所へ　桐五本入壹箱　臺貳重くり提ケ札

家老中へ　同三本入壹箱宛　八寸ヘキ置札

用人衆へ　同貳本入壹箱ツ、　同斷
近習衆へ　右同斷　同斷
一宮司江三獻遣ス使者　打かけ袴 大小
一宮司ゟ三獻來ル使者へ表地之中啓一本遣ス
一神領庄屋年頭
上ケ物
三獻　雉子 大こん 昆布
酒
下行物
角餅　百五拾　扇子
錢十二文包　貳ツ
一同出在家之百姓年頭
上ケ物
牛房　貳把
下行物
丸餅　壹重ツ、
一子良館へ御伯樣御參籠之御祝儀三獻遣ス

一當荷用ゟ御伯樣初番之御祝儀上ル覺
三獻　雉子壹番・大根・昆布
瓶子　壹對
引かへ
錢十二文
一紀州樣御名代御參宮
御案内　權任壹人、直垂・のし目・大小　宮奉行　二人、麻上下・のし目・大小
附之書樣

外宮長官家
御案内　誰
宮奉行　誰
誰

小原貳ツ折

一禰宜・權官幷長官家役人・六人方・惣宮扶持人ゟ
御伯樣初番之御祝儀來ル
三日
一和屋大夫年頭

下行物
酒 三升 但し五升樽ニ入テ　海老 壹連
生子 十貳　小ふのり 少し
舞臺へ筒樽を遣ス、酒は少し入ル

四日
一勝田大夫年頭
下行物
右和屋大夫ニ同し、但し大夫所望ニゟ是ニハ一束
一本添遣ス
一家之子禰宜・權官幷長官家役人・五社之宮守・大宮
岩戸之宮守・荷用以下、物宮扶持人・六人方ゟ御出
初之御祝儀來ル
一家之子禰宜・權官へ廻文
明五日御出初之神事、各御着座可ニ目出度一候、以
上
正月四日　外宮
政所大夫
傍官中之連名　小原二ツ折

權官中之連名
但し頭文之通り
一宿館ゟ掛盤・八寸ノヘキ、御里ゟ取寄置ク
一家之子之禰宜衆之高坏取ニ遣ス

五日
一御出初之行事之次第
御參宮　別宮　末社　不レ殘御參拜、御里下リ
乘輿 十六人方舁レ之、白はれ、手扶ケ下部十人、打かけ計　供奉人ハ略レ之
御居間ニ而節餅御頂戴、御臺與御盃有
髭御座ニ御着座
銚子加へ 年男勤レ之
家之子之禰宜 衣冠、權官 狩衣、饗應
高坏ニ組
つほ
若大根 貳本　同 柑子 壹ツ
上ニ半紙壹帖ゆひそヲ付ル
節餅 壹ツ　小石 三ツ 紙ニ包　箸なし
同 たつくり 貳ツ　同 とミ俵 少し
但し御伯様之高坏へハ金銀ノ末廣を添ル、權官ハ

かけ盤ニ組、小石なし

松木之禰宜衆へ者掛盤ニ組、此方ゟ贈ル、家之子・不座之権官へハ頭文人別ニ贈ル、贈り膳ニ者かけ盤不レ組、使者一人（打かけ袴）、長持釣（二人打かけ計）

高坏貳種肴組様

八寸ノヘキ

つほ　とミ俵

同　たつくり

しは廾

酒

芋かん組様　貳種肴と引かへ

八寸ノヘキ

ハタヒキ　芋大根　輪切一ツ、味噌煮

しは廾

酒

本膳足付

献立

鱠　つほ　たれ　　汁　ふくさミそ　さふに

角　切焼物

煮物　つほ　香ノ物　　食

二ノ膳　足付

角　さしみ　　猪口　酢　　汁　すまし　鯛一切

同　海老　五切

引汁　たれ味噌　甘のり　はり生姜

焼もの　雉子
肴　數ノ子
取肴
酒
膳上て後、禰宜・權官へ酒有、長官酌家之子之禰
宜加へ
用物
豊の物　臺なし、但ししたミノ事
手縄盆盞　八寸ノへキニすゆる是盃也
福種　にんにくミそノ事也臺なし
右長官ノ座ノ前へ飾ル
中分之膳　親類衆配膳衆
獻立
足付之膳
鱠　つほ　たれ　汁　ふくさ味噌さふに
角　切焼物
煮物　つほ　香の物　食

二ノ汁　すまし鯛壹切
焼物　雉子
酒三獻
配膳衆へ者餅壹ツ・麻・串柿を出ス
下分之膳　宮人・三方・小使・町代・郷使・長官家役人・宮横目
獻立
平折敷
鱠　汁　ふくさ味噌さふに
焼物　尾付
煮物　食
二ノ汁　魚見合
肴壹種
酒三獻
餅壹ツ・麻・串柿を遣ス、役人衆へ者節　壹重、半
紙　壹帖ツ、添ル
惣家來之膳
獻立

平折敷
鱠　汁
燒物
煮物　食
二ノ汁　魚見合
餅・麻・串柹遣ス
一鎰取當番へ明日節事ニ可レ被レ參旨申遣ス
使者　壹人　打かけ袴
六日
一西方ゟ上ケ物
菜　貳かこ　なづな　少し
魚見村ゟ惣代二人、七見村ゟ馬取二人來ル
落着
雜煮
酒
肴　一種
夕飯二汁三菜

下行物
丸餅　貳ツ、但し貳升取也　切餅　拾　三寸四方
半紙　貳束、但し廿枚切　串柹　貳串
扇子　四本　大豆　貳升
一二見西村ゟ上ケ物
小ふのり　貳桶
持參之人ニ餅燒て出ス
酒
肴　壹種
下行物
餅　壹重　美濃紙　貳帖
扇子　貳本　錢七拾貳文
一鎰取當番ゟ上ケ物
魚　壹かけ　瓶子　壹對
右名代壹人持參ス、宿館ニ而饗應、但シ夕飯前使を遣ス
獻立

平折敷
　鱠　　汁
　　焼物 尾付
煮物　　食
　　二ノ汁 すまし 一切
肴壹種
　酒三獻
下行物
丸餅壹 壹さし渡し八・九寸　美濃紙 壹帖
銭 五十文　夷扇 壹本
串柿 壹串　麻 壹結ひ
節分ノ豆 少シ
外ニ引かへ 拾貳文
一荷用江渡し物覺
　菜 壹かこ　小ふのり 少し
一宿館ニ而饗膳拵宮人十人計、朝夕飯壹汁壹菜
饗膳之突飯之米、白米八升宿館へ遣ス

但し此米之内ニて常明寺へ遣ス、切突飯 十五 拵
置ク
飯押一人・魚切一人宿館ゟ申付ル
七日
一檜ケ谷神事、禰宜・案主之饗膳 案主ハ掛盤ニ組ム
高坏組様
海老《ハタヒキ》　したミ
同 開　同 柑子 箸長　箸置
酒
二種肴ハなし 高坏ト引かへ饗應
献立
本膳足付
鱠　つほ 干魚　汁 ふくさ さふに
角 切焼物
煮物 生こ 花かつを　つほ 香物　食

二ノ膳

角 さしみ　付汁 こ味噌 魚

猪口 酢

角 雉子 焼て五ツ切　二ノ汁 すまし 鯛一切

木具 三ノ膳

角 すし

同 海老　三ノ汁 すまし 鳥 せり ふ

引汁 たれ味噌・甘のり・生姜

肴 數の子

右之膳十一人前、内壹膳案主之分、平折敷勝手ニ而給レ之

酒三獻 銚子加へ開酒也

本膳と引かへ 饗膳十一膳 案主へハかけ盤

高坏組様

スモリ 付のし　同 干魚　したミ

同 干貝　輪ハタヒキ 突飯 しは長

同 開　はし置

同 大根　同 たれ

四汁

八寸ノへキ

ハタヒキ 芋豆　同 鳥代

同 鯉代　同 一切

酒 銚子加へ

下行之饗膳十三膳

内八膳　子良物忌贈り膳五膳ニハ四汁添

殘り五膳配膳衆之分、四汁なし

十三膳共ニ五ツ組

配膳役人之饗應二汁三菜・引汁有り

酒三獻

兩荷用・人長二人・布設・書番・六人方已下十二人へ二汁三菜・燒物尾付

酒三獻

饗膳賄之宮扶持人五人へ壹汁二菜

一常明寺神事之餅米、白米壹斗貳升

入用之餅

小餅 八百　仁王ノ節 二重さし渡し六寸

本尊之節 壹重右同斷

一來ル九日御奉行所年頭之御禮御請被レ成候旨、作所・子良ノ館・宮人へ申渡ス

八日

一常明寺神萱落ノ神事

權官 一人、狩衣騎馬　口取 一人打カケ

侍 二人、素袍・烏帽子・大小　草履取 一人打カケ袴

挾筥持 一人打カケ計

家司 直垂駕籠　草履取 一人打カケ袴

長持釣 二人打カケ

雑物覺

小飯 拾五　菜青いで 重箱ニ入しやうゆ

芋かん 飯櫃ニ入ル、芋・大根輪切一切ツ、宮人分　おろし大根 重箱ニ入豆

酒 壹升　本尊ノ節 壹重

仁王之節 貳重　小餅 八百

八寸ノヘキ 十九枚　六寸ノヘキ 十四枚

四寸ノヘキ 七枚　箸 三十膳

はた引 四拾　七度中かハらけ 三拾

銚子加へ 一對　湯次 壹ツ

椎萱 一束　幕 一張

壹束一本 壹組七拾一束白地中啓　錢 五百文寺へ

錢 貳百文庄屋へ　同 百文地使へ

右廿貳品長持壹棹ニ入

九日

一下荷用江御節わりノ雑物渡覺

小餅 百貳拾　赤豆 貳升

酒 壹升　名吉 貳本

一御屋敷江御年禮

權任 二人、直垂・熨斗目・大小　侍 二人、袴・羽織・大小

宮横目 二人、打カケ袴　草履取 二人

長持釣 二人

献上物之覺

萬度 壹躰

生つき鳥子貳枚ニ而包

銘ノ書樣

外宮長官

ミのし 十把

一萬度御祓大麻　神主中

大杉原二ツ折

附ノ書樣

一萬度御祓大麻

御熨斗　十把

以上

正月九日

外宮長官名代

誰

神主惣代

誰

右何れも塗臺長持一棹ニ入、宮横目を以テ先達テ熨斗祓等玄關へ遣ス

十日

一喜多出雲方ゟ上ケ物

鯉 貳喉　串柿 壹把

昆布　さし樽 壹荷

書狀之案

改年之御吉慶、珍重申納候、如二御嘉例之一、川狩之鯉 貳喉 進二上之一仕候、此等之趣、宜レ預二御披露一候、恐惶謹言

正月十日　判

喜多出雲

外宮

長官樣

家司大夫殿 御披露

同返札

如二來札一改年之慶賀、不レ可レ有二休期一候、然ハ如レ例川狩之鯉 貳喉 送給、欣然之至候、猶期二永日之時一候、恐々謹言

正月十日

外

一三位

喜多出雲殿

右大杉原貳枚重ね、口を少しとち、常之手紙之通、立文ニ封ル、美濃かミニ而上包ス、上文字書ク

引替

本壹束　夷扇 壹本
錢 百文
一二見西村ヨリ上ケ物
蠣 貳桶
持參之者烏帽子・素袍
餅酒出ス
下行物
いのや 貳帖　扞扇 貳本
節 壹重　錢 七十二文
一子良館へ下部打かけ袴ニ而、明日御内内見可レ被ニ相
勤一之旨申遣ス
一毎月列祓之歴名帳認直す
古き散米を新しきニ引かへる、幣串も同前
一大麻千度分宿館へ荷用ゟ上ル
一白餅米 四升　常樂坊へ遣ス餅米
節餅 貳重　小餅 百貳拾
右之四升ニ而造レ之

十一日
一政所ゟ上ケ物
つるし柿 五十　かや 五拾
ミかん 五十　切こんふ 五十枚、長一寸五ふ・廣五ふ
散木餅 五十　龜足 五拾
酒 壹升　挽茶 壹斤
大鯛 一かけ　雉子 壹番
蚫 十　海老 壹連
名吉 壹かけ
一於二大麻所一祓始、禰宜・權官之饗應
獻立
貳種肴 八寸ノへキ扞箸　つほ こふのり　同 生子
酒壹獻 銚子加へ
木膳足付
鱠　つほ 干魚　汁 たれミそ さふに
角 切燒物

煮物つほ　香の物　　食

二ノ膳　足付

角
さしみ　　付汁　にミそ 魚

猪口
酢

同
雉子　焼て五切　　二ノ汁　鯛一切

三ノ膳　木具

角
すし　五切　　汁　すまし、雁・せり・ふ

角
海老　五切

引汁　たれミそ、甘のり・しやうか

かまほこ　板ニ付て小刀を添、四ノ神主ノ前へ持行、其後長官ゟ引ク

數ノこ　中かはらけニもる

さしミ　鯉土器ニもり、南天ノかいしき、しやうか酢、神事場ニ於て鯉ノ包丁有り

酒　銚子加へ

初獻　酌政所加へ家司　　順惣加へ

貳獻　掛り三座迄加へ

三獻　御報三座より加へ

御茶

御菓子　四寸ノヘキニ組、やうしヲ添ル、但し十人まへ残りハ高坏ニ入、神事場ニ出ス、政所ゟ獻上ノくわし也

膳上て盃事之行事御出初ニ同し

用物

豊乃物　臺なし　但ししたミノ事

手綱盆蓋　八寸ノヘキニすゆる是盃也

福種　にんにくミそ也臺なし

蓬莱　菜ニてかふ鉢ニたつる

政所・家司・配膳役人之饗應二汁三菜、焼物ハ切焼物、引汁を添ル、酒三獻

禰宜・權官ノ供ニハ飯なし

鯉包丁人　烏帽子素袍

包丁人へ下行物

鳥目　貳百文　　半紙　貳帖

白地中啓　壹本

右之折紙鯉包丁終テ給ル

祓始役人付、前日ゟ認、勝手ニはる

御祓直し　　權官

御數取　禰宜
御八足　權官
御祓振り　權官
御樽披露　家司
貳種肴　(朱書)「政所」配膳
御銚子　政所
御加へ(朱書)「此所始而着座、名替之權官長官と盃あり」　家司
御膳參　家司
御引汁　配膳
初獻　御銚子　政所
御加へ　家司(朱書)「二人ノ名」
御かま鉾　宮奉行(朱書)「二人ノ名」
貳獻　御銚子　配膳
御加へ　配膳
御疊直し　小姓(朱書)「二人ノ名」
御祓直し　小姓(朱書)「二人ノ名」
鯉包丁　料理人

御折紙　家司
鯉獻上　權官
御銚子　配膳
御加へ　配膳
御くわし(朱書)「組」　權官(朱書)「三人ノ名」
御茶　權官(朱書)「二人ノ名」
蓬萊　權官
御盃　權官
したミ　權官
福種　權官
御銚子
御加へ

一高向左衛門方祓之事料物上ル覺

白米　三升　黑米　五升
御座　壹枚
引加へ
羽書　五分

一常樂坊江渡し物覺
　節餅 二重　小餅 百貳拾 閏年なれハ百卅
　俵 壹ツ　棒 壹本
六人方當番貳人里亭ニ而夕飯有、飯後ニ右之品々常
樂坊へ持參
夕飯二汁三菜・焼物尾付・酒三獻
一子良之館へ明日朝飯ニ御出可レ有之旨、使者ニ以申
遣ス 打掛 袴
　但し出座之人數書付取來ル
巳ノ日
一岩戸へ遣ス渡し物
　酒 三升　海老 壹連
十二日
一子良物忌節事朝飯
　獻立
　　本膳足付
　鱠　つほ 干魚　汁 たれミそ さふに
　煮物　角 切焼物　つほ 香ノ物　食
　　二ノ膳 足付
　角 さしみ　猪口 酢　付汁 にミそ 魚
　　三ノ膳 木具
　角 雉子 焼て 五切　二ノ汁 すまし こひ一切
　角 すし 五切
　角 海老 五切　三ノ汁 すまし 雁 せり ふ
　引汁 たれ味噌 甘のり しやうか
　かまほこ 板ニ付て
　かすノこ 土器もり
　さしみ 鯉、土器もり、しやうか酢、南天かいしき
　酒三獻 銚子くはヘ
子良之下人 二汁三菜・焼物 尾付
　酒三獻
一子良館へ米渡覺

黑米　壹斗二升九合本升也　十五日粥米

一御竈木之覺

御竈木中村ゟ持來、御伯様分・御禰宜様分、代物

貳匁四分

十三日

一嫡子節事朝飯

献立

平折敷

膾　干魚《つほ》　汁　さくく

煮物　燒物《ハタヒキ》　尾付

香物《つほノ》　食

二ノ汁　鯛一切

肴《八寸ノへキ》　のしもミ　。酒三獻　銚子加へ 間酒

。

飯後ニ八寸ノへキニ組

ミかん《つほ》　五切

海老《同》　五切　吸物　名吉へそ 甘のり

酒

配膳役人へ二汁三菜

一吉書始之行事

政所・家司・兩荷用宿館ニ來リ、吉書始之御判形、

畢へ御伯様ゟ政所へ御盃被レ下ル　御伯様へ二、種肴ヲ上ル、上荷用

酌・下荷用加へ、行事畢て右之役人酒肴有り

献立

吸もの　醬油したて、名吉へそ・甘のり

取肴　見合

酒三獻

切餅《ハタヒキ》　五ツ切

政所江祝儀

鳥目貳百文

一三方會合へ初會合祝儀之覺

名代權官　直垂 大小　侍　一人 袴・羽織・大小

草履取　一人　小人　壹人 打かけ袴

持參之物

筒樽 酒五升　ミのし 壹把

當番兩人右之禮ニ來ル

一江戸使ゟ御目見之書狀到來ニ付、御屋敷へ名代罷越

口上　外宮長官名代 誰

御宮御安全ニ御座候、然ハ江戸神宮惣代誰方ゟ明日書狀到來仕候、當正月六日　兩上樣御祓奉二獻上一候、御目見仕難レ有仕合、奉レ存候旨申越候、依レ之爲二御注進一參上仕候、此旨宜被二仰上一可レ被レ下候、已上

正月十三日

十四日

一坂之社へ祝義覺

鳥目貳百文　松明代　同壹貫文 大松明

同三百文 □木代

一立上村ゟ上ケ物

蠣之わら包 壹ツ

下行物

包祓 壹躰　茶袋 壹ツ

一御屋敷へ御年禮ニ付、神宮へ廻文

御屋敷御年禮、明十五日御退館之節、各御勤可レ被レ成候、御裝束者狩衣、權官ハ直垂、名代ハ麻上下御着用可レ被レ成、御自身御勤之方ハ此者へ可レ被二仰聞一候、　御名代之方ハ假名今八ツ時分ニ御申越可レ被レ成候、尤明朝五ツ時小林下宿へ御着候樣ニ可レ被レ成候、此旨各可下令二御存知一給上候、以上

正月十四日　外宮 政所大夫

御傍官中

久志本權亮殿　久志本縫殿殿

久志本左門殿　久志本式部殿

十五日

一小林御屋敷へ禰宜中年頭

附之書様

豊後奉書二ツ折

檜垣長官
神仙解毒丸　久志本権亮
神仙解毒丸　久志本縫殿
神仙解毒丸　久志本左門
神仙解毒丸　久志本式部
正月十五日

一坂之社祝儀之覺

素袍　壹具、鳥目五百文と引かへる也　　節餅　壹重

松明　　串柿　壹把

麻　三拾匁　　本壹束　夷扇壹本

百包　八ツ　　十二文包　五拾

五文包　五拾　　三文包　五拾

壹貫文　送り御幣

御伯様御出合

一大社江祝儀之覺

錢百文　つむき、是ハ前日禮ニ來ル　　松明

節餅　壹重　　串柿　壹把

麻　三拾匁　　本一束　夷扇壹本

百包　八ツ　　十二文包　五拾

五文包　五十　　三文包　五十

壹貫文　送り御幣　　御伯様御出合

一藤社へ祝儀之覺

松明　　節餅　壹重　たツくり

串柿　貳串　　十二文包　八ツ

五文包　十七　　貳百文　送り御幣

御伯様御出合

三頭錢高合八貫百六拾九文

一江戸使御暇拜領ニ付、御屋鋪へ名代罷越

外宮長官名代　誰

口上

御宮御安全ニ御座候、然ハ江戸神宮使誰方ゟ書狀
到來仕候、當十七日首尾能御暇拜領仕、毎例之通、

御時服　・白銀頂戴仕、難レ有奉レ存候旨申越候、依レ之爲二御注進一參上仕候、此旨宜被二仰上一可レ被レ下候、以上

正月十五日

十六日

一法樂舎ゟ橋紙　壹帖　取ニ來ル

神宮使上京ニ付、御屋敷名代罷越

口上　外宮長官名代　誰

御宮御安全ニ御座候、然ハ當月御祈禱之御祓、禁裏江差上申候ニ付、明後廿一日誰發足爲レ致申候、依レ之爲二御注進一參上仕候、此旨宜被二仰上一可レ被レ下候、以上

正月十六日

京都へ書狀之案

改年之御吉兆、不レ可レ有二際限一候、倍御勇健ニ可レ被レ爲レ成二御越年一、目出度奉レ存候、當地　宮中御安全、次手前無異加年仕候、隨而如二御嘉例一、當月致二御祈禱一、御祓太麻并兩種致二呈進一候、誠表二御祝儀一迄ニ御座候、誠恐謹言

正月吉日　外宮　一禰宜

進上祭主殿　政所　判

改年之御吉兆、不レ可レ有二際限一候、倍御堅勝ニ可レ被レ爲レ成二御越年一、目出度奉レ存候、當地　宮中御安全、次手前無異ニ加年仕候、隨而如二御嘉例一當月致二御祈禱一、御祓太麻并一種致レ進二上之一候、誠表二御祝儀一迄ニ御座候、恐惶謹言

正月吉日　外宮　一禰宜

進上　御傳奏　御奉行　判

進上　神宮辨殿　御奉行

進上　壬生官務殿

右四通大奉書ニ而三ツ貳分、壹分は上包ニなり、內壹通壬生官務之狀御堅固書なり

銘紙之覺

鳥子銘紙　五ツ二枚重ね　大奉書銘紙　五ツ二枚重ね

何れも壹ツ宛餘慶を遣ス

銘紙書様

新春之御慶目出度申納候、先以　祭主殿倍御勇健ニ可レ被レ為レ成二御越年一、目出度奉レ存候、次御自分方彌御堅固可レ為二御越歳一、珍重奉レ存候、當宮御安全ニ御座候、然ハ是式如何敷候得共、鯨籠巻 壹、祭主殿江進上仕候、為二御機嫌窺一如レ斯御座候、委曲誰口上可二申上一候、此旨宜御披露頼上候、尚期二永日之時一候、恐惶謹言

猶々、御自分方へ書中之印迄ニ鰹節 貳十宛 進上仕候、已上

正月吉日　　外宮一禰宜 判

水口伊織殿
青木主水殿

熨斗祓用意之事

大上のし 五把 六匁貳分かへ　　大のし 五把 四匁貳分五厘かへ

ミのし 拾七把 貳匁八分かへ　　麻大萬度 六把

雑物用意之事

祭主殿音信見合 山田ゟ調へ行

鰹節 七拾、是ハ京使路金之内ニ而と、のへ

檜物類　右同断

御祓獻上之覺

禁裏様江 （包萬度臺有 大熨斗五ハ） 同断
長橋御局江 （包御祓臺有り 鰹ふし三十箱入）
法皇様江 （包萬度臺有り 大のし五ハ） 同断
親王様江 （包萬度臺有り 上のし三ハ） 同断
關白様へ （包萬度臺有り 三のし三ハ） 同断
一條様へ 同断 同断 同
傳奏江 （包御祓 ミのし二ハ） 同断 同状
神宮辨殿へ 同断 状 同断 同
官務へ 右同断 状 同断 同

祭主様へ　右同斷　同斷
状
祭主殿
兩家老　外ニ音信
鰹ふし二連ツ、　同斷
状

十九日

一子良館へ廿日之事米渡覺

白米六升四合　本升也、　黒米六升四合　本升也

一六人方江廿日之事米渡覺

白米六升四合　本升也、　黒米六升四合　本升也

一大般若會料物贈覺

廻文之案　杉原貳ツ折

明廿日如レ例大般若執行賴入候、依レ之料物差送り

申候、已上

正月十九日　外宮
家司大夫

法樂舍
同伴僧
常明寺
威德院
福藏院
慶寶寺
南之坊
密藏院
常樂坊
地藏院
三寶院
弘正寺
不動院
寶藏寺

目錄　大杉原二ツ折

鳥目貳貫文　法樂舍
同　五百文　伴僧
同　五百文　本尊
同　五百文　御經
同　五百文宛　僧十二人
同　貳百文　家來二人
〆九貫七百文

正月十九日　　外宮　家司大夫

右之廻文・目録・料物小人ニ持せ遣ス

廿日

一子良館ゟ今朝御伯様へ贈り膳來ル

献立

ハタヒキ 鱠　　ハタヒキ 汁 こま〳〵

ハタヒキ 干魚

ハタヒキ 海老 拾貳切　　七度入大土器 食

ハタヒキ さしみ 名吉十三切 生姜酢

ハタヒキ 名吉へそ 五切

七度土器 名吉一切 甘のり

すゝ壹ツ 酒入テ

右公文櫃ニ入、御竈はゝ持參

引かへ

麻 五拾匁

一六人方ゟ御伯様へ贈り膳來ル

献立

八寸ノ木具 ハタヒキ さしみ　　つほ 青酢　　ハタヒキ 食

同 海老

一御伯様ゟ宮中末々迄、賽を振、目之高ニ應し錢を出し、其錢を以夕飯之鱠ノこニ、とゝのへ祝

一三方小使四人へ二汁三菜之朝飯

下行物 壹人前ニ

ふかの 貳帖　　中啓 壹本

町代鄉使二汁三菜之朝飯

一御上使、宮川へ御迎

名代 一人 麻上下・のし目・大小　　侍 一人 羽織・大小

草履取 一人

朝六ツまへ宮川へ罷越、中川原旅宿ニ於て御奉行所へ御迎ひニ參候、御注進附上ル、川原ニ於て御上使へ御迎シ附上ル、相濟候而直春木大夫方へ御機嫌窺ニ罷越附上ル

附之書様 あいまさ八ツ切 右三ケ所之附同断

外宮長官名代 誰

一御上使御參宮ニ付神宮へ廻文

明廿一日御名代御參拜ニ付、於㆓内院㆒如㆑例御出合、旬參早ク宿館へ御出御尤ニ候、御裝束ハ束帶御着用可㆑有㆑之候、此旨各可㆘令㆓承知㆒給㆖候、以上

正月廿日　外宮 政所大夫

御傍官中

一御上使御手洗大麻之儀用意之旨、荷用へ申遣ス

一奏事始加階之人數へ廻文

當年御　奏事始加階口　宣案到來、明廿一日八ツ時、於㆓長官齋館㆒可㆑有㆓頂戴㆒候、以上

正月廿日　外宮 政所大夫

誰殿　誰殿　――

――　――

廿一日

一御上使御參宮 内宮ゟ先

御案内 權任一人 狩衣・のし目・大小　宮奉行 二人 のしめ・麻上下・大小

一ノ鳥居ニ於て附上ル

附之書様 あいまさ二ツ折

御案内 誰誰 宮奉行 誰誰 月日

於㆓内院㆒御祓獻上

權任 二人 直垂

春木大夫江御祓持參

權任 二人 直垂・のし目・大小　侍 二人 袴羽織・大小

横目 兩人 打かけ袴 但し御祓のし玄關へ飾ル役　草履取 二人

長持壹棹 打かけ 下部二人是を釣ル

此時御太刀之請取持參スル

御太刀目錄請取之書様 奉書たて書

從二公方様一御献上之御太刀目録、慥請取奉納仕候、以
上

年號月日　　　外宮
　　　　　　　　長官　印

御上使之名
――――殿

大納言様受取書も右同斷

目録幷ニ附之書様

豊後奉書二ツ折

公方様 一萬度御祓大麻 　御熨斗　拾把 大納言様 一萬度御祓大麻 　御熨斗　拾把 　　以上 正月廿一日　外宮 　　　　　長官 　　　　　神主中

豊後奉書切附

外宮長官名代 　　誰 　　誰

御上使宮川へ御見送り、八ツ前ゟ宮川へ罷越

名代　一人　麻上下・のしめ・大小　　侍　一人　羽織大小

草履取　一人

附之書様　御迎ノ時ニ同し

宮川ゟ直ニ御屋敷へ御見送り之御注進ニ名代罷
越

口上　　　外宮長官名代
　　　　　　　誰

御宮御安全ニ御座候、然ハ御上使之御名 御機嫌能、御
神拝被レ為レ成、當地御發駕被レ為レ遊候ニ付、宮川
迄御見送り首尾好相勤申候、依レ之為二御注進一參
上仕候、此旨宜被二仰上一可レ被レ下候、已上

正月廿一日

廿二日

一江戸神宮使歸宅ニ付、御屋敷へ名代罷越

口上　　　外宮長官名代
　　　　　　　誰

御宮御安全ニ御座候、然ハ當正月年頭使差上候誰、
首尾能相勤、昨日罷歸候、依レ之為二御注進一參上
仕候、此旨宜被二仰上一可レ被レ下候、已上

正月廿二日

廿八日

一月幷之御禮御屋鋪名代罷越
名代 一人 麻上下大小 草履取 一人
附ノ書様 豊後奉書二ツ折

外宮長官名代 誰 月日

一御母良へ二月分御供米渡覺
黒米六石壹斗五升三合 本升、一ケ月分
黒米五斗七升六合 本升 二月分四所御供米
同貳斗八合 本升 初午米
同九升六合 本升 氏神米
一荷用江米渡覺
一荷用江二月諸神事雑物渡覺
大干魚 貳枚 小干魚 貳拾

鳥目 貳百文 美濃紙 貳帖
四寸へキ 貳枚
右者氏神祭り分
大干魚貳枚 小干魚拾五
錢百文 美濃かミ一帖
四寸へキ貳枚
右ハ初午神事之分
小干魚拾五 錢百文
美濃紙一帖 四寸へキ貳枚
右鍬山神事之分
三度之神事雑物合
大干魚四枚 小干魚五拾
美濃紙四帖 錢四百文
四寸へキ六枚
一京使歸宅ニ付、御屋敷へ名代罷越
口上 外宮長官名代 誰
御宮御安全ニ御座候、然ハ先月御祈禱之御祓、禁

裏江差上申候處、誰首尾能相勤、昨日歸宅仕候、
依レ之御注進申上候、此旨宜被二仰上一可レ被レ下候、
以上
正月日

二月朔日
一祓之事饗應朝飯 平折敷
獻立
鱠　つほ たれ　汁　さく〱
ハタヒキ 燒物 尾付
煮物　つほ 香物　食
すまし 二ノ汁 鯛一切
肴 雉子燒て二切ツヽ引 八寸ノヘキニすゑて出ス
酒三獻 銚子加へ 燗酒
菓子 禰宜衆ヘハ四寸ノヘキニ組テ、壹人ツヽ引 權官ハ惣くわし盆ニすゑて出ス
挽茶壺器　酒壹升　雉子壹番
二ノ神主ゟ來ル
禰宜・權官幷配膳役人ニも右之膳部、禰宜・權官ノ

下部一汁一菜
初戌日
一六人方江鍬山用物渡覺
黑米貳升 本升　錢貳百文
一津村與次大夫方鍬山用物渡覺
黑米壹斗 本升　鳥目七百文
一子良館へ鍬山之饗應ニ出座可レ被レ致旨申遣ス、使者
打かけ袴
初亥日
一政所ゟ鍬山神事之上ケ物
白米貳斗　雉子壹番
鯛貳枚　蚫 拾
鱸壹かけ　名吉壹かけ
海老壹連　たれ壹枚
生鼠 拾　串子三串
甘のり　若布
大根拾本　酒三升

姜壹把

一御倉へ鍬山神事之具渡覺

瓶子片シ　酒五合

一鍬山饗應夕飯

献立

鱠 平折敷　つほ 干魚　汁 ふくさ味噌 生ふ

ハタヒキ 焼物雉子

煮物　つほ 香の物　食

二ノ汁 すまし 鯛一切

引汁 例のごとく 八寸ノへキすゑて出ス

肴 （海老二切ツ、引

酒三獻 銚子加 間酒

右禰宜・權官・子良館配膳役人之膳部也

子良之下部二汁三菜、焼物尾付

子ノ日

一鍬山神事饗應朝飯獻立亥日ニ同し、着座之人數同前

八日

一祈年祭ニ付、御屋敷へ名代罷越

口上　外宮長官名代 誰

御宮御安全ニ御座候、然ハ明九日祈年祭如レ例辰刻勤行仕候、其節御參　拜可レ被レ爲レ成候哉、御窺申上候、將亦毎度之通、祭庭へ御組之衆御出し被レ下候ハヽ、忝可レ奉レ存候、此旨宜被ニ仰上一可レ被レ下候、已上

二月八日

一同神事饗應之雜物人長へ渡覺

黒米壹升　海老三ツ

串柿貳串　ふかの壹帖

麻三結ひ

一大場廣前へ御奉行所神事御拜見之連臺造る

九日

一祈年祭宮司饗應之雜物、宿館より九丈殿へ遣ス覺

高麗縁貳枚　居しり一枚

瓶子片し、酒入テ

連臺ノうすへり　大場へ遣
御奉行所神事御拜見
御案内 権任一人 直垂・大小　宮奉行 二人 麻上下・大小
御奉行所中宿へ、神事始り候旨横目を以告知
宮中神事警固之組ミ衆館下宿ニ而饗應
獻立
吸もの
かさめし
香のもの
平器物
焼もの
取肴 さしミ 見合
酒三獻
肴
右料理人一人・煮方一人・小遣ひ一人・給仕人二人、此方ゟ遣ス
十日
一祈年祭相濟候ニ付、御屋敷へ名代罷越
口上　外宮長官名代 誰
御宮御安全御座候、然ハ昨日ハ祈年祭天氣能勤行仕、殊ニ御參拜首尾能被㆑爲㆑成、目出度奉㆑存候、且亦其節祭庭へ如㆑例御組之衆被㆑出被㆑下忝奉㆑存候、爲㆓御悦㆒御禮旁參上仕候、此旨宜被㆓仰上㆒可㆑被㆑下候、以上
二月十日
一中ノ申ノ日氏神祭り、祝部へ雜物渡覺
幣紙料厚紙貳枚
廿八日
一御屋敷へ月并之御禮名代、正月ニ同し
一子良館へ雜物渡覺　三月節句料
黑餅米三斗八升四合 本升　草餅之用
黑米壹斗貳升八合 本升　同斷
黑米貳斗八升八合 本升　酒米
大豆壹斗貳升 本升　草餅之料

鹽　八合　　　同斷

一御母良へ三月御供米渡事例のことし

一荷用江三月之米渡ス覺

黑米五斗七升六合　本升　　三月四所御供米

餅米四斗　本升　　節句四所ノ御料

晦日

一荷用ゟ大麻千度分宿館へ上ル

三月朔日

一祓之事饗應の獻立例のことし

三ノ神主ゟ挽茶壹器・熨斗一把・酒壹升來ル
八寸へキニテ出ス

取肴ハのしもミ

二日

一荷用へ節句之雑物渡覺

串柿貳把　　四寸へキ貳枚

一御母良ゟ須子餅上ル覺　御里へ

須子餅百七拾　　瓶子貳對片シ酒入テ

引かへ

半紙貳帖

一荷用方ゟ三獻上ル　御里へ

引かへ

拾貳文

一須子餅六拾、宿飯へ遣し置ク　節句入用

三日

一御屋敷へ節句之御禮名代罷越

諸事月并之禮のことし

一政所ゟ上ケ物宿館へ

赤飯　猫足ニ入　　梅干

燒鹽　　箸五拾膳

瓶子壹對　酒入テ

一宿飯ニおいて節句饗應

獻立

平折敷

鱠　干魚《つほ》　　汁　さく〳〵

赤飯《ハタヒキ》

煮物　つほ香の物　食
二ノ汁　すまし鯛一切
肴壹種　のしもミ　再進ニ赤飯・白飯兩品を出ス
酒三獻　桃花ヲ添銚子加へ燗酒

右禰宜・權官配膳役人之膳部、次ニすニ餅組様
八寸ノヘキニ組
つほ梅干　壹　ハタヒキす子餅　七切、但し一ツヲ五ツニ切、配膳役人へハ餅五切、ハタヒキニもる、梅干・鹽八寸ノヘキなし
つほ鹽　少し

兩荷用・人長二人・書番・布設・六人方〆十二人饗
應
獻立
鱠　ハタヒキ燒物　尾付　汁
にもの　食
二ノ汁　すまし一切見合　も、花ヲ付ル
酒三獻　間鍋　再進赤飯・白飯ヲ出ス

須子餅壹ツ宛引
但し赤飯ハ臺所ゟも來ル
一紀州様松坂へ御着ニ付、御目見ニ罷越候旨、兩宮中
合小林御屋敷へ注進　附内宮ゟ認ル名代如レ例　松坂へ御目見え罷
越覺
名代　權任壹人　駕籠　壹挺　侍　一人　草履取　一人
挾箱持　一人
松坂へ持參之物
御祓　壹躰、ぬり臺　熨斗　五把ぬり臺
御祓のしハ近年御變不レ被レ成候故持參せす
銘ノ書様　鳥子包
一萬度御祓大麻
扇子三本入、四箱　御城代・兩奉行町奉行
但し四本かへノ扇
勤方之覺
御目見罷越候趣、御城代幷四軒之屋敷町會町へ附居
名代　麻上下大小　侍　羽織袴大小　草履取

町會所へ附ケ持參ス

附書様

杉原切附ケ

外宮長官名代　誰 宿何町　誰

登城之節

草履取

名代 直垂・のしめ 大小　　侍 羽織袴 大小

御目ミえ過て右之役人四ケ所へ禮ニ參ル、紀州様御目見、首尾能相勤候付、御屋敷へ名代罷越

口上　　外宮長官名代 誰

御宮御安全ニ御座候、然ハ　紀州様此度松坂江御着被レ爲レ遊候ニ付、爲二御祝詞一罷越候處、首尾能御目見仕罷歸申候、依レ之爲二御注進一參上仕候、此旨宜被二仰上一可レ被レ下候、已上

月日

廿八日

一御屋敷へ月并之御禮名代例のことし

一御母良へ御供米渡事例のことし

一荷用へ四所之御供米渡事例のことし

一荷用大麻持參例のことし

四月朔日

一祓之事饗應獻立例のことし

但し酒肴ハ四神主ゟ來ル

取肴　先月ニ同し

十三日

一荷用方へ御笠之紙神事雜物渡覺

美濃紙 壹帖　　四寸へキ 貳枚

錢百文

一人長方へ御鹽湯・大麻之用物渡覺

美濃紙 壹帖　　麻 三結ひ

一國崎嶋へ御祓遣覺

書狀之案

態一筆令二啓達一候、仍而嘉例爲二御祈禱一、御祓大麻幷土產令レ進二覽之一候、彌於二神前一御村中大獵在レ之候樣、可レ抽二丹誠一候、其許之儀頼入候、猶期二後喜之時一候、恐々謹言

月日　　　檜垣長官
　　　　　家司大夫

國崎村
御庄屋中
御年寄中

御祓土產目錄

御贄祓　九把　　劍先祓　いノヤ二ツ切　六拾

茶袋　半紙二ツ切　五十一　　酒壹斗貳升

右之使者ニ者小人壹人遣ス

一土器買置覺

はた引　千　　七度中土器　千五百

つほ土器　五百

一木具拵置覺

八寸へキ五拾枚　　六寸へキ　百五十枚

四寸へキ三百枚　　長箸　廿六膳

竝はし　五百膳

廿八日

一御屋敷へ月幷御禮名代例のことし

一御母良へ御供米渡事如レ例

一荷用へ米渡覺

黑米五斗七升六合　本升　　四所御供米

同　三斗貳升　本升　　粽米

同　貳斗八合　本升　　酒米

一粽之草からせ置事、下部五、六人遣し、中道之沼・月讀之沼ニ而からせ御里ニ調置ク

晦日

一粽之草揃、宮人廿人計來テ御里ニ而昨日かり置所々眞菰を揃ル、揃終て大釜ニ而湯でる、祝儀饗應有り

獻立

鱠　　　汁とうふ

牡丹餅
肴貳種
酒三獻
右之餅本宮岩戸五社等へ配る、諸役人中へも同前、
米高四斗餘也
一荷用大麻持參例のことし
五月朔日
一祓之事饗應獻立例のことし
但し酒肴・挽茶、五神主ゟ來ル
取肴先月ニ同し
一粽結ひ宮人廿人計來ル、粽飯米三斗餘、黑餅米、白
只米半分合、宮人之饗應
差餅 五ッ宛・酒三獻・肴貳種
右之外粽之飯草、本宮・五社・岩戸へ遣して祝しむ、
兩加用是を支配す
一三川神事之餅四百八拾拵置
白餅米壹斗貳升ニ而造ル、指わたし壹寸計宿館へ遣
し置ク
一三川節句之饗膳之雜物宿館へ遣覺
鯛大切 廿三切　鹽大魚 廿貫目計
さめのたれ 五枚　小干魚 三百餘
干貝 貳百斗　のし 六把
鹽蚫 四ッ　大根 四把
豆 壹合　ふき 五本
竹子 五本　下料分 小粽 貳百廿
大粽 三十七　御公儀分 小粽ノ草 五十
芝繩 三把　長ばし 廿六膳
六寸ヘキ 八十枚　四寸ヘキ 百枚
扸箸 三百膳　（深野紙）ふかのかミ 三帖
突飯米上白貳斗五升
同荷用方へ雜物渡覺
名吉開 十六　美濃かミ 貳帖
四寸ヘキ 三十枚　山のいも 廿かぶ
二日

一擬禰宜へ雑物渡覺

名吉開　貳枚　　たつくり　壹升

酒　壹升

一三川之饗膳捹ニ宮人十人餘來ル朝夕飯有り、一汁一菜

六人方へ白米貳升、人長へ同壹升、是ハ突飯之こび代と

三日

一子良館へ使者を遣し饗應之膳受ケ來ル事

侍一人　烏帽子・素袍・大小　　長持釣二人　打かけ計

下行物

銭貳百文　　挽茶　壹斤

朝飯獻立

鱠　　わかめ　　汁　すましめミ、

中置蚫

にもの　　燒魚　　食

燒物　たい

二ノ汁　鯛一切

酒

くわし（菓子）

右之通、御伯様之椀幷ニ膳遣す

但し膳ハ二枚、長持壹棹ニ入

夕飯獻立

鱠　たれ花かつを　　汁　ふくさふに

中置羽盛しぎ

はも　　魚わくもり　　食

二ノ膳

さしみ　　くも蛸わく盛　　二ノ汁いも

酢　　にし貝燒

鯛　一切　　名吉さくち　　かまほこ

三ノ膳

わく盛

三ノ汁　鳥・竹ノ子・ふ・松な

わく盛　八寸ヘキ

かま鉾
土器入　蚫水もミ
酒
受ニ行品朝飯ニ同し
一三川饗膳渡し、宮人十人計來ル、朝飯一汁壹菜、飯後下部をして饗膳之具を宿館ゟ廳舎へ遣ス、酒五合注ル、銚子加へ同遣す、廳舎ニ番人一人付ル
禰宜對座御臺之饗膳
宮机ニ組
スモリ 干魚　ハタヒキ 豆ぬき　同 鳥代 小かはらけ したミ
同 開　同 餅 七ツ　長はし
同 たれ　同 鯉代　一切 箸壺土器
肴 蚫
子良物忌政所饗膳
宮机組
中かはらけ 干魚　同 豆ぬき　同 鳥代
同 開　ハタヒキ 餅 五ツ　拚はし

同 たれ　中かハらけ 鯉代　同 一切
肴 蚫
四所別宮役人饗膳
六寸ヘキ組
中かはらけ 干魚
同 開　ハタヒキ 餅 三ツ 拚ばし
同 たれ
子良別宮役人・雜役人贈り膳・居り膳、惣高百拾五膳、贈り膳ニ者四汁なし、廳舎へ受ニ來り渡ス
廳舎へ配膳出ル、狩衣、同手傳一人 烏帽子 素袍
饗膳之簀錢貳百文荷用へ渡ス
三川神事川行之時、魚追、竹山廻りニ持せ遣ス
此竹ハ上座夷之前ニ有り、村山氏ゟ出ス
權官一人前日ゟやとひ宿館ニ待しむ、朝飯在り、壹汁二菜計
饗膳之對座三人、前日ゟ告知す
同配膳同前

饗膳御伯様御臺分廳舍へ取ニ遣ス
長持壹棹下部二人遣ス
一常樂坊へ雜物渡ス覺
名吉開　壹かけ　粽　十五
案主へ粽　五ッ
一粽配り之覺
神宮へ下粽貳ツ宛家別ニ配ル、家ノ子へハ人別ニ配ル、三方權任へ下粽家別ニ貳ツ宛配ル、但し此外山田川崎之地下人へ下粽貳ツ宛配ル、是者長官家之心次第
內宮禰宜中・政所・家司・神領代官幷ニ外長官之親類へ配ル
常明寺へ下粽貳ツ宛三通り遣ス
法樂舍へ下粽貳ツ遣ス
四所役人・上下之白石へ下粽貳ツ宛遣ス
右山田川崎ハ三切ニ致し、使者三人・下部六人、長持三棹入用、宇治へ使者一人・下部一人

四日
一政所ゟ上ケ物
粽百　瓶子　壹對
のし一把
一御母良ゟ上ケ物
粽　三百　瓶子　壹對、かたし
引かへ錢拾貳文
一二見ゟ上ケ物
名吉開　三かけ
下行物
ふかの紙　貳帖　幷扇　貳本
粽　五ッ　錢　七十二文
一荷用ゟ三獻上ル事、三月節句ニ同し
一宿館に於て節句之饗膳こしらへ、宮人十六人餘來り是を拵ル、朝夕飯有、一汁一菜、御里ニ而上粽之飯白餅米壹斗貳升、蒸して宿館へ遣す、宮人是を給ひ調、突飯之米上白貳斗六升宿館へ遣す、こひ代之米

人長六人方へ遣ス事正月ニ同し
一荷用江渡物之覺　宿館ゟ渡ス、但し山廻り役也
　根菖蒲　壹把　　葉菖蒲　壹把

五日

一節句饗應之獻立、三月節句之通り、但しす子餅なし、
大粽壹把八寸ヘキニすゑ出ス、配膳役人荷用以下十
二人へも飯後ニ下粽二ツ宛引
一宮人來り饗膳渡し朝飯在、獻立見合
飯後下部をして饗膳を廳舍へはこはしむ、銚子加酒
五合添遣ス
禰宜對座、御臺之饗膳元日ニ同し、枕餅之かハりニ
大粽三ツ六寸ヘキニ組添ル
子良・政所幷ニ雜役人之贈り膳ニ者下粽貳ツ宛添ル、
配膳之品三河神事ニ同し、饗膳渡し方同前
一小林御屋敷へ粽上ル覺
　御奉行所へ　　上粽五ツ　五所結、二重くりノ臺へすゆる、下ケ札有
　御家老へ　　　上粽貳ツ　八寸ノヘキニすゆる、置札有り
　御用人　　　　右同斷
　御取次　　　　右同斷
　御組頭　　　　右同斷　置札なし
　御番頭　　　　右同斷　同斷
　外ニ門番衆五人　右同斷　同斷
　町目付　　　　右同斷　同斷
　帳付　　　　　右同斷　同斷
　御大工役人　　右同斷　同斷
右何れも神領代官持參す、狹箱持一人、草履取一
人
　　口上　　　　　　　　　　外宮長官名代　誰
御宮御安全ニ御座候、然ハ今日御神事之粽　五把
如二御吉例一差二上之一候、此旨宜被二仰上一可レ被レ下
候、以上
　　五月五日

八日

一當日御屋敷へ御札名代三月節句ニ同し

一御田扇之拵骨木地・紙等是を調ふ、地かミハ芳野、厚かミ四束、仙過三帖
御田骨刻、宮人廿人計本宮ニ來り、わり調ル、酒肴有、御里ゟ酒貳升・餅百遣す、肴ハ本宮ニ而と丶のへ申候

　骨木配符之覺

岩戸　五社　惣宮扶持人

　右之所々へ渡し、御田前扇ニ仕立、御里へ受取

一當月上京使正月之通故略レ之

　但し御田扇五十本持參、祭主殿へ上ル

十九日

一御田扇骨村ケ荷用以下宮人廿人計御里ニ來り勤レ之、嘉例之饗應有り

　獻立

膾　汁 とうふ

　牡丹餅

肴　貳種

酒　三獻

餅米四斗・只米貳斗ニ而造レ之、臺所之夕飯ニも用ゆ、右之牡丹餅大宮・五社・岩戸・御藏宮幷ニ諸役人等へ遣す

御田扇地かミハ上旬ゟ臺所ニ而拵、骨木渡し置所へ今日地かミ遣す、岩戸分之骨木受取、宮人扇ニ仕立る

御田之日限二、三日まへ

一御田扇配り覺

宮司へ上扇貳本

神宮へ家別ニ下扇貳本ツ、（家子へハ青地ノ中啓壹本ツ丶添ル、尤家別也）

子良之子へ上扇貳本

四所物忌中へ下扇八拾本

上下白石へ　同四拾本

大宮・五社・岩戸幷御藏宮へ下扇百五拾本

長官横目へ　同貳本ツ、

三方横目　同貳本ツ、

兩荷用へ　同十六本
六人方へ　同十貳本
神樂役人へ　同六百本
神領代官へ　同百本
法樂舍へ　同貳本
常明寺へ　同六本
長官家內へ　六百本
三方廿四軒へ　上扇貳本ツヽ
前山代官へ　下扇貳本
岩淵謚大夫方へ　同六本
內宮長官へ　上扇貳本
同傍官中九人へ　下扇貳本ツヽ
同政所・家司・神領之代官へ下扇貳本ツヽ
宇治外宮長官之親類中へ　下扇貳本ツヽ
山田惣權任中へ　下扇貳本ツヽ
山田川崎地下人へ　同貳本ツヽ
　但し地下人ハ長官心次第

山田・川崎・宇治へ使者遣事、粽配りと同し
　川迎へ扇遣覺
田丸城代へ　上扇貳本　臺二重くり
松坂城代へ　右同斷　同
同兩奉行へ　上扇貳本ツヽ　八寸ヘキ
同町奉行へ　同貳本　同
同所宿かとや源右衞門方へ下扇貳本
外ニ三軒下扇貳本ツヽ
中嶋口宿へ　下扇貳本
中川原口宿へ　同貳本
小俣奥野彌右衞門方へ　貳本
同庄屋勘兵衞方へ　貳本
同久兵衞方へ　同斷
同藤大夫方へ　同斷
同次郎大夫方へ　同斷
同渡し守へ　同斷
川俣渡し守　同斷

稲木庄屋渡し守　　同斷貳本ツ、
櫛田庄屋渡し守　　同斷貳本ツ、
右使者壹人・下部一人遣ス、田丸・松坂之役人中
へ行時、麻上下・大小
御田之前日御屋敷へ扇遣ス付名代罷越
口上　　外宮長官名代 誰
御宮御安全ニ御座候、然ハ明何日大御田神事ニ付、
如二御嘉例一扇子五本、目出度差二上之一申候、此旨
宜被二仰上一可レ被レ下候、已上
五月　日
覺
御奉行所江　上扇五本　金水引ニ而是を結ふ 二重くり臺、さけ札
御家老江　同貳本　八寸ノヘキ、置札
御用人江　右同斷　同斷
御取次へ　右同斷
御組頭へ　右同斷　八寸ノヘキ 置札なし
御番頭へ　幷扇貳本　同斷

外ニ門番衆五人へ右同斷
町目付　　右同斷
御帳付　　右同斷
御大工役人　右同斷
小林下宿庄屋四人まへ幷扇貳本ツ、
右神領代官持參
一神事雜用覺
六人方へ山之神事場小家造り之料渡事
黒米貳斗 本升
神樂役人世話人之方へ雜物渡事
酒 壹升　　蚫 貳ツ
焼物 貳ツ
御田之道造り之人歩ニ雜物渡事
酒 貳升　餅 百
わか目 少し
小半合飯作ル行事
白餅米貳斗　強飯ニ蒸

山桐之葉十枚計山廻りゟ受取

右貳品調次第ニ兩荷用方へ人を遣ス、兩荷用來て是を造ル、數六十八連

右之内五十八連ハ荷用へ遣し、拾連ハ明日御田へ遣ス

赤飯蒸事

白餅米 九斗　只米 五斗

麥 三升　赤豆 壹斗五升

右之内雜物渡ス覺 御田之日

一子良館へ

赤飯 壹盤切 三斗分　醴酒 汁ばかり 八升

名吉開 壹かけ　若布 少し

右之通下部ニもたせ遣す 御田之日

一下荷用方へ

赤飯 壹桶　醴酒 壹桶

名吉開 壹かけ　小干魚 百

若布 拾把　御田扇 十六本

右之通取ニ來ル 小半合飯五十八連

赤飯八百計振り調置ク、しはふりノ用飯櫃ニ入、赤飯壹升程宿館へ遣ス

一御田之棒扇荷用方へ取ニ遣し集殿ニ飾ル

一醴酒造ル覺 二日前ニ仕入

黒米五升　糀五升 汁はかり 貳斗ノ入用也

一小ならしの行事

神樂役人 三人　扇持棒ふり 六人

饗應、餅・酒出ス

次ニ二汁三菜之夕飯有リ

一夕飯時分、家司兒童ニ御田之歌を敎ゆ

其後まんぢうを右之兒童ニ與ふ、但し貳文まんちう貳百五十計

二、三日前
一三方會合へ使者を遣、口上

明何日御田祭禮有レ之候、例年之通、町在之子共あはれ不レ申樣ニ相觸可レ給候

同
一下之久保・宮後・田中・下馬所町へ使者遣、口上

明何日御田祭リニ在レ之候、例年之通り掃除被二申付一可レ給候

御田之日

朝七ツ前ゟしはふり子共御里ニ來ル、赤飯一振・御田扇 一本ツヽ 給ル、御田扇八百計用意

一禰宜衆へ御田扇渡覺

上扇 壹本　金銀末廣 壹本

右下部をして禰宜ノ各館へ遣ス

幷扇貳本ツヽ供奉之權官へ給ル

一御田へ出ル役人、朝飯有、一汁一菜

一家司代一人 烏帽 素袍　供一人

一茶辨當御田神事場へ遣ス、小姓二人 えほし 素袍

一棒振り六人方へ御田扇壹本ツヽ給ル

一丸山へ遣ス雜物之覺

小半合飯 七連　酒 貳升

若布 少し

一御田下向饗應也

獻立

平折敷

中かハらけ はも 酒ひて　小かハらけ 梅ほし　汁 冷汁、たて・生瓜小口切・生ふし一切

同 若布 酒ひて　茶わん 赤飯

土瓶 壹獻

中かハらけ 取肴 鮑水もミ

清酒壹獻 銚子加へ

醴酒 盃ハ茶椀

赤飯之再進ハ手桶ニ而出す

蓼汁ハ摺鉢ニて遣す

神田下向、棒振・扇持・神樂役人等御里へ來り歌舞す、家司棒を受取

御田神事祝儀遣ス覺

神樂役人へはやし料渡覺

羽書貳百五拾匁

右惣代二人來て受取書致ス

一ノ長熊靏大夫へ祝儀遣覺

鳥目貳貫文　使者來り受取書持參 玄關ニ而渡ス

棒ふり・扇持へ祝儀之覺

鳥目貳百文　棒ふり　　同五百文　扇持 五人

夕飯獻立

壹汁三菜

廿八日

一御屋敷へ月并之御禮名代例のことし

一御母良六月之御供米渡事例のことし

一荷用江米渡覺

黒米五斗七升六合　本升　六月四所御供米

同　六斗四升　本升　御祭雜用米

同　五斗　本升　同酒米

晦日

一荷用大麻持參如レ例

外宮年中雜事記　下

六月朔日

一祓之事饗應獻立例のことし

取肴同斷　酒肴之番ハ六神主

一御祭松明木きる覺

荷用方へ立枯之松壹本

右ハ荷用ゟ宮奉行へ相斷り、荷用山廻り立合て荷用へ渡してきり申候、杣日用ハ荷用ゟ出す

大宮へ立枯之松壹本

右ハ宮奉行申付、山廻り見立候而切らせ申候、但し杣日用ハ臺所ゟ出す

一暑氣見舞ニ御機嫌窺ニ御屋敷へ名代罷越

口上　　外宮長官名代 誰

御宮御安全ニ御座候、然ハ極暑ニ御座候得共、倍御勇健ニ可レ被レ爲レ成二御座一珍重奉レ存候、爲レ可

レ奉レ窺二御機嫌一、乍レ憚御名代申上候、此旨　御前
宜被二仰上一可レ被レ下候、以上
六月

九日
一荷用へ十一日之雑物渡覺
小干魚　百

十日
一御池さらへ之祝儀赤飯下荷用ゟ來ル覺
赤飯　飯櫃ニ入　　酒　壹升　家徳利ニ入
はも　貳枚
宮人へ下行物
羽書拾貳匁八分

十二日
一大宮松明結ひノ人部(夫)ハ大宮ゟ之やとひ也

十三日
一篠島ゟ上ヶ物惣代二人來ル
干鯛　百貳拾枚

下行物
黒米壹斗五升貳合　供用米　　錢貳百文
包祓　貳つ　　御田扇　貳本
米　貳袋
惣代へ長官盃有り、餅・酒出す
一子良館へ米渡覺
黒米三斗貳升　本升　　御祭しとき米
同　貳斗五升六合　本升　　同酒米
一荷用へ御祭之雑物渡覺
四寸へキ　三十枚　　瓜　貳拾
大干魚　貳拾　　小干魚　貳百
美濃かミ　貳帖　　伊吹鯛　六十枚
一國崎嶋ゟ荷崎(前)へ持參

十五日
一人長へ御祭之雑物渡覺
黒米　壹升　　海老　三ツ
ふかのかミ(深野紙)　壹帖　　麻　三結ひ

一月并祭りニ付、御屋敷へ名代罷越

口上　　　外宮長官名代　誰

御宮御安全ニ御座候、然ハ明十六日御祭禮御參拜可レ被レ爲レ成候哉、御窺申上候、且又如レ例祭庭へ御組之者御出し被レ下候ハヽ、忝可レ奉レ存候、此旨宜被二仰上一可レ被レ下候、以上

六月十五日

一大宮へ大末廣七本遣す

十六日

一通り村ゟ上ケ物

鹽　貳俵

下行物

包祓　　茶袋

御田扇　貳本　　餅・酒出ス

一今朝ゟ十八日之夕飯迄參籠之禰宜飯有

一大宮へ遣す覺

餅　貳百　　酒　五升

瓜　六拾

一大場并ニ廣前へ連臺作る如レ例

九丈殿へ饗應之具遣ス覺

高麗へり　貳枚　　居しり　壹枚

瓶子　かたし酒入テ

御奉行所御參宮御案内、其外勤方二月祈年祭之通

一館下宿ニ於て神事警固之組之衆饗應

献立

夕方

吸物

かさめし

香のもの

平器盛

焼もの

取肴　さしみ見合

酒三獻

肴

右料理人壹人、煮方一人、小遣ひ一人、給仕人二人
此方ゟ遣す

十七日

一月次祭相濟候ニ付、御屋敷へ名代罷越

口上　　外宮長官名代
　　　　　　　誰

御宮御安全ニ御座候、然ハ昨日ヨリ天氣能御祭禮相濟、御名代首尾好御參拜、目出度御儀奉レ存候、且又祭庭へ御組之衆御出被レ下、忝奉レ存候、爲二御悦一御禮旁參上仕候、此旨宜被二仰上一可レ被レ下候、已上

六月十七日

一參籠之禰宜へ明朝伊吹之例集ニ御着之様ニ申遣ス

十八日

一伊吹汁　朝飯

献立

平折敷
鱠　つほ たれ　汁
ハタヒキ 焼物　尾付

にもの　つほ 香の物　食
二ノ汁　すまし 伊吹鯛
酒三献　銚子加へ
肴のしもミ

右之通り禰宜・權官配膳役人之膳部、禰宜・權官衆之供ニハ飯なし

廿八日

一御屋敷へ月并之御禮名代例のことし
一御母良へ七月御供米渡事例のことし
一荷用へ米渡覺
黑米五斗七升六合　本升　七月四所御供米
同　九升六合　本升　風宮風日祈ノ料

晦日

一難(夏)越之祓輪くゝりの爲、兩荷用宿館ニ來、御伯様宿館御參りニ而行事有り
下行物
鳥目　貳百文

一荷用大麻持參如レ例

七月朔日

一祓之事饗應獻立取肴例のことし

　酒肴之番ハ七ノ神主

三日

一風日祈之雜物荷用へ渡覺

　鳥目 百文　美濃 かミ壹帖

　茄子 五つ　瓜 壹

　桃 十

六日

一二見より上ケ物

　桃　さゝげみなご五ツニ入

　　下行物

　ふかの 貳帖　鳥目 七十二文

　幷扇 貳本

　持參之者ニ餅・酒遣す、肴一種

一政所ゟ上ケ物

　索麵 五十把　瓶子 壹對

　ふし 壹れん

一御母良ゟ上ケ物

　索麵 三百匁　瓜 十五

　瓶子 壹對片し酒入て

　　引かへ十貳文

一七夕之造り物拵ニ宮人廿人計來ル

　餅・酒出す、肴壹種

　同造り物・雜物調覺

　瓜 十　茄子 貳拾

　檜板 五枚　麻 五拾匁

　同造り物、本宮五社ゟ御里ニ持參

一七夕之饗應ニゟ禰宜中へ廻文

　明日之七夕、長官里亭へ如レ例御着座可二目出度一

　候、以上

　　七月六日　　　外宮

　　　　　　　　政所大夫

　御傍官中

同家之子権官へ廻文
明日之七夕、長官亭へ如レ例御着座可二目出度一候、
以上
　　七月六日
　頭文之通り

七日
一禰宜・権官江饗應
　献立
八寸へキ組　　　汁
ハタヒキ
梅干
　引がへ膳　　　さうめん
角
のし　　　味噌煮　茄子
同
さしみ　もゝ　二ツ生か酢　かハらけ　さくら
引テ
伊吹鯛　しら煮

吸物　鮎
酒三こん
菓子　瓜貳切ツ、やうし
荷用已下廿人計饗應
　献立　　汁
梅ほし　　索麵
取肴壹種
酒三獻
一御屋鋪へ七夕御禮名代三月節句同し
一執印始、家之子之禰宜・権官江廻文
明八日執印始、如レ例於二長官里亭一御祝儀之朝飯
進レ之申度候、各御着座可二目出度一候、以上
　七月七日　外宮
　　　　政所大夫
傍官連名
権官連名　頭文之通

同親類江之廻文

明八日執印始、如レ例於二長官里亭一御祝儀之夕飯進レ之申度候、目出度御出所レ仰候、以上

七月七日　外宮　家司大夫

親類之名

女中方へハ別ニ使者を以申遣す

同役人中へも使を以申遣す

同配膳役人へも右同断

同宮人ニハ荷用方へ申遣す

八日

一御執印始饗應

献立

鱠　汁

切焼物

煮物　食

二ノ膳

角さしみ

同海老　汁

引汁

重引

取肴

酒三献

右ハ家ノ子禰宜・権官之膳

同役人配膳、宮人・三方小使・町代・郷使・宮横目江饗應

二汁三菜・焼物尾付・酒三献

十日

一六人方江加二扶持一鳥目十貳貫文遣ス

廿八日

一御屋敷江月并之御禮名代例のことし

一御母良へ御供米渡事例のことし

一荷用へ米渡ス覺

黒米五斗七升六合本升　八月四所御供米

晦日
一荷用大麻持參例のことし
八月朔日
一祓之事行事如レ例
　酒肴は八神主番
一御屋敷御禮名代七夕ニ同し
十五日
一御伯様御誕生日饗應
　獻立
鱠　　汁
煮物　　食
　二ノ汁
平皿
燒物
吸物
取肴
　酒三獻

右者親類衆之膳部
諸役人并家來へハ一汁三菜、親類中役人并家來中へ
餅配ル
廿八日
一御屋敷へ月并御禮名代例のことし
一御母良江御供米渡覺
　黒米三石七升一合五夕　九月朔日ゟ十一日迄御供米
一荷用へ米渡覺
　餅米四斗　本升　九月節句餅米
　黒米貳斗四升　同斷　（同十日・十一日、四所御供米）
　同　貳斗　同斷　同酒米
晦日
一荷用大麻持參例のことし
九月朔日
一祓之事行事例のことし
　酒肴ハ九神主番
一松明木きる事六月ニ同し

七日
一子良館へ米渡覺
　餅米貳斗八升八合 本升也　節句酒米
八日
一荷用江節句雜物渡覺
　木さわし柿 貳拾　四寸ヘキ 貳枚
一御母良ゟ上ケ物
　須子餅 百七拾　瓶子 貳對片シ酒入て
　引かへ
　半紙 貳帖
一荷用ゟ三獻上ル事、三月節句同し
一須子餅六拾宿館へ遣ス事、三月節句同し
九日
一政所ゟ上ケ物
　三月節句同し
一節句饗應獻立、三月節句同し
一御屋敷へ御禮名代、三月節句同し

一子良館へ御祭米渡覺
　黑米貳斗五升六合 本升　御祭酒米
十日
一荷用へ十一日之雜物渡覺
　小干魚 百　四寸ヘキ 貳枚
　同御祭之雜物渡覺
　木さわし柿 貳拾　柿 貳百
　大干魚 貳拾　小干魚 貳百
　美濃かミ 貳帖　四寸ヘキ 卅二枚
一荷用江御機之雜物渡覺
　麻 百五拾匁　錢 貳百文
十一日
一今朝ゟ十八日之夕飯迄、禰宜中江饗應、壹汁二菜
十二日
一御機之軸木同竹調へ、宿館へ遣し置ク
一大宮松明結、六月ニ同し
一濱出廻文之案

明十三日如レ例御濱出可レ相勤一之由被レ申候、朝飯後御出御尤ニ候、以上
九月十二日　外宮長官
家司大夫
傍官中之名
權官中之名

濱出ニ付、下馬所・岩淵・吹上へ使者遣ス口上
明日濱出致候ニ付、町內掃除致し可レ給候

濱出之雜物川守へ渡覺
銚子加　壹對　八寸へキ　十二枚
六寸へキ　拾貳枚　はた引　五拾
つほ　五拾

一饗膳之雜物宿館へ遣覺
鯛大一切　十一　鹽大魚　貳拾〆匁
たれ　五枚　小干魚　六束
干貝　六束　鹽鮎　八百
大根　五把　豆　壹合
芋　五十　赤豆　壹升
ふかの　三帖　長箸　五十膳
扦箸　四百膳　白かけ盤　四膳
足付木具　壹膳　中生鯛　壹枚
鰹　壹本　突飯米　白米七斗三升
麻　三拾匁
檜ノ枝十枚計山廻りニ切しむ、木綿机の用
饗膳之簀錢貳百文荷用へ渡ス
一大宮松明結ひノ所、六月ニ同し

十三日
一宮人十人計宿館ニ來て饗膳こしらへ、朝夕飯有リ、
一汁一菜
一川守へ舟申付ル事
長官之御舟　壹艘　傍官・權官舟　壹艘
中通り舟　二艘　下部之舟　壹艘
臺所舟　壹艘　細舟　壹艘
提重　三組　多葉粉盆　七、八面
宿館ゟ持參之物

机　壹脚　　塩筒　壹
湯衣　五ツ　　銭　壹貫文 貳百文 貳百文 貳百文
右狭箱ニ入
八ツ脚　壹脚　　晝番持行
船中ニ而饗應
鱠　獻立　大こん きくらけ ミやうか 魚　　汁 食
二ノ汁　ます 大こん
焼物　いな
ふと煮　たこ
大煮物　かまほこ 松竹
肴
吸物　こち
酒　數獻
下部へは割子壹ツ宛
荷用已下宮人廿人計ハ舟へは行す、川崎ニ而赤飯、

一汁二菜計、肴貳種、酒三獻
高城濱ニ而饗膳
香のもの《かはらけ》　五切　芋かん
同
さめのたれ　同斷　白赤飯
鹽屋より柿みなこニ入舟へ持參
引がへ
銭貳百文
二見年寄中らかれ貳枚、酒貳升持參
引かへ
銭貳百文
高城濱之老女飴五十包持參
引かへ
銭貳百文
川守江祝儀
銭貳百文
下馬所・岩淵・吹上町へ祝儀
銭貳百文ツ、

一人長へ御衣之神事雜物渡覺
ふかのかミ（深野紙）　壹帖　　麻　三結ひ
同祭禮之雜物渡覺
ふかの　壹帖　　麻　三結ひ
黒米　一升　　瓶子　壹對　酒入テ
一荷用江米渡覺
新米六斗五升六合　本升　　九月廿日・廿一日・晦日、十月朔日、四所御供米
同　六斗四升　本升　　御祭賄ひ米
同　貳斗四升八合　本升　　同酒米
一人長六人方へ饗膳米之内三升渡事、正月元日ニ同し
十四日
一饗膳拵之宮人十人計朝夕飯一汁壹菜
饗膳之具を上ル店、神事場へ造る
右御山之榊を取造ㇾ之
一宮中小柴垣廻り榊を飾直す、繩壹〆計
同やらひ竹繩入用覺
竹　　繩　六〆計
茶繩　貳十束　　米繩　貳〆計
右下部是を造ル
一國崎ゟ荷前へ持參
一新饗之廻文
明十五日新饗之神事、各御着座可ニ目出度一候、以
上
九月十四日　　外宮
家司大夫
傍官中之名
權官之假名
一軸木同竹・奉書美濃かミ相調荷用江渡ス
十五日
一饗膳配り宮人十人計宿館ニ來て支配、朝夕飯壹汁一
菜、使者　打かけ袴　三人、長持三棹、人歩六人申付ル
御屋敷へ遣ス饗膳こしらゆる覺　宮人之役也
白かけ盤ニ組
すもり開　生鯛　下もり生魚　　同付のし　下もり生魚　　したミ
同車たれ　下もり同斷

輪飯　六寸ヘキニスヘ　ハタヒキ紐紙付ル　しは長

同　鮭代　下もり　同断

同　干魚　同　は大根　同上ニあんかんを置ク　下盛　大こん　箸置

同　八寸ノヘキ　生鯛大一切　盆蓋ニすゆる　かワりきひノ木葉　二色を八寸ノヘキニ組

芋豆　ハタヒキニすゆる　味噌煮、つほ〳〵

同　大鮎二ツ　右同断　鳥　つほ〳〵、ハタヒキ

右長棹ニ入ル

一神嘗祭ニ付、御屋敷へ名代罷越

口上　外宮長官名代　誰

御宮御安全ニ御座候、然ハ明十六日御祭禮御名代御參拜可レ被レ成候哉、御窺申上候、且又如レ例祭庭へ御組之衆御出し被レ下候ハヽ、忝可レ奉レ存候、以上

九月十五日

一宮川江勅使御迎ひ

名代殿原　一人　麻上下・大小　草履取　一人

附ノ書様

宮司へ勅使御着之御祝ひ

名代權任　一人　麻上下・大小　侍　一人　羽織袴・大小　草履取　一人

切附ケ
外宮一禰宜名代
誰

附ノ書様

切附ケ
外宮一禰宜名代
誰

名代音物持參

附の書様　折かミ

進上
何
九月十五日
外宮一禰宜

音物ハ見合

祭主家老へ祝儀

金百疋宛

同御神馬料受取之案

覺

白銀壹枚

右者御神馬料慥ニ受取申候、以上

九月十五日　　誰印

家老ノ當名

殿

祭主ゟ音物壹品來ル

王使・忌部・衞士ゟ扇子壹箱ツヽ來ル　但し貳本入

王使・忌部・衞士へ音物遣す覺

干魚　貳十宛

使者一人　羽織袴大小　下部一人

祭主・宮司へ饗膳遣覺

使者一人　えほし・素袍大小　長持釣二人　打かけ袴

饗膳貳膳　祭主宮司分

白掛盤二組

すもり開　下盛鹽魚　同　あん大根　下盛大こん　したミ

同　車たれ　同　輪　ハタヒキ　大飯　六寸ヘキニすゑ紐紙を付ル　しは長

同　干魚　同

同　鮭　同　同　干魚　下盛鹽魚　箸置

四汁　二通り　祭主宮司分

八寸ノヘキ組

ハタヒキ　大一切　鹽鯛　同　鮎

同　芋豆　同　鳥代

土瓶壹對　醴酒入テ

瓶子壹對　酒入テ

銚子加へ

盃二ツ臺八寸ノヘキ

木具ノ膳二組　家老分

すもり六組　上ニ同し

四汁　上ニ同し

右二通り長持壹棹ニ入

但し新饗神事過ニもたせ遣す

一軸木御機下部を以子良館へもたせ遣す

一醴酒　壹升　家德利ニ入、荷用方ゟ宿館へ上ル

一新饗神事雑用之覺
切燈臺三ツ用意 但し両燈　銚子 貳對
土瓶 貳ツ　掛盤 貳十五
八寸へキ 五枚　權官假名書之札

饗膳之覺
高机二組 す盛六ツ組 祭主之膳ニ同し、十膳
八寸ノへキ組 四汁 右同斷

權官饗膳之覺
かけ盤組 ハタヒキ五ツ組 開・干魚・干貝 鮭代・たれ
子良之館へ粢受ニ遣す、但し八寸へキニする箸添て置

配膳役人之饗膳覺
平折敷組 中土器五ツ組 色目權官ノ膳ニ同し、五膳
今朝ゟ山田中へ配る饗膳之品も是ニ同し、不參之權官之饗膳ハ組調而假名札を付、勝手ニ置ク
一神馬ノしめの用、ふかの 壹帖 荷用へ渡ス、神馬曳き烏帽子・すあう 二流 調置事

十六日
一御屋敷へ饗膳遣覺
名代一人 麻上下 大小　供一人
口上
御宮御安全ニ御座候、然ハ新饗膳如二御嘉例一差二上之一申候、此旨宜被二仰上一可レ被レ下候、已上
九月十六日　外宮長官名代 誰

饗膳之入レ目錄
白掛盤　簀盛六組　八寸ノへキ貳枚
四汁　八寸ノへキ一枚　盃かハらけ二
銚子加壹對　土瓶壹對　瓶子かたし
右之通長持ニ入
一正殿内見ニ付、宮司へ御鎰之御封切旨申遣す、同鎰取役人へ宿館へ可二罷出一旨申遣す、心之御柱之垣家司・配膳役人是を結、館下宿ニ於て神事警固之組衆饗應、六月ニ同し
九丈殿へ遣す雑物覺

大紋高麗べり　壹枚　　うんけんへり（繧繝縁）　壹枚
小紋高麗へり　壹枚　　同居しり　壹枚
ちやうちん　壹張　　瓶子　壹對
木綿机　三卓　　饗膳　三膳、但し飯四汁なし
神馬貳曳敕使之先へ引、同しめハ荷用方ゟ受取、手綱は宿館ニ用意あり
三級目之錢集之人申來ル
御幣持箱宿館へ取來ル人二人申付ル　打かけはかま
神馬曳き二人申付ル　えほし素袍
廣前へ宣命之石坪并敕使三人之石壺を造らしむ
玉串所・廣前并内院之西方何れも連臺を造らしむ、
御奉行所之設ケ
祭主齋館并御奉行所下宿へ追付神事始申候旨横目を以申遣す
祭主殿へ宮奉行代一人　麻上下大小・草履取一人
御奉行所神事拜見
御案内權任一人　直垂大小　　宮奉行兩人　麻上下大小

ちやうちん持二人　　草履取一人
一大仰《(ママ)》村ゟ御贄來ル
米七斗
下行物
箱萬度　壹合　　鰹ぶし　壹連
茶　貳袋　　半紙　壹束 但し廿枚切
持參之者ニ飯有、一汁三菜

十七日

一神嘗祭相濟候ニ付、御屋敷へ名代罷越
口上　　外宮長官名代 誰
御宮御安全ニ御座候、昨日ハ天氣能、御祭禮相濟、御名代首尾能御參拜、目出度御儀奉レ存候、且又祭庭へ御組之衆御出被レ下忝奉レ存候、爲二御悅一御禮參上仕候、已上
九月十七日
一祭主殿へ御機嫌窺
名代　麻上下大小　　供一人

音信　見合

進上
何
以上
月日
外宮
一禰宜

外宮一禰宜名代
誰

一參籠之禰宜、明朝伊吹之例集御着候様ニ申遣ス

袴計

一御神馬料御馬飼役人渡す覺

鳥目壹貫文

右荷用方へ申遣し馬飼兩人受取書持參

一醴酒造ル覺

黑米壹斗　かうぢ五升

汁三斗五升計之入用

十八日

一例幣使御發駕、宮川迄見送ル

名代一人　麻上下 大小　草履取一人

附之書様

杉原八ツ切
外宮一禰宜名代
誰

一伊吹之例集獻立、六月ニ同し

一網(ママ)之者貳十人餘、荷用二人饗應

獻立

鱠　汁

にもの　食

二ノ汁　大一切

焼もの　大 尾付

酒三獻　初獻醴酒

一上京使之事諸事、五月ニ同し

廿一日

一年魚神事之覺

子良館へ渡ス雜物

禮酒 三桶 汁ばかり　　小干魚 三百

一荷用へ渡雜物覺

醴酒 三斗 汁ばかり　　小干魚 六百

四寸へキ 三十枚　　俵 三ツ

棒 三本　　鹽 壹斗貳升

高さ七寸五分　　指渡壹尺三寸 但シ桶也

大魚ほち 一ツ　　小魚ほち 三ツ、但し來年正月より四月迄閏月あらば四ツ

指渡長ミ金にて貳尺は、壹尺四寸　　高ミ壹尺三寸貳分

一兩荷用・人長二人・晝番・布設・六人方・甕釣二人・

荷用之下部二人夕飯

獻立

平折敷 鱠　　汁

に物　　食

二ノ汁

焼もの 尾付

酒三獻 初獻醴酒

荷用方ゟ夜五ツ時、鮎百貳拾喉御里へ上ル

廿三日

一荷用已下十六人夕飯

獻立

平折敷 鱠　　汁 菜こま〱 とうふ

にもの　　芋 味噌煮

二汁　　再進ニ飯を出ス

焼もの 尾付

酒三獻 初獻醴酒

廿五日

一荷用已下十六人之夕飯獻立、廿三日ニ同し

廿八日

一御屋敷へ月并之名代御禮例のことし

一御母良へ十月之御供米渡覺

御供米は、九月十六日之朝御膳ゟ十月初午ノ日ノ朝御膳迄は、宮崎御田ノ米を以、御母良より子良之館へ渡ス、故長官家ニは不ㇾ構、初午ノ夕御膳ゟ御母良へ長官家ゟ御供米渡ス也、但し一日ノ分貳斗五合一夕、半日分壹斗二合七夕五才、十日分

二石五升壹合、此數を以相渡し可レ申也

一荷用へ米渡覺

黑米五斗七升六合　十月四所御供米

同　貳斗八合　初午賄ひ米

同　壹斗四升四合　政所へ渡ス米

一同方へ來月初午雜物渡覺

大干魚 貳枚　小干魚 三十

美濃かミ 一帖　四寸へキ 二枚

鳥目 百文

一宮中夜廻り、來十月朔日ゟ可レ被二相勤一旨、政所ゟ可レ致二告知一由申渡す、政所ゟ神宮・地下權任へ廻文、宮奉行ゟ四所・五社江申渡す、荷用ゟ宮人へ申渡ス

一荷用大麻持參如レ例

十月朔日

一祓之事行事例のことし

酒肴は十ノ神主番

初午日

一宮崎御田之百姓廿人計來、夕飯二汁三菜・焼物 尾付・酒三獻 初獻醴酒

前日ニ地使來り、諸事取持、今日惣百姓中へ廻り臺所ゟは料理計

五日

一三寶寺へ送り物覺

酒 三升　柚 五拾

一世義寺へ送り物覺

酒 五升　柚 百

廿八日

一御屋敷へ月幷之御禮名代例のことし

一御母良へ御供米渡事、毎月ニ同し

一荷用へ米渡覺

黑米五斗七升六合 本升　十一月四所御供米

同　九升六合　氏神祭り料

同　二斗八升八合　鮎ノすし米

晦日
一荷用大麻持參之事如レ例
霜月朔日
一祓之事行事例のことし
酒肴は御里より受取
一兩宮神領五ケ村并神宮中召使ひ之宗門改、御屋敷へ
上ル
口上
内宮長官名代　誰
外宮長官名代　誰
兩宮神領五ケ村并神宮中召遣、例年之通、宗門相
改申候、依レ之一札仕奉二差上一候、以上
十一月日
宗門受之案
切支丹宗門御改之儀、前々被二　仰出一候通、兩宮
神領五ケ村無二懈怠一相改、鄕々庄屋・年寄共方ゟ
宗旨受狀取置、我々召遣候者ハ請人方へ宗旨受狀
取置候由之一札取置候、尤不審成者無二御座一候、

爲レ其如レ斯ニ御座候、以上
年號月日
外宮
神主中
長官　印
内宮
神主中
長官　印
進上御奉行所
十一日
一常樂坊江渡覺
餅　貳重　小餅　百貳拾、白米四升ニ而作ル、閏年ならば百三拾
俵　壹ツ　棒　壹本
六人方當番兩人御里ニ而夕飯一汁三菜・酒三獻
館後ニ右之渡し物、常樂坊へ持參ス
一葛原村ゟ上ケ物
黑米二斗　羽書拾貳匁
持參之者へ落付ニ酒出す、夕飯一汁三菜・酒三獻
下行物
萬度祓

一北伊勢垂坂村ゟ糀運上持參
　物代二人來ル
　落着ニ酒出ス、夕飯二汁三菜
　　下行物
　包萬度 一ツ　鰹節 一連
一荷用方江氏神祭り雜物渡覺
　大干魚 四ツ　小干魚 廿
　美濃かミ 一帖　四寸ヘキ 二枚
　氏神之祝部へ幣紙貳枚渡す
山宮祭之前日
一荷用方ゟ御伯様へ出屋敷之年具配分之錢貳百六十九
　文上ル
　山宮之椎・かや、御伯様分中村ゟ持參
　但し廿一日中村へ人遣し今日持來る、壹荷之代貳
　匁二分遣す
　法樂舎へ名代一人 直垂、今日やとひ置ク
　山宮神事饗膳拵ニ宮人五人御里ニ來ル

餅酒肴貳種
赤飯入用之覺
　餅米壹斗四升　只米六升
　赤豆貳升
右之內、食櫃ニ入、残りハにきりてざる一ツニ入、
臺所人數振り飯壹ツ宛給也
門口へ札を建ル札書様
　山宮神事也、僧尼・山伏・法躰之輩不レ可二來入一
同竹を建ル、竹貳本へしで・苧藁を付ル
常樂坊江渡し物
　黑米六升 但し八合升　大豆 壹升
　桶二ツ 大四升入 小貳升入　柄杓 貳本
　神折敷 三枚 わげ折前　四寸ヘキ 十枚
　七度入大土器 廿　つぼ土器 三十れん
　抹香 少し　青のり 十把
　手水がミ 十枚　柑子 十貳
　むしろ 貳枚　糀 三合

はうろく 二ッ　燈心 少し
はし 十ぜん　杓子 二本
右ハ寺ゟ案主受取ニ來ル
法樂舍へ渡し物覺
むしろ 貳枚　白米 貳升
とうふ 貳丁　酒 壹升
赤飯 壹升分　美濃かミ 壹帖
葉付竹 貳本 六寸廻り 四寸廻り　椎萱 壹荷
幕 壹張
右此方ゟもたせ遣す
外ニ藤杭木四本二、三尺計、是ハ山ゟ遣す
同　五本長廿六尺
神事竈木きる事
長官分 松壹本　松木家 松壹本
法樂舍 椎壹本　宮後家 椎壹本
政所 椎壹本
右ハ宮奉行立合山廻り、右之家々へ渡す、長官分之家來ニ申付切らしむ、夜ニ入テ山廻り幷家來二、三人神事場ニ番を致す
家之子參勤之禰宜ゟ持參之覺
木具 壹膳　簀 六ッ
とうふ 壹丁　酒 壹升
むしろ 壹枚
一山宮祭り、同役人へ申付ル覺
配膳四人　宮人五人　道具奉行一人
椎萱渡一人　神膳拵人二人　長持釣四人
飯たき一人
山へ持參之物
神折敷 三枚　七度入かハらけ 三枚
はうろく（壹ッ神ノ膳ノ用　醴酒桶 壹ッ
ひしやく 一本　黒米 三合
豆 壹合　かうち 少し
白粉 少し
御伯様分木具 一膳　傍官衆木具

八寸ノヘキ　貳十枚　　六寸ヘキ　十枚
四寸ノヘキ　三十枚　　はた引　貳百枚
小かハらけ　五十枚　　立木
ひも紙　　輪　五ツ
簀御伯様分　五ツ　　簀傍官衆分
十度入大土器　十八　　箸　三十膳
楊枝　三十本　　銚子加　壹組
飯突桶　大小貳ツ　　同突出し　二ツ
散米　少し　　手洗かミ　十枚
白米　八升　　酒　貳升
赤飯　飯櫃ニ入　　ほうろく　壹ツ御伯様手あぶり
はうろく　壹ツ傍官ノ手あふり　　同　壹つ手洗の用
振り赤飯　ざるニ入

七ツ入子ニ入食物覺

味噌　牛房　大根　蜜柑　荒布
瓜漬　こんにやく　雪あへ　いも　かや
青のり　座禪豆　昆布　か、せんへい

梅干　ミかん廿　挽茶

雜物之覺

新し筵　壹枚御伯様之用　　同　壹枚傍官ノ用
同　三枚神の膳ノ用　　むしろ　拾五枚雜用
鍋　大小貳枚　　角桶　壹ツ
涌し鍋　壹ツ　　杓子　三本
ひしやく　大小貳本　　茶椀　五ツ
茶たい　一ツ　　茶ひしやく　一本
茶筅　一本　　大薬鑵　一ツ
きせる　三本　　閒鍋　壹ツ
盃　二ツ　　切盤　壹枚

右之品々長持貳棹ニ入、侍一人奉行

饗膳　檜垣家之禰宜之分

足付之木具二組

スモリ 牛房　　同 大根
同 蜜柑　輪　　ハタヒキ 大飯　六寸ノヘキノはし椎
同 青のり　　同 荒布

政所・家司兩奉行・物忌はハタヒキニ盛り、八寸
ノヘキニ組
　赤飯　八寸ノヘキ組、十人之禰宜・權官・政所・家司・子良・物忌・兩宮奉行
ハタヒキ
雪あへ　　　同
　　　　　　汁　芋賽ノ同 味噌煮
同
　　梅干　　　　并箸
同　　　　　同
香の物　　　赤飯
　肴壹種　にしめ こんにやく
四寸ノヘキ組
　茶くわし　ミかん かや させん豆 切こんふ か、せんへい
　神之膳三膳　七度入大土器 御供
ハタヒキ　　　　ハタヒキ
青のり　　　　粢　四ツ宛
同
ミかん
　神事之順
赤飯
　酒貳獻　冷酒 盃ハかハらけ
再進之出す
災年之祝儀開　開酒、盃はぬり盃 杓ハかんなへ

饗膳酒貳獻　冷酒、銚子加へ盃かハらけ
茶くわし
夕飯
　獻立　家之子禰宜・權官
鱠　　　　汁　たれミそ 鱒 大こん
煮物　とちこ　　食
　二ノ汁
引而
香もの
燒もの　雉子 貳切
肴　たこ、ふとに
肴　にんにくミそ
肴　鰹たゝき
　酒三獻
菓子　ミかん
役人・宮人、夕飯二汁三菜・燒物雉子
　家來夕飯

献立

汁　たれミそ

鱠

食

焼物　雉子

酒

廿八日

一御屋敷へ月幷御禮名代例のことし

一御母良へ御供米渡事、例のことし

一荷用へ米渡ス覺

黒米五斗七升六合　本升　十二月四所御洗米

同　六斗四升　同斷　御祭賄ひ米

同　六斗貳升　同斷　同酒米

晦日

一荷用大麻持參如レ例

十二月朔日

一祓之事饗應取肴酒肴、先月ニ同し

一地下權任へ廻文

來ル正月御奏事始加級之事、各五人順番ニ候間、

內々款狀被二差上一候樣ニ用意可レ在レ之候、爲レ其

如レ斯ニ候、已上

十二月朔日　外宮　政所大夫

權任五人當名

一松明木切事、六月ニ同し

五日

一江戸年頭使ニ付、御屋敷へ名代罷越

口上　外宮長官名代　誰

御宮御安全ニ御座候、然ハ來御年禮江戸神宮使

誰　差上申候、如二毎例一御書被レ成レ下候樣ニ奉レ賴

候、爲二御注進一召連參上仕候、此旨宜被二仰上一可

レ被レ下候、已上

十二月五日

七日

一御寺定、政所ゟ廻文　但し此饗應ハ政所より勤所也

明八日常明寺御寺定、各可下令二御存一給上候、誠恐

謹言

十二月七日　　外宮
政所大夫

御傍官中

門口へ山宮神事之通、禁制之札幷竹を建ル

御伯様八日ゟ十日迄精進禁足

八日

一御寺定政所饗應

高机ノ組様正月ニ同し

二種肴　　同前

肴のしもミ

献立

本膳足付

皿　いかミあへ　花かつを　はり生姜　角　切焼物　　汁　たれミそ　干たこ　大こん　牛房　大豆　焼とうふ

壺　生鼠　　食

二ノ膳

角　さしミ　　猪口　生か酢　　付汁　小とふ　ミそ煮　魚　二切

角　かま鉾　五切　　汁　潮煮　たい一切　こせう

三ノ膳

角　雉子　五切

角　えひ　五切　　汁　雁　皮牛房　ふ

香の物　貳種

引汁　たれミそ　甘のり　こせう

酒三獻

肴

小皿　さゝひ　つほ入

かすノ子

大猪口　こだゝミ　いり酒

酒

四寸ヘキやうし　菓子　ミかん一ツ・落雁一ツ　つにし一ツ・こんふ一ツ

御一門衆配膳

献立

鱠　うを・大こん・にんしん・きくらけ・ミかん　汁　右同断

にもの　あはひ　食

二汁　鯛壹切

焼もの　雉子臺ニ而引

平皿　いかミあへ花かつを

香物　貳種

引汁　あまのりはり生姜

酒

肴　小たゝミいり酒

荷用・人長二人・晝番・布設・六人方・惣宮扶持人、

〆廿人餘、二汁二菜、焼物なし

臺所役人惣家來中間

献立

鱠　同斷　汁

名吉切焼物　食

香物

岩戸宿館へ肴を遣す

一寒中之御機嫌窺御屋敷へ名代罷越

口上　外宮長官名代 誰

御宮御安全ニ御座候、然ハ嚴寒ニ御座候得共、倍御勇健ニ可レ被レ爲レ成二御座一、珍重奉レ存候、爲レ可レ奉レ窺二御機嫌一、乍レ憚以二名代一申上候、此旨　御前宜被二仰上一可レ被レ下候、以上

十二月九日

一江戸年頭使ニ付御屋敷へ名代罷越

口上　外宮長官名代 誰

御宮御安全ニ御座候、然ハ江戸御年頭使 誰 明後十一日發足仕候、爲二御暇乞一參上仕候、御用之儀御座候ハヽ、可レ被二仰付一候、此旨宜被二仰上一可レ被レ下候、已上

十二月日

一祭主殿代官へ夕飯
獻立
落着
菓子
吸物
酒
中皿物
酒
なし物
酒
夕飯
鱠　汁
香物　食
二ノ膳
小とふ　汁
大猪口
燒物
平皿
酒
ひたし
酒
中皿物
酒
重引
酒
吸もの
酒
菓子
御茶
惣くわし
一米渡し之覺
荷用へ
黑米貳石三斗八升四合 本升
正月四所御供米
卯杖之米
御竈木米
とまりぢき米
花榊米
子良館へ

黒米三斗貳升　本升　御祭粢米
同　貳斗六升五合　同斷　同酒米
同　四斗　右同斷　神戸もたへ米
同　四斗　右同斷　かきのこくふ米
同　貳斗八升八合　右同斷　元日鮎饗神事ノ酒米

うか祭の配當

黒米壹石貳斗　本升　二禰宜殿
同　貳斗　同　三禰宜殿
同　貳斗　同　四禰宜殿
同　貳斗　同　五禰宜殿
同　貳斗　同　六禰宜殿
同　貳斗　同　七禰宜殿
同　貳斗　同　八禰宜殿
同　貳斗　同　九禰宜殿
同　貳斗　同　十禰宜殿
御母良江
餅米壹俵　鏡もちの料

一荷用へ十一日之雜物渡覺
小干魚　百　四寸へキ　十枚
同御祭之雜物渡覺
串柿　貳把貳串　大干魚　貳拾
小干魚　貳百　四寸へキ　貳十枚
美濃かミ　貳帖

十一日

一常樂坊へ渡し物・六人方饗應、正月・霜月ニ同し
一正月宿館へ來ル年頭祝儀之引かへニ遣扇紙・水引
品々用意之覺
一年頭使ニ付、勤方幷用意之物書狀案
獻上熨斗　四拾把　三熨斗　六拾把
壹尺貳寸麻　九把　大上熨斗　廿本是ハ包のしニ成
次はらのし　壹把五十包のしニ成
一姫宮樣御入輿已後御祝詞申上、御祓のし獻上可レ致
ニ付、年頭使相兼相勤ニ依て用意之物如レ左
壹尺貳寸麻　五把　大上熨斗　貳十把

三熨斗　四拾把　　幷ばらのし　五十本包のしニ成

御祓銘書様

一萬度御祓大麻　　外宮 長官 神主中

右ハ鳥子けんさき萬度銘五枚

太神宮　　外宮 長官 神主中

右ハ奉書けんさき四十躰

太神宮　　外宮 長官 神主中

右ハ豊後奉書劍先十躰

是ハ年頭之方計

書狀之案

一筆致二啓上一候

公方様益御機嫌能可レ被レ爲レ成二御座一、恐悦至極奉
レ存候、隨而爲二御年頭御祝詞一、御祈禱之御祓大麻幷
長蚫奉レ致レ獻二上之一候、宜二御披露奉レ賴候、恐惶謹
言

十二月十二日　　外宮神主中 長官 名判

黑豊前守様　　各書狀右之文ニ而一通ツヽ、

小信濃守様　　日付は毎年之格式故十二月

井河內守様　　大奉書　十二日記ス

一筆啓上仕候、先以其御表御靜謐、益御勇健可レ被
レ成二御座一、珍重奉レ存候
當宮御安全ニ御座候、隨而御年改使誰差上申候ニ付、
如二御嘉例一、御祈禱之御祓大麻進上仕候、尙期二後喜
之時一候、恐惶謹言

十二月十二日　　檜垣長官 判

大岡越前守様

一筆致二啓上一候、先以其御表御靜謐、彌御勇健可
レ被レ成二御座一、珍重奉レ存候
當宮御安全ニ御座候、隨而御年頭使　誰差上候ニ付、
如二御嘉例一、御祈禱之御祓大麻進上仕候、尙期二後喜
之時一候、恐惶謹言

十二月十二日　　檜垣長官 判

渡部下總守様　　伊丹修理様
長谷川周防守様　　佐野吉之丞様

（保科甚四郎様　黒川與兵衛様

各右之文ニ而壹通ツヽ、

一筆致二啓達一候、其御表御静謐、彌御堅固御勤可レ被レ成、珍重奉レ存候、隨而御年頭使誰差上候ニ付、如二毎例一、御祈禱之御祓大麻幷土產致二進上一之候、尙期二後喜之時一候、恐々謹言

十二月十二日　　檜垣長官
判

久志本式部殿
久志本內藏允殿
久志本左京殿

右之文ニ而一通ツヽ、

一筆致二啓上一候、然者拙者儀來御年頭使罷下候、如二毎例一其節御取込候共、於二御城內一御取持被レ下候様ニ右得二御意一度、如レ是ニ御座候、恐々謹言

十二月二十六日

湯川一雲様　湯川喜雲様

天野意朴様　天野順朴様
川嶋圓節様　川嶋圓嘉様
櫛田養益様　宅間玄佐様
三谷久甫様　近藤友意様

右之文ニ而一通ツヽ、

一筆致二啓上一候、先以其御表御静謐、甚四郎様益御堅勝ニ可レ被レ成二御座一、珍重奉レ存候、當地宮中御安全、御役屋敷無二御別條一、淡路守様御機嫌好被レ爲レ成二御座一候、然ハ來御年頭使誰差上候、萬端可レ然御差圖賴上候、恐惶謹言

十二月十二日　　檜垣長官
判

佃八郎右衛門様
山田藤右衛門様
小阿瀨平馬様

右之ニ而一通ツヽ、

年頭獻上物帳面之扣

公方様江　　大納言様江

一萬度御祓大麻
大上のし廿把
水戸様江
一萬度御祓大麻
大上はうのし廿本
御老中 酒井讃岐守様
御祓大麻
ミのし五把
御老中格 松平右京大夫様
御祓大麻
ミのし五ハ
御若年寄 本田伊與守様
御祓大麻
ミのし五ハ
同 石川近江守様
御祓大麻
ミのし五ハ

一萬度御祓大麻
大上のし廿把
御老中 松平左近將監様江
御祓大麻
ミのし五把
御老中 松平伊豆守様江
御祓大麻
ミのし五把
御老中 安藤對馬守様
御祓大麻
ミのし五ハ
御若年寄 水野壹岐守様
御祓大麻
ミのし五ハ
同 松平能登守様
御祓大麻
ミのし五把

同 大田備中守様
御祓大麻
ミのし五ハ
寺社御奉行 小出信濃守様
御祓大麻
ミのし五ハ
狀添
寺社御奉行 井上河内守様
御祓大麻
ミのし五ハ
狀添
大岡越前守様
御祓大麻
包のし
狀添
伊丹攝津守様

寺社御奉行 黑田豐前守様
御祓大麻
ミのし五ハ
狀添

右寺社御奉行、兩宮物代申合條上仕候、此時書狀差上候、時服拜領之目録も差上、尤十二月御月番、正月御月番之兩所へ目録書差上ル

渡部下總守様
御祓大麻
包のし
狀添
佐野吉之丞様

御祓大麻　御祓大麻
包のし　包のし
狀添　狀添
長谷川周防守様　黒川與兵衛殿
御祓大麻　御祓大麻
包のし、狀添　包のし、狀添
是ハ當年ゟ物代中入候、無用か　是ハ當年ゟ物代中入候、無用か
後藤縫殿殿　久志本式部殿
御祓大麻　御祓大麻
包のし十本　ミのし二ハ
ふし二連、狀添
久志本内藏允殿　久志本左京殿
御祓大麻　御祓大麻
ミのし貳ハ　ミのし貳把
ふし貳連、狀添　ふし貳連、狀添
保科甚四郎殿　佃八郎右衛門殿
御祓大麻　山田藤右衛門殿

包のし　小阿瀬平馬殿
狀添　是ハ江戸着之節上ル
坊主衆
湯川一雲老　湯川喜雲老
御祓大麻　右同斷
ふし二れん　天野意朴老
年頭使書狀　同斷
天野順朴老　川崎圓節老
右同斷　同斷
川崎圓嘉老　櫛田養益老
右同斷　同斷
宅間玄佐老　三谷久甫老
同斷　同斷
近藤友意老
同斷
以上
右之通、帳面ニ仕立、年頭使ニ渡す

臺のさけ札奉書三ツ貳歩ニ認　奉書三ツ切

一萬度御祓大麻 御熨斗　廿把 外宮長官神主惣代 誰

御祓大麻 御熨斗　五把 外宮長官神主惣代 誰

是ハ
公方様
大納言様
入用

御老中・若御年寄・寺社御奉行之用、さけ札

奉書たてよこ六ツ切

御祓大麻 包熨斗 外宮長官神主惣代 誰

是ハ先奉行中御祓さけ札

右之通、江戸神宮使用意

十二日

一大宮松明ゆひノ品、六月ニ同し

十三日

一里亭煤拂　夕飯有

一宿館煤拂、岩戸掃除之下部來り勤レ之、御里より酒肴贈ル、夕飯有

十四日

一國崎嶋ゟ荷崎（前）來ル

十五日

一人長へ御祭之雜物渡覺

黒米　壹升　　海老　三ツ

ふかの　壹帖　　麻　三結ひ

一月次祭りニ付、御屋敷へ名代罷越

口上

外宮長官名代
誰

御宮御安全ニ御座候、然ハ明十六日御祭禮御名代御參拜可レ被レ成候哉、御窺申上候、且又如レ例祭庭江御組之衆御出し被レ下候ハヽ、忝可レ奉レ存候、

已上

十二月十五日

一大場廣前へ連臺造る事例のことし

十六日

一今朝ゟ十八日夕飯迄參籠之禰宜飯有

一九丈殿へ饗應之具遣覺

高麗へり 二枚　居しり 壹枚

瓶子 片し酒入て

組之衆館下宿ニ而饗應、六月ニ同し

御奉行所神事拜見

御案内權任一人 直垂大小　宮奉行兩人 麻上下大小

ちやうちん持二人　草履取一人

御奉行所下宿へ横目を以神事刻限を申遣ス

十七日

一月次祭相濟、御屋敷へ名代罷越

口上　外宮長官名代 誰

口上

御宮御安全ニ御座候、然ハ昨日天氣能御祭禮相濟、御名代首尾好御參拜、目出度御儀奉レ存候、且又祭庭へ御組之衆御出し被レ下、忝奉レ存候、爲二御悦一御禮參上仕候、以上

十二月十七日

十八日

一伊吹之例集獻立、六月ニ同し

廿日

一上部ゟ初尾米四俵來ル

但し今ハ貳俵

引かへ

羽書 貳匁　鳥目 百文

ふかの 貳帖

一久保倉ゟ御初尾米貳俵來ル

引かへ

羽書 貳匁　鳥目 百文

ふかの 貳帖

一町内江祝儀

半金壹枚

年寄ゟ請取書來ル、年寄祝儀之札ニ來

町代江祝儀

鳥目壹貫文

一子良館渡し物覺

名吉開　十六枚

一常樂坊江

名吉開　貳枚

一阿竹村ゟ上ケ物

美濃かミ　壹束

下行物

餅　二重　　麻　貳結ひ

錢　十貳文

餅酒出す

一御母良ゟ上ケ物

須子餅　百七拾　　瓶子　二對かたし

引かへ

半紙　貳帖

廿四日

一常樂坊江渡し物覺

黑米五斗七升八合　本升

白餅米壹斗　本升

右ハ案主來て渡す

廿五日

一餅搗米十二俵

入用之餅目錄

丸餅四拾　さし渡し七寸、御出勤禰宜・權官ノすハり餅

丸餅三百　さし渡シ四、五寸、御出勤諸役人已下諸役人ノすハりもち

切餅廿六　はゝ三寸餘、厚サ同シ、長サ四寸八ふニ取る、饗膳ノ枕もち

切餅貳百廿　たけ貳寸、厚サ五ふ、ハゝ壹寸元日饗膳下行分

切餅百廿　長サ二寸五ふ、厚サ七ふ、ハゝ一寸五ふ、下荷用正月十日節わりノ用

丸餅二ツ　二升取、七見・魚見へ遣ス

切餅十　三寸四方、魚見・七見へ遣す

丸餅十五　さし渡し貳寸常明寺へ遣ス
切餅百五十　貳寸四方、厚サ一寸餘、神領へ遣ス
切餅四　四寸四方六面常樂坊へ遣ス
菱餅二ツ　横は丶七寸、たては丶一尺二寸、常樂坊へ遣ス
丸餅一重　常樂坊へ遣ス
丸餅壹　案主へ遣ス
丸餅六拾　さし渡し貳寸岩戸へ遣ス
同　拾　さし渡し七寸諸役人ノ節
切餅八　長サ一尺、角一寸餘り、六人方へ遣ス、杜餅
丸餅四ツ　さし渡し四寸、六人方、書番・鎰取へ渡ス
丸餅二重　下餅ノ厚サ二寸計、阿竹へ遣ス
丸もち壹　さし渡し八寸阿竹へ渡ス
丸餅六百　さし渡し二寸計家内かけ物用意
丸餅百　さし渡二、三寸、神事用意

家內神祭りノ分

丸餅四重　下ノさしわたし壹尺五、六寸、內三重ハおかしら、一重は竈ノ神
丸餅三重　門神
丸餅十三重　さし渡シ三、四寸、山ノ神・廻り神・ゑひす・井戸神・こしき・立臼・挽臼・いもノ神・納戸・御忌火・甲子神
御靈餅三十重

家內人數すハり餅

御伯様分　一重　御臺様分　一重
御禰宜様分一重　御見世さま分一重
內記様分　一重　造酒様分　一重
御乳ノ様分一重　名付親分　一重
取上は丶　一重　仰《(ママ)》は丶　一重
丹生江　一重　久具へ　一重
乳付へ　一重　宿館へ　四重
惣家門　五十重　押餅　八枚
御贄餅　三拾重　千切餅　五六拾
惣家內ノ人數へ給ル

一土器買置覺

はた引　千　七度中土器　千五百
壺土器　千

一木具拵置覺
八寸へぎ百枚　　六寸へぎ　八十枚
四寸へぎ四百枚　長箸　廿六膳
竝ばし六七百膳　白かけ盤　三ツ
衹だい　三ツ　　わく貳ツ

一荷用江正月雑物渡覺
柑子　百　　串柿　三把
たつくり　一升　　かち栗　一升
とミ俵　一升　　大干魚　廿枚
四寸へぎ　廿枚あつらへ置所を用
はし　百膳　　つるべ　壹ツ
わく　二ツあつらへ置所を用　　むしろ　四枚
美濃かミ　三帖　　六寸へき　貳十枚あつらへ置所を用
白餅米　六升

一六人方へ渡ス覺
精進油　壹升

一宿館へ饗膳之雑物渡置覺
鯛大一切　廿四　　小干魚　四百
さめのたれ　五枚　　のし　三百
干貝　百五十　　大根　廿本
鹽蚫　二ツ　　芋頭　十
豆　壹合　　小餅　貳百六
枕餅油　廿六調置所を用　　長箸　廿四膳調置所を用
美濃かミ　貳帖　　六寸へき　廿七枚右同斷
丼箸　百膳右同斷　　白かけ盤　壹膳同斷
四寸へキ　百枚右同斷
上白米　貳斗六升

廿八日
一御屋敷へ年暮之御禮名代罷越
口上　　外宮長官名代　誰
御宮彌御安全ニ御座候、然ハ歳暮之御祝詞爲レ可二
申上一參上仕候、此旨　御前宜被二仰上一可レ被レ下
候、以上

十二月廿八日

一小林江月幷之名代御禮例のことし

一御母良へ御供米正月分渡事如レ例

一宿館ニ於て饗膳こしらへ、今日荷用已下十人餘來て
拵ル、朝夕飯一汁一菜、突飯ハ元日ニ調る

一門松幷諸方之しめ飾り年男勤レ之

一來正月廿日大般若會之告知廻文之案、杉原貳ツ折

來正月廿日大般若執行可レ致候、各御出座可レ被二
目出度一候、已上

月日　　家司大夫

寺當名前ニ同し

一奏事始添狀之案

改曆之慶賀、不レ可レ有二盡期一候、隨而御　奏事始之
節、可レ預二加階一當　宮權禰宜誰ニ而も順番之人數名五人之款
狀差上候、御執　奏可レ爲二御神忠一候、誠恐謹言

正月朔日　　外宮
一禰宜
判

進上祭主殿　政所

右大奉書三ツ二分

壹分ハ上包

一六人方へ加二扶持一鳥目十八貫文遣ス

一廣田筑後方之大閒社之年貢何十何匁　御伯樣　九神
主殿　三神主殿三人ゟ使者遣ス裏付上下

一高向村へもり地之年貢取何拾何匁　使者小人也

一大宮岩戸・五社へ渡し物覺

大晦日

一夜ニ入て門神祭り、年男執行、如二御嘉例一　御伯樣
御拜畢テ御參籠

世々の恵

世々の恵

凡　例

足代権大夫弘訓稿

一御奉行ハ五位といへとも、某朝臣と稱す、是尊敬也、我黨の人ハ二位・三位といへとも、直に名をしるして尸(姓)を用ひず

一神宮と稱するハ、禰宜幷重代權任をさす、重代權任とハ、俗にいふ權官也

一三方と稱するハ、御朱印頂戴の年寄也、年寄に二種あり、三方年寄・町々年寄也

一平出・闕字ハ公式令に制あり、又武家にも書札禮の式ありといへとも、此書ハすへて略して法に拘らす

一引用之書ハ、神境紀談・惣位階沙汰文・檜垣常基雜事記・神廷紀年・宮中物語・中臣祓瑞穂抄・禁忌拾唾・賞爵沙汰文・類聚神祇本源・禰宜繼彦日次・佐久目晨名日次・師友雜錄・攝社再興記・宮川夜話草・榊葉・圍爐閑談・毎事問・古老茶物語・宮原由穎隨筆、此外無名の書數部あり

一予、書籍に乏しき故、捜索ひろからす、此後人にも問ひ尋ねて、つき〳〵に脱漏を補ふへし

花房志摩守源幸次朝臣、二見の鄕を神領に復し給ふ事

二見は、江村・三津・山田原・庄村・西村・今一色六村あり、高二千百卅六石餘の地也、亂世より北畠氏に押領せられ、其後鳥羽の城主九鬼氏の領地となりたりしを、

幸次朝臣江府に吹擧ありて、垂仁天皇の御代、内宮御鎮座の時より、御鹽を調備せし由緒上聞に達し、寛永十七(衍)年六月十三日、神領に復し附け給へり、その時下し給へる御朱印并御條目、左のことし

伊勢國度會郡二見鄕六ケ村、合貳千百卅石餘事、爲二御鹽田一之處、近代斷絶畢、今度相改附レ之、兩宮御鹽之儀、無二懈怠一可レ勤二仕之一者、永代不レ可レ有二相違一者也

寛永十年六月十三日

二見鄕惣中

條々

一今度二見鄕六ケ村、爲二内外兩宮御鹽田一御寄附有レ之、御鹽無二怠慢一可レ勤二仕之一

一江村・三津村・山田原村　内宮方
今一色村・西村・庄村　外宮方
御定之上者、諸役以二隣鄕之並一無二違亂一可レ勤レ之

一御鹽之宮、此度造宮有レ之、以來及二破損一者從二六ケ村一可レ修二理之一

一山林竹木猥ニ不レ可二伐採一、雖レ然御鹽之宮修理之時者應二其用一可レ伐レ之、其外禰宜・百性(姓)居屋敷之内者非二制限一

一二見鄕中牢人・惡黨不レ可レ抱二置之一

右條々、堅可レ相二守之一、仍執達如レ件

寛永十年六月十三日　河越侍從 忠勝
古河侍從 利勝
前橋侍從 忠世

二見鄕惣中

かの六村に御鹽の役人百二十人あり、外宮御饌殿へは毎月朔日・十一日・廿一日三度ツヽ、箱一荷に御鹽二ツ入て、役人二人付添て奉る、御鹽の形烏帽子形にて、藁を緒にかくる也、内宮へは年内に正・五・九月三度調進す、藁苞にて常の焼鹽の形なり、かくのことく今に連綿して絶さる事、全く幸次朝臣の遺功なり

花房幸次朝臣、前山を神領に還し給ふ事、付、桑山貞政朝臣、前山の堺目を定め給ふ事

前山ハ外宮宮山に隣て、他領なるへき地勢にあらすといへとも、亂世より一宇郷村に屬す、それ故、山田より前山にて薪を取ために、一宇郷村に山手といひて、年貢を出し來れり、神民、此事を御奉行花房志摩守幸次朝臣に歎奉り、御推擧を得て江戸に訴へしに、寛文(永)十六年己卯九月十日、願の趣許容ありて、前山の地、先規のことく神領に還し付け給ふ、其頃一宇郷村ハ、內藤伊賀守某朝臣の御預りなりし故、伊州と幸次朝臣とに御奉書を下され、兩家の御家來幷山田三方立合て、前山の領分を定めたり、二見郷を神領に還し付給ひていくほとなく、又前山を神領となし給ふ事、幸次朝臣莫大の神忠にて、まことに神宮の繁榮也、さて、此後前山の內に紀州御領と山田領の界目分明ならさる所あり、寛文七年、桑山貞政朝臣御奉行の時、紀州へ御達しありて、田丸表役人と前山にて出合給ひ、三方の輩も罷出て界目を定め給ひたり

石川大隅守政長(次カ)朝臣、豊川の幅をさため、五間の新道を通し給ふ事、付、桑山下野守貞政朝臣、宮外の人家を退け給ふ事

正保三年丙戌十二月四日の夜、檜垣兵庫家より失火、坂の世古・横橋・ミそや垣外焼失す、此火、宮山にうつり御正殿も危く、諸人防きかねたり、此後、神宮よりミそや垣外三ケ度の火事に、二ケ度宮山やけたり、行末覺束なし、ミそや垣外の焼跡へ人家を立さるやうに願奉たしと、御奉行石川政長朝臣に告訴ふ、又八日市場郷內よりも、是と争ひて訴ふる旨あり、正保四年丁亥十月廿日、政長朝臣江府に下り給ひ、翌慶安元年四月に御歸あり、同年五月十六日に豊川の縄張あり、川端の家屋敷十六、七軒、ミそや垣外の家屋敷五十一軒餘召し上られ、其比一禰宜常晨の宿館、此邊にありて、東西卅四、五間、南北十四、五間あり、此宿館の壁より南へ五間目に縄を張、道になし、南を豊川幅三間にほらせ、川より南に残たる

地ハ宮山へかへし給ひ、宿館の屋敷盡く道になり、宮山になりて一坪も殘らす、そのいぬゐ（乾）の方に長官の藪あり、此藪を幅五間、長さ三十間あまり切拂、世義寺道より一鳥居まて幅五間の新道を付給ふ、此時、黒瀬圖書田弘か家ハ、今の北御門の橋より北なる石垣の邊にあり、脊戸口五尺計ありしを、はす切に切られたり、道の入口五間になし、川へりの家をとらせて道になし給ふ、屋敷一坪に銀八匁、家一坪に銀五匁ツヽ、下行あり、七月四日より山田惣中人足に出て、豊川新道普請始り、同月十二日に成就す、是まてハ藤社の邊まて人家立ならび、そのあたりに世義寺あり、北御門・一之鳥居も皆宮地と人家とたちならひ、堺目分明ならさりしを、此時始めて政長朝臣豊川の幅を三間に定め、川端に幅五間の新道を作り給へり、慶安元年より廿二年をへて、寛文十年桑山丹後守貞政朝臣御奉行の時、山田惣中火災の大變ありしかハ、かやうの火災ある時ハ宮中危しとて、江府に達し給ひ、翌寛文十一年八月、北御門より坂の世古まて、宮中近き人家を大道より十間計つヽ退け給ふ、坪數三千坪餘也、此引料、屋敷ハ近隣賣買の直（値）段、家ハ一坪に金一歩ツヽ、都合七百五十兩下行あり、此時、世義寺も今の地に退け給へり、御觸狀左のことし

一御宮近所町之地、一通り公儀江被二召上一候、代金幷同所燒殘候家者引料被レ下候、大坂御藏ニ而請取可レ申事

一世義寺被レ成二御退一、爲二替地一公事屋敷被レ下候事

一世義寺本堂・大師堂幷寺中江引料被レ下候事、但御金大坂御藏ニ而請取可レ申事

五月十日　丹後

山田三方中

翌寛文十二年三月頃より始めて、北御門橋より坂之世古まて土手を築き、堀をほらせ給ふ、長百八十間、根張五間、上の馬走六尺、高二間、堀ハ幅二間、是ハ今の百間堀也、此普請の入用金三百三十八兩下行あり、是より宮中と町家といよ〳〵界を隔て、火災不淨の患なくなりた

り、是皆石川政長朝臣・桑山貞政朝臣の御功なり

八木但馬守宗直宿禰、中臣祓の講尺御聴聞の事

萬治二年己亥八月四日、八木宗直宿禰山田御奉行として御初入也、しかるに、此年一茎《ヒトモト》にて二穂ある麥生《オ》ひたり、宗直宿禰、是神の錫《タマモノ》なりと感悦し給ふあまり、出口信濃延佳に中臣祓を講せしめ給ふ、延佳その講説を筆記して、同年十二月十三日にいたりて一巻となす、かの麥の嘉瑞によりて、中臣祓瑞穂抄と名つけたり、宗直宿禰御在勤七年の間、神地に功を殘し給へる事おほきハ、此嘉瑞むなしからすといふへし

八木宗直宿禰、外宮月讀宮の宮地を古に復し給ふ事、

付、桑山貞政朝臣、四至を定給ふ事

外宮月讀宮の宮地ハ、四面に堀百廿丈ありて、四至ハ東西南北とも瑞垣を去る事廿二丈つゝなるよし、神祇本源にミえたるを、亂世の頃より四至の界もしられすなり、人民宮地を掠めて家をたて、南の方にある妙鏡寺なとハ、堀をうめて地を築き、堂をたてたる故に、築地寺ともいへり、一禰宜常晨これをなけきて、御奉行八木宗直宿禰に訴たるに、宿禰江府に上達し給ひ、本意のことく四方の人家を引移し、妙鏡寺も後園の藪を切、客殿も破却し給ひ、宮地四方四町に定め、他人のいろひを禁し、一禰宜に進止せしめ、廻に堀を穿《ホリ》、堤を築せ給へり、凡二、三百年も四至荒廢せしに、此度撿地の時、古しへの堺目木を掘出したる事、まことに不思議也、此事、檜垣常基雜事記にハ寛文元年十一月中旬とし、繼彦日次にハ寛文二年八月としるせり、按するに、元年十一月ハ普請の發端、二年八月ハ普請の成就をしるせるなるへし、○寛文二年より延寶六年まて年數十七年を經たるうちに、堤頽れ堀埋れて、又人民宮地を犯すものあり、一禰宜滿彦、是をなけきて、御奉行桑山貞政朝臣に訴へ、堤を改めて堀の内際に築き、大道を廣め、延寶六年六月十八日、四隅に際目の木を入れ、末代まて違犯の事なからしむ、そ

の時、長官よりハ佐久目杢、宮後西川原よりハ老沼(逐)又左衞門・瓶子金右衞門、一志久保よりハ松田宗左衞門・藤井大夫四郎、一之木よりハ松井左大夫・鳥羽屋外記立合たり、月讀の宮地古に復し、かつ今に至るまで掠め犯すものなきハ、全く兩御奉行所の遺功にて、莫大の御神忠也、そのをり定まりたる四至の間尺幷貞政朝臣の御奥書左のことし

一月讀宮傍示間尺幷奥書之覺

東頰

自二北之際目一至二南之際目一八十七間、水道廣五尺 以二六尺一寸一爲二一間一、餘同レ之

南頰

自二東之際目一至二西之際目一七十五間五尺、水道廣三尺、大道三間

西頰

自二北之際目一至二南之際目一八十三間四尺六寸、水道廣五尺、此頰自二北之際目一「(朱筆)○此所に脱文あるへし」

北頰

自二東之際目一至二西之際目一七十七間一尺八寸、此頰自二東之際目一至レ西有二二十二間五尺之大道一、廣二間

土手内間、東頰四十五間五尺

土手内間、南頰四十二間三尺

土手内間、西頰四十一間五尺

土手内間、北頰四十四間三尺

右月讀宮之牓示者、雖三古代有二所レ定之丈尺一、人家犯二奪宮地一久矣、往年一禰宜度會常晨訴二之 公儀一、卽賜二撿使一、遂至下割二其所レ犯之地一、掘二水道一爲二宮地ノ限一、廻二大道一築中土手上、漸復レ舊頃、又土手頽廢、乃達二事於 公儀一、移二彼土手一築二之堀内一、且廣二大道一、四隅ニ鎭レ木爲二際目一、將レ令三後人無二淩犯一、更作二繪圖一永爲二後證一如レ件

延寶六年戊午五月吉日

外宮一禰宜

滿彦　判

月讀宮境内、近代違犯有レ之、今度滿彦長官相二改

之、築二土手・堀・溝・道等一、間尺相極、記二繪圖一畢、向後此旨堅可二相守一、仍爲二後證一加二奥書一者也

延寶六年戊午五月吉日　　丹後　印

八木宗直宿禰、豊宮崎文庫に廿石の田地を寄附して、修理料となし給ふ事

慶安元年六月、出口信濃延良(佳)・與村三之丞弘正・岩出将大夫末清三人志をあはせて、同志七十人を催し、金壹兩ツヽをあつめて、豊宮崎の地に文庫壹宇を造立し、神典・國史・歌書の類を始め、儒書・醫書等の類をあまねく聚め藏む、但佛書ハかたく制して藏めす、前に廂を構へ、祠官の輩の學問所とせり、此事天聽に達し、承應元年八月廿四日、後光明院記録所に出御の時、鷲尾大納言隆量卿・油小路頭中將隆貞朝臣に勅問あるによりて、右文庫ハ外宮祠官出口延佳・與村弘正・岩出末清等數輩、力を合せ靈地を見立營建仕、神書・國史・家録・舊記を相集申候、是神道再興の爲に候と、勅答申されしに、叡感不レ斜よし綸言あり、其後承應二年、三人の功を賞し給ひて、延佳ハ從五位下なりしを從五位上に加階す、但父延伊と同階となる事を憚りて父にゆつり、延伊正五位下に敍す、弘正・末清ハ從五位下に恩敍せらる、古今希なる事也、此事ハ賞爵沙汰文に委しく載せたり、右のことく、文庫造立の事、世に隱れなしといへとも、祠官の輩私に造營せる學舍なれハ、後代に至て斷滅せんかと、心ある人は歎けきおもひしに、八木宗直宿禰御奉行の時、江府に達せられて、寛文三年三月、若干の金子を下行し給ひ、貳十石の田地を寄附して、永代修理の料に充給へり、延佳等の志むなしからす、豊宮崎文庫今に荒廢の患なく、高貴民庶より奉納の書棟に充て、近年新庫一宇造立したり、是全く宗直朝臣の遺功也、尊むへし、仰《あふ》くへし

大宮司精長攝末社再興の時、八木宗直宿禰白銀十枚を寄附し給ふ事、付、林春齋先生慶賀の頌の事

両宮攝社の事、內宮ハ廿四座、外宮ハ十六座ありて、儀式帳・延喜式に載せられたれとも、亂世以後荒廢して、舊地さだかならさりしを、大宮司精長神忠の志を勵まし、紀州・鳥羽等の領主へも訴へ、寛文三年に悉く再興あり、內宮廿四座ハ、朝熊社・園相《ソナヒ》社・鴨社・田乃家社・蚊野社、湯田社・大土御祖社・國津御祖社、朽羅社・伊佐奈彌社・津長社・大水社・大國玉比賣社・江神社・神前社・粟御子社・久具都比賣社・奈良波良社・榛（棒）原社・御船社・坂手國生社・狹田國生社・多伎原社・川原社、外宮十六座ハ、月夜見社・草名伎社・大間國生社・度會國御神社・度會大國玉比賣社・田上大水社・志等美社・大河內社・清野井庭社・高河原社・河原大社・河原淵社・山末社・宇須乃野社・小俣社・御饗社也、此時御奉行八木宗直宿禰再興の功を稱し給ふあまり、子孫の祈禱のためなりとて、白銀十枚寄附し給ふ、同年の秋御出府の時、此事を御老中方・寺社御奉行方にも御風聴ありしに、ミな奇特の事なりと神忠を感し給へり、林春齋先生も慶賀の頌をつくりて、稱美せられたり、是精長の功なりといへとも、實ハ宗直宿禰敬神の御志深きによりて成就したる也

寛文三年四月十一日、宗直宿禰御手簡、白銀十枚御寄附の事あり

其後者不レ得二御意一候、然者今度末社之御造營ニ付、白銀十枚進上仕候、御帳ニ被レ付可レ被レ下候、子孫まて之祈禱ニ罷成候事、有難儀ニ御座候、恐惶謹言

卯月十一日　　八木但馬守
宗直　判

宮司様

大宮司精長返簡

尊札致二拜見一候、隨而末社造營之有增ニ付、白銀拾枚御寄進難レ有奉レ存候、慥ニ帳面ニ相記可レ申候、御子孫迄御繁榮之御祈禱不レ可レ過レ之候、誠恐謹言

卯月十一日　　大宮司
精長　判

八木但馬守様　尊報

九月廿九日、宗直宿禰御手簡、慶賀頌の事、御老中方・

寺社奉行方御感心の事あり
一筆令二啓達一候、其元彌別條無二御座一候哉、承度存候、我等儀、路次中無事ニ致二參府一、仕合能　御目見え仕、難レ有奉レ存候
一內々被二仰聞一候通、春齋へ申入候處ニ、則相調越被レ申候間、進申候、御請取可レ被レ成候
一其許攝社四十宇御再興之儀、御老中・兩寺社奉行へも申入候處、奇特なる儀ニ御座候と、何も感被レ申候、彌年內ニ出來可レ仕候や、承度存候、尙追而可レ得二御意一候、恐惶謹言

九月廿九日　　八木但馬守
宗直　判

大宮司樣

林春齋先生慶賀頌
八但牧任二勢州郡宰一之後、既經二營文庫一、再二興三所別宮一、可レ謂レ堪二其職一也、社家人民皆欣欣焉、頃聞下大宮司大中臣精長、有中興二復　內宮外宮末社四十宇一之志上、是亦但牧敎化之所レ及、而其本是　國家泰平之餘標也、誰不二聞喜一哉、余與二但牧一交際年久、不レ堪二感歎一作レ頌賀レ之
大哉　神風光二被闔國一、維　內維　外　兩宮同德、郡宰得レ人能堪二其職一、文庫勸レ學以定二法則一、三所別宮再建勵レ力、四十末社乃考二舊式一、基趾之存柱礎既植、宗廟有レ靈陰陽不レ測、百廢竝興太平無レ極、天長地久幾千萬億

寬文三年癸卯仲秋　　向陽林子　印

大宮司精長返簡
九月廿九日之尊札致二拜見一候、路次御無事ニ參府被レ成、早速　御目見之段被二仰聞一、目出度奉レ存候御事ニ候、兩宮幷御屋敷無事ニ候間、可二御心安一候
一內々申上候春齋老之一卷被レ遊被レ下、文庫と宮司ニ末代迄相留可レ申候段、家珍不レ過レ之候、貴公樣和韻之御歌、御失念被レ爲レ成候哉、乍二慮外一急便ニ被レ遊候而可レ被レ下候、是又同樣ニ裏打仕、家寶ニ致度候、偏奉レ賴事ニ候

一末社再興之儀、御老中様并神社御奉行所へ御申入被レ成候段、難レ有奉レ存候、三十九宇ハ今月廿日ゟ内ニ成就仕候事ニ候、粟皇子社一宇ハ、伊勢と志摩との堺伊介之浦と申所ニ御座候へ共、今程少子細御座候故、先々延引申候、是も追付立可レ申候と奉レ存候事ニ候

一春齋老へ為二御禮一、以二書状一申上候間、乍二慮外一御達可レ被レ下候、恐惶謹言

十月十二日　大宮司　精長　判

八木但馬守様

宗直宿禰御再答

九月廿八日・十月十二日之貴札、忝拝見仕候、中略

一御再興之末社卅九宇成就仕、今一社も近日相調可レ申之由、得二其意一目出度奉レ存候、御造營ニ付、方々ニ而奇特なる儀とも御書付之通令二承知一、神慮ニ相叶申候と、一入目出度存候事ニ候

一春齋へ御禮之通委申達、御狀相屆申候、則返狀被レ致候間是を進候、來年罷登萬々可レ得二御意一候、恐惶謹言

十一月九日　八木但馬守　宗直　判

大宮司様　御報

春齋先生之返簡

去十二日之貴札致二拝見一候、今度兩宮末社御再興之由、八木但州ゟ申來候ニ付、但州久々申談候故、慶賀之頌卒爾ニ作候而遣し候所、貴殿も御所望之由、但州參府以後物語ニ候間、遠慮ニ候へ共、任二但州之差圖一候處、被二相達一候由ニ而、御慇懃之御禮畏存候、恐惶謹言

十月廿八日　治部卿法印　春齋　花押

大宮司殿　御報

八木宗直宿禰、神忠の御事おほきによりて、宮司精長祭主に達して、加階の催しありし事

宗直宿禰ハ萬治二年御初入後、寛文二年に外宮別宮月讀宮二、三百年餘も四至界しられさりしを、古に復し給ひ、

同年内宮別宮瀧原宮・竝宮・志摩國伊雜宮、數百年絕たりし遷宮を執行し給ひ、同三年の春、禰宜齋館の所々に散在せしを、一所に移して今の地に造營し給ひ、同年三月、豊宮崎文庫に廿石の田地を寄附し給ひ、又小鹽井社の破損を修補し給ひ、又攝社再興の功を助け給ふによりて、春齋先生の慶賀の頌にミえたることく、まことに其職にかな《堪》ひ給へる御奉行なりと、神民のよろこひ限なし、寛文三年二月廿八日、大宮司精長此事を祭主景忠卿に達し、從五位上に加階せられんことを乞ひたり、同年三月二日、祭主の返事に、能氣をつけ被二申越一候、武家傳奏衆去月下旬江府下向に候間、上洛次第ニ相調候樣、隨分肝煎可レ申候とあり、武家加階ハ關東の御制ありて容易ならさる事故、此後其沙汰なしといへとも、此一事にても宗直宿禰を人の崇重せし事をしるへし、則往反の書狀左に載す

重而爲二御心得一申上候、此地奉行八木但馬殿者近代珍敷人ニ而、　兩大神宮へ神忠數多御座候、其中外宮別宮月讀宮ハ二、三百年四至堺も不レ知不淨ニ候を、舊記の儘ニ去年被レ改候へ者、往古之堺目出申間、不思議と諸人申候、如二古代一清淨之地と成候、又內宮之別宮瀧原宮・竝宮も、數百年正遷宮も無二御座一候を、於二江府一被二申上一候而去年正遷宮御座候、　兩宮禰宜等宿館も被二申上一候而只今御建立候、又爲二神書・舊記一、宮崎と申所ニ先年建申候文庫ハ、後光明天皇之達二　天聽一候而、叡感被レ成候へ共、終ニ斷滅可レ仕歟と祠官歎申候所、公方樣ニ被二申上一候而黃金下行被レ成、當地にて永代知行御寄附被レ成候、又小鹽井社も此中破損被二修補一候、其外少々之神忠者難二申盡一候、ケ樣之功御座候時ハ、一事ニ而も一級被レ下候例ニ而候、況數多之神忠候間、何とそ被二仰上一、可レ然者但馬殿ハ從五位下にて候間、加級可レ被レ成御事歟、是ハ下官執申ニ而ハ無レ之候へ共、不二申上一候ハ、、御存知有間敷と存申上候、彌以來迄　大神宮再興之御爲ニも可レ然御事と奉レ存候、萬一但馬殿ニ被レ賴

候而、下官執申義ニ候と思召事も可レ有レ之候へ共、
兩大神宮も御照覽候へ、左樣之義ニ而ハ無二御座一候、
貴殿御執奏被レ成候ハヽ、此地之奉行之事ニ而候間、
御爲も可レ然候、殊　兩大神宮之御榮之基ニハ一入成
申事ニ而候、往古も度會郡司なとの預二位階一候例、古
記ニ相見え候間、御執奏可レ然事歟、但貴公御心次第
ニ候、誠恐謹言

二月廿八日　　大宮司 精長

進上　祭主殿 政所

追而啓上、但馬殿へ加級被レ下候ハヽ、從五位下日
下部宿禰宗直と申候、爲二御心得一申上候、以上

祭主景忠卿の返簡

八木但州加階之義、尤珍重令レ存候、此度肝煎調候へ
者、一入本望大悅被レ存候、武家傳奏衆去月下旬江府
下向ニ候間、上洛次第ニ相調候樣ニ隋分肝煎可レ申候、
重而謹言

三月二日　　祭主 景忠

宮司殿

此加階之事、能氣をつけられ候被二申越一候、參向之
砌、但州へ對顏之節、此旨談話可レ申候

桑山貞政朝臣、尾上坂の墳墓を妙見山に移し給ふ事

御奉行桑山貞政朝臣、參宮の道路たる尾上坂の地墳墓にて、不淨の煩あるをなけき給ひ、他所に移し給ふへき賢慮あり、しかれとも、改葬の假かゝる者あまたあらん事を恐れ給ひて、是を神宮に議し給ふ、神宮舊記を考へて、石塔を新地又ハ他の墳墓に移すハ改葬にあらす、穢あるへからさるよしを答奉たり、是によりて寛文九年七月、開山の墓を妙見山に引移したまへり、今のイチヨボの墓是也、其節神宮の廻狀、左のことし

今度尾部山之墳墓可レ被二改替一之由、從二　御奉行
所一依レ有二御沙汰一神宮僉議之趣致二啓達一之處、彼石
塔任二其親族之心一、或移《シ》二新地《ニ》一或伏《フセ》二本所《ノニ》一、可レ令
レ無二塵穢一之旨令二承聞一訖、于レ茲移二石塔一之儀、近

古傚二改葬之例一雖レ行二禁忌之法一、與二改葬之儀一甚有二差別一、延喜式以下文保・永正記等、悉皆以レ移二舊屍一爲二改葬一有二假穢一之旨載レ之、移二石塔一有二假穢一之義無二所見一乎、先輩行例之事雖レ不レ無レ意、今幸任二明文之無一レ疑、相決如レ左

一尾部山所レ在之石塔、或移二之於新地一或伏二之於本所一、雖二其後孫一共以不レ得レ罹二假穢一

一石塔下レ手之輩、可レ爲二一日之穢人一
掃除畢次日一晝夜可レ忌レ之、掃除之中雖レ亘二多日一、尤爲二穢中一、更可レ忌二同宿同火一、於二參宮一可レ避二七日一

一舊地自下收二石塔一畢之日上、可レ爲二一周年穢所一

右以二神宮衆議一所レ被二相定一也、祠官・職掌人莫レ失レ之、仍執達如レ件

寛文九年七月十二日　　外宮政所大夫

寛文十年山田火災の時、桑山貞政朝臣金壹萬兩を借し給ふ事

寛文十年庚戌十一月廿四日亥刻、上中之郷鉈屋の世古より失火、上中之郷・下中之郷・八日市場・曾禰・大世古・一之木・一志・久保・宮後・西川原・田中・中世古・下馬所・前野・岩淵・吹上・岡本等の町々盡く燒亡す、燒失の家數五千七百四十三軒、土藏千百七十七宇、寺百八十九ケ寺、死人四十九人あり、此時、山田惣中の家數九千七百六十八軒あり、燒亡の人家半に過たり、御奉行桑山貞政朝臣その患難を憐ミ給ひ、江戸に訴へ金壹萬兩を借し給ふ、十ケ年の間に毎年金千兩ツヽ上納すへきよし、御下知あり、其時の御觸狀左のことし

覺

山田中燒失之輩ニ拜借金壹萬兩被二仰付一候、大坂御藏ニ而請取可レ申候、來子之年より酉之年を限、十ケ年之間毎年金千兩宛上納可レ仕事

亥五月十日　　丹後

山田三方中

まことにありかたき御仁恵也、此後寶永三年十二月二日(別筆)「家數五千八百九十三軒」中嶋焼亡の時、金壹萬七百三拾兩、明和元年十二月十七(別筆)「家數千九百卅軒」日中野焼亡の時、金三千三百廿七両餘拝借を許し給へるも、皆寛文十年の先例あるによりたれは、貞政朝臣の洪恩ますます忝しといふへし

桑山貞政朝臣、寺院を野外に退け給ふ事

佛道ハ、欽明天皇十三年十月、百濟國の聖明王金銅釋迦佛像を獻し奉しより、始めて皇朝にわたれり、しかれとも、神の惡ミ給ふ道にて、神事の時にハ佛事を忌るゝ事嚴重なり、殊に伊勢兩宮にてハ、嵯峨天皇の弘仁七年六月、伊勢大神宮司大中臣清持、佛事を行ひて神の祟あるによりて解任せし事、類聚國史にミえ、又度會郡・多氣郡・飯野郡を神郡といふ、一圓の神領也、此三郡にハ神の祟あるによりて、寺院を置れさる事、國史にミえたり、しかるに、亂世以後ハ上も法制たゝす、下も法度を守らさる故、宇治・山田にも寺院あまた出來れり、桑山丹後守貞政朝臣御在任の始より、常に此事を歎き給ひけるに、寛文十年十一月廿四日、大間廣なた屋世古より失火あり、山田惣中類焼の人家五千軒、佛寺百八十九寺なり、此序に貞政朝臣江府に達し給ひて、焼失の内、四十年以來開地の寺、又寺號なき寺をハ潰し給ひ、其餘ハ人家をはなれて野外に移し給ふ、今の越坂中寺町・前田等の寺なり、其時の御觸狀左のことし

覺

一神領中之諸寺江寺領不レ依二多少一、檀那より寄附候儀幷出家自力ニ求附候事、一切可レ爲二停止一事

一四十年來開地之寺幷寺號無レ之寺ハ、若焼失仕候ハ、潰可レ申事

一若舊地之寺焼失仕候ハヽ、窺可レ申候事

一今度致二焼失一候舊地之寺、最前繪圖之通、町屋之外江引可レ申事

一今度焼失之內、四十年來開地之寺幷寺號無レ之寺潰可レ申事

亥五月十日　　　　丹後
　　　　　　　　山田三方中

此以前類火のつふし寺并尼寺の儀につき、町々より三方會合へ取置たる一札あり、其案左のことし

今度大火事ニ付焼失之寺々、従二御公儀一御引せ被レ為レ遊候、就レ夫類火之寺之内、何々寺つふれ申候、又比丘尼寺之内、誰々ハ寺號も無レ之、弟子も無レ之候、然上ハ只今之居住者寝所之義ニ而候、尤一代計之事ニ御座候、右両品之儀、後代少も相違いたさせ申間敷候、若相違仕候ハヽ、我々如何様ニも可レ被二仰付一候、為二後日一仍如レ件

寛文十一辛亥正月廿日　　何々町年寄
　　　　　　　　　　　　　連判

此火事に焼たる寺、下中之郷廿寺、慶性寺・善覺寺・表（方カ）之坊・惠林菴・圓空寺・自勝軒・普門院・高乾菴・高順寺・壽福院・般舟庵・忠光菴・惣中菴・徳壽菴・常頓・大信寺・慈徳菴・しゆゆ・しゆゐい・ゐんしゆ、八日市場九寺、梅眞菴・常樂坊・謙康菴・吉祥寺・しゆはん・せいし・けいりん・せんそう・ゐいちの坊、曾禰十九寺、惣持寺・周見菴・惠恩菴・光善寺・徳宥院・明林菴・天機院・念心菴・法光菴・向陽菴（院）・梅里菴・豐徳寺・鏡圓寺・一行寺・菩提院・しゆい・けんしゆ・正ほん・しゆてい、大世古・一之木四十一寺、長溪院・無量寺・大西坊・來迎寺・法泉寺・常光寺・浄清院・十王堂・欣浄寺・是心菴・戒香菴・入林菴・浄宗軒・清露院・久安院・浄閑寺・等雄院・西迎菴・法持菴・惠情菴・正悟寺・源福寺・吉藏菴・攝取院・地藏堂・日輪院・歡正菴・正眞菴・實性寺・文廣院・浄念菴・受傳菴・周誾菴・妙法寺・十王堂・地藏・西念坊・ゐちの坊・めうしゆの坊・めうてん院・喜宗菴、一志久保二寺、明王院・大聖寺、宮後西川原町卅八寺、明鏡寺・極樂寺・祥光寺・盛廣院・善稱寺・崇恩寺・養草寺・西念寺・信行院・惠雲菴・永藏寺・梅喜菴・長昌菴・意松軒・香輪菴・善敎寺・正法院・東雲軒・利典菴・一行菴・香樹院・久昌院・得祐菴・玉池菴・三章軒・香輪寺・可月

菴・良戴菴・淨運菴・淨仙菴・盛林菴・淨甫・直心・常心・ゑきん・によしゆん・ちせい・せいしゆ、田中中世古九寺、大念寺・阿養軒・閑松院・崇林菴・清壽菴・淨泉菴・阿彌陀堂・與阿彌・行阿彌、下馬所・前野十二寺、善導院・會福寺、春耕菴・慶寶寺・信敬寺・榮祥寺・妙安院・長行院・不惣院・本覺菴・によしん・めうしゆ、岩淵・吹上・岡本五十六寺、光明寺・東漸菴・廣徳寺・瑞慶院・大休菴・高源寺・易玉院・聖壽寺・常徳菴・延命寺・地福院・臨將・明善院・不動院・惠屋・東禪院・福壽院・慈眼院・宗證寺・五大院・覺祐菴・眞福寺・清雲院・正壽院・信入菴・慈眼院・上善寺・善念寺・文珠堂・南之坊・貞永寺・歡喜院・喜泉菴・圓海院、尼寺廿一寺、都合百八十九寺、此内四十七寺ハ潰れたり、此朝臣、神忠・仁惠あまたあるか中にも、是等の御擧動《フルマヒ》ハ別して萬代の大功にて、水戸黄門光圀卿の國中の新地の寺院九百九十七寺を廢し、不如法の僧尼を還俗せしめ給ひ、松平伊豆守信綱朝臣の大佛の銅像を木佛にかへて、錢を禱（鑄）給ひし御擧動にもくらふへき事也

桑山貞政朝臣、世義寺を退け給ふ事

世義寺ハ、もと吹上の邊、世木の地にありし故の名なりといへり、其後前山龜の郷といふ所に移し、又北の御門社の西に移して、堂塔を建たり、外宮の地つゝきなれハ、神慮いかゝあらんと、心ある人ハなけきおもひしかと、亂世よりあまたの年を經しことなれは、俄に退くる事もなりかたく、さてありしを、寛文十一年、桑山貞政朝臣去年火災に燒失せし寺院を野外に退け給ふ序に、世木寺をも宮崎向山公事屋敷の地を給ひて、引移し給ふ、本堂の引料金五百兩、寺中の引料金四百兩御下行あり、其時の御觸書左のことし

覺

一世義寺被レ成二御退一、爲二替地一公事屋敷被レ下候事

一世義寺本堂・大師堂幷寺中江引料被レ下候事、但御金大坂御藏ニ而請取可レ申事

亥五月十日　　丹後

山田三方中

是等の事ハ、神慮いかに快よくおほしめしつらん、神民のよろこひ申計なく、後代比類なき遺功なり

桑山貞政朝臣、常明寺の額を停止し給ふ事

寛文六年、常明寺より彼寺の入口間山の側に、始めて鳥居を立つ、是寺僧の奸計也、其後延寶三年、右の鳥居に兩大神宮內院といふ額を擧く、後陽成の震（宸）筆なりといへり、兩宮一禰宜氏富・全彥、大神宮においてハ佛法を忌む事嚴重也、か丶る非義ハ神慮勿體なしと、桑山貞政朝臣に訴ふ、朝臣、額をハ卽時に停止し給ひ、鳥居ハ朽損し次第に取捨つへしと下知し給へり、此鳥居ハいかなる故にや今にあり、然れとも、右の御裁斷を憚りて、損する度ことに古木を以て、ひそかに夜中に造替すといへり、貞政朝臣學問を好ミ、神道を學ひ給ふ故、僧徒の奸計を退け給ふ事かくのことし、古今拔群の御奉行也

桑山貞政朝臣、宮川兩舟渡を神領に附給ふ事

宮川ハ、亂世以後國司北畠家の支配にて、渡錢を取たるを、天正二年十一月、國司信意朝臣、小俣・川俣の兩渡とも舟橋になし給ひ、賃錢を山田三方寄附し給へり

宮川橋賃、雙方永代寄進不㆑可㆑有㆓相違㆒、於㆓神前㆒彌武運長久・國家安全可㆑被㆑抽㆓祈念㆒事、簡要之由、猶以㆓津田掃部介㆒被㆓仰出㆒所也、恐々謹言

天正三年十一月二日　　信意　判

山田三方中

是其時の御寄附狀也、其後、田丸口川端の渡ハ紀州の御支配、松坂口小俣の渡ハ志州鳥羽の御支配にて、舟賃一文ツヽ取りて渡したり、然れとも、或舟賃を貪り、或ハあまたの人を乘せて、怪我人度々あり、其內延寶三年八月四日、小俣口の渡にて船を乘沈め、參宮の輩あまた溺死せるにより、神慮いか丶あらん、以來神領內より、賃錢をとらす渡させ侍たしと、桑山貞政朝臣に訴奉たるに、

同年貞政朝臣參府ありて、此由上聞に達し給ひしかハ、殊勝の事なりと御感にて、速に御許容あり、是によりて、延寶四年丁巳五月十二日より、兩船渡とも舟賃をとらす、晝夜の分ちなく、神領内より渡す事となりたり、その時定まりたる條令、左のことし

一中川原口之渡し守　不斷六人
　船三艘之内　壹艘ハうかひ舟　二艘ハ馬舟

一中嶋口之渡守　不斷三人
　船二艘之内　壹艘ハうかひ舟　壹艘ハ馬舟

右定之九人之人數ハ、晝夜無二透間一舟場ニ相詰居可レ申事

一諸國御參宮人馳走之ため、其外往還之諸人ニ至迄、舟賃一錢も取不レ申、少しも無レ滯、晝夜を不レ限、卽時ニ相渡し可レ申事

一御參宮人ハ不二申及一、惣而往還之諸人ニ對し、少も慮外躰仕間敷事

一人馬共ニ船不相應ニ大勢取込、乗せ申間敷事

一御參宮人其外往還之諸人つとひ候時ハ不二申及一、風雨・洪水之時節ニ随ひ、定置之外、增船增人何程ニ而も出し置、少も無レ滯往來自由ニ相叶候様ニ、此方ゟ指圖次第ニ請負之者賄として相勤可レ申事

一御參宮人衆舟場へ參着之時、兩宮之中において、誰人之旦那たりといふとも、着次第先々ニ乗せ可レ申事

一風雨・洪水之時節、往還之中急き渡り度由申者有レ之時、渡り可レ成所を自由をかまへ、渡り成ましきと陳し不レ申、渡可レ申事

一兩宮之上下によらす、往來有レ之時、御參宮衆と指合せ候儀ハ不二申及一候へとも、先御參宮人を第一ニ仕、馳走いたし相渡し可レ申候事

一船場之番小屋川邊ニ立置、取置ニいたし、水に随ひ引上可レ申候、尤番小屋ニ常番之者、無二油斷一晝夜相詰居可レ申事

一中川原口之船三艘、常者番小屋邊ニつなき置可レ申

候、大水之時者、ほう堤邊ニつなき置可レ申事
一中嶋口之番小屋、堤之上ニ可レ仕事
一兩渡し之番小屋、無二懈怠一常燈をともし可レ申事
一舟五艘并櫓三丁・かい八丁・いかり二丁、兩小屋かけ候料ハ、此方ゟ可二申付一候事

延寶四年丙辰五月十二日

是又貞政朝臣の吹擧を以て、參宮人晝夜往來の煩なくなりたる御功、ありかたき事也

岡部駿河守勝重朝臣、大學の講釋御聽聞の事

紀國和歌山に宮浦眞了といふ儒醫あり、李梅溪の門人なり、元祿の初より神都に移りて、宮浦喜大夫と稱し、宮崎文庫講師となりたり、岡部駿河守源勝重朝臣御奉行の時、文庫へ入らせ給ひて、その講尺を聞しめされし事あり、其後元祿六年癸酉三月十日より、始めてかの宮浦を小林の御屋敷にめされ、式日を定めて大學を講せしめ給ひ、望の者にハ聽聞をゆるし給ふ、これによりて、聽聞に出るもの多し、皆麻上下を着し、時刻者朝五ツ時、小林下宿に出へきよし御觸あり、翌元祿七年甲戌の十二月、勝重朝臣宮浦か數年講尺の勞を、江府御老中に達し給ひて、御許容の上金五兩を給ふ、宮浦、此時男子をうミたる故、古よりよろこひあれハ物に名つくとて、金五郎と名つけたり、勝重朝臣かくのことく學問を好ミ給ふハ、神職の輩ハ祈禱の外に勤なく、常に閒暇なれは、おのつからあしき風俗にうつるへし、身をつゝしむために、學問を勵ましむへしとの御賢慮也

岡部勝重朝臣、孝子に賞を給ふ事

曾禰町に林右衞門といふ者あり、また七郎右衞門といふ者あり、兩人ともに親に孝行なる事を、勝重朝臣聞しめされ、天和二年の御條目に忠孝を勵ますへしとあるに叶へり、かやうの者の土地にあるハ、奉行のほまれなり、江府へも申上へし、まつ當分の褒美なりとて林右衞門に米五俵、同人妻に金子一兩、又七郎右衞門に米五俵、同

妹二人に金二兩を給へり、水上清けれハ下流濁らすといへり、上の政道よろしければ、下にもおのつから善行ある者出來り、その善行の世にあらハるゝ事、まことに鏡のうつるかことくなりといへり

黒川丹波守平正增朝臣、土地の風俗をなけかせ給ふ御觸書の事

享保三年戊戌年閏十月、宮後町藤井大助（三郎大夫家也）といふもの、古市うさみ屋の遊女を身請したる事、正增朝臣不埒におほしめされ、新助（ママ）ハ追放、うさミやハ闕所仰付られたる後、近年打つゝき世上困窮して、物師職難澁なるへきに、かゝる不埒の所行ある事、土地の風俗あしき故也となけかせ給ひて、

物師職の面々、近年諸色高直にて、神德も薄く難義のよし相聞え候に付、萬事儉約を用ひ相續これある樣肝要の所に、左なく候て、近世以來法外なる遊興に長し、或ハ遊女を請出し、大分の金銀を費し、家職を失ひ、先祖よりの旦那をも賣離し、あるひハ奉加金等をも取集、其筋に遣ひ失ふ事、諸旦所の志をむなしくして、物師職の悪名を受る事歎敷事ニ候、自今以後、左様の類不行跡の沙汰に及ひ、公事訴訟申出候ハヽ、たとひ謂《イハ》れある訴訟たりとも、難レ立候條被レ得二其意一、向後相愼相續これあるやうに可レ被レ懸レ意候、以上

戊閏十月

右のことき御觸あり、ありがたき御厚意にて感戴すへき事也、ある書にも、御在勤十一年の間、例年の年頭の樽料を以て、太々御神樂を執行し給ふ事、一年も闕る事なし、まことに廉直なる良宰也としるせり

小林筑後守正祕朝臣、土地の風俗のあしきを諌め給へる事

正祕朝臣ハ、山田御奉行として文化三年に御初入なり、その翌年、土地の風俗あしきを見聞し給ひて、おのつから諸國にきこえて、大神宮の崇敬も薄くなりゆくへき事

なりとなけかせ給ひ、表向の號令といふにハあらされとも、土地の風俗を諫め給ふ御書を給へり、その書左のことし

抑内外兩宮の靈驗蒙らぬ地なく、崇敬せさる國もなし、就レ中當地神職の面々、御祓を國々へ分配し、寄附の神德を以て累代の繁茂子孫に及ふ、かく淺からぬ　神恩を忘却たる歟、わきて近來師職の輩、奢侈に流れ逸樂の餘り、茶鄽にたち入、遊宴をなし、甚しきハ賤婦を家に伴ふもあるやに聞ゆ、今めかしくいふへくもあらす、年經たる怠惰なれハ、若輩ハ曾て是を恥る色なく、肆志放蕩の辨へもあらぬや、邂逅に愼あるをハ頑愚なりと嘲るゆゑ、同僚の因ミ疎く本意なしとの情より、遂に其徒に傾くも又少からさるよし、それか中にも表にハ穢に觸るゝを厭ひ、檀所の見聞を愧るなんと、ことく〱しく訴へて、既に公務すら拒むにいたる族、茶店飲食の同火ハ穢にもあらす、見聞もよろしきにや、又ハ檀廻手代なる者、檀所へ諂ひ、主家を侮り、事を企、親戚の中を裂く類、我意に募り、禮を亡ひ、利に走り、信を失ふ、かくてハ國々檀家之人々おのつから師職を輕んし、信仰薄くなりゆくときハ、誠に神慮恐れ多く廣大の靈惠、仇を以報ひ奉るにや當るならん、唯過則勿レ憚レ改の聖言深く翫味し、おの〱篤く其身を愼しミ、有レ恥且格ことあらは、師職の繁榮盡る時なく、　神威と共に長久なるへし、予嗟歎するに堪す、敢て手書して志を述るものなり

丁卯晩秋の日

此御諫書出たりし時ハ、文盲愚昧の者まて感心して、夜の明たることく、世間の風俗俄に改まりたり、その頃、松村吉冬といふ者あり、歌を好ミて、十三、四才の兒女添删を乞もの多かりしゆゑ、歌會の席へも右の兒女四、五輩ツヽ同道して出たりしに、上部越中貞多それを聞て、女の子供ハ深窓の中にありて、縫針の事を習ふへき也、歌をよむハよき事なれとも、男子と同席にましはりてハ、おのつから淫奔の媒ともなるへし、かならす同伴すへか

らすと諫止たる事あり、此一事にても他をおもひやるへし、此御奉行所ハ、すへて土地のためにありかたき御賢慮ありし故、今にあふきしたふ人多き也

大河内肥前守政長朝臣、學問出精の者御稱美の事

文化十二年四月廿四日、三日市左近堯脩、御奉行所大河内肥前守政長朝臣の御内命を承て、學問を好ミ弟子なとをも取立る輩四人を招き、御稱美の御詞を傳へたり、其趣ハ

各方御身持よろしく、當地風俗に御混しなく、別而學問御好ミ、門人許多被㆓取立㆒候所、御奉行所御感心ニ被㆓思召㆒候、追而ハ小林へも御招、講尺等も御聽聞の御内存ニ相聞候間、其御心得ニ而猶更御出精可㆑有㆑之候、ケ様之儀ハ土地の面目にて、我々においても大慶に存候

右のことくなり、其後ほとなく御轉役故、講尺御聽聞の事ハ御沙汰なくて止ミたり、此時の四人、皇朝學ハ足代權大夫弘訓・高田少進武泰、漢學ハ幸田因幡光亭・東彦左衞門吉尹也

高井山城守實德朝臣、京家の人々の入込む事を禁し給ひし事

文化八、九年の頃より同十三、四年の頃まて、京都よりあるひハ宮様の御内、あるひハ堂上方の御家來と稱して、山田に來り長く逗留する者あり、これ皆土地に手引をなす姦黨ありて、いさなひ來る也、その御用といふ筋ハ、あるひハすたり物となりたる古證文を拾ひて、御殿の御金なりといひなし、借主に責はたるもあり、あるひハ質物なとの年限きれたるを、御殿の御用物を紛失せし事不埒也なと、いひかくるもあり、さま〳〵理不盡なる事を工（ママ）出し、むつかしく入くむやうにして、遂にハ金子をむさぼり取る事也、それのミならす、途中に行逢ふ人の無禮を咎め、金銀をゆする事あり、甚しきハ旅宿の妻と奸通して、夫を追出したるなともあり、諸人おしなへ

て是を苦しミ、やすき意もなく、いかなる事にて御奉行所より御制禁なき事ならんと、いふかる輩おほかりしに、いつのほとよりか、館に逗留せし京家の人々旅宿を引拂ひ、奸黨の張本北山彌平次・菅金目なといふ輩も、土地を立退しときゝしに、文政元年三月十八日、中院中納言殿御内織川隼人といふ人下られし時、始めて

中院中納言様御内織川隼人殿、當所江用向有レ之被二立越一候旨、御役所江被レ屆候ニ付、其段被二仰達一候、依レ之右之趣於二町々一も心得可レ被レ申候事

一織川隼人殿へ懇意之者有レ之候共、猥ニ參會致間敷、尤用事有レ之、面談致候事ニ候ハヽ、其趣委會合所江可二申出一候、勿論用向有レ之節々申出、及二差圖一候上旅宿江可レ參候、會合所江不二申達一、旅宿江立入致間敷候、此旨心得違無レ之様被二達置一、右申入候通取計可レ被レ致事

かくのことき觸あり、又同年花山院殿御内本庄土佐守下られし時も、

花山院様御内本庄土佐守殿、當所江用向有レ之被二立越一候間、御役所江被レ屆候ニ付、其段被二仰達一候、右之趣於二町々一も相心得可レ被レ申事

一本庄土佐守殿江懇意之者有レ之候共、猥ニ參會致間敷候、尤用事有レ之、面談いたし候事ニ候ハヽ、其趣委會合江可二申出一候、勿論用向有之節々申出、及二差圖一候上旅宿江可レ參、會合所江不二申達一、旅宿江立入致間敷候、此旨心得違無レ之様達置、右申入候通取計可レ被レ致事

又かくのことき觸あり、是より手引の奸黨彌恐怖して、京家の人々を引入るゝ事止ミたり、是實德朝臣の賢慮より出て、京都へ通達のうへ、かくのことくなりたりといへり、土地の大害を除き給へる遺功、莫大也

高井實德朝臣、高利の金子御停止の事

豊臣太閤の御時、奈良の町人高利の金を借したる事あり、始借たる者、相應の利をとりて他に借す、此者また利を

加へて他に借す、段々かくのごとくする故に、甚しき高利となり、借す者ハ榮え、借る者ハ日々に困窮して、世上のなけき大方ならす、是を奈良貸といふ、大閤その不仁を怒り給ひて、借す者をことことくに刑に行ひ給へり、近來山田にも是に似たる事あり、あるひハ子等館(良)金といひ、あるひハ古木屋金といひ、あるひハ堂上の名目金もあり、皆居宅・土藏を賣券にして借す金也、此利足金一兩につき、一ケ月にあるひハ一匁、あるひハ一匁五分、あるひハ二匁に及ふ、そのうへ壹兩に三匁・五匁等の禮金あり、四か月毎に返金の約束にて、もし借延にする時ハ、その度に二ケ月分の利足を出し、禮金をもとる也、此金子あまり高利にて、不筋なる借しやう故に、公邊にならさるやうに、金主より印形の慥ならさるを好む、始ハ借す人一兩人なりしに、後ニは金主數十人に及ひたり、これ故、土地殊外に困窮して、賣家の多き事計へ盡すべからす、然るに高井實徳朝臣此事を聞しめされ、仰らるゝ旨ありて、

近來町々ニ而古家買と唱へ、高利之金子取扱候者有レ之趣ニ付、以來右名目之金子致二取遣一候儀差留候樣、御目付中ゟ年行事・町當番江御沙汰ニ付、十二郷年寄中相談之上申渡候

一近來古家買と名目を以、家賃・禮金抔與相唱へ、高利之金子取扱、限月ニ至り無レ據居宅相渡し候向も有レ之、及二難澁一候筋間々有レ之趣、師職家・町家之者共迄も、右樣之儀ニ而絕家等致し候義者、土地衰微之姿ニ相成候へ者、以來右樣之金子取扱致し候儀、決而不二相成一候間、其段相心得可レ申事

但轉宅等ニ而賣買之儀、正道之事に候ハヽ、其趣雙方ゟ賣家之町へ相屆ケ、聞濟之上取計可レ申事

一右之通之金子取遣等之節、町表江不屆儀を、組合の者印形致候儀如何之事ニ候へハ、已來決而調印致間敷候、且是迄取究置候儀迚も、町表江屆無レ之向、若勝手ニ破却等致し候儀ニ候ハヽ、町表ゟ差留可レ申旨、其段相心得可レ申事

一古木買渡世之者も、以來古家求候節者、其町表江屆出、聞屆之上可二相求一候事

但相求候居宅月延ニ致し置、宿賃・禮金と唱へ、高利を貪候儀、決而相成不レ申候事

右之通申渡置候間、心得違無レ之様、急度相守可レ申候

子七月

町々より右のことく申觸たり、此御下知なかりせハ、人家過分明屋敷となりて、いにしへの山田の原にたちかへるへきを、御厚恩を以て諸人安堵する事を得たり、但或人ハ是にて高利の借し金止ミたるハ表向のミにて、内分にてハ猶姦悪の徒ありて、邪欲なる事をなし、放蕩の少年あるひハ貧人をくるしむるといへり、其事誠ならハ、歎くへき事也

(この一條、第一門三五七四號本より)

小林正祕朝臣、御役所金拜借御停止の事

寛政の頃より、町々へ御役所金御借し出しあり、町印を押て町内へ拜借し、さて師職の輩に旦家を質物として借しあたふる事也、行末の勘辨なき師職の輩、一旦の金子の融通をよろこひ、皆是を拜借す、然れとも、十二月廿日御利納の時にいたりてハ、町々の責ハきひしく、利金の才覺は出來かたく、親類うちよりて血の涙を流せる者多し、金子を蓄へたる輩ハ利にかしこく、かやうのなくて叶はさる難澁をねらひ、おのか欲をほしひまゝにする事甚し、正祕朝臣、此事の土地の大害なるを察し給ひ、拜借金殘らす年々に割濟に上納すへきよし仰出されたり、其時ハ返上の才覺にくるしミて、却而上を恨むる輩もありたり、然れとも今より考ミれは、此御深慮にて一所懸命の旦家にはなれず、妻子離散の患をまぬかれたる輩すくなからされは、皆御恩の忝をよろこひ奉るなり

神領歴代記

神領歴代記　上

七社奉幣發遣之事

上七社トハ　伊勢・石清水・賀茂・春日

平野・松尾・稲荷

例　延享元甲子三月申來、五月廿七日奉納
明和五戊子十月被㆓仰出㆒、十一月廿三日奉納
右被㆓仰上㆒有㆑之

天正十年壬午正月廿五日、勢州ニ於テ太神宮ノ正遷宮、三百年以來退轉《ン》ニテ執行無㆑之、當世有道之上意ヲ蒙リ再興仕リ度ノ由、上部太夫是ヲ歎訴ス、堀久太郎秀政ヲ以テ言上セシムル處ニ、如何程ノ造作ニテ調ヘキト、織田平信《ノ》長公「(朱書)二品前右大臣兼右近衛大將」御尋有㆑之「(朱書)江州安土ニ於テ壽ハ四十九歳ナリ」、神官《ン》等千貫有㆑之候ハヾ、其外ハ勧進ヲ以テ仕ベキト申上ル、大臣家又上意ニ、去々年八幡宮御造營三百貫入リ申スベキ由相積リ候ヘトモ、果シテ千貫ニ餘リ申候間、太神宮ノ御遷宮中々千貫ニテ足ルヘカラス候、然リト云ヘドモ民百姓ニ課役ヲ掛ケ苦惱セシメラレン事ハ御本意ニ非ス、御自力ヲ以テ相調ヘラルベク候間、先ツ三千貫被㆓仰付㆒候、其外入リ次第遣ハサルベキ旨仰渡サレ、平井久右衛門御奉行トシテ上部太夫ニ相加ヘラレ候、翌廿六日森亂丸ヲ御使トシテ三位中將殿へ仰遣サレ、濃州岐阜ノ御土藏ニ先年鳥目一萬六千貫入レ置レ候、定テ縄モ腐ベキナリ、中將殿ヨリ御奉行仰付ラレ、右ノ鳥目繋直シ、正遷宮入用次第御渡シ成サレ候ヘノ由仰遣ハサレ畢ヌ

治承二年

一如法經相納候經壺瓶二ツ、前山ゟ堀出候由、世義寺ニ有レ之、八日市場町敎王山三寶院、眞言宗、無本寺、無檀那、同町地藏院・下中之郷不動院、此二ケ寺より輪番ニ年預、下中之郷北之坊・常樂坊、此二ケ寺共、四ケ寺ニ而年預候處、二ケ寺者少地ニ而久々無住之由、年々九月廿日ヨリ十月廿日迄、如法經法會勤行之節五色花ビラ 繪花ビラ 降し候由

書寫經、十月十一日ゟ十七日迄、法華經三部、廿日未明ゟ經ケ峰・天神墓・八ツ之墓ニ納、ドウヒト云突鼻(朱書)「私曰、ドウヒ之事不レ詳由、イロハ員ニ、右ニ有レ之賑ふ事ヲ云トアリ」

書寫之事ハ淸淨ニいたし、紙ハ一枚ツ、洗ヒ、筆・藁紙・墨ハ待瀉石ヲ以ス、水ハ人ノ汲不レ申井アリ

如法經修行書寫經ハ兩宮神法樂之追善

寺領ハ如法經料

往昔上部越中守定長(貞永)、北畠家長野三左衞門寄附之由

如法經 世義寺・三寶院・播州書寫山、外ニ無レ之由、右日本ニ三ケ寺之由之事

慶長十一丙午

一江戶御城建 朝鮮ヨリ和ヲ乞、トリコ數萬人ヲカヘス (朱書)「但長祿二戊寅、江戶城初テ築由」

同十二丁未

一駿河御城建

同十五庚戌

一尾州名古屋ノ城建

一大湊廻船之法令由緒

貞應二年三月十六日、後堀川院ゟ御綸旨被二下置一幷諸廻船之御法令三十七ケ條之御條目頂戴、諸國廻船萬事大湊ニ而取捌仕候

右御本紙享保年中燒失之旨

天正元年十月廿四日、信長公軍船御朱印御書翰有レ之由

信長公岐阜在城之時、軍船・兵粮御用相勤ニ付、御紋附時服・御刀幷三百三十石之地所、其節老分拾貳人江被二下置一罷在候處、寶永四年地震・津浪ニ而流失、當

時馬瀬村領之内ニ少々残配當仕由

秀吉公朝鮮征伐之刻、大湊ゟ水主八人差出、御理運ニ而右水主共同國陣笠・陣幕拜領仕候段申傳、金胎寺ニ所持罷在候、幷神領檢地御免之義、太閤ゟ御朱印有レ之由、宇治・山田・大湊各惣中與アリ

天正十八年、相州小田原城主北條家御征誅之刻

東照宮樣御上意、小濱與八郎殿ゟ大船三百艘相州江相廻し候樣被二仰付一、諸所船集差出候由、其外慶長・元和之頃、急船　御用相勤ニ付、御墨附等頂戴之處、享保年中燒失之由

慶長十三年頃ゟ寛永年中迄、宇治・山田同樣江戸御年禮相勤候由

一大神宮御鹽調進、古來ハ大湊大鹽屋御園と稱し候場所より調進候處、明暦七八月廿五日地震・津浪ニ而流失、相休由、往古齋宮女御每年八月晦日大湊橋邊江濱出有レ之、御禊有レ之故、御禊橋與相唱候由、大鹽屋御園之地ハ此邊ニ而鹽屋明神于レ今有レ之、大湊本鄉之地故、神職・權任等も其頃ハ右之地ニ居住候へ共、流失故、當地江引移、倭姫命與奉二淸　水一鷲取之社地も其節流失、其後東之方江遷し、當時忘レ井御饗社與唱中候由之事

右寛政七乙卯年二月書出ス

一宮川堤、惣長南北十貳丁七間　但六尺五寸竿

石壇高サ四間四尺六寸

但右享和二壬戌八月、三方差出候書付ナリ

(朱書)
「根張平均十八間餘
馬踏內　貳間餘
高サ同　三間」

但小名紀州境ヨリ八十五間

出堤　淺間堤

一ノ籰　二ノ籰

石壇　中嶋町

三ノ籰　十五間

次元渡し場アリ

駿河樣堤二十二間

周防樣堤二十六間

中河原ノ上ナリ　棒堤六十八間

山田御役所御奉行所之事

慶長治亂ニアリ　勢州龜山　岡本下野守

右同斷　同所　町野左近

慶長治亂・勢陽雜記・同軍記・中嶋亂記ニ出タリ、丹州福地山慶長之頃國替ニテ同所ニテ死トモアリ、田丸ニ而死去　同所后田丸　稲葉藏人

家康公石田治部少輔與御合戰之頃八松坂之城主也、關ケ原御陣石田亡、慶長五庚子年ナリ　田丸　牧野兵部

同所　（吉田歟）吉田兵部

右之衆中、神領之公事少々裁判有レ之候事之由、時代年月慥ニ難レ分

秀忠公臺德院殿御代

一慶長八癸卯年初入、十六年勤　山中御代官　長野內藏允

元和四戊午年阿濃津ニ而死去　（朱書）「慶長二十乙卯七月改元」　下代　中村勝兵衛　山田高柳ニ居住

一慶長九甲辰年初入、十三年勤　山中御代官　日向半兵衛

（朱書）「元和元乙卯八月七日（五カ）大坂落城　同八月秀頼薨」

元和二丙辰年依レ願御免　（朱書）「同二四月十七日家康公御他界」　下代　三崎重右衛門　山田下中之郷居住

右長野氏與兩奉行

慶長十三戊申十月

一宮川兩船渡、船役金永御赦免、船賃定之儀、本田上總介殿ゟ之書面御書付留ニ有レ之、右兩奉行之時也

同十四己酉年

一遷宮、　兩宮遷宮被二仰付一候、右兩奉行之時

但此時ゟ廿一ケ年目毎ニ遷宮被二仰下一

元和二正月廿五日

一大宮司任職　辰長

一內宮法樂舍不動庫裏棟札、大檀那日域元羽之秀頼公、御貴躰堅固、御息災長久之所、慶長四己亥年大吉祥日、奉行九鬼大隅守、大工河口伊豆守、小工同賀兵衛置與有レ之

一枚ニ、大工山崎與三兵衛・小工曾禰孫七郎、同年八月大吉祥日、裏、水災・風陸・風災・風水災・金意災・金蓮下モ時之法印

権大僧都
伯耆國住僧
來儀圓光坊
納所泉藏坊トアル由

一元和三丁巳年初入、日向氏ノ代り
北伊勢御代官
水谷九左衛門 光勝
下代 水谷豐兵衛 山田一之木町ニ居住
同九癸亥年替り
右長野氏與兩奉行

正徳六丙申六月廿九日
一船江町天神濱ニ九右衛門殿屋敷跡與申由、四百六十坪
有レ之由、顚倒木有レ之見分有レ之由

一元和四戊午年初入、長野氏ノ替り
近江國小原市場
山岡圖書
下代 中村庄兵衛 山田高柳ニ居住
同九癸亥年替り
右水谷氏與兩奉行

元和六庚申年正月
一宮川船渡船賃之高札渡ル

右如二前々一壹人ニ壹錢、馬幷壹駄荷物貳錢ツヽ、夜
中ニ限らす相渡、出水候時も舟賃相違有間敷旨

元和五己未年四月
一加州江太神宮勸請之儀ニ付、板倉伊賀守殿ゟ之書面
右加州家老中江申入、答ニ隋ひ江戸表江可二申出一旨
也
右相止候ニ付、水谷氏ゟ之書面、右御書付留ニ有
レ之
但諸國太神宮勸請之儀、前々ゟ御停止之事ニ候得者、
破却仕度之旨、祭主種忠ゟ板倉氏江之書面同留ニ有、
同年八月也

一寛永元甲子十一月初入
是ゟ壹人勤
中川半左衛門
忠勝
同六己巳年九月十五日
當地磯村ニ而死去之由
申傳候

一寛永元年東叡山建
(朱書)「元和十甲子年二月改元」

寛永元甲子三月

一宮川堤普請料ニ缺所地之地子五兩計(朱書)「貸屋敷年貢ヲ申候」溜有レ之を三方物中江被レ下候旨、重而溜候分御代官與可レ談旨、其外旦那論之儀、似羽書致候者之儀等、御老中井上主計頭殿・土井大炊頭殿・酒井雅樂頭殿・永井信濃守殿御裏印書付有ル

(朱書)「文政二己卯五月廿三日
右年暦等兩様ニ相成有レ之、何れ歟難レ分旨、大河内君江御問合之方
有レ之、被レ仰二越會合一書留も承合候處、聢與難レ分、多分ハ本書之
通之方書符合」

寛永三丙寅六月

一旦那論理非決斷ニ付、伺品々江中川奥書之趣

同六年己巳年

一兩宮遷宮

(朱書)「九月下旬遷宮有レ之
伊勢守遷宮奉行被二仰付一候而一兩年
以前ゟ折々御越有レ之ト云々」

一寛永七庚午年五月初入

美濃御代官 (朱書)「將監」
岡田伊勢守
當時霞か關　三千石

同八未五月江州草津ニ而死去

(朱書)「此屋敷ニ伊勢被レ勤候事之申
傳幷書物も殘有レ之由
文化七午年承り候事」

寛永七午年

一山田公事屋敷取建

右山田吹上町之北之由、其舊跡有レ之が、今ハ畑ニ相成有レ之、又河崎町ニ向北かはの美濃藏與申屋敷之字《ナ》有り、慶長年中之比、右伊勢守殿御藏在レ之し跡と其頃之古老申傳候由、又兒女之おく之町與ハ南側ニ而別之由緒之由也

元和十甲子二月相願、寛永元ナリ

一山田奉行無レ之候而者、自然喧嘩・口論・盜賊以下惡黨有レ之時、長袖之裁許ニ難レ及候間、奉行被二仰付一被レ下候様相願、仍レ之于レ今被二仰付一候、度々兩長官名代・兩會合當番爲二御禮一出府候事

但右公儀江三方共相願候事、右御禮廻り者御老中・若年寄・御側衆・寺社奉行江相勤候、尤時之奉行所江罷出、寺社奉行江之案内手紙相達候上相廻り候事

秀忠公御代
臺徳院殿

一寛永八辛未年十月初入　山田奉行初　十一年勤
　　　　　　　　　　　　北伊勢御代官
　　　　　　　　　　　　　花房志摩守 貞性
同十八辛巳年四月江戸　鮫ケ橋　高七千石 三百トモ　備中國
　　　　　　　　　　　　　　御役料地方三千石
ニ而死去

寛永十癸酉年

一御役料幷御船手共拜領、御代官御免

一往古ゟ北伊勢在住、御船御預り之處、山田奉行被ニ仰付一、御料有瀧村、先年ハ鳥羽城主九鬼長門守濱屋敷之由、同村ニ有レ之、此所江引移、御用日ハ山田公事屋敷江罷越、訴訟等被レ承候事

但此公事屋敷、岡田伊勢守寛永七午年取立、山田吹上町ニ有レ之、公事裁斷之節ハ當日御越取計有レ之、其節前日ゟ組同心罷越相勤候、右古跡于レ今公事御屋敷與中字《ナ》相殘ル

一御船幷水主同心七十人共、此時四日市ゟ有瀧村江引移ル、其節御役料地方三千石御料地ニ而相渡ル

但水主同心之儀者小給之儀故、舊地離レ候而者取續難澁ニ付、追々相願、四日市舊地江罷歸り候者も多く有レ之、人數入替等有レ之候事

一寛永十二乙亥年有瀧村之御役宅、今之小林村江引移有レ之、同十三丙子年とも有レ之

一同十五戊寅年御舟倉幷同心屋敷共有瀧村ゟ引ル

但有瀧村ニ右之舊地有レ之候事

一御役屋敷地面　但此地面元御料小林村・上條村之地ニテ于レ今右村之筆高之内ニテ引ケ

物坪數

壹萬三千九百七拾坪

東西百拾間、南北百貳拾七間　御門前土居三間ツ、同生垣土居西三十六間東十二間二尺ト二十七間但西番所江四十二間

内

千九百三拾貳坪　堀内坪　東西四十間壹尺五寸南北四十八間但筋違ナリ

六百七拾七坪餘　建坪

但建坪之儀、追々御修復度增減有レ之　享和二壬戌八月改坪ニテ六百七十八坪ヲ公事人溜一間半ニ六間囚人溜　一間半ニ八間

一組同心長屋坪　表向者貳間梁也、兩組共同

右御屋敷惣境內ニ組同心拾五人之長屋　九百坪餘

但貳棟ニ而四間梁　廿壹間ト、廿四間　但　當時自修復ニ而梁繼出當時貳棟同間一門絕ル

同五拾五人長屋　御役所ゟ四丁隔東

坪數千六百七拾五坪　（朱書）「但當時坪數増」

東西六十七間、南北

貳拾五間

（朱書）「亨和二戌年ゟ始り小林村庄屋江對談之上西東共ニ畑へ出ス、坪數相増」

建家四拾軒、四間梁廿軒ツ、三間間口、尤前ニ同、

梁行裏ニ而壹間餘ツ、自修復ニ而出ル

兩組ニ而七棟　延享年中地形築立之砌、世古ヲ増、當時九棟ニ相成居候、右之後明世古　樫坂　喜多川　志賀

虎丸之方
一御船倉桁行十五間、梁行五間、戸拾貳本、屋根九拾三（朱書）「番所間數享和二記」
坪、六尺五寸間

小關之方
一同桁行十三間、梁行四間、戸八本、屋根六拾七坪半、

庇等先ニアリ

一御船之事　天地丸　七十丁立、鬼丸　五十丁立、千連丸　五十丁立、一樂丸　五十丁立、小鷹丸　四十八丁立、乙矢丸　四十丁立、小早御船　廿八丁立

右者御關船

福德丸　日吉丸

右者荷船

右九艘之御船并同心共、當分之假小屋ニ居住也

一御役所裏宮川道圍堤　上條村境ゟ小林村境迄

長百四拾三間　御入用御普請場所

寛永十癸酉年

（朱書）「但小林村支配多羅尾四郎次郎御代官所普請場所之分、同村宮川堤御役所境ゟ傍に曲り目迄五百四十七間、夫ヨリ湊橋迄三十間餘有レ之」

一二見郷六ケ村高貳千百三拾貳石餘

御朱印被ニ成下一頂戴仕候、仍レ之二見郷西村之東ニ石

碑ヲ建ル、于レ今有レ之

寛永十一甲戌年

一家光公大猷院殿御時、御上洛之節、天地丸・鬼丸・

小早御舩、右三艘三州吉田江出帆、志摩守乘船、組同

心出船、吉田於ニ川內一小早御船ニ被レ為レ召、夫ヨリ

陸地御通行被レ遊候由之事

同十二乙亥年

一虎丸御船　六十八丁立、孔雀丸御船　五十六丁立

右ハ天地丸・鬼丸年數相重り御用立不レ申ニ付御入

替、右貳艘大坂ゟ相廻ル、組同心罷越乘廻し、有瀧

村御船藏江曳入候事
　但御船寸間先キニ記レ之
一天地丸・鬼丸・千連丸・一樂丸・福徳丸・日吉丸
　右六艘年數重り難二御用立一ニ付、解船ニ相成
寛永九壬申五月
一諸牢人拘間敷義、田畑家屋敷賣買・同質物ニ入候儀、諸出入ニ徒黨荷膽（ママ）仕間敷儀、火消掟之事、三方年寄・肝煎可レ然旨、宮中江役人定可レ置旨書付渡ル

（下）（朱書）
慶長年中ゟ此留川ハ九月九日ゟ翌三月三日迄、但安永二年相願、初而八月ゟ留ル

寛永十癸酉九月
一博奕御咎等之儀、鐵炮放停止等之書付渡ル
同十二乙亥九月
一參宮人之儀ニ付、不作法不レ仕樣書付
右同月
一切支丹停止ニ付被二仰渡一書
　内宮六鄕・二見三ケ村、家壹軒之内、男女下人迄壹人ツ、其宗旨極、旦那坊主之一札取可レ申儀、借屋之者宗旨改、請人之手形可二取置一、旅之商人并當時之宿借りハ能改、宿かし可レ申儀、自今きりしたん有レ之ハ早々可二申出一者也
外宮三方同斷、尤右改十一月十日極書付、又十月切ニ極、十一月朔日帳上可レ申義、志摩守印形書付渡ル
寛永十三丙子十一月十五日
一朝熊村・鹿海村境目之事
右境目ニ石を立、塚を築せ候、川ハ鹽干之石ゟみを限りニ定之事
魚之儀者如二前々一鹿海村ゟ可レ取、藻苔之儀、水尾限雙方可レ取、但魚取妨ニ成候ハヽ、朝熊村ゟ其内ハ用捨可レ仕、併鹿海村ゟ藻苔取候ハヽ、朝熊村ゟも可レ取并渡海船之儀ハ鹿海村ゟ違亂申間敷、田地之井料ハ宇治六鄕同前可レ仕旨
同十四丁丑二月
一外宮宮中竹木剪・牛馬繫候義、禁制札渡
同十六己卯九月

一前山之運上、御赦免被ニ仰出一候儀ニ付、阿部豊後守殿・阿部對馬守殿ゟ花房江之御書、御書付留ニ有

右山手年貢御赦免、境目以來入念可ニ申渡一旨、是ハ松平伊豆守殿御連名

同年

一寛永通用之銭、公儀ニ而被レ為レ鑄候事

寛永十五年戊寅年

一嶋原切支丹三萬七千人焼亡

同十六卯年

一寛永通寶銭鑄ル

同十七辰年

一日光　御社參

寛永五辰年

一秀忠公家光公　日光　御社參

同六巳九月

一兩宮御遷宮　前ニアリ

商船之事

文化十一甲戌年三月十六日船下シ、奥向様方見物ニ御越聞書

一改勢丸　貳千石餘積十八人乘　但大湊ニ而往古ゟ千二、三百石積迄ニ而餘り大船ハ如何ニ付、誂へ來り候而も斷候事之由、依レ之表向者千五百石之積之由

長貳拾尋程

明幅五尋四尺七寸程、足深サ壹丈壹尺六寸程、敷艫繼共ニ而十尋程、敷厚壹尺壹寸、棚厚五寸、敷合落釘、長壹尺八寸、巾貳寸、厚八分、筒丈五尋餘、みよし先廣サ三尺、帆柱十九尋餘、但帆桁者柱の八分半位、梶柄差渡貳尺餘、長七尋餘、樫羽廣サ貳間餘、

右み木調ヒ兼候由

家光公

一寛永十八辛巳十月初入　永田ば、　十九年在勤　石川大隅守　八左衞門　正次

萬治二亥年五月病氣ニ而願之上御役御免　高五千石　御役地三千石　安房

(朱書)「寛永二十一甲申十一月改ニ元正保一
正保五戊子二月改ニ元慶安一
慶安五壬辰九月改ニ元承應一
承應四乙未二月改ニ元明暦一
明暦四戊戌七月改ニ元萬治一」

法名　顯德院殿前隅州相譽淨圓大居士

(朱書)「右ハ二俣町潮音院義、朝熊嶽虎溪院隠居地ニ、明暦三丁酉年石川御取建

一御用日、山田公事屋敷江被レ越、裁許有レ之候 之由ニ而、右潮音院ニ御位牌有レ之由、寛政七乙卯年願筋ニ而懸合有レ之、御用文通ニアリ」

寛永廿一年

一二見密嚴寺雪岩光西堂

大猷院様御代、蒙二　臺命一、寺領田畑百三十石餘、山林・境内共拜領、正保二年四月、於二　御白書院一獨禮、御目見、時服拜領、其後代々繼目御禮被二　仰付一、臺帖頂戴、御膳具、御菓子盆、御戸帳、葵御紋附之儀、御打敷、御金燈籠

正保四丁亥年　有瀧村ゟ引移トモ有、寛永十五年ト前ニ有

一御船倉地面坪數千四十壹坪餘、内百五十三坪餘建坪也

同年二月

一宮川堤普請料、(朱書)「此金四百五十四兩貳分、銀三匁」銀三貫目拜領被二　仰付一

右物堤長七百貳拾七間十二丁ト七間ナリ、六尺五寸杖

右ニ付、御祓・熨斗可二差上一旨把數極之儀有レ之

寛永十九壬午正月

一宇治・山田駄賃高下之儀、前々之通相對可レ致、駄賃馬價を付候、以後餘之馬方ニ爲レ取間敷義等之書付

同年十月

一闕所被二　仰付一候節、借屋敷　御取上不レ被レ成由緒之書付三方出

同月

一山田惣中主從作法之定書、同月極候旨三方出

同二十癸未二月

一切支丹宗門之者奥州筋幷江戸邊ニ而召捕候儀ニ付御達書、石川奥書、逃散候者有レ之者可二注進一旨

同廿一甲申六月

一被官・寄子出入之節、寄親荷擔停止之儀、田畑預り年貢出不レ申、地主取上ケ候儀、寺住持替、先住附置、寺領賣候儀停止之旨、十人組之儀春秋兩度穿鑿可レ仕旨

同年同月

一古法可レ守儀、喧嘩口論・押買賣・人賣買・年季年
限・領内ニ有來候者他領有付・科無レ之者呼歸儀停止
之儀、其外ケ條高札
正保四丁亥十月
一齋宮村出入之儀ニ付被二 仰渡一書付
但齋宮上野村百姓を、内宮權官之代官間之山ニ而切
殺候ニ付、百姓職を論、祭主與内宮之給人出入、右
兩名之籠舍、代官死骸
寛永廿一甲申年十一月改二元正保一
一外宮末社四十宇再建伺之上、造替御入用千五百兩餘
一内宮同八十餘宇同斷之由
但内宮ハ萬治元戊炎上之節、燒後再建之節、小社ニ
相成候由、右外神嘗・月次ニ有レ之由
明暦二丙申年正月
寛文元辛丑年六月
一枰之儀御書付　　石川　八木
守隨ハ彦太郎東三十三ケ國、神善四郎ハ西三十三ケ
國ニ而賣可レ申、右兩人改印仕候義、直段附等有レ之、

右御達書付
明暦二丙申八月
一内宮神路山之儀申渡掟書
右宇治二郷ト中村・楠部・鹿海出入、右五十年以前
ニも出入有レ之、日向・長野申渡書有レ之、右山ニ而
下三郷ハ芝木計取せ、用木伐間敷、正月餝松・榊ハ
極月十日ゟ廿五日迄取せ候樣
萬治二己亥五月
一内宮宿館造立書付　　八木在府
右三間、梁貳十間程之家建可レ被レ下旨被二仰下一候旨
慶安二己丑年
一兩宮遷宮有レ之　石川壹人ニ而御勤候事
萬治二己亥年去戌年冬炎上「大杉山」(朱書)
一内宮臨時遷宮　遷宮奉行岡田將監被二仰付一、河崎町專修院ニ冬ゟ御入、八木御勤之段有レ之
同年九月
一切支丹制禁高札、御褒美被レ下、銀之品之義有レ之
慶安五壬辰年九月、是初り也

一公儀御祈禱、春木大夫・山本大夫江正・五・九月相勤
候様被二　仰出一、石川氏兩大夫江申渡
（朱書）「但嚴有院殿薨御後、寶永六年迄中絶、先ニ記」
正保四年九月十四日
一公卿　　享和元酉ニ委く記ス
敕使廣橋宰相參向引留無レ之
承應二九月十日
一大宮司任職　精長、號二河邊一
但先定長、承應二年九月十日轉二祭主一、明暦二年十
一月逝去
同三午年
一三日月丸江戸ゟ相廻り候
明暦三酉年
一慶光院江戸屋敷類焼ニ付、作事料先例之通相願、銀三
百枚被レ下レ之
萬治年中
一宇治上館爲二火除一引替地被二　仰付一　新屋敷ナリ

但爲二往來一新橋造立被二成下一
慶安二丑年
一家光公日光　御社參
正保三丙戌年
一惣而間ノ山之儀者やかましき所ニ候間、十人組ゟ毎月
壹人宛年寄會合江呼候て仕置可レ被二申付一候、於二末
代一相違有間敷候と御奉行石川大隅守様宇治會合江被二
仰付一候事
貞享元甲子六月
一岡部駿河守様御在勤ニ而宇治當番大國民部・太郎右京
參上、間ノ山諸法度書差上候
覺
一御參宮衆江少し茂慮外仕間敷事
一御參宮衆江一夜之宿を茂借し申間敷事
一博奕曾而仕間敷事
一猥かハしき事、又者不審成事候ハヽ、何によらす
注進可レ申事

一諸牢人者不レ及レ申、惣而他國之者ニ一夜之宿を茂
借し申間敷候
　但町内之もの、古郷ゟ親類參候ハヽ、十人組・
　年寄江相斷、吟味之上ニ而一兩日ハ不レ苦事
一町人居住之屆有レ之候ハヽ、古郷親類を相改、町
內之年寄・地主・拾人組吟味之上ニ而慥成ものニ
候ハヽ、宇治・山田之內ニ而宜敷請人を取、爲
レ致ニ居住一可レ申事
一傾城遊女曾而抱置申間敷事
一野良抱置申候事、狂言盡仕候時之外可レ爲ニ無用一
事
一銘々妻子之衣類者、紬地布さらし・ゆかた染ゟ外、
結構成物着申間敷候、帯も金入かのこ縫之類一圓
仕間敷事
一茶屋女之衣類ハ地布木綿之外着申間敷候、帯も可
レ爲ニ同前一候、常ニまへたりをさせ可レ申事
一男(開カ)山道筋無ニ油斷一掃除可レ仕事

以上
一同八月晦日慶光院屋敷ゟ差出證文
　ケ條書同前
右御法度書之通、相背申候者今日迄壹人も無ニ御座一
候、若無念之義御座候ハヽ、後日ニ御聞被レ成候共、
如何樣ニ茂曲事可レ被ニ仰付一候、爲ニ御請合手形一如
レ此御座候、以上
　貞享元甲子年　上中之地藏町慶光院屋敷
　　八月晦日　　年寄 奥野三郎左衛門　印
　　　　　　　　同 會津多左衛門　印
　　　　　　　　同 岡室治兵衛　印
內宮二鄉
　御年寄衆中樣

家綱公御代
嚴有院殿　(朱書)「萬治四丑四月改元」
一萬治二己亥年七月初入　七年在勤 赤坂御門外　勘十郎 八木但馬守 宗直
寛文三癸卯年七月八日　當時小川町キジ橋通り 高四千石 御役地三千石
當御役所ニ而死去
右御役地柏村ニ而火葬ト云々、塚有レ之由、尤延寶

二甲寅年桑山氏依二御尋一調候處、唯在二一堆之驗一、無二石碑一、當村之寺ニ書載有レ之由注進候事、尤寛文九己酉十一月廿四日山田大火事之節、會合舊記焼失ニ付、御斷申上候段、古老之者覺之儘申上候由

（朱書）「右享和二壬戌十二月改見ル所、柏村南方山中墓所ニ二間四方、高サ四尺餘塚有、松有レ之處、眞木ハ枯レ根ヨリノ枝凡三尺廻リ餘ノ松有ル、且同村禪宗法林山眞福寺ニ靈牌アリ、尤右村ハ當時御料八分、紀州領二分、惣家數七十軒程アリ、村高五百石程アルヨシ、右靈牌左ニ記ス　」

（朱書）「　寛文三癸卯年

上リ藤（紋）　常光院殿前但馬守利峰了貞大居士神儀

七月八日　　右高サ壹尺五、六寸アリ」

寛文元辛丑七月

一切支丹高札年號改元ニ付、書改申候様、同斷之者所々ゟ密々顯れ被レ捕ニ付、彌無二油斷一可レ改旨書付

同年

一大裏炎上

萬治三庚子年

一宇治大橋流落

寛文四甲辰七月

一駄賃人馬御定之儀

諸大名壹頭分、一日五十人五十駄之積、萬治三年高札之通可レ守處、近年多分出レ之、跡々差支ニ付、向後急度可二相守一、或者病人等有レ之ハ五人・十人、五疋・十疋ハ相對次第可レ出旨

同年十一月

一次飛脚人足之儀御書付

晝ハ貳人、夜ハ四人之旨、先年申付有レ之通相守、人數帳江可二附置一旨

同

一切支丹穿鑿之儀御書付度々有レ之

一耶蘇宗門御制禁之儀尤此後度々有

同五乙巳年

一御朱印被ㇾ下方之儀御書付
右御三代頂戴之者ハ勿論、御兩代頂戴之者、寺社領輩可ㇾ被ㇾ下之義、御一代頂戴之寺社領ハ先五十石以上之分可ㇾ被ㇾ下旨、寺社無ㇾ之境内計之御朱印たり共、一宗之本寺ニ於てハ可ㇾ被ㇾ下旨、今六月中先　御朱印持參候樣、右之外ハ重而御沙汰之旨

同年七月
一諸宗法式御定書

同年十一月
一評定所ニ而被二成下一候御書付
宇治年寄ト平人出入ニ付、年寄共申付ヲ不ㇾ用もの五人、不二召寄一ニ被ㇾ出二不屆一神領追放

寛文三癸卯年
一豐宮崎式條御渡

同年
一二見六鄕ト志州小濱村ト漁獵場阿古瀨ト申所爭論ニ付、江戸表江願出、御裁判書左ニ記、于ㇾ今持居候

伊勢國二見浦與志州國小濱村就二海上獵場爭論一裁許之覺
一雙方申分令二糺明一之處、論所伊勢國二見海上たりといへとも、小濱村諸獵仕來候證文數通有ㇾ之間、小濱村百姓可ㇾ爲二理運一、但運上取ㇾ之、他村江漁獵不ㇾ可ㇾ令ㇾ致之事
一阿古瀨之内ニ而者二見ゟ諸獵不ㇾ可ㇾ致、阿古瀨之外ニ而諸獵可ㇾ仕事
一磯部杭立之分者二見ゟ漁獵可ㇾ致事
右條々、永不ㇾ可二違失一、爲二後鑑一下二置於雙方一者也
寛文三年十二月十二日　彥左衛門印　豐前印
大隅印　長門印
甲斐印　大和御印
美濃御印　豐後御印

延寶年中
一外宮一之鳥居ノ橋、延寶三乙卯年九月吉日、北御門ノ橋、寛文四甲辰年正月吉日、京室町山村屋吉右衛門尉

忠直依二心願一造營料、一ノ鳥居方ハ下馬所前野附、北御門方ハ宮後西河原町江附有レ之、右金子町内ニ而貸附有レ之、右利金を以、町内ゟ朽損次第造營致し候事

但右吉右衛門往古一子無レ之、心願候處、北御門邊ニ而一子をさつかり候由、右之願戻之由承傳候

寛文三六月廿二日

一伊雜宮社人ト内宮禰宜爭論、去年於二京都一落着之處、背二　勅命一訴訟幷遷宮ヲ相延候、右宮人企二徒黨一、住所立退候儀共不屆ニ付、伊勢・志摩追放被二仰付一御書付、右於二評定所一被二仰渡一候段、御達書御書付留ニ有レ之

同年十二月

一志摩國小濱村與松下村浦論之儀ニ付御下知書

覺

伊勢國松下村與志摩國小濱村浦論之事、令二糺明一之處、池浦之儀、伊勢・志摩兩國之境たる之間、伊勢之方者松下可レ爲二支配一、志摩之方者小濱可レ爲二支配一、但漁獵之儀者先規從二小濱一致し來候間、彌以可レ爲二其通一、然共松下より茂かち立之獵者致來候間、是又可レ爲二其通一、爲二後鑑一雙方江書付遣置者也

寛文三癸卯年十二月十二日

妻彦右印　岡豐前印

渡大隅印　村長門印

賀甲斐印　井河内印

寛文三卯年

一日光御社參　家綱公、嚴有院殿ト號奉ル

町宿發端之事

一往古ゟ御師無レ之參宮人を山田町表通り町家之もの宿致し來り候處、寛永・正保之頃ニ至、御師有レ之參宮人を相泊メ、御祓・御供等を爲レ受、或は宮中江幣箱を出し候者も追々出來いたし候ニ付、承應三年箇條相立、猥之義無レ之樣町々江三方會合ゟ申渡候事

一町々町宿等出來致し、懇意を結ひ、師旦同樣ニ致し候もの有レ之ニ付、萬治元年ゟ町々町宿いたし候者通筋

ニ而人を定、三ケ年一廻り年限相立、其年之番ニ相當り候ものハ宿主之人數書立、其町年寄ゟ會合所江申出候樣、同斷申渡候事

一寛文六年ゟ町宿一統番札鬮取爲レ致、白札ニ相當り候もの其年一ケ年町宿爲二相休一候事

但し四、五枚も白札申付候處、當時ニ而ハ壹枚申付候事

但古市中之地藏町之者、町宿同樣取計致スニ付、寛政十午年町宿共願出、宇治會合江及二駈合一、嚴敷申付候ニ趣候へ共、兎角不二相止一、同十二申年又々願出、御役所江御伺申上候處、同年閏四月御書付を以町宿躰之義不二相成一候段、嚴敷被二仰渡一有レ之候事

十九年在勤　猪兵衛　初丹後守　桑山下野守　藤原　貞政

一寛文六丙午年六月初入　愛宕下　高三千石　大和　御役地三千石

（朱書）「同十三癸丑九月改二元延寶一
同九辛酉九月改二元天和一」

天和四甲子年二月依レ願　用人　篠岡九郎右衛門　北地儀左衛門

御役御免

寛文七未年

一檜垣六神主儀、叔父檜垣彌大夫死罪被二仰付一候ニ付、閉門被二仰付一候

同八戊申年

一公事屋敷幷表門山田ゟ御役屋敷江引移

一山田ニ公事錢與申事有レ之、公事訴訟人雙方依二富注一鳥目差出候處、此御在勤御免有レ之段、古老申傳候

寛文九己酉年

一遷宮、大杉山ゟ伐出、立木ニ而御渡

同七丁未年閏二月

一難船有レ之節、破損無レ之樣可レ入レ情旨、御書付

湊ニ永く懸り居舟ハ所之者其子細可レ尋、御城米廻船具・水主不足舟江ハ不レ可レ積、寄り舟荷物流來ハ揚ケ置、半年過荷主無レ之ハ揚置輩可レ取レ之、日數過主來るとも不レ返レ之、地頭代官差圖次第可二取計一

幷博奕停止之義共
同年九月
一去々巳六月以來御太刀幷金物目貫等取扱候もの有レ之ハ可二申出一、不似合金銀遣り候もの、東寶殿之古鎰・樞鎌所持候もの僉議之書付
一御弓五拾張・御靭五拾穗・御鎗五拾筋・大筒貳挺・玉目（二十目十五目）・御鐵炮五拾挺・玉目 三匁五分 下野守造立、依レ之桔梗之紋所ニ有レ之候
但塗木弓・關弦・握革、柴靭黒塗・腰緒・征矢共、韘もコノ時代出來與相聞候、鎗長柄・太刀打鞘共、白檀・塗黒・鳥毛替鞘アリ、鐵炮明亂五拾・早合添口藥入五拾・玉藥箱・火繩共、右享保十三申年保科淡州之節朽損ニ付仕直有レ之、先ニ委記ス
寛文八申四月
一旦那論之儀ニ付御下知狀（朱書）「此御下知狀文政五午年兩宮兼行一件ニ委記、爰ニ略ス」
久保倉右近與佐八掃部出入、兩年寄被二召寄一兩師職之儀者旦那心次第たるへく條、末代迄不レ可レ致二違犯一旨
同十戌四月
一春木大夫江戸ニ而神明再興相止候義
右拜領屋敷神明有レ之、再興相止被二召上一、替地可レ被レ下由
寛文十三年
一常明寺鳥居、寛文六年 遷宮之古材を以不淨之者通り爲レ不レ申造立有レ之、右鳥居ニ（後脱）陽成院敕筆 兩太神宮内院高日山常明寺與額有レ之、桑山君 兩宮ニ不相當ニ思召、神宮ゟ引取候樣申入之處、住持彼是申、江戸江下り上野 宮樣江申、鳥居ハ御差圖有レ之由、時ノ寺社奉行先裁許帳有レ之由之事
酒井修理大夫殿・牧野因幡守殿・松平對馬守殿・土井伊豫守殿
寛文
一勝田大夫勸進能願興行
寛文十一辛亥年五月

一御條目、兩宮禰宜等專學二神祇道一、有來神事祭禮、可レ守二古例一之義、神領賣買一切不レ成義、有位無位之輩裝束不レ可レ用二新儀一之旨、參宮人扱無二不禮一樣、宮中末社小破之內可レ加二修理一義、宮內掃除之義等

一御條目

內宮遷宮御材木山入御作事場、神寶餝金物御造宮役人之儀ニ付右諸事可二入念一之義

一御條目之儀ニ付書付

右可二相守一儀幷神領中之寺江寺領旦那ゟ寄附之儀、出家自力ニ求附一切停止、四十年以來開地之寺幷無二寺號一寺、若焼失候ハヽ、潰可レ申、舊地之寺焼失者可レ伺旨

一禰宜中江被レ下候御條目之儀、山田中焼失ニ付一萬兩拜借被二仰付一之義、御宮近所町之地一通被二召上一、代金幷焼殘家引料可レ被レ下儀、世義寺御退替地公事屋敷被レ下候義、同寺本堂・大師堂幷寺中江引料被レ下レ之儀等

右御金大坂御藏ニ而請取候樣御書付留ニ有レ之

寛文十一亥十月

一藥種しめ賣仕間敷、似藥種等停止之御書付

同十一月

一兩宮銘論ニ付御下知狀（朱書）「文政五年兩宮兼行一件ニ委」

兩太神宮卜書出ニ付、內宮ゟ訴、三日市帯刀也、中西丹波御咎追放、一味之輩閉門、御書付留ニアリ、

右後赦免アリ

同十二壬子五月

一鶴松濱御取上ニ相成候書付渡

右一色村・通村訴論、萬治三庚子年八木但州取上候段申渡有レ之處、此度新田ニ可二申付一旨御改之處、雙方申分無二證據一而已申ニ付、彌以取上候段書付渡ル

延寶二甲寅年之比

一御傳馬役、古來不二勤來一旨御定被二成下一、其外紀州御領與前山之神領與境不レ正處、傍爾被二仰付一無レ紛成候

之事
延寶二甲寅年十月
一兩宮田畠・屋敷・山林・作式買返度願書江御裏書
同三乙卯年四月
一質地取候者年貢不レ出、質地ニ遣置、無二田地一者方ゟ
年貢役等勤候義停止之旨、田畑永代賣買此以前被二
仰出一候通、彌制禁之旨
同五月
一神領田畑・山林・屋敷、他領ゟ持來證文有レ之分、時
之直段を以可二買返一、若地主不レ賣ハ神領江引越可レ申
與申ものハ住人ニ可レ仕哉、伺出、相對次第之旨被二
仰渡一有レ之
但右品之義共、且前山之儀、山ハ一度武家領ニ成、
田畑計神領江所務候上ハ、山與田畠ハ各隔可二申付一
旨有レ之
延寶四丙辰年五月
一宮川高札之事（朱書）「同三卯年渡船覆人損有レ之、同四年辰年渡船神領支配ニナル」
諸人船賃不レ可レ取、風雨洪水晝夜共可二相渡一、慮外
仕間敷旨、人馬共乘せ過間敷、高水之砌猶以減少、
往還人つとひ候時は、定之外船數多出、遲々なき樣
可レ渡、參宮人ゟ之祝、渡守何ニ而モ一圓貰間敷旨
同五丁巳年十月
一鶴松新田之儀書付
右彼所依二荒地一開申度訴訟ニ付、小判千兩我等ニ拜
借被二　仰付一新田ニ申付候、若以來
公儀之新田之樣ニ被二思召一候而者、相二違神領之地一
之旨、御老中江申達候得者尤之念ニ候、被レ得二其
意一之由被レ仰候之條、其趣心得、三方中申付、年貢
令二收納一、金子預り置
兩宮御入用之時、奉行所江申出差圖可レ受旨
同年十一月
一屋敷地子之儀被レ定之書付
當地地子屋敷ニ居百姓年貢不沙汰候ハヽ、其家ニ
かゝり年貢取可レ申義、百姓身躰不レ成、家を藏方分

散之時も屋敷年貢ハ構ひ無レ之、其家ニかゝり年貢
ヲ可レ取義

延寶六戊午年四月

一宮中之儀申合定書　　満彦長官　三方

右守二古法一行義正敷、音曲・手鼓・不浄物語禁、佛像繪掛間敷、佛號不レ申、宮々ニ置錢禁、餘社ヲ本宮之様ニ申儀、宮守師職者ト申合初尾貪候義、宮引順道ニ宮廻り、別宮末々迄社號を敎へ、啓上ハ如二先規一風宮之末ニ而可レ勤、僧尼法躰改、本宮江通間敷、手水錢與申義有間敷、岩戸燈明錢乞間敷、注連はり候之義、其外共二十ケ條長官ゟ可二申付一旨、幣箱持幷案内等之義、八ケ條三方ゟ可二申付一旨

右二十八ケ條、永代之爲　公儀入二御披見一相定條、兩支配末々迄申渡、雙方横目出し見改可レ申旨

延寶七未年八月

一公事訴訟人役々江可レ斷義達書

右其所年寄・月行事・十人組江可レ斷、主人有レ之ハ斷可レ出、內々可レ濟義ハ雙方主人始可レ懸二相談一

同八申年七月

一神領ゟ傳馬出し不レ申義ニ付添狀

右今度鳥羽江在番衆・御目付衆被二相越一候ニ付、神領之義守護不入之　御朱印、右傳馬出し不レ申義、松坂・田丸奉行江達候處、兩所ゟ答來付、寫遣候旨

天和二戌年五月

一寛永之新錢、金子壹兩ニ四貫文御定之御書付

一新錢御免なき所ニ而鑄候義停止之旨

一新作之不レ慥書物賣買停止之旨

一忠孝をはけまし、夫婦・兄弟・諸親類睦しく、召使ニ至迄憐愍を加へし義共高札

同年七月

一天下一之文字彫付・鑄付候義、御法度之旨、有來候分迄早々けつり取可レ申旨

同年三月

一內宮臨時遷宮、　遷宮奉行大嶋出羽守ト桒山氏

同三亥年「(朱書)二戌年ニテ可レ有レ之」

一大宮司儀、内宮臨時御遷宮之節、御葺萱不レ宜義ニ付

閉門被ニ　仰付一候「(朱書)會合ゟ岡部ト書出候得共、御勤役之年數不レ當候」

天和二壬戌年九月

一鶴松濱新田開發條目渡ル

合田畑五十町六反貮畝拾五歩、一色村中之者江請負、
永々物成定免六ツ半ニ相定、戌亥兩年草切差免、今
度堤築立繪圖之通申付候、年貢毎年霜月中皆濟候樣、
永代堤普請、村中ニ而可レ仕、請負之者立退候ハ、、
其年之年貢納十貫、松之鹽濱三百四十構、代金三百
五十兩之質地可ニ取上一、右永代彼村江申付候之旨、
右三方差配候樣、尤外ケ條數多有レ之

右田畑町數五十町六反貮畝拾五歩
但壹反　三百坪 六尺五寸竿　高壹石也
惣物成合五百六石貳斗五升
此定物成三百貳拾九石六升貳合五勺
但壹石ニ付物成米六斗五升ツ、

右鹿海村井關ゟ新田江水取候義、御定之通可レ守、
井溝之義、水分之所迄ハ雙方等分ニ普請致し、水分
ゟ東、新田之方ゟ可レ仕旨共

右兩長官江十月御達

右新田惣坪　拾五萬千八百七拾五坪　六尺五寸竿
但東西見渡　三百五十七間半
南北同斷　五百九十三間
堤東七百五十間、高サ壹丈壹尺
石垣高サ五尺ツ、
南貳百廿五間、馬踏五尺、東南同斷
西四百七十七間、高サ八尺五寸、馬踏三尺
北四百五間、高サ・馬踏西ニ同

天和二戌十月

一野後村出入ニ付御裏書

右村二郷之者、神宮江不屈有レ之、禰宜訴出候處、
誤入ニ付、後證依ニ所望一裏書被レ遣

同月

一神役人刀・衣服之儀書付
正禰宜・權官中・諸神役人衣類・刀格義、如二前々一可レ致義、拜領之時、服ハ當人着、親・兄弟共爲レ着間敷、鑓爲レ持候義、堅停止之義、上下之衣類御條目之通可レ守旨也
一正員禰宜・其外諸役人家來供ニ連候時幷旅江遣候時、刀指可レ申事　時之内宮長官氏富、外宮長官常和
但帶刀御改之節、神宮・三方段々願之上、寺社奉行江御相談、御老中江被二仰上一候而御免ニナル
天和二年二月三日
一公卿　敕使松木宰相參向、尤御役所ニ引留無レ之、尤享和元酉年之節長官ゟ差出候書付共一件扣帳有レ之、座列元文ニ同斷
天和四甲子年
一御名代之儀
但此以前月日不レ定、尤連綿之義、追々奉行所時代ニ有

桑山氏築立有レ之云々、唐土コンロン山ノ形ノヨシ、泉水有、後年ニ替ル
一御役所東西之間ニ物見櫓造立亭與申　貳間半四方、二階造
但延享年中堀伊州公之額有レ于レ今、時代ニ記
寛文十庚戌十一月
一山田大火、正員八人・其外且大宮司類燒、拜借相願、正員壹人貳拾兩ツヽ、百六十兩、翌亥三月拜借被二仰付一、大宮司ハ三十兩、春木大夫五百兩、山田三方之願江壹萬兩被二　仰付一
延寶三四月廿八日
一大宮司任職　長春
一宮崎文庫造立　慶安元戊子年、但正保五二月十五日改元　八木
右豐宮崎文庫之儀、外宮領岩戸山之東ニ宮崎ト申所有レ之、慶安元子年神宮・三方・町々年寄共之内七拾人申合建造、永々書籍奉納仕度方、何レニテ茂勝手ニ奉納候樣ニ仕度旨を以取建候由
一寛文元辛丑年　萬治四ヲ四月改元　八木但州於二江府一被レ達二上聞一候處、一段之事ニ被レ爲二　思召一、黃金被レ爲二下置一、御役所江御持參、其後外宮長官常晨江持分之田畠

御所望被レ成、則二十石御求、夫ゟ百姓を附、永々文
庫之所領ニ相成候事
右寛文元年八木氏式條被二相渡一、則文庫之板ニ彫付有
レ之、令條も被二相定一候由、何レも同所ニ納り有レ之、
右田畠御所望之長官江之御書面共有レ之候
一右文庫南向ナリ、毎月六ノ日講讀有レ之、文化元甲子
改、當時籍中百餘人有レ之、此内、藤波前祭主季忠
卿・大宮司も加り有レ之由、右籍中ニ加り度方ハ文庫
手當金與して三兩差出候得者、勝手ニ加入相成候由、
紀州公ゟも奉納物有レ之、且俵藤太秀郷之太刀奉納有
レ之
公儀江も上り候由
一文化元甲子改承、　當時奉納書籍　貳千部餘有レ之由
一文庫奥行貳間半、間口三間、前通ニ講釋所續建有レ之、
東脇ニ天神社有
　但前入口ニ櫻有レ之、是ハ元御屋根ニ生候を植候由、
　御屋根櫻與中傳候

一右境内南北西手十五間貳尺、同東手廿壹間四尺、東西
　北手　廿四間四尺、同　南手　三十三間半
　但右ハ三方會合支配、尤預りハ籍中之文庫守有レ之
綱吉公御代、常憲院殿
一貞享元甲子年五月初入　十三年勤　覺左衛門　岡部駿河守　源勝重
（朱書）「同五戊辰九月改二元元祿一」　北八丁堀
元祿九丙子年二月願ニ　高三千石　上總　御役知三千石
付御役御免
貞享二乙丑年正月達、十二月被レ下レ之
一宮川堤普請料銀廿貫目被レ下二置之一、普請之義書面
　但此金三百三十六兩貳分・銀拾壹匁九分、兩替五十
　九匁四分
同年五月廿二日
一紀伊殿御參　宮
同四丁卯年
一御名代正月廿一日
御代拜ニ相成候者此時ゟ之事也、春木大夫ニも留有

貞享四丁卯年
一御朱印之儀ニ付御書付　先御朱印七月ゟ八月迄之内、土屋相公・本多淡公所江達候様
同元子十月
一暦板行願之儀、如二前々一令二開板一、旦那方江賦候様被二
仰渡一候段書面
同月
一宇治両橋御造替之儀可レ被二　仰付一間、大嶋出羽守・
岡部可レ談旨、被二仰渡一候旨書面
同二丑四月
一暦之儀、寫本京都安井算哲ゟ到來次第可レ被二差越一之
旨、但八十八夜・二百十日究之義、且右寫本到來以前
板行不レ仕様
同年五月
一宇治・山田町中駄賃馬ニ馬かた乗間敷高札
同月
一道中荷物駄賃貫目等御書付
壹駄荷四十貫目、乗物壹挺六人、山乗物四人

長持拾貫目貳人、廿貫目四人、三十貫目六人
壹人前五貫目持之積、輕尻荷物五貫目迄荷なし、同
其ゟ重キハ壹駄荷之積、夜中之輕尻ハ同斷、乗掛下
荷片荷ニ而十貫目程
同四丁卯年四月
一質地田畑賣買之義御書付
同年七月
一神領中田畑、神領ニ居住之外江賣不レ申、右持來候も
の、他領江居所移候ハヽ、不レ可二取持一、他領ニ賣有レ之
分買返候様、且自分ニ　御朱印頂戴之田畠ハ雙方賣買
不レ成
元禄二己巳年八月
一御遷宮、御代參織田美作守、警固土井周防守被二仰付一
候書面　大嶋出羽守遷宮奉行ナリ
但警固土井病氣障ニ付、爲レ代藤堂佐渡守被二仰付一
同元辰十二月
一遷宮料ニ鶴松收納金御渡書面

合金貳百三十六兩三分、銀八匁四分貳厘八毛
山田米直段壹兩ニ付壹石五斗貳升八合替之積ニ而、
御下行米之内兩作所江相渡候段、岡部・大嶋出羽守
連印、三方宛
元祿年　初而
一慶光院後見山本大夫・泉與左衛門兩人江被二仰付一
同二己巳年七月
一宇治林崎文庫執立候ニ付相願候通、金百五拾兩被二下
置一候條、殘金を以文庫料之田畑求、永代可レ定之旨書
付　宇治・山田公儀金之内
元祿六年十一月廿四日
一大宮司任職　房長
同十一月
一兩宮遷宮ニ付、如二先例一座頭・盲女江銀子拾枚被レ下
候儀
同二巳年
一宇治・山田ニ所持之鐵炮取上ニ相成　大小貳百壹挺
一宇治橋造替有レ之
同四辛未年四月
一日蓮宗之義御書付、悲田宗卜號、是又停止之義
同七甲戌年十月
一印判彫候儀御書付、右外印押・印形等之誂如レ其彫間
敷之旨
一右取上鐵炮、其比宇治領ニ者獵師有レ之、願ニ付相渡、
證文申付置、獵師退役候得者其所年寄・月行事・會合
當番召連出申聞、鐵炮御役所江納置、追而其所ゟ獵師
願出候へハ借シ遣
右村方左之通、尤山田方ニ獵師無レ之
一宇治町中壹挺、玉目三匁五分
一楠部村壹挺、同四匁四分
一朝熊村三挺　三匁四分 三匁壹分　三匁三分
一一宇田村貳挺、同三匁ツ、
但松下村獵師貳挺貸渡之處、獵師其後無レ之ニ付、
合七挺也

一宇治・山田領在方・山方猪鹿威鐵炮貸候、村々尤毎年
二月願出、玉込不レ申、麁末致間敷、損シ候ハ、可二取
繕一旨等之證文爲二差出一貸遣シ、十一月相納候、其節
二月差出置候證文返し遣候
一宇治領中之地藏町貳挺・中村貳挺・楠部村貳挺・鹿海
村同・朝熊村拾八挺・一宇田村七挺・松下村四挺・三
津村貳挺・山田原村貳挺・溝口村壹挺
一山田領前山拾四挺
貞享元子ゟ同四卯年ニ至
一通村與鹿海村領争論之事有レ之

一元禄九丙子年四月初入　増上寺裏門前　長谷川周防守　五左衛門　藤原重章　十三年勤　高三千貳百石　御役料千五百俵
同十丑十二月任官
(朱書)「同十七十一月改二元寶永一」
寶永五戊子年六月願ニ　用人　下津小左衛門　鳥居忠左衛門　内田平左衛門
付御役御免
(朱書)「此時代御役所白洲外土居橋ノ一木江大和橘ノ穂御取寄被レ爲二繼木一、後代ニ至盛木得御所橘ト云々」　御役料千五百俵ツ、四日市御代官ヨリ相渡、享保十一午年ゟ信樂御代官ゟ渡ル

元禄九丙子年二月十六日
一伊勢奉行兩人ニ被二仰付一、於二竹之間一御老中御列座
大久保加賀守殿被レ成二御渡一候書付
但此節ゟ交代勤ニ相成、　長谷川五左衛門
御役知三千石御料ニ相成　久永源兵衛

覺

一御役所ニ一人宛可二罷在一事
一組之同心兩人ニ者御役所ニ罷在候者支配可レ仕事
一御役料千五百俵充被レ下候事
以上
二月十六日

元禄十五午十一月
一博奕打候儀、前々ゟ御法度之御書付
寶永四丁亥年十二月
一神領札遣之儀、只今迄之通神領計御免御書面
元禄九子年ゟ
一右長谷川氏ゟ裁許帳與號帳面、御役所江相殘、從レ是

連綿、尤諸事此帳面ニ記有レ之、注進狀留等ハ無レ之事

但在二在勤一ゟ寛政六寅年野一色氏勤役中迄諸帳面、

都合千百八拾三冊、尤過半大册ナリ、長谷川之頃ハ

大直紙ニ而有レ之處、當時吉野紙ニ認箱入、帳面御

奥印有レ之分ハ都而程村紙ナリ、右箱百三箱幷諸一

件書付包物入長持十八棹有レ之、尤右古帳面損候分、

堀田氏在勤之砌、用部屋詰之御組之者修理加、享和

元酉年夏迄山田氏之代迄之帳出來

寶永三丙戌年二月

一宮川中嶋口・中河原口江參宮人江御師之宿敎ヘ候爲ニ

番所構、番人差置度旨、三方役人申出候間、願通被二

申付一候　長谷川

同十月廿日

一酒運上取集、年寄・三方差出、宇治分金壹兩・銀七匁

三分八厘、山田之分金百十五兩・銀十四匁七分五厘、

右皆濟、奉行濟證文を以、翌日四日市御代官石原清左

衞門江酒改役人壹人、組同心差添被レ遣レ之、如レ例證

文差越、但造酒屋六十貳軒之帳面幷寒造等改役人書付

出

寶永三丙戌十月十五日

一兩宮遷宮神材手本、周防守・隱岐守連座ニ而改有レ之

同十一月二日夜丑刻頃

一山田大火、中嶋町次郎兵衞宅ゟ出火、西風烈敷、殊ニ

溜水山田中燒失、三日未刻火鎭り、右周防守家來・組

之者鄕人足引連出役、田丸詰役人四人・同所久野左門

家來四人・松平和泉守家來貳人人數引連罷越ス、男女

七、八人燒亡、追日觸穢有レ之、卽日被二仰上一ル

元祿十一戊寅年

一東叡山中堂建　永代橋初而カヽル

同十五壬午

一四十七人夜討

同年

一天滿宮八百年忌

寶永二乙酉年

一伊勢參宮流行
元祿十二己卯年六月四日
一明暦三丁酉正月十一日、越後國頸城郡千原村之内、百八十五石六斗四升五合、同郡手崎村之内、百三拾貳石貳斗八升壹合、都合高三百拾七石九斗貳升六合太神宮江御寄附、松平越後守殿ゟ内宮藤波十神主江内宮爲二御供料一御寄附有レ之處、越後守殿御退候節公儀江上り地罷成、然レ共丑年ゟ御除地ニ被二仰付一候ニ付、此度請取ニ可レ參由、同國御代官馬場新右衛門手代方ゟ藤波十神主家來方江申越、且又丑ノ年ゟ御除地ニ成候間、丑寅兩年分米金可二相渡一旨申來、依レ之家來遣し度旨訴出、樣子尋之上、聞届有レ之　淺野隼人在勤
元祿十三辰十一月
一通村與朝熊村出入有レ之
同十六未二月十二日
一大宮司任職　忠長　次寶永ニアリ

元祿七戌年
一和谷大夫勸進能願興行
同八亥年
一金銀御吹替　元ノ字金アリ
同九丙子六月
一先年御追放宇治年寄十八人、此度御法事ニ付御赦免申渡有レ之
同十五年
一組長屋修復料金貳百兩拜借被二仰付一、六ケ年賦上納
一元祿十丁丑年三月初入　小日向中之橋　源兵衛　久永丹波守　三年勤　高三千石　御役料千五百俵
同九子十二月任官
同十二卯年三月病氣ニ而
願通御役御免
元祿十五年
一橋村才右衛門義、旦所之者差置候義ニ付不埒有レ之、權禰宜解任、入牢被二仰付一候

一元禄十二己卯年五月初入　濱町新大橋　三年勤　隼人　壹岐守又改　淺野美濃守　高三千石　播州　御役料千五百俵

同十三辰十二月任官

同十四辛巳五月御役御免

右長谷川與交替勤　旅宿　大湊　長樂寺

右淺野内匠頭此頃（朱書）「此一件ハ赤穂記ト申書ニ委し」

敕使御馳走役被ㇾ勤候由、高家吉良上野介江有ㇾ故

於ニ殿中一及ニ刃傷一、右内匠頭殿追而切腹被ニ　仰付一

候由、右一件ニ付御役御免之由也、右一件ニ作を付

忠信藏（臣）ト號操りハ是也

（朱書）「五月十五日被ニ仰付ニ」

一元禄十四辛巳八月初入　（朱書）「淺野ノ代り」　小石川富坂　内藏助　堀隱岐守　藤原利壽

（朱書）「同十七十一月改元」

寶永四丁亥十月十三日　七年勤　高三千石　御役料千五百俵

病氣ニ付願通御役御免

右長谷川江（與カ）交替勤　旅宿　大湊　長樂寺

用人　若村友右衛門

勝村彌右衛門

元禄十五壬午年四月

一宮川新堤普請料金五百両被ニ下置一候處

同年五月淸帳出

一御役屋敷御修復　在府　長谷川　在府　堀

御入用銀千枚拜領、依ㇾ之於ニ江戸一両替、金壹両ニ

付銀五拾八匁替

但殘高之内、普請懸し組之内大畑權兵衛江金貳両、

前田長五右衛門江壹両壹分、濱口半六郎同斷、肝

煎山田之もの作左衛門江金三歩、三方久保倉右

近・三日市左近普請懸り被ニ申付一、金貳両貳分被

ㇾ下、引殘金廿五両三分餘、右両人ゟ受取候旨書

面、長谷川内下津小左衛門・鳥居忠左衛門・内田

平左衛門、堀内勝俣彌右衛門・若林友左衛門

寶永二乙酉年

一組長屋修復料金三百両、鶴松濱收納金を以拜借被ニ仰

付一、拾年賦上納

（朱書）「同四十月十五日仰付ラル」
一寶永五戊子年閏正月初入　（朱書）「堀氏ノ代り」飯田町坂下御臺所町　勘右衛門
佐野豊前守　藤原直行
（朱書）「同八五月改二元正徳一」
四年勤　（朱書）「三千五百トモ」高四千石
御役料千五百俵
正徳元辛卯年十二月病氣
ニ付願通御役御免　荒和田勘助
用人長島彌一兵衛
河野銀右衛門
（朱書）「右俵藤太ノ末之由」
右長谷川與交替勤　旅宿　越坂　欣浄寺
（朱書）「享保七壬寅年十月五日卒
賢良院殿従五位下前豊州大守忠山元功大居士」

寶永五戊子年
一天下一統羽書御停止被二仰出一候處、前ニ書出通、長谷川與兩所被二相願一、神領通用御赦免被二成下一候

同七寅五月
一追放御免之年寄願之通、元役相勤させ候様、本多伯耆守殿被二仰渡一、其段申渡有レ之

元祿十一寅年三月三日、久永丹波守殿御尋ニ付兩會合ゟ書上ル
一内宮領者山方ニ而四千石計茂御座有へく候
一外宮領者山川共直々繩差渡、五拾町四方ニ相當リ可レ申哉、然者合而貳千五百町、此内半分ハ山川道等ニ引可レ申、殘半分千貳百五拾町、是を地方三千坪を壹町積り候へ者千五百町ニ而惣地高壹萬五千石計も可レ有二御座一段申上ル

（上）（朱書）久永

一寶永五戊子年十月初入　（朱書）「同年六月廿八日仰付ラル
同十月朔日任官」　長谷川ノ替り
御濱　半兵衛
渡邊下總守　源輝
十九年勤　高千三百石
御役料前ニ同
（朱書）「同八五月改二元正徳一
同六十一月改二元享保一」
享保十一丙午年五月御召
御持弓頭被二仰付一候
佐野與交替　旅宿　越坂　欣浄寺
用人村田利兵衛
本多儀左衛門
齋藤伊大夫
家老土屋元右衛門
渡邊市郎右衛門
同ク大村勝右衛門
吉田十大夫
外ニ三人先ニ名アリ　（朱書）「各大勢名前有レ之不分明」

寶永六己丑年
一兩宮遷宮　御名代中條山城守、警固久居藤堂備前守
佐野・渡邊兩所兼役　在勤　在勤　内宮、九月二日戊　外宮、同五日亥

一右御遷宮御入用、合米貳萬九千八百五十三石三斗貳升
壹合貳勺五才壹拂
内
米七百十七石三斗壹升五合　鶴松濱收納米之内相渡ル
但此時收納金千五百六十三兩貳分・銀三十壹匁四分
九厘有レ之
但定免六ツ五分
元祿二巳年ゟ同八亥年迄七ケ年收納溜り有レ之
右内譯
判金六拾貳枚
金貳萬千百八十九兩貳朱・銀四十八匁五分八厘九毛
銀千九十貳貫四百三十五匁七分五厘九毛
但山田米直段、米壹石ニ付銀八十貳匁、又ハ壹匁、
又ハ三匁迄
金壹兩ニ付銀六十目替、判金壹枚ニ付銀四百貳拾
五匁替、又九匁餘
但此時ハ行事官料米高五千六百八十九石ト有レ之、此後ハ五千七百二十九石ニ極ル

一陣之儀料貳千百三十四石　神宮傳　奏ハ初徳大寺大納言殿 後園大納言殿
但此度御拜方無レ之ニ付、右高十八石減候得共
宣旨副使下行拾貳石增、掃部寮下行增、元祿御造營
ゟ右之通增減有レ之
一宣命祿物料判金貳枚
但元祿度ハ清帳上り候後書出候故相渡不レ申、役人
辨ニ相成、此度ハ京都ニ而吟味相極候、傳　奏ゟ斷
有、御老中江伺濟之上相渡
一外宮御樋代料判金三十枚　但内宮ハ古例有レ之、外宮
ハ當度再興
一外宮御細工料米五十石、躰阿彌和泉江渡ル
右二口中絕候處、此度再興被二　仰付一ニ付、外宮御造
營料之内ニ無レ之ニ付被二下置一候樣檜垣長官依レ願、御
老中江伺之上相渡ル、内宮ハ薗田長官ナリ
外ニ
一米百四十六石六斗七升八合七勺四才九拂　殘米
右三萬石之内、殘米之銀子ニ而請取置

(下)(朱書)文化二記處

一銀壹貫貳百十九匁八分六厘八毛　　出銀
右ハ料米請取置候內、外宮御樋代料・御細工料・宣
命祿物料・陣之儀料足米、最前大坂ニ而金銀請取候
時分ゟ下直ニ相成候付、直段合之金銀
一銀四百六十八匁壹分　　出銀
右前ニ同斷之口ニ而銀兩替下り候付、直段合之出銀
三口合銀拾三貫三百拾三匁貳分八厘五毛　此銀佐野豊前守・渡邊下總守預置、重而御入用ニ相渡候積之旨

(下)(朱書)御咎

右御奥印　但馬御印・伯耆同・加賀同・河內同
萩近江守印・中出雲守印・平若狹守印・大大隅守印、
外ニ吟味役組頭
大坂町奉行、元祿ハ中山半右衛門・太田善太夫・松
野河內守、寶永ハ大田和泉守・大久保大隈守、又大
田ト北條安房守
(朱書)「外宮御樋代料、永祿六年より中絶之所、此度願ニ付
向々御糺、內宮も差障無レ之、倶ニ願之趣也、再興被ニ
仰付一　檜垣常有長官

一所司代松平紀伊守殿、此遷宮之時ハ正世座頭江金子
くれ候樣願出、先年ハ兩會合ゟ銀十枚ツヽ、遣候由申
出、佐野・渡邊ゟ五枚ツヽ、可レ遣旨申渡有レ之
右ニ付外宮長官名代・神主惣代兩宮御禮ニ出候、後
別段御禮ニ出ル　」

寶永六丑八月十六日
一秋元但馬守殿御參　宮、岩戶江も御登り

元祿十七申年
一松木二神主義、寶永元改元御觸以前、宮中御作事小屋
江寶永元年與書記候ニ付、逼塞被ニ仰付一候

寶永八辛卯年三月
一御朱印可レ被レ下由被ニ仰出一候書付、右頂戴之寺社不
レ殘可レ被レ下旨、五月ゟ七月迄江戶江持參、安藤右京
進・松平備前守江達候樣

享保四亥七月廿六日
一內宮中川釆女宅ゟ出火、百十五軒燒、御厩燒、釆女遠
慮被ニ仰付一

（朱書）（下）享保三四五ノ頃御奉行
坪内能登守
大岡越前守

一公儀御祈禱之義、寶永六丑年三月兩大夫先例を以、佐野・渡邊江相願、同四月御用番井上河内守殿江佐野被二相伺一候處、同九月　兩宮ニ而大々御供・同神樂執行候樣被二　仰付一、尤毎年御年禮、御祓・熨斗爲二獻上一出府、時服拜領幷於二御納戸一正・五・九月御祈禱料判金十八枚ツヽ受二取之一候

但嚴有院樣薨御、　常憲院樣御服中之節相止、其後不レ被二仰付一故、再興被二　仰出一、寺社奉行返翰十月ニ有、鳥居伊賀守・三宅備前守・本田彈正少弼
（朱書）「但西丸樣有時ハ判金十八枚ツヽ、二通」

家宣公
文昭院殿　御代

佐野ノ代り
先祖ヨリ五代目
外櫻田
（朱書）「紋イカキマリバサミ」
大岡能登守　忠右衛門　藤原忠相
三千トモ
高二千石　三州額田《ヌカタ》郡
御役料前同

一正徳二辰年四月初入
同年三月十五日任官
同六丙申年二月十二日御普請奉行被二仰付一、其後町奉行・寺社奉行
當時一萬石、本國三河三州碧海郡

右勢州在勤渡邊與交替、旅宿前同
享保二丁酉年二月十五日江戸町奉行被二仰付一、後越前守、是ハ寺社奉行之頃ナリト云々

正徳三巳年、同四午年兩年
一夏之中組同心御鐵炮打拂、此後中絕

同二辰五月
一浦々添高札之儀被二　仰出一候御文言書付　右難船・破船有レ之節之義

正徳二辰九月
一評定所銘々江被二　仰出一之御書付
右寛永以後
御代々被二　仰出一候評定所法式、評定衆卯半刻ゟ會合候而申刻退出し、翌日再會ニ而決斷ニ難レ及事ハ老中ニ申言上すへき由、其外數ケ條之法式ナリ

正徳三癸巳十二月廿一日
一江戸大火、向柳原大岡屋敷類焼

元文元八月廿八日
一大岡越前守二千石御加增、尤寺社奉行御役之内四千石

御加増、高都合壹萬石ニナル
正徳五乙未年四月
一東照宮百回御忌御法事　日光ニ而
同二壬辰年　　同四甲午年
一元字金通用止　　一新金銀通用
正徳五乙未年十二月
一囚人ニ附候御證文、大岡於二江戸一伺、戸田山城守殿御
印形證文來ル
　右遠流大坂町奉行江引渡、尤前廣伺之上也
　　　山田宇良口町之内堤世古
　遠流　古金屋長八手代　六兵衛
　　　紀伊殿領分佐八村
　遠流　乞食四郎兵衛悴　次郎／次郎吉
右十二月十三日大坂町奉行江案内状被レ遣、同十四日
問屋々江宿觸幷御證文之寫御差出
此囚人三人從二勢州山田一不二缺落一様ニ仕、囚人計ニ
食をくはせ、泊にてハ其所之者番をいたし、大坂町

奉行江急度可二送屆一者也
　未十二月七日　山城御印
同十五日三方兩人役人、囚人召連出、遠流被二仰付一候
旨渡邊申渡、大坂町奉行所江差遣、夫ゟ嶋人可レ參旨
申渡、玄關前ニ而高年ハ其儘ニ而、小年計免し籠ニ入
附參候、組頭・目付諸事可二入念一申渡、町奉行江之狀
渡幷囚人御證文相渡持參申候、組頭可レ出、問屋へ相
渡、請取取レ之可二罷歸一旨申渡
　所司代江之書狀仕二御堅達一、內豊前守様
町奉行北條安房守・鈴木飛驒守
附添組頭豊永金右衛門・目付志賀數右衛門・平組濱
口傳七・豊永新平・吉野庄八
右田丸役人江右之趣書狀を以被二申遣一
彌御堅固珍重之御事御座候、右之段可二申入一、佐野
　小平次様外貳人共三人宛
右彼方ゟ返書仕、御勇健様貴報
同十九日組同心右町奉行江引渡、罷歸返書持參之事

(下)（朱書）渡邊

正徳三癸巳七月廿六日
一御老中大久保加賀守殿・松平和泉守殿・水野　　守殿
同日御卒去之由
正徳三巳正月
一御名代大友因幡守廿一日例之通相濟發駕懸ケ御師福嶋左近方江被二立寄一候、尤奉行所へ茂御越之由、春木大夫方書留ニ有レ之由、御役所之留ニ者無二其儀一候事
此時分ハ慶光院茶屋ニ式正御膳之内御待合、春木隼人服中ニ付、同苗宮内相勤候事
但此時分ハ高家衆江致二御堅固一様進物煎餅一箱
正月十四日
一御名代來ル廿日着之時分、料理之儀、江戸表廿日ハ朝計御精進ニ而、曉ハ魚類ニ成候、依レ之着之日料理も魚類ニ致し可レ然候、大友因州も其趣被レ申候由、此間在府渡邊ゟ被二申越一ニ付、春木大夫江御達、尤此度ニ而向後相極り候間、其通可レ致旨被二　仰渡一
同月十七日

一大宮司公儀勤之儀、去年下總守江伺之上、何事茂相勤候處、御名代之節、送迎勤無レ之候、當年ゟ勤申度申レ之、伺之通可レ然旨被二仰渡一、御禮ニ出ル
寶永（六己）丑年
一大宮司死去、正月上京、療治無レ驗卒、二十四歳
一大宮司職、寶永六年五月廿四日任二隆亮一、但忠良、缺替、但司家病依二危急一、例幣使發遣延引、隆亮正徳元九月廿日卒、十九歳
正徳二辰年
一慶光院江戸屋敷類燒、作事料先例之通相願、白銀三百枚被レ下レ之
同十一月
一宇治年寄桐修理不埒有レ之、閉門被二仰付一
寶永七庚寅年四月ノ末願、七月廿二日ゟ初
一和谷權太夫勸進能七日願、久世戸地ニ而興行　佐野豐州君

但京都衣裝方小松三郎右衛門江衣裝不レ返旨ニ而願
出候處、最初猩々亂ニ致ス積證文いたし置處、役者
五人減、連亂ニ不ニ相成一、小松不埒之旨　御裁許ニ
而濟、尤八月ナリ

正徳四甲午十月

一中間關平不埒缺落、曾禰町ニ而捕來、牢舍御成敗ニ究
處、外宮二位長官貰ヒ三州江船ニ而送り遣

享保二酉十月

一御取次岡本直右衛門・池田源助喧嘩、源助手負、十二
月七日兩人共神領拂ニ成、川岸迄見送ル

同三戊戌年

一春木大夫舊獵類燒、三百兩拜借、三月廿五日大坂ゟ御
金請取

正徳六丙申正月

一御名代前田隱岐守殿、廿日着、廿一日御勤、正月廿五
日御裏方御名代松下勘兵衛殿

享保二丁酉六月

一御名代京極大膳大夫殿、十日着、御服明

同三戊戌正月

一同吉良左京大夫殿

同年九月十二日

一御船倉三棟吹倒ス　黑川

家繼公
有章院殿　御代

一享保元丙申年五月初入　大岡ノ代り、御使番ヨリ 小川町 十一年勤 黑川丹波守 與兵衛 平正增

同四月十三日任官　高貳千石 御役料前ニ同

同十一丙午年二月願之

通御役御免

渡邊與交代勤、旅宿前ニ同　御用人 赤羽勘左衛門 岡山卯右衛門

(朱書)
「享保十二丁未五月十八日
顯理院殿從五位下前丹州大守慧力知天大居士」

享保八卯二月廿四日

一御實母御忌服有レ之

一奥神路山之境之事　大神宮領 志州領 一宇鄕　四日市領

享保三戊年七月十五日

一増上寺大僧正祐天上人遷化

同年九月

一三宮與唱候義書付を以御尋候処、義理不分明、往古度会・多気・飯野此三郡神領ニ而是を神三郡與申候、此誤りニ而も可レ有ニ御座一哉之旨、三方申出ル

同四己亥年十二月清帳上ル

一御役屋敷御修復　在勤 渡邊・黒川　渡邊内 村田市郎右衛門
岡彌助
二宮善左衛門

御入用惣高

新銀拾貳貫五百拾匁　組同心懸り八人

新金ニ而貳百八両貳分　請負人吹上町 五兵衛
庄吉

但新金壹両ニ新銀六拾目割

享保三戊戌閏十月勘定帳出ル、同十二月御勘定所奥印有

一御船倉三棟当九月十二日夜大風雨ニ吹倒れ、右之柱幷梁木等御船江落懸り、御船も損候ニ付、当分雨覆之積御修復

御入用金六拾五両　在府 渡邊
黒川　請負人 山田小川町 永田茂左衛門

鶴松収納金ゟ渡ル

同六辛丑年十一月清帳上ル、御老中三人御勘定所奥印有

一御船御修復

一新造小関御船・鯨御船三艘　孔雀丸 三日月丸　古材釘交造立

一右御倉幷番所三ケ所古材交御修復

右碇其外御船具御仕直有レ之　渡邊・黒川

御入用金千百五拾五両貳分　金壹両ニ付銀五十匁割

銀四匁五分　此内五両ハ御船祝料

内

八百五両ハ大坂御蔵ゟ渡、三百五拾両貳分餘ハ収納金ゟ相渡ス

一黒塗 虎丸御船　長十四間壹尺五寸、胴巾三間四尺五寸、足深サ壹間五寸、但筒之所ニ而見ル、敷上端ゟ上梁之上端迄敷巾五尺、中継五尺五寸、中棚九寸ひらき、継立九尋貳尺五寸、トモツキ・中ツキ・小ナヲシ　六十八丁立
右根棚
上棚取替
其外御船具

ミヨシタナ付ゟトモモギ板迄

一白木 小関　長九間貳尺八寸、足深四尺五寸五分
巾貳間壹尺五寸、かた広サ壹丈三尺五寸、内法　四十丁立

一白木 鯨御船三艘　長三丈五尺　舳みよし棚付ゟ艫もき板迄
巾六尺五寸　足深貳尺八寸　八丁立

一虎丸御倉　桁行十五間　六尺五寸間
梁行五間　戸十二本　屋根坪九十三坪こけら

葺

一小關御倉　桁行十三間 梁行四間　同断 戸八本　同六十五坪四分五厘同断

小關附
一鯨御船入北庇　桁行十三間 梁行貳間半　戸四本　同坪四十半坪　當時六十七坪半

一番所口二間半二間　南西壹間半四方ツ、

享和御修復ニ一間繼々、南西ハ三尺ツ、出ル　時代ニ記

前ニも記
惣坪圍内千四拾壹坪貳分九厘、內百五拾三坪半建坪

一承應三午年、三日月丸御船石川在勤江戸ヨリ相廻り、桑山在勤之節造ニ替之、飛連丸ハ花房ニ而三十挺立與名付有レ之、八木ニ而又飛連丸與相改、岡部ニ而元禄四未年造替有レ之、八挺立・六挺立御船石川ニ而御造替有レ之候由之事、小鷹丸・乙矢丸・小早・三日月丸・飛連丸、八挺立三艘、六丁立壹艘、右九艘ハ年數重り御用立不レ申ニ付、御拂ニ相成由

享保九辰年

一御役屋敷御修復御入用金貳百貳拾兩ト有レ之候得共、

清帳・勘定帳等無レ之

但此節表御門當時之所江引込、以前者今ニ有レ之株(冠)木門之所ニ有レ之候由、尤株木門ハ今丸木貳本ツ、

朽損次第建ル

享保八癸卯年三月清帳

一御船倉幷番所一ケ所風損御修復　渡邊 黒川

御入用金百兩三分・銀九匁四分五厘

内

九十八兩三分　大坂御金藏ゟ渡　請負人

貳兩・銀九匁四分五厘　收納金ゟ渡　大湊大工 長右衛門

御奥印御老中御三人御勘定所　但此時新規風防出來

一右御船倉二棟桁行梁行前ニ記　棟高サ三丈壹尺八寸 軒高サ貳丈三尺五寸　棟木幷桁 上端迄

同庇桁行十三間

梁行貳間半　戸四本　小關ノ方　同貳丈七尺六寸 同貳丈壹尺五寸　右同断

屋根四拾坪半、小關之方ニ付、軒高壹丈貳尺五寸目

板瓦葺

右二棟杮葺之所、享和元酉年堀田氏ニ而惣瓦葺ニ相成、

時代ニ記

一虎丸之碇　四拾五貫八百目ゟ 廿貫目迄 八頭　新造碇　廿八貫目ゟ 四頭

享保五庚子七月
一銀相場、金壹兩ニ付六拾匁替ニ而
公儀納拂有レ之、諸御入用等六拾匁ニ而積立候樣御書
付

(下)（朱書）御咎

同年
一奉行所ニ而無二取上一願、御老中其外諸御役人江訴訟ニ
出候節、奉行所江出候哉相尋候上、申付方之御書付
同年八月
一御仕置者一件之內、缺落者抔有レ之、落着延置候儀、

(下)（朱書）諸御役人御役料之儀

右尋六ケ月を限可レ伺旨之御書付
享保七寅三月
一盜人扇助長右衞門、不孝者伊八一件、引合之內落着、
構無レ之者、又者親類等ニ而右無益之者書載ニ不レ及旨、
戸田山城守殿黑川江御達書、渡邊掛り
享保九辰閏四月
一在々用水掛引水引分之義ニ付、及二爭論一候義ニ付御書
付、村境山野論之義御書付

享保十巳十月
一大判元祿年中吹直有レ之處、古來之大判與位劣ニ付、
以前之位ニ吹直被二仰付一候段十二月ゟ可レ用段
享保元申年
一堤忠兵衞儀、主人橋村才右衞門且所ニ而不屆之義有
レ之、才右衞門及二訴訟一候處、御吟味之上、權禰宜口
宣被二召上一、入牢被レ仰二付之一
享保八癸卯七月三日、六月十八日御達之由
一諸御役人御役勤中增高被レ下候御書付之趣
諸役人役柄ニ不レ應小身之面々、前々ゟ御役料被二定
置一被レ下候處、知行之高下在レ之故、今迄被二定置一
候御役料ニ而者小身之者御奉公續兼可レ申候、依レ之
今度御吟味有レ之、役柄ニより其場所不相應ニ小身
ニ而御役勤候者ハ、御役勤候內御足高被二仰付一、
御役料增減別紙之通相究り候、此旨可二申渡一旨被二
仰出一候
但此度御定之外、取來候御役料者其儘被二下置一候

千五百石ゟ内ハ千五百石之高ニ可レ被二成下一候　高家衆　肝煎ハ御役料八百俵被レ下候
五千石ゟ内ハ五千石之高ニ可レ被二成下一候　御側衆
御側同斷　御留守居衆　大御番頭
四千石ゟ内ハ四千石之高ニ　御書院番頭・御小姓組同
三千石ゟ内ハ三千石之高ニ　大目付・町奉行・御勘定奉行
貳千石ゟ内ハ貳千石之高ニ　御旗奉行
三千石ゟ内ハ三千石之高ニ　百人組之頭
二千石ゟ内ハ二千石之高ニ　御鎗奉行
千五百石ゟ内ハ千五百石之高ニ　御持弓・同筒頭
貳千石ゟ内ハ貳千石之高ニ　西丸御留守居
三千石ゟ内ハ三千石之高ニ　小普請組支配
貳千石ゟ内ハ貳千石之高ニ　新御番頭、下ニ曰、御作事奉行・
御普請奉行・小普請奉行
千五百石ゟ内ハ千五百石之高ニ　惣御弓・御鐵炮頭
千石ゟ内ハ千石之高ニ　御留守居番・御目付・御使番　御書院御小姓組　組頭
右之外御裏方御附御用人迄夫々有レ之、爰ニ略ス
享保五子四月廿五日

一紀伊中納言殿御參　宮、宮川江鯨御船三艘廻り候由
同七寅八月四日
一鶴松濱御撿見、御歸大湊築地橋御馬ニ而御通候處、橋
板損落、御馬上ニ而御落、年寄共御侘ニ出、御叱り
同十巳四月
一若君樣御元服、從二位大納言樣與奉レ稱　冬御前厄　御名代有レ之
同十一午三月
一鳥羽城稻垣攝津守殿江引渡、上使御二方、宮川江御奉
行出迎
同五庚子三月廿三日
一御役所幷御組方木柴之一件「(朱書)別帳有　野一色　小林」
享保三戊戌正月五日
一田丸物頭半田源左次衛門・郡奉行金谷孫左衛門・代官
阿曾沼惣右衛門、年始爲二祝詞一入來、遂二面談一
同十一日目付役權田市左衛門、同斷
同年
一御名代吉良左京大夫被二仰付一參向、但春木大夫方類燒

二而御師職龍周防方江御入

寶永三十一月

一山田大火、大宮司其外拝借被二 仰付一

（寛文）
同十二壬子二月五百五拾軒、極月千三百軒燒

一右拝借金御差延願、寅卯兩年御差延被二 仰付一

享保三戊戌二月

（上）鳥羽城

一松平孫四郎殿鳥羽城爲二請取一、山州淀發足案内、但所替

右引越後太刀・馬代被レ送、右引渡御用蒔田讃岐守・竹中彦八郎着届、二月十一日引渡濟、又太刀・馬代被レ送レ之　渡邊

板倉近江守右城引渡候旨被レ屆レ之

同年八月

一慶長五關ケ原御陣後、山田奉行神部越中守與有レ之、初而同心七十人預被レ遊候樣承傳候、最前山田三方ニ上部越中與中有、先祖山田奉行仕候由、神部・上部唱之事哉、又ハ別人哉、御尋有レ之　黑川

同月

一大坂ニ而開帳願、金剛證寺

同四亥年

一二見兩社造營料五百兩を以可二相勤一旨、承應年中先奉行被レ置レ定候旨、元祿十三辰三月御書付其外、承應二九月之書付其外、寛永年中御書付共、此度村與出入ニ付差出、御吟味

右ハ年久敷斷絶候處、宗左衞門先祖十三年之間訴訟、於二江戶一六ケ村永代神領ニ御寄附、右神忠を以一ノ禰宜ニ被二 仰付一候處、此度遷宮式中付を不レ用旨を以願

享保六辛丑正月御書付

（下）浦賀御番所之事

一下田湊口よろしからさるニ付、風波之節難二乘入一、或ハ船破損におよひ、其上乘おとしの船も多ク、旁諸廻船之ものとも難儀仕候由相聞候ニ付、御吟味之上、浦賀湊ニ御番所被二 仰付一候事

一諸廻船之儀者米穀を始、其外炭・薪・材木等無二滯留一

運送候樣ニ被二　仰出一候儀ニ候間、向後植木・庭石、
其外遊道具之類積廻し不レ申筈ニ候條、此旨船持共江
可二申付一候事
右御番所替候ニ付、判鑑等引替、其外之儀ニ付ても浦
賀奉行江可二聞合一候事
右正月十六日會合江御達し有レ之　　　黒川
享保六丑四月
一御仕置申付候分書上之儀御書付
同五月
一死罪御仕置御除日之義ニ付御書付
（下）大御番
同八月
一重科人死骸鹽積（漬）之義御書付
同月
一亂氣ニ而人を殺候者、本性ニ而殺候も同樣之御仕置之
旨御書付
同九月
一御鷹餌指、關八州之外江者不レ越筈之段

同十二月
一百性質田畑・金子濟方滯一度之日切ニ而流地ニ申付、
日延ニハ不二申付一、是ハ江戸町方ニ而質入屋敷之取扱
之格ニ而、地方之儀如レ此ニ而者分限宜もの質流田地大
分集候樣相成、永代賣同樣ニ相成義ニ付御書付
享保七寅
一御役御勤之面々、悴家督小普請ニ入、夫ゟ御番入之義
ニ付御書付
寅二月
一稻垣長門守組與力深里質之取扱、中買抔不埒仕形追放
之節誤證文申付候處、追而御吟味之品有レ之處、誤無
レ之品ニ相成、就レ夫畢竟吟味詰り候へハ證文ニ不レ抱
義トノ事ニ而三奉行江被二　仰渡一之趣、黒川江御達
吉宗公
有徳院殿　御代
一享保十一丙午年十一月廿一日初入　御使番ヨリ虎御門内　保科淡路守甚四郎源正純
同年五月十一日被二仰付一　高二千五百石御役料千五百俵

同十五戊七月參府、同十六亥正月御役所着

御用人

杉山助右衛門
三野伊右衛門
佐藤三郎左衛門
山田藤右衛門
神田吉大夫
佃久米右衛門

同十七壬子年九月願ニ而同二日發足、御役御免

「(朱書)元文二丁巳五月廿八日卒

勝源院殿前淡州刺史收山義秋居士」

一右保科ゟ山田奉行壹人勤、家内引越ニ相成候

一享保十一午十二月、御役料千五百俵御料所ゟ相渡、連綿候事

一同十二未十二月廿一日、御忌服 「(朱書)廿日九十日與相見ル」

享保十一午三月

一總州小金原猪御狩 渡邊

同十三申年、同十四弓鑓、同十五鐵炮御修復有レ之

一御武器伺之上、御修復御入用金百九兩三分・銀貳分六厘

多羅尾次左衛門ゟ受取 信樂御代官

一御弓廿張 五十張之內、此節廿張修復ニ而、握革紫筋附關弦

一大筒貳挺 十五目 廿目 御鐵炮者堺奉行水谷信濃守殿江御懸合、同所櫻町鐵炮師芝辻長左衛門江渡し被レ遣、右五拾挺幷鑄形

一鐵炮五拾挺 三匁五分ツ、 十胴亂口薬入共御修復、道中入用とも二六十三兩三分、外ニ木綿火繩足し十三筋廿六匁

一長柄御鑓五拾筋 貳間半柄・太刀打鞘共白檀塗 黑鳥毛替鞘五拾共

但靭矢箱腰緒紺木綿、絲ねりくり、一穗ニ征矢十本ツ、入、山鳥羽中金障矧、御韘廿指、革からし色、革金御紋附、鑄形十貳內三匁五分、十鑄鍋四ツ、胴亂五拾內ニ早合十ツ、入、金御紋附、木綿紺打緒附、口薬入五拾同斷、玉藥箱壹荷、覆黑なめし革金御紋附、玉入紺木綿、火繩五十

右桑山造立ニ而桔梗之紋所、此節伺之上金御紋附ニ相成

享保十三申三月

一上樣御疱瘡

同年

一大湊町裏波除堤之事、御普請相願伺之通被ニ仰付一、是初而也、是ゟ大破之節相願、國役普請被ニ仰付一、

仍レ之大湊入口江淡州之石牌を建、末代迄拜禮

右御入用凡金千八拾兩餘從二公儀一御金被レ下、同十

七子年出來（此時も九分國役壹分御入用歟）

長四百五十六間、但此內鼻延ニテ拾三間減

享保十四三月・四月

一右御勘定所懸合有レ之、多羅尾次左衛門見分、御普請

中手代附置、右同人江被レ渡候書付之高千八拾三兩餘

（朱書）「大湊ゟ志州鳥羽江海上三里程、三州吉田江十八里、

尾州內海へ十里、大坂江百十里、江戸江百十八里」

享保十五庚戌九月

一組長屋修復金貳百五拾兩拜借被二　仰付一

右會合ニ預り缺所金御渡、十五ケ年賦上納

翌十六年百四十兩拜借、是ハ修復料皆濟之翌年、延享

三寅年ゟ十ケ年賦、右去戌年米穀下直、五百石以下江

拜借被二　仰付一候ニ付、同御藏江戸ゟ渡り同斷納

同十四己酉年

一兩宮遷宮　上使織田淡路守（春木大夫服中ニ付親類勤）・警固稻垣攝津守（尤病氣ニ付家來差出）

內宮九月三日亥、外宮九月六日戌、

遷宮木曾山

御老中　　　所司代

水野和泉守殿　牧野河內守殿

松平左近將監殿　西丸御老中

酒井讃岐守殿　安藤對馬守殿

寺社奉行

黑田豐前守殿　井上河內守殿

土岐丹後守殿　小出信濃守殿

右遷宮ニ付、祭主參向

使者を以太刀・馬代被レ差二越之一

右能勤、御滿足被レ爲二　思召一候段、御奉書之旨御達

（朱書）「右ハ虎丸出候時之事か」

享保十三戊申年

一日光御社參

同十九甲寅年

一弘法大師九百年忌ナリ

同十六辛亥年四月十一日水浮、十八日乗船
一虎丸御船伺之上、海上為レ試、二見浦迄保科乗船、組
同心出勤
但右ニ付所々ゟ拝見人群衆集候由、尤浦方今一色村
初引船ニ罷出候由、併右御船ハ至而足早ク、引綱ハ
解放し候程之事之由、美々敷事ニ候由、右引出候時
小兒迄綱ニツキ候モノハ鳥目被レ下候ヨシナリ
御船出し入御入用廿九兩壹分・銀六匁
享保十一午十一月初入之砌
一鶴松新田當取毛被二仰渡一候通申渡候段、水野和泉守殿
用人江被二申遣一、尤前ニ免定渡有レ之
同月
一外宮北御門橋出來届　假橋入用七十貳兩
一高羽江鄕五ケ村御役料金納願、小林・上條・土路・樫原・西條・小川・柏村・有瀧モ高羽江之内
享保十二未正月、十一午ナリ
一兩大夫正・五・九月御祈禱料合三拾六枚請取書差出、
尤正德二辰年ゟ之例書差出、來正月寺社奉行御裏印ニ
而被二下置一候樣願、別紙證文差出
同月
一東福寺ゟ奉行職被二仰付一候、款狀密嚴寺看主差出
一天川漂泊之神社之者貳人白洲江召出有レ之
同十二月廿三日
一一身田門跡使者駒田儀左衞門御着、怡太刀・馬代白銀
壹枚
同十四酉十月
一御組金給御尋ニ付、石川大隅守樣頃與申上、米給ニ願
可レ然旨、則願之通米給ニ相成、依レ之十二月一日御禮
申上、上物有レ之
同十一午十二月廿六日　但裁判帳ニ追々届之義等有レ之
享保九辰三月廿六日山論所見分
一二見神役人・密嚴寺出入、江戸表江罷越、御用濟歸着
届
一牛谷・拜田江御初入、祝儀鳥目五貫文ツヽ、被レ為レ取
レ之

享保十二丁未正月五日
一田丸役人三人年禮ニ出、御面談
同日
一三奉行衆ゟ密嚴寺出入之儀、書付之通江戸表ニ而被二申渡一候由、此節着候ハヽ、三津村年寄共不レ殘戸〆申付、六十日過候ハヽ、不レ及レ伺差免候様、尤濱萩(荻カ)等自今祭禮又ハ奉行入用之節ハ同寺江申遣刈納させ、三津村江ハ堅不二申遣一様内宮年寄江申渡候様
右ニ見六ケ村御鹽殿　御朱印高之内、百三十石山林・境内共ニ當寺拜領ニ而、難波・蘆原・濱萩與申所古撿帳面ニも載り持分之所、三津村ゟ綺《イロエ》候を咎候へハ、却而及二出訴一、剰寺領東山古來ゟ永貳貫文ツヽ年貢差出させ、預り置候地を村附之山與申掠、右年貢出候者内座山之由僞、同村天神山も同村ニ禰宜有レ之支配致旨申爭、最前山田奉行村理運ニ申渡、及二再訴一、此頃ハ密嚴寺立首座、奥田幸八與申者、東福寺ゟ來居候

(朱書)「一件發起ハ享保九辰二月ナリ、村方利運ニ成り寺ノ方ゟ再願」
享保十二正月三十日
一津四天王寺使僧御着怡來禪宗ナリ、寺領藤堂ヨリ百七十石附旦方、扇子差出
閏正月
一遷宮之御衣・御装束織本差出、御覽調有レ之
同廿七日
一清雲院墓所畑發候義相止ニ付、長谷川三十郎ゟ三方江書狀幷觸穢書付出
同廿八日
一當日爲レ禮長官・作所・兩大夫・會合當番出
三月
一春木大夫去冬類焼ニ付、乾金三百兩拜借、當年賦上納ニ付、大坂江御添狀被レ遣、御城代ハ仕二御勇健一、是愚札様御定番致二御堅固一可レ得二御意一様
一藤波祭主家故障ニ付、造宮使改補之義被二　仰出一
口宣案幷　宣旨・官狀寫大宮司名代差出
但例元祿十丑十二月參府、同十一三月十日御目見、

寶永六八月十五日參府、御目見、同壬十一月御暇、
寶暦十一十一月朔日　御目見、同十五日御代替　御
目見、明和二酉十一月十九日御禮申上
一慶光院上人成　綸旨　御朱印寫差出
禪宗、無本寺、紫衣　但寛政三亥年改繪圖差出
於二大奧一　御目見、尤江戸着之節、爲二諸色調代ト一
金廿兩被二下置一、着之日ゟ發足迄一日百人扶持ツヽ、
諸賄料トシテ金壹兩ツ、被レ下、歸院之節ハ御朱
印・人馬被レ下、人足十人・馬十疋
同寺境内坪數貳千五百六十四坪半、但六尺棹
内
六百貳拾四坪半建坪、北裏行五十六間貳尺、東裏行
五十貳間、裏ニ堀有り、方丈七間半四方五十六坪貳分五厘、
臺所百三十七坪半、客殿百廿五坪
書院廿壹坪、護摩堂十六坪半南ナリ、石鳥居高サ壹
丈壹尺、天神社・稲荷社有り、神樂所十四坪、辨才
天九坪

境内役者　慈徳院・壽量院　後見山本大夫・泉右門
遷宮之義可二執行一旨　綸旨・　御朱印等有レ之
右天文十六年初御綸旨頂戴有
權現公ゟ御代々御朱印、神宮領之内度會郡上野村百八
十石頂戴、伊勢國多氣郡磯村之内百石被二下置一、夫ゟ
追々御增、隱居料御增共當時ニ而四百九石被レ下、内
百九石者隱居料之旨（朱書）「當時大奧江直ニ願事等不二相成一旨、御書付寛政年ニ渡ル」
大猷院殿之御時ゟ被レ下レ之
一寛政三亥十一月三日上人成、十月廿六日辰刻傳奏久
我右大將殿ニ而　御綸旨頂戴、同日巳刻參　内、拜二
天顏ヲ一、　仙洞御所　御目見、　女院御所御盃ヲ頂キ、
關白樣江御禮、同日所司代御禮、廿九日御奉書御返
書御渡ニ付、江戸表江被レ越候、右御奉書頂戴之義、
前日伺出、寺社奉行江之御添翰被レ遣、其上ニ而上京
候事、但名代出府
享保十二四月
一江村五十子長四郎船八丈嶋江漂着、桑名舟肝煎ゟ申越

候旨、但右水主十人御用船ニ乘、江戸辻甚太郎屋敷ニ
而吟味濟

五月

一京大經師降屋內匠、暦之儀ニ付當御役所江可レ爲レ願旨、所司代被レ仰候旨町奉行ゟ申來一件願出、會合江先格之書付可二差出一旨御達

同

一慶光院上人成之儀、水野和泉守殿ゟ奉書、牧野佐渡守殿江被二仰付一候奉書、同院共御呼出御渡

同

一御造營奉行被二　仰付一候段被二仰下一

同

（朱書）（上）御饌之事

一藤堂和泉守殿ゟ飛札戻子五具來ル

一外宮長官神主出、御膳鮎猥ニ取候義ニ付、網役人より願書差出、右只今急度難二申付一、右役人ゟ內々ニ而村々江達置候樣被二仰渡一、右願書之內拔書

上々ハ岩出村之上瀬之瀬を限り、下ハ海際迄、網役

先祖天忍漁人

御川之神事ト云

五月三日網初之神事、端午御膳鮎　四百六十五唯

九月八日重陽御膳鮎　貳百六十六唯

同廿一日ゟ廿七日迄兩手に一すくひを一唯與仕、三千三百三十三唯

年中

兩太神宮江御饌供進之鮎魚宮川ニ而漁り奉レ捧候

右寛永十八年霜月十二日願出、石川ゟ松坂原田猪右衛門江申遣、差留候由、明暦元年霜月佐八村與出入、同村越度誤り證文取置候由之處、戌年大火ニ本紙消失、右佐八村・岩出村・圓座村・大野木村・さた（村脱カ）・小俣村之庄屋共連印、右村々庄屋江申渡候而書付差出

一慶光院上京暇乞ニ而來ル

一同上人成寺社奉行月番差圖之通、御老中・若年寄衆・御側衆・寺社奉行中廻り候旨屆

一松坂城代喜多村孫之丞ゟ時候尋、麻地・酒等送レ之

一外宮玉串御門扉再興願出

（朱書）（上）春木大夫死例

（朱書）（上）五月朔日、恆例之通、御祈禱執行、如レ例添翰御渡

右寛文遷宮之節桑山江願、元祿・寶永ニも願候處、
何レも御木不足之砌ニ而差扣有レ之
一保科氏組同心御扶持等御取極、享保十四酉十月米給ト
ナル割被ニ成下一、仍レ之爲ニ御恩報一御死去後、組惣中ゟ
米壹俵ツ、小林村寶林寺江差送、説法執行、時之諸役
人參詣、右米年々五月末ニ御組頭ゟ口上書を以中間ニ
爲レ持遣
但此以前御扶持切米・金給ニ而奉行心次第褒美金加
增等出
元文二巳年六月念八日　勝源院殿前淡州刺吏收山義秋居士
享保十四己酉四月六日
一春木大夫右門名代ニ出、隼人急病、今朝相果候屆
四月十八日書付差出
右來月五月朔日御嘉例之通
公儀御祈禱太々御神樂執行仕候ニ付、春木右門儀、隼
人忌中ニ罷在候故、御祈禱之儀、三日市左門相勤させ
申度奉レ存候、前々ゟ春木大夫忌服其外故障御座候節
者名代ニ而御祈禱相勤申儀、伊勢之古法ニ御座候事
（朱書）「五月朔日添翰通例」
一御祈禱名代ニ而相勤候節も、御老中様・寺社奉行様江
差上候書狀者春木大夫與仕、名代之者判形仕差上候義、
先格ニ御座候御事
一山本采女祖父と申候、隱居不レ仕候而相果候處、悴新
之丞與申候、當采女ニ而御座候、山本大夫家督相續仕
候節御願申上候哉、采女方江相尋候處、御願不ニ申上一
候、山本大夫相續仕候由申候事（朱書）「右親類三日市左門印」

覺

春木右門又伯父春木主水相果申候處、娘壹人御座候、
右主水弟權之助與申者有レ之候ニ付、御奉行桑山下野
守樣御代奉レ願候而權之助義主水跡式相續仕、春木大
夫ニ罷成候故、主水娘を常有長官悴故六神主妻ニ遣し
申候、右之譯ニ而入組たる子細御座候故、此段御願
奉ニ申上一たる事ニ御座候、是ハ格別之儀御座候、子細
無レ之時ハ春木大夫相續之儀、御願奉ニ申上一たる古例

無二御座一候、權之助與申候者舍人事ニ而右門祖父ニ而御座候故、六神主妻與申候ハ當檜垣五神主母親之事ニ而御座候、以上　右同斷印

乍レ恐申上候口狀

春木大夫與申候者家之名ニ而、忌服・故障之節、親類共御祈禱相勤來候、此度も彌前々之通乍レ恐親類共御祈禱相勤、春木右門忌服過明之上ニ而、天下國家之御祈禱相勤候樣仕度奉レ存候、春木大夫家ニ相續之御願申上候儀無二御座一候、尤書留ニも相見得不レ申候、依レ之御前迄相續之御願申上候、以上　右同斷印

享保十四四月

一世義寺西坊觀音開帳

同三月廿七日

(上)(朱書)勢田川

一勢田川之儀ニ付出入、裁判　但大坂廻船改申來候節、大湊・今一色・神社・江村連印之書付ニ、大湊ニ勢田川與申印用候儀ニ付出入、今一色與大湊

三月九日往古ゟ書物之義大湊ゟ出ス

右川ハ水尾限、東方今一色分之由申、大湊ハ右印往古ゟ用、則　公儀舟改御番所、其外津湊江印鑑差出置候旨、勢田川高城大湊領ニ而永祿・天正之頃ゟ寛文年中迄廻船帆別取候由申レ之、雙方品々申立

右今般川通り村々懸二僉儀一、尙又見分差遣、川筋令二吟味一處、勢田川境之儀、一色村境ゟ水尾木迄水尾限、東方今一色村可レ支二配之一、大湊之儀、下野村境ゟ水尾木迄勢田川水尾限西方可レ支二配之一

享保十四酉正月二日

一御役屋敷屋根疊修復願之通、舊臘廿六日御奉書を以被二　仰下一、御修復料金百廿九兩三分・銀貳匁四分八厘拜領被二　仰付一難レ有奉レ存、尤手前修復可レ仕旨被二仰下一、右料請取之義、各樣江被二仰渡一候間可二申談一旨被二仰下一候段、御勘定所江御懸合、正月七日右答幷請取證文案紙來ル

正月七日

一御名代吉良左京大夫被二仰付一候旨被二仰下一

但奉行所御服中ニ付、御組方羽織裏返着

同二月

一國役金之儀、安倍川・大井川・酒匂川通御普請御入用掛り金

御朱印寺社領共懸ケ候筈之旨、多羅尾次左衛門ゟ懸合有レ之、御觸書寫差越

右神領内之者守護不入、諸役免除、向々願出候趣、御懸合候處、此度之儀、一同懸り候之趣、追々懸合有レ之、依レ之一通御老中方江可レ被二仰上一旨願書出候様二月九日達、多羅尾江も文通、二月九日願書差出、二見郷共出ス、同十二日宿次を以伺、四月廿四日附、右江戸手代御勘定所ニ而承違之由、多羅尾ゟ申來ニ付、又々其段可二申上一旨答、六月十一日右多羅尾手代承違ニ而此表江申越候旨、間違之段、御老中御承知之段申來候、追而ハ如何可レ有レ之哉、先此度ハ其通可二罷成一旨、右江戸表江不二差出一儀申上候處右之趣申來候段、向々御呼寄御達し

享保十四酉二月十六日

一拜田下流萬福寺勘三宅ゟ出火、御組撿使被レ遣

同二月

一鶴松新田堤修復、多羅尾次左衛門見分之上、御入用積三百三十九兩餘之内、十分一ハ　公儀御入用幷村高百石ニ付、金十兩ツヽ之割を以、其分ハ新田ゟ差出、殘ル分ハ國役割合ニ可レ仕旨、松平左近將監殿被二仰渡一候旨、御勘定所ゟ申來

右多羅尾存寄ニ而從二　公儀一被レ下候様伺之通被レ下レ之、向後小破之分村方ニ而悉く取繕候様ニと多羅尾ゟ正月文通

同三月九日

一船江川之儀ニ付留川中船出入之儀ニ付、阿竹村與及二出入一裁許有レ之

川ハ船江町支配、魚漁ハ氏神兩社結衆差配ニ而留川右留川毎年八月・二月迄四ケ所ニ札建、尤十七年以前渡邊下總守殿之節、領堺阿竹村與出入、御吟味御見分裁許有レ之

右八月ゟ二月迄之内、肥し舟通用之儀、阿竹村ゟ舟江町江月頭ニ可レ届、魚取候節ハ前日ニ舟江町ゟ阿竹村江為レ知、舟通用可二差留一、併魚取ニ事寄、舟江町ゟ我意申、舟通用不レ可レ留之旨被二仰渡一、御請書出

同年

一宇治假橋二ケ所御入用、七十貳両大坂御金藏ゟ渡ル

同五月

一楠部村弘正寺中興開山興正菩薩入寂ゟ四百四十年ニ相成、為二結縁一興正自作木像開帳願

享保十五戌五月

一清雲院住持被二申付一、智恩院方丈照譽并役者中ゟ文通有レ之

享保十六辛亥年

一虎丸水浮之節、御入用金廿九両壹分・銀六匁伺之上、収納金ゟ相渡

但此人足千百七十人、一日壹匁三分ツヽ、内八百人ハ御船倉ゟ大湊川口迄十八町之内、淺瀬之所六ケ所ニ而四百間・巾貳間・深サ平均壹尺程さらへ入用ナリ、金四両損料物

享保十二未十二月アリ

一清雲院者長谷川三十郎先祖息女清雲院心譽光質禪尼、奉二為神君一御恩謝之草創たる故ニ、則　尊顔を奉二安置一、田畑等相應被二附置一候處、其後山林・竹木被二賣拂一候由ニ付、寺相續難レ成由、智恩院役者ゟ文通有レ之、同十三申年右長谷川氏遠國、旁支配難レ成、永々本寺江差出候旨重々被レ頼ニ付、請取候旨役者ゟ文通、長谷川ゟ之文通もアリ、申五月

一慶光院參府中、先例被レ下品之儀、御役所江も相屆、寺社奉行所江願書差出被レ下候事

但金廿両（諸道具料）・百人扶持（江戸着日ゟ御暇被レ下日迄）

十日目ツヽ、請取金壹両ツヽ、（野菜金上ニ同斷）

享保十一午正月

一御名代吉良左京大夫殿

同十二丁未九月

一同斷前田隱岐守殿 但午六月 淨圓樣逝去

同十三申　　同十四酉　　同遷宮

一前田伊豆守殿　一吉良左京大夫殿　一織田淡路守殿
稲垣病氣前ニ記ス

享保十四酉三月

一大湊・今一色川境出入裁判 下野村境ゟ、水尾木迄、西ノ方大湊可ニ支配一一色村境ゟ同所迄、東ハ今一色村可ニ支配一

同十五戌正月

一御名代堀川兵部大夫殿

同正月

一義朝之太刀道中入念役僧一人差添可ニ差下一旨、正月廿三日土岐丹後守殿江府ニ罷在候、金剛證寺代僧望海院江被ニ仰渡一則寶光院差添差下、右道中入用金被レ下候事

十一月

一御本丸女中瀧津參宮、兩御丸ゟ白銀十五枚ツヽ御進獻
但在府中

同十六亥正月　　同十七壬子五月

一御名代織田淡路守殿　一同斷吉良左京大夫殿

同六月十八日

一大納言樣ゟ比宮樣江御結納被レ進、姫宮樣與奉レ稱候段

十二月十五日

一御婚禮首尾好相濟、御簾中樣與可レ奉レ稱候段 向々年始兼恐悦ニ出府、添狀被レ遣

享保十五庚戌

一此砌小林村ゟ葭千把ツヽ、御役所江納ル

享保十六亥年

一御組七十人御赦拜領被ニ仰付一

同十九甲寅五月四月二日被レ仰ニ付之一

一大坂天王寺伽藍修復

公儀より日本國中寺々江寄進被ニ仰出一寺數

天臺千八百廿ケ寺　　眞言壹萬千百ケ寺

律宗九千百ケ寺　　法相宗五千三百廿ケ寺

禪九萬四ケ寺　　遊行六萬七千六ケ寺

淨土十四萬廿ケ寺　　大念佛千五百十ケ寺

日蓮八萬三千廿ケ寺　西本願寺四萬五千十八ケ寺
東同八萬百ケ寺　高田七千五百廿ケ寺
佛光寺八千五百廿ケ寺
寺數合四十六萬三千四十一ケ寺　一ケ寺一ケ月三錢ツヽ、十七ケ年之
內、一ケ寺一年ニ三十六錢ツヽ寄進
一ケ年ニ拾七萬六千六百九十四貫七百六十文
銀高五十四萬三千百四十七兩・銀五匁五厘
一享保十七壬子年十二月初入　御目付ヨリ駿河臺袋町　八郎右衛門　堀對馬守　藤原直生
七年勤　高千二百石　御役料千五百俵
同二十一五月改二元元文一
元文三戊午年二月廿七日御
役被二　召放一小普請入閉門
元文二巳閏十一月參府
但巳四月七日當秋參府伺、同十一月十八日ニ右伺中
九月不幸被レ成二延引一、御宮火除之義被二　仰付一ニ付、
御直ニ可二申上一哉、且來正月　御名代江對談も難
レ成、旁御用透ニ付伺、閏十一月六日勝手次第參上
被二　仰下一、同九日附ニ來廿三日頃發足之義申上
元文二巳九月廿六日
一御老母死去、御忌服
元文三午三月十五日
一遠國奉行江右閉門之趣御書付
御例座ニ而被二仰渡一御書付留ニ有レ之
同三年
一右支配下ニ而猥ニ金子致二借用一、其上家來ニ任せニ致
し置、金子之才覺權柄成致し方不レ愼之處、右御書付
午三月十五日遠國奉行御達有レ之
但樋口五右衛門取計ニ而不束同人仕內大目付御尋有、
揚り屋入落着追放
享保十八癸丑年正月十八日
一東宮御元服之事、本文ニ書加、別紙ニ無レ之　此時代ヨリ注進狀留有
二月廿八日
一大湊波除堤御修復三百八十三兩餘、辻甚太郎罷越候旨
三月廿三日

一飢人江鶴松收納金を以不レ殘米調御赦之儀、伺通御聞
屆、男壹人一日貳合・女壹合ツヽ
享保十九甲寅年九月御奥印
一虎丸御船之天井幕、段子田町交十一幅、ねりくり緒と
も御船印之竿、御吹貫之竿、御船之疊朽損御修復
右奥印御老中始有レ之、御入用金七拾九兩三分・銀
拾壹匁壹分、此御入用金收納金ゟ渡ル　請負人共
夫々松坂・津・山田等
同十八丑六月
一兩宮急御用之爲殘置候御金之儀、伺通御聞屆、貳百兩
被レ遣候旨、御勘定所ゟ差越、右收納金遣拂切ニ付而
伺
同十九寅二月
一大宮司儀、藤波祭主弟養子ニ仕候義申上
同十一月
一内宮殿舍・末社御修復申上
元文二丁巳二月

一遠嶋者大坂町奉行江引渡
但宿次證文等伺之上被レ遣、尤越坂神光寺無元義、
義秀與申相弟子ヲ打殺候一件
同年
一内宮御厩燒失
同四月廿三日
一仙洞御所崩御之旨被二仰下一
同三月
一春木大夫神領越後國百姓儀右衛門義、松平河内守領分
ニ而死罪申付候旨屆候段申上
享保十九寅四月廿五日
一御船倉江稻荷社御建立、伏見藤森ゟ勸請
一志州磯部機織岩近所鸚䳇石出來之由
同二十乙卯八月
一御船倉幷番所三ケ所御修復　請負人大湊　高田甚八
右御入用七拾九兩・銀拾四匁　奥印等無レ之、御役
所切帳面

享保二十卯八月

一御役屋敷御修復

御入用惣高貳百五十四兩三分・銀拾匁五分

内古物・不用物拂代差引　請負人　大湊　星合源十郎　山中彦右衛門

全金貳百三十壹兩三分

銀六匁四分二厘九毛

御家來　此人追放ニナル　樋口五右衛門　伊藤作右衛門　御組方懸り十人

井上彌惣次　屋山半右衛門

同年九月

一宮川堤御修復　請負人　山田大世古町　野村又兵衛　八日市場町　外山市郎兵衛

御入用金貳拾貳兩三分

銀九匁四分

元文二巳年

一鶴松新田堤洪水ニ而大破ニ付相願、金貳百兩拜借、翌午年ゟ十ケ年賦上納、江戸渡同御藏納

元文三午三月

一御役所之儀、堀氏御役被二召放一ニ付、御老中本多中務大輔殿依二御下知一、組同心江御預ケ

但御尋之節、組同心江御預ケ候而滞儀無二御座一段被二仰上一候由之事

右支配頭大國忠四郎殿江伺之處、御老中江被二申上一、本多中務大輔殿伺之通、組同心江預ケ引拂候樣被二仰渡一、書付を以御達

享保二十乙卯六月廿七日

一大宮司死去届　千長　神祇權少副名代罷出ル　右享保廿年十二月六日任二大宮司職一長矩　但申上ハ無レ之　但千長國江替

同廿一丙辰二月十二日届

一大宮司成、明後十四日

兩宮拜賀致し候旨、名代を以届ル、同十五日拜賀昨日首尾好相濟候旨名代を以届レ之

元文元辰年　享保六丑年

一金銀御吹替有レ之　一金銀引替初ル

一元文三戊午年七月初入　御目付ヨリ　愛宕下　加藤飛驒守　彌四郎　藤原　明雅　九年勤　高千五百石　上野　邑樂郡　御役料前ニ同

（朱書）「同六酉三月改二元寛保一　同四子二月改二元延享一」

延享三丙寅二月再參府

同三月廿八日江戸ニ而死去

(朱書)「初參府五ケ年目
再參府右年ゟ五ケ年目」

寛保二壬戌四月伺、七月廿三日參府發足、御家内同道、四月朔日伺、五月二日御奉書之御別紙ニ願通參上可レ仕旨被 レ仰レ之、依レ之御禮呈書前々之通御側衆迄町便り

元文六酉八月

一當月七日

公方様右大臣御轉任、大納言様右大將御兼任

一竹千代様御元服、従二位大納言

寛保元酉年冬

一御造營奉行被二仰付一

寛保二戌三月六日

一山口祭執行

同三亥三月四日

一兩宮木造初

元文三午八月

一大嘗會ニ付、大宮司上京之儀申上

同年相願、翌未年

一大湊波除堤御普請有レ之 多羅尾四郎右衛門ニ而 御入用金四百九十壹兩三分餘

寛保元酉年

一同斷大破ニ付、翌戌年御普請

元文五庚申十一月

一御船倉二棟屋根幷地庇(北カ)口番所御修復 屋根こけら葺 番所目板瓦

御入用金貳拾壹兩貳分 收納金ゟ渡

羽書拾五匁三分四厘 御老中初御奥印有

請負人
山田大世古町
野村又兵衛

寛保三癸亥年

一鯨御船三艘御修復

御入用金拾六兩・銀拾四匁、請負之者江相渡候段申上ニ有レ之、勘定帳無レ之

同年十二月ゟ翌延享元甲子三月迄

一御役屋敷御修復 大坂御金藏ゟ渡ル

請負人
大湊

御入用金三百七拾貳兩三分
　銀拾貳匁七分貳厘壹毛　　山田數右衛門
　　　　　　　　　　　　　西井平八

寛保三亥年三月より
一闕所金三百兩、伺之上貸附ニ相成、尤年々利分等差加、
當時千六百兩之貸附　此時辻市郎右衛門・松木左兵衛江
　但當時缺所拂代・過料錢等ハ御役所ニ溜り有レ之、
缺所金江加、年々御役所御入用幷小破御修復御入用、
且牢屋修復等江遣拂ニ相成ル、右上中之郷町町人辻
市郎右衛門・辻文右衛門等江貸附、年一割之利息十
二月廿日上納、同人共質物書入箱有レ之
右缺所金、寛保二壬戌六月兩會合御調、同三亥正月十
三日參府ニ而登城、松平左近將監殿江書付を以伺、此
節宇治ニ缺所地年貢七十兩餘、三方三百廿兩餘預り有
レ之、右之内を以、牢賄・御役所裁許場入用等ニ相成
候得共、御役所ニ御用金ト申ハ無レ之、急御用之節差
支可レ申ニ付、右伺通正月十九日御同人被二仰渡一、仍
レ之調之上亥三月ゟ貸附、尤上中之郷町辻市郎右衛門
外壹人江慥成町人ニ付三百兩貸附候段、尤質地七面證
文等吟味之上取置候段、御老中江被二仰上一幷御勘定所
江も被二仰遣一候事
　但右一巻、別箱ニ質地證文・繪圖・古券證文共有
レ之、以來年々之證文ハ一ト通ニ而年々引替候事、
　右請人替り候儀、天明二寅・同五巳年ニ有レ之
右缺所地年貢年々取立、會合ニ預置、御役所御入用等
相成候へ共、神領高減ニも相成ニ付、右神領江賣戻し、
右代江戸御金藏江相納、替り金新ニ金大坂御金藏ゟ代
り金四百三拾兩餘御引替有レ之
兩宮御手當ニ、山田肥後守殿參府中、伺之上、河崎町
年寄共江年一割之利足を以貸附ニ相成、右安永九子年
八月ゟ初ル、委時代ニ

寛保二壬戌年正月廿五日
一宮川堤普請ニ付、御普請役大野左大夫・安松藤左衛門、
下役貳人相添被レ遣候間、見廻り仕立候様被二仰下一
一宇治大橋之鳥居木本伐出來、舊臘十八日錦織迄着木仕

候段、尾州御城附御勘定奉行江申聞、請取之者差遣候
段
二月二日
一參宮人太々御供・太々神樂幷去年中御仕置者有無申上、
尤牢舍壹人有レ之
二月三日申上
（上）（朱書）縮緬三巻被レ下、御家御組へハ御目録被レ下
一尾張中納言殿就二御參宮一、一昨朔日春木大夫江御着
兩宮御神拜、朝熊嶽江も御登山、山本大夫江御止宿、
昨二日二見ヨリ岩戸江御越、夫ゟ春木江御立寄、卽日
御出立被レ成候、尤如二先格一公儀御祈禱被二仰付一候段、
尤　兩宮御案內仕候段申上
但此時代本文ニ、將又以二別紙一申上候與有レ之、當
時ハ此外之儀ハ與認
一山口祭之儀共、追々申上有レ之、享保七年山口祭石代
金收納金三百兩差加有レ之候、當時右金四百兩餘有レ之、
三百兩程ハ
兩宮御手當ニ除置義ニ付、殘金少ク、重而御造料相渡
候節、溜高次第可二申上一旨申上
此時代神宮傳奏醍醐大納言殿
三月
一所司代土岐丹後守殿御召ニ而御參府有レ之、款狀用人
宛ナリ
一參府伺呈書、四月二日附、朔日差立、七日切
公方樣　右大將樣　大納言樣――
四月
一大橋之鳥居木幷建方諸道具始、先格內宮年寄江被二下
置一候樣幷木挽落伐端ハ橋工江被レ下候、寶永年中之通
願候段申上、右御返替有レ之
一有章院樣廿七回御忌御法事、於二增上寺一去月廿五日ゟ
御執行之旨
六月
一內宮神馬損ニ付、紀伊殿家老久野丹波守ゟ進獻之義
六月十三日
一私妻・悴・娘、其御地江差下申度、伺之通勝手次第可

レ仕旨被ニ
仰渡一候趣、御附札被ニ成下一、佐々美濃守ゟ申越難レ有
旨、御禮呈書松平左近將監殿江計
　但手判板倉周防守殿
七月十一日
一石川主殿頭一昨九日參宮、岡部美濃守同斷
　公儀御祈禱申付候段
同十二日
一爲ニ參府一來ル廿一日頃發足仕候段、御老中方江呈書
寛保三癸亥二月
一木造始日時　宣旨到來ニ付以ニ別紙一申上
　以ニ別紙一申上候、然者當表　兩宮御造營木造始日時
　之儀、內宮三月四日辰時、　外宮同日巳時執行可
　レ仕旨、　宣旨案幷祭主下文當月四日到來仕候段、
　兩長官申聞
　宣旨寫・祭主下文寫差出申候間、差上奉レ入ニ御覽一
　候、以上

　　　二月十四日
　御老中方

　　　　　　　外宮同斷

內宮長官差出候木造始日時
宣旨案寫幷祭主下文寫
　　　加藤飛驒守

右寫、越前小奉書江認直させ、上包此方ニ而ミの紙
ニ包、右之通書付致ス、右ニ付箱長く申付候、但山
口祭も同振リナリ
三月四日
一右相濟候呈書、卽日申刻御差立、兩御丸御老若、御側
右前日ゟ封し置、狀箱ニ入、緘ケ置、御證文附候迄也、
松平伊豆守殿御證文を以差立、文面當時同樣捧、奉。と
有レ之、當時奉除。
一同姓善次郎始而　御目見被ニ仰付一候ニ付、中納言樣ゟ
御使者江戸屋敷江被ニ成下一候、御禮狀水野大炊頭様
三月十一日

一前ニ有レ之缺所金貸附伺濟ニ付、書付を以御勝手方御
老若并御勘定所江被二申遣一
廿五日
一木造始陣之儀料、傳　奏家來、祭主家來江參向料
右證文渡遣候段、書付ニ而申上
一同御下行米石代金於二大坂御藏一去十六日御造宮役人共
受取、難レ有旨爲レ禮罷出候段、書付を以申上
但御奉書ニ土岐丹後守殿御除名ニ付、宿次御證文ニ
者此狀箱從二勢州山田一到二江戸一、月番之老中江急度
可二相屆一者也ト有レ之、當月御月番丹後守殿ニ候得
共、右御除名故、左近將監殿御宅江差上候樣、添證
文宿々問屋江差出候段、別紙ニ申上有レ之、右添證
文程村紙半分ニ認、油紙計ニ而包
亥閏四月六日
一知行所上州邑樂郡利根川通舞木村、渡瀨川通北大嶋村
御普請出來、御禮呈書御老中江計
一內譯內積帳等差立之添證文、御役所修復之節ナリ
文言當時同斷、紙仕立共同斷、尤末文左之通
亥閏四月廿六日加藤飛驒印　右宿々問屋中ト有
レ之
八月八日
一鶴松御取箇申上
同十七日
一熨斗獻上差立
同廿四日
一嵯峨法輪寺勸化之儀、神領之儀、諸勸化不二差出一旨、
古格之通申渡候段申上
但奉行所寄進有レ之由
御組方ゟ鳥目五十疋、延享二丑十月十一日達、十
四日上納
九月
一例幣使藤波祭主故障ニ付、大宮司可二相勤一旨被二仰出一
候段、祭主ゟ申來候段、大宮司申聞候旨申上
同朔日

一兩大夫添翰
同五日
一布衣以上之面々江被二仰渡一候儀共御書付來ル、御請ニ
御書付之趣書加申上有レ之、尤外之義ニ候得者文言差
加候儀等無レ之
一例幣使大宮司勤上京、歸宅之義序申上
十一月廿二日
一御役所御修復伺通被二仰付一難レ有旨、御禮別紙申上
一三輪勸化之義神領內前ニ同
一獻上濟被二仰下一候御請御禮呈書留守宅江御差下
改元、延享元甲子四月九日
一紀伊中納言殿御參　宮、朝熊嶽御登山、御出會幷申上
有レ之、公儀御祈禱被二仰付一、兩大夫江御立寄
延享二乙丑年九月
一吉宗公ヲ　大御所樣與奉レ稱
同十一月
一將軍宣下
御代替（朱書）（下）

同三寅年
一御朱印御放（改カ）有レ之
延享元子八月
一巡見使神尾若狹守・堀江荒四郎入來
元文五庚申年三月十四日
一公卿
敕使庭田宰相中將・中臣使藤波三位・王使・忌部各參
向行事有レ之、奉行衣冠帶劍
右十五日行事濟被二仰上一有レ之、尤二月廿五日右參向
之義申出候段、態與申上有レ之
延享元三月
一甲子ニ付御祈被二仰出一、五月廿七日藤波祭主　官幣奉
納等濟
延享二乙丑十二月十一日
一正・五・九月御祈禱、兩大夫執行之義、例年之通可二
心得一旨、先達而相伺候處、可二申渡一旨被二仰下一十二
日書付を以被二仰渡一

（上）（朱書）堀君

但御代替ニ付両大夫ゟ伺候ニ付

同三寅十一月六日

一加納大隅守殿參宮屆有レ之旨、山田役人相屆、尤御役所ゟ御構無レ之、堀氏、故紀伊大納言殿家來、田丸方

參宮

同

一志州小濱村ニ古來ゟ鯛網與申有レ之、毎年六月十五日太神宮江調進者魚漁相勤、尤近來村難澁ニ而絕候處、此節再興候間、十一月申出候義有レ之

一右同村漁レ魚、河崎町藤村六郎左衛門江問屋之儀ニ付申分有レ之、願出

寛保二戌六月

一河州譽田八幡宮修復勸化、奉行所家中金百疋・鳥目三十疋・銀拾匁、御組鳥目五十疋、護國寺社僧惣代請取書出ス

寛保二戌六月

一寺社奉行大岡越前守殿外貳人ゟ前々ゟ當時迄公事裁許書、其外奉行所ゟ相渡候書付幷申渡之書付共、不レ殘樣書出可レ申旨申來、御調之上、則七月廿一日參府ニ而御差出有レ之

元文五庚申年八月

一兩宮町在寺社改帳面、兩會合ゟ差出、尤先達而御達有レ之

寛保二戌十一月

一三奉行ゟ萩原伯耆守殿江被レ達候旨、重・中・輕追放御構場所書付御達有レ之、尤御伺濟之由御書付留ニ有レ之

延享元子年八月三日

一今度御勘定奉行神尾若狹守殿、其外御廻村ニ付、小林村中往還通之道、古來之通切廣メ候付、御組外通り往還道巾九尺ニ仕候、依レ之忠兵衛・新六納屋垣道江出張候ニ付、竝之通ニ仕候得者壹尺通切レ申候由、此段小林村庄屋ゟ組頭月番迄、年寄甚作を以申ニ越之一、右ニ付外御組町長幅共、御組頭三人立合、內間打申候、

間尺左之通

東裏往還通長八十三間半　西裏通六十五間　但平均七十四間貳分五厘

一新六納屋外角ゟ十郎兵衛裏之垣迄、廿八間貳分五厘

一中門外ゟ彦八裏垣迄、三十間七分五厘　三口平均廿八間半

一北外通り軍平角ゟ五郎兵衛裏迄、廿六間半

子八月四日

一道改之儀、小林村庄屋ゟ申越ニ付、昨夜寄合仕申渡候段、吉野庄八ゟ今朝堀越條助殿江申上置候事

口上

昨日御使之趣、同役中江遂二披露一候處、尤之儀ニ被レ存候、御組要害垣者此方銘々ゟ直置候様ニ申渡候、路之儀者其元勝手次第御取懸り可レ有レ之候、以上

八月四日　　月番

組頭

小林村

庄屋中

右中間茂八江申付、庄屋吉右衛門方江為レ持遣ス

一甚右衛門・彌大夫・茂八、外垣道も巾八尺ニ廣メ申ニ付、是又両人召呼、境極候ハヽ、此方ゟ竹木伐拂候様ニ可レ致旨頭中三人ゟ申渡

子八月五日

一御役所境内じヾケ裏ト小林村境道之儀、堀越條助殿江申上候處、繪圖持参候様ニ傳八方ゟ申越、庄八・長五右衛門御廣間江罷越、古來之譯申上候處、條助殿被レ申ハ、此方見通し境知居申事ニ候ヘハ、小林領道何程ニ致し候共、此方構無レ之事ニ候間、其場所此方ゟ掃除為レ致置、此節彼是有レ之候得者不レ宜候旨被二仰聞一、其通ニ差置候事

子八月十五日

一今度神尾若狭守殿御廻村ニ付、小林村領道造有レ之、左ニ記

一御門外通り路幅壹丈壹尺

一墓之腰ゟ御組外通り往還路幅九尺

一樫坂軍平東ゟ東川岸土手迄路巾八尺

一權四郎畑・杉右衛門畑辻ゟ橋迄大湊江之道巾六尺
右中路ゟ長田江之畑道凡テ巾五尺
一伊藤甚右衛門西ノ外ゟ豊永彌太夫裏垣迄路巾八尺
一小林村中彦七裏ゟ十左衛門迄路巾七尺
一同御船倉迄之道幅八尺

寛保元辛酉年九月十日、三方江御書付

一去九月神嘗祭之前
內院江罷越候時分、殊外込合不作法ニ相見え候故相尋
候處、三方挑燈　內院江入候儀、長官役人共差留候由
ニ而込合候旨ニ候、依レ之右格
內院江挑燈入候哉否之譯相尋、雙方ゟ書付共ニ而差出
候、右仕來候儀者雙方雖レ不レ遂二糺明一、當祭者御扉も
開キ候儀ニ候間、神敬專一之事ニ候へ者、神前江挑燈
數多入候儀者不レ可レ然、別而　內院靜作法宜樣ニ可
レ致事ニ候、乍レ然瑞垣御門迄之內挑燈無レ之候而ハ難
レ成事ニ候間、瑞垣御門外迄挑燈爲レ持、御門之內ニ者
可レ有二遠慮一候、長官役人・宮奉行等只今迄　內院江
挑燈爲レ持候由ニ候得共、是又差留候、　內院江者奉
行所挑燈之外無用可レ致候、右之もの共も御門外迄者
挑燈爲レ持候樣ニ長官江も申渡候
但諸參宮人等竹矢來外之儀者此度之不レ及二沙汰一候
右之通可レ被二相心得一候
酉九月
(朱書)「但三方挑燈混雜ニ付、三方江之達
尤兩宮江之達者明和ニ有レ之　依田」

寛保二壬戌九月

一御遷木曳花麗之儀致間敷御書付御達

同四甲子年十二月

一寺社普請修復之儀・借屋敷年貢之儀・跡式讓狀之義御
書付

同月

一諸問屋申合之義、荷主與雙方申合證文可二取置一、證文
無レ之火水之損毛問屋可レ爲二越度一旨御書付

元文五庚申年閏七月

一被レ盗候品有レ之者品書付會合迄可ニ差出一旨御書付

一延享三丙寅年四月被ニ仰付一　赤坂御門内　兵部　堀伊賀守　藤原利庸

同九月八日初入　（朱書）「退役後伊豆守ト號」　高貳千五百石　御役料前同

（朱書）「同五戊辰七月改ニ元寛延一」

寛延四辛未年三月參府之上

痛所ニ而依レ願七月廿六日御

役御免

（朱書）「但前年午十一月十二附伺參府六ケ年目」　石出藤大夫　永山忠兵衛

（朱書）「寛延改ニ寶暦一」　七月十三日卒六十九

利庸院殿前豆州刺史見譽貞嶽壽德居士」

寛延元戊辰年

一大湊町裏波除堤御普請、延享四卯年相願、御普請役今井團右衛門來候、御入用國役割ナリ　金四百九拾壹兩三分銀六匁四分五厘　所請

但此時八幡裏五十四間、新規築出、都合四百九拾七間也

寛延二己巳年　三月・四月・五月職人中食ニ米十五俵被レ下レ之、九月出來上ケ物致し候

一組同心長屋地形ひきく、出水度水湛り難儀、仍レ之地形築上ケ普請被ニ仰付一、入用金百四拾兩拜借、尤右之趣被ニ仰上一、三百五十兩拜借御願被レ下候得共、時節悪敷、右百四十兩之拜借ニ相成候事、右之外ニも御恩之儀有レ之、組同心小川岸右衛門、算術御師範御家來岩井和助ト申仁、組同心小久保右平次江劍術無住流師範、右堀氏ハ明君之由

一外御組長屋地形築立請負、一色村今右衛門落札、貳十兩三歩・七匁ナリ

一右ニ付、四月前ノ山土地形ニ貰候ニ付、爲ニ祝儀一金貳兩目録遣し候處、辭退ニ付、金貳分神樂殿ニ寄進、米三俵差遣、辭退候得共、段々申差遣、三俵代壹兩壹分・八匁貳分九厘、四月六日庄屋年寄江鯛二尾・酒三升遣、同人共ゟ普請見舞鯛一尾・酒五升送ル

（朱書）「右拜借被ニ仰付一候後、尚又御勘定所江御懸合有レ之候得共、江戸表之振地低水附候所有レ之共、拜借申立ハ不ニ相成一、且五ケ年兩度類焼之者廿俵取金貳兩

ツ、拝借之例ニ付、何レ共御取計可ㇾ然旨申來ル　」
一右御部屋當地ニ而死去、小林村墓所ニ葬
清林寺ニ祠堂金附、金七兩程、三方會合江預ケ有ㇾ之、年々利三分ツヽ、差越、小久保右平次ハ格別之儀有ㇾ之、重立右世話申候事
(朱書)
「貞享院殿」
延享五辰三月廿七日
一御造營奉行被二仰付一候旨被二仰下一
寛延二己巳年九月
一兩宮遷宮　內宮朔日　外宮四日
上使畠山民部大輔、固メ稲垣攝津守
同
一右遷宮之節、內宮東南北三基之鳥居、外宮玉串御門扉、
此時再興願之通被ㇾ仰二付之一候
寛延四辛未三月
一御船倉二棟屋根コケラ葺替、柱土臺・表裏圍板・番所
三ケ所御修復、御入用銀拾貫拾壹匁
請負人
此金百六拾六兩　大湊
三分銀六匁　但銀六十匁割　大坂屋理兵衞

右御老中初御奥印有ㇾ之
延享四丁卯年
一慶光院江戸屋敷類燒、作事料先格之通白銀三百枚被
ㇾ下ㇾ之
同年三月四日
一御役所幷御組薪之儀、御裁許別帳ニ委ク有
同年三月
一三別宮御造替ニ差加ニ可二相成一、御遷木之餘木御調ニ
付書出
內宮餘材五十六　外宮同四十三
同三月
一出火之節、紋付之小幟御役所ゟ差出候、其外ゟ紋付者
無用ニ候、三方共目印之爲、紋付之小のほり爲ㇾ持候
も有ㇾ之候、向後ハ無用ニ候、三方與記し候而爲ㇾ持可
ㇾ申、左候得者外ケゟ見安く宜候、夜中高挑燈も右之
通可ㇾ致、且手挑燈紋付者勝手次第與達
寛延三午四月

一大猷院様百回御忌御法事

延享三寅年

一宇治橋東鳥居類焼　但十二月、其外共造替伺

同四卯十二月

一市中之者かさつ之儀仕間敷、御組方江不レ致様
御達

但御組中江も身分慎之儀共御達

同五戊辰十一月被二仰下一、寛延二巳二月二日濟

一大奥女中參宮、表使富田、御使番壹人、尤
公方様ゟ白銀十枚ツヽ、御獻備　但御祓等差立之儀有
レ之

寛延二巳年

一御遷宮　内宮九月朔日　外宮九月四日　稲垣攝津守警固被二仰付一候處、遷宮之節病氣ニ付、家來計差出

右御入用

判金六十貳枚　但壹枚ニ付金十貳兩壹分替、米直段
九斗ゟ同三升替

金三萬貳千六百七十九兩壹分・銀百五十匁三分

此米三萬貳百廿七石三斗七升五合、內貳百石鶴松收
納ゟ渡

但此時陣之儀料

主上幼主ニ而御許(拝)無レ之故十八石減ス

「(朱書)內讀合八月廿日內宮、同廿一日外宮、右出來見分
同日」

延享四丁卯十一月十五日

一後藤四郎兵衛手代今井又右衛門來り、此度分銅改候旨
ニ而口上書差出、尤神領中所持之分改請候様被二仰渡一
可レ被レ下旨、伊賀守様御役人中様宛、右承屆可二申渡一
旨、且分銅改ニ付此度御觸ハ無レ之、寛保三亥年分銅
改之御書付出候、右之趣ニ而此度改候哉、御尋候處、
其通之旨相答ル、傳馬御證文寫・改方書付貳通差出、
御書付寫差出

一翌十六日兩會合當番御呼出御達、尤手代又右衛門差出
候書付爲二御見一、寛保三亥被二仰出一之趣共御達

一同廿二日右又右衛門罷出、分銅改濟候段、一兩日ニ出

立候旨相屆候、廿三日兩會合ゟ相濟出立屆

寛延四未二月十三日・十四日

一宮中顚倒木、五年以前神社村彌助與申者禮金差出、外宮長官召仕藤波孫大夫取計を以差遣候處、翌年夏出水ニ而流レ出、大湊ニ而留置候處、右木ニ印無レ之故、年寄共不レ渡ニ付彌助訴出、御吟味、右物而宮中之木賣買ハ勿論、外江差出候事先年ゟ制禁之處、禮金を請差遣候段、賣買も同前之事不埒、彌助も不埒ニ付、右木御取上且宮中ニ顚倒木等召仕一分之了簡ニ而取計候事、兼而申付も疎略ニ相聞、不念ニ候、右禮金貳兩貳分長官ゟ彌助江可レ返、猶又咎も可二申付一候得共、時過候儀、殊ニ其以後猥之事も無レ之作法宜相聞ニ付、咎等無レ之樣三方共も申聞ニ付、此度ハ御用捨、孫大夫事も御用捨、併長官方ニ而了簡次第申渡義も可レ有レ之、向後猥ニ無レ之樣召仕迄も急度可二申渡一旨、書付を以被二仰渡一、翌日長官直口上書を以御請奉二申上一候旨差出、右木大湊ニ而燒捨可レ申旨、乍レ然無益ニ燒捨も如何候間、不淨ニ無レ之薪抔ニ致し候樣、三方江御達之處、右會合江申請、日參之もの共寄進之宮中ニ有レ之常燈破損ニ付、右之修復、其外會合ゟ差置候宮中火消道具小屋破損修復ニ用、殘ハ宮川船渡篝火ニ致度申聞ル、御面談之上、右流木會合江差遣與申ニ者無レ之候得共、成程願通ニ用候儀苦ケ間敷間、其通ニ可レ致、尤引取候節大湊入用不二相懸一引取候樣ニ可レ致旨被二仰渡一

但藤波孫大夫儀ハ長官ゟ差扣申付候旨、日數立御家來迄申出ル

寛延四未二月廿二日

一內宮古御樋（船）代田宮寺江送り候節、法樂舍堂內へ入申度御遷宮前法樂舍願之儀御吟味之上被二仰渡一相濟候得とも、右之趣ハ御伺濟之事ニ候へ者、以來之爲御奉書之寫、內宮長官名代河井圖書、神主惣代井面四神主・薗田十神主御呼出、御面談御渡被レ置

宇治法樂舍願出候者內宮古殿之御船代、田宮寺境內

御船殿江納候節、法樂舍堂内江入申度由申出候付、
委細被二申越一候趣、令二承知一候、右願難二取上一儀候
旨可レ被二申渡一候、且又内宮長官・神主共願之通、
向後御船代宮中殿舍之内江相納候樣可レ被二申渡一候、
田宮寺ニ有レ之候御船代ハ先其通ニ差置候樣可レ被
レ致候、以上

四月十五日　　松右近將監
本伯耆守
堀相模守

堀伊賀守殿

延享五戊辰年十二月
一浚明院樣御實母御部屋お幸之方
右御不豫之處、御養生不レ被レ爲レ叶、二月廿六日逝去
之旨、普請者五日、鳴物者十日御停止之段被二仰下一
寛延二己巳年
一常明寺嶋屋吉左衞門勸進角力願、七月十九日ゟ初八月
四日迄、晴天七日興行之處、殘日數ハ角力取共病人多

之旨を以願下候、但通々勝能ト相見エル
同年二月
一外宮物忌貳人御呼出、於二白州一、右者享保年中　遷宮
之節、相殿御座拜見并御餝之儀ニ付、神宮與物忌及二
異論一、御役所江申出、吟味之上、保科淡路守差圖ニ而
京都江罷出候處、御座拜見之儀ハ不二相成一事之由、御
餝之儀者重而　遷宮之節可レ被二申渡一旨、祭主被二申
渡一候由、然處　遷宮近寄候得共、御餝之儀未沙汰無
レ之、遷内々承合度旨ニ而物忌之内、上部兵庫・黑瀨
右仲、京都江罷越候由、御役所江も不二相屆一、神宮江も
不二申達一、不埒之致方ニ付、差扣被レ仰二付之一、尤外物
忌共も急度叱置可レ申段、長官名代江書付御達し御請
書差二出之一
延享四卯八月
一神領之田畑を寺江寄附之儀并寺ゟ買求事、前々ゟ禁止
之處、近年猥成由相聞え、彌古法式相守可レ申御書付
寛延元辰十二月

一宮崎文庫ニ而講釋相施、本意ならさる事何とも申談、
講釋等有レ之候樣之御書付

同三午十月

一公事訴訟諸願事、僉儀事日數懸り、下々難儀之趣付、
兩會合江御書付

大湊波除堤高札

定

一御普請所波除堤之石・杭木等取申間敷候、若石杭流
候ハヽ、取集、年寄共方江可ニ申出一事
一無用之船をつけ置、或ハ干物等いたす間敷事
一用なくして堤之上往來致間敷事
一堤下江波にて寄候塵芥取、或ハ草芽等刈取候義致間
敷事
一風波之節、堤可レ及ニ破損一樣子候ハヽ、所之もの申
合罷出防可レ申候、尤小破之節、早速所ニ而修復可
レ致事
右之通堅可ニ相守一者也

（下）（朱書）初參府七ケ年目、再參府右年ゟ五ケ年目

寛延元辰年八月　奉行

一桑山君ニ而御築亭江左之通之號額を還居賜

延享

存　　愛

延享丙寅季秋宰《タリ》ニ于勢陽之山田一、官舍之傍《ニ》有ニ亭子一、昔
年桑山氏《ノ》所《ハ》レ築《ク》、云《フ》ニ層嶽近《ク》峙《ヘ》、清江長《ク》繞《ル》、一望千里《ノ》景色、
萬象眞《ニ》壯觀《ナルカナ》哉一、而《シテ》未《タ》レ有レ名レ亭《ニ》矣、竊《ニ》謂《フ》山川之勝狀者《ハ》、
止《ル》ニ悅レ目適《スル》レ趣耳、未《タ》レ足《ラ》ニ取《テ》以《テ》名《テ》レ此《ニ》而《シテ》致《スニ》一、思焉《ヲ》先正有
レ言、一命之《ノ》士苟《モ》存《セハ》ニ心《ヲ》於愛《スルニ》レ物、於レ人必有《リ》レ所レ濟《フ》、夫《レ》
宰《タル》ニ于土一者《ハ》可《ケンヤ》レ不《ル》ニ是《レ》之《ヲ》思《ハ》一哉、因以《テ》ニ存愛《テ》一名《ク》レ焉、扁《シテ》
而掲《テ》レ之《ヲ》、以自《テラ》敬《ムト》言《フ》云、堀利庸《トシヤス》識《ス》

家重公御代（寛延四十一月改元、同八月十一日御目付ゟ被ニ仰付一）

一寶暦元辛未年十二月初入　小日向荒木坂　清六郎　水野甲斐守　源忠福　十一年勤　高貳千五百石　御役料前ニ同
同七丁丑正月願、二月廿三日參府
同六子十二月三日右伺進達

同七十月三日再勤
同十一辛巳年再參府、二月十四日　御用人 田村源藏
日限申上、同月廿五日發足、九月　藤谷吉左衛門
五日願差出、依ㇾ願御役御免　池田金右衛門
同十辰十一月七日附伺、十二月十五日御日附ニ而伺
通再參府被二仰下一、右御部屋御同道
　但中參府中組同心之內、龜谷嘉惣次人少ニ付取次
　相勤
寶曆元未年六月
一大御所樣御他界　有德院殿與奉ㇾ稱
寶曆二壬申正月
一大納言家治公　御名代畠山民部少輔殿
公方樣ハ有德院樣御服ニ而御服明御名代九月長澤壹岐
守殿
同年正月廿一日
一酒井雅樂頭殿溜詰被二　仰付一、姫路所替被二仰付一候段
被二仰下一

同二月二日
一松嶋・富田伊勢參宮、二月三日申上、大奧女中也
同九月
一御服明、御名代御參向之砌、三方役人深井平兵衛を聊
行違譯ニ而春木隼人呼入、打たゝき候より、三方與論
談ニ相成、御組頭中無二理非一貰ニ相成候、日記ニ有
同三酉年
一千石以下一統拜借被二仰付一、組同心江金百四拾兩拜借
　但十一月御勘定所江文通有ㇾ之
同二申十一月下旬ゟ
一大納言樣御疱瘡輕御樣躰之段、兩宮江黃金白銀御神
獻（朱書）「先キニ委し」　（朱書）「十一月證文認方之義も有ㇾ之」
寶曆五乙亥年十二月
一組同心由緒書差上ニ相成
同三酉年願、翌戌年見分、亥年御普請有ㇾ之
一大湊町裏波除堤國役御普請所請　在方御普請役 保田定市郎
合銀六十壹貫九百八十七匁四分五厘　同斷下役 近藤龜右衛門

此金千三十三両・永百廿四文貳分
　内
金六百三十三両・永百廿四文貳分　江戸御金藏ゟ來
金四百両　鶴松收納金ゟ渡、外ニ金三分・永九文餘
右請帳御老中始御奥印　右江戸ゟ御金爲レ登賃收納金ゟ出ル
同八寅十二月、去丑年伺、夏見分來リ
一同御普請　御奥印右同斷　御勘定所詰御普請役 倉橋定右衛門　四川水用方同斷見習 門奈增之丞
金四百六拾六両貳歩
永百七十七文八分
收納金千貳百両餘之內ヲ以渡
寶曆三酉六月廿日
一有德院樣三回御忌於二東叡山一御執行相濟
同十一巳年
一奉行所在府ニ付、組同心御扶持方御切米、組頭假證文
を以御代官所ゟ請取
同七丁丑年九月八日
一津一身田季宮參宮　下中之鄕町 師職森與大夫ゟ八月屆レ之

右山本大夫ゟも相屆、八月十三日右使者小幡林之進
入來、御口上申演、振子肩衣壹箱十巻被二相送一、水
野在府ニ付、留守用人田村源藏謁レ之、両長官ゟ右
參宮之節、御內階下御拜之儀師職ゟ申出ニ付、延享
元年之通可二取計一旨申出、両會合ゟも先例通可レ勤
旨申屆、師職ゟ追々治定等之儀屆出、九月八日御役
所ゟ使者鰑一箱百入御進覽、組同心先拂貳人御差出、
同九日右使者別所直記口上ニ而奉行所安否尋、參宮
無レ滯濟候、大慶、其節使者組同心差出候、挨拶、
御滿悅之旨、仍而干鮑百樽代金三百疋被レ送、且昨
日御使者江麻上下貳具被レ送候旨、右田村源藏謁レ之、
右　公儀御祈禱も両大夫江被二申付一候段申出候事
右參宮濟、夫々屆出候事　右被二仰上一之注進狀其不二相見一候、享和之度被二仰上一ニ相成ル
寶曆二申年
一宇治大橋御普請御造替　御普請役渡邊傳之丞・萩野(朱書)「右衛門ト有レ之」藤市・橋爪善兵衛來ル　請負人 藤村六郎左衛門 多田屋嘉兵衛 檜皮屋太右衛門
御入用金貳千九百拾六両貳分
銀拾匁

右十二月七日御見分、同九日渡り初　組勤方書頭中時之日記ニ有り
右御普請御用御勤ニ付、時服三御拝領
同十辰年五月
一家重公を大御所様与奉レ称　右大將様江御代御讓
同九月
一將軍　宣下　御移徙　寶暦十辰六月十三日
同十一巳年六月十二日
一大御所様御他界　惇信院殿与號
一御朱印御改
寶暦七丑五月廿七日
一守武靈社神宮家屋敷内ニ有レ之處、神宮持之山屋敷江
移候由届
同十辰二月六日暮ゟ
一江戸神田明神下ゟ出火、下町邊深川迄凡十萬軒餘、新
橋・永代橋燒
同九卯年
一檜垣判事・同人悴同主水義盗賊、内吟味仕、法外之義

(下)(朱書)臨時御代替
御名代延着
但呈書通例

(上)(朱書)御咎

有レ之ニ付御吟味、永牢被二仰付一候、牢死
同八戊寅三月十日
一佐渡奉行石谷備後守殿ゟ佐州御役所御仕置筋并御調合
藥等之儀、此度御老中御勝手方堀相摸守殿江伺候處、
外遠國之振り合承り合申上候様ニとの事ニ付、別儀之
趣問合之旨申來ル
一右答付札當御役所ニ而致二入墨一御仕置前々ゟ御座候、
入墨之致方者腕肘ゟ腕首之方江手一束置押廻り、輪之
巾五分ニ而御座候
御役所附御鐵炮五十挺有レ之候、尤調合藥御圍七百目
御座候
但壹挺ニ付玉十口藥胴藥共ニ詰置申候、組同心鐵炮稽
古ハ不レ致、依レ之玉藥年々請取不レ申候段
寶暦十庚辰九月
一御代替
將軍　宣下相濟、御名代畠山飛驒守義紀殿被　レ仰二付
九月三日一、同七日發足之旨案内御狀來候處、十七日參

着可レ有處、八日未中刻ゟ相州酒匂川滿水滞留、十日
川明渡川、此後無レ滞候ハヽ、十八日參着候旨申來ル、
然ル處、駿州富士川差支滞留、十四日府中驛止宿ニ付
廿一日參着可レ致旨申來、廿二日御拜
同十一巳二月十八日
一慶光院繼目御禮參府之儀ニ付、委細被ニ仰上一、尤御役
所江も不レ願、先例古格相違仕ニ付、參府差留置候段
申上　但御書付御達大岡ニ有レ之
同五乙亥二月廿八日
(上)(朱書)清雲院後住
一清雲院教譽病身ニ付、弟子轉譽龍印長老江後住を申付
候旨、智恩院役者ゟ御用人宛書翰來、卽返、追日入院
禮罷出、一束壹本
寶暦三酉八月廿三日　(朱書)「春木大夫死、先例難レ分、以前者享保」
一春木大夫 舎人 病氣俄差重り死去、名代を以屆
廿四日
一來月朔日之儀如レ例先格書付ニ而申出候様達ニ付、名
代龜田主馬・春木大炊出、書付出ス

覺
一來九月朔日春木大夫宅御嘉例之通
公儀御祈禱太々御神樂執行仕候、春木隼人義忌中ニ
罷在候處、御祈禱之儀名代龜田主馬爲ニ相勤一申度奉
レ存候、前々ゟ春木大夫忌服、其外故障御座候節者、
名代ニ而御祈禱相勤候儀先格ニ而御座候、御祈禱名
代ニ而相勤候節者御老中様・寺社御奉行様與差上候
書狀者春木大夫與仕、御祈禱相勤候名代之者判形仕
差上候義、先格ニ而御座候、以上
八月廿四日　春木大夫親類惣代右兩人印
一春木大夫與申者家之名ニ而、忌服・故障之節者親類共
御祈禱相勤來候趣、同家督相續之儀改江戸表江御願申
上候儀無レ之、死去御屆も不ニ申上一、忌服過明之上ニ而
御祈禱相勤候様仕度趣、右御前迄相續之御願申上候段
口上書
一享保十四酉七月差出候古格書付出　是ハ享保ニ記候故爰ニ略ス
九月朔日

一公儀御祈禱例之通執行、御出席春木大夫方ニ而御添翰
例文御渡
　但別紙無レ之、此譯者前例春木死候申上等御先役堀
　伊州公江御聞合、延引相成候旨、後日寺社奉行江文
　通有レ之
同十八日
一本文ニ春木大夫先頃病死仕、悴罷在ニ付、御用向滯儀
無レ之、然共忌服之内者別宅江移、家者淨清ニ致し、親
類共名代ニ而御祈禱執行仕古法ニ御座候、依レ之當九
月朔日太々神樂御祈禱之節、親類とも名代ニ而執行仕、
御祓之銘春木大夫與申者家銘ニ而、尤御祓差上候節、
名代之者委細可二申上一候得共、此段得二貴意一置候段
　猶以御祓獻上之節、書狀ニも春木大夫與認、名代勤
　候親類之判ニ而差上申候段
一別紙本文ニ申上候、春木大夫去月廿三日病死、其節早
速本文之趣ニ得二貴意一、尚又當月朔日以二別紙一當春木
忌中ニ付古法之通別宅へ相移、本家ハ清淨致し、親類
共御祈禱執行仕、御祓差上、右獻上之義名代之者伺可
レ申、御差圖可レ被レ下與可レ得二貴意一之處、書留相見え
不レ申、先般堀伊賀守方江承合候處、本文之通申上候
旨申越、依レ之彼是延引仕候、尤御老中方江も申上候
儀ニ御座候、右御聞届被レ下、御尋も御座候ハヽ、可レ然
被二仰上一可レ被レ下段
　井上河内守様・青山因幡守様・鳥居伊賀守様・本多
　長門守様
十月九日附
一右返書令二承知一、先達而名代之者不二申聞一ニ付、例之
通取計候旨、且延引之譯令二承知一候段
十二月九日
一例年之年始御添翰兩大夫例文（但此砌ハ兩大夫共名前書加有レ之）
　但別紙ニ春木隼人服中ニ付、來正月年始名代を以申
　上候旨、且山本主殿縫殿之助與改名候段
九月六日
一大納言様御十七歳御厄除御祈禱、御内々西丸御老女ゟ

御咎を以被二仰下一候旨、兩大夫届出、山本ハ一日届

九月十八日

一呈書、春木大夫先頃病死、尤倅罷在候得共、忌服之內
者名代ニ而相勤、御用向無二御座一候得共、以二先格一申
上置候旨本文

別紙ニ、右早速可二申上一儀與奉レ存、書留吟味仕候處、
相見不レ申、先役堀伊州江承合候故、申上延引仕候、
此段申上候段

（下）（朱書）穢多火事

右別段ニ差立有レ之、併是ハ異例ナリ　十一月十四日右御承知之段
被二仰下一、再御請

寶暦三酉九月七日

一常明寺元三大師萬人講御籤五ケ年之內一ケ年三度ツ、
兩年興行、當月執行、來戌ゟ三ケ年之內五月壹度ツ、
興行仕度届

（下）（朱書）臨時御名代延着

同十一月廿八日

一山田出火、岩淵町道場横町四郎兵衛宅ゟ百六十六軒、
土藏二、納屋三申上有レ之

同十三日

一多羅尾ゟ度會郡御年貢米之內、志州鳥羽城詰米被二仰
付一、河崎町江津出ニ付、右町方江被二仰付一可レ被レ下段
文通

一白子江嶋村百姓之儀ニ付、小笠原越州ゟ內々家來差越
文通

寶暦八戊寅正月廿七日

一神社村・竹鼻村領藤倉穢多出火、本家十軒、納屋貳軒
燒

右通例撿使被レ遣、火元組合頭等召連候樣可二申遣一旨、
御用人を以被二仰出一、則申遣召連出、御白洲所預被二仰
付一、同二月廿六日御白洲ニ而所預御免

同十二壬午九月

一御服明、　御名代由良播磨守殿、九月廿日御着可レ有
レ之ニ付、中河原江御出迎候處着無レ之、廿一日又御出
迎御待候處、夜ニ入、御家來ゟ書狀、川々滿水ニ而差
支、廿二日着之旨申來、廿三日　御拜相濟　但呈書通

（朱書）（上）慶光院御修復料願一件

例

寶暦六丙子年

一慶光院自坊及二大破一、修復料之儀、繼目御禮參府之節、大奥御年寄衆江御咄之節相願候處、寺社御奉行江願候樣被レ申候由ニ付、十一月二日青山因幡守殿江願書差出候由

同十一月十九日

一寺社奉行衆御列座ニ而鳥居伊賀守殿御宅ニ而願書御留置之旨、尤急ニ者御沙汰有間敷間、歸院候樣ニと青山因幡守殿被レ仰候由

同七丑五月十八日

一右江戸詰名代井上理右衛門御呼出、鳥居於二御宅一青山を以願、當時御聞濟無レ之旨願書御差戻候由、右之段又々大奥江相願置候由

同九月廿七日

一右願此度早々相願候樣被二仰下一候ニ付、近々名代を以願申上候旨、御役所江も申屆、泉右門出府候事　但此節奉行所二月參府ニ而九月迄參府

右書付差出樣達ニ付、廿八日書付差出、但御役所ゟ被二仰上一ハ前々無レ之段

十月十五日

一右願、青山因幡守殿江差出候由

十九日

一右願之義、御役所江先達而も此度も不二申出一、御察計不調法口上書差出、翌廿日不調法之段御宥免被二成下一忝段一札差出　兩通共實印附

同十庚辰年五月十八日

一右修復料銀八百枚被二下置一候段、毛利讃岐守殿御宅ニ而松平周防守殿御書付を以被二仰渡一、卽拜領候旨、卽在江戸泉右門ゟ申越候旨、同後見山本縫殿之助を以、五月廿六日御役所江も相屆候事

同十一辛巳年十一月

一右同院殊之外年久敷大破故、右被レ下銀計ニ而者不二行屆一ニ付、廻し金ニ仕度之旨、寺社奉行松平和泉守殿

江申出候處、十二月三日御聞届之由
右明和八卯年、土方近江守領江貸附置候分元利滯、
天明四辰年九月廿六日、右寺社奉行衆江可二願出一旨、
泉右門を以御役所江相屆、十月寺社奉行衆江願出候
處、同五巳年本金千四百五十貳兩切金被二仰付一候由、
右明和八卯四月、九十兩請取殘滯候由ナリ
一右寛政九巳年八月迄之分、奉行所ニ而吟味無レ之、相
對を以無レ滯可二相濟一旨之御書付出候砌、右押切返上
候樣被二仰渡一、返上候旨同十二月屆出候事
寶暦十辰四月
一同院江戸拝領家敷、當二月類燒ニ付、作事料以二先格一
大奥御年寄中江願候處、寺社御奉行江願候樣被レ仰、
則先格之書付ニ仕願出候、尤前々ゟ山田御奉行所江相
願
公儀江被二仰上一候儀無二御座一、此度も先格之通ニ候旨
書付并先例書添相屆ル
同六月廿九日

(上)(朱書)拝領屋敷江戸靈岸嶋ニ而北新川

一右普請料先例之通被二下置一難レ有旨申出候ニ付、員數
尋之處、銀三百枚拝領候旨申聞候事
同六丙子年
一慶光院參府之儀屆不レ申、在府中之儀も不レ屆、御察計
但五月御書付渡ル、六月來ル
寶暦元未十二月
一弘安格式・延喜儀式貳部文庫ニ有レ之、御用ニ付被二仰
下一、松平右近將監殿江差上、同三酉九月御用濟相納置
候樣被二仰下一御差越候事
但右延喜儀式ハ延喜帝之御時、菅公之被レ成候書之
由、近世も專
禁庭ニ御用ヒ之事之由
但右書籍最初被二仰下一候節、兩神宮・兩會合江御達し
之上差出ニ付、貳箱二重箱ニ致し、上包油紙包、松右
近將監殿江御狀壹通添、江戸屋敷江差下、七日切、尤
着之上、御同人御宅江使者を以差出候事、右御狀御機
嫌能之文言有レ之、將又々々奉二差上一候而之文言也、

注進狀留ニ有レ之

寶暦十二午二月廿三日

一下館町出火、內宮御厩焼失、御老中方江被ニ仰上一、其後

兩宮近所出火之儀ニ付、御尋之儀有レ之、元文二巳年
內宮御厩焼、同四未外宮末社二宇焼失之節之儀被ニ仰上一有レ之

（上）（朱書）汐合渡シ船賃增

寶暦七丑正月

一二見道汐合渡船賃之儀、往古ゟ道者壹人四文ツヽ、地廻り往來人者壹文ツヽニ而渡し來候處、寶永四亥大地震、津浪ニ而高汐滿、年々川幅廣く缺込、普請等掛り諸入用多、困窮之小村難澁之旨、正月廿八日山田原村・溝口村ゟ相願、同年二月十二日會合ゟ御役所江右船賃壹人四文ツヽ増度願之趣伺候處、會合ニ而差免候樣御沙汰有レ之、十八日水野君會合江御入之節、兩村年寄共呼出聞屆、賃増之定申渡、請證文會合江取レ之、同廿日右船賃増之儀、神宮・慶光院・金剛證寺・町在江山田會合ゟ文通・觸等いたし候旨

但往來人壹人壹錢之所貳錢、旅人四錢之所六錢

但宇治四鄉在者船造替之節祝儀送り候ニ付無錢之由

寶暦六丙子年六月

一御役所稲荷御寄附ニ而京都吉田家江外宮長官世話ニ而位改正一位與院旨下り候、八月廿三日勸昇（請カ）、外宮長官名代・宮人來執行

寶暦五乙亥年

（下）（朱書）御奉公所差扣

一內宮御祭禮九月十七日御名代用人伊東代右衞門殿出席之處、參進之刻、二ノ鳥居邊奉納唐櫃居候所江行懸り、脇江寄せ候樣被レ申ニ付、案內御組奉納物之旨申候へ共、無ニ聞入一故少し脇江寄せ被レ通、少々揖禮も有レ之、祭主之前も其通之由樣子、追々御聞調之處、傳　奏尋之節、祭主ハ無レ滯由御答之由、衞士之申立有レ之由

寶暦五亥十月十八日御奉書を以、其方名代九月十七日二ノ鳥居邊ニ而御神納之品江不法成義有レ之旨、京都ゟ注進、依レ之京町奉行江右名代可ニ差出一旨御下知有レ之、

卽夫々江御達、十九日ゟ御自分ニ遠慮、御門扉閉、潛戸も閉、心ニいたし置候樣御達、十月廿五日京町奉行所ゟ代右衞門吟味筋有レ之旨申來、廿六日同役藤谷吉左衞門添、御組貳人付、尤出立、十一月代右衞門揚屋江被レ遣候、町奉行ハ稻垣能登守殿・小林伊豫守殿、案內之神宮其外追々呼出有レ之、子六月差扣御同席を以御伺置候處、六月廿九日伺通差扣被二　仰付一旨御付札を以被二仰渡一、七月四日申來、八月十一日差扣御免之義、御同席江被二仰渡一候段、同十六日申來、御門明ケル「(朱書)日數六月廿九日ゟ八月十一日迄」

(上)(朱書)落着

六月十二日落着、兩奉行御目付建部市十郎立合、伊東代右衞門江戸十里四方、京・大坂・日光幷道中筋・伊勢御追放、尤京御役所ニ而御いたはり被レ下候由、外ニ神宮案內之者共・御組案內も遠慮被二仰付一、日數少ニ而御免、御組方上京入用三十八兩壹歩・四百八十八文、半分ハ缺所金、半分ハ御自元ゟ出、尤譯合被二仰聞一

右ニ付當年ゟ例幣使之節、夜廻り候樣、尙九月御祭禮之節之義、京都ゟ神宮江追々申來り、其續を以御達有レ之

寶曆六子三月廿六日

一尾張殿御末男參宮、山本大夫江御止宿、御組出候處、御忍之由達而御斷ニ付引取

三月廿二日

一西丸御簾中樣御懷胎ニ付御祈禱、從二兩御丸一黃金三枚ツヽ、御進獻、御役所江到來

一大納言樣寶曆二申年御疱瘡御祈禱之節、例風廻り可レ被レ遣處、雨天ニ而不レ參

廿五日

一右御祈禱御祓等兩大夫持參ニ付、爲二荷作一宿繼ニ而御差立

廿八日

一右御簾中樣御着帶御祝儀被レ爲レ濟候段被二仰下一

廿九日

一肥前主五嶋淡路守殿參宮

子六月中旬

一曾禰町領ニ而勧進角力興行

寶暦六丙子七月晦日

(朱書)(下)御差扣伺

一西御丸ニ而廿一日　「(朱書)千代姫様」

姫君様御降誕被レ為レ在、依レ之御成長之御祈禱従ニ

公方様・大納言様一御祈禱料黄金三枚宛

両宮江御進獻、右滞府山本大夫家來江御渡之旨、尤外

様ゟも被ニ仰付一候之段、八月二日御祓等江戸表江今朝

出立之段注ニ進之一　「(朱書)但右者御奉行所前件御差扣中ニ候」

八月十九日

一御老中西尾隠岐守殿御參宮、京都御用濟

同八寅八月

一不身持・不埒者家來ニ持者數多有レ之由ニ付御書付

同年十二月

一出火之節、火元見組之者差出處、火消ニ無レ之者共集

り、途中妨ニ相成、其上過言等申も有レ之由、以來右

躰之者召捕候條御書付

同九卯六月

一倹約を可レ守御書付

同十二壬午十二月　「(朱書)竹千代君御本丸ニ而御誕生、孝恭院殿」

一今度為ニ　恐悦一江戸表江物代罷出候儀ニ付、元文二巳

之年之例書差出處、相違ニ付御尋之處、不束之儀申、

年寄・三方幷役人差扣被レ仰ニ付之一

一右ニ付間違之例書江戸江御差上ニ付、差扣伺書御同席

江御頼被レ遣、六日限ニ候

一両會合御呼出、右差扣御免之上、一統江以來之義書付

を以被ニ仰渡一、則御請證文差ニ上之一

同八寅十月

一御役料米廻し斗枡ニ相成、手代木村卯右衛門・御用人

堀田小右衛門・御組頭下山彌右衛門

同九己卯閏七月

一御玄關前ニ而塀十五間餘練塀ニ被ニ仰付一

同三月廿一日

一小林村出屋敷二軒焼
同二月三日
一大湊本村次郎兵衛缺所
同十庚辰年二月四日
一御轉任・御兼任・勅使・女院使・准后使登營
同十一辛巳年二月十七日
一御老中井上河内守殿御參　宮之事
寶暦十一辛巳年八月五日
一御臺様御安產以後御祈禱被ㇾ仰㆓下之㆒候、黄金三枚宛
　同六日兩大夫江御渡之事
同十二壬午年二月廿一日
（上）大岡
一宇治下館町出火、五十三軒焼、御厩類焼、齋館板塀破
　却
同年四月朔日より　　同四月
（上）同
一大湊海眼院觀音開帳　　世義寺向山南之坊開帳
同年七月十一日
（上）同
一大奥御女中御懷胎ニ付御祈禱、黄金三枚宛、右御祓御
役所ゟ御差立
寶暦二壬申十二月
一御厄明　御名代前田信濃守殿參向、十五日　御拝
同年十一月十九日
一大納言様御疱瘡輕御様躰被ㇾ成㆓御座㆒、依ㇾ之於㆓
兩宮㆒御祈禱被㆓仰付㆒候段、則御獻備物酒井左衛門尉
殿御證文ヲ以御箱物壹釣到來、御荷物丈三尺五寸・横
二尺・深サ一尺、琉球包釣り臺
一右御神獻物　兩宮江御本丸ゟ黄金三枚宛
西御丸ゟ御初穂黄金壹枚宛　御供料 大神樂料　白銀 三十枚宛
右ニ付御組恐悦申上有ㇾ之、且風廻り出役有ㇾ之
廿一日
一御祓獻上長柄貳釣、兩大夫御役所江持出、御改御封印
ニ而西尾隱岐守殿御證文を以御差立
一大宮司・神宮・其外御祈禱執行、御祓・熨斗差出、恐
悦ニ罷出候
一右御酒湯廿三日被ㇾ為　ㇾ召候段、廿八日被ㇾ仰㆓下之㆒、

(上)正月二日式之事

但向々恐悦申上ル
一往古ゟ此時代迄正月二日御組年頭御禮濟、御弓之間邊
二而一同江御酒被レ下御用給御謡ニ之由各頂、御歌船
うたひ候由、此以來御酒代とて五百疋ツ、年々被レ下、
二日ハ御悦歌計ニ候
但往古ハ餅米被レ下、大頭之宅江一同招、雜煮振舞
候事之由、中古餅代金ニ而三両程ツ、被レ下候處、
近來金千疋ニ相成、右兩樣共暮ニ被レ下候事
(朱書)「寶暦十一巳十一月廿五日
一御造營奉行被二仰付一候旨被二仰下一、道中江
一山口祭執行之儀被二仰下一
同十二年十一月廿六日
一兩宮木造初、三月執行之儀被二仰下一
」
(奥書)山田奉行所舊同心御園村大字小林松本敏政ヨリ借入テ之
ヲ書寫ス
明治四十二年九月二十日　　神宮故事編纂所

神領歴代記　下

家治公 浚明院殿　御代　九月廿八日被二仰付一 十二月朔日任官
一寶暦十一辛巳年十二月廿六日初入　西丸御目付ヨリ 小川町 三年勤 大岡美濃守 吉次郎 巳三十歳
同十三癸未五月御召、十九日發足　高貳千三百石 御役料前ニ同
六月朔日長崎奉行被二仰付一
同十四申六月十二日長崎ニ而死去　岡村直右衛門 久保嶋惣右衛門
(朱書)「一長崎之儀、長崎江道中四十二日之由
深堀《フカホリ》番所　鍋嶋持・西泊番所　黒田持・戸町番所　御役所持・出嶋　おらんだ屋敷事・西御役所　御奉行交代引移り役所・岩原　御勘定
御普請役　居所
長崎ゟ三里先
野母《ノモ》遠見番所　おらんだ船入津之節ハ籏合有レ之、夫ゟ通シ舟ヲ入候由
高鉾同斷
右向ひ合せ有レ之由
」
一右御召之御奉書御別紙ニ、御造營ニ付木造等此節發足

仕差障候儀有レ之ハ、一應可二相伺一旨被二仰下一、差障候
儀無二御座一候間、御奉書ニ被二仰下一候通發足可レ仕旨、
御請別紙ニ申上發足之事
一右初入道中上野御泊江奉書到來、山口祭來春ニ付、右
之儀被二仰下一十二月着、翌廿七日長官作所江御達
寶暦十二午二月朔日所初
一外宮殿舍御修覆御入用金三百六十六兩・銀四匁八分餘
　右請負人林忠四郎、所初用人・組頭・目付出役
寶暦十一巳五月　翌午與も相見ル
一慶光院繼目御禮參府之義、水野ニ而差留被レ置申上置
有レ之處、左之通御書付御達、尤寺社奉行所江御達之
趣ナリ

(下)図

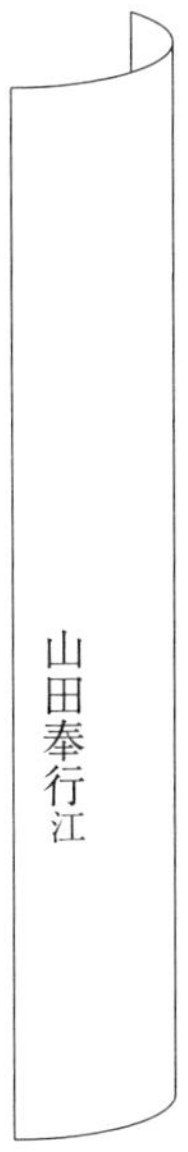

伊勢
慶光院

右今般繼目御禮參府願之儀、山田奉行江茂願書可二
差出一處、先住周奥繼目御禮參府願之節、水野甲斐
守申渡候趣心得違、此度願書不二差出一趣ニ相聞、不
念之儀ニ候、然共、去年參府願相濟候事ニ付、先此
度者可レ致二參府一候、以來者參府願之義、山田奉行江
願書差出承屆候上、添翰を以寺社奉行江相願候樣可
レ致候
　五月
右之通寺社奉行江申渡候間可レ被レ得二其意一候
寶暦十三未正月廿一日
一御名代大友近江守例之通相濟、春木大夫方發駕、夫ゟ
御師福嶋中務方江被二立寄一候事、尤春木大夫も被レ連
料理相伴被二申付一候由
同十二午五月
一有章院樣御實母月光院殿御不豫之處、御養生不レ被レ爲
レ叶、九月十九日逝去之段、尤普請ハ五日、鳴物ハ十
日御停止之段被二仰下一、則御機嫌伺呈書有レ之
寶暦十二午六月

一惇信院様一回御忌御法事、六月十七日ゟ於二増上寺一御
執行之段不レ被二仰下一候
同七月
一主上崩御被二仰下一、御壽二十五
同八月
一福嶋御關所手判願、外宮檜垣九神主願
同九月
一御服明御名代由良播磨守殿、但出水延着、御組方中河
原ニ止宿
同
一宇治川大供水、兩橋柱杭木除壹本ツヽ流、町床上江水
付、新屋敷流家四軒、手水場・宮人休所流、萬治年中
以來大水之由
同九月十三日
一萬壽姫君様山王社御宮參歸御之節、徳川宮内卿殿亭江
被レ爲レ入候段被二仰下一、十八日御髮置、九月廿九日被
レ爲レ濟候段

(下)(朱書)九ケ年目參府伺

同月
一大宮司伯父京都千種宰相中將殿逝去之由、廿一日届
同月
一注進狀・御證文遣切無レ之、町飛脚使五日切
同十月
一若君様御誕生ニ付御祈禱、黄金三枚宛御進獻、則兩大
夫江被二仰渡一、但御懷胎之所前ニ記有レ之
十一月
一右竹千代様与可レ奉レ稱旨被二仰下一、尙御官位被レ遊候迄
者之義、追々被二仰下一
右御附御老若之義追日被二仰下一　御赦も被二仰下一
寶暦十二午四月朔日ヨリ三十日
一大湊海眼院千手觀世音開帳、但願ハ冬
(朱書)「紋三ツ蝶〈尻合〉ナリ」
御使番ヨリ六月朔日被二仰付一　本所御船倉後
一寶暦十三癸未年九月廿三日初入　九年勤　依田肥前守　金十郎　未四十三才　源恆信
高貳千貳百石　知行上州
御役料前ニ同
(朱書)「同十四申六月改二元明和一」

明和八辛卯七月五日參府伺、八月　井上忠左衛門
（朱書）「右伺未年御役被二仰付一通例五ヶ年目被二仰上一同斷」　笹山茂兵衛
氷上左内
六日願通參上可レ仕旨御宅渡被二仰下一、
尤當冬參上之積之處、同九月晦日
御召ニ付參府、御鑓奉行被二仰付一、
十月五日出立、廿日御役替
但右參府之義、御造營差懸り并慶光院內院拜禮一件、
山本大夫義大奥女中松嶋參宮ニ付人馬出入、各評定
所江罷出候儀等ニ而五ヶ年目之參府ハ及二延引一候事
（朱書）「明和九壬辰三月廿日卒
　光照院殿　」
寶曆十四申　月十三日
一御造營奉行被二仰付一候旨被二仰下一
明和元申年三方會合江申出候上伺出
一神社前川字專勝寺鯲留川願　七月朔日ヨリ十月晦日迄
同六丑年九月、內宮三日・外宮六日
一兩宮正遷宮　但藤波祭主故障付、一社奉幣大宮司勤レ之

御名代前田伊豆守殿・固メ稲垣對馬守殿、奉行所出席、
束帶　五位赤布
　但大宮司勤候儀、別段申上別紙アリ、本文ニも文言
　アリ
右ニ付、參向料大宮司江可レ渡旨被二仰下一并陣儀料此
度ハ主上御拜無レ之ニ付十八石減し渡し有レ之
明和六丑九月仕上帳
一宇治大橋・橋姫社・風宮橋御造替鳥居共
　右御入用四千四百拾三兩壹分・銀拾匁四分九厘六毛
　御祝料共
　　內四百兩程收納金、四千八兩貳分ヲ江戸ゟ渡ル、
　　此爲替賃四兩三分餘
一大橋鍬初明和五子十一月六日執行、卽日取掛ル、風宮
橋鍬初同六丑正月三日執行、風宮橋渡り初六月十三日、
大橋皆出來六月十八日、大橋渡り初六月廿二日
明和二酉年
一御船倉屋根二棟上葺

同七年寅年

一組同心長屋修復料百四拾両拜借被㆓仰付㆒、収納金ゟ渡

同年五月、同五子年相願

一大湊町裏波除堤御普請所請　御勘定所詰 御普請役下役　吉川幸七

御入用金四百六十四兩壹分・永九十壹文七分

但金拾七兩貳分・永貳百十六文壹分吟味ニ而減

外ニ金貳分・永五十七文貳分、右御入用金從㆓江戸㆒

爲替賃収納金ゟ出ル

明和二酉年四月

一權現樣百五十回御忌御法事、於㆓日光山㆒法花經一萬部

執行

同三戌年

一五匁銀通用被㆓仰出㆒

同六己丑四月廿四日

一日光御社參、來々辰年四月可㆑被㆑遊旨被㆓仰出㆒候段

被㆓仰下㆒候

但右恐悅、御組方廿七日申上、七ケ所同斷

同八卯九月廿八日

一大納言樣御服中ニ付、日光御社參之儀御延引之段被㆓

仰下㆒

明和五戊子年

一四文錢通用被㆓仰出㆒

同八卯年

一伊勢參宮群集、犬牛之類參ル、俗ニ御かけ參ト申

但參宮人通例、年三十二、三萬人

諸國江御祓降不思議有

翌年被㆓仰上㆒　正月ゟ十二月迄　貳百三十七萬五千百五十人程

太々神樂ハ通例四百五十座又ハ三百七十座位

明和五子年九月十日　寶暦十四被㆓仰付㆒

一大坂御城代松平和泉守殿參宮

但右宮川江出迎、奉行所出勤、前日道見分、但同心

出、當日御案内四人、右御同人御使者干肴二尾・樽

代金三百疋被㆑送、此方ゟ使者干肴差上、但案内四

人江貳百疋被㆑下

同年十月十三日
一紀州殿御實母御參宮有レ之、御序被二仰上一有レ之
但十一月御使者ヲ以紗綾三巻御送り、其外白銀被レ下、御家來江之白銀ハ出役之御組江被レ下譯アリ
明和二酉年四月
一有章院様五十回御忌御法事
明和四丁亥九月廿五日
一大奥女中松嶋・富田參宮、尤松嶋ハ服中ニ而慶光院江滞留
右京極之姫宮壽賀姫御方下向ニ付、上京之節
但壽賀姫御方ゟ至極内々ニ而進獻物有レ之
右之節小俣迄人馬之義、山本大夫御師職之旨ニ候得者差出可レ申旨之處難澁申立、不二差出一差懸り滞ニ付、兩會合申合、先町在江申付、守護不入之地ニ候得者御用ニ而も不二差出一間、今日之義賃人足ニ申付差出候由、右賃銀其筋々江差出候様願出
右出入ニ相成、評定所江出一件帳有レ之、右落着御請書左ニ記
御請書之事
去亥年五月大奥女中上京之節、參宮之節、慶光院ニ止宿有レ之、出立之砌御證文人馬差出方并去ル子年一橋御代參末吉善左衞門殿上京之序參宮之節、人馬取計之一件再應被レ懸、御吟味候處、仕來之趣雙方自己之書留迄ニ而、其上宇治年寄・山田三方并山本大夫・春木大夫書留之趣突合不レ申、證據分明ニ無二御座一候得共、兩會合書留ニ者人馬差出方之義記り有レ之、山本大夫方ニ者人馬差出し方孰とも記し無レ之上ハ、書留ニ不二相見一迚人馬不二差出一由之申分ハ難二御取用一、殊ニ内宮・外宮惣師職共義も兩會合申口之通申二上之一、春木大夫義も右ニ准申立、山本大夫一己之申口ニ而者難二御決一、御神領之義者前々ゟ宇治年寄・山田三方江守護不入之
御朱印被二成下一候ニ付、所ゟ人馬差出候、先格者無レ之、御巡見使者諸國江懸り候御用ニ付、其宿ゟ人馬

差出、其外ハ其師職ゟ人馬差出候旨申上、右者　御朱印御證文ニ而通行致し候而も、全參宮之御用ニ者無レ之、上京抔之序勝手を以參宮致し候間、宿々同樣之取計ニ與ハ品替り、御巡見使者土地之御用ニ付、右同樣ニ無レ之段、會合共申上之處、守護不入之　御朱印ニ諸役免許之御文段者無レ之、既ニ御巡見使者土地之御用ニ付、御神領之内ニ止宿有レ之候得者師職ニ不レ拘、其宿致候者ゟ人馬差出并延享元子年神尾若狹守樣・堀江荒四郎樣國々御廻村之砌、勢州宮川堤・鶴松濱新田・大湊波除堤等御見分有レ之、其節ハ御傳馬人足所ゟ差出候儀無二相違一、伊勢　御名代者全土地之御用ニ付、所ゟ人馬差出可レ申候へ共、天和年中春木大夫願之上、人馬入用引請差出候旨申上、左候へハ大奥女中上京之序參宮之節、慶光院江止宿有レ之、發足之砌入用之人馬者土地之御用ニ者無レ之、上京之序參宮之儀ニ候間、師職山本大夫ゟ差出、且去ル子年一橋御代參、末吉善右衛門殿參宮之節、御證文附長持二棹之人足ハ、寶暦十四申年淸水御代參近藤助八郞殿參宮之節、御用長持二棹之人足を師職春木大夫ゟ差出候上者、是又先例有レ之候間、山本大夫師職ニ付、同人ゟ差出、已來
御朱印御證文ニ而通行之序參宮致候面々者、其師職ゟ人馬可二差出一、且諸役免許之儀者
御朱印之御文段ニ無レ之候得共、仕來之義者是迄之通可二相心得一旨被二仰渡一、一同承知奉レ畏候、若相背候ハヽ、御咎可レ被二仰付一候、仍御請書差上申所如レ件

明和九辰年七月廿五日　伊勢內宮

宇治年寄惣代
車館主鈴　印
磯部隼人　印
同役人
粟谷織右衛門　印
同外宮
山田三方惣代
福井美作　印

福井頼母　印

同役人

森源内　印

内宮御師職

山本大夫名代

坂左門　印

外宮御師職

春木大夫名代

廣瀬六左衛門　印

内宮師職物代

浦野數馬　印

澤瀉伊織　印

外宮師職物代

龜田卯兵衛　印

中西玄蕃　印

三日市兵庫　印

御評定所

一前形御遷宮御入用

都合米三萬五百四拾四石七斗五升五合、内九百貳拾三石收納金之内差加ル

内譯

一大判金六拾貳枚、壹枚ニ付金十七兩貳分三分替 金壹兩ニ付米九斗二、三升、米壹石ニ付銀五十貳匁又ハ五十九匁位

金三萬千七百七拾三兩壹分・銀百七十匁六分

一行事官大隅守取分、五千七百三十九石

一陣之儀料貳千百三十四石、神宮傳奏ハ正親町大納言・廣幡大納言・西園寺大納言

但此度モ寛延之節之通御拜方無レ之ニ付、享保十四酉年度ゟ十八石減候事

一大坂町奉行興津能登守・鵜殿十郎左衛門、後出雲守、後曲淵甲斐守、室賀山城守、又室賀與神谷與次右衛門

一御奥印、右近御印・右京同・周防同・佐渡同・出羽

同・石谷備後守印・安藤彈正少弼印・小野日向守
印・松平對馬守印、外八人印
但遷宮參向料祭主差支、大宮司相勤候ニ付、伺之
上宮司江渡ル

（下）（朱書）ツルマツ
一遷宮ニ付固メ御番所、兩宮ニ而五兩八匁餘、請負中嶋町小野平兵衛（右長三間、巾貳間半）但御勘定所江御懸合等無レ之、御手切ト相見ル、尤此砌ハ御役所御入用も御手切也

寶曆十四申十二月
一質屋質物出所、證人も無レ之義吟味詰り無レ之、右仕來ニ候哉、當地定法も有レ之哉、三奉行ゟ問合、盜賊小吉一件、仕來之譯返書

同年十月
（上）（朱書）朝鮮人
一當申朝鮮人來朝、歸國共、諸御入用先格之通、國役金御取立、別紙書付貳通被レ越レ之、右國々知行有レ之分高懸り取立上納可レ致旨、御勘定奉行御勝手方ゟ申來ル

（下）（朱書）遷宮之節尋
同七月
一慶光院上人成一件、名代出府、寺社奉行中江添翰、尤例書等御老中方江申上候段、明和二酉五月例書差出申上有レ之

同十二月
一鶴松濱永荒地之内八ケ年以前丑年起返、去辰ゟ取箇附候場所、百姓共手入候得共、涌汐ニ而汐枯ニ相成、十五町八反歩餘之内、三町貳反歩餘立毛有レ之、吟味坪苅取箇付、右仕譯書當十月松右近將監殿ゟ御請取御吟味候處、相應之取箇付ニ相見エ、御存寄も無レ之由、伺之通相極可レ然旨被二仰上一候處、拙者江被二仰渡一候間、尚各樣ゟも被二仰遣一候樣被二仰渡一候由御勘定所ヨリ

明和六己丑年七月十一日道中奉行衆道中之觸書ト一所ニ宿送ニ而來、又此宿送り證文ニ而御差立
一高家由良播磨守・長澤壹岐守・前田出羽守ゟ左之趣書付ニ而問合ニ付、則內長名代ニ見若狹・外長名代檜垣主膳御呼出、御尋之處、答書差出、答書ハ朱ニ而爲二

（下）（朱書）遷宮之節

分り安ニ記置
高祖父母
曾祖父母
祖父母
父母
伯叔父
姑
兄弟姉妹
嫡子
末子
女子
従弟
従弟女
甥
姪

（朱書）「上同様ケ條〈但前日ハ憚なし、尤遠近人江同火致し居レハ合火ニナル故、其當人前刻ニ別火ニ分カル由〉
一右父母正忌日
御名代幷御自分御拜禮不ニ相成一候、正忌日計相憚、餘月之忌日ニ者御名代幷御自分御拜禮不レ苦候事
一父母之外、右之諸親類方之正忌日ニ、御名代幷御自分御拜禮不レ苦候事
右依ニ御尋一申上候、以上
七月十一日　內宮長官
外宮長官」

一父母證忌日ニ
御名代幷自分拜禮不ニ相成一之旨、兼々及レ承候、右之諸親類之證忌日ニも同様ニ御座候哉、又ハ父母計ニ而其外ハ相勤、自分拜禮も不レ苦候哉、承度存候
一右證忌日計相除、父母其外諸親類共ニ餘月之忌日ニ者御名代幷自分拜禮相勤不レ苦候哉、又ハ御名代ハ不レ苦、自分者拜禮ハ相成不レ申候哉、承度存候
（朱書）「文政三辰六月、內長江養父母遠関日有無之義御尋候處、養父母ニ者無レ之、證忌日ニ而も參宮不レ苦旨申出、時代ニも記」

一稲垣對馬守　遷宮之節差出之武器・人數等書付を以問合被レ申、則書面通可レ然旨答
一鐵炮貳拾挺　一弓貳拾張　一拏俵壹穂
一番士拾五人　一玉藥箱壹荷　一矢箱壹荷
一長柄貳拾本　（番士之內、役人ハ熨斗目、平給人ハ服紗小袖・麻上下、足輕袴羽織）
右武器ハ兩宮共上ノ番所ニ差置
一家老壹人　一用人貳人　一物頭壹人
一目付壹人　一元〆役貳人　一醫師貳人
右之外近習幷內用申付候者召連候

(上)出張之節、爲レ持可レ被レ越候

一旗　一馬印　一持弓貳張　一持筒貳挺
一持長柄拾本
但宿坊ハ、内宮ハ法樂舍、外宮ハ世義寺、差支有レ之由外相頼候樣、差出人數妙見町旅宿、右文之書付ニ而懸合有レ之、火消道具少々用意之由

寶暦十三癸未七月九日御在府中

(上)分銅改

一後藤四郎兵衛役人分銅爲レ改、澁谷三郎助・東海林順助、此節松坂迄罷越居、近々山田江相越候旨、右兩人ゟ之書狀、但其向江達之儀、伊勢山田御年寄中與宛所之書狀ナリ幷御勘定所連印之傳馬證文寫差越候旨、寫差出、尤延享四卯十一月之格を以先會合役人ゟ町在江內觸致置可レ申哉之旨、山田役人深井平兵衛相伺、其通可レ然旨御組頭ゟ達ス
右傳馬壹疋幾度も可レ出旨ナリ、廻り國十七ケ國、山城・大和・河內・和泉・攝津・近江・伊賀・伊勢・志摩・播磨・美作・備前・備中・備後・安藝・周防・長門

夜ニ入出
一右兩人ゟ先觸壹通・傳馬證文寫到來之由寫差出、且山田旅宿之儀、後藤四郎兵衛師職館町長橋八大夫江申付置候旨、役人申出
右傳馬壹疋賃人足三人、但駕籠壹挺、棒持壹人

七月十日
一宇治會合ゟ、山田會合ゟ承り候旨申出、今日改役人山田旅宿江着

十一日
一右役人兩人昨日着候而御役所江罷出相居、尤諸事延享四卯十一月改之節之格を以後支配下江被ニ仰渡一被レ下候樣申聞、證文寫・口上書差出、右十七ケ國之內、此節伊勢・志摩相廻り候旨、宛所御奉行所御役人中樣
右先格通町在江可ニ申渡一旨御組頭及ニ挨拶一

十二日
一兩會合江右申出候趣、諸事先格之通改請候樣申渡、右傳馬證文・口上書寫共寫し相渡ス

十六日
一右澁谷三郎助・東海林順助罷出、分銅改無レ滞濟、今日出立候段、口上書を以相二届之一、右出立候屆三方出、
十七日年寄出ル

(上)田丸方參宮

明和五子八月廿六日
一水野丹後守殿參宮、屆等之義無レ之

(上)(朱書)宮川ニ而田丸ゟ漁致し候一件

明和三丙戌十二月ヨリ
一外宮長官名代檜垣五神主罷出、宮川筋江田丸家中ゟ網入候ニ付、網役人ゟ咎候得共、理不盡申、度々罷越川を荒し候ニ付、名前承り川守江願候之旨長官江申出候、右川筋上ハ瀬ノ瀬、下ハ大湊海限迄御饌調進之場所、往古ゟ外ゟ網入茂禁制ニ付、久野丹波守家來久野兵右衛門江長官ゟ使者を以可二申入一旨申出、先ツ一應懸合候上可二申聞一旨達
同四亥四月
一右懸合候處、爾レ今返答無レ之處、又々宮川江網ヲ入候旨、何レ表向可レ願哉伺出、今一應承合不二相濟一返答候ハヽ、前々之儀書等可二差出一、表向可二申渡一旨置
同廿日
一右懸合、河原左膳遣候處、不レ替返答ニ候旨申出
五月十八日
一外宮長官名代・神主惣代出、右不二相濟一ニ付、書付共差出、但網役年魚供進幷網役先祖等起源ゟ初外ゟ網入制禁被二仰付一候様願書
一天正十三年八月廿一日、磯村前ニ而田丸殿内宇庵ト申仁、杭打網入ニ付、長官ゟ懸合網上ケさせ候旨
一慶長三年八月十六日、稲葉藏人殿侍岩出村・佐八村前ニ而同斷ニ付、同斷
一同十四九月廿二日、磯村前ニ而鮎ヲつかミ取候者捕へ同村百姓ニ而九鬼長門守殿江懸合候處、馬乘貳人被レ越長官江被レ詫候旨
一元和九年九月廿三日、小俣村百姓鮎ヲぬすミ取、久野丹波守殿江懸合、同所ゟ右百姓ヲ被二呼寄一、牢舍被二申付一候ヲ、幸福出雲色々詫ニ而相濟候旨

一寛永四六月十二日、大湊長七鮎ヲ入付、網船ヲ取上
御沙汰ニ而爾レ今不レ呉候由
一享保十二岩出・佐八・大倉・晝田村之者共五、六十
人出、鮎ヲ盗ニ付、奉行所江申立、村方大庄屋江家
司大夫ゟ觸書差出候旨、十七ケ村江ナリ
一三方ゟ山田町中江之觸書寫
一七、八年以前久野右仲田丸家中宮川中瀬之瀬ニ而鮎を打、
咎候而も貪着不レ致二争論一、右仲ヲ取籠、仲人挨拶、
同人不調法相侘相濟候段
一川守松木雅樂之助・喜多出雲ゟ之書付
一明和四亥四月廿八日、田丸家中上下七人鐵炮打懸、
宮川中瀬之瀬、川端之下迄唐網ヲ入、大勢十手甲縄
等を持、其外用意致し來、其後度々罷越、川を荒し
障も相成、先規之通相止之願、網役
一川守ゟ之書付
一網役ゟ之願書
一外宮長官ゟ此度之願、尤川境川之中筋を限り候哉、

御尋候へ共領境ニ拘り候義ニ者無レ之、往古ゟ上ハ
瀬ノ瀬、下ハ海際迄一統ニ而他ゟ網入候義禁制候段
右ニ付左之通久野丹波守江御懸合致様
明和七寅五月廿七日
一宮川右網入禁候處、御手前様御領分田丸之者年魚取
候ニ付、相制候得共相止不二申上一、御家來中迄長官
ゟ達候得共、一圓相止不レ申、依レ之御役所江願出、
古例書等差出候ニ付、調之上其筋ゟ願書寫等右願之
趣江戸表江申上候事故、此段得二貴意一候、併御領分
之者共禁候場所ニ而押而網入候義、畢竟慰之義与存
候、御手前様ゟ被二仰付一候ハヽ、此後之義相止可
レ申、左候ハヽ、江戸表江不二申上一相濟候事与段々事
ニ存候、兎角思召次第貴報可レ被二仰聞一候、右支配
之者ゟ願差出、御役所ニ而難二捨置一、此段先得二貴
意一候段、御印狀
右白木狀箱、油紙包、飛脚便和歌山江被レ遣、但書
付寫共被レ遣

(上)(朱書)
參府留守

六月十三日附

一右答仕懸之趣請、兎角存寄次第貴報可二申達一、委細御內意蒙レ仰候、御紙上之趣承知仕、被レ附二御心一忝次第奉レ存候、何分旨趣相尋可レ得二貴意一、併遠方往返手間取可レ申二御含置一、且書面寫類皆借用仕候、且右一件相濟候迄宮川江網入させ候義相止候樣申付候段、致二樣印一

明和八辛卯十月廿五日

一久野丹波守ゟ使者中村次郎右衞門を以、去ル亥年宮川江同家來網入漁候儀懸合候ニ付、左之口上を以返書幷先達而之書面類返却、何レ茂左之趣

口上、未レ得二貴意一候得共、寒冷之節、彌無二御障一可レ被レ成二御勤一、珍重奉レ存候、隨而去ル亥年被レ入二御念一蒙レ仰候趣致二承知一、今般書中を以委細及二御返答一候幷其節爲二御見一被レ下候御書付共致二返却一候、依レ之使者を以申達候段

右切紙之趣

一去ル亥五月被二仰聞一候趣致二承知一旨趣相尋、追而可レ得二貴意一、夫迄宮川ニ而家來共網入候義相止候樣申付候段、其砌及二貴報一候義ニ御座候、右場所ニ而家來共漁仕候義者紀伊殿領分場廻り相兼、先規ゟ之いたし來りニ候得共、御饌調進年魚ニ相障候儀ニも候ハヽ、在所家來共宮川ニ而網入候義爲二相止一可レ申候、左樣御心得可レ被レ下、此段可レ得二貴意一候之段

猶々願書一通・例書一冊幷川役人願書幷書付六通返却之旨

卯十月廿六日

一外宮長官名代檜垣求馬御呼出、右相止候樣申付候義申來候段達

廿七日

一同斷物代檜垣四神主罷出、昨日御達之義爲レ禮罷出候事

明和五子八月

一葵御紋附品由緒書等有レ之候者

右之外ニ者無レ之旨　上中之郷町　越坂
申出　梅香寺　欣浄寺
妙見町　中嶋町
清雲院　理光院
今一色村
圓明寺　合五ケ寺

寶暦十三癸未十月十九日

(下)(朱書)子良館富興行願添翰

一大宮司職長堯得レ職
但屆之留不レ見、追日御初入之御悦ニ罷出御達
但天明ニ悴江譲り前司トナル

寶暦十四申閏十二月七日

(上)(朱書)出火後之義、觸穢

一山田出火之節、人數被レ出、家來中御骨折、江戸表江
も申上候ニ付、御禮得二貴意一候旨、鳥羽城主江
同各様預二御骨折一候旨、田丸御人數御差出、御骨折之
段、久野丹波守殿江
但中嶋町留屋勘兵衛方火元、燒失人壹人有レ之、
觸穢兩長官申出

内宮ハ一七ケ日、但内宮ハ何ニよらす燒死有レ之節
ハ一七日ノ仕來古格
外宮ハ三十日、尤外宮ハ近邊町ツ、キハ如レ是、遠
方ハ一七日ノ仕來古格之旨、勿論御饌調進相止、諸
參宮人内院江ハ不レ入、外院之神拜、宮中往來何レ
茂外院、神事・御庭作等延引屆出向々江も御達有レ之

明和七庚寅閏六月十八日

一外宮子良館修復助成、當寅ゟ亥迄十ケ年於二江戸一勸化
富興行願出度添翰願出聞屆、物忌惣代貳人差出候旨、
寺社奉行衆江添翰被レ遣、土屋能登守殿・牧野越中守
殿・松平伊賀守殿・土岐美濃守殿

同年閏六月

一慶光院　内院拜禮一件、評定所吟味之儀ニ付、寺社奉
行衆江懸合有レ之、尤神主禁河之儀ニ付、不念之儀有
レ之御察計差扣同有レ之

明和八卯九月十一日

一御組頭下山彌右衛門老年持病ニ而御組頭退役、隱居、

（上）春木死ノ前ナリ同斷ニ不レ抱義

（下）（朱書）呈書

（下）申上

（上）（朱書）春木大夫死以前寶曆三八月

平御組末席、願之通被二仰付一
同年九月朔日
一兩大夫添翰例通　御臺樣薨御ニ而
　但今朔日恆例御祈禱執行、御祓獻上候義、此節之儀
　候間、如何哉之旨相尋候處、御忌中ニ而も恆例御祓
　等獻上候義不レ苦候段申聞、依レ之差上申候委細ハ名
　代之者相伺可レ申段、別紙添被レ遣
九月九日
一春木大夫上總病氣之處、俄差重死去候旨相屆
同十日
右春木大夫ゟ申ハ、家之名ニ而忌服故障之節ハ、御祈
禱親類共相勤來候、此度も前々之通乍レ恐御祈禱相勤、
隼人故障忌服過明之上
天下國家安泰之御祈禱相勤候樣仕度奉レ存候、春木大
夫家督相續之儀、江戸御表江御願申上候義無二御座一候、
尤死去之節も御屆不二申上一候、仍レ之御前迄相續之御
願申上候、以上與　親類兩人
　但右此節人馬出入不二相濟一中ニ付、山本大夫ゟ江戸
　表江可二申上一旨ニ候間、御役所よりも被二仰遣一候樣
　願出ル、御役所ゟハ不二申遣一旨達し
　御臺樣御逝去爲レ伺御機嫌名代出府願
（朱書）「但享保十一午六月
　浄閑院樣御逝去之節、江戸表江罷出候之儀、向々御
　調有レ之
　右延寶四辰八月罷出候例、向々ゟ書出　」
九月十日
一右死去之儀、且差支無レ之段申上置、今日御請序被二仰
上一、昨九日死去之旨
十四日
一御臺樣御逝去、爲レ伺二御機嫌一春木大夫・山本大夫名
代共罷下候間、御差圖可レ被レ下旨、本文
右名代共寺社奉行江御添翰被レ遣、別紙左之通之趣御
添被レ遣
右別紙ハ去ル九日病死、依レ之悴春木隼人儀忌服之內
ニ御座候得共、春木大夫與申候ハ家名御座候ニ付、

前々ゟ忌服等ニ相懸り居候節も御祈禱、御用等も名代を以相勤來候儀ニ御座候間、此度も以二名代一御機嫌相伺候儀ニ御座候段

但本文與此別紙、文通留ニアリ

九月廿八日

一春木大夫忌中ニ而も御祓獻上幷御暇被レ下例、寺社奉行中在江戸名代江被レ尋、則差出候旨寫差出

右寶暦三酉八月死、九月朔日執行物獻上、十六日獻上、御暇・御奉書・時服拜領、御月番本田長門守殿之由、此度も同樣願候段

九月

一參府伺濟之處、正月・五月中御仕置伺有レ之、御下知無レ之內參府如何ニ候哉、御同席を以御祐筆組頭橋本喜八郎江問合之處、右御下知有レ之候へとも御役所差支無レ之義ニ候ハヽ、伺も濟候事、參府可レ然旨、尤右差支義有レ之ハヽ、參府時節迄御下知無レ之時者先達而伺

（下）（朱書）山本家督讓候義

候、御下知有レ之時ハ在勤無レ之而ハ差支ニ付、參府不レ仕段、御届申上可二相濟一段被二申越一　但正月伺之方先月下旬御下知相濟候旨

右差支之儀ハ無レ之故、來月下旬頃發足之段再報被レ遣

明和二酉六月

一角屋七郎次郎參上、御禮出府、寺社奉行中江添翰、六月五日附

但四ケ年目ニ可二罷下一處、去申年病氣ニ付出府不レ仕、此度願出候旨、別紙幷願書寫差進有レ之

同三月廿一日

一御名代前田出羽守殿參拜　但舊臘廿二日德川刑部卿殿逝去、御定式御忌服

同二月廿九日

一山本大夫五年以前ゟ病氣快然難レ計ニ付、御師職悴五郎若江被二仰付一被レ下候樣、尤五郎若幼年候得共、親類共附添不レ滯樣可レ仕旨、親類一同相願、依レ之山本願書親類共貳通入二御覽一候段、別紙ニ而中上

(下)態々申上

三月十五日

一右山本大夫願一件御請取、右御師職病氣等ニ而幼少之悴江譲、親類共相添御祈禱仕候先格有レ之哉、幼少ニ而無レ之而も病氣等ニ而悴江御師職譲、御祈禱仕候先格有レ之哉、相記否早々可二申上一旨、若右先格無レ之候ハヽ、春木大夫・山本大夫之內代替之節取計方委可二申上一方被二仰下一、則別紙先例書一通差上候段、別紙

右先例書付見出し附　先例書　御名

元文二巳年十二月堀對馬守勤役之節、山本大夫願之通、隱居被二仰付一、悴主殿江御祈禱御師職相譲、則主殿義山本大夫與相改申候、右主殿義幼少ニ付、御祈禱御用等諸事親類共附添相勤申候、先例右之通ニ御座候、依レ之此度悴五郎若江御師職被二仰付一被二下置一候者、則山本大夫與改名仕、幼少ニ付親類共附添御祈禱相勤申候段

三月廿八日

一右御承知願之通被二仰付一、其段申渡如二先格一取計可レ申旨被二仰下一、御別紙之御請奉レ畏候旨

同晦日

一右被二仰下一候ニ付、一昨廿八日山本大夫名代・同悴五郎若名代幷親類共呼出申渡候段別紙ニ申上

五郎若事　山本大夫

山本大夫事　山本縫殿之助　名代差出申候

同親類共

一右被二仰付一候、爲二御禮一昨廿九日先格之通御役所江罷出申候段、別紙ニ申上

三月三日

一紀伊中納言殿去月廿六日逝去之段被二仰下一

同六日

一有章院様五十回御忌於二增上寺一御執行、去月晦日御參詣之旨被二仰下一

明和二酉四月十日

一權現様百五十回御忌御法事御執行、尤此度者格別之御法會ニ付、少々重咎之者も吟味之上可レ奉レ伺旨被二仰

付ㇾ依ㇾ之吟味之上、河崎町肴荷賣致し候テツホウト
申與惣、延享五辰堀伊州公ニ而右盜賊甚六追拂ニ相成
候を乍ㇾ存、所々茶屋江一所ニ參り酒代等爲ㇾ拂、其上
あはれ候ニ付、神領拂被二仰付一有ㇾ之、右此度御赦願
候段書上
右御沙汰無ㇾ之
同十四日
一同御法事ニ付、七日ゟ萬部御經開白無ㇾ滯濟候段
一右日光山ニ而御執行十七日　公方様御名代井伊掃部頭
同廿五日
一若君様御名代酒井備前守御拜禮被ㇾ勤ㇾ之、萬端相濟候
段、十九日附之御奉書、　公方様十七日紅葉山御宮御
參詣之旨被二仰下一
右恐悦呈書廿五日附
明和二酉八月廿六日
一當九月例幣使、藤波祭主故障、大宮司可ㇾ勤旨被二仰
出一候由、祭主より大宮司江申聞候旨別紙申上

右去二日上京、十五日着、十六日・十七日兩宮奉二
納官幣一相濟、翌十八日上京仕候段、大宮司申聞候
旨申上、九月廿三日御請序
右廿八日歸着仕候段申聞候旨申上、十月二日寫本序
同十月二日
一慶光院上人被二仰付一參上御禮願通被二仰渡一、昨朔日當
地出立申上
同廿三日
一當月晦日大殿祭被ㇾ行候ニ付、當所大宮司一昨廿一日
上京、名代ヲ以申聞候旨申上、十一月七日歸着、十日
申上
同
一親王御不豫ニ付、一七ケ日正權禰宜御祈可二相勤一、藤
波祭主下知狀到來之旨、長官申聞候段申上
明和四丁亥十一月
一多羅尾四郎右衞門ゟ度會郡植山新開庄屋願之筋有ㇾ之、
差出候旨添翰、右承知之郎答、右庄屋金右衞門代清助

右訴狀之內、當表船江町薗村屋松兵衛方江江戸廻り御城米四拾九俵預置候處、松兵衛去ル九日出奔致し候ニ付、家內之者ゟ早々相渡候樣致し度旨相見候、右御城米與申趣ニ而ハ重キ儀ニ有レ之處、御添翰ニも右之趣ニハ不レ被二仰越一、怪敷樣存、夫々吟味候處、出奔後譯ハ不レ存候得共、御城米與申儀者一向不レ承、一通り之商米與心得罷在候旨、申立を以商方帳面等糺等處、去々冬米高庄屋金左衛門（ママ）ゟ賣切候趣抔者相見え候得共、御城米與申儀一向不二相見一、依レ之庄屋代相糺、右預ケ米貴樣ゟ改相濟候哉之旨相尋候處、未當所ニ而貴樣ゟ改相濟御引取申儀ニ而者無レ之、例年四日市浦迄自分ゟ小廻し致し候上、彼地ニ而改有レ之儀故、右江相廻し候船積之間、當分預ケ置候旨申レ之候、左候ハヽ、御改無レ之引渡不レ申、以前ハ直ニ御城米之心當故、心得違不調法至極之旨申レ之、口上書差出ニ付、右書付共寫懸二御目一候、右之趣ニ而者一ト通り之商米同樣之儀ニ候間、其振合ニ取扱可二申付一存候、併萬一御改等濟候儀ニ候哉爲レ念及二御懸合一候段、十一月晦日懸合

十二月廿七日、右答來ニ付、尙又落着之義懸合、尤返書留ハ不レ見

右先達而得二御意一候處、右米未貴樣御改者不レ濟、併御年貢收納不レ濟內、賣米等ニ差出候儀者、兼而村々差留被レ置候得者右米之儀、當亥御年貢米之積申出候得者相違有間敷思召候共、此節收納最中ニ候得者御取立方差支ニ不二罷成一樣被レ成度間、可二相成一程ハ其趣を以取計可レ申旨御報ニ被二仰聞一候、乍レ去、御收納米致し候、尤當之米ニ而當分預ケ置候共相願候砌、右之譯相分候樣取計方可レ有レ之處、松兵衛家內初商方帳面ニも其譯不レ分、其上預候節、松兵衛ゟ差遣候受取書ニも御收納米與申意味不レ見、此節松兵衛致二出奔一候を以、紛敷趣ニ願出義與相聞候、不埒ニ候得者申付方可レ有レ之候得共、貴樣ゟ御返書之趣も有レ之、殊幸松兵衛方商殘之米少々有レ之ニ付、右之內ニ而四十九俵

清助江可二相渡一旨、雙方江申渡候旨、勿論清助紛敷訴狀差出、不埒之段御取調有無之義者貴様思召次第與存候段、文通

明和六丑七月二日

(上)(朱書)宇治年寄火元

(下)(朱書)御岩干顔初

一內宮會合年寄神樂大膳火元ニ而類焼アリ、差扣被二仰付一、當人御請書差出

同七寅十月四日

(上)(朱書)同斷

一同斷、泉右門同斷ニ付遠慮被二仰付一、親類名代御請書差出

同三戌正月廿六日

(上)(朱書)神宮火元

一內宮井面二神主火元類焼有レ之、差扣被二仰付一、當人ゟ御請書上ル

同元申七月四日

一檜垣造酒町預被二仰付一候處、長官ゟ願、神宮人之旨ニ而願御聞届、長官神主江御預ニ相成、儀平死罪

右人數、儀平一件織大夫與申、此儀平主人也、三味せんひき下中之郷市之丞夫婦江手疵爲レ負ル

同六丑八月

一寶暦十辰ゟ當年迄御役替等年月日認差出候様、大目付池田筑後守殿ゟ達ニ付、則山田奉行之儀水野ゟ以後認被レ遣レ之

明和二乙酉年五月廿日「(朱書)外藁此節ゟ會合當番之儀達有レ之」

一下中之地藏町寂照寺境內御岩観音堂爲二修復一、毎年六月五日ゟ十八日迄二七日之間法事相勤度、內宮會合江願出候旨、同寺住持快譽願出、役人栗谷織右衛門を以差二出之一、同廿一日年寄當番神樂大膳・役人右同人快譽召連出御聞届有レ之、六月四日役人出、彌明日ゟ修行届同十九日當番八幡掃部・役人同斷住持召連、同町年寄も召連、昨日迄濟御禮罷出、尤明年ゟ前日届申上度申出御聞届、尤會式之內開帳其外脇ゟ佛具等差出候樣之儀有レ之ハ、又々可二願立一旨達し

　但右會式十六日・十七日御祭禮中者相止可レ申儀、神宮與申候由

六月廿四日年寄當番神樂大膳・役人同前罷出御聞届

被二成下一候、御岩會式毎年十六日・十七日御祭禮ニ差合候差心付不レ申、來年ゟハ朔日ゟ十四日まてニ仕廻候様ニ仕度伺出、其通申付候様被二仰渡一候事

明和五戊子十二月二日

(上)(朱書)常明寺門前町ノ初

一常明寺明地江古市町同様茶見世建度願、同寺澄瑞御白洲ニ而見分可レ被レ遣旨被二仰渡一、三日御組頭・御目付・平御組貳人ニ而見分

右ニ付兩町江障有無御尋候處、差障候段申出、十八日常明寺澄瑞御呼出、御白洲ニ而右願、家作之儀者御免、古市町同様之茶屋商賣ハ不二相成一旨被二仰渡一御請書差出

一前々山田大火之節、大宮司初拜借金、明和元申ニ燒、酉年拜借、戌年ゟ十ケ年賦ニ而安永四未年迄ニ上納濟手形五通、大坂御金藏ゟ引出、御勘定所江被二差出一候處、御老中初御勘定所御消印濟候旨ニ而安永六酉年御勘定所ゟ申十二月附ニ而返却有レ之

(上)(朱書)長崎參宮

一長崎奉行石谷備後守殿參宮、案内橋本石右衛門・平川九兵衛・中間喜六

但目録百疋ツヽ、四包被レ下伺候處、貳包案内江遣し、貳包ハ物中江配當與被二仰出一則配達候事

明和七庚寅年六月廿三日

一町在訴訟人・願人等先規公事溜ニ罷在處、近年溜ニ不二罷在一、百姓家を頼下宿候由、一躰訴訟人・願人等下宿與申者表立不二相成一儀を奉行之前ニ而も下宿之義申、其上辨當等入念手重ニ致由、輕キ者難儀致し願人も有レ之由、畢竟年寄共打捨置故之義、向後先規之通公事溜ニ而輕キ辨當持參者勝手次第之事、答請書も溜ニ而可レ認、若長文手間取者百姓家を頼、立寄とも是者内々之義表立不レ申様勝手次第ゟ之御書付、御組頭・兩會合江

同八卯三月廿三日

一兩會合近年困窮ニ付五ケ年嚴敷儉約致し度、依レ之日々相詰候役人隔日ニ仕度願尤之儀、願之通被二仰渡一、勿論兩會隔々ニ申合、隔日ニ相詰候様御書付、右

奉行代り之節其了簡次第用捨可レ有レ之、其節ニ相伺候
様ニ與之事
寶暦十三未十一月
一御卽位ニ付、奉幣使・官幣・忌部着、十二日奉納
右ニ同
一大上使酒井雅樂頭殿相濟、後御使者を以干鯛・絹五反
當奉行所江賜
一御卽位十一月廿七日濟候段、御奉書被二仰下一
緋宮樣與申奉り而女帝
一妙法院宮諸大夫ゟ書狀來ル、十一月
寶暦十四甲申年正月、改元六月明和
一年始御名代横瀬駿河守殿廿一日御拜
同年
一朝鮮人二月十六日江戶着、三月五日同登城御禮濟候段
被レ仰二下之一
同六月
一日光御宮　御靈屋御修復

同九月
一御老中阿部伊豫守殿御參　宮
同
一藤波祭主殿參向之節、御組警固下座之儀御達
同十一月
一若君樣御髮置御祝儀被二仰下一
同
一大嘗會ニ付奉幣使大宮司勤レ之
十二月廿七日
一山田中野町ゟ大火有レ之
十二月十二日
一密嚴寺、舌帖頂戴、御役所江持參、御拜覽
明和二乙酉正月十九日
一松苗百五十本御表之山江植ル
同正月
一御廐土羽釜調有
同二　二月

一紀伊中納言殿御逝去之段被二仰下一、普請三日・鳴物七
日
一四書俚諺鈔、御組學問連中調ル、仲間金も出ル
同三戌二月
一水戸宰相殿御逝去之段
同四丁亥二月
一中河原堤世古縄手江茶屋願
一春木大夫厄年爲二祝儀一丸餅五十・鯔五本、御組頭四人
江酒五升
同正月
一新町酒見世願、會合ニ而申渡候様御達
同二月
一御役所附御遊船壹艘出來
亥三月
一江村大江寺開帳三十日
同六月
一惇信院様七回御忌御法事之儀被二仰下一

同
一有徳院様十七回御忌御法事之儀、同相濟候儀被二仰下一
明和四亥七月
一板倉佐渡守殿御老中被二仰付一
若君様江被レ爲レ附、田沼主殿頭殿御側御用人被二仰付一
御加增、遠州相良城主ニ被二仰付一候段被二仰下一
同五戊子年二月
一立太子ニ付　大上使松平下總守殿二月廿四日京着
兩宮江御祈禱被二仰付一候由、御教書到來、大宮司名代
差上御拜覧
同月
一中河原入口江常夜燈建度伺
三月
一禁裏ゟ和歌一巻ツヽ・黄金三枚ツヽ、御奉納
四月晦日
一兩會合御先拂之義ニ付被二仰渡一之趣有レ之
六月

一徳川右衛門督様中納言敕許之由御奉書被㆓仰下㆒
六月八日ゟ
一中河原妙貞院観音開帳　三七日
七月七日
一春宮御元服ニ付
兩宮ニ而二七日御祈被㆓仰付㆒御敎書到來、入㆓御覽㆒
同月晦日
一兩宮之者宗旨改之譯、寺社奉行土岐美濃守殿ゟ御尋御
狀來
但右寺院請印取置候儀
（朱書）「但兩神宮・兩會合御調へ有㆑之處、神宮ハ神系ニ而
古來ゟ宗旨無㆑之旨申出、三方も申出、御日記ニ有
㆑之」
八月
一葵御紋附之義ニ付御書付
九月八日
一九月御祭禮之節、內院江挑燈入候義御差留

（朱書）（上）內院挑燈之義

（朱書）「兩神宮・兩會合江御書付」
但寛保元酉九月同義有㆑之
八月廿八日
一御役所御手切ニ而御仕置被㆓仰付㆒候先例書、御老中方
江御上ケ之事
九月十日
一大坂御城代松平和泉守殿御參　宮
九月廿四日　　同廿七日
一野後神遷　　一磯部神遷
十一月廿日
一七社奉幣使藤波祭主殿參向、廿二日奉納
明和六丑二月
一若松浦江御役料御組米爲㆓請取㆒出役
一松原口ニ而勸進角力興行、九月廿一日ゟ
明和六己丑年三月
一齋宮村・竹川村馬士參宮人ニ理不盡ニ駄賃取ニ付、兩
神宮江被㆓仰渡㆒後日兩人手鎖申付候段申出

同十一月
一鰯網引候義ニ付、有瀧村ゟ月番江願來、後日ニ見鄉・
　大湊江廻達有
十二月十六日
一大納言様九日西丸江御移徙被レ遊候段
同廿九日
一上野宮御使與して常明寺入來
同七庚寅年五月
一公事人溜・新規囚人溜修復有レ之　六月、公事溜之義ニ
　付御達有レ之、右掛り目付五人、平三人
閏六月一日
一四天王寺使僧便應御役所江罷出、中之地藏清涼院同道
同十八日
一越坂欣淨寺入佛供養願
同七月廿日ゟ廿四日迄
一小林村寶林寺地藏堂入佛供
十月晦日

一御讓位ニ付、兩宮江一七ケ日御祈御敎書到來、入レ御ニ
　覽之一
明和八辛卯三月廿四日ゟ
一松尾觀音開帳　三七日
同月
一御卽位ニ付、由奉幣使官幣奉納、但休日ニ大湊中須左
　近方へ被レ越候由
一右ニ付大上使松平隱岐守殿四月廿一日京着、廿八日
　御卽位
同月
一立后被ニ遂行一候付、兩宮江御祈御敎書到來之段
同月初日
一諸國參宮人群集ニ付、川向神領江臨時廻り出役、但群
　集人數前ニ記
五月
一公儀五ケ年御儉約被ニ仰出一御書付
六月

一有徳院様二十一回御忌御法事御執行幷相濟候段
九月十二日
一御船倉稲荷正一位昇位神遷
十月
一大嘗會ニ付、由奉幣使官幣奉納、大宮司勤レ之
一兩長官二位成之義申二上之一
同九辰二月
一田沼主殿頭殿御加判御列被二仰付一
明和九辰三月
一妙法院宮衆ゟ書狀來ル
三月
一女院御所御代參茂嶠御方　參宮、御役所ゟ勤方無レ之
同月
一越坂無量寺院家成色衣願ニ付、御組江勸化願

（上）（朱書）是ゟ松田君
（朱書）「紋三ツ巴」
同八卯十月廿日被二仰付一御先手ゟ　裏六番町　彦兵衛
松田河内守　貞居《スミ》
四年勤

一明和九壬辰年二月六日初入　高千百五拾石　御役料前ニ同
（朱書）「同年十一月改二元安永一」
安永四乙未年二月御召ニ而
同廿四日立、御役被二召上一
小普請入閉門被二仰付一
右
大津右源次
神谷斧次郎
相良傳左衞門
吉田嘉右衞門
小野寺文次郎
森田利左衞門
明和九壬辰正月、松田在府中、同用人先用到着後
一御役所金銀納拂爲二取調一、御勘定組頭益田新助・御勘定若林市左衞門御普請役兩人入來候事、鶴松新田改も有レ之
右御別紙ニ被二仰下一
但此時組同心組頭小川峯右衞門初勘定取調ニ出席
同年十一月
一御船倉二棟屋根上葺　但杮葺
安永元壬辰年
一南鐐銀通用無二差支一様被二仰出一
同二巳十一月ゟ
一三方出座席春木隼人

明和九辰三月

一久野丹波守ゟ御役所御着、歓肴一籠被レ饋レ之、同六月
安否尋一種來ル

同三月十六日

一藤堂和泉守殿御屋敷、去月廿九日江府大火御類焼之由、
御惣容様無二御別條一候哉伺度段、文通

同三月

一妙法院宮ゟ御役所着、歓被二仰入一之趣、諸大夫ゟ來ル、
尤貸附金之儀ニ付取計之義別紙ニ申來ル

同三月

一日光御門主仰之由、山田三方從來御室江御出入由緒有
レ之旨、御心添之義頼思召候旨、圓覺院・信解院ゟ文
通、御報

同九月七日

一大納言様御服明、御名代吉良左京大夫參着

同九月

一花山院殿御貸金取立之儀ニ付、御家來ゟ文通、用人宛

(下)(朱書)酒井家督

十月七日

一酒井雅樂頭殿御家督被レ蒙レ仰候、御悦并右ニ付太刀馬
代、被レ為レ懸二尊意一候、御禮

同

一山本大夫人馬出入評定所御裁判濟罷歸候、寺社奉行衆
返翰之再返

十一月

(下)(朱書)年賦金上納

一山本大夫宅水破、去ル未年金百兩拜借申ゟ十ケ年賦當
辰ゟ上納、大坂江文通、同山田火事類焼、拜借金三千
五百七十七兩永三百廿文、去酉拜借成より十ケ年賦、
當年分右同斷

十二月

一尾張殿・紀伊殿・水戸殿寒中御容體伺、文通御家老江

安永二巳八月三日

(下)(朱書)難船

一勢州飛嶋ニ而逢二難風一破舟、至二妙子浦沖一、船頭德兵
衞・水主五人、二見庄村濱手江流上り、尤浮物ニ取附
候而上り、同村ニ而介抱、依レ之一禮差出候旨申出ル

（上）（朱書）稲垣家督

同八月五日

一稲垣攝津守殿使者を以、同對馬守殿願之通、隱居家督

首尾好被仰付難有旨、依之使者を以被申入候旨、

右御用人を以相答

同十三日

一內宮長官正三位之加階願之通、二神主從三位同斷成

敕許・口宣案・祭主下知狀差出申出之

（上）（朱書）御同紋之事、神宮ハ改ニ不及之儀

安永二巳八月廿五日

一藤波祭主使者平本雅樂罷出、神宮正權禰宜家之紋、山

田奉行所御同紋之節者是迄相改候由被傳聞、累代用

來之家紋改候儀不可然候儀與被存、內々　關白殿

江被伺候處、自今其儘可附用候、夜陰之往來挑燈

等ハ其紛無之樣合印附可然旨下知致し被置候處、

當御奉行所御同紋之輩有之、右祭主殿下知之趣、去

年內宮神宮御屆申入候處、其後從御役所御同紋改候

樣被仰渡候由、內宮神宮より注進候、位階之輩ハ祭

主殿支配之事ニ候間、右之次第去年來　關白殿江被

及沙汰候處、今般彌右下知之通神宮中累代用來、

家紋不及相改、衣服・家作等是迄之通可附用、挑

燈之儀、市中往來ハ非常之紛無之樣替紋可用、宮中

御用往來之挑燈宮中勿論家紋附可用、右之旨被仰

渡候間、神宮江被致下知、仍使者を以被申入置

候旨申演之

廿六日

兩長官ゟも右之趣相屆、尤宮中之挑燈用方御尋、追日

書付差出御聞置

巳九月二日

一角屋七郎次郎參府年ニ付、御添翰願出八日御渡

十六日

一例幣藤波祭主着、御使者被遣候、挨拶使者來ル、御

不快ニ付用人ヲ以相答

安永二巳八月廿八日

一鹿海川之儀、九月九日ゟ留川之處、九月朔日ゟ此方ゟ

留川ニ申付間、近鄉江觸候樣ニと三方江神谷斧次郎殿

(下)井面

御達し、是ハ非也
明和九辰年九月
一貳朱判吹方被二仰付一、通用之儀御書付出
　但猶又寛政三亥九月ニ茂右西三十三ケ國之內不二通
　用一之處有レ之由ニ而御再觸有レ之
安永四未三月三日
一田宮寺開帳去十月相願候、彌當月十三日ゟ相始候ニ付、
寺內門前茶屋幷見世物怪業等願、目付平組廻り有レ之
　內長名代出ル
　但元文五年之節ハ八月十二日右等願出御聞届之段
明和九壬辰四月
一上野宮爲二御使一常明寺入來、執當中ゟ之書狀差出
五月
一禿松荒地之義三方ゟ申上ル
六月末
一大角力願、一之木町笹神武藏
明和九辰六月

一內宮二位長官土用中爲二伺出一金紋對箱徒士三人、長柄
傘爲レ持罷出
右ニ付自身呼出之處、神事日幷不快與申立不レ出、七
月十日出、挾箱御差留
七月
一天下泰平・寶祚長久・仙洞延命御教書到來、入二御
覽一
同年同月
一日光御門跡薨去、鳴物計三日停止
大納言樣御母方之御叔父之由之事
同月
一嵯峨大覺寺御門跡坊官中ゟ中村新樂寺を末寺へ被レ加
候義、書狀則返書御附江願被レ遣
一兩宮人馬一件、慶光院御內院拜禮一件、江戸評定所ニ
而落着
八月
一大信寺門供養、同住寺法ニ障儀有レ之、門中ゟ三人本

山江罷越其後退寺被ニ申渡一智恩院役者中ゟ御用人江書
狀來
九月
一花山院殿御家來ゟ御用人江書狀來ル
十一月
一御入内ニ付、大上使松平讚岐守殿廿九日關御泊、御使
者被レ遣レ之
十二月
一大湊ニ而江戸茅場町西宮十次郎船八百石積ゟ德寶丸十
壹人乘燒ル
同十五日
一嵯峨御所御使川窪大隅守入來、送りなし
安永二巳三月
一京清水寺觀音開帳ニ付、當地江建札之儀申出、五十日
二月
一九條殿御家來ゟ御用人江書狀來ル
同
一山本大夫有馬江入湯願
同
一萬壽姫君樣二月廿日御逝去之段
三月
一二條殿御家來三人ゟ役人中江書狀即返　菩提山之儀
一禁裏御不豫ニ付、兩宮江一七ケ日御祈御敎書到來之段
閏三月
一女御御所勞ニ付、右同斷
四月
一大湊惣中ゟ波除爲ニ修復一入津船ニ石錢取度願
六月
一惇信院樣十三回御忌御法事之義幷相濟候儀
同
一内宮井面長官死
安永八亥十一月
一主上崩御之段被レ仰ニ下之一
一日光山　御靈屋御修復出來、　正遷宮正遷座相濟候段

（下）（朱書）御勘定帳之初

（上）（朱書）參府五ケ年目、右年ヨリ八年勤

被㆓仰下㆒

一安永四乙未年七月　御目付ヨリ初入　神田橋御門外　十二年勤　十大夫　山田肥後守　源　利壽《トシヒサ》
高貳千五百石　御役料前ニ同　未四十歳
右御家内御一同引越　御嫡左七郎

同七戊十一月十八日附伺、

同十二月二日附願通被㆓仰

下㆒、同八亥年四月十一日

參府、日限同日申上、同

十一月三日御役所江再着

（朱書）「同十丑四月改㆓元天明㆒」

死鈴木文左衛門
死大友保左衛門
中村平右衛門
加藤半左衛門
手中村族
岩田幸左衛門

天明六丙午年二月　御召、

十三日立ニ而、廿八日大

目付被㆓仰付㆒、其後御小

姓組御番頭被㆓仰付㆒

享和元辛酉冬御病死六十五歳

（朱書）「此時御嫡讃岐守殿御先手勤、其後（ママ）

其後御小姓組御番頭　」

安永四未八月　同七戊二月

一妹死去　一末女死去

安永四未年十一月

一御役所年々御入用ニ而御調之義、松平右近將監殿被㆓

仰渡㆒候由、御勘定奉行ゟ懸合帳面振來ル、御入用高

一右御入用勘定帳御勘定所江初而出、是ゟ年々五月中ニ

差出

同八亥六月參府中伺

一兩宮御用御手當金起立　安永九子年八月ゟ初貸附

山田河崎町年寄共江年壹割ニ而四百兩貸附

右ハ前々ゟ缺所田畑幷明屋敷與唱候地面、年貢廿六兩ツ、取立候へ共、缺所地之收納　兩宮御用ニも難儀ニ付、右取立候分、缺所金之內へ入置、兩會合江預置、御役所入用ニ遣拂候仕來ニ而右缺所地之分神領高減ニ相成、右之通、以來も取計候而ハ缺所之度々神領之高減如何ニ付、以後御咎之者有㆑之、其者身上ハ缺所ニ相成候とも神領之地面缺所可㆑仕筋無㆓御座㆒候間、右仕來相止、以後缺所ニ相成候者跡地面者早速新ニ引受

（上）此缺所金ハ、、三方江御渡、、飛脚屋江渡、、江戸屋敷江屆、夫ゟ御勘定所江相伺、後藤包ニ而御金藏、納ニナル、一件帳アリ

人吟味仕申付、高減ニ不ニ相成一候様可レ仕、然處神領高内ニハ往古ゟ長官其外神職之給地幷百姓作取年貢不ニ相納一分も有レ之ニ付、給地等之百姓缺所ニ相成候跡地ハ地頭江相渡、作取等之百姓御咎等ニ相成候分ハ、右之由緒等相糺筋ニ寄、跡地親類等江被レ下、又ハ上地ニ相成候間、御拂ニ仕、年貢ハ取立、神領一體之高不レ減様可レ仕、仍レ之前書是迄之缺所・田畑・明屋敷之分、此度拂地ニ仕、高減之分戻し候様吟味仕候處、山田領之分代金三百五拾兩餘、宇治領八拾兩餘ニ罷成候ニ付、右代金是迄之年貢ハ償として兩會合江預ケ可レ申處、缺所名同ニ而ハ兩宮御遣方ニ相成不レ申ニ付、右金高江戸御金藏江相納、大坂御金藏ゟ御引替被レ下、市中望之者江貸附候へハ、年壹割之積、年々金四十兩ツ、取立候積、是迄缺所地ゟ納候年貢一ケ年廿六兩餘與差引十四兩程御益も御座候間、右之通可レ被ニ仰付一哉、左候得者　兩宮御用御遣方ニも相成候ニ付、右御引替被レ下候様仕度、勿論此以後缺所等申付候との跡地拂代等も右同様取計候積り

但右神領之儀、從ニ往古一兩宮江御寄附被ニ成置一、守護不入之地ニ有レ之ニ付、右之通御伺、右御勘定奉行江も談し候之上御伺候處、追而伺通被ニ仰付一、右替り金大坂御金藏ゟ相廻ル

右金合四百三拾三兩貳分ナリ、内四百兩貸附前ニ

記

天明五巳正月六日

一缺所金預り辻市郎右衛門・御貸附使松井八右衛門退役願、原田次兵衛與申もの辻家督ニ相成、辻市郎右衛門與名乘候段、三方江願出差出、御聞屆

天明二寅十一月廿七日

一右請人山本金七病身赦免願、上中之郷矢野惣兵衛江被ニ仰付一被レ下候様願出、市郎右衛門・九兵衛ゟも願出差出、御聞屆

安永八亥參府中伺、歸着之上被ニ仰下一

一鯨御船三艘御修復　兩宮御手當之金ゟ渡ル

御入用拾八両三分羽書拾五匁七分六厘　請負人神社村大工平七
但黒川ニ委し、長三丈五尺・巾六尺五寸・足深弐尺
八寸
同年
一御船倉二棟屋根杮上葺
同
一組同心由緒書寶暦年中差上候、後之分御差上
右者御目付ヨリ達有レ之ニ付
同年七月廿九日、參府留守中

（上）（朱書）神宮人他參留

一外宮長官役人松木雅樂之助　他參留之上急度叱り

（上）檢使方ニ而居町田中町年寄江預ケ

右同人家來ト三人連ニ而鹿海川江釣りニ參り、內藤
吉與申者入水候處、手ニ合不レ申ニ付罷歸り候上、
家來差遣し手延成取計ニ付、右他參留受書、長官神
主共ゟ差出
天明二寅二月ゟ十二月迄
一御役所惣御修復　大坂御金藏ゟ渡ル
御入用金六百九拾八両・九　請負人山田中嶋町
匁五分餘　大工　小野平兵衛
右安永八亥御參府中御伺、萱　相士桑名町人
葺・瓦葺両様ニ而伺之上過半　水谷七大夫
瓦葺ニ相成、左ニ記
但大工棟梁山田一之木町正　右同人日雇數人連來內、又七源藏ト申者力者ニ而
賀權七・同七次郎、右積立　壹俵米片手指其外力持致ス
ニ茂罷越候
右御入用之儀、最初積引方御勘定所ゟ申來、調之答被
レ遣候上、御奉書を以伺通被二仰下一候
一右玄關建直シ破風造・瓦葺ニ相成、尤御境內松木・楠
木等被レ下、玄關之柱・天井・梁松、敷板之槻等ハ被
レ下之木也　但內組東裏手之木ナリ
一両長屋奧向建直し、瓦葺ニ相成
但右等以前ハ萱葺、尤玄關ハ殊ニ見苦敷、萱葺ニ而
有レ之候也
天明二寅正月廿四日
一神領田宮寺住持入院之例書差出、內長

同四月廿五日
一檜垣長官百日參籠相備出、御逢
同五月四日到來、五日出水、六日差立
一奉書御請、宮川滿水ニ付、翌々日差立
右去月廿九日御仕立ナリ、御請廿八、五日附別紙ニ
譯合申上、六日附
同三卯六月廿七日 「（朱書）天明茂　大湊初三ケ所より願出」
一大湊・今一色村・神社村ゟ相願候者川崎・船江ニ近頃
（朱書）（上）小越舟
小越船ニ而右三ケ村同樣商賣致ニ付、差留被レ下候樣
願出、右兩町之返答、右木柴積來リ、且御用往來等勤
候而已ニ而貸錢ニ而人越候儀等ハ不レ仕旨申出
右兩町ニ是迄有來七艘之外增舟不二相成一、尤三ケ村
同樣御用舟差出可レ申、尤商賣筋ニ用候義決而仕間
敷旨被二仰渡一候事
御請書連印ニ而差上有レ之
右相止ニ付、大湊・神社・今一色江被二仰出一之趣御
組頭ゟ廻達差遣

「（朱書）同年十一月六日
右船持之內、壹人ハ老年ニ而働難二出來一、外貳人ハ
右追々中間相休、御用木・柴運送難レ勤ニ付、相止
度旨申出
右文化七年四月、同町ニ而百石積舟造り懸ニ付、大
湊等願出差留ニ相成ル、但譯アル　」
安永五申十一月十二日申上ヨリ
一長崎奉行柘植長門守殿參宮　案内 目錄貳百疋ツ、　平川九兵衛 小川政七 中間藤七
天明五巳九月
一松坂城代富永平十郎ゟ時候爲レ尋麻地・酒來ル
安永七戊戌十一月廿六日兩會合呼出御達
一兩宮町在寺院之儀、寶永年中迄ハ入院・退院・死失等
之儀、會合江屆之上御役所江相屆來候趣ニ相見候處、
當時無二其儀一ニ付、此度以前之通相改候樣、以二書付一
御達、一件帳有
但野一色在勤、寬政二戌年ゟ右等之義幷看主留守居
差置等迄其所役人幷支配人ゟ以二書付一御役所江直ニ

（朱書）（下）
公儀御祈禱被二申付一候事

届書差出

一質屋之儀、質使并請人ゟ紛敷品物無レ之様、質屋江請印可二差出一處、前々ゟ無二其儀一ニ付、以後右兩印取置候樣被二仰渡一

天明二寅正月二日

一御造營奉行被二仰付一候段被二仰下一

一山口祭執行之義被二仰下一、同三月六日、内宮巳時、外宮午時

但造宮使藤波前祭主季忠參向

同三卯年三月 前年寅十一月廿六日申上

一木造始執行

同二寅二月十二日

一新番頭仙石次兵衞大坂御定番引渡濟參宮、御役所江被二立寄一候

同三卯六月

一有德院樣三十三回御忌御法事被二仰下一

安永六酉五月十七日

一市橋伊豆守殿御役所江御立寄、尤小俣泊ニ而俄ニ御寄、惣御同務江支度御差出夫ゟ二見江御越、尤御閒柄ニ付、御雙方使者送物アリ、御組方夫々目錄被レ下

同八亥六月ゟ

一三方久保倉五郎右衞門會合出座、正月ゟ上部越中、同九子三月ゟ福島豐後

安永六酉十一月十七日

一組同心之内六人撰用被二仰付一、日々貳人ツヽ、朝四時相詰、晝支度、夫ゟ八時相詰、七時引取候樣、右諸書留爲レ調被二召出一、依レ之爲二袴料一兩季貳百疋ツヽ、合年壹兩ツヽ被レ下候處、御改正之節ゟ御手當金ゟ被レ下、是迄ハ缺所金ゟ出ル

安永九子六月

一御役所裏圍堤、上條境江打出杭、安永八亥五月參府中御勘定奉行安藤彈正少弼江懸合、尤最初岩出伊右衞門江懸合、同八月千種六郎右衞門目祿見被二仰付一、同九、六月御普請役成出來

天明五巳年三月一日
一佐渡奉行江被レ遣候奉書、御役所江到來、差札御證文
山田奉行所宛、卽日江戸屋敷江御差下、御月番江返上
同三卯六月
一兩日出之奉書兩箱一所ニ到來
安永七戌六月清帳
一宇治大橋之大鳥居貳基木除柱五組御造替
大鳥居貳組　但寛保二戌年御造替、東鳥居ハ延享三寅燒失、寛延二巳年御造替之所朽損
請負人　鹿海村　野村六右衛門
請人　大湊　本村次郎兵衛
右御入用銀七十壹貫五百八十五匁六分八厘七毛
此金千百九拾三兩・銀五匁六分八厘七毛　金壹兩ニ銀六十匁割
木除柱五組
右御入用銀六貫八百五十匁五分六厘五毛
此金百十四兩・銀拾匁五分六厘五毛
合金千三百七兩壹分銀壹匁貳分五厘貳毛、鶴松收納金ゟ相渡
右之內、鳥居御祝料銀百八拾匁　但鋘初ゟ品々式有レ之

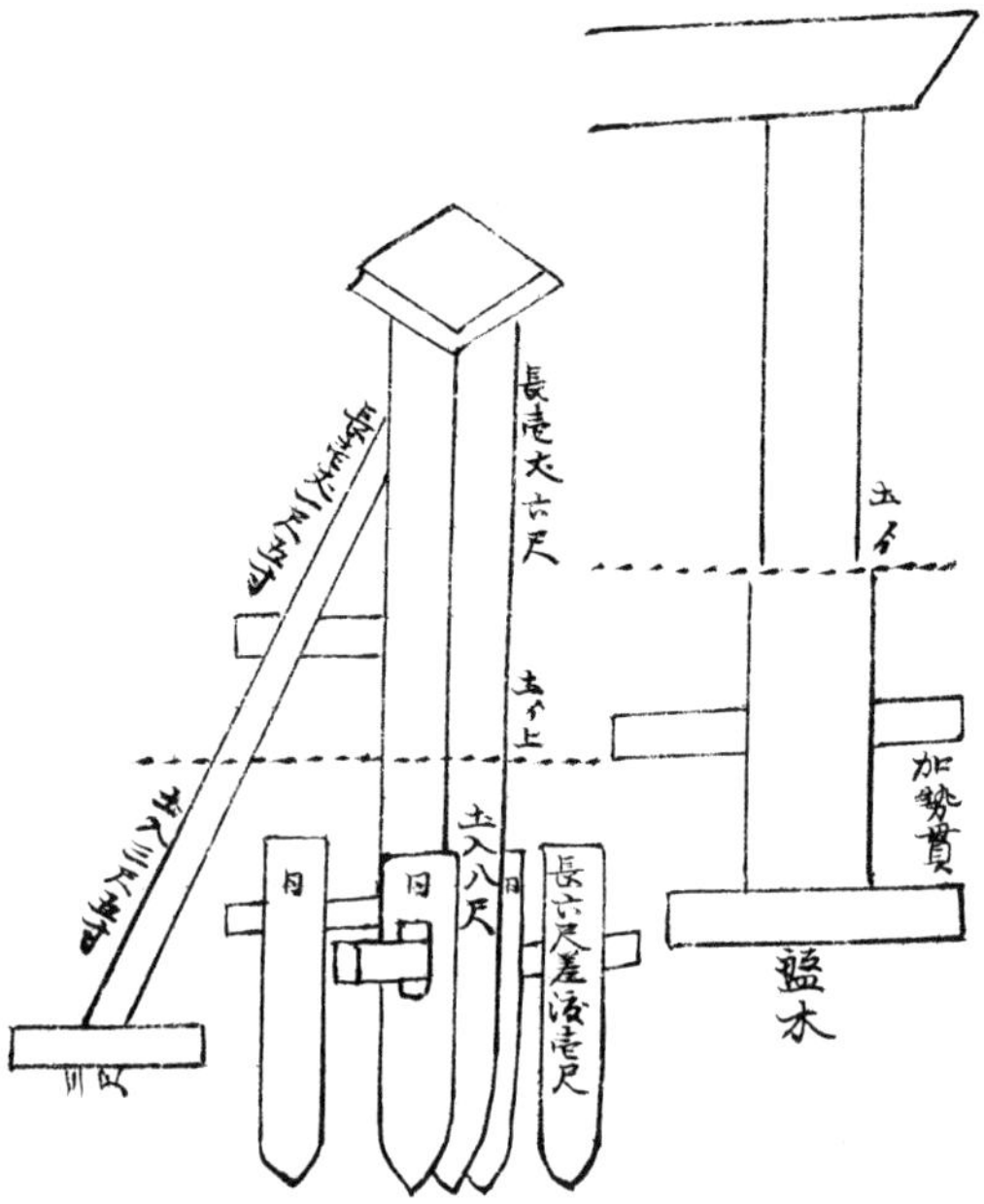

大鳥居高サ
四間壹尺　土入七尺　柱間三間　各削立、笠木長五間、
幅貳尺八寸、右柱帶壹尺厚壹尺八寸
柱削立、末口貳尺三寸　但土際ゟ根入盤木共八尺・加勢貫長九尺・巾壹尺三寸・厚六寸
雌木長三間・巾貳尺・厚八寸・笠木與之間夕貳尺、
雌木之下ニ而柱間貳間三尺五寸・柱根元之間三間・

雌木帯壹尺餘、雌木下端ゟ土際迄高サ三間
盤木長壹間・巾貳尺五寸・厚壹尺・盤木上端ゟ加勢
貫下端迄間貳尺
木除柱五組、槻長四間、末口壹尺八寸、頭ニ三尺ニ貳
尺、厚五寸之笠木、土底ニ長八尺巾壹尺貳寸、厚五寸
之加勢貫十文字ニ入、四方ニ橋長六尺差渡、壹尺之杭
ヲ打二貫之一、鼻帯ニ仕込、大釘ニ而鐵せんヲ打
右古鳥居其外宇治年寄江先例之通被レ下、尤最初願も
同人共ニ而長官等ハ不二相願一候事
右御普請中下奉行壹人江五人扶持五割増、下役貳人江
貳人扶持五割増被レ下レ之
一禿松荒地揚地ニ相成、寶暦年中之山田ニ一件帳有レ之
　但寛政二戌年之所ニ間數有
安永五申四月
一家治公日光御社參有レ之
同八亥五月末
一伊達遠江守殿參宮、二見江も被レ越、朝熊嶽共

五月
一御役料千種六郎右衞門、手代出河崎請取、但參府中
安永六酉十一月
一肥州公御嫡左七郎殿御小納戸被二仰付一候節、御親類方
之內手札御持參、御禮廻り相濟　呈書無レ之、其後御
小姓被二仰付一候節も右同斷
　但大坂町奉行京極伊豫守殿嫡子御番入之節之形御問
　合之上取計
安永七戌十一月廿六日
一御同人御姫米津少大夫殿江御緣組御禮呈書幷親類方之
內手札持參、御札廻り相濟、尤寶暦二申正月水野甲州
公之節之形也
　右二重ニ付、御同席江聞合候處、先例通相決、兩様
　共用立候趣有レ之、右後日右呈書ニハ不レ及、親類名
　代御札廻りニ而相濟候旨、尤同席衆御相談有レ之、
　此例寛政五丑八月野一色、同六寅十二月堀田ニ形有
　レ之

（上朱書）京町奉行支配國

（上朱書）寶暦度之見合ニ而ハ高直之所有レ之、減方之義御勘定所ゟ申來、再目論見有レ之

同十二月廿五日
一御同人左七郎殿諸大夫被二仰付一候　御禮呈書七通有
レ之
一同左七郎殿御成、先ニ而小鴨御射留時服三拜領有レ之
候得共、肥州公ゟ御禮呈上無レ之
一山城・大和・近江・丹波四ケ國京都町奉行支配、御代
官所・私領共
右天明二壬寅九月男女入水一件ニ委、山城國女受取
ニ手代出、落縁ニ出ル
天明四辰年春清帳　御普請ハ天明三卯
一外宮殿舍七宇御修復　但内譯再目論見有レ之
御入用　四百貳拾三兩壹分・銀六匁貳分
請負人宮後西河原町　谷川久次
但鶴松收納金ゟ渡ル
受人一志久保町　山川忠兵衛
安永七戌年御普請
一内宮殿舍末社御普請　但殿舍二宇造替、九宇修復、山神社・子安社造替、末社八十七宇修復
御入用　千五百四十七兩貳分・銀三匁

内千百十貳兩壹分銀四匁九分九厘七毛ハ收納金ゟ
渡
四百三十五兩銀拾三匁　大坂御金藏ゟ渡ル
請負人吹上町　木戸七兵衛
受人　木戸清左衛門
天明四辰九月十一日
一久野和泉守殿參　宮、來月五日・六日之旨、師職幸福
内匠ゟ八月廿七日相屆、五月四日右替り延引申出、同
九日、又十一日參宮、尤同人方江被二立寄一、參宮濟、
又被二立寄一候段相屆、但十一日御役所ゟハ差構無レ之
同八月廿九日
一右久野和泉守ゟ以二使札一、近々爲二休息一在所江罷越、
暫在邑、追而罷歸候節、入用之品も有レ之、宮川筋
少々鮎爲レ漁可レ申、右川筋殺生之儀ニ付而者先達而依
田肥前守殿ゟ被二仰聞一、其砌及レ答候趣も有レ之、以來
神供之差支ニ不二相成一樣之儀ハ兼而家來共其外江も
爲二心得一有レ之、此度右川筋ニ而殺生候ニ付而ハ御饌

御用之場差支不レ申樣、是又爲二心得一可レ申、前段御先役中江及レ答候品も有レ之ニ付、一應得二御意一候旨由來相糺、從レ是可レ及レ答旨被二申遣一

九月二日

外宮長官名代河原左膳御呼出、右申來候趣無二差支一候可二申出一旨御達

同三日

(上)(朱書)宮川ニ而漁之儀

右同人書付を以右御尋之儀川守江相尋候處、享保十七年久野丹波守殿初入之節、無二沙汰一於二長者淵一漁有レ之候由、後日及レ承、尤淵之事故、年魚漁ニ障り不レ申、其儘打過候、此度も右淵ニ而漁之儀ハ障り不レ申、併和泉守殿初入之節而已ハ格別、是ゟ平日田丸家中衆漁有レ之候而ハ明和八年御懸合之儀ニも障り候間、左樣無レ之樣仕度、勿論瀨之瀨ゟ下之義ハ毎年當月ハ止川ニ十六日ゟ仕廿日漁初、夫ゟ式日之漁候而年中御菜調進候段、川守申出候、於二長者淵之儀一ハ差構無レ之段申出、左之趣別紙出ス

一宮川年魚漁之儀五月三日御川御神事
一九月十六日ゟ同廿日迄止川
一同廿日夕漁　初年魚調進、同廿一日
一同夕ゟ廿二日迄川休　一同廿二日夕漁
一同廿三日二年魚調進　一同夜川休
一同廿四日夕漁　一同廿五日三年魚調進、廿五日毎夜
漁候而年中調進之年魚三千三百三十三候調進候段、
但右漁場繪圖差出候由

九月四日

一久野江答承知、先役共及二御懸合一候、外ニ而御漁之義ハ障りニ不二相成一段、白木狀箱入、田丸迄御使御組方、
但明和八一件帳アリ

天明五巳五月五日

一八丈島御用船大湊ニ而打立候旨、御船預り山下與左衛門幷江川太郎左衛門手代柏木直左衛門爲レ屆來、給人對談

天明五巳五月廿日

一外宮檜垣長官死去之段、久志本二神主名代届、追刻内名代長官職得候旨相届、廿一日缺替禰宜職為レ願重代之内上京届、但人料八十石ナリ

廿二日

（下）（朱書）今一色漁師他村江附届

一右長官替り黒木鳥居建替ニ付、入用木伐度届、松五本廻り貳尺八寸一　五、六寸四

同六月十五日

一八丈船大方出來ニ付、前書兩人十七日出立届

廿七日

一松木二神主任二先例一従三位願成　敕許口　宣頂戴届

安永七戊戌七月七日

（上）（朱書）常明寺町貫之初メ

一常明寺門前町之義、前々ゟ定式懸り金幷宮川舟渡・火之見番貫等一切無レ之處、近來家數も相增、其上明和六丑年茶店家作相願御聞濟ニ而此節七十軒ニも及、殊ニ出入懸り合多、會合勤方も增候ニ付、町在同様申付度候へ共、寺境内之義ニ付、定式貫ハ免し宮川貫・火之見番賃貫幷公事出入其外懸り合有レ之節其時も差出候様申付度、尤自今家數增候ハ、右之積を以差出候様可レ仕、右此度新ニ申渡度、三方伺書出御聞届

安永七戊戌八月一日

一今一色村漁師惣代三人御呼出、三方足代玄蕃召連出、御尋之趣、此度二條御殿江言入仕候ニ付、御用之肴差上候儀、毎年霜月中ニ何肴ニ而も有合候肴差上候積、右御役人中江申上置候旨、然處村方構之内逼キ所ニ而漁有兼故、他領ニ而漁仕差上候由、尚入込漁候他領村名幷漁師惣中ゟ毎年年頭申入候節村々江持参樽代音物之書付奉レ入二御覧一候段

一酒壹斗貳升、外ニ六拾貳匁祝儀諸入用　土路村

一同五升、外ニ三匁　西條村

一同七升、外ニ拾匁　有瀧村

一金壹兩、外ニ七匁
一多葉粉三斤　村松村

一同七升、外ニ八匁　東大淀村

一酒七升、外ニ十二匁　西大淀村

一同壹斗四升、外ニ廿八匁
一多葉粉六斤　志州答志村
一鹽壹升
一酒壹斗壹升
一多葉粉三斤　志州神島村
一茶壹斤　外ニ拾貳匁
右之通ニ御座候旨
右御聞屆、二條家江立入御用肴差出候事、自分漁場之
肴差出候義者、格別他領ニ而漁肴差出候義ハ、二條家
江斷可二申入一旨、三方江御達、同三日三方宛之御請書
差出
天明五巳正月廿九日
一久世大和守殿卒去之段被二仰下一、呈書二月朔日
二月四日
一水野出羽守殿御連判之御列被二仰付一候段、松平周防守
殿・田沼主殿頭殿壹萬石ツヽ、御加増被レ下候段

（下）（朱書）宿次之御證文之儀ニ付、四日市宿役人不調法

天明二寅六月十一日

一正法寺僧侶不レ殘招待法要執行屆
同八月廿八日
一大坂御城代御病死之段町奉行ゟ爲レ知
同九月
一例幣　勅使祭主故障大宮司江被二仰付一相勤　上京之上被二仰付一相勤ル
但造宮使も大宮司江被二仰付一、又後ニ祭主ニ被二仰
付一候事
天明元辛丑十二月十一日
一當九月十九日御差立、松平周防守殿御印宿次御證文を
以奉書到來、御老中・御本丸・西丸附御加增等被二仰
付一候儀ナリ、右御證文ニ隔紙不二相添一、且少々よごれ
相見候處、其儘差送り、等閑之儀、宿々相紀可二申出一
旨、松坂問屋江御達置候處、東海道品川驛ゟ宿々書付
取レ之差出候處、四日市宿問屋共不調法有レ之、恐入候
旨、同問屋役人源右衛門・松坂問屋役人長右衛門添罷
出、不調法至極恐入、倶々御赦免之儀相願ニ付、先此
度者以二御憐愍一御差免、以來入念候樣御申達一札差出

一札之事

一去九月十九日江戸御出シ被二爲遊一候
松平周防守様宿次御證文御印之へたて紙不二相添一、
且又御證文ニ少々よこれ色付候様ニ相見へ申候段、
先達而被レ爲二仰聞一候儀ニ御座候、右者御大切成御
證文之儀御座候處、其砌一向心付不レ申、不調法仕
候段、申分無二御座一奉二恐入一候、依レ之此度御咎茂
可レ被レ爲二仰付一處、御憐愍を以御免被レ爲二成下一難
レ有仕合奉レ存候、此上御大切之御趣ニ急度奉二承知一
依而御斷一札如レ此御座候、以上

天明元年丑十二月　　四日市問屋
小右衛門代
源右衛門　印

山田肥後守様御廣間
御當番衆中様

安永四未十月十一日
一朝熊嶽御巡見

安永十丑三月廿二日
一薗田二神主薨去與認出御察計之處、位階之譯を書出候
得共、以來者不二相成一旨達、死去與認直ス

天明五乙巳八月十四日
一角屋七郎次郎願之筋有レ之、添翰願ニ付、寺社奉行中
江添翰被レ遣
但右者舟造立納借願之由、但願之筋有レ之、罷下候
ニ付與計兩端作り通例
右願之義、同人病氣ニ付親類江戸芝赤羽根材木屋苗字福嶋砂子屋善右衛門江頼置候由之處、其後右願難レ被
レ及二御沙汰一旨ニ而願書差下ケニ相成候由之處、右善
右衛門方ニ承置、角屋江ハ右之趣ハ不二申越一、其儘ニ
捨置有レ之哉、七郎次郎ハ不レ存候由、文化五辰十月參
府之上、寺社奉行脇坂中務大輔殿ニ而口上書を以用人
迄申入候處、右之通御差下ケニ相成有レ之旨被二申聞一、
恐入候旨申、表向願立候義ニ候ハヽ、御察計も可レ有レ之
様子之由、尤當時暮し方等を被レ尋候ニ付、則當時紀

（朱書）（上）
内宮神用金儀ニ付、寺社奉行江御添翰、安永九子十二月廿一日願書アリ

州領松坂江罷越、酒問屋等之仲間入相願、此運上最初之頃ハ五十両程ニも相成候處、近頃相減三十両程ならては無レ之、右を以取續罷在候旨抔申候處、右難澁ニ付、願立候義ハ差留ハ不レ致、若相願義ニ候ハ、山田奉行添翰無レ之而者難二取上一旨等被二申聞一候由之事

安永十辛丑四月改元天明元四月十八日　安永九子十一月廿八日願書ナリ

一寺社奉行衆江添翰御渡、内宮長官・神主願四月十七日願書出、神主惣代附添、玉串若狭出、十八日御評席ニ而御聞届、御用人を以藤波修理江御渡、尤上様江出ル

右ハ内宮神用金、稲垣領分勢州十七ケ村江貸置候處相滯、去ル安永八亥十二月　鳥羽郡奉行江用人ゟ之添翰　相願御添翰被二成下一、右貸附御配澤太郎兵衛、鳥羽郡方役人江出訴候處、彼是内濟方被レ禮候得共、宮中修理方滯候筋故、承引不レ仕、然處去子六月十七ケ村ゟ元利高三百四十五両之内貳百三十両相渡、殘金百十五両相滯、追々催促候得共、色々ニ而不二相濟一、依レ之藤波修理幷太郎兵衛差添、江戸表江願出度、則江戸願書案出ス、右書物裁判袋ニ入、御添翰

　御用文通ニ有レ之、安永二巳年貸附金ナリ

安永八亥二月廿七日

一津加判奉行江添翰、願人浦口町飯田久大夫　此方用人ゟ

同三月

一大納言様　薨御、御機嫌伺両大夫出府、寺社奉行衆江

　添翰　同両會合同斷

安永八亥十一月

一鶴松濱新田、安永四未年定免切替之節、四百石七斗五升九夊之所、松田河州去辰ゟ巳迄三ケ年之間無レ故增金與名付五十両ツ、爲二差出一候様申付、難儀ニ付願候得共、一通りニ而ハ難二承屆一、只今迄之石高江十五石增石致し、末ゟ五ケ年定免願候様伺濟今年迄相濟來子年ゟ右石高を以定免年限之儀可レ伺處、村方是迄難澁申立ニ付、外村をも吟味候様御勘定所江懸合

同十一月

一明和九辰七月九日中坊左近ゟ屆有レ之、男捨子家來江

遣度申聞候旨、右御支配方江屆方之儀ニ付山川下總守
ゟ問合來

（下）（朱書）肥州公島廻り之儀

同十二月
一御組由緒書一箱、御目付村上三十郎・日下十郎兵衞江
御差出
　但先達而被レ達ニ付
同十一月
一來月御轉任御用懸り御歡御老若用人宛
安永六酉年四月

（上）（朱書）一身田兼帶開帳之義

一専修寺兼帶所、野州高田山本尊、先達而於二上方一開帳
被レ願、當四月十五日ゟ於二本坊一開帳可レ有レ之處、同
月十五日
仙洞御拜被二仰出一ニ付、京都ニ暫逗留候間、願日數十
日縮廿五日ゟ六月五日迄四十日之間被レ致、開帳度被二
申出一承屆、御老中江申達、其表江も可レ被二申出一間、
例之通御取計可レ有レ之旨、寺社奉行ゟ被二申越一、卽報
　但右ハ信州善光寺如來一躰分身

同五月十二日
一鳥羽用人江鯨御船ニ而肥後守被レ參候義、文通、肥後
守明十三日天氣好候ハヽ、乘船被レ致候、若御領分江罷
越候儀も可レ有レ之爲レ念得二御意一同様申付候段、卽報
來ル
同九月八日
一角屋七郎次郎參上、爲二御禮一罷下候旨、寺社奉行江御
添翰
同十一月
一増山河内守殿江女手判文通證文共
　但宮後西河原町齊藤左右次方ゟ女壹人江戸淺草田原
　町二丁目齊藤泰安方へ差下、右江戸屋敷江八日切便
　使者を以差出候様
安永六酉十一月
一水野出羽守殿、駿州於二沼津一御城地御拜領被レ成候、
御歡御狀幷小笠原若州公千石御加增御歡、津田日向守
殿三千石御加增、是ハ使者を以生鯛被レ遣レ之

同十二月
一公方様御厄年ニ付、來年始御禮兩大夫正月朔日ゟ千人
参、御祈禱執行ニ付、名代を以申上候義、先例を以、
先達而御老中方江伺濟之段、別紙を以寺社奉行江文通、
尤例十二月添翰之別紙ナリ、并獻上物之儀等文通

(上)(朱書)
山本大夫死去

安永九子十月十六日
一山本大夫末延、去年ゟ病氣全快難レ計、依レ之中川數馬
倅城之助守貴養子ニ仕、職分相讓爲レ勤度、願書差出、
名代罷出、同親類九人一同願書差出、醫師三人醫案書
出ス、御請取置
一右末延死去屆名代出、口上書、尤御祈禱之儀、親類共
無二怠慢一執行相滯義無レ之段
十月廿日
一右山本養子願一件被二仰上一相伺、但大杉山御材木見立
目録帳等箱入ニ而申上一所、右願先例書添、元文二巳
十二月堀對馬守勤役之節、山本願之通隱居被二仰付一、
倅主殿江御師職相讓、則山本大夫与相改、右主殿幼少
ニ付、諸事親類共附添勤候旨、明和二酉三月、山本大
夫五年以來病氣快然難レ計、山本大夫并親類一同願之
通倅五郎若江御祈禱被二仰付一、山本大夫与改、幼年ニ
付親類共附添相勤候、先例右之通ニ御座候、依レ之此
度も城之助江御師職被二仰付一被二下置一候得者山本大夫
与改相勤候段
右宛なし、見出し附書付
一別紙ニ山本大夫去十七日病死、尤養子城之助罷在候得
共、忌服之内者名代ニ而御用向相勤候儀ニ而御用向差
支候儀無二御座一、此段申上置候段、右三通壹封、封
之字壹包上文字
十一月晦日
一右願之通被二仰付一候間、其段申渡如二先格一取計可レ申
段、廿五日御奉書御別紙ニ被二仰下一
但阿豐後守殿廿四日卒去被レ爲レ及二言上一候處、御哀
惜之御事御座候旨被二仰下一、尤御奉書ニ此度ハ益ノ
字有レ之ニ付、御請ニ茂認入被レ置、右卒去之節益ノ

字無レ之
一山本大夫願置候通、御師職被二仰付一候御祈禱之儀も親同然ニ可二相勤一方書付、城之助幷親類惣代御呼出、明り床ニ而直ニ被二仰渡一、則爲二心得一書付渡被レ遣レ之
十二月朔日
一右御別紙御請奉レ畏候段別封
右昨晦日申渡候段、別紙申上幷城之助事山本大夫幷親類共爲二御禮一今朔日先格之通御役所江出候旨申上、右貳通別封、此御答十二月六日被二仰下一
同八日
一右死去且忌服中ハ名代相勤候儀申上御答來ル
同
一臺德院様來正月百五十回御忌御法事ニ付、御赦被レ行義被二仰下一
安永九子十二月十六日
一當月四日　御卽位首尾好被二遂行一之旨、從二久世出雲守殿一御注進之趣被レ爲レ及二　上聞一候處、御喜悅ニ被レ爲二思召一候段被二仰下一
同十一月卅日
一春木大夫御呼出、山本大夫申渡候義御達、是迄之通申合候様御用人ヲ以十二月二日御禮御請申上候、名代出ル
十二月朔日
一山本大夫幷親類惣代貳人罷出、前被二仰付一候御禮申聞
明り床ニ而御達有レ之
同三日
一山本大夫今般願通御師職被二仰付一難之旨、依レ之鯛貳尾、酒壹樽上ル
十一月十三日
一宇治大橋前有レ之制札、寛延二巳年書替有レ之處、文字難レ分墨入願、且宇治畑町先ニ有レ之駄賃高ニ馬かた乘へからさる制札、場所悪敷、風雨ニ倒レ候故、町離レ江寄建度年寄申出御聞屆、場所替ハ　町廻り御目付見分
十二月八日

（上）（朱書）添翰

一山本大夫故障ニ付、來正月御年禮名代を以相勤度願出

右例書安永四乙未故障名代、同八亥病氣ニ付名代ニ
而相勤、例之通拜領物等有レ之

（下）（朱書）寺院之義御達

一右正月年始勤之兩大夫添翰江別紙ニ而山本大夫死去ゟ
之始末、且來年始名代を以勤候之義、寺社奉行衆江被
レ仰ニ遣之一

同十三日

一慶光院遷化屆、後見出ル

十二月

一主上御元服來正月ニ付御祈被ニ仰出一候由

安永九子年五月廿一日夜

（上）（朱書）穢多火事

一長屋村穢多出火、拾貳軒燒失

右撿使例人數被レ遣火元御役所江（朱書）「寶暦八ノ振りニ候得共、穢多之義いかゝ」
長屋村年寄召連幷坂藤馬名代添罷出、御評席ニ而所
預被ニ仰付一

安永七戌年

一慶光院江戸屋敷類燒、先例之通作事料願、白銀三百枚
被レ下レ之

同年十一月

一町在寺院病死歟、又者退院死失等之儀、寶永年中迄ハ
會合江相屆、御役所江相屆來之趣ニ付、前々之通相改
候様書付を以兩會合江御達

右當時者死失・退院之屆、入院伺も無レ之申付、後
任を居ヱ禮請候節ニ至、僧俗請一札差出、寺院仕來
先格與ハ甚相違候間、自今寶永年中之通相心得、聊
之儀たり共可レ屆、且小寺小席久々無住有レ之由、是
等火用心不レ宜候間、相應僧を見立居ヱ候様可レ有ニ
沙汰一段、右寺院江も可ニ申渡置一段

天明四辰

一上三郷威勝寺弘法大師九百五十年ニ當候由、開帳

天明二壬寅八月

一慶光院支配浦田町常慶院住持、先達而死、此度後住恩
宗與申僧住職仕候旨、則十三日慶光院名代召連出

但御例席ニ而札御請、右僧生國尾州土山、但會合常

香も出ル
同年九月
一九月例幣使藤波祭主故障ニ付、大宮司江被二仰付一候旨、
消息寫差出申出、則相二勤之一
右之趣八日ニ被二仰上一、又相勤上京之段、其後御席
ニ被二仰上一、又京ゟ歸候儀、其後席十一月頃被二仰
上一候事
安永九庚子年九月四日
一公方様右大臣御轉任、九月四日御規式之旨被二仰下一、
御請恐悦呈書
但大宮司初夫々祝服ニ而町在迄恐悦ニ罷出、前御例
寶暦十辰九月御代御讓り御式
安永七戊六月廿六日
一二見御鹽殿上棟相濟、鏡餅・御酒・熨斗差上ル、藤波
五神主相濟候御注進申上ル
同七月七日
一常明寺門前町當時七十軒ニも相成ニ付、掛り金相掛度、

尤寺院境内之儀ニ付差引之儀三方伺出、其後願七十二
軒ニ而六百目之積、此後家増候ハヽ、其割與願、閏七月
廿六日三方伺
安永七戊七月廿九日
一大宮司・兩長官・兩大夫・兩會合御呼出、兩神宮家并
師職心得違ニ而武家之眞似いたし馬稽古致間敷、神役
不相應之儀無レ之様之趣、明和七寅年申渡有レ之處、如
何心得候哉、此節馬稽古致候者有レ之趣相聞、不埒之
事ニ候、以後右躰於レ有レ之者其筋相糺、急度可レ及二沙
汰一旨御書付を以被二仰渡一
同閏七月三日
大宮司名代ヲ以右承知仕、神役ニ付乘馬仕候義申上ル、
離宮院ニ有レ之春日神社社參之節、宮司并役人乘馬仕
候段、例幣　勅使・宮司勤候節、役人兩人乘馬仕候段、
公卿　勅使御參向之節、役人兩人同斷、祭主・宮司拜
賀之節、役人共同斷、宮司精長時代も馬飼置候而不
レ拘二公私一乘用ニ付、攝社再興之時、處々舊地相改候

節乘馬仕候事、是等之義も御座候ニ付、明和七年五月御書付を以被二仰渡一候節、翌日馬稽古之義申上候處、早速御聞濟ニ付、此度も先年通御許容被二成下一度段、書面を以申出

右明和七依田ニ而挨拶之通心得候様御達し

同日

兩長官名代出、往古毎年祈年祭三祭禮幷臨時奉幣等神馬被レ獻候節、神主中爲二乘用一順番致二拜領一候事、兩神宮前々ゟ乘馬いたし候、當時者薄祿ニ而不如意故、神事參勤等宮外往來之節計ニ相成候、右神役ニ付而者爲二習試一乘用も仕候得共、乘前一ト通り之義ニ而武術躰之義ハ無二御座一候段、神宮家之義ハ明和七年五月御觸出之趣彌相守、武家を眞似候様之義ハ不レ仕、爲二神役一乘前習試候義等ハ是迄之通相心得候事ニ御座候、然處此度別而被レ爲レ入二御念一御觸出候趣ニ而者是迄神用仕來通之義も如何可レ有二御座一哉、御伺申上候、何卒兩神宮之義者古來格合之通被二成下一度之段

右承屆神用ニ而乘馬いたし候義ハ格別、平日稽古致し武術之様ニ致し候而ハ心得違ニ候間、以後心得違無レ之様及二挨拶一

同十四日

內宮長官名代中川八神主、外宮同松木六神主出、先達而馬稽古之義ニ付、去ル三日御伺申上處被二仰聞一候上之御儀、心得違御座候而ハ恐入ニ付、兩神宮心得申上候段、兩神宮神事參宮等宮外往來之節乘馬之事ハ彌古實を守り可レ申、右乘用試之義も是迄之通相心得、猥之義無レ之様可レ致、勿論武藝ケ間敷事無レ之、其日限一兩日前試可レ申、右之趣爲レ念奉レ伺候段、伺通御聞屆

同十五日

兩長官名代出、昨日御伺申上候處、神事參宮等宮外往來之節、彌古實之通可レ仕、右神用ニ付馬乘試者其日限一兩日以前試候様被二仰渡一、神宮古格無二差障一難レ有旨御請爲二御禮一口上書を以罷出ル

安永六酉年正二月、尤中冬ゟ

一神領五ケ村威鐵炮之儀ニ付、田丸郡奉行ゟ懸合有レ之、

(下)野一色

答之趣共文通有

(下)(朱書)隱居

同八月

一日光准后宮御附弟良宮御下向ニ付、差添被二仰付一候旨、

町奉行山村信濃守殿ゟ來返

同月

一所司代土井大炊頭殿卒去、御病氣御勝レ無レ之節ゟ町

奉行ニ而御用承り候樣、前々被二仰渡一候段文通

九月

一植松中納言殿家來、當所之者相手取、願之筋ニ而出御

附を經候而出、難二取上一願ニ付御附江御懸合、家來呼

出願差戻し

同十月十一月

(下)(朱書)三奉行ゟ

一佐八材木繋留之儀ニ付、郡奉行ゟ文通來返

天明四辰正月廿日夜

一外宮末社大津社ゟ出火、毛理社燒杉ノ梢火移伐倒、士

賣屋社打潰ス、御老中方江被二仰上一、尤御番人ゟ町年

寄召連、御普所之儀不念、所預被二仰付一

天明八申年三月廿五日屆

一常明寺證瑞病氣ニ付、隱居願之通六日ニ被二仰付一、東 (朱書)「證瑞四月三日遷化」

叡山吉祥院受衆弟子惠觀房澄賀江後住被二

仰付一候旨、三方宛兩通を以申二出之一

御門主御使僧常應院右被二 仰付一、御門主御支配寺ニ

而御心添有レ之候樣賴思召候、依レ之御使僧を以被二仰

入一候間、江戸屋敷江御使被レ下候旨、三月廿九日申來、

右御請執當佛頂院眞學院江御狀被レ遣御用文通留ニ有

レ之

安永九子三月

一三奉行衆ゟ御定書之儀ニ付、御入用之義、珍敷御仕置

之分書拔差出候樣御先役江懸合有レ之、其後中絶ニ付、

明和七寅以來伺書御下知書共寫品々差出候樣、尙遠國

ニ而裁許繪圖其外裁許書等評定所江御扣有レ之處、去

辰年評定所類燒之節燒失、翌年御觸有レ之、追々差出

留帳出來之内、且巳年以來後鑑ニ可㆓相成㆒裁許有㆑之候ハヽ、繪圖裏書共差出候樣被㆓仰越㆒候之事

天明八申年

一御役所御入用減方之儀御勘定所ゟ御掛合有㆑之、調答御用文通留ニ有り

天明三卯年正月二日

一兩宮木造初之儀被㆓仰下㆒

御紋七ツ割菱四ツ目　御目付ヨリ
麹町二丁目北裏　頼母
母　宇多源氏　年三十八歳

一天明六丙午年五月五日初入　野一色兵庫頭義恭《ユキ》
（朱書）「同九年一月改㆓元寛政㆒」
九年勤　高貳千五百石　近江
御役料前ニ同
阿部武大夫
大嶋染右衛門　死
堤甚左衛門
前田八郎右衛門

（上）（朱書）参府五ケ年目、右年ゟ五年勤

寛政二戌二月參府、六月歸着
（朱書）「右參府寛政元十二月二日伺、同十二日願通被㆓仰下㆒、御參府之節御着翌日御届、妻幷倅此度參上ニ付召連罷下り候段、御用番江御届御差出、尤前々中條無㆑之」
御家内一同引越、奥方おませ、嫡子長十郎、戊七月廿九日嫡死、本壽院詮了日語居士ナリ、御養子惣領西郷孫九郎弟寛次郎ニ改、外記御番入ヨリ御進物番、文化六巳御小納戸、同十五寅正月御使番

寛政六甲寅三月御召、四月七日御普請奉行被㆓仰付㆒、其後御持弓頭、其後西丸御留守居、文化十酉年御役願隱居、其後剃髮ニ而樂山與御改
（朱書）「文政元戊寅年七月廿一日卒
巍德院殿從五位下安譽穆翁樂山大居士」

天明六丙午年

一組同心長屋修復料金百四拾兩拜借、伺通被㆓仰付㆒、缺所金之内より相渡、翌未暮ゟ十五ケ年賦、享和元十二月堀田ニ而皆濟

同年

一右野一色氏御初入ゟ組若キ者共江關白之末澁川流之柔術・劍術御取立、御師範深切ニ御教育有㆑之、尤月十二日之稽古日ニ而右稽古人江晝飯不㆑缺被㆑下㆓稽古㆒、風呂トテ湯水風呂立候、右折々御酒等も被㆑下、度々御居間ニ被㆓召呼㆒稽古記御講譯有㆑之、尤追々御見立ニ而奥之形ニ入、但享和元酉年右澁川先生伴五郎ハ先年死、養子伴四郎も近年死候由ニ而右流絶可㆑申候由ニ付、野一色氏御引請ニ而澁川養子濱次郎を御取立有㆑之、右澁川家天明之頃有馬御氏江御抱ニ而扶持被㆑下

候由ニ付、右濱次郎召連、有馬江も度々被二相越一候由、有馬ニハ弟子數多有レ之由、右享和元秋、當組之内入門人有レ之ニ付、右用人堤甚左衛門殿江懸合候處、早速被二申上一、則以來入門人誓詞御免之旨伊藤吉十郎永章江直書を以被二仰越一、誓詞前書罪文等之案被レ下候ニ付、御組頭江屆之上、同年五人程入門誓詞稽古前ニ而取レ之候上、御組頭ゟ澁川家江扇子料金百疋添、久志本村醫業執行出府宗悦江言傳遣候處、其後相屆候段被二仰下一

一天明之頃、學文・軍學・天文學・柔術・劍鑓術免許目錄ヲ得有レ之候者ハ其師之名前迄可二書上一旨、御書付を以被二仰出一度々有レ之ニ付、則淺山一傳新道流柔術、無住流劍術免許得候、小久保四郎左衛門、種田流劍術目錄を得有レ之小久保喜內、澁川流柔術當時出精候段、伊藤吉十郎・花守直次郎等以書付被二仰上一ニ相成、但花守ハ不束有レ之天明八申氏絕ル

天明七丁未年九月十四日

浚明院樣一回御忌御法事濟被二仰下一候、御請序先達而御書付度々被二仰出一候義ニ付、左之御別紙を以被二仰上一候

一仕掛本文常例文

以二別紙一申上候、學文致二指南一候程之者、且講釋等致し候程之者幷軍學・天文學之類、武藝・弓馬・劍鑓・柔術・火術之類、當時別而致二出精一候者幷免許目錄を得、指南致候者、右學文・武藝共其師之名前・流儀之名、且其者之年齡共申上候樣先達而御書付を以被二仰下一候ニ付、私組之者共相調、別紙以二書付一申上候、以上

九月十四日　　野一色兵庫頭

(朱書)「松平」越中守樣
(朱書)「々」周防守樣
(朱書)「牧野」備後守樣
(朱書)「水野」出羽守樣
(朱書)「鳥居」丹波守樣

（朱書）「阿部」伊勢守様

見出し

劍術・柔術・鑓術仕候者名前申上候書付

野一色兵庫頭

堀伊賀守當御役所
在勤仕候砌召連候家來

岩井和助門弟
私組水主同心
小久保四郎左衛門
未六十壹歳

無住流劍術

谷大學頭家來
天野專右衛門門弟

淺山一傳新道流柔術　右同人

右之者劍術・柔術目錄を得罷在候

有馬能登守家來
吉野勝藏門弟
私組水主同心
小久保喜內
未三十三歳

種田流鑓術

右之者目錄を得罷在候

澁川伴五郎門弟
私組水主同心
伊藤吉十郎
未貳十四歳

關口流柔術

花守直次郎
未貳十貳歳

右之者共伴五郎門弟私家來伊庭與市取立仕、當時出精仕候者共ニ御座候

右之外學文・軍學・天文學之類、弓・馬・劍・鑓・柔術、火術之類申上候程之者無二御座一候、以上

九月　（朱書）「右仕懸本文與合封」　野一色兵庫頭

（朱書）「右阿部伊勢守殿宿次御證文を以、例之通御差立候事」

一此時代組同心江弓御指南、弓矢之儀、此御代ゟ溜り候

組中積金を以被レ為レ調、家別壹張ツヽ相求候様御取計、
先年被レ下候、内組西手畑過半大的場ニ被二成下一、組合
を定候而稽古有レ之、韝ハ銘々相應之物見立求ル
　但外ニ若者之内十人程指矢前御指南、右大的場ニ而
　各千射有レ之、正月射始麻上下ニ而帯佩之式御傳授
　之上相勤、右畢而御酒・御提重等被二下置一候
一右柔術稽古始幷納等ニハ御酒・御肴・御吸物種々被
レ下レ之、此方ゟ交肴少々ツヽ上ル、年始等ハ御門下中
御居間ニ而御目見有レ之
一御組之者御供之義、五人ニ而御先三人御組貳人勤候處、
此時代ニ御駕籠脇江可レ附旨御直ニ被レ仰、此時ゟ四人
ニ而中小姓之竝ニ附
寛政二戌七月廿九日表向八月二日
一御嫡長十郎殿御病死、此時中小姓ニ而岡村牧太在府ニ
而介抱御屆書御日記ニ有レ之、安永七戌二月山田氏次
女死去御屆有
一右ニ付、西郷筑前守殿五千石之次男寛次郎殿養子ニ定
り外記與改、享和元年ニ御進物番御勤、尤御番入之節
御門下中ゟ為二御祝詞一鰹大節貳十貳分七匁ニ而求メ差
上候處、追而彼方ゟも御祝金貳百疋被二下置一候ニ付、
稽古初入用殘ハ配當候事
　右鰹節三十、五月兩大夫便りニ言傳遣ス
寛政二戌三月十三日
一松平肥前守殿參宮　鍋島
天明七未四月十五日
一松平上總介殿參宮廿日申上ル　薩州御隱居
寛政二戌正月
一日光御門主執當兩院ゟ常明寺開帳之儀願出候趣達
御聽右御支配ニ付、開帳中ハ勿論諸事心添之儀、願思
召候段來翰、即御報
同三亥三月
一智恩院役者ゟ清雲院後住之儀ニ付、來返
　但前年十一月人別之儀ニ付、來返
天明七未年

一御船倉屋根葺替御入用金貳拾九兩餘
寛政二戌正月
一近年逢封并書面文通格外ニ有レ之、程能連々改候樣松平越中守殿御口達書取、御同席ゟ相廻ル、是ゟ注進狀始追々直ル
天明八申十二月
一春木大夫服中ニ付、名代罷下候旨添翰ニ書加有レ之
同六午年書出
一浦方高札、今一色村・神社村ハ大湊之寫也
天明八申年
一御役所裏圍、宮川堤御普請御入用金貳拾兩餘、缺所金ゟ渡ル
同年七月
一大湊町裏波除堤御修復有レ之所請　御普請役　山田彌太郎
御入用金九百七拾六兩貳分
永百九拾九文八分　十分一御入用　九分國役
(上)御老中初御奥印有レ之

四川用水方御普請役見習　藤井定吉
但元積之内吟味ニ而金貳分永廿九文五分減、右之高ニナル
外ニ金壹兩永百七十貳文御入用金爲レ登、賃收納金ゟ渡
但、人足壹分五千八百三十人七分、石七百四十坪四合
四勺古石トモ
松木七千九百二十三本、長七尺末江二寸五分、此時迄波返し有レ之、此後不レ附仕方ニナル
寛政三亥四月ヨリ
一寺社奉行衆ゟ請文通請答、無益之手數懸ニ付、以來下ケ札ニいたし可レ申、難レ認取義ハ別紙之積被ニ仰越一、依レ之四月諸願ニ出候者之義被ニ仰越一、則下ケ札
天明八申十二月ヨリ
一御役所御舟倉・御武器手入御修復御手當、缺所金之内貸附
金六百兩　伺之上、最初三方江御預、御改正之節引上ニ相成、當時大湊年寄共江年一割ニテ貸附、但三方ノ預リ千廿兩

餘之内、六百両貸附之義、御用文通ニ有

寛政元酉年遷宮ニ付而

一御武器御修復御入用　貳両十五匁、御弓廿張、矢共、四両壹分五匁御靫廿腰、御紋生塗直、四両三分長柄五十筋塗直シ、拾三両鐵炮一式五十挺手入御入用、是ハ田丸鐵炮鍛治

金貳拾九両貳分　御代官多羅尾四郎右衛門ゟ受取、是ハ別段御金藏ゟ出候事、多羅尾入手形ニ而相渡り、當御役所へ着出候様御勘定所ゟ被ㇾ達候之段、右天明九同八御用文留ニアり、尤享保之度、多羅尾ゟ差越候義有ㇾ之

内五両壹分ハ遷宮之節固番所ノ入用ナリ

（朱書）「但實ハ九両三分請負人小野平兵衛江渡し有ㇾ之、御武器與流用致し有様、且へル

但、明和度迄ハ番所狹ニ付、此時長五間ツヽニ相成、巾ハ貳間半ニ三尺通リハ落縁

尤番所内宮分五両餘、外宮分四両餘」

同年四月ゟ初

一御鐵炮毎年夏中打拂、組同心江被㆓仰付㆒手入無ㇾ之、ふけ筒ニ成行ニ付、伺之上

但四月朔日ゟ七月晦日迄右御役所裏西御番所之下ニあつち出來、的八寸角ヲ用、時々小的稽古、此稽古之義も御參府之節御鐵炮方田付四郎兵衛殿江御談被ㇾ下、同家來尾方久左衛門ト申仁江吉野庄八・岡村牧太引合、入門致し、鐵炮取扱禮式幷心得等承來、一同江談候事、右入門之節、扇子料野一色ヨリ被㆓成下㆒候由

右打拂玉藥料、御役所御舟倉・御武器手入御手當金ゟ年々金拾両ツヽ被ㇾ下、御勘定所江帳面ニも出ル、右稽古世話人山口安兵衛・山澤和田八被㆓仰付㆒、其後追々替ル、右玉藥拂殘金ニ而稽古筒三挺求ル、其餘ハ御組積金ニ致置、御組頭預り

但打拂料入用勘定帳アル、年々遣拂ニ相成ツモリ

寛政元酉三月一日・五月廿五日、皆出來代金渡

右御鐵炮御修復ハ御調之上田丸横町板倉源内相屆請負候（御日記ニアリ）事

但天明八申七月三日附ニ而伺、右享保十三保科淡州伺之上被㆓仰付㆒、其後打拂等も無ㇾ之、フケ筒ニ相成行候、御用言申聞敷、殊來九月

兩宮遷宮ニ付錺付等有レ之、旁二方會合ニ預ケ有レ之缺所金之內、右御手當且御役所御舟倉御修復御手當等ニ年一割ニ而別口貸附、右利金を以年々打拂等手入可レ仕哉之義共伺、同年十一月廿五日伺之通取計候樣被二仰下一、依レ之前ケ條之通ニ大湊江貸附ニ相成、尤年々十兩ツヽ、打拂料御組江被レ下、右ヲ以手入、注進狀留ニアリ

（上）（朱書）此遷宮大杉山出し請負追々不束ニ而難二出來一故、田丸郡奉行青木辻右衛門江御談、彼地之者引受ニ成、右木出請負高金五千兩辻右衛門江渡、同人手形有レ之

一御造營奉行在府ニ而被二仰付一

一御遷木紀伊殿領大杉山ゟ伐出ニ付、御木數古來目錄寸銘貳千六百四拾六本、嶮岨難所ニ而難レ出ニ付、田丸郡奉行太田次郎右衛門江ノ干青木ト替ル懸合、彼地之者共江差圖等有レ之、尤最初出方請負美濃國神渕村佐右衛門江申付候處、不レ及二手段一出奔致し候、右　遷宮年月廻り候ニ付、組同心小久保四郎左衛門・濱口住五郎・小川政七・前田貢等、大杉山江被二差向一差引致し候內、大水出、御材木不レ殘流出ニ付、所々ニ而繫留候得共、損木多ニ付致二不足一、仍レ之別宮之神木伐出被二仰付一候事

但大杉山ゟ伐出、此節之數小木を足、五千五百六十四本ナリ　大杉入口ゟ十五里深山ナリ

寬政元己酉年九月、內宮朔日、外宮四日

一兩宮正遷宮　御名代大友式部大輔、固稻垣攝津守　奉行

出席束帶赤布

御入用米三萬六百五拾六石壹斗壹升壹合貳勺

內千八十五石六斗六升九合八勺八才餘、收納金兩宮御用金ゟ差加高

但右ハ判金迄米ニ積り候高ナリ、判金ハ大數三萬石之外ナリ

右收納金兩宮御用金差加、石代金千百三十八兩三分、羽書十四匁三ト貳リ八毛也

金御入用　米三萬石　但　大數ニ而石高陣儀料有二增減一

判金六拾枚　但　御樋代料長官江渡ル

同貳枚　但　宣命・錄、是モ右ヲ附候事故、米直段判金相場ニ而增減有レ之

右請取候時々、山田米直段三方江達、河崎町ゟ相場書

取之作所江御渡、右割致し奉行所之證文を以大坂御金藏ゟ受取、尤作所罷越請取來、尤山口祭料御下行米代受取之節願出候ニ付、前年受取高書付を以願出ニ付、則書付ニ而被二仰上一、先例通大坂江御證文被レ遣候様被二仰上一差越候様被二仰下一、夫ゟ先例之通町奉行江切紙、御金奉行江同斷幷兩作所下行米受取證文下書壹通ツヽ、陣儀料・參向料請取證文下書貳通、合四通壹封二箱ニ入、作所江御渡、仍レ之作所ゟ大坂江差遣、無レ程右返書共幷證文下書江懸ケ紙押切印被レ調被二差越一、作所差出、仍レ之御金日被二申越一候ニ付、三月五日御金日ニ請取候様申渡候段、則被二申越一候通、證文下書ハ御金日前々日、本證文ハ前日、何レも五半時可二差出一旨申渡候旨、尤先達而押切印被レ調候下書差進候段被二申遣一、本證文幷下書作所江御渡、且御城代御定番江之白木狀箱一ツヽ、御渡、賃人足・賃馬・先觸御差出候

一右三萬石之内夫々請取高極候分左之通

一米五千貳百四拾石　山口祭料兩作所江相渡

一同三千七百六拾三石　釿初之節同斷

一同貳千石　御材木本伐過半仕候節同斷

一同二千三百五十六石　御地鎭祭之節同斷

一同六千九百九拾石　遷宮之節同斷

一同貳千百三拾四石　山口祭之節ゟ三度ニ神宮傳奏江相渡陳儀料

黄金貳枚右同斷、宣命・祿物

但右陣儀料之儀、此度ハ造宮使改補ニ付、官符・任符被レ受候間、寶暦十三未年之時ゟ拾八石相增、且地曳・立柱・上棟・心御柱・正遷宮・一社奉幣日時定陣儀料、此度ハ御拜方有レ之ニ付、寛延・明和之節与ハ拾八石相增、都合三十六石陣儀料ニ而相增

一米三百石　祭主參向料、山口祭木造初遷宮之節三度ニ渡ス

一同五千七百三拾九石　木造初ゟ遷宮迄三度ニ行事官江渡

(上)(朱書)此ケ條ハ其度々御注進有レ之

一黄金三拾枚ツヽ　兩宮御樋代料　兩長官江渡

右石高金貳萬九千五百廿貳石極高、尤此度ハ前々記通

三十六石增之分右高江入ルナリ

遷宮之次第

一遷宮年十三年前御指山願、同十年前御山内見　作所、頭々代四人、小工十四人山入

一同八年前山口祭三月上旬相濟、同年頭々代・小工共山入、尤前年願出

一同七年前木造始

但山口祭ノ木造始・地鎭祭・御立柱・御上棟・心御柱祭・遷御

右等之日時者京都江神宮ゟ申上、宣旨出レ申候

一御木取初ハ五年程前ニ懸ル、尤申上ハ無レ之

一御遷宮前年三月御形《キャウ》祭執行、右ハ御屋切組ナリ、但出役等無レ之

一遷宮年・地鎭祭・立柱・御上棟

一同八月十七日亥刻、內宮心御柱行事

一同廿八日巳刻、杵築《コツキ》祭

一同晦日、神寶讀合神事不レ殘出席　熨斗目

一九月朔日戌刻、內宮正遷宮　束帶

一同二日卯刻、從二禁裏一一社之奉幣相濟候後、熨斗目・御代拜・御太刀・御馬代被レ獻レ之、畢而自分之拜禮、稻垣・奉行所同斷進二獻之一

右卽日注進狀宇治會合ゟ差立御三ン方共一箱三名

一八月廿四日酉刻、外宮心御柱行事　古殿之東西寶殿・蕃垣御門・玉串御門・八重榊・鳥居・第四御門・四方鳥居・御機殿

一同廿八日巳刻、杵築祭　右古格連々破却

一九月三日卯刻、外宮神寶讀合

一同四日外宮正遷宮、拜禮等內宮ニ同

但古立行事之半時分ゟ新殿江被レ越候先格ニ候處、群集ニ而見合

一同五日一社奉幣、諸事內宮ニ同、右呈書山田會合ニ而差立ル

一右遷宮之節、慶光院古殿御內ニ而拜禮仕候　是ハ明和年中御內拜禮ト申

立出入有レ之、江戸表へ出ル一件帳アリ

一御名代使者を以着之砌、為二土産一粕漬・鯛二簀・菓子被レ送、此方ゟ鯛一折被レ遣

一稲垣使者右相済候後、為二祝詞一太刀一腰・馬代白銀五枚・樽代金五百疋・干鰹二連、外ニ白銀弐枚、家老江金三百疋ツヽ、用人江弐百疋と、取次江金五百疋、先拂來返組同心江被レ相二送之一、尤固メ等之義人数差出方其外共前廣ニ書面を以問合被二申越一、使者罷出先格通、夫々答被レ遣候

一右相済候後、夫々祝詞ニ罷出并鮮鯛等差出

一遷宮ニ付、宮川舟橋手當、御船倉之碇五頭・綱七房三方ゟ拝借

一米三俵ツヽ、先例之通飯米、両會合江被レ遣

一右相済候後、両長官・両大夫・両會合出府、献上・拝領物有レ之、寺社奉行江添翰遣

(朱書)「一外宮方古殿、同往古ゟ遣し候譯

一東寳殿古殿木しの嶋江右氏神之新殿ニいたし候由、尤同所ゟ六月十七日祭用之干鯛年々送り候由

一西寳殿ハ松坂うりう之宮江遣し候例之由

一玉串御門ハ望之方師職ゟ申入次第之由、尤金具共金廿五両位ニ讓り遣候由

一幣帛殿文化六巳年ニハ水戸公ゟ御所望有レ之相送り候由」

天明八申年正月卅日ゟ

一京都大火　禁裏炎上洛中不レ残、但所司代在府

但町奉行両御附等江安否尋御状被レ遣、御組使を以被レ遣、御用文通ニ有レ之、町奉行江ハ前田又六持參

去月晦日ゟ其御地出火有レ之候趣致二承知一候、御城内并御役宅御別條無二御座一候哉、此節者御繁用

―御安否承知――、態飛札を以如レ斯――、二月三日附

但町奉行之方ハ荒増被二仰下一候様仕度、萬一御城内御所方非常之義候得者江戸表御機嫌伺呈書差立候儀ニ付――

同六月
一御老中松平越中守殿參宮、宮崎文庫書籍御覽、岩戶御參詣、御師內宮梅谷左近
同九酉年
一御老中松平和泉守殿參宮
　右等所司代引渡上京之節也
天明六丙午九月八日
一家治公御他界、浚明院殿ト奉レ稱、東叡山ニ奉レ葬
同七未四月廿日就二吉辰一
一將軍　宣下　家齊公、天明六年九月ヨリ上様與奉レ稱
寛政三亥九月十七日
一大奥女中萬里小路小山二條殿姫君彰君御下向、爲レ迎
　上京之節參宮有レ之
天明七未八月十五日
一金剛證寺病身付隱居願、江戶金地院江願許容有レ之幷後任之儀、弟子水岩江申付度願許容、依レ之十九日頃出府候之段口上書を以屆、九月六日後任被二申渡一、十九日　御朱印改相濟、十月一日繼目御禮申上候由、寛政四子閏二月廿八日歸寺屆旁一種差出、御逢

（上）（朱書）金剛證寺隱居、後住
（下）（朱書）御改正

天明八申六月　東風強風雨
一御代替之巡見、御使番朝比奈左近、兩番貳人大河内善兵衛山田止宿
　但御案內且御用爲レ承、目付樫坂吉左衛門
寛政元酉四月
一右旅宿ニ而山田奉行御代替之誓詞有レ之
一大湊小牧庄兵衛伜清八妻、江戶親類之方江罷越度旨ニ而今切御關所手判願出、組同心被レ遣、手判調、三月四日出立、尤江戶着之上相屆候得者石川江無レ滯通行忝旨御禮狀被レ遣レ之
同六月
一三方三日市左近會合出勤
寛政二戌十二月ヨリ、最初大湊長樂寺旅宿程遠ニ付、小林村保田佐次右衛門方ニ相成、日々出席
一山田銀札惣引替、宇治・山田兩會合取締仕法御改正被二仰出一、爲二取調一御勘定靑山喜內・男谷平藏、御普

請役原田市郎次・關根市三郎罷越、三方共呼出、追々調有レ之、尤鶴松新田も見分有レ之

但右隱密御用組同心樫坂吉左衛門・豐永文右衛門・吉野庄八・前田貢取扱被二仰付一、御用部屋ニ而調有レ之、撰用方ハ御次之間江引移ル

右ハ戌三月廿二日參府ニ而登　城、若年寄京極備前守殿御宅江御越、内々書取を以御伺

支配所勢州山田ニ往古ゟ羽書與唱銀札摺立候、株之者四百四人有レ之、壹人前五十兩ツヽ、摺立、三方會合之合印致し、金壹兩ニ六十四匁を以通用仕合、高貳萬貳百兩有レ之處、前々ハ七ケ年目毎ニ新札與引替、古札切捨候處、いつとなく引替年延ニ相成行、近年損し羽書之分年々切捨申由、右摺立候節、御役所ニハ先規ゟ取扱不レ致、會合ニ而取調合印仕候、右羽書宇治・山田・松坂・津領・鳥羽領・桑名邊迄通用候得者、多分之人數ニ引當、溜り羽書等ハ有間敷候處、溜り羽書之内新札數多相見、不審ニ付、若會合ニ而増札摺出し候儀難レ計、萬一空札等有レ之而ハ往々騷動ニ可レ及存候旨

四月八日

一右一件、羽目之間ニおいて京極御逢、松平越中守殿江御咄し有レ之、存寄書可二差出一旨被レ仰レ之、同十日存寄書差上、右古來者株所持之者之内年行事相定、世話仕者兩三人有レ之候處、當時三方足代玄蕃壹人ニ而取計風聞惡敷ニ付、右株之者人體見立、町年寄之内兩三人年行事申付、雙方立會之上、萬端爲二取計一候方可レ然旨、右三方ト町年寄往古者同様之者ニ候處、當時代ハ家筋相分り勤居候付、平日間柄不レ睦、仍レ之右立合せ候ハヽ、明白ニ相成、取メニも可二相成一哉之旨

一元文年中金銀引替被二仰出一候節、山田御役所江相願、六千兩増摺致し、金銀引替相濟、右六千兩之増銀札追々引取候由、右銀札切捨ニ不レ致候而ハ往々手支ニ可二相成一ニ付、三方會合所江安利之金子借り入、銀札引金與申名目ニ而壹割五分之利足ニ而市中江貸附、右

利足之歩ニて徳金を以年々ニ銀札切捨ニ致し度段も其砌相願、右利徳を以、半ハ切捨候得共、未三千両餘相殘有レ之由、右參府節申聞候、此義追而ハ切捨ニ可二相成一義与存候旨、且裏判等御役所江取上封印いたし候様可レ仕存候旨

右增摺者古金ト文字金引替被二仰出一候節、位違之歩合ヲ以六千両摺立候由

(朱書)「右位違ハ古金十両ニ文金十六両貳分ナリ、六割半ノ御定ニ而、既ニ文化三丙寅年六月一ノ木町源七古金掘出、町奉行江内問合之上同四卯春三月右小金ハ取上、代金欽所金ゟ出し、源七江半金、元地主之血脈之者ト當時地主ト両人ニ而半金、但古金九十九両三分有レ之、一分ハ取落しナリ、代り金百六十四両餘被レ下ニナル、但伺之上御下知濟」

同十六日

一京極ゟ内々御勘定所江御下ニ而、同所御勝手方久世丹後守殿ゟ内々懸合有レ之、尚又下札ニ而御答之趣

羽書株所持之者四百四人ニ而、壹人前金五十両之株ニ而、右羽書元金ハ五十両ニ當り候、貸地差出置候而元金貸附等之義無レ之、且神領銀札發端之儀いつ頃与申事不二相知一段、右貸地證文ハ三方會合所ニ取置有レ之由

一新札引替候後古札通用不レ致、尤引替之月數相極置年限り有レ之候得共、近例廿二、三ケ月限ナリ、其餘引替不レ申候

右之外數ケ所尋并答有レ之

右ゟ追々越中守殿江御内意、御勘定奉行御勝手方調合懸合有レ之、尤市中在町ゟ壹ケ年ニ金子三百七拾九両餘差出、會合諸事手重ニ取扱、御役所江罷出候諸願事一旦會合ニ而糺之上召連、一重ニ相成、其上役人四人・見習三人、其外小使下役相抱、右給金等も集金ニ而取賄候事ニ付、諸懸り金多ク、一同難儀ニ付、此上會合入用過分ニ減申付、手輕ニ爲二取計一可レ申旨

但此以前迄會合當番ハ御役所江罷出候度ハ陸尺四人、或ハ六人、若黨貳人草履取・合羽籠持等ニ而罷出、

役人も權門駕籠ニ而貳枚肩、小役之者召連來候得共、此以後三方共ハ歩行、若黨・草履取壹人ツヽ連來候、役人ハ御改正之節不用之者ニ御勘定方立會之上被ニ申付一、御用爲レ伺町年寄壹人ツヽ、日々詰候處、堀田ニ而御用日前日ニ可ニ罷出一旨被ニ申渡一、尙同御參府之砌御內伺、御改正之節行違候儀仕法御直し候節ゟ御用日前日毎役人兩會合壹人ツヽ、可レ詰旨被ニ申渡一町々之義御免、尤右同斷之節ゟ三方御名代勤之節長袴着、前々之通御免被ニ申渡一、諸見分等ニも立會候樣、且公事訴訟有レ之節、御用爲レ承罷出、下宿ニ扣居候、且諸呼出等其町村江直差紙ニ而呼出候處、何町誰之召連可ニ罷出一旨可ニ相達一旨、兩會合江差遣樣相成候、町村ゟ居物之義者懸合有レ之

(朱書)「右御改正ニ付立會方四人、最初大湊ニ御逗留、二、三日過小林村江御逗留中諸入用町在割合取集、年行事上之鄕ゟ差出金廿九兩貳分拾匁六分二厘、右町在山方家數合九千六百三十七軒ニ割、壹軒分壹分九厘七毛令一三六ツヽ、右ヲ十二鄕之內之儀ハ土地富德之差別有レ之、家別割ニ難レ仕ニ付、右引請高十八町同割ニ取集候由

右七百八十六兩八分七厘貳毛　宇治町在・大湊・常明寺門前町・山田在々幷山方合三千九百九十四軒分

壹貫百十壹匁七分四厘八毛　十二鄕合五千六百四十三軒分

二口合

　壹貫八百九十八兩六分貳厘△

此金前ケ條之高廿九兩貳分拾匁六分貳厘ニナルナリ

　　内△拾四兩五分七厘九毛

　　　三方會合ゟ出分引

　　殘廿九兩壹分拾貳匁

　　　四厘一毛

　　　亥十月十二日差出候」

十一月十五日

一御勘定所ゟ羽書紙用意之義・出銀町人之義、且右一件

格別入組候義ニ候處、御用向重立取扱候御組與力・同心無レ之事ニ付、御勘定方・御普請役可レ被レ遣二御沙汰一ニ付、猶又懸合可レ申旨申來、仍レ之十六日夜中用人・目付內密町人爲二調出一、則中嶋町惠川半九郎・浦口町古森善右衞門千兩ツヽ、河崎町野村太次兵衞・村井與四郎・伊藤與四兵衞・永野與兵衞五千五百兩、但與四兵衞ハ船江町之內五百兩ナリ、右一旦御役所江相納させ直ニ相預一札取レ之被レ遣候御仕法ナリ

一羽書仕立日積御調之處、紙糊合廿人手間ニ而、晴天凡三十日、檮裁十五人手間ニ而凡四十日、表判押五十人手間ニ而凡四十五日、裏判押凡廿六日程之由、年行事申出

一羽書紙物員數書差出

三品合壹萬貳千貳百八拾五枚

染草　藍露 青　辯柄 赤　雌黄 黄

白紙合拾萬八千貳拾五枚

但裁損し等有レ之候得者、少々增減有レ之

右仕立諸入用凡四百四拾兩程之由申出

一羽書株　大組百三拾壹人　小組貳百七十三人　會合羽書三拾人

一裏判ハ三面大黑　此以前ハ壽老神ナリ

十一月晦日

(朱書)「文化六巳年正月四日、同二、九月御法事之御赦ニ相成ル、委時代記」

一足代玄蕃御咎、銀札重立取扱等閑之取計不埒ニ付、役儀取放永押込、但同人跡役之義、伜又ハ身寄之內ゟ相續可二申付一旨、羽書株四百四人右摺立之義等閑取計不埒ニ付、急度可レ被二仰付一處、格別御宥免を以一同急度御叱之旨被二仰渡一書御達書を以來ル、尤御勘定方着之上篤と跡取計等談候上立會ニ而可二申渡一旨被二仰下一

(朱書)「但此玄蕃義、文化四丁卯年病氣ニ而十月八日相果届出、依レ之爲二見屆一例人數被レ遣候事

右御咎ニ相成居候者之義ニ付、書付を以御請序申上ニナル別紙ニ而壹封、封ノ寫安永九子年中川一郎一件主人薗田二神主病死ニニタルノルイナリ」

十二月三日

一御勘定方其外着、大湊長樂寺ゟ御役所江無レ程入來御談有レ之、同四日三方二十貳軒有レ之處、七人ハ不座、殘十七人之内父子勤兩人、右銀札之義等閑ニ玄蕃江任せ置候段、不埒急度叱り置可レ申候哉、御下知濟之事ニ候得共、勘考之上御伺可レ被レ下旨、御勘定所へ急便、三日半外江御用向共御差立之事、右御咎之義越中守殿江伺濟候段申來ル

十二月五日

一兩會合出勤・不座・小役等書付出

一御勘定方ゟ以二書付一ケ條尋有レ之

同七日

一三方會合所附所領御尋ニ付書出

前山納所方

一畑大小百廿七ケ所　年貢　麥四十七石貳斗貳合三勺貳才

一田大小貳百十六ケ所　同　米七十八石六斗七升七勺

一金廿兩　是ハ惣山松木下苅とも請負年貢金納之分

二見領田畑納所方其外村々

惣〆麥八十九石七斗三合壹勺貳才

米八十三石九斗五升四合九勺七才

金廿七兩貳分

羽書拾貳兩壹分六厘

右毎年收納高麥米金三口合凡金百三十九兩三分餘

拜田村江遣候扶持米手當金

一廿九石五斗　正・二・十一・十二月　五十人ツヽ火消扶持之由

一七兩　近年困窮難二立行一願ニ而加二扶持一之由

一壹兩貳分牢屋鍵預・見廻り等頭役江遣候由

拜田牢屋敷地坪數

一敷地坪數四十坪三分三厘三毛　内十四坪建前坪

十四日

一三方老分三人、白州板縁ニ御呼出、立會方ゟ會合取計方一々尋之上、口書・印形取レ之られ候、十五日宇治同斷

十五日
一御勘定所ゟ前書、三方咎伺、即日御下知有レ之程之儀ニ候間、諸事日間不レ懸様可二取計一旨申來
十二月十六日
一足代玄蕃初出勤、三方不レ殘御評席ニ御呼出、宇治年寄壹人附添、落緣江いつれも出、夫々被二仰渡一、畢而、左之申渡玄關前ニ竝へ置
羽書株四百四人、是迄會合江差出置候質地紀等も無レ之、等閑ニ付、此度新札引替仕法改正被二仰出一、右質地ハ銘々江差戻し后後銀札爲二手當一一ケ年壹人ニ付金貳兩ツヽ、當戌ゟ來ル未迄十ケ年積金上納被二仰渡一候條、年限中無レ滞可二相納一、然上ハ株式讓渡ものハ當戌年ニ候ハヽ、積金廿兩、二ケ年目ハ十八兩と追年金高を減し、正金相添、其段會合所江申立候得者、直ニ株式可二差戻一候、且上納皆濟迄貳百貳人ツヽ、組合申付候間、未納之者有レ之ハ一統ゟ辨納可レ致旨、證文被二仰付一 二月 五月 上納

一出銀町人六人、金子五千五百兩納方被二仰渡一、則納候上、直ニ御預ケ被レ遣請書差出
但、右六人野村太次兵衛・村井與四郎・惠川半九郎・古森善右衛門・永野與兵衛・伊藤與四兵衛、銀札取締役申付間、勤役中貳人扶持ツヽ、被二下置一候旨、以二書付一被二申付一
一大世古町松葉次郎大夫・八日市場町坂周助・曾禰町谷對馬・一志久保町丸井勘解由、右銀札引替ニ付、年行事被レ申二付之一
一三方共羽書年行事共、同取締役共江羽書引替后後取計方被二仰渡一、羽書調印之義者是迄之通、山田會合ニ而奉行用人・組目附出席、三役一同ニ而取扱、判形ハ三役立會封印致し、其度々御役所江差出可レ置、尤新札引替之義、當戌十二月ゟ來々子九月まて廿二ケ月ヲ限り候條、銀札所持之ものハ山田會合所江勝手持參相觸候段、尚末々迄委敷可二申通一旨
一兩會合江都而町在ゟ公事出入其外兩會合江申出、紀之

上御役所江申立候仕來ニ而、年々多分之諸入用金取集、願人共ハ二重ニ日間掛り、無益之費有レ之、如何ニ付、此度仕法御改正被二仰出一、以來何事ニよらす、會合江不レ拘直ニ御役所江可二申出一段、在町江申渡候條、其旨相心得、尤會合諸入用減方被二申付一、諸事質素ヲ守り、御用向手支無レ之樣可二取計一旨、左之通極ル

一金貳百兩　　宇治會合一ケ年入用

一金三百五十七兩餘　　山田會合一ケ年入用

一在町役人共江右兩所會合江申出、諸事日間懸り無益之費有レ之ニ付、此度御改正被二仰出一、以來何事ニよらす直ニ御役所江可二申出一旨、尤會合江爲二諸入用一取集候金高ハ、追而格別之減方御沙汰も可レ有レ之旨被二仰渡一

一右一件、大宮司・兩長官・兩大夫等江御達

一右一件、夫々御咎申渡候段、伊豆守殿宿次御證文を以御注進

一前ニ有レ之組方四人公事懸被二仰付一

十二月十七日

一御勘定所江此度新札引替諸入用金、御勘定方談合之上、三方共預り居候、御役所附之御金引上、右入用江取替相渡爲レ賄申候、來亥年ゟ銀札手當貸附利金之内ヲ以引戻候積ニ御座候旨、尤前々ハ羽書株之者共ゟ出銀致し候由候得共、此度ハ當戌ゟ十ケ年上納金申付候義ニ付、出銀之義如何之旨被二申遣一

一足代玄蕃倅縫殿相續願出親類出、承屆有レ之

一今十七日ゟ會合ニ而新札摺立

十八日

一立會方跡之取計方之儀共、歸府之上申立ニ付、爲二御心得一帳面差出、明日出立暇乞ニ罷出

十九日

一羽書引替會合ニ而者不都合之旨、八日市場町宇仁田仁兵衛方ニ而申付度、三役申出聞屆懸札之義御達

　　會合出張羽書引替所

右ニ付、會合諸入用之内ゟ年々金五拾兩ツヽ、差遣候事

一右ニ付、諸向ゟ以來取計方伺出候事

一三方當番出、左之御金相納
一四百廿壹両六匁壹分三厘五毛　鶴松收納溜金
一八十両　是ハ山田ゟ初四百両貸附之利足拂殘溜り金ナリ　両宮御入用
一五百四十五両貳分　缺所金幷貸附利金共
拾四匁貳分四厘五毛
十二月廿四日
一羽書株上納積金當年納八百八両江缺所金差加、都合千両津領下江御貸附、古森善右衛門引合候上也、是ゟ追々御貸渡有レ之
但此貸附丑年皆納手形米差入之處、手形米ニ子細出來ニ付返納、右缺所金貳百両ハ追年銀札手當利倍貸附之内ゟ償戻ル
寛政三亥正月
一御勘定所ゟ伺濟達書來
神領最寄津領・鳥羽領村々ニ而ハ羽書札年貢ニ相納候間、年ニ寄凡貳三千両餘ツヽ、冬三ケ月程ハ役所ニゟ山田會合江正銀引替申來ニ付、其節取扱方之儀、御改正以前之通溜羽書引替候、正銀ハ會合借入金致し候而、両月共無二差支一様可二取賄一旨、三方江御任セ可レ被レ置旨、右借入銀利足ハ銀札手當利倍貸附之利銀ヲ以會合江御役所ゟ可二相渡一旨
一利倍貸附金貸附方取計之義申來ル、年々仕譯帳差出候様
一諸事御役所江願事等之節、會合江屆申出候様
右者　御朱印之表、神領一體年寄共支配受候ニ相違無レ之御趣意齟齬不レ致筋ニ候旨
一組同心江御手當被レ下金之義、取計方等之義共
一會合普請手廣之義、當時取締候ニハ却而入用可二相懸一ニ付、破損ニ及候節追々入用不レ懸様可レ被レ縮旨可二申渡一願
附
亥二月廿日
一組同心被レ下金之義、以二御書付一被二仰下一、二月十六日
二月廿五日

一山田町在年中貫金割合方、是迄之姿を以會合江可レ納
旨廻達

山田會合所集金一ケ年割方

一銀六貫六百目　上之郷　中嶋・辻久留・二俣・浦口　壹
郷ナリ
一銀五貫貳百八十目　上中之郷
一同五貫貳百八十目　下中之郷
一同六貫六百目　八日市場町
一銀貳貫九百四十目　曾禰
一銀五貫貳百八十目　大世古・一之木　壹郷
一同五貫貳百八十目　一志久保
一同七貫貳百目　宮後西河原
一同貳貫九百四十目　田中中世古
一同貳貫九百四十目　下馬所前野
一同六貫七百八十目　岩淵・岡本・吹上壹郷
一同五貫貳百八十目　船江・河崎　壹郷
一同九百目　○妙見町
一同貳貫四百目　○大湊
○右御改正之頃十二郷竝ニ成
一金拾兩羽書壹匁六分　常明寺町
此懸り金安永七ゟ初ル、前ニ留
一銀六百目　世義寺

山田會合火之見番賃幷同所修復料集金一ケ年割方

一金貳拾四兩貳分　山田十二郷
一同壹兩　妙見町
一同貳分　大湊

町宿之者懸り金一ケ年集高

一三拾五兩四分六厘三毛　二俣壹人分
一七十兩九分貳厘六毛　浦口貳人分
一貳百四十八兩貳分四厘一毛　上中之郷六人分
一百七十七兩三分壹厘五毛　下中之郷五人分
一百六兩三分八厘五毛　八日市場三人分
一百七十七兩三分壹厘五毛　一志久保五人分
一三百十九兩壹分六厘三毛　宮後西河原九人分
一三十五兩四分六厘三毛　下馬所前野壹人分

一　　　　　　　　岡本町拾貳人分
一四百廿五両五分五厘六毛　　妙見町二十壹人分
右追而減方可ニ申渡一迄ハ會合江可レ納旨

山田會合集金在方

一銀六貫目　濱五郷 神社・馬瀬・竹ケ鼻三村一郷、小木・田尻・下野・新開四村一郷、黒瀬・阿竹 二村一郷、一色 壹郷、通 壹郷
一同三貫目　王中嶋村
山田會合火之見番賃・同所修復料一ケ年割方
一金三両三分　濱五郷
一同壹両貳分　二見北三郷
一同壹分　王中嶋
一同壹分　神田久志本 是ハ元川崎之出郷ナリ
一同貳分　高向村・中河原　差配人　榎倉右近
一同壹分　長屋村　差配人　坂藤馬
右集金高
千三百八拾三両壹分六匁七分三厘貳毛

町在貫金
町宿貫金　三口トモナリ
火事見金

宇治之分左ニ有レ之通
七百両　集金高
右三口金之内
千五百両於ニ御役所一利倍貸附ニ年々相成 但酉年年限明、夫々被ニ仰渡一時代ニアリ
一宇治町在之分月々割方ハ會合ゟ達候様
同會合所集金
三ケ年平均之積、一ケ年高
金七百両
但三ケ年平均高七百三十五両貳分餘、外ニ會合持山神路山木立有レ之納所談、七、八両程ツヽ有レ之候由
右拂之内、宮川舟渡入用年々山田會合ニ而入札之上請負高相極、寛文年中定置候通、家別割ニ而山田會合江相渡、尤請負高少々ツヽ、増減有レ之、三十三両

貳歩拾三匁壹分三厘貳毛、舟渡入用貳両貳分三匁四分年中に入用、舟目付江渡、三両惣門番人賄金、貳両火之見櫓修復入用、六両同番人給金

此割方

一金十三両貳分羽書拾貳匁壹分貳厘三毛餘　中館町
一同三十七両十四匁三分四厘五毛餘　下館町
一同七十五両五毛餘　今在家町
一同四十九両壹分七匁四分八厘六毛餘　中之切町
一同五十三両三分九分七厘五毛餘　浦田町
一同十三両壹分十三匁九分貳毛　新屋敷町

右六町ニ而一郷ナリ

一同十六両壹分十匁三分五厘七毛餘　上中之地蔵町中村側　中村出郷
一同壹両壹分十貳匁五分八厘　同斷　慶光院屋敷
一同十七両四匁貳分五厘餘　下中之地蔵町
一同廿五両壹分六両八分七厘餘　古市町　往古楠部ノ出郷ナリ、事立候義ハ親郷江相談

在方

一金六十両三分六匁九分六厘八毛餘　中村
一同三十九両壹分七匁七分六厘五毛餘　楠部村
一同七十四両十匁七分六厘五毛餘　東西鹿海村
一金三十九両三分九匁五分七厘三毛餘　朝熊村
一同十九両貳分拾匁六分壹厘七毛餘　一宇田村
一同十九両貳分十貳匁壹分九厘七毛餘　松下村
一同七十壹両三分八匁四分四厘六毛餘　江村
一同四十貳両壹分六匁九分八毛餘　三津村
一同十五両三分拾匁五分六厘八毛餘　山田原村
一同十三両九匁貳分九厘貳毛餘　溝口村

亥三月朔日

一取締役町人六人御扶持米代金、鑓之間ニ而御渡させ候
戌十二月十六日ゟ亥四月晦日迄之分、但貳人扶持ツヽ、米直段三十俵替
但當時ハ二月十日御役料之節、野依米直段を以書付御渡

正月朔日ゟ六月晦日迄、七月ゟ十二月迄之積りナリ、
但右御仕法年限中會合賄金之内ニ見込有レ之相渡ル、
右年限滿堀田君ニ而、會合賄增金備り候ニ付、右之
内ゟ可二相渡一候事
一宇治年寄左之趣書付出
去戌年中牛谷之者江遣候扶持米代書
一八匁六分壹厘　六月九日御神事ニ付、町方廻り扶持、
尤　公儀金ゟ出候段
一四百五十壹匁八分七厘　宇治惣門番酉十二月ゟ戌十
一月迄牛谷之者相勤候扶持
米代
一壹貫三十四匁壹分貳厘　火之見櫓番賃右同斷
右二口會合ゟ相拂、尤月大小人數米直段ニ而增減
有レ之
一六十四匁　火之見櫓番年中炭代
一金貳兩　牛谷之者江常例下行、年々兩度ニ差遣候段
右等御改正之後者御役所缺所金ゟ相渡、牛谷・拜田共、
牢扶持・牢賄共
一拜田村之者共出火之節、消防手當是迄會合ゟ一ケ年米
三十石ツヽ、時之相場を以差遣候處、御改正ニ付、會
合賄減候ニ付、御勘定方相談之上金三兩ツヽニ取極候
處、右ニ而ハ中々難二立行一願ニ付、糺之上、御勘定所
江御内談候處、舊冬會合方差出候帳面ニ、山田會合此
後諸入用三百五十七兩餘り、會合持山字前山收納高米
八十三石九斗五升四合餘、麥八十九石七斗三合餘、金
廿七兩貳分餘之分三口金ニ直し、凡合金百三十九兩三
分餘ニ成候間、前書集金二口打込候合金ヲ以、元ニ立、
一ケ年分凡積之拂方四百三十九兩餘與差引候得者、五
十七兩三分餘有餘備り候ニ付、右拜田村手當金ハ御改
正以前之姿ニ戻し、米三十石之分石壹兩之積りニ見詰、
一ケ年三十兩ニ當り候間、前書拂高餘金之内ニ而相渡
候而も尚殘廿七兩餘有餘相見え候得者、外差支之筋も
有間敷哉ニ付、右之趣ヲ以可二取計一旨、三方年寄共江
被二申渡一可レ然哉之旨申來ニ付、右之趣可二申渡一旨再

答被レ遣候
五月六日
一引替古札切捨初ル
一松坂城代垣屋七郎兵衛、田丸郡奉行太田次郎右衛門江
羽書引替并限日等之義懸合、同十五日也
但十五日田丸役人大松儀ゟ御役所江出、引替羽書之
義申出、是者羽書貳百兩程有レ之内似札有レ之、羽書
座之者難二引替一申ニ付、聲懸ケ之義申出、右三役江
取計方之義御達有レ之、三十枚程之悪札引替トなく
宇仁田仁兵衛年來出入も致し候義ニ付、夫丈ケ代銀
相辨爲二差出一候由
一此度仕立四百四人之外、三貫貳百目ツヽ、仕立候事、増
札手當也
六月二日
一田丸表下役ゟ宇仁田仁兵衛江引替羽書之義ニ付、少々
子細申來候旨
同十日

一組同心被レ下金割方被二仰付一候
十八日
一羽書摺立高、元高貳萬貳百兩ニ外ニ六千兩餘到來
右等之趣、引替捗取不レ申義共御勘定所江御懸合
十月十四日
一御勘定方・御普請役逗留中入用、宇治・山田町在出銀
之義達之上、年行事町ゟ取集候事
一金廿三兩三分八匁八厘　大湊分帳面〆高
一金五兩三分貳匁五分四厘　小林村分〆高
〆廿九兩貳分羽書拾匁六分貳厘
一御勘定青山喜内存寄書、亥二月九日越中守殿江御直ニ
柳生主膳正別紙三通相添上ル、同十九日御同人御直ニ
書面之趣山田奉行江懸合、表向申上候様被二仰渡一、同
廿日御勘定所御勝手方承附致し、御同人江久世丹後守
返上、右ハ遷宮御入用減方、圍穀之義等ナリ
子正月　和泉守殿宿次御證文を以
一右諸取計方、以二別紙一御書付被二仰下一

勢州神領在町ゟ去亥ゟ來ル申迄十ケ年取立、宇治・山
田會合諸入用ニ相渡候餘金
一金千五百両
内
百両　水主同心江手當被レ下金之分
五百両　銀札増札切捨手當金之分
但一ケ年五百両ツヽ、去亥年ゟ凡來申迄十ケ年之間、
凡五千両之切捨之積
○右申年迄不レ殘切捨相濟候事
百廿両
但銀札正銀ニ引替申來候節、借入金利足手當之分
○右ハ溜羽書見込通ゟ多ク利足不レ申ニ付、懸合
之上取締役之者江取計方年限極引受申渡有レ之、
尤取締引受年限濟候上、又々出方之義御勘定所
江懸合追々先ニ出ス
三百両　圍穀手當
右初年ハ百両ニ而、圍穀藏新規ニ取建、貳百両ハ
穀買入候積、尤二ケ年目ゟハ三百両分買入、前年
之古石ト詰替、古石賣拂代金之内ゟ藏建増并修復
等致し、殘金丈之分ハ穀買増之積ヲ以、十ケ年之
間右ニ准シ買穀取計之積
四百八拾両　○是ハ缺所金ゟ操替拂ニ付、左之仕法ニ而可レ償戻積り
但羽書元高并増札摺立中諸入用金之分一度ニ引落
置、年一割之利足ヲ以別口ニ貸附置、元利金之内
を以追々遣拂之積り、尤當子ゟ取立候分ゟハ來丑
ゟ申迄八ケ年之間、當時貸附置候羽書株上納積金
八百八両之内江差加利倍貸附之積
○右利金四十八両ツヽ、年々缺所金江償戻し候處、
寛政十一年銀札引替之節増札手當増摺有レ之處、
引替金殘銀札有レ之ニ付、右償殘之分とも不レ殘缺
所金江償戻ル、右引替殘ト申ハ以前銀札火損・流
失等ニ而増札切捨殘金共、勘定之上摺立候處、六
百七十四両壹分八匁九分引替殘ル
右償戻しト増銀札切捨殘之分共右ニ而切捨

○印ハ覺書ナリ
右割合之通取計、十ケ年目酉年ニ至利倍貸附金高凡貳萬貳千七百兩餘ニも可二相成一、左候ハヽ、右之内羽書元高貳萬貳百兩ハ取立、山田奉行預りニ致し、大坂御金藏江假納致し置、殘金貳千五百兩者神領川除・新開・荒地起返、其外圍穀藏詰替方、藏修復并神領内漁獵等之手當、年一割ニ而利倍貸附置、宇治・山田在町ゟ取立金之儀者十ケ年目酉年ニ至千五百兩之内、水主同心被レ下金百兩ハ兩會合諸入用金之内江差加、年々在町ゟ取立、殘千四百兩ハ一統江減方申渡シ、尤圍穀并貸附之内譯勘定帳ハ年々差出、酉年以後者五ケ年目毎ニ取計方可二相伺一旨被二仰下一

五月
一御勘定所江溜羽書之義、銀札諸向ゟ正銀ニ引替申來候節、借用金を以引替遣候事ニ而、右借入金利息之義、月々凡千兩ツヽ、羽書溜り候積り見込百廿兩之積りニ而前書手當金有レ之處、去春ゟ夏ニ至迄ハ五百、八百位溜り候得共、去秋已來米穀高直ニ連、銀札別方不レ宜、冬江向月々平均三千貳百兩程ツヽ、溜り候、右ニ付、利金一ケ年貳百兩程ならてハ取賄難二出來一旨、仍レ之右利足不足之分株金貸附利金之内ニ而も可二取賄一哉、問合
一右答、當九月惣引替相濟候ハヽ、不同之義も可レ有哉、先右積金を以なり共渡置、今一兩年賦之上、尚其損様可レ被二申越一旨申來、御役所一ケ年百五十兩ニ御勘定方共取極候義、尚當年も稼之上可二申越一候段承知之旨
　但此以後篤と相極ル

寛政四子七月
一宮川堤破損修復料之儀、御勘定所江懸合
右此度風雨破損右堤大破之節、先年普請料被レ下、又者御普請被二成下一候小破之分、三方會合所入用金之内を以取賄、追而時節柄宜敷砌、町在ゟ取集、會合入用金江償戻、入用少ク候節ハ會合入用ニ而取賄來候處、右會合入用減候ニ付、手當無レ之ニ付、去亥三月存寄

書申進候處、是迄迚も會合ゟ取替金ヲ以修復致し、其後在町ゟ取集候由ニ候得者、御改正ニ付新規ニ集金相増候筋ニも無レ之間、仕來通差懸候修復ハ御役所有金を以取繕、追而在町ゟ集金取立償戻候様取計候方可レ然旨、下ケ札ヲ以被二仰聞一、仍レ之此度破損も收納金又ハ貫金之内何レニ而も可二取賄一、追而時節柄宜敷砌、在町ゟ取集償戻候様可レ致、此度破損所凡貳百兩計可二相懸一旨、三方申出、積帳申付候段被二申遣一

○寛政五癸丑三月、宮川堤普請入用百六拾壹兩三度ニ御役所金ゟ操替御渡、追而貫取返上之積り

但御手切

但此時同所小破取繕入用、寶暦以來度々之金高書出有レ之　正月十日日記

八月四日

一引替銀札彌九月限ニ而、十月ゟ申出候者持主損銀之旨向々江達

一銀札元高　貳萬貳百兩　但羽書株四百四人、壹人五十兩ツ、

一同七千八百四兩三分拾匁八分　増札之分

内

三千五百八拾三兩　元文年中摺増、追々切捨殘

右山田三方共方ニ而追年切捨可レ申分

四千貳百貳十壹兩三分貳匁八分　増札

右御仕法通、兩會合賄餘金を以、去亥ゟ來ル申迄十ケ年、年々五百兩ツ、切捨候積

○但右も寛政十一未銀札引替、殘六百七拾四兩餘ニ而未年ニ而濟

右引替高都合貳萬八千四兩三分拾匁八分　戌十二月ゟ當子九月迄引替濟古

銀札切捨申候　右増札亥・子兩年分千兩切捨之義も申上

寛政五丑年四月廿五日

一溜り銀札見込通りより多、借入金利足出方無レ之ニ付、取締役之者江勘辨之義御達候處、書付出、仍レ之取計方書付添、御勘定所江御懸合之處、難レ分旨、今一應

可レ得二御意一旨申來ル、仍レ之取締役江御調書付差出
溜羽書引換借入金利足出方、亥・子ハ積通ゟ多ニ付、
勘辨仕候樣被二仰付一、尤御利足金出方十ケ年金千貳
百兩之御積、右ヲ以段々勘辨仕、右金千貳百兩之內、
亥・子兩年分利足合金六百十七兩壹分餘御引去、殘
金五百八十貳兩貳分餘、當丑ゟ五ケ年之間ニ御下ケ
被レ下候ハヽ、右ニ而精々取賄可レ申段申上候處、右
殘金五ケ年ニ割合候得者、一ケ年漸百十六兩餘ツヽ
ニ而、是迄之振合與ハ格別相違仕、私共取計方難
レ分段御尤奉レ存候、則取計方ハ當春以來月々溜羽書
凡四千兩程御座候處、當丑分五百兩御切捨ニ相成候、
殘三千五百兩程御座候處、左候得者、昨年之振りニ
而者當年分溜羽書利足凡三百五十兩餘ハ入可レ申、
然共私共ゟ申上候五百八十貳兩貳分餘、五ケ年ニ割
合一ケ年分百十六兩餘御下ケ被レ下候分除レ之、殘貳
百三十四兩餘之不足金ハ私共方ニ而精々相働、何分
下利之金子差操仕、溜羽書與入替置候樣可レ仕候得
共、時節柄差當り調達難レ調に付、爲二操合一、先達而
御預り申上候出銀手當之內ヲ以、銘々少々ツヽ出金
仕、都合千兩計之處、溜り羽書與入替置候樣仕度、
然ル上ハ一ケ年百兩程之利足相減申候、其餘不足之
所ハ私共方ニ而何分ニも相働、人別ニ出金致し候而
なり共取賄置可レ申、勿論年々羽書御切捨、尚又會
合ニ而も切捨候事ニ候へ者、追年羽書高も減し、其
上時節宜候得者羽書散在も宜ニ付、後々ハ利足も至
而聊ニ而可二相濟一、其砌者前書五ケ年御下ケ被レ下候
金百六拾兩餘之處、前年私共ゟ取賄置候御利足不足
金へ引當仕候事ニ御座候、且前書溜羽書ゟ引替置候
御手當金も不レ遠內元高江都合可レ仕、自然夫迄之內
過急之御入用御座候ハヽ、右入替置候千兩計之羽書
等有レ之事ニ候得者調達方聊差支無レ之段申出

五月廿九日

一右御勘定所江又候被二申遣一

寛政五丑八月五日

一御勘定所ゟ右答来ル
右溜羽書引替借入金利足出方、取締役江相渡為ニ取計一
方之儀
一御役所諸入用支配向御談被レ置候趣ヲ以、一両年試之
上入用高御取調有レ之処、亥・子両年平均一ケ年金百
廿八両余ニ当り、此上減方無レ之ニ付、右平均高ヲ以
此後御入用高ニ取極置度旨、右入用牢賄幷牛谷・拝田
相廻し候入用者相除一ケ年
丑八月右詳
一金百三拾両ニ取極　御役所入用高ナリ、伺済、御用文
通ニアリ
御役宅向拾両以下、御修復ハ右金高之内ニ而取賄候
積
右両様共松平越中守殿江伺済、拙者共ゟ可ニ申進一旨
被ニ仰渡一候段
丑八月六日
一右溜羽書取締役江前書之通可ニ取計一旨達
但右丑ゟ巳年迄渡済候処、申年年限明酉年ゟ之溜羽書
之利金者取締役共手ヲ放し候ニ付、出方之義堀田ニ而
勘定所江懸合有レ之
寛政四子五月出亥両年分
一羽書株上納積金宇治・山田町在貫金　貸附勘定仕訳帳御勘定所江出
吉野紙ニ認ミの紙袋入　但是ゟ年々五月外環状帳一所ニ出　奥印計
右元利仕訳帳ハ十一月ニ御差出奥印繼目共
寛政元酉十一月八日
一長崎奉行水野若狭守殿参宮　目録貳百疋ツヽ、案内藤村彌市・豊永角兵衛・中間利平治
同六寅十月廿五日
一長崎奉行高尾伊賀守殿参宮　目録右ニ同　宮崎金七・濱口政五郎・中間利平治
一同三亥三月
一大湊醫王寺薬師開帳
同月
一他所ゟ住居之者主人取之義御調有レ之

同四子二月十三日願、閏二月十八日ヨリ
一大湊海眼院千手觀音、中之地藏町清藏院ニ而出開帳

同二戌二月
一二見鄉神役人共帶刀願之義、會合ゟ相二伺之一
右天和年中御改之節相洩候分ハ、譬神役人たり共帶刀可二差留一旨伺書、附札ニ而達し、文化ニ彌極

同三亥正月
一大湊年寄御用金御貸附被二仰付一候ニ付、山田町年寄同樣御取扱之段御達、夫々江も御達

同二戌二月五日入院、七月三日御禮申上ニ出
一大湊金胎寺清譽、生國山田前野町ニ而越坂一行寺但譽弟子ニ而入院
但先住眞譽長病ニ付、跡天明七年十一月留守居、寛政元酉三月看守ニ而、戌二月入院、文化八未六月迄住職

寛政八辰年六月
一大湊長樂寺後住之義、伺出候ニ付、本山江居之義御尋之處、御役所江奉レ伺御聞濟之上入院仕候上申達候、是迄大湊仕來之段申出、四月河崎町ゟも申出

寛政三亥二月申出
一常明寺往古者眞言宗ニ候處、寛永年中之頃慈眼大師御弟子山海法印住職ニ付、東叡山末天臺宗ニ相改、日光御門主御支配ニ相成候旨、右之節森庄兵衛・久禮嘉兵衛與申者召連、門前町ニ住居、其頃ゟ帶刀仕候義ニ而申傳候由

同月廿六日
一山田十二鄉之義、十七町ニ而十二鄉名目候處、安永九子年ゟ妙見町加入ニ而十二鄉妙見町與二行ニ認候處、此度同町ゟ願ニ付、一統申談、河崎町・舟江町之末江加へ一鄉ニ仕、自今十八町ニ而十二鄉ト可レ仕段、年行事町ゟ申出、妙見町ゟも屆

同十一日
一外宮宮中杉洞雷火ニ而燃上り、本撿使出役ニ付、長官初口上書取候處、追日先例之義申出宛所無レ之候ハ、御役人中與可レ認御達之事

同廿四日
一浄土門中八ケ寺年頭ニ御茶三十五袋ツヽ献上候處、かさ高且ハ濡積難二仕替一、以來扇子五本入箱ニ願御聞届
同年三月
一一橋中納言ニ被レ任被レ仰二下之一
寛政二戌年
一禿松ト申大湊下野村入合荒地開發之義、元大湊居住角屋七郎次郎　御朱印船造立助成之爲由緒ヲ以開發致し度願出、御參府中御伺候處、御答無レ之、沒ニ相成
　凡貳萬四千貳拾五坪程
右寶永四丁亥十月四日津浪ニ而打崩、尤右田畑ニ七郎次郎地面多分有レ之旨也、右荒地寶暦年中水野甲州ニ而論地ニ相成一件帳、山田氏ニアル
同三亥
一此節ゟ御役所金差操御金懸被二仰付一、組頭内田武左衛門・前田又六、同格御番所詰樫坂吉左衛門、御用部屋定詰前田貢・吉野庄八、撰用長山彌平次江被二仰付一、以來追々代り被二仰付一
同元酉二月十九日
一御用部屋定詰初ル　吉野庄八・前田貢
右日々相勤候事ニ付、呈書等重ニ取調ニ付、御勝手ゟ壹人扶持ツヽ、定
安永六酉年、前ニ委
一御撰用山田公ニ而六人被二仰付一、貳人ツヽ、御用所江相詰候處、當御代ニ壹人缺ケ候儘ニ而有レ之處、此節ゟ五人之内貳人御番所書役ニ被二引分一候事
但御用所之方壹人ツヽ、二日置ニ定詰與三人ツヽ、詰ル、御番所之方ハ隔日、尤御用日ハ惣詰、此時御番所江竹本忠右衛門・小久保喜内
寛政四子三月向々江達
一神領凶年爲二手當一圍穀詰置候土藏造立、此後追々建
但河崎町領離神田村・久志本村領字かなや河岸、右代地禿松荒地續下野村後ニ而坪數程被レ下、右代地程隔候而非常等之節立會等難儀之旨ニ而堀田ニ而相

願候譯有レ之
土藏　間數各三間ニ六間、軒高サ壹丈貳尺、屋根梁行
　打越四間、桁行六間貳尺、坪數廿五坪三分三厘
　三毛、土壹石垣高サ壹尺
但此川岸石垣ハ二見石ニ而町在爲二冥加一人足出車ニ
而引寄出來候、尤御組之內懸り有レ之
右土藏御入用圍穀手當金ゟ出
金九拾貳兩貳分拾壹匁七分壹厘六毛
　　　　請負人
　　　　山田吹上町
　　　　　木戸七兵衛
右場所惣坪數千百拾壹坪　六尺杖
西廿四間貳尺　東三十三間　北廿八間半　南廿九間
貳尺
右竹垣長延百十四間壹尺、長三尺廻り六寸之竹貳
ツ割ニ而詰切木戸共
惣合銀四百九匁八分五厘、此金六兩壹分九匁八分
五厘

右竹垣朽損ニ付、寛政九巳年堀田ニ而杉苗四方ニ植ル
　右藏地江稲荷社幷出役休所建
寛政五丑十一月廿四日組頭江御達
一組惣中陣笠御仕替被レ下候、尤是迄ハ一ト通り之張貫
笠ニ而前々ゟ奉行所交代之度々御紋改塗替被レ下候處、
此時代古ハ取捨、新ニ形を拵、組之內、宮崎金七・志
賀守右衛門・宮崎早太抔江被二仰付一、ふち輪鐵冠ニ拮
校形鐵板入、澁せんニ而仕立有レ之、右鐵具ハ久志本
鍛冶奥野與三右衛門江被二仰付一、都合五十蓋
　右御入用御役所入用之內江組入ル
同四子三月五日ゟ
一密嚴寺東山與申所三津村ゟ猥ニ致し候旨願出ニ付、取
調有レ之
同五丑十一月
一銀札手當貸附金元利仕譯帳御勘定所江差出、初也
寛政五丑年分
一圍穀勘定帳、御勘定所江差出、尤六寅六月堀田ゟ被二

差出一、是初ナリ　九十貮兩貮分貮匁六分
同三亥正月廿七日ゟ追々御用文通ニ有レ之
一淨土觸頭欣淨寺・靈嚴寺・玄忠寺與在門中出入有レ之
　但人別改帳面奉行所江差出方之義等
寛政元酉九月被二仰下一
一御代替ニ付、當地寺社人江　御朱印被二成下一候段、
以二奉書一被二仰下一
　但御朱印一箱、鳥居丹波守殿御封印ニ而從二京都一大
御番兩人差添被レ遣候、尤爲二御禮一寺社人江戶江罷
出ニ不レ及旨、右京都江御朱印持參之內、當地江之
御朱印も到來之由、二條大御番花房因幡守組澤次郎
右衛門・白須甲斐守組境野八郎右衛門爲二宰領一、
近々出立之旨所司代ゟ申來ル
尤大御番ゟ問合等有レ之候事、此節遷宮一所ニ御請、
會合ゟ差立等有レ之
一御朱印人足十貮人・馬八疋、從二京都一勢州山田迄上
下可レ出レ之旨
一御用荷物一指、宿次人足六人ツヽ、可レ出旨　備中守
殿御證文
十月十六日
一右着ニ付、宮川ゟ平組同心案內、貮人ツヽ、宮川江給人
使者着、歡二山田旅宿一、九半時　御朱印壹棹大御番兩
人御役所江着、服紗・小袖・麻上下御着、玄關敷居際
正面ニ着座、用人・取次・組頭兩人、同服下座敷際敷
石江罷出、　御朱印壹棹道中之儘下座敷ニ而組頭兩人
受取、弓之間中央江駒入鞍懸貮勺ハ帳付之者兩人受取、
弓之間江直し、　御朱印居二置之一、引續奉行所大番貮
人同間ニ着座、挨拶、所司代ゟ書付幷外箱之鍵受取、
書狀拜見、畢而　御朱印取次御用部屋江爲レ釣而覆等外
し、外箱錠前太田備中守殿封印、御朱印箱御老中鳥居
丹波守殿御封印ヲ解、拜見、右箱江入被レ遣候、目錄
ト引合セ元之通仕廻置
右兩人江料理一汁三菜、吸物・酒肴一種御差出、所司
代ゟ之書狀共受取、右返書相渡

一右請取候段、以二宿次一鳥居丹波守殿江申上并御封印返上仕懸、本文御老中御連名也、右被二仰下一候通扣置候、御差圖次第可二相渡一段申上

丹波守殿
御封印一枚

上包ミの紙呈書箱底ニ入

右大御番兩人十七日出足之届仕様、

右組同心案內、宮川迄貳人ツヽ

十一月九日　同五日附

一右此節可二相渡一旨被二仰下一、御別紙松平和泉守殿ゟ被二仰下一

十一月十一日

一明り床ニ出席、夫々御渡、熨斗目・麻上下用、袷同斷、大宮司・內宮長官旬參神事ニ付名代神主七人・外宮長官所労名代神主四人・慶光院役者後見、右一通內宮長官神主權任壹通、慶光院名代後見一通、金剛證寺・春木大夫・山本大夫一通ツヽ、內宮年寄三人一通ツヽ、山田三方六人一通、上部大夫・福嶋佐渡・松尾大夫・丹藏與大夫・二見鄕惣代八人・角屋七郎次郎右一通ツヽ、

（下）（朱書）此配當譯ハ寺社奉行衆江御尋之節差出候帳面寫ニ有レ之、御朱印地

一右相渡候義、以二宿次一申上、尤福嶋伊豆當時佐渡與改候得共、御朱印之表伊豆與有レ之ニ付、其儘書付認差上、右譯ハ松平伊豆守殿ニ憚ニ付斷置

十三日

一右之者共爲レ禮出二順々一面謁、但先例ニ而角屋七郎次郎ゟ鰹節二連出

一右之者共寫差出　此內御土器料ニ百四十石附有レ之、兩宮ゟ差遣ス、尤右役村ハ有爾鄕ニ有レ之

太神宮領伊勢國多氣郡齋宮鄕・中村・上野村・竹川村、四ケ所三千四百石、渡會郡有爾村百四拾石都合三千五百四拾石事、依二當家先判之例一、兩宮收納永不レ可レ有二相違一之狀如レ件

天明八年九月十一日

御朱印

伊勢
太神宮領

上包

右毛附三千五百八十三石七斗四升五合五勺五才

右ハ祭土 六百六十六石、壹斗三升四合、宮司百石、內宮長官・神主持高 千四百四十五石、三斗七合五才、外宮長官神主中 千三百三十貳石、三斗四合五勺、慶光院上人百

（下）（朱書）慶光院ト有勅願、右後陽成院之御宸筆ナリ、右平日座敷内椽通りニ懸り有レ之、玄關脇左り手ノ貳間目ノ座敷邊ナリ

（上）野尻四百五十石ハ太閤以來御朱印太閤三奉行ゟ下知狀有レ之

八十石、百四十石兩宮土器料
但兩神宮持高之内ゟ宮司・上人取高可レ出哉ニ相聞
ル、尤上人之分ハ内宮高之内ナリ

伊勢國渡會郡田井村・野尻村・相地村・田宮寺村四
箇所、都合五百貳拾六石五斗事、依二當家先判之
例一内宮長官・神主中收納永不レ可レ有二相違一者也

天明八年九月十一日

御朱印

伊勢内宮
長官神主中　上包

伊勢國多氣郡磯村之内、四百九石内（百九石者隱居領）事、
依二當家先判之例一によつて收納永相違有へからさる
の狀如レ件

天明八年九月十一日　（御朱印）　けい光院

内宮
けい光院　上包

（朱書）「但權現樣御朱印者百石臺德院樣同斷、大猷院樣之時百
九石隱居料被レ下、別ニ貳百石增候而被レ下、都合是ゟ
四百九石與連綿
一安永九庚子十二月、勸修寺宰相殿息女慶光院上人附弟
ニ治定之屆、實ハ一條殿ノ實娘、文化年ノ一條殿ノ實
ノ直次御妹
一右御役所江罷越候節ハ御同間ニ而、御逢歸之節奉行所
ハ疊壹疊程にじり御送り之振り用人・給人ハ鑓之間迄
送り、天明七未八月改有レ之
一右同院江御越之節、塀重門ニ而御下乘之義、寛政七卯
二月調へ有レ之、何故ト申義難レ分、只先例右等御日記
ニアリ」

伊勢國多氣郡相可村之内四百石、遠江國城東郡賀茂
村之内百石、越後國頸城郡蓮臺寺・一宮兩村之内三
百石、都合八百石事、依二當家先判之例一、外宮春木
大夫收納永不レ可レ有二相違一者可レ抽二國家安泰之悃

祈一者也

天明八年九月十一日

御朱印　上包

伊勢外宮
春木大夫

伊勢國三重郡生桑村之内貳百石事、依二當家先判之例一、内宮山本大夫收納永不レ可レ有二相違一者可レ抽二國家安泰之懇祈一者也

天明八年九月十一日

御朱印　上包

伊勢内宮
山本大夫

條々

一伊勢太神宮領之内可レ爲二守護使不入一事

附、諸法度如二先規一、年寄共可二申付一事

一喧嘩口論堅令レ停二止之一訖、若於レ有二違犯之族一者、雙方可レ處二罪科一事

一參宮人輩可レ爲二檀那次第一事

一當分參宮之族者兩宮之内可レ任二其志一、師職之由申レ之不レ可二差留一事

附、兩宮之内師職於レ無レ之者可レ爲二參宮人之心次第一事

一古來相傳之檀那以二才覺一不レ可二奪取一事

天明八年九月十一日　上包左二同

御朱印　伊勢内宮二鄉

年寄共

(朱書)「往古ハ岩井田・岡田ノ二鄉ナリ、岡田之分今在家ハ昔シ上ノ切、浦田ハ下ノ切ト申、中ノ切ハ名其儘ニアリ、岩井田ノ分上館・中館・下館ト三組有レ之處、明暦年御炎上之後宮中火除ニナリ、代地ハ今ノ新屋敷ナリ」

條々

一伊勢太神宮領内可レ爲二守護使不入一事

附、諸法度如二前々一年寄共可レ申二付之一事

一喧嘩口論堅令レ停二止之一訖、若於レ有二違犯之族一者、雙方可レ處二罪科一事

一參宮之輩可レ任二先規法式一、是外宮中間諸式之由、所レ載二先判一彌堅可二相守一事
一當分參宮之輩者兩宮之內可レ任二其志一、師職之旨申レ之不レ可二差留一事
　附、兩宮師職於レ無レ之者可レ爲二參宮人心次第一事
一古來相傳之檀那以二才覺一不レ可二奪取一事
右條々依二當家先判之例一彌不レ可二違背一者也

天明八九月十一日　〔上包宛同斷〕
御朱印　外宮
年寄共

(朱書)「右御文言之內、外宮中間法式之由所レ載二先判一與申儀、寛文年中內宮・外宮御祓銘論到二江戶一、夫々評定所ニ而被二仰付一、此時兩會合江御定書御渡、內宮方新規申立候と無レ例者有レ之上ハ外宮利運ニ相聞候、但權現樣ゟ有レ之、文昭院樣・有章院樣御兩代無レ之」

朝熊金剛證寺領伊勢國渡會郡山上村之內百石事、依二當家先判之例一永不レ可レ有二相違一之狀、如レ件

天明八年九月十一日　〔伊勢渡會郡朝熊 金剛證寺〕
御朱印

一右權現樣ゟ御代々御朱印、外ニ右同所ニ而地方貳十石從二紀州一爲二御祈禱料一御寄附有レ之候
勝峯山　金剛證寺
右本寺京都五山流之上禪宗南禪寺（此南禪寺ハ龜山之皇子御建立、文明國師之同山ナリ）觸頭ハ江戶芝僧錄所金地院
但金地院惣錄職、御朱印被レ下、御白書院緣頰御列座之上

金剛證寺
境內（東西凡廿一丁餘 南北凡十四丁餘）　本堂（幅九間三寸 奥五間）　佛壇（三間 七尺五寸）
客殿庫裏（東西三十九間五尺 南北二十二間三尺）　●鍾樓（三間半寸 二間半）
●二王門（三丈二尺一丈八尺六寸）　●舍利殿（三間二尺六寸四方）　幷寮（二間四寸五分 二間四尺五寸）
右塔頭
瑞泉院　●普明院(朱書)「十九間・十七間」　地福院　才屋院　望海院　孝源院
興樂院　●寶光院(朱書)「火元」(朱書)「十四間五尺・十四間半」　妙光院　呑海院　觀音院　瑞應院

虎溪院　明王院　此貳ケ寺寶永之記錄ニハ本寺護持院ト有レ之
(朱書)「十五間半・十四間四尺」
(朱書)「●印之分
文化元甲子年二月廿七日燒失、慶長元丙申一山不
レ殘燒失、天正年中モ燒失之由、火元二十日遠慮、
白州江出ル」
右末寺拾三ケ寺、尤寺地ハ寺ニ附土地ニ而舊地無レ之
由
右朝熊村・一宇田村・二見・三津村・今一色ニ有
レ之、同寺差配幷對支配村之者支配
(朱書)「應永十三年開山、東禪師ハ鎌倉建久寺五代之法孫ニテ
野間内海ノ生緣ニ有レ之、右年ヨリ文化元子年マテ凡
三百九十九年、以前尾州野間内海ヨリ野間因幡先祖宗
祐ト申者召連、其砌ヨリ帶刀仕來候
一萬金丹之義ハ元祿二巳年空仙ト申者虚空藏ノ蒙ニ靈
夢一、家業ヲ弘メ候旨書出、又説ニ秋田城之助ヨリ傳シ
ヲ受ケ候得共申レ之、秋田祕法ト云ハ外ニアレトモ、
當時功能薄キ方ト人々不レ用

一右因幡受領之義、寶曆八寅二月願出、同七月傳奏衆關
東下向ニ付、一先罷歸、又候上京之上初而受レ之　敕
許・口宣頂ニ戴之一、此時ヨリ藥上包肩ニ敕許ト認ル
京都町奉行所江添狀有レ之、同人義、同寺　御朱印守
護同地方差配爲レ致來り、元和三巳年之頃同寺ヨリ帶
刀之義入念申渡候段申出、文化元甲子五月受領願、六
月上京候處、帶刀之義町奉行ヨリ問合來ル、七月廿八
日受領蒙ニ　敕許一、口　宣頂ニ戴之一、同八月十七日町奉
行ゟ返札差出、御禮ニ出、委文化ニ記ス」
一右住持ハ代々弟子讓ニ而、本寺江ハ屆迄ニ有レ之候、
尤繼目之節參府仕御禮一對幷十帖一卷獻上於ニ　御白
書院一
御目見於ニ柳之間一、御暇・時服拜領仕候事、御役所江
一拜、御家中迄差出
一御代替之節右同斷
一御内書・御奉書數通有レ之由　(朱書)「御内書ハ将軍家御直ニ御認候事ヲ云、御奉書ハ執政衆江被ニ仰付一、執役衆ゟ御認ヲ一ム」

一毎年正月六日御年禮、以二代僧一申二上御禮一、一對并氷
餅一折・十帖壹本獻上於二大廣間一、御目見仕候、尤右
之節寺社奉行所江書狀差上候事、同十六日於二鑓間一御
暇・時服拜領
一同月廿五日、別段御祈禱御禮一對御洗米獻上候
一若君樣御誕生之節、御年禮同斷
一御朱印御改之節參府仕候事
一御諷經之節者參府仕獻經拜領申上、御施物拜領仕候
一御役所ゟ呼出に御用人連名ニ而御達
一江戸表御願事有レ之節、御役所江御屆申候上罷下、其
外在府に者臨時申上候義、寺社奉行所江直ニ御願申上
候
一塔頭末寺等破損修復ハ當寺ゟ吟味之上申付、且大破ニ
而建替等之節者吟味之上新古之繪圖ヲ以役者參上御屆
申上候ニ而申付候
一同前住持繼目ハ宗門相改人事等當年ゟ吟味仕申付候、
御屆ハ不二申上一、先年佐野豐前守殿御尋有レ之、申上候
處、古來之通被二仰付一候旨

御文言略レ之

一四百三十石八斗　伊勢國多氣郡　相可村之內　伊勢外宮 上部大夫
一五十石　美濃國多藝郡　石幡《イシバタ》村　同前 福嶋伊豆
一百四十七石七斗餘　美濃國安八郡　今毛 楡俣 兩村之內　同前 松尾大夫
一五十石　美濃國安八郡　今毛《ヲ》村之內　同前 丹藏大夫

上包

伊勢國渡會郡二見鄉
兩宮御鹽田
附札 三村宗左衛門初七人

(朱書)「內宮領　江村　出郷茶屋町　三津村　山田原村并溝口村
山田領　今一色　西村　庄村」

伊勢國渡會郡二見鄉六箇村都合貳千百三拾貳石餘、
兩宮御鹽田事、依二當家先判之例一、二見鄉惣中無二懈
怠一可二勤仕一者也
天明八年九月十一日

御朱印

（朱書）「但此内山林共百三十石密嚴寺拜領ナリ　寛永ニ記

本寺京都　禪宗東福寺

二見寶暦七丑十二月日記ニアリ、高壹石ニ付貳匁七分
五厘掛ル

右御鹽殿堅田社造營料、年々百兩ツヽ、取集メ、會合江
預來り、造營年ニ相用候處、御改正後村々年寄共夫々
分ケ相預ケ候事

右密嚴寺

大猷院樣御代蒙二　壹命一、右百三十石餘山林境內共拜
領、正保二年四月於二御白書院一獨禮御目見、時服拜領、
其後代々繼目御禮無二相違一
舌帖頂戴
葵御紋附之儀
御膳具御菓子盆
御戸帳御折敷
御金燈籠　」

伊勢國渡會郡大湊角屋七郎次郎四百斛船壹艘、諸國
往還諸役等免除事、依二當家先判之例一、永不レ可レ有二
相違　者也

天明八申九月十一日　御朱印

上包
伊勢國渡會郡大湊
角屋七郎次郎

（朱書）「右之外ニ岩淵二頭大夫方那須與市寄附除地有レ之、先
ニ委し　」

一神領五ケ村御朱印、外宮長官神宮如二先例一拜見致し度
申越候間、持參　拜見爲レ致可レ申段、內宮長官ゟ屆
レ之、右十一月十七日外宮齋館江持參候ニ付請取、神
宮中頂戴候旨相屆

十一月十五日

一右頂戴寺社人共、十三日爲二御禮一御役所江罷出候段、
序有レ之被二仰上一候

參府之節道中江御奉書御請

寛政二戌二月十四日發足、同六月廿一日再御役所江着

去十三日之御奉書、今十六日池鯉鮒驛江到來、謹而
奉二拝見一候、公方様益御機嫌能被レ成二御座一候段承
知仕、奉二恐悦一候、此外之儀者御別紙被二成下一、是
又奉二承知一候、右御請爲レ可二申上一、捧二愚札一候、恐
惶謹言

二月十六日

御老中　御名前　様

參尊答

御別紙奉二拝見一候、御書付被レ成二御差越一候間、奉
レ得二其意一可二相觸一旨被二仰下一承知仕候、以上

二月十六日

御名前　様　　右壹封上包御請

仕懸本文例文　　右壹封上包上

添證文程村紙半分ニ認、油紙計ニ而包附ル
此油紙包書狀箱壹從二三州池鯉鮒驛一ゟ（ママ）至二江戸一御月
番之御老中方江差上可レ申事

戌二月十六日　野兵庫印

右宿中

右之屆同驛ゟ丑上刻差二立之一

一彼御方ゟ御奉書ニ附候御證文
此狀箱從二江戸一勢州山田迄之道中ニ而野一色兵庫頭
所江急度可二相屆一者也

戌二月或日　御名御印

右宿中

寛政二戌四月朔日御船倉神遷、大湊中須左近來ル、此左
近ハ藤波祭主附屬ナリ

一御役所御船倉ニ有レ之
正一位稲荷社檀朽腐候處、此度
両宮之古材之內呉候様御造宮役人之方江御沙汰有レ之、
依レ之小工共ゟ差越、両社雨覆共出來、御役所之方ハ
妻入、御船倉ハ平入ニ而、大工ハ外組ニ而西條谷右衞
門・平川銀藏江道具料遣爲レ造候、御役所之方ハ內組
ゟ世話、御役所ゟ被二仰付一

寛政三亥四月御用文通ニ有レ之

一寺社奉行所江之御懸合事、附札ニ御雙方相成、是ハ其
都度之請答認候而者御互ニ無益之義も有レ之旨、彼方
ゟ懸合有レ之
同二戌八月十八日
一評定所一座中ゟ當御役所吟味筋ニ付、他領之者呼出御
仕置申付方之義、支配所之者同様ニ取計候事哉、却而
御咎御仕置之義、輕罪何程迄ハ伺ニ不レ及、何程より
ハ伺申上申渡與申規定御差圖仕來等之義承度旨封書來
ル、御用文通ニ有ル
尤右當所ハ死罪ニ可二相成一一件ハ、一件引合叱り
迄被二仰上一、死罪之外ハ手切也
右答八月廿七日附、死罪・遠島之外ハ伺ニ不レ及、
御役所手限ニ而申付候段、且元濟等之義、元祿以來
書留ニ者不二相見一、元祿以前ハ書留無レ之候段御答
三奉行　松平右京亮・牧野備後守・板倉周防守・松平紀伊守・初鹿野河內守・池田筑後守・根岸肥前守・曲淵甲斐守
寛政元酉正月廿二日建、其砌組頭江被二仰渡一有レ之

一組同心武術稽古場御役所裏江建被レ下、貳間ニ五間枌
葺
尤御役替之節、兩組江被レ下、其以前內組西江引
右入用金出方御作略金也
同四壬子九月三日御城代ゟ
一堀田相模守殿以二御奉書一所司代被二仰付一候段被二仰下一
同五丑三月六日
一鳥居丹波守殿眼病ニ付、御役御免、溜り之間ニ可二罷
在一旨被二仰付一候段被二仰下一
同八月
一野一色様御養子寛次郎殿初而　御目見相濟候ニ付、呈
書差立候處、名代廻勤ニ而相濟
同八月廿八日
一御老中松平和泉守殿去十九日卒去之旨、御哀惜《アヒシヤク》之旨
被二仰下一、呈書例通、三日停止
寛政四子年正月四日
一御普請之義、以來內積相糺候上、入札吟味共取極申上

（上）（朱書）小田橋修復金

（上）（朱書）除地神領地、右此地永高貳拾壹貫文
金丸村
柴山村
深見村
前々ゟ書出候ハ右三ケ村ナリ、三永樂錢永二右十一貫文ニテ、三十七兩貳分、定相場ニ而請取候由

候様被二仰下一
寛政六寅年三月
一小田橋修復料金會合ゟ出方無レ之、八日市場町中川圖書取賄度旨申ニ付、以來集金も同人差配爲レ致度旨三方ゟ申出

但年々金貳十兩ツヽ、圖書ゟ差出

右依レ功町年寄申付度出勤爲レ致度伺出、御聞届

一久保倉大夫神領那須與市寄附除地之事
常陸國眞壁郡之内小栗庄金丸村、同伊佐庄柴山村神領ハ、往古頼朝公之御時、那須與市殿立願有レ之、寄進ニ而與市殿願書・由緒書面等ハ慶長九甲辰火災之節燒失之由申傳、寛永十六年水谷伊勢守殿所替ニ付、上使永井監物殿・德永式部少輔殿御越、知行御改之砌六代先久保倉五郎右衛門罷下、於二江戸一當所御奉行花房志摩守殿江右神領之様子申上候處、
上使江御書被レ遣、吟味之上神領無二相違一旨被レ仰、松平右京大夫殿江知行相渡候節、水戸御家老松平志摩守殿・中川市正殿江も其段被二仰渡一候由、花房ゟ五郎右衛門方江御書、上使之御書共所持仕候、尤金丸村・柴山村ハ　公儀諸法度私家ゟ百姓共ニ申付候由、深見村ハ神領高之内ニ有レ之候得共、他領之百姓出作にて私家ゟ下知不レ仕候由

右上使兩人ゟ花房江之御狀、神領相違不レ可レ有旨也、

花房ゟ久保倉五郎右衛門江之御狀同斷之事

（朱書）「右享和三亥年郡村名諸國御改之節、十ケ村與書出御糺之處、直井村ハ金丸村之地續ニ而宗旨人別改・繩入反別改等も不レ致故、頼朝公以來六百年餘相濟來り、此度村名御改ニ付、始而書出候段、書面を以書出左ニ記レ之

小栗《ヲクリ》庄之內、●金丸《カナマル》村入會無レ之、直井《ナヲキ》村五人御知行入會、川澄《カハスミ》村・稲荷《トヲカ》村七人御知行入會、折本《ヲリモト》村入會、●深見《フカミ》村入會、●伊佐《イサ》庄之內、●柴山村入會無レ之、林《ハヤシ》村入會、築瀬《チクセ》村兩人知行入會、口戸《クチト》村入會

●印計前々書出有レ之」

（上）（朱書）水鐵砲

一御朱印之表ト相違之義左ニ記

●內宮神領五ケ村之內、野後里《サト》村・岩內《イハウチ》村（朱書）「紀州領ト入會」（朱書）「御朱印ニハ野後村與有レ之」、田宮寺《タミヤジ》村（朱書）「紀州領ト入會」、下田《シモタノ》《シモタノ》邊《ヘ》《イ》村（朱書）「御朱印ニハ田井、村與有、右ニ同入會」、佐八《サウチ》村（朱書）「御朱印ニハ相地村與有レ之、同入會」

●兩宮神領五ケ村、齋宮《サイクウ》村小名西堀木郷・中西出郷・町屋郷・下郷・出在家、齋宮村ゟ出村平尾《ヒラヲ》村（朱書）「以前ハ鱗尾村與書用候由、右二ケ村御朱印ニハ齋宮郷ト有レ之」、竹川《タケカハ》村、上野《ウヘノ》村、有爾郷中《ナカ》村（朱書）「合五ケ、村入會無レ之」、有爾郷世古《セコ》村（朱書）「御朱印ニハ有爾村與有、紀州領ト入會」

寬政五丑年頃

一御役所附ニ水鐵砲三挺御求、內貳挺ハ河崎町江御預、壹挺ハ船江町江御預、圍穀土藏非常之節手當ニ被二成置一候事

但壹挺代壹分貳朱程、此金ハ御金利足月マタギ、且壹挺御勝手江も御求候而御勝手ゟも少々出候由、右ハ四日市邊ゟ持參候由

右御勝手江御求壹挺御殘し被レ置候哉、御役所ニ有レ之御帳藏ニ入（朱書）「江州四日市　大岩孫三郎ト燒印有」

寬政五丑年正月ゟ相止

一御名代松坂御泊江干肴一籠《ホウ》《ボウ》ナリ、御進送之義、且春木大夫宅江御代拜之朝、用人使者鮮鯛一折被二御送一候義等、寬政四子六月廿七日附ニ而御名代延着等之節之義、問合有レ之、同七月廿五日答八月六日相達候由、右享保十三年年始御名代前田伊豆守殿也、明和九壬辰年年始同斷、戶田土佐守殿被レ勤、松田河州在府

右以來ハ奉行在府且忌服之節、元文・明和兩例之通、於二春木宅一組同心・組頭江用人ヲ以呈書相渡候樣可レ致旨

御傳言之義、服之節之通忌之節も御家來・組同心・組頭江御名代之旨相渡、各樣江可二相達一旨申合候段

右ニ付丑正月御用番江進達寫來ル　御用文通ニ委

肝煎衆／六角越前守

中條山城守
大友式部大輔

一右ハ萬一川支等ニ而延着之節ハ着次第山田奉行申談、後日相勤候様、尤例ハ無ㇾ之候得共、申傳之通相心得候ニ付、此段申上置候旨、臨時御名代延着ニ付、着次第相勤候義、寶暦年中兩度有ㇾ之候

一奉行在府忌服等之節ハ、御證文　御名代江被ㇾ渡候事故、組同心・組頭、或ハ山田三方之者江相渡差立候旨、達書・御傳言等も右之旨之内を以相達可ㇾ申、忌之節も服之節之通相心得可ㇾ申旨ナリ

右之後例

寛政十年正月、堀田土州去未年御實母死去之服

文言ニ差引有ㇾ之

右御名代濟呈書御用人春木方ニ而請取、御役所ゟ差立候事

但御名代前田信州、江府ニ而問答有ㇾ之、差立方例通ニ而可ㇾ然旨に付而也

享和三亥年正月筧越州去冬奥方御死去之服

右同斷之節、差立御傳言西丸共例通り、文言ニ差引ハ有ㇾ之

寛政八丙辰年正月八日

一御名代例年廿一日之處、向後十八日着、十九日御代拜相成候而も差支無ㇾ之哉、無二急度一相糺可二申上一旨卯十二月晦日御用番采女正殿ゟ被二仰下一、差支無ㇾ之旨申上候ニ付、則十九日相勤筈ニ候旨被二仰下一

但兩大夫ゟ道中賃傳馬等相願、道中奉行江懸合も有ㇾ之候得共、容易ニ難ㇾ成、其後江府ニ而相願、年頭御禮六日ニ申上、卽日御暇ニ相成候事

右御名代例年正月廿一日ニ相極候者貞享年中之事之由、春木大夫引留ニ有ㇾ之

寛政六甲寅年正月ゟ

一三方福井上總會合出座

一箱館奉行御暇　金拾枚・時服貳・羽織、文化四卯十月

松前奉行與改ル

牛谷牢之事　（朱書）「寺ハ西乗寺」

一男牢　九尺四方　根太十壹本四寸、角敷板九枚、長九尺、幅壹尺、厚八分、腰板八枚六分板

一女牢　九尺ニ六尺　根太七本四寸、角敷板九枚、長六尺、幅壹尺、厚八分、腰板八枚厚六分板

右建前三間半ニ貳間半

拜田牢之事（朱書）「寺ハ林證寺、但藤倉　穢多寺　吉慶《ケイ》寺」

一本牢　貳間ニ壹間半　　一北新牢　壹間四方

一南新牢　上同斷

一女牢　壹間ニ壹間半　右者寶暦水野甲州公之時檜垣判事永牢之積ニ而別ニ出來候由、尤右判事後御免私曰、不レ明

右外圍矢來　北側五間　西側六間　南側七間壹尺　東側五間

但内ハ高堀有レ之、建坪西五間・北三間

敷地坪數四拾坪、三分三厘三、内建坪拾四坪

右地面者往古上部大夫地主之由、右故ニ于レ今拜田頭

同家江草りヲ持參禮勤候由

天明八戊申九月神遷

一野後・磯部式年御造替御入用

但殿舍之分ハ當二月　禁裏御所向迄炎上ニ而、大造御普請有レ之故、式年ニ不レ拘分御差延ニ相成、寛政九巳御修覆

但此時御調、追々御勘定所ゟ懸合有レ之、其當年ニ夫々御普請手配り有レ之

右野後瀧原宮・竝宮・若宮・御橋御入用

請負人八日市場　花井新七

請人　同町　大野傳兵衛

●金六百九拾五兩壹歩、銀四匁八厘七毛

（朱書）「御勘定所ゟ申來候趣ヲ以調之上ナリ、但請負内譯高之内三兩引方有レ之上之通ニナル」

磯部　伊雜宮・大歳社御入用

●金五百五兩三歩、銀七匁九分九厘三毛

（朱書）「但同斷、三兩引同斷」

請負人中島町　山根重兵衛

請人　同町　西村傳兵衛

（朱書）「一此時收納溜金貳千貳百七拾兩餘有レ之候事」

右御入用仕上帳之譯左之通

一金千貳百壹兩・銀拾貳匁八厘　野後磯部　請負御入用高
一金拾七兩
　內釘鋏・木工手間・木挽手間・明衣布三拾端代、手
　袋含面共、御清施御神事料
右瀧原宮・竝宮・伊雜宮・大歲社御造替殿內口傳之御
造料也、內宮小工共江相渡
一錢百拾壹貫文
　此金拾八兩三歩永六拾三文五分五厘九毛
　　此銀三匁八分壹厘三毛
　此譯
　　諸祭物料・明衣料・續松料・諸祭役人料・役人參
　　向料・假御樋代料
　右神遷御下行錢、內宮中川長官江相渡
（朱書）「右不レ殘收納金ゟ相渡」
一米六百五拾石壹斗六合　多羅尾四郎右衛門ゟ請取
　此譯
　米七拾壹石五斗

是ハ三社　タキハラ・ナラウ・イソウクウ　杣入始・木作始・地曳・
立柱・上棟等之日時定陣儀料
米百貳拾石
　是ハ右三社神遷日時定陣儀料
右ハ陣之儀ニ付內侍所御初尾幷獻料、調進物其外陣
儀ニ隨候役人配分有レ之ニ付、神宮傳奏花山院大納
言殿家司江相渡
米百九拾壹石壹斗壹升六合
　是ハ　瀧原竝宮　貳社遷宮ニ付、行事官ゟ調進之御裝
　束・御太刀御磨師・御馬作・御塗師・御矢作大工
　方等御下行米
米貳百六拾七石四斗九升
　是ハ伊雜宮遷宮ニ付、行事官ゟ調進之御裝束御神
　寶幷御餝金物鑄物等之御下行米
合金千貳百三拾六兩三歩、（朱書）「壹歩ニ上ケ可レ然哉之事」銀拾五匁八分九厘三毛
　米六百五拾石壹斗六合
　天明八戊申十二月附仕上帳

「（朱書）右御造替ニ付、山田奉行所先例伺之上寄附之品左之通
一金貳兩貳分羽書五匁八分
　此譯
上廿貳人　此御賄料錢　四貫四百文　但壹人貳百文積
中廿壹人　同斷　三貫百五拾文　但同百五拾文積
下六十四人　同斷　七貫七百三十貳文　但同百廿文積
合拾五貫貳百八十貳文
右伊雑宮神遷、大宮司・禰宜幷諸役人於㆓磯部村㆒寄宿
御賄料御寄進
但野後神遷之節、神主・權官其外罷越候得共是ハ寄
進無㆑之　但内宮長官名代、受取書御用人宛　是ハ前御入用之内參向料之
內歟
一金貳兩　蛸路村ー津領飯高郡也、上・下アリ 鑄物師常保河内江御渡
右瀧原宮・竝宮御橋御造替擬寶珠六ツツ、鑄直料御
寄進」
右仕上帳、申十二月廿六日附ニ而、御勘定所江召出候
樣、江戸屋敷江差立、尤同日宿次序有㆑之、右差出候
段申上有㆑之
　但御調印濟、酉二月御奥ニ而來ル
天明八申十一月十四日
一大宮司職倅權少副江讓之儀、京都願之通被㆓仰付㆒候旨
相屆、但長都江
十六日
一右讓請、爲㆑屆大宮司長都出、明り床之間ニ而御逢、
歸之節、御用給鐺之間ニ而御挨拶　但寶暦十三未十月
職得之例有㆑之
寛政三辛亥年十月十日附
一御勘定所ゟ諸向御貸附金銀幷諸貸附金銀之分共、元利
且返納之譯年賦無利足等ニ相成候儀共、巨細ニ取調申
上候樣松平越中守殿被㆓仰渡㆒候ニ付、當御役所附金
銀・御貸附諸向願等を以、貸附之分共御役所ニ而取扱
有㆑之分、不㆑殘別帳雛形之振合ニ認、御貸附銘々一廉
限り名目相立、一口限認譯、右取調出來次第早々遣候
樣、尤年々元利其外とも增減可㆑有㆑之義ニ付、以來

年々十一月迄之内雛形之振合ニ認可二申越一旨申來、吟
味役迄連名
十一月廿八日
一右答承知、依レ之御役所ニ而取扱候御貸附金御別帳雛
形之振合を以相認差進申候、尤諸向願等を以貸附候金
銀且年賦無利足等ニ相成候金銀無二御座一候段
同四子正月
一右帳面被レ遣候處、御貸附名目認無レ之分有レ之間、則
被レ遣候帳面江懸紙致し返却候間、御認入被レ遣候様存
候、最早年内無二餘日一、來春早々被レ遣候様致度旨十二
月廿一日附ニ而來ル
同正月十七日
一右再報致二承知一、則帳面御懸紙之所江御貸附目名認入
差進候段
但利金遣方等極有レ之分ハ帳面江認入義ニも候ハヽ、被二
仰聞一可レ被レ下、且銀札手當利倍貸附金之儀、山田御
役所御用金與申名目ニ而貸附置候旨別紙ニ被二仰遣一

一右帳面諸向一同取調、先達而越中守殿江申上ハ相濟候
得共、尚書加度廉も有レ之候ニ付、雛形致し差進候間、
右振合ニ當年分元利共取調、當十一月迄ニ御差越候様、
尤以來右之趣ニ御仕立、毎年十一月迄ニ帳面被レ遣候
様致度旨申來ル
帳面雛形左之通　「(朱書)ヒナカタ印●」
表紙上書　山田御役所御貸附元利仕譯帳
●兩宮御用御手當金御貸附
安永九子年ゟ初ル
●一金四百兩　　●當時貸附金
●此利金四拾兩　　●但利足壹割
●是者利足年々十二月迄ニ取立、山田御役所江相納
置候分
●右利金納高
安永九子年去亥年迄
●利足何程
「(朱書)内

金――兩宮御入用ニ相成候」　殘金――

當時有レ之候

●山田御役所附闕所金之內御貸附

寛保三亥年
天明八申年　兩度御貸附

●一金貳千貳百兩　「（朱書）千六百兩與居ル
利金――」　●當時御貸附高

●此利金貳百貳拾兩　●但　利足
壹割

●是者右同斷

●右利足

「（朱書）何月ゟ」

●寛保三亥年ゟ去戌年迄

●利金納高何程

「（朱書）金何千――

此利金之儀、追々御貸附、於二又欽所溜金一打

込――」

御役所附御武器年々――御手當金

天明八申年ゟ

一金六百兩

此利金――

是者――

右利金納高

天明八申年十二月ゟ

金――

「（朱書）內

金――年々御鐵砲打拂玉藥代――

金六百五兩者御役所御舟倉御修覆――」

殘金――　――

●銀札手當金之內御貸附

●寛政二戌年ゟ初ル

●一金千百兩

●此利金百拾兩　●當時貸附金

●是者右同斷　●但利足壹割

●右利金高

●寛政二戌年ゟ去亥年迄

●利金納高何程

「（朱書）朱、利金之義追々御貸附ニ相成申候」

銀札手當金之内御貸附

●寛政三亥年ゟ初ル

●一金七百兩　●――

●此利金七拾兩　●――

●是者

●右寄

●寛保三亥年ゟ寛政三亥年迄　追々御貸附

●合金四千四百兩　●當時貸附金

●此利金四百四拾兩

●是者利足年々山田奉行所江取立候分

●右利金納高

●何年ゟ去亥年迄

●金何程　●年々取立山田御役所江相納置候分

「（朱書）内　但　金壹兩――　羽書――

金――　追々貸附又者遣拂等ニ相成候分

但改ハケ條限ニ有レ之候」

殘金――

羽書――　御役所ニ有レ之候

右者於二山田御役所一――

年號月　――印トテメウラ表三

右寛政四子十一月廿一日附

一右致二承知一、則雛形振合ニ取調帳面仕立差進申候、勿論利金之方前々ゟ御貸附又者遣拂等ニ相成候口ニも有レ之付、此分朱書ニ而相記申候、右ニ而宜候哉、御勘定之譯ハ例年差進候、御役所附金銀請拂勘定帳ニ有レ之通ニ御座候段御懸合、其後朱書其外當時之振りニ極ル前ニ朱ニ而記ス

但闕所金之内、天明八申年ゟ初り候、六百兩大湊江貸附之口ハ、御武器年々手入、御鐵砲打拂玉薬代、御役所御舟倉御修復等之御手當之別廉ニ相成候

子九月二日

一江戸屋敷類焼ニ付、尾張大納言殿、宰相殿ゟ御使被二成下一、冥加至極奉レ存候段、成瀬隼人正殿江御禮狀

九月十五日
一組同心役替、役名御宛行等之譯、別紙中川勘三郎殿ゟ達ニ付進達、尤上下勤のし目・白帷子着之者無レ之段
同廿一日
一所司代・御城代御歡狀　堀田相模守殿　牧野備前守殿
十月四日
一御奏者番、寺社奉行兼帶被レ蒙レ仰候、御悦　立花出雲守殿
子五月廿三日
一井伊掃部頭殿御在所御着ニ付、御肴被レ送、尊答「（朱書）串海鼠一箱」
天明七未三月廿六日
一朝熊嶽御巡見
寛政元酉七月
一大湊吉角庄七ゟ攝州西宮神主吉井陸奥方江檜丸太十六尋、一尺八尋目ニ而六尺七寸廻り賣候義、御尋ニ付申出

同月
一諸寺院不レ愼之儀ニ付、當春江戸表ゟ御觸之趣御觸達候處、不レ辨ものも有レ之哉ニ相聞候ニ付、宇治・山田重立候寺僧御呼出、心付之儀御書付御直達之事　御日記ニアリ
寛政三亥四月五日
一淸雲院轉譽病身ニ付
大權現様神類恭敬難二相務一、隱居相願被二御差許一、後住ハ轉譽弟子瑞譽龍察長老住職被二御申付一、向後可レ預二御世話一間、宜賴入レ存候段、知恩院五役者是者重役之内、兩人山役者之内、兩人連名ニ而書狀差出、入院禮出度旨申上口上書差出、三方出ル、右ハ先例書差出候樣御達
六日
一同院家來出、先例年月、寶曆五亥二月廿八日相勤候旨申出、御調之處無二相違一ニ付、來ル九日可二罷出一旨達
九日

一入院禮罷出、瑞譽壹束壹本差出、明り床之間ニ而御請
被レ成候
但知恩院役之者江之返狀被レ遣、貴翰致二拜見一候、
何々之御報如レ是何院何寺ト書放シ
十七日
一右繼目爲レ禮、近々上京屆、右無レ滞濟歸寺屆、五月朔
日
四月十一日
一常明寺差配之義、檜垣五神主元文年中迄差配之由糺出
候樣御達之處、古證無レ之難レ分旨、長官名代出ル
寛政六寅二月
一齋宮村江戸屋利兵衛・大和屋曾兵衛・竹川村萬屋幸右
衞門儀、質商賣願、去丑十一月相願、御調之上初而願
候儀ニ付御評席ニ而御聞屆
同十一月
一川向中村百姓久藏、質商賣願、右之續故御評席ニ而御
聞屆

天明八申十二月九日
一木下出雲養母與出入一件、親類會合人車館主鈴・同監
物親類預ケ
寛政三亥七月
一御目附坂部十郎右衞門ゟ達書、御關所書面之外、御持
場之内ニ御關所有レ之候ハヽ、可二申聞一旨廻達、尤遠國
奉行衆江達
近江國伊香郡
一柳ケ瀬　　井伊掃部頭
遠江國敷知《ブチ》郡
一今切　　（朱書）「時御老中」松平伊豆守
上野國那波郡　同國同郡
一五料　一福嶋　　松平大和守
同國群馬郡　同國同郡
一眞正　一大渡
近江國高崎郡野口村邊之
一劍熊　　松平甲斐守

上野國碓氷《ウスヒ》郡　越後國頸城《クビキ》郡
一碓氷　一關川　板倉肥前守
同國同郡
一鉢崎　榊原式部大輔
相模國足柄《アシカラ》郡　同國同郡
一箱根　一根府川　大久保加賀守
同國同郡　同國同郡
一仙石原　一矢倉澤
同國同郡　同國同郡
一川村　一谷ケ村
武藏國　上野國
一新口　一川俣　阿部豊後守
上野國群馬郡
一杢ケ橋　松平右京亮
下總國葛飾《カツシカ》郡
一關宿　久世隱岐守
信州伊那郡

一淸內路　堀幸之進
越後國頸城郡　同國同郡
一蟲川　一山口　松平日向守
近江國高崎郡
一山中　朽木兵庫助
遠江國引佐《インサ》倉郡歟
一氣賀　近藤石見守
武藏國多摩郡　同國葛飾郡
一小拂　一小岩　伊奈右近將監
同國同郡　下總國葛飾郡
一金町　一中田
武藏國多摩郡　同國同郡
一檜原　一上椚田
同國同郡　武藏國葛飾郡
一上忍方　一市川
同國同郡
一房川渡　栗橋共云

信州筑摩郡
一福嶋　　山村甚兵衛
同國同郡　信州伊那郡
一蟄川　一浪合　知久監物
同國同郡
一帶川
同國同郡　同國同郡
一心川　一小野川
越後國頸城郡
一市振　　山田茂左衛門
甲斐國八代郡　同郡巨摩郡
一本栖　一萬澤　小笠原仁右衛門
同國山梨郡
一鶴瀬　　武嶋左膳
上州利根郡
一戸倉　　山中太郎右衛門
相州津久孫　同國同郡

一鼠坂　一青野原　江川太郎左衛門
上野國五妻郡　同國同郡
一猿ケ原　一大戸　篠山十兵衛
同國同郡
一大笹
上州甘樂郡　同國同郡
一白井　一西牧　佐藤友五郎
同國同郡
一南牧
下總國葛飾郡　相州
一松戸　一浦賀　中井清大夫
武州
一中川
同年同人達
一御關所通行之儀ニ付、若年寄井伊兵部少輔殿江猶又御
趣意相伺候處、以來
御目見仕候家來ハ一同駕籠ニ而罷通り候様相達候譯ニ

者無レ之、只今迄御目見仕候陪臣之内ニ者駕籠ニ而通り
來候茂有レ之間、右之義ハ是迄之通ニ而相替儀無レ之事
ニ候旨被ニ仰聞一候旨廻達候事

（下）（朱書）宗門

寛政元酉八月
一三方出、大峯山ニおいて例年諸先達共
天下泰平御祈禱大護摩執行、諸先達之輪番ニ而毎年參
府、九月十五日一束一本獻上
御目見十六日於ニ　江戸御城一、御禮巻數獻上、御暇時
服ニ拜領、先格之旨、當年番ニ而近々參府之届召連ル、
當山ニ宿世義寺正大先達

寛政四子年六月
一慶光院江戸屋敷類燒、天明八申年作事料先例之通願候
處、京都大火之砌ニ付不レ被レ及ニ御沙汰一處、此節先格
之通白銀三百枚被レ下候段

（上）（朱書）人別改

寛政四子年閏二月、御達書大目付ゟ御同席廻達
一諸國人別改、前々之振、八、九月頃迄ニ可ニ書出一段
右ニ付向々江御達し、尤五月中迄ニ差出、依レ之御知
行之分共三册別々ニ織張、御勘定所宛ニ而人別懸り、
大目付松浦越前守殿江使者を以御差出、尤九月附ニ而
十月五日十日切を以御差立候事
一宗門之儀、去ル午迄ハ宗門懸り・大目付・御作事奉行
銘々江差出、其差出方筆頭ニ前後ニ認候處、當年ゟ年
番相立候間、年番へ壹通可ニ差出一、以後共宛所大目付
筆頭ニ可レ認旨、當年ハ松浦越前守年番之由、大目付
右御同人、御作事奉行曲淵出羽守ゟ同席廻達有レ之候
事

寛政六甲寅三月廿二日、但廿四日御召御參府御發駕
一紀州御使田丸郡奉行青木此右衞門殿入來、先達而佐八
御用材出水ニ而數多散亂之處、御賴越有レ之、御支配
下御觸流幷爲レ調御組御出し調行屆、右爲ニ御挨拶一御
奉行江縮緬三巻一臺、右下役江應對之御用人江白銀三
枚、壹人江貳枚懸り、御組方十人江金三百疋ツヽ、御
組中間五人江鳥目五貫文御送り候事
但紀州公御口上御使ニ付、貳臺迄御送り御用給下座

敷迄
寛政四子六月十八日
一慶光院家來井上源吾妻之弟久離願、役人召連
寛政元酉七月附八月到來、御書付留ニ有レ之
一隱賣女之儀ニ付御觸書江戸表ゟ到來
右者都而在方ニ有レ之賣女、古來ゟ御免、又ハ年久敷領主承屆置候分ハ格別、隱賣女ハ堅く差置間敷處、近來猥ニ相成、所々ニ賣女體之者差置候段相聞、右ニ付、自ラ村方風俗も不レ宜、農事ニ怠り、近郷迄變徵ニ及ひ離散之者も出來、且不レ宜者も立入候儀ニ候間、自今隱賣女一切差置間敷、若隱置外ゟ於二相顯一者、其所役人共迄詮議之上急度可レ被二仰付一段、新規ニ賣女商賣體不レ承レ屆、古來ゟ有來候分も成丈減候樣可二取計一段
一右ニ付、兩會合當番江御直ニ樣子御尋之上、古市町・中之地藏町・常明寺門前町之儀、茶汲女前々ゟ有レ之共、茶店之樣子不二相見一候、向後ハ格子取拂、茶釜差置可レ申、新町・大湊之儀相糺可レ申聞、神社之儀、是迄不レ承所ハ早々爲二取拂一、急々可二取計一、以後紛敷儀嚴敷無レ之樣可二申付一段、寛政元酉八月八日被二仰渡一
同月十二日三方罷出、新町之儀相糺、大世古・曾禰町ゟ之書面差出、右新町之儀、享保十九年寅十二月願、酒茶之類見世ニ置、道者ニ賣渡願、廿一日御役所ニ而御聞濟之處、寛保四子二月御差留、明和三戌十二月煮賣・燒肴・請酒願、翌亥正月廿二日御聞濟、尤賣女體願候義不二相見一、下通り之下女差置候迄之儀ニ候旨、則明和三願之寫差出
酉八月十七日
一三方出、神社村願書出、往古潮滿寺藥師堂前迄入船有レ之節より船宿仕、洗濯女抱居候旨、船宿村内江引越候儀ハ萬治年中ゟ寛文年中迄ニ引越候旨、此度御觸ニ付、紛敷儀有レ之候而ハ恐入候ニ付、洗濯女皆々差返し候旨、右ニ付渡世難レ成候間、洗濯女貳人ツヽ之儀、御賢慮御許容奉レ願候段、船宿共願出、同名前廿貳人

年寄共願書、且寛文七未二月西之坊現住賴眞書面、寶應山潮滿寺ハ弘仁八年十月ニ開山、空海橋諸有鄕建立也、藥師如來ハ空海之作也、承應年中迄同寺北東ニ家八、九軒あり、旅船宿を渡世いたし、洗濯女樣も抱置申候事共、言傳也與有レ之

一大湊之口上書同斷、船宿共洗濯下女差置候儀、古代町之内ニ入交り渡世仕來處、寛文五乙巳年新地築立、當時築屋敷與申、其砌船宿不レ殘爲二引越一、唯今迄洗濯下女家壹軒ニ貳人ツヽ、差置渡世仕來申候、且寛文五年ゟ當年迄壹百二十五年ニ相成、其以前年久敷難レ分由、御憐愍を以是迄之通渡世仕候樣與願

八月十七日

一新町之儀、是迄煮賣酒見世差出、一ト通り下女差置段申立候得共、先年ゟ茶屋等願候儀も無レ之、酒見世而已之儀、下女等差置候而ハ紛敷候間、以來右樣紛敷儀無レ之樣可レ致、右ニ付商賣替等致シ候者ハ來月中替候樣

一神社村之儀、是迄船宿洗濯女差置願等も無レ之候得ハ、此度願ハ難レ取二上之一段

一大湊之儀、是迄之通船宿壹軒ニ洗濯女貳人ツヽ、差置可レ申、其餘不二相成一、其旨嚴敷可二申渡一、折々見廻り之者差遣候段

文化三寅九月

一中河原新地、明和四亥年御聞屆之續を以、水屋茶汲女差置渡世願出、右決而不二相成一旨十月六日差返し

(奥書)山田奉行所舊同心御園村大學小林松本敏政ヨリ借入テ之ヲ書寫ス

明治四十二年九月二十日　神宮故事編纂所

神領歴代記附錄　諸覺書留

御役所御組屋敷地面惣坪數合壹萬三千九百七十坪　東西百十間、南北百廿七間

(上)在役之御奉行所、太田公志摩守殿

內

千九百三十二坪　塀內坪

六百七十七坪餘　建坪

內新規御普請

三百八十六坪四分二厘四毛　建坪

但し土藏御門五ケ所、二階物置・長屋・厩・公事人溜

貳ケ所・西南櫓二ケ所之外也

右御役所弘化二年巳ノ十一月廿六日夜九ツ半時頃ゟ出火

ニ而、曉七ツ半時鎮火に相成候事　但家中長屋向竝厩裏表門、其外土藏五ケ所相殘ル、內組屋敷無ニ別條一候事

右御普請、翌午年七月願ひ、八月上旬御下知有レ之、夫

ゟ取懸り十一月中御役所向大體出來十二月大三十日迄、

夫ゟ翌年二月頃迄ニ皆出來之事、但八月上旬御普請初懸

御下知有レ之候事

但普請仕樣目論見午三月ゟ取懸、七月ニ至り出來候事、

尤急之御普請取懸度段、歎願ニ付、早速御下知有レ之

候事

一黑塗虎丸御船　長十四間壹尺五寸巾三間四尺五寸　但六十八丁立

一白木小關　長九間貳尺八寸巾二間壹尺五寸　但四十丁立

一白木鯨御船三艘　長三丈五尺巾六尺五寸　八丁立

〆五艘

但渡邊肥後守殿御在役中安政　年右御船不レ殘御船

倉共朽損ニ付、御拂ニ相成候事、右爲レ替鯨船三艘

新調、內一(二カ)艘ハ大湊江御預ケニ相成、壹艘者御船倉

ニ有レ之候事

一文政十三庚寅年閏三月廿一日夕七ツ時頃、宇治今在家

町岩崎大夫ゟ出火、夫ゟ一之鳥居迄町家不レ殘類燒、

大橋竝橋姫社とも燒失、古殿幷荒祭宮・八十末社共不

レ殘御炎上、奉行所牧野長門守殿御出馬有レ之候事、其

節御徒士松本兵次郎・金田伴藏・山澤大次郎相勤候事

一西御丸御炎上、天保九戊年三月十日

一御本丸御炎上、天保十五辰年五月十日

一西御丸御炎上、嘉永五壬子年五月廿二日曉

一御本丸御炎上、安政六己未年十月十七日
一西御丸御炎上、文久三癸亥六月三日辰中刻
一御本丸御炎上、右同年十一月十五日

(下)牢抜

嘉永七甲寅年四月四日
一山口丹波守殿御在勤中、御目付是迄古來ゟ無レ供ニ而町廻りニ出候處、甚手薄ニ而不辨ニも候付、町廻定供壹人宛御組中間之内ニ而召連候樣、格別之思召を以被二　仰出一候ニ付、其段御組頭ゟ被レ達候ニ付、同役一同御用所江罷出、右御禮申上候事、尤明五日ゟ召連候積り、尚又別段中間・老分兩人呼寄委細申渡し置、且又是迄ハ支度之義者可レ然處ニ而、勝手ニいたし來候得共、已來者辨當持參可レ致旨御沙汰ニ候事
一御目付役　志賀年右衛門・宮崎和大夫・長山彌平次・小川蔀・金田貞衛門
　但中間辨當代者一日分壹匁五分ツヽ之積り、中間差支候節、人足遣ひ候節ハ貳匁五分ツヽニ候事

御目付者壹匁ツヽ被レ下候事
中間法被者夏ハ布單のナマコナリ、冬ハ袷のナマコナリ

嘉永七甲寅年正月十八日夜
一牛谷牢舍、津領塔世穢多無宿長吉義、牢屋堅子ヲ番人詰所ニ有レ之候行燒(燈歟)之火を、割竹を以長く繼合着用之綿を拔取、右竹之先へ巻キ、火を取、度々ニ堅子江吹付燒切、石垣を崩し拔出ル
同月廿四日、牛谷六兵衛・六右衛門兩人ニ而豊久野與申所ニ而捕押來り、翌朝牛谷へ引入候處、御呼出し之上改、拜田牢屋江入牢ニ相成ル　但伺申也、入牢中牢死いたす
同年四月廿四日御仕置御下知到來ニ付、同廿七日左之人數落着被二仰渡一
一所預ケニ相成居候牢番清五郎・吉藏義ハ所拂ニ被二仰付一處、非人之義ニ付小屋頭江御引渡相當之咎可二申付一旨、頭金兵衛義ハ御叱り被レ置候

但其節手當ニ付、牛谷之もの共江為二御褒美一拾貫文被レ下レ之、尚又捕押候六兵衞・六右衞門江別段為二御褒美一拾貫文被レ下レ之、拜田之もの共江同様骨折ニ付、一同へ廿貫文被レ下レ之候事

一右一條ニ付、御目付五人江為二御褒美一御目録金五百疋被レ下レ之

一平御組同斷、伊藤彦右衞門・樫坂軍藏・小久保喜内・小川佐次郎、都合四人江金五拾疋ツヽ被レ下レ之候事

寅年五月十日

一此度左之通御書付を以、目録之通、萬石以下御旗本・御家人等勝手向困窮之趣被レ為レ及二聞召一、格別之思召を以、萬石已下御旗本竝御家人迄ハ拜借金高千石ニ付百兩ツヽ割合を以被二渡付一、小給之者末々ニ至り候而ハ御金被レ下候旨被二仰出一候ニ付、當所も遠國之振合一應御問合之上、殿様ゟ御伺濟ニ而御組一同江去月廿八日到來ニ付

一諸役人江壹人前金三兩ツヽ〆四拾八兩

一平御組一統江壹人前金貳兩ツヽ〆百八兩

惣〆金高百五拾六兩也

右之通、今十日被二下置一候旨御達しニ付、一同罷出各頂戴致し候ニ付、各調印之上御禮申上候事

御書付之寫

一近年打續、御物入多、殊ニ異國船度々渡來、御備筋等之御用途莫大之義ニ付、御儉約被二仰出一候折柄ニ者候得共、御旗本之外、御家人等勝手向困窮之趣被レ為レ及二聞召一、格別之以二思召一、萬石以下御旗本之面々、竝御家人迄拜借金被二仰付一、小給之者末々ニ至り候而者夫々御金被レ下候旨被二仰出一候、右様格別之御仁恵を蒙り候上者、兼而被二仰出一候非常之心掛ケ専一ニいたし、彌以質素節儉相用、武器等分限ニ應し誠實ニ相嗜候様可レ致候、萬一心得違之者於レ有レ之て者、急度御沙汰之所も可レ有レ之事ニ候條、御主意ニ不レ違様可レ被二相心得一候

右之通、萬石以下之面々江可レ被二相觸一候

九月

一寶永四年十月四日、諸國大地震

一寶永三年十一月二日、山田中嶋町ゟ出火、妙見町迄焼
　抜ル、凡類焼家數五千三、四軒餘

　寶暦十四ニ而改元
一明和元申年、山田中野町ゟ小田之橋迄焼抜ル

嘉永七寅年十一月四日辰中刻頃

一大地震、其後度々ゆル、右ニ付、海上津浪ニ而大湊築
　屋敷ハ人家江打揚、人流死も七、八人計有レ之、御役所
　裏江も浪打揚り、磯瀬迄も揚ル、凡三尺計も堤江揚
　翌五日夕七ツ半時頃ニ、大之中、壹ツゆル、其後夜ニ
　入、度々ゆり有レ之、中川之横手江小屋ヲ中間ニ而建
　ル、凡七、八日計住居いたす事
　　但中川・金田両家者ニ軒申合、中川の横手へ小屋取
　　建、四、五日も住居いたす

同八日

一町在地震ニ付、難澁之もの共江為ニ御救一金・米等被
　レ下候ニ付、河崎御藏所江出役

　御用人　　御組頭　　御目付　　中間
　淺井翁輔　濱口半右衛門　志賀年右衛門　三人
　　　柘植次郎右衛門　金田貞衛門　人足
　　先野住太

一米貳俵　但拾軒ニ割合人數之内
　　男女　大人ハ壹人分 小児ハ半人分 之割合を以配當

一金壹兩　但拾軒ニ割合之事

右之通被レ下レ之候事

河崎町　船江町　岡本町　岩淵町　下馬所前野町
宮後町　田中町　一之木町　大世古町　曾禰町
八日市場町　一志久保町　上中之郷町　下中之郷町
浦口町　二俣町　辻久留町　中嶋町　妙見町
吹上町　大湊　神社村　一色村　〆

　右之ケ所江相渡ス

十一月十一日

一地震ニ付、山田町々損し之ケ所、殿様早朝ゟ御見廻り
有レ之候事
御供御組頭壹人・定給壹人・御目付壹人・中間
同十七日
一右同斷ニ付、宇治町方御見廻り有レ之候事
同廿一日
一二度目之御救米被レ下候事
十二月朔日
一從二公義一今度地震津浪ニ付、世上爲二安全一、兩　宮江
御祈禱被二仰出一ル　但宿繼を以今巳上刻御奉書到來候
事
御書付
一年號改元有レ之而、爲二安政一之旨從二所司代一被二注進一、
依レ之去五日於二江戸表一御弘有レ之候、此段相達候
寅十二月十二日
安政二卯年、寅十一月ゟ卯の春迄ニ出來
一拜田牢屋疊替普請　請負高百九拾兩壹分・拾匁八分六
厘四毛
寅年夏中出來
一牛谷牢屋疊替修復　請負高六拾二兩貳分・銀四匁九分
八厘
安政二卯年七月廿九日
一大風雨ニ而宮川九段半、出水、御役所玄關下座敷迄水
上、御門床江四寸隔り、内組各大引迄ツク
安政二卯年十月二日
一江戸表大地震ニ付、早便を以本屋勘兵衞ゟ申來
御城内者御別條無レ之ニ付、麻上下着用恐悦申上候事
二日夜亥刻大地震ニ而江戸中家土藏ハ不レ及レ申、其外
大潰レ之趣、建家過半潰、怪我人・死人夥敷、其上
所々ゟ出火有レ之、翌三日之巳上刻頃鎮火ニ相成、但
諸家竝町人共死人數十七日迄ニ寺院ゟ調上　貳拾萬三千三十人餘
同月十二日
一江戸大地震ニ付、兩　宮江御祈禱到來、但兩大夫江大
判五枚ツヽ、卽刻兩大夫江御渡し、翌十三日御祓御役

所へ差出ニ付、御差立ニ相成候事
安政四巳年正月二日
一御船倉御拂入札並大砲新調之義伺置有レ之候處、御下
知到來候事

（上）〇嘉永三年
庚戌

庚戌九月五日
一河野對馬守殿御召御奉書到來、尤四、五日之支度ニ而
道中常體之日積りを以參府可レ致旨、未上刻到來、同
日御組鎗劍共、柔術共御見分ニ付、朝正六半時揃ニ而
一同相詰、早速相始メ、正八時迄ニ劍術一通り相濟、
直ニ鎗術兩三人計見分相濟、其外者統れニ罷成候事
同九日
一御奉行所　御發駕、朝六半時過ニ相成候事
同廿日
一右御到着、御道中御滯無レ之日積り通
同廿三日
一京町奉行へ御轉役

一同日、日光奉行山口丹波守殿右跡奉行被レ爲レ蒙レ仰候
事
十月十二日
一河野樣御奥向並家中共不レ殘御引拂、朝五時頃ニ相成
候事
十一月廿四日
一同夜、先野莊之丞・橋本富之助兩人ニ而夜遊ニ罷出、
常明寺町ニ而何者共不ニ相知一もの共通懸り理不盡申懸
ケ、其上富之助を切殺し、莊之丞義ハ二、三ケ所計手
疵負ひ逃去候事
十一月十五日
一山口丹波守殿山田表江之御暇乞相濟
但し十九日付ニ而、廿六日書狀到來候事
十二月八日克
一近藤惣右衞門　先用到着、尤未上刻着
但し先月廿四日發足候事
同十二日　天氣克、御着前風鼻雪少々
先月廿八日御發駕

一山口丹波守殿御役所江御着被レ致候事
　但し奥方・若殿山口勝次郎様・御新造様・御蔦様共、
　未中刻頃御到着被レ成候事
　　同十三日克
一御組一同御目見いたし候事
　　同十五日克
一殿様初而御參　宮、尤六半時御出宅、内宮ゟ御參拜、
夫ゟ外宮、御歸り八半時ニ相成、御組例之人數江表
於二書院一御酒飯被レ下候事　但例之通御紋付・御上下頂戴いたし候事
　　同廿二日克
一御初入、御年頭御組一同御祝詞申上竝町在例之通り御
祝詞申上、八ツ時相濟、尤後刻御組江定例之通鳥目被
レ下候事　但し御用部屋詰へ毎度之通り鳥目五百文
ツヽ頂戴候事
一五厘もの五百疋宿歸助成、七分五厘ものゟ百疋、都合
壹兩貳分頂戴候事
一殿様ゟ定例之通百疋御目錄頂戴いたし候事

　　同廿三日
一御用始納ニ付、御酒飯料兩度分頂戴候事
　但明廿四日ゟ來正月十五日迄、例年之通割休之義伺
　置候事
　　同廿九日克　後
一吹上町淸左衞門後家りせ宅ゟ出火、夜八ツ時、尤類燒
十三軒、都合十四軒燒失候事
　　同廿八日克　前
一御番頭宮崎貞六跡三木義平太
一御目付三木義平太跡宮崎和大夫、御撰用和大夫跡辻廉
之助、平御組明跡御地入内田要三郎、右之通被二　仰
付一候事
嘉永四辛亥年正月元日、天氣好
　　同日克
一御船御乘初、畢而御組一同年頭御禮申上候事
　　正月四日克
一磯村久志本右近知行所百姓尙四郎、紀州領上地村六軒

家ニ而同村淺之丞・清次郎・傳兵衛江もの打擲、其上
疵付候ニ付、同日訴訟致し候付、夕七ツ半時過ゟ右
爲二撿使一中川芳十郎・金田伴藏・松本金左衛門、中間
兩人罷出ル
　翌五日
一上地村右相手淺之丞外貳人爲二召捕一出役罷出ル、右淺
之丞・清次郎者召捕、傳兵衛者他出いたし、翌日村役
人共召連出ル、右三人共吟味中入牢いたし候事
　正月八日克
夜七ツ時、河崎町・芦原町出火、西風強、家數三拾九
軒燒失いたし候事
　同九日克
一町在年頭御禮ニ付、早朝ゟ出勤候事
　但例年之通鳥目五百文頂戴候事
　同日　夜四ツ時頃
一神領上野村出火、都合拾八軒燒失いたし候事
　同十一日
一初會合有レ之候事
　同十五日
一當日限りニ而割休、明日ゟ平日之通ニ候事
　同十七日克、大風
一御名代京極丹後守殿小俣村江御上（止カ）宿ニ付御狀、使例年
者平御組可二罷越一候處、書狀之懸合等有レ之ニ付、奥
御撰用之內ニ而可二罷越一旨御沙汰ニ付、晝後俄ニ罷出、
夕七ツ半過歸宅候事
　同十九日天氣克
一兩宮江御道固罷出候事、尤夕七ツ半時歸宅
　二月朔日初午　雨天ニ付御能御延引（但正四ツ時晴ル）
　同二日克
一正四ツ半時ゟ御庭ニおいて御能有レ之候事
　但能三番
　狂言六番
　和谷權大夫・同權之進・三日市左近
　小林對鶴・同攝津

同十七日
一御切米金高六両
但し拾俵餘　此金五両貳分、五匁七分貳厘
一米小賣、上白五合、麥五合半六合替
五月
一米上々四斗三升入、金拾両ニ付拾俵替ゟ拾貳、三俵迄
七月七日
一御紋附、夏御羽織頂戴候事
四月廿九日
一是迄御組方ニ而御使番七ケ所、其外江御使ニ罷越候處、已來御組中間ニ而足輕使を以御差紙、其外共持參可レ致段被二仰出一、平御組惣代を以御禮申上候事
一米麥之類六合半位賣買候事
一油四匁六分かへ、酒老松三匁、位幷上貳匁八分ゟ中貳匁四、五分、下貳匁壹分位
安政四巳年十二月廿三日
一山口丹波守殿御召御奉書巳ノ下刻到來
但同廿七日御發駕、但新茶屋御小休迄御先送申上候處、御目録百疋被レ下候事
同午正月十一日
一山口公御普請奉行へ御轉役、但河野公御跡へ
一河野公、田安様御附へ御轉役
二月朔日
一丹波守様奥方・若殿様御出立、但新茶屋御小休迄御見送り申上、目録百疋被レ下レ之候事
同月十五日
一中奥御小姓渡邊肥後守殿、去ル九日山田奉行被レ爲レ蒙レ仰候間、六日限を以十五日到來、但五月三日御役所へ御着ニ相成、御先用安田守衛ハ四月十五日着候
三月十六日
一大炮爲二請取一、江戸表江出立、御目付宮崎和大夫、平御組伊藤彦右衛門・松本喜十郎、中間源内出役いたし候事

安政四巳年五月三十日

一御船倉御取拂并新規鯨船二艘造替、同壹艘御修復懸、左之人數江被ニ御付一、御組頭前田兵衞・矢野住太、同格平川要人、御番頭三木儀平太、御目付金田貞衞門・御撰用志賀大輔・樫坂軍藏・濱口覺左衞門・中村甚左衞門・岡村正三郎・小久保鷲右衞門、〆拾貳人

六月二日ゟ取片付取懸りに相成候事

七月十九日克

一宮川おりといな（鯔）捕いたし山番（幡カ）下之處、切網芦スを引廻し御覽ニ入候事、朝正五ツ半時し切、いな計凡千三百計、其外うくい・ふなの類二、三百計

但し切網之人數、中村清五郎親子、高橋與衞門同斷、自分罷出、夕七ツ半時頃仕舞候事

右之人數江御目錄として金貳百疋被レ下、尚又いな七百被レ下、是又賣拂、正ミ十六匁八分ヨ、右配當百疋と七匁八分中村へ、貳百疋高橋へ、百疋ツ、長山・金田

七月廿一日克

一炮術御見分、惣人數三拾壹人、都合九例ニ而候事

但し八寸中り●一　三匁　御襃美　御銃筒拜借　尤三十六番方

御好四寸中り□●四匁　大十貳、三

八月廿六日曉雷鳴　日々大雨　下ノ久保　宮後　上條　馬瀬　朝四、五ケ所へ落ル事

一宮川出水一段計

一御役所稻荷社御修復出來榮ニ付、當日神遷相濟、畢而神樂有レ之、尤八ツ時ゟ初メ七ツ半過相濟候事

右ニ付、神遷入用壹軒別貳匁餘ツ、差出候事

十二月廿八日

一山口丹波守樣ゟ御紋附之袷御羽織頂戴候事

但金百疋例之通御目錄として被レ下候事

○嘉永五子年六月廿七日朝五ツ時ゟ古市町大林寺火元ニ而、左之通大火ニ相成、尤當年大カンパツ（旱魃）ニ而大西風強く、夜五ツ時迄鎮火ニ成ル

一東西凡六十六間、南北二百六十一間類焼、下中之地藏町東西十三間、南北二十四間、楠部村久世戸東西十八間、南北七間半

但　古市家數百九十四軒、下中之地藏町〆八軒、土藏九ツ、社三ツ、納屋三十五、久世戸八ケ所

撿使先へ出ル　先野・下山・金田・大畑・吉野・宮崎・三木平組　橋本・龜谷・喜内・内田・俊藏

嘉永五壬子年正月ゟ

子四月廿二日

一養子相願候ニ付、雙方より御番頭三木儀平太殿江向ケ差出候處、翌廿三日願之通御聞之旨、御組頭ゟ達ニ付、卽刻於二御鑓之間一御組頭差添御禮申上、畢而御組頭・御番頭、其外同役中幷親類中へも右願濟之段爲レ禮罷出候事

六月十七日附ニ而六月廿三日ニ養子引取之口上書、御同番江差出ス、但し半切へ認、半紙半枚折懸ケ、上と認、下江名前認

口上覺

私養子誰義、明何日引取申候、依レ之此段申上候、

以上

月日　名――

七月節季　但し是ハ時節之品ニ付、六月上旬ニ頂戴候事

一越後縮壹反頂戴いたし候事

六月廿三日

一於二御番所ニ一御組頭列座、明廿四日五半時自分義平服ニ而扣居候樣御達ニ付、右御請申上、尙又倅助三郎義、明廿四日前同刻御召之趣御達ニ付、右御請申上、畢而御組頭中宅江右御請として罷出、尙又同役幷親類中へも右吹聽として罷出ル、但し親類附添小川佐次郎殿賴置候事

同廿四日、天氣好

一朝五ツ半時より御玄關江相詰居候樣相屆、御門ニ而扣罷在候處、四半時頃於二列席一、當日御召之人數被二仰渡一相濟候處、御用人を以御役所御破損掛被二仰付一候事、助三郎義、於二　御前一明跡江御抱入被二仰付一候事、後刻親類附添於二御鑓之間一御禮申上、畢而御組一同小

川佐次郎附添吹聴ニ相廻ル、自分義御組頭中へ爲レ禮相廻り、其外親類中へも同斷

六月廿七日

一朝五ツ時頃ゟ古市町出火ニ付、追々大火ニ相成候趣ニ付、殿様御出馬之趣、相觸候ニ付相詰居候處、正九ツ時頃右御出馬被レ遊、夕七ツ半時頃御歸りニ相成ル御事

右ニ付、早速撿使方先野仕太・宮崎和大夫・大畑權兵衛・橋本貞次郎・龜谷順輔・松本喜十郎罷出候處、終日骨折候ニ付、何れも勞候趣ニ付、追爲二撿使一吉野端次・下山彌右衞門・金田伴藏・三木武平・豊永俊藏・內田要三郎、夕七半時過罷出候處、最早下火ニ者相成居候得共、未夕篤と鎮り不レ申候ニ付、尚追々ニ見廻り候事、下宿常明寺永樂やニ而候事

翌日朝四時頃ゟ右燒跡見分致し候處、火元古市町大林寺敎空と申僧ニ而、左之通燒失

常明寺町・古市町境目處ニ而鎮り、常明寺町之內ニ差懸壹軒潰家

古市町表通り　右常明寺町境ゟ東側者下中之地藏町岩井屋迄不レ殘、西側者下中之地藏町川崎やニ而燒留り、久世戸者川上源十郎ニ而留ル

古市町　家數本宅　百九拾四軒
下中之地藏町同斷　四軒
久世戸　同斷　六軒

古市町
高札駒寄柱燒失
土藏　九ケ所
納屋　廿八ケ所
隱居所　七ケ所
社　三ツ
堂　壹ツ
東西凡六十六間
南北凡二百六十一間

下中之地藏町
本宅潰家　二軒

納屋　　二ケ所
東西凡十三間
南北廿六間

楠部領久世戸　　扣家　一ケ所
納屋　一ケ所
東西　十八間
南北　七間半

右之通

畢而夕七時頃一同帰宅候事

七月十日

一例年之通り御手當金幷御目録左之通頂戴候事

一金壹兩壹分　　御手當
々百疋　　御破損懸り
々百疋　　弓術世話料
々百疋　　御手元ゟ但し是者請合之節直様御禮申上ル
一金貳朱　　助三郎分御手當

一勤道具左之通り助三郎江御渡しニ付、即刻御組頭江勤道具御渡被レ下難レ有趣爲レ禮廻禮候事

一指御羽織　一
一木綿同斷　一
一火事同斷　一
一々　笠　一
一合羽　一
〆

七月廿一日

一朝六半頃ゟ小雨、同夜夕刻ゟ風雨ニ而翌廿二日朝五ツ半時過迄大雨風、宮川滿水八段半、正四ツ過時頃表通り出水ニ而、御門江通ひ難二出來一、船ニ而渡し、夕七時迄夫ゟ追々水落テ、翌日者不レ殘落候事

安政四巳年六月廿日

一公卿勅使當日御拜禮、外宮卯の刻、内宮未ノ上刻御神事

但師職浦口町來田讃岐

一御組同心長屋坪表向者貳間梁也、兩組共、右御屋敷惣境内ハ組同心拾五人之長屋九百坪餘、貳間梁ニ而三間梁廿一間與廿四間

但當町自分修復ニ而梁繼出、十五軒之門、此内先年鈴木團七ト申門壹軒絶家いたす

一御役所屋敷地面惣坪數壹萬三千九百七拾坪、内九百三十一坪餘、塀内坪六百七十一坪餘、建坪東西百十間・南北百廿七間

但已前寛永十二乙亥年迄御料有瀧村ニ御役宅有レ之候處、今之小林村江引移り有レ之、尤同十三丙子年共有レ之、同十五戊寅年御船倉并同心屋敷有瀧村ゟ引レ之、但有瀧村ニ右之田地有レ之候事

寛文三卯年十二月

一志州小濱村ト松下村之浦論之儀ニ付、御下知書之覺書左之通

伊勢國松下村與志摩國小濱村浦論之事、令二糺明一之處、池浦之儀ハ伊勢・志摩兩國之境たる之間、伊勢之方ハ松下可レ爲二支配一、志摩之方者小濱可レ爲二支配一、但漁獵之儀者、先規小濱致し來候間、彌以可レ爲二其通一、然共、松下ゟかち立之獵者致來候間、是又可レ爲二其通一、爲二後鑑一雙方江書付遣し置者也

寛文三癸卯年十二月十二日

妻彦右印　渡大隅印　賀々甲斐印

岡豊前印　村長門印　井河内印

文久二壬戌年六月朔日　上意之趣御達

（下）八十才已上之もの共へ米錢被レ下

六月廿七日御達し之寫

一此度出格之御改革被二仰出一候者、深　御仁意も被レ爲レ在候儀之處、積年之流弊有レ之事故、兩三年中普く御徳化之及ひ候様ニも相成候歟、然而者極老之者共、若其内相果、御仁惠ニ相成候者も有レ之候而者歎敷、且養老之儀者風俗を厚く爲レ致候第一之儀ニも有レ之、旁今度江戸・京・大坂を始、遠國奉行支配所并諸國御代官所御預所共、諸民八十才以上之者江米銀錢之内可レ被レ下旨被二仰出一候間、得二其意一早々取調可二申出一

候、此段相達候
両會合ゟ差二出之一
戌七月両宮内八十才已上之もの共町在取調書上寫
一之木周藏八十一才
下館町
桔梗平大夫後家　とし八十才
吉五郎母　つへ八十三才
〆
今在家町
澁谷與一大夫後家　しつ八十二才
〆
中之切町
山口友右衛門父　莊輔八十九才
中田源大夫祖父　源八八十六才
傳藏後家　はな八十四才
甚藏伯母　くま八十一才
〆
浦田町
内村勇助養母　みな八十一才
田中茂兵衛祖母　ふし八十一才
〆

新屋敷町
繁吉父　岩助八十才
與惣吉母　せん八十才
〆二人
上中之地藏町 中村側
德田屋嘉助後家　○さい九十才
嶋屋兵藏後家　きわ八十一才
坂本屋文右衛門母　もと八十才
〆三人
下中之地藏町
枡屋次郎兵衛母　つし八十二才
茶碗屋　儀兵衛八十才
〆二人
古市町
鳥羽屋彌右衛門父　周藏八十二才
京屋金助父　富之助八十一才
彌兵衛母　いさ八十一才
〆三人
中村
政之助祖父　爲右衛門八十八才
卯助伯父　源右衛門八十四才
卯兵衛父　銀吾八十二才

甚右衛門母　しな八十二才
〆四人
鹿海村　　　武大夫八十三才
和田尚賢祖母　たみ八十三才
〆
朝熊村　萬助養父　萬吉八十四才
　　　　きと八十七才
〆
一宇田村　石右衛門八十才
源助母　ひち八十一才
〆
松下村　豊吉祖父　善七八十三才
〆
江村　吉左衛門母　もと八十三才
　　　甚四郎八十五才
吉松祖母　かの八十三才
庄三郎母　かの八十二才

四郎大夫母　かん八十一才
兵右衛門母　まつ八十才
惣左衛門母　さん八十才
〆七人
三津村　幸右衛門母　その八十二才
庄左衛門姉　つま八十一才
源藏母　はる八十才
兵左衛門父　九左衛門八十才
與三兵衛父　與次兵衛八十才
四郎右衛門祖母　なつ八十四才
〆六人
人數合四拾四人　内 男拾七人 女廿七人

山田領之分
中嶋町　永田庄右衛門後家父　庄助八十一才
中村安兵衛母　きの八十一才
藤原宗三郎母　小とよ八十一才

伊兵衛母　ふさ八十才
〆四人
辻久留町　宗吉八十五才
林辻松父　善兵衛八十一才
奥田伊兵衛後家母　まさ八十二才
〆
浦口町　伊藤茂兵衛祖母　せう八十九才
古川林兵衛母　さい八十四才
橋本嘉兵衛八十二才
〆
上中之郷町　廣田筑後父　耕之進八十五才
橋村彈正母　つる八十才
森田五郎左衛門後家母　すか八十二才
杉木叶後家　やす八十四才
松井喜七母　もよ八十一才
內山傳次母　ふさ八十一才
淺吉母　きく八十六才

〆
下中之郷町　林内藏母　その八十才
八日市場町　井村與四兵衛父　卯六八十才
坂倉喜右衛門八十才
奥田金右衛門女房父　與三次八十才
河村武兵衛八十一才
小谷甚藏母　みつ八十一才
甚右衛門後家　たか八十二才
鈴木新右衛門父　藤吉八十四才
〆
大世古町　上部左衛門父　太夫八十二才
奥山清助掛人　かね八十五才
田畑源助父　源左衛門八十才
清兵衛後家懸人　いく八十一才
〆
曾禰町　山口健司祖母　小かん八十五才
河村善五大夫祖母　その八十六才

藤田長大夫八十二才
磯田源右衛門八十才
橋本新五郎後家　きん八十二才
曾原孫兵衛母　うめ八十才
坂上五兵衛母　小まつ八十二才
増井源藏母　いそ八十五才
岡村清藏母　ゆく八十二才
吉兵衛母　こう八十才
六兵衛後家　さよ八十二才
楠田兵左衛門八十五才
三橋文吉母　やす八十五才
善右衛門母　とよ八十五才
〆

一之木町
周吉後家母　ちよ八十二才
平右衛門母　ぢう八十一才
〆

一志町
小川次郎兵衛母　しな八十二才

三吉母　かん八十三才
〆

宮後西河原町
藤田近江母　とき八十二才
中田多四郎祖母　小まつ八十一才
孫兵衛後家　こう八十五才
八助母　のふ八十九才
茂右衛門八十才
薗部平左衛門懸人　まさ八十一才
養草寺徳空八十二才
〆

田中中世古町
菅裁忠大夫八十四才
石田織右衛門後家　さき八十才
萩山惣兵衛母　さい八十才
〆

吹上町
勝田安兵衛八十一才
春木ゑい八十才
林忠次八十一才

向井兵左衛門八十才
小林七右衛門八十二才

岩淵町

坂本銀蔵母　みき八十才
中田郡司祖母　○いさ九十三才
川崎義十郎母　きさ八十一才
岡藤左衛門母　しも八十一才
　彌七八十一才
元助母　しな八十九才
上村安兵衛母　さき八十四才
〆

岡本町

的場大助母　きぬ八十二才
前岡喜兵衛母　きの八十二才
しゆとく弟子　小くら八十才
林仙之助母　つね八十才
長右衛門母　はな八十才
〆

船江町

大竹周藏後家　たか八十六才
中西治助祖母　さと八十一才
久四郎母　つる八十才
〆

河崎町

黒田九兵衛母　わさ八十四才
上野義兵衛父　喜八郎八十五才
藤原長兵衛母　○よそ九十才
藤井太郎右衛門母　みし八十六才
世木小右衛門後家　まさ八十才
坂口清六父　八左衛門八十五才
神田六兵衛母　けん八十四才
大西平兵衛後家　すき八十五才
中村與兵衛母　しゆん八十才
小林屋久兵衛祖母　みね八十五才
上野與兵衛父　鍋助八十二才
庄三郎祖母　かね八十四才
植村徳藏母　たつ八十才
堀田仙右衛門祖父　△勘兵衛八十四才

同人祖母　　△いつ八十五才
〆
妙見町
高部金右衛門妹祖父　金平八十才
山原七左衛門母　　きん八十才
重兵衛父　　　市之助八十才
〆
大湊
藤吉父　　岩吉八十七才
藤吉父　　熊吉八十三才
長藏父　　四郎吉八十才
佐兵衛母　　はつ八十一才
彦左衛門後家　きの八十才
兵左衛門母　　けん八十才
〆
今一色村
權六祖母　かん八十八才
銀三郎母　とも八十三才
〆
庄村
林兵衛父　　佐吉八十七才

七兵衛母　　　八十六才
丈右衛門母　　まき八十五才
吉右衛門母　　かん八十四才
勘右衛門母　　よそ八十二才
五郎左衛門母　りん八十一才
〆
竹ケ鼻村
久太郎後家母　りう八十一才
〆
通村
茂左衛門後家母　きし八十才
〆
馬瀬村
定右衛門父　與三右衛門八十二才
平兵衛父　　五郎作八十才
善右衛門祖母　なつ八十一才
〆
西村
多兵衛母　とよ八十三才
〆
神社村
森權兵衛母　のふ八十六才

一色村
物右衛門父　物三八十三才
林兵衛母　よし八十一才
〆
和谷權大夫父（之進）　寛次八十才
惣大夫父　治郎吉八十才
與右衛門母　ちよ八十六才
〆
黒瀬村
伊十郎父　伊右衛門八十三才
〆
田尻村
善助祖父　善兵衛八十二才
彌兵衛母　ふみ八十一才
〆
新開村
源藏母　つま八十二才
〆
下野村
善四郎母　しも八十一才
林七母　きく八十一才
〆

王中嶋村
甚吉祖母　きく八十八才
長八祖母　みや八十五才
〆
長屋村
甚左衛門母　小なつ八十四才
藤吉祖母　きく八十三才
彦三郎母　さん八十三才
萬右衛門母　はる八十二才
五郎八祖母　きよ八十一才
久三郎母　きの八十一才
治郎左衛門母　小なつ八十才
〆
高向村
市右衛門母　〇いそ九十才
甚作母　かん八十三才
權平父　勘松八十一才
治助母　しき八十一才
善助母　いち八十一才
〆

中河原　市左衛門祖母　てい八十五才
　　　　権十郎祖母　こう八十二才
　　　　孫三郎祖父　六次郎八十才
　　　　〆
久志本村　金七母　きわ八十六才
　　　　〆
檜原山　庄助母　まつ八十五才
　　　　〆
蓮臺寺山　次市兵衛母　まさ八十一才
　　　　〆
往古廣口山　源助父　源藏八十一才
　　　　〆
津摩利石山　才松祖母　とよ八十五才
　　　　〆
松尾山　多助母　ぬい八十四才
　人數合　九十三才女一人　九十才女三人
百五十五人

（下）秋山公御在勤　但翌亥年十二月ニ至り軒別ニ金三分ツヽ相渡り候事

内
　男　四十三人
　僧　壹人
　女　六十一人
兩宮内合百九十九人

文久二壬戌年十二月廿七日

一安房守殿、此度格別之思召を以、左之趣御達之覺　但
御組一役壹人ツヽ、御召ニ付罷出ル
組之もの御扶持方閏月之分、是迄壹人扶持之割渡ニ相成居、難澁之趣ニ相聞候付、當閏月之分軒別米壹俵ツヽ、遣レ之、猶又以來閏月手當之主法金百五拾兩備置候條、其段可二相心得一、且近年諸色高直ニ付、家内多之もの者別而難澁之趣ニ候處、多人數之儀存寄通ニも難二行届一候得共、此度格別之勘辨を以、金四百四拾五兩元備相立、來亥暮ゟ右利金を以永久手當可二差遣一、就而者
御奉公彌出情（精）致し、諸稽古等骨折御用立候樣相心得、

勿論質素儉約等厚心掛候樣可レ致候

戌十二月

右ニ付、御組頭・御番頭・御組頭格・定詰御目付・御廣間番・御撰用・平御組各壹役壹人ツヽ、於二御小書院一御直ニ被二 仰渡一候事、畢而御用所へ罷出、右御禮申上ル

翌廿八日御組頭江各廻禮いたし候事

文久三癸亥年四月朔日

尾州公、兩宮御守衛被二仰付一候付、左之通家老ゟ書付を以御役所江被レ届候間

神宮等御守衛之儀、兼而被二 仰出一候趣も有レ之候付、兩宮并磯部 大神宮爲二守護一人數被二差向一候、此段御屆申達候

十二月

尾州殿家老

横井伊折介 四千石

人數覺

家老 澤井三左衛門 千三百石 壹騎

大番頭 壹騎

先手物頭 五騎

目付 貳騎

寄合組守頭 貳騎

大番組守頭 貳騎

寄合組 五拾騎

大筒役 五拾四騎

徒役以上 五拾五人

足輕類 百八拾一人

醫師 四人

從卒 五百三十人

内馬上五騎

〆八百八拾八人

以上

亥四月二日

一御武器海岸掛被二 仰付一候事

中川第左衛門・前田幾右衛門・志賀鱗三・金田貞衛門

右四人被二仰付一候事

亥四月七日　但三月廿二日暁御　去
一安房守様御病氣之處、御養生不レ被レ爲レ叶、今午中刻
御卒去ニ付、普請者三日、鳴物者七日之間御停止
一右大湊長樂寺江御葬式ニ付、午中刻御出棺ニ付、御組
一役貳人ツヽ、平御組惣代五人・小給仕惣代貳人〆惣
人數廿九人參詣いたし候事
但前後共右人數江御齋被レ下候事
畢而七ツ時頃一同歸宅候
亥四月十二日
一御組兩　宮江御祭禮之節、宮中江警固ニ罷出候義ハ已
來不レ及二其儀一旨
一宮中見廻御神前へ出候處御目付町廻り之節、兩　宮江出ニ不レ及旨
右貳ケ條之儀、敕使柳原・橋本ゟ御組頭兩人被二呼出一
被二申達一候事、但吉野瑞次・前田兵衞出
亥四月朔日
一大宮司名代・兩長官名代罷出、左之書面御玄關江差出
ス

口上
別紙之通、敕使御方ゟ被二仰渡一候ニ付、御注進
申上候、此旨宜被二仰上一可レ被レ下候、以上
四月六日
自今　兩宮內院江雜人參入被二相止一候旨、兩長官江
被二仰渡一候旨、兩宮神事之節、警固之輩內院相止
可レ申旨
右二ケ條之趣承知仕候
三月廿七日　大宮司
關東名代大小名已下、大小名參　宮之節、大宮司・
禰宜等取扱等心得方之事
一關東名代大小名參　宮之節、小俣・宮川等出迎、
自今不レ及二其儀一之事
一宮中參拜之節、御祓之儀も自今以二名代一可レ相二勤
之一事
禰宜方

一大小名參　宮之節、松坂迄不レ及二出迎一之事
一小俣・宮川同斷之事
一師職江到着祝詞無用之事
　但內院おいて差出候御祓、是迄之通師職江可レ送事
一關東名代大小名參　宮之節、於二一之鳥居外一可二解劍一旨可二申聞一事
一先拂横目一人・宮奉行一人附添可レ致事
一御鹽大麻幷手水、是迄之通可レ致事
一山田奉行參　宮之時、文殿門前出迎可レ爲二無用一事
　但禰宜・權禰宜幷年寄共等附添無用之事
一大小名官服着用之外、　內院參入可レ憚二隨從一、麻上下着用之者參入停止、雜色着用之方兩人附添參入不レ苦候事
　但官服着用之師職附添不レ苦候事
一關東名代參　宮之節、師職ゟ白張兩人幷年寄會合役筋之者兩人先拂、總而停止之事
一宮中江師職ゟ案內無用之事
一關東名代奉獻之雄劍目錄、玉串御門外ニ而一禰宜請預、同所ニ而高案江獻備可レ致、同馬代黃金者師職自分獻備可レ致事
一關東名代・山田奉行幷大小名參　宮之時、年寄共
　一鳥居外ニ而出合可レ致事
一大小名之家內參　宮、內院參拜之節、上分女兩三人之外隨從堅致間敷事
　但旗本家內　內院參拜停止之事
　右之條々、無二違背一堅固可二相守一者也

文久三癸亥年五月二日

一秋山虎之助殿御引拂　五月二日家中家內引拂、同三日奥方御引拂ニ相成候事
一鵜殿民部少輔御隱居之名、鵜殿鳩翁取扱浪士共
　　　　御簱本浪士共引纏
　　　　　山岡鐵大郎
　　　　　松岡

西村泰翁
浪士貳百八十人
和田利一郎
村上俊吾
清川八郎
惣裁
鵜殿鳩翁

亥三月廿九日
一將軍様ゟ御上洛ニ付、洛中八十才以上之者共へ
　白銀貳枚ツ、被レ下レ之　六百八十人江
　九十才已上之もの共江
　白銀三枚ツ、被レ下レ之　貳拾三人江
　極難澁之ものへ
　青銅壹貫文ツ、被レ下レ之
　洛中家數一萬百八拾五軒
亥二月ゟ五月迄ニ出來
一藤堂和泉守殿兩　宮御警衛被ニ仰付一候ニ付、臺場三ケ所築立、壹ケ所ハ今一色浦、一ケ所ハ二見浦、一ケ所ハ松下領濳り嶋江、都合三ケ所

戌秋中
一右和泉守殿ゟ兩　宮江大炮五挺進獻被レ致、江村領之内二見根揚り松近所へ小屋相建候事
亥二月ゟ五月迄ニ出來
一右同所宿陣造立、二見汐合近邊江相建候事
三月七日
一爲ニ宣命使一勅使柳原中納言殿・幣使橋本少將殿・藤波祭主殿御到着候事
　但翌八日兩宮江御參進行事相濟候事
右ニ付、奉行所御出張之處、御病氣中ニ付、御名代ニ候事、御組不レ殘、部屋住ニ至迄出役候事
亥十月十四日
一神戸城主本多伊豫守殿、去ル八日山田奉行被レ爲レ蒙レ仰候段、道中四日切を以御狀今十四日到來、尤二日延引ニ相成、伏見奉行次席之旨
　本多伊豫守殿
御家來多ニ付、俄ニ部屋建増ニ相成、十一月十二日入札ニ候事
　高壹萬五千石

十一月朔日、山田表江之御暇并拜領物有レ之候段、去ル朔日出二御狀一、且亦來ル十一日江戸表御發足之旨、今十日御狀到來候事

亥十月廿六日曉八ツ時頃

一拜田牢舍、津入墨、津片濱町魚屋佐兵衞倅無宿常吉三十三才

但十一月十日、津表江爲二手當一庄左衞門・軍藏・利平治・箭太郎・拜田兩人出立候事

一同斷、宇治浦田町彥八倅彥右衞門廿九才

但十一月八日夜、浦田町領建國寺山ニ而手先吉田屋箭太郎、牛谷之もの共召捕候事

一同斷、竹ケ鼻村清七倅無宿清五郎廿六才

但十一月三日夜、古市町桂屋方ニ而宮崎金田、中間十作、吉田屋箭太郎、外三人出張ニ而捕押候事

十一月十一日承ル

一兩會合之もの共、京都江被二召出一、左之趣被レ達候寫

一兩宮農兵炮術訓練追々出來ニ付、組下者帶刀之事、御用中被レ免ル旨被二仰出一ル事

一火藥貯土藏造立用途事、藤堂獻米を以可レ然被二取計一ル樣存ル事

一米廩取建場所之事、今度爲二火除地一御用、以二上部越中之獻金一既建物取拂ニ相成ル上ハ、此迄地主之名雖レ有レ之、元來神地中之事故、尤被二召上一、自今可レ爲二 宮中一、可レ爲二宮中領一樣被二仰出一ル事

一山田奉行今度大名役ニ相成候ニ付而者、春木御改正之廉々、此上紛亂無レ之樣との事、則被二 仰渡一有レ之候事

一慶光院竝僧尼拜所之事

一兩宮示談之上、可レ然場所可二伺出一之旨御沙汰候事

奉レ願口上

私儀、御組何拾何年相勤、當年何十何歳ニ相成候處、男子無二御座一候ニ付、御組何之誰二男何次郎義、當年何十何才ニ罷成候間、婿養子ニ貰置申度奉レ存候、此段奉レ願

候、以上

嘉永五壬子年四月　　―――　印

四人殿

奉レ願口上

御組何之誰男子無二御座一候ニ付、私次男誰儀養子ニ貰受度旨申聞候間、差遣し候様仕度奉レ存候、此段奉レ願候、以上

―――　―――　印

宛

一長山彌平次御番代願

奉レ願口上

私儀、御組四拾年相勤、當年五拾六歳ニ罷成、當時御目付役相勤罷在候處、病氣差發、以二 御蔭一養生仕難レ有仕合奉レ存候、然ル處、追々病氣差重り、存命之程難レ計奉レ存候間、若相果候ハヽ、倅國平儀當年拾六歳ニ罷成候間、私 御番代被レ爲二 仰付一被レ下候様奉レ願候、以上

文久三癸亥年十二月十二日　　長山彌平次　印

濱口半右衛門殿

吉野瑞次殿

前田兵衛殿

先野仕太殿

中川第左衛門殿

平川要人殿

志賀鱗三殿

一右同人病死ニ付、難澁之儀を以、左之爲二借願書一、御組頭江向差出し候處、翌日御貸渡しニ相成候事

拜借金年賦證文之事

一金五兩也

右者私方今般不幸有レ之候處、厚思召を以拜借被二 仰付一、冥加至極難レ有仕合奉レ存候、則御金御渡被二成下一、慥奉二請取一候處、相違無二御座一候、尤上納之儀者來子年ゟ來ル酉年迄拾ケ年ニ皆納可レ仕候、爲二後日一奉二差上一一札如レ件

年月日

拝借人
長山國平　印
親類請人
松本金左衛門　印

御奉行所

一宮川両船渡之事
慶長年中長野内蔵之允殿・日向半兵衛殿御奉行之節、小俣村・川端村等ゟ相渡、給金等差上、其威勢を以、理不盡ニ船賃を貪取、諸人難儀ニ及候處、三方ゟ右之様子申上候處、右御両人參府之砌被二仰上一候處、御聞屆、本多上野介殿ゟ三方江御狀被二下置一、尚又御奉行両人ゟも同斷被レ下、船賃相定ル、右之通船役金御赦免、小俣・川端江御下知被レ成候得共、猥ニ船賃貪取候ニ付、元和年中御奉行水谷九左衛門殿・山岡圖書殿ゟ右両村江御高札御建、壹人ニ壹錢、馬壹疋ニ貳錢、荷物壹駄ニ貳錢取、晝夜往來無二懈怠一様御文言有レ之
但元和六庚申年正月

一延寳三卯年九月、桑山下野守殿御在勤、宇治年寄・山田三方ゟ往來諸人無賃越ニ相願、尤其頃小俣村之渡船ニ而人數夥敷取込、船を沈メ、參宮人等水ニ溺れ、不慮之死人數多有レ之、依レ之両會合參宮人爲二馳走一致度段願書を以両會合ゟ相願候處、御聞屆、今ニ両會合ゟ目付役差出、無レ滞相渡候事

一元祿十一寅年、久永丹波守殿御在役、江戸赤坂二丁目越後屋市郎兵衛・新橋日比谷二丁目神屋彦右衛門両人、両渡請負ニいたし度旨御願申上候處、承り、両會合ゟ相願御取上被レ下間敷段口上書を以願候處、御聞屆、両人願御取上無レ之候事

一大宮司并正員禰宜・權禰宜御咎被二仰付一候例
桑山丹後守殿御在役、寛文七年叔父檜垣彌大夫死罪被二仰付一候ニ付、閉門被二仰付一候事

檜垣六禰宜
岡部駿河守殿御在役、天和三亥年内宮臨時御遷宮之節、御葺萱不レ宜候ニ付、閉門被二仰付一

大宮司

久永丹波守殿御在役、元祿十丑年旦所之者を差置候義ニ付不埒有レ之、權禰宜解任入牢被二仰付一ル

橋村才右衛門

堀隱岐守殿御在役、元祿十七申年寶永改元ニ而、御觸無レ之以前宮中御作事小屋江寶永元年與書記し候ニ付、逼塞被二仰付一ル

松木二禰宜

黑川丹波守殿御在役、享保元申年、主人橋村才右衛門旦那所ニ而不屆之儀有レ之、才右衛門及二御訴訟一候處、御吟味之上、權禰宜被二召上一、入牢被二仰付一

堤忠兵衛

水野甲斐守殿御在役、寶暦九年盜賊檜垣判事內吟味いたし、法外之儀有レ之候付、御吟味之上、永牢被二仰付一

同人悴
同主水

元治元甲子年六月八日夜、宿次ヲ以到來御書付之寫

浮浪之徒取締ニ付而者、追々相觸候趣も有レ之候處、先達而以來野州大平山・常州筑波山ニ多人數集屯罷在、所々横行致し、右者水戸殿御家來幷御領分之者共重ニ而、既ニ贈大納言殿之遺志を繼候抔と申唱候由ニ相聞、難二捨置一筋ニ候得共、水戸殿ニおいて御手限ニ而御取鎭被レ成度趣被二仰立一も有レ之候間、御任せ被レ置候處、追々增長、此程ニ至而者右場所而已ニも不二罷在一、異形之體致し、貳、三十人位宛群り、歩行中ニ者無宿惡黨者も相加り、金錢押借等致し、百姓共難儀不レ少、依レ之大平山・筑波山等ニ罷在候者共、速ニ水戸殿御領內江引取候樣可レ被レ成、其餘異形之體ニ而徘徊致し、軍用金抔與唱、押而金子爲二差出一候類者勿論之儀、都而舊臘相觸候趣を以、往來相改、浪人體ニ而怪敷見請候分ハ、假令水戸殿御名目相唱候與も召捕、手向等致し候類者切殺候とも打殺候共可レ致旨、嚴敷相觸候段、水戸殿江相達置候間、右之趣相心得、銘々領分知行限家來差出時々、爲二見廻一萬一不法者等有レ之候ハヽ、搦取、又者討取、多人數之節者隣領申合相互ニ助合、差

懸候分者村々之もの共申合搦取候様ニも致し、尤手餘候ハ、是又打殺候與も不レ苦、御料・寺社領幷小給所等ニ而家來詰合無レ之分者最寄領主地頭ニ而別而心付注進次第、早速人數差出、浮浪之者之ため村々難儀不レ致様、厚く世話可レ致候

但關東取締出役廻村之節者相應ニ打合候様可レ致候

右之趣、關八州幷越後國・信濃國領分知行有レ之面々不レ洩様可レ被二相觸一候

右之通相觸候間、可レ被レ得二其意一候

五月

浮浪之徒取締方之儀ニ付、關八州・越後・信濃國領分知行有レ之向江、今般相觸候趣も有レ之候ニ付而ハ、右大平山・筑波山等罷在候者共、所々へ散亂致し、先々おいて又々何様之擧動可レ致も難レ計候間、右國々之外も右之趣ニ相心得、銘々領分知行限り家來差出時々、見廻り嚴重取締方致し、關所等有レ之向ハ別而心付、往來人相改、尤水戸殿御家來ニ而用向等有レ之上方筋、其外所々江旅行致し候もの者、其段道中奉行ゟ相達候筈ニ候間、一ト通御同家印鑑而已持參致し候分ハ差止、通行爲レ致間敷、若押而可二罷通一與仕成ルもの有レ之候ハヽ、差押可レ被二申立一、萬一手向等致し候者も有レ之候ハヽ、討捨候共不レ苦候

但水戸殿御家來、當節京都へ罷越居ルものも有レ之候間、右歸國之儀者是迄之通印鑑を以相改可二相通一候

右之趣、關八州外領分知行有レ之面々へ不レ洩様可レ被二相觸一候

五月

元治元甲子年七月廿三日、大津宿ゟ關宿問屋江向京都大變之趣左之書付さし越候寫

一京都大變、昨十九日曉ゟ長州屋敷ゟ自分火を掛、同勢數萬押寄、壹番ニ中川宮様打拂、追々御所江向打拂、乍レ恐　上様加茂・叡山江御立退候由、洛中不レ殘燒拂、大合戰亂軍唯今注進ニ而ハ粟田御殿燒掛、蹴上ケ固メ

場所ゟ大筒打放し、諸人京入込候義者不二相成一、伏見同様、昨朝ゟ今以火鎮り不レ申由、昨朝ゟ大坂も天満邊ゟ拂掛候由、大津宿も何時不レ計候間用意罷在候、京都ニ相手無レ之候ハヽ、東都江罷下り可レ申候由、昨朝ゟ今に大筒打詰、死人數不レ分、中々筆紙ニ難レ盡候事御座候、右之由大津宿ゟ廿日出を以關宿江申越候儀、同所ゟ申來り候

七月廿三日　本屋勘兵衛　印

一去ル十八日、長州家臣寛戸（マヽ）彌四郎三千人之同勢を以、恐多も天子江直ニ願之筋有レ之、既ニ發向ニ相成候處、竹田街道ニ而會津勢壬生伏兵ニ付、大佛街道大垣勢ト大戰ひ打破り逃入、大垣勢大働キ多分討死、夫ゟ幾手ニも別ル、依レ之長州御花畑ゟ討入候處、薩州ニ而押返ス、夫ゟ中立賣邊ニ而越州勢と戰ひ、越前勢少々崩レかゝる處へ會津勢ニ而追返ス

一九條殿・鷹司殿焼討、井伊大働キ、井伊家臣木俣先陣ニ而首七、八ツ鑓ニ而突留メ御所へ引取

一同夜ゟ廿日夜マテ火鎮り不レ申、尤長州屋敷江火を掛、其外所々江火を掛ル

一引退ニ付、八幡・山崎・嵯峨邊迄討手出し候よし

一藤堂家へ早打九度ニ及ひ、東海道早打多し

一津若殿廿四日出立と申せと未觸出ス

一京都大變ニ付、長州御國元御父子六萬騎、海上ニ而上京之處、折節ヱキリス軍艦數艘押寄差留メられ延着の由

右田丸金森ゟ當長官江申來り候大略寫レ之（上股カ）

大宮司家來築山右内罷歸り申口

一宮後町二神主家江右右内昨廿四日京都ゟ立歸、左之趣當月十七日四ツ時、加州殿御屋敷江參り候處風聞ニハ、十七日・十八日兩日之内ニ長州京都ニ而取合之由ニ付、右者加州殿ゟ仲人ニ相立納り申候由之處、十九日早朝ゟ右長州方丸太町邊ゟ段々、二條通堺町御門前ニ而會津屋敷ニ而立合、其後又々彦根殿と立合、夫ゟ京都大へんニ付、右内茂下宿江返り候處、宿元外之共大津水

外ニ段々大邊ニ相成、右内宿取家内共大佛方江立去り
中候處、益火さかんニ相成申候得共、三條通り河原町
限りニ東ハ無二別條一御座候、川原町ゟ西ハ上立賣ゟ七
條邊迄相分不レ申候由ニ御座候、右内義者大佛ゟ廿日
夜出立仕候、尚又廿日九ツ時ニ東西本願寺出火ニ御座
候、廿一日藤堂殿早打、山城國笠木宿ニ而長州方ニ居
申候而、飛脚誠ニ〳〵難儀致し京都迄參候由、御所邊
ハけむり向の方末々相分不レ申候、尚又二條御城一橋
樣・渡邊樣、右同斷ニ付相分不レ申候

八月十五日出を以

一京都町奉行所組太田岩之助ゟ先達而長州亂妨ニ付類焼
町數八百十一町・村壹ケ村・小屋穢多一ケ所・竃數二
萬七千五百十三軒焼失いたし候趣申來る

元治元甲子年七月山田領人別

一人數貳萬五千三百四拾壹人
　内
　　壹萬貳千貳百五拾貳人　男
　　壹萬三千八拾九人　女
　子七月五才以上ノ改也

子五月廿六日

一水戸殿家來之由ニ而山田江立入、尤士分七、八人程供
召連、道中筋甚威勢ケ間敷體ニ而罷越し候樣、尚追々
ニ同士も來ル、凡拾五、六人計寄集ル
　但師職岩淵町久保倉右近方江着いたす
此度兩　宮江祈願之筋有レ之、百日之間參拜ニ
付、差置吳候樣申ニ付、右樣永く留置義ハ難二
出來一趣斷申候處、左候ハヽ、五七日之間ト申ニ
付、無レ據承引いたし候由ニ而日々兩宮江參拜
致し居候事、尤六月ニ至り兩　宮幷風宮へ幟壹
本ツヽ、神獻ニ付、宮中へ相建度旨申ニ付、兩
長・大宮司へ申入候處、宮中へ左樣之儀者不二
相成一旨申答候付、又候宮外へト申候得共、右
も兩會合ゟ同樣ニ申聞ルニ付、左候ハヽ、兩師職
門前へ建度旨申レ之候處、内宮師職車館大夫ハ

(上)但此幟ハ両宮御神前へ壹本ツ、尚両風宮へ壹本ツ、殘貳本者両師職江壹本ツ、右之通奉納致し度申述候事

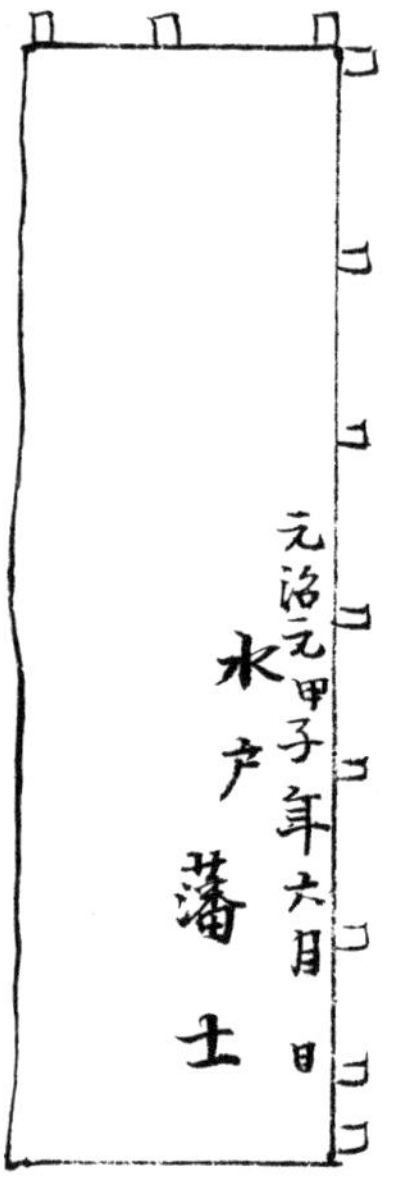

承知候處、外宮師職久保倉大夫義ハ不二承知一之旨申答候處、彼是腹立いたし候所ニ候得共、後シテハ相建させ候事

幟ハ木綿二巾物ニ而長サ貳丈八尺、但三本両師職之門前へ六月廿八日ゟ相建候事

一右幟者七月七日奉納致し候事

但祈願濟両宮江當日別々附幟壹流ツ、幷風宮江も同斷奉納ニ付、見屆として曉七ツ半時ゟ金田貞右衞門・中間一人、外宮江濱口庄左衞門・中間壹人罷出候處、夕六ツ半時頃ニ相濟引取候事

右水戸藩士者京都江立歸り、七月十四日彌出立候事

七月十五日

一御手元ゟ為二御酒料一金千疋同役一統江、右者先達而已來五月中ゟ水戸藩士之もの共此頃中迄數日逗留いたし居候付、彼是探り事等骨折ニ付、乍レ聊被二下置一趣御達し頂戴いたし候事

但御禮卽刻申上、殘ル人數者追々申上席ニ申上候事

萬延二辛酉年六月廿六日

一當年春已來諸色高直ニ付、下々之もの共少給之輩江格別之以二厚思召一、御金被レ下候旨、兼而御達有レ之ニ付、御取調之上御伺ひニ相成居候處、昨廿五日從二江戸表一御金到來ニ付、御組三役人・御廣間番・御撰用・平御組惣代三人於二例席一被レ下、令レ頂二戴之一御禮申上候事

一御金高三百六拾六両也

但割方左之通七拾人江

金六両ツ、　三役人壹人前江

金五両ツ、　御廣間番 御撰用 平御組 江壹人前へ

〆

右之通頂戴候事
　但各調印いたす、御組頭中宅へも廻禮いたす
　　百俵以下幷御家人江之御金被レ下べく之旨
元治元甲子年七月七日
一本多伊豫守殿御在勤、此度格別之思召を以御仕法之由
　近年物價高直之折柄、一同難儀與察、殊ニ世上不
　レ穏形勢も有レ之、旁乍レ聊爲ニ手當一差遣
　右之通以ニ御書付一夫々江被レ下レ之
　一金拾兩ツ、　　御組頭七人江壹人前
　一金九兩ツ、　　吟味懸御番頭壹人江
　　　　　　　　　御廣間御番頭貳人へ
　　　　　　　　　同格　　　　貳人へ
　　　　　　　　　御目付　　　七人へ
　一九兩之外ニ御金壹兩ツ、、町方探方等骨折ニ付、別段ニ御目付計ニ被レ下レ之候事
　〆百廿六兩
　一金八兩ツ、　　御撰用御廣間番　壹人前へ
　一金七兩貳分ツ、　平御組壹人前へ
　一金三兩ツ、　　小給仕壹人前へ
　一金壹兩ツ、　　中間壹人前へ
　一金四兩　　　　拜田共江
　一金壹兩ツ、　　御目付手先之もの共へ
　　〆
　右者御仕法之趣ハ御役所御用金之内、古貳朱金之溜
　り有レ之候處、此度百兩ニ付金三拾兩ツ、之餘金被
　レ下候趣、先達而御觸ニ付、則凡三千兩計りも有レ之
　ニ付、右之德金出來候由ニ付、其金高を以内分御取
　計ニ相成候趣也
七月七日
一水戶藩士共ゟ御神前江左之一紙奉納之寫
　　度會乃宇治乃五十鈴乃川上乃下津磐根爾
　太宮柱太敷立弖高天原爾千木高知弖鎮里坐須掛毛畏
　支
　天照坐皇大神乃宇豆乃大廣前、今年元治元年七月朔
　日乃今乃良辰乎以弖恭久志御酒御饌乎調

慶應元乙丑年閏五月八日、本多公格別之思召を以、左之
通御達
諸物價高直ニ付而者、一統可レ爲二難澁一、依レ之乍レ聊
爲二手當一軒別金五兩ツ、遣レ之
但別紙之通思召ニ付而者別段儉約第一、且文武共出
精專要之事
一金五兩ツ、御組五拾三軒へ被レ下レ之候事
同年七月廿六日思召を以軒別ニ已來兩季ニ爲二御手當一兩度ニ壹匁ツ、
一金貳兩宛御主法を以被レ下候段御達しニ候事
慶應二丙寅年三月五日
一信樂御代官多羅尾主税殿ゟ左之張紙幷別紙到來
山田奉行御役料幷組同心御切米御扶持方、當二月濟
之分御張紙直段歩合ニ引直差繼渡取計方伺書

覺

山田奉行
御役料米千五百俵　但四斗入
此米六百石
一米貳百石　當寅二月渡方取計候分

米百石　半石正米渡
内
米百石　半石石代渡
此金五百貳拾五兩三分・永百貳拾貳文九分
但勢州渡會郡河崎町寅正月中中米平均直段金壹兩ニ付、米九升壹勺六才
是者今般被二仰出一候儀承知不レ仕以前仕來之趣
を以渡方取計候分
同組同心御切米
米四百九拾石　但組同心七拾人壹人ニ付御切米七石ツ、
一米貳百四拾五石　右同斷
内
米百貳拾貳石五斗　半石正米渡
米百貳拾貳石五斗　半石石代渡
此金六百四拾四兩・永百九拾四文四分
但前同直段
是者右同斷仕來之趣を以、壹ケ年兩度ニ割合渡
方取計候分
右同斷御扶持方
當寅年分
米百貳拾四石貳斗五升　但右同斷一日米五合ツ、

一米七拾貳石壹斗　　右同斷
是者右同斷仕來之趣を以、正月朔日ゟ七月晦日
迄渡方取計候分
合米貳百九拾四石六斗
金千百七拾兩・永六拾七文三分
內
米貳百石　　御役料米 當二月可二相渡一分
米六拾六石六斗六升七合　　三分一正米
內
米百三拾三石三斗三升三合　　三分二石代
此金貳百六拾六兩貳分・永百六拾六文
當寅二月御張紙直段
但　米三拾五石ニ付金七拾兩 金壹兩ニ付米五斗
米百六拾三石三斗三升三合　組同心御切米 當二月可二相渡一分
米五拾四石四斗四升四合　　三分一正米
內
米百八石八斗八升九合　　三分二石代
此金貳百拾七兩三分・永貳拾八文　但前同直段
米七拾貳石壹斗　右同斷御扶持方仕來之通 渡濟ニ付、當寅年之儀者

外　　兩度渡方ニ而當二月渡之 儘居置之積
米五拾貳石壹斗五升　　當十月可レ渡分
是者今般被二仰出一之趣、承知不レ仕以前、是迄之
振合を以渡方相濟候ニ付、當寅年之儀者壹ケ年兩
度渡ヲ居置來、卯年ゟ御役料幷切米渡之節之三季
ニ割合、正米ニ而渡方之積
小以　米百九拾三石貳斗壹升壹合
金四百八拾四兩壹分・永百九拾四文
差引
米百壹石三斗八升九合　全當二月渡 過相成候分
金六百八拾五兩貳分・永百貳拾三文三分
是者今般被二仰出一之趣を以、當五月・十月渡米
全而差繼渡相伺候分
右者勢州山田奉行御役料・同組同心御切米御扶持方
之儀、御老中方御證文を以、御役料者三季組同心御
切米御扶持方ハ、二月・十月ニ兩度ニ私御代官所同

國御物成米を以、渡方取計來候處、去ル酉年被二仰出一之趣を以、其以來半石正米、半石者神領同國川崎町其時之中米平均直段を以、同國御物成米金幷不足之節者大坂御金藏納可二相成一を、同國諸名代之内を以金直之上、渡方之儀兼而伺濟之趣を以取計來候處、今般遠國地役之もの其地御藏、又者御代官所御物成之內を以、御切米幷御役料共、皆米或者皆金等ニ而被レ下來候分、向後淺草御藏渡同樣、其季之御張紙歩合を以米金ニ而被レ下、尤前々四ツ物成ニ而被レ下候向者、是迄之通被レ下候積被二仰出一候處、御書付承知不レ仕以前、當二月渡是迄之仕來を以渡方相濟候間、書面差引金渡過米金之分、當五月・十月兩度之渡米金與差繼を以、相渡候樣仕度奉レ存候、伺之通於レ被二仰付一者、差繼渡取計候節之仕譯書を以其段御屆申上候樣可レ仕候、差向候儀ニ付急速御下知御座候樣仕度、依レ之此段奉レ伺候、以上

慶應二丙寅年二月　　多羅尾主税　印

御勘定所

慶應二丙寅年二月廿八日

本多伊豫守殿ゟ思召を以左之御口上書を以御達し、御組一同江左之御金被レ下レ之

一金百両

諸色高直ニ付、壹統可レ為二難澁一候、依乍レ聊從二手元一遣レ之

二月

右御組平三軒へ

金壹兩貳分ツ、

部屋住勤拾七人江

金壹兩拾三匁壹分六厘ツ、

右之通配當いたし候事

奉レ願口上

私儀、病氣ニ付以二御蔭一養生仕難レ有仕合奉レ存候、右ニ付、追々快方ニ者罷成候得共、兎角運上仕候に付、髭・月代狹候ハ、宜敷趣、醫師共申聞候間、為二養生一

髭・月代狭候様仕度奉レ存候、依レ之此段奉二願上一候、
以上

月日　　先野仕太

奉レ願口上

私儀、病氣ニ付運上仕候間、髭幷月代相狭ミ申度奉レ存候、仍而此段奉レ願候、以上

八月十一日　　前田幾右衛門

奉レ願口上

私儀、御組四拾五年相勤、段々御役被二仰付一、當時御普請致レ格御組頭役被二仰付一、當年六拾七歳ニ罷成申候處、老年之上病氣差發、以二御蔭一引籠養生仕難レ有仕合奉レ存候、然ル處、早速快氣可レ仕病體ニも無二御座一候間、何卒以二御憐愍一御役御赦免被二成下一候ハヽ、難レ有奉レ存候、猶此上全快仕候ハヽ、相應之御用相勤申度、此段奉レ願候、以上

慶應二丙寅年九月五日　　前田幾右衛門　印

（前田幾右衛門病氣ニ付、退役願書親類内田武左衛門を以差出）

濱口半右衛門殿

吉野端次殿
外四人殿

（即刻御沙汰之次第願書御預り置、心長ニ養生可レ致旨被二仰渡一、畢而右武左衛門於二例席一御禮申上ル）

口上

養父幾右衛門儀、病氣養生不二相叶一、今六日病死仕候、依レ之此段御屆申上候、以上

九月六日　　前田三四郎

口上覺

一養父　死　　前田三四郎
父方
一叔父　死　　内田武左衛門
母方
一同斷　　喜多川儀太郎

右者養父幾右衛門義、今六日病死仕候、依レ之着服御伺申上候、以上

寅九月三日　　前田三四郎

口上覺

私兄紀州御領野原村大瀬九右衛門義、病死仕候旨申越候間、仍此段御屆申上候、以上

正月廿九日　　藤村彌十郎

御届

一妻　死

忌　四月十四日ゟ 五月廿日迄

服　四月十四日ゟ 迄

右者私妻病氣之處、養生不㆓相叶㆒、今朝病死仕候、依而此段御届申上候、以上

月日　平川要人

御届覺

一叔母（父方）死　従兄弟

姉

叔父

右者齋宮村乾周次郎母今朝病死仕候旨申越候、此段御届申上候、以上

三月廿七日　前田兵衛

口上覺

私儀病氣ニ付、引籠養生仕度候、依而此段御届申上候、以上

月日

口上

私妻今朝出産、男子出生仕候、依而此段御届申上候、以上

月日

口上覺

出生　男子／女子

右之通名附申候、依而此段御届申上候、以上

口上覺

私婿養子嘉豆馬義、當五月中雙方熟談之上、離縁之儀御届申上候、其節私娘儀妊身ニ罷在候處、今朝出産、男子出生仕候、仍此段御届申上候、以上

九月二日　金田貞衛門

御届

養父病氣難㆓手離㆒容體ニ而、引籠看病仕度奉㆑存候、依㆑之此段御届申上候、以上

九月五日　　前田三四郎

口上覺

出生男子
孫
金田虎男

右之通名附申候、依而此段御屆申上候、以上

寅六月八日　　金田貞衛門

口上

私倅邦介儀、當年拾五歳ニ罷成候ニ付、前髪爲レ取申候、相應之御用等御座候ハヽ、被二仰付一由可レ被レ下候、以上

正月八日　　小久保繼右衛門

乍レ恐歎願奉二訴訟一候

京都内裏町五所上ル
相手方　天王寺屋四郎兵衛

一外國諸品商內
取引差止メ出入
支配人
阿波屋太兵衛

江戸五本丸町
大國屋壽助

中國筋萩町
願人　森本屋長兵衛

一京都内裏町天王寺屋四郎兵衛方者、私本家ニ相違無二御座一候、然ル處、私儀本家不敬之由ニ而暖簾取り上ニ相成候旨、依レ之江戸五本町大國屋壽助方手代共多人數差向ケ候趣承り甚以迷惑至極ニ奉レ存候、私本家へ對し不敬抔與申義ハ毛頭覺無二御座一候、尤此度私手代共本家へ賴入之筋有レ之、上京仕候處、本家店先ニ而壽助方手代共與爭論仕、雙方ゟ銅火鉢を投付候ゟ大變ニおよひ候段、重々奉二恐入一候、元來此發りト申ハ右大國屋壽助方者天王寺屋四郎兵衛方之出店ニ而、都而商內專ニ外國渡世致し候間、此儘等閑ニ致し置候ハヽ、外國人者次第ニ增長致し、終ニ國家衰微之基と相成、且諸國店々をも押領致し候樣ニ相成行候而者、實ニ一大事ニ奉レ存候、依レ之私方相談之上、手代共を此度上京爲レ致、本家支配人幷江戸店手代共江右願談之

趣意、書付を以本家主人江執成之儀頼入候得共、彼是與申、埒明不レ申、其上私方手代共強上申募り候由ニ而嚴敷押被レ歸、剰京都之店者申ニ不レ及、伏見・江戸幷大坂店迄不レ殘取拂ニ相成、且大坂表切手ニ而賣附預り御座候品等迄被二召上一、其上本家不敬與唱へ暖簾可二取上一旨一決致し候由、私元ゟ本家之身心を勞申候事、少しも厭ひ不レ申候得共、若此儘ニ家名斷絶ニ及候ハヽ、先祖より由緒有レ之家柄、無實之惡名を世に殘し候而者先祖へ申譯無レ之、重々歎ケ敷仕合ニ奉レ存候、全く本家へ對し不敬之所存、決而無二御座一候間、右始末乍レ恐　御憐察被レ爲二成下一、何卒相手之もの共御召出し被二成下一、是迄之通本家立入一手捌ニ仕來り罷在候處、先年本家支配人九兵衛幷壽助方先祖ゟ之掟を破り、外國商内取引相始候故、諸品追々高直ニ相成、其上本家之娘を壽助方へもらひ受、當時親類格之威を震ひ、種々自儘ニ捌方致し居候處、右支配人九兵衛幷彥兵衛兩人とも私欲之筋露顯致し、永々暇を差遣候後、尚追々取引致し候ニ付、本家主人始私共ゟ本國へ商内不二承知一を申立候得共、壽助店方之者共一統聞入不レ申、依レ之不レ得二止事一、本家主人幷支配人とも〳〵ニ相談之上、外國へ商ひ斷方乍レ不レ及、引受之段申入候處、一端私へ相任せ候樣申聞折柄出店、壽助直々上京致し、本家へ種々申譯致し願談及候段、又々江戸店一手捌相任し、私先約破談ニ相成、其節彼是心配仕候得共、却而本家ゟ勘氣を蒙り出入被二差留一、何共致し方無二御座一、引退罷在候處、其後江戸店臆病之もの共一統外國人を恐懼仕、商内斷方得不レ仕、却而利欲ニ迷ひ世上之難儀をも不レ顧可レ仕樣、且ハ外國商内取引相止メ候旨、御利解被二　仰聞一被二下置一候ハヽ、廣大之御慈悲與難レ有仕合ニ奉レ存候、已上

元治元甲子年八月廿日　　森本屋
　　　　　　　　　　　　　　長兵衛

天道正明
御奉行樣

乍レ恐書附を以返答奉二申上一候

一此度中國筋萩町森本屋長兵衛ゟ私共相手ニ而歎願出訴

仕候儀ニ付、私共御召出しニ相成、願上候趣意返答可レ仕旨被二仰聞一恐入奉レ畏候、依レ之返答左ニ奉二申上一候、元來江戸店之儀者天王寺屋四郎兵衛方之出店ニ而、舊來ゟ商ひ向一手捌ニ仕來罷在、尤取捌方萬端支配人任ニ御座候處、先年本國ゟ諸品商内取引致し呉候段、度々之願出ニ付、先達而本家支配人九兵衛幷江戸店支配人彥兵衛與申もの、兩人相談之上、外國商内相始メ申候處、諸國之店差支之趣ニ付、九兵衛ハ長の暇遣し、早速其後外國商内取引方相斷可レ申筈之處、最早急ニ相斷候ハヽ、彼等ゟ鬪論ニ及候儀者定ニ御座候間、內實其手當萬端用意仕候上ニ而急度相斷候段、當時本家其外店之者共一統內談仕居候義ニ御座候、然ル處、長兵衛義、先達而本家江戸店不二取締一之由、種々惡樣與申成、外國商ひ差止メ方引受申度候間、萬事任せ呉候樣願談ニ及候ニ付、本家ゟ一端相任せ候樣共申聞候由、江戸店へ聞及候ゆゑ主人壽助直ニ上京仕、本家主人江右之譯合申入候處、基之通ト一手捌ニ相成候

ニ付、長兵衛儀、先約ニ破談ニ相成候義を立腹致し、兼而諸國店々ニゟ暇を出し候者も密ニ雇ひ入候而者手先ニつかひ、江戸店召遣之者ニ惡口を申かけ、或者張紙を以さま〴〵之惡說申觸候抔、全江戸店一手捌之家督ヲ押領可レ仕候事與察入奉レ存候、然而已ならす先達而本家ゟ勘氣を蒙り退出致し候節、本家之內同服之者を自儘ニ連歸客分同樣ニ留置、或者當時下部之もの共へ過分之金錢をあたへ、世上之人氣を計り候樣得二其意一不レ申候、然ル處、此度長兵衛方ニ手代共多人數召連立遠々敷上京致し、本家へ願入之筋執成致し呉候樣、私共へ相賴候ニ付、篤與相談之上可レ及二沙汰一候間、一先引取可レ申樣種々申諭候へ共、聞入不レ申、我意ニ任せ強狀ニ申募り、若此度本家之願入之一條聞屆無レ之節者、喧嘩をもかけ候用意もいたし來り候樣子相見受候ニ付、如何樣狼藉致し候をも難レ計候間、本家主人之差圖を以取締罷出候處、本家店先ニ而銅火鉢ヲ投打、或ハ棟割木抔振廻し、主人臺所近ク亂入いたし、

既ニ町内中迄騒動ニ及候ゆゑ、若主人怪我有レ之候而者一大事与奉レ存候ニ付、厳敷追拂申候次第、全長兵衛勘氣中をも不レ顧、本家へ對シ傍若無人之振舞仕候間、此儘差置候而者、向後亦々如何様之儀仕出し候茂難レ計、依レ之此度本家ゟ暖簾取上ニ罷越し可レ申与一決仕談合ニ御座候、何卒乍レ恐長兵衛江右始末を御利解被レ為二仰聞一被二下置一候ハヽ、難レ有仕合奉レ存候、

以上

元治元甲子八月廿五日

京都内裏町五所上ル
天王寺屋
四郎兵衛

支配人
阿波屋
太兵衛

江戸國本丸町（ママ）
大國屋
壽助

天道正明
御奉行様

右雙方對決御利解之次第左ニ

願人　森本屋長兵衛
天王寺屋四郎兵衛

支配人
阿波屋太兵衛

相手方　大國屋壽助
手代共

一相手天王寺屋四郎兵衛方支配人阿波屋太兵衛幷大國屋壽助方手代共其方召出し候儀者、此度願人森本屋長兵衛義、本家不敬之由ニ而暖簾取上ケニ相成候旨、長兵衛歎願出訴ニ及候ニ付、其方共ゟ返答書差上候趣意上二天道一正覧之上御聞ニ達候處、元來外國商ひ仕始メ候より事發り候義明白也、然ルニ世上物事次第ニ開ケ來り候故、往古ゟ仕來り通難二取計一筋も可レ有レ之哉ニ候得者、大國屋壽助方先祖ゟ之掟を破り、假ニも外國商ひ取引相始メ候義可レ為二越度一、其上當時一手ニ捌、不正路ニ而得勝手之筋も有レ之由、且者近來奢ニ號し、不二融通一之節者兩替方へ度々用金、又者押付業之仕向ケ計致し、又者町内出入之もの共へ報恩冥加之爲抔与申立、進物料を取、或者京都幷大坂表へ召遣ニ候もの共、商内用ニ罷越候節者御用之筋申立、町内宿料申附、

滞留中過分之難義を相懸ケ、下々難澁之趣相聞、不埒之事ニ候、既ニ大坂店方當時手代頭彦兵衛與申者へ分之身與シテ私欲之捌方致し候故、天罰難レ遁頓死致し候由、尚餘ハ押而可レ知、右之外萬事不正路之取捌方致し候輩を不二相糺一、等閑ニ差置候時者、譬外國商ひ相止候共、江戸店永續覺束なく、又此度長兵衛方手代共、本家店先ニ而狼藉致し大變ニおよび候義、其罰不レ輕といへ共、元來長兵衛直ニ應對ニも不レ及、本家不敬之取沙汰ニおよひ、暖簾取上ケ候事、不レ仕之致し方也、右ニ付長兵衛方へ多人數差向候義者相見合、穏順之對談可レ致よふ（様）急度申付候、若非道之掛ケ合ニ及ひ候ハヽ、可レ爲二曲事一候

但此度京都大變ニおよひ、市中之もの共、江戸店手代共之商内方、不正路ニ而品物德用無レ之、長兵衛方ハ利口成候よし、世上ニ取沙汰致し候者ハ嚴敷擲出し候由相聞、不屆之事ニ候、若世上左様之取沙汰致し候節者、猶更手元代品物篤與吟味いたし、不正路之捌方無レ之様可レ致筈之處、却而遺恨を含候抔與非道之至候、以來ケ様之義、決而無レ之様急度取締可レ致候

一願人森本屋長兵衛、其方義此度本家不敬之筋有レ之由ニ而暖簾取上ニ相成可レ申義ニ付、歎願出訴致し候趣意、一應尤ニ相聞候得共、此度其方手代共本家方へ願入之筋有レ之趣ニ付上京致し、壽助方手代共へ執成之儀相頼強狀ニ申募り、終ニ者爭論ニ及ひ本家店先ニ而狼藉致し、既ニ町内中ヲ騒候條、不埒之至ニ候、就レ是近邊之もの共迄難儀爲レ致候事、言語同斷也、是全手代共雙方ゟ之爭ゟ大變ニ及ひとハ乍レ申、ケ様之もの共を多人數ニ而上京爲レ致候段、其方不行屆ゟ事發り候義ニ候間、如何様共本家へ詫方可レ致候、夫ニ付、其方近來一己之勇氣ニ任せ、外國商内斷方一分ニ引受度旨、本家へ忠勤とハ乍レ申、未其時を不レ得、譬ハ一樹討枯さんとするを見下シ、前後を不レ計、其枝ニ上り枝折て、其身地ニ落ルか如く、既ニ當時店々ニ商ひ

可レ致せずして外國商内斷方火急と申候ハヽ、諸方世利買利賣之者恐入謾り二成行、內亂來り候時者外國斷方者扨置、却而我手元之下部迄難澁ニ及ひ、若外國ゟ其時節ヲ見込、押買ニ罷越候ハヽ、實ニ一大事たるへし、彼是悪蟲をさけん者却而其枝を折、地ニ落ル如く、勞して功なく、大損其身ニ及ひ身體を破ル之基となり、且此度其方へ外國人數船ニ而押買ニ罷越事ニ及候節者、近國仲間ゟ力を合せ候もの壹人も無レ之由、是を以しるべし、故ニ當時本家幷江戸店手代共心得違之筋も有レ之者、實意を以幾度も自分店方を相守、外國商內斷方諸店壹致し、時來り候ハヽ、力を合して掛引すべし、恐入をして大損すへからさるもの也、此義者急度相愼可レ申候、猶又近來諸國店々ニ而暇出し候者を密ニ雇入相仕候義、外之店方も有レ之由、此輩風義不レ宜、實に正道を守候ものハ無レ數、不身持放埒にして不實之商內ヲ致し候もの多く、兎角血氣に淚行候者雜風を好穩順ならす、既ニ先達而和州幷丹州邊ニ而商內かけ引致し候輩者壹器量も可レ有者ニ候へ共、任二其意一慢心ヨリ事を發し候ゆゑ、暫ク世上騷し候而已、何之利分も不レ得、却而身上を仕舞候もの不レ少、其上一類之もの共諸方ニ徘徊して町家へも立入、商ひ元手金與申而押附之無心ヲ言掛ケ候族も有レ之由、故ニ盜賊共正義商人之名を語り、質物を押賣致し候ニ付、下々難義ニ及候趣相聞候、實ニ不正路之商人ハ、諸國店方商內筋之妨ニ而世利賣し基共相成候間、已來此等之輩邪心不二相糺一雇入申間敷候、右始末心得違無レ之様、實意之對談濟方可レ致様、雙方共急度申付候間、穩順天罰之可レ及二沙汰一也

實ニ世の治亂者、物に常變在か如く治究まれ者亂發り、亂極まれ者治ニかつる理なり、然りといへ共、治世にして驕奢に耽り、政事不レ正者天是ヲ罰シ、亂を忘れす治を守り、質朴にして政事正しけれハ天是を助く、恐亂愼しまさるへけんや

俳人

因幡屋

おとさ（土佐）

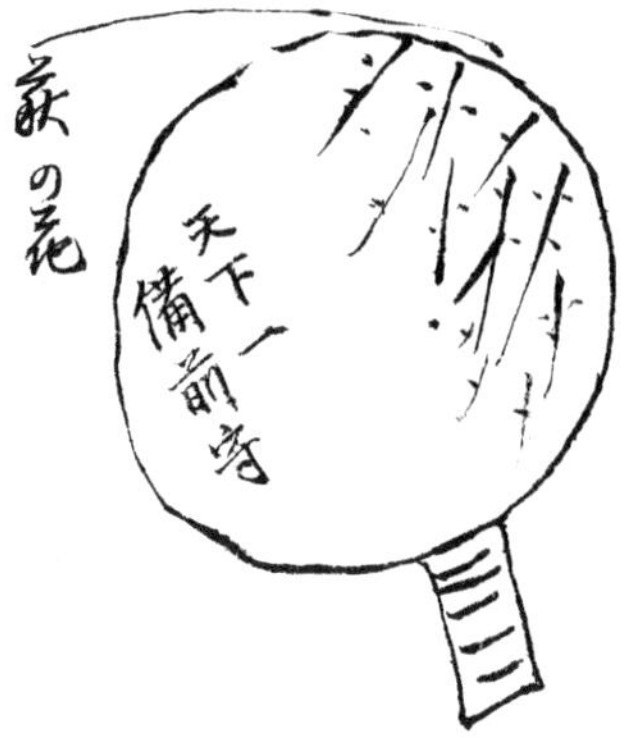

研たてゝく毛利をはらせ加賀水戸義

（奥書）
山田奉行所舊同心御園村大字小林松本敏政ヨリ借入テ之ヲ書寫ス

明治四十二年十月一日　　神宮故事編纂所

山田奉行所年中行事案

正月元日

一三ケ日麻上下着用之事

一元日泊り《四ツ替》番之もの平服にて曉六ツ時前早替いたし、朝替之もの相詰候へハ引取、八時より相詰候事

泊番之事、壹人者平日之通

一小給仕役今日より來十五日迄、例之通當番御免之事

正月二日

一於㆓表御書院㆒御組一同年頭御禮申上、畢而御組三役・御廣間番惣代　御撰用惣代二人・平御組惣代三人於㆓御鎗之間㆒右御禮被㆑受候、御禮申上御給人被㆑謁㆑之

一右相濟、一同御家中廻禮之事

但御用給へ者左之手札差出、當番兩人者不參候へとも、手札へは名前書載候事

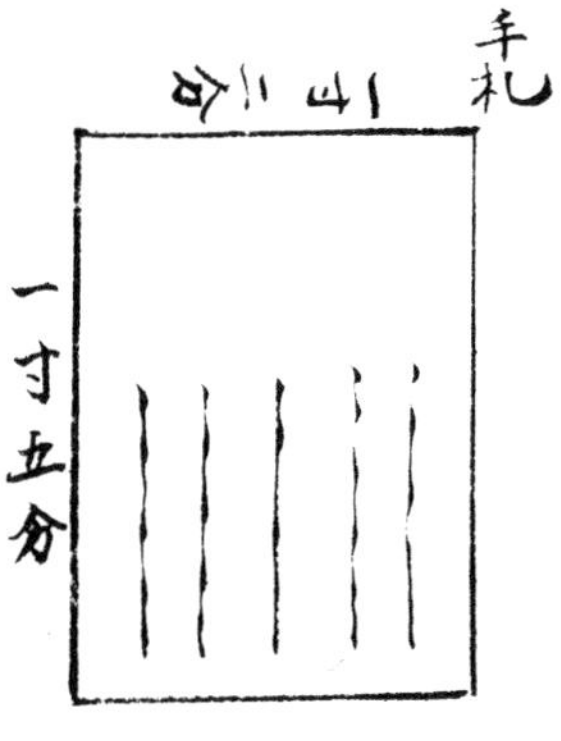

一御船倉御船乘初、御吉例之通、當番晝番之者一人麻上下にて御鏡餅貳重を下番に爲㆑持罷越相勤候事

但御備之鏡餅御直會、壹重者返上、壹重者下鏡當番兩人へ頂戴、上鏡者下番へ被㆑下候事

同四日

一御備之鏡餅、昨日限ニ付御直會、夫々へ例之通配當之事

同九日

一町在年頭御禮ニ付、一同出勤、訴訟口において禮受候事

一鳥目三百文宛頂戴ニ付、一同御用所へ罷出、御禮申上候事

同十一日

一例之通於二御番所一初會合有レ之候事

一御具足開ニ付、御かき餅・御酒料貳匁三分ツ、被レ下二御組頭一同一、御番頭以下壹役一人ツ、御用所へ御禮申上候事

小給仕者御かき餅計

同十六日

一小給仕役今日より出勤致候事

同十九日

一御名代無レ滞相濟候、恐悅、於二御鎗之間一申進

但召合之人數、諸番御組頭一人・御番頭一人・御廣間番　人・御撰用一人

同二十日

一御名代御參向無レ滞被レ爲レ濟候、恐悅、御組頭宅へ當番一人相廻り候事

同廿三日

一御用始ニ付、一同出勤

一右ニ付、御酒飯料金三兩頂戴、三拾何廉へ配當、壹廉五匁何分何厘ツ、

一后刻、一同御用新屋へ罷出、御用始無二御滞一相濟候、御祝詞竝御酒飯料之御禮申上

但御組員へも同樣申述候事

一泊り番之者、今日ゟ四ツ時出勤候事

二月朔日ゟ十二日迄之内

一初午祭ニ付、泊料金貳百疋・赤飯頂戴ニ付、配當左之通

御組頭　御番二人

御廣間番　御撰用二人

一赤飯割左之通

御組頭　人

御撰用二人

右御禮、御組頭之内一名御用所へ罷出て申上候事

(朱書)「一初午祭ニ付、小給仕役當番御免之事」

二月十一日

一御役料御組米拜受ニ付、河崎町へ出頭

一下宿ニ而米包紙迄用いたし候　御用人
處、無程米出揃候間、可㆓相渡㆒旨手　御組頭二人
代ゟ申越候付、場所へ罷出、米見　御目付
役受取相濟、御證文御用人ゟ手　御撰用貳人
代へ相渡、下宿へ引取、河崎町年　平御組三人
寄呼出、入札之儀申渡遣罷歸　中間

一羽書取締役へ正月朔日ゟ六月晦日迄之扶持米拾石六斗
貳升　但し月の大小ニより相違有ㇾ之　召瀧米之内を以て相渡候様、御組
頭被ㇾ達

一目錄書者兼而下書認置候事

同十二日

一昨日出役之者相請、夫々帳面へ記

同十六・七頃

一御切米渡ニ付、一同出勤

翌日

一御扶持方御切米受取手形、左之通相認

但し西之物江相認

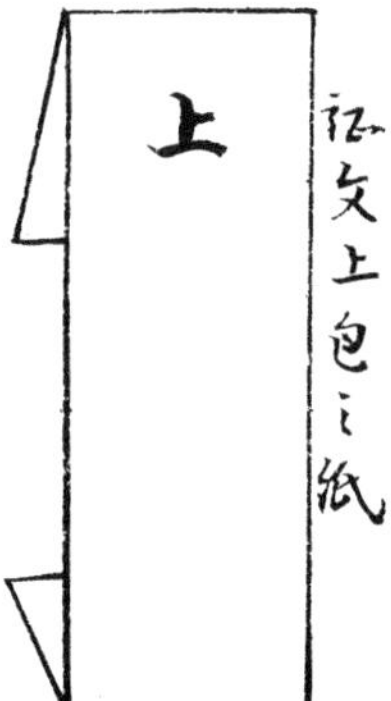

奉㆓請取㆒御扶持方御切米之事

一米八拾貳石六斗　御扶持方

米貳百四拾五石之内

一米百貳拾貳石五斗　御切米

一米百貳拾貳石五斗　右同斷石代金

此代金何百何兩

永何拾文

但（河崎町當何正月中　中米相場番直段金拾兩ニ付米何斗何升何合何勺何才）

右者御組一同當役二月渡二御扶持方一御切米、書面之
通御渡被レ成レ下難レ有頂戴仕候、依一札如レ件

、、、、、、　七人

米　御用人姓名認

三人殿

翌日

一御切米并御扶持方御渡ニ付、御組頭宅へ廻禮之事

但當日當番物代に而相勤

但　竪紙　壹册
　　横紙　壹册

三月三日

一一同麻上下着用、例刻ゟ相詰、於二表之書院一上巳御祝
詞申上、畢而於二訴訟口一町在禮受例之通、三月ゟ至二
四月一夫々御見分有レ之

四月十三日

一明十四日內宮御衣祭ニ付、御組勤書三枚相認、壹枚ハ
上ケ、壹枚ハ御組頭扣、壹枚ハ御目付中へ渡

五月五日

一一同麻上下着、例刻相詰、於二表御書院一端午御祝詞申
上、畢而於二訴訟(口脱カ)一町在禮受例之通

同七日頃

一御仕法金御渡ニ付、一同出勤、家別貳分ツヽ、中間分廿
匁、　但中間壹人貳匁ツヽ、

翌日

一昨日御仕法金御渡有レ之候付、御組頭宅廻禮之事

五月十一日

一御役料受取として出役

一河崎町會所へ罷越待合候處　御用人一人
手代より案内申越候付罷越　御組頭一人
御目付以下撿米爲レ致、仲仕共　御目付一人

持參候付、御用人ゟ手代へ御　御撰用一人
證文相渡、下宿へ引取、目錄下　平御組二人
書年寄へ相渡、入札申渡罷歸　中間

五月廿七日

一今夜勝源院殿〔保科淡州公也〕祥月御逮夜ニ付、三役・御撰用迄寶林寺へ參詣いたし候事

五月廿八日

一勝源院殿御祥月ニ付、當番壹人晝下り之節、寶林へ參詣之事、尤御組頭も一指也
但賽錢五文ツヽ上ル

六月十日頃

一御仕法米頂戴御禮、御組頭宅へ廻り候事

一土用前暑中見廻狀認置可レ申候事

六月土用入

一三役・御廣間惣代・御撰用同斷、當番二人於二御鎗之間一御容體相伺、給人被レ謁也
但御組頭にも挨拶申述候事

あんころ餅十一包、例之席へ配當致し候事

一當番之儀、今日ゟ土用中例之通、泊番之者晝勤御免御沙汰有レ之、七ツ時迄泊りに計罷出、一人者平日之通

土用中

一御帳面等風入、尤前日下番申來候事
都合四日、壹日壹人前六分ツヽ、之割を以被レ下候事

一蟲干調物
樟腦壹分分　椿油貳合　との粉五分
とくさ壹把

六月十五日

一外宮月次祭御組勤番三枚認、壹枚ハ上ケ、壹枚者御組頭扣、壹枚ハ御目付中へ渡

同十六日

一内宮同斷

七月七日

一〔麻上下着〕一同出勤、於二例席一七夕の御祝詞申上、非番方御家中廻禮、山田町在禮受例之通

同十日頃

一両三日前ゟ御手當金帳拵へ可レ申事
御組一同者上帳共都合貳册、御給仕幷中間者壹册ツ、
也

一於二御番所一御手當金致二相渡一候事

翌日

一御手當金辨當錢頂戴御禮當番一人、御組頭宅廻り候事
但手當金一兩、道具錢一分

同十一日頃

一拂方包ニ付、一同出勤

同十三日

一今日ゟ泊り番之者朝出勤御免之事
(朱書)「只今ハ銘々ニテ交代ニ付、左之通相勤、今日ヨリ
朝替ノモノ御組頭御詰之上支度ニ引取、四ツ半時相
詰、八ツ時替リハ今一人ノ晝番ノ者ト交替支度ニ下
リ、夕七ツ時頃泊リニ罷出ル
右ハ慶應二丙寅年七月ニ極ル、廿日迄、廿一日ヨリ

(下)諸役人御撰
用當番太田
志州公ナリ

平日ノ通　」
尤小給仕者來廿日迄當番御免

(朱書)「二十日」
同　廿三日」

一今日より(朱書)「平日之通」泊り番之者四ツ時ゟ出勤致候事

八月朔日

一於二表御書院一一同當日御祝申上、畢而於二訴訟口一山田
町在御禮受之事

同十五日

一御目見ニ付、例之通御酒飯料金三兩頂戴、三拾何廉へ
五匁何分何厘ツ、配當、不二取敢一御組頭御禮申述、尚
又當番兩人御用所へ同様御禮申述候事

同晦日

一觀量院殿御正當日ニ付、晝下り之節、寶林寺へ參詣之
事
但賽錢五文ツ、上ル

九月九日

一例刻一同麻上下ニ而相詰、於二御書院一重陽御祝詞申上、

畢而於二訴訟口一町在禮受例之通

同十三日

一御目見ニ付、御酒飯料金三両頂戴、三拾何廉へ配當五匁、何ト何厘ツヽ頂戴、不二取敢一御組頭御禮申上、尚又當番兩人御用所へ出、同樣御禮申上候事

同十三日四日頃

一宗旨印形帳へ取掛り可レ申候事

御組頭所壹冊
請帳壹冊　是ハ壹人にて可レ認

同二十二・三日頃

一宗旨印取之御事　當番役にて別段出勤ニ者不レ及候事

十月九日或ハ十一日

一御役料爲二受拂一出役

御用人
御組頭
御目付
御撰用二人
平御組三人
中間

同七・八日頃

一御切米帳幷袋拵置可レ申事

同十四・五日頃

一御切米渡ニ付、一同出勤

翌日

一昨日御切米頂戴ニ付、惣代一人御組頭宅へ廻禮之事

十月廿四・五日頃

一例之通蕎麦供し有レ之候

一寒入前、寒氣見廻狀可レ認事

十二月寒入

一御組三役・御撰用當番二人於二御鎗之間一寒中御機嫌相伺、畢而御組頭中へも同斷挨拶申述候事

一あんころ拾四包、御組頭・御撰用・平御組兩人・小給仕兩人江配當被レ下事

覺

一さうり《いそべ》《草履》　　三十一足《飴餅》
一同《なかぬき》　　壹足
一くきほうき《莖箒》　　拾貳本
一はらひ竹《掃》　　拾本
右王中島村
一まめ　　壹升
一いわし《鰯》　　拾五
一はうろく《幷》　　壹枚
一なへとり《鍋》　　壹勺
一菓子《同》　　五匁

同十三日

一御煤拂ニ付、一同出勤致事
一右ニ付、於二表御書院一御祝之御粥頂戴、尙又御酒料五百疋・御飯料三百疋頂戴、壹人前五匁ツ、配當ニ付、當番兩人御用新屋へ罷出、御禮申上候事
尤御組頭ト一指也

十二月廿日頃

一御手許ゟ金百疋ツ、（甲子年ゟ金百五十疋）頂戴いたし候ニ付、一同御用所へ罷出、御禮申上候事
一御金五厘もの・貳厘五毛もの例之通り壹人前金壹兩三分貳朱定頂戴いたし候ニ付、御組頭へ御禮申述

同廿三日　　來年分帳面拵可レ申事

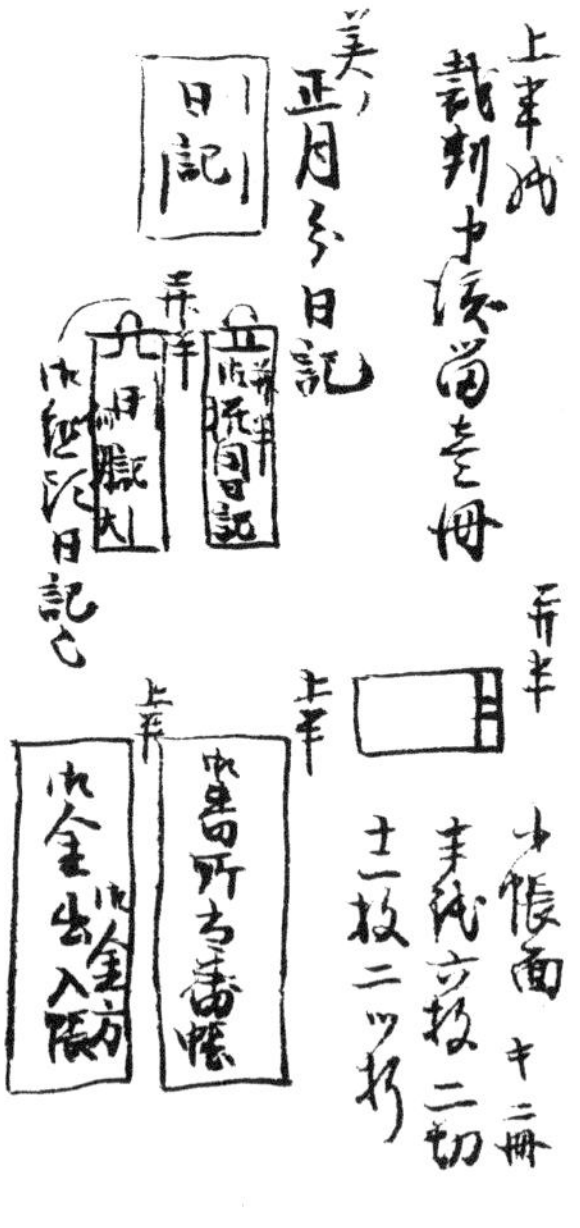

一御用納ニ付、一同出勤致候事
一右ニ付、金三兩頂戴　　廉割
一同御用所へ罷出、御用納之御祝詞、尙又御酒飯料御禮申上、御組頭へも同斷

同日頃

一御手當金渡ニ付、一同出勤
兩三日前御手當金帳拵可レ申事、七月之通
外ニ秋山侯仕法金帳壹冊
(朱書)「但先例ハ手當渡計ニ而、外ニ御用多ニも無レ之節ハ
當番計」
翌日
一昨日御手當金頂戴ニ付、惣代一人(當番ニて)御組頭宅へ廻禮
十二月廿五日
一麻上下着、五ツ半時一同相詰、於二表御書院一歳暮御祝
詞申上、畢而於二訴訟口一町在禮受例之通
(朱書)「一兩宮神馬御飼料幷口附給金覺帳差出候ハヽ、算當可レ致、
右者先帳之例也
讀合符合致し候ハヽ、宜敷事
ケ條之内、一油 壹斗八升、但壹斗ニ付三匁六分三厘三毛 代六拾五匁四分
三分九厘四毛トナレトモ、四分ニテ不レ苦」
同廿六日頃
一拂方包ニ付、一同出勤
一筆墨料拾四匁ツヽ、被レ下候事

但是迄六匁ツヽ之所、甲子年ゟ右之通候事
一例之通御金掛より金壹兩ツヽ、被レ下、不取敢御組頭中
へ御禮申述
一常々算當致し候ニ付、――――江金百疋ツヽ、被レ下
(朱書)「一夫々道具掛六人江百疋ツヽ、被レ下」
一御仕度伺書 件相認候ニ付、――江金――被レ下 但一
件八匁之割
右何れも現ニ出勤之古御組頭江御禮申上
尤伺書之方者吟味掛り江も同斷
一同役六人江中間惣中へ金百五十疋差遣し候事
但慶應元乙丑十二月相談之上取極
十二月廿八日
一於二御鎗之間一御手當金・御雜煮代・其外御禮申上候事
一 白鏡餅 壹斗貳升入 貳
但楠形貳添
一 白菱餅 八枚

但菱形有レ之

一　赤菱餅　六枚

同

一　白六寸鏡餅　九重

但上下共白也

廿八日頃、さし越候様申遣

同廿九日

一御鏡餅餝付いたし候事

菱餅赤白取交七枚ツ、

大せち餝臺裁

御書院床ノ間

御弓ノ間

都合二ツ

ヤブカウジ

松

用意之事

丸せち九重

内

三重　御用所

壹重　御番所御金簞笥

同　藏

二重　御船倉

二重　素廣所　床ノ間天神

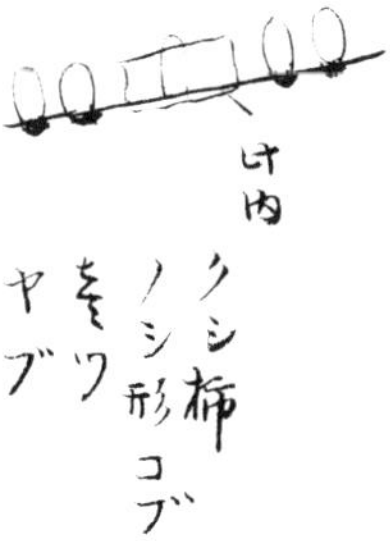

小原

二ツ折ニテ巻

松

ヤブ

両方ゟ

御床ノ間御船古畫掛物ト懸替候事

御蔭見聴集

御蔭見聴集　天

御蔭見聴集　天　草案

御蔭見聞集　上

御神徳御奇瑞之事ハ不レ及レ論、年々歳々春に成れハ諸國御參宮人、草木もなひく三月の中の十日とて笠の端もすれあふ事ハ常の事なり、爰ニ御影參りと言事あり、大むかしハ傳へ聞す人もなく寶永二年閏四月此ことあり、六十七年を隔て明和八年閏四月如レ其、また六十年目ニ至り此文政十三庚寅とし三月廿八日より、御影始る様子に相見え、宮中其沙汰まち〳〵成るうち、閏三月朔日より

其群參潮のわくか如し、古稀の人の言しにまさり、不レ限ニ貴賤老若男女一、當才子ヲ懐ニし、二才ヲ負ひ、老婆を手引し奇得とも、信心之志見るも涙のこほるゝ程の難レ有さ、天下泰平ニ而世の中も相應之年柄成り、人氣も忽チ善心ト成る事、神徳　《バチリ シヨウ》　目の前に有り、御奇瑞一ツ書ニ記す

月夜見の杜近

誌

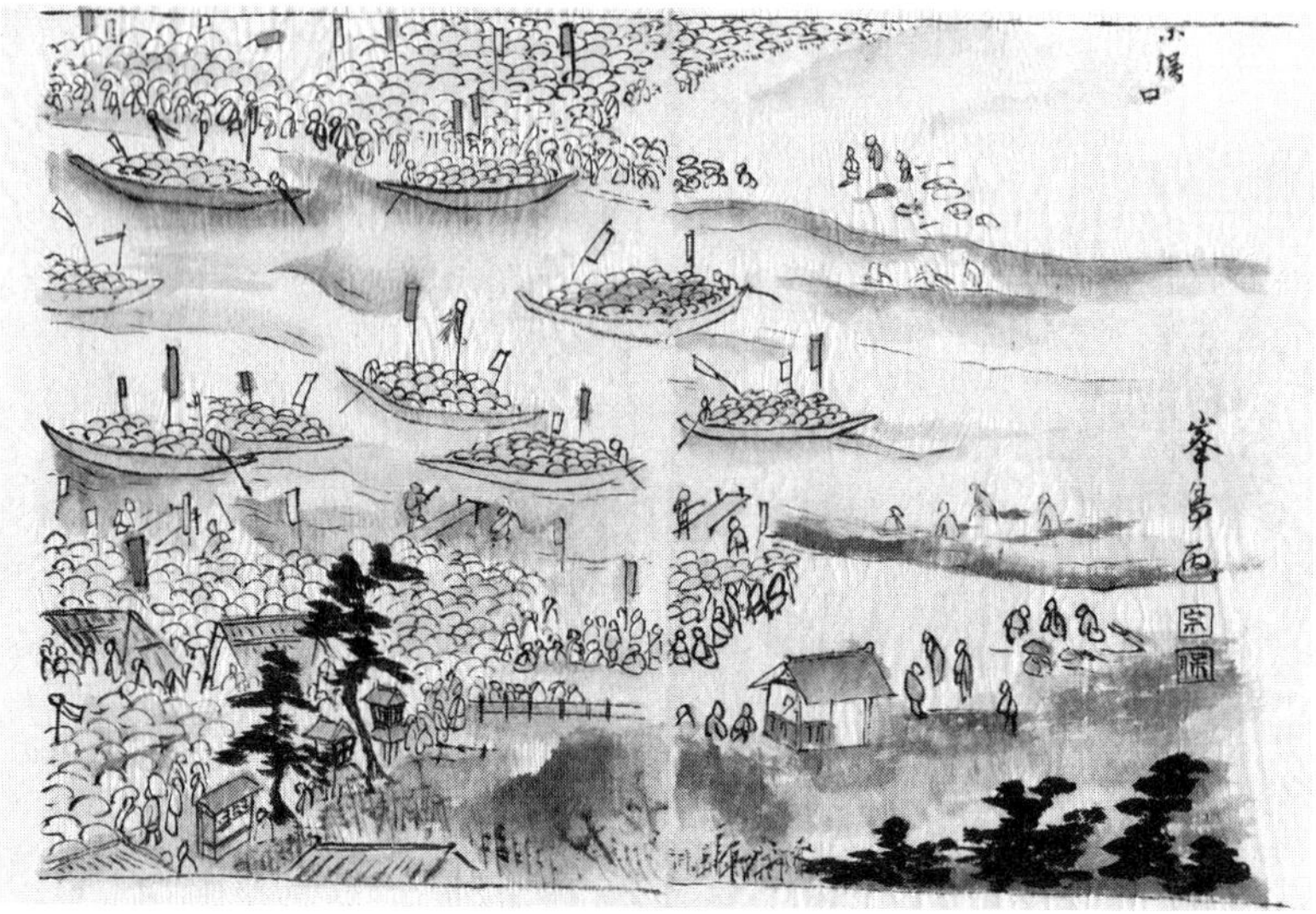

上渡シ
京町口

一予神宮家ノ御家某様之御旦所勤罷有り、五畿内・近江・紀伊・播磨ノ國々例の旦廻ニ出候事か、去年丑としは諸方村々ニ而御影之儀は六十年めニ而、明年寅としニは彌御座候哉之儀、先々村々ニ而數人尋ニ合候得とも、答是伊勢よりはしめ候事ニは無レ之、世の中豊年ニて人氣も宜しく、自然と神の御恵ミにて御座候よし申利り候得は、人皆尤の事ニ思ハれ候中ニ到而白髪の老人申されけるは、左様ニあらす、最早始り候而もよろしく、人氣の義は御影初りさへ致し候ハヽ、善心ニ相成候事ニ候よし申され驚入たる一言ナリ、神の如く存し恐鬱なしけるが天ニ口なし、人を以て言ハしむると既に御影參りとハ成けり、心魂に的し難レ有き事ニそありける

一閏三月朔日より阿波國徳嶋御城下ニは色々様々之御奇瑞多く、其中ニも劔御祓天降り事所々、十二才の女ナ子ニ才子を守り致し居候處、ふと參宮ニ拔出し、日積り早く歸宅いたし、その土産ケを持、安々ト道中無レ滞歸り候事の珍らしき事ニこそ、此等の類甚難レ有くて、追々町方拔參りニ出候處、御領主ニも如何ニ被ニ思召一、役人衆より獨りニ拔出候義、御差留之様子ニ有レ之候處、御城中江も御奇瑞有レ之、御書院前へ馬壹疋飛下り金ネノ幣をくはへ下り立一向うこかす、依レ之拔參御差留之事ハ御免し、しかも紀州加田の湊へ向船ニて御送り、笠壹ゑ・杓壹本を下され候事、數萬の人數ゆゑ、加田の浦又ハ和泉の岬、攝州堺・大坂へ舟上り、おひたヽしき群集ナリ、寶永・明和の御影始りの國は丹波・丹後より初るよし言ヒ傳へたり、此度阿波の國を始とす

一紀州若山町・阿波の國右の如く、其うへ劔御祓諸方ニ降り難レ有キ事かなと、其儘阿波ニつヽき拔出し候事、おひたヽしき笠・杓を手毎〳〵さわき立候處、大主様近日御入國ニ付、町方・近郷之者ハしはらく相待候様御觸有レ之しなれとも、御入國御用もなき近郷・近村しきりに拔いたし候事

一和泉の岬浦々村々ニも御奇瑞難レ有事共多く、我先ニと抜出し候事

一攝州堺之町方、阿波・和泉人數おひたゝしく出來たり候ニ付、明和御影の例もこれあり、所々施行ヲ加へ、同行はぐれざる目印等を色々趣向いたし呉候事、奇得の事ナリ、然ルに堺邊・大坂抔《ナド》へも劒御祓天降る、八才の子參宮いたし、日積りより早く候ゆゑ道中の様子尋ね問ひ候處、毎日白き馬ニ乘、安ス〱參詣いたし、歸宅之旨申ける、大坂ニも色々難レ有事多く、是より追々施行場多く、元より富家多キ所ゆゑ色様々の施行ものおひたゝしき事ナリ、堺・大坂ニも貴賤のわかちなく抜出し、芝居も不二振合一ニ相見えさわき立、職人等も仕業を忘るゝ計の事ナリ

一河内・大和・伊賀等も色々御奇瑞多く有レ之候ニ付、家居を〆置、又ハ其儘捨置候百姓もまゝ有レ之よし、長谷寺の邊り心悪敷者有レ之哉、色々伊せの凶事を申立、參宮人を歸へし、又は草り・わらしを代せん六十錢も取候もの有レ之、御領主地頭ニ上聞し、追々召取られ候ものもあるよし、長谷より歸り候度者、是又おひたゝしく後々出直し、御師着して此こと委細ニ咄しぬ、家居捨置しを見掛、盗人入込候ても盗取事叶ハす、立すくミニ相成候様の事、諸方ニ有レ之、格別不思義難レ有事ニ思ひ候やからハ、再參致され候人も多く候事

一奈良長谷御影ニ付、道中筋見物所多キ場所ゆゑ、此節の群集いせニ近き賑ハひナリ

一大和ニて何村とや申けるか、人皆施行ニ心配してありける中ニ、施行米之内米五升盗取候もの有レ之、枡數の足さるヲ吟味いたし居候うち、同しやうニ其座ニありて、中ニ俵ヲ尻ニ敷候て有けるもの、無言ニて立兼ね様子ニ見え、色々吟味つよく致され退ゲ去んとする、然るニカノ俵尻ニ付て取れす、人皆驚キ白状之上は助んものと世話すれとも取れす、依レ之諸人へ見せしめの爲、參宮人ニ見せ申し候、御師着の人委細ニ咄しぬ

一津の國灘うち池田・伊丹・兵庫の邊、播州明石・姫路在々色様々の御奇瑞有レ之、劍御祓又ハ守り御祓天降限在、其有様ヲ拜しもの多し、町在共拔出し候事

一降り候御祓、參宮人首ニ掛箱ニして本宮へ持來り納ゆき人も段々有レ之、然共難レ有事ニ存、多くハ其家ニ納メ置方多し、御祓文字墨ニて書しとも見えす、又判墨ニもあらす、奇異の事かなし

一山城・京都・大坂ニ同し、近江・美濃・尾張・三河・信州之内木曾路ニ至る、是又名古屋などニハ色々御奇瑞多く、尾張知多郡三川の國は船ニて大湊・神社・二見・二軒茶や・河崎へ向來ル印を立、大鼓《ガク》を打、日々數百艘も入込

一越前・若狹・丹波・丹後・但馬・備前・備中・備後邊まで同様の振合ニて來ル、安藝の國ニも追々來リ候事
右は閏三月中・四月五、六日之比迄也、中ニも閏ノ廿日ゟ廿五、六日之比、其人數毎日貳十萬餘ニも及ふ、宮川渡し舟十五艘ゟ廿五艘まで出し候事、二日程有レ之候、上宮川ニも八はいゟ十五艘迄ト申事、下渡しニ同し、爰ニまた船ニて人を計ると申事有、先ニ記スへし、汐合渡しさへ六、七艘ニて渡し申候事

一御本宮ニ而壹せん三せん十二銅迄賽錢掛目八貫目入匸讀直之十貫文四十六匸四百六十貫あり、是ハ諸色ト申て色々引方多く有レ之、正味御藏入計ナリ、尙五社・岩戸御藏入右ニ順ス、末社之事も考べし、先ニ記

一劍先御祓呉候事、四萬四千、是また人別ニはあらす、群參之中銘々ニは不二行届一、誠拔參り心有ものニは戴しぬ、是凡十ノもの貳分通り歟、先ニ記

一松木長官範彥卿　御遷宮無レ滯御勤、此度御影參とハ誠ニ以神慮ニ御叶、大德之御方なりと、他國之唯(誰カ)ともうらやましく申ける

一四月七日・八日比より群參大分落申候時節、諸國とも田方植付ケの比ニ相成、百性世話敷よし、是迄之參宮人衆被レ申候、何れ植付け相濟候上は村方不レ殘參詣出候筈なと丶申さる人多く候、其印ニや十三、四日ニは

大ニ人數も少く相成候事
一參り來ル人の風俗を見るに、不㆓取敢㆒拔出候も多く候得共、隨分形り姿よく、國所おかけぬけ參ト笠へ急度記し、杓を貴賤ニよらす人毎に腰ニさし、少々ツヽハたくはへ金ハ持候樣子、中々本拔ケト申ものハ十分一ニ當り可㆑申、寶永・明和之節ハ人皆路用のわけもなかりしよし、至而難澁、拔參りハ多分ハ無㆑之、無錢ニ而は道中六ケ敷か形りの宜敷を見れハ、世の中の宜敷方なる歟
一阿波の國の御師共ニ軒有㆑之、此移日暫時ニトツトおひたヽ敷群參ゆゑ、始之比は取賄ひ大困り也
德しまハ廣キ町ナリ、婦人なとハ美しく形り振よろしく候而も大夫へ落着置候而、近邊町家世古々々奥の方まて入込、御影御ほふしやを乞受ニ歩行事多分ナリ、家毎相應ニ施しけれ共、一日分中百、貳百文ニ而はつきす
一同行組ニはくれさる印幟ヲ立ル、其地合木綿又ハ縮めん、紅之絹之類、書入染入好色さし、金絲縫吹貫作りとの幣印連中の杓ヲ集メ、色々組合せ竹ニ高クし、又ハ途中ニて間似合ニ紙幟ヲし、色紙ヲ花やかにしたて立、何れも同行組々是非是を用ゆ
一群參ヲ見るに七分ハ女・子供・婆也、連レ同士綱を引連、背《セ》に子ヲ負ひ、懷中し、歩行子ニは綱をつけ、又ハふご・かわごニ入て子ヲ荷ひ、館・廣小路ト言共橫切行事不㆑叶、宮川ゟ往來ヲ考、子ニ左右參り下向ヲわけ、甚しんひやう成事奇々妙々ナリ、上中之鄕ニて和泉か攝津か鳥渡喧嘩有㆑之よし、是而已ニて斯の群集トいへとも一切喧嘩口論なし
一諸國群集盛んの時、京・大坂・堺・奈良・兵庫・明石・姫路・大津・八幡・名古屋・桑名等之町々は、男女美ふく成もの多し、中ニも催し有連中ハ同し幟のうちニも綸子・猩々・緋ナドニ金縫ヲし、五色の吹貫キ一樣《ヨウ》の衣類着し、美敷有樣ナリ、大坂ニはのこ引山の印多し、道中唄に、○親の代からかわかふり御影でサ、

ぬけたトサト連ね、諷ふて入込ける、名古屋・八幡一様之類多し、妓藝子町家ニ而も美婦たるもの多し、中にも憎キ事ハ男ニ化したる婦人も日々有もの也、當國松坂より夏祭り如キ萬度やうのものヲ拵へ、或は出し作りもの一様出立、縮めん類甚花美ナリ、三、四十人ツヽ來ル所ハ魚町・日野町・黒田町、是等ハ格別之仕わきナリ

一宮川渡し群集雲渡き事ニ思ハれ候ニ付、御會合よりも京町・小川町へ人足ヲまし、船數ヲ增し、舟附場多くし、乗下り下知役人ヲ出《イダ》し、竹杖を持、川ニ入て情之下知する事、大義千萬ナリ、或日京都の御用なりト權《ケ》ン平ヲふるふもの有、是ニて暫時ケ閒もめ合アリ、渡し留る大勢の船頭キカズ、然ル所段々相調子ニ相成候處、ニセ繪荷ヲ遣り候もの也、此旨　御役所へも申上存分の目ニ合せ、大ニ叱り付差免し遣しけるそおかしき、右ニ付てしはしの閒手閒取候事ゆゑ、川原廣キト言ども其人數雲蚊の如くニ相成、詮方なくそ見えける、三方役人下知して夕デ原邊迄舟ヲ并へさせ、一時に渡しぬる事ハ前代不二見聞一の事共也、　勝手知たる道者ハ上宮川へ廻る、依レ之渡し場同雲蚊の如し、せいする事聲ヲからしぬ

一北御門豊川橋之内、右は常燈之前ニ少しのゆふ路有、始メの比は、杓二、三本もわすれ置候哉、又ハ納メ候心哉不レ知、然ル所日々十百千萬ニ及ひ、後々ハ納メ候事ト存候哉、日々增長してつひには何十萬ト成、常燈ヲうめ、川ヲうづめ、一ツの山ト成る、又左之方ニ石つミ手すり垣有うち空地有り、此所ハ杖ナリ、杓ニ同し、數十萬の杖川をうづめ山ト成ス、此事十人ニ一、二人ナリ、持歸り家根うらにさし置、後代の守りニせんと申人も多し、見る人驚天せざる人はなし

一岩戸の群集人ニあへられ候計言語に演かたし、同坂下岡本町・妙見町群集往來引切事なし、向ふ側へ用向ありとも容易ニは辨し兼る程の事也

一兩閒の山道者之悦氣、甚賑やか成事おもしろし、奥の

芝居お影始り比より初る、嵐瑞寛・澤村國太郎・内見助十郎なと立者來り、能芝居なれとも參宮人計ニて地ノ者一人も入らす、夫成ニ相應之賑合也、口ノ芝居は閏三月早々初メ申様子ニて、表附かんばん早々上ル、市川白猿・松本幸四郎・額《ガク》十郎・女形里光（好）なんと來るよし申、別而今年ハ表つき拵見事ナリ、然レ共餘り御影ニてさわかしく候ゆゑか、芝居師延し遣し候よしニ而、京都ニていたし居候よし、後ニ四月十五日ゟ始るオカケ最中ニなく諸國への外聞殘念、古市客屋向の賑ハひ、宵五ツ時より店ヲ仕舞候賑やカサ

一爰ニ變事有、閏三月十九日夜宇治町大火ナリ、群參最中之事ナレハ泊り參宮人家毎に充滿し、言語同斷雲渡キ事かな、然共一人もケガなき事の難レ有し

是ハ凶事なり、委細は別に記ス

一御師方之事、右前文ニ言、國々入込候事ハ日々増し御師着其一トハナ壹人・貳人・三人ナリ、十人連レなれ共道ニて別れ、跡ゟ五人參ル筈、貳人ハ先へ參りしはづなと、申様成事ニて、其はな數の多キ事迷惑ナリ、心外なれとも旅籠屋同様也、座敷數有とも分ケ置事あたはす、押込ニ入るゝ事ニは成けり、道中ニてはぐれタなるも出逢たる事の嬉しかるこそ道理也、初メのころハ夫々あしらひ候得共、中々旅籠屋とハ違ひ尋ね來りさへすれは、師旦の事、人數何程ニ候共斷り申儀ニは無レ之ゆゑ、夜毎の泊り旦所の多少ニよれとも、其人數何百ト言事ニ成りぬ、飯焚計ニ而も事の大イや、依レ之異キも年々廻村之節、厚く世話ニ預り候仁ニ而も同様之取計、茶漬同様とも仕様也、其國勤之手代晝夜の分チなく心配ス、同彼の有ハこそ差配人も助り候事、奉公人ニ至るまで粉ニ成りて働キ候事、人雇日用之ものも其主人へ罷有り、中々人頼の事ハ心ニ不レ任、無人なりニ事を濟し候事也、夜具の義、其御家ニ有ハ結構ナリ、出入貸着屋へ百人前申付候得は、二十人前ニ而御斷り申上、是又自由ニはゆかす、宮川内之夜具ハ諸國ニ異ナリ、澤山成所なれども、此度の群集渡し方

ニ盡キ、其夜ニよりて割付致し、何人まへニ何程ト申様ニ成しける、爰ニ參宮人ニ少し心得違アリ、旅籠屋幷ニ子泊て呉レなと、申さる人あり、御師之義ハ左様ニあらす、此度の事ハ御初穂上ル人ハ上ケもせよ、上ぬ人とて別ニ仕分ル事ニあらざるを、唯々飯汁をヤツト進せン事而已、關東持・遠國持の御師方ハ此節ハ右の譯なくすきナリ、是ニよりて施行をナシ、難澁御師なき輩ヲ施行ニ泊られ御家によりて御奇得の御心惠アリ

一施行之事

閏三月朔日、阿波御影始り候得共人皆あきる計、施行所々沙汰も無レ之、然レ共ほふしやヲ乞ゆゑ、通り筋家毎ニは錢呉る事いたしけるか、彌御影ニ相成、紀州・和泉ニもましハり來り候ニ付、町々施行之沙汰ニ及ける、錢施行八日市場宇仁田某殿ニは集り道者不レ殘施レ之、岡本町片岡某も同斷、爲田のし屋某ハ二日程錢施行、宇仁田の向ふ側ニ而施レ之、古市客屋之内ニも有レ之

一中川原ニて六、七軒飯ヲ焚、町中出て是結ニし香の物ニヲ添、川原ニて施レ之、其譯近來ハ色々何有講事流行、其世話多く致ス連中有、是等之内ゟ三、四輩寄附金ヲいたし、外ニ某ノ施主も有なと、言て、二日程施しけるか、中川原茶屋中飯焚事ニおハれ、又仕やうもあらんと休ム

一八日市場曾禰口ニて、新町客屋中施行とて結ひ大根漬ニ切ツ、一日施レ之

一筋向橋施行所立、かゆ・大根漬ナリ、此邊講世話之内大世古町代殿也松原某世話甚行届キ候事、煮焚は裏之橋橋村様ニて仕出ス、奇進金子心ある人施レ之、中ニも久保倉平馬殿ト申金拾五兩ヲ寄附有、寄得之至評判ス

一同改番所ヲ建ル、是ハはくれもの、至而難澁成ものヲ助ケニする所ナリ、寶永・明和ニも有よし聞及ふ、御會合ニ被レ成候事のやうニ聞、此節ハ松原重《オモ》役ヲして添役何人掛り有、御會合掛りニ而、師職名寄帳ニ而も

扣へ置候や、御師不レ知ヲ吟味し其取唹宜敷ナリ、尋る者の國所ヲ聞取、其師職ヲさし送り越ス事の違ハさるこそ神の敎のあるかのやうニ思ハれ奇妙ナリ

一宮後西川原町館ニて施行場、粥・香の物二切レ、此町賄方五、六軒ゟ施ス、閏三月中廿日程ニて休ミ少し譯アリ

一下馬所前野町丸辻ニ而施行場、かゆ・大根漬、此町中ゟ施行ス、寄附人某の札等モ有

一新町客屋中曾禰口結ヒ、施行之後、又候中川原山の神の西脇ニ間ン數長キ小家茶攝待所ヲ建て、泊りニ難義成ものヲ寐さす様ニしつらへたり、奇得の至りナリ

一田中中世古町中館ニ施行、丸辻ニ同し

一上新町へ施行、泊りの小家ヲ建ル、疊ヲ敷テ難澁ものを寐さす、夜具もきせ遣し、結ヲ呉る也、長きの奇得ナリ、麻屋某毎日米壹俵ツ、御影中寄進、是ヲ根元トスよし

一宮川ゟ通り筋町々・常明寺門前町まて茶攝待所各有ナリ、後ニ粥施行有

外之通りニ而は吹上町 一之木 走下 欣浄寺町ニ小家ヲ建ル

一古市口ノ芝居の向攝待所幷テ改番所有、是內會合の差圖ニもなく古市町ニて行レ之、是又何人も役人掛り居るナリ、奇得ナル事ナリ、筋向橋役所ニはおとるへし

一口ノ芝居ニ難義成ものヲ寐させ 口芝居ハ未レ始時也 、結ヒナト呉ル、奥の芝居も狂言早く濟し置、是又同斷

一大連寺ニ而施行宿、古市町より行レ之

一常明寺門前町芝居施行泊メ結ひヲ呉ル、町中客屋より始このしろより施行ナリ、奇得成事かな

一宇治領古市ゟ外ニなし

法樂舍の前、漸攝待所計、甚無心ノ事也

四月末ニ至り淋しく相成り候から、赤飯結ヲ夜泊りのものニ呉られ候施し延引ゆゑ、色々沙汰ありし

一北御門右之角ニ御官家ゟ茶攝待所、是又難義成ものを寐さす所《ロ》ヲしつらへある、夜毎寐もの多し

一通り筋町之張番所 町代郷使 火消二、三人ツ、勤有、折々
送りもの等ヲ駕ニ而次町へ送り、色々用向もあるもの
ニて毎日相詰メる也
一御役所ゟ大一火の用心、又何ニよらす價へ安ク賣候様
との御觸、御目附廻りも度々ナリ
外ニ隠し御目附も有レ之よし
御奉行所牧野長門守様御勤之節
一御會合ゟ御觸之事度々ナリ 旅籠百三文着、ちん廿四文 施行駕神樂
役人之內、或旦廻手代なと出候義如何之様ニ被二申渡一
候事、宮川ゟ尾部坂迄日々無二油斷一廻り有レ之
拜田之者二、三人ツ、幾ハナモ歩行スル折々、うろん
ものヲ取らへ詮義のうへ宮川へ送り出す
一川崎米問屋相場ヲ引上ケ候義御役所へ聞え、下直ニい
たし候様被二仰付一、其うへいまた施行義未レ聞、施行も
可レ致やう御內意有、依りて北御門にし石積の所ニて
赤飯《ン》の結・香の物添、米六十俵ヲむし出し施行ス、四
ツ比より八ツ比迄早く終り、是赤はんの結ヒ道中に而
ハる〳〵珍らしく格別ニ思ひ候ゆゑ、暫時ニ呉きらし
ぬ
一汐合渡し場常テイニ船ちん取居候處、御役所へ聞え御
叱り有、五日閒《チ》施行可レ致被二仰付一、無錢渡しナリ、其
時盛ん之時ナリ、其後ハ舟ちん半分ヲ取、三文ツ、ニ
相成
一三日市場様ニも北御門ニは結飯施行有レ之、暫時ニ終
りぬ、 御家ニて毎夜泊メ施行も有レ之、少進様ニも
泊メ施行有レ之
一福嶋様・久保倉様ニハ諸々小家泊り之ものへ結飯・香
の物ヲ御施し有レ之、毎夜の事ナリ、是格別之インと
く成るそ
一山田大路様ニ而川崎・船江夫々勝手宜家ニ、又ハ羽書
取締方人數より泊メ施行有、然レ共切手出し、其夜三
百人ニ限ルよし
一群參盛りの時、二、三日雨強く降候節、所々ニてわら
し施行も有レ之、古市客屋之內にもいたし候よし、北

ノ在方より雨降り上り之日、男女貳拾人計わらし五千足程持來り、館・宮後口ニて施レ之、然ルにわらし賣切なき折から、ハダシの者多キゆゑ、難澁の方へ進し申へく積りの處、何かなし、ドツト寄りつとひ、其群集大方ならす、呉る積りなれハ靜ニめさるへしなと言共、何かなしニ時の間もなく絶え仕舞ぬ

一右前日、是も北在村松トカ聞老人來り、わらし貳百餘持來り施レ之、むらかり寄り乞もの群集、壹人ゆゑ板塀を小ダテニ取り居候處、おし合へし合、右施人ハ一人ゆゑ、おしつふされ、たふれふまれしそ、氣之毒千萬ナリ、兎や角申うち、わらしハなくなりぬ、おかしき事ナリ、是二ツノ呉樣在方ゆゑニ考もなき事ナリ、呉樣のかまへも有仕やうもあるへきものをよ

一大湊町より棹《サワ》餅ヲ施行ニ出ル、其人數何か一樣ニ出立、四十人程をも行山ニかまへ持來りしか、館有瀧屋之軒場ニて呉カケけるが、其早く仕舞ニ成し事ニそ、皆ミな月夜に釜をぬかれたる樣成顔して、急キ一里餘りを歸りぬ

一岩淵上之切ゟ半紙半折ツ、間之山へ出施レ之、六千軒程持出し候、暫時に施し仕舞し也、何品ヲ施し候共あきるゝ計、壹時ニハたらす

一宮後西川原町館施行五日、四月朔日始る、此度は町中ゟ施候事也、前の通かゆ也、香のモノなし、施行場人足組々ゟ出ル、かたはし廻し也、六丁ニ分ル鍛冶屋垣外後野ハ一所也、毎日六人ツ、出ル也、會所ニて泊り施行仕候ナリ、毎夜泊り館より會所迄所々へ挑ちん出し有

一大世古町泊之施行、初メハ龍樣ニ而有る、後ニ高向家樣ナリ、てうちん所々ニ有り、門前より臺挑燈ナリ、世話人多勢掛り、朝夕飯出ス

一上三郷ニは施行ニ付テ格別之事ヲ未レ聞、町柄宜富家も多く有レ之事ニ如何敷事ナリ、町張番茶施しも有レ之哉

一駕施行之事幷馬施行之事

山田町中・河さき、寶永・明和ニも有レ之よし聞及ふ、

此度も始メのころより着もの駕を催し、又ハ新ニ仕立いろ〳〵美ふくヲ成し、花やカニ、紅縮めん、肌着、黒天の江戸はらて（腹當）、いろ〳〵風《ハ》手成衣類着、宮川より古市へ向、駕かき歩行事面白キ事ニ相成趣向ヲ付、駕ニハ繪荷ヲ施行トし、多くハ輕キ子供ヲ乗せ歩行事ナリ、日ニ增おひたゝしく出ル也、中ニは前髪の子供も出候町々も有レ之、某施行ト有りて雇ひ人ニ印ある半衣類中着せ施行する家も方々ニ有レ之、河サキ邊ハ江戸追廻し火方ヲ見るやうなる紺地ニ白絲のハフ字縫ニいたし出申候、ゾクナ之事也、神社ゟ舟ノ形りニ家形有やうニ駕ヲ拵へ、嗅杖ハカイのやうニいたしたるを仕立施行ス、人皆珍らしき趣向ト讃しける

宇治ニは一向無事ナリ、古市ハ格別に派手姿ニ而度々出候事

爰ニ高向村ニ女連八人計西國ニ出候處、途中御影之事聞急き戻ル、然ル所村中馬六十疋ト申施行も相濟候後歸宅ス、女中合駕へ出ル、四挺ナリ、各男の姿ニ相成駕持事甚達者ナリ、中ニいやしくハ有レ之とも一寸能女あり、是二、三人ナリ、男姿甚よろしく各見物ニ出歩行、駕施行の事ハ筆紙申盡す、是等ニてよろしく考て知り及へかし

去ル人兩人御影施行駕百人ヲ乗へしとてあられし人あり、常ニ肩の事ハとしミ壹本も持し、事ナキ人の奇得ナリ

一馬施行多くハ三方クワウジンナリ、在馬を借出し馬士共ナリ、自分馬士の姿ニ成、肩カケの手甲ハ板〆ちりめん、嶋大成ぬりめん、半衣類ナトヲ着、板〆肌着ヲ共ニぬきかけ、甚派手成衣類美々敷事ナリ、馬十疋此施主ハ吹上町の仁ナリ、外ニ色々あり、三吉ニ拵し子供等もあり、いやしき事ナリ、多くハ在家ゟ出ル、長屋村百疋施行、高向村六十疋施行、施行馬ハ雲渡キやうニ思ふ成り

右馬・駕施行ニ付てもいろ〳〵の咄し有、中々口數あり、長キ事ゆゑ演ル事ハ御兔し

一宮川ゟ內、山田町々在々、二見在ニ至ル迄、心あるものハ御師不レ知、難澁成ものヲ三人・五人多くハ十人連レ歸り、施行宿ヲ成ス事多し、先年も有レ之事、此度も御會合よりも御觸ニ有レ之事ナリ、漸々香もの・茶漬ニて心安く宿し、又ハ馳走して朝夕相應ニ施して、其上百文ツヽもわらし錢ヲ遣スも有り、此施行宿するニ付て色様々の咄しあり、御奇瑞の事ハ先ニ記ス

但し此施行宿は前ニ申施行宿とハ違ひ、小家ニて仕之事ナリ、中ニは今日人雇れ日々を暮スものも有、勝手宜暮スものも有、人意同しからす、甚寄得之者もあり、勝手宜にも心なきものもあるナリ

一群參半ハニて河崎米問屋米拂庭(底)ニ相成候よし申出ス、人皆驚キ候處、難レ有も尾張・三河より何十艘トなく入津ス、大ニ安心す、然ルに米搗白(精)ラける事間似合す、如何ト心配安からす、然とキ名古屋方角ゟ白米ヲ俵ニ成して是數十艘ヲ送り入津す、人々力ヲ得たり、難レ有□(明カ)合宜事ナリ、今ニ至白米ヲ多く送り越スナリ、古昔より白米俵ト申ヲ未レ聞、珍らしき事ニて誠ニ難レ有御恵の一ツなり

一大根漬ハ風味自慢ニ而、町在も御參宮人ヲ當テ多分漬込所ナリ、此群參ニて施行所御師方日々入用おひたゝしき入用ナリ、閏三月ニ六月喰ヲ出し、仕舞何方ニ而も此節ハ拂庭(底)高キ事ナリ、何品ヲ賣り候而も、情限り仕出し候ても、中々行屆間ニ合事ニはあらす、萬端物の不足勝ナリ、夏若大根十本一把代貳匁二分、うど十本壹匁八分、ふきの大ナル所十本結八分、是ニ而考へし、高直なれとも魚類ハ相應ニ有レ之、是も妙ナリ、都合是迄人數何百萬人か知らす、其人ニして宮川內泊り人江は朝夕ニ飯ヲ出し、又三度ニ及候事、米拂庭(底)とも相成候事もあらん歟

一和州吉野郡之人岡本町攝待所へ休ミ、施行の足しニもと金子拾六兩をさし置、其儘にける様ニして出行ける、其譯を聞ニ、妻たるもの病氣ニ而腰ぬけ同前、不自由成る事年しばし、然ルに近比兩宮ヲ信し祈り奉るニ、

此節腰立たり、難レ有キ事ニ思ひける内に御影ニ付群參致ス、人の心根ヲ嬉しく思ひ、居村・近村之者へも夫々ニ金子ヲ寄附貸しニ致し、大和路の中ニ施行も致度存心ニ有レ之、折ふし休ニ付無二其義一、當地之施行場へ寄附ニ差置候との事とそ

一朝熊嶽開帳ハ、二十一歳毎ニて當三月朔日ゟ閏三月廿日五十日か間ナリ、折よくも御影年ニ當り仕合とも言ん方なく、年毎に關東向は是非登山有レ之候得共、五畿内・中國なと一向登り不レ申、此度は上方ニも多分參り、群參之内二分通りハ登り申候ゆゑ、日々の賽もつ納事おびたゝしく、廿日追願して都合七十か間、絶間なく賑ハへる事誠ニ幸甚し也、然れとも宇治・山田之者多く不參もの方か多し、地之者ハ御影ニまきらしき風俗ニて參りしもの、女・男とも趣向色々有、內證々々

○外ニ開帳 牛道量寺 中寺常明寺 無 等淋しさ猫もゆかす〳〵

一二見の浦ハ年毎京都の道者ハ多く、中國・外國のもの稀ナり、此度は群集茶屋々々の泊りなと、土地二三ばいも有レ之、難レ有困り也

一宇治領ニは古市の外、施行事一切なし、法樂舍前茶所計ナリ

右は兎モ角モ爰ニ憎キ取沙汰有、夫ニ付色々落首又は惡口樣々也

河崎施行駕壹挺五人連衣類一樣之出立、宮川ゟ館迄、山の腰ゟ牛谷前茶や迄、是ニ而多く宇治へハ不レ行、然ル處此之路宇治御師參宮人へ申聞しかた施行の事ハ山田かたへ申付有レ之、か樣ニ申聞し山田施行之儀は皆々宇治御師ゟ出し置候ト申事、山田ニ而は數人此事申聞く、右ニ付ためし見たく、河さき五人の駕宇治へ釣り込、御師八幡大夫也、禮義して門前へ下し參宮人衆之樣子申入候、苦しからすト答へ玄關へ、夫ゆゑ釣り込日廻手代出合かしらニ、皆ナ〳〵大義ナりと申けるを、先一ツ耳ニかゝる駕を脇へよせ歸らんとせし折節、彼ノ參宮人皆樣御苦勞被二成下一段、忝仕合之禮ヲ

延るを、手代引取り申けるは御禮ニは及不ㇾ申、此方ゟ申付置候ものニて御座候ト申ヲ聞付、河サキ 例の何ぬかすそい、此方より申付ケたナンノコトじや、最一言《ン》ゆふて見よ、壹人大聲にて申を、四人何じや〳〵なにとコキをるそ、ナグレ〳〵ト立戻りひきずりおろせとさわかしく相成、同役も出るとも四、五人一向いよ〳〵大聲ニておこる、駕施行其方ゟ出したなと、言ふ事ハ何事そ、其返答聞くへし、中々一通りニ而は濟し難くト口々呼り立掛る、もてあまし參宮人もと〳〵斷ヲ申、段々猥《アヤマ》り斷り立候ニ付、あやまり證文ヲ取りても歸りけるそ、氣味よき成る咄しなり

續キ同

小川町駕壹挺三人、是も牛谷茶屋限り參宮人ヲ下し遣ス積り之處、足痛強キゆゑ見るも甚氣之毒ニ思ひ、夫より宇治へ泊り込、御師和泉杢助大夫ナリ、壹人先へゆき參宮人の様子申入ル、駕おろす、足痛甚大悦して長途之處、御苦労ニ預り千萬忝仕合、是レハ途中茶屋ニ而も御同様ニ御酒ニ而もたべ可ㇾ申之處、無二其義一甚失禮なれとも御受被ㇾ下度ト申、◎二百を包差出ス、三人驚キ、コレハ何事そや、我々足痛を御難義ニ見受施行ニ駕をかき申たり、ケ様之義、我々ニ不ㇾ限施行駕壹文ニ而も受ルものなし、無用の義ナリト差歸ヘス、參宮人色々申とも一向取あへず、いとま乞して歸るへき所ニ、隣りかた二酒店アリ、二人少々酒ズキニテ行、壹人ハ酒きらひナリ、駕番して門ト口ニ休ミ居る、和泉の主人□手代かハ知らす、參宮人へ申ヲ聞ケハ唯□御祝義駕もの貰ひ候哉ト言、參宮人イヤ□□一向受られす、遠方ゟ大ニ御苦労ニ預り氣のとく存候なと、申、手代左様ニは無ㇾ之、祝義ヲ貰候ニおいてハ其儘ニ濟しかたく、彼等ハ此方ゟ山田へ出し置候駕のものニ御座候ゆゑ、御禮なと仰られ候ニは及不ㇾ申事ト申たり、小川町壹人 オ、イ、皆こい〳〵早ウこい、二人呼立られ、何じやイ、壹人 今コヤツメガぬかす事ヲ聞ば、節角此方三人して山田より大義なから足痛

ヲ氣の毒ニ思連レテ來て進んせたるを、今も聞ば、此家から山田へ出し置た駕じやトヌカス、濟ん〳〵と申ニ、貳人ハ壹杯呑んで丁度よくコイツガぬかしたかと引キ下し、甚さわかしく相成ヲ隣近所皆々出ル、參宮人も色々挨拶すれども、御前へ方の御存しなき事ナリ、ケ様之申方ハ是迄段々承り候ゆゑ、此儘ニ而は濟しがたく、山田三方會合へ連レ行くナリト、無理ニ駕ニ三人して彼ノ手代を押込ム、段々挨拶入りて猥り證文を取て漸々濟しけり

右之ニケ條は現在ナリ、是まて色々様々御參宮人へ對し、宇治御師宜敷様之間似合口走り、山田へ宇治より施行ヲ出し置候様ニ申ヲ聞しもの數人ナリ、右等ニ付火難之事も人皆如何敷申ふらしぬ、依て落首・惡口いろ〳〵有、是ハ言ハぬかよし

一駕施行最中ニ新町若連風躰ニ色々心ヲ盡し、宮川ゟ館まてハ面白からす、山の腰ゟ古市中之地藏ノ茶屋限り美しき婦人ヲ乘せ、四人連ニて行戻りニも美婦を乘せんと思ひしに、折ふし中居やらにまじくられ、一寸酒なとのんで心よく戻り路に、扇屋の當り坂ヲ老人の風呂敷包ヲ負ひ、杖なと突て足元あしく、駕ヲ見て、御願り御座り升、施行の駕ニ御乘せ下されませトいふ、皆々イヤ〳〵、此方ハ美人ならでハ乘ぬト言、彼老人、御尤ニ御座り升すれとも、甚難義ナものを御乘せ下さるをこそ御影の施し駕ト申ます、何分御乘せ下されト申ゆゑ、四人之うち心やさしきもの壹人、さうじや〳〵ナント、御家かた乘せて行氣ハナイカト、不性無性ニ風呂敷包ヲまへのはふニ釣り、ソンナラ乘らんせト追々來る、折々臭つゑ又ハ休ミなどして下中之郷邊まて來るに、先棒ハ黑天《ビロウド》の江戸はら當《テ》ゆゑ尻出《ダ》しナリ、前のはふの釣り置たる風呂敷のうちゟ、チヨイト何やら喰付、アイタ〳〵ト言ふと、其儘先かた落ス、駕さかさまにうちまける、老人、アイタアイタ〳〵〳〵、後棒、コリヤどうじや、外二人、コリヤ妙じや、九大夫どの丶駕落ヲやられたナト笑ふ、キキヤガレお

どけじやねへト言ふうち、風呂敷ほどけ中より石龜何びきもはひ出ル、四方八方はひ歩行、四人のすあしへはひあかり、大ニおそれてにけ歩行、群集も立留り女《ナ》・子供にけさわく事蜂の發りたるに異ならす、見物之中ニ上之邊の人、此親父ハ小俣のはなし龜賣じやト言と、其まゝ臭杖を持、四人なから、コノホケ親父め、ヨウモ〳〵だましをつたナト、杖ニてさん〳〵に打のめず、アイタ〳〵こ免し下さりませと手を合せ拜ミ、イヤマダコイツトなぐる、アイタ〳〵死ニますトナク、又見物之中ゟ黑ちりめんの羽織着たる山田の人、マア〳〵九大夫かしがひ加茂川へ流し水くらわせよ、ハアーーイヤ〳〵夫にも及ハぬ、宮川の下モにて濟スへし、チヨン〳〵幕

右之噺し聞正しけるに、彼はなし、龜賣ハ朝熊開帳ニてはなし、龜〳〵ト毎日嶽御門前ニ出候乞喰同前のもの也

一馬施行始め之比、小俣宿某馬を借り、馬士も貸ちん高

直ニて相頼ミ、兩三日出しけるか、追々參宮人を乗るに施行とハ言ハす、歸り馬安く乘へしと言て、三ぼ《ン》うかわうじん壹人前何程ト申、參宮人ニ錢を取事常道者の如く、一日ニ幾へんも上り下りしけるゆゑ、駄ちんの馬施主方ゟ貸ちん都合何貫文ト申様成事、一日ニて右の如し、是を宜敷事ニ思ひ、二日め右ニ同し、然ル所三日めの夕方、宮川舟場參宮人を舟へ乘て歸らんとする時、馬俄にぐわや〳〵と成りて死したり、驚キいろ〳〵世話すれ共詮なし、三日ケ間利よく横道を成たる罰にや、七、八兩も出し買得し、馬を何事ともしれすころせし事の愁の出來たるも、神罰恐るべし〳〵

一小俣村之うちニ常に小博奕《ハクチ》ヲ好ミ暮しける者アリ、御影ヲ見かけニ、土手かけの日當り宜敷場ニて、錢遊の穴一、すいなう入ヲいたし置、拔參りの子供をたまし、すいなう入壹文ニ五文ヲ遣し可ㇾ申なと、申、毎日壹貫文・貳貫文ト錢ヲ取ル事夥々敷、或日宮川川原小俣口之方ニ田樂・かん酒を賣小屋店あり、此所ニ而來り

唱ふハ壹貫文、今日ハ貳貫文取候なり、又明日は三貫文ニ成へし、とうふ・酒をあくまで喰ひ、あた口ヲきゝて御影中ニは大名ニ成りて見スべしなどゝ、出方《ハウ》たい成言葉の後、銭拂ハんものと持來りし貳貫文入財布取寄見れハ、中ニ壹文もなく、驚き不思義の事也ト居合候ものをうたかひなとすれとも、元より唯知ルものもなく、詮方なく小言トヲながら不興けに家ニ戻り、此間中の留め置の銭をさかすに、是また壹文もなし、盗まれし様子もなし、十方ニ暮レ篤と考るに、餘り不思義の事ゆゑ、かへってあら〱しく申、評判高く相成候而者はつかしき事ナリト口外せすニ濟し、翌日ゟすいなう入も止めニそ仕たりけるは、深よくものへの見せしめ成べし

一御影始り之比ハ、巾着切小盗人此節の群參の時節到來成りと、一ト働キ仕べしとて入込もの多し、然レ共拜《トリ》田《カタ》の目ニ掛り、直ニ籠家ニ行もあり、又ハせメ調子爲レ差ものニもあらされバ、宮川を送り出し、中々油斷なき中ニも新町柳屋ト申家ニ、施行宿して三人ヲ泊らしけるか、翌《ヨク》日兎角して不レ立、何ゆゑ御參宮ハせぬそと問ふに、ハイ〱ト計り早々出らるべしと言、漸ニ二人ハ庭ニ下りしが壹人動かす、如《イ》何して出《イデ》ぬと言ふに、彼ノ壹人、何をかくし可レ申、御免し可レ被レ下、私義夜前御家の金子ヲ盗たり、唯今立出んにも人躰動かす叶ハすト涙ヲながし、御免しありて大神宮へ御斷ヲ御願ひ上ルとなけきけるこそおかしけれ、能こそサンゲしたるナリ、此方の義ハゆるすへし、神に祈りてわび申べしと申けれハ、皆々恐れ入て大神宮へ御斷ヲ願ひける、人躰ゆるミ留メ臭ついで早くも跡ヲモ見すして急キ去りけり

一施行宿ニて小盗人立事不レ叶、自分白狀したる事御寄瑞、バチリシヨウ之早キ事恐レ入、後悔するの類ひ甚多し

一上之邊の立御師ニ而大勢泊り之中ニ金子入紙入紛失、手代へ此事ヲ聞ト座敷へ出、大聲して、各御聞あれ、

此度御影參無二此上一難レ有事成るに、別して大夫の座しきニて金子など紛失可レ致筈なし、大夫へ申入候所、夫ハ早速知レべく祈禱可レ致ト被レ申候間、各御神妙ニ被レ成へしト大音ニ而申ける、然ルニ角ミのはうより、大夫様御祈禱ニは不レ及レ申、私共其金子盗取、是に御座候間、罰ハ御免し可レ被レ下ト明白に申出たり、手代引キ取りて其主しへ斷りヲ申入、異見などして事なく濟しぬ

一同中程御師是ハ大家ナリ、夜前金子紛失、其國の手代へ頼ミ出テたり、手代座しきニ出テ大音ニて申けるは、大夫申聞候、此大勢之中ニ神慮ニ叶ハぬ人アリ、夫ニ付皆々唯今立るへし、壹人も當家に置事叶ハすト言、ミな〳〵何事か知らす、中ニは立腹顔もあれとも、玄關ヲ出、內庭ニ下り而表門堅く〆たり、番人附壹人も出サス、座敷の大勢ミな〳〵廣キ內庭ニいつる、然ルニ壹人座敷ニてうろ〳〵トして出デス、手代問て、其元ニは何ゆゑ出ぬト言、此者ふるひ出し恐れ入て申、金子盜ミ取候は私ニ御座候ト問ザルに白狀ス、依て此ものヲ勝手へ連レ行、異見を加へ金子ヲ受取、此もの計茶漬けヲ喰し、先へ抜かし立しぬ、庭まて下ルしたる大勢の人數ヲ呼上ケ斷ヲ申テ、神の心に叶ハさる人は知れたり、ミな〳〵元の如く座しきニ入て朝はんまゐるへしとて靜めける、しばらく御門ヲ打しハ如何成事やと近所通行候ものなと、いふかしく思ひしハ此一儀ナリ

一六軒茶屋へ御影始しめの比、茶屋・旅籠屋掛し家多し、三方ゟ道者出る場所ゆゑ其群集泊り人多し、東側中程の茶やに道者の造用貳百・三百・四百・五百文まて取ル上、甚不馳走之事ナリ、或夜泊り人ヲ夜のうちニ追出し、跡にてしばらく休ミしが、表振(賑)ハひ出し、日もたけし様子ゆゑ、亭主男女をおこし、蔀戸を明けんとすれとも一向明カス、いろ〳〵すれとも明る事叶ハす、驚キ恐れて大神宮へ家內不レ殘御詫ヲ申上、御酒ヲ備へけれハ、安々蔀明し也、夫よりして貳百文より多分

ハ取らす
一山田うちニ店繁昌成家ニ價高直ニ賣しもの有レ之、或朝戸明カス、晝ニ成レとも一向明カス、家內驚キ恐れて　兩宮ニ詫ヒて後安々明し也、又代ものより高直ニ賣しもの有レ之、御町內よりしばらく遠慮被ニ仰付一、御影最中ニ戶を閉て居りし家も有レ之、不外聞の事ナリ、宮川より內正直大一ニ致しけるゆゑ外ニは不レ聞
一此度の義は町家株の外に免しゆゑ、旅籠屋同様ニ泊メ中家數多キ事ナリ
一四月へ入、六日・七日比ゟ例年春の振ハひ位の參宮人ナリ、廿日比ニ至り候處、大ニ參詣も落申せとも、諸方チラ〳〵御影ケ成りと來る事妙ナリ、爰ニ當國松坂前ニ言町々追々來る、魚屋町三丁ニ分ル、或日三十人餘り甚美々敷衣類ヲ着し、手しま御座ハ雨具成るにけしからぬ事アリ、少し宜手嶋御座ニ色々の能キ切レヲ用ひ、種々魚類ヲ肩ノ方へ所々臺附ト言ふ縫金絲ヲ用ひ、甚美々敷仕立、中々容易ニは出來さる事ナリ、同所ニ上之酒の樽包の莚こもを雨具ニ用ひ、是又下地ニアル所の老松盃の文字のうへに色々能キ切を用ひ、臺つけ縫金絲ヲ遣ふ、甚美敷事目を驚しけり、是も三、四十人婦人もまじり來ル町の名を聞す、あきれはてたる仕方なり四月すへ五月差シ入、いよ〳〵美々敷出立、人數も男女百四十人迄來ル、見事也
一當國四日市・白子・神戶濱方之村方、金縫の幟を持、三・四・七人計も、一様之衣類ヲ着したる美々敷出立、四ツ竹なとニて囃子來るもの多し
一名古屋ゟ來ル所の風俗ミな〳〵美服着し、婦人なとハ猶よろし、或日魚町二、三十人計、松坂同様雨具の手しま御座ニ金縫ヲ成したる事の目覺し、見る人あきるゝ計り也
一美濃岐阜町方ゟ三十人餘り剛力何人も連、道中筋は美服ヲかさり、長持二ツ共嶋ニ包ミ持來り、御師志毛井大夫ヲ尋ね來ル、趣向の様子委承るニ付、神職ゟ出る事如何敷思ひ斷ヲ申、妙見町ニ差し宿申付候得共是も差支、堤世古松坂屋ゟ出ル、其すかた唐人出立ナリ、

衣類結構ナリ、吹囃子ヲ入、道々唄ふ、館邊ニて唯（誰）レか申聞し候ニ哉、　宮中へハ不レ入、直く通り岡本ゟ古市・中之地藏邊迄行しに、唯レか內宮之事も申聞ケ候ニ哉、不レ參して歸りぬ、色々樣々の趣向ありと言とも、坊主　神前へ不レ通、異國風を成したる事心得違ひナリ、趣向宜とも讚るニ足らす

一津藤枝町《上之町ナリトモ言》より三十四、五人何方かへ催し出候哉、堤世古ゟ表すち吹はやし通る、其有樣十五人程ハ蛙ルの形ニ相成、踊り歩行、美しの婦人四人、是ハ四ツ竹、三味せん五人、すり鉦《カネ》・皷・大皷の囃子、唄ハ常ニ言大坂ふし也、甚面白ク蛙の踊ゆゑ子供大勢、子守り女子なと前後ヲ忘れ付歩行事、夥々敷振ハひ見ものナリ、館は直通り也、宮中不レ入、宇治領も中之地藏切戻り、節角御影ナリと來り、御參　宮もせす如レ此異形ハ言語ニ絕し闇語なる事、趣向は面白くとも悅ふものハ小兒ナリ、笑ふへき有さま也

（奥書）文政十三庚寅年八月　西武郞（花押影）

御蔭見聽集　地

御影見聽集　地　草案

御寄瑞之部　中

一國々諸々ニ御祓天降りし事數ケ所ナリ、是ヲうたかふ輩多し、爰ニ播磨國神東郡家形村之人御師着しぬ、予其人ニ合て委聞しをしるす、全躰此人世間ニは御祓降り、近村ニも降りしなと言ふ事、合點のゆかぬ事ナリトうたがひ、村之內ニ而四、五人ニも此事ヲ語る人も又如何ニ思ふ者あり、爰ニ不思儀成事かな、或日一丁計隔て劍御祓唯今ふり來り候間、急キ來るべしと子供二人來り言、又二人來り、同樣申せども兎や角やして居出兼る處に、又子供二人早く來るべし、唯今來るべしと子供五、六人世話して呼ニ來ル、急キ參りて見る

ニ御祓まひ降り給ふ也、尊ふとさ難レ有サいはん方なく考思ふニ、兩隣何軒も幷ヒ人幾人モアリ、其近家ヲこそ呼知らすへきに我計呼立ニ來る事、子供大勢常ニ見知らさる子ともありけり、寄異の事かな、夫より日も暮近く見えけれども不二取敢一拔出し、二里計ニ而泊りぬ、現在のありがたさヲ覺へしと申されける諸方是等之類ニ而拔出しなり

一群參盛んの比、宮川渡し下知人あれとも不レ聞、兎角乘過無理ニ乘込、あふなき事ゆゑ役人色々制ス、或日向ふ川岸へ最早三方一ト成船、すでにしつまんトしける折、劍御祓空より向ふ川岸へ天降る、百餘人の人々アレヨ〳〵と仰、向心ヲ空ニ成したるゆゑにや、舟もしつます、さんしに舟場へそ付たり、ひがし川岸ゟ見る人其案ンしいケ計也ける、此難レ有サニ貴賤聲上ケぬ

一丹州福智山ニ而旅籠屋某夜毎に泊り人多し、御影始りしより群り來中ニ、賤しき女なと乳《チ》のミ子負たる小兒多く、小へんヲバリ穢キ事、いろ〳〵姿のきたなきをきらひ、亭主此事をおこり、左樣之事ハ此方ニはならす、外方へ行て泊れと寄り取ニしてはたごも高く取、其夜ハ六、七十人も止メたり、然ルニ其翌晩尋ね來るものもなく、門ト先へ道者來れとも壹人も泊らんとせず、兩隣向ふ側へ往く、泊んものをと呼込メとも、イヤト言て泊らす、夫より毎夜其如し、邊り近所ニは群集成る中ニ、其家計泊りなき事ハ前ニ寄り取なく、心のあしきを神の御咎メなりと其沙汰近郷ニ高し

一和泉國何津とか言し漁場、網を曳しか、劍御祓網ニ入て上ル、其數村中の家數ニ同し、五十五けんなり、難レ有事ニ思ひ家別ニ參詣ス、家内代り〳〵ニ參りて村中不レ殘參りたり、御師角田大夫

一群集盛んの比、宮川ゟ内さわかしき折ふしなれハ、國所を正しもせす聞しか、夫婦ニ八才の子ヲ連來る、妻なるもの病後目しいと成り居しか、此度御影を聞、信しをこらし、親子三人出けるニ、八才の子ニ宿元出か

け單へもの壹ツを調へ着せ連立しか、其嶋もやう不レ知、然て宮川船渡し上りて手引たる子の衣類を、是ハよき嶋なりと言、夫ト成るもの聞て其方目見ゆるやト問ふ、されハとよ色品大分ニわかり、見え申と悦ひ、嬉しけなる事限りなく、ミな〳〵悦ひ兩宮參拜して岡本邊まで戻り道ニなりしか、何れへか杖を忘れたりしと言ふて目明かに成たり、三人共難レ有事限りなく悦ひ、外宮へ禮參して歸りける

一丹波路ニて施行駕ニ三、四人申合せ出ル折ふし、貳人を乘せけるか、兩人共壹丁程も過たる處に駕より落る、笑ヒなから乘、又壹丁も行ケば落る、兩人度々落る毎にきず數ケ所、痛ミ出したる所も有、皆々ふしき立候ゆゑ、駕四人、御兩人ハ唯事ならすトとがめしが、兩人白狀して申けるは、我々御影ニあらす、山城のもの也、但馬の木ノ崎湯治ニゆきしもの也、御影ヲかたりしハ勿躰なしとて國家へも寄らす、夫より直かに參宮す、四人も直ニぬけ出しと福智山の町はしのもの成ト咄されし

一國々追々ぬけ出し、津の國ゟはりま姫路御領分おひたゝしく拔出候ニ付、施行も色樣々ニて、御城下の群集行山也、御領主被二聞召一、領地之者いさきよく參宮ニ出る事ヲ面白く嬉しく被二御召一、毎日近習五、六人を召て御恩の御見物成しか、或日殿ニは群集の中へ尊居成されし事有、三度ニ及ふ、近習衆御窺申上、君ニは何事か被レ成候哉と御伺申、皆々の目ニ見えすや卜仰ある、歸城の上咄し聞スへしと御歸城有て後、近習ヲ御召仰けるは、彼の群集の中に白髪の老人白キ馬ニ乘り、數萬の人を下知して、ソレあふなきそ、彼ハ先へ往ケ、是レハ靜ニ、子供ははぐれざる樣に世話する人あり、二、三度ナリ、三度めニは淨衣ヲ着し神の御姿タなりと仰られける

一丹波福智山但馬屋某か女房、世間賑か敷、近邊追々拔參するを浦山しく思ひ、われも參らんものをと、心安キ同士約束しけるを、亭主聞つけ大ニいかり、女房を

呼んて散々ニのゝしりなから足下ニかけけるが、女房けられなから何分參らん事を願ふ、然ルニ亭主けたる足其儘ニ延たるまゝかゝまず、なけ出しの如くニ成る、驚キ色々すれとも直らす、近所親類のもの打寄、大神宮へ御斷ヲ申上、急々女房ニ參宮ヲ免し、路用調達なと俱へ世話し女房ヲ急キ立しぬ、○如様之義、參宮ヲ留候事ニ付、御寄瑞不思儀の事ハ數ケ所有ヲ聞て、爰ニ一ツヲ記ス

一江州八幡在中村ト言處、乘物屋喜兵衛夫婦暮しニ住けるか、去丑ノ霜月ゟ喜兵衛痛風ニ而大ニわつらひ、別而腰ぬけト成、難澁必至ニくらし居ける、此度の御影ニこそ參宮せんと或夜女房ニ此事ヲ語る、女房聞て大ニ笑ひ、世間ニは難澁もの成とも御影ゆゑ、皆々參宮する事なれとも御前計ハ其事叶ハす、出來ぬ事ナリ、旅といふものハ足元こそ大事ナリ、腰ぬけニ而は不二思寄一、思ひ留り給へとそ言聞しけり、女房其夜ハ何心もなく寢入たる、翌朝病人篤（床）より起て着儘ニて參宮せんものと出ける、女房朝常躰起て見れハ亭主ハ不ㇾ居、近邊さかせとも知レす、隣り向ヒの人々決而參宮ニ拔たりといふ、腰ぬけの出る事ハ如何成と思へとも、女房も急ニ支度して、追ふて五里程ニして追付ぬ、うか／＼歩行ゆくを見てあきれて問ふに、今曉七ツ時より出たり、其方ニ出合しゆゑ心附たり、コハ不思儀、コハ難ㇾ有き事かなと兩人しばし留イキヌ、彌難ㇾ有く笠なと調へ夫婦連ニ而難なく御師着す、七ツ時の事なりしか手品ものを預置、先ニ外宮計なりとも急キ御參り申度よしニて、直ニ參宮御禮ス、翌日又兩宮參宮して彌足元皆國ニ歸りぬ

○予か仕へ申御家の旦家なり、出合しゆゑ委敷聞ヌ

一丹後國ゟ男女三拾人計の連成しか、六十餘りの親父心得違ニして廿才計の嫁なるものをおかし交合す、然ルに如何成隱火にや犬の如くニして拔ケす、しはらくハ人目も祕ス、其まゝに居けれとも拔ル事さらになし、連あきれはてたる計り也、罰の當りたる事なりと匈詈《のゝしる》

ものあれども詮方なく、評定して罰をほろほす爲、其人ニさらしない抜るへしとて戸板の様のものニ兩人ヲ乘て、連迷惑といへども捨置れす、かはる／＼釣歩行ける、此さま京はなれ丹波口ニて出合、篤《トク》ト見たる人歸宅して委細ニ語ヲ聞ニ、兩人のさま見苦敷事ナリ、親父の面ハ爪ニ而かきむしくりありしハ數ケ所ナリ、誠ニ兩へんのせつ一流困入し事のよし、如何様尤ナリ、

○此事群集最中唯今筋向橋ヲ通ふるなと言て見ニ行キしもの之有、少しのひまニて後不レ見、宮川ヲ越し行きしなと申て殘念かかりしものも有レ之

○取ニたらす、然れとも聞し儘記レ之

一越後國頸城郡七鹽村權右衛門子　十三才　藤松ト言もの片おしニ而言舌もとほらす、其うへ道中ニ而足痛なるを筋向橋改番所へ送り鐀來る、大世古松原某施し宿ヲ仕けるか、足痛ミ難義の様子手まねして頼ムニより逗留させ置、參宮も駕《カゴ》ニてさせける、下向の後、西川原町中川某ト松原とハ入魂ゆゑ中川ニも施し泊り仕給へと言て越しける、中川家内不便ニ思ひ、まめやかに世話して置ける、其夜寢さすニハ二階ニせんと手まねニておしへけれハ、彼の子足いたく、はしご登り下り難義の趣ニ手まねニて答へけるゆゑ、家内同間ニ置ける中川某か女房又ハ婆なる人、藤松か兩宮ニて戴キ來りし劍御祓ニ洗ひ米、神燈ヲして藤松ニ手まねして教へけるハ、此度の御影ニつき目くら・腰ぬけも愈りしためしある事ヲ二人りして色々手まねし、倶々神棚ニ向ひ信向してありけり、藤松も何事か申て丹誠成しける、しばらく□しつミたる如く拜ミ居ける、兩人も其儘ニさし置てたはこなど呑て、藤松か事ヲ家内皆々不便ニ思ひける、子供の事ゆゑ寢入しにやト思ふ程ニ有けるか、何事カ言、皆々驚キ心ヲつけ聞くニ、テンシヨウ／＼ト言聲ニタこゑ言出しけるト、忽チ天照皇大神宮ト申上ける、家内驚キさわき出しける、此家ハ内四人・手代六人・下女二人有、口チ／＼さわがしく、藤松ヲ取巻大さうとう也、亭主皆々ヲ靜メける、藤松難

レ有しありかたしと卜申、彌物言出したる事の嬉しく家内の悦ひ大方ならす、亭主物靜ニ成て藤まつニ向ひ、國所・親の事夫々尋合ニ、一ツ毎ニ答へけり、元來のおしにもあらねども、數年ケ間物言事の叶ハさりける也、此度の御影ニ付て難レ有ヲ知りぬ親二人り共なし、母なるものニは三才ニてはなれ、生レ付カンのむしつよく、五才の時疱瘡しけるか、カンむし差發り疱瘡ハ重く、爺なるもの不仕合之中ニ難義相かさなり、心痛して風か病氣付て是も相果けり、五才の藤松庄屋方又ハ少しのよしミの世話ニ成り、疱瘡ハ仕すべりけれども、夫よりむしのわざにや、一向言舌廻らす、片おしにハ成けり、藤松其儘ニ年ヲ經て十三才ニハ成りたり、何となく參宮の思ひ立出て斯の仕合也、中川某ハ駕のものを賴ミ御禮參宮ヲそさせける、國所委敷申てより御師廣辻大夫殿へ渡しける、越後の連ニ成へき參宮人ヲ待、言傳ケ歸さんと、しはらく廣辻家ニ逗留させ置れし也、藤松諸方へ遊ひ歩行なとして、二百文又三百文宛の錢ヲ貰しも大分也、衣類用のものも貰ひし也、誠御寄瑞難レ有、聞人嬉しく思ひける

是ニ風說有、拵へおしてく山師の成スわさ也と不二聞入一もの有、藤松遊行・歩行・言ふ所、常躰の子供ナリ、又はやり唄ヲ諷ふ事、其節《フシ》よろし、人皆不盡する事尤とも言ふへし、元來のおしニあらさるをも考へし、信するともうたかふとも人氣ニ寄ルへし

一尾州名古屋城下町はしニ住ける今日くらしのもの、夫婦の中ニ拾六、七才の男子有ける、そろ〳〵遣り出し、附キ合も出來て遊ひ歩行けるか、爺なるもの酒を好ミけり、御影ニ付て思ひけるハ、女房・子ニ申て表向參りなハ彼等も參りたく思ふへし、何卒して拔參りせんと女房ヲ酒買ニ遣しける、其留主こそ卜每度の如く女房ハ酒屋へ行、道すがら表向夫ニ參宮せん事ヲ申なハ免すまじ、能折からなれハ直樣拔參りせんと女連《ナ》ヲ誘引、拔出しける、爺女房の歸らさる間ニ急キ拔出しけり、息子兩親の目合を見合せ居けるニ、家內の樣子ヲ

見て留主成ヲ幸ニして、急キ用意して抜出しけり、親子三人抜出し夜ニ入共戸さゝぬ也、近所ニも氣ヲ付るども何事かわからす、人來れともしき居ゟ入事出來ス、盗人ハ彌内ニ入事叶ハすして明はなしの儘ナリ、宮川内ニ入て親子三人出逢、連立て兩宮參拜して急キ歸宅ス、家居抜出しより七日計も日數かゝりしニ、明はなしまゝニ箸かたし、紛失せさるこそ難レ有く面白キ趣向そ笑しく

一群參最中安産したる婦人諸方ニ有、中にも八日市場宇仁田某か門ト先にて出産ス連二人有、宇仁田世話して手代某か家ニ而逗留させける、又岩淵町香具屋喜之助方庭ヲ借り、しはらく女同士四、五人休ム、兎や角仕るうち壹人安産ス、近邊組合寄集り種々世話しける、逗留ヲ進メけれども、禮ヲ演て直様歩行して宮川さして出行ける、又河崎町小川某施行泊り仕ける中、女三人連ヲ宿トス、其夜壹人婦人安産ス、亭主驚キ婆なと呼寄せ、家内召使ひ多キニ付手厚く世話ス、外ニ人ハ十三才・十五才ナリ、子供同様なり、當地へ入込候計御參宮も未レ濟、亭主申處ハ産火百日ナリ、折角參り來し事なれハ肥立候まで逗留可レ致、日も立候而目出度御參宮之上可レ立、又色々馳走して留置ぬ、二人の子供ヲ手代なト案内して兩宮又ハ朝熊、今日は二見など、毎日毎日見ル事あれハ連歩行ける、産婦ニハ人ヲ附置、殊に男子ニて有けるヲ家内大ニ喜悦して産着一ト重ヲ縮めん様ニて仕立呉レ、下女ニ守りさせ育テける、國家へハ書狀ヲ以知せ遣し、滞所なく奇得ニ世話そ行屆キけり

一寶永・明和の御影ニも犬の參りし事有、此度の御影にも幾ツも參宮ス、一日ニ七疋も來りし事有、道筋之犬一向ニかまふ事なキこそ奇妙ナリ、牛ハ此度ハ參りし事ハ聞す

　犬常々春方參る事折々也、かへつて常參りに出し有、

　此節ハ群參ゆゑ犬の事ハ珍らしからす

一本願寺一向宗門徒、意違ひニして神明ヲ信する事ヲせ

す、田舎の寺僧ハいよ〳〵伊勢の事ヲないかしらニなし、參宮なとハ免さす、兎角宗旨の宜樣ニ云廻し、神敵ニ成る樣なる事多し、然れとも此度の御影にハ五畿内・紀伊・中國邊・近江・ミの・尾張より茂夥々敷參宮ス、門徒之事ハ此方ゟハ一言も譏る事なし、如何敷宗旨ナリ、又日蓮宗ニも常々天照大神ハ此宗ニ祭拜する事なれハ、他の事ハ一向するニ及スなと、是も又如何敷宗也、然レ共前々言國々ニは多分ハなく聊の事也、此方ゟハ譏る事ナシ、一向宗ゟハ尙かたく、是も又如何敷宗旨ナリ、此兩宗旨之もの參宮ニ付て、色々奇異の事有とも、伊勢のよしなニ言なすニ當るヲ思へハ、言解事もわろへしく不レ記

一四月廿日比、先達而宇治燒、宮中ヲけがし、荒祭宮燒亡ニ付テ、神宮傳奏轉法輪樣より諸大夫丹羽出雲守殿、藤波樣ゟ雜掌水口常陸殿ヲ附添御越、宇治ニ有テ暫く逗留、御見分御聞たゝしも五、六日ニして相濟御引取被レ成たり、此比御敕使の事も薄々噂有レども、公卿の御名は知れさりし、荒祭燒亡ニ付大宮司殿御事多キ事ナリ、外宮神宮方ニも急集會、又ハ夜通し度々集會にて御用多キ事なりし

一五月朔日比ハ公卿御敕使葉室右大辨宰相樣御參向之由相聞え、御師藤田內匠殿ナリ

一同七日雨天、公卿御敕使葉室樣・藤波樣・忌部・王使・官幣御參向、葉室樣藤田內匠ニ御入、同日御內見、八日御神事、人垣四百人、御神事節ゟ快晴、內宮同日、九日明七ツ時、藤田內匠方へ御引取、直樣御膳後御機嫌よく御發輿可レ遊候事、右ニ付山田施行所御通向場所こと〳〵引取仕舞けり

一同十日過迄ハ諸國參り殘り多く來る、別而尾張・伊勢路近廻り、參宮唯々衣類ヲ同ふし美々敷ヲ專ニして來る、見不レ聞事ハ委しく記ス事の出來兼たり

一此程ハ田方植付ニ而參りも薄く相成り候處、又々諸方ゟ參り來る事大分ナリ、三州・遠州・四國ニ而は伊豫の國・諸國少しツヽ、相交り來ル、就レ夫同廿日過ニ相

成、山田十二郷申談し、三ケ所ニ改番所ヲ立ル、上ハ筋向橋、中ハ丸辻、下ハ岡本町、中程ニ先達なとハ違ひ立派成番所ヲ出來ス、外ニ町ニ思ひ〳〵ナリ、春方とハ施行所も引而閏三月・四月の様子とハ大ニ違ひ、參宮人多しと言へども甚薄キ事かな

一内宮荒祭宮五月朔日ゟ三ケ日ニ假り殿ヲ急キ立けり、又後ニ六月五日改假り御殿ニ御遷幸有レ之候事、新御殿八月朔日迄ニ調へ、八月十一日御日時之通　正遷宮相濟

宇治焼出之事ゟ此一儀は御影中ヲ記ス事ゆゑ、凶事ゆゑニ委敷ハ不レ記、前々如レ言別ニものして委細記ス有

三月晦日	貳百人	阿波國御影計 兩渡しニ而	
閏三月朔日	千人	同斷	同
同二日	上渡中嶋口 貳千人	阿波計 〆三千人	下渡し中川原口へ 千人
同三日	上渡し 六千人	紀州・和泉交ル 〆壹萬千人	下渡し 五千人
同四日	壹萬三千人	同 〆二萬三千人	壹萬人

同五日	貳萬五千人	同 〆六萬三千人	三萬七千人
同六日	貳萬三千人	同河内交ル 〆六萬五千人	四萬貳千人
同七日	壹萬九千人	同 〆七萬貳千人	五萬三千人
同八日	壹萬三千人	阿波・紀州・和泉御内 〆二萬九千人	壹萬六千人
同九日	壹萬四千人	同 〆五萬三千人	三萬九千人
同十日	壹萬三千人	同攝津交ル 〆五萬五千人	四萬五千人
同十一日	壹萬貳千人	同 〆五萬二千人	四萬人
同十二日	壹萬千人	同 〆四萬九千人	三萬八千人
同十三日	壹萬貳千人	同 〆五萬貳千人	四萬人
同十四日	壹萬三千人	同 〆五萬五千人	四萬貳千人
同十五日	壹萬四千人	同 〆六萬四千人	五萬人
同十六日	壹萬九千人	同山城・大和交ル 〆九萬四千人	七萬五千人
同十七日	貳萬人	五畿内 〆拾萬人	八萬人
同十八日	貳萬千人	同 〆九萬七千人	七萬六千人
同十九日	貳萬四千人	五畿内・はりま・江州 〆拾萬九千人	八萬五千人
同廿日	貳萬三千人	同　伊賀 〆十萬九千人	八萬六千人
同廿一日	貳萬四千人	同　丹波 〆拾壹萬千人	八萬七千人

同廿二日　貳萬三千人　同 〆十萬七千人　八萬四千人
同廿三日　貳萬六千人　同 但馬 〆拾一萬六千人　九萬人
同廿四日　貳萬八千人　同 因幡 〆拾二萬八千人　拾萬人
同廿五日　貳萬七千人　同 いせ・ミの・尾張 〆十三萬七千人　拾壹萬人
同廿六日　貳萬八千人　同 諸方 〆拾四萬八千人　拾二萬人
同廿七日　貳萬三千人　諸方 〆拾二萬千人　九萬八千人
同廿八日　壹萬八千人　同 〆拾一萬千人　九萬三千人
同廿九日　壹萬九千人　同 〆拾一萬七千人　九萬八千人
上下渡し人數計りて
〆都合貳百廿八萬千貳百人
前文曰　湊・二見・二軒茶や・神社・河崎着船　人數幾萬人　計りかたし

四月分　上下　渡し諸國

朔日　上 壹萬七千人 下 九萬七千人　〆拾一萬四千人
二日　上 壹萬貳千人 下 八萬五千人　〆九萬七千人
三日　上 一萬三千人 下 九萬六千人　〆拾萬九千人
四日　上 壹萬千人 下 九萬五千人　〆拾萬六千人
五日　上 壹萬人 下 九萬六千人　〆拾萬六千人
六日　上 壹萬人 下 九萬八千人　〆拾萬八千人
七日　上 七千人 下 七萬五千人　〆八萬貳千人
八日　上 八千人 下 八萬人　〆八萬八千人
九日　上 五千人 下 六萬人　〆六萬五千人
十日　上 五千人 下 六萬五千人　〆七萬人
十一日　上 四千人 下 六萬三千人　〆六萬七千人
十二日　上 三千人 下 五萬人　〆五萬三千人
十三日　上 貳千人 下 四萬三千人　〆四萬五千人
十四日　上 千五百人 下 四萬人　〆四萬千五百人
十五日　上 千人 下 三萬六千人　〆三萬七千人
十六日　上 千人 下 三萬七千人　〆三萬八千人
十七日　上 八百人 下 三萬人　〆三萬八百人
十八日　上 千人 下 貳萬三千人　〆貳萬四千人
十九日　上 八百人 下 壹萬八千人　〆壹萬八千八百人（二萬六千人）
二十日　上 八百人 下 壹萬七千人　〆壹萬七千八百人（二萬五千人）
廿一日　上 六百人 下 壹萬五千人　〆壹萬五千六百人

廿二日　上七百人 下壹萬六千人　〆壹萬六千七百人
廿三日　上六百人 下壹萬七千人　〆壹萬七千六百人
廿四日　上六百人 下壹萬五千人　〆壹萬五千六百人
廿五日　上七百人 下壹萬五千人　〆壹萬五千七百人
廿六日　上八千人 下四千人　〆壹萬貳千人
廿七日　上 下　留メ川　〆
廿八日 上渡書後明キ川　上壹萬人 下留メ川　〆壹萬人 上計
廿九日　上五百人 下四千人　〆七千五百人（ママ）
晦日　上四百人 下六千人　〆六千四百人
上下渡し人數計りて
都合百四拾四萬四百人
尾張 三河 遠江 湊 神社　着船人數幾萬人哉計りかたし
一芝居之義は五月中茂夥敷大入々々なり、口之芝居ハ月切ニ相仕舞、奥の芝居ハ六月廿日迄追願ヲなす、御影ニ付て當國のうち見物多し、芝居師大徳分ヲ得たり、奥の役者惣中衣類ヲ揃へ御影參り有、口之芝居役者之中、市川團十郎、前野喜大夫方ニ而大々御神樂ヲ執行ス、去年も坂東彦三郎、喜大夫方ニ而同上
一五月廿日比ゟ、伊豆の國濱方志州鳥羽へ向船ニて折々大勢連上り來ル、御師松尾主計大夫殿多し
一江戸ゟ茂抜參來る、箱根御番所之上も參宮抜參之由ヲ斷申上候得は、御憐愍ニて事濟候よし
一相州箱根御番所ゟ小田原迄之間、村々夥々敷抜出し、御番所ニて抜參りし由ハ聞えたり、路金ハ持しやト御尋、なしト申上時ハ路金持追人來るへし、暫く扣へ待ルへし有、追人來らすとても、さん〳〵扣へし上は通ルへしト御免し也、路金有やト御尋之節、少々用意致し有ト申上時は、直樣通れト有、御上ニも御憐愍之有事ヲ思ひ、難レ有く直樣通る事の嬉しさよト語られし
一五月中、雨天勝ニて人皆大困りなり、江州中仙道越智川ニ而川支ニ出合、諸人難澁して是非越さんとする時ハ、壹人前貳百文ヲ出し諸人越レ之、抜參りの女・子供越さんにも貳百文ヲ取、依レ之抜參り各渡りける、

心安く足ひさまてなくて川水淺く、抜參りの分ハ足さき少しぬらしたるまてたやすく渡りけるを、川越シ之者諸人買ン人なと越んに甚深く、川岸ニ見物したるものハ奇異の思ひヲ成たり、此節越前敦賀邊の買ン人、餘りの不思義難レ有く思ひ、一向宗なれとも國へも戻らす、先ニ參宮ヲせんものと其場より直ニ來りぬ、御師ニ入て此事委敷物語り有ける

五月朔日	上下渡し下方多し	七千四百人
二日	下多分	六千四百人
三日		六千四百人
四日		六千四百人
五日		五千三百人
六日		六千三百人
七日		七千三百人
八日		九千三百人
九日		壹萬四百人
十日		九千三百人
十一日		八千三百人
十二日		八千三百人
十三日		九千三百人
十四日		壹萬三百五十人
十五日		壹萬三千四百人
十六日		壹萬六千四百人
十七日		壹萬八千五百人
十八日		壹萬八千四百人
十九日		壹萬九千五百人
廿日		壹萬八千五百人
廿一日		壹萬七千四百人
廿二日		壹萬六千三百人
廿三日		壹萬五千三百人
廿四日		壹萬四千三百人
廿五日		壹萬貳千三百人
廿六日		壹萬三千八百人

廿七日　　　壹萬八千四百人
廿八日　　　壹萬貳千三百人
廿九日　　　壹萬千三百人
人數計りて
都合三拾四萬貳千四百五拾人
當月湊・神社・河崎へ向舟ニて來ル事夥々敷
尾張三河遠江　人數　計りかたし　幾萬人
一寶永御影最中人數高之日貳拾四萬人、明和年中之人數高之日拾八萬人ト御蔭神異記ニ見えたり、此度最中之人數十四萬人ナリ、先年トはおとり候、然れとも前日入込候人も出テ行ト、今日入込人數を計り見れば廿五、六萬人之群集ナリ、右人數書は宮川兩渡し役人榎倉殿へ人數改書ヲ上ル、夫より三方御會合・小林御奉行所へ上ケ御聞しなり
五月御敕使十五、六日時分ゟ又候、御影參りも春方の樣ニもあらすとも續て來る事ニ見えけるゆゑ、山田十

二郷申し合せ、改メ番所ヲかまへたり
筋向橋　上三郷幷　浦口　二俣　小川町　中嶋　上中之郷　下中之郷　八日市場　毎日町代兩人
改番所　添役二人　火消・小使等相掛り
番所のかまへ立派ニして外宮十二郷ト申幟ヲ立、挑燈も同しく文字ヲ置、千キリ棒ヲならへ立、番所ハ高く休ミ所ハひくし、幷ニ茶休、又は難澁ものヲ泊らしむ場所ヲ出來へたり
丸辻　中組　曾禰　大世古　一之木　一志久保　宮後　西川原　下馬所　前野
改番所　　勤方仕方同斷
岡本町　下三郷　岡本　岩淵　吹上　妙見町　河崎　舟江
中之切
改番所　　勤方仕方同斷
新町客屋中　中川原・山神・森の下、春方同樣　此義は枇杷葉湯ヲ施しける
八日市場　同樣ひはえふ湯・砂糖水ヲ施ス
館ニ而宮後西川原　攝待所粥ヲ施ス、六月廿日時分迄ハ米貳俵ヲ粥ニス、六月中ニて止ム之處、又八月ニ至ル
同　河崎町ゟ毎日　草りわらし　千足ヲ施ス
妙見町野間屋　粥ヲ施ス
右之外、吹上・一之木・走下・新町・中川原ニ而も春

方ニ同し、攝待所有、施し泊メ有
一茶休ミハ神社道・二見邊在々迄有レ之
古市口之芝居前、改番所　春方之通六月御祭まへ引取
止ム
宇治法樂舍前、攝待所　春方ハ茶休ミ計なりしか、如何なる人の施しにや、此節ハ毎日素麵ヲ鱠皿ニて施しける
六月中ニて止ム
中 一丸辻改番所、六月晦日限り引取ニ相成候事
下 一岡本番所は七月十日迄ニ而引
上 一筋向橋番所は七月中有レ之積り御座候、又八月ニ至
右何れも爲レ差群參も無レ之、然ルニ仕掛事々敷候故、
日々物入等多く、少々揉メ合候事も有レ之哉、評判あ
しく
一七月十日比、相州・上州御影參續て來る、相州平塚邊
ニも御祓天降り候由、小劍先守祓ノよし
一信州も御影之由申來る、相州上下共吉田乘り多し
一紀州様御城内より犬壹疋　參宮ス、御書物有レ之ニ哉、
宿々駕ニて繼立來る、六月末ツかたの事ナリ、春木様
へ向到着、一夜ヲ泊らし馳走有りて、參宮之節ニも役
人ヲ附て御祓御受狀ヲ添て小俣宿へ向、同様駕ニ乘せ
送り遣されしこそ、犬にハ事々敷事共なり
一八月朔日、參宮人毎度地參、河向ィ御絲之郷抔多く賑
ひ候事、然ルに内宮荒祭宮・風宮御白石抔有レ之、何
ニ遠國參宮人にハ駿遠三之三州・相州・上州・ミの・
尾張・江州ナリ、通り筋甚賑ハ敷事也
一相摸國御參宮人之事ハ極月ゟ正、二月參詣人男計來り、
女ハ參るへき所ニてなきよし申、國中の言ならハし、
女ナハ一向參らざる國ナリ、但し箱根御關所有ゆゑに
哉、此度ハ御影ナリとて女も夥々敷出ル、子供も多分
來り候事
一同二日、予櫛田川邊ニはせ越、天神ニ詣ふする朝早く
出ルに、一志町よりして其道者入込事多し、朝之内ハ
宮川舟壹艘成りしか、夕方戻りにハ舟三艘ナリ、櫛田
川も三はいニて渡しける、其日ハ終日參宮人切ル間な

く、其中ニも駿河國多し、府中ゟ女道者夥々敷事ナリ、目印幟なとも持來る事、前の群參とはおとれとも中々賑かしき事かな

一妙見町には町中相催し御蔭參り有レ之、八朔にハ神社町中之妓女六十人參り一行ニ連り、木綿ニハ有レとも空色ニ、裾もやうハ帆掛舟ニ杓のもやう、紋所ニは丸ニ杓を附て、帯ハ銘々晴帯ナリ、日傘ハ紅キ紅葉ナリ、甚美々敷趣向ニ而よろし、所々に男世話人引添、神社ニは古今の催し甚讃ス

御蔭ニ付宮後西河原町施行金

一金三拾兩　御出勤年寄衆町賄中五人
　　館施行所初候節出金

一同拾兩　御出勤御年寄　大學様・伊賀様・勘右衛門様・內藏様・主計様・雅樂様・圖書様
　　七人

一同四拾兩　九人ゟ賄外　脇田・中川・西嶋・榊原・岩出・山原・井筒屋・道平・河合

一同金壹兩三歩拾五匁　表宮後　組々家別進候事

一同七兩　館

一同拾五兩貳歩　堅宮後

一同拾兩　西河原

一同拾兩壹朱　四津谷　予も金三朱出ス

一同三兩　鍛冶屋垣外

一同三兩　後野

一同五兩　辻之町

一同貳兩貳歩　上部縫殿殿ゟ

一同五兩　神宮衆中

一同貳歩　藤田內匠殿

一金壹兩壹歩　內匠殿取次

一同壹兩壹歩　藏田左兵衞殿

一同壹兩　松田大夫殿

一同貳兩貳歩　足代南倉大夫殿

一同壹兩　逐沼主水殿

一同五両　　室田源兵衛
中川定右衛門
河村金右衛門　ゟ
〆金百五拾七両三匁
一金五拾両　　施行始御賄中ゟ
〆
外ニ米・薪木・大根漬・種々雑物・色々寄進もの有
右御影相濟之後、極月ニ至、少々ツヽ、割戻しも有レ之、
算用正敷事ニ被レ存候
宮川ゟ通り筋町掛り、何方も同様之事哉、別而當町始
〆終り迄ニ而甚よろしき取沙汰ニ有レ之候事

一河内國石川郡水分村ト申處、北地彌右衛門ト申家、毎年予旦廻候之節ニ夜ヲ泊ル、色々世話ニ預り數代信心之家也、家内九人有、五人ハ四月迄ニ參宮ス、然ル所五月廿九日晝時、庭成牡丹之葉ニ劍御祓天降る、折ふし雨降出し親子兄弟田方ゟ蓑笠ニて戻り掛に見レ之、前ニ家の上ヲチラ〳〵降るヲ見る人ありて尋ねどもしれず、雨あれども御祓少し茂ぬれす、誠ニ南向ニして正敷立り、取上ケ神ノおしきニ上ル、又近所ニも小杉の木ニ南面ニ立り、近所近村ニも所々天降る、彌右衛門難レ有思ひ、氏神の神主ヲ頼ミ床上ニ直ス、右之由御地頭へ届之爲庄屋方ニ頼ニ行、留主の間ニ近所寄集り餅ヲ搗、大節餅ヲ上ル、御酒追々上ル、村中參詣ス、當村氏神水分明神ト申、氏子十八ケ村有、是追々參詣、木綿大幟ヲ立、夜ニ入挑燈ヲ上ル、御酒・備へもの、御初穗ヲ上ル、幟・挑ちんニて夜中ニも寄附の竹馬・俵もの積、酒樽積立、寄附金村々ゟ上ケ甚群參夥々敷賑ひ也

爰ニ又近村ニ市村ト言所あり、御影踊りと言ふ事ヲ始メ出す、村中男女大勢一様之姿、手かふ・脚半・半着物ヲ風手《ハテ》ニ染成し、踊の手ヲ附ケ、大鞁・三味せん・手拍子抔ニて面白く囃子、先産神へ參り踊、其後は御祓降り候家々へ來り踊ル事ナリ、是河内國ニて初メ村ナリ、次ニ水分村同踊ル、追々村々色々ニ踊の手ヲ付、

囃子は所ニよりてハ四拍子、品よき踊り、衣類も美々敷所も多く中々物入絶々事ナリ

彼ノ彌右衛門宅ニ而は、右十八ケ村夫々踊り毎に來り、踊候事ゆゑ、其節ハ酒ヲ出し、結ヒ飯・煮〆ものなと出し、夥々敷入用ナリ、然レ共寄附物有レ之ニ付、爲二差入一立ニもあらす、酒三石貳斗ヲ呑、米三石五升ヲ喰たるよし、其入用七百廿匁、然ル所寄附花金六百四十匁寄ル、差引残金壹兩壹歩計不足、入立ニ相成候趣、其節の算用帳ヲ見せられ候事、誠に難レ有事夥々敷仕打也、昔古の御影ニも如レ斯の例ありやなき哉、古稀の人有レ之とも噺しもあるか

御影踊り之事ハ、其國・其所々色々様々之衣類美々敷面白き事ニ候、村中老若男女さわき立、中々夥々敷物入也、河内國不レ残踊仕舞、大和國ハ奈良在より始り國中右の如し、山城の國ハ山崎・八はた邊、宇治のあたりなり也、趣向ハ色々ナリ、先八幡宮へ參詣いたし、夫ゟ方々へ踊り歩行候事ナリ、南山城計ノ事ナリ、霜月中踊り、囃子ハ其土地ニ寄りて上手・下手、踊り之美々敷所も有レ之よし

踊り唄ハ伊勢道中之ヤァトコせいの直したるもの也

唄ハ四・五ツ先に記ス置　附録ニ見ゆ

一興ヲ記ス　下　自然悪口ニ當り候事有、免レ之テ何事も左ニ申處ヲ見て察し給へ

なの葉　作りかへ

おかけといふ事ハ、阿波はしめけん、外の在所もうはの空仝、伊せさままゐると、はやすこゝろのあどなさよ、どれ〳〵さまの參りでも、へつにちがはぬ杓《しやく》ひとつ、おごりまゐりハもつたいなふて仝、こどもぬけたもをしひかと、なんぼでとめる、けふの宿

黒髪

來る笠の、御影と書て、いせ路をは、ぬけて出た夜の、ありかたき仝、それハうれしく、伊せしやといふて仝、ぐちなをんとの、こゝろとしらで、しんと吹たる神の風、ゆふへの夢のいまさめて、ゆかしなつかしやるせなや、積るとしらで、つもるたふとさ

當年御蔭始阿波畿內續拔越搓
歌押合壓逢應繼息施行白粥水
尤多

うかれの月

年をへし、おかけもことし、めつらしや、か丶るをりから大坂も、せきやにつとひ、ゆく中に仝、おもハぬ人も、せんぐりぬけて、今ハ野山の人、くんじゆ仝、すめるところをかさるもしるし、くるハゆすりのつれのかず仝、人にてつまる宿のうち、ひろいさしきにつきなからせもふ仝、ね□□□まごとまごと、こんなおかけか、唐にもあるか、戸さ丶ぬ御代のはるならハ、こぞりてはやた丶ん

御影參拔る記　一名　拔杓

夫天地しゆんかわんして五行を生し、五行起りて四季有されハ、春過キ夏來りて歲月時日六十年を一順とし、廻り〳〵て暫くも止す、焉に御蔭參りニ逢ふ事備り、遠き昔ハ知らす、近くハ寶永二年閏四月ニはしまり、夫ゟ六十八歲にして明和八年の閏四月に此事はやり、明和八年ゟ今年文政十三年迄六十年ニして、閏三月又々此事行れぬ、老たるも若きもしやへ（差別）つなく、勢廟ニまうてする事夥々敷、其元は阿波・淡路ゟはしまり、次第ニおし移りて泉州・攝州・紀州・播州之地ニ渡り、京地ニはやりかけしより、橫町豆腐屋のむす子も、板東町の鍛冶屋の丁稚も拔、追々ニ我も〳〵と拔る程ニ、金岡か畫ける馬もゆふへ拔ケ、升おとしの鼠も今朝拔、風與くつさめしたかぜも一てきニ拔、或ハ主人か間ぬけなれハ手代か拔、亭主かふぬけで嚊かぬけ、祖父か腰ぬけで祖母かぬけるも、爰の辻てハ犬の尻かぬけ、かしこの人立ニは手拍子て、齒のぬけるあれハ道中の、群集物すさましく、宿屋々々の風呂の底かぬけるやら、桶の輪ぬける拔ケそこのふて拍子拔、あげ句のはてにハ正根かぬけ、鼻毛か拔、そろ〳〵知恵も拔る樣子な

れは、餘りの事ニあきれると、おとかひかぬけ、しきりニわらへハ□か西國へはしるはつなれども、これもやはりいせへ抜るハ、扨々古今珍らしき事ナリ、されハ此抜目のない時節ニ如レ此抜る事のはやるハ、全く世のゆるやかに成るへき印なれハ、みだりに此書を造りて悦ふものハ、難波の足早に伊勢の濱荻をたとりたる不日思座の朝立なりき

・又曰、是ゟ豊にして抜目の多キ世の中に立歸る印なるべしといふものハ抜りしかふをおもひ

月磨呂しるす

定而一心千里如二隣家一

御影參りしきりニして阿波國より凡五、六萬人出る、依りて領地の殿様ゟ二百挺子駕子四百人の歩役ヲ出し給ひ、道中足痛めるものをたすけ給ふハ、誠ニ聖代のしるしと難レ有くこそ

難波津にかくや此駕抜參り今をはつ見とかくやこの駕

　大勢首尾よく抜たるを見て

しかうして願ひ叶ふや抜參り

ぬけまゐりの五文字を句の上ミに置て、狂歌よめるとあるに

ぬつくりとけたいな影てまきらかしいせ路をさしてりきんてそゆく

道々の施行をかけてすつくりとぬれ手て阿波のお伊せ參宮

千早振神代もきかすたつたいま嗅つれやいもミなぬけるなり

抜參り追人のものニ逢坂の粟津もおなしいせの同行

御祓のちはやふりしハうそにせよまつるこゝろの誠こそあれ

諸國おかけ參　忠臣藏九段目　拔文句　浪花作

風雅でもなく
しやれでもなく　老人の拔參り
□(此)ほどの心つかひ　大勢人遣ふ親かた
とんと繪ニ書た通り　二軒茶屋より
□□□(きやう)とい事しや
なイカイのふ　ひかしを見物
留てもとまらぬ若氣の　雨具なしきやはん
短惠　笠なし回なし
たすきはつして　小女郎下女連れ
飛で出る
主人を大事に　しみたれか
存るからわ　やまいもの
おたつねニ預り　堺萬代　八幡宮
はつかしい　兵庫　大山寺
ほんニかうとは　滿願寺の開帳
つゆしらす　壺さか

わたしか役の　乞《キ》食《ゲ》のぬけ參
二人りまへ
冥加のほとが　めしごりニ
恐ろしい　飯つめた施行
イヤ〳〵それハ　忌ミ服クなし
ひか事ならん
そこ意をあけて　質札質札とうちがひ
見せ申さん
もつたいない事　さら駕の施行
おつしやります
とふも顏か　相の山　お杉
上ケられぬ　お玉
し□(や)うもやうも　芝居
ないわいなう　富の札屋
□(我)爲の六韜　道中記の
三略　ほとこし
合點かゆかぬ　所々ニふる

是かやどふじや
しやうこヽにて
見せ申さん
そりや眞實か
誠かと
移りかはるハ
世のならひ
さわ〳〵とみぐるしい
はつかしいやら
かなしいやら
日本一のあほふの鏡
寐閨の契りも
一夜きり
一別つ已來
珍らしい

御はらひ
しわんぼの
ほふしや
御祓さま拝ミに
來る人
笠屋
の新ニ店
杓や
男女百人組
三文ツヽ貰ふ
美しもの
ヱラゆすりのそろへ
はふしや宿の
チヨイつまみ
古市の子供きれ

言葉もしどろ
足とりもしとろニ
見ゆる
ふる時ハ少しの風ニも
散り輕イ身てござり
ませうともあの如く
一致して丸めた時は
□（御）計略の
念願とヽき
むかしより
今ニにいたるまて
嘸本望で
御座らうなう
天照す神の惠の御影にて
くらうなる程つまる群集

笠賣り
杓うり
宇治橋のなけ
錢ニ深山
朝熊の
深江の笠や
萬金丹
天照皇
大神宮
御奇瑞
御師
末社禰宜

同　太功記十段目抜文句　　浪花作

御恩ハ海山
杓屋・笠屋
かへかたし
御遠慮なしニ
施行風呂
御先へ參る
心残りのない
いち〳〵呼んで遣る施行
やうと
逌の武智も
聞しよりハ
きやうてんし
參詣群集
なう口へわしや
満願寺 壺坂の 開帳
慥ニそれと
道中筋の取沙汰
承ハらす
しるしハ目前ニ
所々ニふる
是ヲ見よ
御祓さま
百萬石に
施行やと
まさるそや

千なり瓢たん
堺より幟施行
馬しるし
適れ高名手柄して
當世流行のそろへ
とかくするうち
施行寄り合
時刻かのひる
心に掛り候ゆゑ
手ニつかぬ職人
思ひ置事
路金ハ持揃へハ著たり
さらになし
施行ハ貰らひ
殘念至極と計にて
長谷より戻た人
今一度御顔か
前へおかけに
見たけれど
逢ふた老人
先達ツ不孝ハ
子供抜參り
ゆるしてたべ
互に手を取
二十人組
取かはし
三十人組
ヤア
八才の子
珍らしい
白馬に乗り參宮

まつこと笑た
　その顔か
あたりまばゆき
　出テ立チハ
他家へ縁つき
　して下され
聲聞つけて
　　十次郎
かなしさかへす
　わらひ顔
和田ヶ崎弓手ゟ
　追々つゝ〳〵
をがむわいのと
　てをあわし
母さまニいゝ
　おまへまて
目出たい〳〵

美しものニ
　遣る施行
色町の揃へ
大ゆうじ
　大れんじ
諸方から
　玉造御見物
銭なしの抜參り
九州・中國の參宮
追手ニ逢た
　抜參り
途中て逢た
　抜た同士
伊せ御師

　嫁御りやう
若しさとられたら
威風りん〳〵
　りんぜんたり
女ナ童の
　知る事ならす
阿古や琴責の段抜文句
猶も非常を
　いましめの
いつ迄もせめら
　りやうわいな
ヤアきやう〳〵し
　静まれ〳〵
こりやヤイ
　阿古や今日も
聲もかれ野々

　禰宜どの
施行場へ來る非人
伊勢大神宮
大神宮の
　御寄瑞
神都の作
宮中番ヲ始て
　町々言渡し
宮川の船人
施行宿の世話人
　賣切レてなし
中川原へ出るびくに

自身の慰ニ　施行駕ニ出る
氣はらしを　ゆすり連中
やらる丶な

夢と覺ても　宇治燒人數
跡もなし

さつても　萬金丹店
きびしい

それはと問ど　司家の玄關
人もなし

尾張國より　此節少々始まる
是ハ又　宇治ニ泊り合ス
思ひも寄らす　道者

あつばれの御奉公　久保倉平馬

參りニも　施行の粥喰ふ
下向ニも　壹文なし

きよろつく顏に顯れたり　子を失ひし親

萬人の譏りを　長官の
受ても君《ミ》壹人の　施行なし
心に叶ハヽ

調子ニのらぬ　上三郷の師職六人衆

しらぬ事ハ　岩崎大夫の主し
是非もなし

不便を加へ　はくれて
尋とい候得とも　鳴ク子供

いケ樣これハ　白札取し
かくもあらん　旅籠屋兇し

つかれたる　攝河泉の
氣しきもミえぬ　若手連

煙ハたゆる　所々の攝待所
時しなき

おまへかたも　商人同士
情出して

表ハ忠義に
　見せかけて
山師《ヤマシ》等か施行の
　儲ケ事

此子か女子の
　子なら
かどわかさんと
　するもの

互ニ顔を
　見しり合
毎日歩行乞喰《キゲ》

虎の威をかる
朝熊の開帳

韃弓の弓の
　やから責
間の山

おはりなけれハ
　始もない
宮川ゟ宇治迄の人

すく成道ヲそ難有キ
兩宮の御恵ミ

琴責のたん

雨《あめ》の道近しといへ共、是を行《ゆか》ハ憂《うれひ》なん、今の日ハ長しといへども、宿《やど》へ着迄《つくまで》ひまどりなん、道を急事《せくこと》此理にひとし、されハ御影の始りて猶《なを》も世上を禁《いましめ》の、御祓《ミてき》も清き宮川越《こへ》、當時兩宮の嚴命《けんめい》に隨《したが》ひ、乳呑小兒《ちのミしように》だきか丶へ、貴賤信仰《きせんしんかう》の大群集《たいくんしゆ》して、恵は旅の不自由《ふじゆう》評判《ひようばん》、私《わたし》のはからひにて、連《つれ》にはぐれぬ目印ハ、宿屋の門《かど》にか丶やけり、同行に相交《あひまじハる》伊賀《いが》栗坊《ぐりはう》の僞《おけ》者めら、なんとしよう事なしの根生《こんじやう》より、直様《すくさま》そこらに押《おし》とどまり、すげ笠に御影としるし杓七くどふさし出し、有たけ貰《もらふ》邪智《じやち》佞奸《ねいかん》、表ハふひんと見せかけて、おのか詐略《さりやく》を差《さし》はさむ、心の底《そこ》の太玉《ふとたま》もの、皆をまじくる狐とハ、きよろつく顔《かほ》に顯《あらはれ》たり、か丶る折からぢゞば丶同道半てん着たるなりふり、夕飯ニあこや五《こ》文餅《もんどり》、施行ハ爰と日暮時、宮川より乘替《のりかはり》廣小路へ下《おろ》す、施行駕《かご》相腰なりに引出す姿ハ蓙《こざ》の打かけや、色々の縄《なは》引張ツて、對の模様《もやう》のひと揃《そろへ》小綱《こつな》とる子ハ迷ハねど、胸《むね》ハはぐれぬ思ひ付、片意地はぐれてうちしほれ、杓に受たる熟粥《あつかゆ》の、水ほしげなり風情なり

一岩淵箕曲在六老著作もの狂詩變ト申板本出來申候、篤

と致したる中本仕立ナリ　壹冊近々中下出ル
一大坂著作もの滑藝之本ナリ、三冊
一色々様々之趣向多く候得共、記スに盡す

浪花無量齋門人

小西駒藏源義明戯著

諸國おかけ

伊勢參道五十里を六十日の間

凡銭高附

但し一町ハ六十間、一里ハ五十町、道幅一間

一坪ニ付人數貳十四人ならふ

相庭　金六十目　錢　九匁

一行戻り百里ニ〆人數惣高　一日ニ七百貳十萬人　六十日ニ四億三千貳百萬人

一兩宮へ賽錢　壹人毎ニ　十貳銅ツ、上る積り　千八拾萬貫文　銀ニ直し九萬七千貳百貫目　金ニして百六拾貳萬兩

一百六十末社へ　三文ツ、　貳億千六百萬貫文　同百九十四萬四千貫目　同三千貳百四十萬兩

一劔御祓十體　十貳文ツ、　五百四十萬貫文　同四萬八千六百貫匁　同八拾壹萬兩

一旅籠　百五十文　六千四百八拾萬貫文　同五十八萬三千貳百貫目　同九百七千貳萬兩

一笠百八拾文　七千九百廿萬貫文　同七十一萬二千八百貫目　同千百八十八萬兩

一杓　壹本十六文　壹かい　七百廿萬貫文　銀六百四十八萬貫目　金〆百八萬兩

一莚　壹枚八十文　三千六百萬貫文　同三十貳萬四千貫目　同五百四十萬兩

一飯籠り　壹ツ七十文かへ　三千百五十萬貫文　同二十八萬三千五百貫匁　同四百七十貳萬五千兩

一手拭　壹筋百廿五文　五千四百四十五萬貫文　同四十九萬五十貫匁　同八百十六萬七千五百兩

一負籠　一箇三百六十文　一億五千六百六十萬貫　同百四十萬九千四百貫目　同貳千三百四十九萬兩

一わらしかけ脚半三百文　一億貳千九百六十萬貫　同百十六萬六千四百貫匁　同千九百四十四萬兩

一雨合羽　壹枚三百五十文　一億五千九百貳十萬貫文　同百三十六萬八百貫匁　同貳千貳百六十八萬兩

一わらし　十足百卅四文　五千八百五十萬貫文　同五十貳萬六千五百貫匁　同八百七十二萬五千兩

一萬金丹　壹粒三文　百三拾五萬貫文　同一萬貳千百五十貫匁　同貳十萬貳千五百兩

一姥ケ餅　十五文ツ、錢十　六百四十八萬貫文　同五萬八千三百廿貫匁　同九十七萬貳千兩

一諸方川之舟渡し〆百文見て　四萬三百廿萬貫文　同三十八萬八千八百貫目　同六百四十八萬兩

一白川　田樂廿四文ツ、　千八十萬貫文　同九萬七千貳百貫目　同百六十貳萬兩

一宇治橋　壹文ツ、なげる　十錢　四拾三萬貳千貫文　銀三千八百八十八貫目　金〆六萬四千八百兩

一お杉お玉　貳文遣ス　八拾六萬四千貫文　同七千七百七十六貫目　同十貳萬九千六百兩

一　一日ニ米酒其外すべて升數之もの三升ツヽ、　一億貳千九百六十萬石　米壹石ニ付代金壹兩貳
歩物金一億九千四百四十萬兩

〆　物錢高　拾億六千六百三十七萬六千貫文
　　此銀高　九百五十七萬九千三百八拾四貫匁

米代共ニ金ニ〆

正高金三億五千四百五萬六千四百兩也

右之記する處ハ終に五十里の道程にして六十日の間すら如レ此、いはんや數年參詣する日本國の人をや、實に以て算へかたき大數なり、且又是ニもれたるハ後編に出す

文政十三庚寅年閏三月

席跋おもしろく演たるヲ見聞時は何とやら、末へに留書する事も遠慮なれども左ニあらす、頭を伸なり、此書は御かけ見聞を、有の儘に其時々日次ニ同ふして、多くハ夜毎寢なんと仕る比思ひ出し、反古の白キをゑり出し、枕を机にして小硯をもてしるしけるか、何となく紙數の増しけり、淸書する事も六ケ敷、猶更文を直して人に見せんにもあらざれは、愚かにも亂書のまゝに捨置ぬ、然れども年立なばおかしき事もあらん、又ものゝ引競へにもならん歟、他孫《イヌ》の出來なハ讓らん、ゆかり有子供にくれんやと、表題ヲ附置けれ共、中々他見ハはつかしく免さるへし、こたひの御影を考るに、スハヤ始るが否や驚《キヨウ》々敷して山の如のく群集す、後に澤《サハ》々として水の流るゝ如く、葉月末まで來る山水蒙《マウ》々仕舞ニして、吉キトなりと木も苫に納め目出度御代とそ

雁金さへ

御影にてきたから雁のゆくつらも追々連れて渡らひの宮

庚寅八月　小鹽の長滿　しるす（花押影）

文政十三庚寅年八月　西武良（花押影）

（奥書）
右壹冊宇治山田市野村彌三郎氏藏本ニ依リテ摹寫校合畢

筆者柳井榮治

大正八年十四日　於二神宮司廳一

大西源一識

御蔭見聽集　附錄

見聽集　御影集附錄　全　草案

おかけ中

宇治町大火

公勅使御參向

京都大地震

雜事ヲ記

續而

兩宮別宮御遷幸日時等記

御影參宮中

宇治町大火

一文政十三庚寅年閏三月十九日夜九ツ半時、山田町貳ツ拍子の鐘打出しける、是ニよりて驚キけれとも十軒ニ三軒ハ起もやらす、起出見たるものも宇治の方ニもあらん、山焼の様成とて則入りしもの有レ之、下邊緣者有ものハ駈出し、相之山ニて見てあれハ宇治也、甚大火牛谷迄往て見るに、宮中木末ニ火移り大變成大火事ナリ、法樂舍の裏町ニ岩崎大夫と申師職アリ、是ゟ出火ス、西風烈敷吹廻し、暫時の間三百餘軒ヲ焼亡ス、師職多く建テまへ家の棟多く、仍場所廣く、鳥羽城主夜明方火消何百ヲ連れて御駈付有レ之、甚早く事諸人あきれたり、續て田丸御火消御駈付、小林御奉行所ニは遲キ方御駈付諸人如何ニ申けり、宮中へ火移りけるハ祓町之小家忽焼ケけるゆゑ、勿體なくも御馬屋・宿館・九丈殿・末社不レ殘、古殿・荒祭宮焼亡有レ之、然れとも御正殿少し茂御障なくて御安全也、荒垣鳥居なとも聊こげ穢れなくすべて御遷宮ニて新建之分少しも無レ障ニ、荒祭宮と古キ殿社計、御正殿聊こげ丶かれなキこそ神變不思儀難レ有キ御事ナリ、折ふし御影最中、別而此日拾萬八千人入込候、夜ゆゑ宇治・山田の群參泊り充満して夜具等不二行屆一、漸々めし・汁・香ものニて賄ひ候程の取込ナリ、か丶る折節、右之仕合大變とも、との丶行山成事言語道斷之事ナリ、然ルに宇治橋も燒落たる程の其夜の有様成事ニ、參宮人壹人としてケガ人そんじなと無キこそ難レ有キ仕合ナリ、翌日磯部邊山家より送り來りし參宮人ハ少々有候まで、外ニ故障なく其夜スハヤ火事ナリと言と否や外宮方へさして逃落也、群集妙見町ゟ牛谷へ向、兩側ニ息キを續く人の夥敷あきれたり、此沙汰諸國ニ暫時か間ニ雜説ス、然レとも御正殿へ少し茂穢なきを、群參の人數御神德不思議之思ヲなし、益尊く難レ有く信向するそ利なり

一翌日廿日彌群參人數增長して神前へ通らんとす、內宮諸役人是ヲせいすと言とも中々行屆かす、下か火の中ヲおし合へし合して參詣する事こそ奇特ナリ、大御神の尊サを知るへし

一同日外宮方山田町中群參之人數泊りをなす、譬へ申サハ胡摩壹石ヲ十疊の座敷ニ打明しか如くニて捌キかたニ困りけり、案すへし

一御山へ移りし火、木末へ移り、東南ハ磯邊道、西方ハ立ケ峠燒渡る事廿一日朝迄ナリ、清メの雨降りて靜る

一御馬屋守二、三日已前より御馬無二御座一とて御山ヲ尋ね步行事有、皆々申聞ス處ハ、貴様ニハ亂氣致され候や、御馬ハ座スやト言聞ス、イヤ〳〵御座なしと聞ス、然ルニ御炎上其時御馬御山ニ隱れ御座有けり、寄異成事ナリ

一內神宮ゟ早速京都へ注進　奏聞ス、後ニ聞、十方暮不二行屆一一日注進延引ニ及ひ、少々御叱りを受しと聞

一御奉行所ゟも江戸表へ急々御注進御伺ひ之事も有レ之

一岩崎大夫ハ親類へ御預ケ被二仰付一候事

一當月中旬ゟ、祭主様ゟ兩宮師職中へ何ケ御賴之事有とて雜掌水口常陸殿御來駕有、山田方ニありしか、右之

大變ニ付火急ニ歸京被レ成候御事
一四月上旬神宮御傳奏　轉法輪様・諸大夫・丹波・出雲守殿・祭主様ゟ御添役水口常陸殿御光駕、宇治ニ御逗留ありて御見聞又は御心添の事も有レ之、五、六日御滯留ニて御引取
一右御出立之後、世上唯し申トなく公卿敕使有よし、轉法輪様御參向なと、申、出雲守殿去方ニて御咄しニは、
　御傳奏御參向被レ成度思召ニ候得とも、關東御伺中噂サニ宰相位ニ而も可レ然様之關東之様子ニ相見へしなと、薄く御咄しありしと聞し而已

神宮家江之達し文寫
閏三月廿九日到來
自二今日一五箇日、廢朝、被レ停二音奏・警蹕一、被レ垂二御簾一
就二　荒祭宮燒亡一、自二今日一廢朝候共、此旨可レ令二下知一之由、被二仰下一候間、可レ有二告二知　二宮一候也、謹言
後三月廿六日　　祭主三位　判
　大司三位宿殿

一閏三月七〔廿歟〕日
自二上卿御方一、別紙之通御尋、祭主殿ゟ大宮司へ宿繼到來
長元四年八月
荒祭宮ニ付、祭王有二託宣一之時、公卿敕使天平十已來至二近代一、上卿敕使之節ニ被二奉納一候神寶・幣物等相知候分、委書附差出し候様御取計之事
尤不依二何事一上卿敕使之分皆書附差出し候様之事
一筆致二啓上一候、然者此度別紙之通公卿敕使之節、官幣御奉納物先例神宮上卿の方ゟ御尋有レ之候間、委細急ニ被レ致二御穿鑿一、早々御注進可レ被レ成候、右之段可二申入一旨被二仰付一候、如レ斯御座候、恐

惶謹言

四月二日　　瀧日向　判

水口駿河　判

外宮

三位殿

御狀致二拜見一候、然者此度御別紙御差下ニ而、公卿

勅使之節、官幣御奉納物先例神宮上卿御方御尋有

レ之候間、委細取二調子一、早々注進可二申上一旨被二仰

下一致二承知一候、則取二調子一別紙之趣申上候、依此

段御報迄如レ斯御座候、恐惶謹言

四月六日　　外宮　一禰宜　判

水口駿河殿

瀧　日向殿

尚々、不二取敢一申上候義故、行届兼候儀も可レ有レ之

候間、宜御容可レ被レ下候、以上

依二御尋一申上

長元四年八月

荒祭宮ニ付、祭主有二託宣一之時公卿勅使

右長元四年六月

內宮御祭夜　齋內親王召二祭主輔親朝臣一、告二荒祭宮

之御託宣一給之事

同年八月

勅使參議左大辨源經頼卿

天平十年以來至二近代一、公卿勅使之節々被二奉納一候

神寶幣物等相知候分、委書附差出候樣御取計之事

尤不レ依二何事一公卿勅使之分皆書附差出候樣之事

御奉納御神寶之事

天平十年五月

右舊記不二分明一

正應六年七月八日　　御奉納

錦綾　八段　　金銀御幣

御弓　　御箭

御錦《鈁》劍　　御鉾

御錦蓋　御鏡
御玉佩　御麻桶
御線柱　唐錦　一段
作り花　三枝　銀鳳　一羽
彫馬　一疋　銀劍　左御馬　一疋
嘉暦三年九月六日　御奉納
錦綾　八段　金銀御幣
御劍　神馬　二疋
此餘御神寶等不分明
正保四年九月十日　御奉納
錦綾　神馬
天和二年正月廿九日　御奉納
五色帛　五疋　木綿　小一斤
唐布　一端　櫛箱　一合
明櫃　一合　神馬　二疋
元文五年二月十日　御奉納
五色綾　五疋　白綾　一疋

五色絹　五疋　帛　壹疋
錦　一段　麻　一斤
木綿　一斤　調布　一段
神馬　二ヒキ
享和元年三月十四日　御奉納
九　金御幣　一枚　十　銀御幣　一枚
十一　尺御鏡　一面　十二　御玉佩　一統
十三　錺劍　一腰　十四　御弓　一張
十五　御箭　八隻　十六　御幣串　二本
御馬　五色綾　五疋
白綾　一疋　五色絹　五疋
帛　一疋　錦　一段
麻　一斤　木綿　一斤
調布　三段
右所二調申上一如レ件
四月　外宮　一禰宜
禰宜中

京都ゟ御尋之義有レ之候間、明廿四日朝飯後早々於二里亭一可レ致二集會一旨長官殿被レ申候、此旨各可下令二御存知一給上候、已上

四月廿三日　外宮　政所大夫

御傍官中

猶以公卿敕使被二仰出一候

只今ゟ急々於二里第一可レ致二集會一旨長官被レ申候、此旨各可下令二御存知一給上候、已上

四月廿九日　外宮　政所大夫

御傍官中

一爰ニ官家ゟ廻章有、不レ得レ寫、追而吟味之上記し可レ申也、是御敕使御參向之趣哉

一四月下旬公卿敕使葉室様御參向之沙汰追々申ける處、廿九日表向被二仰出一候得共、御師藤田内匠不レ知して大ニ當惑之様子ニ聞へし

一三方會合ゟ申渡し、享和元年之例之通、急度觸渡し有レ之

五月

一町々通り筋施行場所引取ニ相成、未御影參宮人も大分有レ之、殘念之事ナリ

七日雨天

一松坂御泊り齋宮御休、小俣宿へ明方御到着之由、宮川祓彼是手間取、晝後御師藤田内匠へ御入、御休之上外宮計御内拜、夕方ニ相成折ふし雨降、宮中參詣を許サす

八日快晴

一御神事　人垣・素袍着・竹杖ヲ持テ

四百人 宮後西川原 三十八人 下馬所前の・田中中世古・一志久保・大世古・一之木・八日市場 先例も有レ之、外町ハ不レ出、一之鳥居ゟ兩側壹間半程明ケ幷ふ内へ參詣拜見人をめさす、細キ縄張りの内ナリ

一當日花山院様之節とハ違、地廻り近在なとさしたる參詣ニもあらす、然り共御影殘りいまた多く候ゆへ甚群集

一大庭御行事　神馬二疋
唐櫃　五色絹
官幣　使　王・忌部
公卿敕使葉室（名イ家ナリ）右大辨宰相顯孝卿百八十三石
祭主殿　雑掌二人　御役

大宮司殿　同　　諸大夫二人　神宮御奉行ト申ナリ
正員　長官・三神主殿・八神主殿　御師藤田內匠
右差支不レ參
檜垣二神主殿　權任中　玉串春木隼人
宮後四神主殿　四所物忌中　內人等
久志本五神主殿
檜垣六神主殿
檜垣七神主殿
久志本九神主殿　御奉行所御名代某
權官中　子良物忌中　三方　福嶋伊豆　三日市帶刀　坂備後
當日天氣能くゆへ大庭行事甚神妙ニ而難レ有、諸人悅ひなる事限りなし、晝後相濟

權官中　權任中　雑色二人　沓持長持　白丁　四所物忌中　素袍
着壹人　打掛中持沓ヲ持ス
右者去年正遷宮之節內宮ニ而者許し候得とも、外宮方ニ無レ之、殘念ニ思ハれ候處、此度ハ御免しニ相成候事、他國への外聞よろしき事ナリ
一同日內宮　御內許　御神事
御行粧　官幣　王代　忌部　各駕
先駈　駕　雑掌　先駈　駕　同　輿大宮司殿　後駕　檢非違使
輿祭主殿　雑掌二人　駕　先駈　騎馬　岩淵豐前
先駈　騎馬　中川相摸　御輿　御敕使　葉室樣　諸大夫二人　深沓步行
押一　群行　先駈之外、葉室樣人數上下七十人計ナリ
右御敕使兩人の先駈ハ司家ゟ出され候事、花山院樣之節者先駈數人ニ有レ之ニ而、甚立派成事ニ覺へり
一內宮御神事夜ニ入、藤田內匠へ御引取、夜八ツ過明れハ九日早天無レ滯御敕使御勤相濟、目出度御發輿被レ爲レ遊候事
一二夕夜共御代參番ニ同しく組々惣番也、別而宮後西川

原ハ嚴敷番ヲ勤候、人足も多く辻堅又麻上下ニ而勤レ之、御師藤田內匠大分之もの入成よしヲ聞

一荒祭宮假り殿御敕使前三日迄ニ急々相立候様子、六月八日改御遷幸之觸渡有レ之

五月十三日御奉行所ゟ官家へ

自分儀御用之儀有レ之候ニ付參府可レ致候、御老中方御連名之奉書到來候被レ可レ被レ存候、以上

右御奉行所御代り目と相見え、世評ニ者此度內宮火難ニ付場所駈付なとも遲滯、何か御首尾も如何ト案しの外、長崎奉行ニ御成被レ成、格別之御役替、代り御奉行所金森甚四郎様ト申御役付之觸渡しも有レ之

內宮荒祭宮御火失ニ付御造替檜御入用ニ付、野尻・鹿海・二見・松下ニ而伐取候處、別紙寸銘之通不足ニ付、當宮御山ニ有レ之候ハヽ、御用立吳候様內神宮ゟ申越し候、尚又右之趣

御役所ゟ相宜之儀ニ候得者、早々致二吟味一用立候様御沙汰有レ之、依レ之御山木調子候處、寸銘之通檜かひ谷ニ而三本・高宮ニ一本有レ之候、御存寄も無レ之候ハヽ、其段內宮へ可レ及二返答一候、此旨各可下令二御存知一給上候、已上

五月十六日　　外宮　政所大夫

御傍官中

一壹本　廻り四尺 長一丈六尺　末口九寸餘り

一同　同

一同　廻り四尺四寸 末口壹尺

右檜ケ谷

一同　廻り五尺三寸 長二丈四尺

右高宮南ノ山

右之外貳本又候後ニ賴ミ來り、都合六本ニ成

寛文十一年九月十九日

月讀宮臨時正遷宮之事

自二外幣殿一到二于月讀宮地之假殿一出御行列

杖ツキ侍　八人

次御鹽湯
途中火滅申理侍　二人
先陣供奉行事　六人
宮掌　二人
御火内人　四人
御油持　二人
松明　二人
御榊　六本　六人
白杖　六人
御盾　二枚　二人
御鉾　二竿　二人
御弓　二張　二人
御箶籙　二人
御靭　二腰　二人
御大刀　四腰　四人
白馬形　一疋　四人
御櫛箱　一合　一人

後陣供奉
御鏡筥　一合　一人
御大刀　四腰　四人
御靭　二腰　二人
御胡籙　三十三人
御弓　二張　二人
御鉾　二竿　二人
瑞垣御門御幌内人　二人
大麻内人　一人
御鹽湯内人　一人
御樋代等齋木垣内人　三人
群行
各供奉　遷座
月讀宮　假殿

御行障　二條　二人
御絹垣　一條　十人
次ニ
一禰宜殿音蹕
御正體絹垣ノ外榊役人
其外人垣八人
次　禰宜等
次　宮司
○後陣之供奉下段ニ廻ル

御神寶自二行事官一
調進之外者、任二式年
正遷宮之例一、正殿之
古御神寶、自二西方殿一
取出相添奉納仕候事
五月　外宮一禰宜

寛文十一年
月讀宮臨時　正遷宮
御裝束
生絹蚊屋　二條　錦御衣　一領
天井生絹帳　一條　帛御衣　一領
壁代生絹　二條　帛御裳　一腰
細布土代帷　一條　紫沙(紗)御裳　一腰

帛御被　一條　御櫛筥　一尺
生絹御被　一條　紫御髪結　二條
緋御衣　一領　緑御帯　二條
生絹御衣　一領　生絹幌　二條

寛文十一年九月就㆓
月讀宮臨時　正遷宮㆒
御神寶
御鏡　一面　御鉾　二竿
御桶　二枚　御胡籙　二腰
御靭　二　御弓　二張
御箭　二百隻　御大刀　二柄
右自㆓行事官㆒調進仕候事
五月　外宮一禰宜

今度火災之事、誠
朝家之御大事、於㆓上卿㆒不㆑堪㆓恐懼㆒思召候、乍㆑然

正殿無㆓御別條㆒、全是　神徳所㆑令㆑然歟深御尊敬被㆑爲㆑在候、但於㆓祠官之人々㆒者謹愼被㆑奉㆓守護㆒之由、有㆓其聞㆒而殊勝之至被㆓思召㆒候、抑如㆑此朝廷御沙汰之次第最嚴重也、先官外記之勘例・諸道之勘文等占㆑之、被㆑行㆓群議㆒、又被㆑行㆓官寮之御卜㆒、被㆓知召㆒所由而後御祈謝之御事有㆑之、右次第大抵如㆑此、前々御卜之趣、難㆑隨㆓非卦㆒、有㆑所㆓推然多分㆒、因　神事違不淨不信而有㆑咎《崇哉》出示之條、所㆓　奏聞㆒也、今時如㆑此之怠慢者無㆑之事與神慮難㆑測故改被㆓仰聞㆒候、彌以嚴㆓肅神事㆒、職掌無㆓闕番㆒、直英解諸般疎漏之體無㆑之様、丹誠可㆑有㆑之者、後來神慮平穩神官《宮哉》靜謐と思召も、右上卿御所存內々御命候、祠官一統承知、無㆓漏脱㆒可㆑被㆓示含㆒候事
五月二十八日
右者內宮禰宜へ被㆓仰聞㆒候、於㆓外宮㆒亦承知、其心得可㆑有㆑之様、可㆑及㆓演達㆒同御命候、祠官一統無㆓漏脱㆒可㆑被㆓示含㆒候事

六日十八日
一先境外宮御山ゟ伐出し候檜、頭小工之類内宮迄曳入候儀ニ差困り、山田之中下三郷へ相頼事ニ而宇治迄寄進曳、町々寄合評定ヲ付候得共、宇治方へ之奉公ゆゑ面白からす、殊に白むくニ候而神妙ニさつさ曳ニ致し候事、尤少々頭小工へ之下行有レ之候得共、中々人雇ニ而者差困り入候様子ニて、右之仕合三方會合・町年寄衆・町代迄も知らぬふり内證曳ナリ、所者淵の小橋ゟ妙見町・古市へ向、宇治假り屋橋迄之場所ナリ

十八日　岩淵町車貳ツ　世話人添、白むく曳、木遣りなし

十九日　岡本町車一ツ　吹上町車一ツ　同斷

廿日　箕曲町車壹ツ　同斷

一二見ゟ伐出し候御神財ハ宇治領川曳之様ニ承り候

廿二日　古市・中之地藏兩町車之曳何等趣向のあるへき町柄なれとも、前々言如く焼亡ニ付ての事ゆゑ遠慮多し

廿三日　箕曲町中之地藏ゟ出て車貳ツ是迄宇治町中ゟ三度曳申候よし

七月二日　京都地震ニ付　四日七ツ時御教書

同四日、宿繼早飛脚到來之談

二日、申刻、地震及ニ數刻一、不レ安ニ玉座一候、四日ゟ一七ケ日間御祈被ニ仰出一候事

鈴木屋武衞門方ゟ知せ來り候話

七日二日、申刻、御所方御築地練塀ハ皆々崩レ、二條御城猪熊御門御鐵門際ゟ西へ石垣塀共御堀へ崩レ込申候、尤三條通人家不レ殘倒れ之ちんニ相成候所モ有レ之、川西六條邊東西共大破損、一條戻り橋落石川岸之家々川へ轉ひ込怪我人壹百五十餘人即死多く三百五十餘人、堀川筋石垣ゆるぎ鶴龜兩橋之中皆々往來出來兼申候、北野天神御寶前より下之森邊石燈籠御悉く崩レ、土藏抔も壁崩れ候事ハ夥々敷、夜ニ至り路中之人々外トへ疊等ヲ持出し、野宿同様之體ニ御座候、比叡山・愛宕山所々山崩レ申候、右大變

故油火不用心ニ付、皆々蠟燭之火ヲとほし申候、尚又伏見邊藤の森鳥居倒レ、夫ゟ一之橋邊迄西側不レ殘倒レ申候由、其故所々ゟ出火も有レ之由風聞ニ御座候、尤十一日申ノ刻ゟゆり出し、其夜四ツ時比・八ツ時比大キク、漸々夜明前へ相止ミ申候様子御座候、併京都伏見其外在々之田地者一切損し不レ申候由ニ御座候
三日・四日夜、天朱ノ如く成りし事有ト云
右大地震ニ付、恐多クも　内裏様御所方へ土御門様酉刻早馬ニて御駈付被レ爲レ遊候由、堺町通ニ而奉ニ見受一候様子風聞ニ御座候、誠ニ前代未聞之大變ニ御座候由申來り候、此段奉ニ申上一候、以上

寅七月六日　　鈴木や武衛門

天子様ニも清和院御門迄出御被レ爲レ遊候共、又御庭先迄とも何れ出御之事ハ可レ有

右御祈中又候、宿繼飛脚ニて申來るよし

地震數日ニおよひ候事故　兩宮御安全神領靜謐候哉、神變も無レ之哉之趣御尋之御書來り候よし、神宮家ゟも長官名代檜垣伊織殿御上京、松木八殿様ゟも政所代之事故、祭主様へ御伺之御名代辻村周司殿、七月十日御祈滿願ニ付兼而被レ勤候事

其後兎角地震數日ニおよひ八日・九日抔ニ者大キクゆり申候由ニて、又候十三日七ツ時御祈之御教書到來、大變成事ナリ、丹波・丹後・但馬・若狹ニもひひき候よし、丹後者大地震之よし、又々此節地震ニ而も諸方損し、寺院之損し夥々敷様風聞ス

地震經ニ數日一　取敢候義哉横相紙ニ到來也、後ニ神宮ゟ例なきよし申上、如レ此の御教書進而來引かへ
宸襟愈以不レ安、去二日已來雖三既憑ニ神明之冥感一靈驗猶レ未レ全、因レ茲更一七箇日之間、天下泰平御祈、一社一同逾可レ疑ニ丹誠一之旨、可レ被レ下ニ知神宮一之旨被ニ仰下一候、仍如レ此候也

七月十一日　　判

四位史殿

――――――　前ニ同

御教書如レ此、早可レ被レ告二知　二宮一之狀如レ件
七月十一日　祭主三位判
大司三位宿館
前ニ來ル　御教書
地震及二數刻一、叡襟最不レ安、因茲一七箇日一社一同
抽二精誠一、宜レ奉レ祈二　天下泰平・寶祚長久・萬民安
穩一之旨、可レ被レ下二知　神宮一之狀如レ件
七月二日　右中辨判
四位史殿
七月廿日夜
一辻村周治殿歸宅、京都噂サ前ニ云如し、三條通り之義
者白川邊五、六軒つふれ候よし、御所大ニ損し候よし、
關白様なとも大分の損し、二條城內大ニ損し候、怪我
人も有、北野天神石燈籠之事ハ七分通リ損し申候
一比叡山ハ大損し、愛宕山も茶屋も何軒も有候處、み
な〳〵谷へ轉ひ落候よし

一丹波笹山城中大破損有レ之噂　一盗人多くはたらき、様々出火有レ之よし
一伏見邊大ニ損し候家々有レ之
一滯留中、日々十二日・十三日・十四日・十五日地震七・八ツ、ゆり候事前へにゴウト鳴
りてゆり出し候事有、又鳴動してもゆらさる事有、毎
日之事大小アリ、然れとも二日之地震とハ違ひ輕ひ事
ナリ、何事も手ニ付ぬ事ニてキモヲ冷し候事
一當地之義者、去ル二日京都同刻申ノ刻地震小ノ絕キ方
ニて人皆驚キ申候、大分外ニ逃ケ出候もの多く有、十
二年まへ六月十二日八ツ時之地震ニ者土藏のかべなと
落、少々ツヽの損し有レ之候得共、此節の地震ニ者爲
レ差損しも無レ之、其後十三日夜四ツ時少しの地震、十
六日夜四ツ時少し、廿日朝五ツ時少し、此外ニ有レ之
候様申ものもあれとも知らさるもの多く、此等京都の
ヒヾキ哉、恐るへし〳〵
七月廿五日限り
一內宮荒祭宮御造營之事

八月朔日

一白石持内宮領町在共出ル事

一京都又候、十八日・十九日・廿日三日ケ間大雨、又雷鳴・地震・出火も有レ之、古今大變洪水ニて甚難義ニ及候もの多く、難レ盡二筆紙一事共也、淀川橋抔も損し大川筋高水之よし

一藤波様十八日参　内遅々ニ付、御首尾アシク閉門之由ナリ、廿六日御免有レ之よし

一北野天満宮大雷ニ付、閉門之様噂申事ナリ

一京地震之事ハ筑前屋庄左衛門方ゟ八月中比文通致し候茂噂サ同様之事ナリ

両宮別宮遷御之日時

内宮

一荒祭宮　八月十一日　時子刻

一月讀宮　同　十八日　時子

一伊弉諸宮　同　廿一日　時子

一風日祈宮　同　廿三日　時丑

外宮

一高宮　九月三日　時子刻

一土宮　同　同丑

一月讀宮　同　五日　時亥

一風宮　同　同丑

右之通従二大宮司殿一ゟ為二御知一目出度御事ニ候、其所々可レ被レ奉二承知一候、已上

八月四日　三方　角印

山田惣中

文化七同日

一四所宮江白石持、八月十八日ゟ廿日迄三ケ間、官家ゟ御願ニ付町中信心之もの持レ之

壹匁

一月讀宮堀浚へ、十八日ゟ一之木走下始る、尤渡し也、但し九六鍬六人受取、金貳兩貳歩ト拾匁之由、走下側

間数堀せはき所ナリ
文化七上旬始る
一廿二日、四ツ谷・西川原・鍛冶屋垣外・辻之町・後野
塀浚相濟、尤四ツ谷例之通御参り、是金壹兩渡し四人
西川原、七人壹兩ニ歩同斷、辻之町ハ船江ニて平タ船
ヲ借り來る、尤地車ニて曳來り、大勢掛り早々相仕舞、
後野場廣く相浚へる事
一廿三日館表宮後・一志久保二ケ所渡し之由、外ニ町々
ゟ出ル、此節ハ前年トハ違ひ也
文化七ニ者
一月讀宮堀浚へ八月四日ゟ掛り始
一十日、岩淵・箕曲、八十人　官家ゟ 酒五升
十一日 一岩淵上之切外ニ人足五人　官家ゟ 酒貮升
十二日 一田中中世古　四十人　同三升
十四日 一岡本町中　五拾人　五升
一吹上　二升
一一志久保　二升

一岩淵中之切　雇人足 五人　壹升
十六日 一松木町　壹升
一御内掃除之事
一宮後町
一一志館并木　壹升
一吹上町　壹升
廿一日 一舟江　北廿一人 南十一人　二升 二升
一一本木　二升
一河崎惣中　四十八人 外八人　五升
一一之木走下〆八十人　五升 二升
八月一日・二日 一後野町六十人　道作り
一十八日ゟ廿日迄白石持ナリ
右者文化七の例ナリ
此度ハ甚不埒の浚へ様ナリ、則亥子の角の方などハ浚
へ不ㇾ申、其儘ニ御遷宮相濟、官家の取計如何敷事ニ
諸人申ナリ
九日三日　晝のうち雨天 夜五ツ過晴

亥ノ刻

高宮御遷幸　折ふし雨止ム

　宮司

禰宜　二・四・五・六・七・八・九　物忌中

　権官　舎人殿・隼人殿・大吏殿・伊織殿・主水殿・助之丞殿・縫殿殿・宰記殿

　子良　彈正・越後・右衛門・大監・玄蕃・頼母・外記・橋爪某・信濃

権任三十貳人　内紅袍四人 縁り袍貳人　宮内人

御神座　四神主殿 五神主殿　御務

同

土宮　丑刻　快晴

　同斷　物忌中

　御神座　五神主殿 六神主殿

同五日　天氣

戌刻 月讀宮　前々　進有 物忌中

　七ツ半時迄

権任　御進ミ三十三人　雑色二人 白丁貳人　長柄

一綺立　紅袍四人 縁り袍貳人　素袍貳人中柄

御火なし

先麻上下兩人　御垣内人貳人　素袍着貳人

御役所　三方

暫時開取り候而、夜ニ入六ツ半時也

先杖はらひ正員御進上

二・四・五・六・七・八・九　素袍二人 雑色四人　白丁貳人 上階ハ素袍着

四人

持松　長官役人

大宮司殿 同大夫　供奉　雑掌役人

先山廻り二人　内人四人　麻上下二人 禰宜ゟ素袍着貳人

　杖はらひ

御神座　七神主殿 八神主殿

宮後西川原町先年より餅ヲ搗、他町親類へ遣ス家も有、家祝ニ而相濟もあり、何れ宮後通り筋旦那方ゟ店先ヲ借り受、女中方御越一町ハ何れ他町親類へ前日より人遣し客來、八ツ時より貴賤群集、甚賑ハ敷事ナリ

権任衆此節束帯御免候得共、内宮方相濟候事故、外宮

方も先此度ハ差扣へ、御遷宮無ニ御滞一相済御引取、九ツ半時ニ相成甚延引ナリ

宮司・禰宜・子良・権任ト一時の御引故各明松一騎立、甚見事成御遷幸ナリ

丑刻 風宮　同斷　御神座　八神主殿 九神主殿　物忌中

見聞集、地の冊の餘リを是に記

○御影踊りのうた

一仕事ハしてよしせいでも濟が御蔭踊りハせにやならぬ

一御影おとりを留たる庄屋ハ悪事さいなんのかれせぬ

一――――踊らぬものハ――――――

一相可大和屋ドヱライ施行千兩萬兩もかまへせぬ

一伊勢の松坂三井の本家御かゆ施行で名をなかす

一大坂鴻の池壹朱も施行いつも壹朱ハつらくまい

○御影踊り之事ハ、去寅ノ極月廿六日迄南山城京西岡邊村々踊り面白き事難レ止メ候處、節氣相成候ニ付、自然相止ム、然ル所又々卯正月中旬より踊りいたし、攝津國へ渡ル、池田伊丹邊ゟ西宮兵庫在へ向、一面ニ村々踊り候事、踊り計も古風なりと芝居用事ヲ取組、或ハねりもの等也、村うちハ相濟、他村へ出かけ候ニ者長持ヲ何ツも荷ひ寄行、大神宮 御影踊り 又豊年踊抔ト繪荷ヲ立、行山成事ナリ、入用之事ハ夥々敷相掛り候ても田畑の作も捨置、幾日も日數相掛り親立ハ子供ニ付歩行、老若とも我をわすれ浮歩行事也、播磨國へ渡る、同様の事ナリ、國中て姫路領ハ山の手計三分一踊り候よし、後ニ相留られ相止ム、網干領・赤穂領なし

○先ニ出ス

外座輿

うぢばう

牛谷を越てこの世に住なれて、利よくれんりとにぎりし銭を、煙りを立る宇治むしの、ひとり〳〵にあか裸

か、あふかた夜るハ非人寐の、今まつしき小つらけふ
のミくらす宿もなし

宇治出火䚊勈

大夫 岩崎ニ	火ヲ出シ	大橋ニ	假り橋
五十鈴川	飛ヒ込	大鳥居	片かけ
火元見	早馬	無施行	後悔
大夫 腹巻	焼ケ残	大勢	けがなし
高原	からやき	水上	御いかき
朝熊山	隠レ馬	宮中	横しめ
下夕火	參詣	宇治蟲 人ヲ蔑して	あく病
松山	火移り	清め雨	やける

以此等ニて能々推察すべし

○はりま明石様ハ六萬石餘り御城下宜地ナリ、常ニ祭り事サへ前日御伺願ヲいたし、御聞濟の上ならてハ何事ニよらす六ケ敷事也、然ルニ此節の豊年踊り之義ハ一向御差留も無レ之、存分ニあらまし町々色々様々の趣向いたし賑ハしき事、其花美入用の事ハ元より演ルに筆なし

豊年踊り國々　寅六七月ゟ 大和國　河内國　同十二月下旬迄 南山城
卯春 津の國　播磨　卯十一月迄 但馬　美作へ移ル
卯春 西岡　丹波へ移ル

右踊り之例ハ
貳百三四十年已前、諸國神踊りと申して國々踊り甚しき事の有し由、年代記の委敷ニ見えたるよし古老の相語ニ聞し也

文政十三年庚寅年九月　　西武郎（花押影）

（奥書）
御影見聴集附録壹冊宇治山田市野村彌三郎氏藏本ニ據テ
摹寫校合了　　筆者柳井桀治
大正八年一月二十五日　於二神宮司廳一　大西源一識

御影參宮三寶荒神

敍

天照《あまてらし》ます、神《かミ》の恵《めぐミ》の御影歳《おかけとし》、むさ一《ひと》とせのめぐり來《き》て、六拾六國《ろくじふむくに》押《おし》なべて、神《かミ》に誓《ちかひ》をかけまくも、賢愚阻《かしこきうときへだて》なく、路用《ろよう》ハ柄杓一本《ひしやくいつぽん》と、笠一蓋《かさいつかい》が百貫目《ひやくくわんめ》、千里《せんり》一飛寅《ひととびとら》のとし、缺出《かけだ》す勢《せい》は、ヤァとこせ、御影《おかげ》でたれも、ぬけたとさ、阿波《あハ》からきいに移《うつ》り氣《き》が、五畿七道《ごきしちだう》の群參《むれまゐ》りと、成《なり》て混雜驛路《ごたつくうまやぢ》に、ごた付《つき》ならぬ三個《さんこ》の友人《ゆうじん》、道《ミち》の種々《くさ〴〵》滑稽《こつけい》も、三都《さんと》に渡《わた》りし人情言語《にんじやうげんぎよ》、浪花《なにハ》に居《ゐ》ながらものさしは、實《じつ》に三寶廣人《さんぽうくわうじん》なるべし、其口《そのくち》を取《とる》僕《やつがれ》は元來《ぐわんらい》好《このめ》る旅雀《たびすゞめ》、ちよッ〳〵と飛出《とびだ》す癖《くせ》あつて、今茲《ことし》も春《はる》よりあき周防《すはう》、かけて參宮《さんぐう》はからずも、御影《おかげ》に逢《あひ》し身《ミ》の幸《さいハひ》、そこで委《くは》しきおかげの有樣《やうす》、知《し》つた自慢《じまん》の奔先者《おさきもの》、濁音《だミ》たる聲《こゑ》の臆《おく》しもなく、嗚《いき》をい張《はつ》て伊勢音頭《いせおんど》、端綱《はづな》を取《とつ》て牽出《ひきだ》すものハ、今歳《ことし》も半季京都《はんとしきやうと》の遊客《いうかく》

文政十三稔

寅葉月

瀧亭鯉丈述

御影參宮 三寶荒神上之巻

東都　瀧亭鯉丈校
瀧野登鯉述

神風《かんかせ》の伊勢《いせ》に鎮坐《あれ》ます内外《うちと》の宮《みや》ハ、ゆふだすきかけまくもかしこき、吾《あか》
大君《おほきみ》の宗廟《みたまや》の神《かみ》にわたらせ給へば、皇都《みやこ》・浪花《なには》の人々ハ

いへば更《さら》なり、唐船《からふね》よする長崎《ながさき》の男《をのこ》、蝦夷《えみじ》こさふく松前《まつまへ》の女《をミな》も、崇《あが》め尊《たふと》めること日月《じつげつ》の光《ひか》りに比《ひと》しく、或《あるい》ハ千里《せんり》の波濤《はたう》を凌《しの》ぎ、或ハ萬里《ばんり》の山川《さんせん》を踰《こえ》て、歩《あゆミ》を運《はこ》ぶ事赤子《せきし》の母《はゝ》を慕《した》ふがごとく、わきて今年《ことし》文政庚寅のとし閏三月のはじめ うたかたの阿波の國より、御影詣《おかげまゐり》てふ事をなし始《はじ》め、ミつはくむ姥《おうな》より、竹《たけ》の輪《わ》まはす童《わらべ》まで、われも〳〵と參るにぞ、頓《やが》て其風説諸國《とりざたしよこく》にきこえ、都鄙《とひ》の貴《き》賤老若《せんらうにやく》、伊勢《いせ》に詣《まう》ずる事雲《くも》の群《むらがる》が如く、所々《ところ〴〵》に施《せ》行《ぎやう》を引《ひき》、其賑《にき》ハしき事譬《たと》へなし、是《これ》しかしなから泰平《たいへい》の御《ミ》代《よ》の餘澤《よたく》なるべし、茲《こゝ》に浪花《なにハ》の街《まち》はづれに住る三人《さんにん》の男《をのこ》あり、其《その》一人ハ今丹《いまに》赤《あか》内《ない》といへる祓《はらひ》玉《たま》への神道者《しんたうじや》、次《つぎ》ハ安井《やすゐ》見龍《けんりゆう》といふ賣《つじ》卜《うらなひ》、今一人《ひとり》ハ鈍佛《どんぶつ》と呼《よべ》る道心坊《だうしんばう》、三人《ミたり》とも同《おな》じ裏屋《うらだな》の長《なが》家《や》同士《どうし》にて有けるが、いかで我々《われ〳〵》も御蔭參《おかげまゐ》りせばやなど茶飲咄《ちやのミばなし》に語合《かたらふ》うち、御《ミ》裳《もすそがハ》川の神《かミ》の御《お》受《うけ》や有けん、三人組合《くミあひ》て買《かひ》し飛鳥《あすか》御《ご》殿《てん》の富《とミ》にあたり、十《とふ》あまり五枚《いつひら》の黄《き》金《かね》を得《え》ければ、天《てん》へも昇《のぼ》る心地《こゝち》していざや是を路《ろ》費《ぎん》にとて、俄《にハか》に旅装《たびよそひ》を調《とゝの》へ大坂を啓行《うちたち》ける、中にも鈍佛《どんぶつ》ハ假《かり》にも僧《そう》

體《たい》なれば是《これ》を憚《はゞか》り、一腰《ひとこし》の木刀《ぼくとう》を帯《おび》、一ツの絲鬢髷《いとびんかづら》をもとめ、頭《かしら》にかづきて鉢巻《はちまき》しめ、各《おの〳〵》浪花詞《なにはことバ》をぬるくと心《こゝろ》得《え》、首尾《あとさき》そろハぬ江戸方言《なまり》をつかひ散《ちら》し、地口評《ぢぐちひやう》百《ひやく》いひならべて、往々《ゆき〳〵》て伊勢地《いせぢ》なる、松坂の驛《えき》を朝《あさ》五ツ頃《ごろ》に出、明《みやう》星《じやう》にて晝《ひるじ》仕度《たく》し、流《ながれ》も清《きよ》き宮川の渡《わた》りを踰《こえ》、船《ふね》より三人ともあがりて、赤「何と怪《けし》からぬ參宮《さんぐう》だないか」、見「實《じつ》に聞たよりか仰《ぎやう》山《さん》だ」、鈍「おらァすつての事ぶつ、はまらうとした、恐《おそろ》しい群集《くんじゆ》だ」、見「時にもう外《げ》宮《くう》へ近《ちけ》へかナ」、赤「ぢきそこだ、爰《こゝ》が中川原といふ處《とこ》だ」、鈍「そしてあれが屋根《やね》瓦《がハら》といふのか」、赤「またそろ〳〵とむだか、よしてほしい」、見「して往先《いくさき》ハ何といふ處《とこ》だ」、赤「二、三丁往《いけ》ば塘《つゝミ》ぜこ、それからお師《し》町《まち》」、鈍「その次《つぎ》がつんぼ町《てう》」、赤「コラませッけえすナ、名所舊跡《めいしよきうせき》の咄《はなし》にむだが入ちやァわりい、後學《こうがく》の爲だ、だまつて聞《きゝ》ナ」、鈍「ヘン聞《きか》なくても兩《りやう》眼《がん》が明《あきらか》だから知《しる》ハサ」、赤「どうして見た許《ばかし》てわかるもんか」、鈍「ハテ歌《か》人《じん》ハ見《ミ》ながら名所《めいしよ》をしるだ」、赤「ム、輕《かる》い事だ、もつ

といはッし」ト いひて行うちに両かハに比丘尼あまたならびゐておの〳〵手にかけたる鐵をならし、びくに「エ、引、嶋《しま》さん紺《こん》さんやてかんせ、大坂さんなげさんせ、エ、あつちやのさんミるちやさん、やてかんせ」、見「ナニミつちやさんだ、おらが顔《つら》の菊石《ミつちや》がうぬらのしやまにやァなるめえし、へんちきナ事ぬかしやァがるどふ乞丐《こじき》めだ」と はらを立て立どまり、りきミかへる、赤内打わらひ、赤「ハ、、、、、こいつァ大わらひだ、コラ見公《けんこう》おめへの面《かほ》の事をいふのぢやァないハサ、すべて茶色《ちやいろ》の着物《きもの》を着《き》て居《ゐ》るを、見る茶《ちや》さんといふハ、比丘尼《びくに》のならひだ、何も腹立《はらたつ》こたァない」ト なためられて、まじめになり、見「さうか、おらァまた菊石《ミつちや》とぬかしたとおもつてむしにさはつた」、鈍「ハ、、、、、間《ま》ぬけを間ぬけといふに腹《はら》を立《たつ》と同日《どうじつ》の論《ろん》だ、ハ、、、、」、見「何もおかしいこたァねえ、じたい比丘尼《びくにん》といや女《をんな》の坊主《づばう》だから化粧《けしやう》せにでもい丶に、どいつも〳〵出《で》來《け》ぞこないの面《めん》といふ顔《つら》にべたぬりが氣にいらねえ、しつかい石灰藏《いしばいぐら》の猫《ねこ》が玉蟲《たまむし》くはへたといふ相《さう》だ」、鈍「ハ、、、、、違《ちげ》へなしだ」、赤「コラ鈍公《どんこう》そんなに笑《わらふ》ナ、

ありや皆熊野《ミなくまの》権現《ごんげん》からの御使者《おししや》だ」、鈍「へ、ン神道《しんたう》ハ分《ぶん》なもんだね、権現《ごんげん》の御使者《おししや》が乞丐《こじき》するとあをかしい、ハ、、、、」、赤「ヘン佛法《ぶつほふ》の様《やう》に御《お》上人《しやうにん》さまが米もらひに歩行《あるく》よりやァましだ」、見「また問答《もんだう》が始《はじまつ》た」トいひてあゆむうちつゝミぜこへくる、かハ合羽のたばこ入、店おほし兩、商人「どなたも名物《めいぶつ》の田葉《たば》粉入《こいれ》御《お》買《かひ》なさらんかな、御土産《おみやげ》お買《かひ》なさらんかな」、鈍「何だ南草入《たばこいれ》だ、江戸ッ子に伊勢合羽《いせがつは》の南草入買《たばこいれかへ》も氣《き》が強《つえ》え、はなつたらしめ」、赤「オヤさま〳〵の事を癇《かん》にさへる男だ、江戸ッ子でもへどつ子でも、商人《あきんど》なら勸《すゝめ》るはづだ」、見「ハ、、、、田葉《たば》ことい八ずと往《いか》ッし」トいひ〳〵料理やの門へきて、鈍「ヨヲウ引、がふぎな飲屋《のミや》だナ、一盃《いつはい》やりてい」、赤「此處《こゝ》がせこの井筒屋だ、此あと參宮《さんぐう》した時、古市の杉本屋《すぎもとや》の首ばつかり引さらへて、こゝで大世界《だいせかい》開《ひらい》た時《とき》やァ面白《おもしろ》かつた」、見「杉本屋にやァかますごのより屑《くづ》ても賣かナ」、赤「ナニ古市じやァ一といつて二のない名樓《めいろう》だ」、見「それでも今首《いんまくび》ばつかり引さらへてといつたじやねえか」、赤「ヘン愚者《ぐしや》にむかつて問答無益《もんだうむやく》だ、どうともいひナ」、鈍「杉本屋のついでに今夜《こんや》ァ是非《ぜひ》とも古市《ふるいち》だぜ」、赤「しれた事よ、古市《ふるいち》の樓《ろう》もあれこれ往たが、一番いゝ樓《ろう》ハ杉本か備前《びぜん》屋だ、備前屋の櫻《さくら》の間《ま》のせり出しも見せてえか、まづ杉本の四季《しき》の間《ま》が飛抜《とびぬけ》だ」、鈍「せり出したり飛抜《とびぬけ》たりへんちきな機關《からくり》だナ」、赤「ヘン勝鬘坂《しよまんざか》あたりの御《お》大盡《だいじん》の知《しら》ぬ事だ、コラツ杉本の久野《ひさの》ハ無事《ふじ》ナかしらん、今夜《こんや》往《いつ》たらむしやうに嬉《うれ》しがるたらうヤ、ほんにこんどの參宮《さんぐ》にや式部の眉刷《まゆはけ》四、五十本ト、丸屋の丁子《ちやうし》香《かう》四、五斤買《かつ》てきてくれと頼《たの》まれたに、ころりと忘《わすれ》た、エ、どんな事した」、見「口のはたに御關所《おせきしよ》がないおもつて、べらばうに巻《まき》もの開《ひら》くぜ」、鈍「いふだけのこたァゆるしてやらッし」、赤「ほんとの事よ、マァ往《いつ》て久野《ひさの》を見ナ、面《かほ》なら姿《すがた》なら槌屋《つちや》の櫻木《さくらぎ》太夫生寫《いきうつし》だ、其くせ心いきのいゝ女《をんな》で、三絃《さんけん》ハ申に及ばず、聲《こゑ》ハよく、發句《ほつく》もちよつほり出來《でき》るし、酒《さけ》は三日《ミつか》・四日《よつか》のミづめにしてもびりつともせず、第一手《だいいちて》の見事さ、往《いく》たんびに大坂へつれていてくれといつて泣《なく》にやこまる、あの位《くらゐ》こがれて居《ゐ》るから、夜邊《よんべ》あたりやァ夢見がよかつたらう」、鈍「貴《き》公《こう》のわき臭《か》と口熱《こうねつ》ぢやァさうであらう」、赤「ヘンいくらなと悪太鼓《わるだいこ》打ナ、どうしたもんか旅《たび》へ往《いつ》て迄女《までをんな》のつけまはすにやこまる」、見「モひとつ借蒲團屋《かしぶとんや》が付まはすにも困るだらう、ハ、、、、」、鈍「それが眞實《しんじつ》た、ハ、、、、」ト わらひつかたりつして行、ほどに宮はしにかゝり 見「此はしハ何といふ橋だへ」、赤「是が宮《みや》バし、下《した》な川が御手洗川《みたらしがハ》」、鈍「アノ宮《みや》が團子《だんご》の宮」、赤「またまぜつけえしか」、鈍「それだつとてミたらしが有《あら》ば團子《たんこ》も有《あろ》うとおもつて」、赤「おきやァがれ、コラ見龍子《けんりやうし》、能見《よくミ》て置《おき》ナ、彼山《あのやま》が歌によむ神路《かミぢ》山だ」、鈍「そのそばの山が淨《じやう》るりにかたる小《こ》春山《はるやま》」、赤「まだむだをいふぜ」、鈍「紙治《かミぢ》山があれば小《こ》春《はる》山も有はづだ、ハ、、、、」、見「ハ、、、、、重《おも》い口だ」、鈍「重《おも》い口《くち》にあれば色外《いろほか》に顯《あらハれ》るハどうだ」、赤「どうハ當座の恥《はぢ》だらうぞィ、ハ、、、、」 此内出家の宮のまへにきたり 赤「コラ鈍州《どんしう》よく拜《をかミ》ナ、坊主《ばうず》や山伏《やまぶし》ハ是切《これぎり》て歸《かへ》らにやならぬ、そこで是を出家《しゆつけ》の宮《みや》といふ、ケレドモ貴《き》

公《こう》ハおれといふいゝ友達《ともだち》をもつたから、付髪《つけがミ》の長五郎といふ妙計《めうけい》をさづかり、人竝《ひとなミ》に參宮《さんぐう》するとハ仕合《しあハせ》者《もの》た、神《かミ》ハ正直《しやうじき》の首《かうべ》にやどるとハ此事だ」ト いふてかづらを、ちよいとたゝく 見「正直の首《かうべ》ならいゝが、横着《わうちやく》の首《かうべ》できのどくだ、ハ、、、、」、赤「ハ、、、、、時に是《これ》が一の鳥井だ、是から被《かぶり》もなァならぬ、鉢巻《はちまき》をとらッし」、鈍「エ、滅法《めつほふ》な是とつてなるもんか」、見「それだとて神様《かミさま》へ參《まゐる》に鉢巻《はちまき》して參るといふ法《はふ》があるもんか」、鈍「イ、ヤ御公儀《ごこうぎ》でも、病氣《びやうき》といや長髪《ちやうはつ》御免《めん》だ、おらも頭痛《づつう》がしますからと神さまに斷《ことハり》いやいゝぢやないか」、赤「ナニ途方《とはう》もねい、そんな自由《じゆう》がなるもんか、早《はや》くとらつし」、ト いひつゝいやがるものを二人してむりにはちまきをとらす、どん佛ハかづらのおちんことゝ人のわらふをはじてまじめになり 鈍「コラ悪《あく》ちやりも大《てへ》げえにせんか、アタ忌々《いまく》しい」、二人「ハ、、、、アハ、、、、」ト わらひさゞめき一の鳥井をこえ四ツあし御門・さるがしらの御門をすぎ、兩の宮・風の宮を拜し、外宮のひろまへにつく、くんじゆに誠に山のごとし、三人ぬかづきて拜す

赤内

○有がたさにこぼす　泪《なミだ》の　雨《あめ》と倶《とも》に　降《ふる》ハ群集《くんじゆ》が　な

げる賽銭《さいせん》

稍公踊《センドウヲドラス》レ胸《ヲ》宮川船《ノ》　社人舞《マハス》レ目《ヲ》寶殿前《ノ》

參詣擲《ナゲウツテ》レ銭《ヲ》殆《ントラシ》降《ラシ》レ雨《ヲ》　群集蹴《ケテ》レ砂《ヲ》更《ニ》曇《ラス》天《ヲ》

見龍

此時鈍佛《どんぶつ》が後《あと》に居《ゐ》る道者賽銭《だふしやさいせん》をなげる拍子《ひやうし》袖に引かけて鈍佛か髢《かづら》を落《おと》し大いに笑《わら》ひ、髢《かづら》を鈍佛《どんぶつ》にわたし、男「ハ、、、、、御前《おまへ》の髪《かづら》が落《おち》ましたァ、ハ、、、、、」ト わらへば大勢一度にどつとわらふ、大ぜい「アハ、、、アハ、、、」鈍佛大きにはらをたて、鈍「コラ手前《てまへ》おらが髢《かづら》を引落して、落《おち》ましたですむけえ、そして何をわらやァがるはつつけめえ」ト のゝしる、かの男ハくんじゆにをしへだてられなから是を、きゝて 男「エ、くそ坊主《ばうず》め、けがに落《おと》しやこそとつてこましたれ、禮《れい》をぬかさいで腮《あご》をたゝきァがる、それほど落《おと》しともなか釘《くぎ》でぶつ付ておきやァがれ、どつき廻《まハ》すぞヲ」、鈍「ナニどん百姓《ひやくしやう》の土《つち》くらひめえ、どづいて見やァがれ」、男「オ、ぶたれたかぶつてやるハ、まちやァかれ、けづり廻《まハ》しめ」ト いきまき、人をおしのけて、つかみかゝらんとするを連の者とめる、どんぶつもこぶしをふりあげ、くらはさんとするを二人やう〳〵さへぎりてつれてのき、赤「コラたしなまッし、いふ程《ほど》貴公《きこう》の恥《はぢ》だがナ、あた外聞《げんぶん》のわるい」、鈍「それだとつて、あんなに口きゝやァがるもの、だまつてつまるものか」ト いひ〳〵かづらをなほして「一體《いつてへ》貴公達《たち》がわるい、此群集《くんじゆ》の中で鉢巻《はちまき》したとて、まさか咎《とがめ》る者も有《ある》まいぢやねえか」、見「ハ、、、、、誠《まこと》に髷《わげ》のわからぬ男だ、神《かミ》ハ非禮《ひれい》を請《うけ》すとァいはぬか、それほど落《おち》るが悔《くやし》きやァかづらをやめて髪《かミ》の延《のび》るまで參宮見合《ミやハ》しやァいゝ」、赤「ハ、、、、、それよりか漆墨《うるしずミ》て書割《かきわり》にすれば大丈夫《だいぢやうぶ》だ、ハヽヽヽヽ」、鈍「おきやァがれをかしくもない、時にモウ鉢巻《はちまき》してもいゝぢやねへか」、赤「どうして〳〵、是《これ》から末社廻《まつしやめぐつ》て、天の岩戸、高間原《たかまがはら》なぞへ參る迄《まで》ハ被《かぶり》物禁制《ものきんぜい》だ」ト いはれてどんぶつつぶやき〳〵行ところに、はや末社にかゝる、左よりめぐる事常例也、鈍「是が末社《まつしや》か、開帳場《かいちやうば》が見て悃《あき》れさうだ」、見「嘘《うさ》ァない」と いひつゝめぐるにいろ〳〵の神さまのねぎあるなかにはたぐたのねぎ〳〵、「是《ほれ》ハ大坂《おほさか》の衆《ひゆう》、能《ひよく》參らひやつた、是《ほれ》ハ山《ひやま》の神《はミ》でござる、賽銭《しやいへん》を上《はげ》さつひやれ」ト いひツゝじゝん袖の内より銭をはじく音チイン引「しや《左》ひやう《様》〳〵」、鈍「ひやまのはミとハ何《なん》さまかなナ」、禰宜「山《ひやま》を始《ひやじめ》て開《へらか》ひやつた神《はミ》でほざる」、鈍「さつぱり解《げ》しない」、赤「エイワサ歩《あゆ》まつし」、鈍「先《さつき》にから大《たい》さう見たが全躰《ぜんてへ》いくら有かナ」、赤「外宮ハ四十末社、内宮ハ八十末社サ」、鈍「大變《たいへん》に多《おほ》いね、モウいゝぢやねえか、此から歸《けへ》らう」、赤「馬鹿《ばか》いはつし、まご〱いはずに往《いき》ナ」ト袖を引て行ところにどもりの禰宜「コ、、、是《これ》ハヨ、、、よふ參らはつた、ト、、、、戸隠《とがくし》さまでござる、ハ、、、齒神《はがミ》さまでござる、サ、、、賽錢《さいせん》、ア、、、上さつしやれ」トぜゝりながらいひてこれも袖のから錢をチィンとはじき「サ、、、左様《さやう》〱ゝゝゝゝ皆上さつしやれ」、鈍「ハ、、、、、、何だか不仁者《かたハもの》の勢揃《せいぞろへ》ときていらア」、見「よくごたくる客人《きやくじん》だ、靈寶《れいほう》が濟《すん》だら次《つぎ》へ往《いき》ナ」トいひて末社をこと〴〵くまハりをはり、是より天の岩戸《いはと》へ行道の兩側に櫻《さくら》の馬場《はゞ》あり、爰《ここ》にも比丘尼《びくに》居れどくた〱しければ略《りやく》す、鈍「こゝにも灰猫《はひねこ》先生があまた御出現《ごしゆつげん》だナ」トいひて岩戸坂へかゝる、まんざいえぼしきて、は、かまつけし男古きはうきをもち、かんばり聲にて男「是は岩戸さまの道造《みちつく》りでござる、扶知《ふち》切米《きりまい》もいたゞかぬ者でござる、道錢《ミちせん》をなげて通らつしやれ」、鈍「ヘイそれハ御不自由《こふじいう》、

シテ何程差上《なにほどさしあげ》ませう」、男「心もちでようござる」、鈍「ヘイ土龍《おごろもち》ハ持合《もちあハ》しませぬ、ハ、、、、、」、見「ハ、、、、、惡《わる》くしやれる小僧《こぞう》だノイ、わつちが上やせう」ト一文あたへて行、田舎娘七、八人きつゝ、りどんぶつのあたまを見てわらひながら女「モシ是から何さまでおざりますネ」、見「天《あま》の岩戸《いはと》さまだ」、女「飴《あめ》の鶏《にハとり》さまナ」、見「ナニそんな物賣人ァねえ、往《いつ》たらわかる、おめへたちやァ何國《どこ》だ」、女「播州《ばんしう》でおさります」、見「ほんに播州曾根《ばんしうそね》と書《かい》てある、しかし曾根《そね》なら淺黄《あさぎ》の上《うハ》ッはり着てゐるはずだに」、赤「變《へん》と巻《まき》出したぜ、其心ハ」、見「そねハ上着《うハき》の水淺黄《ミつあさぎ》だ」、赤「大けへそこらだとおもつた、髷《わけ》くゝりどもをとらへてわるい地口《ちくち》た」、鈍「髮《わけ》くゝりとァ何《なん》だかナ」、赤「ひがのねといふ事ヨ」、見「ハ、、、、、惡《わる》いこじつけだナ」、赤「人見て法《はう》とかぬよりかましだ」、鈍「法《はう》とけの顔《かほ》も三度《さんど》ハ新《あたら》しからう」、赤「ハ、、、、、御商賣《ごしやうばい》から相應《さうおう》だ」トくだらぬことをいひちらし、人をおしわけやゝ行、すぎて鈍「ほんにうるせえ群集《くんしゆ》だ、兩人《りやうにん》とも迷子《まひご》にならぬやう、身に付てこふ來ナ、時に今《いんま》の娘《むすめ》の中に、

色《いろ》の白《しろ》い瓜實顔《うりざねがほ》ナ女《をんな》が、おらが顔《かほ》をあぢな尻目《しりめ》で幾度《いくたび》も見たが、どうても氣が有と見える、とかく女の血《ち》を狂《くるハ》せる男た」赤「さうよ、女ばかりぢやァない、男の血《ち》も狂《くるハ》せるといふ顔《かほ》た」、鈍「ナニ男の血《ち》イム、なる程若衆《ほどわかしゆ》もほれるといふのか」、赤「馬鹿《ばか》をいはツし、河豚《ふぐ》のやうな顔《つら》たからといふことよ」、鈍「エ、おきァがれ」、見「ハ、、、、、違《ちけ》へなし、地《ぢ》の硯《すゞりばこ》箱だ、しかし尻目《しりめ》で見た筈《はつ》だ、那奴《きやつ》大の藪《やぶ》ねら見だ」、赤「ハヽヽヽヽ、生涯《しやうがい》尻目《しりめ》つかひづめか」、鈍「ヘンどうともいはッし」、見「いはッしのあたまも信心《しんぐ》からハどうだ」、赤「ハ、、、、、ほんにやかましい口だ、時《とき》に岩戸の内に神酒《おみき》いたゞけトいつてしやきばつてゐる禰宜《ねぎ》かある、きやつをまごつかす法《はう》があるが知《しる》めへナ」、鈍「ムウンしやきばつてゐる尸《ほとけ》をくにやつかす法ハ知《しつ》て居るがそりやしらぬ」、赤「コラ唯一神道《ゆいいちしんたう》の宮地《みやち》てそんなむだハおかツし、實《じつ》に罰《ばち》かあたるぜ」、見「ほんたうにこりや禁句《きんく》だ、シテ其法《はう》ハどうだ」、赤「きやつか烏帽子《えぼし》を叩《たゝ》き落《おと》すと、其日《そのひ》ハ岩戸の内に居《ゐる》こたァならぬわけだ、そこで神酒《おみき》をいたゞくふりして烏帽子《えほし》を叩《たゝ》き落《おと》すと、大まごつきだ」、見「ハヽヽヽヽ、こいつァ面白《おもしろ》イ、鈍公承知《とんこうしようち》か」、鈍「ヘン此方なぞハそんな殺生《せつしやう》戒《かい》ハしねえ」、赤「ム、慈《じ》悲深《ぶか》さうな僧《そう》がらだ、ハ、、、、、」トいひつゝ行ところにさきの道つくりにひとしき出立の男手にもへくひ、をもちきばりたる聲をはり上男「これハ皆やうさん宮《ぐう》さつしやつた、此奥《おく》ハ岩戸さまだ、たばこのんで往《いかつ》しやれ、此奥《おく》でハたばこハならぬ、此處《こゝ》でのんで往《いか》ツしやれ」、鈍「是ハ御せわさまだ、ドレ一ふくやりませう」トたばこすひつけ行んとするを男、引とゞめて男「コレ〳〵火の錢《せん》をおかつしやれぬか」、鈍「エ、火の錢《せん》かいるかネ」、男「扶知切米《ふちきりまい》もいたゞかぬ者でござる、心もちにおかつしやれ」、鈍「おいるした、おらァまたお影年《かげどし》だから、たばこの火の施行《せぎやう》かとおもつた、伊勢《いせ》ッこじきたァよくいつたもんだ、忌々《いま〳〵》しい」ト一文なげあたへ行、二人ハ打わらひ、二人「アハ、、、ハ、、、、どれ一ぷくすハう、ちよつとかしナ」トいひて二人と、もすひつける鈍「貴公達《きこうたち》も腹のわりい、錢《ぜん》がいるならさうといつてくれゝバいゝ」、赤「ハ

、、、、、和尚《をしやう》ハ慈悲《じひ》深《ふけ》いから善根《ぜんごん》をさすきどりだ」、鈍「おけおもしろくねイ」トいゝつゝ行ばはや天磐戸《あまのいはと》に參る、渾《すべ》て磐石《がんぜき》を切通《きりとほ》したる岩穴《いはあな》にて、さながら常闇《とこやミ》のごとくなるに、御燈《ごとう》の光り輝《きらめ》きて神代《かミよ》の昔《むかし》も眼前《まのあたり》に拜《をが》む心地《こゝち》し、いと尊《たう》し、其内に案《あん》の如《ごと》く三寶《さんぼう》に土器《かハらけ》のせ、手に瓶子《へいじ》を持《もつ》たる禰宜《ねぎ》巽《たつミ》上《あが》りの高聲《たかごゑ》にて、禰宜「參詣《さんけい》の衆《しゆ》岩戸《いはと》様《さま》の神酒《ミき》戴《いたゞ》かつしやれ、大神宮御供《こくう》の神酒《ミき》をいたゞかつしやれ」トむしやうにしやぎるくんじゆの參詣の男女神酒をいたゞきミもつをあたへて通る、鈍佛もいたゞく、その次は見龍にていたゞくふりしてえぼしをたゝきおとさんとせしに、禰ぎはやくくびをふりておとさせず、見龍すかたんを打てそのはづミにどん佛がかづらを打おとす、どんぶつおどろき急にひろはんとうつむきけるに、たれか足かハしらざれど、かづらをさん〴〵にふミければ、其あしを引のけてとりあぐる、此あしハ禰ぎのあしにてたちまち横さまに打こけ、かハらけを打くだき、瓶子の酒を打こほし、大いにあわて立あがり、大いにはらをたてゝ、どん佛がえりを引つかミ、こゑあらく禰「これまたつしやれ、大切な土器《かハらけ》をわり、神酒《ミき》をなぜこぼした、了簡《れうけん》ならぬぞ」トわめく、どん佛もはらをたて鈍「ナニ人の天窓《あたま》を土足《どそく》にかけやアがつて、さかねちぬかしやァがる、どろ坊《ばう》めぇ」トかづらを手に持ながらつかミかゝらんとする、見龍・赤内をかしさをしのび、雙方をなだめやう〳〵行すぐる、禰宜ハ猶わめけど、くんじゆの中なれば、そのかひなし、三人ハ人を、おしわけて岩戸へ參る、そのまへニ禰宜「ミな岩戸さまへお燈《とう》

明《みやう》を上さつしやれ、十二銅で御燈明《とうみやう》が獻《けん》ぜられる、上《あげ》て通《とほ》らしやれ」ト　しやぎり一人〳〵十二銅をとりて燈明をあげさせて下向道へ通す、燈明方の男竹のとゆめきたるものにてあぶらをあま、たのかハらけへさし　燈明方「酉《とり》ィの引、としの引、をとこゥ引、戌《いぬ》の引、としの引、女ゴゥ引」、ト　ひとりづゝながたらしくいひてあぶらをつぐ、赤内も燈明あげてとほ、る、そのつぎハ見龍　見「ハイ熊《くま》のとしの男《おとこ》」、燈明方「熊《くま》アの引、としの引、男引」　見龍打わらひてとほる、次ハどん佛、かづらハふミしやがれたれば、たもとへいれ兩の人さしゆびをひたひに立角のごとくなし、うしのとしといふおもいれにて、啞のまねをなし、アシアシトいひしかたして見せければ、ぬからぬか、　燈明方「鬼《おに》の引、としの引、坊主《ばうす》引」ト　いひけるにぞ禰きも參詣の男女ほで、もどよミをつくり大わらひと、なる、三人ハ岩戸をいで、　赤「アハ、、、、見公《けんこう》もよく人を茶《ちゃ》にするもんだ、熊《くま》のとしの男がどこに有もんか、ハ、、、、、」、見「ハ、、、、、それよりか鈍州《どんしう》が啞《おし》のまねをしてとやらかして アシアシ といつたら、鬼《おに》のゥとしのゥばうずゥ引ハこたへられなんだ、アハ、、、オホ、、、」、赤「ハ、、、、」、鈍「ハ、、、、、此方《このはう》から茶《ちゃ》にしようとおもつたら、却《けへつ》てきやつに茶《ちゃ》にされた、伊勢《いせ》のやつらァしんこやの看板《かんばん》でくらへねェ」、赤「ハ、、、、、それもおかしいが神酒《みき》いたゞかハ大落《おほおち》だ、ハ、、、、、」、

見「ハ、、、、、、必竟《ひつきやう》大群集《だいくんじゆ》なりやこそわやになつたが、平日《つね》ならむづかしい、あんな悪法《あくはふ》ハかゝぬがいゝ」、鈍「かゝぬがいゝも氣《き》が強《つえ》へ、元《もと》の叛逆《ほんぎやくにん》人ハ見公《けんこう》だ、禰宜《ねぎ》の烏帽子《えぼし》と人違《ちげ》へして、おらが天窓《あたま》を落馬《らくば》させたから怪我《けが》のはづミにきやつまで刎倒《はねおと》したァ、ハ、、、、」、赤「コラそんなに笑《わら》つて又入齒《いれは》を落馬《らくば》させぬやうにさつし」、見「さうよ、時に一絶《いちぜつ》を得た」、赤「ム、どうこじつけた」

見龍

傳《ツタヘ》聞《ク》岩戸今初《マ》詣《メテマキル》之是《トレ》神代神様第《ノイヘ》
熟《ツラ〳〵》感《ンズ》往古勘定《ノ》高《キコトヲハ》破損《ソン》無レ廻《マハルコト》幾千歳《ク》

赤「をかしい〳〵、不佞《ふねい》も一律《いちりつ》を賦《ふ》し得《え》た」、見「聞てへナ」

赤内

暗闇《クラヤミノ》世界縁起《エンキ》傳《ツタフ》　心中私《ヒソカニウラヤム》羨　磐戸《ノ》前
懸取敲《カケトリタヽイテ》レ門怕《ヲオソレ》レ痛《マンコトヲ》レ手《ノ》　盗人當《アタツテカベニサトル》レ壁悟レ難《キヲウガチ》レ穿
更思鼠《ニフノ》不《ルコトヲ》レ走《ラ》二天井《ヲ》一　又知鼴《ルウゴロノ》無《キヲ》レ持《ツコトネ》二根田《ダ》一

我若節《シ》季逃《ニケテ》籠《コモラバ》レ茲《コヽニ》　借方《カシカタ》其時《ノ》成《ナラン》二眞玄《マックロニ》一

鈍「ハ、、、、、兎《と》角《かく》勝手《かつて》へ引付《ひきつけ》るネ、おらハまた御歌《おうた》だ」、見「どうかナ」

　　　　　　　　　　　　　　　　　鈍佛

○神道《しんたう》の　岩戸《いはと》の闇《やミ》を　照《てら》せるも　やはり彌陀《ミた》ほど光《ひか》る

　銭づく

赤「ハ、、、、、こいつも得手勝手《かつて》だ、それハさうと是から高間《たかま》が原《はら》だ、早く參《めへ》ろう」、鈍「高間《たかま》の原《はら》よりか晝《ひる》飯《まゝ》の腹《はら》がさミしく成《なつ》た、何處《どこ》ぞで一盃《へい》きミやう頂《ちやうらい》禮ハどうだ」、赤「マタ近渇《ちかがつへ》か久しいもんだ、まあ參る處《とこ》へ參てから伯父《おぢ》がいゝ處《とこ》へ連《つれ》て行《いく》ハ、歩《あゆ》まつし」、鈍「又とんちきな處《とこ》だないかナ」、赤「サアどうでもいゝ、先《まつ》往《いか》ッし」、○是より高間が原《はら》へ參る、此處ハ遠近《ゑんきん》を見渡《わた》して眺望《てうばう》いハん方なし、扠拜《はい》し終《をハ》りて下向《げかふ》し、往々《ゆき〳〵》て穴《あな》の稲荷《いなり》へ參る、赤「是が穴《あな》の稲荷様《いなりさま》だ、ナント結構《けつこう》たらうが」、見「何か白木《しらき》の華表《とりゐ》をむやミに立《たて》たネ」、鈍「いくらばかり有だらう」、赤「數《かづ》ハ五百八十何《なに》がしだ、此鳥居《とりゐ》の數《かづ》を籌《かぞへ》た者《もな》ァ福徳自在《ふくとくじざい》だ」、鈍「おめへも籌《かぞへ》た事が有か」、赤「五遍《ごへん》や七遍ぢやねえ」、鈍「それにしちやァもつと印通《いんつう》が廻《まハ》りさうなもんだが、相かハらずぎちつ下卑《けび》十郎だネ」、赤「おきやァがれ小法師《こばうし》だ」、見「ハ、、、、ホンニやかましい手合《てやい》だ」ト いひてやがて岡本の町へかゝる、此處より處へれう理やあり、鈍「此處らへ這入《へいらう》ぢやァねえか」、赤「だまらッし、おれ程《ほど》の者が付て居《ゐ》るハサ」ト 先にたちてことにりつパなる料理やへはいる　男「ようお出いで、ずつとお通《とほ》り」ト いふにつれてくんじゆおびたゞし、おくへとほり、赤「何と妙亭《めうてい》だらうが」、見「大さう大《おほ》きな内だか客《きやく》も大入だ、席《せき》がなささうだ」、赤「此節《せつ》ァ此位《くらゐ》の事ァあたりまへだ、アノ南の端《はし》が今明《あい》た、むかふにしよう」ト いひてそこへゆき三人ともわらじときてあがる、鈍「やつとさ、ヤレ〳〵草臥《くたぶれ》た上に、糊氣《のりけ》が落たので一ばん困《こまつ》た」、見「しやべる計《ばかり》でも腹《はら》がへるだらう」、赤「啌《うさ》ァない」、此内女茶をもちきたり、女「ハイお茶おあがり」ト さし出して、女「あんたがた何をあげ申ませう」、赤「何か有かナ」、女「鯛のいり付、海老《ゑび》の田樂《おでん》、烏賊《いか》の木《き》の芽《め》あへ、あはびの貝燒《かひやき》、筍《たけのこ》のおにしもおます」、赤「兩君《りやうくん》何にせう」、鈍「何でもいゝわナ、味《むめ》へものを早《はや》く注文《ちゆうもん》しな」、赤「世話《せは》しねえ男だ、コラツまづ烏賊《いか》と海老《ゑび》と鮑《あはび》を作《つくつ》て生姜《しやうが》酢《ず》で、酒を三合ばかしばつたりがんにしてくんナ」、女「ハイ〳〵」、見「コラ鮑《あはび》ハ腸《わた》ぐちだぜ」、女「ハイ〳〵」ト いひて行しかほどなく酒肴もちきたり、女「ハイさよなら」ト いふてさしだす、赤「アイ御世話」ト いひて三人まどゐし、赤「鈍公《どんこう》先のまッし」、鈍「おつと承知《しやうち》長夜《ちやうや》の夢《ゆめ》」ト むだをいひながら盃をとりあげる、見龍つぐ、赤内肴をはさむ、鈍「ア、どぎつい鬼殺《おにころ》しだ、時に先《まづ》兄貴《あにき》さし上の四郎左衛門《しらうさゑもん》の尉高綱《じようたかつな》」、赤「コラやかましいハナ、しぶきが夕立《ゆだち》ほと肴《さかな》へかゝる、だまらつし」ト、盃をとり是より獻酬《さしおさへ》して食悦《しよくえつ》にかゝり、さしもの口松手《くちまつで》合《やい》もしバらく静《しづか》なりしが稍底《やゝそこ》をいれて、見「誹《そし》り〳〵嫁《よめ》で銚子《てうし》がめへに成《なつ》た、鈍公《どんこう》手を打《うた》ツし」、鈍「拍手《かしハで》ハ兄貴《あにき》が得手者《えてもの》だ」、赤「いろ〳〵のほねをしミする男だ」ト つぶやきながら手をトン〳〵とたゝく、女「ハアイ引」ト おさだまりの長へんじで來り、女「何ぞおあげ申ませうナ」、見「モウ三合ばかしあつくしてくんナ」、女「ハイ〳〵」、赤「コラついてに何ぞ吸《すふ》ものを三ツもつてきつし」、女「お吸《すひ》ハ鯛《たひ》のすましか、蛤《はまぐり》の御汁《おつけ》か、ミやうぎしの汁《おつけ》もおます、どれにいたしませう」、鈍「ヲヤ明日《めやうにち》の御汁《おつけ》が今日の間《ま》に合《あふ》もんか」、赤「伊勢《いせ》でハ鯔《ぼら》をミやうぎしとも、伊勢鯉《いせごひ》ともいふハサ、短才文盲《たんさいもんまう》ならだまつて居《ゐ》さつし、コラ姉《あね》さん鯛《たひ》のすまし三ツくんナ」、女「ハイ〳〵」、鈍「ほんにへんちきな處た、鯔《ぼら》の戒名《かいミやう》をミやうきしとハ解《げ》しねへ」、見「又禁句《きんく》をいふぜ、それよりかむかふの壁《かへ》際《きは》にゐる婦人《ふじん》を見ナ、立的《りふてき》だねえか、何國《とこ》だらう」、「日《につ》本《ぽん》の内だらう」、赤「むだハよさつし、アレハ京者《きやうもん》だ」、鈍「何《なん》の經文《きやうもん》だ」、赤「エ、手前《てめへ》にやア云ねえナア、見公あの木摺《もくずり》に黒天《くろてん》の衿《えり》かけもんの合羽《かつぱ》きて居る婦人《ふじん》ハ、堀《がう》江《しう》のおゆりによく似《に》て居《ゐ》るだないか」、見「とこの」、赤「ソレ吉喜《よしき》のおゆりサ」、見「貴公《きこう》いつ見た」、鈍「兄貴《あにき》やア荒神祓《くわうじんばらひ》に往《いく》から、それでしつてゐるもんだらう」、赤「ヘン道師《だうし》に往《いつ》て下女《ほさつ》にやうすして恥《はぢ》かくのとハ少し違《ちが》ふよ」ト いさかふうち、女てうし・吸物持きたり、女「さよなら」ト いふてわたす、見龍とりて、見「アイ御苦労《ごくらう》」トいひてすひ物をめ、ん〳〵の前へおき「サア銚子《てうし》がはつたかだ、宗論《しゆうろん》をよしてやらつし」ト赤内《あかない》へつく、是より又さいつおさへつし、膳《せん》をもとりて喫仕廻《くひしまひ》、拂《はらひ》して此家を立出、一盃機嫌《いつぱいきげん》に足輕《あしかる》く、鼻唱《はなうた》うたひて往處《いくところ》に、饅頭《まんぢゆう》を店《みせ》にならへし家《いへ》あり、大坂とらや まんちう と書《かい》て張《はつ》て有けるにぞ、鈍「コリヤァ珍《ちん》だ、一ツやらう」、赤「今箸《いんまはし》を下に置《おい》たぢやないか、口賤《くちいやし》いもんだ」トいふをも耳にかけず、二ツ三ツとつてくひ、鈍「ほんたうの虎製《こせい》だ、少し堅《かた》くなつたれど格別《かくべつ》た、一ツやらつし」、見「人のこたァかもふこたァない、早く喰《く》て仕廻《しまは》つし」、鈍「吝《しわ》へ手合《てやい》だ」トいひてまた四ツ五ツくひ、五文ヅ、さん用で錢をはらひ立出る、まんぢゆうやの女ばうよびとめ、女房「モシ〳〵、おあしが足《たり》ません」、鈍「ナニ足《たら》ねへ、九ツ喰《くつ》て五九四拾五文おけやァ澤山《たくさん》だねえか」、女房「イ、エ一ツ九文《くもん》ヅ、でおます」、鈍「エ、途方《とほう》とてつもねえ、一ツ九文といふ饅《まん》頭《ぢゆう》が鐵《かね》の草鞋三足《わらんぢさんぞく》はいて須彌《しゆみ》の四州《ししう》を尋《たづね》たとつて有もんか」、女「平日《つね》ハ五せんに二せんの駄賃《だちん》がかゝつて七錢《せん》ておますけれど、此節《せつ》ハ道中《だうちゆう》が混雜《こんざつ》で飛脚《ひきやく》がきませんので、二錢直上《にせんねあげ》して九せんヅ、になりました、外《ほか》でも聞ておくれなされ」、鈍「大變《たいへん》だ、そんならさうと口上書《かうじやうがき》でも出《だ》しておけばいゝ」トつぶやき〳〵九ヽ八十一文のつがふにはらひ、まんぢゆうやを立出て口の内にぶつつぶやき〳〵、鈍「むげへめに合《あハ》しやァがつた、あんなに強《がう》欲《よく》さらすと、大野木《おほのぎ》の草鞋屋《わらんぢや》の婆々《ばゝ》ァのやうに神罰《しんばつ》で腰《こし》が抜《ぬける》だらう、はなつたらしめえ」、赤「ハ、、、、、大笑だ、始《はじめ》から云《いつ》て聞《きか》すも合點《がつてん》なれど、餘《あんま》り口賤《くちいやし》からこらしめの爲にだまつて喰《くハ》せたが、九文ハチト高利《かうり》だ」、見「叡山《えいざん》の御札《おふだ》でも請《うけ》てくればいゝ」、鈍「なぜッかへ」、見「九文よけの守《まむり》だ」、鈍「ヘンわりいはねだ、をかしくもねえ」トいひつゝ山田の町をとほりて小田のはしにかゝる、赤「此處《こゝ》が小田の橋《はし》だ、あちらのひくいが、火《ひ》のかもふ者や、穢多《まのじ》や、不淨《ふじやう》のある女《をんな》の通《とほ》る橋《はし》だ、何と神道《しんたう》ハ清浄《しやう〳〵》だらうがナ」、鈍「猩々《しやう〳〵》か川童《がたろ》かしらねえが、五文の饅頭《まんぢゆう》を九文に賣やうな根性骨《こんじよツほね》じやァ未來《みらい》ハ八萬地獄《はちまんぢごく》の釜焦《かまこげ》だ」、見「ハ、、、、、こいつハへんちきだ、橋《はし》が饅頭《まんぢゆう》やしやしめえし」、赤「あれがほんとの橋《はし》しらずた」、鈍「エ、よしやァがれ」ト こなたハはらをたつ、かなた二人ハわらふ　斯《かく》て妙見町《めうけんまち》にさしかゝるに、永《なが》き春日《はるひ》もはや七ツ頃なれば、當所《たうしよ》に泊《とま》らばやとて、豊《とよ》田屋《だや》萬作《まんさく》といへる宿《やど》やへ立入ければ、亭主《ていしゆ》出て、亭「これハよう御參宮《ごさんぐう》なされました、サアお上り」、赤「座敷《ざしき》が有かナ」、亭「へ、ござります、二階《にかい》へお上り、コレ御《お》湯《ゆ》もてこいよ」ト、いふにつれて湯《ゆ》をもち來る、三人足《あし》をすゝぎ席《うへ》へあがれば、手代とおぼしき者三人が荷物《にもつ》を持《もち》、二階へ案《あ》内《ない》してぞ上りける

三寶荒神上之巻終

御影參宮 三寶荒神中之巻

東都
瀧亭鯉丈校
瀧野登鯉述

勢州山田妙見町《めうけんまち》ハ、北辰妙見尊星《ほくしんめうけんそんせい》の宮《みや》あるをもて然呼《しかよべ》り、神樂子《かぐらご》も此所《こゝ》に御座《おはす》とかや、偖《さて》も赤内《あかない》・見龍《けんりゆう》・鈍佛《どんぶつ》の三人ハ、豊田屋萬作《とよだやまんさく》てふ旅店《はたごや》へ泊《とま》り、二階の四疊半《よでうはん》を借《かり》て行季《にもつ》を床《とこ》の間《ま》に置、湯《ゆ》へ入終《をハ》りて、見龍ハ髪結床《かみゆひどこ》へ往《ゆき》、鈍佛《どんぶつ》ハ厠《かハや》へ走《はし》りける、迹《あと》に赤内ハ匍匐《はらばひ》て南草《たばこ》くゆらせ居けるが、元來《ぐわんらい》此男、伊勢參宮ハ今般《このたび》で三度目《さんどめ》なれど、古市の樓《ろう》へ登《のぼ》りし事ハ夢《ゆめ》にもあらず、唯《たゞ》人のいふを聞覺へ居《ゐ》て、口から出次第《でしだい》にぜい八百をいひちらしけるが、流石《さすが》に覺束《おぼつか》なく、幸《さいは》ひ見龍ハ髪結《かみゆひ》に往《ゆき》、鈍佛《どんぶつ》ハ長厠《ながぜつち》なれば、よき間《ひま》よとて手をならして亭主《ていしゆ》をよぶに、主《あるじ》萬作《まんさく》きたりければ、起直《おきなほ》りて、赤「イヤ是ハ御面倒《こめんだう》、サア一《いっ》ふくお上り」、亭「へ、御免《ごめん》なされませう」ト 席へい、り座す 赤「當年《とうねん》ハ御蔭《おかげ》で、定めて御繁多《ごはんた》でござりやせう」、亭「へイく、怪《けし》からぬ御參宮《ごさんぐう》で、晝夜《ちうや》まんじりとも寝《ね》ませぬくらゐでござります、ハ、、、、」此男よくついしようわらひをまぜてものいふ「しかし御客様方《おきやくさまがた》の御蔭《おかげ》で勢州地《せいしうち》も賑《にぎハ》ひます、アハ、、、、」、赤「さうさ、何分世《なんぶんよ》直《なほ》りがするだらう、しかし内《ない》宮《く》の邊《へん》ハ大變《たいへん》をやつたさうだナ」、亭「イヤモ怪《けし》からぬ騷動《さふどう》をやりました、アハ、、、、けれども怪我人《けがにん》もな

く、御本社《ごほんしや》に別條《べつてう》がござりませぬで、まだしもでござります、アハヽヽヽ」、赤「さうさ、其位《くらへ》の事に御焼《おやけ》なされぬといふハ、有がてい御神徳《ごしんとく》だ」、亭「さやうでござります、アハヽヽヽ、して何方《あなた》がたハ御國ハ」、赤「大坂で有《あり》ます」、亭「ヘヽ、エ引さやうでござりますか、御《お》詞《ことバ》がどふかカウ御江戸のやうで御座りますから、關東《くわんとう》の御《お》客様《きやくさま》かと存ました、アハヽヽ、大坂ハとの邊《へん》でござります」、赤「アイ船場《せんば》邊《へん》で有ますが、一年《いちねん》の內《うち》やァ六部《ろくぶ》ハ江戸の店《たな》へ下《くだ》るから、いつの程《ほど》か東詞《あづまことば》がうつりやしたのサ」、亭「なる程《ほど》、アハヽヽヽ」 鈍佛ハせんちよりかへりて二階へ上りけるが、赤内が亭主と何かはなして居るゆゑ何事ならんと、そつと次の間にかゞミ、いきをころして聞ゐる、赤内ハさうともしらざれば 赤「時に御目にかゝるハ外の事でもねえが、古市へ一度往《いつ》た事があるが、なに貳拾年も前方《まへかた》の事だから、何といふ青樓《ちやや》とも覺《おぼ》えぬ位《くらゐ》だ、聞《きけや》ァ杉本屋といふがいゝさうだが、御世話なから今夜案内《あんない》を御頼申事ァなるめえか」、「御安事てござります、御安內いたさせませう、アハヽヽヽ」、赤「杉本屋に久野《ひさの》といふが有かナ」、亭「ござりますとも、アハヽヽヽ、エ、御職《おしよく》が榮吉《えいきち》、次《つぎ》が久野、おかる・おやつ・小牧《こまき》・千世、それから外にたんとかゝへがござります、御《お》望《のぞミ》次第《しだい》でござります、アハヽヽヽ」、赤「ハヽヽヽヽ、そして踊《をどり》ハ何程で見られますナ」、亭「ヘエ座敷《ざしき》によりますが慥《たしか》四季《しき》の間か壹兩、菊壽《きくじゆ》の間が貳百疋かと存《ぞんじ》ました」ト かたる內、見龍もかミゆひしまひて二階へあがる、どんぶつちやつとさし足して見龍が耳に口よせ何かさゝやくトしたをたしてうなづき、おなしく次のまにしのび、耳をよせてきく、赤内ハはなしにうつゝをぬかして猶しらず 赤「大そう高《たけ》イもんだナ、踊《をとり》ハ見ずとも遊《あそ》ばせるかな」、亭「それハ御《ご》勝手《かつて》次第《したい》でござります」、赤「備前屋といふ青樓《ちやや》にせり出《だ》しの座敷《さしき》が有と聞ましたが有《ある》かナ」、亭「これも評判《ひやうばん》の內でござりますけれど、先《まづ》、杉本屋へお出なさいて、備前屋ハ次《つぎ》の夜《よさ》にでもなさるがようござります、猶其外扇屋にも扇《あふぎ》の間といふが建《たち》ますし、柏屋《かしはや》の三階《さんがい》、松の間には唐木《からき》の床柱《とこはしら》もごぜイす」、赤「ム、とれも〳〵見てえが今夜ハまづ杉本にきめふ、時に揚代《あげだい》ハ百疋と聞たがさうかナ」、亭「ヘ、百疋に雜用が三匁か一朱かでこぜえす、壹分貳朱といふもごぜえす、アハ、、、」、赤「よし〳〵、イヤ大きにおせわ、そんなら仕度《したく》が済次第御頼ミ申やす」、亭「エ、畏《かしこま》りました、えい時分におしらせなさいせ」といふ處へせきばらひのこゑきこゆるにぞ、萬作ハ下へおりて行、しのびゐし二人ハ今もどりし、といふかほにてひとり〳〵席へ入きたる 赤「けえらつせえたか」、見「アイ、遅《おそ》かつたかナ」、赤「思ふたより早かつた、遅《おせ》へハ鈍州《どんしう》だ、髪結《かミゆつ》て歸《けへ》る間厠《せつちん》によくふんばたかつて居たナア、ハ、、、、、」、見「ハ、、、、、、今まで厠《せつち》にか、惘《あきれ》が目をまはすハ、ハ、、、、」、鈍「それだとつて歩《あゆ》ミづめにするせいかして、痔《ぢ》が起《おこつ》て、きばりやァ痛《いた》し、ホンニ困《こま》り切《きつ》たァ」、見「久しいだる磨殿《まどの》だ、ハ、、、、、」、赤「貴公達もつと早《はや》く歸《けへ》ると有がてい事を聞すに」、見「何の事だ」、赤「何の事ハ、亭主《ていしゆ》が挨拶《あいさつ》にきたから内宮の出火《しゆつくわ》の事問《とふ》たら、聞ツし世ハ末世《まつせ》など丶佛《ふつ》の方《はう》じやいふが、神徳《しんとく》ハ今《いま》も新《あらた》だ、内宮様の御燒《おやけ》なされぬにつけて色々《いろ〳〵》の神變不測《じんへんふしぎ》・妙奇代《めうきたい》な事を咄《はな》して、今下《いんました》へおりた、イヤホンニ有がてい事だ」、見「ソレハ殘念閔子《ざんねんひんし》騫《けん》た、こちとハまた胸《むね》ツ屎《くそ》のわりい咄《はなし》ばつかし

聞た」、鈍「床《とこ》でか」、見「さうよ」、鈍「どんな咄《はなし》だ」、見「どこの牛の骨《ほね》かハしらぬが、口ばつかり利《きい》た風《ふう》いやがつて、古市の杉本屋ハどこたの、イヤ踊《をどり》ハいくらだの、イヤ揚《あげ》代ハ何ぼだのと、顔恥《つらはづ》かしくもなく根問《ねどひ》・葉問《どひ》しやァがる、其顔《つら》付の馬鹿《ばか》らしさ、ホンニ浮世《うきよ》ニヤいゝ業《ごふ》さらしも有もんだョ」、鈍「ハ、、、、、、そいつァとんちきだ、大方床髪結《とこがミい》に聞《きゝ》合しやァがつて、連中《れんぢゆう》に古市の天《てん》狗《ぐ》つかふトいふ、太子《し》様《さま》時代の古洒落《ふるしやれ》だらう」、赤「ハ、、、、、、よく悪態《あくたい》つくもんだ」トうぬが耳こすりいふともしらず、ともにかれこれそしりあふうち、はや夕めしをはこびきたりければ、三人したく、し終り日もくれければ、やがて用意の一重ばおりなどちやくして 見「サアいゝが、往《いか》うぢやねえか」、赤「マアいゝわな、せくこたァない、何ぼ馴染《なじミ》の樓《ろう》でも横《よこ》付ハ餘《あんま》り威勢《いせい》がない、エ、さつきに手紙をやつておけバ先《さき》から花車《くわしや》が向ひに來《く》るモノヲ、はつたりと失念《しつねん》した、仕方かない、亭主《ていしゆ》に案《あん》内《ない》さそふ」、鈍「か愛《かはい》さうに亭主ハ大取込《とりこミ》の様子《やうす》だ、まさか案内がなくても、公《こう》が往《い》きやァいゝぢやないか」、赤「イヤ〳〵案内頼《たの》むも腹《はら》のある事ョ、ちよつと案内《あんない》す

れば五部口銭《こうせん》ハ御定《おさだま》りだから、宿《やど》も悦ぶといふもんぢや、こゝらあ登樓《とうろう》の修行《しゆぎやう》が足《たら》ぬときの付（氣）ぬとこョ」、見「燈《とう》籠《ろう》の修行か提燈《ちやうちん》の回國かしらぬが、どうともいゝ様《やう》にして早く往《いく》まいか」、赤「ハ、、、、、むしやうにせきの小萬だナ」トをさまつたかほして手をとん〳〵と、ならす、下よりハアイとへんじして女「何そおあげ申ませうか」、赤「アイ茶をも一ツくんな、そして萬作《まんさく》さんに、チヨツト杉本まで案内を頼《たの》ミやすといふてくんナ」、女「畏《かしこまり》ました」トいひて立て行、やがてちやをもつてきて「御案内が庭《には》にまつてをります」、鈍「ナニ待《まつ》て居《ゐ》るか、サアはやく往《いか》う」ト立ふとして茶、を打こぼす赤「アツ、、エ、沸《にへ》茶を膝《ひざ》へあぶせた、コラ一丁《いつちやう》裏《うら》の羽織《はおり》までずくたんだ、大概《たいがへ》に周障《あわて》さつし」トつぶやきながら手拭にてふき、茶を一口のミ、己も心ハはやがねなれバ「さらバお馬《むま》をむかふ、もさ引すると茶さへろくに飲《のま》すこつちやアない」ト、杢《もく》の割しハ夢《ゆめ》しらずをさめた顔《かほ》で、先に立下へおりると、僕提燈《をとこちやうちん》をともし先へ行、三人ハ僕《ぼく》が後《あと》に付て行に、はや間《あひ》の山にさしかゝる、赤「此處が間の山だ、晝《ひる》ハお杉・お玉が三絃彈《さんけんひい》て居る、明日《あす》内宮へ參

りしなに見せる、皆まんざらでもねえ女だぜ」、見「いゝわさ、おめへの世話《せわ》にならずとも獨《ひとり》見るハサ、もつと早く歩《あゆミ》ナ」、赤「世話しねえ男だ、首ばつかし先《さき》へ往《いつ》て足元ァ御留守《おるす》だ、とばついて轉《ころ》ばぬやうにさツし」トいひ〳〵また二、三丁行、赤「あれが淨明寺《じやうめいじ》トいふ禪《ぜん》寺《でら》だ、頼朝《よりとも》の石塔《せきたう》」、鈍「モウいゝわな、夜中《やちゆう》にそれ聞たとつて見やァしめえしちつとも早く往《いく》がいゝ」、赤「ム、各々《おの〳〵》大急《おほいそ》ぎの虎御前《とらごぜん》トきてゐるハ」トあざわらふ内、鈍ぶつ石につまづき打、こける鈍「アイタ、、、」、赤「てつきりかうだらうと思つた、早くおきナ」、鈍「アイタ、、、、向脚《むかふずね》すりむいた、アイタ、、、、おめへが色々《いろ〳〵》の道草《みちぐさ》をいふからだ、アイタ、、、」、男「此道《みち》ハ石高《いしだか》にござりますよつておあぶなふごござります」、鈍「今ごろそれいつて間《ま》に合《あふ》もんか、手前《てめへ》もいゝ間《ま》ぬけだ」トいひてやう〳〵と立あかる、赤内ちやうちんのあかりでどんぶつ、がていを見て赤「オヤ手前《てめへ》ハ脇《わき》ざしを又《また》右に指《さし》て居るぜ、そして前帯《まへおび》する醫者《いしや》が有もんか、たしなミねえ」といふにどんづき佛心、鈍「エ、面《めん》えうナ、宿《やど》を出《で》るときやァ後《うしろ》で帯を結《むす》

び、左《ひだり》に剣《けん》を帯《おび》たと思つたが、今轉《ころん》だとき首《くび》が脊《せ》へ廻《まハ》つたのだねえかしらぬ」、見「ハ、、、、、首《くび》が脊《せ》へ廻《まハ》つたら衿《えり》が脊《せ》になりさうナもんだ」、鈍「それよ、そこが此方《このはう》も不審《ふしん》の一ツだ」、赤「ハ、、、、、照隠《てれかく》しもいゝかげんにして早く歩ッし」トいひて往處に早古市にかゝる、實《げに》も名高《なだか》き花街《いろざと》とて、際々《きはぐ》しき家居《いへゐ》立つゞき、兩《りやう》邊《へん》の樓上《ろうしやう》に燈《とも》し立《たつ》る燭臺《しよくだい》の燈星《ひほし》のごとく、彈《ひき》うたふ三味の音《ね》、打囃《うちはや》す大鼓《たいこ》の音《おと》、手を鳴《なら》す音長返事《おとながへんじ》の聲《こゑ》、往《わう》返《きる》さの人の胸《むね》を踊《をどら》す大繁昌《はんしやう》に、三人ハ魂《たましひ》を有《う》頂天《ちやうてん》に飛《とば》し、簇々《ぞくぐ》として僕《ぼく》が案内《あない》に随《したが》ひ杉本屋へ至《いた》る、番頭《ばんとう》の萱《かや》野《の》立出、かや「モシようおいなんした、おあがりなんし」トいふにつれて三人あがる、僕は別をつげて立かへる、すべて此さとの習《なら》ひにて座敷《ざしき》ハ皆二階《にかい》なり、三人ハ樓《にかい》へ上り花車《くわしや》が指揮《さしづ》にて牡《ぼ》丹《たん》の間《ま》といふに席《せき》を定《さだ》め、茶・南草《たばこ》・蒲團《ふとん》など運《ほこ》ぶ事お定り通《とほ》りにて座につけば、かやの「ヨウおいなんしたなう」、赤「どうだ久しく逢《あハ》ぬうちでんぶ闌《ふけ》たぜ」、かや「あのさんハ誰《だれ》さんやらぢやナウ」、赤「目かどの悪《わり》イ人

だ、此あとの參宮《さんぐう》に二、三日も居續《ゐつゞけ》した者ヨ」、かや「とんと忘《わすれ》んした」トしあんしてもおぼえなければ、がてんのゆかぬかほにて「とんと性根《しやうね》がなくてものわすれしてならぬハサ、あのさんたちの笑《わら》ハんすで氣がわるい、御國ハどこやらぢやナウ」、赤「國ハ大坂の船場邊《せんばへん》よ」、かや「おらァお江戸のさんかとおもふた」、鈍「尤よ、一年の内に六部《ろくぶ》ハ江戸の店《たな》へ下る、巡禮《じゆんれい》は那智《なち》の山へ上《のぼ》るから、いつの程か東詞《あづまことば》が小瘡《ひぜん》の様《やう》にうつりやしたのさ、ハ、、、、、」トいふにかやのハ何のことかわからぬ顔、見龍はくつ〳〵わらふ、赤、内ハびつくりせしかほで、赤「手前《てめへ》そりやァ何の寐言《ねごと》だ」、鈍「外の事でもねえが古市へもいつたが、なに二十年にもなるから何處《どこ》の青樓《ちやや》ともわからぬ位《くらゐ》だ」、赤「エ、よしやがれ、そんなら立聞《たちぎゝ》したナ」、鈍「立聞《たちぎゝ》ハしませぬが慥《たしか》四季《しき》の間《ま》が一兩、菊壽《きくじゆ》の間が二歩かと存《ぞんじ》ました」、赤「モウいゝハナ是だ〳〵」ト内證でむかふ二人ふき出し「アハ、、、、」、かや「あのさんもおらあとこの事やう知ておいなんす、踊《をどり》見なんするナウ」、鈍「サア大そう高《たけ》イもんだ、踊ハ見ずとも遊《あそ》ばせるかネ」赤「モウいゝといふに」トいやがる

ほど二人ハ、大わらひ「アハヽヽヽ」かやのハ何にもしらねば、かや「それは御勝手しだいぢやハナウ」、鈍「こいつも番合《ばんあひ》だ、ハヽヽヽヽ」ト彌《いよ〱》わらふ、赤内ハいよ〱まじめになる、此内盃臺《とさん》を持出る處《ところ》の風にて丸く仰山《ぎやうさん》なる盃臺《はいだい》に盃ハ一通りなり、見「イヨウ引、何だか大そうな盃臺《はいだい》だな、咸陽《かんやう》宮《きゆう》の柱《はしら》の切端《きりはし》見るやうだ」、鈍「違へなし、地《ち》たねえ、青貝《あをげへ》の參宮《さんぐう》ときてゐる」、赤「青越《あをごへ》のこじ付か、ハヽヽヽ」、程なく銚子《てうし》と硯蓋《すゞりふた》二面持《もち》出る、青貝ぶせなり、壹面ハ魚類大かまぼこ・たこ・、ゑび・いか・こんぶ壹面ハ精進《しやうじん》たけのこ・ふき・かうやどうふ・しいたけ・、さやまめ是《これ》古市の例《れい》なり、鈍佛《どんぶつ》ハ子細《しさい》を知《し》らざれば、扨ハ赤内が花車《くわしや》に吹込《ふきこミ》ての計《はか》らひならんと、癇《かん》にさゆれど色《いろ》にも出さず、此時酒宴始《しゆえんはじま》ると、女郎追々《おひ〱》出來る因に曰、此ごろハおかげにて大はんじやうなれば、かゝへの女郎のミにてハ、たらざるゆゑ、他所より安女郎を多くやとひ、つきまぜていたすなり又古市の定《さだ》めにて客より我相方《あひかた》にせんとおもふ阿娼《ぢよらう》へ盃をさす、是約束《やくそく》のかための盃なり、然《しかれ》ども先約《せんやく》あるか或ハ女郎の心に染《そま》さる客ハ盃をおさへて請《うけ》ず、是客をふる心なり、見龍《けんりゆう》ハ猿知恵《さるぢゑ》の男なれば、手水《てみつ》に立ふりにて椎《しひ》

野《の》といふ仲居に委《くは》しく諸譯《しよわけ》を聞、座《ざ》にかへりて千世《せんよ》といふ杉本屋抱《かゝ》への女郎へ盃をさす、赤内ハ譯《わけ》をしらず、粋《すい》の腹《はら》をうる氣《き》どりにて、中で醜《みにく》きあか葉といふ女郎に盃をさす、鈍佛《どんぶつ》ハあれ是《これ》へさして度々《たび〴〵》おさへられ、わや吉といふ醜妓《みにくきひめ》に盃をさす、此間あだくち色々ありて女郎二、三人三絃《さみせん》を彈《ひき》立る、前「あわにぬしおォ、きィさぬきィいィてすめばァ、ヨウ鶉《うづら》どりかやァ、あわこゥいしョウ、オイよい〳〵ヨウ、エツサエイ〳〵」、同「おかげどしとヲ、てエ、たれもかもヲ、ぬけるヨウ、ことしやァほうねん、ほにホウがァさくハヨウ、エツサエ、エツサエ、エツサ〳〵、エツサ、」、見「新《しん》うたヾナ大《て》さう高《たか》ィ調子《てうし》だ」、かや「これし大坂の九軒の櫻《さくら》ハ咲《さく》かナウ」、赤「生樹《いき》だから毎年咲《まいねんさく》ヨ、今年《ことし》も堺亭《さかひてい》の櫻《さくら》の閒《ま》で見たァ、、見事ナことよ」、赤ば「堺亭《さかひてい》にも櫻《さくら》の閒といふが有んすかナウ」、赤「有《ある》だんか、廊下《らうか》傳《づた》ひの二階《にかい》ハ堺亭《さかひてい》ばかりだァ、連《つれ》て往《いつ》て見せてゐ、今年出來《ことしでき》た松の閒なぞハ、實《じつ》に猿《さる》が嶋《しま》のきび團子《だんご》ぢやねえか、日本一だ」、あかば「コレシおまへも太夫呼《よび》なんしたかえ」、赤「呼《よふ》ばかりぢやねえ、月に半月ハ抱《だい》てねる男よ」、鈍「殘り半月ハかいて寐《ね》る人だ」、赤「馬鹿《ばか》ハよせえ、太夫も多《おほ》い事だか」ト いひて扇をはなのさきでは、ちつかして「東の扇屋ぢやァ浪花江《なにはえ》太夫・逢坂《あふさか》太夫、折屋ぢやァ千壽《せんじゆ》太夫・總角《あげまき》太夫」、しひの「モシそのさんハ津《つ》から往《いか》んした太夫さんか」、赤「さうよ、槌屋《つちや》ぢやァ大學《だいがく》太夫・若倉《わかくら》太夫・金吾《きんご》太夫・むつ花太夫・琴鶴《ことづる》太夫・梅園太夫・櫻木《さくらぎ》太夫、槌屋《つちや》ハ當時《たうじ》の手揃《ぞろへ》だ」ト いふたび〳〵に扇をはなのあたりではち〳〵いはすにぞ、どんぶつ心づき何ても扇こそがくやならめとかんづき、盃をもつて赤内がそばへ行、となりへす、わりて 鈍「コラ太夫の人別改《にんべつあらため》もいゝが、一盃《ぺい》やりナ」ト 盃をさす、赤内あふぎをかたへにおき 赤「オツト有がてゐ、相の手に一盃いつぎするすミとしやふ」ト 盃をうけて一ぱい引うけのむうち、どんぶつうしろへ手をまわしそつとあふぎをとりてせなかへさす、此扇ハ九軒堺屋の年玉の扇にて、太夫の名をこと〴〵くさい字にかき付たれば、赤内それをよミてハ太夫の名を、いひたるなり しひの「中の扇屋にやァ何といふ太夫さんがおいなんすナウ」、赤「中の扇屋にも美人《びじん》ハ澤山《たくさん》だ」ト いひてかたハらのあふぎをさがせど、もなければ、うろ〳〵として 赤「今此處《こゝ》に置《おい》た扇がねえ、鈍公《どんこう》しらぬか」、鈍「扇に迷惑《めいわく》だ、何《なに》おらかしるものか、扇が入ならわつちが此扇をマァつかはツし」ト おのがあふぎをさし出す、赤「イヤ貴公の扇ぢや埒《らち》があかぬ、はてどうしたかナ」ト 立てふとんをふるひ、あたりをさがしうろ〳〵する、どんぶつハ此内もとの座へかへり 鈍「マア扇の行衛ハ打やつて太夫の名をいつて聞してやらツし」、せんよ「コレシどうぞ聞しておくんなんし」、赤「サア安い事だが、大切の扇がなくなつちやァ大變《たいへん》だ」、見「扇の一本や二本が何で大變《たいへん》だ」、赤「たゞの扇なりやかまひないが、廣嶋の御留主居から拜領《はいりやう》の扇で、介石《かいせき》の蘭《らん》に頼《らい》の讃といふもんだから、金づくぢや買《かハ》れぬ扇さ」、鈍「いゝハな、世《よ》にや神《かミ》がくしといふ物もある、何處《とこ》ぞから出るだらう、先《まづ》太夫の名をいつてやらツし」、わや吉「コレシ早う聞しておくなんし」、赤「マアいゝ、久しくきせるに對面《たいめん》せぬ、一ふく飲《のん》でからいつて聞そふ」ト たばこをのミ色色しあんして 「どうも不測《ふしぎ》だ、見龍子《けんりゆうし》一卦《いつくわ》立て見てくんな」、見「仰山《ぎやうさん》な、扇壹本位《ぐらゐ》で易《えき》でも有めえぢやァねえか」、赤「サたゞの扇ならかまひねが、さつきにいつた通り拜領ものをなくしちやァ言譯《いひわけ》がむつかしい」、見「いゝハ疊《たゝミ》の目をかぞへさツし」、赤「承知《しやうち》だ」ト いひてたゝミの目をかぞへ 「十ヲ」、見「其次《つぎ》ハ」、赤「九ツ」、見「ヨシ次ハ」、赤「三ツ」、見「ヨシ〳〵こふつ、天澤履《てんたくり》の三爻《さんかう》だな、眇《すがめ》能視《よくミる》とし跛《あしなへ》よく履《ふむ》とす、ハテナこりやしらない事も知《しつ》た顔《かほ》し、覺えねえ事も覺えがほし、往《いか》ねえ處へもいつた顔するといふ卦《け》だ」、鈍「なる程當世《たうせい》にやそんな男が多いのョ」、赤「マヅまぜッけえすな、そして出るか出ぬかね」、見「サレバ三爻變《へん》ハ乾爲天《けんゐてん》だり、初爻《しよかう》に潛龍《せんりゆう》なり、用ゆる事なかれとあれば、人がかくしたのだ」、赤「さうだらう、どういふ人が隱したね」、見「サレバ、乾を頭《かしら》とし丸しとす、先《だ》ハ口で、口《くち》やかましい人だ、三爻《さんかう》ハ人の腰《こし》にあたる」、赤「頭《あたま》が丸《まる》くて口かしましい男の腰《こし》」ト いひてどん佛、がかほをみて 「よし〳〵もういゝ、それ聞て安堵《あんど》だ、座敷《ざしき》がめいつた女郎達《たち》わつさりと彈《ひか》つし」、女ミな〳〵「アイ〳〵」是より又彈立《ひきたて》て大さわぎとなる、此内ミめよき女ハ一人《ひとり》二人《ふたり》と立て行、殘るハ仲居と千世《せんよ》・わや吉・あかば三人になる、赤内《あかない》ハ騷《さハぎ》のうち、手水《てうづ》に行《ゆく》ふりして鈍佛《どんぶつ》が後《うしろ》へ廻《まハ》り、後《うしろ》にさいたる扇をちよいととり、赤「どろぼうめえ」ト、いひて頭《かしら》をつよくうつ、鈍「アイタ、、、、、、是やどうするのだ」、赤「どうするも氣が強《つえ》え、なぜ扇を盗《ぬす》んだ」、鈍「誰《だれ》がえ」、赤「貴公だハ」、鈍「しらねえがナ」、赤「知《しら》ねえものが貴公の腰《こし》に此扇がなぜさして有《ある》え」、鈍「おめへの扇ハ會《くわい》席《せき》の畫《ゑ》に亂《らん》の騷《さハぎ》トやらぢやねえか、そりやァ太夫の名《な》よせ扇だ」トいひてたがひにつのめだつ、見龍ハさてハ赤内が太夫じまんのがくやハ名よせ扇なりとはじめてさとり大わらひ見「ハ、、、、、こいつァ落だ」、鈍「笑ひ事だねえ、座《ざ》興《きよう》にした事を腹立てぶつといふきねが有もんか」、赤「餘《あんま》り隱《かく》しやうが執心深《しふしんぶか》ひからだ」、鈍「また扇《あふぎ》壹本で新町中の太夫の棚《たな》おろしもじれつてえ」、見「コラもういゝぢやねえか、だまらッし」トなだめる内、鈍佛ハ元來なき上戸なればすゝりあげ「それだとつて仲居にいひ付て精《しやう》進《じん》の硯《すゞり》蓋《ぶた》ト魚類《ぎよるい》の硯蓋くますといふ調《てう》ぶくも惡ィぢやねえか」トいひます〱しやくりあげ「わつちやァくやしくて〱ならぬけれど、今までィ、いやシ、しねえ」、見「何《なん》だ泣《なく》か、ハ、、、、、こいつァをかしい、ハ、、オホ、、、それがナ、ナンノ、アハ、、、何《なん》の調《てう》ぶく、アハ、、、ウフ、、、、コ、こいつァこたへられん、アハ、、」、赤「何《なに》硯《すゞり》蓋《ぶた》がどうしたといふのだ、けち忌々《いま〱》しい」トむせふにはらたつる、しひの「マアやうごんすハ、間違《まちがひ》であるハサ」、赤「それだとつて硯蓋を精《しやう》進《じん》と魚類《ぎよるい》とわけてきねえと、わつちやァいハねえぜ」、見「ハ、、、、、こいつァをかしい、ハ、、、、、」、鈍「言付《いひつけ》ねえものが、何《なん》で別《べち》にして、ァ、あるもんかい、わつちを坊主《ばうず》だと、ィ、いはぬばかりの仕方が、カ、かなしくて〱」トいひさしてなく、しいの大わらひ「ホ、、、、あれハどのさんがごんても、二《ふた》やうにしてだすハサ、おらが所はかりじやないハサ」、赤「それ見やァがれ、處の流儀《りゆうぎ》ですることおらがしるもんかえ、忌々《いま〱》しい」、しひの「サアもうよいハサ、これしかぶろし鹽茶《しほちや》もつてごん引」トいふにぞ小女郎、くんでくるめい〱にすゝめる、これにて三人とも上ざめしなりをしづめて見「ほんにへんちきな事から座がしらけたサア、中直りしてわつさりと飲《のミ》直《なを》し、寐《ね》ようぢやねえか」、赤「さうよ、鈍公《どんこう》もう了簡《りやうけん》さツし、おらがわるかつた」、鈍「ナニ御同然《ごどうぜん》だ、是切《これぎり》で中よしの川だぜ」ト盃をとり一、盃うけて　赤「其事だ」ト盃を、さす「時にかやのさん、女郎を三人呼《よび》にやつてくんな」、かやの「此上へかえ」、赤「この子ァ藝子《げいこ》だねえか」、見「ハ、、、、、大間違《おほまちげへ》だ、是が女郎ョ」、鈍「エ、、」トびつくりして「そりやどういふ譯《わけ》だ」、見「その譯《わけ》ハ、初《はじめ》て盃をさしたが自身《じしん》の相方《あひかた》ヨ」、赤「ヨウ引」トこれもびつくりして「おらァ腹《はら》を賣《うる》きて初《はじめ》にあの子へさしたが、そりや大變《たいへん》だ」、見「ハ、、、、、縁《ゑん》の有《ある》のだらう」、赤「また鈍公《どんこう》が盃をさすたびに押《おさ》へられたハ」、鈍「何ぞ譯《わけ》が有かね」、見「謂《いはく》因縁《いんえん》古事《こじ》來歴《らいれき》有《あつ》て、ミんな先《せん》に約束《やくそく》が有といふ所以《ゆゑん》なり、はた然《しか》らずバ蟲《むし》がすかねえといふ御斷《おことわり》のしるしよ」、赤「何だか陳文漢《ちんふんかん》をまぜるで一番解《げ》しねえ、しておらが相方ハとれだ」かやの・あかば、にゆびざしして「アノおやまんサ」、赤「あの子か」トいひてあたまをかきな、がらせんかたなければ「マ、ヨ仕方がねイ」トいひて口にぶつ〳〵つぶやく、鈍「わつちの相方ハ此子か」、見

「何途方《なにとはう》もねえ、是ハわつちが閨《ねや》の花よ」、かやの「わや吉《きつ》さんぢやといふに」、鈍「ア、南無阿彌陀佛《なんまみたぶつ》、むげえめに愛染明王《あんぜんめうわう》だ」これも大へこミにてお、かしミいろ〳〵あり　斯《かく》て又しばらく酒をくミかハしけるが、夜《よ》いたく闌《ふけ》れば萱野《かやの》がさしづにて皆それぞれに閨《ねや》へ赴《おもむか》しむ、鈍佛《とんぶつ》ハわや吉に手をひかれ梯段《はしごだん》の端《はし》の間《ま》へ入　因に曰、古市のならひ、ねまの下へ家の定紋の付ししきぶすまをしき、其上へ夜其をしく、也　わや吉南草《たばこ》吹《すひ》付て渡《わた》し、一ツ二ツ嘶《はなし》して頓《やが》て手水《てうづ》に下《おり》る、跡《あと》にハ鈍佛賣殘《うりのこ》りの布袋《ほてい》の根付《ねつけ》のごとく、蒲團《ふとん》

の上にましくしして、蚊《か》をたゝきながら缺《あくび》百ほどし、待《まて》ども〳〵わや吉ハ來らす、待草臥《まちくたびれ》て寝《ね》るとハなしにとろ〳〵と寐《ね》入《いり》しが、暫《しばら》く有《あり》て枕元《まくらもと》にせはしく呼起《よびおこ》す聲あり、わや吉「コレシ〳〵おきなんせ、騒動《そうだう》ぢやハナ」どんぶつやう〳〵、目をさまし鈍「どこの葬《さう》さうだナ」、わや吉「葬禮《さうれい》ぢやないわさ、病人《ひやうにん》ぢやハサ」、鈍「病人なら醫者《いしや》へ往《いく》がいゝ、此方ハ死人《しにん》が得意《とくい》だ」、わや吉「コレシ〳〵寐言《ねごと》いはずといてやりなんし」トゆりおこすうちし、ひのかけきたりしひの「コレシちよつときてくれなんし、騒動《さうだう》ぢやハサ」と、ねとぼけたる者を二人してむりに引立《ひつたて》、赤内が閨へ連行《つれゆく》、鈍佛《どんぶつ》やう〳〵氣が付て見るに、赤葉《あかば》手《て》足《あし》を張《はつ》て苦《くる》しむてい、萱《かや》のハ腹《はら》をおさへ、赤内ハうろ〳〵して居る、鈍「どうしたんだ」、赤「どうハ急病《きゆうびやう》だ、まづ脈《ミやく》をミてやりなせえ」、鈍「承知《しやうち》だ」トふとんの中へ手をいれミやくを見て「氣遣《きづけえ》ねえ、平脈《へいミやく》だ」、かやの「コレシ是ハおらァ手ぢやハサ」、鈍「承知《しやうち》だ、達者《たつしや》な者の脈《ミやく》から見にやァ病人の脈がしれぬ」、赤「コラむだをいふこたァよせえ」、鈍「よせるにやァまだ早《はや》さう

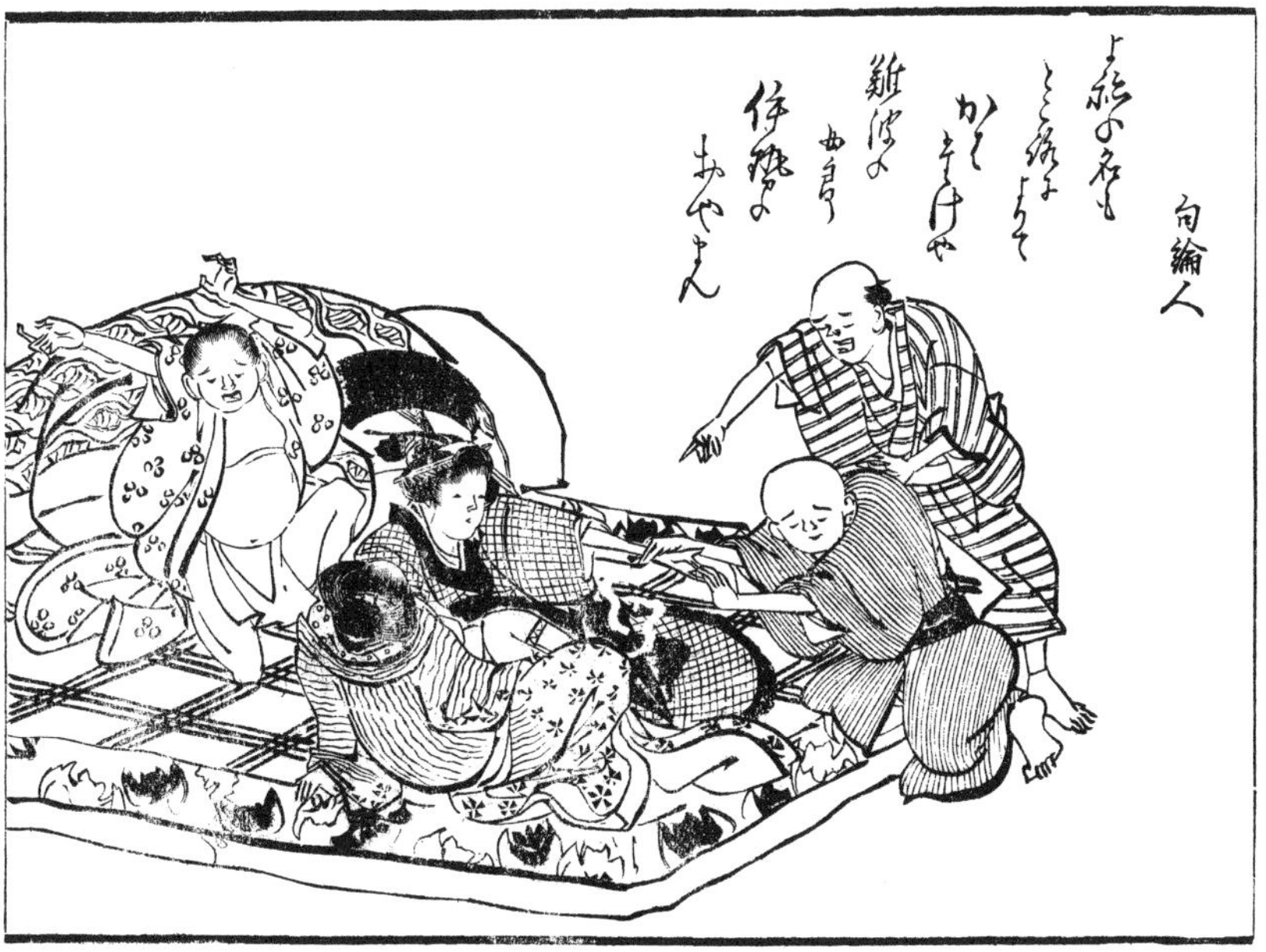

だ」、赤「エ、何をいふのだ、仕方《しかた》ハねえかといふに」、鈍「切《きり》わらの汁《しる》をのまして見ナ」、赤「それやァ子供《こども》のびつくりした時だ」、鈍「糞《くそ》汁をのませるハどうだ」、赤「エ、それやァ鰒《ふぐ》に當《あたつ》たのだ、まぜつけえすな」ト三人、四人うろつく內、あかばやう〳〵起《おき》なをりて、あかば「コレシモウようごんす、水をのましてくれなんし」ト いふにそ、ミなミなあんどし、て、わや吉水をくんでのます あかば「アイ〳〵、いつかいおせハで有たハ」、赤「モウ氣が慥《たしか》なか」、あかバ「アイ時《とき》〱々此病がおこるに困《こま》るワサ」、赤「けしからねえ癪《しやく》氣《き》だ」、あかば「インね癪《しやく》ならましぢやが天癇《てんかん》で有ハサ」、赤「エ、、」ト びつくりせしかほにて「そんなら件《くだん》の最中《さいちゆう》に口からたらしたハ涎《よだれ》ぢやねえか」、あかば「おこると泡《あわ》を吹《ふく》ハサ」、赤「エ、途方《とはう》もねえ、おらァまた嬉《うれし》がつての涎《よだれ》だとおもつておもいれ」ト いひさして、むねをなで「エ、胸《むね》が悪《わる》くなつた、ゲイ〳〵、これ早く梹《はんざう》を持《もつ》て來てくんなんせえ、ゲイ〳〵」、鈍「兄貴そんならその泡《あワ》をなめつたか、アハ、、、、ハ、、、、、、、こいつア落《おち》だ、ハ、、、、」、かやの「ホ、、、」しいの「ヲホ、、、」、「おきのどくてて有ハサ、オホ、、、ホ、、、」ト有あふ人々大わらひ、此とき見龍《けんりゆう》も、何事やらんと出來《いできた》り、此咄《はなし》を聞て腹《はら》を抱《かゝ》へてわらひ入、赤內ハ只ゲイ〳〵いふ、やがて梹《はんざう》をもちきたるに、宵《よひ》から飲食《のミくひ》し物まで吐出《はきいだ》し、片息《かたいき》になつてすだくを、赤葉《あかば》ハ氣の毒《どく》さうに脊《せ》をさする、赤「エ、さわるめえ、手前《てめへ》が顔《かほ》ミりや一番胸《いちばんむね》が悪《わる》くなる、ゲイ〳〵」、見・鈍二人「ハ、、、、、ハ、、、、、」ト轉廻《こけまハつ》て笑ふ、斯《かく》する內に夜ハほの〴〵と明《あけ》わたれば、阿娼《ちよらう》ハ別《わかれ》を告《つけ》て歸《かへ》り、かむろ手水《てうづ》の湯《ゆ》を塗盥《ぬりだらひ》にいれ、鹽《しほ》を皿《さら》にもり、持《もち》きたりさしおくにぞ、三人ハ月夜に釜《かま》ぬかれしごとき顔《かほ》して面《おもて》を洗《あら》ひ漱《くちすゝぎ》などして、見「強氣《がうぎ》に夜《よ》の短《ミじけ》イことだナ」、赤「忌々《いめ〳〵》しいが、きにかゝつて、まんじりともしねえ」、鈍「ほんに何をする間《ま》もねえ」トいひて障子《しやうじ》をあけ、外面《そとも》を見やれバ、向《むか》ひの屋根《やね》に二、三羽の烏《からす》とまり居《ゐ》て此方《こなた》をむきアホウ〳〵

三寶荒神中之巻終

御影參宮 三寶荒神下之巻

東都　瀧亭鯉丈校

瀧野登鯉述

驛路《えきろ》の鈴《すゞ》の音旅寐《おとたびね》の夢《ゆめ》を驚《おどろ》かし、道者《だうしや》の横笛《よこぶへ》古郷《こきやう》の歸路《きろ》を急《いそ》がすにぞ、己《おの》が隨意《じし》宿《やど》りを立出、西《にし》す東《ひがし》すさま〴〵に、妙見町の朝もよひ、きもいさましき其中にも例《れい》の三人のなまけ者ハ、古市《ふるいち》を出て豊田屋《とよだや》に歸《かへ》り、朝風呂《あさふろ》に身を清《きよ》めて仕度《したく》し終《をハ》り、宿籠揚代《はたごあげだい》の外に心許《こゝろばかり》の茶料《ちやれう》を置《おき》、銘々《めい〳〵》行李《にもつ》を負《おひ》て亭主《ていしゆ》に別《わかれ》を告《つげ》、御機嫌《ごきげん》やうを片耳《かたミゝ》に聞て立出、内宮《ないく》を志《こゝろざ》して歩《あゆ》ミ行《ゆく》、赤「今日《けふ》もいゝ天氣《てんき》で仕《し》合《あハせ》だナ」、見「さうさ、とかく降《ふつ》ちやァ叶はぬ」、赤「時に鈍州《どんしう》、けふハ内宮様だから又還俗《けんぞく》せにやならぬぜ」、

鈍「モウいゝぢやねえか」、赤「どうして、外宮内宮《げくないく》とも、こそげ廻《まハ》しハ一の鳥井《とりゐ》より入《いる》こたあ禁制《きんぜい》だわナ」、

鈍「情《なさけ》ねえことだナ、髱《かづら》ァ袂《たもと》に有けれど、神酒《ミき》いたゞかしめが散々《さん〴〵》踏《ふミ》やァがつたから、ひしげた上《うへ》が砂《すな》だらけだ、貴公《きこう》も又悪《わり》イ、けふ着《き》るなら着《き》るといつてくれゝバ、床《とこ》へでも往《いつ》て結直《ゆひなほ》しておこふものを」、赤「ハ、、、、、、新興前《しんこうまへ》の俳優《やくしや》ぢやァあるめえし、床《とこ》山で髱《かづら》いふと男でもねえ、どうともしてぶつかづかつせえ」、鈍「砂たらけで氣持《きもち》がわりいから、一の花表《とりゐ》からがつこふ」、赤「ソレハ御機根《ごきこん》だ」、見「何だか小説《せうせつ》の岩窟《がんくつ》の段讀《だんよむ》やうに、遙《はるか》に蚊《か》の啼《なく》やうに女の聲《こゑ》の聞ゆるハ何だらう」、赤「あれがお杉・お玉の聲《こゑ》よ」、見「ム、さうか」といふ内、はや間《あひ》の山へかゝるに、怪《あや》しの小屋《こや》をかけお杉・お玉腰《こし》打《うち》かけて三味を彈《ひ》く、往來《わうらい》の旅人《りよじん》笑《わら》ひ興《きよう》じて手毎《てに〴〵》に錢《ぜに》を面《おもて》に擲《なげうつ》といへども、逸《いち》はやく面《かほ》を振《ふつ》てさらに當《あた》る事なし、習《ならふ》より押《なれ》たる自然《しぜん》の妙《めう》といふべし、鈍「イヨウ引、こいつハ美《び》だナ、夜邊《よんべ》の女とハ雲天伴天《うんてんばんてん》の違《ちげ》へだ、なぜあんなに犬張子《いぬばりこ》がくつしやミしたやうな女が女郎《ちよらう》して、こんな美《び》てんが物《もの》もらひするだらう」、見「ヘンちつとァはたへ遠慮《ゑんりよ》して物をいひなせえ、小子《やつがれ》なぞが嬶《かゝ》ァにし

た千世《せんよ》なぞハ、容貌《ようばう》といひ且閨中《かつけいちゆう》の祕曲《ひきよく》といひ、恐《おそ》らく中《なか》、堀州《ごうしう》、南地《なんち》、坂町《ばんちやう》、馬場《はゞ》前勝《さきしようまんど》縵土黑新堀《ぐろしんぼり》にも有めえ」、赤「コラちと中幕《なかまく》入て物いひねえ、やかましい口だ」、鈍「ヨウ引此婦人《このふじん》ハ先《せん》にも勝《まさ》る美婦人《びふじん》だ」、見「美婦人《ふじん》にしゞ出《だ》せハどうだ」、赤「また初《はじま》りか、用捨《ようしや》に預《あづか》りてえ」、鈍「實《じつ》にこちらの女ハ嵐富生《あらとミいき》うつしだ」、赤「さうよ間《あひ》の山中《ぢゆう》で引抜《ひんぬき》の美《うつく》し者《もの》サ」、鈍「こいつが勤《つとめ》ふものなら、二、三日滯留《とうりう》してもかまひなえ、イヨ玉《たま》め」、赤「アイタ、、、」、鈍「ヤ是ハ麁相《そさう》」、赤「たしなまつし、女に涎《よだれ》たらして足《あし》の小指《こゆび》ふミしやいだ、アイタ、、、」、見「ほんに女にや目《め》のない男だ、其くせ女の嫌《きら》ふこと上戸《じやうご》の餅《もち》を見るか如《こと》した」、見「ム、自分《じふん》のこたァ棚《たな》へあげて人のしなづァおいなしだ」、赤「兩人《りやうにん》とも爭《あらそ》ひむやくだ、何《なん》ほあんなに美《うつくし》く見えても、渠等《きやつら》ァ此近邊《きんへん》の番太《ばんた》の娘《むすめ》で、非人同然《ひにんとうせん》だ、此戀《こひ》ばかりやァ思ひきらつせえ」、鈍「さうか惜《をし》いもんだナ」、見「時に一首浮《いつしゆうか》んだ」、赤「どうかな」、見「かうだ」

見龍
○杉ハすつと　立姿《たちすかた》よく　玉ハたまの　顔《かほ》の笑《ゑ》くぼに
もつあひの山
赤「ハ、、、、、中《ちゆう》位《くらゐ》だ」、鈍「愚《ぐ》も一絶《いちせつ》を得《え》た」、赤
「聞てえナ」

鈍佛
漫《マンニ》唱《フ》於杉於玉聲《ノ》　嶋様《ン》紺様《ン》煩悩萌《キザス》
言《フ》是《レ》此《ノ》邊《ン》番太子《ト》　遮莫《サモアラバアレ》　一夜雲雨情《ノ》

赤「ハ、、、、、狂《きやう》詩《し》せんばんなこじつけだ」、見「添《てん》削《さく》のしてえ處がある」、鈍「どこだね」、見「二句目を鄙《ひが》様《さん》・坊様《ばんさん》としてえ」、鈍「エ、おきやァがれ」、見「ハ、、、、、」、斯打興《かくうちきよう》じて坂を上《のぼ》れバ、二見《ふたミ》へ行わかれ道、鳥井《とりゐ》有、浄《しやう》明寺《めうじ》町、其外の街《まち》を過《よぎ》りて古市《ふるいち》にかゝる、見「時にあの扇《あふぎ》の緩簾《のうれん》が扇屋、此源氏車《げんじくるま》の緩簾《のうれん》が備前屋《ひぜんや》、所謂《いはゆる》せり出《だ》しの樓《にかい》のある青樓《ちやゝ》ヨ」、其隣《となり》の菊壽《きくじゆ》の緩簾が杉本屋だトいふ内、赤内ハ面目《めんぼく》なさに笠《かさ》を傾《かたむ》け鼠《ねづミ》の逃《にぐ》るごとく、こそ〳〵とはしるを、見龍追行《おひゆき》引とゞめ、見「コラちよつと寄《よつ》て一腹《いつふく》ハどうだ」、赤「エ、言出《いひだ》してもくれるな、思ひたすと胸《むね》がわりい」、見「ハ、、、、、」、見「どうか」、赤「時に口なほしの歌が出來《でき》た」、見「どうか」、赤「かうもあらうか」

○逆鉾《さかぼこ》の　したゝるごとに　こりはてぬ　彼《かの》の天かんの
あわじ嶋山

見「ハ、、、、、何のそれが口直《くちなほ》しだらう、眞《しん》の嘔吐《へど》調《てう》だ」、鈍「啌《うさ》ァない、ハ、、、、、」、見「口直《くちなほ》しなら圓治《ゑんぢ》か淺吉《あさきち》で一盃《いつぱい》御入なせえ、當所《たうしよ》にハ三光《さんくわう》といふ川魚屋《かハうをや》もありいす、御《お》望《のぞミ》なら鰻《うなぎ》でも命《めい》じやせうかナ」、赤「ヘン昨日《きのふ》まではハ伊勢《いせ》のこたァ神問《かんどハ》しにとハし給ひてといふ御《ご》仁體《じんたい》だつたが、夜邊《よんべ》大かた千世が再度《さいど》の御渡《おわた》りがうるさゝに、災難《さいなん》よけの爲《ため》、古市の咄《はなし》を仕《し》かけたを繰出《くりだ》して、一ツ二ツ家名《いへな》を覺《おぼ》え、ナニガ張《ちやうりやう》良が巻物《まきもの》をもらつたより、三割《さんわり》半がた有難《ありがた》がりの利《きい》た風《ふう》ハ、鈍州《どんしう》がぶちころした衣《ころも》と同日《どうじつ》で、ちと請《うけ》にくいのヨ、ハ、、、、」、鈍「オヤとつけもねえ方《はう》へ飛火《とびひ》の野守《のもり》だナ」、見「ハ、、、、、

イヤ小子《やつがれ》が素書《そしよ》よりか、夜邊《よんべ》の堺亭の六韜三略《ろくたうさんりやく》が委《くハ》しかつた」、鈍「ハ、、、、、委《くハし》いだのふて悔《くやし》いはうだらう」、赤「ハ、、、、、あいつァ錫《すゞ》の古徳利《ふるどくり》で大へこミだ、モウ言出《いひだ》しは御免《ごめん》だ、是で雙方五部《さうはうごぶ》〳〵だから、夏越祓《なごしばらひ》の茅《ち》の輪《わ》ぢやァねえが、丸く中《なか》なほりにしよう」、鈍「成《なる》程《ほど》、膳家具《ぜんがぐ》ハ宗和《そうわ》のごとし、とかく丸イがいゝ」、見「ハ、、、、、善悪《ぜんあく》ハ兩輪《りやうわ》のごとくのこじつけか」、赤「講釋付《かうしやくづき》の地口《ぢぐち》も新《あたら》しい」ト、例《れい》のくだらぬことをしやべり合、古市の戯場《しばゐ》も過《すき》、東六溫飩《とうろくうどん》もよそに見て、往々《ゆく〳〵》中の地藏《ぢざう》の芝居《しばゐ》の門に來かゝり、見「茲《こゝ》にも劇場《しべゐ》が有《ある》ね」、鈍「ナンダ平假名《ひらがな》せいすいき」ト よミ、ゑを見あげて「ム、璃鶴《りかく》の樋口《ひぐち》だな、兩君《りやうくん》ちよつと見いハどうだ」、赤「馬《ば》鹿《か》をいゝなせえ、伊勢《いせ》三界《さんがい》へきて劇場《げきじやう》でも有めえぢやねえか、歩《あゆ》まつし」、鈍「エ、芝居《しべゐ》男だ」、見「ハ、、、、、よくむだをいふやつヨ」、斯《かく》て行程に此邊遊女屋《へんいうぢよや》二朱女郎也多《おほ》く、奸《かほよ》き女此家彼家《このいへかのいへ》に見ゆれば、鈍佛《どんぶつ》ハ涎《よだれ》を流《なが》して見とるゝを、むりに引ぱりて通《とほ》り過《すぎ》、中の地藏堂の前《まへ》に來りければ、鈍佛《どんぶつ》手を合《あハ》せ、鈍「南無六道能化地藏大菩薩《なむろくだうのうけぢざうだいぼさつ》、何卒美《なにとぞうつく》しい女のある宿《やど》へ導《みちびか》せ給へ、なんまミだぶ〳〵〳〵」、見「ハ、、、、、むめえこと願《ねが》ふ和尚《をしやう》だ、地藏《ぢざう》が笑《わろ》ふワナ」、赤「こゝが月僊《げつせん》の居《ゐ》た處《とこ》ヨ」、見「さうかナ可愛《かはい》さうに乞食《こじき》の相《さう》があるなど、悪口《あるくち》いふけれど、よく描《かい》た人だあつた」ト、はなしものして猶行程《なほゆくほど》に一方《いつはう》ハ山、片側《かたかハ》ハ街《まち》なり、茶店多《ちやミせおほ》く、また燒餅《やきもち》をひさく店多《ミせおほ》し、鈍「コラちと休《やすま》うか、飛脚《ひきやく》にきたぢや有めえし、燒餅《やきもち》でも喰《くふ》べい」ト、すゝむるに二人も腰《こし》打かけぬ、鈍「コラおばさん、燒餅《やきもち》を十ばかしくんな、茶《ちや》も三ツくれなせえ」、ばゞ「ハイ〳〵さよなら」ト やきもちとち、やをさし出す 鈍「直《ね》ハいくらだね」、ばゝ「一ツ二せんでごわす」、鈍「ム、よし〳〵」、赤「ハ、、、、、能々《よく〳〵》虎屋《とらや》饅頭《まんぢゆう》がこたへやしたナ」、見「ハ、、、、」、鈍「まさかさうでもなけれど、伊勢《いせ》の燒餅《やきもち》の相場《さうば》も聞ておきや土產《ミやげ》になる」、赤「負《まけ》吝《をしミ》も大《てえ》げいがえい、一首浮《うか》んだ」

○喰《く》てのミや　人にかたらん　燒餅《やきもち》も　直每《ねごと》に問《とひ》て　家《いへ》

土産《づと》にせん

見「ハ、、、、、よく惡態《あくたい》つく男だ」、赤「時に往《いく》べいか」、鈍「まだ三ツ殘《のこ》つてある、是喰《くつ》てから往《いか》う」、見「道々《みち〳〵》喰《くつ》てあるきなせえ」、鈍「エ、せはしねえ唐變木《たうへんぼく》だ」トつぶやきながら餅代《もちだい》を拂《はら》ひ、鈍「おばさん、是となせえ」、ばゝ「ハイ〳〵これハ御茶代《おちやだい》までお有がたうごます」ト、いふを聞捨《きゝすて》、赤内ハくはへぎせる、鈍佛《どんぶつ》ハ燒餅《やきもち》を喰《くひ》ながら往程《ゆくほど》に東の間《あひ》の山にかゝる、一名牛谷《うしだに》ともいへり、當所《たうしよ》もお杉・お玉有、又ハ面《おもて》ばかり際々《きハ〳〵》しく粧《けはひ》して身にハ針目《はりめ》がちなる綴《つゞれ》を着《き》、比丘尼笠《びくにがさ》きて往來《わうらい》の袖《そで》にすがりて錢《ぜに》こふもあり、或《あるい》ハ七、八ツより四、五才までの小兒《こども》に、鉢卷《はちまき》させ袖《そで》なし羽織《はおり》をきせ、或ハ頭巾《づぎん》をきせ武者《むしや》打扮《でたち》ニ仕立《したて》などして踊《をど》らせ、母《はゝ》と覺しきものさゝらをすりて何かうたひ錢を乞《こふ》、乳《ち》ばなれもせぬ子に鉢卷《はちまき》させて畚《ふご》に入たるが罪《つみ》なき面《かほ》して眠《ねむ》るも有、三ツ輪《わ》ぐミたる嫗《をうな》の筵《むしろ》の上にうちうめきて婆《ばゝ》々にも一錢《いつせん》たべなんどいふも有、鈍「オヤ此處《こゝ》にもまた美人《びじん》が居《ゐ》るぜ」、赤「オツト足《あし》の用心しよう」、鈍「モウ踏《ふミや》アしねえ」、赤「イヤめつたに油斷《ゆだん》ハならねえ」、見「油斷《ゆだん》に唐《から》しゝ」、鈍「ヘンおもくろい地口《ぢぐち》だ」、此處《こゝ》ハ西の間の山より道《ミち》はるかに長し、扨往々《ゆき〳〵》て坂《さか》を下るに門有、是を惣門《そうもん》といへり、それを通り過《すぎ》るに、角《かど》に料理屋《れうりや》有、赤「何と一盃《いつぺい》入て往《いく》べいか」、見・鈍「ヨカンベイ〳〵」ト銘々笠《めい〳〵かさ》をとり内へ入、大群衆《おほくんじゆ》なり、見「何處《どけ》へ往《いつ》ても大入にやァ困《こま》る、此處《こゝ》にするがいゝ」トいひて行李《にもつ》をおろし、酒肴《さけさかな》を命《めい》じて頓《やが》て酌《くミ》かはしけるに、隣《となり》に四十三、四の旅人《りよじん》・獨《ひとり》旅《たび》と見えて、只壹人酒飲《のミ》居けるが、三人の風體《ふうてい》を熟《じろ〳〵》見るにぞ、鈍「モシおめへ御一人《おひとり》かね、御國ハ何國《どこ》で有ます」、尾「ハイ尾州《びしう》の名護《なご》やでごぜえす、おめへさんがたァ御江戸かナ」、鈍「イ、エ大坂で有ます」、尾「ム、笠《かさ》に江戸ト書《かい》てあるから、關東《くわんとう》の御人かと思ひやした」、鈍「さうさ笠《かさ》が江戸《えど》、體《からだ》が大坂、いふ聲鵺詞《こゑぬえことバ》にさも似たりときています」、尾「ハヽヽヽゝ面白《おもしろ》い〳〵」、赤「イヤモ面《おも》しろけれやよごぜえすが、道々重《みち〳〵おも》くろい口でむだをいふにや困《こま》ります」、尾「ハ、、、、旅《たび》ハ兎《と》かく氣《き》と足《あし》が輕《かる》うなけりやァなりませぬ」ト、噺《はなし》合《あふ》うち奥《おく》の方《かた》より五七人の旅人《たびゝと》をつ醉機嫌《ゑひきげん》に何《なに》かわや〳〵いひて出行ぬ、男「只今《たゞいま》ァ御《お》有かたう、どなたもよう御《お》出《いで》引」、見「アノ手合《てやい》ハとうか見たやうな人物《じんぶつ》だナ」、赤「そやう誰《たれ》やらだ」、尾「ありや名古屋《なごや》の芝居《しはゐ》もとりの浄《じやう》るり太夫サ」、赤「ホンニさうヨ、エ、何とやらいふ太夫だ」、見「あれしらねえか、いつち先へ往《いつ》た好男《いゝをとこ》が腮《あご》に髭《ひげ》が多《おほ》イから、竹本髭《ひけ》太夫、其次《つぎ》に往《いつ》たハ、朝むつくり起《おき》ると飲《のミ》たがるから酒澤焼石《さけざハやけいし》、其次の布袋《ほてい》が還俗《げんぞく》したやうに太《ふとつ》た男が氣《き》か長《なが》いから長太《ながふと》太夫、そのあとの細長《ほそなげ》ィ馬があくびしたやうな面體《めんてい》の男ハ、馬《むま》の縁《えん》をとつて駄荷《たに》太夫ヨ」、尾「アハ、、、、よう悪口《わるくち》をいひなせえす、春《はる》から名古屋《なごや》で大あたりで、三十年此かたの入《いり》てごぜえした」、鈍「名古屋《なごや》でもあたればあたるもんかナ」、赤「何《なに》そりやァ鰒《ふぐ》だハ、人さんの噺《はなし》を茶《ちや》にするハ失禮《しつれい》だ、モシ必らす御氣《おき》にさへて下せへすナ」、尾「ハ、、、、何のかまふこたござんせん、時に今夜《こんや》ァ何國《どこ》泊《どま》りの御積《おつもり》かな」、赤「ハイ淺間《あさま》から二見《ふたミ》どまり、旭《あさひ》を拝《をが》むつもりて有ます」、尾「それもいゝが、しかし風が變《かハつ》たから明日《あす》の天氣《てんき》ハおほつかない、しかも江戸の八萬組《はちまんぐミ》が淺間泊《あさまとま》り、薩摩《さつま》の七萬人講《ひちまんにんかう》が二見泊《ふたミどま》りぢやとて、宿《やど》とりが先《さき》へ往《いき》やしたから大混雑《おほこんさつ》であらう、それより内宮様から、風穴《かざあな》、鸚鵡石《あうむせき》などを見物《けんぶつ》して、磯邊泊《いそべどまり》にして、二見ハあさつてにしなさる方がよささうなもんぢや」、赤「成程是も可《か》なりだ」、見「奇妙《きめう》な處《とこ》なりや往《いく》がいゝ、何《なに》も急《せ》くことい ふ旅《たび》ぢやァなし」、鈍「鸚鵡石《あうむせき》で聲色《こわいろ》がつかつて見てえナ」、赤『誰《だれ》も誹《そし》る者がなくてよからう」、尾「ハ、、、、、イヤ私《わたし》ハ御先《おさき》へ出《で》ましやう、マア御寛《ごゆるり》と御休《おやすミ》なさえ」、赤「コレハ、さやうなら、御徐《おしづか》に御出なせえ」ト別《わかれ》を告《つげ》て尾州《びしう》の人ハ出行ぬ、三人も磯邊泊《いそべとま》りの相談落合《さうだんおちあひ》、拂《はら》ひをして立出、赤「いゝ人に逢《あふ》て磯邊行《いそべゆき》にきはまつたが奇妙《きめう》だ」、見「さうさ、また參《めへ》るも大儀《たいぎ》だから、序《ついで》に殘《のこ》らす見るがいゝ」、鈍「磯邊《いそべ》にやァ女郎屋《ちよらうや》が有かね」、赤「ナニそんな處が有ものか」、鈍「それぢやァ樂《たのしミ》がねえナ」、見「有た處か迚《とて》も貴公《きこう》に出《て》る女ハないハサ」、鈍「一夜《いちや》泊《とま》つてモウ古市詞《ふるいちことは》か、よしてほしい」、斯《かく》て酒氣《しゆき》に乘《じやう》じ足輕《あしかる》く、行程《ゆくほど》に御師《おし》町《まち》の長きをも通《とほ》り過《すぎ》、行先《ゆくさき》に大《たい》寺《じ》あり」、見「何た大さうな寺が有せ」、赤「是が慶光《けいくわう》院《ゐん》といふ尼寺《あまでら》だ、イヨウ石垣《いしかき》が立派《りつば》に出來《でき》た」、鈍「尼寺に經行淫《けいかういん》とァよく付た」、赤「ナニそんな不淨《ふじやう》な名ぢやァねえ、慶《よろこび》光《ひかる》と書寺號《かくじかう》ョ」、鈍「ム、さうか、おらァまた女僧《あま》だから經水《けいすい》ト淫水《いんすい》トを調合《てうがふ》した名かとおもつた」、「ハ、、、、、」、赤「ホンニ尾籠《びろう》な事をいふ男だ、聞《きく》も耳《ミヽ》が穢《けか》れる、謹上再拝《きんじやうさいはい》〳〵」、見「いゝハナ、宇治川で耳《ミヽ》でも洗《あら》ひなせえ」、鈍「ハ、、、、、許由《きよゆ》とひ御心付だ」、斯《かく》て宇治町を通り過行《すぎゆく》に、宇治橋燒落《やけおち》しと見え處《ところ》〳〵に板をわたして往來《わうらい》とす、三人打わたりて川邊《かハへ》に立泊《どま》り、赤「是が御《ミ》裳 川《もすそがハ》とも五十《い》鈴川《すゞがハ》ともいふ、手《てう》水《づ》をつかひなせえ」、鈍「先達《せんだち》から先《まづ》おつかひ、彼泡《かのあワ》の殘《のこ》りをよく嗽して洗《あらひ》給へきよめ給へ、ハ、、、、、」、赤「モウそんな穢《きたね》ィこたァいはぬがい、といふに、どれ垢《こ》離《り》をかこふ」、鈍「ヘン品玉《しなたま》があきれらァ」、見「むだをいはずと手水《てうづ》をつかハねえか、何《なに》しろ眞裸《まつはだか》になつて何國《どこ》やらもよく洗《あらひ》イ清《きよ》めさつし」、鈍「憚《はゞかり》なから三人の中でハ清 淨身《しやう〲しん》だ、おめへ達《たち》の穢《けかれ》た耳《ミヽ》を洗《あら》つた水で嗽《うがひ》ハしねえ」、見「ム、成程來世《なるほどらいせ》ハ牛《うし》に生《むま》れて巣父《さうふ》に曳《ひか》れるといふ下稽古《したけいこ》かナ」、赤「ハ、、、、、こいつァ當《あた》り文句《もんく》だ」、鈍「おきやァがれ、おらァとつて上流《ミなかミ》で嗽《うがひ》しよう」ト手《てう》

水《づ》をつかひ終《をハ》りて

○牛ときく　詞《ことば》もうしや　角《つの》もじの　いすゞ川にて　耳《ミヽ》きよめなん

赤「ハヽヽヽヽ、どうでも膽《きも》にこたへたと見えるぜ」、見「ハヽヽヽヽ」、赤「イヤむたハむだ、爰《こゝ》から坊主《ばうす》禁《きん》制《ぜい》だ、早《はや》く還俗《げんぞく》さつせえ」、鈍「ア、なんまミだふ、モウこゝからきるのか」、赤「あれが一の鳥井た」、鈍「一のわりい鳥井だ」トいひつゝかづらをきて鳥井を過内宮《すぎないく》へ參《まゐ》る、さしもの火難《くわなん》にもまぬがれ玉ふ、神徳《しんとく》の著明《いちじるき》を感嘆《かんたん》し、雲霞《うんか》のごとき參詣人《さんけいにん》、泪を流《なが》して敬《うやま》ひ尊《たふと》まぬハなし、宮司《ミやづかさ》より劍先祓《けんざきはらひ》の施《ほどこ》し有、此三人もいたゞきて

○此方へ　むかふ悪魔《あくま》も　あら尊《たふと》　これや破軍《はぐん》の　けんざきはらひ　見龍

○宮雀《ミやすゞめ》　所得《ところえ》がほに　さへづりぬ　萬代《よろづよ》さかふ　竹の都に　鈍佛

○五十《い》鈴川《すゝがハ》　濁《にご》らぬ御代の　御影《ミかげ》をば　くミていたゞく　參宮の杓　赤内

斯《かく》て三人ハ内宮《ないく》を出、土人《どじん》に道《ミち》を問《とひ》て磯邊《いそべ》の方へとたどり行に、此方へハ來《く》る人少《すくな》く道《ミち》のせる程《ほど》にハなければ、雑談《ざうだん》いひ合て一の瀬《せ》をわたり、三方石《さんばうせき》を見て杉坂《すぎさか》を越《こえ》、合坂《あふさか》にかゝる、鈍「何だか面白くもねえ道《ミち》だ、尾張《をはり》のとんちきめがむげえめにあはしやがつた」、赤「コラ貴公も嘔吐《へど》のやうナ狂 歌《きやうか》でも讀《よむ》ぢやねえか、どうせ古跡《こせき》を尋《たつね》るにや難處《なんじよ》も退屈《たいくつ》な路《ミち》もあるものヨ」、鈍「それだとつて此くらえ女《をんな》の通《とほ》らぬ道やァねえ」、見「ハ、、、、、時に夜邊《よんべ》の、わや吉姫《きちひめ》ハどういふ勤 方《つとめかた》だ」、鈍「どうのかうのといつて論《ろん》にも箸《はし》にもかゝることぢやねえ、何が小便《せんべん》に立やァがつてから、凡《およそ》缼《あくび》を八十六《むつ》ツ半計《はんばかり》さしやァがつた、其内酒にや醉《よつ》て居《ゐ》るし、終《つひ》とろとろとやつた處に、むやミにゆり起《おこ》す、すハや組打《くミうち》と馬《むま》の腹帶《はらび》をゆるみようとしたら、萱野《かやの》ばゝァ迄《まで》うせやァがつて、今だそ

れだといつて兄貴《あにき》の閨《ねや》へ引はられ、天癇病《てんかんやミ》の介抱《かいはう》と、兄貴の嘔《へど》の世話て夜《よ》ハほの〴〵と明《あけ》にけりだ、くそ業《ごふ》のすける」、赤「ハ丶丶丶丶、そんならしないの少輔音近《せういうおとちか》か」、見「ハ丶丶丶丶、色《いろ》の利《きく》ときかぬハ大違《ちが》ひナもんだ、おらァまた種々《しゆぐ》の祕曲《ひきよく》を廻《めぐ》らされて、今朝《けさ》ハ日なたが黄色《きいろ》武者《むしや》の助《すけ》だ」、赤「嘘《うそ》をつかツし、おらが閨《ねま》の外で誰《たれ》かハしらぬが、千世《せんよ》がとらへていつたをもれ聞たらあの人《しと》さんハ、納豆汁吸《なつとうじるすつ》たといふ息《いき》ざしの口で唇《くちびる》をなめらせの、イヤ八ツ《やつ》橋流《はしりゆう》の爪《つめ》さいた儘《まゝ》といふ様な指《ゆび》で、大事《たいじ》の處の髭奴《ひげやつこ》ひかせのと、否《いや》ナことの問屋《とひや》といふ客《きやく》だ、どうでもことしや星《ほし》が悪《わり》ィから、夜《よ》が明《あけ》たら穴《あな》の稲荷《いなり》へでも願込《ぐわんごめ》しようと思ふと、さめ〳〵と泣《ない》て居《ゐ》たをきいたときやァ可愛《かはい》かつた」、鈍「ハ丶丶丶丶、どうでさうあらうと思つた」、見「ヘンどうともいひなせい、夜通《よどほ》しに件《くだん》を立行《たちぎやう》させられたり、平家蟹《へいけがに》の妄念《まうねん》といふしやつらで泡吹《あワふく》のとァちと違《ちげ》えやすのョ」、赤「ハ丶丶丶丶、それをそんなに腹立《はらだつ》こたァないぢやねえか」、鈍「はらたつそ

まに墨染《すミぞめ》の袖だ、ハ丶丶丶丶」ト譯《わけ》もなき事言争《いひあらそ》ひ、合《あふ》坂《さか》を下りがてに猿田彦《さるだひこ》の森《もり》を拝《はい》す、其杉皆片枝《かたえだ》に生たり故《ゆゑ》にある事とぞ、夫より風穴《かさあな》へ參る、本名《ほんみやう》瀧祭《たきまつり》の窟《いはや》といへり、風穴《かざあな》ハ土俗《どぞく》の俗稱《ぞくしよう》なり、此處鳥井《とりゐ》をこえ貳丁計往《ゆき》て標石《たていし》あり、瀧祭窟《たきまつりのいはや》ト三字を彫《ほり》たり、窟《いはや》のあな深《ふか》き事十間ばかり、奥《おく》に瀧《たき》あり、實《じつ》に清雅《せいが》の地なり、扨そこをも出て往程《ゆくほど》に家立《やたて》の茶屋に着《つく》、神代《かみよ》のむかし猿田彦太《さるだひこだい》神《じん》此地を開《ひら》き、家《いへ》を立始《はじめ》しとて家立といふとぞ、三人ハ茶屋に立入、腰打《こしうち》かけ、見「ア、辛道《しんでい》ィ辛道ィ退屈《たいくつ》ナ道《ミち》だ」、鈍「おらア腹《はら》が減《へつ》て屁《へ》ばかりひつて歩《あゆ》んだ」、赤「けれども窟《いはや》ハ奇妙《きめう》だね」トいふ内婆々《ばゞ》來りて、はゞ「何《なに》おあげ申ましよ」、赤「アイ何ぞむめえものが有かナ」、ばゝ「ハイあはびと芋《いも》とのおひらもござります、みやうぎしと烏賊《いか》との御汁《おつけ》もおます」、見「何だか變《へん》ちきな料理《れうり》だナ」、赤「どうでもいゝ、ハ、ばアさん何でもいゝから飯《まんま》を三人まへと、酒があらバ三、四合ばかしあつくして、したしものでも付《つけ》て早くくんなせえ」、ばゝ

「ハイ〳〵」トいひ頓《やが》て膳《ぜん》ト酒盃《さけさかづき》を持來《もちきた》り、ば、「さうならお上り」、赤「アイおせわサア、誰《だれ》からなつと始《はじめ》さつし」、鈍「ドレ毒《どく》ミしよう」ト一はいのミて「エ、馬《むま》の尿飲《ばりのむ》やうな酒だ」トいひて、内へさす赤、赤「ドレ本阿彌《ほんあミ》にかけてやらう」トのミて「ム、、ほんに鬼殺《おにころ》しだ」ト見龍へさす、鈍「何だ此平《ひら》ハ、鹽《しほ》のにがりで焚《たい》たやうだ」、見「ホンニくそ辛《から》イ」、赤「汁《しる》ハどうだ」ト一口吸て「エ、臭《くさ》い味噌《ミそ》だ」、見「喰《くら》へるもなァ一ツもねえ、こんな事ならさつきの海老《えび》の餘《あま》りと鯔《ぼら》の骨《ほね》でもとつて來《き》たらよかつたに」、鈍「後悔《こうくわい》先にたゝず、提燈持後《ちやうちんもちあと》にさがらず、今いふちやァ間《ま》に合ない、貴公《きこう》ハ早《はや》く氣が付さうナもんだに」、見「ヘンおれほどの者が、肴《さかな》の殘《ざん》をさらへて歸《けえ》るなんどのげひだ所作《しよさ》ハしねえ」、鈍「それでも八卦《はつけ》甲鉢《かぶとばち》の魚《うを》しめるトいふ事があるぜ」、見「字餘《じあまり》りきゝぐるし、わるい俄《にハか》だ」、赤「コラ此めしやァほれてゐる女郎ときてしんがある」、見「エ、飯《めし》までがしんがりの燕人張飛《えんひとちやうひ》か」、鈍「亂《らん》が騷《さわい》であきれが目を廻《まハ》すハ、そして此盃《さかづき》までがやまめのおや

ぢときてゐる」、赤「祖父無妻《ちゝむさい》といふ心か」、鈍「違《ちげ》へねえ」、見「ハ、、、、、しかし鮑《あはび》が有だらう、作《つく》らせてやらかさう、オイばァさんちよつときておくんな」、ば、「ハイ何《なん》ぞ上ませうかナ」、見「あはびの生《なま》が有かナ」、ば、「ござりますとも」、見「それを作《つく》つて酢《す》をかけてくんなせえ、生姜《しやうが》もあらバちよつくらかけておくんなせえ」、ば、「ハイ〳〵」トいひてしばらく、あつて持來り、ば、「ハイさよなら」、赤「酒が次《つぎ》めだ、モウ四合ばかしあつくしてくんな」、ば、「ハイ〳〵」、鈍「コラついでに猪口《ちよく》があらバ借《かし》てくんなせえ」、ば、「猪口《ちよく》ハ割《わり》ましておませんが茶碗《ちやわん》上ませうか」、鈍「それでもいゝ、すゝいで持《もつ》てきナ」、ば、「ハイ〳〵」、鈍「何だ鮑《あはび》を下駄《げた》のはのやうに切たナ」トいひさま一ツくひて「こいつハ雌貝《めがひ》で思ひの外和《やは》らかだ、是で少し蟲がおさまつた」、赤「コラ酒もこぬ内さうあらし山ハ御免《ごめん》だ」、鈍「ナニなくなつたら後編《こうへん》を命《めい》じるぶんサ」トいひてまたくふ内ば、茶わん、とたんほを持きたりわたして、ば、「ハイさよなら」、鈍「先石《まついし》で一はへとやらかさう」ト手じやくに一はいつぎ一いきにぐつ

とのミて「ア、こりや酢《す》だ、途《と》方《はう》もねえことした」、「酢《す》だ、ドレ」ト にほひで見て「ほんに酢《す》だ、オイばアさんこりや酢《す》だがナ」、ばゝ「これハしたり、いんまあはびにかけました酢の残《のこ》りを竈《かま》のかたに置ましたが、せはしいので取違《とりちが》へてかんしたんぢやあろ、かへて參《さん》じませう」、鈍「かへて參《さん》じませうですむものか、胸《むね》がわるくてならねえ」、ばゝ「ホ、、、、おきのどくてこます」、鈍「笑《わら》ひごつちやねえ、おめへも此商《しやうばい》賣するから酒《さけ》と酢《す》ハ臭《かい》でも知《しり》さうなもんだ、何國《どこ》の世界《せかい》に酢《す》をかんして客《きやく》に飲《のま》せるトいふとんちきが有ものか、いゝとしをおつからげて」、赤「コラそんなにいふこたァねえ、手前《てめへ》もまた臭《かざ》でもしれさうなもんだに、茶碗《ちやわん》に一遍えの酢《す》をぐい飲《のミ》にして、腹袋《はらぶくろ》へ這入《へいつ》た後《のち》に悟《さと》るといふもおそいぢやねえか、麁相《そさう》のこたァ仕《し》かたがねえ、モウ了簡《れうけん》さつし」、鈍「おらァも了簡《れうけん》もしようが腹《はら》が了簡《れうけん》しねえ、ア、胸《むね》がわるくて頻《すきり》に腹痛《ふくつう》だア、痛《いて》え〳〵、モウ死《しぬ》るやうだ」、見「ハ、、、、、仰山《ぎやうさん》ナ男だ、實《じつ》に痛《いて》えのか」、鈍「實《じつ》の惡《あく》のとて

子兒《こども》が赤本《あかほん》見て咄《はな》すやうナことぢやねえ、アイタ〳〵」、赤「エ、こんな事なら心齋橋《しんさいばし》すぢの河内屋重太郎方の藥《やく》王丸《わうぐわん》を買《かつ》て來たらよかつた、腹痛《ふくつう》にやァ大妙藥《めうやく》だ」、鈍「夫がまにあふものか、コラ婆《ば》アさん厠《せつち》ハどこだ、急《きふ》に吐《はき》さうだ」、ばゝ「ハイわたしとこの裏《うら》にもおます、隣《となり》にもおます、あの野中にも二所《ふたところ》おます」、鈍「何そんなに、三ケ所・四ケ所の厠《せつち》へ吐《はく》ほどの嘔吐《へど》が有もんか、一所《ひところ》で澤山《たくさん》だ、早く連《つれ》て往《いつ》てくれなせえ、ア、イタイ〳〵」ト腹《はら》をおさへ顏《つら》をしかめ、婆々《ばゞ》に扶《たす》けられて厠《かハや》へ行《ゆき》、したゝかに吐《はき》ちらして漸《やう〳〵》腹《はら》の痛《いた》ミもやミければ、立出て手を洗《あら》ひ終り、鈍「コラ婆《ば》ァさん、嗽《うがひ》の水を一ツくんなせえ」トいふ顏を見龍《けんりゆう》見て、見「オヤ貴公向《むか》ふの二枚《にまい》の入ばどうした」トいふに鈍佛驚《おどろ》き、鈍「ア、南《な》無三《むさん》、入齒《いれば》ぐち厠《せつち》へ吐《はき》すてた」ト 大びつくりのていを見て、見「ハ、、、、、こいつァ大笑《わらひ》だ、ハ、、、、、」、見「ハ、、、、急《きふ》に年《とし》が闌《ふけ》たぜ、アハ、、、、、」、鈍「笑《わらひ》事じやねえ、大變《たいへん》に及んだ、どうしよう」、赤「ハ、、、、、と

うといつたら厠《せつち》からはさミあげて入さつし」、鈍「エ、そんな穢《きたね》えことがなるものか、忌々《いま〳〵》しい」、赤「ハ、、、、、是で夜邊《よんべ》の敵《かたき》うち、本望成就《ほんまうじやうじゆ》、かたしけねえ、ハ、、、、、」、見「ハ、、、、、、見れば見るほど變奇妙《へんきめう》な相《さう》になつた、たまらぬ〳〵、ハ、、、、」、赤「ハ、、、、、時に鈍公《どんこう》にかハりて一首浮《うか》んだ」、見「おもしろし、何とだナ」、赤「こうよ」

○浦島《うらしま》が　はこする厠《かハや》　あけて出し、俄《にハか》おやぢの　身こそ悔《くや》しき

見「ハ、、、、、違《ちげ》へなし、地《ち》の玉手箱《たまてばこ》だ」、鈍「エ、ぞめきやァがるな忌々《いま〳〵》しい」ト、脹《ふくれ》かへりて腹《はら》を立《たつ》る、二人ハ腹筋《はらすぢ》のきれる計《ばかり》笑《わら》ひつゝ、頓《やが》て價《あたひ》をはらひて立出る、ば、「只今《たゞいま》ハお有がたう、ホ、、、、、そしてあんたお笑止《せうし》におます、ホ、、、」、鈍「エ、笑《わら》ひごつちやねえハ、はなつたらしの死《しに》ぞこないめえ」ト悪口《あくこう》たら〳〵つぶやきつゝ、ふさぎきつて往程《ゆくほど》に野《の》を過《すぎ》、村《むら》を越《こえ》て鸚鵡石《あうむせき》にいたる、街道《かいだう》より三丁あまり入岩山《いはやま》也、聞石《きくいし》

といふ處あり、此處へ物の音《おと》ひゞくなり、和合山《わがふやま》とも云よし土人《どしん》いへり

赤内

○磐根《いはね》木の　ものいひとめし　神《かミ》ツ代《よ》に　見残《ミのこ》されたる
あうむ石かも

斯《かく》て茲《こゝ》をもすぎて往々《ゆく〳〵》も、鈍佛《どんぶつ》ハ入歯《いれば》を落《おと》せしをきにして大ふさぎなれば、二人もさすが氣《き》の毒《どく》におもひ地口《ぢぐち》もいはずまじめ噺《ばなし》して、惠利原《ゑりはら》、本郷村《ほんがうむら》などを過《よぎり》、磯邊村《いそべむら》につき、宿《やど》をからんと尋《だつね》れども、當所《たうしよ》ハ達旅《はたご》なく御師《おし》の宅《たく》に泊《とま》るよし里人のいふにぞ、頓《やが》て、十津川品《とつかハしな》太夫てふ御師《おし》の方にいたり、宿《やど》をかりて僕《しもべ》に案内《あない》をたのミ磯邊宮《いそべのミや》を拜《はい》し、猿田彦《さるたひこ》の社《やしろ》へ詣《けい》し、其外小祠《ミや》・末社《まつしや》・名所《めいしよ》・古《こ》跡《せき》を見巡《ミめぐ》り御師《おし》の許《もと》へ歸《かへ》りて湯《ゆ》にいり、饗膳《きやうぜん》を食《しよく》し、頓《やが》て臥所《ふしど》に入て旅寢《たびね》の夢《ゆめ》をぞ結《むす》びける

三寶荒神下之巻大尾

三方廣人　後編　上

三方廣人二編

漁歌《ぎよか》・樵唱《せうしやう》咸昇平《ミなしようへい》を謠《うた》ひ、戸《と》さゝぬ御代《ミよ》の難有《ありがたさ》は、居《ゐ》ながら千里《ちさと》の旅雀《たびすゞめ》、都《ミやこ》の名所《めいしよ》も木曾山《きそやま》も、圖畫《ゑつ》に一眼《ひとめ》の風景《ふうけい》から、思《おも》ひ立《たつ》日の伊勢暦《いせこよミ》、開《ひら》くや花《はな》の京攝《ミやこぢ》も、田舎《ひな》も賑《にぎ》ハふ神詣《かミまうで》、お影詣《かけまゐり》の蔭《かげ》ながら、傳《つた》へて聞《きゝ》て驛路《うまやぢ》の、繁花《はんくわ》ハ節《とき》に相《あひ》の山《やま》、縞さん紺《こん》さん中《なか》〳〵に、差別《ミわけ》もならぬ諸國《しよこく》の同行《どうぎやう》、寅《とら》の年《とし》からいちはやく、歩行《あゆミ》絶《たえ》せぬ二編《にへん》目《め》ハ、ます〳〵はねた卯歳《うどし》の新板《しんはん》、利耳《きゝミゝ》たてゝよく聽《きけ》ば、お影《かげ》で拔《ぬけ》た版元《はんもと》の、藏入帳《くらいりちやう》の大七五三《おほじめ》に、正木《まさき》のかつらゆふしでを、かけて賴《たのミ》し前編《ぜんぺん》の、序言《じよげん》は瀧亭鯉丈《りゆうていりしやう》が音《おん》頭《ど》、予《おのれ》ハ元來《もとより》初旅路《はつたびぢ》、唯《たゞ》案内者《あんないしや》に誘引《ミちびかれ》て、柏子《ひやうし》の拔《ぬけ》たヤアトコセとも、ぬけたといふがお影《かげ》の利方《きゝかた》、とつさりぬける、板元《はんもと》の徳益《まうけ》をこゝに壽《ことほ》くのミ

于ㇾ時天保三壬辰春

江戸戯作者　狂訓亭しるす

御蔭參宮 三寶荒神後編上之巻

四回　東都　瀧野登鯉述

勢州伊雑宮《せいしういさハのミや》 俗に磯邊宮と よびなせり 祭《まつる》神伊佐波登美命《かミいさハとミのミこと》・玉柱《たまはしら》屋姫命《ひめのミこと》二座なり、往古倭姫命《そのかミやまとひめのミこと》太神宮を御鎮座《ごちんざ》の砌《ミきり》、伊雑《いさは》の方の葦原《あしハら》に鶴《つる》の啼聲頻《なくこゑしきり》に聞《きこ》ゆ、姫命《ひめミこと》怪《あや》ミ給ひ大《おほ》幡主命《ハたぬしミこと》と舎人麻良《とねりあさら》をして見せしめ給ふに、白き眞《まな》鶴一本の稲をくはへて啼《なけ》り、其稲一本にして末《すゑ》ハ千穗《ほ》に滋《しけれ》り、今大幡主等《おほはたぬしとう》の見顯《あらハ》すに及んで加《くは》へたる稲を其前におきて雲井《くもゐ》遙《はるか》に飛去《とびさり》ぬ、因《よつ》て是をとりて倭姫《やまとひめ》に奉る、姫命感《かん》じ思召、是鶴の太神宮へ奉るにこそとて伊佐波登美《いさはとみ》の神に命《おほせ》て祓《はらひほ》穗に祓《はらハ》しめ、大幡主の女乙姫《むすめおとひめ》に清酒《みき》造らしめて御饌《みけ》に奉らしめ玉ふ、其所を千《ち》田と號《なづ》け後《のち》に宮居を造り伊佐波登命玉杜屋姫命、二座《ざ》を祭りて内宮の攝社《せつしや》とす、彼鶴をも神に祝ひて大歳《としの》神と號《がう》ずとかや一說に穗落の、宮ともいふ偖《さて》も赤内・見龍・鈍佛の戯《たはれを》男ハ十《と》津《つ》川品太夫が方に宿をもとめ、旅寢《たびね》の夢に草臥《くたびれ》を休めけるが、曉《あかつき》の鷄《とり》の音に目をさまし、起出《おきいづ》るに雨そぼ〳〵と降ければ、赤内「オヤ惡《あく》天氣《てんき》だな」、見龍「をさまらない日和《ひより》に成たぜ」、鈍佛「天癇病《てんかんやミ》の泡嘗《あハなめ》る樣な穢《けがれ》た身で神參りするから、どうせろくな日和にやなるめえ」、赤「目も覺《さめ》ない内からさま〳〵の事をごたくる和尚《をしやう》だ、コラ寐言《ねごと》ならまた晚《ばん》の泊《とま》りでいはつし」、見「朝つ腹《はら》からいさかひもいらねえもんだ、先起《まづおき》て手水《てうづ》でもつかひ、仕度《したく》してから問答《もんだふ》さつし」、

赤「オット承知だ」ト三人とも起出《おきいで》、夜具《やぐ》を疊片付、面洗《おもてあらひ》口漱《くちすゝ》ぎ、座にかへれバ頓《やが》て朝餉《あさげ》をもてきぬ、三人仕度し終り南草《たばこ》くゆらせ居る處へ主品太夫出來り、品「コレハ御早ござる、同し勢州地《せいしうち》でも當所ハ扁鄙《へんひ》でござるから、膳部《せんぶ》も疎末《そまつ》がちでござるけれど能召上《よくめしあげ》られい」、赤「ハイ、大きに御馳走《ごちそう》で澤山《たくさん》下されました、是ハ輕少《けいせう》ながら」ト宿料《しゆくれう》と神樂料《かぐられう》を銀封《ぎんふう》にてさし出す、品「是ハ御丁寧《ごていねい》に神樂料迄を下され忝うござる」トいひさま手にとり、右の手にて扇をもどし、左の手ニて封銀をうしろの方にてひねつて見て、品「ハ、、、、エ、近頃申かねてハござるが、當所ハむかしより丁銀《ちやうぎん》や豆板《まめいた》ハ通用《つうよう》がむづかしうござる、どうぞ金か鳥目《てうもく》でも苦《くる》しうござらぬ、ハ、、、、」トわらひながらさしもどす、三人つまらぬ顏して、赤「へ、左様《さやう》かな、勝手《かつて》をしりませぬから銀《ぎん》にしました、左様《さやう》ならバ跡《あと》より取かへて差上《さしあげ》ませう」、品「ハ、、、、彼《かれ》是御面倒《これごめんだう》、先御茶《まづおちや》なりと召上《めしあげ》られて、何《なん》なら今日ハ雨天《うてん》でござるから御滯留《ごとうりう》でもなさるがようござる、ハ、、、」トいひて立て行、跡に三人聲をひそめ、赤「面倒事《めんどい》をぬかしやァがる、

三匁宛《あて》で九匁、神樂料《かぐられう》がかけ合《あハ》せ壹匁三、四分、金《きん》にして八貳朱も置《おか》れまい、さればとつて貳朱百文トいふ不器《ぶき》用《よう》な包《つゝ》ミ様《やう》もなるめえ、見公どうしよう」、見「どうしよう寺《じ》の入道、さきのわんばくことといふ貴公の知恵《ちゑ》に能《あた》ハない事をおらだとつてしかたハねい」、鈍「しかたもごかたも入もんか、南一ト貳百宛の神樂料《かぐられう》でいゝぢやねえか」、赤「藁《わら》でしても太夫ぢやから三人南一《なんいち》ハ、チト相場《さうバ》が安過《やすゝぎ》る」、鈍「ナニ烟 臭《けふりくせ》イ玉味《たまミ》噌《そ》汁《じる》ニ青昆布《あをこぶ》と、吹《ふい》たら飛《とん》で蝶《てふ》になりさうな薄《うす》ひぼらの切身、米ハ黒米《くろまい》かといや三度《さんど》うなづきさうな古米《ひねまい》、報謝宿《ほうしややど》でももつと食《くは》せる、三人で南一ハ張過《はりすぎ》だハな」、赤「ハ、、、、、よく悪態《あくたい》つく上人だ、しかしいへバさうだが、流石《さすが》おらが仁《じん》躰《たい》でハさうもならぬ、貳朱の宿 料《しゆくれう》・壹朱の神樂料《かくられう》・貳百文の茶料《ちやれう》としよう」、鈍「ナニそんなに氣をはるこたアねい、三朱包《さんしゆつゝ》んで宿 料《しゆくれう》并ニ神樂料《かぐられう》でいゝぢやねいか」、見「コラわづか貳百の事ならどうでもいゝハな、夕邊《ゆうべ》男に案内《あんない》も頼《たの》んだから三朱貳百ニきめたがいゝ」ト なだむれハやうく〜相談落合手をたゝくと品太夫出來り座に付 赤「エ、、左様《さやう》なら包《つゝ》ミ直《なほ》しましてこざりいす」ト さし出す、品「是ハ御有がたう」ト 又左の手にてひねつてハきゝ、見てすつとわらひ、したが昨日《きのふ》御案内申た男へ御心持ニ案内料《あないれう》を御頼ミ申す」ト いふにぞ、三人かほ見あハせ、赤「イヤ是は失念《しつねん》いたしました、跡《あと》より差出しませうが何程遣《つかハ》せばようござる」、品「エ、、一朱でも五百文でも御心 持《こゝろもち》でようござります、何分宜《よろ》しう」ト いひて立て入、跡に三人顔見あハせ、赤「こいつハ阿漕《あこぎ》だ、宿料に氣を張《はつ》たも案内を頼《たの》んだからといふ積《つも》りだに大へこまんだ、そして一朱《いつしゆ》でも五百でもが氣がつゑぢやねえか」、鈍「それミさつし、神樂料《かぐられう》ぐるめに三朱にしておけば貳百文けだすものを損《そん》の上のそんだ、忌々《いめ〳〵》しい」、見「やつてしまつてから仕《し》かたがねえ、おらが取かへておかう」ト 紙入より一朱取出し包む、元來此一朱ハ悪金なれば見龍一はん男につかます心にて夫とハいはハず心中にゑミをふくミ、見「時に長居仕たら又何ぞいひ出さうもしれぬ、早々立かいゝ」、赤「さうだ〳〵」ト 三人とも旅じたくして立出れバ、品太夫見おくりて出る、見龍くだんのつゝミ取出し、見「へい御案内料」、品「これハ御丁寧《てぃねぃ》、鹿内《しかない》ヨウお禮申せ」ト よび立るを、見龍とゞめ「何それに及びます事かい、左様なら大キニ御世話」、品「又御參宮なされたら、どうぞ御尋下されい」、見「心得やした」、品「左様なら御機嫌《ごきげん》やう、おしづかに」ト いふを耳にもかけず、しと〳〵雨をしのぎて立出、見龍むしやうに、氣をいらち見「コラちつと早めて歩《あゆ》まつし」、赤「朝《あさ》からとば〳〵歩《あゆ》まいでもいゝぢやねえか」、見「イヤサちつと様子《やうす》の有ことだ、早く行《ゆか》つし、鈍公も急《いそ》がつし」、鈍「何事かハしらねえか、此山泥道《やまどろみち》がさう早く歩《あゆ》まれるものかい」、見「サア尤だが急いだら跡ていゝ事いつてきかす」ト 己壹人氣をもむハ、かの惡金の事あらハれ、追きたらんかとの心遣ひなり、かくて十四、五丁行ところに、後よりオ、イ〳〵と呼かけてはしり來るハ、きのふ案内せし男なれバ、見龍南無三と大いにおどろき、きかぬふりして二人の袖を引、彌道をいそぐにあまりあわてゝ、ふミすべり、かたへの小ミぞへすべりこむ、見「アイタ、、、、」、赤「エ、あぶねえ、あまりあワてるからだ」ト 鈍佛もろともたふれし見龍を引あげるに、一しぼりになりてどろだらけになりたり、此内男はしりつきて男「エ、おまへ方も最《さい》前《ぜん》から呼《よぶ》に聞えませなんだか、杓《しやく》が殘《のこ》つてござりましたから持《もつ》て參りました」、赤「是ハ大ニ御世話、とんと失《しつ》念《ねん》しやした」、男「エヽ、先刻《せんこく》ハ御有がたう」、赤「ナニ

ほんの心ざしてこざりやす、エ、遠い處をきの毒《どく》な」、男「井地《ゐぢ》へおはまりなすつたか」、赤「サア見さつし、あわてゝぶつはまりやした」、男「それハおきのどく、此道《みち》ハ雨《あめ》がふるとようすべります、むかふの家《いへ》に馬《むま》がござりますか、何しろ借《かつ》ておあげ申ませう、二、三里御乘《おのり》なさつてお出なされ」、鈍「それハ奇《き》妙頂來《めうちやうらい》だ、何と馬に乘《のり》るハどうだ」、見「おらァ濡鼠《ぬれねずミ》になつたから歩《あゆ》まれぬ、馬《うま》があらバかりてもらいてい、しかし直應對《ぢきおうたい》にきまる方が直《ね》が安いもんだ、馬のある内を聞てあの人ハ往《いん》でもらふがいゝ」、男「イエ〳〵、直《じき》におかりなさるより私《わたし》が借《かつ》て上ますはうが安《やす》ござります」、赤「そりや常《つね》に客《きやく》の馬《むま》を借《かり》るから安からう、御世話ながら三里許《さんりばかり》の間《あひだ》直《ね》をきまつて借《かつ》てくれさつし」、男「畏《かしこまり》ました」、赤「コラ二人とも乘應對《のるおうたい》で直《ね》をしてくれなさい」、男「ハイ〳〵」、見「エ、何もしらずにあの人ハ往《いん》でもらふがいゝといふに」ト どうみやくがねのもくがわれるかとて、しきりにいなしたがれども、二人ハさるわけを知ねバきゝわけず、此内男ハ百姓屋にいたり馬のおうたいして、馬士に馬をひかせ出きたる、馬士三人を見て 馬「コリヤえらい荷《に》ぢや、淺熊口《あさまぐち》まで酒手なミの四百五十《だれはん》でハ引あはぬ」、男「ハテえいわいの、こちの大事《だいじ》の御客ぢや、四百五十でやらんせ」、鈍「ナニ四百五十、強勢高《かうせいたけ》いなう、淺熊口《あさまぐち》とかいふ處へ何里《なんり》あるかね」、馬「アイ、山道《やまみち》三里、たつふりごんすハい」、赤「直《ね》ハどうでもいゝが三人ながら乘《のら》れるか」、馬「ヘン自慢《じまん》ぢやごんせんが石《こく》五斗目 六十貫目のこと也 迄《まで》ハ三里や五里ハびくともする馬ぢやごんせん」、男「此馬ハ此村一ばんの強《つよ》い馬でござります、御氣遣《きづか》ひなされますな」、馬「時に旦那がた、御無心《ごむしん》ながら内に小遣《こつか》ひが切ましたによつて、錢《ぜに》をどうぞかして下さんせんかい」、赤「先錢《さきせん》ハどうよくだ、むかふでやればいゝぢやねえか」、馬「それハどうでも大事ござんせんが、わしらハ道中の馬士《まご》とちがふて百姓ぢやさかい、先《さき》へ錢《ぜん》もろふたとて中途《ちうと》でおろすやうな冥加《みやうが》のわるいこたしません、どうぞ大事《だじ》なか借《かし》て下さんせ」、見「どうでやる錢《ぜん》ならやつてしまつて、あの人も往《いな》し早く行がいゝ」、赤「サアそんなら一朱と貳十四文、是で四百五十文の都合《つがふ》だ」ト錢をわたす、御師の男ハ三人にていねいニあい、さつして立かへる、見龍やう〳〵あんどして見「いめへ〳〵しいがきがうせやがつて、とんだ目に合せやがつた、兄貴《あにき》浴衣《ゆかた》を出して借《かし》てくれさつし」、赤「貴公《きこう》も浴衣《ゆかた》が有ぢやねえか、夫《それ》と着《き》かへさつし」、見「一まいでハ寒《さむ》いからの事よ」、赤「さうか」トいひて荷より湯かたを出しかす、見龍ぬれたる衣物をぬぎ、己が湯かたと赤内のとかさねてき、ぬれたる衣物をしぼりて馬のやぐらに引かける、馬士ハ少々の荷をつける、此内雨、もやミければ赤「どうか天氣に成さうだ、見公《けんこう》ハ中乗《なかのり》にならッしサ、鈍州《どんしう》さきへ乗《のら》つし」、鈍「マア兄貴から御召《おめし》」、赤「ナニいらぬ辭宜《じぎ》だ、先《まづ》のらつし」、鈍「本《ほん》名《みやう》ハどうして乗かしらぬによつての事だ」、赤「ハ、、、、、、世に能《よく》似た事がある、おらも手前《てめへ》の乗《のり》るを見てから乗《の》らうとおもつての事よ」、鈍「ハ、、、、相子《あひこ》の若《わか》の道行といふやつか」、見「ほんに口ハ達者《たつしや》だか不調《ふてう》法《はふ》ナ手合《てやひ》だ、コレ、是へ手をかけ足《あし》をこゝへかけてひよいとのれば子細《しさい》ハねえ」、赤「サアさう味《むま》くいけバ是くらゐ心配《しんぱい》ハしねえ」、鈍「トレおれが乗《のり》てミしよう」トやぐらへ手をかけ、のらうとすれバ馬「ヒ、、ヒン〳〵」トなく、鈍佛びつくりしてとびのき

鈍「オヤ恐《おそ》ろしいじや〳〵馬だ」、馬「氣遣《きづか》ひしなんすな、喰付事《くひつくこた》ごんせん、ドレ〳〵わしが乗《のせ》て上《あげ》やんしよ、そちらの旦那《だんな》此やぐら請《うけ》て居て下んせ」、見「承《しやう》知だ、かうか」、馬「アイ、さうでよごんす」トいひて先鈍佛をのせ、次に赤内をのせ、見龍を中のりにして、口綱をとりひきいだす鈍「ア、窮屈《きゆうくつ》なもんだ」、赤「本に乗馬《じようめ》にや乗付《のりつけ》たが、三寶荒神《さんぼうくわうじん》ハ始《はじめ》だ、強勢尻《がうせいしり》が痛《いて》い」、見「ハ、、、、、乗馬《じようめ》に乗《のり》たも氣《き》が強《つへ》い、幼《ちつさ》の時竹馬《たけむま》にや跨《またがつ》た事があらう」、鈍「ハ、、、、、嘘《うさ》アねい、時に馬士《まご》どん唱歌《うた》をチトうたはつし、張合《はりあひ》がなくてわりい」、馬「わしらハ百姓ぢやによつて唱歌《うた》ハよううたはん、旦那《だんな》がたかはりにやつて下んせ」、赤「ハ、、、、、、何《なん》しかおりて貴様《きさま》を乗《のせ》ていくべいか」、鈍「ハ、、、、、錢《ぜに》ハ先《さき》へとられるし、いくらたゞ働《はたら》きしようとまゝだ」、馬「ハ、、、、」、斯《かく》て行程《ゆくほど》に本郷村へかゝる道二筋なり、馬士《むまかた》細《ほそ》き道へ馬をひく、赤「コラ變《へん》ナ方へ引《ひく》ぜ」、馬「あちらの道へ行と内宮様《ないくうさま》へ出るけれと道が遠い、是が淺熊《あさま》行道《みち》でござんす」、赤「さうか、時に貴様《きさま》ハ酒ハ

いけるか」、馬「ハアちつとハ呑《のミ》のす」、赤「それや馬があふてい、、どこぞ飲《のミ》やがあらバしらしてくれさつし、貴様《きさま》にも一盃《いつぺい》ふれまふハナ」、馬「ソレハ有かだうござんす」、鈍「時に此邊《へん》に歯《は》をいれる内ハ有まいか」、馬「ハア、折々《をり〳〵》ハきますが内ハどこかしりませぬ」、鈍「貴公も歯《は》をいれたか」、馬「ハイ、せんど嚊《かゝ》のと幼《ちつさ》のを入させたが、小供がわりに高うごんす」、鈍「ム、、小供のハいれづともよささうだに」、馬「ナニ小供のが早《はや》うへります」、鈍「ナニ歯《は》がへるよ」、馬「ハイ、履《はき》よがあらひからたまるもんぢやごんせん」、鈍「エ、そりや下駄《げた》の歯《は》ぢやねへか」、馬「さやうさ」、鈍「下駄《げた》いのわりい、おらァ口の歯の事を尋《たづね》るのだ」、見「ハ、、、、、えらい歯違《はちがひ》だ」、赤「ハ、、、、、こんな扁鄙《かたゐなか》に入歯師《いればし》の有が不思儀《ふしぎ》だと思つた、そんな事問《とふ》のが間《ま》ぬけだのうて歯《は》ぬけだ」、鈍「それだとつて歯《は》をいれる内が有かといつたらいれに來《く》るといふから、入歯師《いればし》の事だと思ふも無理ねえぢやないか」、馬「ハ、、、、、こりや大きな間違でござんした、おまへまだお若《わか》いに早う歯《は》がぬけ參りしましたのう」、見「ハ、、、、、抜參《ぬけまゐ》りならましだが、かけて落《おち》たからかけ落《おち》したのよ」、鈍「コラ悪態《あくたい》ハゆるせだ」、赤「ハ、、、、、それから跡《あと》へ義歯《やうしば》を入たところが、是もつまらねえ事が有て廁壺《せつちんつぼ》へ身なげをやらかした」、鈍「ハ、、、、、コラさま〴〵の事をいふぜ、縁義《えんぎ》(起)のわろい、鶴龜《つるかめ》〳〵」ト いやがる馬士ハまじめにうけて 馬「どんなつまらぬ事かしらんが井戸や川へ身をなげず、せつちんへ身なげするとハ無別分ぢや」、鈍「エ、貴様《きさま》もよつほどなうんつくだ、入歯《いれば》を廁《せつち》へぶちはめた事だハ、きのきかねえ」、馬「ハ、、、、、さうでござんすか、どうしてはめさんした」、鈍「どうしてはめふと貴様にひらつてくれといやしめえし、いらぬ根問《ねどひ》歯どひだ」、見「ハ、、、、、根問《ねどひ》ハ八百八町ハどうだ」ト れいのあだ口ながら馬のあゆミにまかせ行ところに、むかふより俵物をつけたる馬來たるに、此方の馬俄に高いなゝきし、はね廻るに、イヒン〳〵、馬上の三人ひつくりし、まつさほニ成 見「ア、世直《よなほ》し〳〵」、鈍「ア、桑原《くはハら》〳〵」、赤「コラ馬士《まご》どん、こりやどうするのだ」ト やぐらにしかミつきおそれまとふ、此内馬かたくつハをとりて一、さんにはせぬける、馬なほいなゝくイヒン、ン〳〵〳〵、馬「エ、此畜生《ちくしやう》め、ほてつはらどづくそ」ト口つなにて二打、三打して行ゆく、馬やう〳〵し、つまりぬ、三人ほつとためいきつぎて赤「ヤレ〳〵天《あめ》の命《いのち》ひらつだ」、見「口のこはい馬だね、すつてに落馬《らくば》しようとした」、鈍「ホンニ此馬ハ性《しやう》根《ね》のわりい馬だね」、馬「ナニ性《しやう》根《ね》ハわるうもござんせんが、此せつさかりがきて女馬《めむま》をさへ見るとどち狂《くる》ふのでござんす」、赤「何ださかりたがつてはねるのか、おへねえ馬に乗合せた、いめい〳〵しい」、鈍「おへねえのしやねえ、おへるから色狂《いろくる》ひするのだ、馬でも悪性《あくしやう》なハいけねえもんだ」、見「ハ、、、、、人間でいはゞ鈍公《どんこう》といふ生《むまれ》付《つき》だ」、鈍「ヘン、憚《はゞかり》ながら戀路《こひぢ》にかけちや業平《なりひら》と出合《であつ》てもへこまされぬ男だが、さゝないものを追廻《おひまハ》して刎飛《はねとば》されるやうな未練《ミれん》な根性《こんじよ》ハさげねえ」、赤「ハ、、、、、業平どこぢやねえ、由削《ゆげ》の道鏡《だふきやう》がきても負《まけ》ない男だ、件《くだん》ばかりハ」、見「ハ、、、、、天窓《あたま》つきといひ道鏡《だふきやう》との見合《ミあハ》せが一ばん妙《めう》だらう」、鈍「ヘン、道鏡《たふきやう》で間違《まちがつ》たのだ」、赤

「ハ、、、、、面黒《おもくろ》い地口《ぢくち》だ、時に馬士公《まごこう》むかふに見えるハ飲屋《のミや》だねィか」、馬「ハイ、料理屋《れうりや》でござんす、むこで一ツ上りなさんせ」、鈍「飲屋《のミや》に大酒《たいしゆ》とやらかさう」、赤「ハ、、、、、釋迦《しやか》ニ提婆《だいば》のこじ付か」、三人「ハ、、、、」トむだ口いふ内、茶屋のかとへきたる、女子門口に立いで、女「となたも御早う御出、あ、マァおはいり、あ、御茶あがつて御出ァ」此内三人馬よりおりる、はいりて赤「姉《あね》き、何でなりと一盃《いつへい》飲《のま》してくれさつし」、女「ハイ〳〵まあ奥《おく》へおへり」、見「馬士《まご》公《こう》一盃飲《のミ》ないか」、馬「ハイ〳〵馬の沓《くつ》を借《かつ》てきてから呼《よば》れませう」トいひて馬をつなぎおき、はしり行、三人ハ奥へとほり座につく、茶・たばこぼんもちきたり、やがて酒肴をもちきたる女「ハイお上り」、鈍「御世話《せわ》〳〵、何だ伊勢海老《いせえび》と烏賊《いか》としたし物か、久しいもんだ」、赤「トレゆつたりとして一盃《いつへい》やらう、櫓《やくら》ハ窮屈《きゆうくつ》で足がめり〳〵いふた」、鈍「見州《けんしう》の附合《つきやひ》で膝《ひざ》がのびぬやうだ」、見「櫓《やぐら》も窮屈《きゆうくつ》だらうが、さつきのやうに刎《はね》上るとは中乗《なかのり》ハ一番心配《いちばんしいはい》だ」、鈍「ホンニ御師《おし》の男めがいらねえ左平次《さへいじ》しやがつて、おへねえ悪性《あくしやう》馬に出くハせた、

忌々《いめく》しい」、赤「ホンニ御師《おし》の男の次手《ついで》、見公今朝《けさ》ハ何《なん》であんなにむやミに急いて井地《ゐぢ》へぶつはまつた」、見「ハヽヽヽヽ、御尋《おたづね》に預《あづか》り面目ねえか實《じつ》ハかうだ、御師《おし》目《め》が餘《あんま》り面《つら》の皮厚《かはあつ》く欲《よく》ぼりやがるで、幸《さいは》ひ銅脈《どうみやく》の一朱が有たからそれを包んで遣《やつ》た處《ところ》が、もし跡《あと》で木《もく》がわれて追《おつ》かけてうしやァがると面倒《めんだう》だから、急《いそ》がつしといへども貴公等ハ氣《き》どりのわるい、やつはりだら〳〵歩《あゆ》む、おれ計氣《き》をもむうち跡《あと》からおゝい〳〵と呼《よん》で走《はしつ》て來るハ御師の男め、南無三《なむさん》しまつたと思ふた拍子《ひやうし》にすべりこんだのよ」、赤「ハヽヽヽヽ、惡《あく》の報《むく》ひハ忽《たちまち》たな、しかし銅《どう》脈《みやく》のことハづきなの樣子で何か馬鹿《ばか》丁寧《ていねい》に禮をいつたぜ」、見「されバ謀計《ぼうけい》ハ仕《し》おふせたが、濡鼠《ぬれねづミ》に成たときや外聞《げいぶん》が惡《わる》かつた」、鈍「ハヽヽヽヽ、惡《わる》いこたァせぬがいゝ、難波《なんば》の六郎なら引裂《ひきさかれ》る場所《ばしよ》だ」、見「なぜかい」、鈍「ハテ、惡金《あくきん》だの祟《たゝ》りぢやねえか」、見「ハヽヽヽ、おもしろくもねえ」、赤「時に名歌《めいか》が浮《うか》んだ」

○狂詩《きやうし》でハ　なふて笑止《せうし》や　銅脈《どうミやく》の　一朱《いつしゆ》おくりし起承《きしやう》てんがふ

鈍「ハヽヽヽヽ、韻字《ゐんじ》でハなくて井地《ゐぢ》へふミおとしハ奇《き》妙《めう》だ」ト くだらぬ事いひながら酒をく、ミかはす内、馬士きたりて 馬「旦那《だんな》がたモウお乘《のり》なさんせんかい」、赤「オヽ承知《しやうち》だ、時に此茶碗《ちやわん》で一《いつ》杯《ぱい》いかつし」ト いひてつぐ 馬「ハイ〳〵是ハ御馳走《ごちそう》ニなります」ト 一息にぐつとのミ、肴くふ 見「貴様ハちつとハ飲《のめ》ますといつたがだへぶ飲《のむ》るね」、馬「ハヽヽヽ、何《なん》のやつとハ飲《のむ》ません、一、二升のミましたら澤山《たくさん》でござります」、赤「オヤ、とはうもねえ底拔《そこぬけ》だな、モウ一杯《いつぺい》やらッし」ト またつぐを同じ、くぐひとのむ 鈍「コリヤ見事だ、なんぼ馬の尿《ばり》のやうな田舍酒《ゐなかざけ》でもさうハいけねえ、何《なん》と物ハ例《ためし》だが一升升《ます》から角飲《すミのミ》にして見ねえか」、馬「お振舞《ふれまひ》なら飲《のん》で見ましようかい」、赤「イヤよすがいゝ、惡性《あくしやう》馬に乘《のる》ので心配《しんはい》ハ澤山《たくさん》だ、その上馬士《まご》が醉《よつ》てハ大難義《おほなんぎ》だ」、馬「ハン壹升ばかりの酒で馬が追《おへ》ね位《くらゐ》なら口廣《くちひろ》いこたいゝません」ト はや一はいきげんに、太平樂をまき出す 鈍「さうだ男の口からいつた事違《ちげ》へハしまえが、もし壹滴《いつてき》でも餘《あま》したら淺間《あさま》迄《まで》薩摩守《さつまのかミ》だせ」、

馬「何のことかな」、鈍「忠度《たゞのり》といふ事よ」、馬「オ、たゞ乗《のせ》ませう」、鈍「面白《おもしろ》い、きつと詞《ことバ》つかつたぜ、コラ姉《あね》さん升《ます》に酒一升量《はかつ》てもつてきてくんな」、女「ハイ〳〵」トいひて、やがて酒とくりと升を、もちきたり、なミなミとつぐ 鈍「サァ飲《のま》つし」、馬「是ハ御馳走《ごちそう》になります、實《じつ》ハ此せつ酒に渴《かつへ》て飲《のミ》とうてならん處《とこ》ぢや、是も大神宮《たいじんぐう》さまの御影《おかげ》ぢや、有がたい〳〵」トいひつゝ、升に手をかけのミかけしが、中々一いきにハのめねば、下におきて肴をくひ、何かしやべりてまたのミかゝり、つゝ、らをしかめ 馬「アヽえい酒ぢや、モシわしの飲《のむ》のばかり見て居《ゐ》ずと、あがりなさんせんか」、見「わつちらにかまはずと、はやく呑《のん》で行《ゆく》つもりにするがいゝ」、馬「ナニ日ハ長うござんす、膝頭《ひざかしら》で歩行《あるい》ても七ツ迄にや二見へいけます」トいひつゝ、ま、たとりあげて「エヽえい酒ぢや」トのめぬ酒をむりにのミ、今も吐さうなをこ、らへて、まきじたになり「エヽえ御馳走《ごちそう》に、ゲツフなりました、モヽもちつとたらぬけんど、モウ〳〵もよい、けゝゝゲツフ、いきましよかい」、赤「鈍公《どんこう》もさま〴〵の悪法《あくはう》をかくもんだ、アヽよつてハ馬ハ追《おへ》めえ」トつぶやきながらつけをとり、はらひをしてたちいづる 女「どなたもよう御出、御機嫌《ごきげん》よう」、

見「アイ御世話でありました、サァ鈍公《どんこう》から乗《のら》つし」、鈍「オツト承知だ」ト 馬へのる、赤内ものる、見龍ハほしたるきもの、ひあがりしとゆかたときかへのる 馬「旦那《だんな》がた、ゲツフえいけやるぜ」、赤「サァ追はつし」、馬「ヘン、あの位のサ、酒でハ、ゲツフ、まだこたへんのぢや、エ、畜生《ちくせう》めエ、ひよろつきァあがるなえ」ト おのがひよろつくともしらずに綱とり 浪滄《ひよろ〱》とし、もつれ舌《じた》にて田舎《ゐなか》歌《うた》うたひ、馬を追行《おひゆく》、見「こいつァ油斷《ゆだん》のならねえ足《あし》どりだ、鈍公《どんこう》のわざだせ」、鈍「あんまり太平樂《たいへいらく》をはなつから困《こま》らせる氣で飲《のま》せたが、變《へん》な事になつた」、赤「下人にハ酒を飲《のま》すまじきものと徒然草《つれ〲ぐさ》に書《かい》たハ、こゝの事だ」、馬「ナニ連衆《つれしゆ》が何《なん》とイ、いふたる」、赤「サアいゝハな、貴様の事だねい、それあぶねい、ソレ〱そこハひくい、ぶつたおれまい」、馬「ナ、何、こんな處ぐらいて醉《よふ》くらゐなら馬ハ、ゲツフおはれんわさ」、見「サ、尤だ、まつすぐに歩《あゆ》まつし、ア、あぶねえ、ア、これぢや敵《てき》を馬にのせて、おれが追《おふ》て行方《ゆくはう》がやつと氣樂《きらく》だ」ト あやぶむうち、あんのことく石につまづきたふれる 赤「それ〱倒《たふ》れた、早く起《おき》さつし」、馬「おまいがいはづでもおれが勝手におきるハさ、ヘンいらぬ御世話ぢや」ト さかねぢいひておき上り、ます〱ひよろつきくど〱いひてあゆミゆく、鈍「コイツハ情《なさけ》ねえ事ニなつた、どんなめに合せるもしれねえ、皆念佛を申なせえ」、見「心の惡《わる》いことをいふ男だ、それくらゐ恐《おそ》ろしくバおりるがいゝ」、鈍「實《じつ》ハ下《おり》てい、オイ馬士《まご》どん、おらだけおろしてはくれめいか」、馬「エ、、モ、もちつとぢや、こらへさんせ、エ、此畜生《ちくせう》め、ひよろつきあがるなえ」ト 綱にてきつくうつ 馬「ヒ、ヒン〱〱」、赤「コラ馬がひよろつくのぢやねえ、手めへがひよろつくのだ、むやミに馬をぶつな、刎落《はねおと》されちやァたまらねえ」、馬「ナ、何、此くらゐの事で醉ものかい、ア、あたあほらしい、ゲツフ」、赤「何の事か、丸ッきり躰《てへ》ハねえ」、見「相人《あひて》にならぬがいゝ、オヤ鈍公《どんこう》ハふら〱睡《ねむり》だ、馬士《まご》を醉《よハ》せて心《しん》配《はい》させる科代《くわたい》に下りしなにまごつかしてやらう」ト 鈍佛のおびを繩にてやぐらへしつかりくゝり付 「ハ、、、、、下しなにハをかしからう」、赤「ハ、、、、、人にハ念佛《ねんぶつ》申せなど、勸《すゝめ》たが、己《おのれ》から先《さき》へ成佛《じやうぶつ》したか」、見「寝《ね》た方が心配《しんはい》がなくてよからう」、赤「全躰《ぜんてへ》、貴公とおれハ下りて鈍公《どんこう》一人からしりでのせればいゝ」、見「其心ハどういふ事だ」、赤「ハテ、酔《よふ》たんにから尻《しり》だ」、見「ハヽヽヽ」

三寶荒神後編巻之上終

三方廣人　後編　中

御影參宮 三寶荒神後篇中之巻

五回　東都　瀧野登鯉述

酒《さけ》ハ百藥《ひやくやく》の長《ちやう》とハいへど、是を過《すご》すときハ篤實《とくじつ》の君子《くんし》も忽《たちま》ち一箇《いつこ》の狂夫《きやうふ》と變《へん》ず、況《いはんや》扁鄙《かたゐなか》の土《つち》百姓に於《おいて》をや、扨も例《れい》の三人のなまけものハ、由《よし》なき事より馬士《むまかた》に酒《さけ》をのませ、心ならずも馬《むま》に乘《のつ》て曳《ひか》れ行《ゆく》に、野を過里《すぎさと》を越《こえ》漸《やう》〳〵街道近《かいだうちか》く出、今《いま》ハ心安しと立場《たてば》に着《つく》を游付《およぎつく》思ひしけるに、行さきの茶屋が門に馬《むま》ども多く繋《つな》ぎ有《あり》けるを見て、三人か乗《のり》たる馬忽《たちま》ちヒヽヒン〳〵と嘶《いばひ》て狂《くる》ひ出し、一散《いつさん》にはしりて繋《つな》ぎし馬に戯《たハむ》れかゝる、鈍佛《どんぶつ》ハ熟《むま》く睡《ねむ》りて是をしらざれとも、赤内と見龍ハ大いに驚《おどろ》き、赤「ヤレ馬士公《まごこう》、また馬《むま》が狂出《くるひだ》した、早《はや》く鎮《しづめ》さつし」、見「ヤレ、世直《よなほ》し〳〵」ト さけびてかほ色土のことくなりてふくわいわな〳〵、此時馬かたハます〳〵酒のゑひをまして、まなこもろくしきに見ず、っ、なぎし馬をおのが馬と見ちがへて「エ、、コ、此ほてつはらめが、行《き》あがらねけえ」ト いひさま、有合竹づゑをとつて馬のしりをつよくうつ、馬ハこれにおどろきはねあかる、はづミに結びし口綱とけてはしりいだす、三人か乗たる馬ハ是を見てます〳〵いなゝき、ぐる〳〵と輪のりのごとく狂ひまハり、かの馬にたハむれかゝる、赤、内・見龍さらに生たる心地なく 二人「ヤレ助舟《たすけぶね》ヤァい〳〵命《いのち》ばかりを助《たす》けてくれやい」ト あまりのことに馬と船をとりちがへ、なき聲になつてわめくうち、追々茶屋の内より馬かた・雲助はしり出て、馬をしづめんとすれど、あら馬二疋がはねくるふいきほひによりもつかれず、あれよ〳〵とあせるうち、赤内が矢ぐらめり〳〵とくだけてどふどおち、こしぼねうつて目をまハす、見龍も今ハたまりかね、馬上よりとびおりけるに、はね馬のためにしりをけられて、酔どれの馬かたに行あたり、二人ともどふどこける、此時どん佛ハものおとにおどろき目をさますに、やぐらハ馬のはらへまはり、すでに落べかりしに、さいわひさきに見龍がわるじやれにて帯をやぐらにつよくくゝり付たれば、ぶら〳〵となりて落ざれど大いにおどろき、一生けんめいとやぐらにしがミつき、なきごゑに 鈍「ア、とうぞお助《たすけ》下されれ、此後《のち》ハ肴《さかな》も喰《くひ》ますまい、悪性《あくしやう》も斷《たち》ます、南無阿彌陀《あみだ》如來《によらい》さま、何卒《なにとぞ》お救《すくひ》下されませ、あれえ〳〵」ト 泣さけぶハいねむりしあひだに地こくへ落し夢など見しなるべし、此ときまた馬かたハ見龍とともに打かさなりて倒れけるが、やがて見龍をとつてふせ、馬のりに、またがりて馬「エ、、コ、此とう盲《めくら》め、コ、此廣《ひろ》い大《だい》道《だう》を歩行《あるく》に、人に行當《ゆきあたり》やがる、ハ、はなたれめ」との、しりにぎりこふしにて見、龍がかしらを三ツ四ツうつ見「ア、御免《ごめん》下されませ、馬がはねますから飛下《とびお》りしなに怪我《けが》に行當《いきやた》りましたのでござります、とうぞ御了簡《れうけん》下さりませ」、馬「エ、、イ、いやぢやい、ダ、大事《だいじ》の客衆《きやくしゆ》を乗《のせ》て居《ゐ》る者にナ、何で行《いき》當《やた》りやがつた」トまた二ツ三ツうつ、一人の雲助見かねて、はしりより引わけんとすれどはなさず雲助「マアまて、はなせ」、馬「イ、いやぢや、はなすこたイ、いやぢや」トいぢばるにぞ、雲助はらをたて、雲「エ、どん百姓め、どがいしよもないくせに、はした酒くらひしめあがつて、おのれが客衆《きやくしゆ》をどずくといふことかあるけえ」トいひさま、たぶさをつかミ三ツ四ツくらはしければ、げろ〳〵とへどを見龍があたまからからたへはきかける、雲すけハ馬かたを引のけ踏づ蹴つする、見龍ハへどまミれになつてにげてのく、此うち外のくも助・馬かたやう〳〵に二疋の馬をしづめ、鈍佛をたすけおろし、赤内を茶屋のうちへかきこミ、水ふきかけて呼いかす、まことに大さうどうにて往來雲のごとくに集りけんぶつす、鈍佛ハ見龍ど馬かたとけんくわすると聞うけきたり、て鈍「オ、見公《けんこう》か、氣を慥ニもたつし、おれがきたら千人力だ」ト今迄なきごゑせしかほも、せず、じまんがほしして「どいつがぶちやァ

がつた、おれが敵《かたき》ハ打《うつ》てやる、どの馬士《まご》めだ」、見「どの馬士かしらねえが、むやミにぶちやァがつた、そしておらあ身うちがにちや〳〵として氣もちが悪《わり》い」、鈍「ホンニ貴公《きこう》のからだハ臭《くさ》い〳〵、へどの嗅《かざ》だ」、雲助「ハ、、、、、くさいはづじや、おまへ達《たち》の馬士が天窓《あたま》の上からへど吐《はき》かけたのぢや」、見「エ、穢《きたね》い、そんならぶつたもわつちが方の馬士でごぜえすか」、雲「さうはちやいの」、鈍「ナニ、おらが方の馬士めがぶつた」ト きつとなりていかうとするを、かの馬かたとめて 馬「モウ了簡《れうけん》さんせ、えらうどづかれて、其まゝしんだ様《やう》になつて寝《ね》て居《ゐ》やんす」、鈍「それだとつて馬士が客《きやく》をぶつといふ法《はふ》も有めえ、またいかに見公《けんこう》の天窓《あたま》が麁末《そまつ》だとつて椋《はんざふ》と取ちがへるもぶしつけだ、跡《あと》を洗《あらつ》てかへせばまだしもだに」、雲「ハ、、、、いひなんすりやそんなもんぢやが、モウ了簡《れうけん》してやらんせ」、見「コラ鈍州《どんこう》モウ何もいふな、笑《わら》ひものにされる、爰《こゝ》の内で洗《あら》はしてもらおう、そして赤内公ハどうした」、鈍「兄貴《あにき》ハ落馬《らくば》して目をまハせたが、やう〳〵蘇生《よミがへつ》て奥《おく》に寝《ね》て居る」、見「それハ大變《たいへん》だ、先内《まづうち》へ這《へい》らう、おめへさん方《がた》大きに御世話《おせハ》に成《なり》やした」、馬士・雲介「エ、、何の禮《れい》にや及びません、ちやつとあたまもからだも洗《あら》ひなんせ、ハ、、、、、」ト ミな〳〵きのどくわらひする、見龍ハ鈍佛とうらの井戸ばたへいたり、たらひをかり水、をくミて着ものをすゝぎながら 見「やう〳〵乾《ひ》上《あが》らせて着《き》た物をまたずくたんにした、忌々《いめ〳〵》しい」ト つぶやきながら、しぼりあげ「コラ鈍州《どんしう》、髪《かミ》にハ何にも付てハねえかな」、鈍「エ、、髪《かミ》にハまつ海老《えび》のしがミさしが三ツ、菜《な》の細《こまか》なハ数《かづ》しれず、飯粒《めしつぶ》およそ五、七十もあらうか」、見「エ、穢《きたね》い、付《つい》てあればあるでいゝ、何も品数《しなかづ》いふにや及ばねえ」、鈍「ハ、、、、、それだとつて正直《しやうぢき》ナ處よ」、見「コラむだハ平氣《へいき》な時のことだ、實《じつ》にどうしたらよからう」、鈍「どうといつたら剃刀《かミそり》かりて剃《そつ》てとるが一番早細工《いちばんはやざいく》だ」、見「エ、手前《てめへ》の天窓《あたま》とハ違《ちか》ふハ、參宮《さんぐう》して坊主《ばうず》になつてなるもんか」、鈍「イヤ常《つね》とハ違《ちが》つて直《ぢき》にはへる」、見「どういふわけで」、鈍「參宮《さんぐう》十五日目《め》にや、はやう」、見「エ、むだハよせえといふに、ホンニ困《こまつ》たはげ山だ」、鈍

「ハ、、、、、はけ山かはげ天窓《あたま》かハしらねえが、毛《け》があつて海老《えひ》や飯粒《めしつぶ》の巣籠《すごも》りするよりハましだ、ハ、、、、」、見「エ、餘《あんま》りだらうぜ、此騒動《このさうどう》の起《おこ》りといふハ手《て》前《めへ》が馬士《まご》に酒《さけ》をのませたからだ、むだをばよして荷物《にもつ》の中の櫛《くし》を取てきてくれさつし、髪《かミ》をあらつてすかにや氣もちが悪《わり》い」、鈍「ハ、、、、、その獅々《しゝ》舞鼻《まひばな》て髪《かミ》あらひとハ石橋《しやつけい》でハなくて一興《いつきやう》だ」ト むだ口いひながらくしをとりにゆく、見龍ハふつ／＼つぶやきなから、かミをときてあ、らふ、鈍佛くしをもちてはしりきたり 鈍「サア櫛《くし》」、見「次手《ついで》にすいて、かり結《ぐゝ》りしてくれさつし」、鈍「オヤ、いろ／＼の課役《くワやく》をかけるね」と たハむれなから、かミを、すきてかりぐゝりする 見「大《て》義《へぎ》／＼、先兄貴《まづあにき》を見廻《ミまは》ふ」と ぬれきものをさげて行、赤内ハ、はなれさしきにはらばひして 赤「オ、見公《けんこう》、どこも怪我《けが》ハなかつたか」、見「怪我《けが》ハなかつたが、ぶたれたり蹴《け》られたり、まだ其上に嘔吐《へど》まであびて、論《ろん》々かゝつた事ぢやねえ、しかしおめへ、氣《き》持《もち》ハどうだ」、赤「どうやらかうやら、もとの體《からだ》になつた」、見「それハ重疊《ちようでふ》だ、まづ怪我《けが》がなくていゝ」、赤「貴公《きこう》ハまた裸《はだか》か、けふハ度々《たび／＼》水に縁《えん》があるね、早く

湯浴《ゆかた》きさつし、風ひけば面倒《めんだう》だ」、鈍「代呂物《しろもの》も斯《かう》二度《ど》三度《ど》水に入てハ直《ね》打がねえ」、見「ヘン、手前《てめへ》の着物《きもの》ハ度々《たびく》質《しち》にやるからさうだろらが、おれがのハ質屋《しちや》の手にかけぬから其あんじハねえ」トいひながら湯かたをきて、ぬれきものをさをへほす、此内亭主出きたり、亭「あなた方《がた》、おあぶない事でござりました、どこもお怪我《けが》ハござりませんかな」、赤「ハイ、大きに御世話《せわ》になりやした、御影《おかげ》で怪我《けが》ハしませぬが、イヤモ恐《おそろ》しい災難《さいなん》に逢《あひ》やした」、亭「ハ、、、、さやうぢや、あんな酔《よふ》たんぼの馬に乗《のり》なされねばよいに」、見「ナニ、始《はじめ》から酔《よつ》て居《ゐ》るのぢや有ませぬ、途中《とちゆう》で何でもない事をいふて此坊《ばう》が飲《のま》せたからの騒動《さうどう》さ」、亭「ハ、、、、、さうでござァすか、よつほど呑《いん》だと見えて、馬士《むまかた》ハたゝかれたなりで今に寝《ね》て居《ゐ》ます」、鈍「時に信心《しんじん》といふもなァ有がたいもんで、わつちハ睡《ね》て居《ゐ》たうち地獄《ぢごく》へ落《おち》る夢《ゆめ》を見て、茲《こゝ》が信心《しんじん》だと一心《いつしん》に如來《によらい》を念《ねん》じたら、彌陀如《みだによ》來《らい》が出現《しゆつげん》有て帶《おび》をしつかりとらへさせ給ふと思ふと目が覺《さめ》た、處《ところ》が矢倉《やぐら》ハ馬の腹《はら》へ廻《まハ》り既《すで》に落《おち》る處だに、帶《おび》が矢倉《やぐら》にしつかり結付《くゝりつけ》てある、是全《これまつた》く佛方便《ほとけはうべん》で落《おち》もせす怪我《けが》もせず、誠《まこと》に眼前《がんせん》に斯《かう》いふ奇特《きどく》を見るも日頃信心《ひごろしんじん》の徳《とく》だ、南無阿彌陀佛く」、見「ハ、、、、、佛《ほとけ》の助《たすけ》たのだねえ、おれが下りしなにまごつかせふと思つて結《くゝつ》て置たのだ、佛よりハおれを拝《をが》ミ見なせえ」、亭「ハ、、、、そんな事でござァせう、最前《さいぜん》馬がはねると騒《さわ》ぐゆゑ出て見たら、あのさんが矢倉《やぐら》にしがミつき、どふぞおゆるしなされ、是《これ》から肴《さかな》も喰《くひ》ますまい、悪性《あくしやう》も斷《たち》ませうといひなさつたを聞《きい》てはらがよれました、ハ、、、、、」、赤「ハ、、、、いろくのよまひ事いふ男だ」、見「實《じつ》に友だちのつらよごしだ」、鈍「へど吐《はか》れて天窓《あたま》よごしよりハましよ、しかし夢《ゆめ》にさういふことといつた覺えハねいが、ひよつとおめへ」トいひさし、赤内をゆびさして「此男のいつたをおらと取ちがへハせぬか」、赤「ハ、、、、、馬鹿《ばか》も大げへにいはつし、貴公といふ證據《しようこ》ハ、肴《さかな》を喰《くふ》めえの、ヤレ悪性《あくしよう》を斷《たと》ふのと昔寺《むかしてら》に居《ゐ》て墮落《たらく》した時の事を思ひだして、懺悔《ざんげ》したのでわかりきつて居《ゐ》るワナ」、鈍「ハアそんなら山上《さんじやう》の覗《のぞき》で行《ぎやう》する夢《ゆめ》でも見たのであらう」、亭「ハヽヽヽヽ、何分《なんぶん》お三人とも別條《べつじやう》がないのでようござります」、赤「左様《さやう》さ、時にモウ何時で有ます」、亭「モウ四ツ過《すぎ》てもござァせう」、見「是《これ》から淺間までハいくらござえす」、亭「五十四丁といひますが、實《じつ》ハ五十丁でござァす」、赤「ヨシ〳〵、どうぞ三人仕度《したく》をお頼申やす」、亭「畏《かしこまり》ました、御酒《ごしゆ》ハようござりますか」、赤「酒ハ懲々《こり〴〵》だが、しかし兩《りやう》公《かう》どうしやう」、鈍「まん直《なほ》しに一盃《いつぺい》やらうぢやねえか」、赤「そんなれば酒も一《ひと》銚子《てうし》お頼ミ申やす」、亭「へイ〳〵畏《かしこまり》ました」ト 立て、ゆく

見「氣のい、亭主《ていしゆ》だ、ホンニ鈍州《どんしう》とんだ目にあはせた、馬に尻《しり》を蹴《け》られて今にいてえ、酒もつて尻蹴《しりけ》られるとハ此事だ」、赤「ハヽヽヽヽ、見公《けんこう》にかはりて一首浮《うか》んだ」

○馬上から　とんだ難義《なんぎ》に　あひの宿《しゆく》　人の見る目も
　淺熊《あさま》街道《かいだう》

見「ハ、、、、、違《ちげ》へなした、よく思へば不測《ふしぎ》だ、古市《ふるいち》でハ貴公が吐《へど》でつける、家立《やたて》でハ鈍州《どんしう》がやらかして歯《は》を廝《せつち》(厠)へ落《おと》す、けふは又おれがへどをあびたもけふだ」、鈍「ハヽヽヽヽ、その筈《はづ》があるよ」、赤「なぜかい」、鈍「ハテ餘《あんま》りへど詞《とば》をつかふからた」、見「ハ、、、、、へどの地口《ちぐち》も度々《たび〳〵》出《で》た」、赤「ハ、、、、、ほんに可笑《をかし》くてへどが茶《ちや》を立《た》る」ト しやうこりもなくむだいひあふうち、膳と酒肴をもちきたりければ、三人のミ喰して拂をなし、世話になりたる禮に心ばかりの茶料をおき、まだかわかざるぬれ着物をたゝミて荷もつにつけ、おの〳〵脊におひてたちいづる、茶屋の女、女「どなたもようお出」、亭「マアおしづかに、只今ハ色々《いろ〳〵》お有がたう」、赤「ナニ少《すこし》許《ばかり》でごぜえす、淺熊《あさま》へハどういくがい、ね」、亭「是を右へお出なさると、内《ない》宮《くう》へ出ます、左へ上つて山道をまつすぐにお出なさると、淺熊《あさま》の萬金丹《まんきんたん》屋のそばへ出ます」、赤「迷《まよ》ひ道ハねえかな」、亭「道しるへが處《ところ》々《〴〵》にござァすよつて、お樂《らく》でござります」、赤「それハ安心《あんしん》だ、イヤもう參《まゐ》りやせう」、亭「左様ならおしづかに」ト いふをわかれに立出る、家内の男女ハ三人を見てくつ〳〵わらふ、三人も外聞わるければ足ばやに立出て、山道へかゝりゆく 見「鈍公《とんこう》がいろ〳〵の事をするから恐《おそろ》しい目に逢《あつ》たうへ、笑《わら》ひ者になつた、外聞《げえぶん》のわりい」、鈍「ハヽヽヽヽ、しかしい、事がある」、見「何が

い丶」、鈍「馬士《まつご》めが寢《ね》てをるから、駄賃《だちん》をやらず、さつまの守《かミ》にしたハいゝぢやねえか」、赤「ナニ、錢《ぜに》ハ乘《のり》しなにおつたくりやァがつた」、鈍「オ、ほんにさうた、それを忘《わす》れて何《なん》でも只《たゞ》のりと鼻《はな》をおさへたがむだに成《なつ》た」、見「ハ、、、、、、おさへの六彌太《ろくやた》かあきれらァ」ト はなしものして行ほどに、此道内宮からのとほりよりハ道ちかけれども、甚だなんじ事おほけれハ三人大きにこまり、ところ〳〵にてやすミ、からうじて淺熊山へいづる、に、はなハだ參宮人多くにぎハし 鈍「サァ賑《にき》ハしく成《なつ》た、面《おも》白《しろ》へ〳〵」、見「ホンニ夜が明たやうだ、在所《ざいしよ》道や山路《やまミち》にハ飽《あき》はてた」、赤「先淺熊《まづあさま》へ參てから歸《かへ》りに萬金丹《まんきんたん》を買《かを》ふ」、鈍「氣《き》の利《きい》た飲屋《のミや》ハねえかな」、赤「下《くだ》りにハ兩《りやう》方《ハう》に角《かど》屋といふ肉舗《れうりや》がある」、鈍「有がてえ〳〵」ト 三人心うき〳〵として登り、しや、淺熊虚空藏へ詣す それ淺熊《あさま》山金剛證寺《やまこんがうしやうじ》兜卒院《とそつゐん》ハ教《けう》待《たい》和《を》尚《しやう》の開基《かいき》にて禪密兼學《ぜんミつけんがく》の靈場《れいちやう》なり、本尊《ほんぞん》ハ虚空藏菩《こくうざうほ》薩《さつ》、聖徳太子《しやうとくたいし》傳來《でんらい》の佛牙《ぶつげ》舍利《しやり》ハ本尊《ほんぞん》の右なる寶殿《ほうてん》に納《をさ》むとかや、三人の者ハ本堂《ほんだう》に詣《けい》し、夫《それ》より境内《けいだい》の求聞持《くもんぢ》堂《たう》・文殊堂《もんじゆだう》・極樂橋《ごくらくバし》・熊野《くまの》三社の宮・阿彌陀堂《あミだだう》・連珠《つれだまの》池《いけ》 此水をもて萬金丹を製すといへり なんどを見廻《めぐ》りて立出、再《ふた》びもとの

道へ下り、萬金丹店《まんきんたんミせ》にかゝり丸藥《ぐわんやく》を買《かハ》んとするに、買《かい》人《て》大群集《おほくんじゆ》なれば店《ミせ》さきの床几《しやうぎ》に腰打《こしうち》かけて見合《ミあハ》す内、五、六人の女 參宮荷《をんなさんぐうに》持《もち》を連《つれ》て下り來りけるが、先《さき》なる女赤内の顔《かほ》を見て、小てふ「オ、珍《めづ》らしい處《とこ》で逢《あひ》ますな」ト いひて下り行、赤内は、しり行て小聲になり 赤「どなたもよう御參《さんぐ》宮なさつた、御客ハおさきへかな」、とく平「御客ハ坊《ばう》に御用が有てひまがゐるとおつしやるゆゑ、角屋《かどや》で待合《まちあハ》すつもりぢや」、赤「左《さ》様《やう》かな、私《わたし》どもゝ角屋《かどや》へ行ますが、チトお頼《たのミ》がござります、アノ貳人《ふたり》ハ私《わたし》が連《つれ》でござりますが、チト様《やう》子《す》がござりますから、ひよつとむかふで逢《あひ》ましたら、不《ふ》斷贔屓《だんひいき》になる客《きやく》といふ氣《き》どりで挨拶《あいさつ》を御頼ミ申ます」、おとよ「ヨシ〳〵荒神祓《くわうじんばらひ》の事ハいひなしで待《まつ》て居《ゐ》ます」、赤「其通《とほ》り〳〵」ト いひて立もどる、女、づれハ下り行 赤「イヤ妙《めう》な處《とこ》で逢《あつ》た」、見「あの手合《てあひ》ハ近付《ちかづき》か」、赤「堀江《ほりへ》の名妓《けつ》どもだが、今橋邊の客で參宮したのだ」、鈍「先に物いつたハ何といふ歌妓《げいこ》だね」、赤「アレが有房《ありふさ》の小蝶《こてふ》、そのとなりのが徳平《とくへい》、その跡《あと》の三人ハ鶴尾《つるを》・お豊《とよ》・お町《まち》、其次《つぎ》ハ

青楼《ちやや》の嚊《かゝ》と娘《むすめ》よ」、見「また扇《あふぎ》に名前《なまへ》がとめてハねいかな」、赤「ナニほんとの知己《ちかづき》よ、客ハ坊《はう》に用《よう》が有てひまがゐるから、早《はや》く角屋《かどや》へきてくれ噺《はなし》が有といつた、早く萬金丹《まんきんたん》を買《かつ》て角屋《かどや》へ行《ゆき》、間《あひ》でもさせう」、鈍「そいつハ有がた山の時公《ほとゝきす》だ、薬《くすり》ハ買《かハ》ずとも早《はや》くいきの松原《まつバら》ハどうだ」、見「エ、女とさへいや猫《ねこ》がにしん見付た様《やう》に周障《あハて》る者だ、先薬《まづくすり》を買《かふ》がいゝ」ト人をおし、わけて見「オイ、茲《こゝ》へ貳朱がのくんな」ト一朱ふたつわたす、萬金丹屋の手代、「ハイ左様なら」ト薬をわたし、金をとりてよく〳〵ながめ「モシ〳〵一朱が一ツわるこさります」トさしもどす、おどろき見龍、見「ナニ、金《かね》ハいゝ筈《はづ》だが」トいひて、とつて見てびつくりせしかほにて「ア、南無三《なむさん》、しまつた、かの男めにつかませたと思ふたが正金《しやうきん》と取ちがへて遣《やつ》たさうだ、忌々《いめ〳〵》しい」、赤「ハ、、、、、杢《もく》が割《われ》なんだ筈《はづ》よ、正まつものをやつたもの」、鈍「ハ、、、、、こいつハ大落《おほおち》多々良《たゝら》の助だ」、見「ホンニ拍子《ひやうし》のわりい」トつぶやき〳〵一朱をとりてわたす、赤内・鈍佛もそれぞれに萬金丹を買てたちいでて下り行、見「忌々《いめ〳〵》しい、今日《けふ》のやうなへこまんハねえ」、鈍「ハ、、、、、陰陽師《おんやうし》身上し

らずとァよくゆつた譬《たとへ》だ、貴公も遣《やり》る時々正金《しやうきん》か銅金《どうげん》がト《うらなつ》てからやれバいゝ」、見「そんな事が八卦《はつけ》で見える位なら今にまごつきハ先天《せんてん》の圖《づ》だ」、赤「ハ、、、、、八卦《はつけ》氣《き》の毒《どく》だ」、トいひつゝ行、此ミち寺より茶屋まで六、七丁あり鈍「茶屋ハまだか」、赤「モウ五町ばかり行《ゆけ》ば角屋だ」、鈍「大そう遠《とほ》いね、早くいて酒の間《あひ》をさしてえ、アノ歌妓《げいこ》の中に一番《いちはん》若《わか》イ器量《きりやう》のいゝハ何といふかな」、赤「あれがお町《まち》よ」、鈍「此頃いつたお百合とやらとハどちらがいゝね」、赤「いゝ相撲《すまふ》だ、どちらも當時《たうじ》の美人《びじん》だ」、鈍「美人摺鉢《びじんすりはち》だねえが割《わつ》たやつかあるだらう、畜生《ちくしやう》めえ」、見「ハ、、、、、色々《いろ〳〵》の法界悋氣《ほふかいりんき》する和尚《をしやう》だ、時に女に徳平《とくへい》といふ名ハ變《へん》だな」、赤「ナニお徳《とく》といふ名を洒落《しやれ》て徳平《とくへい》といつたが、ツイ通《とほ》り名《な》に成《なつ》たのよ、堀江《ほりへ》にやァ異名《いめやう》の付た歌妓《げいこ》がいくらもある、お米《よね》といふを八木《はちぼく》といふ格《かく》だ」、鈍「ムン、寺に戒名《かいめやう》の付た佛《ほとけ》が澤山《たくさん》あると同日《どうじつ》の論《ろん》だね」、赤「ハ、、、、、また禁句《きんく》をまきだしたぜ」トしどもなき事いひつゝ行、ほどに早角やへきる、赤「こゝだ〳〵、どちらの角屋《かどや》へ往《いつ》た

かしらねえが先《まづ》こちらの角屋《かどや》へ這《へ》入《いつ》て見よう」ト 三人はいりて 多くの人の中をうろ〳〵と見廻すに、おくの方より手まねきし 小てふ「赤様〳〵」、おとよ「モシ〳〵」、徳平「こゝぢや〳〵」、赤「オゝ、敵《かたき》の在家《ありか》が知《しれ》た、兩人《りやうにん》とも身《ミ》に付てかう來《き》ナ」ト じまんらしく奥へ行、わらぢときてあがり、めい〳〵荷物おろして座につく 小てふ「モシ、よう御參《まゐ》りなさつたナ」、赤「アイ、おめへ達《たち》もよく參《めゐ》らつせえた」、とく「ホ、、、、、何にもめいつた參《まゐ》りぢやないがな」、赤「マタやぼをいふぜ」、つるを「ホ、、、、、エラお江戸ぢやな」、小てふ「モシ〳〵赤様《あかさん》、茲《こゝ》にお豊《とよ》といふ本釜《ほんかま》が居《ゐ》ますぜ」此おとよハ江戸より來りしげいこゆゑかくいふ也 赤「時に一抔《いつぱい》はじミよう」ト とん〳〵と手をたゝく、ハアイ引トへんじして 女「ハイ、何お上申ましよ」、赤「何といつたら味《むめ》へ肴《さかな》で酒を出してくれさつし」、女「ハイ〳〵」、赤「コラ大勢《おほぜい》だから隨分《ずいふん》鉢數《はちかづ》多《おほ》く澤山《たくさん》にして早《はや》く出してくんな」、女「ハイ〳〵畏《かしこまり》ました」ト いひて立て行、赤内げいこと何かくだらぬことといひあふうちに、大なる、酒宴ぼんにいろ〳〵肴鉢をならべ銚子ともに持來り 女「ハイ、さよなら」、赤「オイお世話《せわ》、吸物《すひもの》も此人數《このにん》だけ出《だ》さつし」、女「ハイ〳〵」、赤「サァ姫《ひめ》達《たち》始《はじめ》さつし」、小てふ「御馳走ぢやな、マァおいだゝき申ましよ」、とよ「わたしがおしやくいたしましよ」、赤「コレハ御苦勞だ、ナニ見公《けんこう》・鈍州《とんしう》飲《のま》ねいか」ト はな高々とのミ小てふのミて見龍へさす、見龍のミて德平へさす、德平のミて鈍佛へさす、鈍佛のミてお町へさす、それよりつるを・青樓のかゝおげん、娘おなつ、荷もちのをとこ、かはる〴〵さして盃一じゆんまはりしところへ、こんの、合羽きたる男いそがしげにはしり來り 男「モシ〳〵皆さん、旦那《だんな》がおつしやつてゞござります、そちらの角屋といふたけれど、餘り人群集《くんじゆ》ぢやさかい、こちらの角屋の奥《おく》にした、早う來《こ》いとおつしやつてゞござります」、おげん「オゝ、イヤさうけ、そんなら皆お立、モシ、せつかくの御馳走お殘りおふおます」ト あいさつそこ〳〵に立あがれバ、ミな〳〵三人にあいさつして下へおり、かの男を先にたてゝそ出て行、あとに三人月夜に釜ぬかれしごとく口あんごり、赤「何の事だ、客《きやく》めがもつとひまを入あがればいゝに」、鈍「おらあ便《たより》なく成《なつ》た、いつそあちらの角屋へ座《ざ》替《がハり》ハどうだ」、見「ナニ、此位《そのくらゐ》酒肴を命《めい》じて此儘《このまゝ》置《おく》も費《つひへ》だ」、鈍「此儘持《もつ》て往《いけ》ばいゝぢやねえか」、見「家が違ふものさう成ものか、全體《ぜんたえ》何時《なんどき》引上られふもしれぬ女なら、斯《かう》大そうに肴をさせいでもいゝものを」、赤「サアおれも此位早々立

うとハ思ハず、一抔飲《いつへいのん》だ上咄《うへ》も有からと思つて命じたのよ」、見「ヘン咄ハ庚申《かうしん》の晩《ばん》にでもすればいゝ、馬鹿《ばか》つらな」、赤「こいつハ一番目算違《いちばんもくさんちが》へだ、ヨシ〳〵、内へ歸《けえつ》たら京源《きやうげん》か扇松《あふきまつ》で腹《はら》ごろいがめて困《こま》らせてやらう」、見「ヘン、針金《はりがね》のきせるさらへでもいがめるがいゝ」トぶつ〳〵とつぶやく、内、女吸物を持來る女「ハイ御吸《おすひ》」、赤「エ、吸物《すひもの》を斯大《かう》そうに持《もつ》てきてどうするのだ」、女「それでも此人數《このにんじゆ》ほどゝいひなさつたよつて、よんで見たらお供《とも》ともに十二人さん居なさつさかい、十二して來《き》ました」、赤「エ、あれハおれが連《つれ》ぢやねえ、モウ往《いん》んでしまつた」、女「それでもこんだけしました、是だけハ取ておくれなされ」、赤「エ、情《なさけ》ねい、仕《し》かたがねい、是《これ》で飯《めし》など喰《くは》う、飯《めし》をくんな」、女「ハイ〳〵」、赤「コラ飯《めし》ハ三人前《まへ》だせ」、女「畏《かしこまり》ました」、鈍「ハ、、、、、何《なん》の事だ、餘《あま》り阿房《あはう》らしくて物《もの》も喰《くは》れねい」、見「さうよ、業腹《ごふはら》で飯《めし》喰《く》ふ氣ハねえ、おらハ酒にしよう、忌々《いめ〳〵》しい」ト手じゃくにて一はいのミて、「鈍公《とんこう》、飲《のま》つし」、鈍「オツト、飲《のむ》べい、マア此

肴《さかな》の澤山《たくさん》ナ事」ト いひて酒をの、ミさかなくふ 赤「コラさめぬ内に吸物《すひもの》ハどうだ、一人前《まへ》四はい宛《づゝ》吸《すは》なくてハ盡《つく》せない」、鈍「ハ、、、、つくせぬ宿《やど》こそ目出度けれだ」、見「吸物《すひもの》ハ一抔切《いつはいぎり》でいゝもんだ、殘《のこ》りハ歌妓《げいこ》へ送《おく》るか、又ハおめへ一人で吸《すハ》わつし」、赤「意地《いぢ》の惡《わる》い事いふもんだ、今《け》日《ふ》の雜用《ざふよう》ハおらが立るからどうぞ喰《くつ》てくれさつし」ト まじめにたのむ、此うちめしをもちきた、りければ、つぶやきながら三人飲食して 鈍「ア、もういけねえ、否《いや》と思つて喰《くふ》と腹《はら》が惡《わる》くふくれる」、見「啌《うさ》ァねえ、何もかも砂《すな》かむやうだ」、赤「ハ、、、、、よく惡態《あくたい》いふもんだ、時に三人に吸物《すひもの》十二とかけて何と解《とく》」、見「上やしる」、赤「店方《たながた》の番頭《ばんとう》ととく」、見「心ハ」、赤「四《し》はいに困《こま》る」、鈍「ハ、、、、」

三寶荒神中之卷終

三方廣人　後編　下

御蔭參宮　三寶荒神後篇下之卷

六回　東都　瀧野登鯉述

抜參《ぬけまゐ》り片道虎《かたミちとら》の威勢《ゐせい》なりと柳 樽《やなきだる》の句《く》に附《つけ》しごとく、赤《あか》内《ない》以下三人のなまけ者ハ少《すこ》し嚢中《なうちゆう》に錢あるに任《まか》せ、さま〴〵のたはけを盡《つく》し、度々《たび〳〵》農《ぐりはま》を喰《くひ》ながら猶こりすまに、人の花《はな》を見て樂《たのしま》んとせしが、今度《こんど》もまたすまたをくひ、多《おほ》くの酒肴《さけさかな》を抱《か》へて喰《くへ》ども〳〵盡《つき》ざれば、赤内困《こま》りはて、赤「大そう肴《さかな》が餘《あまつ》た、殘《のこ》して置《おく》も費《つひえ》だ、包《つゝ》んで提《さげ》て行《ゆき》、後《のち》の樂《たのしミ》にしよう」、見「さうするがよからう」ト いふにぞ、赤内とんとんと、手をたゝき 赤「オイ〳〵姉《あね》、書附《かきつけ》と竹《たけ》の皮《かハ》十枚《まい》ばかりくんな」、女「竹の皮ハおません」、赤「何だ、料理屋《れうりや》に皮《かハ》かねい、ホンニ田舎《ゐなか》ハ田舎《ゐなか》だ、コラ鈍州《どんしう》、貴公の鎧《よろひ》合羽《がつぱ》を出して借《か》つし」、鈍「何にするのた」、赤「此肴《さかな》をさらへて包《つゝ》むのだ」、鈍「エ、滅法《めつぽふ》な、合《かつ》羽に肴を包《つゝ》んで跡《あと》がどうなる物か」、赤「ナニ跡を拭《ぬぐ》やい〻、殘《のこ》して置《おこ》うより提《さけ》て往《いけ》ば樂《たのしミ》になる」、鈍「それもさうか」トからげたる荷物の中より合羽を出してわたす、赤内ハ鉢ごとの肴、をひとつにあつめてごて〳〵つ〻む、此内女付をもち來り、女「ハイ、御書附《おかきつけ》」、赤「オイ、ヨウ引、何《なん》だ五拾八匁五分よ、がうぎに高《たかい》」、女「此節《せつ》ハ肴《さかな》が諸方《しよはう》へひけますので、常《つね》よりハ高《たか》うおます」、赤「なんぼさうだとて是《これ》ハ餘《あんま》りだ」トつぶやきながら仕かたなけれバ三歩貳朱百五十文はらひ、赤「チエ、拍子《ひやうし》のわりい、大そう剝《はぎ》やがつた、サァそろ〳〵往《いく》べい」、見「ホンニ伊勢《いせ》のやつらァ油斷《ゆだん》がならねえ」トいひつ〻荷物をせおひ、赤内ハ合羽につ〻ミし肴をさげて、立出る、茶やの男「どなたもよう御出引」、赤「しらねえわえ、どふ盜人《ぬすつと》めえ」ト小聲に悪口して坂、道にか〻り下る、鈍「オヤ、がうぎに急《きふ》な下りだね」、赤「急《きふ》なかはりにや、わづか貳十丁餘り下ると淺熊村《あさまむら》だ」、見「此位《このくらゐ》腹《はら》が張《はつ》てあれバ下るもよからう」、鈍「ハ、、、、、しかし歌妓《げいこ》めらハむげえ目にあわしやがつたね」、赤「い〻ハ敵打《かたきうち》ハ歸《けえつ》てからする」、見「反《かへ》り討《うち》にまた照《てら》されるのだねえかナ」、赤「ナニ氣遣《きづかひ》ハねい、しかし此肴《さかな》をおれ獨《ひと》り持《もつ》も迷惑《めいわく》だ、

何《なん》と坊主持《ばうずもち》にしようか」、見「ハ、、、、、馬鹿《ばか》いひなせえ、皆參宮人《さんぐうにん》だから坊主《ばうず》ハ鈍公《どんこう》一人だ」、赤「さうなれば娘持《むすめもち》ハどうだ」、鈍「娘《むすめ》もちハ苦《く》の絕《たえ》る間《ま》がねえ」、赤「ハ、、、、、、さうなれば婆々《ばゞ》ァ持《もち》にしよう」、見「ハ、、、、、婆々《ばゞ》持《もち》しんどがあきれさうだ」、鈍「馬鹿《ばか》問答《もんだふ》で負《まけ》た方が持《もつ》はどうた」、赤「是ハおかしからう、先《まづ》鈍州《どんしう》を對手《あひて》に一問答《ひともんだふ》しよう、コラツ一本立《いつほんたて》ても線香《せんかう》といふハいかに」、鈍「一粒《いちりふ》のんても萬金丹《まんきんたん》といふが如《ごと》し」、赤「ム、なる程《ほど》、然《しか》らバ見公《けんこう》へもつて參《めえ》らう、女ハ格別《かくべつ》、男《をとこ》のハ何《なんに》も入《いれ》ないに股藏《またぐら》とハいかに」、見「扉《とびら》もねいに孔門《こうもん》といふがごとし」、赤「然《しか》らバいびつに作《つくつ》たおかハを丸《まる》とハいかに」、見「娘《むすめ》のたれた屎《くそ》でもばゞといふが如し」、鈍「ハ、、、、、段々《だん〳〵》穢《きたな》くなつた」、赤「是ハ無理《むり》だ、此方が器物《うつハもの》で問《とへ》バ、溺器《しびん》とか小便桶《せうべんたご》とか器《うつハ》て答《こたへ》ねえけりや負《まけ》だ」、見「ナニ丸《まる》ニ屎《くそ》ハ付《つき》ものだハな」、鈍「ハ、、、、、祕穴《ひけつ》の尻《しり》でチト通《つう》じにくひ、中《なか》とつておれが持《もた》う」ト赤内よりとりてぶら、ぶらさげゆき〳〵、鈍「兄貴《あにき》へ一問《いちもん》もつ

て參らう」、赤「何だかナ」、鈍「逃足《にげあし》の早いやつを腰《こし》ぬけといふハいかに」、赤「田をわけぬ奴《やつ》でもたわけといふがごとし」、鈍「然らバ見公《けんこう》へ一問《いちもん》せう、よくしやべる太夫を御師《おし》といふハいかに」、見「エ、それハ」、鈍「どうだ」、見「エ、何《なに》やらをいふのだ」、鈍「つまつたら持《もた》つし」ト むりにもたす、「エ、忌々《いめ〳〵》しい、世話《せハ》しくいふから出かけたものが、又這入《へい》た」、赤「ハ、、、、、おれなれば卽答《そくたふ》するに」、鈍「何とする」、赤「起《おき》て居《ゐ》ても禰《ね》宜《ぎ》といふがごとし」、見「ハ、、、、、中位《ちうくらゐ》だ、時に鈍《どん》公《こう》へ敵討《かたきうち》に一問參《いちもんめゐ》らう」、鈍「おもしろし」、見「金《かね》でもなく光《ひかり》もしないものを金《きん》たまとハいかに」、鈍「鳴《なり》もせぬものを鈴口《すゞぐち》といふがごとし」、見「然らバ茶《ちや》の産《うま》ざるものを茶《ちや》のことといふハいかに」、鈍「屁《へ》の産《うま》ざる物《もの》を屁《へ》の子といふがごとし」、赤「ハ、、、、、よくいふ者だ」、鈍見「アハ、、、」ト笑《わら》ひ興《きよう》じて下り行《ゆく》に、程《ほど》なく淺間《あさま》村につく、茶店軒《ちやミせのき》を竝《ならべ》る 三人立、とまり 赤「マア一服吸《いつぷくすは》う」、鈍見「よからう〳〵」ト 赤内・見龍ハ床へ腰かける、鈍佛ハ門の床几にこしうちかけたばこのミ

居けるに、ゐなか道者とおぼしきおやぢ 田舎「おまいさんたちや御伊勢様《おいせさま》參りかな」、鈍「さうさ」、田舎「お三人連《づれ》かな」、鈍「ナニ五十人連《づれ》よ」、田舎「ハアン、めつ相大勢《さうおほせい》さんでござんすな、お連《つれ》ハ跡《あと》からかな」、鈍「ナニ四十七人は鎌倉《かまくら》へ出立《しゆつたつ》したのよ」、田舎「ハアン、鎌倉《かまくら》か御内《おうち》かな」、鈍「ナニお内たね、夜打《ようち》にいたのよ」ト いふを聞て田舎おやぢ、のむすめとおぼしき女 娘「ホ、、、、爺《とゝ》さん、アリヤ忠臣藏の芝居《しばゐ》のことといひなさるのぢやいな」、田舎「エ、コリヤおまへ、えい年して居《ゐ》るものをなぶらんすのか」ト すこしはらをたてゝいふ、鈍「ナニなふれやァしねえけれど、餘《あま》り知過《しれすき》た事を根問《ねとひ》するからだ」ト おなしくき色をおこして床几のはしのはうへにしりよる、田舎「何もそないにこつ〳〵いはしやることないぢやないか」ト きつさうかゆる、を娘なためて 娘「コレ、もうえいわいな、ちやりにいひなさつたのぢや」、田舎「エ、ちやりも事によるわえ」、鈍「ナニカ何《なに》、とうしたのた」ト やつきとなつてせりあひ、思はずしらす床几のはしへにじりよる、床几ハから臼のことくはねかへる、鈍佛とつさりしりもちつく、其上へたばこほんひつくりかへり、かほもからたもはひだらけになる、田舎娘ハきのどくがり、おやちをすゝめて茶屋をたち、こそ〳〵とにけて、行、赤内・見龍ハとん佛をたすけおこす 鈍「ア、いてえ〳〵、

何《なん》てなげうちしやかるのぢやえ、了簡《れうけん》ならぬぞ」、赤「ハ、、、、コラ人か投打《なけうち》したのぢやねえ、手前《てめへ》が麁《そ》相《さう》て轉《ころ》んたのだ」、鈍「ナニ誰《たれ》やら後《うしろ》から床《しやうき》几を反《かへ》した奴《やつ》かある」ト りきミかへる顔ハ灰まミれにて、目ばかりきよろ〳〵黒けれは、茶店に有あふ人々皆はらをかゝへてわらひゐる、赤内・見龍、外聞わるけれは 見「コラ、嗜《たしな》まねえか、何《なん》でもねえむだをいつて田舎者《ゐなかもの》を腹《はら》たゝせ、手前《てめへ》の不《ぶ》調法《てうはふ》で落《おち》たもの誰《たれ》がしる事か、外聞《げえふん》のわりい」、鈍「それでも田葉粉盆《たばこぼん》を打《うち》つけたのハどうだ」、見「ナニ打付《うちつけ》たのだねえ、貴公《きこう》か此床《このしやうぎ》几の端《はし》へにじりよつたから、床《しやうぎ》几かはねかへり、其勢《いきほ》ひに南草盆《たばこぼん》が貴公《きこう》の上へ落《おち》たのた」、鈍「ム、さうか、それなれは今落《おち》るとしらしてくれればいゝ」、赤「ハ、、、、、さま〴〵の無理《むり》いふ者だ、田葉言《たばこと》をいはずと顔《かほ》を洗《あら》はつし、見苦《ミくる》しい」、見「ハ、、、、、天王《てんわう》寺《し》の紙子《かミこ》佛《ほとけ》といふ相《さう》だ」、鈍「エ、貴公迄《きこうまで》が同し様《やう》に、今のどん百姓《ひやくしやう》めハどけえ失《うせ》た」、赤「モウ二、三十丁も前《さき》へ往《いつ》た」、鈍「エ、殘念《さんねん》だ、居《ゐ》やァかつたら此刀《かたな》でまつ二ツた」、赤「ハ、、、、、そりや抜《ぬけ》もしない木刀《ぼくたう》だ

ねえか」、鈍「ナニ木刀《ぼくたう》でも手《て》が利《きい》てゐるからまつ二ツに叩《たゝ》き割《わる》のだ」、赤「ハ、、、、、、親父《おやぢ》の頭《かしら》を徳利《とくり》と取《とり》ちげえたのだな」、見「ハ、、、、、、徳利《とつくり》と見れバいゝ、茶瓶《ちやびん》だから叩《たゝい》た處《ところ》が割《われ》ハしない、へこむ計《ばかり》だ」、茶店の大ぜい「ハ、、、、、、ハ、、、、」アト大わらひになる、此内赤内茶店にて水をもらひ、鈍佛にかほをあらはせる、鈍「忌《いめ》〲々しい、灰《はひ》が目にしゆんで、いてえ〲」、赤「ハ、、、、、灰《はひ》よりハ今の顔《かほ》なら體《からだ》なら、ホンニ目にしゆんで見苦《ミぐる》しかつた」、見「ハ、、、、、面目灰《めんもくはひ》にまぶすとハ此事だ、サァぼつ〲と往《いか》うぢやねえか」、赤「いかう往《いかう》」と茶のせんをはらひて、「アイ、大きにお世話《せハ》」、茶店女「ヨウ御出ナ」、是より三人二見へ行道《ゆくみち》にかゝり、例《れい》の合羽《かつは》に包《つゝ》ミし肴《さかな》をぶら〲さげて、地口《ぢぐち》いひ合行程《あひゆくほど》に鹽合《しほあひ》を過《すぎ》、上《かミ》の渡《わた》しを渡《わた》り、二見をさして行《ゆく》に、長《なが》き日もはや暮《くれ》かゝりて道薄《うす》ぐらくなるにて貳人心細《こゝろぼそ》く、鈍「まだ宿《やど》屋《や》の有處《とこ》へハ遠《とふ》いかね」、赤「モウ近《ちけ》い」、鈍「どうか糊《のり》けが落《おち》て心細《こゝろぼそ》くなつた」、見「さうよ、どこぞで一抔《いつぺい》やれバよかつたに」、赤「モウ宿《やど》へ近《ちけ》え、湯《ゆ》に入てからゆつくり飲《のむ》がいゝ」トいひ〲、むらをすぎ、野、道ニかゝるに、道二すぢ有、見「道が二筋《すぢ》ある、どの道へ行のだ」、赤「コラツどちらやらだ、暮《くれ》てから通《とほ》つた事がねえから知《しれ》にくい」、鈍「便《たよりの》ねえ事をいふぜ、伊勢《いせ》の道ハ鵜《う》だといつたじやねえか」、赤「サア鵜《う》ハ鵜《う》だが、鳥といふものハ七ツ過《すぎ》ると目が見えぬものだ」、見「ナニオうだ〲といふのた、どちらへ往《いか》う」、赤「オ、こちらの道《ミち》に火が見えたから、こちらだらう」ト先に立て草ふミわけツ、たどりゆく、日ハずつふりくれて、ことによひやミなれば、みちまつくらなり、さしもの口やかましき三人も心ぼそさいはんかたなく、こゑをかけ合て、行に、ゆけども〲人里へ出ず、鈍佛・見龍いよ〲心ぼそく、見「兄貴《あにき》、宿《やど》ハどこだ」、赤「サァとんと方角《はうがく》がわからねえ、一卦《いつくわ》立て見てくれさつし」、見「ナニかう成《なつ》てハ易《えき》も立られねえ」、鈍「何かをかしな火が見えたり見えなんだりするぜ」、赤「何分道《なにぶんみち》が違《ちがつ》たと見える、元《もと》へもどつて見よう」、鈍「エ、情《なさ》けねえ、おらハ衿元《ゑりもと》がそふ〲としてきた」、赤「ア、誰《だれ》ぞ人が來《く》ればいゝ」ト赤内もあをふなり、十四、五丁も行ども家ハなし、是より氣ぬけのごとくなり、三人野中をあちらへ行こちらへたどり、およそ一時あまりうろつきけるに、むかふより百姓と思しき人出來り、三人がうろ〲してゐるを見、百「おまへ方ハ何處《どこ》へ行《ゆく》のぢや」、赤「ハイ、二見の方へ參《まゐ》りますのでごぜえす」、百「エ、とつけもない、此方へ來たら鳥羽《とバ》へ行《ゆか》にやならん、二見ハやつと跡《あと》ぢやがな」、赤「エ、左様《さやう》かな、さつきからむかふに村《むら》が見えると思つて行《ゆき》ますと村《むら》ハなし、またこちらに火が見えると思つて行《いつ》て見ると家《いへ》もごぜえせんので、大キに困《こま》りやす、どうぞ二見へ行《ゆく》道をおしへて下《くた》さりやせ」、百「サア何《なん》じやきよろ〳〵さんすさかい尋《たづね》たのぢや、おまへ方何《なん》そ喰《くひ》もの持《もつ》て居《ゐ》やさんせんか」、赤「ハイ、肴《さかな》の餘《あま》りを包《つゝん》でさげておりやす」、百「ハ、、、、、それてわかつた、此邊《へん》ハ狐原《きつねはら》ぢやさかい、喰《くひ》物《もの》もつて通ると得《え》てハぼやかされる、お前《まへ》方も土狐《ときつね》めにつまゝれたのぢやわサ」、鈍「ア、南無阿彌陀佛《なんまみたふ》〳〵」、見「鈍公《とんこう》、ふるふこたねえ、おれにしつかりととりついてゐてくれさつし」、赤「時にもし、どうそ宿屋《やとや》の有《ある》處《ところ》へ連《つれ》て往《い》て下《くだ》さりやすめえか」、百「モウかれこれ四ツ前《まへ》ぢやさかい、此節《せつ》の群集《くんじゆ》なり、宿《やと》へ往《いか》んした處《とこ》が留《とめ》る宿《やど》ハ有まい」、赤「ア、情《なさけ》ねえ事だね」、百「こなさんたちや國《くに》はどこぢやなう」、赤「ハイ、大坂で有ます」、百「ム、えいハ、御影《かげ》どしの事ぢや、何もないけれど、おれか內で施《せ》行《ぎやう》に留《とめ》てしんじよかいの」、三人口をそろへて「それは有がたうごぜえす」、百「ソンナラおれに付てごんせ」、三人「ハイ〳〵」ト やう〳〵人心地つきて、百姓のあとに付て行、赤「ヤレ〳〵、いゝ御人に逢《あつ》た」、見「アノ御人に逢にやァ、今ごろハ狐《きつね》に尻《しり》てもされるであらう」、鈍「ア、もういふな、腹《はら》かわるくなる」、赤「時に肴《さかな》ハ誰《だれ》がさげて居《ゐ》る」、見「おめへがさげて往《いつ》たが」、赤「ナニ、おれぢや有めえ、鈍《どん》公《こう》だねえか」、鈍「ナニ、迷《まよ》ひ道の處《ところ》でおめへ脊《せなか》の荷《に》の上《うへ》へ乘《のせ》て往《いつ》た」、百「ハ、、、、、土狐《どぎつね》めが取おつたのぢやわいの」、鈍「エ、さうか、肴《さかな》ハ構《かまハ》ねえが、おれが合羽《かつは》がをしい」、見「ホンニ埒《らち》もねえ肴《さかな》をさらへてきてむげえめに合《あハ》せた、全躰淺態《ぜんてえあさま》で逢《あふ》た藝妓《げいこ》といふも狐《きつね》ぢやねえけ」、赤「アレモ狐《きつね》の內でよく客《きやく》をだまくらかすやつよ」、百「ハ、、、、、何《なん》ぞ陽氣《やうき》な者に逢《あひ》なんしたかなう」、見「女に逢《あふ》たがばかされの幕明《まくあけ》よ」、百「ハ、、

、、」、鈍「とてもばかされる位《くらゐ》なら、アノお町狐《ぎつね》にばかされてえ」、赤「ハヽヽヽヽ、あつちから眉《まゆ》に唾《つば》ぬつて逃《にげ》るだらう」、見「ハヽヽヽヽ、嘘《うさ》ァねえ」ト又むだこといひてゆくハ、やう〳〵おそろしさのやミたるなるべし、さて十町はかり行ば在所あり、其中ほどの道をまがり、あやしの小家にくだんのひやくしやうたちいつて、百「嘷《かゝ》、いまもどつた」、かゝ「オ、、とつて遲《おそ》かつたなう」、百「鳥羽《とば》でひまが入たうへ、野道で道者《だうしや》衆《しゆ》にあふて連《つれ》てもどつた、飯《めし》しや有かい」、かゝ「飯《めし》やア有ハさ、道者衆《だうしやしゆ》ハどこに居《ゐ》るなう」、百「門《かど》にぢやハさ」トいふを聞て女房たちいでゝ、女「コレシ皆《ミな》はいらんせ」、赤「ヘイ〳〵、御免《ごめん》なせえ〳〵」ト三人打つれてはいり、すのこにこしかける、百「サア、せまいけんど上らんせ」、かゝ「皆《ミな》、上らんせいなう」、赤「ヘイ〳〵、左様《さやう》なら御免《ごめん》なせえ、兩公《りやうこう》上らねえか」トいひてわらじときあがる、のこり貳人もわらじときあがる、見「エ、大きに御世話《せわ》でごぜえす」、百「なんのいの、ろくに居《ゐ》て茶《ちや》でものまんせ、嘷《かゝ》、茶《ちや》を上いやい」、かゝ「茶わんが一ツはかないわさ」、百姓「エ、汁椀《しるわん》でも大事ないわさ」トいふにぞ、かけ茶わん・汁わんなぞへちやをくミ、われをしきにすゑて出す、かゝ「マア一ツ飲《のま》んせ」、三人「ハイ

〱」ト いひてめい〱とり、きたないとハ思ひ、ながら一口・二口のミて、にハへすて 見「思ひがけねえ事で御やつかいに成《なり》ます」、百姓「何のいのう、はらがへつたでごんせう、嚊《かゝ》めしを上い、おらも喰《くハ》うよ」、か「茶碗《ちやわん》がたらぬによつてお土《つち》どん處《とこ》でかつてくるハなう」、赤「エ、何《なん》でもようござえす、おかまひなすつて下せえすな」、か「ツイかつて來《く》るハさ、ちつとまたんせ」ト ことバハむくつけなれど、まめ〱しくはしり出、やがてかりきたり、古香物に麦飯、にんどうのせんじつまつたやうなちやをかけて出す、三人はむさしとハ思へども、ひだるき時にまづいものなしといふたとへのごとく十分うへにのぞめバ、めい〱に一貳せんヅ、しよくしを、ハり、ぜんをさし出し 三人「大きニ御馳走《ちそう》」、か「ようくはんせいなう」、赤「イヤ、充満《じゆうまん》しやした、此處《こゝ》ハ何といひやすね」、百姓「庄村《しやうむら》じやハサ」、赤「へ、二見迄《まで》ハいくらござえす」、百姓「七、八丁ぢやハサ」、鈍「廁《せんち》ハどこでござえす」、か「うらの藪《やふ》のそばに有ハさ」、鈍「遠《とほ》うござえすかね」、か「ナニ二十間程《ほど》いたら廁《せつち》ぢやハのう」、鈍「エ、とはうもなく遠《とふ》ひ廁《せつち》だね」、百姓「時《とき》に草臥《くたびれ》さんせう、蒲團《ふとん》ハ一疊《いちでふ》はかないけんど、三人かぶつてねさんせ、おらと嚊《かゝ》とハ竈《くど》の前《まへ》でふさるワさ」、赤「ハイ〱、左様《さやう》なればお先《さき》へ臥《ふせ》りやせう、旭《あさひ》を拝《をが》ミましていから、どうぞ早《はや》く起《おこ》してくれなせえせ」、か「えい時分《じぶん》におこすハなう」、赤「宜《よろ》しくお頼《たのミ》申やす」ト あひさつし、三人ハおくの三疊じきに丸寝し、一でふのふとんを引はりあふてきる、主夫婦ハたゝミのうへにころびねし、これも薄きふとん一疊をかづき、はやごう〱と高いびきしてぞいねに、ける、こなたの三人ハ何となくねぐるしければ小ごゑにて 赤「勿《もつ》躰《たい》ねえ事だが穢《きたね》え内だな」、見「誠《まこと》に賤《しづ》の伏屋《ふせや》だ」、鈍「何かうぞ〱痒《かい》い観音《くわんおん》だねえかしらぬ」、赤「エ、心《こゝろ》わるいことをいふ、おれまでどうか痒《かゆく》なつたやうだ」、鈍「おれハ最前《さいぜん》から廁《せつち》へいきたくてならぬが、勝手《かつて》をしらぬからこらへてゐる」、見「エ、穢《きたね》え事をいふ、こらへて夜屎《よぐそ》をたれハしねえか」、鈍「出物《でもの》はれ物《もの》だからどうもしれねえ」、見「エ、臭《くせ》え〱、手前《てめへ》、すか屁《へ》をひつたナ」、赤「ア、鼻《はな》がもげるやうだ、一ぺん蒲團《ふとん》をまくつてふるわつし、臭《くせ》え〱」、鈍「ナニ、おれハこきハせぬ、見公言出《けんこういゝだ》し屁《べ》でハねえか」、見「ヘン、屁《へ》ばかりながら屁《へ》と中て屁《へ》をへつた事ァ屁《へ》りない」、赤「コラ屁《へ》ら屁《へ》いとうに屁《へ》べるな、屁《へ》い主《しゆ》が聞《きい》て屎《くそ》やかましいといつちや屁《へ》のどくだ」、鈍「ハ、、、、、屁事《へごと》ならば屁《へ》てからいへばいゝ」、見「イヤほんたうにだまつて寝《ね》やつし、宿《やど》やとハちがふ」ト是よりだんまりにて、たがひにもがもがと身じろきしけるが、さすが書のくたびれにて、いつともなく寝いりける、やゝありて鈍佛目をさましきりに廁へ往たく成ければ、こらへかねてゑつ中ふどしひとつになり、雨戸をそつとあけていづるに、廿三夜の月出、くもりながらおほろにあかければは、藪ぎはのせんちへ行んとせしが、狐にばかされし事を思ひ出してきミわるくなり、そつと庭のこすミにへたり、ばゝをたれけるにすこしけつしければ、かたはらに立たる竿竹を力草ににぎりけるに、忽ちぐわたぐわたとどうと落るものあり、鈍佛びつくりしてすかし見ればゞ丸く大なるもの庭中をがさ〳〵と這廻る、いとゞさへ億病神の付たる鈍佛大きおどろき、ばゝたれさしたるまゝにて逃ん、とすれど足たゝず、己がたれたるばゝの上へへたりて、鈍「ヤレ妖《ばけ》怪《もの》だ、助けてくれえ〳〵」ト大ごゑあげてなきさけぶ、くだんの妖物ハます〳〵ころびまハりて鈍佛がかたへはいき、たるにぞ、いよ〳〵「ヤレ助けてくれやい〳〵」トさけぶにぞ、赤内・見龍目をさまし、起出てうらへ出て見るに、鈍佛ハへたりて片いきになりなきさけぶ、何事かハと見るに丸くあやしきもの庭中をころびまはるにそ、同しく大いにおど、ろきしりごミしておそれあひ、見「兄貴《あにき》、あれハ何だ」、赤「何だかしらねえが、目《め》鼻《はな》もわからぬ妖物《ばけもの》だ」、鈍「コラとうぞおこしてくれさつし、息《いき》が切さうだ」トいふにぞ、赤内・見龍こハ〳〵なから鈍佛かそばへ行、手をとりてたすけおこす、此ときあるじ夫婦もあかはだかにて起きたり、ていしゆハてえ松に火をともし、せど口よりはしり出て、かのばけものを見て足にてけかへせハ、かごのやうなるものとんて、ニヤアン〳〵といひてねこ一疋いつる、女房見、て、か「オヽ三毛《ミけ》か、宵《よひ》から何所《とこ》へいたなう」トいひていだく、元來此ねこ棚にありし大いなるかごの中にねていたりしに、竿竹かさはりてかごの落るにしたかひ、ねこもかごの中へかぶせられ、おどろきてかごぐるめ、はひまハりしなり、百姓「あのさん達《たち》ハどうしなんしたのぢや」、赤「エヽ此男が妖物《ばけもの》だ〳〵とさけびますから出て見たれば、この籠《かこ》か庭中《にハぢゆう》を這廻《はひまハ》りやす、内に猫《ねこ》が居《ゐ》ようとハしらず、眞《まこと》の妖物《ばけもの》だと思つて膽《きも》を菜種《なたね》にしやした」、百姓「ハ、、、、、土畜生《どちくしやう》めが籠《かご》とひとつに落《おち》たのぢやハなう」、か「ホ、、、、、おきのとくぢやハなう、はやふねなさんし」、見「ハ、、、、、鈍州《どんしう》も圖《つ》のねえ周障者《あわてもの》だ、おれにまで膽《きも》を冷《ひや》させた」、赤「ハ、、、、、ほんに馬鹿《ばか》な事だ、イヤおめへさん方《かた》お喧《やかま》しうごぜえせう、モウ寝《ね》て下せえせ」、百姓「モウ七ツでもあらう、嚊《かゝ》、粥《かゆ》てもたいて進《しん》ぜい」、か「オイ〳〵」ト猫をだきて内へはいる、ていしゆハまたねる、赤「おらも粥《かゆ》の出來《でき》る迄《まて》今一寝入《ひとねいり》しよう、鈍公這入《とんこうへいらつ》せえ、オヤ何たかわる臭《くせ》え」、見「ホンニ悪《わる》い嗅《かさ》だ」、鈍「おらハ何にも嗅《かざ》がしねえか」、赤「何かわからぬ、燈《あかし》を借《かり》てこう」トかつてへ行て、こえまつに火をともして持きたり、そこら見廻しツヽ、どんふつかこ、しを見て、赤「エヽ臭《くせ》い筈《はづ》だ、貴公《きこう》の尻《しり》ハ屎《くそ》だらけだ」、

見「ホンニ、褌《ふんどし》から尻《しり》から付て居る、エ、穢《きたね》い」、鈍「ハア、最前《さいせん》の妖物《はけもの》の時、へたつて付《つい》たのだ」、赤「ハ、、、、、屎《くそ》をしに出ての妖物《ばけもの》だな、麁相《そさう》するを味噌付《ミそつけ》るといふが、是ハ屎《くそ》を付たのだ」、鈍「ハ、、、、、ば、の皮《かハ》よ、水て洗《あらつ》てくんな」、赤「エ、穢《きたね》え、水ハ汲《くん》でやらう、自身《じしん》に洗《あら》はつし」ト井戸より水をくミあけ、あたへければ、鈍佛ふどしをすて、しりをあらひ、鈍「ア、寒《さむ》い〳〵、ふるひ上る」トおど〳〵ふるひながらふきて内へはいるに、はやかゆのにえしと見えて、女房こて〳〵膳をするていなれば、三人もねる間なく、旅じたくして荷物をからげ、ふとんをかたづけ、たばこのむうち、ていしゆもおき出、主客五人車座してかゆをくひ、をハり、三人さうたんして鳥目二百文紙にひんねちさし出し赤「扨《さて》大きに御世話《せは》になりやした、是ハ少《すこし》なれど茶料《ちやれう》にして下せえせ」とさし出す百姓「エ、こんな事ハよしにさんせ」とさしもどす、されどもしいて、おきければやう〳〵に受て百姓「何にも進《しん》ぜんのにきのどくぢやワさ」、赤「ナニ心ばかりでごぜえす、扨《さて》もう參《めゐ》りやせう」、百姓「二見までおくつて上んしよ」、三人「それハ大キニ有難い」トおの〳〵わらぢはきければ、ていしゆハ三人の荷物をひとつにしてせおひ、三人の笠もさげて立出るハ、二百文の返禮とぞ見えたり、女房も門おくりして、「皆きげんよう往《いか》んせなう」、三人「アイ、大キニ御馳走《ちそう》」トいとまごひして、ていしゆの

案内にしたがひ、はなしものして行に、はや二見の宿屋町にいづる、參宮人名にしおふ二見の旭をおがまんと、夜ぶかに立行、にぎハしき事かぎりなし、ほどなく二見の濱邊につゝけば百姓ハいとまごひして立かへる　抑《そも〱》　二見浦とハ此邊《へん》の惣《そう》名《めい》にして巖《いはほ》の有處ハ立石崎《たていしざき》といふ、伊勢《いせ》・尾《を》張《ハリ》の浦山見《うらやまミ》えわたり、晴明《せいめい》の日にハ富士山《ふじさん》も見ゆる、絶景紙筆《ぜつけいしひつ》にのべがたし、浦《うら》にハ茶店床《ちやミせとこ》を多《おほ》くならべて、茲《こゝ》に上りて旭拜《あさひをが》ミ給へとすゝむ、また此方《こなた》にハ色々《いろ〱》美《うつく》しき貝《かい》どもを店《ミせ》に竝《ならべ》、土產《ミやげ》に求《もと》め給へと賣《うる》、扨三人ハ群集《くんじゆ》と倶《とも》に茶店の床《とこ》に腰打《こしうち》かけ、南草《たばこ》のむうち、稍東《やゝひがし》の山の端《は》赤らむとひとしく、赫々《かく〱》たる日輪昇《にちりんのぼ》り給ふ、其大いさ盥《おほだらひ》程《ほど》に見え、紅井深《くれなゐふか》きことたとしへなく、誠《まこと》に無雙《ぶさう》の奇觀《きくわん》なり

見龍

巖石乳々《ニユウ〱トシテ》　生《ス》二海邊《ニ》一　世上漫《ソニ》描《ヱガク》朝日前《ノヘ》
兩方相對《シテ》　何《ノ》處《ソ》レ似《タル》　引二張《テ》注連《ヲ》一爲《ス》二首率《クビヒキヲ》一

赤内

香箱《かうばこ》の　ふた美の浦《うら》の　朝ぼらけ　あくれば匂《にほ》ひ　出る日の影《かげ》

鈍佛

二見《ふたミ》がた　かひある浦の　ながめこそ　おもひもふけぬ　ひろひ物也

斯打興じ、二見の中の角屋へもどり茶粥《ちやがゆ》腹をふくらさんと朝支度《あさしたく》を命じ、三人食悦《しよくえつ》にぞかゝりける

三寶荒神後編下之巻終

宇治山田皆尤

宇治山田　皆尤

作大夫殿御座るか、何と春早々から眞白《まつしら》ニ雪か降《ふ》りましたの、ホウ　五大夫殿かあがらしやれ、ゆきハ豊《ほう》年の貢《みつぎ》とやらいふて世の中の吉瑞《ずい》で御座ろ、茶もわいたに一ツまゐれ、扨三日日の内に降らしやる雨《あめ》や雪は御降りいふげな、いか様豊年《ほうねん》で御座ろ、麥米も御下りに成まし丶事ぞや、是ハこい茶で氣がはつきりとしました、それハさうと朔日ニハよう　參宮めさつたなう、さうでごさる、元日の參宮ハ物覺てこの方か丶しませぬてや、こなた參たぢやないか、おらハ年越に參たか近年の賑《にぎハ》ひで有た、二、三人連レの上方道者衆と道連れになつて噺《はなし》を聞ニきたか、替つた事をいはつた、先宮川を越すと伊勢に似《に》ぬビクニガ澤山《たくさん》で、夫〻宮廻りして一ノ鳥居をでると又ビクニが付し、夫から間の山でハ行つり引ぱく、其さきに中之地藏といふ町が有、これハふしぎな事トいははつた　ヨッテ　問たれバ、參宮道に地藏町とは似《に》ぬ町ぢやと言《いは》はつた、又牛谷でハ引づるやらをどるやら、きたないば丶めが、鳥おどしの様なるなりを見れハ、誠に伊勢乞食《こつじき》ぢやと言はつた、おらハ朔日ニ參たか五人連の關東道者衆と跡先《あとさき》ニなり宮廻りをしたか、末社《まつしや》廻りをする時、宮人か袖《そで》から銭をなげたらバ、關東《くワんとう》平か見付て禰宜殿《ねぎどの》か銭をあげるからはおらハなげ申ニおよバないと笑《わら》ふた、夫〻岩戸様へ參た、彼奥《かのおく》のくら闇《やミ》の所で銭事のせりふして喧嘩《けんくわ》が有たれバ、神様の御山でいさけをする社人《しやにん》ハ鬼《おに》に烏帽子《えぼし》をきせた様な物ぢやと言はつた、夫から内宮へ參たか坊主《ばうず》の宮の方へ道者を連れていて、末廣《すゑひろ》で頭《かうべ》を押《おさ》へて十二文ヅ、引たくるを見たか、さてもあつかましい事でハある、惣躰《そうたい》道者衆ニびろう《（尾籠）》ないやうニと長官《ちやうぐワん》様からも急度《きつと》言付が有さうな物ぢやな、イヤ　さうも言はるな、長官様もそんのいかぬ事ぢやよつてかまはずにあるのな、人のそしりも何んにも耳《ミヽ》に入ぞ、御禰宜《ねぎ》様達《さまたち》のミだらといふ事ハかかつた事ぢや御座らぬてや、先古市のけがれた火を喰《くは》しやるし、誠に本職《ほんしよく》でさへ喰《くひ》残ハきらふのに他《ヒト》のあかりぜんを妾《せふ》や足かけニしてをかしやるハきついなめだらな事でいないか、　神は正直の頭《かう》べニやどるといふが、しらがゞ宿《やど》る計であろ、イヤサ　宇治・山田も職敵《しよくがたき》といふて折々物言事が有げな、宇治ニハ内宮様より外に尊《たつと》ひ神様ハないやうに言ふし、又山田ニハ外宮様ゟ外に尊ひ神様ハないやうニ言ふて、あのゝものゝと故事《こじ》が有げな、此争《あらそ》ひに付、　かたそぎの千木ハ内外にかはれども誓《ちかひ》ハおなじ伊勢の神垣《かき》、是ニて両宮論《ろん》ハさつぱりない事ぢや、第一陰陽《いんやう》と言譯《いふわけ》を知らぬゆゑぢや、外かあれバ内か有、晝《ひる》が有ハ夜か有、たとへバ米ハ田に

そだつて水で養《やしな》へど、春から秋迄一年實《ニミ》乘《のつ》て穂《ほ》からあからむ、陰《いん》でそだつ陽《やう》なり、麥ハ冬《ふゆ》から來年の夏まで二年越にできる、米とは違ふて根元からあからむ、陽《やう》でそだつ陰《いん》なり、こちどうとても、とゝハ外ヲかせぎ、かゝハ内ををさめ、とゝが働《ハたらき》て女房・子を養《やしな》へバ、かゝハ喰事《しよくじ》・着物《きもの》をこしらへ、とゝや子をあつかふ、神様の故事來暦《らいれき》ハしらねども、此道理さへがてん《（合點）》すれバ何事もいふ事はないニ、互《たが》ひニ争《あらそ》ひやはるのを　太神宮様が笑《わらハ》はるであろてや、どうでも御じひぶかい、此上のない神様ぢや、若外の神様の様に罰《ばち》をあてさハるなら、宇治・山田の人《ひと》に生《いき》キてをるものハ有まいに、七貫ニしてなりと喰《く》へとの御たくせんしやといふか、七貫ぐらひか二十貫にもして、旦所《だんしよ》ハ門を建《たて》るの、座敷を建《たてる》の、旦所を買返スの、又は太々神樂《かぐら》の常燈《じやうとう》建《たて》るの、近頃《ちかごろ》になりてハ　御遷宮前《せんくうまへ》のしやうぞく料《れう》を言《いひ》立るやら、其外種々《しゆじゆ》の手くだこんたん《（魂膽）》をこしらへてかんけ《（奸計）》をおさハ《（教）》れハ、旦所にはまんまことに思ひ御神様へ上る心持で金銀をたさ

はるやら、又ハ米・麥・大豆・綿《わた》を集《あつ》めるやら、米壹合ハ百姓《しやう》のあせ一合ニたとへなミ（泣）大てい（抵）のしんじん（信心）でなければほうが（奉加）ニハ付れぬニ、其金銀をしこため、何んにもせずおごり（奢）たくつて、ふだん（普段）やハらか物をきてまんぢゆう（饅頭）のかはをむいてくふやうニして、何事にてもえようをさはるが夫ハめん〳〵くわほうぢやによつてなれ共、もつたいないと言事をしらず、ばちハ太鼓《タイコ》へあたる計ぢやとおもハるさうな、さりとハせうし（笑止）千萬な事で御座る、遠國《ゑんごく》から大夫様〳〵と道者衆が尋《たづね》て見えれば、座敷へ上ると一役《やく》の二役《やく》の三役の式は太々神樂《かぐら》あつらへ、御供《ごくう》其外しゆ〴〵のせめ道具で金を取らしやる、夫ゆゑ臺所ハ道者ばたらきてどん〳〵すれど、旦那様ハ能《のう》のはやし（囃子）の茶の湯《ゆ》のとなぐさミ事に下べのいそがるを遣ひ、奥《おく》さまハ花を見よ、芝居《しばゐ》を見よのとさしやりて、さわかるゝ脇《わき》から見てハれき〳〵ハ格別《かくべつ》なものぢやとほめればづ（圖）ニのつてきて、道者料理ハくはれぬの、道者酒ハのまれぬのと我をワすれて言《いは》ハるが、其家の猫《ねこ》から鼠《ねずミ》までも道者衆のおかげでくらすぢやないか、旦所から金持て見えすば、能《のう》も鼓《たいこ》もたゝかれまいし、芝居《しばゐ》も花も見られまいし、着類《きるい》も質《しち》ニ入、餘所《ヨソ》へ行事《ゆくこと》もできまいし、旦那殿も奥へすり込《こミ》、茶計のんでもをられまいし、扨其様なるのがてん（合點）のいかぬ衆が所のたばねをさハるぢや迄、又内《ない》證《しよう》でハ大切な金銀をかり込《こん》で、二年・三年・五年・十年もどさんと置て、言分ケのならぬ事だらけぢやに、其衆が大きな顔《かほ》して會合《くわいごふ》でハ金子公事《くじ》を嘵《さバか》しやるげな、その顔《かほ》がちと見たいな、宇治でも山田でも役勤《やくつとめ》家へ金を預れバ石ニ判のやうニ思ふて、山田ハさうも見えぬが宇治ハ山をかりたくつて坊主《ばうず》にしてのけさはる、又少しのわるい事にても下々の者をバ會合《くわいごふ》でハ縄《なは》よ手じやう（鎖）のとひしめかるゝが、めん〳〵のわるい事ハうなづいてないゝ〳〵ですまさはる、とかくかつてな事で御座る、まだ〴〵をかしい事が有てや、己《オラ》が山田へいてきけバ、米・薪《あへ》・酒・肴《さかな》迄も下直《げぢき》に賣れ、貸《かし》ぎかるちん高駄《だ》ちん、米搗《つき》・大工日雇《ひよう》までも賃錢を引下ケさせるふれ（觸）ををさはるが、其様にせちを入て買かゝりを拂《ハラハ》しやらぬハどうした事ぢや、道者衆ハ懸《かけ》ニハなるまいし、現金《げんきん》に金置て行《ゆか》はるのに、拂方のならぬといふ事ハ有まいし、惣躰《そうたい》安賣〳〵と商人をせびらかせうゟハ拂方さへようをさはれバ、言付がのふても下直ニなるだうりぢやニ、人のくせ（癖）を見てわがくせをしらぬも同じ事で御座る、昔《むか》シの言傳《いひつた》へを聞バ、有難長官《ありがたちやうぐわん》様も有、天神の御氣ニ入の松木殿も有り、内裏《だいり》様へ迄聞えた縫殿《ぬひどの》殿・信濃《しなの》殿《どの》も有、御公儀《こうぎ》様さへ手をおかれた程の役人衆《やくにんしゆう》で有たげな、其時の三方衆ハ芝居《しばゐ》も見ず、古市の火ハくはしやらなんだげな、何事も正法《しやうぼふ》にして毎月廿日過《すぎ》にハ諸商人・諸職《しよしよく》人迄ニ拂方《ハラひかた》をいたされしゆゑ、入出のものハいよ〳〵臺所ハ手支《てづかへ》なく、兎角《とかく》其時の衆は上へへつら（諂）ハず、下々を見下さず物事眞法《モノゴトまつほふ》にてよかつた、今ハむかしと時節《じせつ》かわるうなつたと云人か有、むかしぢや今ぢやとてなんのかはつた事かあろ、御日様ハ東からでさはるし、十五日の御月様ハやつはり丸く、夏ハあつし、冬ハ寒し、もつたいない事なれど、昔シ亂世《らんせい》の時ハ御參宮人も有まいニ、夫でも宇治・山田の人々くハずのまずニもをるまい、又うちまけて落人《おちうど》ニなりて、にけ込《こん》で御師殿でくひつぶしておぢやつたのもまんまとかくまうておかれた、其にげたわろたちが其後ハ大名衆になつて御師殿へ知行《ちぎやう》を付られた、殊《こと》ニ日本一の太神宮様か御鎮座《ちんざ》なれば、上ミ壹人ゟ下ハ國のはて迄も尊敬《そんきやう》し奉れば、爰《こゝ》の繁昌《はんじやう》ハ日ニまし夜にまし此やうニけつこう（結構）なせいひつ（静謐）な世を昔《むかし》と違《ちが》ふとハどんな世がよかろやらではうだい（厖大）にハいハぬものしやぞえ、元來御師殿といふハ旦家《だんけ》の師匠《ししやう》と云ぢやげな、其御師殿か旦那衆へうそ計いふていろ〳〵頼ニ見えるハわからぬ事ぢやてや、只よくづらが引はつてある計ぢや、春の參宮人のおびたゝしい時ハ、太々神樂《だい〳〵かぐら》の道者かつかること、幷道者《なミだうしや》ハすて（捨）置てあまり物のぜん（膳）を出し、きついふあしらひにおさらハる、又家によつて太々神樂を待兼《まちかね》て質《しち》八ニ入置て有ぞがし、夫で執行《しゆぎやう》してからまた〳〵病《やまひ》に成も有、執行してもざうさがおびたゝしいか、つて一向《がう》神德かないとなき事をいはしやるも有、又講《かう》参りの衆か見えると焼物《やき》までせちを入、鯛でハ過《すぎ》る名吉ニしよ、又つゐニしよ、うずむしニしたらと小刀目を入、酒ハ百匁のハ過る、八十五匁か九十匁位と井戸神様へ談合《だんかふ》して、せんべ《（煎餅）》の様なふとん一枚ヅヽきせてねさせば、御師殿で風を引て行道者衆も有ぞがし、又ぬけ参りが路銀の無心を願へバ、玄關《げんくわん》ゟ上へハあげずニ五文の餅をくはせて劒《けん》先《さき》の御祓をいたゞかせ、そこ〳〵のあしらひニしてどう願てもかしてハやらず、常々ええうえいぐわくそおごりする金銀をそんな道者衆ニ用達バ御師殿の爲ニもよかるべし、他《ヒト》もよかれ我もよいやうニしてこそ師旦のよしミも有、又ひとりたのしんでひとハいきやうと死《しの》うとまゝよといふやうなむたい《（無體）》なしかたでも、太神様が有難いによつて御参宮人か有ぢやまで、其きぶい中で道者バたらきするものハ小ぬす《（盗）》人なり、代官《だいくわん》・小姓《こしやう》迄も手につけ足ニつけくすねるし、伺公人《シカウ》ハへい《（幣）》箱のやりくりをし、萬金丹を岡本ト中之地藏へまぎらかせ、二ぶかへり三ぶかへりのと京・大坂の伊勢屋のやうニぶがへりでせは《（世話）》をする、又女郎衆を買にいかうといふ道者衆ニハ古市の八匁屋へ内々ふき込、十二匁にも十六匁にもころもをかけ、壹歩の家にてハ貳十匁又ハ廿四匁ニはからひ、大ぜい《（勢）》連れて行とよつほど《（餘程）》のうわなしを取、其取けるの金を代官も小姓《こしやう》も伺公人《しかう》もミな〳〵配當《はいたう》をするげな、道者衆ハ連て行たものニハ女郎《ぢよらう》をふるまひ、うつゝ三太郎になるゆゑしちくら《（質倉）》する事ゆめニもしらんはず、別而《べつして》日本國で古市程安い女郎屋ハないゆゑぢやてや、扨また宇治・山田のれき〳〵のたのしや殿ら《（原）》ハ身からくなゆゑニ格別《かくべつ》に命《いのち》がをしいやら、病氣《びやうき》といふと大ぜい醫者集《いしやあつめ》メしてさはがるゝ、いしやたちも其家のかくで藥調合《くすりてうがふ》さはるさうでめつたむしやう《（滅多無性）》ニ人參《にんじん》をのまし、死《しぬ》るニ極たものニあのゝものゝとはいざい《（配劑）》をさはるが、こちどが心では忝いあなたの地に住からハ　太神宮様へ御祈禱《きたう》を申上、いしや二、三人にも見せたらよし、夫で本ぶく《（復）》せねバしようないないと思ふのに、松坂ゟハいしやをよぶやら、鳥羽の御てんやく《（典薬）》をまねくやら、其あげくハ京へでやうじやう《（養生）》ニ行人ニも有か、もしや京でもらちあかずハ長崎や唐《から》までもゆかざ成まい、其やうニあち《（彼方）》となぶりさがしてぐわんに至《し》、功徳《くどく》ハつめとうならしやるぢやまで、どうでなほらざる病なれバ、佛神《ふつじん》を手の皮《かは》のむける程頼んでも、人參を居風呂ニして入ても、穴《あな》へ片足ふん込《こん》でからハ此世へ返るものでないニ、りんじうぎは《（臨終際）》は迄人參さはきする手までゆいごん《（遺言）》を言せて家内のものニいとまごひ《（暇乞）》、さすが大じぞがし、なげいたりくり事いふは大なひが事成べし、惣躰《たい》廿五才のやく《（厄）》ハ春の麥秋と心得べし、又四十二才のやくハ米のでき秋と心得べし、其米の出來秋迄も心のそろハぬものハ一生の内やくニたゝずとおもふべし、全躰《ぜんたい》旦那衆ハ生《むま》れうちからやハらか物をきせ、下タへも置ぬやうニして段々むまいものをくはせ、十四、五ニ成と古市事をおぼえさせ、朝ハ巳午の刻までねて、夜ハにハ鳥過までもおきてをり、たゞをつてむまい物はかり喰《く》ふて身持をそまつ《（麁末）》ニして、無病《むびやう》であらうやうが御

座らぬ、養生《やうじやう》ハ平生に有事、つね〴〵心得がよければ七月十三日と師走《しはす》の大晦日にはなうたうとふてをられますぞえ、是でミな〳〵ようがてん《（合點）》さしやるがよいぞえ、その身帯《しんだい》の持やうをいへば、御師の手代衆かつめ〳〵としたもりきり《（盛切）》の身帯成に、夫をわすれて旅行《たびゆく》と、京・大坂の伊勢で金銀を借込《かりこん》で、高なしでおごらハるげな、それか譯《わけ》か立ぬといせ屋へ人質《じち》ニとられたり、又ハ訴狀《そじやう》を持て來て小林御役所へ願出てるゝも有、又くり合せニつまつて太々神樂や常燈《じやうとう》をのましやる人も有、さても大なのどでハないか、其また旅行《りよかう》のるすニハ嚊達《かゝたち》があじをやつて、てんしやうとやら十五行《キンゴ》とやら、いろ〳〵なぐさミ事をするやう、又となりきんじよの若いものと密夫《まをとこ》して腹《はら》へ實《ミ》の入嚊達《かゝたち》も有、亭主《ていしゆ》が歸ると言はけかないゆゑ、くびくゝつたり、水死《すいし》するかゝも有、たのしミ過てくるしミが起たるじやまで、御師殿や手代衆がよういははるにハ、此秋ハ米か安うて初尾米賣拂ふても仕入金ニハ不足するなとめいわく《（迷惑）》ながらなく、又旦所々ハ五穀《こく》

成就《じやうじゆ》の御祈禱《きたう》を頼るゝニ、米か安うて徳用がないとハ口へ出してハいはれぬでハ有まいニ、夫にまた御參宮人の時分ハ米ハ高く肴ハ高し、いつかう神徳がないと泣事《なきこと》をいはしやる、そんならバ初尾米を賣拂ふ時ニハ米を高く、手前の入用の節ハ安うしたかろか、其様ニ竹田のからくり見る様なじいう《（自由）》じざいな事ハなるまい、あの又神樂衆といふものハ長生《ナガイキ》するとけつこう《（結構）》なもので、一チこと衆といふハのち〳〵迄もくはりあたりがくるげな、何のかのといふて、寄合《よりあひ》して喰《くふ》事で御座る、たゞにぎりふくりしておつても配當《はいたう》を取、又執行人の鼓《ツヾミ》や笛《ふえ》の役ハふびん《（不憫）》なものぢや、すおう《（素襖）》の袖《そで》からまき錢をぬすミ、夫に氣をとられて、神樂歌《うた》も笛《ふえ》も鼓《つゞミ》もうちやうてん《（有頂天）》でやらしやるか、道者衆か見さはつてハ殊勝《しゆしよう》けのさめる事しやてや、元來神樂といふは大神宮様か天の岩戸を開《ひらひ》て見さしやつた程の大切な事ちやげな、今の所作でハ　大神宮様もあちらむいてござろ、殊更《ことさら》道者衆も太々神樂ハ年數をへてばく《（莫）》大の講《かう》金を積《つん》で執行めさるゝ物なれハ、隨分

大切に勤《つとめ》たいものぢやと思ふわい、イヤ〳〵神樂衆も春ハぞんぶん取込《こん》んで置ねばならぬてや、秋の頃ゟ冬に成るとひまさうてさむさうで、うたていものぢや、御祓くぎけづろゟ仕事ハないものぢや、又宇治・山田の間にさむさうでひまさうで何商賣とも何を職ともしれぬ家も有、いつでも京ゟほそき三味せんのほ、ぺん〳〵と聞える家も有、ふだん錢や碁石《ごいし》のおとのする座敷も有、只浪《たゞらう》々と黒い着物《きもの》に黒い羽織ニ黒紗綾《さあや》の綿《わた》のでた帯《おび》をして、じやうじゆにぎりふぐりしてあるく人かおほひ何して喰ふやら、何にもせずニくふからハ手をだしてとらぬ大盗《ぬす》人なるべし、世界《せかい》の木綿《もめん》や綿《ワた》を着て費《ついや》し、一粒《りふ》もかせかずニ喰ひつぶし、人の爲ニもならぬ事をせず、かならず〳〵そんな物ハ世のわざはひニなるものぢや、在郷方でハたゞをるものハ三日もおかぬニ上々か寛仁《くわんにん》なぢやかのへだらくぢやないか、おらが氣でハ一ツもかでん《（合點）》がいかぬ、其様に浪々《らう〳〵》ものがおほいゆゑニ宇治・山田には三日ニあげず舊離《きうり》切《きり》の觸《ふれ》が有、おほき迄成人させて舊離切と

云ハ子の恥《はぢ》計ぢやない、親のはぢぢやぞえ、町方の衆とハ在郷者ハ文盲《もんまう》ニそだつてもめつたニ舊離の願ハしませぬてや、譬《タトヘ》ていはバ屋敷の内へ作る芋《いも》ハは（葉）もくき（茎）も見事ニできても、しやうがわるうてごちつく、本田へできる芋《いも》ても大根でもむまいか、丁度そんなもので、町の衆はなりばかりようて性《しやう》がわるく、在郷物《ざいがう》ハぶこつ（無骨）もの二見えれども、じまん（自慢）てハないが根性《こんじやう》がよう御座《ござ》るてや、宇治・山田の商人衆ハ番頭《ばんとう》や手代まかせニする程のふかいでもないニ、旦那《たんな》顔《がほ》して奥《おく》にすり込《こミ》えよう事をしてをるゆゑ、終《つひ》にはたふされて手代にしり毛《げ》をぬかれるしやまで、とかく手代ハ目まを見てハぬすミをしてねりべ（練塀）とやら、又ハ古市へ遣ひ、はた〳〵親方へ申譯《わけ》なく、請人や親元へ預られ親の家賣も有、又妹《いもと》まで賣て勘定《かんぢやう》立るも有、まことにいきた時ニハ男の子ぢやといふていはひ（祝）にいおふて悦事かぎりなく、成人《せいじん》してハ壹人そだちしやうニ思ひ氣まゝのミくらし、あげくのはてハ親の首《くび》へ繩《なは》かけるも有、誠に〳〵子は三界《がい》の首《くび》かせとハよういふたものぢや、そして又爰《こゝ》をしくじつて江戸・大坂へ奉公《ほうこう》にいても、中年ものは取引がない、廣い所でも前々ゟ上州の猶助・紀州の權兵衞・伊勢の梅二郎と三人の悪《あく》たう人にいふて有、かう評判《ひやうばん》しらるゝハ大きな國のはぢ（恥）でハ御座らぬか、しかし商人衆の中にも近年ハ御師殿になる衆もだん〳〵できた、この人々ハ常々萬事しまつ（始末）ニ〳〵をして金をため、御師殿ゟ旦所を質物《しちもつ》ニ取、段々利をもりあげ、限月に至、元利金高ニ直し催促《さいそく》におよび、あげくにハ旦所を引取、其上直安ハ御師かぶ（株）をもとめて自然《しぜん》と大夫様にならしやる、又御師殿ハ旦所へ年々うそ計いふてもふう、その云かたないゆゑニ金主へ取られしあとハ、年内金のくる所なしになるゆゑに居宅を質に入、ようう け返しもせず賣拂たり、或ハ金かしゟやぶりにきて大なあきやしきニなるも有、それゆゑ家内の人々ミな〳〵親類や家來の方へはなれ〳〵ニかゝり人ニなる衆も有、さて〳〵きのとくせんばん（氣毒千萬）な事で御座る、常々おごりくらして旦所でハうそ（嘘）をいひ、金を取込て女郎屋へ遣ひはたし、又ハいやしい女を奥さまやかミさまニしようとて、神様へあけるといふてうそ（嘘）であつめた金で身受したむくい（報）ハ、恐《おそ》ろしいもので御座るてや、又古市常明寺町・靈岸寺《れいがんし》町ほどよい商賣をするものハないてや、ふしんをだん〳〵仕がちニするし、宇治・山田の金と水のすて（捨）所ぢや、先一夜ニちよつと積《つ》んで拾兩ヅヽニしても凡三千六百兩ぢや、一年の金高とおもふ、イヤ そんな事でハ有まい、一夜さニミづ五夕ヅヽすてゝも壹年にハ壹斗八升ぢや、其樣にあほう（阿呆）つくしをした上で、缺落《かけおち》したり身すてるものかおほい、全體《ぜんたい》轡《クツハ》屋といふものハ三ケの津、或は船の着《つく》湊々ニ限りし事ぢや、夫ハ諸方ゟ旅《たび》人《びと》か多く入込《いりこむ》ゆゑニ他《ヒト》の女房や娘《むすめ》らとミだりな事ができるゆゑニできぬやうミ錢づくてまゝニなるやうニこしらへて有のぢやニ、宇治・山田の人々ハそのきハつかず、いかねバならぬ事のやうニおもふていかしやるぢやまで、まだ〳〵をかしい事か有てや、女を賣て渡世《とせい》するものらと宇治の衆かのやさやと附合しやるか禮義《れいぎ》の法《はふ》がむちや

で御座る、町方ハ何かニ付ても善惡《ぜんあく》のしやべつ（差別）がない、ひくい人でも繁昌《はんじやう》にくらす人をバ、れき〳〵衆かうやまはしやるし、能衆《よきしゆう》でもびんばふニなると尻《しり》ニ敷《しく》やうニして壹文高と見える、又在郷ものぢやとてあなどらしやるけれど、在《ざい》にはくふ（喰）やくはずにしてをつても年寄筋ハ當家の座敷でハ上座にします、なんぼ金持でも平や入かへには神事すあを（素襖）もえぼし（烏帽子）もきせる事ハ成ませぬ、昔《むかし》からの事ハつめのあかほどもちがへませぬてや、夫々何そや、町の衆ハ仲間でも內證《ないしよう》がぬく（溫）もるとすあをえぼしで　參宮めさるゝ、夫のミならず白むく（無垢）計きてさぎのはねひろげたやうななりも有、ゆかた（浴衣）一まいきてすあしニて鈴《すゞ》をふり立〳〵、よいさ〳〵、ありやこのよいさといふて七度參りなどゝ、をりニハはだか身でけうけげん（怪訝）な形《なり》をして參る人か有、餘所《よそ》外の參宮人か見さはつてハ氣違《きちがひ》かとおもるゝであろてや、扨又寺町向《むき》の坊《ぼん》さまニ若いビグニを置かぬ事もない、又おば〳〵と云立ておはりをかゝへ、壹人女房もつハ俗并《ぞくなミ》ぢやとて、方々へふづくり（文作）ニ歩行《あるく》、

又俗とまがう名をつけ、女郎《ぢよらう》達を買ニゆき、肴《さかな》ハ外へでれば喰ひ、寺へハ重箱で取寄られる、其遣ハしやる金銀ハとうしたのぢや、布施《ふせ》や談義《だんぎ》で取あげたのぢや、夫をやくに立ぬ事ニ遣ふて貰《もろ》ふてハとむろ（訪）うてもろ（貰）うた盲者《もうじや》達《たち》がうろつかしやろと思ハるゝ、爰《ここ》らでハ坊主《はうず》を何ともおもハぬゆゑ悪僧《あくそう》でもにくミもせず、けつく（結句）すいな和《を》尚《しやう》ぢやとて、ほめる知識《ちしき》ぢやとて尊《たつと》ミもせず、ほんの寺請の時としんだ時の道具ぢやと思ふてをるゆゑ、どんな坊主でもまんまと朝夕のつとめすれバすんで行、いつかて女房もつたり、肴《さかなく》喰ふたり、ばくち（博奕）うつたりする坊主は、あれはあゝした坊主ぢやといふてすんでゆくか、世にも殊勝《しゆしよう》さうに數珠《しゆず》をつまぐり、口の内ニて念佛《ねんぶつ》をかミ〳〵歩行《あるく》坊主か有、是ハ表向にハ佛《ほとけ》を見せかけ雜意《ざふい》をふくミたのちやえ、出入し時々のけいはくついしよう（輕薄追従）の賣僧《まいす》坊《ばう》有、とかく殊勝ごかしにして金もち後家や中婆《ばゝ》さまを生取《いけどり》、手くだ上人か有げな、今々談義《だんぎ》を聞しやれ、ちと計佛の法をとくやうにして四十七人の敵打《かたきうち》、又ハ由井正雪《せつ》伊賀越敵打、又浄土《じやうと》宗《しゆう》の因縁《いんえん》事をやりかけるとおもふと、三州記の軍事《いくさごと》切ツはつツのおもしろいはづミにはみやう（冥加）が錢の千本たふば（塔婆）、其外いろ〳〵手段をこしらへて巾着《きんちやく》の底《そこ》をたゝかす、聞ものもきくもので、あすのばんにハ敵打《かたきうち》所ぢや、聞ニ行ざなるまいと寺參りと心ハなく芝居《しばゐ》事見る様におもふ人かおほいぢやまで、イヤサ寺方にも宇治・山田の内に難義《なんぎ》ニくらす事が有、寺領やまたハ佛供田《ふつぐでん》に先祖ハ附て置れたを、身帯《しんだい》か落目《おちめ》に成と時々の旦那か寺領も取返して内々賣拂ふてのけさはるゆゑ、坊主もせん方なさニ開帳《かいちやう》や談義《だんぎ》を企《くはだて》て錢まうけをせねバ鼻《はな》の下タかひやがるゆゑぢや、しかし宇治・山田の旦那衆が寺參をさは（教）つてもろく〳〵にをか（拜）ミもせず、見物ニきた顔《かほ》してさい錢なげるていも見えず、錢をなげたりするハさもしいもの、やうニおもハるさうなが、ナント又他國の人が錢をなげるをさもしひおもふならバ兩宮様へ錢のはいる事ハ有まい、そんな又いやしいものを、道者狀の尙々書へ、去年御初穂鳥目百銅慥に神納仕候とハか丶れそむない事ぢやニの、尚又町々の役人衆ハ公事訴状《くじそじやう》を願出候者あると手ひどう物入がするげな、下役のものまでかくすねるゆゑか、とかく年寄衆も町代もおごりに長じ、むまいものをくひ、其上入用へけさ衣をかけるゆゑ過分《くわぶん》の物入かするで御座ろ、下タ〳〵ハぜひなくしてあやまつてをるゆゑすんで行、公事訴《くじそ》訟《しやう》するものハよんどころのう御上へ御願申上、御苦労懸《くらうかけ》奉り候而夜晝《よるひる》共に心配《はい》心痛《つう》仕候ニ、おごつてもらふていたまるものでハあるまいてや、又在郷の方ハ昔ゟ定りの通り年寄の出るのニ遣ひぜん壹匁ヅ丶、又めしをにぎつて大こん・いも其時々見合せのにしめを重箱へつめて行ば、何も外に物入はない事ぢや、又其外に公事訴訟《くじそしやう》するニ薬と菓子《くわし》が入用ぢやげな、其薬や菓子かないと利の有訴訟人でもまけるげな、時世〳〵でござるてや、勿論《もちろん》兩宮の間ハ長袖に住馴《すみなれ》たれバ物和《やハ》らかで有べきニ、折々切たりはつたり喧嘩《けんくわ》か有は身がらくなぢやか、又下々までも帯《おび》もたまらぬのに、めつたむしやうニ脇差《わきざし》をさし歩行《あるく》ゆゑか、丁度《ちやうど》おらが鎌《かま》や鍬《くハ》のやうにおふてゞあろ、既《すで》に紀州御領にハ脇差《わきざし》さす計ニても拾兩の拾五兩のと金かいるげな、そんな大切なものをうか〳〵さしあるく事では有まい、殊《こと》に大神宮様か御鎮座《ちんざ》ましませば、にうわ《（柔和）》ニして剣難《けんなん》事か有そむないものぢやと言《い》へハ、イヤサ　さうも言ぬてや、津嶋の近所ニ厄病《やくびやう》か流行《はやる》、加茂のあたりへ雷《かみなり》か落《おち》る、秋葉の禁《ふもと》ニ出火か有た、是ハ自然《しぜん》の道理成べし、又諸國ゟ祈禱を頼る丶御師殿でもさつぱり火事ニ合しやる事か有、是も自然のだうり《（道理）》成べし、　太神宮様ハ天地の間に御慈悲《ぢひ》のミち〳〵たる御神なれバ、にくいと思召ものハ有まいけれど、我悪から我にあたる事か有、罰《バチ》と思ふべし、譬《たとへ》ハ檜《ひのき》　山の檜ハ己《おのれ》ゟ火をだして焼《や》き、田を養《やしな》ふハ水なれ共、餘り高水なる時ハ田畑ともニそんじる道理なり、おらが覺ても中嶋火事ハ妙見町まで焼《やけ》ぬけ、其後一志やけも有、又中野の勘兵衛か火事わすれ、時々大火もふしぎ《（不思議）》ぢやと言ハ、山田の町ハ西東へ通たゆゑ西から焼出ると大火になるといふ人か有、それなれハ宇治ハ館中御むま丶でも數度やける、今在家町・中切町大火か有た、是ハ東西の町でハないかどうでもかてん（合點）か行ぬてや、しまん（自慢）でいないがおらか村方建始《たちハじま》るより火事の火のじも聞ず、地下の帳にも見えぬハ日頃信心《ごろしんぐ》のつよさと有難事で御座る、爰に一ツのふしきが有、宇治・山田ハ大川をえりや帯《おび》にしてをれども是まで家の流《なが》る丶ほどの大水もなく、田畑をつぶす水難《すいなん》もなし、海邊でもつなミしらず、夫といふのも先年の事ぢやが、保科淡路守樣の代に御宮近くへうしほ（潮）の行ぬやうニと御願申上、大湊の築地《つきぢ》を丈夫《ちやうぶ》ニ築《つき》立、其後堀伊賀守樣の代ニ尙々丈夫に成たも御神領の御かげや、他國の噺《はなし》を聞バ、村方ハながれ、田畑さつぱり川に成、或は淵《ふち》に成、又水死《し》ハ數を知らずといふ、餘所の堤から見れば中嶋堤ハ川の積りニハねはりがない、又宇治山を伐《きり》たくつたによつて大水か折々有うといへど、さしたる滿水《まんすい》もないとやう考《かんがへ》た人かいはける、然ども海川の恐《おそ》しけれ共、米・酒・肴・鹽《しほ》何ニよらず船で積込《こむ》〳〵、材木《ざいもく》・茶・炭《すミ》の類ハ山家ゟ

川舟で出るし、日本國よりハ御參宮人ハ有し、京・大坂へハ近く、江戸ハ百里へだつても東海道筋ハ鼻《はな》の先き船便りで江戸も隣歩行《となりあるき》同前、かうした繁花《ハんくワ》な所にすんで一ツの口過《すぎ》もえせずにぬすミこいたり、舊離《きうり》切れたり、追放《ついはう》しられたりして、宮川を紋に付てゆくとハにが〳〵しい事でハ有ぞ□（が）し、イヤモ餘所《よそ》の衆ハどうあらうとま丶よ、とかく己《おら》が事が大しぢや、天地ニ身を任《まか》せて暦《こよ》の《ミ》通り種《たね》ものをまき、田畑を作まい田ハあぜ（畦）をぬり、苗《なハ》代《しろ》するまきつける、とかく鎌《かま》・鍬《くわ》を下へ置ず、田の草を取、畑ハ小ぬきし、水をかけ、屎《こへ》を荷《にな》ひ、ごミを入れば麥・米・百穀《こもの》・菜《な》大根まで相應に取入るのも、其時々におう（應）じて片時もゆだんせず、夏ハ色もしぶかミ（澁紙）のやうニなれども、ひだるい（饑）目にもあはず、又ぶんけんニならうとも氣をもまねバ病《やまひ》もでず、風引たら俵屋のぬりだしですまし、蟲腹《むしハら》といはず萬金丹、腹がくだらバ二度丸、たんせきニハしやうがゆ、のぼせにハかな川黒藥、せんき（疝氣）にハからしをすつてぬればよく、又表向勤るには古袴《ハかま》

一具《ぐ》と羽織《ハおり》と紋付の着《き》物か二ツ・三ツ有ばよく、おごらねバ罰《ばち》もあたらず、ばくち（博奕）うた（打）ねはまけいぢハなく、子《が》供等《きら》をどうぞ成人さしておいたら年寄てからハ、養《やしな》ふてくりよし、骨休《ほねやす》ミニ酒一ツのむにハ味噌《ミそ》か一ねふり（舐）あればよし、天を父とし地を母とする内に五穀か實《ミの》乗る、又耕作《かうさく》して育《そだて》れば子を養《やしな》ふかごとく、ときび（唐黍）の兄《あに》か有ば粟や稗《ひび》の弟も有、其外大豆・小豆・大角豆《さゝげ》・なすび・ごま・生綿《きわた》・芋《いも》・大こん・牛蒡《ごばう》・にんじ・ねふか（根深）、親類や縁類も有ハほんニらくなものぢやてや、此心でハ孝行《かうかう》の道も兄弟の禮も夫婦《ふうふ》の和《わ》も麻《あさ》ニつれる蓬《よもぎ》とやらで自然《しぜん》と備《そな》ハり、精《せい》さへたせば凶《きよう》年ハなけれども、ぶしやうかわくと豊年《ほうねん》でも三ツぼいたゞき成べし、また心得かわるいと村方の掟《おきて》をそむいて喰ひたふされ、畑ものぬすんでハ川へ突《つき》こまれるも有、ふだん心得るかやう御座るてや、又朝表へ立坊主やビクニ乞食《こじき》ニも我くう中をほどこ（施）せば作たものなれバ氣ハいたまず、イヤよいたねまいておいたれば死でも極樂《こくらく》ぢや、釋迦《しやか》殿でも孔子《こうし》殿でもこちどらハ耕作《かうさく》の道理でやり付るなり、日本ニ生《しやう》をうけたれバ神様を尊敬《そんきやう》し奉り、御公儀様の御法度《はつと》をそむかねば首《くび》のはなるゝ氣遣ひハなく、只正直を第一にしてけんやく（儉約）をまもれば、わるい事ハないものぢや、常々あるべか（ばカ）ゝりにくらせバ借《しやく》錢《せん》もせず、大晦日ニ財布《さいふ》かついだ鬼《おに》もこねバ、ときびや粟の餅をたらふくふて安樂《あんらく》に越年をするといふは目出度事で御座るてや、扨々長噺《ばなし》を仕ました宇治・山田の衆か嚔《くつしやめ》をさはるて御座ろ、又庚申待の夜きてはなしませう、もう夕飯《はん》かできたであろ、もういきませう、こゐよう御座たえ

宇治ト山田ト争《あらそ》ひのうた　上ノ句宇治　下ノ句山田

天てらす神のまします　五十《い》鈴川《すゝがは》

舟ちんとらず渡す　宮川

名にめでゝ朝熊《あさま》の山の　あさ日かげ

岩戸山から見ゆる　うミづら

都《ミやこ》にもまけぬ二ツの　大芝居

山田に見ずバ　なんとしつらん
秋ハなほ紅葉《もみぢ》見ニくる　法度口《はとぐち》
春は花見のたえぬ　まへ山
石垣《いしかき》ハ慶光《けいくわう》院《ゐん》が　りつぱ也
山田奉行《ぶぎやう》と　人はいふなり
宇治橋にくらべて見たい橋もなし
御せん宮にはかける　船橋
あいさつにのんし〱が聞にくい
朝熊のことバ耳《ミヽ》にいらぬか
宇治川の鮎《あい》ハ骨《ほね》まで　和《やハら》かな
肴に事をかゝぬ　川崎
正月の神事始《ハじめ》ハ　こちがさき
三祭禮《さいれい》ハこちが　さきなり
宮中の手水鉢《てうづばち》こそをかしけれ
からうすふます　五《い》十鈴川《すゝがは》上
建國寺《けんこくじ》山の松たけにほひよし
かんどくごはう餘所《よそ》ニ有まい

兩町の茶屋の女郎《ぢよらう》ハ見てもよし
同じ流《なが》れの新地はんじやう
お佛にくらべて見たい物もなし
一里もひゞく入相のかね
裏盆《うらぼん》が有て兩町にぎやかな
河崎おんどこちのめいぶつ
鬼門《きもん》よけはらひをだすハ猿田彦
十人の禰宜《ねぎ》ゟ上の宮司《ミやづか》あり

近年だうけに一句

宇治にこそ位け高きビクニ有
邪智《ぢやち》ねいかんの　檢校坊《けんげうバう》有

老《らう》人の六歌仙

しわゝ(は)よるほくろハできるせハかゞむあたまハはげる毛ハ白くなる
手ハふるふ足ハよろつく歯《ハ》ハぬける耳《ミヽ》ハ聞えず目ハうとうなる

身におふは頭巾《づきん》えりまき杖《つゑ》めがねたんぽおんじやくしゆびん孫の手

くどうなる氣ミじかくなるぐちニなる心ハひがむ身ハふるふなり

又しても同じはなしで子をほむる達者《たつしや》じまんで人かハゆがる

聞たがる死《しこ》とむながるさミしがるでしやばりたがるせわやきたがる

六歌仙語

願事ニ付時の役人衆の氣取を勘辨《かんべん》し御願可二申上一候事、左ニ記ス

百兩ニ而求《もめ》しほとゝぎすなかぬゆゑいかゞ可レ仕とうかゞひ申上候時左ニ有

信長公《のふながこう》御申ニハ

なかずんバころしてしまへほとゝぎす

秀吉公《ひでよしこう》御申ニハ

なかずんバなかして見せうほとゝぎす

家康公《いへやすこう》御申ニハ

なかずんバなくまでまとうほとゝぎす

御當代御申ニハ

なかずんバ元値《ト》でかやせほとゝぎす

右の氣取の事噺《はなし》とハ申せども能勘考《よきかんかう》もの也

伊勢參宮春の賑

神風のいせの國は、我日の本の大廟のおはします國なるゆゑ、神の都とこそいふめれ、昔人皇十一代垂仁天皇の卽位廿六年にあたる御代の九月十七日、皇女倭姫命大御杖代となり給ふて、このいせの度會の宇治の五十鈴の川上ハ、青山の四方にめぐりて、波の音、また風の音、弓矢鞆の音の聞えさりし、いと靜なるよき國と詔給ふて、下津石根に千木高く、御殿造り給ふて鎭め祭られけるとなむ、是天皇の大御祖に坐〳〵て、此日の本をしろしめし給ふ、いとも尊き御德の光り、かかやくこと朝日の登るか如く、其尊さを畏ミて、むかしも今もいつとなく、たえずかはらす民草の詣することは、諸人のしりはへりけれと、春ことハ分てにきハふいせ詣て、初鶯の梅かえにさへつる比より旅でして、長閑き春の驛路を老も若きもおしなべて、霞そめなす四方山に、咲そろふたる櫻花、色香ゆかしき春の夜の、泊り〳〵の月もまた、一しほのなかめよく、樂しきことのはべりけむ、其人々のこゝに來て、宮川うちのミちしるへ、名所しるへの端とやならんと、街〳〵の賑ふさま、亦風俗と言葉のをかしきことゝもハ、いとはつかしけれと、內幕をすこしかゝげて、詣する人のむた足を踏さぬやうに、道順をこと面白く綴しも、后の世にうつりかはりしその時に、昔のさまをしるためにと、伊勢參宮春の賑と題して、女・童子の樂しミに、神路の山の山鳥の、尾の長〳〵しきことともを、夜半の寢さめにかきしるすものは

明治元年辰仲春　　錦水園主人洞龜誌

（朱印影）（朱印影）

伊勢參宮春の賑

神風やいせの神都《みやこ》のにきはひは、是《これ》ハ云《いは》ずと人々の、能《よく》知處《しるところ》に有つれと、誠《こゝ》に委敷筆取《くはしくふでとり》て、世間《よそ》の咄《はな》しになれがしと、書《かく》もをかしく思《おも》へども、女《をんな》・童子《わらべ》のたのしミと、硯《すゝり》引寄《ひきよせ》宮川の、清《きよ》き水汲書残《ミづくミかきのこ》す、此川上ハ奥深《おくふか》く、多《た》氣《け》の郡《こほり》の部内《ぶない》にて、大杉《おほすぎ》山の谷間《たにま》より、四十八谷流《たになが》れ落《おち》、大臺《おほだい》か原の邊《ほとり》なる、巴《ともへ》が淵《ふち》を源《みなもと》として、其《その》水清《きよ》く深《ふか》きこと、南より北へ走《はしり》て矢《や》の如《ごと》し、此宮川ハむかしより、船《ふね》にて渡《わた》す所《ところ》にて、又渡しの代《しろ》とてハ、一銭だにもいらざりし、此川の水常《みづつね》とても、急流《きふりう》にて洪水《こうすい》の、其時《そのとき》とてハおそろしく、夏《なつ》ハ川瀬《せ》に鮎取《あゆとり》の、其面白《そのおもしろ》さ云はかりなし、抑《そも〳〵》日《に》本全國《ほんせんこく》の、老若　男女參詣《らうにやくなんによさんけい》し、此川の邊《べ》に雲《くも》をなし、老人腰《らうじんこし》を二重《ふたへ》にし、ころばぬさきの杖《つゑ》つきて、おすな〳〵の其中《そのなか》を、花《はな》もつほミも連《つれ》だちて、見合《ミあは》す顔《かほ》ハ薄櫻《うすさくら》、にほひ櫻《さくら》をうちまぜて、むらかる中《なか》をおしわけ

て、風にひらめく紅《くれなゐ》の、もすそほら〳〵一杯《いつぱい》の、酒《さけ》にゑひたる若者《わかいしゆ》ハ、ついうぬほれのあだ口を、あいた處《ところ》へ名物《めいぶつ》の、とうふの田樂《でんがく》・餅田樂《もちでんがく》、田《た》にしの味噌《みそ》焼《やき》口に、くはへて飛込代《とびこむだい》（垢離）ごうり、三方《さんぼう》（荒神）くわうじの馬多《むまおほ》く、河原《かはら》廣《ひろ》しと放《はな》シ龜《がめ》、お買《かひ》なされの其聲《そのこゑ》を、聞《きい》て童子《わらんべ》走來《はせきた》り、ことづかられし代參《だいまゐ》り、我《われ》やおれやとあらそひし、その中分《わけ》て伊勢《いせ》うたも、聲《こゑ》ハ天地《てんち》をつらぬきて、うき來《く》る船《ふね》をぞ侍《まち》にける、やがて船着乗合《ふねつきのりあひ》の、船《ふね》の咄《はな》しのさま〳〵や、諸國《しよこく》の噂《うはさ》とり〳〵に、一時《じ》に聞《きく》こそおもしろや、程《ほど》なく船つき中川原《なかゝはら》、兩宮御師《おんし》の用達《ようたつ》を、勤《つと》ムル茶やとて家毎《いへこと》に、大書《たいしよ》なしたる迎札《むかひふだ》、諸國の人《ひと》の國郡《くにこほり》、委敷尋《くはしくたづ》ぬる其譯《そのわけ》ハ、大夫《たゆう》〳〵へ案内《あんない》を、せんと世話《わ》する所《ところ》也、此町はづれの道脇《ミちわき》に、勧進尼《かんじびくに》と稱《せう》したる、いともあやしき姿《すかた》にて、尼頭《びくにあたま》へほゝかむり、面《かほ》の化粧《けしやう》もいと白ク、妻折笠《つまをりかさ》にはで姿《すかた》、金絲《きんし》・銀絲《ぎんし》の縫襟《ぬひえり》を、幾《いく》ツも重《かさ》ね掛《かけ》たるハ、娘姿《むすめすがた》と見えにける、參宮人《さんぐうにん》に銭《ぜにこ》請ふて、渡世《とせい》にしたる者《もの》にぞある、夫《そ》レゟ本道の中野《の》・中嶋《しま》、其

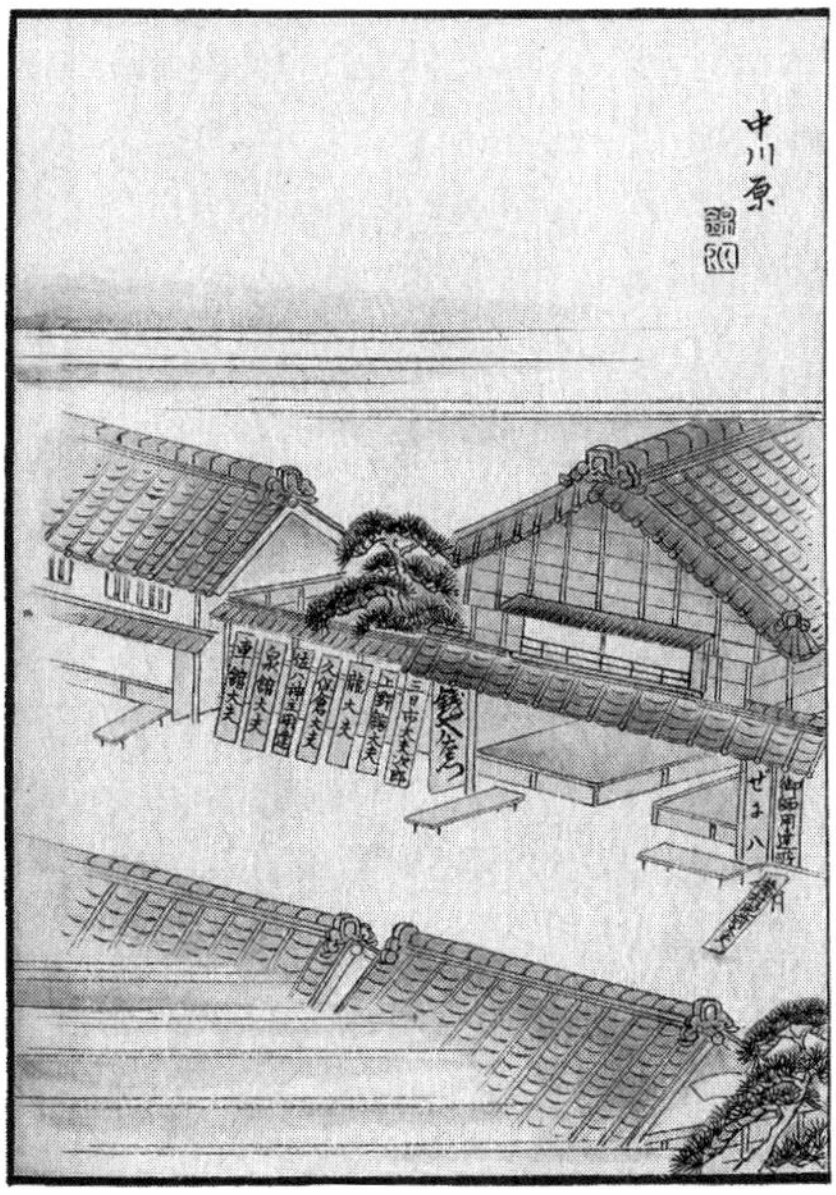

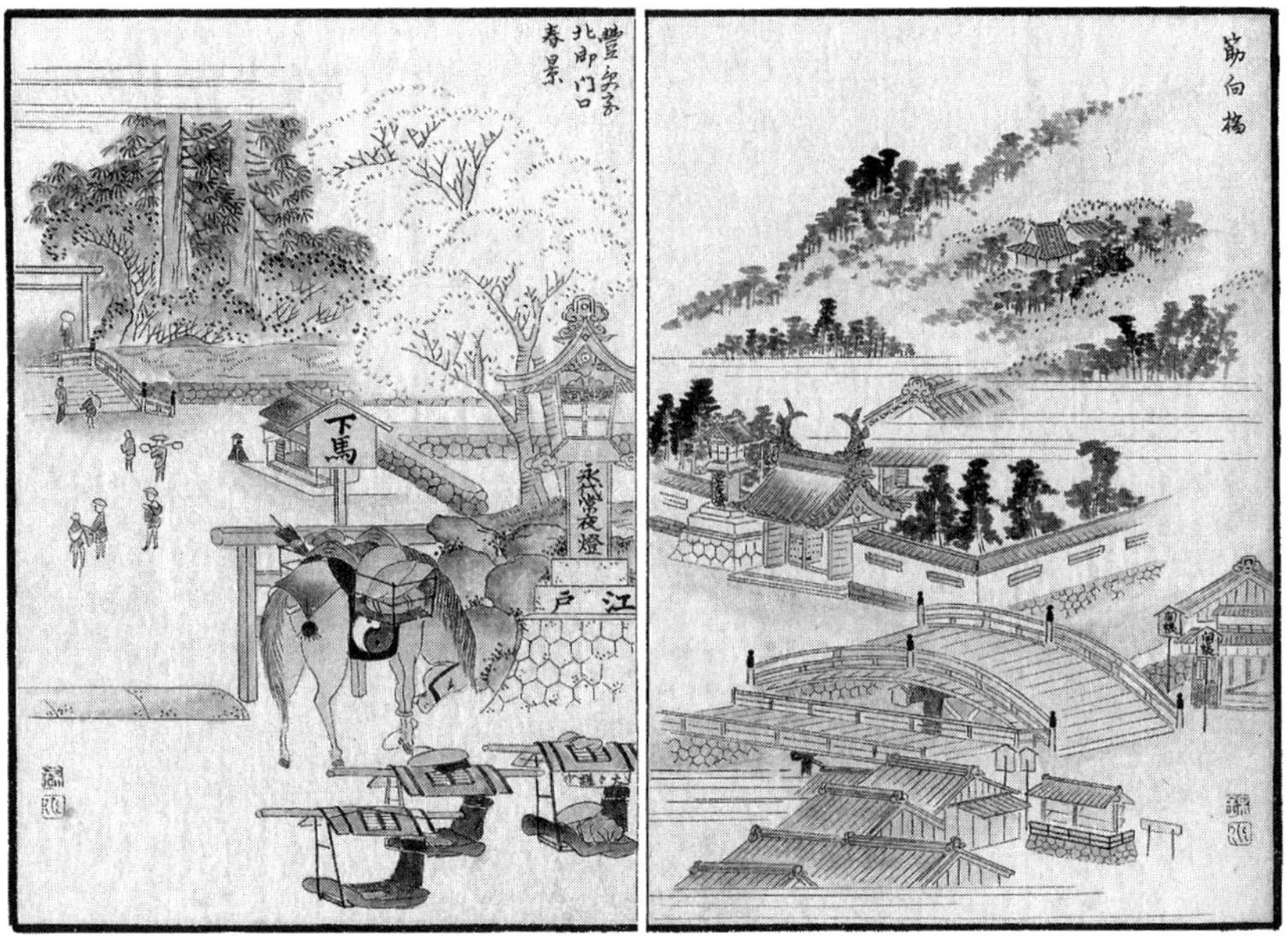

次に浦《うら》口・二俣《また》右に見て、堤《つゝみ》世古なる近道《ちかみち》を、通《とほ》りぬけれバ筋向橋《すじかひばし》、外宮へ凡貳十丁、晝夜《ちうや》たえなきにきはひに、軒《のき》を竝《なら》べし商人《あきんど》も、所《ところ》せましと建竝《たてなら》べ、町《まち》ハ廣《ひろ》しと廣小路《ひろこうぢ》、泊《とま》れ〳〵も旅籠《はたご》やの、女中の風俗《ふうぞく》花やかに、先《ま》ツ外宮なる　豊受《とようけ》の、神《かミ》に詣《まう》で、遙《はる》〳〵と、參《まゐ》りし者《もの》の祈《ねぎ》願事《こと》も、心清《こゝろしづ》けく伏拜《ふしをか》ミ、夫レゟ内宮へ趣《おもむく》も、まだ是《これ》よりハ五十丁、天《あま》の岩戸《いはと》を移《うつ》したる、高倉《たかくら》山を右に見て、すぐなる邊《ほとり》に一構《ひとかま》へ、是ぞ宮崎文庫《ミやざきぶんこ》とて庭廣《にはひろ》く、春《はる》ハ櫻《さくら》に雲《くも》を覆《おほひ》、秋《あき》ハ萩《はぎ》もて庭《には》うづめ、四季《き》のなかめもおもしろく、風雅《ふうが》を好む人々ハ、瓢《ひさご》たづさへ色町《いろまち》の、女《をんな》伴《ともな》ひ來《く》る客《きやく》もいと多《おほ》かりける、岡本《をかもと》町の名物《めいぶつ》ハ、岡本重箱大丈夫《ぢゆうばこだいぢやうぶ》、めつぱ・飯笥《めしつぎ》・角《す》ミ切膳《きりぜん》、萬《よろづ》ぬり物製造《せいざう》し、吾妻《あづま》送《おく》りや其外《そのほか》ハ、京都・浪花《なには》江船《ふね》に積《つ》む、其東なる川筋ハ、宮崎《ミやさき》小《を》田《だ》の其流れ、錦《にしき》の小川《を》に橋《はし》かけて、是を名つけて小田《をだ》の橋《はし》、東へ渡《わた》れハ妙見町《めうけんまち》、兩側旅籠《はたご》や軒《のき》竝《なら》へ、數多《あまた》旅籠屋ある中に、十五藤《ふじ》やハ有名家《いうめいか》、上等貴《き》客《かく》ハ此家《このいへ》に、多《おほ》く宿りを求《もと》める、左り側《かは》なる萬金丹《たん》、

天の岩戸

錦水写

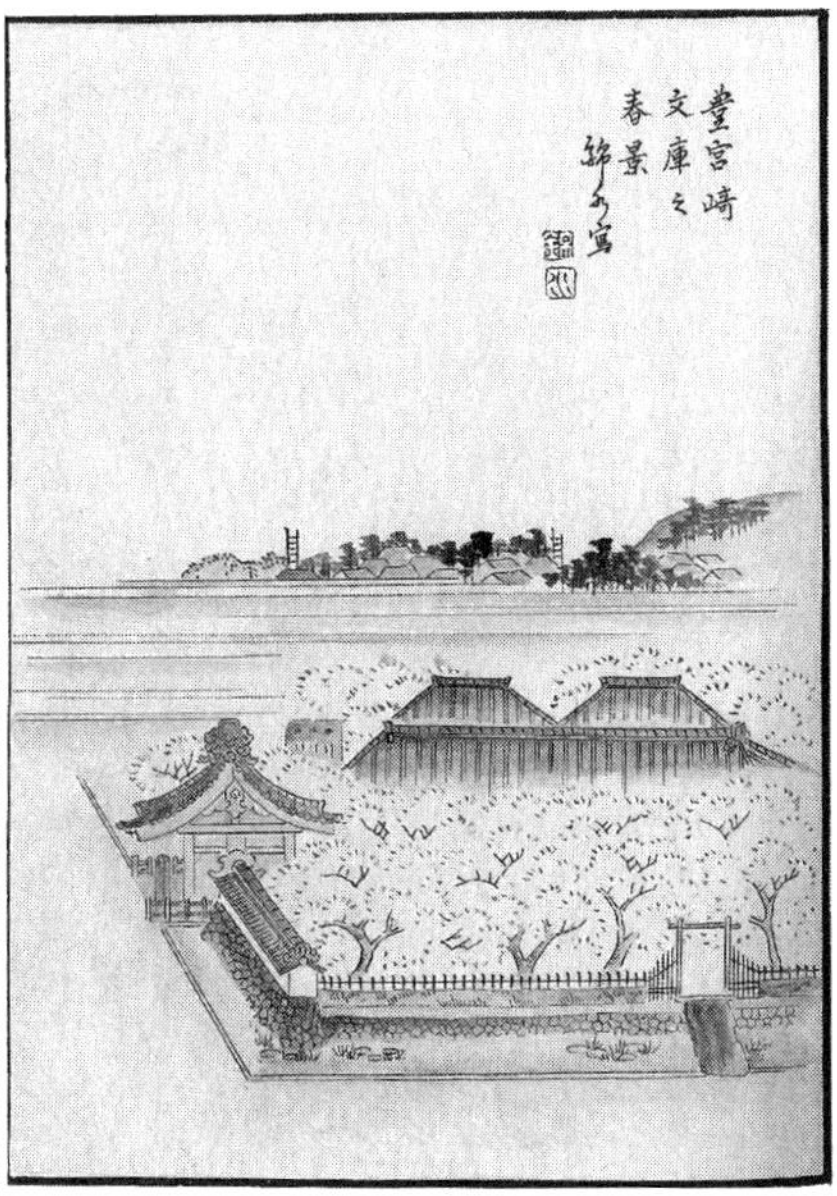
豊宮崎文庫之春景
錦水寫

岡本町名産塗物品

朝熊嶽《あさまがたけ》の出《で》みせなり、日本無類《むるい》の名藥《めいやく》にて、世《よ》に知らさる者《もの》ハなし、少し東に風雅堂《ふうがだう》、名代《なだい》のあらひ粉《こ》女中方《がた》、是《これ》を用《もち》ゆる其時ハ、小野《をの》の小町《こまち》もまかすほど、色艶《いろつや》きめも能《よく》なりぬ、是より東《ひがし》に阪《さか》ありて、宿屋《やど》と女郎屋《ぢようう》の合《あひ》の山、縞《しま》さん紺《こん》さん中乘《なかのり》さん、今宵《こよひ》ハ女郎屋《ぢよろ》で遊《あそ》ばんせと、ひく三味《さみ》の音《ね》にうかされて、銭投《ぜにな》ゲつけて通《とほ》りける、坂を登《のぼ》れば門前《もんぜん》町、片側《かたかは》一面《めん》すし商賣、名物なれば一ッ食《くひ》、二ツ・三ツ・四ツいつとなく、かはい〳〵の三味《さみ》の音《ね》も、次第《しだい》に近《ちか》くなりけれバ、程《ほど》なくこゝハ國中《こくちゆう》に、名高《なだか》き伊《い》勢《せ》の古市《ふるいち》町、軒《のき》を竝《なら》へし遊女《いうぢよ》屋の、風《かぜ》に吹《ふき》たるのうれんも、二階《にかい》〳〵にひく三味の、戀《こひ》し〳〵と呼聲《よぶこゑ》に、心《こゝろ》うき〳〵うかれける、數多《あまた》女郎《ぢよろ》屋の有中《あるなか》に、大見《おほみ》せ・中《ちゆう》見世・小《こ》見世とて、三ツに分《わか》れし大見世ハ、一に備前《びぜん》屋牛車樓《ぎうしやろう》、源氏《げんじ》車《くるま》の紋付《もんつ》ケし、のれん軒《のき》はに打かけて、座《ざ》敷《しき》〳〵のにぎはひは、さもおもしろげに見えにける、次《つぎ》に隣《となり》の杉本《すぎもと》や、菊壽樓《きくじゆろう》とて是も又、牛車におとらず其次ハ、音《おと》に聞《きこ》えしあぶらやの、其名《そのな》ハ高《たか》し芝居《しばゐ》にも、油屋《あふらや》

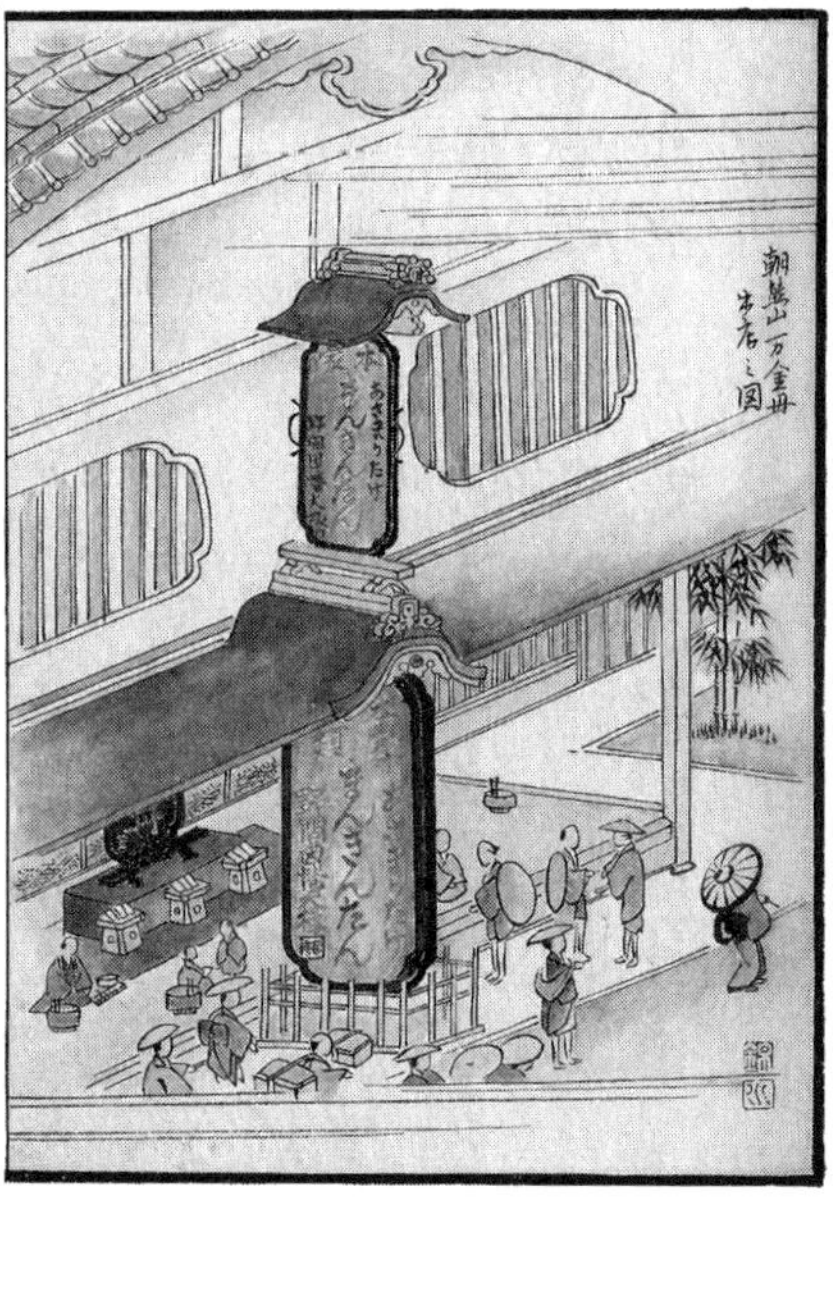

騒動《さうどう》と名《な》を付《つけ》て、おこんと貢《みつぎ》の身《ミ》の上《うへ》を、歌舞伎芝居《かぶきしばゐ》に仕組《しくみ》あり、今《いま》に仲居《なかゐ》に萬野《まんの》とて、其名《そのな》ハ殘《のこ》しありにける、牛車《ぎうしや》・油《ゆ》樓《ろう》・菊壽樓《きくしゆろう》、此三軒《けん》の踊《をどり》の間《ま》、普請萬端美《ふしんばんたんび》をつくし、心《こゝろ》勞《つく》せし樓主《あるじ》の手《しゆ》かう、娼妓《おやま》數多《あまた》に揃《そろ》への衣《い》裝《しやう》、はやす藝妓《げいこ》の音頭《おんど》につれて、座敷《さしき》ハせり上《あ》ゲ其仕《し》かけ、是《これ》ぞ名《な》に逢《あ》ふいせおんど、此外中見せ・小見せ迄、晝夜《ちうや》たえなくにぎはひぬ、其町内《まちなか》に常《しやう》芝居《しばゐ》、中之地藏《なかのぢざう》の町内《ちやうない》も、同《おな》し様《やう》なる小屋ありて、始《はじま》り大鼓《こ》や果《はて》大鼓《こ》、行《ゆき》ともどりの諸商人《しよあきんど》、娼妓《ぢようらう》・藝妓《げいこ》ハぶら〳〵と、客《きやく》の手《て》を引袖《ひきそで》を引《ひき》、お髭《ひげ》を引《ひ》カレて跡《あと》を引《ひき》、中《なか》に座頭《ざとう》ハ杖《つゑ》つきて、あんまけん引〳〵や、針《はり》の療治《れうち》や人相見《にんさうみ》、天眼鏡《がんきやう》を振回《ふりまは》し、晝夜絶《たえ》なき人《ひと》の聲《こゑ》、夜《よる》ハ家毎《やごと》に掛行燈《かけあんど》、三十日《みそか》の暗《やミ》も人知《ひとし》らず、うどんの名物とう六・いせや、其外料《れう》理《り》ハ芳村《よしむら》・野吉《のきち》、あちらこちらを見廻《みまは》して、おそくなりしと急《いそ》きける、中之地藏《なかのぢざう》も近《ちか》く成《なり》、からくり的《まと》のにぎはひハ、清《きよ》川人形《にんぎやう》の仕立《したて》にて、芝居《しばゐ》狂言《きやうげん》うかれ物《もの》、諸國《しよこく》の海《うみ》の貝集《かひあつ》め、美麗《きれい》に作《つく》りし貝細工《かひざいく》、是ハさて置こゝに

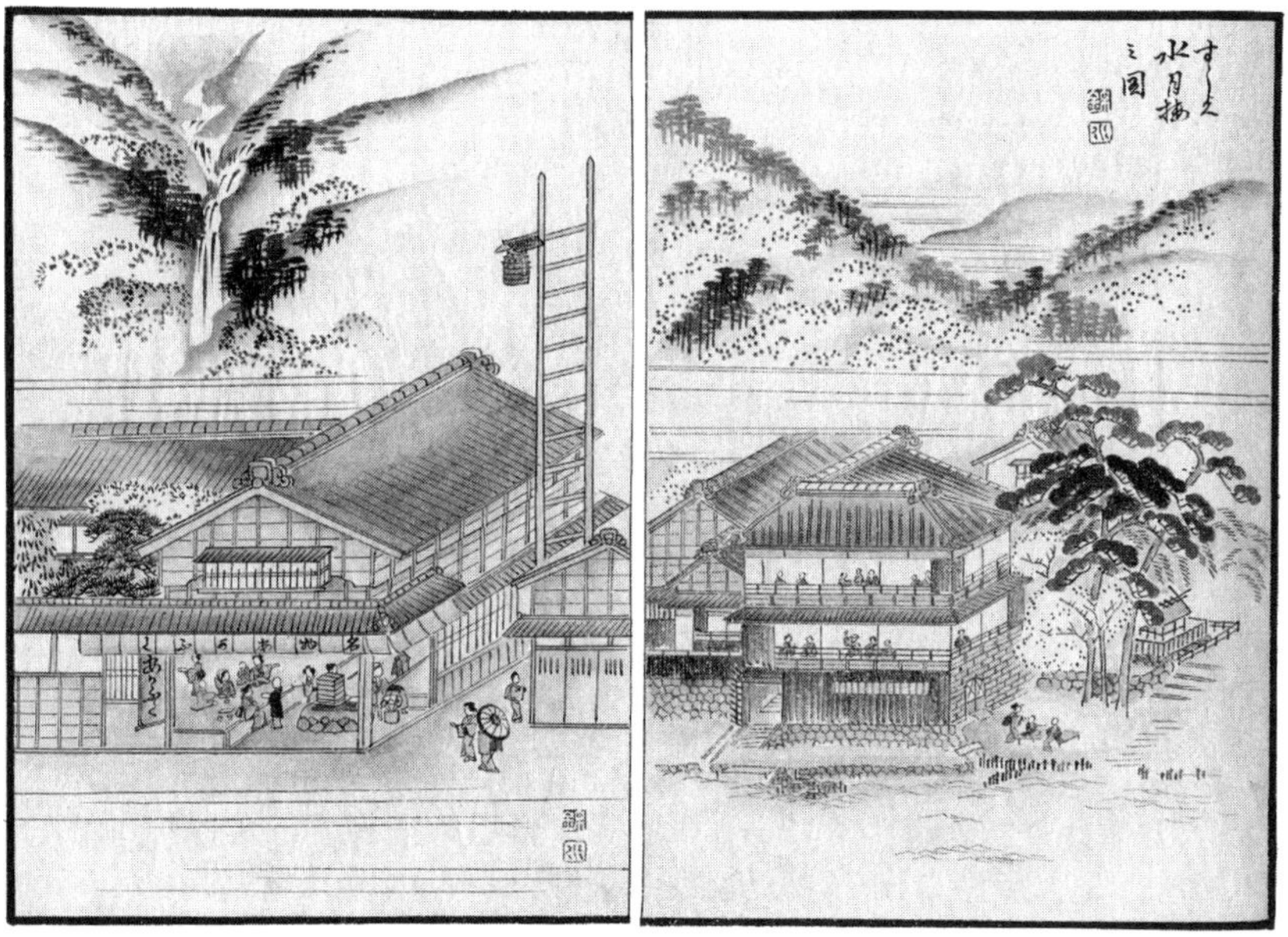

又、書残《かきのこ》したる聚遠樓《しゆゑんろう》、實《じつ》ハ麻《あさ》吉三階《さんかい》の、座敷《さしき》を持《もち》し料《れう》理《り》やで、藝妓《げいこ》も數多《あまた》有《あり》にける、此座敷《このざしき》ゟ見渡《みわた》せば、朝熊《あさま》か嶽《たけ》を前《まへ》に見て、いせの海《うみ》をバ北に見て、二見《ふたミ》の續《つゞ》き大湊《みなと》、霞《かすミ》に見ゆる帆《ほ》かけ船《ふね》、櫻《さくら》の花《はな》ハ目《め》の下《した》に、山もせましと植竝《うゑなら》べ、其風景《そのふうけい》ハ誠《こと》によし、程過行《ほどすぎゆけ》バあひの山、お杉《すぎ》・お玉《たま》の成業《なりはひ》ハ、前《まへ》に知《ち》るせし如《ごと》く也、坂《さか》を下《くだ》れバ宇《う》治《ぢ》の町、御宮《おみや》へ最早《もはや》三十丁、餅食《げこ》も酒呑《じやうこ》も打まぜり、餅《げ》食《こ》ハ名物《めいぶつ》赤《あか》ふくもち、酒呑《じやうご》ハ名代《なだい》のすし久と、云《いふ》て料理《れうり》や酒支度《さけしたく》、うなぎ茶漬《ちやづけ》のその味《あじ》も、五十鈴《いすゞ》の川の名物《めいぶつ》と、浦《うら》に五十鈴《いすゞ》の流《なか》れをば、うけしなかめもはれやかに、春《はる》ハ神路《かミぢ》の山櫻《さくら》、夏《なつ》ハ螢《ほたる》や月《つき》もよし、秋《あき》ハ鹿《しか》の音《ね》、冬《ふゆ》ハ雪《ゆき》、居《ゐ》なから也《なり》し水月樓《すいげつろう》、十丁計《ばか》りも行《ゆき》ぬれば、御裳《ミも》すそ川に架渡《かけわた》す、伊《い》せの宇治橋名《うぢはしな》も高《たか》く、川一面《いちめん》に網受《あみう》ケの、清《きよ》き流《なかれ》に立竝《たちなら》ひ、投《ほつ》て〳〵の其聲《そのこゑ》も、鼓《つゞみ》が嶽《たけ》に響《ひゞ》きけり、此《この》宇治橋ハ四季《しき》共《とも》に、風景誠《ふうけいこと》に面白《おもしろ》く、西なる山ハ鼓《つゞみ》が嶽《たけ》、其麓《そのふもと》なる一山《ひとやま》に、櫻《さくら》・楓《もみぢ》を多《おほ》く植《うゑ》、是《これ》なん林崎《はやしざき》の文庫《ぶんこ》とて、書庫一棟《ふみぐらひとむね》・講堂《こうだう》も、間廣《まひろ》く建《たて》て其傍《そのかたはら》に、鈴《すゞ》

廼舎翁《のやをう》と其外《そのほか》に、大家先生《げせんせい》の碑文《ひぶん》あり、諸國大名《だいみやう》其外に、有志《いうし》の方《かた》より寄附《きふ》として、大神宮へ奉納《ほうなふ》の書物《しよもつ》を納《をさむ》る所也《ところなり》、春ハ櫻の花を見て、夏《なつ》ハ五十鈴《いすゞ》の川水に、清《きよ》き聲《こゑ》して啼蛙《なくかはづ》、風ハ南北吹通《なんぼくふきつう》し、其涼《すゞ》しさハ云ばかりなし、秋ハ山々紅葉《もみぢ》して、三味線谷《さみせんだに》の向ふなる、琴《こと》が岡《をか》見渡せば、大神宮の域内《ゐきない》の、風の宮橋眼前《がんぜん》に、冬ハ朝熊《あさま》の山々に、降《ふ》り積雪《つむゆき》のながめよく、此橋過《すぎ》て右へ取、一之鳥居へ今二丁、足《あし》を早《はや》めて行《ゆき》けれバ、早御宮の入口と、下馬札《げばふだ》・制札建竝《せいさつたてなら》へ、御番所《ごばんしよう》前を打《うち》すぐる、冠物《かむりもの》とれ日傘《ひかさ》ハならず、嚴重《げんちゆうなる》成こそ道理《だうり》也《なり》、手水遣《てうづつかひ》場なかめよく、五十鈴の川の清き水、我手《わかて》に汲《くミ》て口そゝぎ、穢《けがれ》〳〵をそゝぎ取《とり》、心《こゝろ》も清《きよ》く也ぬれば、次第《しだい》〳〵に奥深《おくふか》く、行《ゆき》つる東に小高《こだが》きハ、恐《おそ》れ多《おほ》くも度會《わたらひ》の、五十鈴《いすゝ》川なる其上《そのかミ》に、綾《あや》に畏《かしこ》き

天照《あまてら》す、日《ひ》の大神《おほかみ》の御座也《みましなり》、廣《ひろ》く清《きよ》けくしん〳〵と、朝《あさ》日《ひ》に輝《かゞや》く御殿《ミあらか》を、心静《こゝろしづか》に伏拜《ふしをか》ミ、其ありがたき事皇國《ミくに》人《ひと》、能知《よくし》り給《たま》ふ事《こと》にぞある、委敷《くはしき》ことハ恐《おそ》れあり、あら

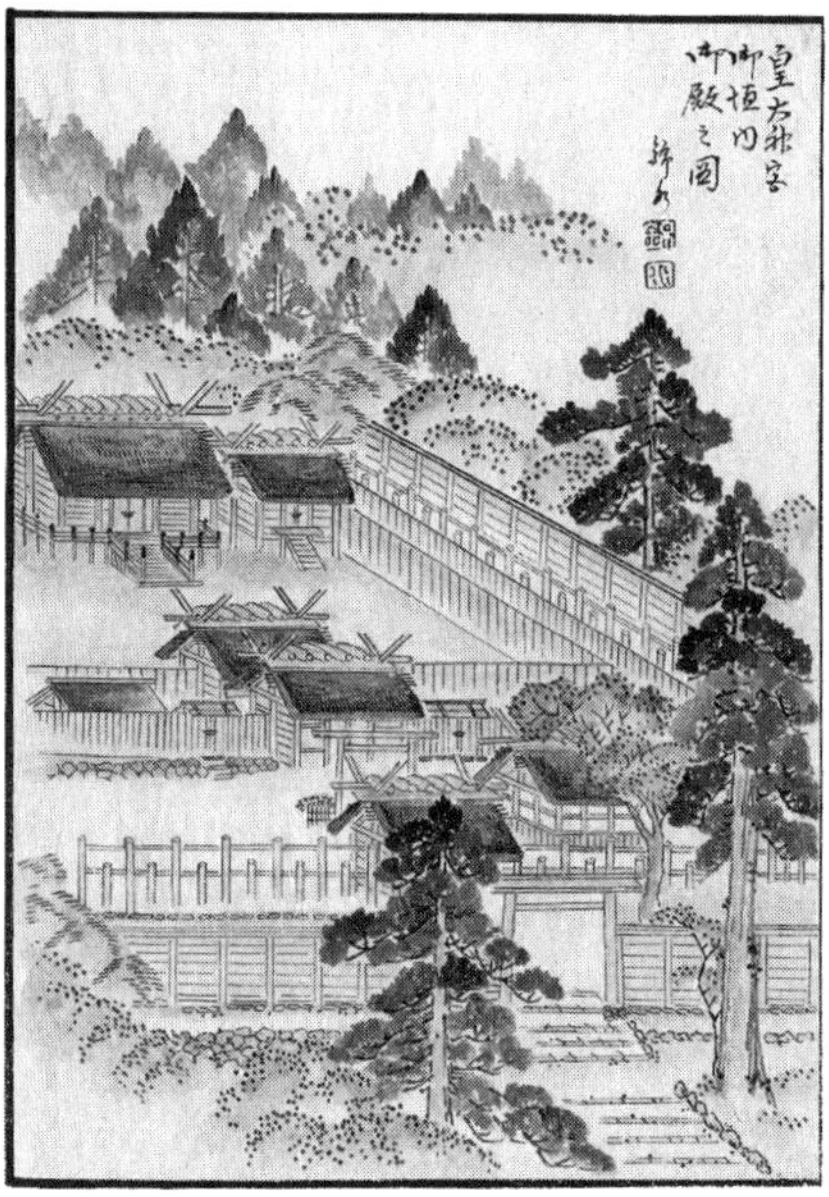
皇大神宮
御垣内
御殿之図

風宮御橋

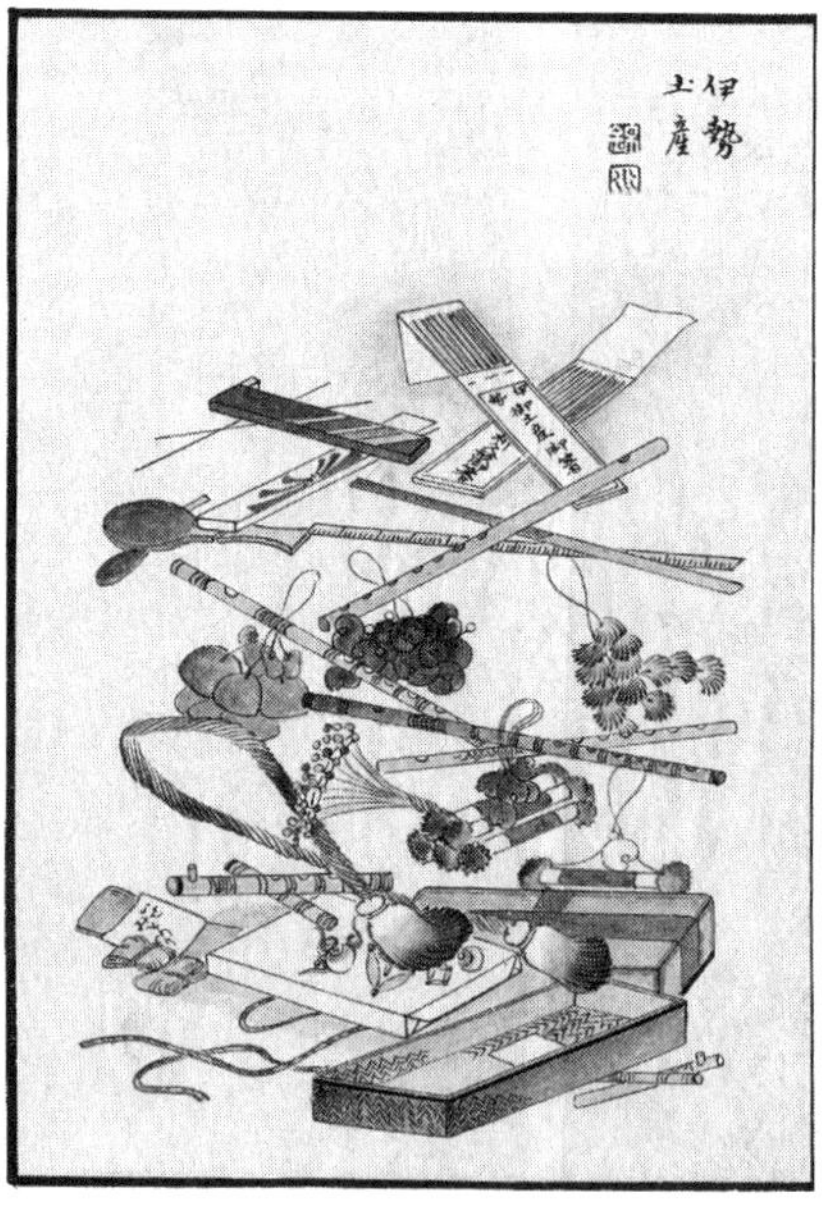
伊勢
土産

まし筆《ふで》とり書殘《かきのこ》す、參詣《さんけい》すんで下《け》向道《かうみち》、御山出れば御《お》祓町《はらひまち》、軒を竝へし伊勢土産《みやげ》、いとはでやかに餝《かざ》り立、賣子《うりこ》ハ若《わか》き女《をんな》にて、顔《かほ》ハ白雲薄《しろくもうすけ》化粧《しやう》、紅《へに》とおしろいぬりたてゝ、御《お》みやげ物ハ何成《なになり》と、箸《はし》や皮籠《かはご》や貝《かひ》からや、火《ひ》縄《なは》・まんぼふ・十《とう》だん子《ご》・ものさし・青のり・みどり苔《のり》・笛《ふへ》が安《やす》いと家毎《いへこと》に、呼込娘《よひこむむすめ》の愛《あい》らしさ、我《われ》も己《おれ》もと走《はし》り込《こミ》、娘盛《ざかり》の口《くち》さきに、ついほだされて高《たか》く買《かひ》、中にハ仕呂《しろ》物買《かは》ずして、ひやかし客もありつれど、毎日賣出《まいにちうりだす》いせみやげ、諸國の人の此所《こゝ》に來《き》て、買《かふ》て返《かへ》りし其數ハ、實《げ》におひたゞしきことにぞある、次第に町《まち》を通《とほ》りぬけ、元《もと》の橋《はし》へと出にける、是よりすぐに返《かへ》るあり、多《おほ》くハ二《ふた》見《み》・朝熊《あさま》行《ゆき》、宇治橋までの分《わか》れ道《ミち》、すぐに北《きた》へハ二見浦《ふたみうら》、東へ登《のほ》るハ朝熊《あさま》山、南《みなみ》へ行《ゆく》ハ磯部《いそべ》也《なり》、道順《みちじゆん》なれバ先《ま》ツいそべ、杉坂《すきさか》・笹原《さゝはら》打越《うちこえ》て、逢坂《あふさか》山の女石《をんないし》、道《ミち》の左《ひだり》にありにける、若《わか》い御《お》方《かた》の笑《わら》ひ草《ぐさ》、峠《たうげ》に登《のほ》り南坂、少《すこ》し下《くだ》れバ猿田《さるた》彦《ひこ》、森《もり》の神木伏拝《しんぼくふしをか》ミ、此森《このもり》の木《き》ハ名も高《たか》く、片枝《かたへ》の杉《すぎ》と名づけしハ、いつはりにてハあらさらん、夫レゟ

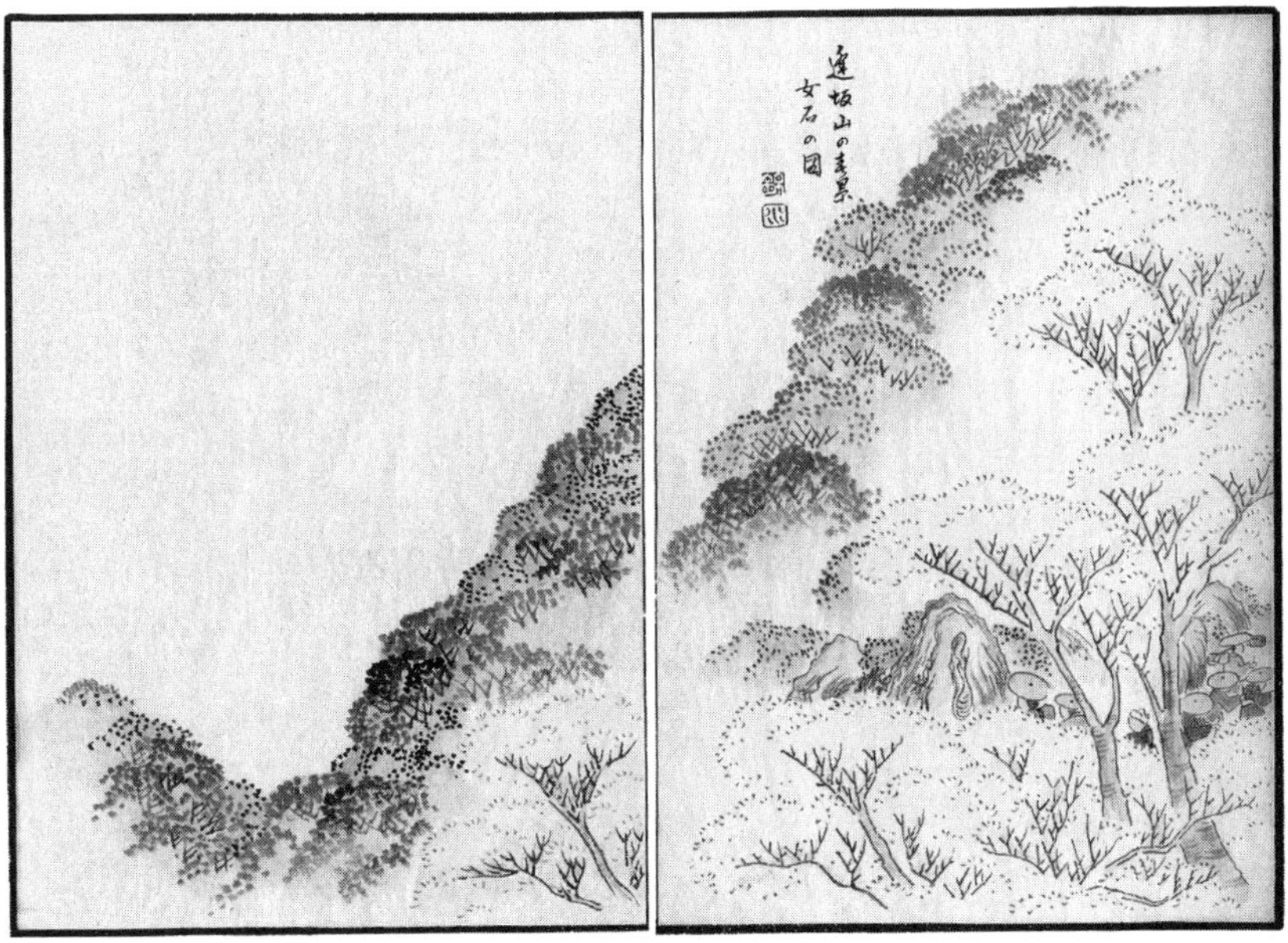

麓《ふもと》に家《や》建茶《たてちや》や、此茶やむかし譯《わけ》ありて、奥《おく》に一《ひと》ツの釜《かま》ありて、神代《かみよ》の釜《かま》と稱《とな》へしも、事有實《ことありげ》にぞ見えにける、此山内に岩窟《いはあな》あり、案内請《あんないこ》ふて參《まゐ》るへし、夫ゟ一里行《ゆき》ければ、道《みち》の左りに岩《いは》の山、歌《うた》や浄《じやう》瑠《る》璃《り》・芝居《しばゐ》のこわいろ、戀《こひ》の咄《はな》しのさゝやきも、岩《いは》が聞《き》きたる其時《そのとき》ハ、答《こた》へなすこそをかしけれ、是《これ》を名《な》付《づけ》て鸚鵡《あうむ》石《せき》、其岩《そのいは》つゞき西へ行、鳥居《とりゐ》建《たて》たる所《ところ》あり、機織石《はたおりいし》と名づけ云、此里人《このさとひと》の咄《はな》しにハ、機織姫《はたおりひめ》が座《ま》しくて、春《はる》の初《はじめ》にはた織《おり》の、其音《そのおと》高く聞《きこ》ゆると、實《じつ》か僞《うそ》かハ知《し》らねども、世《よ》にめづらしき岩《いは》なるや、夫《それ》ゟ磯部《いそへ》の御宮《おんみや》に、心せかずと參りける、此御宮《おみや》ゟすぐ東、千《ち》田《だ》の池《いけ》とて里《さと》人の、噂《うはさ》するにハ神代《かミよ》のむかし、倭《やまと》姫《ひめ》なる皇女《ひめミこ》の、此所《こゝ》に來《き》られしその時《とき》に、白《しろ》き眞《ま》鶴《づる》が飛來《とびきた》り、稲穗《いなほ》一本《ひともと》くはへきて、池《いけ》に落《おと》せしその種《たね》を、蒔《まき》し始《はしめ》の云《いは》れ也、是ゟ朝熊へ行《ゆく》道に、五知《ごち》と云村有《いふむらあり》にける、此村方《むらかた》に昔《むかし》より、古《ふる》く傳《つた》へし二品《ふたしな》ハ、むかし源《げん》平合戰《へいたゝかひ》の其時《そのとき》、平家《へいけ》の大將《たいしやう》が落《おち》て來《きた》りしその時に、わすれて行たかもろふたか、其實《そのじつ》たれも知らざれど、赤旗《あかはた》一

磯部

伊雑宮

磯部名所
千田之池

磯部大歳神社

本・陣大鼓《じんたいこ》、風にひらめく上羽《あけは》の蝶《てふ》、御紋付《ごもんつき》なる二品が、今に殘《のこ》りて此村に、いと大切《たいせつ》に持傳《もちつと》ふ、見《み》たくバ其料錢《だいせに》百文《ひやくもん》、夫ゟ山坂道《やまさかミち》わるく、登《のほ》り〳〵て朝熊嶽《あさまやま》、本家《ほんけ》根本《こんもと》萬金丹《まんきんたん》、野間因幡《のまいなば》の見《み》せ番頭《ばんと》、手代《てだい》も共《とも》に打竝《うちなら》ひ、萬金丹ハ山よりて、(もカ)高《たか》く積上《つみあ》ゲ其樣子《そのやうす》、誠《こと》に繁昌《はんじやう》に見えにける、夫ゟ寺中《じちゆう》打過《うちすぎ》て、本堂《ほんだう》へとぞ急きける、此本堂ハ檜皮葺《ひはだぶき》、樓門《ろうもん》左右《さいう》に二王《にわう》立、本尊福萬虚空藏《ほんぞんふくまんこくうざう》、夫ゟ回《くわい》廊打《らううち》ぬけて、方丈《はうちやう》名代《なだい》の摺子木《すりこぎ》ハ、大國柱《だいこくはしら》に打掛《うちかけ》て、あれど遣《つかひ》し事《こと》もなし、是ゟ十丁奥《おく》へ入《いる》、奥《おく》の院成《ゐんなる》其寺《てら》の、うしろの方《かた》に鳥居《とりゐ》建《たつ》、富士見臺《ふじみだい》とぞなつけゝり、其寺内ゟ鳥羽浦《とばうら》の、海《うみ》の風景目前《ふうけいもくぜん》に、見るこそ心面白《こゝろおもしろ》や、夫ゟ元《もと》の來《き》た道《ミち》へ返《かへ》りて、しばらく行《ゆき》ければ、六軒《けん》茶やとて此茶屋ハ、殊《こと》に風景《ふうけい》おもしろく、伊勢浦の名所は云に及《およ》はねど、尾張《をはり》・三河《ミかは》の海迄《うミまで》も、一目《ひとめ》に見ゆる所也、北へしばらく坂有て、此坂下《くだ》れハ朝熊村《あさまむら》、夫ゟ二見へ五十丁、足《あし》を早《はや》めて行道《ゆくミち》に、片葉《かたは》の蘆《あし》の古跡《こせき》あり、是《これ》を左《ひだり》に見て通《とほ》り、程《ほど》なく二見《ふたミ》の茶屋町の、角《かど》屋・中《なか》ゐや・松坂《まつざか》

や、其外数多《あまた》茶や有て、夜《よる》ハ旅籠《はたご》や晝支度《ひるしたく》、此旅籠やに泊《とま》るなら、朝日《あさひ》を拜《をか》むに都合《つがふ》よし、二見《ふたみ》の浦《うら》の濱《はま》づたひ、蒔繪《まきゑ》の松《まつ》のなかめよし、白波《しらなミ》よける濱千鳥《はまちとり》、飛《とび》ゆく向《むか》ふをなかむれバ、渡《わた》りハやうやく七里《り》にて、尾張《をはり》の國《くに》の野《の》間《ま》・内海《うつみ》、大野《おほの》・横須賀《よこすか》目《め》の前《まへ》に、見るもうつくし櫻《さくら》貝《かひ》、拾《ひろ》ひ〱て行先《ゆくさ》きに、二《に》せも三世《さんせ》もかはらじと、互《たかひ》に引合《ひきあ》ふ注連縄《しめなは》を、掛《かけ》し二見《ふたミ》の夫婦岩《めをといは》、二《ふた》ツ竝《なら》べし岩《いは》まくら、風《かぜ》の吹夜《ふくよ》ハ白波《しらなミ》に、花《はな》を咲《さか》してしつほりと、褥《しと》ねとたのむ藻《も》しほ草《ぐさ》、襖障子《ふすましやうじ》もあらされば、明《あけ》て見《ミ》せたる向《むか》ふにハ、廣《ひろ》く敷《しき》たる御座《ござ》の岩《いは》、前《まへ》にしやつきり笏立岩《しやくたていは》、遙《はる》かむかふを見渡《ミわた》せば、海《うみ》へまたぎし其穴《そのあな》を、すつほりくゞる潛嶋《くゞりしま》、むかふへ拔《ぬけ》て飛嶋《とびしま》へ、渡《わた》りて見れハ鳥羽《とば》小濱《をはま》、湊《みなと》の船《ふね》ハ森林《もりはやし》、木《こ》の葉《は》ちらせし漁船《れふせん》ハ、海《うみ》一面《めん》に網《あミ》かけて、櫻鯛《さくらだい》やら伊勢海老《いせえび》の、網《あミ》に掛《か》ゝれバ嬉《うれ》しげに、蛸《たこ》のやうなる顔《かほ》をして、絞《しぼり》の手拭《てぬぐひ》ほゝかむり、吸付《すひつけ》たばこも一《ひ》トやすミ、あぢ《鯵》やこちや《鯆》と云内に、日ハかたむきて夕風《ゆふかぜ》に、白帆《ほ》巻上《まき》ゲ帆立貝《ほたてかひ》、乗合《のりあひ》なしの一人《り》

船《ふね》、若者《わかいしゆ》ならば乗《の》せてやろ、お乗《のり》なんせと云聲《いふこゑ》に、めづらし貝《かひ》の新造《しんざう》に、乗《のり》て二見《ふたみ》へ歸《かへ》りける、其夜《そのよ》ハ二見に夜《よ》を明《あか》し、翌日《あす》ハ早起濱《はやおきはま》に出《て》て、日の出を拜《をか》む有かたさ、富士《ふじ》の高根《たかね》も目《め》の前《まへ》に、見れば駿河《するが》に居《ゐ》るこゝち、朝《あさ》ハ波路《なみぢ》も靜《しづ》かにて、只松風《たゞまつかせ》の音《おと》ばかり、早明《はやあけ》ぬれば出立《しゆつたつ》と、旅籠《はたご》や出《いで》て西《にし》へ行《ゆ》き、しばらくゆけば御鹽殿《ミしほでん》、清《きよ》き濱邊《はまべ》に鹽竈《しほかま》の、烟《けむ》かも霞《かす》む濱《はま》の松《まつ》、此燒鹽《このやきしほ》ハ兩宮の、朝《あさ》な夕《ゆふ》なの大御饌《おほミけ》へ、備《そな》へけるこそ實《まこと》也、其鹽竈を横《よこ》に見て、濱へ出《いづ》れバ高城《たかしろ》や、千尋《ちひろ》の濱《はま》のながめよし、北に見ゆるハ大湊《おほみなと》、西に見ゆるハ神社《かみやしろ》、年中造《ねんぢゆうつく》る船《ふね》の數《かず》、今一色《いまいつしき》の村中《むらなか》を、西へぬけれバ鹽合《しほあひ》の、渡《わた》し場船《ばふね》にて越《こえ》ぬれば、近《ちか》くなりぬる川崎《かはさき》の、魚《さかな》の市《いち》の聲《こゑ》高く、軒端《のきば》ハ櫛《くし》のはを竝《なら》べ、錐《きり》を立へき地《ち》もあらず、土藏《くら》を竝《なら》へし米《こめ》問《とひ》や・魚問《さかなとひ》やも數多《かずおほ》く、商人仲間《あきんどなかま》の寄合場《よりあひば》、裏《うら》に一ツの川を持《もち》、數多《あまた》入來《いりく》る其船《そのふね》ハ、米船《こめふね》・酒《さけ》船・魚《さかな》船、其外萬積來《よろづつみきた》る、諸國の商人入來《あきんといりきた》り、朝ハとふからさかなやが、捻八巻《ねぢはちまき》で荷《にな》ひ出《だ》す、米《こめ》・酒等《さけとう》ハ馬荷《むまに》にて、毎日積《まいにちつミ》

出《だ》ス其跡《あと》へ、車《くるま》に乘《の》せてエイサラサ、幾年經《いくねんへ》ても替《かは》らじと、商賣實《しやうばいじつ》ニ榮《さか》へける、此所《こゝ》を打過近道《うちすきちかみち》の、新道《しんみち》さして行《ゆき》ければ、早宮《はやみや》川に出《いで》にける、此川上に渡《わた》し有、上《か》ミの渡しと名付《なづけ》ける、此川渡り向《むかふ》なる、川端柳打越《かはばたやなきうちこえ》て、田丸《たまる》をさして行《ゆき》けれバ、遠《とほ》くハ熊野《くまの》路《ぢ》・那智《なち》の瀧《たき》、近《ちか》くハ大和《やまと》七在所《さいしよ》、吉野《よしの》の櫻《さくら》山白く、咲頃行《さくころゆけ》バおもしろや、妹背《いもせ》の山やよしの川、御勝手次第《ごかつてしだい》に御覽《ごらん》あれ、まだ此邊《このへん》ハおろか也《なり》、京・大坂も御覽《ごらん》なら、急《いそ》く旅路《たひぢ》に心《こゝろ》せき、名殘《なこり》をしくも伊勢《いせ》の地《ち》を、後《あと》に殘《のこ》してわかれゆく、亦來《またらい》春《はる》のにぎはひと、神《かミ》の御德《ミとく》を耀《かゝやか》し、御代《よ》も榮《さか》えて民《たみ》ゆたか、幾萬年《いくまんねん》も替《かは》らじと、よろこび給《たま》ふ御國人

明治元年辰仲春

神都　錦水園主人撰

（朱印影）（朱印影）

御師考證

御師考證

従四位上度會神主弘訓著

伊勢二所大神宮ハ朝廷の御尊敬天下の諸社に異なる故、古へハ天皇の奉らせ給ふ幣帛の外ハ、太皇太后宮・皇太后宮・皇后・皇太子といへとも、奏聞を經給ハされハ幣帛を奉り給ふことなし、まして諸王・諸臣より始めて諸民に至りてハ、私に幣帛を奉ること重く禁斷せられ、若僞り欺きて幣帛を奉る人あれハ、流罪に准して勘問せらるゝ事なり

○大神宮ハ諸社に異なる事、類聚三代格、(朱書)「五十六代清和天皇」貞觀二年十一月九日太政官符、右大臣宣《ス》、奉《ル》レ勅《ヲ》、凡大神宮《ノ》事《ハ》異《ナリ》二於諸社《ニ》一、宜下依二(朱書)「五十代桓武天皇」延曆廿年四月十四日格《ニ》一、永無《クル》中改減上、若有二乖忤者《ノ》一科《セヨ》二違勅罪《ノニ》一

○私に幣帛を奉らさる事、內宮儀式帳曰、王臣家《ノ》并諸民之不レ令レ進二幣帛一重《ク》禁斷《ス》、若以二欺事一幣帛進《ル》人遠波准二流罪一勘《ヘ》給《フ》之、○延喜大神宮式曰、凡王臣以下、不レ得下輙供中大神幣帛上、其三后・皇太子、若有《シ》二應レ供者一臨時奏聞、○太神宮諸雜事記、(朱書)「六十三代冷泉院」安和二年三月廿九日太政官符、自レ非二公家之御祈禱一之外、輙不レ可レ致二臣下之祈禱一、(朱書)「七十八代二條院」○長寬二年四月廿四日助教清原頼業勘文、伊勢神宮者禁二斷私幣一、忌二憚佛事一、熊野者不レ嫌二民庶一、容二受緇徒一、其風乖違其禮懸隔、(朱書)「中御門右大臣宗忠公」○中右記、永久二年(朱書)「七十四代鳥羽院」正月十六日、伊勢公卿勅使條、未《ノ》時許《ハカリ》民部卿來給《リフ》、爲《ル》二一家長《ノ》一之上、此人爲《ル》二撿非違使別當《ノ》一時、二ケ度被レ勤二仕伊勢勅使一也、仍爲レ思二古例一尋二申不審事等一云々、又可《キ》レ奉《ル》二私幣《ヲ》一歟、命《シテ》云、全《ク》不レ可レ然《ル》、只能《ク》

奉《ル》レ祈《リ》ニ公家《ヲ》一後、心中所《ニ》レ思《フ》宣祈申許《スハカリ》也

(朱書)「八十一代安德天皇」養和・壽永の亂以前まてハ二宮とも左のことく神領多かりし故、私幣を奉る事を禁せらるといへとも、神宮も祠官もさらに闕乏の患なかりし也

○神領の事、度會郡・多氣郡ハ大神宮御鎭坐の時よりの神領なり、飯野郡ハもと神領なりしを、(朱書)「三十六代」孝德天皇の御代より朝廷の御領となしたまひ、(朱書)「六十代」醍醐天皇の寛平九年九月十一日又神領に寄附し給ふ、此三郡ハ延喜式部式に神郡と稱す、員部郡ハ(朱書)「六十一代」朱雀院天慶三年八月廿七日神領に寄附したまふ、三重郡ハ(朱書)「六十二代」村上天皇應和二年二月廿三日神領に寄附したまふ、安濃郡ハ(朱書)「六十四代」圓融院天祿四年九月十一日神領に寄附したまふ、飯高郡ハ(朱書)「八十二代」後鳥羽院文治元年九月九日神領に寄附したまふ、度會・多氣・飯野を神三郡とも、又道後三郡ともいふ、員部・三重・朝明を道前三郡といふ、これに安濃・飯高を加へてすへてハ神八郡といふ也、神宮雜例集にミえたり、神戸ハ伊勢國百五十二戸・大和國十五戸・伊賀國廿戸・志摩國六十戸・尾張國六十戸・參河國卅戸・遠江國六十戸、すべて四百十三戸あり、封戸ハ尾張國卅五戸・參河國五十五戸・近江國五十戸・美濃國五十五戸・上野國廿五戸・信濃國廿五戸・遠江國五十戸、すべて二百九十戸あり、延喜大神宮式・神宮雜例集にミえたり、此外大和・攝津・伊賀・伊勢・志摩・近江・美濃・尾張・參河・遠江・駿河・伊豆・相摸・武藏・上野・安房・上總・下總・下野・常陸・甲斐・飛驒・信濃・越前・越中・越後・能登・加賀・伯耆・丹波・丹後・但馬・若狹・播磨・備前・備中・備後・長門・伊豫・讃岐・阿波等の國々に神田・御廚・御園あり、神鳳抄に見えたり、神領の事をしるせる書ハ內宮儀式帳・延喜大神宮式・神宮雜例集・神鳳抄・外宮神領目六・外宮給人引附・宮司公文抄・檜垣兵庫家古券等あり

○事のついてに古記に見えたる官符古文書の類を聊採錄して左に擧く

神宮雑例集

太政官符

應《キ》下以二伊勢國《ノ》飯野郡《ヲ》一奉《ル》上寄《セ》二大神宮《ニ》一事

右郡《ノ》、依《テ》二去《ル》仁和五年二月十三日勅《ニ》一、（朱書）「五十九代宇多天皇」一代之《ノ》間、奉《ル》レ寄《セ》二彼《ノ》宮《ニ》一、（朱書）「寛平元年也」大納言正三位兼行左近衛大將藤原朝臣時平宣《ス》、奉《ハル》レ勅《ヲ》、自今以後、永《ク》以《テ》奉《ル》レ寄《セ》、（朱書）「五十二代嵯峨天皇」仍《テ》須《シ》下官物・官舍等之《ノ》類《ハ》、准《シテ》二弘仁八年十二月廿五日格《ニ》一行《フ》上レ之《ヲ》

（朱書）「六十代醍醐天皇」
寛平九年九月十一日

類聚符宣抄

太政官符《ス》二　民部省《ニ》一

應《キ》下以二伊勢國《ノ》朝明郡《ヲ》一奉《ル》上加《ヘ》二寄《セ》大神宮《ニ》一事

右正二位行大納言兼右近衛大將藤原朝臣實資宣《ス》、奉《ハル》レ勅《ヲ》、件《ノ》壹郡、宜《シ》レ奉《ル》レ加《ヘ》二寄《セ》彼《ノ》大神宮《ニ》一、省宜《シ》二承知《シ》、依《テ》レ宣《ニ》行《フ》レ之《ヲ》、仍《テ》須《シ》下件朝明郡官物・官舍之《ノ》類《ハ》、准《シ》二弘仁八年十二月廿五日格《ニ》一行《フ》上レ之《ヲ》、符到《ラハ》　奉行《セヨ》

左少辨正五位下源朝臣　正六位上行右少史津守宿禰

（朱書）「六十八代後一條院」
寛仁元年十一月九日

類聚符宣抄

太政官符《ス》二　民部省《ニ》一

應《キ》下以《テ》二伊勢國安濃郡《ヲ》一奉《ル》上加《ヘ》二寄《セ》大神宮《ニ》一事

右内大臣宣《ス》、奉《ハル》レ勅《ヲ》、件《ノ》一郡、宜《シ》レ奉《ル》レ加《ヘ》二寄《セ》彼《ノ》大神宮《ニ》一者《テヘリ》、省宜《シ》二承知《シ》、依《テ》レ宣《ニ》行《フ》レ之《ヲ》、仍《テ》須《シ》下件安濃郡《ノ》官舍之類《ハ》、准《シテ》二弘仁八年十二月廿五日格《ニ》一行《フ》上レ之《ヲ》、符到《ラハ》　奉行《セヨ》

從四位下行權左中辨兼東宮學士文章博士菅原朝臣

左大史正六位上伴宿禰

（朱書）「六十四代圓融院」
天祿四年九月十一日

下野守源義朝朝臣寄文　載二檜垣兵庫家古券一

寄進《ス》　領地壹處《ノ》事

在二下總國

管相馬郡《ニ》一

四至　東限二須渡河江口一　西限二繞谷幷貝吹峯一　南限二薗沼上大路一　北限二阿太加幷絹河一

右所下相傳令二領地一令上無二他妨一、於二于今《ニ》一者、所レ寄二進《スル》　伊勢大神宮《ノ》御廚《ニ》一也、於二地利《ノ》上分《ニ》一者、可レ備《ヘ》二進供《ス》祭《ノ》物《ヲ》一、爲《ニ》レ募《ラン》二　大神宮《ノ》御威《ニ》一、限《テ》二永代《ヲ》一所二寄進《スル》一也、於《テハ》二下司職《ノ》《ニ》一者、至《ニ》二子々孫々一、不レ可レ有二他妨一、仍《テ》爲二後代《ノ》一勤二新券《ヲ》一所二寄進《スル》一如レ件

（朱書）「七十六代近衞院」
天養二年三月十一日　　源（花押影）

源頼朝卿寄文　載二檜垣兵庫家古券一

永《ク》起請《ス》

下總國相馬御廚《ノ》所當年貢料《ノ》四丈《ノ》白布《ノ》事

合《セテ》　佰肆拾端者

右當御廚《ノ》所當内外二宮《ノ》上分口入料《ノ》四丈《ノ》白布參佰參拾端也、其外顯盛神主避文、爲《ニ》レ令《メン》二沙汰《シ》取《ラ》一、所レ附《ル》二起請《ヲ》一也、然《レハ》者至《テ》二于彦章神主子々孫々《ニ》一、永《ク》无二相違一、可レ令二辨濟一之狀、重《テ》所二起請一如レ件

（朱書）「七十八代二條院」
永萬二年六月三日　　源（花押影）

同頼朝卿寄文　載二東鑑第三一

奉《ル》レ寄《セ》御廚家　合一所

在二武藏國崎西・足立兩郡内《ノ》《ニ》一、大河土御廚者、右件《ノ》地元相傳家《ノ》領也、而《ルニ》平家虜《ノ》領《スル》二天下《ヲ》一之比、所《トスル》二神領一也、而《ルニ》今新《ニ》爲二公私御禱《ノ》一、奉《リ》レ寄《セ》二豐受人神宮《ノ》御領《ニ》一、所《ニ》レ令《ムル》レ勤二仕長日《ノ》御幣毎年臨時祭等《ヲ》一也、抑令二權神主光親《ヲ》一、祈《スル》二請天下泰平《ヲ》一之所、依《ルニ》レ有二感應一、爲《ニ》二殊祈禱所一可レ令《キシム》二知行《セ》一也、但《シ》於《ハ》二地頭等《ニ》一者、不レ可レ有二相違一、仍《テ》爲二後代一寄《セ》文

如レ件、以解

（朱書）「八十一代安德天皇・八十二代後鳥羽院」
壽永三年正月日　　前右兵衞佐源朝臣
（朱書）「元曆元年也」

同頼朝卿寄文　載二東鑑一

寄進《ス》　伊勢皇大神宮《ノ》御廚壹所

在二武藏國飯倉一

右志《ノ》者、奉《オホンタメ》二爲朝家安穩《ノ》一、爲レ成二就私願《ヲ》一、殊抽《ニシ》二忠

丹《ヲ》一寄進狀《ノ》如レ件

壽永三年五月三日　正四位下前右兵衛佐源朝臣

寄進《ス》　伊勢大神宮御廚《ノ》壹所

在二安房國東條一

右志者、奉二爲《オホンタメ》朝家安穩《ノ》一、爲レ成二就《セン》私願《ヲ》一、殊《ニ》抽《シ》二忠

丹《ヲ》一寄進狀《ノ》如レ件

壽永三年五月三日　正四位下前右兵衛佐源朝臣

鎌倉足利持氏朝臣下知狀　載二檜垣兵庫家古券一

二所大神宮雜掌權禰宜定庭申《ス》、下總國葛西《ノ》御廚領家

職上分米《ノ》事、爲《シテ》二嚴重神領《ト》一、有二其沙汰一之所、數年

令二懈怠一云々、神慮尤難《シ》レ測《リ》、所レ詮《スル》、任《セ》二往古《ノ》例《ニ》一、

致《シ》二催促《ヲ》一可《ヘキ》レ全《ス》二神稅《ヲ》一之旨、可レ被《ラル》レ下二知《セ》代官《ニ》一之狀

如レ件

(朱書)「百二代稱光院」
應永卅三年九月十八日　持氏將軍　御判

上杉安房守憲實下知狀　載二同書一

二所大神宮雜掌權禰宜定庭申《ス》、下總國葛西御廚領家

職上分米《ノ》事、早守《リ》二去年九月十八日御判《ヲ》一、可レ致二其

沙汰一之旨、可《キ》レ相二觸《ル》領主等《ニ》一狀、依《テ》レ仰《ニ》執達如レ件

(朱書)「同上」
應永三十四年六月一日　安房守　御判

大石隼人佐殿

足利將軍義政公御祈願狀　載二荒木田氏經卿日記并内宮引付一

一四度官幣《ノ》不レ可レ有二懈怠一事

一造役夫工嚴密《ニ》可レ加《フ》二下知《ヲ》一事

一諸別宮造立《ノ》事連々不《ル》レ可レ存《ス》二等閑《ヲ》一事

一可《キ》レ遂二參　宮《ヲ》一事

一毎年不レ闕以《テ》二代官《ヲ》一參　宮《ノ》事

右五ケ條立願之旨趣者《ハ》、今年相二當《リ》三合之歲《ニ》一、加《シカノミ》

之《ナラズ》出二現《ス》重變《ノ》之恠一、謹愼尤無雙也、就レ中兵亂及《ヒ》二歷

年《ニ》一、靜謐《ノ》期《セン》二何《ノ》日《ヲカ》一、朝《ニハ》仰《キ》二天道《ヲ》一夕《ニハ》祈《リ》二聖運《ヲ》一、唯

願《フ》下凶賊忽《ニ》令《シメ》二頓滅《セ》一、華洛速《ニ》屬《シ》二平安《ニ》一、微臣保《チ》二息災

之運命《ヲ》一、全《シ》二如意之政務《ヲ》一、愚息消災延命而《ニシテ》、相二叶《ヒ》聖

理之善政《ニ》一、一天安全・四海平定・諸國豐饒・萬民快
樂《ヲ》上者、偏《ナリ》是《ニ》可レ在二神明《ノ》冥助《ニ》一、仍《テ》啓白如レ件
（朱書）「百四代後土御門院」
文明二年三月九日　准三后源朝臣義政

足利將軍義政公御下文　載二荒木田氏經卿日記一
大神宮領諸國所々（目録在二別紙一）事、早三位秀忠令《シメ》二領
掌《セ》一可《キ》レ抽《ス》二祈禱《ノ》精誠《ヲ》一之狀如レ件
（朱書）「百三代後花園院」
寛正二年九月三日
左大臣源朝臣御判

北條左京大夫氏康朝臣書狀　載二檜垣兵庫家古券一
大神宮御祓之箱頂戴目出度候、仍《テ》葛西庄《ノ》御神領之由
承候、至レ今可《ベキ》レ爲《タル》レ如二上代《ノ》一者、其類《ノ》可《ク》レ多《カル》候、
宜《ベク》二諸國之次《ナミタル》一候、伏《シテ》所レ冀《フ》者、以二神慮《ヲ》一房總
可《ク》レ令《ム》二本意一候、此願《ン》令《シメハ》二成就《セ》一者、新御神領可《ク》
レ令二寄進《セ》一候、委細者《ハ》石卷父子可《キ》二申上《シ》一也、仍《テ》狀如
レ件
二月廿七日　平氏康
大神宮禰宜中

管領畠山左衛門督政長書狀　足代玄蕃所藏
奉レ立二宿願一事
太神宮
爲《シテ》二祈禱料《ト》一、如《ク》二父祖之《ノ》時《ノ》一、以《テ》二丹生《ノ》河《ノ》年貢《ノ》內《ヲ》一、毎
年可《キ》レ奉《ル》二社納一事
右意趣者《ハ》、此方之《ノ》儀、屬《シ》二本意《ニ》一、敵等早速令《シメ》二退治《セ》一、
兼《テ》爲二武運長久・家門繁昌・息災延命一、奉《ル》二立願一狀
如レ件
（朱書）「百四代後土御門院」
文正元年十月十七日　政長（花押影）

織田彈正忠信秀朝臣書狀　載二禰宜晨彥引付一
大神宮御造替之《ノ》義、重而《テ》示《ニ》預《リ》候、本望至極《ニ》候、仍《テ》萬
度御祓大麻幷白鳥・御樽（十荷）、被レ懸二御意一候、神
慮旁以《テ》目出度奉レ存候、檜垣左馬允殿越《シ》被レ申候條、

造進物金子十三枚渡《シ》進《シ》候、猶相殘《リ》重而《テ》可レ致二進覽一候、恐惶謹言

六月六日　織田彈正忠

信秀　判

一神主殿　貴報

平手中務大夫政秀書状　載二同書一

尊札辱拜見候、先日被二仰下一候　外宮御造替儀《ノ》、相重而《テ》檜垣殿被レ懸二御意一候、則相調候而《テ》下《シ》申《シ》候、相殘《リノ》之分、自レ是可レ被二進上一之由申候、將又御祓幷白鳥五荷拜領、過分至極、不レ少二其恐《レ》一候、何樣近日致二參上一、旁御禮可二申上一候、直々雖二申上一候《ト》、猶又私相意得、可二申入一之旨申候、委左馬允殿令《ニシメ》レ申《サ》候條、致二省略一候、恐惶謹言

六月六日　平手

政秀　判

一神主殿　尊報

右の神領の田租調庸、朝廷より寄られたる分ハ大神宮司是を勘納し、其餘私に寄附せる分ハ皆口入の神主あり、秋冬の間、國々に代官を差遣し、神稅を取立、神事の料に充、其餘分を以て自分の得分とし、其ついてに祓の大麻をも持下りて、祈禱をも勤めし也、是今伊勢の祠官從者を代官と稱して、國々に遣し、大麻を分配し、御初穗を納めしむる本緣也

○神領の代官、御祓大麻を持參して、神領の神稅を取立し證據左にあり

大宮司公文抄

大神宮御領近江《ノ》國淺井《ノ》保錦織東西鄉《ノ》之春成《シ》神稅《ノ》事、爲二徵納《ノ》一、雜掌宗吉令二入部《セ》一候、早任《クセ》二先例《ノ》員數《ニ》一、可《キ》二究濟一之旨、御成敗候者、併《ナカラ》可《ク》レ爲《タル》二御神忠一候、恐々謹言

二月何日　大宮司　在判

謹上　錦織南方地頭殿

謹上　錦織北方地頭殿

追申

爲二御祈禱一ト、千度御祓大麻進レ之候、重テ恐々謹言

大神宮御領美濃國ノ中河ノ御廚、當年乙亥分中立御封神税米等ノ事、爲二徵納一ノ、代官帶シ二神木・牒狀一ヲ、令二入部一セ候、早任《クセ》二先例ノ員數一ニ、可レ致二究濟ノ沙汰一之旨、御成敗候者、併《ナカラ》可レ爲二御神忠一候、恐々謹言

八月十七日　　大宮司　在判

謹上　中河御廚地頭殿

追申

爲二御祈禱一、千度御祓大麻進レ之候、重恐々謹言

大神宮御領遠江國ノ都田ノ御廚、當年乙亥御封神税米等ノ事、爲二徵納一ノ、代官帶シ二牒狀・神木一ヲ、令《シメ》二入部一セ候、早任《クセ》二先例ノ員數一ニ、可キレ致二究濟ノ沙汰一之旨、御成敗候者、可レ爲二御神忠一候、恐々謹言

八月廿五日　　大宮司　在判

謹上　都田御廚地頭殿

謹上　都田御廚下方地頭殿

追申

爲二御祈禱一、千度御祓大麻進レ之候、重恐々謹言

大神宮御領尾張國ノ伊福部ノ御廚、當年乙亥分邑成シ神税米等ノ事、爲二徵納一、帶二神木・牒狀一、代官令二入部一候、早任《クヤ》二先例ノ員數一、可レ致二究濟ノ沙汰一之旨、御成敗候者、併《ナカラ》可レ爲二御神忠一候、恐々謹言

十月廿一日　　大宮司　在判

海東郡政所殿　前々伊福部御廚地頭殿ト書

追申

爲二御祈禱一、千度御祓大麻令レ進レ之候、重恐々謹言

此外代官を遣して神税を取立たる證據猶多し

今參宮人を御師の家に止宿せさするも、元神領の人民神税を持參して口入の神主の家にとまりたるより始れりといへり

（上）（付箋）勘仲記弘安十年九月十八日外宮禰宜注進狀に、凡遠近萬邦之參宮人、不レ知二幾千萬一

○參宮人の事、大神宮雜事記、（朱書）「六十一代朱雀院」承平四年九月御祭條、雷電鳴騒《ナリサワギテ》天、大雨如《シ》レ沃《ガ》、參宮人千萬、不レ論二貴賤一、恐畏《レミテ》迷《ハシ》二心神《ヲ》一、退二出《ノ》宮中《ヲ》一之間、御川水出湛《タヽヘテ》天、人馬不レ堪《タヘ》二渡行《リニ》一、○神宮雜例集、（朱書）「七十四代」鳥羽院永久四年九月廿四日外宮注進狀、宮河洪水、參宮人《ノ》倫、競《ヒ》二乘《ノリ》小船《ニ》一渡越《リ》程《スホド》、河中《ニテ》船漂流《ス》とあるなとや、舊記にミえたる始ならん、○文保服假令、（朱書）「九十四代」花園院文保二年二月十七日、外宮禰宜廳宣、可下早《キ》相《ク》二觸美濃・尾張等國《ニ》一、普《ク》令《ム》上存二知大神宮參詣《ノ》精進《ノ》法《ヲ》一事とあれバ、其比ハ他國よりも參宮の人民やゝ多くありしと見えたり、○荒木田氏經卿日記、（朱書）「百二代後花園院」寛正四年四月海道の新關を破却せられ、參宮の貴賤おたやかに上下せんことを愁訴する注進狀あり、同年六月又海道新關繁多、參宮貴賤其煩あるによりて、破却あるへきよしの注進狀あり、同年十月又海道在々所々の新關を破却せられ、貴賤穩に參宮せん事を訴ふる注進狀あり、（朱書）「同上」寛正五年十月又同樣の注進狀あり、○檜垣兵庫家古券に、（朱書）「百四代後土御門院」明應八年五月玉丸山に數十ケ所關を立置候間、六十餘州の參宮人悉く魂を消し、信心を失ひ、路次通せさるよし、山田三方神役人言上の目安あり、○禰宜度會晨彥引付、（朱書）「百六代」後奈良院天文廿二年、（朱書）「北畠中納言晴具卿入通後號天祐」多氣天祐歡樂、以外之所、大神宮御崇嚴重にあらハれり、然者御立願に七月廿六日より諸海道役所關悉あけられ、諸國より旅人參宮數萬人、其數を不レ知也、當所富貴上下無二申測一也、于レ時備彥代なりとあり、此頃ハ神領次第におとろへ、祠官專ら參宮人の幣物を得分とし、諸國の參宮人もます〳〵數多くなりたりと見えたり、しかれとも今に比べてハ、いふにも足さりし程の事なるへし、今の參宮人の員數、古老のいひ傳へし所、多き年ハ四十萬に餘り、少き年ハ廿萬より廿四、五萬なりといへり、かくの如く參宮人多くなりたるハ、全く當將軍家御治世以後、天下泰平の德化によつて也、○予竊に患る事あり、昔ハ大和國長谷寺に參詣する事、諸書に見えたるに、いつの程よりか長谷寺參詣やミて、熊野三山參詣多くなり、天子も行幸あり、上皇も御幸

ありしに、これもいつの程よりかやミたり、長谷寺參詣の止たる故ハ、しられされとも、熊野の參詣の止たる故ハ、中右記第三十(朱書)「七十四代鳥羽院」永久二年二月三日內宮公卿敕使《ノ》條《ニ》、一《ノ》禰宜忠元申《シテ》云《ク》、云々、又神郡《ノ》之中、近代稱《シ》二熊野《ノ》先達《ト》一、悪僧等常成《ニス》二悪事《ヲ》一、如《キ》レ此《ノ》濫行、尤《モ》公家可《キ》レ有《ル》二沙汰一也と見えたる如く、後々ハ濫行多く、世間の煩となるによりて、自然參詣おとろへしと見えたり、もの盛に過れハ必衰るならひ也、伊勢の參宮人も今あまり盛にすぎて、衰へんと欲するきざし稍ミえたり、心あらん人ハ眼前の小利にまよハす、遠く未來をおもひはかりて、諸人の信仰うすらかず、神威の衰へさらんやうの處置、あらまほしき事なり

さて其頃の御師ハ皆神領を持傳へたれハ、今の如くひたすら大麻を分配し、其幣物を得分とする事ハなかりしを、太平記第三十六(朱書)「仁木左京大夫義長」仁木京兆南方へ參る條に、近年此人伊勢國を管領して在國たりしに、前々さらに公家・武家手をさゝさる神三郡に打入て、大神宮の御領を押領す、南方紀傳に、神領ハ神三郡幷諸郡中、其外神戸・御廚等、(朱書)「九十五代後醍醐天皇」元弘・建武このかた武家押領すなとある如く、亂世の程に盡く武家に押領せられけれハ、其頃より今の如く、專諸人民の御祈禱を勤め、其幣物を以て家領とする事となれるなり、すべて大神宮の事ハ何事も增加ふる例ありて、改め減せらるゝ事なき朝家の御法なるに、今の世にてハ衰廢甚しく、さる事ありとも知る人なきやうになり果たるハ、誠にあさましき事ともなり

○大神宮の事ハ增加ふる例ありて、改め減せらるゝよしなき事、類聚三代格、(朱書)「五十六代淸和天皇」貞觀二年十一月九日太政官符曰、不レ可《ル》レ割二取伊勢大神宮神戸《ノ》百姓《ヲ》一事、云々、望《ミ》請《フ》、件《ノ》大神宮《ノ》封戸《ノ》丁、雖レ有二餘剰一、永《ク》無《ク》二減省一、以《テ》供《セン》二神宮《ニ》一、謹請《テフ》二官裁《ヲ》一者《テヘリ》、右大臣宣《ス》、奉《ル》レ敕《ヲ》、凡《ソ》大神宮《ノ》事《ハ》異《也》二於諸社《ニ》一、宜下依二(朱書)「五十代桓武天皇」延曆廿年四月十四日格《ニ》一、永《ク》無《ル》中改減上、若有《ラハ》二乖忤者《ノ》一、科《オホセヨ》二違敕罪《ノニ》一、○中右記、(朱書)「七十五代崇德院」保延元年六月一日、癸卯、藏人辨送《テ》二消息《ヲ》一云《ク》、大神宮《ノ》禰宜六人也、而《ルニ》番使繁多也、今可レ被レ加《ヘ》二一人《ヲ》一之

由、祭主卿所二申請シフ一也、可ベシ二量ラヒ申ス一者テヘリ、予申シテ云、件ノ禰宜本數纔ニ一、二人也、如クレ此ノ申請シフ時、被ラルレ加ヘ常ノ事也、祭主申請シ者ハ、可キレ被ルレ加ヘ也、就レ中大神宮ノ事者ハ、有テ二增加シフル例一、無二改減テスルコト一、然者レハ被ラレンコトレ補セ、何事ニカ有ンレ之哉ヤ、○吉部祕訓抄、産穢、神宮忌卅日ノ條、神事之法、有リテレ增コト無クレ減スルコト、嚴重ノ之條、不レ可レ過ク二伊勢ノ遷宮ニ一、○大神宮諸雜事記、(朱書)「五十代桓武天皇」延暦廿年四月十四日格云、大神宮ノ事ハ異也二於他社ニ一、雖レ有二餘剩一、非ス二改減ノ之限ニ一

○神領衰廢の大略、東鑑、(朱書)「八十一代安德天皇」養和元年正月廿一日條、平相國禪門、驕奢の餘、神威を忽緒し、近くハ則使者を神三郡に放ち入れて、兵糧米を充課せ、民烟を追捕す、天照大神御鎭坐より千百餘歳、いまたかくのことき例あらすと見えたり、是神領亂妨の始也、(朱書)「同上」次に壽永元年五月廿九日、伊勢神宮より十郎藏人行家朝臣に答ふる書狀に、東國の內、大神宮の御領其數あり、神戸といひ、御廚といひ、皆勤る所限あり、嚴重止む事なし、しかるに、其所司の神人等、事を騷動によせ、又兵糧米の責ありと號して、所當の神税・上分等難濟せしむるによりて、先例に任せ使を遣し、催促を加ふる所、辨濟既に少く對捍甚多し、これによりていろ〳〵の神役闕乏すとあり、次大神宮の御領小杉御廚、國司の妨を止めらるゝ院宣あり、次同年十月十五日、大神宮御領伊雜神戸・鈴母御廚・沼田御牧・員部神戸・田公御廚、武士其故なく押領する間、成敗すへきよし院宣あり、(朱書)「八十二代後鳥羽院」次文治二年三月十日、伊勢國神宮御領・御園・御廚の地頭等狼藉を停止し、對捍をいたさす、御上分神役幷給主禰宜得分物を辨備すべきよし鎌倉殿下文あり、次同年三月十六日、伊勢國神領顚倒奉行の事あり、次同年六月廿九日、大神宮の訴によりて、宇佐美平次實正か伊勢國林崎御廚の地頭職を停止せらるゝ事あり、(朱書)「同上」次文治三年五月廿六日、宇治藏人三郎義定の代官、伊勢齋宮寮櫛田御廚を押領するによりて糺明せられ、義定か恩地を收公せらるゝ事見えたり、次同年六月廿日、伊勢國御領內地頭等、無道狼藉を致すへからす、

内外宮神主等の下知に従ひ、神忠をいたすへきよし鎌倉殿の下文あり、次同年六月廿九日・九月廿七日・十月十三日の條に、神宮より伊勢國員部郡沼田御廚の地頭、畠山次郎重忠か代官別當眞正か奸曲を訴ふるによりて、重忠囚人となり、沼田御廚を没收せらるゝ事あり、(朱書)「八十三代土御門院」次正治元年十月廿四日、參河國內大神宮の莊園六箇所、守護人藤九郎入道蓮西か代官善耀押妨るよし、神宮より訴ふる事あり、(朱書)「同上」次元久元年十一月四日、伊勢國新補地頭武威に募り、大神宮御上分米を停止すへからさるよし下知あり、右の條々東鑑にミえたり、頼朝卿國に守護を置、莊園に地頭を置れし後ハ、守護の威國司より重く、地頭の威領家より重くなりて、右のことく神領といへとも對捍・亂妨の事多し、(朱書)「八十四代順德院」承久亂以前にても右のことし、まして承久亂に天下の時勢一變せし後ハ、猶更神領衰微して、(朱書)「九十代後宇多院」弘安九年通海法印參詣記に、豊受大神宮の御杣山に御坐ある瀧原宮・竝宮の宮地、近頃權禰宜某名主職を持傳へしに、權門によせて官家の領となり、神宮の管領を離たり、大神宮臨時祭の假屋ハ此所の役なるに、權門の雜掌神宮の使を對捍して入れす、しかるに近年盗人此山に籠たるを領家鎮め給ふ事なきによりて、守護代彼を誅して守護領となる、(朱書)「四十九代光仁天皇」寶龜五年七月廿三日、多氣・度會二箇の神郡の界內にハ、王臣の位田、百姓の口分田をも置かす、他に移さるゝよし官符を下され、いかなる事ありても、公家にも召返し給ふべからす、武家もおしとり給ふへき所にあらさるに、名主・百姓の寄附によりて權門の領となり來たる事、飯野郡・員部郡・三重郡・安濃郡・朝明郡等も郡司・鄉司幷名主・百姓、神役を遁れん爲に權門に寄せ奉る事、遠江國濱名神戶も大江助朝父子城入道に討れし後ハ武家の沒收となる事、尾張神戶も武家の人押領して神役にも隨はす、參河神戶一所のミいまた神役にしたかふ事ミえたり、(朱書)「九十五代後醍醐天皇」其後元弘・建武の亂に又天下の時勢大に變せしかハ、神領いよ〳〵衰廢して、仁木左京大夫義長、伊勢國の守護となりて在國せし時、前々更に公家・武家とも手をさゝさる神三郡のうち入て、大神宮の御領を押領す、是によりて祭主・神官京都に上り公家に奏聞し、武家に觸訴ふ、開闢よりこのかた、かゝる不思議やあると、嚴密の綸旨・御教書をなされしかとも、義長かつて承引せす、剰我を訴訟しつるか、にくきとて五十鈴川をせいて魚をとり、神路山に入て鷹をつかふ悪行、日々に重疊せりと太平記第三十六、仁木京兆南方に參る條にミえたり、(朱書)「百三代後花園天皇」其後永享十二年、北畠顯雅卿・同教具卿、足利將軍義教公に降參あり、將軍これをよろこひ給ひて、世保刑部少輔持頼か伊勢の守護職を停めて、北畠殿に給ひ國中の分領を定めらる、是によりて又神領の事一變す、神三郡并諸郡中、其外神戸・御厨等ハ、元弘・建武このかた武家押領し、此時殘る所の神領度會郡・山田三保・宇治六鄉・多氣郡齋宮寮・飯野郡相河莊等也、是又國司北畠殿の管領となると南方紀傳に見えたり、是より以後の事ハ從三位荒木田氏經卿日記、(朱書)「同上」寛正三年五月、伊勢國長松御厨の神税、三條殿の被官權威を以て掠め奪ふ事あり、次同年十月七日、遠江國濱名御厨の神税、武家亂妨する由の目安并注進狀あり、次同年十月九日、遠江國鎌田御厨神税他人押領する由の注進狀あり、(朱書)「同上」次寛正五年二月、伊勢朝明郡末永・末富御厨神税闕怠の由の廳宣あり、次同年五月十五日、參河國細谷御厨神税闕怠の事あり、次同年六月廿一日、參河國飽海神戸神税闕怠の廳宣あり、次同年九月、美濃國中川御厨神税闕怠の事あり、次同年十一月、美濃國中河御厨神税飯尾彦左衞門抑留の注進狀あり、次同年十一月、伊勢國奄藝郡片淵御厨神税亂妨の事の廳宣あり、(朱書)「百四代後土御門院」次應仁元年十二月六日、内宮禰宜守氏伊勢國窪田・上野御厨神税亂妨を留められん事を請ふ目安あり、次應(朱書)「百四代後土御門院」仁二年二月、員部郡大井田御厨神税闕怠によりて徵納の廳宣あり、次同年五月廿五日、伊勢國河曲郡南職田守護方の被官押領によりて神事闕怠の目安・廳宣あり、次同年六月、能登國櫛比御厨神税闕怠の注進狀あり、次同年六月、美濃國中河御廚神税闕怠の注進狀あり、次同年十月廿八日、大神宮御領菊御園神税五箇駿河守亂妨の目安・聽宣あり、次同年十二月、伊勢國奄藝郡一身田御廚神税闕怠の目安・聽宣あり、（朱書）「同上」次應仁三年正月廿六日、大神宮領相摸國大庭御廚押領の事、嚴密の沙汰あるへき旨、一禰宜氏經より大田備中入道・大田左衞門大夫へ書狀あり、次同三年二月十五日、伊勢國飯野郡深田御園神税棚橋の被官亂妨の聽宣あり、次同年十月一日、伊勢國三重郡志賀摩御廚守護方亂妨の聽宣あり、次同年十一月十六日、內宮子良神田・小岐田神税闕怠の聽宣あり、（朱書）「同上」次文明元年九月九日、伊勢多氣郡土羽禪師御廚神税闕怠の注進狀あり、次同年十二月、伊勢國三重郡福永御廚神税高橋右京亮亂妨の注進狀あり、（朱書）「同上」次文明二年六月十七日、伊勢國河曲郡南職田守護方押領の目安・注進狀あり、次同年九月三日、上野國讃岐庄御廚五箇年分神税闕怠の聽宣あり、次同年十月五日、小岐田神田神税闕怠の聽宣あり、（朱書）「同上」次文明三年正

月十日、伊勢國三重郡伊弉那岐神田神税闕怠の目安・聽宣あり、（朱書）「同上」次文明四年十月十日、魚見御廚神税闕怠の目安・聽宣あり、次同年十一月十六日、伊勢國奄藝郡片淵御廚神税員數不足の聽宣あり、（朱書）「同上」次文明五年七月、伊勢國伊佐奈岐神田神税闕怠の聽宣あり、次同年七月、伊勢國三重郡伊佐奈岐神田、（朱書）「百二代後花園院」康正年中より岡田源左衞門押領の言上書幷聽宣あり、次同年八月、伊勢國朝明郡柿渡神田荒木新左衞門尉押領の注進狀あり、次同年同月、伊勢國河曲郡南職田守護方押領の注進狀あり、次同年八月十一日、攝津國國分寺御廚神税闕怠の聽宣あり、次同年八月廿一日、伊勢國安濃郡松本御廚神税闕怠の聽宣あり、次同年八月、菊御薗神税五箇駿河守押領の目安幷聽宣あり、（朱書）「百四代後土御門院」次文明七年二月、參河國神戸神税闕怠の聽宣あり、次同年九月、伊勢國安濃郡津御廚神税徵納の聽宣あり、次同年十二月、伊勢國河曲郡玉垣御廚神税徵納の聽宣あり、（朱書）「同上」次文明八年二月、伊勢國一身田御廚神税徵納の聽宣あり、次同年十一月廿五

日、伊勢國大神宮御領の神税守護方より半濟の事、前
代未聞也、速に其綺を止められ、神役本數のことく徴
納あるへきよしの廳宣あり、(朱書)「同上」次文明九年六月、能登國
櫛比御厨神税徴納の廳宣あり、次同年八月十七日、美
濃國下有智御厨調絹闕怠の目安・廳宣あり、以上荒木
田氏經卿日記に載する所也、此外神宮の舊記に猶數多
載せたり、ひらきてみるべし
今に於ても正月十一日伊勢奏事始にハ、年々祭主奏事目
錄を以て神領再興の事を奏問あり、亂世以後、右の如く
神領衰廢によりて、祠官の輩御祓を諸國に分配し、參宮
人の得分を以て家領とする事になり來たりたれども、實
ハ止む事を得ざる所爲にて、歎くにも猶あまりある事也
○奏事始の事、中御門大納言宣胤卿記、(朱書)「百五代後柏原院」永正三年三月
廿三日條
三月廿三日晴、頭辨狀到來
　神宮奏事始、明日可二祇候一之由、申入云々
　　勾當內侍とのへ　　のふ胤

神宮奏事はしめに、あす夕かたしこう仕候へきよし、
　御心得候て、御披露候へく候、かしく
六位藏人參候事、可二申遣一候由、遣二狀於頭辨一
目錄書様先日書遣候、近年右大辨宰相貫首時書様不審、
不レ尋レ余如何
廿四日天晴、申《ノ》斜《ナヽメ》着《シ》二衣冠《ヲ》一 重大帷、持レ笏、不レ可レ着二直衣一云々 參內《ス》、
神宮奏事始也、此傳奏、近年侍從大納言 定隆卿 也、
依《テ》二任槐《ニ》一 去月五日也、余可《キ》二存知《ス》一之由被二仰下一、有《テ》二存《スル》
旨一度々辭《シ》申《ス》之處、依《テ》二再往仰《ノニ》一、終去月十三日申《ス》二領
狀《ヲ》一、祖父依《テ》二武家《ノ》 (朱書)普廣院殿 足利義教公 御執奏《ニ》一、爲《リ》二此傳《ノ》
奏一、古來嚴重《ノ》之儀、人人所《ノ》レ望《ム》也、然《レドモ》 神宮造替經《テ》二
數通《ヲ》一(遍カ) 不レ及《ハ》二沙汰《ニ》一 內宮寬正三年十二月廿七日遷宮、至二當年一四十五年歟、外宮永享六年九月十六日遷
宮、至二當年一、七十三年也、外宮炎上以後無二造營一、雖《ドモ》レ有《ト》二禰宜闕《ノ》一
今三闕、內宮二人、外宮一人、經《テ》二年序《ヲ》一無二望申《ミス》族一、如《キ》レ此《ノ》時節、傳奏
可レ有《ル》二所存一歟、奏事始事、有《テ》二故障一及《フ》二今日《ニ》一、尤《モ》恐怖、 前傳奏當年未奏事云々
頭辨《ノ》毎事受《ク》二余諷諫《ヲ》一、目錄《ノ》書様等、近年分《ノ》不レ宜、中納
言 宣秀卿 職事時《ノ》、注《シ》二置《ク》一冊《ニ》一、在《リ》二河東《ニ》一、昨日召《シ》寄《セテ》

披見、如存旨、先立寄内府第、問近年之作法、 極﨟 次參內、候便宜所 番衆所殿、上下侍 六位藏人藤原資直早祗候云々、待頭辨、無程參 於愚亭可着装束之由、契約之處、有所用於三位殿伯母里亭可着、之由先刻來、演說云々 於殿上付給目錄、御鞠時分 云々、頭辨申入、則被閣《サシオカ》御鞠、早出御議定所 御引直衣、 頭辨候簀子 西廂、 告之、余取副目錄於笏、入西面戶、着圓坐 六位參事爲敷之也、然今日資直參以前、已內々被敷置云々、近年六位不參之間、爲其定內々、被敷置歟、件圓坐御前疊南、板上去二許尺 不安坐、置笏披奏事目錄、讀申、永正三年三月廿四日、 此二字讀合 尙顯朝臣 此二字讀合 奏神宮條々、 祭主伊忠朝臣申造替事卜讀之、伺見天氣、同申神領再興事卜讀之、又伺見天顏、同申荒木田守雄敍爵事卜讀之、又伺見天氣、每度不及敕答、其由許《バカリ》也、次卷目錄、取副笏退圓坐、申入御 其躰、平伏 左廻經木路、退於便宜所 殿上下侍番衆所、 付仰詞入廿四二字 硯筆內々、用意 於同所進頭辨、次被召御末、賜天盃 誠被聞召、御盃也 女官取杓、勾當內侍被謁、有仰旨等、退出

永正三年三月廿四日尙顯奏 五位職事奏事書云々、此事不審、條々多時、裡マテ書之

神宮條々 近年目六、神宮條々、無此一行、又同申之字無之、可然歟

祭主伊忠朝臣申造替事

仰、早可申沙汰

同申神領再興事

仰、可仰武家

同申荒木田守雄敍爵事

仰、可宣下

一神宮奏事始、不着直衣事

一持笏事 他事不然

一奉行職事、近年不參也、雖然今度傳奏奉行各初度 頭辨自舊冬存知之 之間所參也

一六位近年不參圓坐、女孀自外指入置之 女孀不入、內也

今日極﨟參候爲嚴重事

一今日不及神事事

一官狀幷守雄款狀等、置職事方、不及奏聞事

廿六日雨

尚顯朝臣　神宮奏事目錄寫シレ之ヲ　宿紙、二枚迗レ之、表ニ銘ヲ書、奏下ニ傳奏ヲ付　昨日兩度催促、及フ二今日ニ一如何、一通可レ進ニ禁裏ニ一之處、今日御衰日也

奏事目錄　如レ此銘ヲ頭辨書レ之、卷タル表計也
　永正三年三月廿四日　尚顯　奏　中御門大納言
　　神宮條々

――以下見エタリレ前ニ

廿七日晴

早旦奏事目錄ヲ進ス二禁裏ニ一　一通ハ置ク二傳奏方ノニ一也
散書如レ例
　神宮の奏事のもくろくまいり候、御心得候て御披露
　候へく候、かしく

同記、（朱書）「同上」永正五年二月四日ノ條、　二月四日、神宮奏事始ノ事、可レ爲二明日一、參候幷六位藏人參ル事、目錄ノ案、內々遣シレ之ヲ、申二遣頭ノ中將ニ一、以文候心得之由、有リ二御返事一、次ニ頭ノ中將來ル、奏事始參候、不具故障云々、奉行存知以後初度也、尤可レ參事歟

五日、今日神宮ノ奏事始也、午剋着ケ二衣冠ヲ一　重大帷、持レ笏、持レ笏事限二神宮事一、又不レ着二直衣一事也　參內、候ス二番衆所ニ一、奉行頭ノ中將康親朝臣　當時管領頭也、此奉行職事雖二傍頭役未補一、已前被レ仰之上、實胤朝臣未二拜賀一也、此間尚顯朝臣又管領頭也　不レ參、六位藏人源諸仲參候、申シ二入ル祇候之ノ由一、奉行參歟之由、以テ二諸仲ヲ一御尋、次ニ出二御議定所ニ一　御引直衣、敷二御茵一　諸仲來テ告ク二出御之由ヲ一、取リ二副ヘテ笏ニ於奏事目錄ヲ一、入ル二西向ノ戸ニ一　於二戸外一、蹲踞　膝行着ク二圓坐ニ一　此圓坐兼六位、敷レ之　置キレ笏ヲ披キ二目錄ヲ一、讀申ス、永正五年二月五日、康親朝臣奏ス、神宮ノ條々、祭主三位申ス造替ノ事ト讀ミレ之ヲ了、伺フ二天氣ヲ一、同申ス神領再興ノ事ト讀ミレ之ヲ了、伺フ二天氣ヲ一、同申ス荒木田武秀同ク云々等敘爵ノ事ト讀ミレ之ヲ了、伺フ二天氣ヲ一、無シ二敕答一、其ノ由許ハカリ也、退キ二圓座ヲ一平伏、申シ二入御ヲ一退キ二出ス戸外ニ一、諸仲云、可レ參ル二御末ニ一、則參ル、賜フ二天盃ヲ一　居二衡重四方一、熨斗昆布有レ之　女官令レ酌セ、勾當被レ謁セ、越前ノ使者未タ二上洛セ一事、駿河ノ事等申スレ之ヲ、退出、仰ノ詞雖ドモ下於二御所ニ一可シト上付ク、職事不參ノ之間、於テ二私宅ニ一付クレ之ヲ、以テ二一通ヲ一遣シ二頭ノ中將ニ一、條々又令セ二諷諫一

宿紙ナリ
永正五年二月五日　康親　奏ス　讀ミ申スス時加フ二朝臣ヲ一
（朱書）「此文ノ日奏聞以後予書レ之」
　神宮ノ條々
　　祭主三位申ス造替ノ事

仰《ス》、早《ク》可二申沙《シ》汰《ス》一
同《ク》申《ス》神領再興《ノ》事
仰《ス》、可レ被レ仰二武家《ニ》一
同《ク》申《ス》荒木田《ノ》武秀・同守顯
同秀顯・同氏泰・同春重・同賢光
度會晨久・同秀行等敍爵《ノ》事
仰《ス》、可二宣下一
神宮御奏事目録、令二奏聞一、令二返進一候也、謹言
二月五日　宣胤
頭中將殿
一奏ノ下《ノ》掖《ニ》可レ被レ付《ケ》二傳奏名《ヲ》一事
永正五年二月五日――奏 中御門大納言　此分ニ候、是ハ奏聞以後事ニ候
一二枚可二寫《シ》給《フ》一事、一枚は進《シ》二禁裏《ニ》一、一枚は置レ私《ニ》候
此正本者其方ニ可レ被レ置候、其ニも可レ被レ付二傳奏名一候
一仰《ノ》詞付《ケ》候所ハちと其間候、其外ハ被二引寄一候てあそはし候へき《ニ》候
一銘ハ奏事目録、如レ此可レ被二注付《シケ》一候、是も奏聞以後事《ニ》候
一敍爵口宣案八通可レ爲二各別一候、祭主可レ進レ執《トリニ》候、可レ有二御用意一候、宣下ハ八人可レ爲二一紙一候、右條々内々注《シ》二遣頭《スノ》中將《ニ》一
神宮奏事目録二枚寫進入候、可レ得二御意一候、誠恐謹言
二月五日　康親
中御門大納言殿
日付ノ五ノ字幷仰詞不レ付候間、示《シ》二其旨《ヲ》一返遣了
六日、奏事目六到來、一枚進二禁裏《ニ》一
神宮のそうしのもくろくまゐり候、御心え候て御披露候へく候、かしく
天明五年正月十一日奏事目録
是ハ裏松固禪入道殿より朋友春木隼人煥光に給ふ所也、煥光ハ入道殿の外孫也

天明五年正月十一日祀定　奏
神宮條々
祭主三位申神領再興事
仰、早可レ仰二武家一
同申祈年祭幣使再興事
仰、早可レ致二其沙汰一
同申從四位上荒木田守度神主
同盛居神主・同尚品神主・同常會神主・同
守兄神主等申、正四位下
從五位下度會常美・同幸誠・同榮光・同金
森・同永章等申從五位上事
仰早可レ令二　宣下一

伊勢祠官を御禱師と稱する事ハ東鑑に見えたり

○東鑑、(朱書)「八十代高倉院」治承三年十二月三日、武衛有《ル》二御祈願一之間、奉レ寄《リセ》二領所於《ヲ》豐受大神宮一給《フ》、依《テ》レ爲《ルニ》二年來御禱師《ノ》一、被レ付《ケ》二權禰《ノ》宜光親神主《ニ》一

御師と稱する事ハ弘安元年公卿敕使記・內宮延德注進狀等に見えたり

○(朱書)「九十代後宇多院」弘安元年公卿敕使記、無二風雨之難《ノ》一、無爲可《ニ》レ遂《キ》二使節《ヲ》一之由、殊可《ニ》二祈請《ス》一之旨、可《シ》レ仰《ス》二本宮御師并祭主・宮司一

(朱書)「百四代後土御門院」內宮延德注進狀　細川殿御狀

大神宮御師祭主職并內宮造宮使等、任《スル》二理運《ニ》一之旨、可《キ》レ爲《ル》レ如《ク》二先規《ノ》一之由、爲《シテ》二上意《ト》一被《ラル、》二仰付《セケ》一之上者、諸神領以下被二知行《セ》一、彌可《ク》レ被《ル》レ抽《テ》二御祈禱《ノ》精誠《ヲ》一候、於レ止二祭主職《ヲ》一、職直・輔直之《ノ》一類者《ハ》、不レ可レ有二許容一之由、所レ被二仰下《セ》一也、仍執達如レ件

(朱書)「同上」
明應二年五月七日　信濃前司　判
掃部頭　判
御師岩出權大輔殿

又諸國より祈禱を賴來る人を旦那と稱する事ハ、內宮年中行事に見えたり

○內宮年中行事、正月十一日、詔詞、謹請再拜々々

云々、又檀那ト稱スル人達ヲモ安穩泰平ニ恤幸給ト恐ミ恐ミモ申、○內宮年中行事、もとハ建久の頃、宮掌大內人忠仲の筆記也、故に建久年中行事といへり、しかるに、寛正五年一禰宜氏經卿の加筆あり、よく見わけて本文と加筆をえらふへし、此詔詞ハ氏經卿の加筆也御師といふにも種々あり、源氏物語をとめの巻、夕霧大將の史記をよミ給ふ條に、御師の大內記をめして史記のかたき巻々云々、よませ奉り給ふに、いたらぬくまなくかたぐ\にかよはし、よミ給ふさま云々、あさましきまでありがたけれバ云々、御師のこゝちうれしく面目ありとおもへり、是は學問の師範を御師といへり、古事談第六、保延五年正月廿八日云々條、故大殿令レ引二琵琶一給御師、資近故二條殿同比令レ引二琵琶一給御師經信、卿當時大殿知足院御笛御師按察中納言宗俊、是ハ管弦の師範を御師といへり、源氏物語玉蔓巻に、右近の局は佛の右の方に近き間にしたり、此御師はいまたふかからねばにや、西の間に遠かりけるを、禁祕御抄、佛事次第條、御誦習ノ御師、御持僧ノ中、可レ選フ二其人ヲ一事也、堀河院ノ御時、唯識論誦習ノ御師、永縁欲スレ召サント、匡房難シ二申ス之一、雖二大才一猶非淨行ナリ、淨行ノ人可キレ爲ル二御師一之故歟、是は佛道の師範と賴む僧を御師といへり、旦那といふをは飜譯名義集に、法界次第をひきて、秦言二布施一、若シ內ニ有リ二信心一、外ニ有リ二福田一、有リ二財物一、三事和合シ、心生シ二捨法ヲ一、能破ル二慳貪ヲ一、是爲二檀那一と見え、圓珠菴契沖の萬葉代匠記にも、檀越は舊譯の梵語、新譯ハ檀那也、此にハ布施といふといへり、或人大神宮には佛を忌まるゝ事、朝家の憲法にて、正史・實錄に照々歷々として、神事の時の忌詞にも、佛を中子又立強《タテスクミ》、經を染紙《ソメガミ》、塔を阿《ア》良々伎《ララキ》、寺を瓦葺《カハラブキ》、僧を髮長《カミナガ》、尼を女髮長《メカミナガ》といふ、しかるに旦那等の佛語をかり用ふる事、理においてあたらずといへり、しかれども源氏物語早蕨巻、阿闍梨の消息に蕨つくぐ\しの事を、是ハ童の供養して侍初穗なりとあり、初穗といふ事は神事にのミいふ詞なる事勿論なるに、佛に備へたる物を初穗といへり、中世神に用ふる詞を佛にいひ、佛に用ふる詞を神にもいひし一例ありし也、殊ニ旦那といふことは、殿上人・天子をさしても旦那と稱せらるゝよし也、いつれのほとよりか、世間一同・上下貴賤に通する俗言となりたれハ、今にてハあなかち佛語とのミもいふへからさる也

又祠官の家を坊といふは宿坊の意也

○是をも佛家の名目也とおもふハひがこと也、坊といふに種々の義あり、一《ツ》にハ皇太子の御宮を春宮坊といひ、春宮大夫・亮・大少進・大少屬を坊官といふ、東宮職員令・職原抄に見えたり、二《ツ》にハ女の樂をならふ所を內教坊といふ、大・中納言の人を別當に補するよし、職原抄に見えたり、三《ツ》にハ京都の町割の法に町・保・坊といふ事あり、家八軒ならへたるを一行といふ、是を四《ツ》合せたるを町といふ、三十二軒也、町を四《ツ》合せたるを保といふ、百二十八軒也、保を四《ツ》合せたるを坊といふ、五百五十二軒也、坊を四《ツ》合せたるを條といふ、二千二百八軒なり、一條・二條・三條なといふハ此割方也、拾芥抄・制度通・本朝官制沿革圖考に見えたり、四《ツ》にハ一條より九條まで皆坊名あり、一條を桃花坊、二條を銅駝坊、東三條を教業坊、西三條を育財坊、東四條を永昌坊、西四條を永寧坊、東五條を宣風坊、西五條を宣義坊、東六條を淳風坊、西六條を光德坊、東七條を安寧坊、西七條を毓財坊、東八條を崇仁坊、西八條を延嘉坊、東九條を陶化坊、西九條を開建坊といふ、拾芥抄・制度通・本朝官制沿革圖考に見えたり、五《ツ》にハ宿所を坊といふ、神宮雜例集、年中行事五月晦日條、宿坊を忌殿《イントノ》と號すとあり、是離宮院の敕使の止宿所をいへり、大神宮雜事記、(朱書)「五十三代」淳和天皇天長六年九月《ノ》條、敕使中臣定實《ノ》離宮《ノ》宿坊、是も敕使の止宿所也、(朱書)「七十代」又同書後冷泉院永承六年九月條に、目代範經又參入中臣坊とあるハ、離宮院敕使の止宿所也、又同書(朱書)「同上」治暦四年條に、祭主《ノ》御坊《ニ》參入之人々とあり、此祭主の御坊も離宮院の祭主の御止宿所也、內宮年中行事六月十七日條、抑祭使幷宮司等從《ノトモノ》坊《ハ》九丈殿也とあり、是ハ敕

使・宮司等の從者の止宿所九丈殿なるよし也、參宮人御師の宅を坊といふも止宿所也、以上皆佛家の名目にあらさる明證なり

またいつの程よりか祠官を大夫と稱す

○大夫ハ和名抄に四位・五位を大夫の位階とあり、京家にて諸大夫といふも四位・五位の人也、堂上の御息敍爵のミし給ひて無官なるを大夫殿と稱す、平敦盛を無官の大夫といふも此大夫殿也、中務・式部・民部ハ官屬、卿・大輔・少輔・大丞・少丞・大錄・少錄、左近衞・右近衞ハ官屬、大將・中將・少將・將監・將曹、左衞門・右衞門ハ官屬、督・佐・大尉・少尉・大志・少志にて、いつれも大夫といふことなし、しかるに太平記に相摸入道の舍弟北條左近大夫、近世にてハ福嶋左衞門大夫あり、これ右近將監・左衞門尉の敍爵したるをいふ、中務丞相二當正六位上一、式部丞・民部丞相二當正六位下一、左右近衞將監相二當從六位上一、左右衞門尉相二當從六位下一等、もし官ハ其儘にて五位に敍する時ハ、他より敬して中務大夫・式部大夫・民部大夫・左近大夫・右近大夫・左衞門大夫・右衞門大夫と稱す、是を敍留判官《ノ》といひて規摸とする事也、伊勢の祠官を大夫と稱するも、此類の尊稱也、近來能役者・歌舞妓役者・遊女なとを大夫と稱するに、混していやしき稱也とおもふハいミしきひか事也

初穗といふハ、もと秋實のりたる稻の始ての穗をとりて、神に奉るより出たる稱なれとも、今にてハ金錢にても、すへて大神宮に奉る物ハ皆初穗と稱す

○初穗の事、延喜式第八卷《ノ》、祈年祭祝詞、同祭水分《ミクマリノ》神祝詞、廣瀨大忌《オホイミノ》神祝詞、倭國六御縣《ノミアカタノ》山口坐神祝詞、龍田風神祭祝詞、六月・十二月月次祭水分《ミクマリノ》神祝詞、また倭姫世記に、稻一本千《イネヒトモトチ》穗八百穗《ホヤホ》茂禮里《、ニシゲレリ》竹《タケノ》連《ムラジ》吉比古《ヨシヒコ》等《ラ》仰給《ニオホセタマヒテ》、先穗《ハツホ》拔穗《ヲヌキホニシ》令《ム》レ祓《ヌカ》なとあるハ、その年の秋の初めての穗を神に奉るをいふ、三代實錄貞觀(朱書)「五十六代清和天皇」十二年十一月十七日告文《ノ》に、天皇《スメラ》我《ガ》詔旨《オホミコトラマト》止宗像《ムナカタノ》神乃《カミノ》前爾《マヘニ》申賜倍《マヲシタマヘ》止《ト》申《マヲス》、鑄錢所《セニヰルトコロニ》爾近久《チカク》坐《マ》須仍《スニヨリテ》所鑄作之《ヰツクレル》

早穂《ハツホ》二十文乎《ヲ》令捧《サ、ゲモタシメテ》持天奉出賜《タテマタシタマフ》　とあるハ、一轉して錢をも早穂といへり、今諸國より參宮の人民の奉る金錢を初穂といふハ此意也、源氏物語早蕨巻、阿闍梨の許より蕨つく〳〵しなとを中君に奉れる消息に、是ハわらはへの供養して侍るはつほなりとあり、是ハ又一轉して佛の供物をはつほといへり、源氏物語は作り物なれとも、かやうの事ハ其世の實をしるしたれハ證とすへき也、字のかきやうも延喜式祝詞にハ初穂《ハツホ》、倭姫世記にハ先穂《ハツホ》、三代實錄にハ早穂《ハツホ》とかきたり

又殊なる祈願ある人の大々神樂・大神樂なとを奏する事、是もふるくより例あり、玉海、（朱書）「八十一代安德天皇」養和元年十月二日條《ノ》に、頼朝卿・義仲朝臣等の兵亂によりて、後白河法皇大神宮に行幸あるへきや、又大神宮において御神樂を行はるへきや、計らひ奏すへしと院宣ある事、東鑑、（朱書）「八十六代四條院」嘉禎元年十二月廿四日、將軍頼經卿疱瘡の御不例によりて御祈のため、伊勢內外宮、其外諸社において、御神樂を修すへきよし仰下さるゝ事、（朱書）「八十八代後深草院」寶治二年十二月五日、將軍頼嗣卿殊なる御願によりて、淸左衛門尉滿定奉行にて、大神宮に御神樂米を寄進し給ふ事見えたり、又祠官より祈禱をたのむ人に萬度祓・千度祓を贈る事もふるき事也、一禰宜氏經卿日記に、（朱書）「百二代後花園院」寬正三年九月、杣上分の事につき、伊勢國司北畠殿の支族坂井殿へ千度御祓大麻を進する事、（朱書）「百四代後土御門院」應仁二年九月九日、將軍義政公の若君御歡樂によりて、一萬度御祓大麻・千度御祓大麻を進上する事、內宮引付文（朱書）「同上」明元年十二月、小社御廚の事につきて、小社政所へ千度御祓大麻を贈る事、（朱書）「同上」文明二年九月三日、上野國讃岐庄の事につき、地頭赤井氏へ千度御祓大麻をおくる事、（朱書）「同上」文明二年十月二日、安樂御廚の事につき、關豐前守へ千度御祓大麻を贈る事、外宮禰宜晨彥引付に、（朱書）「百六代後奈良院」天文九年六月、外宮造替の事につき、織田彈正忠信秀朝臣へ一萬度御祓大麻を進する事見えたり

御師考證　　一册

右令二返進一候、事々精細被二考注一、誠ニ令二感心一候、

宣胤記之分比校候、相違之所押紙ニ注付、入二御覧一候、
宜御取捨可レ給候
九月十日　光棣
足代權大夫殿

（端裏）奏事目錄

皇太后宮權大夫
天保二年正月十一日隆光　奏
神宮條々
祭主三位申神領再興事
仰、早可レ仰二武家一
祈年祭幣使再興事
仰、早可レ致二其沙汰一
權禰宜正四位下荒木田末固神主申正四位上、從五位下荒木田尚壽・同荒木田守重・同荒木田永高・荒木田經營等申從五位上事
權禰宜正五位下度會末貞・同度會秀俊・同度會朝楠・同度會朝輝・同度會永安等申從四位下事
仰、早可二宣下一

此奏事目錄、竹屋光棣朝臣ヨリ寫シ玉フ處ナリ

天武紀六年五月壬戌朔己丑、敕、天社地社神稅者、三分之一爲レ擬二供神一、二分給二神主一

古事談第六、承元四年三月日、鴨禰宜祐綱奏云、爲二御祈禱一欲レ勤二行臨時御神樂一云々

延喜太神宮式曰、神田三十六町一段、大和國宇陀郡二町、伊賀國伊賀郡二町、伊勢國三十二町一段（桑名・鈴鹿兩郡各一町、安濃・壹志兩郡各三町、飯高郡・飯野郡、十一町六段、度會郡十町五段）、右神田如レ件、割二度會郡五町四段一（二町四段太神宮、三町度會宮）令下二當郡司一營種上、收二穫苗子一、供二用太神宮ニ二時竝度會宮朝夕之饌一、自餘依二當土估一、賃租

充二供祭料一封戸、當國度會郡・多氣郡・飯野郡・飯高郡卅六戸、壹志郡廿八戸、安濃郡卅五戸、鈴鹿郡十戸、河曲郡卅八戸、桑名郡五戸、諸國大和國十五戸、伊賀國廿戸、志摩國六十六戸、尾張國四十戸、參河國廿戸、遠江國四十戸、右諸國調庸雜物、皆神宮司撿領、依レ例供用、其當國地租收二納所在官舍一、隨レ事支レ料、若遭二年不レ登損田七分以上、免レ徵二租稻一、竝注レ帳申二送所司一

(朱書)「甘露寺」親長卿記曰、文明十九年九月十二日云々、今日征夷大將軍從一位行權大納言源朝臣 義尚 進二發江州一、佐々木六角 實名可レ尋 御退治云々、應仁一亂之後、諸國寺社本所領、各押領及二度々一、雖レ有二武家下知一、不レ及二承引一、于レ今延引、無二盡期一、及二此儀一云々、但諸大夫一向不レ參、富樫介一人打二前陣一、細川右馬助供奉申候、此外自二一番衆一至二五番衆一、參仕之外無レ人、入レ夜畠山尾張守進發云々

御師考證

附錄一條

或曰、近年山田の地次第におとろへ、一萬軒餘もありし人家半に過き、減して五千に足らすなりゆき、二百人にもあまりし禰宜・權禰宜も百人にも足らすなりゆく事ハ其根源二《ツ》あり、一《ツ》ハ古市の遊女屋法外に盛大になれる故也、一《ツ》ハ相傳の檀家を賣買する故也、遊女屋の事ハしハらくおきて論せす、檀家賣買の事をこゝにいふへし、(朱書)「久明親王　九十二代後伏見院」鎌倉殿の頃、正安三年十月廿日、關東より寄奉《せ》らるゝ御廚、其器にあらさる輩買得する事然るべからす、御寄進の時、仰付らるゝ仁の餘流を尋て宛給ふへき也とある北條相摸(朱書)「貞時」守・同武藏守(朱書)「師時」の下知狀檜垣兵庫家古劵に載せたり

關東奉《ヨリ》レ寄《ラル、セ》御廚《ノ》事

右非器之輩、買得之條、不《ザル》レ可《カラ》レ然《ル》之旨、其沙汰弘安八(朱書)「九十代後宇多院」八年被《ラレ》レ付《ツケ》二神宮《ニ》一畢《ヌ》、而《レドモ》正稅不《ズ》二闕怠《セバ》一者、甲乙人如《ク》レ元《ノ》可《キ》二相傳知行《ス》一之由、同九年被《ル、》二仰下《セサ》一之條、背《キ》二理致《ニ》一畢《ヌ》、御祈禱仁之外、更難《ニシ》二領掌《シ》一、然者《レハ》雖《トモ》レ過《クト》二廿

ケ年ヲ一、停二止シ非器仁ノ之知行ヲ一、御寄進之時、被ルヽ二仰付ラ一仁之餘流之中、糺二明シ理運ヲ一可二宛キ給テフ一也、無キ二子孫一者ハ可レ被レ擧シ二申サル其仁ヲ一、但於テハ二弘安七年四月以前成敗ノ地ニ一者不レ及二改替ニ一焉

(朱書)「九十二代後伏見院」
正安三年十月廿日

相摸守
武藏守

祭主神祇大副殿

今の檀家ハ則古の御厨也、此下知状の旨を守て、旦家を其器にあらさる輩に賣渡す事を禁しなハ、祠官の家斷絶せす、子孫長久の基をひらくへし、堂上方なとも中世ハ皆家領を賣買し給ひし故、名高き家々多く絶家し給ひたるハ惜むへき事也

○堂上方家領を賣買し給ひし證據

(朱書)「一條禪閤兼良公御作」
桃華蕊葉 家領幷敷地、等之事條 攝津國大田保ノ公文職幷賣得ノ田畠、(朱書)「足利將軍義教公」普廣院時、載二一紙一所ニ宛行ハルヽ一也、依テレ有ルニ二要用一、賣《ウリ》二與《アタフ》池田筑後守ニ一、尾張國高畠庄、家門由緒之地也、畠山德本入道之時、付ク二家門ニ一云々、依テレ有ニ二要用一、賣《ウリ》二與《アタフ》尾州廣德寺ニ一

然るに、當將軍家以來、堂上方家領を他に讓給ふ事を御禁制あり、御家領すくなき堂上家なとハ、誠にいたハしき御ありさまなれとも、御家門斷絶の御患なく、子孫長久に連綿し給ふハ此御制ある故也、今の世間のさまを押わたして考へミるに、堂上方・武家方ハ申に及はす、他國の神主とても少し由緒あるハ、家領を他人に賣渡して絶家する事ハ決して出來かたき制あり、所領を他人に賣渡して絶家するハ、都鄙とも町人・百姓にかきれり、伊勢の祠官の旦家ハ、御朱印にも古來相傳の旦家と載せられ、累代の知行所も同様のもの也、天下に此上もなく尊き大神宮の祠官知行所も、同様の旦家を町人・百姓のことく他に賣渡して、たちまち絶家することハ、誠にあさましく、恥かしく、なけくへくかなしむへき事にあらすや、昔ハ鎌倉殿なとも伊勢の祠官を重く尊敬し給ひし事、東鑑に見えたり

○東鑑、(朱書)「八十一代安德天皇」(朱書)「養和元年也」治承五年十月廿日條云、昨日大神宮權禰宜度

會光倫號二相鹿治郎大夫一自二本宮一參着《ス》、是《レ》爲レ致《サン》二御祈禱《ヲ》一也、(朱書)「頼朝卿」今日武衞對面給《シフ》、光倫申二云《テク》、去月十九日、依《テ》二平家申《シ》行《フニ》一爲二東國歸往《ノ》祈禱一、任《セ》二天慶之例《ニ》一、被《ル》レ奉《ラ》二金《ノ》鎧《ヲ》於神宮《ニ》一、奉納以前《ノ》、祭主親隆卿《ノ》嫡男神祇大副定隆、於《テ》二伊勢國一志驛家《ニ》一頓滅、又件甲《ノ》可《ヘキ》レ被《ラル》二奉納《セ》一事、同月十六日、於《テ》二京都《ニ》一有《リ》二御沙汰一、當《テ》二于其日《ニ》一本宮《ノ》正殿棟木《ニ》蜂作《リ》レ巢、小蛇生《ウム》レ子《ヲ》、就《テ》二是等《ノ》之怪一、勘《ルニ》二先蹤《ヲ》一、輕《シ》二朝憲《ヲ》一危《フムル》二國土一之凶臣、當《テ》二此時《ニ》一可《キ》二敗北《ス》一之條、置而《テ》無レ疑《シト》者《トイヘリ》、仰曰《ニ》、(朱書)「頼朝卿」去永暦元年(朱書)「七十八代二條院」出京之時、有《ル》二夢想之告一之後、當宮之御事、渴仰之思、異《ナリ》二于他所《ニ》一、所願成辨者、必可《ヘシ》レ寄二進《ス》新御廚《ヲ》一者、

○同書、(朱書)「八十一代安德天皇」養和二年五月十六日條、及《テ》二日中《ニ》一、老翁一人正《シ》二束帶《ヲ》一把《ヲ》レ笏、參《シ》二入營中《ニ》一候《ス》二西廊《ノニ》一、僮僕二人從《フ》レ之《ニ》、各着《シ》二淨衣《ヲ》一捧《ク》二榊《ノ》枝《ヲ》一、人怪《ミ》レ之《ヲ》面々到《テ》二其坐砌《ノニ》一、雖《トモ》レ問《フト》二參入之故《ヲ》一更《ニ》不レ答、前少將時家始發《ス》二言語《ヲ》一、直可《ヘシト》レ申《ス》二鎌倉殿《ニ》一云々、羽林重問《フ》二名字《ヲ》一之處不《ス》二名謁《ナノラ》一、即披《ス》二露此趣《ノヲ》一、武衞自二簾中一覽《ランス》レ之《ヲ》、其體《ノ》頗可《ヘシ》レ謂《イフ》レ神《ト》、稱《カナヘリ》レ可《ト》二對面《シ玉フ》一、令《シメ》二相逢一之給《フ》、老翁《ノ》云、是《レハ》豐受大神宮《ノ》禰宜爲保也、而《ルニ》遠江國鎌田御廚者《ハ》爲《タリ》二當宮領《ノ》一、自二延長年中一以降《コノカタ》、(朱書)「六十代醍醐天皇」爲保數代相傳之處、安田三郎義定押二領之《ス》一、雖《トモ》レ通《スト》二子細《ヲ》一不《セ》二許容一、枉欲《テスト》レ蒙《ラント》二恩裁《ヲ》一云々、以《ノ》二此次《ヲ》一神宮勝事、引《キ》二古記所見《ノ》一述《フ》二委曲《ニ》一、(朱書)「頼朝卿」武衞御信仰餘《ノ》、不レ能レ被レ問《ニ》二安田《ニ》一、直賜《ヒ》二御下文《ヲ》一、則以《テ》二新藤次俊長《ヲ》一御使《トシ》、可《キ》レ沙二汰-置《シ》爲保《ヲ》使《ノ》於彼御廚《ニ》一之由被《ラル》二仰付《セ》一

近來ハ伊勢の祠官いつくも〳〵古しへにくらへてハ、禮《アシ》待《ラヒ》甚かろくなりたるよし也、是にハ種々の子細ある事なれとも一《ツ》ハ其器にあらさる者、俄に御師となる事、他國に聞ゆるによれり、此舊弊一時に改めん事ハ事の煩多かるへし、祠官一同私を忘れ、公平を存し、深くおもひ、遠くはからハ、いかにもよろしき商量あるへき事なるへし、しからハ土地の爲、末代の大切にて、大神宮の神威もまた増し加ハるへきかといへり、いかにも道理ある議論故、此書の附錄にしるしおく也

奏事始の條、宣胤卿記の押紙九枚は竹屋前左兵衛佐殿の
御自筆なり、努々ミたりにはきとるへからす、天保四年
癸巳九月十日給二消息一、其文云

一御師考證　一冊

右返進候、事々精細被二考注一、誠令二感心一候、宣胤記之
分比挍候、相違之所押紙ニ注付、入二一覽一候、宜御取捨
可レ給候

九月十日　光棣

足代權大夫殿

五十鈴乃落葉

世の中は昔よりしていろ〳〵と、物の變化ハ常そかし、ながれそつきぬ五十鈴の川も、淵か瀬となり瀬は淵と、替れと水は淀ミなく、流れて清き御裳濯に、吹春風にひらめきて、一夜のうちに上下表裏の變化あり、わきて開化の今日にしあれは、世の人々も昔と違ひ、各自に知恵を磨き出し、月に日にますかしこさは、外國なとにまけさるやう、只何事も悪しきハ捨て、能きを習ふハむかしより、今もかはらぬ事なれと、開化の時に當りてハ、亦かくへつの替りあり、帆かけてはしる船さへも、またるく思ふて蒸氣にかはり、驛路の駕も腕車と變し、或ハ汽車と代り、おそき飛脚も郵便て、尙おそかりと電信に、自由自在の事を達し、百里・二百里向ふの人と、咄しの出來る電話器も、皆是悪しきを捨て宜敷に、代へる大御代彌榮え、さかえましける世の中の、自然と開けめてたけれ、乍レ去あしき事にもなくして、世のうつり替りにより、おのづと替りて無くなりしもの多く、中にハおもしろきことゝもありけり、予竹馬に乘て遊し頃よりいろ〳〵と、覺えあることもあれと、亦首をかたむけ手を組て、考ることもありけり、夕への夢も今朝さめて、思へはゆかしなつかしき、その事々も今更に、強て覺えのなきことも數々あれと、予幼年の時よりおほえのあることゝものミ、忘れぬ先になにくれと、つたなき筆にて書しるし、五十鈴の落葉を后の世の、笑ひ草とてつゝるになむ

明治三十年初春　洞龜園の

龜洞

正月

門松之事

門松ハ年の始の餝物にして、帝國の萬歳を祝し、五穀豊かに一家の和合を祝すため、松竹をたて餝祝すなり、松ハ千年を契り、竹ハ萬代を契るものなれハ、年の始めにハよき餝ものなるゆゑ、家毎に是を餝り新玉の年を迎へるなるべし

門松の餝り方ハ其家の年男これを餝るなり、家によりて種々なり、一様ならさるべけれと、内宮領の宇治町々の餝を見るに、神宮家・會合家・師職なと大概一様なり、併大家にて門構ふると、小家にて門のなき家とハ餝に大小あり、又少し餝り方の違ふもありたり、宇治橋の以内に住せし家にハ、松を餝らず皆榊を以て餝とす、町家の平人にてハ凡一様の餝かたなれとも、慶光院の松餝ハ松の根元へ圍榊といふ物をしたる也、古市町の客屋と稱し娼妓を抱へ業とする家に、大店・

中店・小店と三等にありて、大店ハ備前屋小三郎・杉本屋彦十郎・油屋清兵衛・柏屋　といふて四軒あり、此四軒の大家ハ門松餝尤麗しき餝方にてありし、中店・小店ハ一様なれと大家のやうにハ賑かならす、又往來際の明たる所へ餝をすることあり、此餝方に種々ありて、文中へ書載るにくだ〳〵しきゆゑ、圖をあらはして次にしるす也

元日の若水之事

正月元日の朝鷄鳴を聞て初水を汲、是にて手水を遣ひ口を清めるを若水といふ、次に大神宮へ參詣、次に氏神、其外四方の神拜、兩宮内及近在の老若男女朝早くより夜に入ても群參して大に賑かなるもの也

年禮ハ神拜を濟して後、親族・朋友の家に年始の祝詞を述る、是を年禮と云、神官ハ其身分相當の裝束、神官以下ハ繼肩衣・麻上下・羽織袴等也、禮を受る家ハ年酒と云て雜煮餅及重組肴にて酒を出すなり、今ハ此義も往々なくなりいと少なし、年禮の姿も洋服又ハ羽

織袴多し

年玉之事

年玉ハ正月の贈り物にて、年禮の節皆々持ゆくといふにハあらねと、是も家々の例にて年禮の節持行もあり、又別に使者を遣し持せたるもありて、其年玉の品物ハ種々あれと其荒増をしるす

指樽　添へ物　青菜紙包紅白水引を掛ル

柳樽　或ハ家内喜樽　添へ物同上

八帖《ハチデフ》　美濃紙或ハ半紙二帖を上包して水引を掛、田作を熨斗の代りに二ツ付ル

扇子　壹對

乾柿　束柿　三河柿トモ云　串柿　竹馬トモ云　ミノ柿　編タレトモ云

牛蒡

美柑　密柑

手拭

呉服太物類

萬歳之事

萬歳ハ松餝の内に三河國より來り、當所へ來る萬歳ハ

長福大夫・海老大夫・福壽大夫なと尤年永く來るものにて、各才六といふ者をともなひ、長福大夫ハ淺黄染木綿に(長)の印を大キク脊の方に染込、袖及後の方の裾むねのあたりにの散模様を染たる狩衣仕立のものに袴を着し、風折烏帽子に扇子を持たる姿也、海老大夫ハ紺色木綿に赤にて海老丸の紋を脊中に染込、後の裾に大海老を染たるもの、福壽大夫ハ淺黄木綿に赤にて脊に(福)といふ印を染、兩袖後の裾にハ白上りにて若松に飛鶴の染模様をしたる狩衣仕立のものを着し、才六ハ各壹人ツ、召連、此才六ハ別段衣裝なし、通常の衣類に紺の股引、赤或ハ紫・淺黄等の頭巾をかふりたる儘にて、鼓を持たるもの、此萬歳ハ三河國・尾張の國なとゟ數多諸國へ出たるものにて、前に記す三人ハ此宇治・山田邊得意なるによりて毎年來る也、門先にていろ〳〵の祝詞の言且たはむれ・だうけ言を云て、其家の富貴を祝ひ納め、祝義とて米或ハ餅壹重・扇一對又銭等を遣す、才六ハこれを受納し、白木綿の大袋

を持居て是に納め持行也、才六ハ何れも子供にて風躰をかくよそほひしハ、大國・恵比壽の姿なるへし、是を今も維新前もあまり替らねと、此頃にてハ毎年來る大夫の外數多來る、又正月のミならず三月頃なとにも來りて、裝束ハ同し物を着て、風折烏帽子を絹の引立烏帽子に替し姿あり、又直垂やうの物を着したるあれと、當時の風俗甚見苦し、維新前の風俗いとおも白し、又近頃動化萬歳と云て、三味・鼓弓なと入て裝束も着せず來る者あり、いと俗なり

買始之事

正月二日物の買始といふて、朝早く白木の折敷（神折敷ト云杉白木製、六寸角ノ膳也、但足ヲ不レ付）江十二銅と云て錢拾貳文を紙に包ミ（今の壹錢貳厘なり）、常に買付る家にゆき、白木の杉箸二雙と杓子（栗にて作たる白木の物）二本を買求むを買始と云、又家によりてハ黄木綿を買財布を製す、又暦を買始る家もあり、是を嘉例とせし也

雜煮之事

正月元日の朝より三ケ日、毎朝家内中雜煮餅の祝とて味噌汁へ餅其他種々の物を入て是を煮て食す、又眼《ニラミ》鰯と云て、膳に付、尚大根の棧積等ありて朝々之祝也、夕飯の祝膳ハ、飯（赤豆飯又ハ白飯）・味噌汁・白眼鰯《ニラミ》（鰯なき時ハ田作を用ゆ）・鱠等にて祝ふなり

雜煮の具

味噌汁、又家によりてすまし汁もあり

餅（白黄 但黄ハ栗也）　頭いも　昆布　みかん　海老　大根

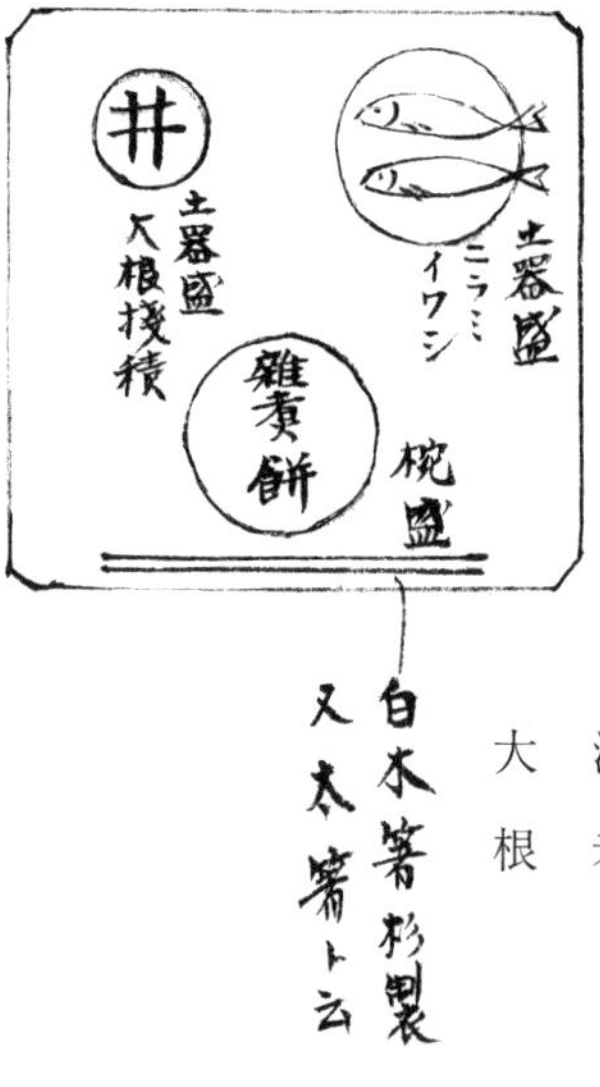

年禮の客を接待する事

年の始めハ親戚・朋友年禮に來る時、先ツ座敷へ通し、茶・煙草盆、次に三寶餝物を出し、次に年頭の禮を受け、次に盃を出し、銚子を持出、年酒を進む、肴ハ先ツ三寶餝の內にある昆布・勝栗なと紙に取て出す、次に雜煮餅、次に重の物（重組の具ハ節分の條にしるす）を出して充分酒を進む

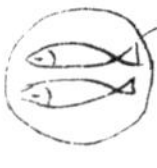
土器

田作二ツ細き紙にて二ツ巻巻止メハひねり置也

土器

生大根を長一寸五分三分角程ニ切如圖桟に積也仍桟積ト云

雜煮餅

味噌汁　糀ミそ或ハ赤ミそ

白の丸餅一　大サ徑壹寸位

粟の丸餅一　同

海老　薄く切り二切位

昆布　二枚、長一寸五分、巾五、六分

密柑　二切、皮ともに丸切にして厚一分位

大根  如レ圖一寸角に切て厚壹分

芋頭　二切、長壹寸五分、方三分位

右膳ハ黑或ハ春景塗の平折敷、箸ハ杉白木の太箸也

三寶餝物の事

餝物の具　若松　是ハ三寶の眞ニテ小松の五、六寸位、根元ハ大根ヲ切て指立ル　白米　是ハ三寶內の敷米也　昆布　是ハ菓子昆布と云て丈ケ長き方よし　餝扇　末廣　海老　是ハ具足の宜敷分を用ゆ、尤湯煮して赤くせし物　密柑　勝栗　乾柿　田作　框（榧カ）の實　橙　ところの根　ところの根を堀取、水にて洗ひ清め、丸なりに長壹寸位に切　富俵　藻草の實也　小判　是ハ種菓子にて小判に作りたる物白黄二種あり、白キハ銀・黄なるハ金

以上十二種、敷紙ハ奉書也

此末廣地紙ハ、上半紙一枚を扇骨に合し、地紙形に切て、丹とボウシとクチナシにて如レ圖霞を引、幅三分に折て地紙の元を糊にて堅め、左右を親骨に張付、末の廣さハ格好に開かすべし、小骨ハなし、是を壽扇と

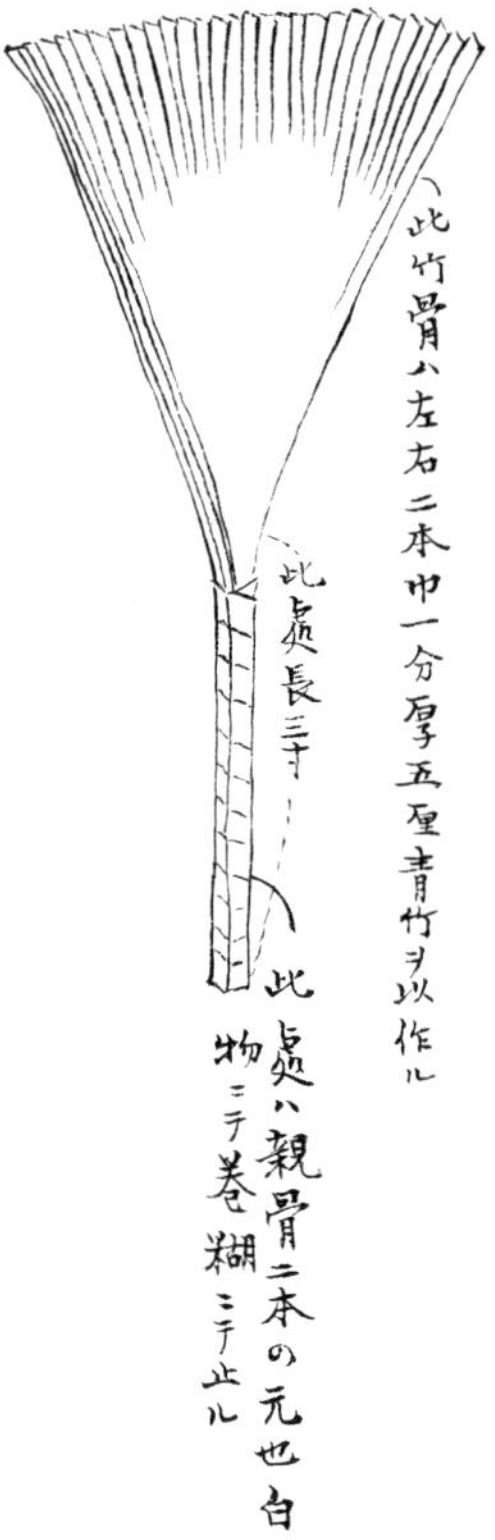
此竹骨ハ左右二本巾一分厚五厘青竹ヲ以作ル
此処ハ親骨二本の元也白紙巾三分位ノ物ニテ巻糊ニテ止ル

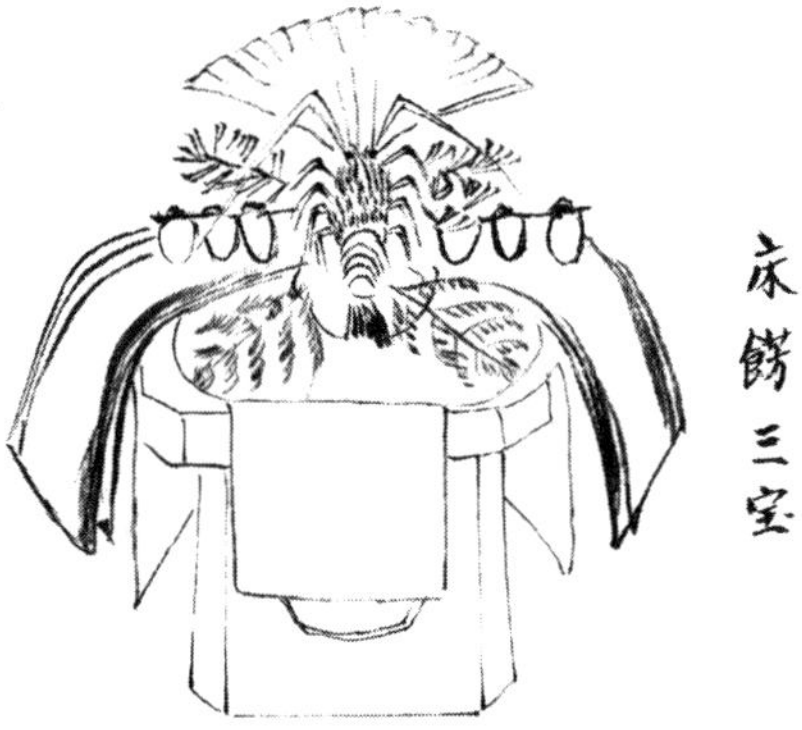

云て正月に三寶へ餝る一時の餝扇也、末廣かる祝の意にて随分雅味ありておもしき扇なり

小豆粥之事

正月十五日小豆粥の祝、又餝揚ケの祝とも云て、松餝を納むるハ正月十四日の夜納むる例也、十五日の朝小豆の粥を煮て、粥柱とて角切の餅を入たるを拵へ、餝

を納めたる跡へ備へる事、尚又門餝にてツホキと云物あり、是を餝る家ハ小豆粥を此ツホキへ備へる也、ツホキと云物ハ藁にて作りたるもの、又トヲクラベの葉・ヒヾの木葉・椢の葉なとに備へる家もありて、家々皆小豆の粥を食す、是を十五日の小豆粥といふ、今ハ此義も次第なくなり松餝も略して維新前の姿ハなし、餝納も三日の夕へにハ取除く事になりし

六日年越の事

正月六日の夜ハ年越と云て、古市の娼妓家の大店大楼の事也に嘉例と云て、見世の閘の正面に芝居様の道具を拵へ、其家の娼妓、歌舞妓人形を遣ふて法楽に諸人に見せる也、節分の夜もおなし、随分賑分て子供など押つぶさるゝ程の雑沓なり、娼妓ハ麗しき花上下に黒紋付白襟にて出遣ひと云て、己が顔の麗しきを人に見て貰ふを専一に成丈ケ見せるもの也、又左右より補助する者、手足を遣ふ娼妓ハ上下を着せず黒紋付に白襟のミ、おなしく顔をかくさすに遣ふ普通の人形遣ひハ、一人が出遣ひにて、補助ハ黒んばうとて黒服に黒頭巾をかふり貌を隠すものなれと、娼妓の事とて皆顔を見せるハ商賣柄よく考へたる仕方也、藝妓ハ惣出揃にて舞臺の兩側、又後へ二段に居竝ひ、皆々白襟紋付にてはやし方となる、大店一軒に三幕ツヽをなし、大切にハ同家に出入する若者二人出、壹人ハ女の衣装を着しおかめの面をかふり、壹人ハ大なる男根形《ハリカタ》を紙の張ボテにて作り頭よりかふり、兩側に切明ありて其處より兩手を出し、二人かをかしミある踊をする嘉例也、維新後ハ絶たり

七草の事

正月六日の夜七草を取揃へ、翌七日の朝福の神に備る事あり

大神宮に若菜の御饌とて、七日の朝若菜を入し御饌を供しる神事あり、建久年中行事正月七日の條に悉敷記しあり、市中ハ六日の夜に此七草を取揃へるにをかしき事あり、先七草と云ハ芹《セリ》・薺《ナヅナ》・御形《ゴギヤウ》・繁縷《ハコベラ》・菘《スヾナ》・清《スヾ》

白《シロ》・佛座《ホトケノザ》、此七草を集め、一束に藁持て結ひ、白木の折敷に入れ、水桶の上にまな板をのせて、其上に七草の入たる折敷を据ゑ、左右に火箸・すりこ木・杓子・箸白の杉製・鉋丁・勝手道具をのせて、勝手所の内其年の恵方に居ゑ置、竈に火を焚、平土堝《ヒラハウロク》を据ゑ、水を少し入て、七草を束の儘入て湯煮をして、能く煮えたる頃、折敷に取上ケ、まな板の上に置、湯ハ桶に入て一拜し、豫めのせてある杓子を持て亦一拜し、其七草を杓子にてトン〳〵〳〵と幾度となく打たゝく也、其時の言葉に「セリナズナ五行ハコベラ佛の座是モ七草、唐土の鶏と日本の鶏と渡らぬ先にキヤキヤキヤシテホト、キヤキヤシテホト、」と三度謡ふ、一度毎に箸持て七草を打返す、終て一拜し式全ク終ル、此役ハ年男の役也、年男なき家ハ主人是を勤む、翌朝此七草を細かくきりて粥に入て家の神に備ふ、亦家内も是を朝の食用とす、年男の着用服ハ、神宮家及師職の大家ハ素襖・烏帽子、其他ハ麻上下、又繼上下・羽織袴等也、

又宇治地方に此夜七草をせぬ家あり、昔し多氣の國司北畠公の家臣にして、信長の亂により此夜北畠の城をせめおとされ、皆ちり〳〵になり、いつか宇治へ來て住居せしとて、其家々にハ正月六日の夜ハ、不吉の夜とて此儀をなさず

又七日の朝七草の湯を爪にひたし爪をきる事あり、其譯はしらず

産土神祭

正月十七日ハ中村今の北中村にて四郷村の内に産土神ありて、いと古くより有し産土神なるよし、當日ハ村費にて此社前に假床を設け能樂あり、其番數三番、濱郷村大字通《トホリ》なる村に勝田太夫あり、同大字一色なる村に和谷太夫あり、此兩人一年替りに勤ム、參詣人村中ハ勿論、古市ヨリ南ハ宇治町々、東ハ楠部・朝熊・一宇田邊ゟも多く參り、賑ハしき祭典なり、子供の手遊類を賣市店なと數多あり、此祭に參詣の人ハ、子供土產に赤紙ト青紙にて造りし風車を買て戻る者十分の八迄あり、

宇治地方にてハ我氏神なりと思ひ參る者いと多し

山神神事

正月十一日ハ宇治館町鎮座大山祇神社末社に子安神社あり、此社前に於て大神宮へ奉納の能樂を勤ム（一色村和谷太夫、）此能樂ハ和谷太夫の能始にて、是を濟して後各村社の能を勤ムル例也（翁三番、）舞殿ハ本社の前東の方に藁葺の一宇あり、桁行四間、梁行三間、總體杉材ヲ以之ヲ造、拝見に出るハ大物忌の子良と同社の祝部にして、他ハ皆町内其他の雑人なり、近代大物忌の子良ハ不レ參して不レ出、然れども例に依テ毎年此能樂の始る前に、七度半の使と云て宮中の子良館に來る（子良館ハ大物忌の齋館にて宮中二ノ鳥居の南にあり、桁行七間半、梁行八間、檜造丸柱、屋根椹枌柿葺）使の着服ハ素襖・烏帽子、七度半目に使の料として、耳切餅七切半を藁にて結ひ、四寸のへギ盆へのせて遣ス例也（耳切餅とハ普通の押平餅の縁を切たるもの也）

山神神社弓の事

正月七日、宇治館町大山祇神社の西、子安神社の東、淸石原にて、同社の祝部職布淨衣・淺黄の差袴・風折烏帽子を着し、淺沓をはきて社前に參り、一拜畢テ西の廣庭に至り、北の方を向ひ着座す、豫て用意の的ハへゴといふ檜の薄き鉋屑やうの物、八角に籠編にしたるを美の紙壹枚を以張、鬼といふ字を書き、青竹の串に挾ミ、弓ハ青竹を割て拵へ、矢ハ青竹へ白紙を指たる矢二筋を用意し、的ハ五間計り隔たる石垣の上に立置、麻苧にてたすきを掛ケ、件の弓を引しぼり、天下泰平・五穀豐作・惡魔降伏を念し、的を連ぬきて式全ク終ル、一拜の後本社に參り退出す

此的を矢一筋にて當る時ハ其年五穀豐作、二筋にても當らぬ時ハ其年惡病流行すると、其社の祝部職山神右京といふ人云しなり、維新後ハ此義絶てなし

中之切町弓の事

此弓の事も正月にありて、射場ハ不動明王院の門内にて勤ム、素襖・烏帽子にて町の人民の勤ムル處にて、是ハ神事にあらず、然れども之を行ひしハいと古し、

大山祇神社域內
弓ノ事神事

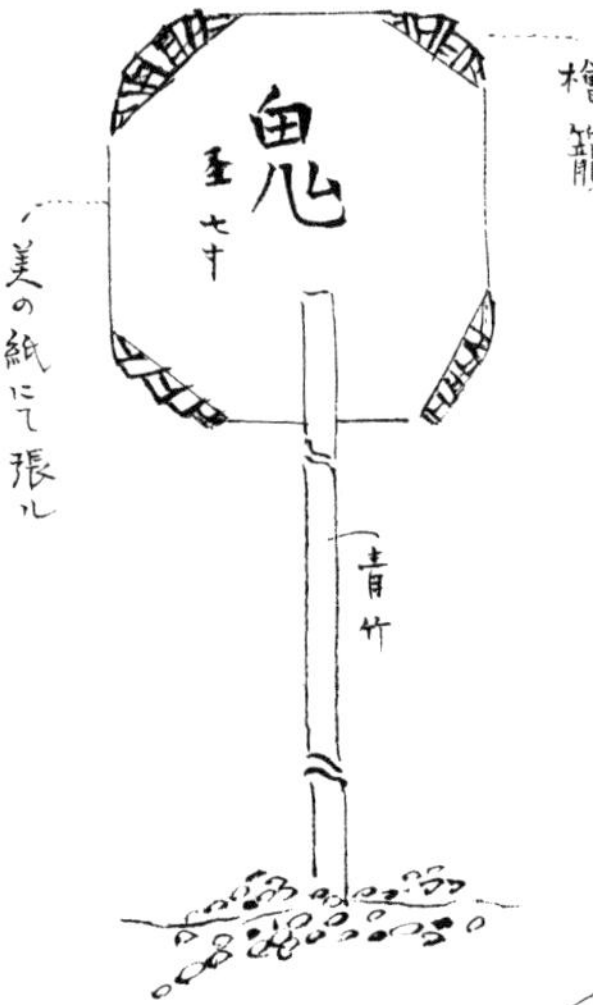

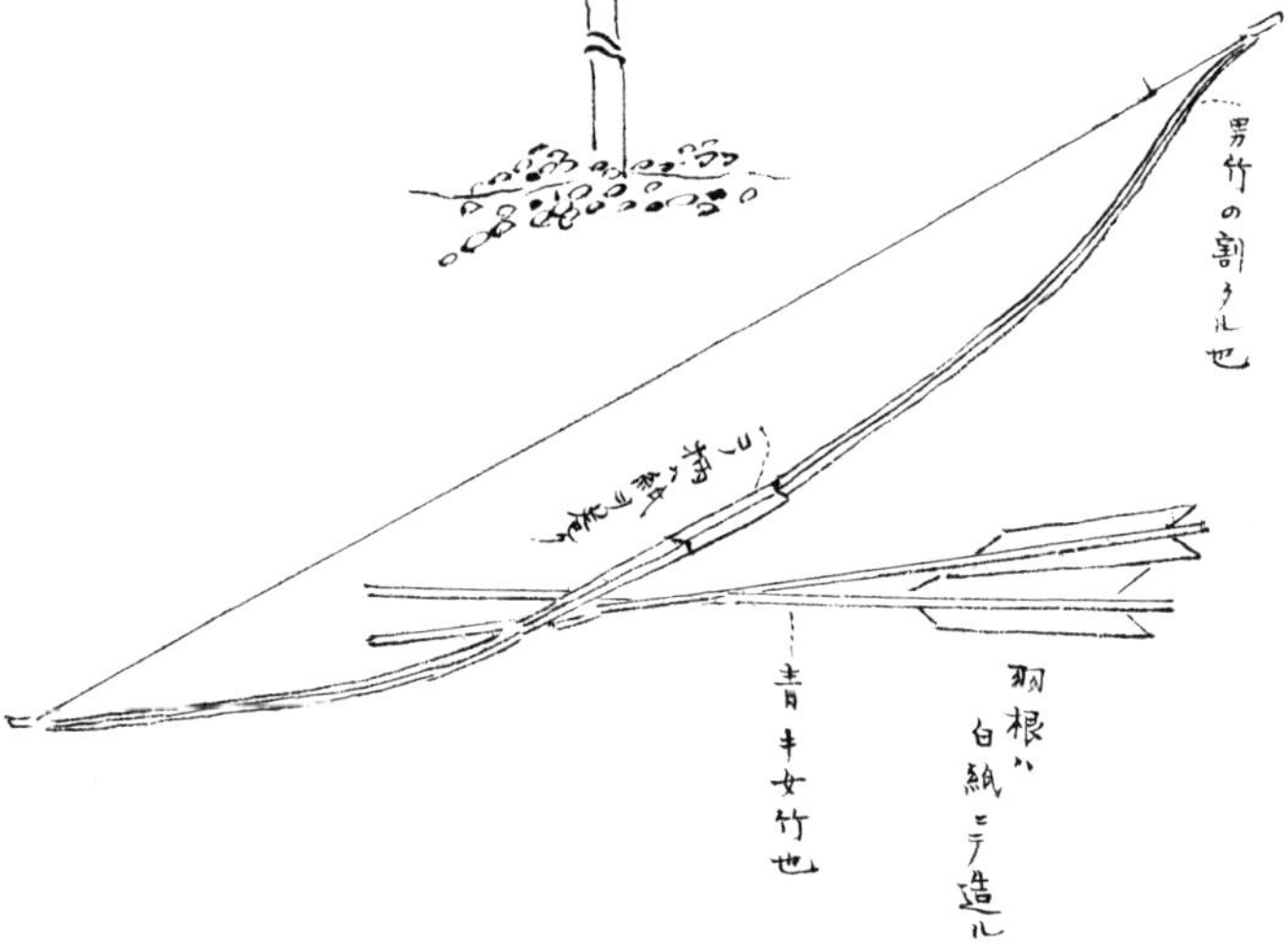

正月ハ弓を射て遊し事昔ハ多し、是を例にして近年まで神事の如く勤め來りしなれと維新後ハ絶たり弓ハ重胴矢ハ通常、昔ハ多人數集合して弓射の競争せし事ありしと聞、

今亦明治十年頃より町人民の協議によりて、弓の事と稱し形のミを始めたり、射場ハ中之切町山神社の下川邊にて行ふ

鬼押木《オニサヘギ》

鬼押へ木とハ、雑割木長二尺計りにて割肌へ消炭《ケシスミ》にて左ニ記したる圖の如く、横筋を何筋も引、門松の元へたてかけ悪魔を除くといふ、宇治地方一般に行ふといふにハあらず、大家のミ餝るへし、維新後ハ絶てせざりしが、此鬼押へ木を維新後餝る家ハ浦田長民の家のミ、他にハ之を見ず

不動の能

正月十一日不動の能とて、中之切町中程西側に不動明王院と云て大加羅(藍)あり、本堂と正門との間ダ、廣庭北の方に大松あり、此松を翁松と云、此松の元に假床を設け、通り村 今の濱郷村大字通り 勝田太夫相勤ム、翁一番を舞事大神宮へ奉納也、是勝田大夫正月の能始にて、是を済したる後ハ各村氏神其他の神事にて勤むるなるべし

御代參

正月十九日御代參とて、徳川将軍より武運長久の爲、年頭の祈願として江戸城 今の東京皇居也 ヨリ御代參被レ爲レ立、両宮參拝有レ之事、是を御代參と云、御代參といへバ、将軍の御代參と心得て子供迄皆知る事也、此時代将軍の權大ニ盛ンナルモノにして、十八日山田へ着、宮川内ハ山田奉行より町々辻々へ警固を出し、諸事無禮等無レ之様注意せし也、又宿泊ハ外宮の師職春木大夫に泊す、山田奉行ハ御機嫌伺として參館ス、翌十九日内宮へ參拝、着服 衣冠、本宮瑞垣御門の前にて大々御供を供進す、太刀・馬代等の獻備あり、内宮師職山本大夫 狩衣・風折烏帽子着用 附添、參拝後師職山本大夫にて祝飯を出す、是を七五三と云、倍(陪)食にハ山田奉行幷山本大夫と同家の親類惣代二名等也、将軍よりの御初穂ハ大判　枚 此代金貳拾五両但し壹枚ノ代 奉納有たり、山本大夫の収入とする也、本宮參拝終テ祝飯後、外宮參拝、大々御供幷太刀・馬代及御初穂等獻備内宮の如し

子日

正月の初子の日町々において火を焚、餝納の松注連縄及冬の煤拂に取除たる餝注連縄を燒却する日也、是を

子火といふ、此子火焚の人足ハ町内中にて壹人の人足を出して、朝より火を焚、其煙の見ゆるを見て、家々より上ケ餝を持出して焼却するなり、其時鏡餅或ハ角切餅を白木折敷に入持行、子火にて焼、持返り家内中食す、厄病を除るといふ、又子の火にて出來たる注連縄の灰を持返り、家の周圍に蒔時ハ其年蛇少なしと云て、皆持返り蒔し也、他國にてハ小松引なとの遊ひあれと此邊ハなし、此義維新の際三、四年絕たれと、餝上ケの注連縄の捨處なきより其後又町々に行はる

二月

初午

二月の初の午の日を初午と云て、何國にても此日に稲荷神社又ハ觀音を祭る、男女の厄歳を除るとて厄落しに皆々參るなり、男ハ廿五才・四拾二才、女ハ十九才・三十三才などのもの必す厄除とて、初午の日ハ神參り觀音參りをなして一日の遊散をする日なり、初午に詣うで厄除になる譯もあらねと、此初午頃ハ少し暖になり始、山々ハみとりなし、淺黄勝なる霞を引、道の邊のすミれ・たんぽゝ、唉揃ふさま、何んとなう心おもしろき時向に男女打連、諸方の稲荷・觀音なと詣うて、野に山に一日の遊ひをなし、面白き氣を養ひたる時ハ厄神も散し、諸々の事も打忘れ、是か則チ厄拂なるへし、此日尤賑ふ所ハ、古市の東なる松の尾に祭る厄除十一面觀世音、同西裏にある桃山に祭る稲荷、其他所々の稲荷參り、又景色を好む人ハ八幡山・宮川堤・二見か浦、又遠方に行事を好む人ハ飯高郡松坂驛中町にある岡寺へ參る、是も厄除觀世音にて近國近在より參詣多くいと賑かにて、夜みやとて前日ヨリ夜にかけ參詣多し、初午の翌日ハ植木市とて諸方の植木やが集り、市中の兩側に植木を竝べ販賣せり

涅槃會

二月十五日ハねはん像とて寺々に參る事あり、寺々にてハ此日、釋加(迦)の天竺にて死したる像を書きたる掛物

をかけて人々に見せる也、又寺院によりて地獄・極樂の繪を掛物にし見せるもあり、宇治町々にてねはん像の掛物を見せる寺ハ、館の東山の際に我鬼ケ谷の眞常院、今在家町津長神社の東冷（鈴）巖院、中之切町西裏にある養徳寺、同町表通り中程法樂舎、中之地藏町寂照寺、古市町西裏の大蓮寺等なり、山田の町々ハ寺院數多あり、故に此日の寺參りハ賑かにて、尤越坂なる寺町はかくべつ賑か也、且時向柄とて女・子供の野山に遊ぶも多かりし

三月

桃花の節句

三月三日ハ桃花の節句といふて、此日何れの家にても小豆飯を煮て、桃の酒を呑祝ふ日也、又女子のある家ハ雛祭といふて、雛人形を餝り、草餅 ヨモギの葉を入たる餅也 を搗、雛人形に備へ祭る、是を菱餅と云、菱形に切て白き餅と草餅と一枚置に七枚を重ね、下餅より上餅に至る迄、段々小形に切積重ねたるハ麗しきもの也、女の兒に雛祭をさせるハ、凡女の兒の教育をしつけるものにて、古クハ紙雛、近くハ內裏雛と云、此內裏雛ハ天皇兩（皇后脱カ）陛下の御裝束を召せられたる麗しき御姿を作り、內裏造りの御殿に高欄、御簾を掛ケ、右近櫻・左近の橘を御階の左右に竝へ、左大臣・右大臣・官女・衛士・仕丁等の人形を餝り、種々の供物を備へ、陛下の萬歲を祝し、　兩陛下のいとむつましく竝ひまします御姿より、官女たちのしとやかに宮仕へするさま、左右大臣の內裏を守護し奉るさま、衛士の警戒するさま、仕丁の御庭を清め掃除するさまなど餝りて、是に備へものして仕へまつるハ、兒童のよき祭り業にて、畏くも陛下をあかめ祭ることゆゑ、かりそめにも不敬なること、また不作法なる事をせず、言語・立居振舞まで心を付て君に仕へ奉るさまハ、かくこそとをし（教）へいましむる教育の一ツ也、又女ハ人の家に嫁し夫に仕へ、又姆・姑に仕ふる者ゆゑ、兒女の內より實母のしつけ

かた尤かんえう《(肝要)》なるがゆゑに、此日の備へものハ赤飯の煮やう、其他御馳走のこしらへかたまで教へ、又手傳はせ、膳をすゆ《(据)》るに其行義なと教へ、是を俗に女の節句と云、餝り物にハ琴・三味線・針箱なといろ〱女の業なるものあり、又昔の名ある列女なとの人形を餝り、兒女に知らしめ女の龜鑑とするなど、よき思ひ付なり、此義上流社會ハもちろん、中等・下等まて行はれ、盛んに祭り、男女共兒童ハ此日他の家にも行、其祭りさま、又其家の行義作法・言葉つかひなと見聞習ひにゆく事あり、此譯をしらぬものハ、只子供のもて遊ひと思ひしなれとさにあらず、人として國の榮えを祝せさるハなし、國民として
陛下の萬歳を祝せさるハなく、國の爲、君の爲にハあくまて仕へ奉らねバならぬといふ事を、兒女の內より教へて、生長したる上ハ夫に仕へ、むつましく女の行義作法を守る事を教へたるもの也、維新後ハ五、六年も絶えて祭らざりしが、近頃東京にて仲《(紳)》士強商なとに往々舊復して行はれしより、上・中等社會にも復舊して祭らしむる家あり

桃花の禮　又節句の禮

三月三日桃花の節會とて、市中の人々各主人或ハ師匠・得意持など、皆節句禮とて上流社會ハ継肩衣に紋服を着し、中等・下等ハ羽織袴にて當日朝の內に家々に禮に行事なりしが、維新後ハいつとなく絶たり

汐干

三月三日二見の浦の汐干とて、老若男女數多遊ひに行事にて、此日の汐干ハ常よりハ能く干して、立石より凡十町計り向ふまて干潟となり、種々の貝を拾ひ散歩するものにて、茶屋町　江村ノ內　角屋・なかゐや・松阪屋なと雜沓なりしが、維新後ハ此義も追々少なくなり、又干潟もあまり見事にハ干しかたくなりしか、是ハ立石崎の海中少しく深くなりしと思はるゝなり

御屋根櫻

御屋根櫻と云ハ、元ハ皇大神宮の御屋根に葺萱の朽腐

したる處に生したるものにて、御造營（年月不詳）のせつ、古宮を破却せし時、件のさくらを本宮西の御敷地坤の方の隅、石垣の上にて外幣（殿脱カ）の後の方に植移し、年數を經て大樹と成、根元回り八尺餘になり、是を御屋根櫻と稱す、毎春此花ハ早咲にて二月の下旬より咲始る（大陽暦にて三月中旬）、他のさくらゟ尤早し、此櫻樹の親木ハ老樹と成、既に幹枯、若木二本根元より生長し、明治廿二年度御造營に際し、西の御敷地擴張の目論見により此櫻樹石積の障碍と成し、故親樹ハ朽枯にて取捨、若木のミ二本、一鳥居前御橋の東溝川の南側に移し（當時神宮司廳の構内と成）、御屋根櫻と稱し、兩宮内にて此さくらより早く咲花ハなし、仍テ内宮の早咲と云

奉行の花見

山田奉行の花見とて、宇治地方にてハ林崎文庫ゟ丸山（文庫の南續キ稲荷神社を祭りある山をいふ）字鳩口（又法度口、又元〆手水遣場の向ふ五ケ所道路の道傍　鳩口ハ法度口なるよし、昔神路山より薪炭なと持出す時、宇治の年寄則會合所へ口錢といふて税金を納めさせるに付、此所にて稼人を法度して一人毎に口錢を取し所の名なるよし、其後此所にて口錢を取事を止め、山稼の者より直に會合所へ年々十二月に、翌年の分を前納する事になり、此義を廢し、又元〆の名ハ、此所へ小家を設け神路山より炭の出し運ひ來るを、商人此所へ出張し、相應の金もて買上る元〆をしたる事あり、仍て元〆の名もありし）・琴ケ岡（鼓ケ岳の下にて、五ケ所道の西側に添ふたる丘なり、風の宮橋と相對したる所也）などの花を遊覧する事ありて、此日の辨當馳走向入費ハ總て會合所の辨償也、山田地方の花見ハ豐宮崎文庫にてありたり

御炎上勢揃之事

三月十九日ハ御炎上と稱し、市中火の元警戒スル事あり、是ハ文政十三寅年三月十九日、今在家町西裏手なる岩崎大夫より出火し、町内中不レ殘、宇治橋及前後鳥居・木除杭共燒失し、館町（此館町ハ宇治橋以内の町にて、今の神苑地なり）不レ殘燒失して其火宮域に移り、荒祭宮ニ飛火して同宮正殿ハ半分御炎上せり、御本宮にハ御異狀なからしめたりし事を不レ忘爲メ、年々此日に勢揃といふて宮中ハ申に不レ及、宇治の市中ハ晝夜火の元を警戒し、宮中の巡視ハ禰宜中・諸役人と共に、本宮御垣内幷詰所々々・諸殿舍に至るまで見回りをなすべし、宇治の市中ハ會合所の年寄役人を隨へ市中巡羅（邏）をなせり、宮

中を禰宜の巡視せし服并會合の年寄が市中巡羅せし服は、荒まし左にしるす

先拂

○宮目附壹人（小役人　繼肩衣・胸當・帶刀）、長官役人（繼肩衣、胸當あり、帶刀ニテ宮中各詰所々の役人名を、各所ニて讀立、其參否を糺す）一禰宜（狩衣・立烏帽子・草履、）高張提燈持二人（但小高張にて竹の長柄あり、法被を着し一禰宜の先に立、此小高張ハ禰宜各自の定紋を付る、）禰宜の小姓壹人（繼肩衣、緋羅紗に主人の定紋を金縫したる胸當をなし、帶刀、手提燈を持て主人なる禰宜の後に付隨ふ）二禰宜以下各同列にて後方より長官役人貳人（繼肩衣・胸當・帶刀）宮奉行（繼肩衣・胸當・帶刀）

○物忌ハ子良館に詰る、大物忌・宮守物忌・地祭物忌各（淨衣・風折烏帽子・草履）禰宜巡視の際ハ同館の軒下に出會しなり

宮中非常の節馳付人足

○第一番　本宮詰　中村（今の北中村、村役人及村中）

○第二番　子良館詰　楠部村（村役人及村中）

○第三番ゟ各本宮詰（一宇田村・朝熊村・鹿海村・江村・松下村・三津村・溝口村・山田原村）

宮中各所に火防具置場とて建家何ケ所もあり

○本宮の南冠木鳥居（今の板垣南の鳥居をいふ）の東南隅山林中に梯子部屋ありて、梯子大小六挺・水桶三荷・水手籠等の備置あり

○本宮の北荒祭宮の南山林中に前同樣の梯子部屋あり

○五丈殿の西手廳舍殿の北に火防具納屋有て、此建物ハ二棟有、壹棟ハ梯子部屋、一棟ハ火防具部屋にて、梯子ハ大小拾五挺計り、火防具屋中にハ水荷桶・水手籠・大團扇・水鐵砲數拾個を備へ置、其他各詰所々、又別宮の詰所ハ別に其處に備へ置あり

會合年寄宇治市中巡羅

○小高張持二人（法被、）會合年寄一人（火事裝束、胸當・陣笠、或ハ火事頭巾・帶刀、）小姓壹人（羽織袴・胸當・帶刀、馬提燈持）四半幟持一人（法被、）

會合役人二人（羽織袴・胸當）

非常警鐘の打方（但明治四年前の打方にて、維新後ハ改正ありて此制を廢）

○宇治地方の出火ハ御宮近傍なるか故に總て早打とす

○古市町中の地藏町（今の中の町と櫻木町なり）此邊の出火ハ三ツ拍子

○山田地方ハ四ツ拍子
○近郷近在ハ二ツ拍子
○山火事ハ一ツ拍子

四月

卯月八日

四月八日ハ、毎年寺院にて釋迦の誕生日とて裸體の銅像を小盥に立しめ、是に産湯を入（此産湯と云ハ、甘茶といふ草の根と甘草を煎したるもの也）、小堂の形を拵へ、屋根は草花を以て葺飭り、參詣の人々産湯盥の湯を掛るなり、又産湯貰ひとて、子供ハ竹の筒又ハ土瓶なと持參して、甘茶湯を僧に乞て持返り是を呑なり、隨分甘味のある湯なれと、多く食するときは腹痛・下痢をなす、此日産湯にて墨を摺、小短册に歌をしたゝめ、厠の柱へさかしまに張れハ、其家の周圍へ長蟲來らずとて、是を張る家ありたり、何等の由縁なるや、其歌に

昔より卯月八日ハ吉日よ、かミさけ蟲をせいはいそする

花摘

四月七日則卯月八日の前日、各寺院へ讀書・手習に行子供ハ、明八日の花御堂を飭る草花をつミに行事にて、男兒・女兒共七日・八日の兩日ハ休學をして花摘をする也、朝早くより師匠なる寺僧の命により、男女列を二ツに區分し、各硯箱の蓋を持、野に出て、草花ハすミれ・たんほゝ・けんげ花・松のみとり・杉の芽・花かつミなど摘來り寺僧にわたす、僧喜悦して其禮に饅頭なと取らせし事にて、子供のよき遊ひなり、尤花摘に行朝ハ學生なる子供男女を分チ、今日花摘に野に出るも男女の區分を嚴にして、決て互に入交り聞苦敷言語を用、或ハ口論なとすへからす、又他の寺院より出來る學生へ對し、不法なる言語を用、口論などすへからす、皆々行義を正しくし、世間のわらひを受る事なからしむべしと敎へ諭したる上、門を出すなと、隨分念の入たるものにてありし也、此頃の敎へ方ハ、第一

言語・行義・作法を教へ、子供の内より男女の區分を正しくして書體・筆法を教へたる後、讀書におしわたるものにて當時の小學校よりハ其教へかたのことなるものなるへし

初鰹

鰹といふ魚ハ四月の頃初漁をなすものにて、毎年時鳥の初聲と同時に漁のある事、毎年あまり違ひなし、古人の句に

眼に若葉山ほとゝきすはつかつを　素堂

鰹ハ風味よく勇ミ魚にて、是を商人《アキノウ》に随分勢ひよく勇ミ、江戸今の東京にてハ是を俗に勇ミ魚と云、三味の歌に鰹賣と云歌有、舞有程の景色魚也、別て初鰹と云て始めて魚市に出たる時ハ、直段尤高價にて、中等社會ならでハ口に入る事叶ぬ程の直段也、當地ハ鰹の澤山なる場所なれと、初鰹の市相場安政年間文久年間高價の時ハ、初市と云て市場へ第一番に出たる直段、先ツ金參兩貳分位今ノ三圓五拾銭ナリ、第二番目ハ相場の少し減するものにて一本金貳兩位今の、貳圓第三番目一本金壹兩貳分今ノ壹圓五十錢也、初鰹ハ年によりて一本より初市へ不レ出事あれハ、又初市ゟ引續キ澤山漁のありて、毎朝の魚市に鰹の山をなす事もあれど、市場の掛引とて先ツ一本を市に出し、除ハ隱し置て最早の一本を高價に賣、第二番ゟ數本を出して通常の相場を立る、随分競て買物也、初鰹と云ハ人より先へ食するを自慢する風氣にて、魚屋にても競て買戻り、市場より直に得意先へ持行也、得意と云ハ多くハ遊廓にて、常に多分の魚を持込場所にて、魚屋に取てハ大得意なるべけれハ、第一に古市町の備前屋・杉本や・油屋・柏屋、料理屋にてハ麻吉・よし村なといと盛んなる家へ持込、一足早く客に出すを自慢とす、又遊女屋・料理屋にて客の得意へ常に再度來る客の家少しツ、指身として錫《スヾ》の皿に入、初鰹進上といふて配るもの也、當地にてハ初鰹を食するハ富家也、江戸にてハ中等以下の者か高價を不レ云競て買求め、第一番に食す　或人の句に米櫃の底ハたゝけど初鰹　あせじミた財布たゝいて初鰹、是を自慢す

る氣風なるよし、故に上等社會の人ハ第二番に廻る、江戸ツ子ハ勇肌なるゆゑ衣類を質に遣りても初鰹を第一番に食せねハ、玉川の水て生育せし功力がないとか、いろは火消の肩がすぼむとか、吉原の女郎にいくじなしと云れるとか、妙な所へりくつを付て高價の鰹を食するこそをかし、京都・大阪ハさほどによろこばず、元來此當時ハ運搬に不辨なりし故、鰹なとの早く腐れる魚ハ漁場ゟ送らず、又身の赤き魚ハ下魚と稱し不レ食、近來汽車・汽船の爲メ其便を自由にする故、往々紀州熊野浦より廻るべけれど、上等社會ハあまり不レ食のよし

御衣維子

御衣維子と云て四月十四日ハ、　皇大神宮の神御衣祭にて御衣を御絲鄕なる機殿に奉織し、此日同所ゟ道中列を正し運搬して大神宮に奉納の神事あり、此神事の濟まてハ何程暑き年といへども町家にて維子を不レ着、又女ハ朝ゟ御祭典の濟迄ハ縫針の業をせず、又御衣の織始ハ四月一日より始め、十三日を織終りとす、故に宇治地方にてハ此十三日間ハ朝ゟ晝迄今の十二時ハ女の機織を忌む、大神宮の御衣奉織を憚りてなり

神御衣祭ハ毎年四月十四日ト九月十四日トなりしか、維新改正ゟして四月十四日を改め五月十四日とす、九月十四日を改め十月十四日とす

五月

菖蒲節句

五月五日ハ菖蒲節句とて、家々の軒へ菖蒲の葉を餝り當日を祝すハ何國もおなし事のよし、又菖蒲の葉を屋根に葺餝るも他所に例多し、宇治地方にて屋根に葺餝るハ、菖蒲二もと位へ麥藁とよもきの木を取交一括とし、是を庇の軒へ把元を上の方にし、葉先を下の方にして軒先へ少し葉先の出る樣、二把或ハ三把ツ、屋根瓦の流に添して餝るを菖蒲葺と云、五月ハ祝月にて、先ツ五日の節句を祝にハ屋根を葺替て、家毎に祝すと

○外幟圖

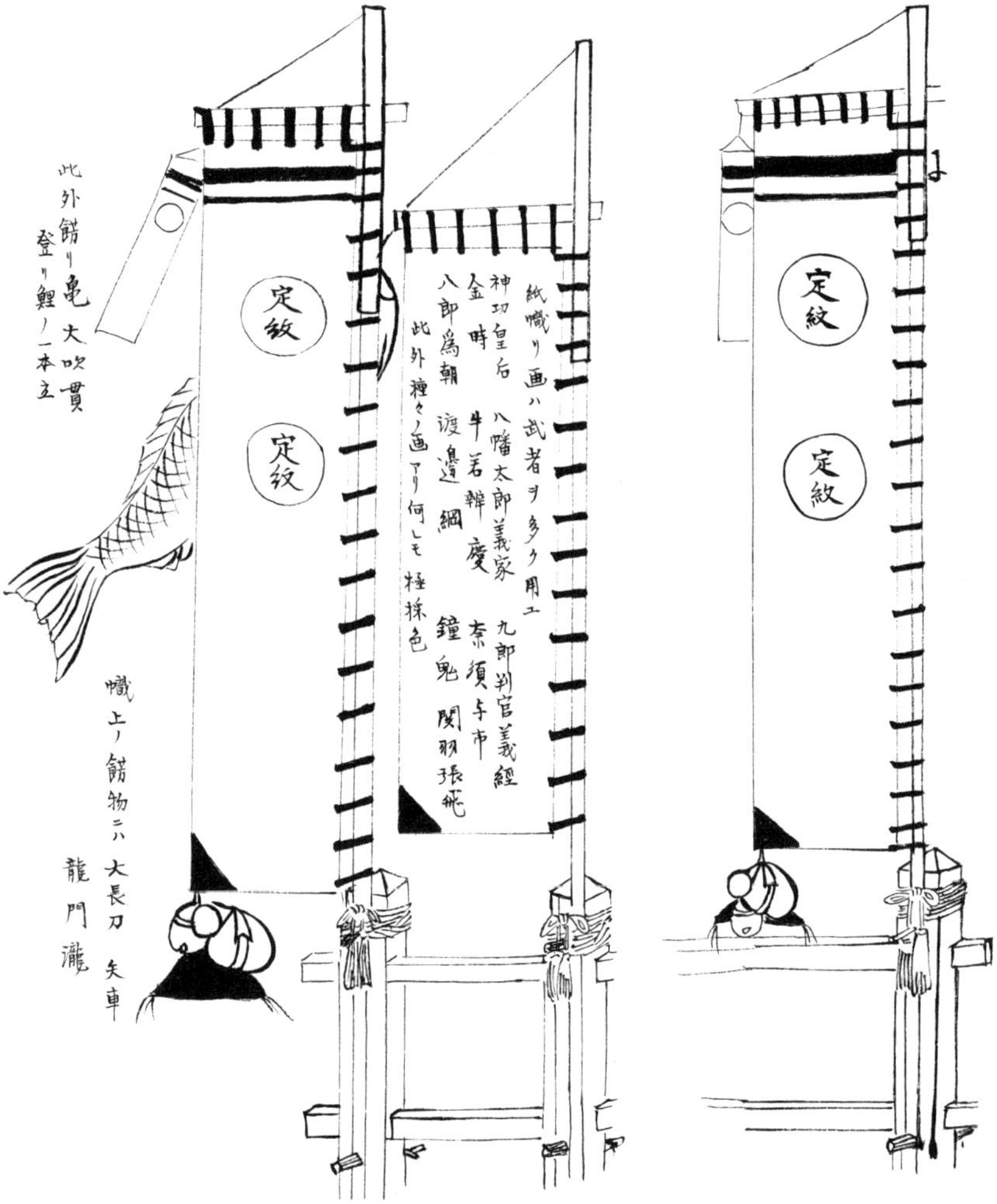
此外餝り亀 大吹貫
登り鯉ノ一本立
定紋
定紋
紙幟り画ハ武者ヲ多ク用ユ
神功皇后 八幡太郎義家 九郎判官義經
金時 牛若辨慶 奈須与市
八郎爲朝 渡邉綱 鐘馗 関羽張飛
此外種々ノ画アリ何レモ極採色
定紋
定紋
幟上ノ餝物ニハ 大長刀 矢車
龍門瀧

云意にて其葺草に麥藁を取交る也、昔ハ家を建るも皆草葺にて（今藁にて葺を草家と云）瓦葺ハなし、後世に至り瓦葺始り、草屋ハ田舎にのミ残りしか、古めかしくしておもしろく當日草を以て屋根を葺、其形のミ存せり、菖蒲とよもきを取交るハ諸の蟲を除るといふ意にて也、此菖蒲の匂ひハ蟲を除くに功力あり、祝の酒に菖蒲酒と云て、銚子に菖蒲の葉を付る、此酒を呑時ハ腹の中の悪蟲を除くと云、頭に菖蒲の葉を戴く時ハ頭痛せず

節句の幟見

五月節句ハ祝日にて、又幟の節句ともいふて男の兒ある家ハ戸毎に門ノ先へ幟を立、武者人形或ハ吹貫馬レンなど總て勢ひを見せたる戰争なとの具を餝りて、男兒の猛き勢を見する爲、家々思ひ〳〵の餝物をなすもの也、是等何國もなすことにて、江戸表にても幕府ハ申に不レ及、旗本其他町人に至る迄、皆分相應の幟を押立、大名なとハ尤美にして大なる幟を立て、男兒の無事に生長するを祈る意也、當日幟り見とて所方を散歩し、種々の幟を見るを樂しミとす、此幟餝に外幟・内幟と云二種あり、外幟ハ左

内幟　又座敷幟トモ云

一幟　二本　定紋付、地合ハ白縮緬、又ハ二羽重

一馬レン　一本　餝ハ金ノ定紋

一毛鎗　二本　白毛或ハ黒

一長刀　一本　黒天鵞絨袋入、餝紐アリ、柄ハ青貝塗

一鎗　一本

一旗　一本　定紋付、地合二羽重縮緬ノ類

一臺笠　一本

一立傘　一本

一大鳥毛　一本　鶴ノ羽ヲ用ユ

一弓矢

一餝具足

此外武者人形を餝る家もあり、其人形も世に名高き名將にして國家に名をあけし人

六月

輪越の神事　又名越の祓、又六月大祓

輪越の神事ハ名越の祓とて、何國にても毎年六月三十日に大祓を執行し、身の罪咎を祓ひ清むる爲、之を行ふもの也

伊勢神宮大祓ハ祭場を五十鈴川の西の川原　一ノ鳥居内手水遣場の向ふ川原也、昔ハ東岸の川原にて行しを、水の爲に東岸に川原なくなりしより、西の川原へ移せし也、此日出水にて川向へ渡る事出來ざる時ハ、東岸の廣庭にて行ふ　にて執行せしに付、當日手水遣場の中央より西の川原へ向ケ臨時板橋を架設し、青竹にて手摺を結び、川原にハ東西四間・南北五間餘荒石取除、小砂利の清らかなるものを敷均し、周圍ハ荒石を以て一直線に竝へ祭場を拵へ、中央に三ツ石を置、麻の木を青葉の儘へ苧を結ひ、此三ツ石へ立、其前に白木四ツ足の案板を設ケ、其上に錢切・散供ヲ備へ置、前に敷設アリ

禰宜衣冠着用、東方南上西面、物忌淨衣着用、南方東上北面、家司大夫ハ禰宜の末北方に南面ス、出納内人白雑色にて　二人北方に南面シ茅輪を前に置、各着座鋪設アリ、家司大夫案前に進ミ大祓を執行し、麻の木の大麻を以て禰宜以下を清む、終て大麻を三ツ石に戻し復座、次に一禰宜より一人ツヽ、次第に案前に進て一拝して南面に卓立す、出納内人茅輪を持て後方ヨリ潜らしむ事三度、物忌迄終て一同一拝退下、夫レより出納内人ハ禰宜・權禰宜・内人の家々に至り、男女に不レ限家族を潜らしむ、其料ハ隨意なれとも、壹人前十二銅或ハ百文を遣す、其他宇治地方に止宿せし當日の旅客・參詣人も厄落し無事長久を願ふ爲メ、此茅輪を潜る者多數あり、此日の參詣人ハ松阪近在及御絲郷など尤多し、其料物ハ出納内人の得料也、夫々回り仕舞ハ中村橋の上手に字ナカトガメといふ淵あり、此所へ持行、茅輪を二ツに切斷し流す例也　中村とハ今の四郷村大字北中村の事、中村橋とハ今の御そば橋をいふ

小麥の楊枝

小麥の楊枝といふハ、六月三十日大祓の日に冷しうど

ん或ハ冷し麥など食す、何ゆゑなるや、是を小麥のやうじ《（楊枝）》と云

御濱出の神事

六月十五日朝寅ノ刻、禰宜及山向内人長官の役人を従へ、濱出と稱し二見浦なる神前の濱へ行、　皇大神宮月次祭由貴大御饌に供たる御贄を取に行事古例也

此日禰宜裝束ハ布淨衣に風折烏帽子、上階の差袴ハ紫の八ツ藤、其他紫無地綾也（禰宜ノ淨衣・風折烏帽子を着用するハ、年中に此濱出のミ）山向内人ハ白雜色、途中上階の禰宜ハ駕輿（アジロ）、其餘の禰宜ハ騎馬（各白張を着せし馬丁アリ）、道筋ハ齋館前にて列を定、駕輿ハ往《（従カ）》來通り宇治橋を渡り、中ノ切町と浦田町との界なる松谷の世古を通り、川岸を世木の沼《（脇カ）》へ尼ケ坂を經て、中村及楠部村を經て鹿海村の三本松迄行、同所にて待合、騎馬の禰宜ハ、一ノ鳥居前御橋の外より直に西へ川岸を通り、宇治橋の上手を渡り橋の下を潛り、今在家町の表通りを行、松谷の世古より入て、世木の沼を經て次第鹿海村三本松に到る、同所ゟ御用船と稱し、江村ゟ大船二雙を以て此處に待受、是ゟ惣中船にて江川を下り、松下村の天王森に着す、此所ゟ上陸、天王森に幔幕を張、敷設をして干汐の時間を待、休憩辨當ハ齋館より忌火を持せ行、時刻を謀り同所より神前の濱に參進、神前神社（皇大神宮攝社）に一拜、磯邊にある笏立岩に各笏を立かけ置、麻の襷を掛て御座岩に渡る、此岩ハ神前の濱より凡一丁計沖にある平面なる大岩にして、昔より御座の岩の名稱アリ、此岩にて

　皇大神宮の月次祭由貴大御饌に供る御贄なる海松・ツブ（貝ノ類）・セ貝の三品を取、藁苞に入レ山向内人に渡す、山向内人（白雜色立烏帽子）是を首に掛て天王の森に持返る、次に禰宜・諸役人一同、天王の森に歸る時に小濱村の漁師ゟ、例に仍テ調進する生鯛數尾を白木辛櫃に汐をたゞへ、藻草を覆ひ、生鯛を入れ、漁船に乘せ、船印ハ太一と染込たる四半幟を立、村役人之ヲ護衛し神前の濱に來る、長官の役人之を受取、人夫をして直に　皇大神宮に送る、此鯛ハ由貴大御饌用の御贄ニな

るへし
　但小濱村の鯛ハ夕刻より松明を點し、宮中迄運搬する例なりしも、近世夕刻迄に宮中へ運搬する事に改正せしより、夜の積りにて晝中たりとも松明の木を持し人夫の先立ありたれと、文久・萬延年間に此義もせさりし也
禰宜以下行事終テ神前神社へ一拜、天王の森にて休憩し、申の刻より一同船に乘、已前の如く江川を登り、橋の森（三津村の南、字繰舟の南、江川に添し森なり）の處にて山向内人船歌を謠ふ、舟ハ次第に鹿海村三本松へ着す、夫レゟ上陸して山向内人の持たる御贄を先に立、禰宜ハ駕輿又乘馬、歸路楠部村ノ東苞掛の森にて下馬・下乘、此道邊に靑竹壹本を立置、此竹に山向内人の持來る御贄苞を掛テ一同此森を一拜す、又馬に乘、楠部の中央を通り西の出口なる　皇女が森（昔ハ舟橋の辻といふ）の前にて下馬・下乘、夫レゟ本宮へ歸る、戻りの道ハ馬も駕輿同樣に宇治橋を渡りて、館町を經て禰宜の齋館に入、着服を衣冠に改て引續き御占の神事に參進する也

土用の入
　土用の入とて其日には戸毎に餅を食す、俗に云土用の餅ハ腹わたになると云、又白餅をにらと焚て食する家もあり、又とちの根を水にひたし食す

西行の瀧附石風呂の事
　西行の瀧ハ館町字岩井田沖（又ヨウ田・山田・楊田）の東山岸にありて西行上人の舊跡也、一寺あり、神照寺と號し尼寺也、四季共に風景よし、西行上人自分の木像を鉈を以て白木造りに拵へ、是を西行の鉈造りといふ、黑塗の廚子に納む、尤座像にして其丈ケ壹尺貳寸位、境内大楠あり、櫻あり、松杉あり、門内にはせを（芭蕉）の碑あり（道はたの槿ハ馬に食れけり　はせを）、暑中納涼の爲、此寺に至り夕景まて遊ひ、又瀧に暑を洗ふ者、瓢を提て來るもあり、辨當を食するあり、歌人來り、誹人來り、賑ひ尤盛ん也、仍テ暑中ハ寺内に冷さうめん・西瓜・桃、其他菓物・酒・菓子類の商人店を張、客の求に應す、客ハ貴賤を

不レ論、老若男女、古市町の娼妓・藝妓・歌舞妓役者など

又石風呂と云て此寺にあり、石風呂を望む客ハ入りて、相當の謝義をなすものなり、住職ハ尼壹人にて、文久年間頃より明治一新迄の尼の名ハ智觀尼、歌及發句もいさゝか好めり、維新の際此寺を廢す、寺の支配ハ會合年寄にてありし

七月

七夕祭の事

七月ハ記すへき事の多かりしも今ハいと少し、維新前にてハ、此月ハ一日より七夕祭と云て、七日の夜深更まて星を祭る事、此星祭ハすべての家に祭ることハ何れの國にてもある例なるか、當地にてハ手習子の祭る事にして子のなき家ハさして祭ず、折にハ大家の奥にて祭る事ハあれといと少し、維新前ゟ今のやうに學校とて公然のものハなく、寺院の和尚又ハ儒者或ハ相當子供のせわして讀書・算學等をする家々につき、これを習ふ女兒にして手習・讀書を終め、夫レゟ縫針の業を習ふ、謝義としてハ半年に付大家ハ金百疋（百疋ハ壹分の事にて、今の貳拾五錢也）、中等ハ金五拾疋（五十疋ハ貳朱、今の十二錢五厘）、下等ハ金貳拾五疋（貳拾五疋ハ壹朱也、今の六錢貳厘五毛也）、各紙に包、水引を掛て盆禮と唱へ、必す十三日までに其師匠へ持行なり、又心ある親々ハ其謝義へ紙或ハ煙草・野菜物などをそへる也、是等ハ今の學校にて月謝と稱するもの也、七月已後の謝義ハ十二月の節季前に持行へし、扨七夕祭に付てハ、前月廿五日より手習子供皆五色の紙を買求め、色紙短册の形に切、大旗・小旗と云て、白又赤なと思ひ〳〵の旗を製し、上手に餝りを付て、何れも歌又詩など書て紙の小よりを付、他に獻し物とて扇・赤提燈・五色の絲なと一人毎に相當の員數を求め、是を大竹に繫く、大竹ハ六月三十日に竹迎と唱へ、各寺院或ハ他の家より子供五十人或ハ百人と群をなし、宮川又ハ佐八村・大倉村邊、又川崎邊にて竹を買求む、竹

の太サ回り九寸以上壹尺餘もある竹を枝葉の儘買求、途中ハ男子にて大勢が持來る、女子ハ近き邊にて迎ふ、其竹着すれバ其日ハ休み、翌一日より用意の短册・色紙・其他の物を此竹の枝葉に繫き、大杭を建て是に繫く、其高きを悦ひ他の寺院の分を互に見歩行、己が立し分大なれバ滿足し、又他の家の分か大なれハ其家の竹に非難を付て是を爭フ、七日の夜深更になり星祭りを濟し、此竹を取て川に流す例也（但大竹ハ枝葉のミを拂、親竹ハ流せし積りにて殘す也）

寺上りの事

七月七日より十五日まで手習の休業をなす、是を寺上りと稱し、手習に行子供ハ皆盆の休ミ也（寺上りの名ハ、概して手習ハ寺院に行事故に、寺上りといふ）七月八日は各寺院共手習子を招き馳走をして振舞なり、是を子供のよき樂しミとして寺上りをゆび折數へ待もの也、十二月の寺上りハ、廿五日より翌年正月四日迄を休業して、十二月廿六日に饗應の振舞あり、膳部ハ七月・十二月共相似たり

鱠（あへまぜ 又こんにやく胡麻あへ）　糀みそ汁（とうふ切込）
平（あけ豆腐 いも・ずいき）　茶飯

取立掃之事

七月盆前に取立掃といふて、十二月の煤拂と同しことをする也、是ハ精靈を祭るに、先ツ掃除して祖先の靈を祭るといふ意なるへし、是も維新後ハあまりせぬやうになりし

笹舟の事

七月六日の夜、笹舟を作り川に流したる事あり、是も維新後ハせず、是ハクマ笹の葉を以て舟を作り、三本或ハ五本、七本と思ひ〳〵に川に流す、七夕の星を迎ふため天の川へ流すといふ意なるよし申傳ふ、又精靈を迎ふ舟なりといふ人もあり、何れなるか

長官祝詞之事

七月七日ハ七夕の祝詞と云、神宮一禰宜の自宅にて祝詞を申例あり、此日辰の刻（今ノ前七時頃）、一禰宜ハ家の子と共に使殿と稱する大廣間に着（精好の直垂、立烏帽子）、昔ハ御臺所

も打掛を着し、下ケ髪にて同座に竝ふ列なりし處、中古略レ之、大廣間の正中に綾大紋高麗縁の薄縁半枚を敷、其上に一禰宜ハ座ス、其次に御臺所の座とて半枚

笹舟の形

膳ハ平折敷中朱春景塗

本膳

鱠 志らが大根 鯛角切 三島のり

大汁 糀みそ 豆腐 青のり

坪 蛸ふと煮 新牛房

飯

箸

二ノ膳

香物 土器盛 大根積

二ノ汁 鯛一切 昆布

平 車海老 かせゆば さゝけ

焼物 小鯛

蒸飯 小豆入　酒 銚子入

盃 塗盃三ツ組 臺あり　菓物 黄瓜の丸切 眞桑瓜の丸切

の同し薄縁を敷設置、家の子ハ正面の右側に座し、薄縁なし、着座定るや、宮政所大夫ト公文内人ノ兩人、布直垂に風折烏帽子を着て、次の間より一禰宜着座の間に入て祝詞を申、次に家の子に祝詞を申終て、其間の左り側の隅に列座、次に家司大夫、布大紋に風折烏帽子着用、次の間の敷際にて祝詞を申、次の間の左り側政所・公文との襖をへだて着座す、次に宮奉行、大紋或ハ絹色布衣にて、次の間より祝詞を申終れハ、家司大夫ゟ御禮相濟候由を一禰宜に申、一禰宜及家の子起座、廣間より廊下へ出、居間に戻る際通りかけの御禮といふて諸役人・宮中山廻り共の祝詞を申、宮目附ハ麻上下、山廻りハ打掛に袴、次に禮者一同起座して廣間近傍の例席に通る、政所・公文・家司ノ三人ハ同席なり、宮奉行ハ一席、又宮目附と山廻り、諸役人ハ一席として祝飯を賜ふ

七日びの事

七月七日ハ家毎に勝手道具など、又精靈祭に用る器具等、常に洗ハぬものを川に持出て是を洗濯する、此日をなぬかび或ハ七日日と云、先此日の洗物を荒増しるす、升・枕・風呂敷・行燈・手燭・燭臺・硯・硯筥・机・塗文庫・状箱・油道具、其他靈祭に用る品等なり、此日洗ひものを濟し、跡にて冷しさうめんを食す

苅拂の事

七月七日ハ苅拂と稱し家々墓地の掃除をなす也、皆盆祭のためなり、尤上・中等の家ハ墓地守の者に申付るか、或ハ出入家來などを遣し、ねんごろにする家もあり、下等に至りてハ自ら行ひ歸る也、何れも苅拂をなしたる者は必す潔齋をして家に戻る事にて、洗湯屋も此日ハ早くより湯をわかしたり、維新後ハあまり潔齋して宿に戻る人を見ざりし

精靈迎の事

七月十三日精靈迎と云て、朝早く墓參する家、又ハ同夕より夜に入て參る家もあり、多くハ夕へなり、各寺院の受持檀家の墓地に僧のゆきて讀經を行、市中同時

刻なるがゆゑに随分混雑大方ならず、此讀經を賴に己が旦家寺の和尙の名を呼ものあり、又寺號・院號を呼ものあり、暑さの時分蚊も多く、四、五人の僧を多數の參人か一時に呼招き、讀經を我レ先に依賴せんと婦人なとの聲かしましく、和尙の困却する樣子おもしろき事なりしが、維新後ハ各寺院も追々廢しせしより今ハ此義なし、家々おもひ〳〵に墓參して精靈迎をなすなり

慶光院揚燈籠の事

七月十三日の夜より宇治浦田町慶光院（今ノ神宮祭主宮官舎）の構内へ、盆中燈籠を高く揚る例あり

精靈祭の事

七月十三日より家々精靈棚を設ケて、先祖代々の靈魂を祭り、僧を招き棚經を行ふ、神宮家は此義なし、宇治橋以内の館町にてハ精靈祭を行はず、同町字川原と云町の北はづれに假屋を設け祭りし也

精靈棚に備る物 但十三日の夕ヨリ備ニてはじむ

十三日夕　迎團子（餡付團子又キナコ團子）を備へ茶を備フ

燒物（干魚）　盆汁（味噌 ひゆ・夕顔・牛房・茄子・豆腐・大豆 俗にかいの子汁といふ）

香物（白瓜粕漬）　飯（白）　箸（苧殼ニて作る也）

盛菓子（種菓子ニ引砂糖したる物にて花いろ〳〵 俗に精靈菓子といふ）

菓物（柿・梨子・ぶだう・なんば・ほゝづき・西瓜・だき瓜・眞桑瓜・さや豆・さゝげ・いも・栗・栗の穗）

○慶光院揚燈籠圖

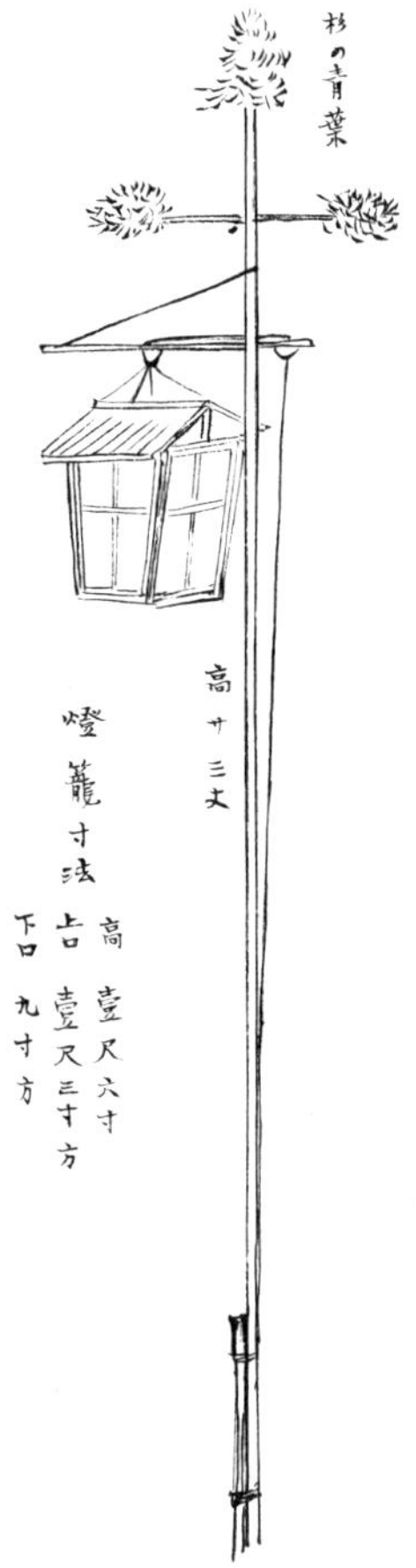

杖 苧殻にて作る、長貳尺五寸

十四日朝

煮物 南京瓜 すいき 茄子 さゝげ 胡麻あへ　汁 豆腐

香物　飯

同日夕

牡丹餅 揉大根　さうめん

梅干

十五日朝

焼物 干魚　汁 すまし 白瓜

香物 茄子漬　飯

同夕

焼物 干魚　酒　汁 みそ 豆腐

香物　同

指身 魚　同　飯 さゝぎ めし也

同夜送り團子といふて、迎團子とおなじものとさゝき飯を握りたるものとを芋の葉に据ゑ、靈前の立花

又備物の残りハ皆川へ持行、川邊より靈を送るにより此所へ据ゑ置て家に歸る也

送り火の事

七月十五日の夜、精靈を送る時、送り火と云て家々軒先に庭火を焚、之ヲ送り火と云、此時、子供多數出て此火の上を飛歩行して遊ふ、此火を跨越ゆれバ惡病を除るといふ呪とて跨きし也、維新後ハ何れも廢せられし也

燈籠の事

七月盆中ハ燈籠を釣て祖先へ備ふ、年忌なと有年ハ、尤入念美麗なる燈籠を献す、宇治地方にハあまりせざりしが、牛谷坂を登り中の地藏町 今の櫻木町・中の町の二ケ町を云し也・古市町・常明寺門前町 今の倭町也・妙見町 今の尾上町也・川崎町・山田町々ハ多く、隨分美麗なる燈籠を種々拵へ家々に釣ありし也

但種類ハ切籠・牡丹燈籠、通常六角燈籠、筋付角形筋付、石碑形岐阜提燈ノ類

又墓地ニ持行献する燈籠ハ左圖の如し　但し山田地方にて、宇治地方にハなし

盆の事

盆ハ七月十三日より十五日まで、十六日より廿日までを盂蘭盆といふ、十三日の夕刻ゟ小供多く集り、互に

燈籠張紙ハ半紙を用

湯衣を着飭り、紅模様の手拭を竪に四ツ折にして、男の子ハ左りの方、女の兒ハ右の方、何れも帯へ二ツ折にさげ、町中を互に手を引合て流行うたを謡ひ歩行する遺風にて、維新前までハ盛んにありしが、維新後ハ餘りなし、子供の謡ひ歩行其文句に

〽踊るあほうに見るあほう、おなじあほなら踊らなそんじや

〽赤ひいもじにまよはぬものハ、木佛・金佛・石ぼとけ

〽いも食て蛸食て五しきのへをふるよいやさ、やれこりやオイソリヤどつこいせ

此外文句ハ數多あり

盆踊の事

盆踊ハ七月十三日の夜より、宇治ハ中の切町に法樂舎と云坊寺あり、昔の宇治六坊の内にて此寺の前に藥師堂あり　此堂ハ間口六間、奥行八間、槻と檜にて造り、外、堂の部ハ此朱塗也、又法樂舎の門も朱塗にて有し　前ハ坪數百坪餘もありて、宇治四ケ町の仲間持なる舞

○御岩観音にて賣物の蝶の圖

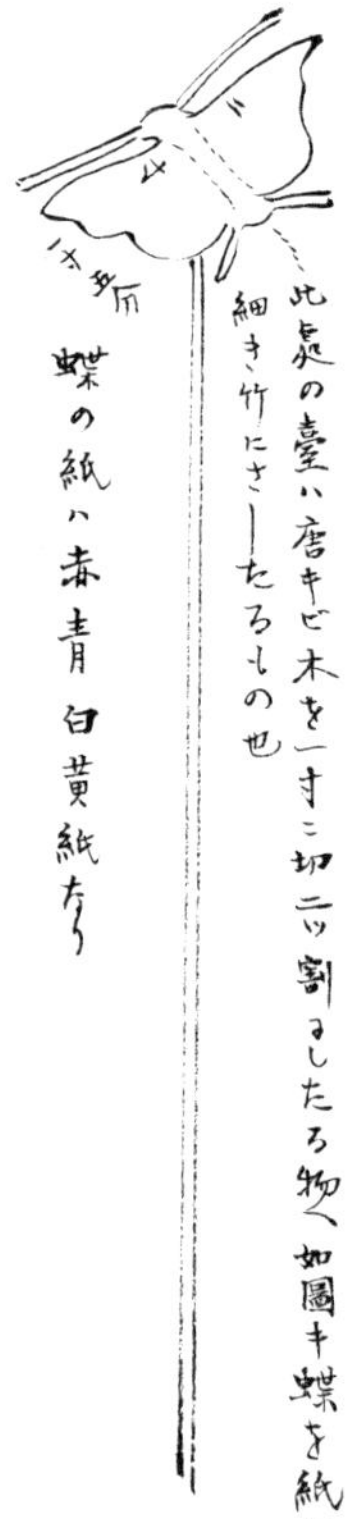
此蝶の臺ハ唐キビ木を一寸ニ切二ッ割りしたる物へ如圖キ蝶を紙にて彫張付て

臺を出し、毎夜音頭に三味線・大鼓を入レ、幾重にも輪になり夜の明るまて踊り遊ふものにて有たり、男女入交りにて、揃への湯衣其他何にても五人・十人打揃ひ、思ひ〳〵のいでたちにて踊り、見物人の高評を受るなど盛なるものにてありき、此外、椽臺踊りと唱へ何れの家の軒先にても椽臺一脚を出し、音頭をとつて三味線を引ものあれハ、何れゟか踊り子寄り集り踊る也、一ケ町の内にハ二、三ケ所も此椽臺踊り有、古市町なと尤盛んにて藝妓・娼妓數多踊るより殊さら見物人も多く、又若き者ハ其群に入て踊るを此うへなきたのしミとせり、一新後ハ、往來にて踊る事ハ神事・祭禮の外たやすく、警察署の許可を得るわけにゆかず、又娼妓ハ區域を定められ、他町へ出る事六ケ敷なりたれど、一新前ハ、勝手に主人の許諾を受れハよき事なりしゆゑ、宇治地方迄も多く踊に來るものなりしが、當時六ケ敷成り此義絶へたり、近頃神社の祭禮餘興として手踊あるのミ、是とても警察署の許可を受て踊る事になりたり

盂蘭盆會の事

七月廿日ヨリ三十日マテ盂蘭盆と云て、中之地藏町今の中の町聚遠樓麻吉の東山上に、御岩観世音を安置せる堂宇あり、此堂にて千部經を奉讀する供養あり、仍テ古市町ハ誠に賑敷、各戸に釣燈籠又掛行燈等多く、釣込軒毎に櫻の造り花を插し二〇(ママ)加或ハ屋臺をねり出し、十日間毎夜、観音堂に於テ數多の僧侶集り讀經を執行す、參詣人群集す、料理屋なる麻吉本名上田吉兵衛麻屋ト號ス

の世古ハ兩側種々の手遊物、又菓子類・果物等の販賣店數軒あり、尤美しきハ京人形幷ビイドロ細工の德利・金魚入・水玉・團扇店など人の山をなし、藝妓或ハ娼妓を連れて參詣する者多し、麻吉ハ三階造りの座敷ありて聚遠樓と云、是に登り一杯と出かける人あり、又久し振奥さんなんと連て遊さんに來る人、三階に登り、酒を呑支度する人間毎に滿て先々入替る待客多し、今ハ麻吉も藝妓を拘へされとも、一新前ハ十四、五名の藝妓ありて盛大なり

御岩觀音堂ハ三間方の堂宇にて、此堂ハ寂《シャク》照寺の支配なり、一新後、此堂を破却し當時寂照寺の寺內へ移し今尙參詣人多し

御岩觀音にて千部經執行の間、賣物は一文に一本の蝶とて、細き竹の先に蝶を紙にて造り付けたるを境內にて數多の子供か賣步行もの也、參詣の人ハ必す此蝶を買て戻るを觀音參りのしるしとす

寺參りの事

七月十六日、山田地方より川崎邊の老人・子供・女なと連れ合て、寺參りと唱へ寺々を回り參詣す、地獄極樂の掛物、其他佛畫の掛物等を見に行人多し、此日我鬼の苦げんをのかるゝと云て一日遊ふ事也、男ハ精進おちと云て、盆中精進をしたる替りに魚を買、酒を呑を下等社會の樂しみとす、上・中等邊にも內々精進落をして飮酒するものもありたり、十五日の夜ゟ岳參りと云て、朝熊岳へ登り參詣する人多く、翌十六日の朝下山する也、此岳參りハ一新前も今もさまで替らず

宇治浦田町の溝の世古と云處に常慶院と云寺あり、此寺ハ彼の伊勢上人又ハ遷宮上人なる有名の慶光院の末寺にて、此寺の奥に伊勢上人の墓有、慶光院上人代々の墓にて五輪數多あり、傍に御靈舍一宇あり、瓦葺貳間方の建物東面にあり、上人代々の木像を安置せり、盆の十六日ハ諸人隨意に參詣を許す、不斷ハ此所に入るを禁せられたり

八月

八朔參宮の事

八月朔日の朝、鶏の聲を待て宇治・山田の人々、又近在の者何れも兩宮に參詣す、其着服ハ思ひ〳〵といへども、先ツ神官なれば相當の装束を着し供奉を連て參詣す、神役なき師職或ハ師職の代官なと勤むる人ハ、白垢に素襖・烏帽子、其他ハ羽織袴、或ハ白垢に羽織を着て參るもあり、白むくのミ着し羽織を着せす參るもあり、平服もあり、是等ハ下等人なり、婦人の上等社會ハ、下白垢に上着紋付を着てかつ衣《ギ》を着し、麻裏草履をはき、侍女・下男を連て參る、其次中等社會ハ、紋付に上ゲほうしを着す、下等の女にても心得たる者ハ紋付を着し參詣せり、近郷より參る百性ハ、米・粟などの初穂を拔取神前に備へ、五穀成就を祈り祈願をなせり

八朔の粟餅と云て此日必ス粟の餅を食す、宇治地方の人々我先をあらそひて餅を買に行也、此餅屋ハ赤福と云、中之切町新橋の角にて本名濱田長治郎と云、其子長平、其子種助、伊勢名物の赤福餅と云、平常ハ白餅米のミ、八朔に限り新粟の餅にして餡をつけたる餅也、參詣の人皆此餅を食し、又土產に持返る事おびたゞし

大宮司參詣の事

大神宮司大中臣朝臣神宮に參拜列

先拂　袴高股立・絹羽織　菅一文字笠　　待士　絹布衣・白布袴　風折烏帽子
待士　同
待士　同上
司政所　正六位　緑袍衣冠　乘馬　　待士　同上

長刀持　絹長羽織　袴　菅一文字笠　　宮司駕輿　アジロ　舁夫六人　黒振袖かんばん　白ト柿色段染帯　角カフリ同上

供奉　雜色　　同　同
供奉　雜色　　同　同

沓持　　挾箱　金紋
傘持　　挾箱　金紋

雜掌駕　切棒　舁夫四人　紺かんばん　　笠籠持
合羽持

押へ壹人　絹長羽織　菖蒲草染袴　菅一文字笠　高股立

月見の事

八月十五日ハ月見の團子と云て、家々に唐きびの團子をこしらへ、又芋の子を焚て白木の膳に芋の葉を敷、是に團子と芋の子を盛て月に供し拜する事、又秋草など集め供物と竝へ之を獻ずる家もあり、是等ハ何國にても替らぬやうに思ひぬ、此夜ハ勿論、待宵・十六夜など都合三夜共風雅人の尤遊ふ夜にて、所々に友を集め詩歌・誹諧・碁・將基の會を催し、又酒の會・茶の會・花の會・書畫の會など思ひ〳〵に盛んに行はれ、又古市の藝妓仲間にてハ歌さらへ・舞さらへ等もあり、いと賑かなりしが、一新後ハおひ〳〵なくなりて、今ハひそかになす人もあれど、いと少なし

彼岸の墓參り

秋の彼岸に入ると、家毎に祖先の墓參をなし、又彼岸中日には團子をして靈前に備へ祭るべし

九月

菊花の節句

九月九日ハ菊花の節句とて、家々互に祝詞を申事にて、神宮長官の家に出入る人員は、皆同日禮服着用にて祝詞を申し、祝酒を賜る例規あり、市中も主人持或ハ師匠・得意先などへ祝詞に行事にて、上等ハ繼肩衣に紋服を着し、其他ハ羽織袴なるべし、維新後ハいつとなく止ミし

神宮神嘗祭

九月十七日ハ　大神宮神嘗祭なりしが、維新後ハ大陽曆に御改正相成しより、十月十七日に改めらる、此祭典を執行せらるゝ當日なるにつき、市中ハ軒毎に御神燈と記したる提燈をつり、戸毎に祝ふて赤飯を煮て新米を始て食するなり、十六日九月の夜は宵曉の御饌とて　大神宮へ由貴の御饌と申て、則新穀を供進する御例也、仍テ市中ハ十七日に新米を赤飯として食す、今ハ十一月廿三日に新嘗祭の大御饌御再興相成たれど、

以前の習慣とて新米を食するハ今に十七日とし、夫レ迄ハ大神宮へ遠慮して人民ハ食せず

御祭の夜ハ宇治年寄の集合せる會合所より宇治橋の欄干へ高張提燈を三軒置に結び付、大祭を祝し且參詣人通路の爲に出せし也、此會合所ハ山田奉行の指揮を受、宇治年寄とて宇治地方（宇治橋以内館町より古市町字下ノ町まで）の市民を支配する役所也、此事は維新の際（宇治年寄山田年寄）の名稱を廢し、會合所も廢せられ、市民の支配ハ兩宮內共度會府を被レ置しより止ミしなり

風廻りの服

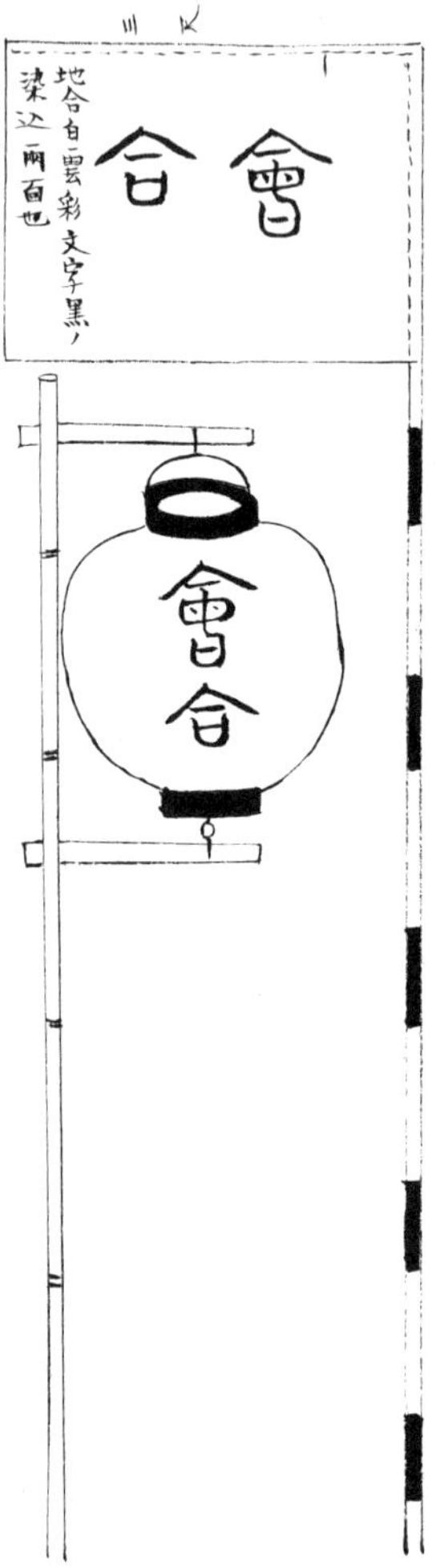

宇治橋へ出せし高張提燈の印

此印シハ兩面にありて竹竿竝雨覆屋根あり

御祭にハ　敕使參向ニ付宮中警衛として、山田奉行宮中に相詰る、着ニ用麻上下ヿ、市中ハ朝より辻警固と云て、町々の番屋へ人足貳人に町內の印し付たる法被を着せ張番をする也、月行事と云て町內の惣代なる役目時々見廻る、第一火の用心、參道筋掃除、其他不敬の所行無レ之様諸事注意したる也、町々の番屋ハ各町と

火事羽織

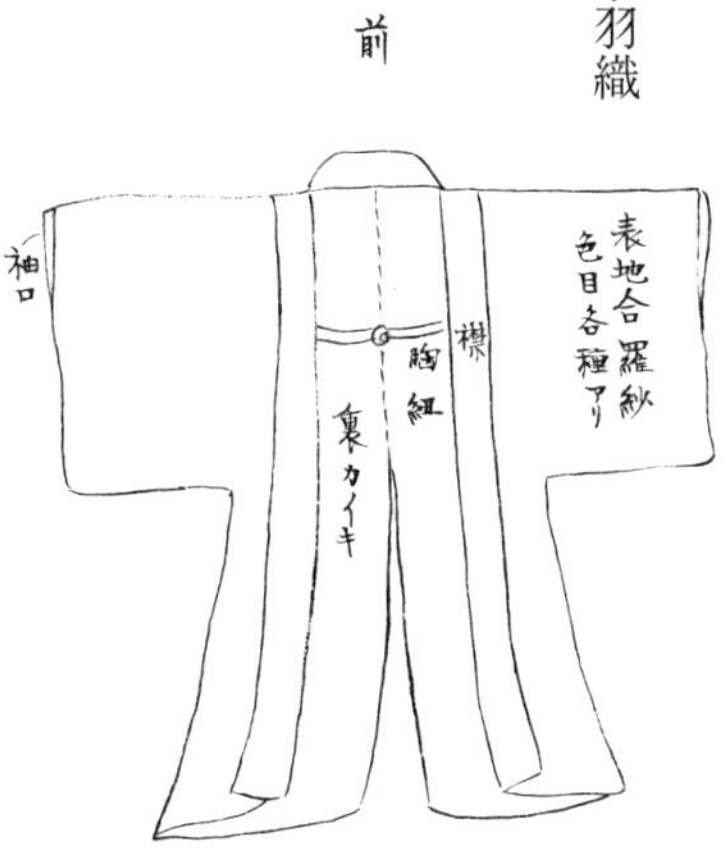

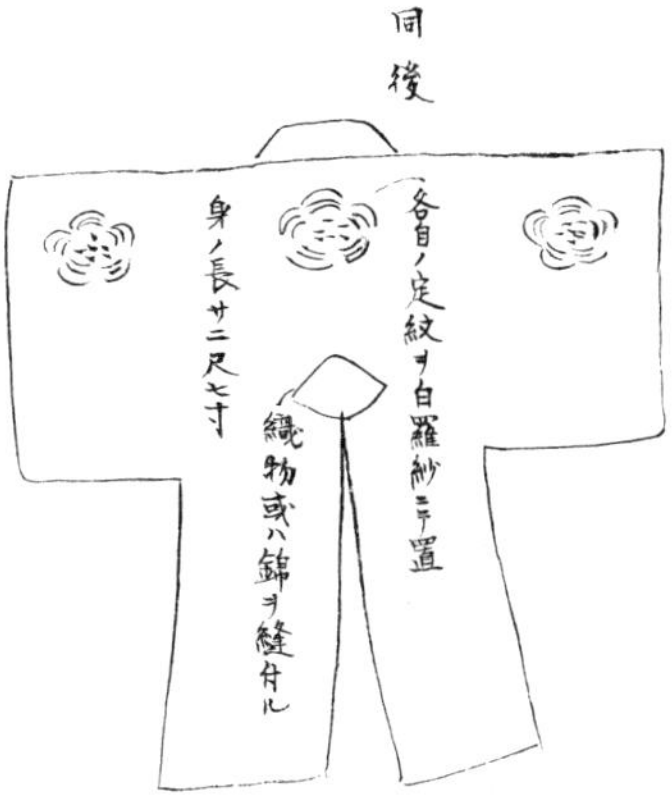

胸當

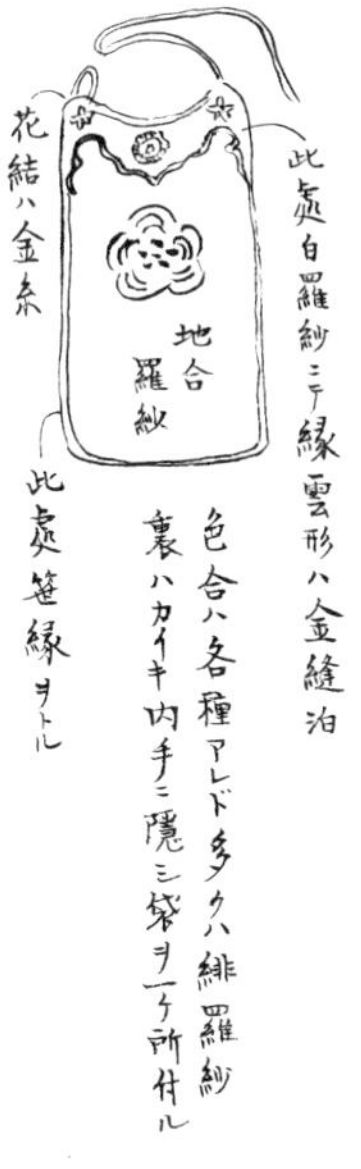

足袋ハ紺色ナリ

野袴

地合ハ　子色ハ各種各好ミアリ

もありて、其大小區々なれと、概して四坪より六坪位の建物なり、番屋の飾り道具ハ、先ツ町名を記したる四半幟・樫の六尺棒及鳶口・水手桶等を飾り、番屋にハ幕を張、爐を築き有」之、冬季風烈の時分は、夜中火の用心の番をして町内を廻る、此義も年寄を廢せられ度會府を被」置しより止ミし也

會合所風廻りの事

風廻りといふて、宇治年寄ハ非常をいましむるため、役人小者など引率して市中を見廻る事（宇治領内）、此非常廻りハ宇治橋以内中館町より下館町を始メとして、順次古市町字下《シタ》の町の境まて廻る例也、會合年寄の着用服ハ、火事羽織に胸宛《當》をし野袴を着く、羽織と胸當ハ定紋を附ス、役人ハ黒色の絹羽織に胸當、野袴、紺の脚絆、各麻裏草履、小者ハ紺の法被・股引・脚半・目印の四半織を眞先に押立、夜中ハ高張（小丸）提燈を押立、巡羅の際各番は前を過る時、町惣代なる月行事及番屋詰の人足等平伏、第一火の用心、其他參道筋掃除、幷敕使參向の節不敬の所行致間敷旨、懇々注意して巡羅致したるものなり、維新の際會合所を廢せられしより此義止ミし也

神御衣祭の事
九月十四日神御衣祭の事ハ、四月十四日に同し、大略

十月

十夜説法之事
十夜といふて宇治浦田町今北山（墓地をいふ）の寺にて説法あり、尤夕暮より當地の老男女或ハ子供なと此寺に參り説法を聽聞せり、今の説法の類にして、夕刻より呼鐘といふて伏鐘を打、始りをしらしめ、點燈頃より聽集人おひ〳〵集り、僧ハ他の寺より參る、此説法中の諸入費ハ宇治の市中（古市以南）へ十夜袋といふて紙の袋を戸毎に配り、米錢茶など思ひ〳〵に此袋へ入、寺へ遣す、是を纏めて入費とす、不足する時は佛法好キの人々にて寄附をいたせし也、兒童ハ此説法を聞に行て、柚の種を持行、法壇の僧に之を打付るたはむれあり、此義ハ一新前よりなくなりしハ、神地故にあまり十夜袋へ納る人もなきゆゑに、入費に乏しく僧も勘定に合ぬとて止めたるよし

牛谷坂お杉・お玉之事
當所大字浦田町の北手牛谷坂（間の山とも云）其坂の東に牛谷村と云一村あり、戸數貳拾四、五軒もあり、寺一ケ所あり、此村ハ山田奉行所より年々給料を賜り、當地の番人を勤むる役にて、總て犯罪人を捕へ山田奉行へ召連る役にて、常に捕繩と術手ハ御免、市中を見廻りあやしきものと見認る時ハ直に捕へる也、仍而此村に牢屋もありて、罪人の判決は山田奉行所に於て取調へ、死罪に行ふ者の首を斬る役也、又重罪の者ハ宮川以內引廻しといふて、宇治領ハ浦田町の中程に馬橋と云て祕木川に渡す石橋あり（橋本屋と云うどん屋の前の石橋也、橋本屋とハ本名小倉卯平）此橋の前まで山田領ハ上中之郷町の筋向橋（今の常磐町）迄列を正し罪人を引廻し、辻々所々にて罪の次第を讀上はつかしむる、引廻し相濟たる上ハ、牛谷坂の西の山に死置場ありて此所にて死罪に行ふ、此役を勤むる者皆牛谷村の者にて、他國にて番人《バンタ》といふ類にて、革は

ぎなどハ一切せず、又穢多《エタ》者とも違ふ、併役柄を忌きらひ、町家にハ此村人と交りを禁し附合をせず、女・子供ハ常に牛谷坂へ出て參詣人に錢を貰ふて生活する也、是間の山お杉・お玉と云て、國々へ名高き一ツの名所とハなりぬ、坂の西側の地所を拝借して官地小屋を建、此小屋間口二間半、奥行三間、或ハ間口二間、奥行二間半、其他大小あり、床板を高く張り一段高く框を入、正面左右に麗しき幕を張、軒先ハ何れも青杉葉を以て葺、其他ハ藁葺、外側ハむしろ張、此小屋へ牛谷の若き女、身にはでやかな染模様の湯かた様の振袖に、紅白三枚ツヽの重ねを見せかけ、襟ハ紅・淺黄・黒など是も三枚ツヽ、色取を能し金縫など置たるを、掛帯ハ黒と紅の中形模様なと腹合にしたるを長く垂れ結ひ、前かけハ紅又ハ紫を用、白木綿の手覆、髪ハ島田に結ひ上げ帽子に銀丈ケ長にて作りし花櫛をさし、其他花かんさし五色のは手紙などして、三味線を彈き、鼓弓をすり、參詣人に錢を貰ふを女の業とせり、尤一

軒の小屋に二人ツヽ、壹人ハ三味線、壹人ハ鼓弓、又三人の小屋ハ二人三味線、壹人鼓弓、三味線の歌ハあれど、何にいふともはんじかたし、一種妙なる業なり、此小屋に三等あり、前に記すを一等とし、扨二等ハ風俗ハおなしことなれど、一軒に壹人にて三味線を彈ず扇を持て錢を乞ふ、是ハ床も高からず、土間へ五寸位の假床を置、座ぶとんなと敷て居る也、又三等ハ極下等小屋にして、五才位より六、七才位の小兒を美麗に仕立、紅色の裏付たる衣類に極望の紋付、淺黄或ハ白の脚半・手覆・妻折笠をかぶり小サキ籠を背負たるハ、女の兒にて歌舞妓芝居にある田舎の草苅童子に似たり、又男の子ハ黒又ハ淺黄などの廣袖の衣類、穀餅の紋付の胸當をして白と柿色の横段染のかるき袴をはき、日の丸紋付の陣笠を着し扇を持ておもしろき踊りをして錢を乞、此踊り別に手振もなく、こなしもなく張合人形の風に動くにさも似たり、小屋毎に三十才、四十才位なる年増女壹人つヽ、立番して客に錢を貰ふ、三味線

彈小屋の女に錢をなげる事あり、客ハ女の面へ錢を打付るを樂しミとする、又立番せし年增女よりも此女の顏へ錢を投ケよと云、併女ハ上手に顏をそむけ客の投たる錢を一文も顏に當られぬやうにする、客は殘念に思ひ不レ思財布をからにせし事をかし

一等小屋立番の年增女客に錢を投させる言葉

「親方さんテ、お杉の顏へ投ケてヤランセ、ホツテヤランセ、ナゲテヤランセ、ホツテヤランセ」と初めより終りまで早口にて云ばかり、いとをかし、此時三味線も何を彈ともわからず、二上りとも三下りとも調子なし、只ジヤンジヤン〳〵〳〵を彈のミにて、客の過去りしあとにて何か三番雙(叟)のできそこなひの様な彈やうがおしまひ也

二等小屋の女ハ自分に云

「親方さんテ、ナゲサンセ、縞さんナテホラシヤンセ」此言を何十度ともなく早口にて繰返しいふ、此時持たる扇ハ右の手にて我ヒザの上を開ひたる儘にてた、くやうなことをする也

三等小屋小兒に付添女の言いとしづかにして

「オ、クレナテ、親方《オヤカタ》サンテ、一文ナテ、ホカブリサンテ、紺縞《コンジマ》サンテ、イトサンナテ、アノ兒《コ》ガナテ、踊《ヲド》ルニナテ、八巻《ハチマキ》サンテ、オ、クレナテ」

牛谷の京參り

牛谷村の人民ハ前にしるしたる如く、罪人の死刑をあつかふ者なるにより町家の人民と交通をせず、併普通の穢多といふにハあらねとも、死刑及犯罪人を扱ふ役なるゆゑに人々忌嫌ふ也、宗旨ハ新宗にて本願寺派也、仍テ京都及一身田の高田兩門跡へ御講と云 報恩講 て參る者あり、此村にて相應にする家の女どもハ隨分衣類なと着飾り、柳行利(李)の兩掛なと持せ旅行する姿町人も及ばざる風體也、併不斷ハいとむさき風體にてありしが、維新の際平民の稱を賜り 新平民 市中人民に交る事を許可せられしが、追々此村貧にせまり、或ハ死或ハ絶えて今一、二軒のみになりたり

十一月

猫も三文之事

十一月八日の夜ハ猫も三文といふて家内中集り、銘々持合せの錢を出して、其錢高の割合にて食物を買求、之を食用す、譬へハ豆腐の田樂なり、こんにやくの田樂なり、おはき・あん餅・煮素《ニウ》めん・味付飯なと相應の物を拵らへ、家内むつましく打より食する事あり、此夜の食事ハ無錢にて食するハあしく、銘々出し合で食する故、其家の飼猫までも三文を出すといふ錢なき者も三文といふ意、錢無《ゼニナキ》といふ言のなまりにて「ねへ」といふ、此「ねへ」をつゞめて「ねと」云しよりねこも三文と云しと也、何れか其譯ハ不レ詳、維新前は多々行れて女・子供ハゆび折數へて此夜を待しが、世の開くるに隨ひ維新後ハなくなりし

廿六日月待の事

霜月廿六日の夜ハ、廿六夜待と云て月待をする事、此夜の月の出を拜するため宵より皆々寄集り、四方山の咄しに時を移し、月の出を待までハ隨分待遠きゆゑに何まて食物を拵へ、安値にてすむものを夜食にする也、ねこも三文に同し、然れども此夜の入費ハ銘々出し合といふにハあらて、其寄集る家の費用也、又在中にてハ月待の當屋と云て、年々交番に此宿をして其夜の費用ハ其家の消費とするもあり、下等連中にてハ種々の食物を拵へ食したる後ハ、月待をせずに眠るもありたり、佛說に此夜の月ハ三像の彌陀佛になりて海より出るなと云しより、皆人の見る處となりし也、お月様が彌陀佛におなりたら定めて、東の海より出て西方淨土へ入れるならん

十二月

煤拂の事

此月ハ煤拂とて、十二月二日頃より始め廿六日頃迄、毎戸とも煤拂をして大掃除をなす也、是レ何れの國に

ても同しことなれど、又國によりて少しツヽ違ふ事もあるべし、煤拂の朝早ク起、未夕往來を諸人の通行せぬ内に疊のほこりを打拂、床板の掃除等をなし、夜の明るを待て湯をわかし、柱其外を拭ひ、夫〻家の內の掃除おこたりなくする事にて、夜の明ぬ内に疊を拂ふハ一年中の疊ほこりゆゑ隨分多きもの、此ほこりを往來の人にかけるハ悪しく、又參道筋にて參詣人にほこりをかけるハ悪しかるべしとて朝早くより疊を打也、仍て隣家ハやかましくして眠られざるにより夜明てより隣家へ斷に行也、又煤拂に着手する前に白粥を焚、干鰯と香物にて朝飯を食し、夕へにハ煤拂の祝とて鱠・焼物・大汁・飯・酒なと用意して家內中手傳人とも食し、手傳人の引取にハ湯錢を渡し返す事、其家にて湯をつかし入浴せしむる時ハ湯錢を渡さず、煤拂の竹ハ其家々の家來或ハ出入する者より持來る、此日家々の出入口及神棚に飾りある注連繩ハ皆取除、掃除を致し、其注連繩ハ人の踏ざる所へ片付置、翌年正月初子の日焼却する例也

年暮の市中賣物

年暮の賣物ハ種々あれども、正月に入用之品尤多く販賣せり、其荒增をしるせり

一粟米　是ハ餅の上に重ねる　上重ね餅へ交る料

一頭芋《カシライモ》　是ハ正月餝り物或ハ雜煮餅へ入る料

一稻筵《イナバキ》　稻ばきとハむしろ也、藁にて織たる米・麥・其他雜穀なと干す用具也、是を求めて餅搗の餅を干す料にせり、古き物ハ家々にあれと、神に備へる餅ゆゑ新規に買求る也

一土鍋土器《ハウロクカハラケ》　此土鍋・土器の二品ハ、神領多氣郡有爾村に土器師ありて大神宮の土器師也、他に土器を製し賣者數多あり、其人物の市中を賣廻る呼り聲に「フルカハラ」と聞ゆ、いとをかしくおもひ、正月に遣ふ土器を「古瓦」とハあまりをかしと云人多くあれと、是ハ「ハウロク、カハラケ」と云をかく云也、段々物の聞違より生し、且あまり長々しき呼聲ゆゑ、いつしか言を縮め「フルカハラ」ハ「ホロカハラ」とよびしは、「ク」の字と「ケ」の字をはぶきし也

一鍋取　藁にて造りしもの也

一牛蒡

一胡羅《ニンジン》

一大根

一大豆

一乾柿

一美柑

一田作　田作ハゴマメ魚といふ小魚也、但干シ堅めたる魚にして皆腰を折たるやうな姿に乾したる魚なるが故に、正月のものには皆是を用ゆる人ハ、互に皆腰の二ツ折にかゞむ迄長命するといふ意なるべし、又古き書にも此魚に田作の名あり、田を作るにハ腰をかゞめて作るゆゑに田作の名あり

節季候の事

せきぞろハ「節季候」「節季女郎」にて、古昔ハ冬の節季にハ、まづしき女の米錢を貰ひに出て家の門々に物乞をせしに、存外澤山貰ふことありて、毎年例にして來りしを、いつか女の澤山錢米を貰ふをうらやみて、いつの頃よりか山田の宮川の邊に川田町といふ穢多《エタ》あり此川田町を裏の町と云しハ、中島町の、裏手に當りし町故に裏の町といふ冬の節季に苫敷處より家々の門に立て米錢を乞ふに、誰壹人とて應せず、節季の錢を乞ふ者ハ節季女郎のみと云て、應せぬより考へて急に赤ね木綿の前垂をして手拭をかぶり、手拭のうへに赤き小切を結ひ付ていた子とし、又裏白と云て山に生するシダの葉を結ひ付かんざしになし、うどんの粉を面にぬりつけ女の姿にやつし、をかしき風俗にて門へ來り、節季女郎なりと云て錢を乞し也、人皆をかしかり、錢のほしさに女の姿になりて來りしハ、をかしかほとまでして錢を乞ひ、よく〳〵の事とて米錢をあたへしが始りなるよし聞傳ふ、仍テ節季女郎ハ皆男也、併穢多人なれバ神役など勤むる家にハ門より內へ遠慮して參入せず、其錢貫の言に

「セキゾロ〳〵サ、代々御繁昌、セキゾロ〳〵サ、御家も御繁昌」

市中子供の悪じやれに此節季女郎が來れバ、薪の焚殘りを持來り、節季女郎の米錢を貰ふ白袋に知らぬ間に墨をぬり、節季女郎をこまらせる悪風ありて、數多子供のつきあるくもの也、維新後ハ錢貰ひ六ケ敷なりたるにより是等の如きもの廢せらる

年暮頃に市中錢貰ひ及商賣人の來るもの左之類

一越後國の角兵衞師子　錢貰ひ

一悪魔拂の猿回し　同

一加賀國の鏡磨師　商人
一印肉の仕替　同
一南都筆墨　同
一目鏡遠眼鏡　同
一來年の大小柱暦　同
一鋸《ノコギリ》の目立鋏《ハサミトギ》磨　同

此類のもの來れバ、なんとなく氣せハしくなりて、最早正月が脊中におばれかゝるやうに思ふものなるべし

寒の入の事

寒の入にあたる日ハ、朝早く豆腐の油揚を賣に來る、皆是を購入して食す、腹わたになりて人躰にあふらを増、壯健ならしむといふ、夏季土用の入に餅を食すると同し、豆腐の油揚を食して人間に油を増、壯健ならしむとハをかし

餅搗の事

餅搗ハ十二月廿五日頃より廿八、九日頃迄に搗仕舞例也宮川以外にてハ、大晦日の夜餅搗をする也、家々の定めありて正月元日より神々へ備へる鏡餅及諸親類・家來なとへ配る鏡餅を搗て其準備をなす也、先親類・家來へ配る餅ハ正月に配るべき處、正月ハ何かに付ていそかしくなるが故に、餅搗をすると直に年行の爲メ十二月の內に配り置、正月になりて神樣へ備へると家內中が分配する分とのみ殘したる也、親類・家來などへ配る鏡餅ハ凡三合取位にて二重ツヽ、楪《ユヅリハ》の葉壹枚ツヽを敷、田作を鏡餅壹重ニ付二ツヽ、添へ塗臺に乘せ、帛紗を掛て配る、尾引として半紙貳枚を立、四ツ折にして入レ、不㆓相變㆒目出度存ますト言葉を添へて器を返す例也、餅を配るハ目出度事の重なると云意にて、上下を重ぬる也、凶事ハ重ねさるより正月の配餅ハ上下重ねたる也、壹重ハわるしとて二重ツヽを配る、又楪《ユヅリハ》葉を敷ハ代々家を讓り永く續くを祝す意、田作は則田作にて、豐作を祝し、かく田作如く御互に腰のかゝむまでといふ意なり、又子供ハ此餅搗の時に、餅花といふて柳の枝の長く垂るゝを持來り、是に白餅・粟餅などの餅を漬梅程に丸

め、枝毎に一寸間程に取付、正月の飾り物にする家もあり、是も瑞氣にて總して花の咲といふハ祝の言葉にて、餅まて花が咲といふ意味也、是ハ餅花と云、又柳の枝に付るハ柳ハ春の物にて芽出しに勢ひのある樹也、枝ハ細きものなれど折るゝ事なし、いはゆる柳に雪折しなし、枝ハつよく長く伸るといふ祝の意、白餅は銀色、粟餅ハ金色にて金銀の花を咲せると云て、子供のたはむれに造るもの也、配り餅も維新前ハ貧福にかきらず互に配るものなりしが、維新後ハ追々少なくなり、神々へ備へる鏡餅も壹重を獻し合祭する家もあるべし

門飾の事

正月の門松を餝るハ年行の爲め、十二月餅搗の日に餝るものなりしが、維新後ハ餅搗の日も其年の都合にて一定せず、故に餝りも定日を定めずして一月の餝となるやうに餝る事とハなりたり、餝り方ハ正月の條にしるせり、門松を年行の爲メ十二月の內に餝る事ハ、當所のみならず他國にも此義古昔よりありしよし

千五百番歌合に従三位保季 順徳院御宇の人

あすを待つ賤が門松さきたてゝ
今日より春の色を見るかな

節分の事

節分ハ年により替れども、其日に當れハ各戶とも夕へに祝飯を拵へ家內中祝し、點燈を合圖に年男と稱し家來或ハ出入なる者袴を着し、大家にてハ素襖・烏帽子にて此役を勤ム、中等以下にてハ主人之を勤ムる家もあり、先ツ竈を淸め火を焚付、平ラなる土鍋を据ゑ豆煎也、扨節分の打豆ハ豫め枡に入て三寶にのせ置、此枡より土鍋に移し豆を煎也、此豆を搔廻すに新調の鍋取を持て搔廻す、其度毎に言葉あり「福德〳〵〳〵」ト三度唱へ、此時竈に焚柴ハ「イマメ」の木の枝を生葉の儘焚也、其音バチ〳〵〳〵と云て、いと賑かなり、是と同時に茄子の枯木を焚 此意未タ不レ詳、又竈の傍に臺を据ゑ松明を焚 此松明ハ松の古根を掘來り、長、五寸位に細く割りたるもの也、是ハ古昔蠟燭のなき時分に、勝手所其外の明しに用ひた

る例にて松明の火ハ賑かなるゆゑ古きためしに習ひし也、豆を煎て元の枡へ移し、三寶の儘東の方を向一拜して、先ツ恵方と云て其年の明の方に向ひ、豆を手にて握り三度に蒔也 是を打と云、則、豆打也 其言葉に「富《トミ》ハ内《ウチ》、福《フク》ハ内《ウチ》」ト三呼ス、次に神棚の前に直立し、前の如く三呼して豆を打、夫レゟ家中の間毎〳〵雨戸の締あるケ所〳〵戸を細目に開きて豆打し、終に大戸口に行、雨戸を細目に開き大聲を發し豆を打、「富ハ内、福ハ内、福ハ内、鬼ハ外《ソト》ヽヽヽヽヽ」ト唱へ急き雨戸を締て、内より雨戸のはづれるほと叩きて此式全ク終る也、夫レより勝手所に來り家内一同の前に年男座し、先ツ無レ滯相濟目出度由を申、次に豫て用意したる年取物と云もの 年包トモ、又福包とも云 を紙に包み、三寶に入レて一同の前に出し、主人より順々に此年取物を分配し、重の物を出し、銚子盃なと取揃へ目出度祝酒を呑ミ、煎《いり》豆を自分の數ほどツヽ戴き食用する例也

年取物目錄

一乾栗　七個 此栗ハ乾栗の小なるものを皮をむき取たるものにして、かち栗と云、何事にも人に勝栗と云意なり

一昆布　二枚 長三寸計り巾一寸計り 此昆布ハ總て祝のものにして、萬代何事にもよろこんぶと云意なり

一豆　少々 大豆の煎タルモノ也 此豆は當夜豆打をしたる豆にて、枡に殘りある豆を用よろづまめ〳〵しくと云意也

一乾柿　二個 此柿の意ハすこしよくらしく聞ゆなれどもよろづかきとると云意也

一密柑　二個

一榧の實七個

一田作　二尾

以上白紙に包各分配して食用す

重の物　酒の肴也、三ツ組の重箱にて臺に据る也

一重　黒大豆を煮たる也、年中まめにと云意外にあしらひものハ、氷こんにやく・氷とうふ・蓮根など小形に切て煮しめる也

二重　數の子と云てにしんと云魚の子、此にしんと云魚ハ子を數多產出する魚ゆゑ子だくさんど云意也

三重　田作の甘煮也、田作ハ前にも記したる如く腰の二重になる迄と云意也、外にあしらひ物ハ牛蒡の靑のり巻

○あくさ鰯の事ハ干鰯也、此干鰯一尾を茄子の枯木 長六寸計り へ目より竪に差したるものにて、豆を煎時竈の下にてあふる式をして、豆打三寶へ乗せ置、年取物を分配して彼の煎豆を食する時、此あくさ鰯を「アクサクサ」ト云、此事ハ何の譯なるや、予未ダ知らざる也、

此鰯ハ隨分臭きものなり、仍てあくさいわしの名ありと思ふのみ

○節分の翌朝豆の祝とて、前夜の打豆を少々第一番に神折敷へ取置、飯に入レ焚たるものを祝飯として、焼物ハニラミ鰯一疋ツヽ生にて付る、此鰯ハ祝義に食して、味のなき物なれど祝の魚なるが故に膳さきとす、皆人々ハ食せずニラミたる儘濟ゆく故にニラミ鰯の名あり、其外鱠・大汁にて家内中祝す事なれど、是も一新後ハ此義を廢したる家數多あり

歳暮の參宮

十二月の大晦日ハ、人々　大神宮を始、氏神の社へ歳暮の參詣をなすもの也、此日ハ宇治橋以内の館町俗に御祓町と云、維新前ハ此町にて大神宮の御祓を參詣人に授與する事ありしより、諸國の人御祓町と云、此町にて御祓を授與すると云ハ、元來館町ハ皆神官の宿館のミにて、町名に上館・中館・下館といふて館の名を付る也、此宿館にて祓を授與し、授與料を收入する事なれど、後の世に神官のミならず、平民も住居する譯になりて、次第に此授與祓が平民の家にまでおしうつり授與せし物也、依て此平民の家にハ、伊勢土産物と合して販賣する事になりゆき、ついに神官の家にて御祓のミ申受るハ不辨なるが故に、參宮人ハ皆伊勢土産物と合して、平民の家にて買求、神官の家にゆかさるゆゑ、段々此授與減少して、ついに平民の家にて賣事になりたるより御祓町と云し也の伊勢土産販賣する家々ハ、此夜徹夜して諸國の參詣人に土産物を賣て賑敷事なり、當日ハ夜中共參詣人群集の日なる故に、萬一爭論或ハ萬引等の者なきとあんじ、牛谷の者を雇入、再度町内を見廻りせし也此牛谷といふハ、宇治浦田町の北、惣門の外、東の山際に牛谷村と云て、人家三十戸計りもあり、村中に一寺あり、宗旨　、此村にて罪人を扱ふ牢屋あり、牛谷村ハ山田奉行所の、命を受て罪人捕護の役又町會所よりハ人足を出し、晝夜鐵棒を引て非常をいましむる事、此義一新後ハ廢したり、其後明治十八年其筋の許可を得て神苑會と云ものを組織して、宇治橋以内を　大神宮の神苑にするとて、兩宮内の人民發起となりて、諸國の同志を謀り會員を募集し、内宮ハ宇治橋以内、外宮ハ豊川町・田中々世古町の家屋敷を購ひ、苑地を拵へる譯となりしゟ、皆賣渡し外町へ移轉したる時、宇治橋以内の館町土産物販賣の家ハ大概今在家町の家、或ハ明キ屋敷など買求轉住せしより、此時ゟして伊勢土産販賣の店、今在家町に始る、此以前ハ一、二軒も店屋あれど、さしての店にもなし、今ハ隨分繁昌せり

神苑會へ賣渡たる館町の家

上等建家一坪　金六圓

中等建家一坪　金五圓

下等建家一坪　金參圓五拾錢

屋敷地ハ地價之通

土藏一坪ニ付　金拾圓

樹木一本ニ付　金貳拾錢

晦日《ミソカ》そばの事

晦日そばと云て、毎月晦日には蕎麥を買て食すれバ、福がさづかるといふて皆三十日そばを食す、是ハ三十日の夜に蕎麥を食して福も錢も授るでハなく、金錢の有家ハ諸拂を濟して、殘りの錢にて蕎麥を食する也、蕎麥に限らぬ譯なれど仕拂殘りの端錢なれバ、代價の高き物ハ買かたし、蕎麥ハ安價なるゆゑ、そばと極りたり、三十日拂金を濟して殘り錢でそばを買家ハ、かならず有福なる家なり、其家にあやかるやうとて食せしを、近ころ間違ふて三十日そばを食すれバ金持になると云て、元來たらぬ錢を持て蕎麥を買、晦日の拂ハ來月までと斷して、蕎麥を食し金持にならうとハ、をかしき事のかぎりならずや、全ク蕎麥代程ツヽ、びんほふする譯愼むべし

附　録

一臍繰《ヘソクリ》

臍繰とハ妻女が亭主に内證でチビ〱と貯金をするに、チヨイと臍の邊りへ捻し込ミ隱すより出たる名にて、一名内證金の事也、此臍繰の内證金を貯藏するにハ、日々の小遣錢を幾分か減して、自家《ウチ》の娘子《コドモ》が劇場へ行たいと云へハつい母心《オヤ》の愛情につらされ、近所の娘達《コタチ》と行とても幾分か節儉をして少しツヽ、臍の邊りへ捻込置、地極箱といふ金箱へ入おき、萬一の時に自慢で亭主の前に出し用金を辨する方法にて至極よき方法也、されども事間違ひを生すると、ついに亭主より受取日々の賄費へ一錢、二錢の懸直を云て、若干金を占領

し、兒共を連て外出する時ハ、其子の食《タベ》もしない品を買しとか、又安めしを食《タベ》させて置ながら、いかめしき料理屋で支度させたとして小遣錢をチヨロマカシ、又紙屑灰など賣しハ內證で皆捻し込、節季の仕拂に種々の故障・因緣を付て幾分をこぎり臍繰を拵へ、賴母子でも掛る事か夜分一寸御使に出てハ、燒芋の道食、亭主に內證で流しの下へ首をさし込、一合酒のグイ吞、そらまめ買てたもとへ入置、鼠にきしられ質草の値打を落し、飴菓子を蒲團の下へ隱し置て兒にさとられ、つミもなき兒をしかり、おしまひに亭主といさかひを始るやうな臍繰を貯金せぬやうにして、家事困難の時に補助するを眞の臍繰と云べし

一花向《ハナムケ》

世に花向といふハ、旅立する人に別れを告て金錢を遣し是を餞別とも云、又鼻向とも云て、旅立人の馬の鼻に向ひて別れを告ることより鼻向を花向としたるか、又遠く別るゝ時ハ、いつ逢と云事もはかられず、若し廻り逢ずして遂に黃泉の客となりし時、心ざしなる花向をしたる、其意を以て別るゝ時には、花向をするものと心得、田舍人ハ餞別を花向《ハナムケ》といふへし

一閧《トキ》を告る

此閧を告ハ則チ勝閧《カチトキ》を告る事にて、勇しき發聲なるべし、軍神を祭るにも此閧を告て祭り、數萬人の軍人同音に大聲を發しなバ大ニいさましきもの也、總て進む時も又勢を付る時も又勝利を得たる時も、皆此閧を告て其勢を增しむべし

一小兒の頃唱し言　安政年中

〽向ひの嫗さん茶がわいたがおいで《御出》んか、道にいの《犬居》をてようい《不行》かん、鐵砲かたげて《肩揚》「しつし《掛聲》」とおいで

〽子《兒》かを《買》子《兒》かを《買》子《兒》になにくは《何喰》そ、さつと《砂糖》まんちゆう《饅頭》そ《夫》りやむし《蟲》のとく《毒》じや、とゝ《魚》にそへて《添》まゝ《飯》とゝにがゝ有るまゝに砂あるそれよつてくはそ、それ《夫》がよかろ《宜敷》かと《何》のこ《兒》がほしぞいつち《一番》あと《後》のこ《ノ兒》

〽ほうたろ《螢》こい《來イ》、しやうねんはう《常念坊》かせ《風》のミや《宮》のみづく《水賜》

りよつれ《與連》になろ《成》ならこち《此所》へこされ《御座レ》
〽あゝ《呼々》さむ《寒》こさむ《小寒》、こさむ《小寒》のしり《後》へこほり《氷》がはつ《張》て、いとひき《絲引》や「ばり〳〵《音也》」なはひき《縄引》や「ばり〳〵《音也》」
〽あちら《彼所》やま《山》てれ〳〵《晴々》、こちら《此所》やま《山》てれ〳〵《晴々》、てらな《晴ナ》てんか《天下》さんのおびきつ《帯切》てかくそ《隠》、どこ《何處》へかくそ《隠》えん《椽》のした《下》へかくそ《隠》、えん《椽》のした《下》ハみえる《見》やね《屋根》のかはら《瓦》のそうぎ《扮》のした《下》へもふひ《最早日》がつい《輝》てきた《來》
〽あのこ《兒》どこ《何處》のこ《兒》よう《能似》によそ《餘所》のこ《兒》、こも《菰》にまい《巻》てほ《捨》つてやれ《遣》
〽かくれ《隠》ん《連》ばう《坊》にせん《千》はつち《坊槌》やこまち《小町》やまめぞのこあ《兒當》たりたか《鷹》くねんは《坊》にチヨイノ〳〵ノチヨイ
〽天からふんどし《高イ》　此語ハ高くして長キモノヲ云
名古屋のこ《低イ》ハめし　此語ハ値段高して盛方低きものを云
〽鷹に除た者ハ天迄届く針三本疊一帖
是ハ子供が鷹こと〻いふて、子供大勢集り一組となり、其内の一人鷹といふ　鷹トハ人ヲツ、カムトいふ意、此鷹に成たる兒ハ大勢のにぐるを追まはし、いきなりつかまるを勝とする也、又其鷹になりたるをいなみ、其役を退くものハ、天まで届く針三本と疊一帖を罪に當る意なり、仍て其科料にたえかね早く連中の一人をつかまへ鷹の役を譲るなるべし
〽こ《兒》かい《使》こ《粉》に《致》せあま《餘》つたらたんこ《團子》にせ《致》

古市遊廓にての言

一こひし《戀し》　一おまはん《御前様》　一あのひつさん《向ノ人サン》
一むしきらふ《蟲》　一さかひ　但さかひハ物の境にて、たとへハ私しが行タさかひ又來タさかひといふ事を思へバ、甲より云て乙が聞までの境、又行なれバ甲より乙へ行迄の境也、仍といふ處へも遣ふ、たとへハ私しが考へたさかひ人がよろこんださかひといふべし
一なんし《被成》　いき《行》なんし　あかり《揚》なんし
一すかん《不レ好》　すかぬといふ意　き《來》なんし　し《仕》なんし

一宇治地方の祕言

〔シゼン〕内證事ヲ云
是ハ宇治今在家町に腹巻主膳といふ人あり、此主膳の家ハ代々宇治大年寄を勤むる人にて、會合所とい

ふ役所に日勤し宇治地方の諸費用を纏め、人民への諸触書を出し、所の政務に關する役なり、其時の權利ある人にて、此人の來る時ハ兒童に至るまで恐れ鎭り高聲などにて言を發せす、仍テ內證の噺なとするか、又は人に見られて都合のあしき時などハ、主膳〱といふときハ皆言葉を止め兒童の泣も止るなり、主膳をいつかシゼンと云違へたり

〔祿得《ロクエ》〕參詣人が師職に來着せしを云

是ハ諸國の檀家より參宮人が來り師職へ來着せし時云、此祿得といふ事ハ其師職〱へ祿を得るといふ意にて、參宮人師職の家に宿泊する時ハ幾分の金を神納し祈禱料・初穗料、宿泊料其金より諸入費を引去り、幾分か殘りを師職の祿とせしより、祿を得るといふ意にて如レ此祿得《ロクエ》といふ也

〔シタラ〕大神宮へ參詣人か御饌を備へしをいふ

是ハ御饌を廣前にて供しる時、必神官ハ拜拍子を打、又兒童の二、三才の時ぶん、其兒に兩手を打しめ兩親がよろこび遊ふ時、手を打をシタラの上手と云て、手を打事より其シタラを思ひ付、拍手するもシタラと云し也

〔デンツク〕參詣人大神宮へ神樂を奉奏する事を云

是ハ神樂奏行之節、神樂役人神樂歌を奏し笛・大鼓をならし、其大鼓の音デンツクと唱より云し也

〔モノケ〕金錢の事を云

是ハ金錢の事を差てモノケといふ、總て金錢を以て物の氣に換るものなるより云し也

〔ミタマ〕空腹になりしを云ふ

〔チラス〕退く言

是ハ退く言葉にて「チラス」「散」、人々出合の時なと退くときに用ゆ、又自分てなくとも人の行き退く時も誰々ハチラシたりと云、又自分が退出しやうと思ふ時などハ最早チラソと云、「チラス」ハ「散」也

〔ザボ〕料理人の下廻りヲなすものを云

是ハ「雜鉋」又「雜庖《サボ》」なり、雜の庖丁といふ意也

〔ハウロク〕宇治地方にて妻をホヲロクといふハ異名也

是ハ昔、宇治と山田と內亂起り遂に戰爭に及びしとき、山田方ハ人數多し宇治方ハ人數少なくして、山田方をあさむく爲、家々の妻女を宇治の山々へ登らせ陣笠にかへるに、祭典に用ゆる「ハウロク」宇仁焼の土堝也を黒く塗、之を着て陣幕の內に旗差物を持しめ、多人數の勢力と見せかけ男ハ戰場に出て動きしに、山田方ハ山々の人數を見て恐れ退く、是レ軍略の一ツとなり、宇治方ハ大に功名せし事ありし由に、是より妻の事をハウロクと異名して今に云傳りし也、世間普通ハ山の神といふ

〔クサリ〕女の月經をいふ

女の月經ハ不浄なるより是をクサリと云、總て物の腐りたるハ不潔なり、故に不浄になりたるを「クサリ」といふ

〔カイラ〕女月經中に住する家をいふ

此「カイラ」は「假家《カリヤ》」也、月經中ハ男と同衾せず、宇治橋以內の人家ハ月水の女を家に置ず、字「川原」といふ所に假家を構へ、爰に十日間轉居せしめし也、假家を「カイラ」又「カリヤ」といふて月水の一名に云習ハしたるハをかし

〔ウザ〕

是ハ物ことをだじやくにするをいふ、物のウザ〳〵するハ極りのわるきもの、其極りのあしきものを其儘置によりてウザ〳〵する也、其意をつめて「ウザ」といふ

〔プラリ〕

是ハ總て物を無にし物を捨る言にて、何々をプラリする、誰々を「プラリ」するなと云し也

〔マク〕

マクハ蒔也、物を蒔散す意にて、人を散ぜしむる時多く用る也

〔エゴ〕兒童の事をいふ
此エゴハ善兒《エゴ》也、宜敷兒といふ意、又嬰兒《エゴ》男女とも子供をさしていふ言葉也、又末社トモいふ、此末社といふハ内宮に八十末社、外宮に四十末社といふて兩宮とも攝末社の遙拜所を宮中に澤山祭りありしゆゑ、澤山あるをさして末社といふ、兒も家によりて澤山あるゆゑにかくなづけたり、又遊廓にある「幇《タイ》間《コ》」「末者《マッシャ》」とハ意を異にせり、下等社會にてハ兒の事を「ガキ」トいふ

〔トクヨウ〕徳用なり
此徳用といふ事ハ世間にて至極よろしき事にて、何品を買にも此品ハ値段が安くして、保が宜しきを差て皆徳用といふ也、是を反對にして惡しきものを徳用と云也、此徳用ニハ必宜敷物ハなし、又女の見にくきを差て徳用といふ、又人の心意氣の惡しきを徳《トク》用者《ヨウモノ》といふ

〔ベク〕可《ベク》なり

此ベクハ「可」にして、何にても先ツ可《カ》なりといふ意也、仍て宜敷をさして此品物ハベクなりと云、是よりして女の麗しきを見ても「可《ベク》」なりと云、併極宜敷ものを可《カ》なりとハ今少したらざる也

〔ウツ〕臭氣の事也
總て物の腐れたるハ惡臭氣のするもの也、是を「ウツ」と云、此ウツハ匂《ニホ》ひ鼻《ハナ》を打《ウツ》といふを只打《ウツ》とのみ云しなるべし

〔シコル〕
是ハ隱れ忍ふ事にて、隱の字をはぶき忍《シノブ》といふ事を「シコル」と云しが、譬へハ誰々ハ今まで此所に居りしが早何れへか「シコル」と云、又物を隱したるを「シコラシタ」といふ、又自分が他人に逢ふを忌み隱るゝも「シコル」と云也、是等より出しものが寢間に入淨に寢るも「シコル」と云なり

〔ハタキ〕
是ハ物事の總てやりそこなひを云しなり、何事より

出し言なるや
〔マキ〕酒の事也
是ハ酒の言にて、酒を呑事を「マキヤル」と云、ヤルハ遣《ヤル》也、マキはクダ巻と云事、其クダを除て「マキ」「マク」といふ、大酒して酔たるを「大マキ」といふなり
〔ツカム〕又〔ニギル〕
物を掌握する事をいふ、掌握すればかならずツカム也、故にかくいふ
〔イタス〕
「イタス」ハ「致《イタス》」にて何にも用ゆる字なれど、此イタスハ物をカスメ取イタスの方にて、必ズよき方へハ用ず
〔ウテズ〕又〔ウテル〕
人の死たるをいふ、又ウテルハ死とのみいふ意也、今「ウテル」昨夜「ウテシ」「ウテタ」などいふ
〔タイサンブツ〕
大山物と云意
〔フトイ〕
物ノ大膽なる事をフトイ人物など云ハ、大膽の大の字をフトイと云し也
〔ウタフ〕
食事する事をウタフと云、是ハ口を開き唱歌を謡フ姿よりかく出しものか
〔キラス〕
へをふるをヒルとも云、是をキラスといふハ、大きく音のすべきを場所柄に依て小さく小切にして、人の耳に入らざるやう小切にキラスと云意
〔アテ〕
アテとハ酒を呑に肴あり、飯を食するに菜あり、是をアテと云、心當《コヽロアテ》にして樂む、則チ「當《アテ》」なり
〔サルキ〕
サルキハ白飯なり、猿の牙の如く白き色をいふ意、謂る「猿牙《サルキ》」也

〔カイツ〕
カイツハ粥遣なり、此粥遣《カイツカフ》のカフの二字をハぶきカイツと云しなり

一正月に茶の葉を煎事を忌
茶を煎にハ随分氣の永き物にて、ゆる〳〵あぶらねハ味なし、正月ハ何事にも氣せはしき月なるに仍て、茶ハ十二月の内にあぶり置べし、正月ハ忌といふて下女を忌しめ、手行の爲め十二月の内にあふらせし也

一夕暮に新しき草履を仕用するを忌
是ハ葬儀を行時に新しき草履を日暮に用ゆるより忌なり、萬一仕用する時ハ草履の裏を火にてあぶり用ゆ

一手足の爪を同時にきるを忌
是も葬儀より出し事にて、父の死たる時、親指の爪を切、是等の事より始りしか、又親子爪といふより出しか

一木と竹の箸を使用する事を忌
是も葬儀ゟ出し事にて、所に仍て事の同しからざる事ありしが、遠國にて火葬せし時、其骨をひろふに木と竹の箸を用ゆる事あるといふてかく忌始し也

一三月に蚊帳を用ゆる事を忌
是ハ何モ寄所なき事なれど、貧乏人にてハ充分の手當もならぬより、富家をおどし早く用ゐさせぬやう云し也

一五月に新調の傘を用ヰ始る事を忌
是も葬儀より出し事、父の死せし時新調の白張傘を用ヰて天を覆ヒし事あり、故に五月ハ祝月とて新傘を買求用ゆる事を忌し也

一頭のなき干魚を膳先に付て食事するを忌
是ハ罪人を死刑にする朝、膳部に飯と鹽と頭のなき干魚を付ケ食さしむるハ幕府の定なり、當所にては山田奉行所に預りの罪人 宇治地方ハ牛谷村 山田地方ハハイ田村 、死刑の朝必ス如レ此、仍テ忌し也

一縫合の事を忌

縫合といふて、知り人の家に死人ありて、白衣・經帷子などを縫日にハ、己が家の縫物をせず忌嫌の事あり

一耳塞餅

知人の內、我年齡と同年なりし時ハ其事を忌て、我耳へ不レ入と云爲メ、白餅を買來り我耳に當テ後、家根に投上ル、是を耳塞餅と云

一五十日笠

維新前兩親の死亡せし時、五十日笠といふて、忌中五十日間墓參す途中天を覆ひ、又人に面會を憚り皆深き編笠を着て外出す、五十日目の墓參終れハ之を墓地の寺に納ム

一イロ　喪服

イロトハ喪服の略稱にして、服に仕立着用するへきを略して、木綿或ハ白布壹巾長四尺計りを長四ツ折にして襟の上に掛ケて墓參す、併し此イロ喪服を着用する人ハ等親に限る、尤忌の間用ゆべし

一火替《ヒガヘ》

火替と稱し家々に死亡者、或ハ女の月水、其他不淨のある時ハ、勝手所の食物ハ悉皆捨るべし、又竈を始、諸器械を洗ヒ清め、新き火を拵へて食物の煮焚をなしたる也、仍て不淨のかゝりたる人と食を同しくせず

一箕《ミ》を伏る事を忌

箕《ミ》といふ器ハ五穀を扱ふ器にて、これを伏るを忌嫌ふ、總てあふむけて用ゆるを吉とし、爲メに伏せるを忌む

一三十三切レ事

三十三切レといふ事ハ、出生の兒短命にして凶事のみ重なる時ハ、親類・知己の家にて、其家々の兒の壯健に生育せし子の衣類の小切レを一枚ツ、貰ひ集メ、衣服を縫ひ出生の兒に着用させなバ、必す其兒壯健に生育すると云、其小切レを貰ふに三十三軒にて貰ひ集むるゆゑ三十三切レといふ

一井戸を埋る事を忌

井戸を埋るハ惡しく、井戸ハ人命を助くる水あり、其井戸に神あり、之を埋るハ凶、仍テ不レ得レ止埋る時ハ、

青竹の節を抜き、之ヲ井戸の內に立埋るなり、かくの如くすれハ全ク井戸の圓經を縮めたる意にて、埋めたるにハあらざるべし

一兒と捨る事

父母厄歳に當りし年に出生の兒ハ短命なりといふ、故に新調の畚《フゴ》に入レ七日目、則チ七夜に道路の四ツ辻へ連れ行、之を捨る式を行ふべし、拾ヒ得る人ハ豫て依頼し置、其時に連れゆき親戚なりとも又他人也とも、子ありて其子壯健に生育する家の夫婦に頼み、拾ひ得させ其人を假親として、其子十五歳になるまで毎年節分にハ其子の年豆ハ其假親の內にて食する事、又其假親の方より紙に包み持參して其子に食さしむる事もあるべし、是ハ自分の氣やすめのみにて表面の義にあらず

一年末煤拂をせさる時の事

譬へハ家に死亡者ありて家內忌服にかゝり、其翌年になりても忌中なるがゆゑに、正月となりても神を不レ迎、仍煤拂もせざるべし

一門口の注連繩を取除る事

注連ハ神の前に張り不淨を拂ふ物にて、家には家の神あり、仍テ正門及門口に注連を張、家の不淨を拂、厄神を除る祈禱を表す、然るに其家に死亡者ありて其家不淨となる、其死者を家より出すにハ、其注連を取除キ忌明する迄注連を不張、又家の神も祭らず、忌明の後、家を清め新たに注連を張るべし

一笹舟を流す事

七月六日の夜笹の葉を以て舟を造り、麻苧を結ひ綱とし、家毎にこれを大川へ流す、是ハ七夕へ獻納し、此舟をして天の川を渡り二星の逢瀬をはかるとも、又精靈を迎とも云、何れかしらず

一苅拂《カリハラヘ》の事

七月七日ハ苅拂と稱し、家々墓地の草を苅拂掃除をなす日也、此日不斷に洗ハざる器物を洗ふ事古くより行ふ、譬へハ米枡・枕・行燈・算盤・硯箱、其他常に洗

ハさる物を洗ふとて、家々の女ども五十鈴川に出て洗ふべし

一位《キ》碑《ハイ》まくりの事

十二月の末、位碑まくりと稱し墓地に行、枯花を取捨、青花を多分に備へ、正月ハ神を祭一年の祝始の月なるが故に、正月ハ墓參をせざるため、年末に參り置事を位碑まくりといふ、是ハ位碑まゐりなるべし、まくりハまゐりの誤りか

一葬式に卯の日を忌む事

此卯の日に葬式を行ふときハ、必す友を引て其家又ハ其近傍よりはたして死者の出來る事あるとて、昔より卯の日ハ葬儀を行ハさるべし、此外友引の日とて葬儀をせざる日あり愼むべし

一旅立に七九の日を忌む事

七の日と九の日ハ旅行又ハ旅より歸宅するを忌む、何故なるか知らされども、昔より歌に「月の七日に旅立すとも歸るまいぞや九日に」とて、九の日ハ尤忌む日なりとぞ

一宇治地方葬儀を行ふ事

宇治地方にて人の死たる時死すとハいはず、是を大病と云、是ハ神地なるが故にかくいふ、先ツ死人の出來たる時ハ、親戚相談して卽時人を賴み親類へ披露す、其言に何の某大病におよび候ゆゑ御届仕といふて觸る、さすれハ親類中卽時集り來り諸事の事を扱ひ、又神宮家と町家人民とハ少しく扱方のことなる事往々あり、神宮家にてハ親類及同僚・仲間・家來へ通報して其準備に取掛る、町家にありてハ親類及組合へ通知して取扱をなす、然れども何れも死人をして皆大病といふ、死人とハいはず、死人と云し時ハ其地の穢となるべし、葬儀ハ總て旅裝《リヨソウ》にて墓地の寺前に至り、始めて某病氣の處養生不ㇾ叶死亡せしと云、夫れより死者の扱となり、神宮家にてハ祭主詔刀文を讀、此山に鎭め祭る由を申、町家にありてハ檀家寺の僧出て讀經あり、然る後埋葬す、埋葬後家に歸る時、神宮家に於てハ相續人

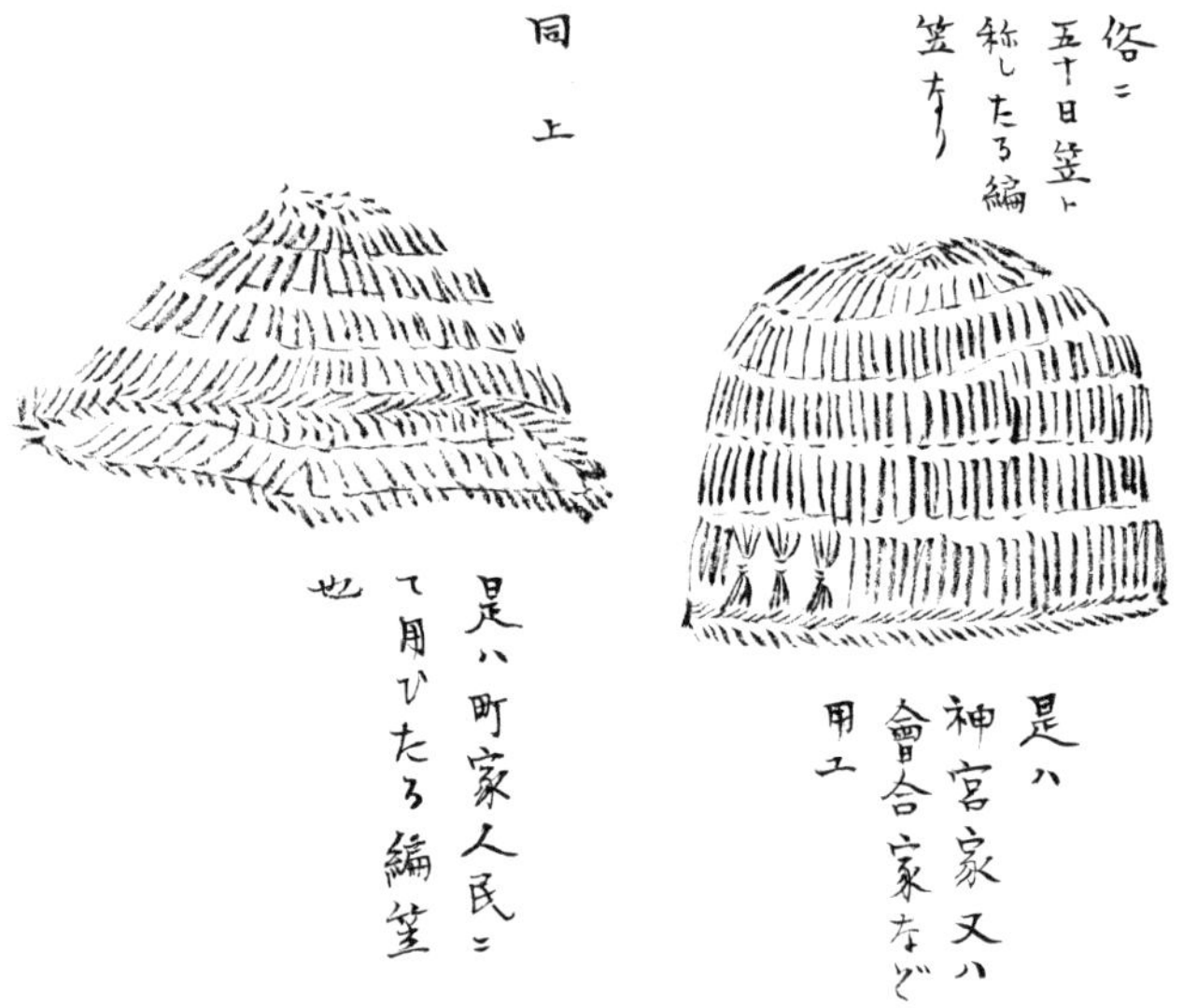
俗ニ五十日笠ト称したる編笠なり
是ハ神宮家又ハ會合家など用ユ
同上
是ハ町家人民ニて用ひたる編笠也

ハ喪服を着し、白張の傘に天を覆ひ、足袋を用ゐず一重草履をはき、青竹の杖を突く、喪服ハ白布にて狩衣を仕立、白布袴に烏帽子着用、其他親戚にして忌服を受る人には略喪服と稱し、白布壹巾を四ツ折にしたる

ものを襟にかけて歸宅し、翌日より墓參中ハ、男ハ編笠を着て天を覆、又知り人に言を不レ發ため笠を着たり、女ハ袴に略喪を掛て墓參し、五十日の墓參濟に編笠及喪服ハ墓地の寺に納ム、町家にても心得たる人ハ編笠を着す者あり、女は町家にても略喪を着すなり

右の編笠着し、神宮家・會合家ハ繼上下 繼肩衣ノコト に帶刀、町家にてハ羽織袴也

神宮一禰宜病中旅行之行列大略左に 但シ是ヲ早ガケといふ

先拂箒持 法被仲間一人
先拂 麻上下 帶刀
高張 定紋 法被仲間一人
辛櫃 適宜に祭具を納 白張二人

先拂箒持 法被仲間一人
高張 定紋 法被仲間一人

箱提燈 定紋 法被仲間一人
若徒 小丸提燈 麻上下 帶刀
沓持 淺沓 法被中間一人
祭主 狩衣 烏帽子
箱提燈 定紋 法被仲間一人
若徒 小丸提燈 麻上下 帶刀
傘持 中柄 法被中間一人

先狹箱 金定紋 紺かんばん仲間一人　小高張 定紋 法被仲間一人　待士 小丸提燈 麻上下 帯刀　同

先狹箱 金定紋 紺かんばん仲間一人　小高張 定紋 法被仲間一人　待士 小丸提燈 麻上下 帯刀　同

待士 小丸提燈 麻上下 帯刀　同

装束櫃 白張二人　長刀持 長羽織 袴帯刀

待士 小丸提燈 麻上下 帯刀　同

近習 小丸提燈 麻上下 帯刀　童子 手箱持 装束 垂髪

箱提燈 定紋 法被仲間一人　待士 小丸提燈 麻上下 帯刀

近習 小丸提燈 麻上下 帯刀　童子 太刀持 装束 垂髪

箱提燈 法被仲間一人

雑色　同　近臣 素襖　雑色

輿 白木造 白張十六人

雑色　同　近臣 素襖　雑色

沓持 淺沓白木ノ臺付 白張一人　箱提燈 定紋 法被仲間一人

杖持 白木 法被仲間一人　喪主 相續人 色狩衣 立烏帽子

傘持 朱傘白袋入 白張一人　箱提燈 定紋 法被仲間一人

若徒 小丸提燈 麻上下 帯刀

親戚 狩衣 烏帽子　親戚 狩衣 烏帽子

小姓 小丸提燈 肩衣 帯刀　小姓 小丸提燈 肩衣 帯刀

若徒 小丸提燈 麻上下 帯刀

待女 カツ衣　待女 カツ衣

親戚女駕 長棒 紺駕かんばん六人　同 長棒 駕かんばん六人

待女 カツ衣　待女 カツ衣

典醫 繼肩衣 帯刀　藥籠持 法被仲間一人　親類中

知己朋友中

列方 羽織袴 帯刀

押へ 長羽織袴 帯刀

以上自宅より寺山墓地寺の前までの行列にして、則病中旅行之姿也、寺の前に白木の輿を舁据ゑ、先ツ典醫輿の前に進ミ病體を伺ひ、終に死去セシ事を告ぐ、夫レより相續人ハ喪服を着用す、親戚の女ハ略して駕を不レ出、只駕の戸を開き略の喪を袴《エリ》に掛ケ其儘拜す、祭主先ツ輿前に進ミ銭切・散米・拍手一端、次ニ詔刀を奏し一拜して退く、次に喪主進て一拜、次ニ親戚中進て次第に拜す、知己朋友ハ遠方より遙拜す、畢て一同退參す、歸途の節ハ列なし、女中駕ハ箱提燈及小丸提燈等にて歸る、喪主及親戚中も亦同し、墓地埋葬ケ所へハ其夜親戚一同參會せず

寺前より埋葬墓所迄の略列

先拂 麻上下 帯刀

松明 古竹ヲ以之ヲ作ル 法被仲間一人　待士 麻上下 帯刀　同
松明 法被仲間一人　待士 麻上下 帯刀　同

若徒 小丸提燈 麻上下 帯刀　雜色
祭主 狩衣 烏帽子
若徒 小丸提燈 麻上下 帯刀　沓持 浅沓 法被仲間一人　雜色

雜色　小高張 野提燈 定紋　近臣 素襖
長刀持 長羽織袴　輿 白張 十六人
雜色　小高張 白袋入 白柄 野提燈 定紋　近臣 素襖

雜色　沓持 浅沓 白臺 白張一人　松明 古竹 法被一人
杖持 白木 法被仲間一人
雜色　傘持 末傘 白袋入 白張一人　松明 古竹 法被一人

押へ 長羽織 帯刀

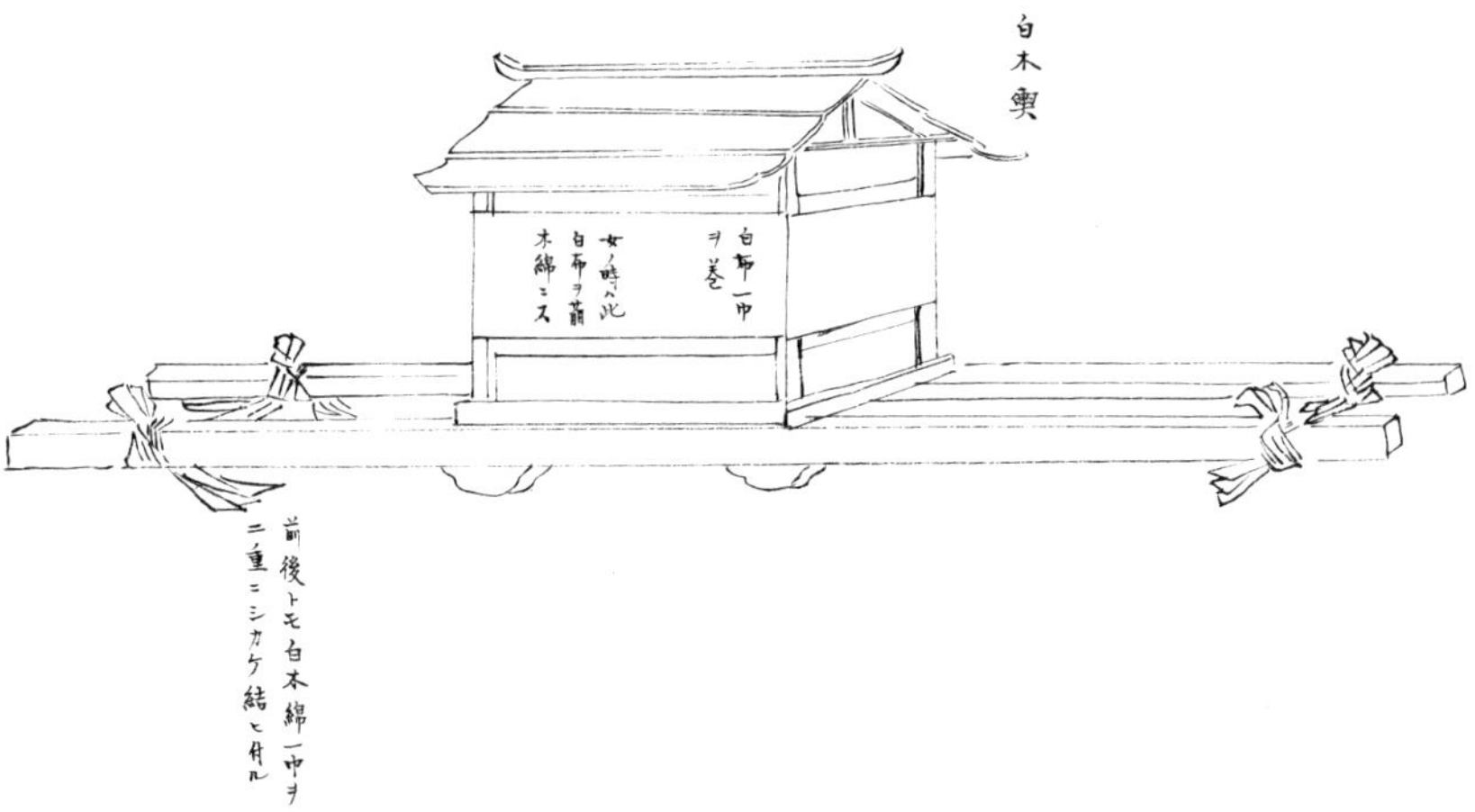

一山叙の芽を摘に唱歌を忌む事
此義未ダ何故なるかはしらざりしも、山叙の芽を摘に唱歌を謠へバ其木枯るといふ、未ダためしたる事なし

一麥を植替る事を忌む事
此義未タしらず、只世間にてとなへ居りしまゝ

一蓮芋《ハスイモ》ハ盗ミて植るをよしと云事
蓮芋・ツル菜・水泉寺菜の類を植るに、其苗を貰ひて植るときハ其元家の分絶える、之を盗ミ來りて植る時ハ元家の分も絶えずして、我畑の分も能出來るといふ、如何なる譯カ未だしらず

一百足蟲を殺さぬ事
百足蟲ハ足の多き蟲、足を殺生する時ハ金持にならず、此故ハ錢又ノ名ヲワシをなくするといふ意にて別に譯のある事にはなし、毒蟲なるが故に見付次第殺す方よし、毘沙門天を信仰する人、此百足蟲を大切にして殺さず、是ハ毘沙門天の使ひ者といふて、是を殺生せずバ福を授くるとのをしへありしとて、大切にすれども危險な

り

一時によりて蜘蛛に吉凶のある事

何故なるか朝蜘蛛ハ吉事なりと云て大切にし、夜の蜘蛛ハ凶なりと云て是を殺せ、夜の蜘蛛ハ親と見ても殺せといふ、蜘蛛も時にとりて大ニ迷惑する也、又夜の蜘蛛ヲ殺し其尻を燈火にてあぶり、一昨日來《ヲトツヒコイ》しといふて捨る事あり、をかし

一婦人妊娠せハ裁縫に縫ひざるケ所ある事

妊娠中の裁縫物、若シ袋縫となる裁縫物ハ、必す他の人に縫はするか、又ハ少しにても其袋ケ所を不レ縫して明ケおき人に縫すべし、出産の時袋子を産といふ忌嫌べし、此外婦人にいましめ多し

一高き處の物を無利に取れば、胎中にて其兒乳管を放す、心得べし

一妊娠中火事を見れバ子產れて赤きもの顔に現出す愼むへし、又染物なとして手なとへ染色を付る事勿れ

一妊娠中下駄其外履物の緒《ヲ》を付るべからす、子生れてズイを生むべし

一妊娠中ハ母の愼ミ大切なるものにして、必す色欲に心を寄るべからず、又平生の立居振舞に心を付、横尻等すべからず

一妊婦にして非常に服藥すべからず、肉食なとすべからず、魚肉にても油の多き魚食すべからず、出生の子必す胎毒を發す、愼むべし

一出產前に毎夜うどんを少しツヽ食すれハ產後乳多し、又鯉を指身にして食するもよし

一婚禮の荷物を送るに昇棒を持返る事

此昇棒を婚姻先の家に置を忌むハ、再び持返らぬといふ意にてかく習ハせし也

一小兒糊を食すれバ犬になるといふ事

兒によりて糊を食する兒あり、いと見にくきもの也、仍て子をいましむるに、糊を食すれば犬になるといふ

一鼠の喰殘りを食すれバ眼光る事

鼠の食残りを食せし時、若し鼠の毒残り居て害を生せし時大ニ困るなり、仍て夜中くらやミにて眼光るといふて子供を忌しめ、食さしめざるやうに云し也

一腹を突ハ牛になる事

小兒同士遊ひたはむるゝ時、たはむれに腹を突事あり、若し誤て突所悪しく大ニ災害を求る事あり、仍て腹を突ケバ其子牛になるといふて、小兒同士腹の突合をさせぬやう忌しめし事也

一地震を動《ユ》り直せといふ言の事

地震の時に動《ユ》り直せ〳〵と云事ありていとをかし、一度にても恐るゝに、再度動り直されてハ大變なれど、全ク地震をあさむく意なるか

一電鳴の時鍬腹と云事

一夜中宇治橋を通行するに北側を不ㇾ通事

宇治橋の北側西の男柱に、渡り始めの御祈禱一萬度大麻の納めあるにより、之ヲ敬して夜中ハ南側を通行する也

西の男柱といふハ、北側の袖柱より第二番目、則橋板の始の柱にて擬寶珠に、天照皇大神宮御橋と彫り付あり

一御免下駄の事

御免下駄と稱し、草履の裏に薄板を付、或ハ油紙など付て雨天の際内々にて宮中を歩行し事あり、是ハ極内證にて用ゐし也、両宮とも宮中ハ雨天・晴天たりとも下駄・雪駄の類を禁せられし故、如ㇾ斯ものを用ゐし也、併し是を用ゐしハ多く下輩のものにて、宮中の小役人と云しもの也、淺沓を用ゐられぬ身分なり、一新後ハ此禁なし、何人たりとも下駄・雪駄勝手次第也、恐れ多き次第ならず也

一僧尼附髪の事

両宮中ハ中院より僧尼の參入を禁せられ、本宮ハ中ノ廐の處に制札あり、是より法衣をぬぎて附髪をなし俗人の姿にて參入せバ許可す、僧尼の遙拜所ハ、風日祈

宮御橋に枝橋とて南手に東へ枝なる橋を繼架、此橋を渡り御川を見て山の邊を一丁半計り東に行、本宮の正面なる處に一殿を設け、是に本宮と別宮の拜所を設けて拜さしむ、尤御川を隔て拜する也、或る時、愚僧來り中院より參拜ならず、エビ折なくバ參入を不レ許（折ハ男子の頭髪を曲ゲタル也）と云しに、エビ折と海老折と間違へ、海《エビ》老を買求め來りて頭に結ひ付參入して差止められし事あり、一新後ハ僧尼參拜を許可せられ、僧尼の拜所又枝橋も撤却せられたり

一服者の拜所ありたり

兩宮共、服者ハ中院より參入を被レ禁、仍テ本宮ハ中院則中の厩前、子良館の東參道の南傍、風日祈宮橋と相對して假服者の遙拜所石疊ありて、注連を張りありし也、風日折宮橋と相對し設ケられしより不レ知二案內一の輩ハ、風日折宮拜所と心得る者往々あり

一本宮域內內厩の北、高倉殿の石積《ツミ》を盜人の用心神と云事

一宇治橋以內の宿館ハ、門扉ヲ片開きにせし事

大神宮の御門扉、兩開なるが故に遠慮して片折戶に仕立たるもの也

一宇治橋以內館町に於てハ、屋根に瓦を不レ葺事

宇治橋以內の館町ハ、昔より齋館のミにてありしが、後に民家もおひ〳〵出來たれど、齋館なるが故に瓦を不レ用板葺なりしが、一新の際瓦葺を許可せられ、始めて瓦葺となりし處、宇治橋以內神苑地に御取設なりたる爲メ他町へ移轉せり、此瓦を忌しハ寺を瓦葺と云倭言葉あり、仍テ瓦を忌し也

（奥書）
明治三十年二月　　横地長重記

大主家年間行事

天保四年癸巳正月吉日
大主家年間行事
大主繼枝改ニ書之一

享保二丁酉年記録古帳
同十六年辛亥古帳
天明八戊申歳古帳
天保四癸巳年
大主繼枝改レ之

正月元日
兩宮參宮　小姓 草履取
早朝水汲初メ
土藏開初メ

臺所あきの方掃除初メ
右三役如レ例年男勤候事　但シ袴打掛
若水桶江入置
右之水ニ而手水遣ひ神々様致レ拝事
家內朝飯寒物高膳也
一向付　たつくり 香もの　　一大碗　花かつを 丸餅 大根 芋丸切 菜
若水ニ而書初メ
あきの方向彈初メ
夕ゥ祝ひ神々様江御膳備ル
神棚　夷棚 二膳　天神様　大釜　上藏　下藏之跡
今日ゟ廻り神様江備ル
〆七所年男備
家內夕飯祝高膳
一盃 鱠　　一汁　刻昆布 魚見合 スマシ

香物

一焼物（大かわらけ入皿江）　鰯　　一大碗　めし

屠蘇酒三獻

家内盃致ス、年若者ゟ初年老候者納メル

酌人年男

夜神々様燈明上ル

神棚　夷棚二ツ　歳徳神様　天神様　大釜（大かわらけ火口三）　雑藏之跡

上藏　雪隠

御靈様　〆十ケ所

常燈皆々燃ス　三文ツヽ之引替　十五廻計拵置

臺燈（挑燈）挑出ス

二日、三寶餝　小原敷　白米二合　大々昆布ニ而巻水引掛　田作・柿・柏・栗・蜜柑　うら白敷　年男來ル

朝飯寒物、元日之通り

御頭出初、玄關北南向ニ餝、御節備ル、た作付

碓起、白米壹升・節餅・た作付、歳徳神江備ル

買初　小俵大なれ者一ツ、小ニ而者二ツ

右代物百文遣シ、十二文ゟ貳分計ニ而求メル

こたわら無レ之時者海老ニ而鰡ニ而茂よし

あきの方向　節餅割

祝神々様御膳、元日之通り

生酢身小俵おろし入ル

家内夕飯祝、元日之通り

盃茂元日之通り也

今日之家禮不レ殘年男打掛袴ニ而勤候事

節餅割之覺

小ふり成吉	三十計	是者客雑煮用意也
大成吉	五十計	是者道者雑煮用意也

常躰ニ切五・六十　是者七日、十五日柱餅、其外食用ニ成、

殘り者枇《ヘキ》餅霰ニ致シ置

臺所之者江七切計ツヽ遣ス

年男江茂九切計、外ニ門神様之御備三ツ重一重ふり遣ス

碓起シ、米節餅年男江遣ス也

夜神々様燈明、元日之通り

常燈同様臺燈挑出ス

代官禮ニ來ル

町代年禮ニ來ル　壹匁祝義遣ス

殿原仲間ゟ柿・牛房來ル

年玉來ル覺

金之進　つるし柿

銀藏　同　ひん付ニ而見計

清助（戊春者休）　同　引替、ひん付巾着

清吉　同　草履、何ニ而茂見計

喜三郎　同　引替

徳右衛門　小豆　見計

長兵衛　牛房（蒡）　同

久兵衛　同　同

五郎助　牛房　同

庄兵衛　牛房　ひん付ニ而も見計

一本木
清吉　菓子　見計

上部左衛門様　地柿壹わ來ル　二日ゟ十日迄之内、同様之柿遣ス

福嶋伊豆様　美濃柿來ル　同　（朱書）「（別筆）相休ミ」

綿谷外記様　同斷　同

廣田筑後様　美濃柿來ル　二日ゟ十日迄之内、同様之柿遣ス

河北助大夫様　同斷　同　（朱書）「（別筆）相休ミ」

豐田賴母様　同斷　同　相休ミ　（朱書）「（別筆）以下コレニ准ズ」

鳥羽
神谷李庵様　三河柿來ル　二日ゟ十日迄之內、地柿一わ書狀付飛脚屋へ出ス

一本木
阿竹宗兵衛ゟ柿來ル　休ミ　二日ゟ十日迄之内、養甘ニ而茂遣ス

神納、谷・幸福ゟ牛房　引替常之通り

早朝禮帳出ス事

三日

朝飯寒物前日之通

夕飯祝ひ同様

神々様御膳元日ゟ今日迄其上江備、今日下ル也

嘉永六癸丑年ゟ無二食事一勤料八匁ニ仕切候事
年男元日ゟ今日迄

家内同様ニ食事致セ候事

夜神々様燈明　常燈　前日同様
　臺燈挑出ス
夜三日月様拝
　神折敷江御節餅、小かわらけ二枚・土器一枚・小豆
　壹人前三粒ツ、入壹枚盃也、銚子江水入、門内ニ而
　拝ミ御預寫戴
右家内安產之爲ㇾ成、先例者旦那茂拝シ、年男打掛袴
ニ而右之酌致し申候、享和之頃ゟ女計ニ致し候事
屠蘇酒、今日迄屠蘇袋之まゝ臺所井戸江入ル
　今日鄕使年禮ニ來ル、右祝義五分遣ス
三日　諸親類江年禮
雅樂年禮　雑煮・酒肴重組
彈正禮　雑煮斷、酒計肴重組
外記様禮　同斷
一小皿香物ニ切
　吸物碗餅ニ 菜 平昆布 花かつを　供之者參宮人ニ一ノ膳遣

一小皿田作ニツ　一末かさ田作・香物　一汁碗餅
親類、町内、其外諸々江年禮名代家來遣ス事、今日ニ不
ㇾ限松之内ニ而よし、隨分早き方宜敷
使女茂八日迄之内ニ諸々江遣シ候事
伊豆様　新之丞様　藏人様　求馬様
賴母様　兵大夫様　鎰屋　鳳水
村山　三日市　廣田　松尾
福嶋　吉澤　越後様　正住
綿谷　高田　喜早　藤本ニ軒
八郎大夫　監物様　野四郎　服部
長官　七ノ神主様　金吾大夫　河北
豊田　久保倉　高向谷(屋)　三日市場見合
先年者
長官　七ノ神主様　久保倉　三日市場
監物様　高向谷　福嶋
右七軒江者女使者遣シ候、儉約ニ付暫休ミ
五日

長官江年頭名代遣ス、供・年男両人共打掛袴
鳥目三百文　紙廻水引掛 田作付ル
臺江入、風呂敷掛ル
引替イノヤ五帖　末廣壹本
右今日ニ不レ限、今日迄者宿館江行、是ゟ者長官江行也
明日之菜づな買置候事
代三文計ニ而二わ買
六日
中飯祝ひ　三日日之通り
神々様御膳三日日之通り
鬼サイ木上ル　祝焼候節筋書候也、割木九・十本、門・玄關・大戸口〆三所、筋十二、閏年者十三筋也
右之鬼サイ木
門　大戸口　玄關　〵大釜　〵下藏之跡　〵年徳神様　〵天神
様　〵神棚　〵戎棚　〵上藏　〆三所
先例者三日日上候事、倹約ニ付當時者節分・大晦日・六
日年越三度ニ致し候事、年男如レ例可レ致事
神々様燈明上毎度之通り、常燈不レ殘臺燈挑出ス

臺所庭江金輪居、かわらニ而煮
新敷鍋取、新敷木箸　一膳
新筵敷大切場居、清キ水桶江菜種の汁入、切場之下ニ置、
新敷神々折敷へ七種入ル、前日ニ買候七種江常の菜入、
藁ニ而三把ニからけル、筵之上桶置、其上江切場置菜づ
な上ル、神之折敷共、其外火箸・運木・杓子・鍋取〆五
品
右臺所明方向餝、初メ年男・旦那様・代官・臺所之者、
終年男夫ゟ夷棚下ニ明朝迄餝可レ置
今日小林年頭名代之名前書、町内江遣ス
大主長左衛門事長門ト改ル
名代
錢三百文　是茂一所ニ遣ス
名代之者者一本木殿原之中也、冬之内ニ名前四月ニ遣シ
可レ置事、供者久兵衛、文政丑ノ年ゟ申付置候也
七日
朝飯福煮、柱餅入ル

神々様毎度之通備ル、なつ菜・霰入ル
　家内高膳
一香物　　一大椀 福煮 なつ菜 杜もち
一皿土器 いわし
夕飯祝
神々様御膳毎度之通り
家内夕飯毎度之通り
夜燈明・常燈毎度之通り
臺燈挑出ス
八日
小林年頭名代勤候者之處江人遣シ間違無レ之様得與申
遣シ可レ置事、間違候而者無人故大意ニ困り候也
夜割合拵致シ置　切火下置竈ニ而焼
大破籠飯
小江肴壹ツ　何ニ而茂有合候物ニ而よし、香物ニ而も煮大豆ニ而も不レ苦
肴切身ニ而茂何ニ而茂よし
代五分迄ニ而貳人前買ひ

右焼而も煮候而もよし
香物ニても牛房（蒡）ニても煮大豆ニ而も有合候物見計ニ遣
シ申候
右破籠貳人前拵、楊枝添風呂敷江ツヽミ、供之者ニ爲
レ持候事
名代之者刀忘れ間敷候
九日朝
麻上下者町内江遣シ可レ申候、明朝貳人之者茶漬食セ
候用意致シ可レ置
　割合入候通之物ニ而吉
九日、小林年頭
町内ゟ朝ニ來ル、早く候而茂臺所茶杯焼せ家來參シ候
用意致可レ置也、前日人遣シ候節、随分早く參り候様
箸々茂申遣ス事也
前日之割合供ニ爲レ持、名代上下者町内江遣シ、皆々
銘々之名代ト一所ニ參り可レ申候、跡ゟ參候者見苦也
十日、如レ例宮川白石取、片原五郎助方ニ而勤メ候也

十一日、宮中白石上五郎助勤ル、廿年餘申付候也
打掛着ざるニ而荷行、日々吉之求メ來ル代十二文遣シ
小石三十殘シ置、鬼サイ木上候通ニ三ツ、神々様江上
ル
右茂打掛ニ而五郎助備ヘ申候
丸餅十一計、田作付、五郎助江遣シ也
　先年者雜煮食セ申候、無人ニ付餅遣シ候事
夕ゥ祝、神々様御膳毎度之通
夜焼明常燈毎度之通
　家内祝ひ毎度之通
初之子ノ日、門内ニ而
　小ノ御節餅、田作付焼キ
右神ノ折敷江入、夷棚江備ル、後家内戴ク
　年男勤ル
十三日、諸々之鎊廻り、〆今日中ニ取
但シ門之鎊計殘シ置
年男勤ル

夕飯祝ひ、　神々様御膳毎度之通、夜燈明毎度之通、常
燈同様
　家内祝同様、汁味噌ニ而茂吉
十四日、門松今日取、跡江枝松差置也、芝者歳徳神様江
茂殘し置
門松者三本共枝脱シ、明方江置
右五月過迄玄関へ置
松之尻目縄大戸江付置
門之壺器三榊少々殘シ置、明朝福煮之節燒、鬼サイ木計
殘シ
皆々年男江遣ス
御頭含物今日拵置
藤之社含物
一敷紙六帖　半紙三枚宛ツ
敷紙之上三ツ、上ル
一二文廻之十八 三十六文 半紙五ツ切ニ致シ長廻
一三文宛ひねり五 十五文 半紙壹枚ニ而ひねり
半紙細く立、敷紙〆ニ致ス

坂之社含物茂今日拵置事
一敷紙七帖　半紙三枚宛ツ
敷紙之上ニ三ツ、上ル
一三文廻之廿一　半紙五ツ切長廻
六十三文
一五文ひねり五　半紙壹枚ニひねり
二十五文
半紙細く立、敷紙〆ニ致ス
一五十壹文　藤社
一八十八文　坂之社
〆百四十三文　半紙壹帖半ニ而少し残ル
明日福煮之小豆夜ゟ煮含置
十五日、朝小豆福煮、杜餅入ル
神々様江日々ニ上神ノ折敷ニ而上ル
新敷柄杓入、ニハトク箸ニ而備ヘル
神々様霰也
門・玄關・大戸・歳徳神様江茂吉々日々上ル
吉々神々様江壹本ツ、上ル
年男打掛袴ニ而備ヘル
藤之社含物、出合名代年男

新筵三枚、大門ゟ庭江敷、葎鹽ニ而清メル
御節餅・御頭・御跡・御棚ト二度ニ含ル、ひねり五、
ヱイトツ、皆々神折敷江上幣箱ニ入置
初年男拜、次名代之者、夫ゟ含物、次名代・年男、ヱイ
トツ也
神々様燈明常燈毎度之通
臺燈挑出ス
焼《タイ》松拵可レ置事
十六日、祝ひ　神棚　大釜
夷棚ニ　上藏
天神様　下藏跡
〆七膳
神々様毎度之通、祝隨分早ク致ス可事、夜燈明上ル
家内祝隨分早く致ス事
高膳
一盃鱠　一汁　味噌
香物
一坪器　刻昆□(布)
魚かまほこニ而も
代壹分五厘迄
一大碗めし
焼物　小たいニ而も
いなニ而も
代三分迄
酒　肴重組
重肴今日入用故、唠之節拵置可レ申候、今日者坂之社拜、

兄様御出成り
大晦日之節餅今日出ス、雅樂出合ニ來ル
家内祝隨分早キ宜敷
坂之社　坂之世古へ來ル時分
明松燒付置、門内煉塀添也 但シ東向
御頭門江入、鼻焙り、夫ゟ含物
含物拜出合、前日藤社之通
門口ゟ年男請取、石橋迄踊送ル、今日出合自身代官
皆々來ル、自身世古口迄送り候節
小姓 刀持
草履取
代官二人
往古者今日家來不レ殘白服ニ而御棚迄踊送り返シ候由、
御頭今日打祭遲り候ニ付、世古口迄ニ致し候由、段々儉
約ニ付今者片計也
内ノ御頭今日納メ候事
節餅者年男ニ遣ス

今日之祝
(朱書)「文久三癸亥正月ゟ休ミ」大世古ゟ來ル人々
代官二人
年男江茂食せ候事
今日者年男早朝ゟ參り可レ申事、指支有レ之候ハ、替之者
出シ可レ申
年男祝義之外、今日之祝義二匁遣ス
(朱書)「文久三癸亥正月ヨリ休ミ」
十八日、兄様御誕生日祝ひ
神々様御膳毎度之通七膳
産之神様御膳

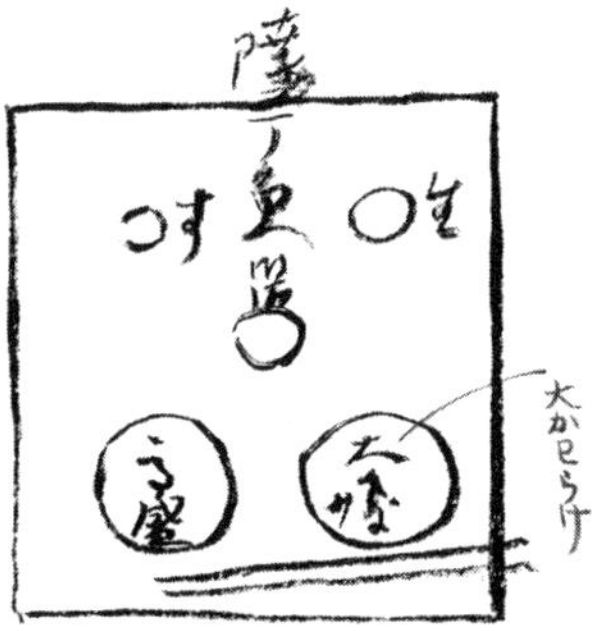

飯 はた引 高盛
生膾小土器
御酒同
睦干魚二
神之折敷へ
此通ニ上祓臺
へ入、土藏前
東向ニ備ル

毎度誕生日者右之通ニ致ス

睦干魚、前ゟ買置可レ申候、干魚無レ之時者鰹節ニ而茂宜敷

今日者是迄祝付候ニ故心祝也

右之土器・箸者今年中之産之神様ニ可レ遣事

清き所江しまひ可レ置

廿日、戎講祝

神々様御膳毎度之通

生酢炙 戎棚江掛鯛上ル 前日ニ調置べし

今日門・芝取・卯杖・神棚納置

夜神々様燈明上ル

廿一日、燈明土器其外之物、皆々坂之社江納メル

當月之内ニ參宮人入用之品見計調置可レ申事

一御供箱 大三 小五　一御供 十二文

一指木地 二匁分　一銘紙

一麻 五匁分　一半のし 十わ

一伊大平 少々　一半紙 少々

一劍先月參共 二貫

其外買物之覺

一素麵 壹匁五分　一あこや麩 二匁

一氷豆腐 壹匁分　一干瓢 五分

一氷蒟蒻 十　一椎茸 五分

一割菜　一若布 三分

一干大根 壹把　一黒砂糖 貳分

一胡せう 貳分　一生姜 少シ

一鹽 壹升　一酢 五合

一醬油　一拼酒 五升

一麴味噌 壹匁　一炭 淺木 二俵見計

一薪 壹駄　一割木

一拼箸　一茶

右書付之通得ニ調買ニ可レ置事

老蘇代參、當月廿日過ニ來ル有事心掛可レ置也

廿五日、天神様祭ル

代參其外參宮人之扣者別帳ニ印有

二月朔日、祝ひ神々様御膳上ル、毎度之通膾炙

彼岸之入御靈前江御盛物備江、墓參致ス、使女ニ而茂
宜、指支有レ之節者彼岸之内ニ而宜

御盛物備江覺

四日、房宗様　　六日、保宗様 保童女 繁代童女
十一日、雲岸智白居士　十四日、千代子
十五日、繼子　　十六日、妙孝信女
十七日、常園大姉　　廿一日、正均神主
廿七日、御先祖宗茂様　廿八日、寶壽院
　右之日、毎月御盛物備候事
十一日、旦那様御遠関日御墓參り
御靈供ニ不レ及、御盛物備江ル
前日ニ掃除致シ、御盛物備可レ申事
廿五日、天神様祭り
廿七日、御先祖宗芳様御忌日、御靈供ニ不レ及、御盛物
備へ御墓參りニ不レ及
　房宗様之御養父也、當年迄ニ
三月朔日、祝膾炙
神々様江御膳備江ル
三日節句、祝膾炙 家内盃致ス事
神々様御膳備ル、調(銚)子江桃花付御酒備ル
家内盃茂其調(銚)子ニ而致ス
雛祭り御膳二膳、土器ニ而神々様之通、蓬餅備江ル
家來禮ニ來ル、其外名代諸々ゟ來ル
(朱書)「當時休ミ」
子供禮ニ來ル、諸々ゟ使女來ル
親類其外々江使女禮ニ遣ス也、無人之節者遣スニ不レ及、
家數者正月之通
四日、房宗様御忌日、御盛備江御靈供ニ不レ及、墓參致
　ス、使女ニ而茂よし
　曾祖父様也、當年迄ニ
六日、保宗様御忌日、御盛備江ル まんぢう あこや
　御盛物代江備ル (あけ一 あこやふ一 ふき)
御靈供ニ不レ及、墓參り致ス、四日・六日兩日之内一
度參ル、差支有レ之節者使女ニ而よし
御祖父様也、浦口喜早清有(在)江之嫡子、當年迄ニ

四・五日前ニ鳥羽江遠関日之事申遣ス事

鳥羽ゟ盛物來ル也

十三日、明日之拵致シ置也 大世古江遠関之事、戊戌年ゟ相休ミ成候事 申遣ス、

御靈前掃除致シ

御盛物備江ル、虎屋饅頭三

右者天保九戊戌年三月十四日當年左衛門様御越相休ミ成候事

等觀寺江布施遣ス覺

一壹匁 布施
右者布施壹匁卒塔婆料之心也

一米壹升 齋米

一五分 墓參り布施

一五分 拜田無常堂

嘉永七年甲寅三月卅三年相立候故、當年限り仕切候事

（上）○一臺匁以下四十字抹消の印あり

右者五十年迄相休候事

買物之覺

一揚豆腐 十　一豆腐 半丁

一アコヤ麩 七　一青苔 一わ

一椎茸 七　一干瓢 二分

一風麩 十　一小椎茸 壹合

一木耳 七文　一氷蒟蒻 三

一鶴冠 十文　一氷豆腐 五

一蒟蒻 壹丁　一割茶 二分

一生姜 三文　一大こん 壹本

一酢 壹合　一酒 壹合

一麴味噌 二分　一獨活 壹本

〆

御靈供

一アイマセ 平 大根 揚椎茸 アコヤ麩　一汁豆腐　一炙 青苔

アユマセ　一洗米　一猪口 うと

一揚 五　一氷豆腐 五　一氷蒟蒻 三

一麩 十　一椎茸 小壹合　一蒟蒻 一丁

一割茶 二分　一干瓢 二分　一鶴冠 十文

一木耳 七文　一生姜 三文　一大根 一本

〆十二色　書付通り見計ニ而よし
　盛物來ル覺
　　高向谷　　金之進
十四日、淨海院様御忌日
御兄様御出、皆々揃遠闋日勤候事
朝早ク遠闋日火拵置事
御靈供其外之事、前日之處ニ印有
盛物今日來ル也
　墓參致ス、等觀寺江寄、小僧連ル事
今日者おき、雇可レ申事、御靈供備物おき、へ遣ス
　　墓參り致シ候者へ菓子二ツ、遣ス
　大世古へ饅頭遣ス、數見計
　御母様毎年迄ニ十二年ニ成ル
廿五日、天神様祭ル
　當月ゟ夏廻り拵心掛可レ申事
當月末ゟ四月指入迄之內、參宮人之諸道具洗、風入仕舞
候事

四月朔日、祝ひ膾炙
　神々様御膳毎度之通備ル
十五日、護念院様　御忌日、志ノ御盛物備ル
　曾祖母様也、福嶋伊豆殿娘、寶壽院様御母様也
十七日、常圓大姉忌日、盛物備ル
　房宗公之妾、當年迄
廿二日、旦那様御遠闋、御墓參り、御靈供ニ不レ及、御
　盛物備ル、前日掃除致シ御盛物備江可レ申事
廿五日、天神祭り
當月中ニ夏廻り拵荷物河崎へ出シ可レ申事
諸色土產物品數帳面ニ而改、夫々ニ買調可レ申事
五月朔日、祝ひ膾炙
　神々様御膳毎度之通備江ル
四日、菖蒲餝候事、廿一拵ル、門・大戸・玄關江三ツ宛、
外之所ハ一ツにて吉
　菖蒲前日賣ニ來り候節買可レ置、代五、六文見計ニ致
ス

麥藁茂兵衛ニ而可レ貰、蓬片町畑江取ニ行、菖蒲入レ湯、
風呂ニ入ル、夜蒲團之下江菖蒲引
五日、節句祝ひ、長官ゟ粽來ル、引替三文、神々様備、家内戴
神々様御膳毎度之通備ヘル、菖蒲調子(銚)江付御酒備ヘル
家内祝ひ、小豆飯・膾・炙・汁・香物、家内盃致ス
毎度之通家來禮ニ來ル
子供禮ニ來ル
使女諸々禮ニ遣ス事、正月之通也
無人之節者遣スニ不レ及
廿三日、御節餅備ル、代五文
廿五日、天神様祭り
當月中ニ駿河江御供出ス事
十日頃梅干漬ル、梅壹升ニ鹽二合 梅代壹匁チソ二分計 六月土用
二干也
晦日、地藏院江左之通書付致シ遣ス
覺
一銀札壹匁　御初穂
一十二銅　御菓子料
一白米壹升　御供米
〆
五月晦日　大主長左衛門
番所
地藏院
御納所
右之通差上候間、如レ例明朝愛染明王御送り可レ被レ下
候、已上
右引替三匁
當月廿五、六日御田祭、一両日前ニ長官ゟ御田扇來ル
鄕使麥勸進、當月末ゟ六月上旬之内ニ來ル、麥貳升代
遣ス、時之相場也
六月朔日、祝ひ膾炙、白瓜膾
神々様御膳毎度之通備ル
氷餅備ル、家内皆々戴也
今朝地藏院ゟ愛染明王致ニ持參一上之間、麻(床カ)江祭ル、は
た引二枚江青松葉敷、洗米備ル、夕方地藏院ゟ使來ル、
右江送り遣ス也

七日、坂之社天王、大世古皆々よひ申候
(別筆)「嘉永五壬子年九月遷宮ニ付、金貳朱寄附致ス、先例通り申候」
寄祝ひ膳出シ申候、子ノ年ゟむすひ計ニ致シ候事
銘々盆江盛、重箱二重引
一蒲鉾　一蚫　一うなき
一氷豆腐　一氷蒟蒻　一椎茸
一牛房(蒡)　一山ノ芋　一奈良漬
品數其時之見計也、委敷者會式帳ニ有、前日ニ用意致
シ可レ置事
大世古ゟ壹人も不レ參時者むすひ・煮め遣ス
綿谷江小重二ツ入遣ス、金之進方へも遣ス、是茂帳
面ニ委敷有
坂之社江御節餅十二銅備へ候事
御節餅代三分、前日ニ拂置
神々様御膳備へル　高張　坂之社江一張
臺挑燈ニ不レ及　高張(今日新屋敷稲荷右江一張遣ス蠟燭壹丁宛遣ス)
十五日、綿谷、稲荷、赤飯壹重來ル
御節餅十二銅備へル　代十五文

十六日、祭禮祝ひ、鱠炙、鮓
神々様御膳毎度之通
常燈、臺烑(挑)燈出ス
十七日、祝不レ及、臺烑燈出ス
廿五日、天神祭り
今月上旬江州上大森村ゟ代參立歸り本御供請ニ來ル、
酒出ス、肴干魚ニ而も何ニ而茂よし、御供料爲替
五月ニ來ル事茂有、御供拵置而吉
土用之入、小豆餅壹人前三ツ宛、栃《トチ》壹切ツ、汲たての水
ニ而呑
土用丑ノ日、正月之粟餅前日より水ニ漬置、味噌汁ニ而
煮喰事、黑石綜江當ル
同日、梅干ざるへ上干也
土用之中、天氣宜日見計、着類・書物蟲干致ス
土用之中、使女親類中江暑氣見舞ニ遣ス事、家數正月之
通

安政元甲寅年十二月、町仲間申合ニ而音物事相休之事

暑氣見舞音物之覺

暑寒 高向谷　巳年ゟ断 十之神主　天保八酉冬ゟ休 豊田
卯ノ年ゟ断 葉山　酉ノ冬ゟ休 綿谷　酉ノ冬ゟ休 廣田
酉ノ冬ゟ休ミ 岡村　野四郎　酉年冬ゟ休、安政五午年ゟ初ル 來田
酉ノ冬ゟ休 輪具屋　文久二壬戌年ノ冬ゟ初ル、暑寒 喜早
同断 茂四郎　何ニ而茂見計遣ス

參宮人諸道具、三、四月之内、洗不レ申候節ハ當月之内洗候事

晦日、温飩《ウトン》ニ而茂饅頭ニ而茂粉麥之物喰スル事

當月土用之内、茄干置ニ致ス、凡茄百ニ鹽八合計、隨分押強置、五・六日漬、ざる江上ケ能干置、明ル年茄出候迄替事なし

味噌漬ニ致シ、又鹽出シ致し煮而茂よし

芥子漬凡茄二十計

一麹　三合

一芥子　二合

一上溜り　壹合

一酢　壹合

上溜り・酢二品、能煮立得涼シ能合セ漬ル也、茄數ニ應分料致へし、鹽置茂同様成、前之書付ニ合見計ニ致而宜

白瓜跡先切、丸ニ而程能取、中江鹽成タケ入置、押強致シ、二、三日漬、能干、內江チ草(紫蘇)込味噌江漬、又瓜半割ニ致而茂宜

蠟虛代壹匁ニ五升計ニ而買

跡先取二、三日能干漬候事

一蠟虛　三升

一上溜り　五合

一味林　五合

一酢　三合

右三品能煮立得涼シ漬ル也、是者蠟虛三升之割也、右ニ應シ見計ニ致ス

白漬之覺

一酢

一鹽

（上）○括弧の部分は挟込文書

「覚

一らつきゆう　貳升五合
一上ニ溜り　五合三勺七才
一酢　壹合
一味醂　六合三勺七才
〆
一らつきゆう　三升五合
一中溜り　七合五勺貳才
一酢　壹合四才
一老松酒　八合九勺貳才
〆」

七月朔日、祝ひ
神々様御膳毎度之通
七日前、井戸替之事究可レ申事、泥上候節者清右衛門方江申遣シ替可レ申、三人か二人來ル也、賃三匁計尋候上可ニ遣ス一、泥不レ上時者仲間壹人前ゟ申付可レ置シ、
七夕祭小短册用意致シ置、五色紙壹枚ツ、

六日、笹葉二枚調可レ置事
苧少々用意致シ可レ置事
七日、朝七ツ時、笹船流ス、無レ人故近所ニ而宜、横橋堀江流へし、苧績高キ所江上ル
如レ例井戸替　仲間壹人
清右衛門方江不ニ申付一節者仲間壹人、往古者家來三人ニ而替申候、倹約ニ付壹人故三十三釣瓶替置、井戸蓋致シ、神々折敷江土器二枚、洗米・御酒備ル
今日、行燈不レ残張替
代官貳人共來ル、前日行燈改置、今日洗張
前日ゟ女壹人雇可レ置、行燈土器・常燈土器洗事
素麵　人數見計ニ可レ致事
　梅干今日ゟ出シ初メ
指餅　男壹人前五ツ宛 女壹人前三ツ宛、但シ二文ツ、餅　十二、代廿四文
右之餅二ツ、七夕竹江備江事
今日之餅家内計十二計買
清右衛門方ゟ井戸替ニ來り候者ニ者喰シ致させ候ニ不

レ及、代官仲間計也
夜七夕祭　猶うゑの裏江祭ル
四・五尺竹二本、右江短冊付ル
両方江立、前ニ机置、燈明上ル
　備へ物皆々土器入ル
一瓜《チイサキ》　壹ツ
一茄　壹ツ
一素麺　少シ
一御酒
一水　猪口江入ル
一五色絹絲七寸ニ切、竹江付ル
夜五ツ時分迄祭り、明ル日小田橋江流シテ、竹・備へ
物不レ残ス
初聖霊・年忌之處江今日ゟ十四日迄之内見計ニ音物遣ス
事
八日、諸祝義　雇賃遣ス
盆入用之品、土器其外之者調可レ置

盆入用土器、代壹匁ニ而不レ残求
一六枚緘　七把、代廿壹文
一小緘　八把、代廿四文
一大　壹把、代四文
一箸細キ處十二膳ニ成程見計
一素麺　少々
一梅干　少々
一引茶　新　安政三丙辰年ゟ休ニ相成事　大世古江頼貰
一ひ菓子　少々、代五分計　落雁四ツ代二分、かるやき
二分
一瓜　壹
一柿　貳ツ
　右二品十二日ニ而宜
十日ゟ十二日迄之内、仲間二人苅拂ニ遣ス
一竹　壹匁
一大土器　六枚　前日尼ケ辻ニ而買置　代十二文
一花　壹分
一燈松　壹文

土器外三品代壹匁遣ス
一餅代　百文遣ス　〆貳匁貳分
両人餅也
右仲間壹人者半藏申付有、壹人者見計ニ申可ﾚ付事
十二日、節季諸拂　代官來ル
等觀寺江盆供遣ス　（加筆ノ分）壹匁施餓鬼料　壹匁兩度齋料　四分棚經料
一白米　貳升
外ニ米五合妙孝志
常勝寺
一白米壹升　天保九年戊戌年十二月、五十年相濟候ニ付、當冬切ニ而相休之事
善道寺
一白米五合　同斷
右之通今日遣ス
壬寅年ゟ休ミ
白燈籠　五ツ　清助方ニ而買、代廿五文
右六地藏江　二ツ
妙孝江　二ツ
陽嶽居士江　壹ツ　團子者内ニ而拵申候事
明日之團子　幷木餅屋江誂置事

（下）嘉永貳己酉年ゟ御靈様御祭り御膳十二膳致ス

一生團子　百五十　午年より内ニ而致ス　白米壹升團子致ス
一黄奈粉團子　二百五十計　是數定ス
代貳匁計誂置事
明日墓參之供用意致置事
今日髮月代、爪取可ﾚ申事
一桂香院様御忌日者當十五日ニ御座候得共、盆中ニ付十四日ニ御墓參可ﾚ致事
一壹匁布施、白米壹升、五分御墓參ニ計遣ス、五分無常道（堂）
右十二日ゟ十三日迄ニ等觀寺遣ス
十三日、九ツ時、靈棚祭ル、皆々拜ス
旦那様御袴御着用
臺番所二階ニ有組合せ座敷北ノ間江如ﾚ例祭ル
初メ水備ル、朝御膳上候跡爾水備ル
一燈明　團子三ツ、備ル　大土器　向付干魚　割昆布米
一花　榊草花　夕御膳
一柿　二ツ　大土器入　鮫タレ　二切　昆布米

一瓜　壹ツ　同　十三日御膳　一度干魚備／十四日御膳　二度干魚備／十五日御膳　二度干魚備／十六日御膳　朝計干魚備

一落付團子　三ツ、土器入備ル

一土産團子　同、高盛二ツ、十六日朝御立ノ節

一御菓子　臺二ツ

御膳三十《十一》膳　一切《サイ》炮碌二ツ江盛

外ニ志二膳　菜大土器ニ盛

一茄壹ツ角切

一米少シ

右芋ノ葉入、水猪口入

皆々櫃入何方ニ而宜所江置也

初メ水備江、團子三ツ宛、又跡江水備ル

旦那様御墓參　代官兩人共召連／麻上下着用
麻上下
　御供小性草履
　　等觀寺・常勝寺江御寄

女墓參今日ニ而茂明日ニ而茂都合宜節ニ致ス事

往古ゟ今日地藏院召連申候、毎々待セ候故、辰ノ年ゟ
相休メ候事

墓參布施五分遣シ今日中ニ參り候樣可二申遣一事

今日ゟ十五日迄之內、靈棚拜ニ行事、其外之親類初聖靈
年之處者夫々ニ見計、自身行候歟、名代遣ス可事

今晩御兄樣靈棚拜ニ御出成　明日之拵致ス

白豆漬可レ置也、豆腐調可レ置シ

十四日、御靈棚拜、御膳十貳膳上ル

朝飯前　燈明　花替ル
　水備ル

御菓子・落雁御菓子臺二ツ江備ル

御朝飯

小土器
一向付、白瓜二切　干魚壹　　土器
一御汁　割昆布

一　土器
洗米

御朝飯後水備ル

御夕飯

土器
一向付　鹽鮫二切　茄・夕廻・莧　三品　初物　　土器
一御汁　割昆布　蓮芋

一御飯　洗米

（上）○御酒以下二十字抹消の印あり

御膳後水備ル、御送り
御酒上ル　御肴 蒟蒻 芋 干瓢 煮物 大角豆 ひたし物
今日之墓參名代ニ而宜敷
　等觀寺僧召連候也、布施五分
一當日先例者朝御膳・夕御膳共等觀寺ゟ僧壹人棚經ニ參
ル、兩度共膳出シ候處、子ノ年ゟ相休メ候也、今朝等
觀寺江齋料・布施遣ス事
一齋料　壹匁
一棚經布施　四分、兩度分
十五日
一施餓鬼料　壹匁
右之通廻遣ス
今日參宮人ニ而差支御座候ニ付、此方江御出之義御
斷申候、御寺ニ而宜敷御勤可レ被レ下旨申遣ス
常勝寺ゟ茂棚經參り候也　天保九戊戌年限り相休ミ候事
是茂布施三分爲レ持、同樣ニ申可二遣ス一事
今日　高向谷　橋村主計　葉山　越後　河北　求馬
　近年常勝寺ニ而祭ル故、遣ニ不レ及
右江靈棚拜名代遣ス事

此外初聖靈年忌之處見計名代遣ス
靈棚江西瓜備候事、今明日之內ニ而吉
今晩茂御兄樣御出候也
　家內喰物朝飯
一汁 干瓢 豆
一向付 瓜奈良漬　一白粥 牛房 大角豆 豆腐 茄
夕飯
一皿 夕廻 茄　一汁 蓮芋
一猪口 酢味噌　一飯
〆
一今夕參河寺津ゟ麥初穗持來ル
右者山庄參り言傳り故啼（ママ）候也、茶用意致シ可レ置也、
右人數ニ應シ三リン饅頭遣ス、書狀返事ニ不レ及、請
取書遣ス事
十五日、中元之祝儀　家來禮ニ來ル、高向谷江金之進名代ニ遣ス
一御靈前　十四日同樣
　御菓子虎屋饅頭、御茶臺江二ツ宛

一御朝飯　前日同様、御膳後水備ヘル
一御晝素麵、向付梅干、御膳後水備ヘル
一御夕飯
　一向付　牛房はす切　　一汁　蓮芋
　　　　　　　　　　　　一めし　洗米
　御膳後水備ル
一當日者殊外世話敷也、隨々早朝ゟ備江可レ申
一御靈棚送り之人雇置事
一引茶、高向谷江貰ニ遣ス　安政三丙辰年ゟ休ミ
一繼大根調可レ置　代三文計
一大角豆用意致シ置、大角豆無レ之節者小豆ニ而よし
　今晩茂御兄樣御靈棚拜置也
十六日、朝前日之通
　御菓子駈焼ニ而茂何ニ而茂宜敷、水備江ル
　朝御膳
　　一向付（土器）　繼大根　　一大角豆・洗米
　御膳後引茶

　家內揃、御晦老拜致ス
　先年者代官皆々御送りニ來り候事、近年相休不レ來
一小玄關前ニ而門火焼レ箸也
一小玄關迄御送り可レ申事
　今朝備候大根・土器不レ殘、其外之物不レ殘得吟味致シ、ざる江入ル
一年男代壹人、袴・脇指ニ而御送り申事、挑燈持女ニ而吉
一御位牌元之通ニ納メ燈明上、花御盛備江ル
　座敷跡片付、道具能干仕舞事
一御靈前土器皆々今日替ル事
　御先祖年限改
廿五日、天神祭り
　當月末ゟ八月上旬江州代參來ル
一安子屋麩　十五計　　一干瓢　少々
一茸　　　　　　　　　一素麵　代五分
一麴味噌代五分　廿八、九日頃調可レ置

〔上〕〇等観寺以下五十九字抹消の印あり

委敷者參宮人帳ニ有
八月朔日、祝膾炙
神々御膳毎度之通備江ル
栗餅神々様江備へ候事
餅十五計買、代三十文
二日、奉公人出替
下男使候節者、請人證文取可レ申事
但し下書右證文之内ニ有レ之
嘉永六癸丑年八月、卅三年相濟候ニ付、寺江布施遣候ハ當年限り休候事
五日、明日繁代忌日布施物
等観寺江遣ス事
一壹匁　繁代童女　布施
一五分　同　墓參布施
一米壹升　齋米
一八十四文　是者時之相場也　麥三升代
〆
右之通遣ス　三分拜田無常庵
右者天保八丁酉年ゟ休ミ也
六日、繁代童女忌日

墓參り名代ニ而吉、等観寺小僧連ル
盛物　花替ル　嘉永貳年己酉七月ゟ魚類ニ替ル
靈供
一芋 牛房 何ニ而茂　一汁　豆腐 割昆布
一向付干魚　大根
一揚 丁子麩 干瓢 干魚壹　平　一洗米
七日、明日會式拵致置事
大世古江人遣ス
買物之覺　委敷事者會式帳ニ記
一蒲鉾　一氷豆腐　一椎茸
一鮑　一氷蒟蒻　一牛房（蒡）
一鰻　蛸ニ而茂 小串ニ而茂ヨシ　一里芋　一瓜奈良漬
右者煮染物也、直段・數者帳面ニ有、見計ニ致ス事
若客有、茶漬ニ而茂出シ候節者、燒肴ニ香物か、平器
何ニ而茂吉、茄煎ニ而茂よし
今日ゟ人雇何か心掛可レ置
八日、戎會式祝、神々様毎度之通御膳備江可レ申候

座戎江御節餅備ル、代十二文
嘉永四辛亥年、戎様・八幡様遷宮ニ付金貳朱寄附、両宮分先年例
町內ゟ高張取ニ來ル、蠟燭壹丁付遣ス
常燈不ㇾ残付、臺挑燈出ス
踊之所江高張四張計遣ス
一小重箱 煮染結壹重 綿谷江遣ス
一中重箱 同 金之進 三大夫 二軒江遣ス
〆
九日、横橋若物江踊入用 壹匁遣ス
跡仕振致ス
寺請町內後紙二枚來ル、內壹枚等觀寺江認メニ遣ス、
毎年之扣ヲ見書付致遣ス可事
十八日、取ニ遣シ、町內江遣ス
目錄美濃紙江認メ、立袋江入
金之進ニ而茂爲ㇾ持遣ス
毎年之扣有下書之通認メ可事
廿五日、天神様祭り
當月十五日、月見、黍團子十五備ル

芋十五、芋葉入
神之折敷ニ而備
三ツ火付懸、生ニ而吉
磯ゟ黍持參ル
右金之進方か半藏方か何方ニ而茂粉少々ト替ニて吉
九月朔日、祝膾炙
神々様御膳毎度之通
一諸々言傳初穂致二吟味一取集メ候事
一旅拵之用意土產帳吟味致し買物致可ㇾ申事
九日、節供祝、神々様御膳毎度之通
御酒銚子江菊付備ル
一家內祝、右之銚子ニ而盃致ス
一膾 一汁
一炙 一小豆飯
一家來子供皆々禮ニ來ル
當月十日頃、旅拵ニ懸ル、金之進茂來、拵可ㇾ申事
十三日、月待 豆十三 栗十三 備ヘル

一前日豆少々　代
一栗二合計　代
右前日調可レ置事
家内茂給候事
十六日、御祭、前日長官ゟ御膳來ル
神々様御膳毎度之通備ル
御膳皆々戴ク
家内夕祝
一膾　　一汁
一炙　鮓　　一飯
夜常燈不レ残付ル、臺挑燈出ス
十七日、祝ニ不レ及
常燈不レ残付、臺挑燈出ス
一河崎荷作都合宜敷節、拵ニ可レ行事
荷物出來次第河崎江出ス、馬者高向江申遣シ候而茂吉、
蓮水道勘四郎ニ而茂都合宜者ニ遣ス
一一本木ニ而草席買事

毎度之通吉田屋江遣シ置
同柄の節
一荷作祝、神々様御膳毎度之通
金之進呼可レ申事
荷作之節、半藏來ル、見計ニ而祝給サセル、賃壹匁
遣ス
一鱠　　一汁
香物
一炙　　一飯
平見合
廿三日、御節餅備ル、代五文
廿五日、天神祭り
十月朔日、諸神々様御膳毎度之通
當月十日迄之内日柄宜敷節
御門出金之進茂同日ニ可レ致申付ル事
御供之者茂同様　年男・半藏・酌人挑燈持チ
御神木三本
右今朝請ニ遣ス、三十六文遣ス

一散銭十二銅、二包　是者年男取
皆々盃致シ、新酒也
一御土産阿味垂　壹連、金之進茂同様七本
二串　金之進江
壹串　使女江
同　半蔵
同　御供江
残り十二串内、大世古江少々遣ス事
右之阿味垂二連、前日ゟ買可レ置事、直段時々相場成三匁
計ニ而買、是者至而高直成時也
祝ひ
一膾　一汁　大根
香物
一平　蕪アンカケ何ニ而茂吉　一飯
炙　小鯛ニ而茂鯔ニ而茂吉
一暦出板前、諸々言傳之處頼遣ス
祝義添候處者帳面ニ而吟味致ス事

出板次第荷物出ス
熊源ゟ荷物到着之便次第、日柄宜敷節御出立、家來宮
川迄御見立申ス
一御出立前日祝、神々様御膳毎度之通
祝ひ
一膾　一汁
香物
一平　何ニ而茂見計　一めし
炙　小鯛ニ而茂鯔ニ而茂
金之進御供之者　両人
祝イ喰せ候事
一御出立翌日、神々様江作餅備ル
作餅　十　代
坂之社・西社江參ル、差支有レ之節者名代ニ而吉
十五日、御日待祝、神々様御膳備ル
小豆飯、膾炙
一亥ノ子祝ひ、お萩ニ而も、又御節餅十二重ニ而吉、代

三十六文
右之御節餅、神之折敷二枚江備ル、お萩ニ而茂同様ニ
致シ備ル
廿日、戎講祝、神々様御膳毎度之通
戎様御膳江掛鯛備ル、魚何ニ而茂吉
前日ゟ心掛買可レ置事　代壹分計
一當月之內、神納谷ゟ幣シテ來ル　右江紙代壹匁遣ス
廿五日、天神祭り
十一月朔日、祝、神々様御膳毎度之通
六日、霜庭妙月童女忌日、盛物備、墓參ニ不レ及
七日、山ノ神祝、神々様御膳毎度之通
山ノ神御膳
土藏前棚江備ル

土器膾　大土器小豆飯高盛
海老押割　土器御酒
土器膾　大土器小豆飯高盛
箸

祓臺江上ル

一當日西世古ゟ道直シ酒手貰ニ來ル、先年五分遣シ候、
當事三分遣ス
一十日迄之內、對馬祈禱持來ル、初穗先年者貳匁、儉約
後壹匁遣シ有レ之候處、酉年ゟ貳分遣シ、土產物不レ殘
返ス也、御札神棚江納置、痘瘡之守也
右者相休ミ候事
十八日、繼枝誕生日祝、神々様御膳毎度之通
產之神様御膳
土藏之前棚江備ル

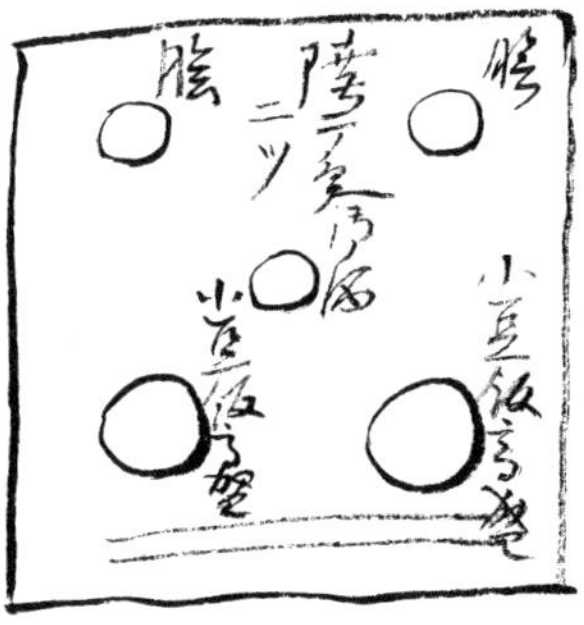

祓臺江上ル
家內祝、膾炙・小豆飯
清吉方江何ニ而茂炙遣ス、先年者皆々呼候處、儉約
ゟ炙遣ス、清助來ル節者祝喰セ、音物ニゟ相應之引

替遣ス

坂之社江參ル、差支有レ之節者使女名代ニ而吉

一冬至祝、神々様御膳毎度之通

　　　　　膾　小豆飯高盛

御膳藏前江備　御酒

　　　　　膾　小豆飯高盛　　祓臺江上

家内祝、小豆飯・膾炙

祝飯煮節、茄木煮候事、茄木半藏方か茂兵衛方ニ而貰へし

廿日、明日正均公忌日取越、布施物等觀寺・常勝寺へ遣ス

（下）○等觀寺江以下五十六字抹消の印あり

　正均神主忌日取越
一壹匁　　布施

一米壹升　齋米

〆

常勝寺茂右同様ニ遣ス　天保九戊戌年迄五拾年相成、當年限り相休候事

高向谷江明日墓參之事申遣ス事

廿一日、正均公忌日取越、墓參致ス、今日參勤日故、大

世古よりハ名代來ル

一御盛物備、御靈供ニ不レ及

文政巳年三十三年故

　兩寺共
布施半限ニ至シ

小僧墓參之節召連候事、相休ル　拜田無常堂遣ス不レ及

廿六日、山宮祭御年貢長官ゟ取ニ來ル

一壹匁　紙包名前書遣ス

今日月待、萩花ニ而茂節餅ニ而茂備事

廿七日、明日寶壽院様忌日、布施遣ス

　等觀寺江
一壹匁　布施

一米壹升　齋米

一五分　墓參布施

明日墓參之節、小僧參候様申遣ス

　常勝寺
相休ミ　一米壹升　齋米

一五分　拜田無常堂

一御盛何ニ而茂備江、花替、御靈前掃除致ス、鳥羽江遠

關日之事、書狀ニ而申遣ス

明日之買物致シ置事
廿八日、寶壽院様御忌日
御墓參り致ス、歸等觀寺へ寄
御盛物何ニ而茂備ル
御靈供
土器 和交 大根ニ切　土器 豆腐　前後ニ水備ル
同 場麩 大根　同 洗米
炙青苔
金之進方ゟ盛物來ル
墓參致シ候者江饅頭二ツ宛遣ス
一冬至前後大根買、直段時之相場
一百本 參宮人用 裏江生置
一百本 參宮人用 漬大根也、干可レ置
右貳百本、磯ニ而買
外ニ 壹匁分切干ニ致置、參宮人用也
右之大根干過候者不レ宜、十二、三日干漬ル、押強可レ置
大根百本ニ付、鹽 壹升八合山計也
糠 五升
右四十日計ニ而漬ル成

一往古ゟ味噌・醬油・糀味噌共仕入候處、儉約無人ニ付、
文政之頃ゟ仕法中相休候事
十二月朔日、祝、神々様御膳毎度之通
一寒之入 小豆餅 男五ツ・女三ツ宛喰ス 二文ツヽ宛之餅也
汲立水ニ而喰ス
一親類諸々之見舞諸事土用之通
此内見計諸々留守見舞杯遣ス事
四日、御位イ牌送り、等觀寺江米遣ス、墓參り致ス差支
有レ之候節者名代ニ而吉
覺
一黑米六升 玄
右例年之通相納候間、御請取可レ被レ下候、已上
十二月四日 大主長左衛門
番所
等觀寺

御納所

右之通書付致シ、等觀寺江遣ス

常勝寺江遣ス覺

一白米三升　天保九戊戌年迄五拾年相成／當年限り相休候事

右者正均神主位牌料、月五合之割ニ遣シ候處、三十三年後半限ニ致シ候事

一五日ゟ十二日迄之內、宜敷天氣見合、猶うへ之掃除致シ候事

今日祝ひニ不レ及

男壹人・女壹人雇申候

三度喰事、菜見計　壹度者干魚・香物ニ而吉

夕飯、何ニ而茂肴、大根與煮候也

小豆餅　代二文ツ宛

右男五ツ宛、女茂同様

今日掃除隨分心付念入致させ候故

男二匁五分、女壹匁遣ス

風呂入不レ申候節者、兩人江五文ツ宛遣ス

臺所煤掃之後、正月入用之品調可レ置事

一瓦　一重　代廿五文計

一器　大　三わ、中年無／節二わ二而吉　代十五文　五文替

　　　小　十五、中年無／節七わ引買　代三十三文　二文半

一精《ザル》　壹　見計　代壹匁計

一筵　三枚　是者金屋米上廻也

一鍋取　二連　（是者白石藤八持來ル、角石濟／同様藤八持來ル、三品引替壹匁遣ス）

一凶除《アクサ》鰯

一水柄杓二本　是者木地ゟ來ル

一燈《タイ》松　少々　代五文計

節分用　一白豆　四合計、是米屋ゟ來ル

三寶用　一平昆布壹枚　代壹分五厘迄

同　一搗《カチ》栗　少々　代壹分計

同　一茅《カヤ》　少々　代五文計

同諸々年頭狀　一伊大平　十枚計　代廿文計

一刻《スマシ》昆布　少々　代三分

一黒豆（煮豆用） 三合 代
一氷豆腐 十 代三十五文
一氷蒟蒻 七枚 代十四文計
一搗栗 壹合 代二分計
一椎茸 壹合 代
一山ノ芋 少々 代二分計
一胡蘿 少々 代七文計
一牛房(蒡) 少々 是者仲間中ゟ來ル
一生姜 少々 代三文計
右之品煮豆致ス、大晦日前・神事前兩度ニ煮事
一鰯 十五 是者肴ゟ來ル
一鰊鯑 少々 同
一湛クリ 少々 同
臺所煤掃之人家來中遣ス事
十三日、臺所煤掃 仲間壹人 女壹人
朝飯
菜福煮 菜《サイ》鰯

晝飯 菜《サイ》何ニ而茂見計
小豆餅五ツ宛
酒・肴・干魚・香物
煤餅神様江備ル
小豆餅壹人前五ツ宛之割ニ
買ゥ代二文ツ宛
夕飯祝ひ神々様御膳毎度之通
一膾 一汁 鯨 牛房 大こん 短册切
一炙 鰯一 一めし 香物
御上臺所共同様
一當日壺器作初致ス
大戸口壺器三ツ
五ツ足尻目縄壹ツ
右隨分念入拵置、新敷筵入
祓櫃之上ニ置
往古ゟ今日壺器皆々拵ル例ニ而、仲間三人・年男來リ、
下男共手傳拵申候處、倹約ニ付、仲間壹人ニ致、古例故

作初計
壺器藁《ワラ》、磯ゟ前日持來ル
一辰ノ年ゟ半藏年男ニ究メ候故、壺器不レ殘作來ル
覺
一壺器四十一　　戎棚　小三ツ
大釜大壹ツ・中二ツ
作初大戸口壺器共、五十入用
一尻目繩（五ツ足十二 三ツ足三十）
作初大戸口尻目繩共、四十三
一臺所廻尻目　二十間計
一玄關大尻目　壹ツ　隨分念入候事
十六日、御祭、神々樣御膳
家內祝膾炙鮓
臺挑燈出ス
十七日、祝ニ不レ及、臺挑燈出ス
一今日與廿二日頃兩度節季女郎來ル、黑米壹升ツ宛遣ス、近年町內ゟ遣シ候ニ付、不レ來、米代町內ゟ集めニ來ル、黑米貳升分時之相場ニ而遣ス
近年ゟ節季女郎五分遣ス、則町內ゟ取ニ來ル
廿日、明日繼枝遠關日成、明日之拵致置
大世古御兄樣、明日御出被レ成候樣人遣ス、御靈前掃除、花替御盛備江ル
買物三月遠關日之通見計ニ調可レ申事
廿一日、正均公御忌日　五十年相濟候故十一月取越ニ致候事
諸事三月遠關日之通ニ而吉
大世古金之進方ゟ御盛物來ル
饅頭少々遣ス　金之進方江茂五ツ計遣ス
高向谷江遣ス事　右者五十年濟候故休ミ
廿三日、諸祝義
此節迄金屋米不レ來時者餅米調、幷木餅屋江遣ス事
一餅之數米　委敷事者前ニ扣有
一門芝高向ゟ來ル、引替五分遣ス
常燈部屋江入置
一蘇民將來三枚　大・中・小、神之折敷二枚

大工三四郎方ゟ來ル、引替十二文
廿五日迄ニ認メ可レ置事
大戸尻目江付ル、大也
大 蘇民將來子孫門　大戸口 松尻目繩付
中 歳德神　常燈部屋前歳德神尻目江付ル
小 大福神　戎棚江付ル
一節分内庭江金輪居ヱ豆柄煮
瓦壹枚遣う、　豆柄半藏持來ル
一白豆　三合半
一鰯　二ツ豆木江サス、是者白石藤八持來ル、新敷鍋
取、是茂同樣藤八持來ル
臺所明ノ方ゟ初メ、戎棚・於上藏・藏前・御居間・座
敷・樓閣・奥ノ間ゟ段々ニ割脱《ハヤス》ス、玄關・納屋・裏
口・大戸口、鬼者外江ト年男出ル
大戸メル
夫ゟ盛居ヱ上、　猶上明ノ方向載ク、美濃紙半切文錢
壹文、豆年數入

座戎江上ル、年男壹人參ル
往古ハ代官不レ殘來ル
自身參り候處、儉約ニ付相休
一清吉方江豆取ニ遣ス、引替壹匁
右繼枝年取　右者酉年限ニ相休ミ候處
節分之日、大戸江五ツ足之尻目張、大戸二本榊餝、夜
燈明上ル
夕祝、神々樣御膳每度之通、鬼ヲサヱ木九本、門三、
玄關三、大戸口三　鬼サイキ門大戸玄關九本
一今日新敷土器替ル、正月成者替ニ不レ及
土器小七わ、大二枚、早朝ゟ水返シ置事
一膾　一汁　スマシ、魚何ニ而茂、刻昆布
一炙 鰯　一めし
年男ニ茂喰ス事　嘉永五壬子年喰シ無シ、仕切候事
夜常燈付、臺挑燈出ス
廿五日、天神祭り
幷木餅屋江明日九ツ時迄ニ餅出來候樣申遣事

一門松　三本買　　代壹匁迄
一榊　八十把　　代壹匁
一藏松　二門　　代六文計
一蘇民將來餝　色々　　代五分計
一苧　少々　　代貳分計
明日之鯨調可レ置事
廿六日、餅搗、門餝、祝ひ
神々様御膳毎度之通
家内祝ひ
一膾　　一汁　鯨 牛房 大こん　短册切
香物
一炙　鰯　　一めし
今日男壹人雇、年男半藏來ル、差支有レ之節者替者出ス、
今日之賃二匁、早朝ゟ餝ニ懸候事
門餝様
一大戸口　　貳本榊
一門松　（左二本 右壹本）
一大戸口ゟ松迄兩側共杭打、榊ニ而垣致ス、下江割木引

芝置
一作初之壺器松江付ル、左二ツ・右壹ツ
一松之尻目繩五ツ足、大蘇民將來、八ツ足雛形付ル、隨分可二念入一事
一大釜兩方江杭打、藏松榊、壺器大壹・小二ツ、尻目繩五ツ足雛形大ニ付ル
一戎棚、枝松榊、壺器小左二ツ、右壹ツ、尻目繩五ツ足、小蘇民將來、八ツ足、雛形付ル、是者煤掃迄置
一天神様、枝松榊、壺器尻目五ツ足
一上藏　藏松榊、壺器 尻目繩五ツ足
一神棚　榊尻目繩五ツ足 是者煤掃迄置
一門、尻目繩五ツ足
一玄關、尻目繩　大
一臺所廻尻目繩、明方ゟ初ニ開計明置事、殘り括《ククリ》置、凡長サ三尋計
一御祓箱、尻目五ツ足
一御頭・碓起・甑《コシキ》

右三ツ共尻目五ツ足殘シ置
壺器凡廿七計
内大釜大壹ツ
一年德神樣、常燈新屋之前
兩側江杭打壺器不レ殘、殘之尻目皆々付置、下江割
木芝置
一大釜之上江甑居置、餝取候節仕振也

餅數之覺

一兩宮 御節餅・中丸二重　一門神樣（白小判成大三ツ・同小判成中三ツ・小豆小判小三ツ）
一戎棚 御節餅・小判成白小壹ツ　一大釜　白丸大壹ツ
一天神樣（中丸節餅壹かさね）　一坂之社（御節餅大白一ツ）
一内之御頭 同樣　一藤之社（同樣少シ小分也）
一碓起 白中一ツ　一御靈樣 文久元辛戌年改ル、御餅一重 小御節餅十五重 餅花柳二枝
一居節餅 大三重
一白小餅　一小豆之小餅
一白押餅　一喰餅 小判成小 小豆 二ツ

右之書付ニ合せ請取可事
新敷筵江入可レ置也
天保五午ノ冬ゟ内ニ而餅搗初ル、同十二年冬ゟ餅屋ニ而搗候事
往古ゟ今日餅搗、男貳人、年男・下男、代官仲間來り、
墨抔付合振合候由、段々儉約ニ致シ搗候處、廿ケ年已前
從餅屋ニ而搗セ候事
一米四斗　先例者搗候由
一小豆五升
一栗（粟カ）五升
當事者米見計ニ搗候事
天保五年甲午年ゟ往古之通内ニ而搗候事
一餅米四斗
一小豆五合　上ハ節餅計ニ致ス
廿八日、戎講、年男來ル、打掛着用
先例者明七ツ時竹梢爲レ持遣シ候、近年神之折敷ニ致
ス、但シ十二文、半紙江廻遣ス、戎棚納置也
一高向谷江何ニ而茂歳暮肴遣ス事
右者天保八丁酉年冬ゟ相休候事

今日諸拂、家來壹人來ル

大晦日、當日ゟ新敷神之折敷遣ひ候事

土器替ル中年有レ之候而茂又今日替、年中遣ひ候事

神々様御膳毎度之通備候事

家内祝、夕飯隨分早ク給候事

一膾　一汁　昆布 肴

一炙 香物　鰯・土 器入　一めし

一今日之祝、高盛家付　三口ニ而吉

鰯土器正月中用意候也

夜常燈付 臺挑燈出ス

一神々様燈明上ル覺

一大戸口　右一ツ 左二ツ 右二ケ所者今晩計　一歳徳神様　一ツ

一戎棚　二ツ　一神棚　一ツ

一天神様　一ツ　一藏　一ツ

一納家　一ツ　一雪隱　一ツ

一大釜　大壹ツ・火口三ツ

〆九ケ所

外、天神様・多賀・巳祭

三所江小節餅備、燈明上ル

一大土器　壹把　小七把

右之通早朝ゟ水返シ可二致置一事

一門神様祭り、年男來り、打掛袴ニ而拜ス

一 小判成御節餅、下白二ツ・上小豆壹ツ　三重

一柿　三串

一多作　六ツ

右盛居臺ニ上 莚居臺ゟ大 戸口迄引 備江ル、外ゟ年男拜シ、夫ゟ拜致ス、代官拜シ、又年男拜シ下ル、拜之間燃松燃也

一大釜　白丸大節餅　一ツ

一戎様　白小判節餅小　一ツ

一兩大神宮様 神棚江備ル　中節餅　下白上小豆　二重

一天神様　同節餅　同　壹重

一歳徳神様　小節餅　壹重

一巳祭り　多賀　天神様

右三ケ所江小節餅　壹重宛候
一於二上明之方向一、節餅居ル
右年男居ル也
年男弓強挑燈持座、戎江參ル
一往古者小姓・草履・年男召連レ參り
一夜參籠之例ヲ殘シ、年男先ニ、年男後ニ鷄音作、又
一拜退去致ス古例ニ候處、檢（儉）約ニ付近年年男計ニ參ル
一今日高向谷江歳暮ニ行、夜御兄樣御出
雅樂來ル、今晩か節分之夜寶船雅樂方ゟ遣ス事
一今晩豆腐ノ田樂、餅ノ田樂致シ、家內・御兄樣・雅樂
江茂給サス
一今晩屠蘇井戸江釣置、明朝汲初之節銚子江入置、屠蘇
無レ之節者高向ニ而貰事、此前水汲可レ置事
一今日之祝、隨分早キケ吉、晝祝ニ而茂よし
神之折敷、門神樣ニ入用也、仕廻早ク可レ致事
一當日例年多賀代參來ル、御供每度之通ニ前日ゟ拵置事
委敷事者參宮人帳ニ扣有

取肴、重組ニ而吉
酒出ス
一曆替事
天保辰年ゟ半藏江年男代、左之通申付候事
祝儀八匁之究メ
年男半藏江申付ル覺
一（十三日ゟ廿五日迄）、壺器拵　大釜大一・中二・戎棚小三　〆四十一
尻目繩　五ツ足十二 三ツ足三十
玄關大尻目壹　臺所廻尻目二十間餘
一廿六日、門餝　今日者年男祝義之外、雇賃遣ス約束
一廿八日、戎請
一節分、豆割脱
一大晦日、門神樣祭り
夕飯祝給サス
一元日早朝、汲初・明初・掃除初、寒物給サス
一二日、早朝ゟ來ル、買物、御頭出シ初、碓起、節餅割
神々樣御膳備へ、燈明上ル

寒物・夕飯・祝イ給サス
碓起之節餅米、節割之餅、門神様御節餅壹重分遣、往古者神々様之備節餅不レ殘年男江遣シ候、儉約ニ付壹重分遣ス
一子ノ日、子火燃、御節餅焼ニ來ル
一五日ゟ十日迄之内、長官年頭名代之供、巳之年ゟ宿館江行
一六日、七草割脱
夕飯給サス
一十三日、今日中ニ諸々廻尻目上納ル
一十四日、今日中ニ門松上ル、跡江枝松サス
朝福煮備ル、庭徳箸持來ル
一十五日、藤社含物、祝給サス
一十六日、坂之社含物朝ゟ來ル
今日年男祝義之外、雇賃遣ス約束
一廿日、今日門芝取、卯杖打事
今日切ニ而年男役相濟

右家付親類
福嶋伊豆 寶壽院母家　　橋村主計 正均公實家

福嶋豊後
大主織部
大主源左衞門 別家隱居
喜早因幡 保宗公實家
河北助大夫 同妹
藤本芳之助 同姉
松木六之神主 主計娘
上部左衞門 正均公實子
久保倉彈正 不縁 同孫
志州鳥羽本町
神谷季庵 保宗公娘

堤　大學 同姉
松木十之神主 同姉
宇治求馬 同兄
廣田越後 同兄
榎倉安房 同兄
絶家
橋村右近 同弟
來田監物
上部金吾 保宗公娘
田中助六
福村但馬 正均姪
射和
竹川彥大夫 同
高田治部

家來之覺

代官
多氣金之進
同、絶家
松村久左衞門
殿原、片原
田中五郎助

同、一本木
阿竹庄吉

同、同
中西清吉

同、吹上
竹内善四郎

同、同
同　善左衛門

殿原、一本木出屋敷
濱田助左衛門

同、一之木
辻村喜三郎　絶家

同、同町
織屋庄兵衛

一志町
尾崎久右衛門

仲間、堤世古
長兵衛

同、大閒廣
久兵衛

同、妙見町
三右衛門　絶家

同、坂之世古
銀藏　岡村半兵衛ト申

同、坂之世古
半藏

同、横橋
徳右衛門

同、同
佐吉　絶家

同、堤世古
喜右衛門　跡立

坂之世古
清七　絶家

天保八酉ノ七月ゟ
片町　富吉

（奥書）
右大主家年閒行事一冊以二一俣町大主磯次郎氏所藏本一影寫一校了

昭和十二年七月　神宮文庫

禁裏御願御神樂之記

自二寛文六年一至二寛保二年一 禁裏御願御神樂之記

一禁裏御願御神樂、自二上古一度々有レ之、仲間之古記・文書載レ之處、去萬治三庚子年七月二十九日卯刻洪水、風宮橋在二川上一大木顚倒、流來而掛二風宮橋一、故橋流落、御裳濯川掛二大橋一、大橋半分流落、其水漂二泊宇治町上一、神主家・寺方・在家凡三百軒餘流失、溺水死人凡百五十人餘、中村・楠部村之川岸、或木枝捉付遁死者八、九人、前代未聞之洪水也、中村・楠部里中如二海中一、時神樂之當一口頭橋本正次小宅泛二流水一、神樂仲間之古帳及古記文之類過半流失、相殘舊記共濡、依レ之厥后仲間集會而各遂二吟味一、如二先規一大凡雖レ認レ之、不分明之事難二記錄一、萬治三年以來、御願御神樂之年月日爲二後鑑一書篆

寛保二戌年孟穐吉旦　寛末書レ之

一寛文六丙午年正月十日
禁中女院様御願御祈禱　御神樂
御願書當一口頭池田守弘江預

一寛文七丁未年三月十一日
天子御祈禱　御神樂
御願文當一口頭池田守弘江預レ之

一延寶九辛酉年四月十五日
今上皇帝寶祚長久之御祈禱　御神樂
御願文當一口頭池田守弘江預レ之

一天和元辛酉年十二月廿一日
今上皇帝寶祚長久之御祈禱　御神樂
御願書如レ左
大々神樂奉レ奏二
今上皇帝寶祚長久
天下安全一
天和元年十二月廿一日　藤波長官
右之御願書依レ例一口頭守弘江預
一天和三癸亥年三月十六日
立太子御成就之御祈禱　御神樂
御願書如レ左、ひらかなにて
大々神樂奉奏
とうくう《（東宮）》殿こんと《（今度）》りつたいし《（立太子）》の御せちゑ《（節會）》しゆひよく《（首尾能）》
あいすミ《（相済）》候御きたう《（祈禱）》也
亥三月十六日　藤波長官
右之御願書一口頭守弘方江預
一元祿四辛未年五月廿六日

今上皇帝・公方様・三之丸御祈禱　御神樂
願主侍従藤原廣橋
右御願書一口頭守弘方江預
一同年九月朔日
今上皇帝・大樹・御臺御祈禱　御神樂
願主六角越前守
右御願書一口頭池田守弘方江預
一元祿五壬申年四月廿八日
今上皇帝寶祚長久之御祈禱　御神樂
右御願書當一口頭池田守弘方江預
一元祿八乙亥年十一月二十七日
女院様御祈禱　御神樂
右御願書一口頭池田守弘江預
一元祿十四年辛巳九月二十二日
仙洞御所様御祈禱　御神樂
右御願書當一口頭西井政重江預
一寶永六己丑年四月十八日

女院様御祈禱　御神樂
右御願書當一﨟堤秀富江預
一寶永七庚寅年十一月廿二日
女院様御祈禱　御神樂
右御願書當一﨟堤秀富江預
一享保六辛丑年三月二十四日
今上皇帝御祈禱　大々御神樂、岡田辨才天在レ之舞殿
ニテ執行、御願書如レ左

謹請再拜々々

于レ時享保六年三月二十四日、只今の吉キ時を以て
掛まくも畏こき
天照ス皇メ太ン神の廣前に恐みも恐みも申奉る、今
度　大《オホオ》御乳《チ》の御方《カタ》を御《ミ》使《ツカヒ》として宇《ウ》豆《ツ》の幣帛《ミテクラ》を奉納し
給ひ太太神樂を奏進せしめ給ふ、平日《ツネ》に　叡慮《ミコヽロ》に御
祈禱なりし御事《コト》思召《オホシメス》まゝにならせられ御悦《ヨロコ》ひの禮《イヤ》
代《シロ》を奉り給ふ、彌々天長地久にして寶ノ位動なく常
磐堅磐に護り給ひ、萬機《ハンキ》宸衿《ミコヽロ》に合《カナ》ひ給ひ阿禮《アレ》坐《マス》親王《ミコ》
達《タチ》をも夜の守り日の守りに恤ミ給ひ、天津日繼の天
地と窮りなくおハしまし給ひて、益《マス〳〵》天下泰平・國
家安全に護り幸《サイハ》ひ給へと稱辭《タヽヘコト》申奉る
右大御乳の御方様藤波左馬助殿氏時宅江御一宿有レ之、
二十四日九ツ時御神樂ハ岡田の辨才天に有レ之舞殿ニ
而執行、御拜覽所ハ辨才天の前を屛風にて樊ひ、前に
ハ御簾をかけ、つき〳〵の女中・侍等ハ御簾の外に座
す、藤波左馬助殿より爲ニ名代一薗田勘解由殿守明狩衣
にて御出合也、神樂役人の列座ハ
御願主の向座正面を上座として左右へ役人座、尤座順
の無ニ差別一相談の上、見分宜敷列座す、がくハ西側
北の端、次に笛三人、舞姫ハ東側に座ス、舞姫八人の
上着色々金入縫ひもやうの小袖八ツ、藤波殿より出
レ之、且執行終御幣ハ御簾の外ゟ上鈴ハ三方江居ゑ、
薗田勘解由殿江相渡、夫ゟ京都の御取次江被レ渡、御
簾の内にて御頂戴、神酒・御供之直會も同前、次一﨟
西井藤内友重御祝儀を申上御退散也

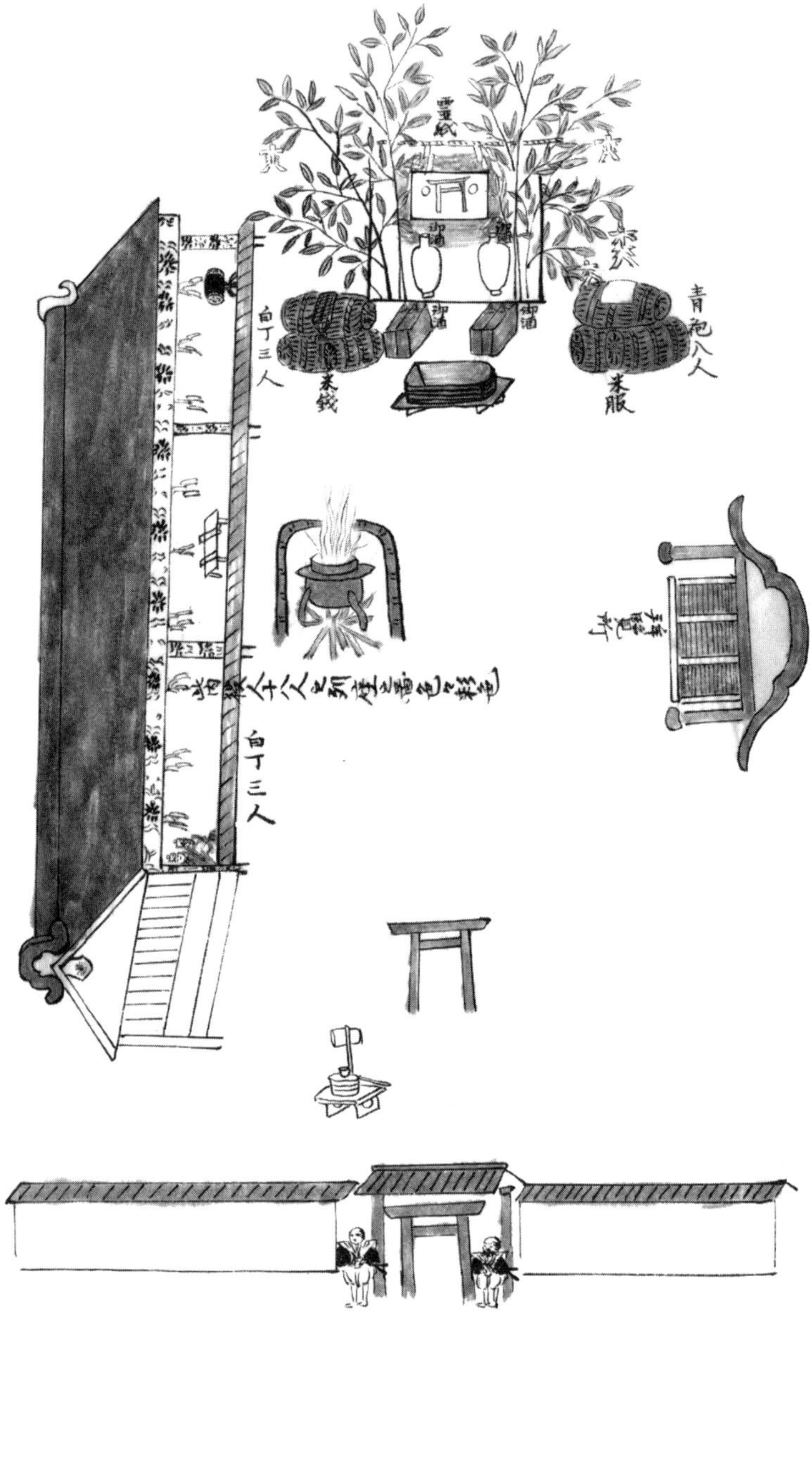
霊紙
御酒
御酒
御酒
御酒
青袍八人
白丁三人
米銭
白丁三人

右執行所之繪圖幷勤行之次第書一紙に認　禁裏樣江上、執行所の圖、役人の列各色々の彩色にして相認、同紙の末に行事之次第を書、別紙に役人の連名書付上、繪師杉元右衛門行事書レ之、筆者薗田勘解由殿、件之繪圖之寫藤波左馬助殿江一紙、神樂仲間江一紙相認貼置、當一﨟西井友重預レ之

一繪圖ハ唐紙一枚に裏打して書、圖の奥に行事の次第を書、大概如レ左

御神樂之行事

一御神樂所清之祓

一願主淸之祓

一御床淸之祓

一諸神勸請之諄辭

一庭燎之祓

一釜淸　口傳　御鹽湯之祓　合二座

一御幣捧進

一大祓

一神饗神酒供進

一乙女之舞十二折

一諸神祭之祓

一諸神配饌之行事三座

一宴饗之行事

一釣御贄行事

一神財弓矢奉納之行事

一諸願之祝詞讀進之行事

一諸神感應口傳之祓、御山廻行事　合二座

一役人退出之祓

右件之行事、畢而神饗・神酒・御幣・御鈴等三座願主頂二戴之一矣、御神樂役人向二願主一述二祝儀一而各退出也

一﨟友重

一神樂役人之連名相認上如レ左

內宮御神樂役人

西井一﨟友重

榊原末茂
池田守重
西井重郷
堤秀門
山崎末森
田中重道
（朱書）守倍ト改
池田倍守
山崎末春
西井豐重
（朱書）末成ト改
榊原信末
山崎末正
池田守貞
（朱書）秀邦ト改
堤秀長
（朱書）重方ト改
田中重沖
（朱書）守興ト改
池田守近
（朱書）守房ト改
池田守正
（朱書）秀延ト改
堤末秀

右執行所之繪圖、行事之次第、役人之連名、右之通相認、四月朔日　禁裏樣江奉二差上一

一寛保二年壬戌二月二十八日岡田之辨才天ニテ執行今上皇帝寶祚長久之御祈禱御神樂、未下刻始、山迴及レ暮

大御乳の御方樣御拜覽所ハ先年之通、辨才天之前を屛風にてかこひ、上にハ慶光院に在レ之まん幕を張、前ハ御簾をかけ、御座所ハ繧繝緣の小疊、外ニ右京大夫と申御女中御同座に高麗緣りの小疊を敷、其外被《カツキ》の女中四人、帯刀《タイタウ》の侍六人、其外女中御供迴り男女三十人計、藤波五神主氏時爲二名代一井面出雲殿守運大紋着用にて御出合

神樂役人列座の儀は、任二先例一上座・下座の順をも不レ構、相談の上、見分よろしく列座す、以來も可レ任二此例一者也、一﨟の座は御拜覽所の正面、夫ゟ左右へわけ座ス、座竝如レ左

右執行參勤之役人　一﨟池田善左衞門守重

田中喜大夫重道　　西井主計重郷
池田源助倍守　　山崎左傳末春
西井藤治豊重　　山崎榮治寛末
堤勘左衛門秀邦　　田中繁治重方
池田千右衛門守興　　池田壽右衛門守房

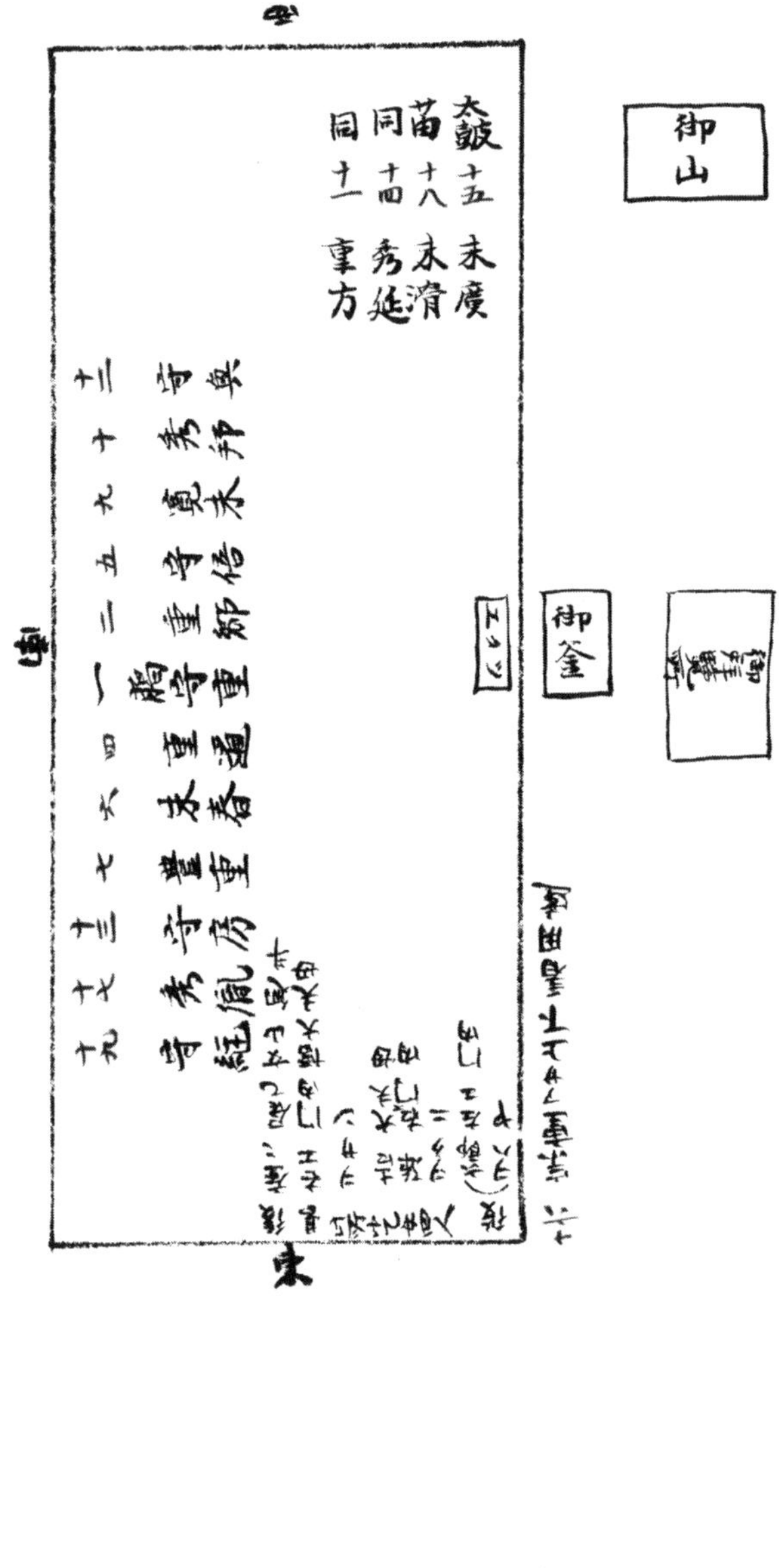

堤正作秀延　　榊原源吾末廣
西井喜善宗重　　堤喜十郎秀胤
山崎典治末滑　　池田留之助守繼
舞姫宇治白木ヲハヤ松井六郎左衛門内儀、楠部小林ヲ
クニ森本孫左衛門内儀、西井吉大夫母、吉田ヲサン世

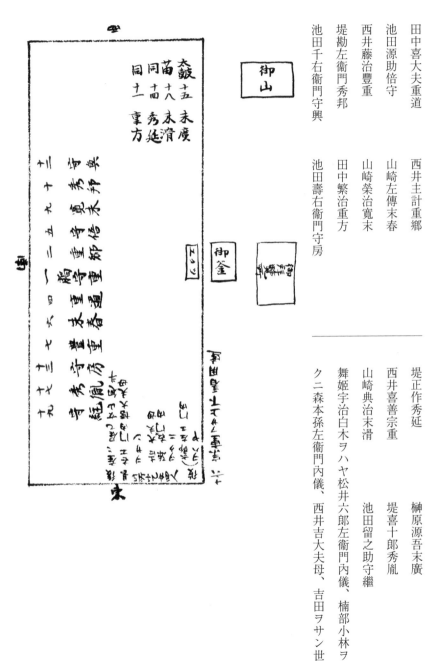

古口甚右衛門母、前田増大夫母、小乙女者浦田町松尾喜右衛門娘・中之切中田與三右衛門娘・浦田多氣久大夫娘・同町中山延命大夫娘、都合四人也

一清メ御幣計秀延勤レ之、執行畢而御幣外ヨリ上、御鈴臺ニ居、井面出雲殿江渡、ソレヨリ京都之御取次江被レ渡、神酒御供直會同前、京都之役人御簾ノ中江持參御頂戴有レ之、右相濟候上、一﨟守重述ニ祝儀一、京都取次ノ侍首尾能ク相スミ、メデタウゴザルト御挨拶有レ之、御退散

一御願書如レ左

寛保二年二月二十八日今《イマ》乃嘉辰《ヨキトキ》於以弖

天照シ坐ス皇太神乃廣前仁太太神樂《ミカクラ》於奏《ス、メ》進給狀《タマフカタチヲ》於

平《タイラ》久氣安《ヤスラ》加爾享《ウケ》納給《タマヒ》弖寶《タカラノ》祚《ミクラウ》無動《コキナク》常磐堅磐仁夜ノ守

リ日ノ守爾衛護《マモリタマ》給比京《ミヤコノウチヤララカ》畿安寧仁天《アメノシタシッカ》下靜謐爾恤《メクミサイハヘ》幸

給《タマヒ》弖伊賀志《イカシミヨ》御代爾奉《オハシマササシメタテマツリタマ》令御坐給部止恐美毛恐美毛申

（奥書）寛保二壬戌年二月吉日山崎寛末書注レ之

明和元年禁裡御願御神樂記

一明和元甲申年六月下旬

藤波九神主殿氏倫ゟ一﨟方迄內々御申被レ成候者、來ル八月中旬之內

禁裏様ゟ大御乳人を以先格之通、大々御神樂を御奏進有レ之候間、兼而其心得可レ有レ之旨御申被レ成候、夫ゟ件之儀ニ付、度々藤波家ゟ御噂等有レ之候

一七月中旬之頃、表向ニ而御申渡被レ成候ハヽ、先達而申入候通、大御乳人様御越被レ成、大々御神樂有レ之候間、何か其用意を致候様ニ御申、別而此度者神樂殿等も新敷建候事ニ候へ者、可レ成儀者新敷致呉候様ニ御申被レ成候、因レ茲仲間にも

天子之御祈禱相勤候者、冥加に相叶、難レ有仕合ニ奉レ存候間、何か可レ成儀者、新敷相整申度用意如レ左

一祝詞筥

件の用木藤波九神主殿ゟ　宮の古材を申請調レ之、
先此度者白木ニ而用レ之、紐者赤きしんくの打紐也
一祝詞文之類不レ殘新ニ相認　寛未書レ之
一八ツ足　貳脚
一御幣之棒　壹本
一弓矢　弓ハ梔之木を以調レ之
一舞御幣
右之通者一臈ゟ相整分也
一がく(太鼓)塗直し、皮金地ニ青漆の三ツ巴を畫、筒者黒漆也
此塗代五拾八匁也、山田岩淵正壽院之世古塗師屋正
八方ニ而
一同臺、是迄有レ之候白木の臺を下の組を仕替、不レ殘白
け申候
一同ばち　壹對
右二品代拾匁也、宇治中之切町長ノ世古之大工調
レ之
一鼓の筒　七ツ塗直シ

右之代壹挺ニ付、貳匁三分宛、山田岡本木地屋傳兵
衛方ニ而
一鼓のしらべ　拾掛
右之代貳拾五匁也、京都三木屋長兵衛方ニ而調レ之、
當所取次濱田吉大夫方江頼申候
一天冠《小形》　貳口
右之代貳拾五匁五分、京都ニ而調レ之、當所取次中
之切町中田與三左衛門方江相頼申候
一同瓔珞ばかり三人前　十二垂
右之代壹匁八分、右同人取次ニ而相ニ調之一
一鈴　一振
右之代六匁、山田ニ而相調、尤是者麁悪ニ候得共、
此度壹振不足ニ付、無レ據相調間ニ合せ申候
一鈴の緒　拾振分
右者五色の郡内かいき(海氣)にて、但シ壹幅ニ而貳尺宛を
すそ廣に筋向裁にして末を縫、堅打紐ニ而緘、鈴の
くわんニ付ル

一乙女の舞衣　八人前
内四人前ハ白郡內壹疋ニ付八拾壹匁、外ニ足ス四丈
壹尺者壹疋ニ付七拾八匁替也、四人前者白郡內一疋
ニ付各八拾六匁替也
一同下　貳人前
奈良晒參丈をたまご色ニ染
右山田一志町信濃屋利兵衛方ニ而調レ之
一舞衣の打紐　六かけ　但綿絲にて打、䙡は赤キ絹絲にて格恰宜付候也
右之代壹掛ニ付四匁五分宛
右同信濃屋利兵衛方江賴、外ニ而打せ申候
右之外仲間ニ兼而用意有レ之分如レ左
一新キ天冠　三口
一同鈴　三振
一鼓の皮　九挺掛ケ替ル
右筒七ツハ此度ぬり直し、壹ツハ古キ內ニ不レ損新
キ同前の筒在レ之、壹ツハ白木の筒を用、然共是ハ
入用無レ之候

右之通ハ兼而用意在レ之、其外者鈴・天冠とも常ニ
用候內ニ新キ分在レ之を用ひ申候
一於二藤波家一中川八神主殿高經・藤波九神主殿氏倫右御
両人御出合被レ成、八神主殿御申被レ成候者、京都にて
裝束の時、男ハ足袋はかぬを禮儀とする、女中なれと
も左樣の事ニ者御氣も付可レ申候間、はかざるか可レ然
との御事也、且又烏帽子の掛緒も本式者、神事に從ふ
時者紙捻之元結紐が可レ然との御事故、何れも正員禰
宜衆の任二御差圖一各元ゆひ紐を用ひ、足袋もはき不
レ申候樣ニ申合、尤女者不レ苦由ニ付、乙女ハ足袋はき
申候樣ニ申渡ス、然共ケ樣之儀、其以來之規矩にハ不
レ致、任二時宜一いか樣共可レ致もの歟、其時々又々正員
禰宜衆ニ相伺、時宜に可レ任もの也、將又下モ之儀も
さしこハ略儀ニ候間、同ハくゝりの刺貫の可レ然との
御申也、依レ之大方刺貫を着用す、狩衣も相改、萬事
可レ成程者新キを用意致し候
一八月八日、仲間集會、何か申合等有レ之、役人行事之

役割相定置如レ左

一清メ　池田喜膳守員　榊原喜織光末

一河原祓　橋本善之丞守繼

一釜清メ幷御幣捧進　山崎東馬寛末

一笛　山崎左大夫末典　池田喜膳守員　山崎宰記國末

右笛の儀、定例之笛役有レ之候といへとも、ケ様のはれケ間敷時者仲間ゟ見立宜吹候方を頼、其役を相勤候舊例也

一がく　榊原喜織光末

右此節のがく役者池田千治守正ニ候へとも、仲間ゟ光末を相頼申候

一大祓　堤正作秀延

一神酒供進　山崎左大夫末典

一社記　榊原源吾廣末

一鯛釣の時乙女ニ上着をきせ裝束を取退、次ニ敷設を敷

同配膳　池田千治守正　同配膳　山崎宰記國末

一弓矢乙女ニ相渡幷御山の前江鈴を持參、其後乙女ニ裝束をきせ上着を取退候事、池田千治守正勤レ之

一祝詞讀進　西井嘉善宗重

一山廻祝詞讀進　山崎東馬寛末

一山廻一山崎末春、三山崎寛末、五池田守興、六堤秀延、先拂御榊池田守正

一山廻終て御幣捧進　山崎寛末

一御鈴三方ニ居、乙女の上座中嶋甚五右衛門內儀持參

一神酒御供御直會持參、山崎末典・橋本守繼・池田守員・榊原光末

右之通兼日ニ定置申候

一同十六日、藤波九神主殿ゟ御申越被レ成候ハ、何か申合旁等致度候間、各之內四、五人參候樣ニ御申越ニ付、十六日午時ゟ堤正作・西井嘉善・山崎左太夫・榊原喜織・山崎宰記右五人參候處、藤波家神樂殿において御出合、中川八神主殿經高・藤波九神主殿氏倫・井面出雲殿守運・同少貳殿守秒、其外世木兵左衛門・佐藤金吾各羽織袴にて御出合也、何か神樂行事之次第等申合、其

上願書の祝詞文の案紙御渡シ被レ成、則八神主殿御讀聞被レ成、此通ニ續候樣ニとの御差圖有レ之候、祝詞の文言末ニ記故略レ之

一同十七日夜、仲間集會、行事之次第、何か尙亦爲レ念各申合

一同十九日 晴天、朝五ツ時分ゟ役人何れも藤波九神主殿の屋敷の內裏ニ在レ之御茶屋江各參集、尤銘々晝飯・夕飯等迄用二意之一、八ツ時分ニ九神主殿ゟ酒貳升塗樽ニ入、肴ハ鮑酢をかけ鉢貳ツニ入、かん鍋・盃等相添出ル

一同日、八神主殿御申被レ成候ハ、先年之通大方入用ニ可レ有レ之候間、神樂之行事之次第、且又役人連名書等致置候樣ニ御申被レ成、依レ之則何の方ニ而先年上ケ候行事書を少々添削致、杉原の紙ニ折ニして相認、八神主殿江相渡置、筆者寬末書レ之、如レ左

御神樂之行事

清之祓

諸神勸請之祓

庭燎之行事

釜清御鹽湯之祓

御幣捧進

大祓

神饗神酒供進

乙女之舞十二折

同湯淸之行事

諸神祭之祓

宴饗之行事

釣御贄行事

神財弓矢奉納行事

諸願之諄辭讀二進之一

諸神感應御山廻行事

右件之行事、畢而神饗・神酒・御幣・御鈴等差二上之一、神樂役人一﨟御祝儀申上也

一﨟末春

一杉原二ツ折ニして連名如レ左

内宮神樂役人

山崎一﨟末春

榊原末成

山崎寛末

田中重方

池田守興

秀、安永四年ニ
堤末延

榊原廣末

西井宗重

堤美雅

山崎末典

橋本守繼

池田守員

田中重興

榊原光末

池田守正

秀馨、安永四年ニハ
堤精春

山崎國末

田中重般

榊原末榮

山崎末香

田中重福

右連名書者此度執行之席に不座の者、且幼少ニ而未勤行ニ不レ出子共迄も相記事、依ニ舊例一今尚如レ右、就レ中田中重方姉の服中、堤美雅妻の服中、田中重興姨の服中、堤精春母の服中、田中重般《カズ》姨の服中、榊原末榮《ノリ》・山崎末香《カ》・田中重福《ヨシ》右三人者未幼少故不參也、且復堤末延實ハ秀延也、堤美雅實者秀ノ字用候へとも遠慮ニ而近年改、堤精春《キヨハル》實ハ秀馨なり、右兩人秀の字遠慮故末延・精春と認、右秀の字を遠慮の子細者文字ハ違ひ候へとも

英仁《ヒテヒト》親王様有レ之故也

右之通相認、於二藤波家一中川八神主殿江相渡し置申候、
其後件之書付之儀相尋候處、今度者御尋茂無レ之故書
付上ケ不レ申候由、八月廿五日ニ藤波七神主殿氏彦御
申被レ成候

一大御乳人様京都十四日ニ御發駕之由
十六日松坂御泊り、十七日外宮西川原檜垣十神主殿江
御着、十八日御休足、十八日の夜、外宮ニ而大々御神
樂御拝覽之由、外宮神樂役人も何か改凡四十人計出勤、
各淺黄帷子ニ空色の青袍一様ニ相改、上座者白帷子ニ
布衣、次ニ黑柿の青袍のよし也

一同十九日朝、外宮御神拜、次ニ岩戸江も御上り、夫ゟ
内宮江御越、九ツ時に藤波九神主殿江御到着有レ之、
御手掛熨斗・御菓子・御雜煮・御吸物・御蓋食等出ル
由也、然所八ツ時俄ニ白雨頻に降、雷鳴候故、御參
宮暫及二遲延一候處、又々天氣晴れ候而夫ゟ御參宮有
レ之、道あしく候ニ付、御下駄を御召被レ成、上下共藤
波より宮中迄御歩行被レ成候と云々、御女中者

大御乳人様、次ニ右京大夫様、眞命《シンミャウ》貳人、御年寄《オトシヨリ》壹
人、右五人被《カツキ》御召被レ成候、花色地ニ子持筋のかつき
也と云々、宮中御案内藤波九神主衣冠、長官ゟ附副井
面少貳狩衣、其外藤波家ゟ附添等有レ之
御本宮玉串御門・瑞垣御門を開き御階の元にて御神拜、
夫ゟ八十末社、次大社不レ殘御廻り被レ成候、寛保二年
の時者山神社江も御參詣有レ之處、今度者御厩まで御參
被レ成、夫ゟ御下向也、一文字縫殿宅江御入被レ成、暫
御休足、一文字宅ゟ駕籠ニ御召被レ成候と云々、御下
向之後、藤波九神主殿書院江御入、尤御夕飯者神樂后
ニ御上被レ成候との事也

一即心《ソクシン》院様　同日八ツ時中川八神主殿經高江御到着之由、
御手掛熨斗・御菓子・御雜煮等相濟、大御乳人様之御
下向の後御參宮有レ之、御乘物ニ而宮中僧尼の拝所に
て御神拜也、藤波家ゟ御付添藤波權之介・岩井田內
記尚友各麻上下、長官ゟ松谷修理狩衣、其外藤波家ゟ
附副有レ之、即心院様者細美の黑衣・もくらんじきの

大キ成御袈裟・浅ギのかふりもの、其外御比丘尼衆・諸役人之事末ニ記す故、爰ニ不レ記、御下向之節、一文字縫殿宅江御入被レ遊御休足、御茶・御多葉粉等御上り被レ成候由也、夫ゟ御下向之後、御夕飯御上被レ成候由也

一同日、暮六ツ過五ツ前ニ神樂始ル

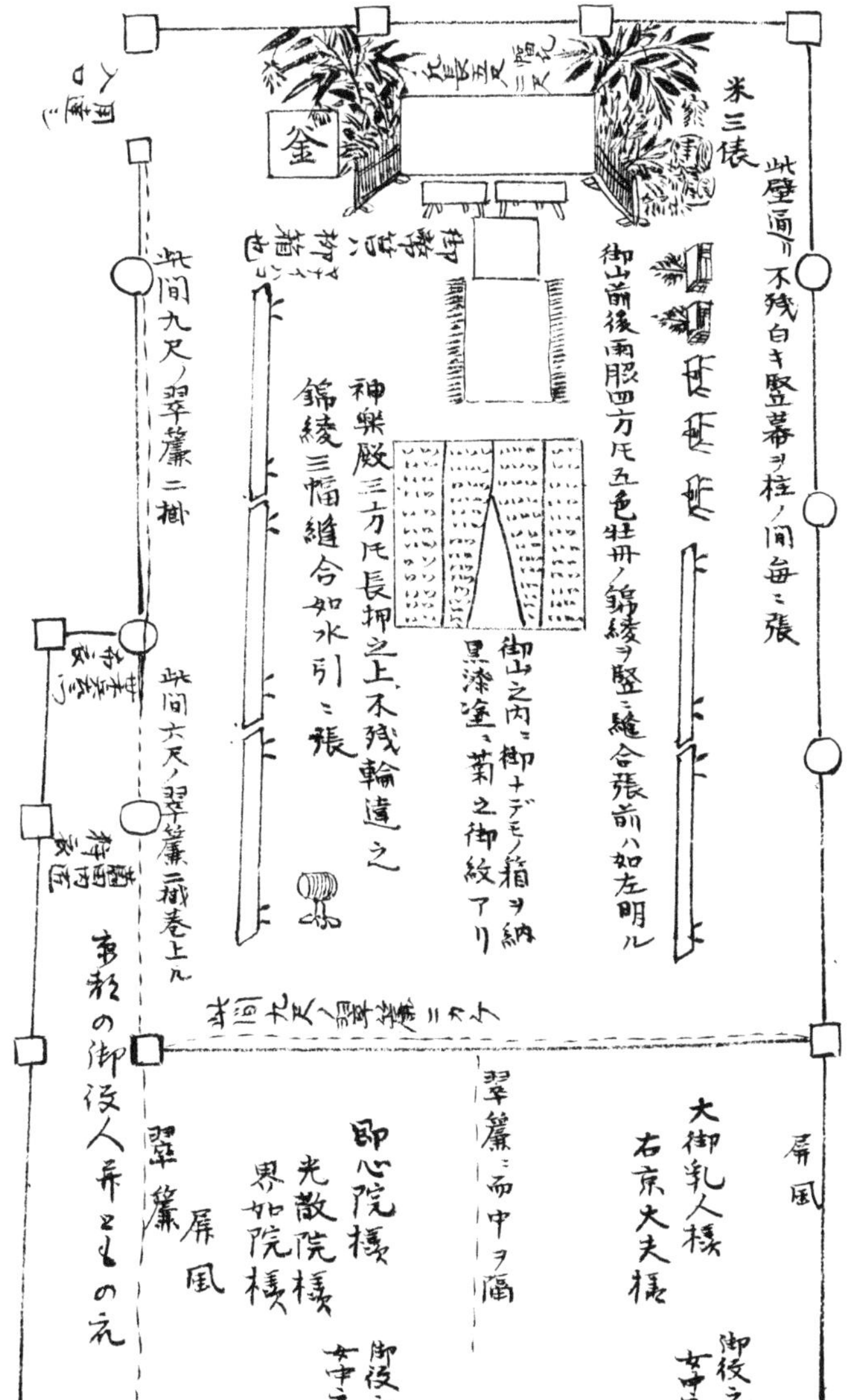

大御乳人様者最初ゟ御拜覽有レ之候
卽心院様者半過ゟ御拜覽有レ之也、中川八神主殿ゟ直ニ神樂殿江御入、神樂相濟候上、藤波家書院江御上り、大御乳人様と御對顔有レ之由也
兩宮者僧尼を忌候故、御　神拜・神樂相濟候迄者始終別々との御事也、暫有レ之、又八神主殿江御引越被レ遊候と云々
一神樂殿長七間半、幅三間半、圖如レ左、前ニ黑木の鳥居有り
右圖之通、神樂殿之內にハ鳥居・注連繩・紙手《シデ》等一向無レ之、神樂殿の入口黑木の鳥居に細き竹貳本立、注連繩・しでを張、御山の餝樣圖のことく四方共五色牡丹の錦綾、竪に縫合張レ之、前ハ三分二通り下を明ル、四方に竹榊をたて、前の兩脇にハ衣桁のことく、凡高壹尺五寸はかり、幅貳尺ばかりのものを置、一方に榊八本ツヽたて、件の榊に雛形を付ル、靈紙者不レ張山の內に納、兩脇にハ常例のことく七垂のしでを付ル、萬度者不レ納、御なでもの箱を納、下にハ瓶子一雙・銚子くわへ、備物之御膳者三方を不レ用、案の板を用、形如レ圖

一役人一﨟・二﨟者如レ例、八足・御座・土器三人者如レ左の臺に御座・土器を置、八ツ足の寸也
此臺案の板ともニ高サ長幅共各末座者六尺の板ニ四ツ足を付、高サ凡五寸計、乙女座・がく座同斷、鼓・鈴

等此臺の上ニ置、且又鯛釣の時用る銚子者別ニ在レ之、敷設も別ニ有レ之、御山の前に在レ之をば不レ用候、積米三俵、掛銭拾貫文、舞きり物是ハ岩井田ニ享保五年ゟ在レ之きりもの也、御釜ハ岡田善九大夫方の釜也、神主殿の御拜者前々ゟ無レ例故此度も拜なし、夜ニ入候故か、神樂殿の前黑木の鳥居之傍にて燎《カヽリヒ》《ニハヒ》を焚申候、神樂殿の內蠟燭火一向なし、六ケ所ニ燈臺を置
一大御乳人様・卽心院様何れも神樂殿の扉口ゟ御入、

翠簾の内に御座被レ成候、夜中といへとも翠簾の内ニ
者一向燈も無レ之故、御座被レ成候様子一向見え不レ申
候、神樂執行の內、京都の御附屬の侍衆蒔錢多く、凡
五、六貫文計御蒔被レ成候、藤波家ゟ御附副薗田內匠
殿守香狩衣ニ而傍ニ御扣被レ成候、世木兵左衞門布衣
を着し脇ニ扣居申候、是ハ用達シ燈火等をかき立る役
ニ居申候、右兩人共えぼしの掛緒者元ゆひ紐也、足袋
もはかす

一今日役人參勤如レ左
　一﨟山崎末春・榊原左內末成・山崎東馬寛末・池田
　　善左衞門守興・堤正作秀延・榊原源吾廣末・西
　井嘉善宗重・山崎左大夫末典・橋本善之丞守
　繼・池田喜膳守員・榊原喜織光末・池田千治守
　正・山崎宰記國末、乙女役中嶋甚五右衞門內
　義・中富左衞門母・伊豆伊兵衞母・豊田善藏
　母・森本孫左衞門姨・杉本助十郎內義・東半大
　夫內儀・森本石大夫內義、都合乙女八人也　右
　東半大夫內義ハ乙女之內火の差合有レ之、人數
　　不足ニ付當分頼申候
右各白帷子を着用也
　小乙女貳人、勝村平馬娘・畠の傳左衞門娘兩人と
もニ振袖の白帷子、帯ハ紺地に菊の金入之細き帯
也、髪もたけなかはかりにて提髪、櫛・笄《カウカイ》・
簪《カンサシ》等一向なし、積米の前に兩人トモ座ス

右行事之次第
河原祓　大祓　神酒供進　社記　諸願諄辭　山廻祝詞
右六ケ度の祓、祝詞の時者各膝を直し拜伏す、且又座
を立、行事に出ル時、中座ゟ上者上座の後ロを通り、
釜の際ゟ出勤、中座ゟ下者下座の後ロを通り、下ゟ中
を出勤也、乙女始終舞御幣を持座ス、舞ニ立ツ時者乙
女の後ロを通り、釜の際ゟ出舞

一諸願之祝詞如レ左
　明和元《ハジメノトシハ》　年八月十《ヅキトヲカアマリコ、ヌカイマ》　九日今乃良辰《ヨキトキ》於以弖《モテ》掛《カケマク》　毛畏《カシコ》
支天照《アマテラシマシマススベオホンカミ》　坐　皇太　神乃廣前《ヒロマヘ》仁大　々神樂《オホキオホミカクラ》於令　奏　進《マウシタテマツラシメ》

給《タマ》布状《カタチ》於平《タイラ》氣久安《ヤスラ》加爾享《ウケ》納給《タマヒ》弖寶祚《タカラノクラヰ》無動《ウゴキナ》久常磐《トキハ》爾
堅磐《カキハ》爾伊加志《イカシ》御代《ミヨ》爾奉令《オハシマサシメタテマツリタマ》御坐給比皇子《ミコ》等《タチ》於毛慈《イツクシミ》
給《タマ》比百官《モヽノツカサ》於始《ハシメ》弖四方《ヨモ》乃國民《クニタミ》爾至《イタル》萬氏毛惠《メグ》美給《タマ》比天下《アメカシタ》
靜謐《シヅカ》爾五穀《イツクサノタナツモノ》豐饒《ユタカ》爾成幸《ナシサイハ》比給《タマ》得止恐美恐美毛申

一山廻終而山崎寛末御幣を持參
大御乳人様御座の間、翠簾の前、六尺計手前ニ蹲踞して御幣を奉レ振平伏す、次ニ
卽心院様御座の前、右同斷、次ニ御鈴を三方ニ居、乙女の上座持參、薗田內匠殿ニ相渡候へハ京都御役人江御渡、則翠簾の內江御持參、御頂戴の由也、次ニ御供神酒御直會の御饌を山崎末典持參、次ニ三方ニ土器を居、橋本守繼持參、同三方ニ土器を居、池田守員持參、次銚子榊原光末持參、くわへハ出し不レ申候、右何れも薗田內匠殿江相渡候處、則京都の御役人衆江御渡被レ成候へハ、直ニ翠簾の內江持參有レ之、御頂戴有レ之、先ツ大御乳人様、次ニ卽心院様御頂戴也、右何れも御頂戴相濟候、次ニ神樂役人一臈末春京都之御役人ニ向て御祝詞を申上候へハ、御丁寧之御挨拶等有レ之、各御退散被レ遊候、次送り祓を申、蒔錢等如レ例集ル也

一御神樂料　判金參枚
一御初穗　同　壹枚
一御祝儀　金千疋　藤波九神主殿江、其外段々御祝義等有レ之由也、都合金七拾兩餘納り候由承レ之
一藤波九神主殿御目見　衣冠
一同　七神主殿御目見　狩衣
右御目見江出られ候處、大御乳人様ニ者御挨拶無レ之と云々
右京大夫様目出ウござると被レ仰候よし、七神主殿御物語有レ之
一大御乳人様ハ　七條様之御典藥醫者之娘と申噂有レ之、御年二十五、六歳之由也
一右京大夫様　是者大乳人様御附屬の御方ニ而毎度此御役職の方御越也、御歳四十餘歳之由也
一眞命《シンミャウ》二人　是ハ大乳人様御傍ニ居、御給仕其外何か御取次の役人也ト云々、兩人トモさげ髮ぼう〳〵眉御作り有レ之と云々
一御《オ》年寄《トシヨリ》一人　右五人之御衆中御參　宮之節者被御召被レ成候
一御中居二人　はした貳人、已上御女中上下合九人

外ニ御役人五十川左中殿・村雲右近將曹殿、右兩人ハ御使番也、御局侍井上治部殿・仕丁頭德田久右衞門殿・常番岸田治兵衞殿・詰番勝山喜八殿、御とも都合五拾人計と云々

右御饗應之次第　大御乳人様者公卿三方ニ大白瀬戸物之器物・食次・湯桶等白木を用、右京大夫様者常ノ白三方ニ大白瀬戸物之器物、自餘者塗物者器物也と云々

大御乳人様・右京大夫様御同席、御通ひハ御上ハ眞命貳人、件の眞命迄ハ御年寄、夫迄ハ御中居衆、御中居衆迄ハ當地歴々の女中方御勤也、當方女中の御出合、九神主殿御內室さま御出、御目見え可レ被レ成筈之處、去ル十六日に井面二神主殿御內室さま御死去ニ付、御內室さま・八神主殿忌中に御掛り、故不レ能二其儀一、依レ之名代八神主殿御母公様、外ニ椿氏おひさとの御附副御出合と云々、件のおひさとの儀ハ是迄永々堂上方ニ御奉公御勤被レ成候故、萬事堂上方之御事御存知候ゆゑ、此度御賴被レ成候よし也

一卽心院様御儀者

櫻町院様御在位の御時者、御后ニ而最初ハ別當《ベツタウ》典侍《ノスケ》、次に大典侍《ダイスケ》、次新大納言様と奉レ申、第一之御后と申事ニ候、櫻町院様崩御之後、御剃髪と云々

當女帝様の御母と申噂も專有レ之、御歳七十餘歳之由

一今度御同道の御方

光散院《コウサンキン》様・界如院《カイジョ》様御二方トモ御歳四十餘歳之由

光散院様ハ御剃髪、界如院様ハそぎ尼と申有髪にて末をヅンドキリニ被レ成候而有髪の尼御也、御二方トモ

先帝

桃薗院様御在位之御時御后也と云々

右御三人饗應之次第、御三人トモ公卿三方ニ大白の器物等ニ而御膳上ルと云々、尤卽心院様ゟ二方の御方ハ末座ニ始終御座被レ成尊卑有レ之趣也、次ニ妙貞又ノ名瀧野《タキ》とも申比丘尼、是ハ了觀坊と申夫有レ之由、夫婦共　御上ニ附屬之方也、了觀坊ハ今度者不參也、妙貞ハ年六十歳はかりのよし、次ニ小蓮《コレン》と申比丘尼壹人、

年十七、八歳之よし、是ハ何か御取次・御給仕等を勤ル

右御參宮の時、卽心院様者細美の黒衣にもくらんじきの御袈裟、御杖を御つき被レ成候也、光散院様ハ常の黒衣、界如院様者御衣不レ着、そぎ尼ゆゑか、各淺黄の花のばうしことき(ごとき)ものを御かむり被レ成候由也、妙貞・小蓮黒衣、御附屬之衆眞命《シンミャウ》貳人はつね・さつきと申御方也、御年寄壹人、此三人ハ被《カツキ》を着用、件の御女中各始終御精進のよし、自餘者魚物を用由也、御中居二人・はした二人合テ女中の御とも七人と申事ニ候、御役人鈴木求馬・岩室帯刀、但此帯刀ハ
禁裏様ゟ御付人也と云々、外ニ久保新兵衛、下部二人、上下合貳十貳人、内十四人ハ中川八神主殿ニ御止宿、殘八人幷駕籠のものとも等ハ下宿ニ居申候由也

右御出合薗田五神主殿守福御目見等有レ之、御逗留之内ニ度々御出合有レ之、　卽心院様にも御挨拶等有レ之由也、就レ中光散院様・界如院様抔者御丁寧之御挨拶有レ之由、御逗留の内、五神主殿江御拜領もの御上三方ゟ御菓子九度各奉書の紙ニ包・團扇・あふぎ・たはこ入・短册等御拜領被レ成候由、則五神主殿御物語有レ之承レ之候

一廿日九ツ時　晴天

大御乳人様藤波九神主殿御發駕、直ニ二見か浦江御越、但松の尾道ゟ二ツ池通り二軒茶屋江向御通りと云々
先年ハ朝熊嶽へも御參詣候得共、今朝雨天之様子故相止申候、二見ゟ直ニ外宮檜垣十神主殿江御入御止宿、廿一日御發駕也と云々

一同日

卽心院様者御休足、八神主殿ニ御逗留也

一同廿一日　晴天

卽心院様朝熊嶽江御參詣、夫ゟ直ニ二見か浦江御越、御還りにハ藤波九神主殿江御入被レ遊、此夜者藤波に御止宿被レ遊候而、翌廿二日御發駕也

（奥書）明和元甲申年八月吉良辰
皇太神宮神樂役人山崎寛末書

大正十年三月、山崎猪之助氏藏本複寫

女院御所御願御神樂之記（明和九年三月十九日）
仙洞御所御願御神樂之記（安永四年八月十九日）
禁裏御願御神樂之記（安永四年九月廿四日）

女院様ゟ御祈禱　御神樂之記

一明和九壬辰年正月下旬、藤波七神主殿氏倫ゟ一口頭山崎末春方江被レ申候者、兼而申入候
女院様ゟ御代參として茂《シゲ》崎様と申御方御參　宮有レ之、二月十六日ノ夜御神樂御奏進有レ之候、諸事大御乳人様御參　宮之格ニ取計くれ候様ニと御申有レ之候、其後藤波七神主殿ゟ御申ニ者
女院様御不快ニ付御代參延引之沙汰御申ニ候

一二月廿九日、藤波七神主殿ゟ御狀到來如レ左
口上
女院御所御參宮ニ付、御神樂之義、來三月十九日夜神樂ニ御座候、其趣御心得可レ被レ下候
右內々申入候、追而貴面可二申入一候、以上
二月廿八日　藤波七神主
役人
御神樂
役人中
尙々、御面談可レ得二御意一候、以上

一三月十八日、山田檜垣七神主殿江御着
十八日ノ夜、外宮御神樂執行

一三月十九日晴天、先達而者夜神樂之工面ニ候へ共、刻限早ク成、七ツ前ゟ藤波七神主殿神樂殿江相詰、七ツ過ニ始り、終り候時日の入也、神樂殿江者油火の燭四所江立申候而夜ル之躰ニ相見え申候
女院様御代參　茂崎《シゲサキ》様
御表使　梅枝様
御使番　粟津右兵衛亮殿御納戸役表取次兼

取次　河井忠藏殿
都合人數上下貳拾二、三人ト云々
例之神樂殿ニ而執行、餝之品々常之通、役人　一口頭山崎末春・二口頭山崎寛末、田中左次見義者京都之役人ニ近付有レ之候間、出座斷ニ而不レ出候、池田善左衛門守興・堤正作秀延・榊原左內廣末・山崎左太夫末典・橋本善之丞守繼・池田喜膳守員・田中織衛重興・池田兔毛守忠・堤中書秀馨・田中要藏重般・榊原虎鍋末榮・山崎左仲末孝・西井加治馬信重・山崎隼太末緩、乙女役安田與吉母・森本喜十郎母・其外森本孫左衛門姨・松井清治內義・豐田善藏母・前田彌三吉母・前田小左衛門內義・西世古八右衛門內義、乙女八人也、乙女之上着四人分者仲間ニ有レ之、四人前者先例之通、藤波七神主殿江前日ニ申置候ニ付、四人前出ル、是者前々者八人前出候得とも、當時仲間ニ有合候故四人前貸ル、鯛釣之舞、小袖餝屋有レ之、赤地之金襴也、小乙女者二見左仲殿娘壹人、下着者白無垢、上者緋縮緬惣かのこ摸樣之打かけ也、髮ハさげ髮也

一神樂役人役割如レ左
一清メ　堤中書・田中要藏
一河原ノ祓　榊原左內　此時各膝を直し拜伏
一釜清御幣四方拜　山崎東馬
一大祓　堤正作　各膝を直し拜伏
一神酒御供供進　橋本善之丞　各膝を直し拜伏
一序ノ舞シテ　一口頭山崎末春
一天の河原之段ゟ四方の神之段迄　二口頭山崎寛末
一皇神之段ゟ八百萬ノ神之段迄　四池田守興
一諸神祭之段　一口頭山崎末春
一社記　池田善左衛門　各膝を直し拜伏
一祝詞讀進　山崎左太夫　各膝を直し拜伏
一勤行ニ進退之儀、本座之後口を通、一口頭之脇より出相勤、乙女之出入も後口を通、釜の前ゟ出之舞、輅座之方出勤、右同斷
一乙女者始終舞、御幣を手ニ持テ座ス

(下○以下十一行空白)

一山廻、一口頭山崎末春・二山崎寛末・四池田守興・五堤秀延、先拂山崎末典

右山廻リ、終テ御幣を二口頭寛末持參して、御簾の前六尺計前ニ屈候して御幣を左右左と奉レ振平伏、次ニ鈴を三方ニ居ゑ、乙女安田與吉母持參して京都之取次役人河井忠藏殿へ渡候へば、御簾ノ内へ御入被レ成、御頂戴有レ之由也、次御直會臺池田喜膳持參、三方ニ土器をすゑ、田中織衞持參、次ニ銚子池田兎毛持參、右三品とも京都之役人ニ相渡し候へハ、それより御簾ノ内ニ御入、御頂戴有レ之由ニ候、次ニ神樂役人一口頭山崎末春京都之役人粟津右兵衛亮殿へ御祝義申上候へハ、御太儀ニ存ルとの御挨拶也、尤一﨟江付副寛末、右御祝儀申上候後、京方之御衆中御退散也、次ニ例之通蒔錢拾ひ集め各退散也

一御神樂執行之間、始終中川六神主殿經高狩衣・立烏帽子にて略座の次ニ御座候而何か御用達、藤波七神主殿氏倫にも狩衣・立えぼしにて御付副

一祝詞文如レ左

一御參宮之時、藤波七神主殿衣冠ニ沓をはき、宮中御付添之由也

神宮ゟ薗田内匠殿守香・孫福式部殿弘重各狩衣にて宮中御案内卜承レ之

一翌廿日、京都之御女中ニ見か浦江御越被レ遊、海士の所作を御覽被レ遊由承り候、それより外宮檜垣七神主殿ニ御止宿被レ遊、翌廿一日御下向也

一今度

女院様ゟ御神樂奏進ニ付、當一口頭山崎末春ゟ乙女裝束千葉耶《チハヤ》四領寄附也、尤是ハ常に不レ用、ケ様之はれの時の嗜に致様にと一口頭ゟ被レ申候也

一仲間ゟ先例之通書付差上ル、兼而用意の爲認置候様ニ藤波殿ゟ被レ申レ之認置如レ左

杉原紙二ツ折ニして如レ左

御神樂之行事

清之祓
諸神勸請之祓
庭燎之行事
釜清御鹽湯之祓
御幣捧進
大祓
神饗神酒供進
乙女之舞十二折
同湯清之行事
諸神祭之祓
宴饗之行事
釣御贄行事
神財弓矢奉納行事
諸願之諄辭讀㆓進之㆒
諸神感應御山廻行事
右件之行事、畢而神饗・神酒・御幣・御鈴等
差㆓上（差上之二字、安永四年ニ奉獻ト書）之㆒、神樂役人一﨟御祝儀
申上也

一﨟末春

一同連名同紙ニツ折
內宮神樂役人
山崎一﨟末春
山崎寛末
田中重方
池田守興
堤末延（秀ノ字遠慮）
榊原廣末
山崎末典
橋本守繼
池田守員
田中重興
榊原光末
池田守忠
堤精春（實ハ秀馨）

（下）○安永四年八月十九日仙洞御所御願御神樂之記

田中重般
榊原末榮
山崎末孝
田中重福
橋本守清
堤弘業
山崎末周
田中重展
西井信重
池田登守
堤業末　秀ノ字遠慮
山崎末綏
池田守吉
橋本守門
西井辰重

右之通相認、美濃紙ニ一紙ツヽ包、上文字書
且又執行之席ニ不座之者、且幼少ニ而未勤行ニ不レ出
子とも迄相記事、依二舊例一今尙如二先例一相認者也
右之通認、藤波殿江渡置候處、此度者御尋も無レ之
故、上ケ不レ申候由也、然共藤波殿江被二納置一、此方
江者返り不レ申候

一安永四乙未年六月下旬之頃、世間之噂有レ之者、來ル
八月ニ　禁裏樣ゟ
御神樂御奏進有レ之由、依レ之六月廿七日立、藤波五神
主殿倫氏ゟ京都江御請ニ參候由承レ之
一藤波五神主殿之　神樂殿、去年四月三日ニ燒失ニ付、
今度俄ニ營建有レ之、間數如レ前
一七月廿三日、藤波五神主殿ゟ人來、廿四日ニ隼太參候
處五神主殿於二臺所一世木兵太夫出合申ニハ、八月中旬
ニ　仙洞樣ゟ
御神樂御奏進御座候、定日者聢與知れ不レ申候、八月
中旬與計被二仰出一候、相知れ候ハヽ、自レ是可二申入一候、
諸事茂崎樣御越之通可レ被レ致候、爲二御心得一如レ斯得二

御意一候、且又先年之通書付茂御用意可レ被レ成與被レ申
候、御代參者大夫様と申御方御越被レ遊候との事也
此大夫様と申御御（ママ）方者、明和元年八月十九日ニ御越
被レ遊候大御乳人様之事之由、脇沙汰ニ噂承レ之

一八月四日、脇沙汰ニ承り候者、八月十六日外宮檜垣六
神主殿江御着、十七日朝外宮御神樂執行、夫ゟ内宮江
御越候而、先御參宮之後、於二藤波五神主殿一御神樂
執行、御拜覽之沙汰ニ候、其夜藤波五神主殿ニ御止宿、
十八日朝熊嶽御參詣、夫ゟ直ニ二見か浦江御越被レ遊、
十八日外宮御止宿、十九日御發駕之由、外宮方ゟ之物
語ニ承レ之、此度御越被レ遊候御方者何共不レ知、御
内々ニ而御歴々様御越被レ遊様ニ噂、然共此義ハ虚實
難レ計候

一八月五日夕方、仲間中江廻文、杉原二折ニ如レ左

當月十六、七日時分
仙洞様ゟ　御神樂御奏進ニ御座候、就レ夫何か申
合等御相談申度候間、明六日朝飯後ゟ御出可レ被
レ下候、尤乍二御太儀一御老分方ニ茂御出可レ被レ下
候、爲レ其如レ茲ニ御座候、以上

八月五日　山崎隼太
御神樂
仲間衆中

上包美濃紙
御神樂仲間衆中　山崎隼太

右狀笈ニ入廻文

一八月六日、集會、人數如レ左
堤正作・山崎左大夫・橋本善之丞・田中織衛・池田
賴母・堤中書・榊原嘉門・山崎左仲・山崎松衛・西
井加治馬・山崎隼太

酒肴　鮑太煮
里芋
牛蒡　にしめ
吸物　糀味噌　鱸
とうふ
かさめし
皿　せいこ　煮溜り
しゆうか
小皿　香物　奈良漬
茄子漬

右相談之上、役割を定如レ左

一清メ　榊原嘉門
　　　　山崎左仲

一河原祓　橋本善之丞

一釜祓御幣　池田善左衛門

一大祓　堤正作

一神酒御供供進　池田喜膳

一社記　田中織衛

一宴饗配膳　山崎左仲
　　　　　西井加治馬

一弓矢之時鈴　西井加治馬

一諄辭讀進　山崎左太夫
　但御願文末之文言、微音ニ讀上

一御幣捧進　山崎左太夫

一御鈴上　安田氏母
　京都之取次へ相渡

一神酒　堤中書
　　　　田中要藏

是者御備ノ臺有レ之品々、白三方ニ居替、右兩人

白三方と銚子を持參候而、京都之取次役へ相渡し候へハ請取、夫ゟ御簾中へ御入御頂戴有レ之由ニ候

一御祝儀申上　山崎一口頭　付副　山崎左太夫
　　　　　　池田賴母

一笛　堤中書
　　　田中要藏

一鞨　榊原嘉門

右笛・鞨共ニ定役有レ之といへとも、はれの時者定役に不レ限、仲間見立を以其役勤可レ致先例也

一送り祓　田中織衛

一用達　山崎隼太　麻上下ニ而

一乙女役　安田氏母
　　　　前田小左衛門內

一地六人　森本喜十郎母
　　　　前田彌三吉母
　　　　世古口佐七母

乙女役、是差合不足ニ付、俄ニ頼方如レ左

前田三郎兵衛內義

泉佐兵衛母

東氏おミつ

定有レ之乙女有レ之候得とも、松井清治內義母之服中、西世古八右衛門內義母之服中、森本孫左衛門內儀火之障り、當春中頼候前田増之丞母火之障り

一乙女之上着、此度者帷子ゆゑ銘々所持之白帷子着用、袷綿入之時分なれば、舞上着八人前を藤波殿江申、借用之先例也、以來爲二心得一記置者也

一八月十日ノ夜、藤波五神主殿ゟ人來、口上如レ左

定日も相知候由、十六日外宮江御着、十七日此方江御越被レ遊候、就レ夫御相談申度儀御座候間、明日御出可レ被レ下之事申來

一同十一日、藤波殿江隼太參候處、浦野常右衛門出合申候ニ者、十六日外宮江御着、十七日外宮御神樂、次ニ此方へ御越被レ遊候上、御饗應、次ニ御參宮、次ニ御

神樂、御拜覽ニ候へハ、前度ゟハ遅り可レ申候との事也、裝束付候下宿之儀者大工小屋を取おき、あの所ニて用意可レ被レ成旨申越候、次ニ神樂殿江同道ニ而神樂殿一覧申候處、薗田頼母助殿ニも御出合、何か御物語ニ候

一同日、乙女之內、安田氏母拙宅江參申候者、孫左衛門內義・増之丞母兩人共火之障有レ之由斷申來候、依レ之前田三郎兵衛內義・泉佐兵衛母・東氏おミつを頼申候

一十六日外宮江御着之筈ニ候處、十四日大雨・洪水ニ而御道中滯留有レ之、就レ夫關ゟ京都江早飛脚を以神樂執行日御窺之由、夫故及二延引一候、十七日當地江御着之趣外宮江申來、依レ之山田町々其趣三方ゟ相觸申由、十六日の朝觸申候也と承レ之

一同十六日、隼太藤波殿へ聞合ニ參候所、十七日ニ御着ニ候哉、又ハ十八日御着ニ候哉、聢而相知れ不レ申候、此方ゟ外宮へ人を以御窺ニ參候得共、其使者未歸不レ申候、何れとも明日此方より人遣し可レ申との事也

一装束宿之儀、先達而大工小屋ニ而致候様被二申聞一候處、十四日ノ夜之洪水ニ而此方之下宿松井清治方殊外水損、疊等も一向用ニ立不レ申、家も及二大破一、且又新橋も漸板を渡し往來成兼候事ニ候、左候へハ仲間之内老人旁新屋敷下宿へハ得レ參不レ申候ニ付、殊更此神樂ニ者時刻一、貳刻も前ゟ各相詰、食事等も銘々持食いたし、支度等致事ニ候へハ、大工小屋ニてハ不自由ニ可レ有レ之候間、外之家を御かり被レ成候様ニ藤波殿へ申候へハ、其儀ハ相心得申候、然共常右衞門申ニ者、私壹人之了簡に難レ及候間、同役共へ申、相調可レ申との事也、倉谷三郎太夫方を下宿ニ致し候

一同十六日、下行物之品々先例之通臺所にも扣有レ之候得共、取込故吟味難レ成候間、先例之通書付を以明日此方之家來次助・仙助參候間、其者等ニ被レ遣被レ下候様ニ被レ申候ニ付、則先例之通相認、藤波殿家來次助江明日御臺所へ持參くれ候様ニ申遣、下行物之書付如レ左

覺

一神酒壹升　一白米壹升
一玄米壹升　一昆布壹枚
一熨斗拾本　一鰹節貳
一生小鯛貳　一干魚五ツ
一海老貳　一長箸五ぜん
一奉書十二枚　一橘二十四枚
一美濃紙五帖　一水引五把
一大土器十五　一はた引二十壹
一ふせつ貳枚　一茜
一布　一苧　壹把《十むすび》
一眞綿　一薄絹
一柄杓壹本

右之通書付遣候、右之内海老無レ之ニ付、大鰹貳ツ・雛形三十六、美濃紙ニ而拵持參

奉書ハ三よし奉書也、其外右之通請取、はし臺無レ之との斷也、箸も常箸ニ而斷也、外ニ何の方ゟ大直し紙

出雛形三ツ裁

一同十七日九ツ時、藤波殿へ隼太參候處、何か申合神樂殿へ參候處、中川四神主殿高經御出被レ成候而、何か承り候、何にても不足之事者被二申聞一候様ニとの事也、且又四神主殿被レ申ニ、先年之通神樂之行事書・役人之連名書等其時ハ取込ニ候間、明日持參候様ニ御申被レ成候、隼太申上候者、役人連名書者認置候、行事書者未認不レ申候と申上候へ者、乍二御太儀一それも認、一緒ニ明日御持參候様御申ニ付奉レ畏候と申上歸ル

一同十八日九ツ過、右之書付貳通認、隼太持參

一相改奉書二ツ折如レ左

御神樂行事

清之祓

諸神勸請之祓

庭燎之行事

釜清御鹽湯之祓

御幣捧進

大祓

神饗神酒供進

乙女之舞十二折

同湯清之行事

諸神祭之祓

宴饗之行事

釣御贄行事

神財弓矢奉納行事

諸願之諄辭讀二進之一

諸神感應御山廻行事

右件之行事、畢而神饗・神酒・御幣・御鈴等奉二獻之一、神樂役人一﨟御祝儀申上也

一﨟寛末

一同紙連名書二ツ折如レ左

內宮神樂役人

山崎一﨟寛末

田中重方

池田守興
堤秀延
山崎末典
橋本守繼
池田守員
田中重興
池田守忠
堤秀馨
田中重般
榊原末榮
山崎末孝
橋本守清
堤弘業
山崎末周
田中重展
西井信重
池田登守

堤秀業
山崎末綏
池田守吉
橋本守門
西井辰重
堤秀識
山崎末直
池田守矩
橋本守章
榊原末延

右之通相認、二枚共八ツ折にして美濃紙ニ包、但壹枚宛別紙ニ包、上文字如レ斯相認、藤波五神主殿まて渡し置候得共、御尋も無レ之故上ケ不レ申、則藤波殿ニ納置との事也

右連名書者神樂執行ニ出座無レ之方、又ハ幼少ニ而未出勤無レ之候而茂連名ニ書ニ載事先例也、今尚如レ其

一同日夜ニ入、藤波五神主殿ゟ人を以手紙如レ左

大輔様御參宮御神樂之儀、未相知不レ申候得共、明日過而者御日柄相續候ニ付、急ニ明日と申儀も可レ有レ之候間、其心得可レ被レ下候、右爲ニ御心得一草々如レ此御座候、以上

八月十八日　　五神主
　　　　　　　　役人
御神樂
　役人中

一同十九日 雨天 朝、藤波殿江隼太様子窺ニ參候處、今日追付御着ニ候間、其御用意被レ成被レ下候様ニ申、夫ゟ仲間中・乙女へも人廻し、各八ツ時分ゟ罷出候而、下宿倉谷三郎大夫宅江相詰、時剋相待居申候處、七ツ過御着、夫ゟ先ツ御參宮、次ニ御雑煮出、御夕飯之儀御窺申上候所、神樂拜見之后夕飯と被ニ仰出一、夫ゟ早速神樂殿江相詰ル、此節空段々はれ雨止申候而晴天ニ罷成候、暮六ツ過に神樂始ル、神樂殿餝様常之通、油火之燈臺六ケ所ニ立

一神樂役人出勤如レ左

一口頭寛末・田中左治見・池田善左衛門・堤正作・山崎左大夫・橋本善之丞・池田喜膳・田中織衛・池田頼母・堤中書・田中要藏・榊原嘉門・山崎左仲・西井加治馬・山崎隼太、乙女役安田氏母・前田小左衛門内義・森本喜十郎母・前田彌三吉母・世古口佐七母、當分頼乙女前田三郎兵衛内義・泉佐兵衛母・東氏おミつ、小乙女貳人

薗田内匠殿娘・浦野常右衛門娘、貳人共山者不レ廻、下ニ白帷子、上緋綸子摸様之打かけ、但略座の後ロニ座ス、釜守江見又左衛門 淨衣・風折烏帽子、神樂執行始終中川四神主殿・藤波九神主殿狩衣・立烏帽子にて乙女之座の上山之脇のすミ之所ニ御着座、藤波五神主殿者略座之次、京都之衆之傍ニ御着座有レ之由

役人勤方進退、役人之後ロを通、一﨟座の傍ゟ山の前ニ出ル、掛緒者如ニ先例一紙捻を用、且復五度之祓勤行之時者各座を直拝伏、乙女ハ始終舞御幣を手に持座ス、舞に出入之時ハ乙女之うしろを通、又ハ前の臺明キの有所者其所ゟ出ル

一諄辭文如レ左

安永四年八月十九日今乃良辰於以弖掛久毛畏支天照坐皇太神乃廣前爾大上天皇乃御願止志天大々御神樂於令ニ奏進一給布狀於平氣久聞食弖御壽波湯津磐村乃如久常磐爾榮令ニ御座一給比殊示波寶祚長久宮々所々於始弖百官爾至萬氐毛惠幸給比天下靜謐爾五穀豐饒爾守給止恐美恐美毛申

一仙洞樣御代參

大輔樣

大嶋樣 先年大御乳人樣御參宮之節、左京大夫樣と申御方と御同格之御人ト云々

御使番 山田幸右衛門

御取次 藤木澤右衛門

井上文治

外ニ御女中茂有レ之、上分都合貳十人計有レ之ト云々

右諄辭讀進相濟后御幣を持、山崎左大夫御簾の前九尺計前ニ屈候して御幣を奉レ振、次ニ三方ニ鈴を居、乙女安田氏母持參、御取次之前ニ出し候へハ、則御取次藤木澤右衛門殿請取、御簾の內に御入、御頂戴之樣子ニ相見え申候、次ニ三方ニ土器を二ツ置、堤中書持參、御取次へ渡ス、次ニ銚子田中要藏持參、御取次ニ渡ス、くわへハ不レ出、右何れも御簾の內に御入、御頂戴有レ之由也、次ニ一口頭寬末・副山崎左大夫御祝儀申上候ハ

御神樂首尾能ク相濟、恐悅ニ奉レ存と申上候へ者、御取次之方御太儀ニ存ますとの御挨拶也、夫ゟ御退散有レ之、中川四神主殿御出御勝手次第ニと仲間へ御挨拶有レ之、蒔錢等集め各退散、蒔錢者拾壹貫文蒔候との由ニ候

一廿日、曇なれとも折々はれ、雨者降り不レ申候

松の尾道より二見か浦へ御越被レ遊、二見か浦にて海士の所作を御覽被レ遊候と云々、海士は志州答（志）瀬村より兩人雇ひ來ル沙汰也、男女四人雇、賃金貳百疋と承レ之、同夜外宮檜垣六神主殿ニ御止宿、廿一日 雨天 四ツ時御發駕也と云々

(上)○安永四年九月廿四日禁裏御願御神樂之記

安永四乙未年九月

禁裏御願御神樂之記

一九月中旬之頃、藤波五神主殿氏倫ゟ人來、隼太參候處、
藤波殿臺所役人申候者、當月廿四、五日時分
禁裏様ゟ　御神樂御奏進御座候、聢與定日相知れ不レ申
候得共、両日之内との事也
一同廿二日、間合ニ參候處、臺所にて申候者、明廿三日
外宮檜垣六神主江御着、廿四日之朝外宮ニ而神樂執行、
御拜覽、夫ゟ當方江御越被レ遊候、此方江御着者七ツ時
分ニも御座候哉と被レ申候
一神樂仲役割
　一清メ　榊原嘉門・山崎左仲
　一河原之祓　橋本善之丞
　一釜清御幣　池田善左衛門
　一大祓　堤正作
　一神酒御供供進　橋本善之丞
　一社記　田中織衛
　一宴饗配膳　山崎左仲・西井加治馬
　一弓矢之時鈴　山崎隼太
　一諄辭讀進　山崎左大夫
　　御願文之末之文言微音ニ讀上
　一御幣捧進　山崎左大夫
　一御鈴上　安田氏母
　一神酒御供御備膳とりへ白二方ニ而上四神主殿御差圖ニ而　堤中書・田中要藏
　一御祝儀申上　山崎一口頭　付副橋本善之丞
　一笛　池田頼母・堤中書・田中要藏
　一鞨　榊原嘉門

右笛・鞨共ニ定役有レ之といへとも、晴れの時者定役ニ不レ限、仲間ゟ差圖を以其役を勤ル事、古例ニ而今尚如レ古

一送り祓　　山崎隼太

一用達　　同人

右用達之儀、前々ゟ麻上下ニ而相勤候得とも、今度者中川四神主殿御差圖ニ而、狩衣ニ而相勤樣御申也

一勤方諸事先格之通勤行ニ進退も役人之後ロを通、一﨟座之傍ゟ山之前ニ出勤

一掛緒ハ紙捻を用

一五度之祓の時、各座を直シ拜伏

一乙女始終舞御幣を手に持て座、舞ニ出ル時も乙女之後ロ座を通、釜ノ前ニ出て舞、又者前ノ臺の間の明キ候所者其所ゟ出て舞

一乙女差合有レ之不足ニ付、又外ニ三人賴

一御神樂行事書・役人連名書も相認出候樣ニ、藤波五神主殿ゟ御申如レ左

一相改奉書二ツ折ニして

御神樂行事

清之祓

諸神勸請之祓

庭燎之行事

釜清御鹽湯之祓

大祓

神饗神酒供進

乙女之舞十二折

同湯清之行事

諸神祭之祓

宴饗之行事

釣御贄行事

神財弓矢奉納行事

諸願之諄辭讀二進之一

諸神感應御山廻行事

右件之行事、畢而神饗・神酒・御幣・御鈴等
奉二獻之一、神樂役人一﨟御祝儀申上也

一﨟寛末

一同相改奉書二ツ折にして

内宮神樂役人

山崎一﨟寛末
田中重方
池田守興
堤秀延
山崎末典
橋本守繼
池田守員
田中重興
池田守忠
堤秀馨
田中重般
榊原末榮
山崎末孝
橋本守淸
堤弘業
山崎末周
田中重展
西井信重
池田登守
堤秀業
山崎末綏
池田守吉
橋本守門
西井辰重
山崎末直
池田守矩
橋本守章
榊原末延

右之通相認、八ツニ折美濃紙ニ壹通ツヽ包、上文字書、

二通一緒ニ藤波殿江相渡置
一下行物之書付差出様ニ被レ申、則相認如レ左

覺

一神酒壹升　一白米壹升
一玄米壹升　一昆布壹枚
一熨斗拾本　一鰹節貳
一生小鯛貳　一干魚五
一海老貳　一長箸五ぜん
一奉書十二枚　一橘二十四枚
一美濃紙五帖　一水引五把
一大土器十五　一はた引二十壹
一ふせつ二枚　一茜
一布　一苧 十むすび 壹把
一眞綿　一薄絹
一柄杓壹本

一右之通書付、則請取奉書ハ三よし奉書也、箸も斷にて常之はし、其外者右書付之通請取、雛形三十六美濃紙ニて拵持參外ニ大直し紙ニ而三ツ裁、此紙別ニ出ル

一同廿三日 雨天、夜ニ入大風・洪水 朝ノ間ハ當村ゟ宇治、江往來難レ成程ニ候 外宮檜垣六神主殿江御着、廿四日外宮神樂御拜覽

一乙女之上着、前日ニ藤波殿へ申置、八人分入用ニ候得とも、四人分仲間ニ有合候間、四人分者御出候様ニ申置、則四人分出ル、外ニ舞小袖貳出ル

一同廿四日 朝雨、四ツ時分ゟ雨止、九ツ過ゟ晴天、八ツ過藤波殿江御着、先御雜煮出ル、夫ゟ七ツ時分ゟ御參宮

一大御乳人様　黒塗乗物滅金之金具打
一新大夫様　常之乗物
一針名三人　山駕籠
一御使番三人　進藤式部
右三人トモ山駕籠　田中兵部
小谷舍人

右三人者熨斗目麻上下、御用人竹內要助時服麻上下、

其外女中駕籠都合拾挺はかり、人數凡四十人餘與相見え申候

御下向之後、御夕飯出、暫く御休有レ之

一日の入時分ゟ神樂殿役人相詰、夜五ツ上刻に神樂始ル、役人出勤

山崎一口頭寛末・田中左治見・池田善左衛門・堤正作・山崎左大夫・橋本善之丞・池田喜膳・田中織衛・池田賴母・堤中書・田中要藏・榊原嘉門・山崎左仲・西井加治馬・山崎隼太、乙女役安田氏母・前田小左衛門內儀・森本喜十郎母・前田彌三吉母・世古口佐七母、外ニ當方賴乙女代前田三郎兵衛內儀・泉佐兵衛母・東氏おミつ

一小乙女貳人、薗田內匠殿娘・浦野常右衛門娘、輅座の後ロニ居、山ハまはらず

一釜守江見又次右衛門淨衣風折えぼしにて

一神樂之間始終中川四神主殿經高・中川六神主殿經相狩衣ニ而山之脇角之所ニ御着座、外ニ中川彈正殿・梅谷右仲殿各麻上下にて禰宜衆之傍ニ御着座、藤波五神主殿ハ輅座之次御着座

一祝詞文如レ左

安永四年九月廿四日乃今乃良辰乎以弖掛久毛畏支天照坐皇太神乃廣前爾大々神樂乎令二奏進一給布狀乎平氣久安氣久聞食弖寶位動無久常磐堅磐爾伊加志御代爾守幸比給比宮々所々乎始弖百官爾至留萬氏毛惠美給比天下靜謐爾五穀豐饒爾恕美給止恐美恐美毛申

右諄辭相濟后御幣を持、山崎左大夫御簾の前九尺計前ニ屈候して奉レ振平伏、次ニ三方ニ鈴を居、乙女安田氏母持參、御取次之前ニ置、則御取次請取、御簾の內江御入、御頂戴有レ之由也、次ニ三方ニ土器を居、堤中書持參、銚子を田中要藏持參、則京都之役人請取、直ニ御簾の內ニ御入、御頂戴有レ之由也、次ニ一口頭寛末・副守繼罷出御祝儀申上口上、御神樂首尾能相濟、恐悅ニ奉レ存と申上候へ者、京都之役御太儀ニ存との御挨拶有レ之、其趣直ニ御簾の內江御申上候よし也、

次ニ中川四神主殿御申ニ、役人退散候様ニ御申、御神樂所御拝覧有レ之由ニ而皆々人を除ケ、四神主殿迄も外江出し、京都之役人はかりにてとくと御拝覧有レ之由也、大御乳人様者十二ひとへを御着用と承レ之、役人何れも下宿倉谷三郎大夫宅江引越申候

一廿五日晴天、松の尾道より二見江御越被レ成、同夜檜垣六神主殿ニ御止宿、廿六日朝五ツ時御發駕之由承レ之

（奥書）
安永四乙未歳九月吉旦

一口頭磯部寛末誌焉

大正十年三月、山崎猪之助氏藏本複寫

御神樂執行次第調度練拍子式

外宮大々神樂執行之次第

一御師方家之表ニ大竹三拾六本莊ル　附御注連引

一御神樂前ニ御師方ノ臺所ニテ竈清メ拍子有レ之

一山之前ニ御釜ヲ立、御湯ヲ奉ル

一神樂役人男女百餘人

一笛・小手鼓・大小鼓・大鼓・トヒヤウシ・マドコ・シヤクヒヤウシ・水引・カンザシ・清冠・木綿四手・八本榊 四手掛ル・柱巻・鈴・ナガヲ・シモ・チハヤ ナカヲノ事・アコメ・掛帶

右ハ神樂中間ヨリ持參ノ者也

一御山ヲ莊リ御供膳ヲ山ノ內江二膳奉レ備

一御幣

一御祓　　一御祝詞

一外宮御本宮　市幣ノ舞

一內宮御本宮 但二クラノマヒ也　市クラノ舞

一外宮別宮　四番ノ舞

一內宮別宮　七番ノ舞

一兩宮諸末社　十八番ノ舞

一八乙女之舞

一スラヱノ舞 一説スヘウノマヒ共　一山廻り之舞

一ヱビスノ舞　一シメアケノ舞

以上三十六番也

大神樂拍子之事

一外宮御本宮　市幣舞

一內宮御本宮 但二クラノ舞　市幣舞

一外宮別宮　一番
一內宮別宮　一番
一兩宮諸末社　一番
一ヱヒス舞　一シメアケ舞
以上七番也

小神樂入用之覺
一銚子くハへ　一瓶子　壹對
一小土器　三つ　一臺　壹つ
一御幣箱　一盃　臺ニすゑ
右役料六匁六分
内　三匁九分中間へ出ス、壹匁四分食料出ス
殘而壹匁三分神納也、神德也

大神樂入用之覺
一銚子　くハへ　一瓶子　壹對
一小土器　三つ　一臺　壹ツ

一盃　臺ニすゑ　一宥
一神打敷　壹重　一御幣箱
一しめ竹　二本　一繩　三わ
一御座　一重　一杉原六枚　たゝ紙三枚
一麻　二ゆひ　一水引　三ハ
一白米　一黒米
一臺子　一竈　附臺ニ土ヲ入ル
一水桶　附ひさく　一金色　壹對
附ゆたむさノ竹　かミのてふ貳つ
御幣串貳本　水引ニてゆひ
大神樂料壹座ニ付御師方ゟ六拾六匁出ル
内　五拾三匁三分中間へ渡ス、拾貳匁七分
神納屋之神德也

大々神樂
竈淨入用之覺
一銚子　くハへ　一金色　壹對

一大土器 五ツ　一神折敷 五枚
一燈松 けつりかけ　一ゆたむさ 貳つ
一白米　一美濃紙 麻すこし
一御座 一重十一かんね　一黒米

大々神樂入用之覺

一瓶子 壹對　一銚子 壹對
一大土器 五ツ　一繩
一御幣箱　一祝詞臺
一金色 壹對　一竈 附臺土入ル
一臺子　一水桶 附柄杓
一黒米 貳俵　一黒米 五升
一白米 五升　一赤飯
一小竹 貳本　一神折敷 一重
一大竹 三拾六本　一御座 一重 組伊勢ノ表也
大々神樂役料七百三拾三匁代金拾壹兩壹分ト拾三匁也
此內三拾貳匁五分貳厘　神納屋神德

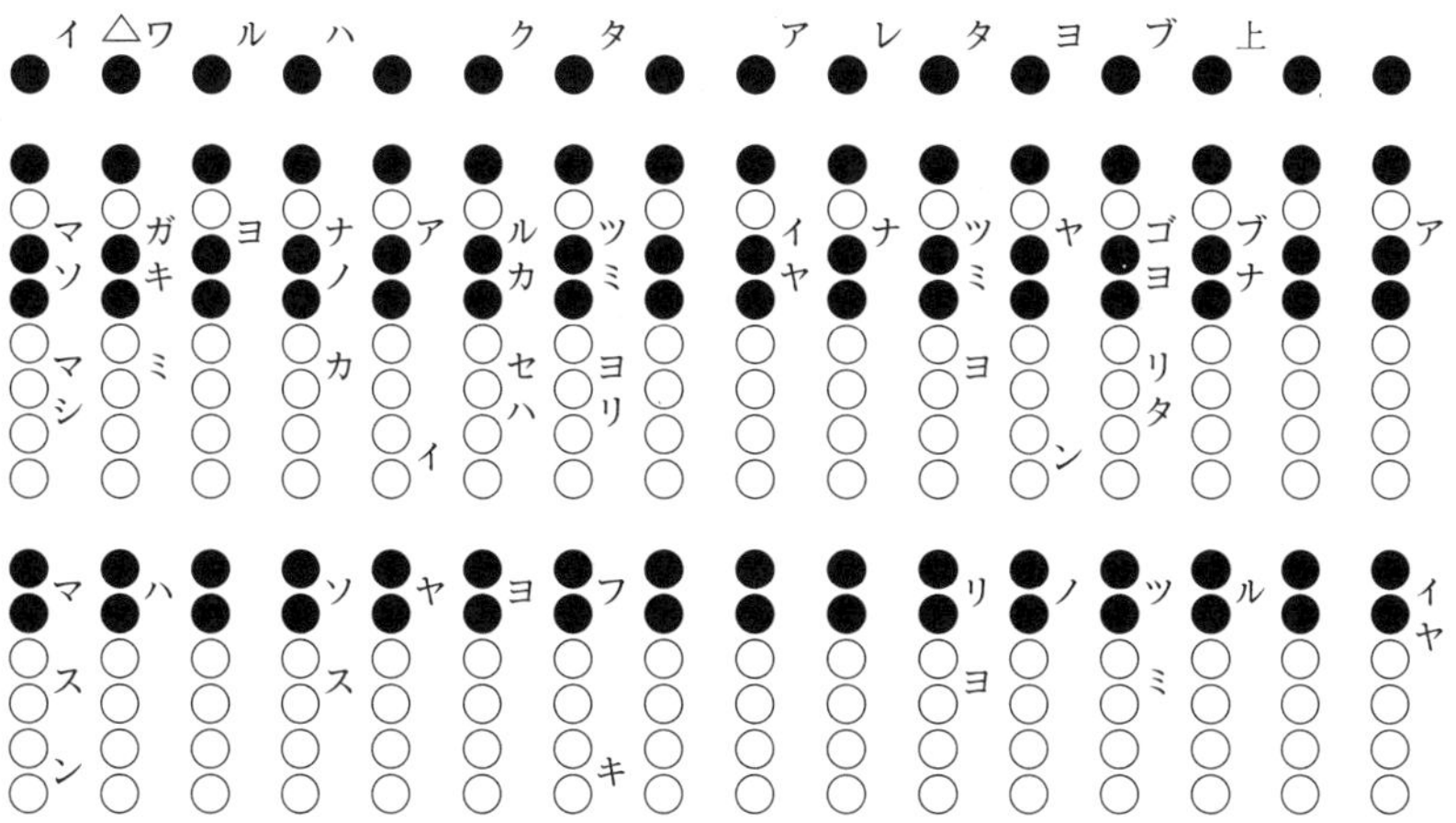

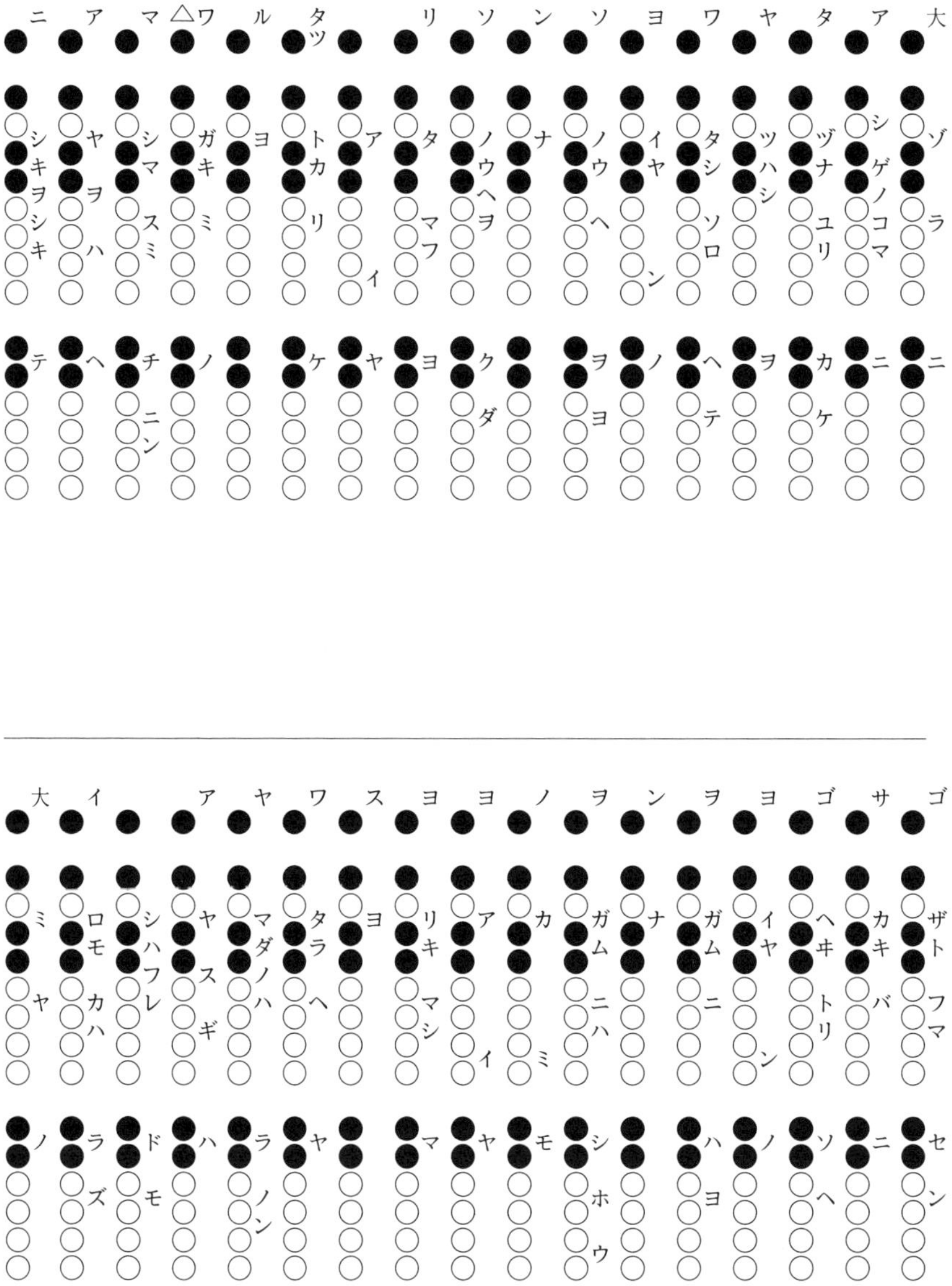
大ゾラニ
アシゲノコマニ
タヅナユリカケ
ヤツハシヲ
ワタシソロヘテ
ヨイヤンノ
ソノウヘヲヨ
ンナ
ソノウヘヲクダ
リタマフヨ
アイヤ
タツトカリケ
ルヨ
△ワガキミノ
マシマスミチニン
アヤヲハヘ
ニシキヲシキテ
ゴザトフマセン
サカキバニ
ゴヘヰトリソヘ
ヨイヤンノ
ヲガムニハヨ
ンナ
ヲガムニハシホウ
ノカミモ
ヨアイヤ
ヨリキマシマ
スヨ
ワタラヘヤ
ヤマダノハラノン
アヤスギハ
シハフレドモ
イロモカハラズ
大ミヤノ

ミ●●○カ●キ●○ニ○○○　●ハ●○○○○
●●○ユ●●○ル○○○　●ヨ●○○○○
●●ヤ○－○ン○－ノ○●●○　タ●マ○－カ○ヅ○－
ラ○ヨ●●ン○ナ●　○－○●　○○

大｜上｜ 上野勝之

（奥書）
右御神樂次第調度及練拍子式、以㆓大竹家藏神樂歌㆒
標題曰、大上、傍記㆓上野勝之㆒ 巻末所㆑載書㆓寫之㆒畢
天保四年夏　　井阪德辰

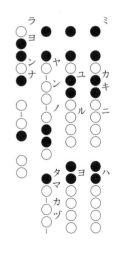

庭燎雜纂

井阪德辰　纂

○神納屋神徳幷入用書附の事　○享保三年まで未進高書附の事
○彫物裁荘役の事　○神樂執行の時の師職より饗應止ミたる事
○寛文元年より執行入振舞を金子ニ直しける事
○小骨折本名を蒔錢骨折と云事　○會料仲間の事
○中老入振舞の事　○神樂中家數人數江戸より御尋の事
○杉木吉昵著述書目の事　○享保七年料物沿革の事
○大神樂彫物料沿革幷神納屋かさり賃の事
○大々神樂御膳臺寸法の事
○古來の引留帳を見るには式目小日記に合せ考ふべき事
○大々御神樂凡例の事　○神社の神わざに鼔を撃つ事
○田中一口頭大夫錢當祝詞の事　○神樂一座といふ事同付歌の事
○里神樂の事

○神樂庭燎

一齋《モノイミノ》之事、凡參宮之儀式に同し、雖レ然従《ト》二兼日一不《ス》二觸《レ》來《ラ》一、俄に神樂有レ之、無レ據則《トキハ》可レ致二行水潔齋一、又深き不淨に觸る時ハ行水潔齋しても叶難し

一御祓勤仕ハ御祈禱之以前、神名神語を唱《トナヘ》、其身之不淨拂除《ヒケ》者、祓之文言不レ慥《ナラ》而修《セ》レ之者《ヲハ》、甚以不レ可レ然、求レ逃《テノカレンコトヲ》一天災《ヲ》二而反可《テキ》レ蒙《カウフル》二神罰《ヲ》一者《モノカ》哉

一神樂役人ハ神樂之御祈禱師にて、天下國家・貴人・高人御祈願之御神樂致二執行一、誠ニ冥加之至難レ有神役人也、然るに愚意にして、其根元を失ひ、私慾に従《ハ》者、於戲是《アヽ》ハ玉に瑕《キズ》、加《シカノミナラズ》之神樂之役儀胡亂《ウロン》成を強而《ヒ》勤《メ》祈《ル》共、何ぞ可レ有《キ》二感應一乎《ヤ》、神人をも蔑《ナイガシロ》にし、神樂之式法を致二濫望一、金銀を貪《リ》、浮雲の富《トミ》に誇《ホコル》とも、神ハ正直之頭を照しましませ者、争《イカデ》か可レ逃二其神罰《ヲ》一乎、此理《ハリ》を心に徹し愚意を飜し、神樂之役儀を致二稽古一、於レ令二執行《ハ》一可レ爲二神忠一者也

一年老上座之者、大事之役儀勤《ル》儀ハ老人ハむさと不淨之座ニも不レ交、其身清淨之故大役勤《ル》事也

一年老役人ハ男女共に衣裝《ヲ》改め可レ有二出座一、神代之神樂を相續連綿して斷絶せす勤る事なれバ、其身神と配す心中に他念を起さす、眞實に舞、或順ひ或拍子申儀也、

又装束之下重ね上着をも結構に身を飾る事奉《ル》レ崇《メ》ニ神慮《ヲ》一儀也

一御幣を振事、神前之正面を後《シリヘ》にならぬ様に少除《シ》る意得有て振へし、又願主貴人・高人之時は、其方江も右同前に意得へし、又御祓勤仕、祝詞讀畢《ミ》、山廻終《リ》、神前を拝し立退く時も右之心持同前

一貴人・高人、又代參、又町人たりとも、歴々方ゟ神樂執行之時、願主之前へ容儀悪敷者、神酒・御湯持參中儀可レ有ニ思慮一事

一神樂始之笛之事、眞に悠々と吹へし、一口頭笛之調子聞合、鼓打出し笛も皷も互にきれぬやうに心得、是祝言なり、末々のはやしも右同前、又ゑひす舞之笛皷も右の如く、取わけ始四五くさりハ無ニ油斷一きれぬ様ニ可レ然也

一神樂調子之事、梁塵祕抄に一越調《イチコツテウ》と有レ之候、然共神樂の場廣狭を可レ考哉《カ》、凡狭き座敷にてハ平調《ヒヤウテウ》ゟ始、次第々々あげて後ハ雙調《サウテウ》にて可レ留哉、又廣間などの大き成座敷にてハ雙調より始、黄鐘《ワウシキ》に上て止ルへし、若又願主大勢にて其座噪《サハガシ》くは次第々々に上て盤渉《バンシキ》にても納むへし、兎角其座之見合可レ爲ニ肝要一事

一神樂之座にて食物類又酒などもふつゝかなる事あるへからす、祝儀迄に尋常に可レ有レ之事歟

一神樂之座にて不祝言之咄《シ》、其外むさと仕たる物語可レ有ニ遠慮一事

一神樂執行を疎《ウト》ミ構《ヘ》ニ虚病《ヲ》一、蟄居《チツキヨ》して榮耀《エイエウ》を好ミ、神恩を令ニ忘却一我を立事、神道・儒釋道にも差《タガヒ》不レ可レ然、必爲《ズメ》ニ子孫《ノ》一悪《キ》者也

一代々神樂役人の家に生る者ハ、幼少より依令《テルニ》ニ執行一役儀能覺《ル》者なり、又中途出其外若輩之雖レ爲ニ役人《リト》一、志を勵《ハゲマシ》於《テハ》レ致《スニ》ニ稽古一者劣《オトル》間敷者歟、唯《タヾ》家業已《ノミ》而勤め神樂執行を疎略故殆《ホトント》不レ及、拍子鈍く動《ヤヽモスレ》バ誤《ル》者也

明暦二年正月二十一日寫レ之

徳辰按るに、明暦二年正月廿一日寫レ之とあれハ、明暦

以前の物也

○竈清

淺井直堅故事考にいはく、竈清ハ竈の祓なるべし、神前の御竈竝ニ師職家內竈を清火を正し、神樂を執行ふことなるべし、竈の祓ならバ興津彥命・興津姫命の神名を唱て可なるべし、尙舍祕賾問答に、湯釜ハ他社に倣て用るかとあり、橋村正身の說に者、湯釜ハ鼎なり、古昔神を祭るに神前に齋瓮《イハヒベ》と云、嚴瓮《イツベ》と云もの有となり、萬葉集第三卷大伴坂上郎女祭神歌に、久堅之、天原從生來、神之命、奧山乃、賢木之枝爾、白香付、木綿取付而、齋戶乎、忌穿居、竹玉乎、繁爾貫垂、十六自物、膝折伏手云々とあり、杉木吉昵故事考愚案にいはく、是竈所の祓にして興津彥神・興津姫神を祭の儀也との義甚よし、湯釜のこと沼樹先生の說を用らる處、珍重々々、此說に從ふべし、神前の御釜竝ニ師職家內の竈を清むるとあり、愚按に、略式云、神樂を奏するの屋豫《イヘアラカジメ》竈戶を淨祓と有て、古ハ皆神樂の前日或ハ前夜、師職の臺所にて竈清有、是平日食用の竈所を淨め家內安穩ならしめんが爲也、此時神前の御釜を清むるの儀なし、近來多くハ略儀にして、當日神樂の前に神前にて竈清を勤む故に、神前の釜を清《キヨ》むるに似たりといへども、是全く竈戶淨めなるが故に、清終て臺所の竈戶の前に到て鈴を振る也、此鈴を庫藏《クラ》の前にて振る家あるハ甚誤り也、神前の物ハ御釜にかきらす神物調度何にても神樂前に清る事也、御幣修祓の時口傳有、諸神事の時、神事前に先祓を修し、神物竝ニ諸役人を清る、是神事の通例也、然とも竈清ハ竈戶清にて神前の釜清にハあらす、竈清ハ實ハ家內を清るにて是を竈に付て勤る故竈清と云なるべし、家內に於て竈所ハ清淨にして諸神集會の所なれバ、此所にて竈神竝諸神へ家內安穩を祈るの儀なるべし、神樂ハ大禳なるか故、兼日此清祓有ならん　故事考愚案ハ故事考ノ說ヲ評論シテ杉木氏ノ淺井氏ニ與ヘタル書ナリ

○大幣竝祓

故事考愚案にいはく、一口頭の修祓中臣祓に限るべからす、一切成就祓或ハ何の祓にても己が意に叶たる祓を修

すべきか、但シ神樂の祓ハ別に口傳有とぞ、又御幣の時の敷布ハ膝突の爲也、一幣の時の御座莚と紙とを敷くハ、莚道にて是神幸の設ケ也、神宮にて神幸の道に布を敷く、これを莚道と云、延道と書べからず、莚道と書《ク》へし、延道といふハ凶事にて忌々しき詞なるよし、御幣の時の敷布ハ莚道にあらす、膝突の鋪設《フセツ》なり、又縁道絹《エンタウキヌ》ハ佛家に用る物也　徳辰云、一口頭の御幣大麻の行事ハ、太玉ノ命の故事に據るなり、古事記岩屋戸ノ段に云々、此ノ種々ノ物者布刀玉ノ命布刀御幣登取持而とあり

○祝詞

故事考云《ニク》、祝詞ハ後人の作なるべし、基源とミえたり、同愚案云《ニク》、今の祝詞ハ後人の作なるべけれど、祝詞ハ往古より有《ル》べし、往昔高天原磐戸の前の神樂の時、天兒屋命・太玉命の兩神和幣《ニギテ》を捧け諄辭《ノリトゴト》申共に、其祈禱を致すと神代巻、其外神書の趣明也、これ祈請の先務、神樂最上の勤也、一口頭・二口頭ハ爰に心を用ふべき事也、祝詞ハ凡て諸祭に神代の故事を述《ノベ》て其神を稱贊《ホメ》奉《リ》、次に祭の事を云て祈願を申もの也、今神樂の祝詞も初《メ》に二所皇大神の御神徳を稱辭《タヽヘコト》申奉り、次に神樂を奏せる狀を申、次に神樂の起源を顯し、神樂の祖神を稱讃《ホメマウシ》、而して願主の祈願を祈請申奉るなり、是《レ》延喜式の祝詞の趣に相叶ふものなり、但シ今讀《ム》所ハ古訓にあらず、願くハ右祝詞式の如く古訓によミたきもの也　徳辰云、二口頭の祝詞を讀ムハ、天ノ兒屋ノ命の古事ニ因レる也、古事記岩屋戸ノ段に、天兒屋命布刀詔戸言禱白而云々、書記に時ニ中臣ノ遠祖天兒屋命、則以神祝祝之、また廣厚稱辭祈啓焉、于時、日神聞之曰下頃者人雖二多請一、未上有二若此言之麗美者一也、乃細二開磐戸一而窺之とあり、これ申す詞の美麗にめでたまへるにあらずや、然れバ今時神樂の祝詞を讀申すにもつとめてうるハしく申すべき也、さて祝詞ハ二口頭の主役なるのミならず、神樂を奏る趣意を神に申す一座の大事なれバ、愼ミ敬ひめでたくうるハしく仕奉るべきなり、又神樂祝詞の古今異同得失をはじめ、是を讀申す人の心得おくへき事どもハ、祝詞辨といふを著して委く云り

○惠比須舞

故事考云《ニク》、惠比須舞の歌ハ、蛭子の伊勢の海へ渡らせし事をうたひ、物になせし催馬樂なるべし、神樂歌又催馬樂ハ別なり、蛭子は三歳まて腰立す、うつろ船に乘せ給ひて、夷國へ遣されしとハ、其夷國をしたかへ給ふとの事なるべし、夷とハ日本へゑめる國なれハとて夷國とハ云となり、今世人俗にめすを云といへるも同し、此惠比

須舞は伊勢の海へ船にて蛭子の歸らせ給ふ狀をうたひ、物にせし催馬樂なるべし、惠比須の唱を歸《リ》惠比須とも云へり、惠比須舞の歌

伊勢の海とゝけたりや とゝけたりハ屆きたるなるべし ゑゝたひおふのならひておも我すミか ゑゝたひハ延ノ字、おふハ王、なかく皇神の竝おはします我住家へ歸らせしと云なるべし いゝぬてちゝも いゝ舟ちゝもなるべし、書違へたるか云誤た、るか、ちゝもハ舟とめんとの事を云なるべし 同愚案云《ニク》、是を催馬樂なりと云る說いとよし、歌意ハ別に考へあり 德辰云、惠比須舞歌ノ考ハ、杉木氏のものせられたるいとめでたし、淺井氏の說ハ取るにたらず

〇寄合神樂

故事考云《ニク》、故實神樂 俗に寄合、神樂と云 年每の霜月我等の衆人集て古への神樂執行ふて奉奏なり、是ハ天下國家の祈禱を務しむ、此月にハ禁裏にも豐明《ノリ》の節會有て神樂行給ふと有て、今年の新稻を神に奉せ給ふて、君もきこし召て臣下にも給ふと有 公事根、源出 我等の神樂にも此日神前に御供を奉りて、衆人にも土器に盛て是を戴しむる也、古法たれハ此意ならん歟、豐明《ノ》の節會ハ中の辰日なるを、我等の神樂十三日定たるハ、其最初時十三日辰ノ日に當りたるなるべし、同愚案云《ニク》、寄合神樂、俗稱にあらず、御代始鈔に禁中の御神樂に縒合《ヨリアヒ》と云名目有《ル》ことミえたり、されど其《ソ》ハ人數寄合の義か、又曲の名か猶考べし、さて吾黨の寄合神樂を天下國家の祈禱と晴てハ云ひがたかるべし、私の祈と云べし 每月十一日、神宮に於、て天下國家の祈禱あり 寄合神樂ハ天下國家の御祈禱と云こと、上より命を奉《ウケ玉ハ》りたる勤にハあらざれども、德辰云、元祿十四年也 先年子細有て一口頭大夫竝《ニ》中老上座逼塞のことありしに、十一月初の比、寄合神樂も近つきければ如レ此逼塞にてハ修行成難き故、往古より常例の天下國家の御祈禱も闕《カケ》申す旨を御役所へ願けれハ、逼塞御免ありて式日に修行しけり、さて新嘗會に准するとの說宜し、但シ新嘗會ハ中《ノ》卯《ノ》日かと覺エ侍《ハヘ》る、十三日の說ハ追て考べし 德辰云、新嘗會ハ中ノ卯日なり、豐ノ明節會ハ中ノ辰日なり

〇一口頭 附布衣着用ノ事 下《ゲ》官《クワン》の稱

故事考云《ニク》、一口頭ハ諸役人の上に居て、外宮本宮の和歌を唱て、初て口を開ける故なるべし、一に口の頭書り、又二口頭とて一口頭の次に居る者を云ハ、内宮の和歌を

唱へ、是も初て口を開く故に、一口頭に順して二口頭とハ云なるべし、古《へ》ハ一口頭一人、白布の布衣を着せしとなり、布衣着用ハ元祿年中よりのことなり、神宮の書留《キ》如レ左

神樂修行役人、元祿二年正月三日、神宮集會、外宮神樂役人ト云者、往古ヨリ男女トモニ其血脈ノ輩、皆神樂役人故ニ、年々繁多既ニ數百人アリ、其中修行ト云アリ、過半ハ素人也、修行人ト素人ト神樂料配分ノ多少ハアレドモ、老年ニ至リ其法式アリテ、素人モ男女トモ配分ノ人數ニ入ル、大大神樂修行ノ時、座上一人古來ヨリ白キ布衣ニ風折烏帽子ヲ着シ、自餘ハ皆素襖・小烏帽子ヲ着シテ神樂ヲ勤ム、此度神樂役人ノ願ヒハ全ク身ノ餝リニ願フニ非ス、參詣人ノ見分信心モ彌篤カラン爲、布衣ヲ着シテ神樂修行アリタキ由、神宮幷ニ三方會合ヘ頻リニ願ニヨリ、先ツ內宮神樂役人ノ事ヲ尋ル處ニ、內宮六禰宜返答ニ、內宮神樂役人ハ當時狩衣ヲ着シテ勤ル故、內々長官モ布衣ニ改メ可レ然トナレトモ、先其マヽニ延引トナリ、依レ之外宮モ布衣着用可レ然カト衆議一決ナリ、證文ノ案ヲ調ヘ六月朔日ニ三方會合ヘ遣ス、同三日、三方會合ヨリ深井平大夫長官ヘ來リ口上如レ左

神樂役人願之義、一昨日被二仰下一候間、今日會合ヘ神樂役人呼寄、彌念を入申渡、則先日被レ遣候通に證文相認させ、神樂役人五人 山口五郎兵衞・榊開三大夫・一志勘左衞門・長尾勝右衞門・岡村三郎右衞門 召連御禮ニ參上仕候、三方中も別而大慶被レ存候

其證文如レ左

差上申一禮之事、今度神樂執行役人中、布衣着用之御願申上候處、御許容被二成下一候、向後大々神樂執行一座に五人、大神樂執行一座に一人、布衣着用可レ仕候、但布衣片色、括《クヽリ》袴・花色之絹、折烏帽子・掛緒・本結、此外美麗之義、少も仕間敷候、尤神樂執行之外、一向不レ可レ致二着用一候、若右之趣於二相背一者、如何樣共可レ被二仰付一候、爲二後證一、仍一札如レ件

元祿二己巳年六月三日　　神樂執行役人中印

外宮 家司大夫殿

また二口頭の次に勤るを下館と云るハ、是より下て館の和歌を唱る故なるへし、何れの唱も一宮毎ニ參拜の心なる故に潔齋沐浴有事なり、此物忌の事ハ神樂勤庭火といへる書に委し、考べし 此書岡村氏に存よし、參拜の心ハ、一口頭の唱の時に次の二口頭へ挨拶有 參られぬかと云、考べし
同愚案云《ニク》、一口頭の稱號此說甚よし、下官《ゲクワン》の事、神樂歌の本に外宮大宮より內宮末社のひろひまでを上卷とし、館より末を下卷と分たるものあり 予が家にも如レ此の本あり、思ふに、三口頭ハ下卷の筆頭を勤る故に、自然と三口頭の異名になれるにやあらん、ゲクワンと音にて云るハ、御庭作《ミニハツクリ》をゴテイサクと云來れるか如し、又下館《シモダチ》・上館の囃《ハヤシ》なる故に、下館と音にて云來れるか、もし然《サ》もあらバ、今下官ト書《カク》ハ館字《ノ》の偏を略《ハブキ》たるなるべし、○德辰云、喜早清在が毎事問に、問、神樂役人ノ長ヲ口頭ト云ハ何ゾ、答、彼長座上ニ居テ歌ヲ發《シ》、下ノ者是ニ和シテ歌フヨリ云也、音頭ト云意ニ同ジとあり、淺井氏の說是《ハ》と同義なり、又下官のことハ中村長常が說に、古昔《ムカシ》者館の拍子《ハヤシ》より韓神の拍子まで三口頭一人して掌《リ》しもの歟、其《ソ》ハ小日記に記せる四口頭・五口頭の役料に山廻《リノ》役料ハあれど、拍子役料てふものハある事なきを以て推量らるゝ也、もしさもあらバ、三口頭ハ神樂歌《ノ》下卷《ノ》の拍子《ハヤシ》を過半《ナカバスギ》掌る故、下卷《ゲクワン》てふ稱《ナ》を負《オ》へるなるべしと云る、まことに然《サ》も有べし

○小手鼓

故事考云《ニク》、小手鼓ハ神樂の外用る器にあらず、他國に見當らず、其形大鼓にして小《サ》し、又小手とハカル手なり、カルの假名コ《ハ》と反る也、大鼓ハ手にて打《テ》ども、小手鼓ハ手にて打て鳴《ナ》らざる故に、外に打物を受て借《カ》る手なる歟、同愚案云《ニク》、此鼓の起り未レ考、樂器の中に摺鼓と云物あり、追て考へし、喜早清在ハ鞨鼓なりといへれど予ハ信ぜず、此器神都に於て久しき物と見ゆ、小手鼓といへる稱ハたゞ字面の如くなるべし、カル手の說ハ迂遠《ウエン》の義也

○ガク

故事考云《ニク》、ガクハ大鼓也、何れの比よりガクと云來れる

や、古より衆人此字を尋るに難レ知、院御所御神樂を捧られし時に、神樂の器物を記し取らせらるゝ、又其後大乳人神樂を拜覽ありし時も又然《シカ》り、國々の諸侯の神樂の節も此こと有て、がくの字を書記すに煩しき也、神代の神樂に鈿女命足音をとゞろかし舞たまふと有ハ、我等の神樂にも古へハ板鋪を打て、其務る者に上着を打かけ着せることとなり、舞姫の足音になしたるもの也（此板敷を打に何方此方と打傳あり）、或人の說に、神代の神樂にも大鼓の役有て、其役たりし神の容姿見惡によりて、形を隱し務たる例なりと云り、何れ可ならんや、同愚案にいはく、ガクハ神都の方言なれば、文字知べからず、然レとも古語なり、正義ハ不レ知とも、雅鼓と書て難なかるべし、板鋪を打て足音となす、此說未レ考、○徳辰按に、古事記岩屋戸段ノに、天宇受賣命《ノウズメノ》云々、伏《フセ》二汙氣《ウケ》一而《テ》蹈《フミ》登《ト》杼《ヾ》呂《ロ》許《コ》志《シ》云々、書紀同段に覆槽《ウケ》置《フセテ》云々とある如く、そのかミ天宇受賣命の岩戸の前にて、俳優の時、汙氣《ウケ》を（汙氣のことハ古事記傳八巻に委くミえたり）蹈《フミ》て響鳴《ナラ》しめ玉ひし故事に傚《ナラ》ひて、我神樂にても昔ハ外宮

本宮段ノ、遊の上分の歌を歌ひ出す前に、一幣の舞女志《シ》登《ト》々を踏む儀ありしが、何《イツ》の比よりか此式絶て傳ハらず、今ハ其踏法《フミザマ》をさへ知れる人なし、また板鋪を擊《ウツ》も同し故事より出たる態《ワザ》にて、いとめでたき古《イニシヘブリ》風の遺《ノコ》れるになんありける、然るを、後世ものごと花美になりて、板鋪を擊《ウツ》ことを大鼓にかへて其儀却て俗《イヤシク》なりたり、されど寄合神樂執行の時ハ大鼓を用ひず、今猶鋪板《シキイタ》を擊こと古式に違《タカ》ふことなし、又舞女の足音の代《カハリ》に板鋪を擊にハあらす、此《コ》ハ天宇受賣命の汙氣《ウケ》を蹈《フミ》とゞろかし玉ひし音のまねびのミにこそあれ、さてまた表着《ウハギ》を被《カブ》ることハ、予も未《タ》考へ得ざれども一ツの俳優なるべし、神代の昔、大鼓の役を勤め給ひし神の御容姿見惡《キ》によりて、其《ソ》を覆ひ隱す料《タメ》に物を被り給ひし例に因《ヨレ》るなりなどいへる說ハ取るにたらず、又ガクの名義《ノ》詳ならされども、字書に雅《ハ》正也《ナリ》とあれバ雅鼓《ガク》と書て宜しかるべし、大鼓ハ和名抄に、律書樂圖云《ニ》、爾雅《ニ》大鼓謂《フ》二之鼖《ヲフント》一（音墳、和名於保豆々美、一云四乃豆々美、今案ニ細腰鼓有二一二三一名一、皆以應レ節次第取レ名也）卽《チ》建鼓也、兼名宛云《ニ》、槌、一名《ハ》

枹《フ》（音浮、字亦作レ桴、俗云ニ豆々美乃波知一）所ニ以撃《セツ》ニ大鼓《ヲ》一也とあり

○謳歌發聲

故事考云《ニク》、開口、最初の唱にイヤ、ウンとあり、初て此句を唱る阿呼なる歟、イヤの反アなり、普く神樂の唱に陽神の和歌を唱へて陰神の和歌を唱へす、最に阿呼の二字を以て陰陽を唱るなる歟、同愚案云《ニク》、アウンの說ハ非なり、たとひ正說たりとも予は信せず、按に、イヤのヤハ發語也、イはヤの字母也、又イヤハ彌の義にして祝語也、アムンは言の餘音にして歌曲のふし也、イヤハ凡て歌のふしにて歌の初中終に有、其外ふしの助字・助語多し、別に意なし（惣て言ハイに發てウに終る、イヤハ數多の義也）

○系圖 附一幣

故事考云《ニク》、我等の祖神ハ忝《ク》も天鈿女命より請胤來と聞ぬ、因て筋目を母方に次也、母方に次例《ク》神樂職の外に聞ず、祖神女によれハなるべし、さて神樂人中老の座に至る時ハ大中臣の諡號《オクリ》あり、是神祇にあつかる者故に中臣の號ある也、古へ司中より尋あり（享保年中）けれとも何の此より傳へしや不レ知、今に中老の者の諡號とする也、神祇にあづかる證據ハ屯倉裔也、度會直方の作に神樂祕記・同或問・同典據・屯倉氏本縁といふ書あり、是をミるべし、又筋目血脈を吟味いたす時ハ下職を尤《トガ》め、山田十二鄕の外、船江・川崎といへとも緣を組《マ》ず、住家を求ず、他國ハ勿論にして、他國に三年を經ても職を削る例也、歳老て筋目正《シ》からず、疑ハしき者ハ外宮本宮の神前にて神水を飮しむる古法也、如レ此難レ有胤なるに景樣の美ならむを好て、いつ比よりか大鼓を打になりぬ、古への如く板敷を打ならハ殊勝なるべきを、或老人の說に、古へ里の子供の云習はせに、神樂衆ハ畜生に馬の皮たゝくと云ふれしを恥しミて、神樂の職を解任せし者も有しとなり、さあれバ大鼓ハ神の心にも叶ざりしと聞ゆ、今人《ノ》ハ悋惜にして畜生と云もいとはず、一笑に絶たり、近比別宮の物忌職六位に補らるに付て神樂職を解任せしあり（榊原七郎大夫、松原八大夫）古へハ別宮物忌職多く神樂役人の家に有て今も（小田吉大夫・小館久大夫・福岡治郎兵衞・石松重大夫）古へを思ふに、何れ

（下）徳辰云、天保四年・五年ノ比、惣忌職六位補任ニ付テ辭職ノ人幸福出雲

下井發藏
深井梅五郎
村松藤大夫
宇爾館太郎
大夫

も諸社の社人たると見えたり、今の神樂を野《サト》神樂と云と有說も、古へハ社ノ前に神樂を務し也、神樂役人の女に市くらと云有ハ、他社の禰宜の妻を市と云に同じ、予今の三神主・五神主の時尋しハ、何故に神樂職の者六位に補せられざるやと聞しに、答に、神樂人ハ出て勤る者上下の准る事有に老人を先とする也、座席に因て六位たる者下座に居る事を除てなりと有し、又官家にも神樂役人四所物忌兼帶仕て、六位に補する致し様有べしなと噂有しとなり（杉木氏の說）、當時御治世なるに依《リ》、東武より每年正・五・九の神樂を捧らる、　皇よりハ古へ院《ノ》御所より神樂捧られ、藤田長大夫家にて執行有しと也、其後檜垣神主にても數度のこと也、院の御神樂の時に、神樂人より御祈禱御祓を獻し、幷二品を添て差上しと也、其比の諸大輔より來りし御返書今に神樂人仲に存《ア》る也、其文言左に記す

今度爲㆓御祈念㆒大々御神樂、藤田林右衛門方へ被㆑爲㆓仰付㆒候處、各御執行大慶被㆓思召㆒候、彌可㆑抽㆓丹誠㆒旨被㆓仰下㆒候、御神樂衆中ゟ御祝儀申上度旨望ニ付、　御匣《ミクシケ》殿御局迄伺相濟珍重存候、就㆑其　院御所樣へ熨斗 十把 幷鰹節 十連、御匣殿へ熨斗 十把・白粉箱 十 被㆓指上㆒目出度被㆓思召㆒候、此等之趣、衆中へ披露可㆑有㆑之、頓首

八月十一日　　藤木志摩守名乘判

外宮神樂役人杉木重大夫殿

田付彥右衛門殿

御笥德右衛門殿

同愚案云《ニク》、按に、血脈を母方へも續《ツグ》こと、天鈿女命の女神なるに因《ヨレ》りと一偏に心得べからず、外宮神樂職の祖神ハ天鈿女命と來目命この二神なり、御鎮座本紀に、天鈿《ノ》女《ノ》命裔歌女舞姬、來目命《ノ》裔屯倉《ノ》男女小童男とあれば、父方・母方ともに血脈相續すべきことなり、○大中臣《ノ》追號、按《ニ》、中臣ハ追號にあらず、吾黨年久しく號し來りて其始《メ》ハしれず、中臣の系圖にも見えず、然れども惣位階沙汰文に、慶安年中、今の司家河邊氏宮司に任せらる丶

時（物位階慶安年中の事也、祭主友忠配流の後、宮司定、長祭主に任し、河邊喜左衛門精長宮司に任せらる）神宮より中臣姓の者を注進せらる口書に、神樂人に中臣氏古昔より多有レ之由見えたり、然れバ中臣號《ナノル》こと最久し、中古川一口頭正茂の拜書せる神號、其外歌書等に中臣正茂とあり、又近比石丸長經なども中臣長經と文書等に記さる、若冠の比より然り、これ内々の義なれども志篤し、誠に中老にかぎらず惣て中臣と稱したき物也、必歿後《モツゴ》の諡號と心得べからず、外人よりハ何といふとも吾曹の口より追考(號)とハ云まじき也、○神水の事、吾黨の血脈疑しき者あれバ、眞僞を正すに神明に誓ひ、宮中に於て中御ノ池の神水を飲しむる舊例也、今以て然り、其式甚嚴重なり、古老口實傳ニ云、古人曰ク、上ノ御池者ハ表シ二祭官ノ吉凶ヲ一、中ノ御池者ハ表シ二宮司ノ吉凶ヲ一、下ノ御池（二鳥居外也）者ハ表スル二禰宜ノ吉凶ヲ一也云々、是を以て見れバ、吾黨の中ノ御池の水を用ふること、自古ラ傳に相叶ふものなり、是中臣氏の據なり、また大宮司精長朝臣再興ありし離宮院の中臣氏社造替の節ハ、司家より神樂中へ告知ありて聊造營料を寄附するの例なり、

是又中臣氏に由ある事なり、○里神樂の事、喜早清在說に神樂役人の事をさま〳〵云《イヘ》れど、皆無稽の僻說なり、信用すべからず、さて禁中に行はるゝ神樂を御神樂と云、其外何處にても地下に勤行ふ神樂を皆里神樂と云、我《ガ》神宮の師職家にて執行ふのミを里神樂と思ふべからず、○いちくらの事、按に、市くらとも一幣とも決《キハメ》がたし、小日記・式目、其外神樂中の古記にハ、市くらとありて一くらと書キたるを見ず、一幣と書クハ近來の事也、又古記にハ神之親とあるを神納家と書き、そめき料を染木料と書くの類、皆近き比よりのことにして故實にハ有ラさるべし、○德辰按に、いちくらハ一幣の字よくかなへり、クラハ卽チミテグラのクラなり（本居氏說にミテグラハ何物にまれ神に獻ル物の總名也、名ノ義ハまづ古へ神に獻ル物、及人に贈りなどする物を凡て久良と云りと見ゆ、さてミテハ御手也、卽手に取持て獻る意にて云り、又テハタムケの切たるにて、御手向グラの意にてもあるべしと云り〈委くハ古事記傳にミえたり〉）、此コハ第一番に奏る舞曲なれバ一の幣《クラ》と云意なり、内宮本宮の舞を二くらと云などをも思ヒ合すべし、又巫女のことを市《イチ》とも云へバ、いちくらも一の意にハあらで、市《イチ》の意かとも思ハるれと、然《サ》にハ

あらず、もし然《サ》もあらハ初《メ》の舞にかぎらず、總《スベ》て市くらと云べき理なり、是《コ》ハ市役などの市と混《マガヒ》しものなるべし、縱《ヨシ》古記に市くらと作《カキ》たりとも、其《ソ》ハ借字なりと思へバとかう云ふにおよばず、又古記に一くらと書たるを見ずと杉木氏云へれど、大々御神樂蠻《エビス》舞例目と云記錄にハ一くらと書り、此例目ハ恵比須舞論訴の記にして萬治三年に書《カケ》るものなれば古き書なり

○年寄《ノ》名目

故事考に云く、神樂役人年寄《ノ》名目、古へハ度會郡も多氣《ノ》國司より支配せられしと也、其比ハ神樂役人も徐《ク》多人數に成て神樂も數有と也、我等の諸論も多氣へ訴へ、多氣より支配有しに因て、衆人の中へ年寄を立て上を守らせらる、其比より大御田祭に年寄の者中柄をさす例なり、又公用分と云へるあり、十六人年寄及中老の者、是を戴なり、公用を勤し者ゆゑ此配分を分遣《ケ》すことゝ見えたり、此配分ハ搗餅《カチン》を着して一口頭の家にて戴の例也

同愚案にいはく、往古我神都をも多氣國司より支配せられたるとの事ハ尤さも有べし、吾儕も國司に從ひて年頭佳節を賀し、公事裁判を請《ク》るに付て、吾儕の中に年寄を定置て政務を執らしめ公用を勤しむ、因て御田祭に出る者長柄傘を免さる、また公用分と云《ケ》ることあるも此故なりと云々、此説未だ考へざれども恐らくハ的説にあらざるべし、但シ明據證文《ブン》ある歟、按に、吾黨の年寄ハ公用政事に與《アヅカ》る者にあらず、是ハ神樂執行の儀則を司り、又役人も一樣ならず、口頭・中老・若衆以下男女多人數なれば、過失を正し、座配の次第昇進を調へ、幣物配分を宛行ひ、神樂中の萬事を領掌せるの當役にして上古より有也、國司より命せられずとも吾黨に主宰《ツカサ》なくんば有べからず、必しも公役《クエキ》を務むるの任にハ有ざるべし、十六人の數ハ追て考べし、又長柄傘ハ神事の舊例也、御田祭の時、子良・物忌父狩衣・半鞋《ナカツキ》、從者《トモ》長柄傘を持御川神事是、に同し神樂役人素襖・半鞋《ナカツキ》、從者《トモ》中柄傘持、これ舊例也、由緒ハ未ㇾ考、○公用分のこと未ㇾ考、かへすく〵も字面を以て公《コウ》用を勤る者の配當也と決すべからず、神宮

に供《ク》用升と云ものあり、供用ハ御供用の義ならむ、神宮にも古《キ》名目の知がたき事多し、勿論文字も知《レ》ず、古く云傳《ヒ》へたるまゝにて濟來れり、我神樂中の故事名目の不レ解もの甚多し、是神宮と同じく其古《キ》を思ふべし

○中門入笛《ノ》　中老入試樂

故事考云《ニク》、神樂笛に中門入と云あり、薦僧の尺八にも有《ル》よし、人家の門に入《ル》時に吹《ク》法なるよし、然るに、今の神樂ハ總て師職の家にして務なれば、門に入の時ハなし（前に云里、神樂なり）因て尋しに、岡村氏の傳へに市幣へ注連《シメ》を渡すまでハ何偏も吹返すもの也と有、其注連に鳥居と云る有ハ、鳥居ハ神門と云說あれハなり、今ハ此等のことも絕て知人《ル》まれ也、神樂の事ハ執行人の者も古へハ傳を請しなり（中村氏・岡村氏・川崎氏・福岡氏・羽根氏）、是等の衆中の比まで（享保年中）師弟有て何れも其弟子へ傳《ヘ》來る事多し、其後習ひと云ることハ絕て、拍子のきゝたる者が頭となりて故實を失ふことゝなりたるも歎《ナゲ》かはし、古へハ試樂と云て、中老の座來ると其者《ノ》の勝劣を正し、衆人集て試樂せしと傳へぬ、今に中老に入時試樂料と云て銀を出す事、是古《ヘ》の故實と聞ぬ、五歲の時がく打入とてがくを打、若衆中の吟味有し、享保の初まで五歲の子是を打、廿歲にして笛・大鼓・小鼓の三の役を勤む、此內を勤に因て番入に進む、何れもむつかしき事なりしに、今ハ目出度《タ》仕舞也、歎し、

同愚案云《ニク》、中門入ノ笛、按に、注連擧の時此曲を奏するハ、注連に鳥居有《ル》の故にあらず、神樂の始にハ神を勸請し、終にハ神を本座に送上《オクリタテマツ》る、卽神上の發端にして、神の殿內に入給ふの意を以て中門入と云なるべし、中門と云を強《チ》出入の門とのミ心得べからず、又社神樂にハ注連上《ケ》なし、然とも中門入神上あり、考べし、外宮神事最要《ニ》、神落萱社（正月八日）神事條《ノニ》云、神官門に入《ン》とする時、神樂役人大門入と云曲を奏す、既にして神官馬より下りて參入すと云々、さて神事終て神官下向の時又始の如く中門入神上の曲を奏す、是門に入の樂《ガク》ならバ下向の時ハ有まじきに、神事の終《リ》にもあれバ神上なるべし、又注連擧の時一幣注連《シメ》を受取迄ハ、此曲を何返も吹ハ笛方の習《ナラヒ》

也、尺八法《ノ》予ハしらず、たとひ門に入の曲名にて中門入と云事有とも、我神樂の笛ハ虚無僧の所爲に出べからず、此說を引用るハ恐くハ誤ならん、もし慥なる證ありとも予ハ信用せす、猶此一段笛の達人に委細尋たき事也、○中老入試樂事《ノ》、中老に入る者の藝の試樂料にてハあらざるべし、小日記に、中老入出し物米三石 但執行人の時ハ、此内一石廿人中老 金貳兩はんむき、金貳兩 より樽代ニ遣ス、米二石五斗試樂料、金貳兩 木具錢、貳拾匁若衆中、右試樂料ハ執行人素人ともに同じ藝の試樂料ならバ素人にハあるべからず、素人ハ神樂出勤不《ザル》レ成《ナラ》者なれバ、中老に入時其者の藝の勝劣を試むる事有まじき也、往古中老に入者《ル》其祝賀として執行中老を請待し、木具高盛式正の膳部にて大饗なせしを、後世其饗應を略し米・金子に代《カヘ》、出し物・木具錢・はんむきなど皆料物になせし物也と古老の傳有、是を以て考れば、試樂料ハ俗に內々造作の支度をするをしがくすると云へバ、右式正の饗膳を止メたる其饗種の料ならんか、併予が臆說なれば本義を知らす、往古十六人の座、來る者に

韓神の囃子《ハヤシ》一番を試るの儀ありと古老の傳也、淺井氏の說恐くハ此等のことにや

○料物

故事考云《ニク》、古《ヘ》ハ料物米なりしに後世銀に改りぬ、米にてハ五十六石四斗也、是を其時の直段一石に付て拾三匁替銀になして七百三拾三匁也、夫より日記を改 小日記と云、延寶年中 川崎氏《ノ》家に神樂中の升を今に存るなり、其比の升取役を勤しにやあらむ、さて米を配分せし中に錢當《リ》と云《ヘ》る事有て、壹文當《リ》より百文に及へり、是を思ミるに、古《ヘ》錢を以て知行を當行れし事、古法有、甲州城主信玄の比まで知行或ハ百貫文・二百貫文と有、其事なるか、信玄の時代ハ知行も錢なり、百貫文米にて三百石に當ると有、甲陽軍鑑不審記《ノ》五《ノ》巻に、判兵庫と云者に加增有しに、錢百貫文・米三百石に當ると有ハ、今の壹文當《リ》を七百卅三匁、銀にて四分四厘分ケ渡すなれバ、米にて三升三合餘なり、此壹文と云も永祿年中比より割付たるなるべし、考べし、同愚案にいはく、料物の說よし、延寶年中に日記を改め、

夫より小日記と云との說ハ宜しからず、延寶年間に小日記を書改めたる也、其趣小日記・式目の奥書にミえたり、此二書ハ往古よりのものにして近世の物にあらず、古來の作法格式を記し、神樂執行・幣物配分の子細を載せ、神樂中萬端の規矩、末代の龜鑑なれバ吾儕の重んずへきもの也、吾儕此二書を尊ひ用ふるが故、長久安穩也、此古記を以、萬事故實古風を尊ひ、神樂修行し、何事も違亂なく執《リ》行《ナ》ハゞ、神樂家の繁榮、八百萬世も變《カハ》るべからず、○米一石に付《キ》拾三匁替、延寶年間の直段にや、未レ考、一口頭・二口頭の花賀《ノ》米一石に付《キ》、百六匁ハ何時の直段にや、未レ考、○錢當の說最よし、按に、永祿年間より割付たるとの說ハ、慥なる證文《ブン》有とも宜しからざるか

○御頭舞人の事

御頭《ノ》神事ハ、古より鼓吹舞曲とも吾黨の所役なり、然るを磯村の杉大夫が先代の者、一志町杉木成左衛門が家僕となり居しとき、成左衛門 德辰按に、成左衛門ハ杉木家代々の名也、杉大夫が先代の者を僕とせしハ正甫と云ひし人也 其僕に御頭《ノ》舞を傳授せり、是ぞ吾黨ならぬ他人の御頭舞を勤ることの始なりける、かゝるに八日市場新屋敷住皮籠屋彌助と云者、杉大夫が所緣なる由にて杉大夫又其彌助に御頭《ノ》舞を傳へたり、しかしより以來、他人に御頭を舞ふ人次第に出來て、終に吾黨ハ舞はぬものゝ如くなれり、今新屋敷坂の世古邊《ノ》に御頭舞《ノ》人の多きハ、右の彌助が傳へたるより起れるなり、かゝる由來をも辨へずして、今杉大夫が御頭舞の家元顏《ガホ》をするハ、笑ふに堪たりと或老人云へり

○今社御頭化粧の事

毎年正月十四日、神樂職の老女、今社《ノ》の御棚《ノ》家にて御頭の化粧 又鐵漿ツクとも と云式をすることあり、其式ハ老女下宿ハ曾禰町の長尾氏なり、此處《コヽ》にて饗飯あり、飯後沐浴して告知の使の來るをまつ、さて御棚の人御頭を子良館より 御頭常ハ子良館に預け置けり 請取來て御棚の家に安《オ》き、即刻長尾氏へ告知す、それより老女御棚家へ到り御頭箱《ノ》の前にて祓を修す 祓具ハ御幣・錢切・散米なり、申す所ハ一切成就の祓ノ詞也 此祓の式を俗に

（上）寛政六年書留帳云　種姫君様御逝去ニ付、正月十四日朝、鳴物等御停止之御

化粧とも鐵漿《カネ》附《ツケ》とも云なり、祓終て後、御頭を箱より出し、恭しく安置し、さて節餅等を供へまつるなり、又神事終て御頭を納むるをりも、下宿曾禰町長尾氏にて饗飯沐浴あり、告知に従ひて御棚家へ到り、御頭の前にて修祓前式の如し、右祓して後、御頭を箱に納むるなり、此行事何《イツ》を始《メ》ともしれず、古くより勤め來しか、天保五年より吾職の老女參《リ》て勤る事ハ廢絶《タエ》て、御棚の人是《ノ》式を行ふことゝなれり

○御頭舞曲の目《ナ》

尾頭之次第△中門入、一おこし、二にしのかうし、三りんがん、四きり拍子、五とりまめ、六神いれ、七すらへと、古き神樂歌の本の奥にしるせり、にしのかうし、りんがんなと云名目ハ知る人稀也

○寛政六年御頭神事

杉木吉昵覺書云《ニ》、寛政六甲寅年正月八日、種姫君様御逝去被レ遊候ニ付、同十三日夜ゟ同十九日迄鳴物《リ》・音曲御停止之旨、十四日之朝御觸有、年行事町ゟ入レ念、神事・佛事之鳴物共不二相成一趣被レ觸候、然《シカ》ル時ハ神樂も執行不レ成ニ付、御會合ゟ御役所へ御窺被レ遊候處、大々神樂ハ師職之宅內ニて執行致候事故、隨分物靜ニ可レ致二執行一候、御頭神事之儀ハ決而不レ成趣被レ爲二仰渡一候、右十四日夜、鷄鳴後ニ御窺相濟候、依レ之十五日朝、橋村主膳様ニ小神樂執行有レ之候、御頭神事ハ舞なし、禮計、坂社ハ御棚之食事なし、樂頭附添なし、橋村殿・綿屋殿太平樂儀式之節者安部殿賴遣候、是も儀式計ニて拍子方なしニ相濟、太平樂料ハ如レ例兩家共出申候、御棚ゟ之樂頭料ハ一圓出不レ申候、御頭ふくめ物ハ物靜ニ歩行被レ申候、子供も無言ニテ附添參り候、躍も一向なし、今社ハ如レ例御棚之朝飯有、樂頭勤人數如レ例、附添參ル、何方も舞なしニ禮計也、樂頭ハ所々へ附添參る、外々之社も舞なし、禮計也、牛頭社ハ笛之唱歌を云て舞有たるよし

○兩宮祓銘論の時、師職中より尋によりて書きて出せし大々御神樂の次第

觸有レ之候處、□附神事之義差當り候故、其趣を以內々御會合へ定右衞門・茂三郎兩人御窺申上候處、深井平八郎願被レ出被二仰聞一候、此度之御停止者隨分重キ御事ニ候へ者、神事之義ニ付御役所へ御當番衆御窺ニ被レ參、追付御歸り之節相分り可レ申候、差當たる義ニ候者、去年若君様御停止之振合ニ而質素ニ可二相勤一候、しかし此方より差圖ニ者無レ之候、仲聞之取計ト被二仰聞一候、此段承知致候、歸り申候事、右之趣一口頭大夫殿方へ申遣し、神事相勤させ候事
同十五日朝七ツ時、御

宮原由穎舊記拔書に云、寛文十一年兩宮祓銘論ノ時、師職中ヨリ外宮神樂修行役人中へ大々神樂ノ次第ヲ尋ネシ時、神樂役人ヨリ來ル書付如レ左

外宮大々神樂御祈禱執行之次第

一御山を莊御注連を引奉二兩宮御膳一
一御幣
一御祓
一祝詞
一外宮御本宮相殿　市幣の舞
一別宮四番之舞
一內宮御本宮相殿　市幣の舞
一別宮七番之舞
一兩宮諸末社十八番之舞
一八乙女之舞
一すうへの拍子舞
一山廻り舞
一ゑひす舞
一くりな八遊ひ
一へんはい
一注連擧之舞
以上三十六番

○寶暦二年料物論の事

師職中より料物減少の事を願ふにより、會合所より申渡されし書付左の如し、是寶暦二年壬申十二月二日の事なり

覺

一旦中ゟ出候料物判金五、六枚
一同　五拾兩
一同　銀三貫目
右之通、願主ゟ料物出候ハ、、役人へ遣候、配當金古來江返し七百三拾匁ニ可レ仕候、但シ判金代七兩貳歩ニ候ハ、、配當八兩ニ可レ仕候
一旦中ゟ出候金五拾兩以下三拾兩迄ハ、、只今之通、金八兩ニ可レ仕候

會合より端館方へ人參り、只今御會合へ參り候樣申來候ニ付、定右衛門・茂三郎兩人早速參り候處、深井平八殿出合被レ申候者、先達御停止觸置候處大々御神樂之義ハ、宅內ニ而隨分質素ニ相勤候樣之候事、御頭神事之義ハ一切成り不レ申候事

一金三拾兩以下者銀三百五拾匁ニ可レ仕候
右之通、師職中神樂役人致二承知一、目出度執行可レ有レ之候、以上

壬申十二月

然れども神樂役人承伏せざるに依て遂に事公邊に及べり、十二月廿九日、御奉行所水野甲斐守源忠福朝臣の御前へ、神樂役人三方當番に召連られ出ける時、差上し口狀の覺書左の如し

昨廿八日御會合江被二召出一被二仰聞一候者、先比ゟ段々申渡候品々用ひ不レ申候、依レ之明廿九日御公儀樣江可レ被レ爲二召連一由被二仰渡一候、併神樂料金七兩ニ減少仕候ハ、差免し可レ申との御事ニ御座候得共、金八兩ゟ減少仕候而者勤りかたき次第申上候故、無二是非一罷出候、大々神樂之儀者兩宮第一之御祈禱ニて、古《へ》者米拾貳俵宛拾貳箇、合百四拾四俵、此內壹石ハ山之納、米壹斗ハ打米、壹斗者白米ニして八升散米、殘り五十六石四斗者執行諸色之料ニ御座候處、金銀通用之節以來、壹石拾三匁替ニて七百三拾三匁を以奉レ致二執行一候處、享保七年迄神樂料滯り、千座程も積り申候、大小神樂ハ擧《アゲ》て算《カゾヘ》がたく候、享保八癸卯年ゟ通用金銀一倍之御引替故、新銀三百五拾匁を以、執行仕料物其月々晦日限り受取申樣ニ、御會合ゟ被二仰付一候得共、又貳百座之餘茂滯《リ》申候、元文元丙辰年十二月廿日、金八兩を以執行仕、料物直ニ請取申候樣ニ被二仰付一候得共、神樂仲間ニ而ハ右の料物滯《リ》候ニ付、前々勤候者へ配當仕來り候故、當時勤候者年內頂戴仕候料も少々之儀ニ而難儀至極ニ奉レ存候、折柄又候減少仕候樣ニ師職中ゟ願被レ出候、難儀千萬奉レ存候、恐多奉レ存候得共、外宮御鎭座御造營三ケ月之間、沼木之平尾ニして來目命・屯倉命夜な〳〵神樂を奏し奉しより以來、其職之筋目を相續致し、　禁裏樣・御公儀樣御大切の御祈禱・御神樂、累年不レ怠奉レ致二執行一候御事、御神樂祖神之御蔭を以、冥加ニ相叶、難レ有次第奉レ存候、然處此度師職中之勝手ニまかせ、料物減少仕候樣ニ被二仰

出一候趣、乍レ恐歎ケ敷仕合、可二申上一様も無二御座一奉レ存候、畏御賢慮を以、只今迄之通、幾久目出度天下泰平之奉レ蒙二御恩澤一候様、幾重ニも奉二願上一候

十二月廿九日　　外宮　神樂惣中

甲斐守殿聞召れ、其《ソレ》より段々御意あり、神樂役人も色々申上候うへ、金三拾兩以下の神樂金の時ハ、金七兩貳歩ニて執行すべきやう御懇命あり、依て先《ヅ》惣中へも申聞し候うへ、御答申上べきよし申上、其日ハ引取、皆々相談せし處、甲斐守殿の御意重く且御懇裁なるを以て、強《シヒ》て申上がたき故、御命の如く御請申べきに議定し、あくる晦日に御請書を差上る其文

奉二差上一一札

昨廿九日、被レ爲二召出一被二仰渡一候御趣、此度御神樂料物之儀、町々師職中御願奉二申上一候ニ付、金三拾兩以下之御神樂、金七兩貳歩ニ而執行仕候様ニ被レ爲二仰渡一奉レ畏候、以來無レ滞相勤可レ申候、爲レ其御請證文、仍如レ件

寶暦二壬申年十二月晦日　　神樂役人　丸印

進上　御奉行所様

此一件の事、大仲間引留に委しく見えたり、こゝにハ其要を摘て記すのミ、さて右に云如くなれバ、金三十兩以下の神樂金の時こそ七兩貳歩なれ、然るを今三十兩以上の神樂金の時も同前なるハいかにぞや、必金八兩出さでハ叶はぬ事なるを、然《シカ》せぬハ師職の私《ワタクシ》と云べし

○神鏡の事

杉木吉昵覺書云、神樂中に古より齋奉る神鏡二面、一面ハ八花形、裏文雲形の如く分明なり、一面ハ圓形、裏文十二支圖形

○杉木吉昵《ノ》覺書に見えたる事

往古鈴の臺なく棒臺の上に置《キ》しを、中古何某氏足打《ノ》鈴臺を作爲して今の如く見分宜しくなれり、○神座の傍別に榊を樹《タ》て、瓊《タマ》・鏡・和幣《ニギテ》を懸ると古記に見えたる如く、往古より神座の左傍の榊《ノ》枝に右三品を懸て最殊勝なりしを、中古才覺の人有て、山の柱に三所穴を穿《ウガ》ち、細木《キ》を

通し此を出し、木と云彼二物を懸たれば嚴然として且利便なる事今然り、しかし便利なるハ信を失ふに似たり、往古の質素なるにハしかじ、何某氏の發明、後世に利有《リ》といへとも聊失ある歟、○御幣近比《キ》まて山の傍に倚《ヨセ》立置《テ》、質朴の風儀残れりしを、近年才覺人作爲して御幣立筒と號《ナツ》け、便宜なる器を設け御幣大《ノ》麻を立つ、嚴重なる事恰も番所の前の纏《マトヒ》の如し、○中古御餝の內の華鬘を屏《シリツ》け、折烏帽子の上に着る淨冠を停《トヾ》め、少刀を止《メ》たるハ、傍觀宜しく殊勝になりたり、是謬《アヤマリ》を削り、華美を退けたる神忠と云べし、一藹の木綿手襁の絕たるハ遺恨なり、○上古御餝に玉葛を懸たるを、後世浮屠氏禍して華鬘形に替《ヘ》たり、然して後謬《リ》を傳たる事久しといへども、神慮然せしむるか、中古改て佛具を屏け今の如く紙に替たれば、古名の如く玉かづらといふべきを、今に華鬘形といふ人のあるハ俗習の誤なり

○神樂職剃不剃の事

神樂職剃錢當不《テ》レ中人數左之通、樋屋公事留寫

一鍛冶　一大工　一桶屋　一革屋　一へい屋　一ふき屋
一石屋　一筆屋　一餅屋　一風呂屋　一陰陽屋　一棒荷
一他國江行三年過候者

神樂職不剃錢當中人數

一かし屋　一こん屋　一かはらや　一わけ屋　一ぬし屋
一仕立物屋　一絲柄巻屋　一商人　一とき屋

右者桶屋伊兵衛・大工孫九郎出入之節極る覺

○或覺書云、神樂職剃下職之事、鍛冶・大工・桶屋・疊屋・へい屋・ふき屋・餅屋・風呂屋・革屋・筆屋・石屋・棒荷・農人・下奉公・法躰之者・喑啞《ヲシ》・座頭・ごぜ・陰陽師

○正德二年十二月朔日に寄合神樂執行の事

正德二壬辰年十月十四日、文昭院樣家宣公御他界、同十八日に鳴物停止、愼《ミ》の御觸あり、十一月十三日、寄合神樂延引、同廿四日より御神樂執行の事御赦免あり、十二月朔日に寄合神樂執行すと引留帳に見ゆ

○享和年中神樂中古來の式の内を改めし事

享和元辛酉年、大仲間仕來《リ》の內、仕法相改めたき旨、三方會合所へ願ふ、聞濟のうへ箇條の末に會合の丸印を居《ヱ》らる、其時小日記・式目も一覧に入《ル》る、此事大仲間引留に委しく見ゆ

○大々神樂祭器・樂器及奏奏之圖序

雄略天皇御宇二十二年秋九月、從二離宮一遷二幸于《ノ》山田原之《ノ》新宮《ニ》一之時、宮人皆參集《シ》、終夜宴樂《ス》、焉其神人之《ノ》血脈相續《シテ》不レ絕二於今《ニ》一、子孫連綿《シテ》奉仕也《ス》、嗚呼不《ズヤ》二靈異《ナラ》一乎、夫神樂之曲自《ハ》二上古一我屯倉氏所《ノ》二的傳《スル》一之家業也、誰敢《テ》不《シャ》二齋肅恭敬《シテ》致《サ》レ力耶《ヲ》、永田信晴翁深有《ク》レ感《スルコト》二於爰《ニ》一勤行之《ノ》暇、嘗詳《テ》二考古典《シ》一、蒐《ヲ》二輯事實《シテ》一成《ス》二一編《ヲ》一、名《ケテ》神樂起源云《フ》、又如《キハ》二是卷《ノノ》一令男信邦綵《シテ》二畫於祭器・樂器及神樂奉奏之儀樣《ヲ》一而、請《ヒテ》三同職掌人等之《ノ》祝賀之和歌《ヲ》與《トト》二祭樂二器比興之《ノ》歌《ノ》一、以爲《テス》二一卷《ト》一、此不《レス》レ爲《メニ》二戲弄《ノ》一也、蓋翁《シ》之《ノ》意備《フ》二於重《シ》レ職盛《ヲニスルノヲ》レ事之一助《ニノミ》一而已、文化二年乙丑八月杉木吉稻謹誌

○故實小傳と云書の事

杉木吉昵著述の書に故實小傳と云ものあり、此ハ吾神樂の故實を辨へ記したる書にて、有益の書と聞えたるに何《イカ》になりけむ、今傳ハらぬハいとも〳〵惜むへき事なり、爰に杉木氏の家に、其書の發端の條の草稿とおほしきもの丶僅に殘れるを見出たるま丶左に記す

掛卷も畏き、內外の大宮の神事《カムワザ》ハ、千早振神の御代より傳來れる故事を、二宮御鎮座の最初《ハジメ》倭姫命の定め置給ひしまに〳〵今に至て革《アラタム》る事なく、古風《フルキナラヒ》をしたひ、舊儀《フルキノリ》を尊ひて、年中の大祭・小祀、遷宮の儀式、造宮の制作、禰宜・神主の位階昇進の次第、其餘諸雜事に至るまで、新規をいましめ故實にならひて、勤め奉仕るの故に、御鎮座以降《ヨリコノカタ》既に千八百年の星霜を歷て、神威倍《マス〳〵》盛《ン》に天下大平・國家繁榮なるものハ、故實の神事怠慢なきの德によるなり、抑我神樂これに同しく、往昔沼木の平尾の神宴を摸し傳へし神人の子孫連綿して、今に御神樂に奉レ仕る其式、專故實を尊ひ、古儀に從ひ、新規を禁止し、樂器・調度・裝束以下吾

儕の男女小童座配昇進の法則、萬事古傳の如く違ふ事なく、今いよ〳〵御神樂執行繁榮せり、是故實を守り古風を存して、神慮人意和樂するの故なり、然《リ》といへとも、數百年來、其間時勢異變なきにしもあらす、今勤行する所と往古の執行の式と少しく違ふ事あり、又故實を失へるあり、是故に予神樂の故實舊式を古老に聞《ケ》る所、或ハ舊家の記録に見えたるもの、或ハ弱冠の人の言といへとも口實なるもの、又ハ予か發明したる所凡數十條を撰述《ミベ》て故實小傳と云ふ、其語拙く其意わきかたし、たゞ故實の失む事を憂ひて、俗語を以これを記し、吾氏族への遺訓とす

かくて此書の訂正を松尾正助政屋に乞《コ》はれしとおぼしくて、松尾氏自筆の文詞杉木家に存す、其文今次に記す

ある日杉木吉昵吾弊廬を訊ひ來り、物かたらふをり懷にせし册子を出して謂らく、是僕が神樂の席上にしておもふ事あるをしるせり、元より不才無學なれは文辭猥にして意趣分ちかたかるへし、よく閲して訂正を給はらむかしと卽開き見るに、勤式の違ひたる禮法の亂《レ》たるを評論し、古を慕ひ今を正さむとする意深功著明なり、誠に神を敬し職を重くするの處、子孫親族に傳へて教訓とせむは、そこはくの財を讓り與《アタ》ふるにハ遙にまさりぬへし、猶また他にも及ほし示して、一人も非を改むる者あらは是又神忠ならむ、誰人か此書を讀て乖《ソム》き狠《モト》るものあらむや、我未レ聞、かく迄職分に心を用る人を賞するに尚餘りあり、仍ていさゝか魯魚を改め、一、二の漏たるを添しるして需を塞くといふ、

松尾政屋

○中村忠八郎長常所藏文書

乍レ恐申上返答之條々

一御神樂料配當之內、はながと申候儀ハ一口頭・二口頭幷廿人之中老、御神樂之はやし役錢之あまりにて御座候、只今出入之御座候はながの儀ハ、二口頭之はやしちん、太神樂壹ツニ付米八升にて御座候、右之內四升ハ二口頭ぶんへ取申候、殘ル四升をはながとしてくば

(下)野左衛門

り申候作法にて御座候、又笛鼓之役者配當之わけあまりの米、太神樂壹ツニ付三升五合御座候をも、右之四升ニくはへ、合七升五合を二口頭ぶんのはながと名付置申候、加様に重々子細御座候處を、二口頭身ぶんの物之様ニほしいまゝ成儀被レ申候事、不レ謂儀に御座候、其上はながと申事二口頭一人にかぎらず、中老廿人之手前にも御座候へ共、何れも異儀無二御座一候處、二口頭一人我がまゝなる儀被二申上一候、其上日向半兵衛様・長野内藏允様御奉行之御時、右之笛鼓之役錢をも執行之者、同前に配當可レ仕旨しらうと(素人)方より御訴訟申上候へ共、被レ分二聞召一任二先規一執行之者計に被二仰付一候、彼はながと申候儀ハ右之役錢之あまりより出申候物にて御座候間、とりわけしらうとのかまひ申儀に無二御座一候御事

一先年之二口頭之代に、中ま(間)之内忠兵衛と申者にはながとらせ不レ申候事、此度證據之様ニ被二申上一候、是以子細御座候、一とせしらうと方執行方出入御座候處ニ、彼忠兵衛執行方に逆心仕、しらう(と脱)方に罷成、神樂中まの儀萬事如在ニ仕候故、はながとらせ不レ申候、又伊左衛門と申者ハしやうとくしらうとにて御座候へ共、四十四、五歳より以後、時々御神樂之勤をも仕候者にて御座候故、是もはながハとらせ不レ申候、只今中老がしら野左衛門儀ハ、幼少より御神樂執行、諸事無二懈怠一者にて御座候、惣て誰によらず神樂中まの事如在無レ之、野左衛門躰之者ハ無二相違一はながとり來り申候御事

一御神樂料配分仕候時、しらうと方之者ハ七口頭より以下ハ、其座へ不二罷出一候ニ付、執行方之者縁付を以、代官を仕候、其まかなひ料前々より相定り候、作法太々神樂・小神樂料ハ四分一餘、太神樂料をは四分一宛其代官取來り申候處ニ、今更五分一之様ニ被二申上一候儀、事新敷不レ謂儀に御座候、七口頭より上之者ハしらうとにても配當之座へ罷出候故、もはや代官と申儀も無二御座一候、其上小神樂之錢わけ御座候へ共、壹

文もあて不レ申候由被二申上一候事相違に御座候、然共御神樂装束かざり物かた〳〵仕立申候砌なとハ、其入目に小神樂料を以拂申候、其外諸事中まのつかひ小神樂料にて迷仕候間、自然左様之時も御座候、其時ハ執行人も配當ハ取不レ申候、何時によらず神德配分仕候へハ、執行人・しらうと男女百餘人之者一圓ニ配分仕候、此子細ハ萬事中まの帳ニ書付御座候、其上當ニ口頭も委被レ存候御事

一御神樂料中まにて遣申候事、兩宮參籠・月待・日待・山之神祭、此通ニ相定り候様に被二申上一候へ共、此外伊雜宮・朝熊岳參籠ハ、先年より參り來り申候、縦何方へ參り候とてもしらうと方・執行方一同に參詣仕、尤入目之儀も雙方中まの物を遣申候處を、しらうと方之金銀計を遣捨申候様に被二申上一候事、先以不レ謂儀に御座候、就レ其左様之入目之かねハ、旦那方より請取申候、小神樂料を取替と名付、利足を取申候様に被二申上一候、他所にてかり申候事、早速難レ調、其上利足過分ニかゝり申候故、中まの者共少ツヽ之利足にてそれ〳〵に取替、中まへ忠節をいたし候處を、還而相違之儀被二申上一候御事

一先年、日向半兵衞様・長野内藏允様御奉行之御時、中ま出入御座候、其時節之小神樂料相すミ申候御事

一御神樂日記之面彼是と申、小神樂料わけ不レ申無沙汰仕候様に被二申上一候、其子細ハ自然旦那方之神德帳なとに無二御座一候へハ、御神樂料其旦那方より御濟し無レ之事も御座候、又中まの日記と其神之親之日記と相違仕候様なる事御座候へハ、其穿鑿無レ之内ハ遲々仕、相すミ不レ申候事も御座候、錢わけの會所もとより穿鑿次第に相すミ申儀に御座候、是以中まの無沙汰には無二御座一候御事

右之條々、被レ爲レ分二聞召一被二仰付一被レ下候ハヽ、有難可レ奉レ存候

寛永拾七年十二月四日　神樂執行中（印影）

進上　御奉行所様

○坂社御頭神事、世義寺にて行ふ事

毎年正月十五日、坂社御頭神事、世義寺本堂の後玄關の前にて舞あり、舞の前に大般若經轉讀あり、是ハ世義寺、今の百間堀の內世義寺屋敷の地にありける時よりの事にていと古き例なるが、近來世義寺貧窮に依て神事の設出來かたきよしにて、天保九戊戌年より其事止みたり、坂社御頭神事ハ五場《イツニハ》なり、先づ西世古南町仙翁寺前寺庭天神舊跡へ禮の舞、次に社の舞、次に土手が原の舞、次に世義寺の舞、次に橋村主膳家門前の舞也、主膳家門前の舞終て大平樂あり、又結衆中輪番に大平樂あり、是ハ含物の節に行ふゆゑ、家に依て十五日に行ふあり、十六日に行ふあり、又十六日綿屋外記家門前にて大平樂あり

○元祿四年正月回文の事

神樂中引留帳云、元祿四辛未正月十八日觸狀

男衆へ申渡ス覺

一分り神樂取分、上より五人迄大役ニ御座候間、人數割首尾能樣、神親より中老頭江斷相談可レ有レ之事

一一冂頭之上分取、若キ衆ハ無用之事

一祝詞年號月日御書替可レ被レ成事

一神樂歌之儀略無レ之樣可レ被レ成事

一市幣・すらへ・ゑひすの笛、其座見合功者之衆賴可レ被レ申事

一市くら大鼓、其次々之大鼓、ゑひすのつゞミ、注連上ケ之大鼓まて如二古法一表座ニ而御勤可レ有レ之事

一大神樂へ子共堅停止之事、但大々神樂之時ハ當番之子共相勤可レ申候、非番之者曾以無用之事

一度々申候通、大神樂男九人より內ニてハ執行有間敷候、笛鼓番立居之役人早々出座候而始終相勤可レ被レ申候、其外之人數之儀ハ神親可レ被二情(精)出一候事

一竈清め人數五人之內ニ前髮無用、然共笛吹無レ之候者可レ爲二各別一事

一神樂執行人之內、大小神樂へ出座無レ之衆相見え申候、如二先規一之大小神樂之逢(ママ)帳吟味仕候而、帳面ニ無レ之衆ハ執行之年數を引落し可レ申間、向後神樂へ出座尤

候、初而番入衆有レ之候ハヽ、如二古法一正月初寄合ニ
其役承候而入れ可レ申候間、左様ニ可レ被二御心得一候事
一惣而神樂出座ニ而男女共ニ高咄し無用、別而御祓祝詞
之間ハ咄し有間敷候事
一御神樂今使參候ハヽ、早速御出座尤候
一頃日せきた（席駄）をはき出座之衆相見え申候、堅無用ニ可
レ被レ成候
右之條々、堅可レ被二相守一候、若相違有レ之候者重而吟
味可レ仕候、已上

正月十八日　　中間年寄

上
中　衆中
下

女郎衆江申渡扣

一頃日之御神樂ニ而蒔錢ニたいし、上臈方より御蒔候へ
と被レ申候ニ付、先年まき候へ者、座中亂見苦敷冷敷
候故、まき不レ申候由返答之よし承候、扨々無二面目一
事候、此儀第一之法度ニ御座候、向後左様之人候ハヽ、
急度不座可二申付一候
一御神樂今使不レ參候ニ座敷江はしりいり、御道者之膳
も不レ過候ニ押込申ましき事
一懷妊之人、五ケ月過候者神樂出座無用之事
一たやすき十一日より御神樂へ出座可レ有レ之事
一諸神樂へ腰帯・わたほうしにて被レ參候儀無用、但玄
關ニてはづし可レ被レ參候事
一表座・裏座共ニ年老次第ニ座に着可レ被レ申候事
但不衣裝之人ハ年老たりといふとも裏座ニ居可レ被
レ申候事
一神樂座中ニ而蒔錢わけ申ましき事
一赤飯出候時ハ給仕人次第ニ可レ仕候、若不參之方候共
とやかく申間敷候事
一赤飯・餅・まんちう懷中又ハ供之者、誰ニ而も取せ申
事無用之事
一大神樂へ役人之外子供一切無用之事
附、小神樂表座へ子共出し申ましく候事

（上）神かとハ鳥居ノコト也

一かつきかたひら疊限りニ可レ被レ成候事
一皮足袋神樂座へ前之通無用之事
　付、せきた御遠慮可レ有レ之候
一男女座配神かと（門）限り可レ有レ之事
一女臈衆かつきかたひら之上之蒔錢之儀ハ、誓斷之上ニ而等分ニわけ申候へは、年老次第ニて座論ハ有間敷事ニ候を、頃日座配混亂之躰、何とも難二心得一候、向後座配見苦からぬやうニ可レ被レ成候事
一御神樂願主之前へ子ともつれ參錢申請候事無用たるへき事、彌上中下三切ニ可レ參候事
一御神樂座敷ニて男女共口論仕候ハヽ、理非をたゝし不座可二申付一候事
一女臈衆中氣式ハ病氣之衆舞可レ爲二無用一候事
一諸事いハひ料之儀御願主可レ爲二次第一候、むさほり申ましく候事
右之條々、堅可レ被二相守一候、若相違有レ之候ハヽ、重而吟味可レ仕候、已上

未ノ正月十八日　　執行年寄中

上
中　御衆中
下

○大々神樂三ツ分ノ始の事

神樂中引留帳、寶永八辛卯年三月八日、執行年寄より上中下切衆中への廻文ニ云、當月十日比ゟ段々御神樂有レ之候、若キ衆別而被レ入二御情一賴存候、殊ニ神樂つとひ候日者、去年之通、三手ニ分テ勤申候間、使參次第早々御詰可レ被レ成候

○大神樂勤役人の事

同引留帳、正德二壬辰年正月十四日、執行年寄ゟ上中下切中への回文ニ云、大神樂勤方之儀、去秋年寄兩人御會合樣へ參候樣ニと被レ爲二仰付一候ニより、小田吉右衛門・岡村正八罷出候處、御意之趣ハ大神樂之人數不人數ニ相見え申候、先以不人數ニ候へ者、御願主輕々敷思召され、御信心も薄く成候へ者、神慮無二勿躰一存候、儘人數多有レ之候樣ニ下知可レ仕と被レ爲二仰付一候、其節大

神樂之人數之義、古來申上候一口頭・二口頭・三口頭、笛上下兩人、大小鼓、立居兩人、都合九人ニ而執行仕候興申上候、然者上中下之大神樂九人ニ而御務可レ被レ成候、且又笛大小之儀ハ、其神樂ニ而笛ニ而も鼓ニ而も被レ勤候人、番料打取可レ被レ成候、今日年寄寄合領掌如レ此仕候爲レ念申入候、人數九人寄兼たる時、師職方より神樂御急候ハヽ、六人ニ而も七人ニ而も、其人數を臺所へ御斷候而執行可レ被レ成候、又當番之衆上中下へ御越候とても、其御神樂不人數ニ候ハヽ、御務候而御歸り可レ被レ成候、去秋申入度存候へとも是迄扣申候事

○豊臣大閤 羽柴筑前守殿と申ける時 御執行大々神樂祝詞

さい〳〵（再々）うやまつ（敬）て申、天地かいひやく（開闢）の御神天照皇大神宮王城よりたつミ（辰巳）伊勢國わたらひ（度會）のこほり（郡）、山田のはらぬき（原沼木）のかう（郷）に、御あと（跡）をたれ（垂）させ給ふ、しかれハはんしう（播州）・ちくしう（筑州）さま（様）の御かちう（家中）より、殿さま（様）の御きたう（祈禱）として大々神樂御ほうなふ（奉納）候、かるかゆゑ（故）に、しめに四百餘歲、はけに八百餘歲、くらなはに諸神くわん（勸）しやう（請）仕奉る、天下大平・御武運長久・諸願成就皆令ニ滿足一、千秋萬歲と奉レ致ニ御祈念一もの也、仍のつと（詔刀）の狀如レ件

天正十一癸未八月吉日うやまつ（敬）て申

○朝日殿御執行大々神樂祝詞

再拜々々敬白、天地開闢の御神天照皇大神宮、王城より辰巳伊勢の國度會郡山田原ぬき（沼木）のかう（郷）に、御跡をたれ（垂）させたまふ、然は爰ニ朝日殿樣御しゆくくわん（宿願）ニより、大々神樂御ほうなふ（奉納）候、かるかゆゑ（故）に、しめに四百餘歲、はけに八百餘歲、くらなはに諸神くわんしやう（勸請）仕奉る、天下大平・御武運長久・諸願成就皆令ニ滿足一、千秋萬歲と奉レ致ニ御祈念一者也、仍のつと（詔刀）の狀如レ件

天正十六戊子正月吉日　敬白

每事問北御門豊川邊の事を云る條ニ云、問、然ラバ小橋ノ西ノ石ヲ積タルモ其時ニ成レルモノ歟、答、此ハ舊《ヒサ》シキモノ也、慶長四年ニ大坂營中ヨリ朝日殿ト云女房宮中ノ淺々シク見ユルヲ厭ヒテ寄進アリタル也、木

下家ノ系圖ヲ案スルニ、朝日殿ハ後ニ木下《ノ》ニ改タル杉原七郎兵衞家利ノ女ニテ、杉原伯耆守ノ妻トシテ秀吉公ノ姨《ヲバ》ナリ云々

○藤之木藤田内匠所藏神樂歌本

藤田内匠　話に、予か家に大永年中に寫せるよしの奥書ある神樂歌の本を持たりしに、或人に貸して失ひつるハ惜しき事なりと云り、實に惜ミても惜むへき事なり

○杉木成左衞門所藏神樂歌本

奥書に天文十一年壬寅二月吉日書レ之畢とあり、此本ハ杉木成左衞門絶家の後、其所在をしらす、其摸寫の本ハ杉木叶吉昵所寫の物予が家に藏す、予又これを摸寫して神樂中の總庫に寄附せり

○西世古杉木家所藏坂社樂頭沽券

右永代賣渡申候坂《ノ》社笛頭之事、直錢壹貫八百文也、自然德政行候共、於二此儀一者別儀有間敷者也、爲二後日一一筆如レ此候、御しゝより代なにかに壹貫二百五十文出申候、此内半分《下ノくら》甚兵衞殿へ參候、御しゝより參候物、何も半分つゝ取候也

弘治三年ひのと巳十二月廿日　　孫九郎
　　末正（花押影）

善三郎殿《ゑほしせこ》　參　　使ゑほしせこ與六殿

○同家所藏高向村社・一之木大社樂頭沽券　二枚

永代賣渡申候高向がく頭之事

右彼がく頭ハ從二親祖父之代一雖レ致二知行一、依レ有二急用一現米三俵ニ賣渡し申候、自然天下一同之德政大法行候共、違亂煩有間敷者也、仍如レ件

元龜貳年辛未極月二日　一木楠大夫
　　末征（花押影）

紺屋重衞門尉殿　參

永代うり渡申候　但とり物壹貫文きぬノ下打錢有、又紙十五狀、あふき十五本、右もち五ツ有

大社ふへ（笛）半ふん（分）銀子拾八匁ニ仕候、天下大方（法）德せいゆき（政行）申候共、此儀ニをいて（於）かたく（堅）申合候、爲レ其一書如レ此候

元和五年十一月吉日
　　後神七衞門（印影）

いわふち（岩淵）中兵衞殿　まゐる

○神樂略式

(下)次字一本无
(下)役字一本无
(下)奏字下舞字无今補レ之
(下)五﨟以下五字一本无
(下)五人謡神樂歌六字一本无

神樂略式と云書ハ何れの頃書たる物ならん詳ならず、然れども古く傳來の書と見えて、溫故のたよりなること數條あり、見る人眼をつけて考へし

神樂略式

一奏スル二神樂ヲ一屋四壁ニ立テレ竹ヲ 三十六本、曳ク二注連ヲ一

一神樂殿ノ四面ニ曳キ二注連ヲ一、張リ二水引ノ帳ヲ一、天井ノ中央ニ懸クレ蓋ヲ

一神座ノ山ニ以テレ榊ヲ構フレ之ヲ、高サ五尺・廣サ四尺五寸、內ニ安シレ鏡ヲ立テレ幣ヲ 十二本、備ヘ二神膳ヲ一、上ニ懸ケ二小蓋ヲ一前ニ懸ケレ幌ヲ、立テ二高案ヲ一居キ二酒瓶ヲ一、左右ニ立テ二榊竹ヲ一、其ノ前ニ居エレ鼎ヲ燃シレ火ヲ、神座ノ傍別ニ立テレ榊ヲ懸ク二鏡・玉・和幣《ニギテ》ヲ一

一豫メ清メ二祓フ竈戸ヲ一、其ノ所四面ニ曳ク二注連ヲ一

清竈ノ次第

一先ヅ修スレ祓ヲ、五﨟ノ中一人修スレ之ヲ 設ニ散米・祓具一

一次ニ妓女奏ス二舞四曲ヲ一

一次ニ御酒上

一次ニ御湯上

神樂勤仕ノ次第

一執行ノ一﨟起テレ座ヲ向ヒ二神座ニ一伏拜 敷ニ膝突、布一段一 立テ振ル二大麻ヲ一 絁・木綿・麻等付ニ五尺許串一、次ニ修スレ祓ヲ 設ニ散米・祓具一

一次ニ執行ノ二﨟起テレ座ヲ向ヒ二神座ニ一膝行、再拜拍テレ手ヲ讀ミ二祝詞ヲ一申シ二祈請ヲ一訖テ一揖膝退 讀ニ祝詞一之間諸役人平伏

一次ニ笛生ノ發シ二笛ノ音ヲ一、一﨟鳴ラシレ鼓ヲ、妓女 長緒懸帶 奏ス二舞一曲ヲ一

此云ニ一幣舞一

一次ニ奏ス二同舞四曲ヲ一

一次ニ二﨟鳴シレ鼓ヲ、妓女奏ス二舞一曲ヲ一

一次ニ奏ス二同舞七曲ヲ一

一次ニ三・四・五﨟鳴シレ鼓ヲ、妓女奏ス二舞十八曲ヲ一

一次ニ八乙女立舞 妓女八人奏レ曲、五﨟共鳴レ鼓

一次ニ須羅部舞 此云ニ扇舞一

一次ニ山廻、神樂男五人 自ニ一座一至ニ五座一 起テレ座ヲ向ヒ二神前ニ一列立ス、神樂女八人 天冠袙 同ク起テレ座ヲ隨テレ之ニ、共ニ廻リ二神座ヲ一鳴シレ鼓ヲ振ルレ鈴ヲ

五人謡ニ神樂歌一

一次ニ夷舞 妓女一人執レ杓女一人

一次ニ注連ノ上舞 奏ニ一幣舞一之女必奏レ之

都奏《テスル》レ舞數《ヲ》三十六曲

右ハ數本を以て挍合する所なり、異同ハ頭にしるすが如し、又此略式に後人加筆のものあり、混同する事なかれ、爰に錄する所ハ加筆なき古文の物なり、それさへ異同あり、まして加筆の物こゝろして見ずバ古意に違ふ事有べし

（下）德辰云、コノ條ニ園大納言殿トアルハタガヘリ、鷲尾大納言殿ト引留ニアリ、鷲尾殿御名ハ隆量卿ト申シテ時ノ神宮傳奏ナリ

○杉木吉昵覺書

往古大々神樂執行の時、役人裝束の事、一口頭ハ淨衣、二・三口頭ハ直垂、各折烏帽子・把レ笏、次十人ハ褐布《ノ》素襖、其餘ハ色々の素襖、各小烏帽子なり、神樂末の曲山廻りの時、上座三人淨冠を着す、右裝束ハ何《レノ》時を始とも無く、年久しく着用し來りしに、明曆二年神宮家より此裝束を停《トヾメ》らる、依レ之神樂役人神宮家へ、無位の者官服を着して神役を勤る事、當宮の舊例ある趣、先例數箇條を擧て、是迄の如く着用したき旨、ひたすら願といへども許容なし、故に大宮司家へ右の趣願《ヒ》けれバ、司家尤の義なりとて、神宮家へ御扱ひの挨拶有、けれども許容なし、依レ之御惣官祭主家へ右の趣願書を捧ぐ、神樂役人三人司家御同道にて上京し、祭主家へ參上、願の趣委細言上す、夫より司家御取計にて園大納言樣へ參上、司家御同伴なり、大納言樣御詞に、伊勢の神樂役人參上の事、訴訟の義ならバ逢まじと被《ル》レ仰《セ》、司家御返答に、此方樣へ訴訟の義にハ參らず候、上京仕候序《デ》に御咄しも仕度、彼等に御殿の樣子をも拜ませ度、同道仕候と御返答也、其時大納言樣其義ならバ可《ト》レ逢被《レ》レ仰、則御目見え仕候、大納言樣御言に、其方達ハ伊勢の神樂衆か、能こそ參られたれ、ゆる〳〵咄し致され候へと、殊《ノ》外御懇意の御言にて御盃被レ下、其上御料理御膳抔と御丁寧也、大納言樣御前にて御咄しの趣、事繁き故略レ之、其大意ハ、神樂役人裝束の事、いつを始としらず、直垂・淨衣を着用すと有か、大宮司ハいかゞ覺《エ》らるゝやと御申の時、司家御返答ニ、始の義ハしかと存不レ申候、七、八十年來着用仕候義ハ慥に覺え候と（明曆より七、八十年以前ハ、天正の比なり）大納言樣御言に、既に七、八十年來慥に着用とあれバ、司家肝を

煎被レ申、是迄の通リ子細なく着用致し、神樂執行勤候樣被レ致、可レ然との趣にて皆々歸國仕候、右の御かハらけを頂戴致し、其後如何致候哉、神宮家終に許容なく淨衣・直垂ハ被レ停メ、神樂執行の時、上首一人白き布衣を着し清冠猶着す、自餘ハかちん（褐）素襖、其外ハ思々の素襖を着せり、其後三十餘年此間ニ淨冠止たりを經て、元祿二年上座五人布衣着用致し度旨、神樂役人頻リに神宮家并三方會合へ願時に、神宮集會衆議一決して、大々神樂執行の時五人、大神樂執行に一人、布衣着用可レ致旨許容有元祿二年六月なりて今に然り、黒瀬益弘神主諸補任勘例に云、元祿二年正月三日、神宮集會、外宮神樂役人ト云者、往古ヨリ男女トモニ其血脈ノ輩皆神樂役人故ニ、年々繁多既ニ數百人アリ、其中修行ト云アリ、過半ハ素人也、修行人ト素人ト神樂料配分ノ多少ハアレドモ、老年ニ至リ其法式アリテ、素人モ男女トモ配分ノ人數ニ入ル、大大神樂修行ノ時、座上一人古來ヨリ白キ布衣ニ風折烏帽子ヲ着シ、自餘ハ皆素襖・小烏帽子ヲ着シテ神樂ヲ勤ム、此度神樂役人ノ願ヒハ、全ク身ノ餝リニ願フニ非ス、參詣人ノ見分信心モ彌篤カラン爲、布衣ヲ着シテ神樂修行アリタキ由、神宮并ニ三方會合へ頻リニ願フニヨリ、先ツ內宮神樂役人ノ事ヲ尋ル處ニ、內宮六禰宜返答ニ、內宮神樂役人ハ當時狩衣ヲ着シテ勤ル故、內々長官モ布衣ニ改メ可レ然トナレトモ、先其マヽニ延引トナリ、依レ之外宮モ布衣着用可レ然カト衆議一決ナリ、證文ノ案ヲ調ヘ六月朔日ニ三方會合へ遣ス、同三日三方會合ヨリ深井平大夫長官へ來リ口上如レ左

神樂役人願之義、一昨日被ニ仰下一候間、今日會合へ神樂役人呼寄、彌念を入申渡、則先日被レ遣候通に證文相認させ、神樂役人五人山口五郎兵衞・榊間三大夫・一志勘左衞門・長尾勝右衞門・岡村三郎右衞門召連、御禮ニ參上仕候、三方中も別而大慶被レ存候、其證文如レ左

差上申一札之事

今度神樂執行役人中、布衣着用之御願申上候處、御許容被ニ成下一候、向後大々神樂執行一座に五人、大神樂

執行一座に一人布衣着用可レ仕候、但布衣片色・括《クヽリ》袴・花色之絹・折烏帽子・掛給本結、此外美麗之義少も仕間敷候、尤神樂執行之外、一向不レ可レ致二着用一候、若右之趣於二相背一者、如何様共可レ被二仰付一候、為二後證一仍一札如レ件

元祿二己巳年六月三日　神樂執行役人中　印

外宮　家司大夫殿

徳辰云、浄衣・直垂停止の一條は神樂中に委しき引留あり

○長谷川周防守重章朝臣、鈴御寄附の事

寶永四丁亥年三月、御奉行長谷川周防守重章朝臣より鈴二振、神樂中へ御寄附あり、取次ハ久保倉右近殿・足代玄蕃殿両人なり、鈴の鍔《ツハ》ニ、奉レ寄二進御鈴一　長谷川周防守藤原朝臣重章と彫あり

○正徳五年檜垣常有長官へ差上ル布衣改一札の事

差上申一札之事

先年布衣着用之儀御願申上、御許容被レ為二成下一、一札奉二差上一候處、近年猥ニ罷成、美麗之地合用ひ申候ニ付、此度御改被レ為レ成、花色之外用ひ申間敷様ニ被レ為二仰付一候、依レ之此度布衣色合之義御願申上候處、御許容被レ為二成下一候上者、前々之通、大々神樂執行一座ニ五人、大神樂一座ニ壹人、布衣着用仕、布衣地合片色絹以下を用ひ可レ申候、精好紗茶宇類、此外美麗之布衣、堅く用ひ申間敷候、括袴者絹以下を用ひ可レ申候、此外綾地・紗綾・羽二重之類、堅く用ひ申間鋪候、布衣之色者紫・紅・緋・白・藤色之類、堅く用ひ申間敷候、右五色之外者何色にても着用可レ仕旨、御許容被レ為二成下一、難レ有忝奉レ存候、括袴之色之義者、濃浅黄之外ハ曾而以用ひ申間敷候、尤折烏帽子・掛緒者、元結を用ひ可レ申候、絲類又者絹紙撚を三ツ打ニ仕、絲之懸緒ニ紛し用ひ申間敷候、一日晴之儀ニ御座候間、尤神樂執行之外一向着用仕間敷候御事

右之趣於二違背仕候一者、如何様共可レ被レ為二仰付一候、為二後日一證文之一札如レ件

正徳五乙未年十二月六日　　神樂執行役人中　印

外宮家司大夫殿

○他領にて社神樂并御頭神事、新規に勤ましき事

宮河より外、他領社神樂并御頭神事ハ、丹生社六月十六日祭禮御神樂、中津村・川端村・磯村・野依村・村松村・有瀧村、正月御頭神事の外、新規に勤むべからざる旨、元祿十五壬午八月寄合のうへ、仲間一統へ回文を以達する事、引留帳に見えたり

○大々神樂の外、注連竹立させざる事

元祿十六癸未年三月、吹上町橋爪藤左衛門家に大々神樂執行あるよし前にしらせ來り、注連竹三十六本餝り置けるに、俄に大々御供にかへし故、神樂中よりいひ入れ、荘り竹三十六本ふせさせける事、又此後何方にても御供に三十六本の注連竹立る事あらば其師職へいひ入れ、注連竹ふせさせ申べき旨引留帳に記せり

（上）元祿十六癸未年十二月廿二日引留云、小神樂之道具・あ

○一志切・曾禰切の事

一志切・曾禰切の事、其始詳ならず、引留帳にては元祿十六癸未年十二月廿二日の條に、久保切と云名目始て見えたり按るに、久保切ハ、一志切なるべし、又曾禰切と云名目は正徳四甲午八月七日の條に始て見えたり

○正・五・九月公儀御常例大々神樂の事

正・五・九月公儀御常例大々神樂は、大猷院様家光公御時代、御奉行石川大隅守殿の時始りけるに、其後三十年餘も中絶しけるを、寶永五戊子年春木舍人殿公儀へ願はれ、同年九月朔日より先例の如く御執行あり、文昭院様家宣公御時代なり、右正・五・九月御神樂に用ふる祝詞は、春木家より神樂中に寄附あり、九月朔日春木家にて執行の節、兩御奉行佐野豊前守殿・渡邊下總守殿、内宮御供御拜の後、春木家へ御入あり、執行後御幣・御膳・御酒・御湯・鈴等御頂戴あり、御神樂勤人數書兩御奉行へ差上る、此事引留帳寶永五年の條に委しく見えたり

○中村忠八郎長常所藏美野社神遷用物注文の事

箕社之御神入注文

こめ一具・下一具上之切へ渡ス、同あこめ一具・下一具中之切へ渡ス、同あこめ一具・下一具久保切へ渡ス、同あこめ二具・下二具下之切へ渡ス
徳辰按スルニ、爰ニ云フ中之切ハ曾禰切ノ事、久保切ハ一志切ノ事也、正德四甲午年八月七日引留云、曾禰切之衆、濱口里左衞門・松村太郎兵衞・榊聞清右衞門、貞享二乙丑年九月引留、竈清并社神樂之儀其切々ニ而相勤可レ申
御神樂式目
小神樂人數之事
一小神樂之人數ハ上中下三切ニ而相勤申候、右男七人・女七人ゟ

一水しほ
一おけ・ひしやく
一へいき
一さか木　十五本
一宮はうろく
一お三は　此外榊のお八は
一上分米三　二斗
一けはん三斗　もちの米
一しとき一斗二升
一さんくう
一きぬ　四疋
一布　四十一
一紙十五てう、此内あつかミ一てう・杉原五てう
一ふせ十一貫文御と丶のへ可レ有候、此外子細一方より
可レ被レ申候
永正八かのとのひつし年十二月廿八日
神樂衆中
ミのふやしろの日記

○神納屋神德并入用書附の事
引留帳享保三戊戌年八月の條ニ云、御會合樣ゟ神納屋神德
入用、委細ニ書付指上申樣ニと、中老頭岡村彦三郎方へ
申來、則書付指上申候趣、左之通
大々神樂覺
一竈清め　黑米五升　白米三升　御座莚一重
右之通神納屋受納仕候
一大々神樂　山之納米壹石　黑米五升　白米五升　疊表一重
右之通神納屋受納仕候
一三拾六匁貳厘　神樂　仲間ゟ受取
右之內拂
三匁五分　女中間へ小分ケ之入用ニ渡　四匁七分五厘　榊之代
六匁五分　御膳ノ赤飯　三匁五分　ゑり物仕候時入用
四匁五分　使之者へ遣　〆廿貳匁七分五厘
引殘り拾三匁貳分七厘　神納屋受納仕候
大々御神樂過祝儀之飯一汁一菜ニ而十八人計振舞申候
大神樂之覺

内ニ而ハ相勤事不レ成候、但男之役料中間之帳ニ有レ之

一黒米五升　白米三升　御座莚一重
　臺之敷紙料五分　七匁三分　仲間ゟ受取
　右之通神納屋受納仕候
　小神樂之覺
一壹匁三分　仲間ゟ受取
　右之通神納屋受納仕候
　　以上
　　戌ノ八月廿日
　　　　　　　　　　神樂執行
　　　　　　　　　　　年寄
　　　　　　　　　使　市村留右衛門
　　　　　　　　　　　山口七之丞

○享保三年八月まで未進高書附の事

引留帳享保三戊戌年九月の條ニ云、大々神樂・大神樂・小神樂三品之未進、戌八月限り何程有レ之候哉と御尋ニより、書附指上申覺左之通　御會會ヨリノ御尋也

一大々御神樂　九百三座
　此料六百六十一貫八百九十九匁
　　代金一萬三百四拾二兩ト拾一匁
一大御神樂　貳千五百七十座
　此料百六十九貫六百廿匁
　　代金貳千六百五十兩ト廿匁
一小御神樂　一萬八十五座
　此料六十六貫五百六十一匁
　　代金千四百兩ト壹匁
　以上
　戌九月十二日
　　　　　　　　　　神樂執行
　　　　　　　　　　　年寄
　　　　　　　　　使　岡村半右衛門
　　　　　　　　　　　山口七之丞
　　　　　　　　　　　市村留右衛門
右之通差上申候、外ニ料物除キ申候書付壹通指上申候

○彫物裁荘役の事

引留帳享保元丙申年八月廿六日、東彦左衛門彫物出入に付、御會合所へ差出し候執行中老口状書に云、大々神樂、大神樂ゑり物・四手荘り之義、古來より彦左衛門家領ニ而御座候、大々神樂四手裁荘料二口二匁六分、貳束之紙代八匁六分四厘、仲間小日記を以時之中老ゟ相渡し申候事ニ御座候、大神樂之儀ハ四手荘りたち料五分ニ而、御

師方ゟ紙五帖・厚紙十枚代羽書二匁五分受取、內壹帖ハ大々敷かミニ致し候御事、同帳同年十月ノ條云、大神樂注連餝之義は仲間ゟ五分家領に相渡し申、且又師職方ゟ大神樂注連餝羽書貳匁五分受取、內五分は臺之敷紙、殘り貳匁紙代ニ彥左衞門へ古來ゟ相渡し候處云々とあり、右彫物出入ハ近年紙高直により迷惑なりとて增花賀ある上、又增銀の事を中老へ願ひ出たるが、最初にて御會合所沙汰になりける中、子細有て彥左衞門ハ町預ケとなり、申ノ年十月下旬より酉年二月下旬まて逼塞なり、終に彥左衞門家領役仲間へ讓りわたしたき旨願出けるによりて、右裁莊り役仲間へ請取、執行中老の差配として此役儀三人の者に勤めさせ、壹升ヅヽの花賀を與ふる事となりたり、此出入享保元年六月に始り同二年三月に及べり

○神樂執行の時の師職よりの饗應止ミたる事

引留帳享保三戊戌年九月十二日、御會合所より神樂中へ出されたる書附箇條の中に、御神樂執行之節、中入振廻之事一切仕間敷候、茶・たはこ迄ニ而饗應可レ仕候事とあり、神樂中返答書に、御神樂中入之振廻御止被レ成、茶・たはこ迄ニ可レ被レ遊旨奉二畏入一候御事とあり、按に、御神樂の時、神樂役人へ餅・酒・赤飯等を師職より饗應の事、此比より止ぬと見えたり

○寬文元年より執行入振舞を金子ニ直しける事

引留帳享保五庚子年五月廿日、竹口文藏番入出入によりて、執行十六人年寄より御會合所へ差出す口狀書に、先年者執行・白人共に執行入振舞ニ而候へ共、六十年以前寬文元年ゟ振舞を金子ニ直し候而配當仕、執行入致させ申候とあり

○小骨折本名を蒔錢骨折といふ事

式目幷古き記錄類に、蒔錢骨折とあるハ小骨折の事なり、享保六辛丑年五月六日、骨折出入によりて十六人年寄より御會合所へ出す願書にも、四人之骨折之女ハ惣仲間女之支配仕、年寄役儀相務申候者ニ御座候、蒔錢骨折二人、四人の骨折ニ相添、蒔錢之手傳ひ仕候とあり

○會料仲間の事

（上）享保三戊戌年十二月十八日引留切々之會料仲間

會料仲間と云名目、古き引留類にいまた見當らず、引留帳享保四己亥年十二月八日回文に、三品之御神樂料之儀、去年御會合樣ゟ月拂ニ被二仰出一候通、彌料物月拂ニ相濟申候、若月拂相濟不レ申候御師職御座候ハヽ、大・小神樂催役人ゟ其切々會料中間へ被二申入一候樣ニ、年寄中ゟ申渡置候間、月拂相滯候師職方御座候ハヽ、其切之會料中間ニ而御吟味被レ成御勤可レ被レ成候、十二月八日執行年寄上中下之切衆中とある是始にやあらん、猶よく古記を考索すべし

○中老入振舞の事

引留帳享保二丁酉年二月、河村善兵衛中老入出入の條ニ云、二月廿日善兵衛宅ニ而中老入、出し物米二口、判むき金貳兩、木具錢貳兩、貳拾匁若衆中、三匁五分樽代、右之通受取、中老入相濟申候、振舞料金三兩ハ善兵衛出し不レ申候ニ付、御會合樣へ御願書相認、二月廿六日右之人數持參仕、深井平兵衛殿迄相渡し罷歸り候、右願書之口上書ハ承應年中式目・小日記出來、此方《コノカタ》由良八右衛門迄仲間古例之通、中老入出し物振舞料金三兩ともニ、執行・白人中老之座來り候時、無レ滯出し候而中老入仕候、先年善兵衛親川村勘兵衛、中老之座來り候節ハ、勘兵衛宅にて式法之通、中老・若衆終日振舞仕候、其節善兵衛も振舞之取持仕候、且又終日之振舞ニ居宅之狹き者ハ中間へ詫を以振舞料金三兩出し來候、前方深井平大夫中老之座來り候節、中老入之出し物終日振舞料金三兩出し候而、首尾能中老入仕、神樂中古例を相守り候處、善兵衛ニ限り終日之振舞料金三兩出し申間敷と申候段、何共難二心得一御儀ニ候間、善兵衛得心仕振舞料出し候樣ニ被二仰付一被レ下候樣ニ願書相認、平兵衛殿へ相渡罷歸り候事

○神樂中家數人數江戸より御尋の事

引留帳ニ云、享保五庚子年五月十三日、御奉行渡邊下總守樣より檜垣主馬殿へ向、江戸ゟ仰來り候ニ付、神樂中男女人別家別書付差出候樣ニ、主馬殿より仲間へ申來り候、主馬殿書付之寫左之通

覺

一神樂執行人之家數何軒
同人數　男何人 女何人
一錢當り素人家數何軒
同人數　男何人 女何人
右之通申來り候ニ付、五月寄合相談之上、人別家別且又白人人別家別者しれかね申候ニ付、凡白人錢當り之人數書書出付差上候書付之趣如レ左

覺

一神樂職執行人家數　三百六十五軒
內男四百九十六人　女貳百三十二人
合執行人男女七百廿八人
右之內男女廿五人ハ、只今錢當り居申候
右之人數者男女子共迄、仲間酒肴之分帳吟味仕、書出し申候
一神樂職白人錢當り之家數百三十軒
內男三十八人　女四十四人
合素人男女八十二人、只今錢當り居申候
執行中間座割之列
一口頭　七人
一中老　廿人
一若衆　五人
一下若衆廿九人
一仲間年寄十六人ハ、執行人・中老・若衆之內、老年次第相勤申候、以上
子五月十四日　外宮神樂執行十六人年寄
檜垣主馬様

○杉木叶吉昵著述書目の事

故實小傳 此書今傳はらず　神樂故事問　神樂修行傍觀
故事考愚案　夷舞謡愚意草　神樂歌標注
大々御神樂凡例補正
此餘考古の便《タヨリ》になるべき覺書の類若干あり、吾職の事に心を竭して故事故實をよく知り、博聞強記古今類《タグ》ひなきは此吉昵主なり

○享保七年料物沿革の事

引留帳享保七癸卯年十月廿六日條云、來卯ノ正月ゟ乾金四ツ寶銀通用相止、新金銀ニ通用相定候ニ付、仲間神樂料物御願之相談云々、同十一月條云、十一月十一日、御會合へ執行年寄幷白人中罷出候、御會合ゟ被二仰渡一候ハ、來年ゟ四ツ寶銀乾金通用無レ之候へハ、新銀七百卅三匁請取執行可レ仕旨仲間之願ひ尤ニ候へとも、今程師職方願主ゟ受取候料物新金貳十兩・廿五兩・三十兩ニ而候へ者、新銀七百三十三匁相渡候而者師職難レ立候間、新金銀むめあひ相定り候までハ一兩年之内了簡仕、新銀三百匁ニ而大々御神樂料相勤候様被二仰付一候、其内迚も新金五十兩新銀三貫目之料物之神樂ハ、新銀七百三十三匁相渡し可レ申間、其通年寄中相談仕、重而之會合ニ返答仕候様被二仰渡一候御事云々、十一月廿八日、御會合へ罷出候人數名略レ之、右八人願書差上申候所、御會合ゟ被二仰渡一候ハ、七百三十三匁之料物新銀三百六十六匁五分半銀ニ願ひ出候義、尤ニ候得共、會合ニ差つかへ候義有レ之候間、當分一兩年之間、大々神樂料新銀三百五十匁・大神樂料新銀三十匁・小神樂料新銀三匁ニ而御勤可レ申候、此上世間新金銀むめ合候ハヽ、古法之通、料物相渡候様師職中へ可二申渡一候、此節者願主料物も減シ、師職中難義仕候故、右之通、しハらく了簡仕、御神樂相勤候様被二仰渡一候云々、同十二月條云、今度三品之御神樂料、十六人年寄情を出し、色々相談仕候得とも、しまりなき大仲間之儀、色々之存寄混亂仕、一人として誰申出候者も無レ之、無二是非一大々神樂料新銀三百五十匁・大神樂料新銀三十匁・小神樂料新銀三匁ニ御請申上候、尤會合むきハ二、三年之間と仰被レ渡候へ共、重而古來式目・小日記之通、七百三十三匁願ひ出候者誰有而有間敷と殘念ニ存候、此度さへ大切之義様々違變之仲間に候へ者、是非ニ不レ及事と存候、後代ニ至、當時十六人年寄之心底推察之程無念ニ存候得共、混亂仕、多分ニ准無二是非一胸をおさへ相濟し申候、此上御神慮御威光奉レ納、何とそ本銀ニ立歸候様奉レ願候、十二月十一日

○大神樂彫物料沿革幷神納屋かさり賃の事

引留帳享保九甲辰年三月廿日廻文ニ云

前方廻文を以申觸候、大神樂ゑり物紙代之義、新貳匁御師職方ゟ御受取被レ成内、五分神納屋臺之敷紙代ニ御引候而、殘り新壹匁五分ゑり物紙代ニ被レ遣候様申觸候處、料物銀三十匁ニ付、御師職方御合點無レ之方有レ之旨承及候間、大神樂ゑり物紙代、去年まて之通、就二羽書貳匁五分之割一、新羽書壹匁貳分五厘御師職方ゟ御受取被レ成、內新貳分五厘神納屋臺之敷紙料ニ御引被レ成、殘り新壹匁ゑりもの紙代、端館助十郎方へもたせ可レ被レ下候、前方新壹匁五分被レ遣候、神ノ親衆へハ新五分返辨可レ仕候、尤大神樂しめかさり之義ハ、御支配之神納屋中御かざり可レ被レ下候、右かさり料物先觸而申觸候通、かさり料物貳分五厘神納屋へ付申候、左様ニ御心得可レ被レ成候、爲レ其如レ此候、已上

三月廿日　　執行十六人年寄

上中下　神納中

○大々神宮御膳臺寸法の事

引留帳享保九甲辰年八月一日、御膳臺師神谷久次郎一札に、御神樂一座分惣檜木ニて、仕立臺、新羽書貳匁ツ、ニ相極申候、臺寸法之覺、足之高サ七寸、ふちさし渡し一尺一寸八分、同高サはゞ二寸五分、同板あつさ二分半、そこ板あつさ一分、右之通隨分念入仕立可レ申候とあり

○古來の引留帳を見るにハ式目・小日記に合せ考へき事

神樂中古來の引留帳を拔きて故實・舊例等を尋ねんとするに、式目・小日記の二書に引合せて考へされハ通せぬ事數多あり、是にて思合する事あり、足代先生の敎に事實の學問ハ第一令と律とを學ふへし、國史をよむには悉く律令にひき合せて考へされハ、ゆきつまりて通せぬ事多し、律令ハ國史の注解の如しと云れたる事あり、譬へは引留帳ハ國史の如く、式目・小日記ハ律令なり、予引留帳を拔きて舊例等を尋ぬるごとに、足代先生の金言を感心す、吾黨の人等常に坐右におきて見るべきハ、式

目・小日記なり

〇大々御神樂凡例の事

享保十二丁未年三月、春木隼人殿より尋に依て大々神樂餝具・供進具・樂器・裝束類・執行次第等を記して差出す事、引留帳にあり、是ハ御奉行所へ差上らるゝ由なり、其書やう左の如し

一忌竹　三十六本

一繩　四手を掛ル 是ヲ八丁注連ト申

一神樂間　絹を以 瑞引を張

一注連繩　品々の四手有 是ヲゑり物ト申

一山五尺四面　以レ榊覆二是ヲ一 しめなは・してを掛ル

正面ニ御幌ヲ掛、

内ニ御神鏡二面

一內之眞床

一兩宮之饗膳　二膳

一米　二俵

一案之板　小竹二本餝 但し瓶子ヲ置

一御竃

一五百箇御統　青和幣・白和幣・鏡

一外之御蓋　白繩 御座筵一重

樂器之類

一太鼓　ガクト申

一小鼓　但し小手鼓ト申

一笛

一調拍子

一笏拍子

一鈴

一手草　但し笹之枝二本

一太玉串　山廻り之節 女持

一簪　八頭

一末廣扇　八本

一散供米　白米五升 黒米五升

女之裝束

一千早　但し長緒ト申

一袴　但し下ト申

一懸帶

一袙

執行之次第

一御幣　麻・綿・紙短之帶

一敷布　一反

一御祓

一祝詞

一外宮御本宮　一幣之舞

一四所別宮　四番之舞

其外攝社末社拍子籠申候

但し是をひろひト申、但し是迄一口頭之拍子

一內宮御本宮　一幣舞

一七所別宮　七番之舞

一。三口頭・四口頭・五口頭之舞

十八番を奏、是ハ日本

大小之神祇ヲ拍子籠申候

(上)徳辰按ニ、此間ニ外宮ノ如ク攝社末社拍子籠申候トイフ事アルベクハ思ハル、ナ

一八乙女之舞　一番

一同すうへ之舞一番

但し扇之舞ト申

一山廻　男五人 女八人

一ゐひす舞　舞女一人 御酒酌取一人

一注連上之舞　一番

右神樂一座都卅六番

又杉木吉昵明和年中に端館氏所藏の物を以て書寫せられし由奥書ある物を予か家に藏す、左に載するか如し、是近來專用《ラ》ふる凡例にて引留帳にも往々見えたり、又此凡例を杉木吉昵の補正せられし物あり、此ハ明和七年五月十六日廣田家御神樂の時、願主所望によりて書き遣すとて改正增補せるよしの奥書あり、右補正の物ハ下に記す

凡例

大大御神樂

御神座　神籬、山ト云

飾之具

大大御神樂凡例

一神籬　御神座 俗云レ山

飾之具

一眞賢木

リ、落行ナルベシ

一眞賢木
一忌竹
一志理久米繩
一五百箇御統　形容
一八咫鏡　形容
一青和幣・白和幣形容
一神酒瓶子　案板
一御湯鼎　御鹽水
一湯手草
一和久津桶　柄杓
一削掛燈松

執行之座飾

一美豆引
一注連　鳥居形 雛形 千道　花蔓形 垂四手 八橋
一巻柱　木綿四手
一錦蓋　日之綱

勤仕之調度

一忌竹
一志理久米繩
一五百箇御統　形容
一八咫鏡　形容
一青和幣・白和幣形容
一神酒瓶子　高案
一御湯鼎　御鹽水
一湯手草
一和久津桶　柄杓
一削掛燃松

執行之座飾

一美豆引
一注連　鳥居形 雛形 千道 木綿四手　玉葛形 垂四手 八橋
一柱レ巻　太玉串
一錦蓋　日之綱

勤仕之調度

一御幣大麻　敷布

一大麻御幣　敷布
一一座祓幣
一散米　錢切
一打米　神折敷
一捧臺　土器
一銚子　同提
一長床莚

樂器

一笏拍子
一笛　鼓　太鼓
一鈴　調拍子

舞女裝束

一千早　掛帶　下袴
一木綿襷
一袙　表著
一天冠

執行之次第

一一座祓幣　幣箱
一散米錢切　散供桶
一打米　神和卓
一榊葉幣　太玉串
一捧臺　土器
一銚子　提筒
一御湯注子
一手水之具　御鹽水
一長床御座席

樂器

一木木合合　笛　鼓
雅鼓　鈴　調拍子

舞姫裝束

一千早　掛帶　下袴
木綿襷　袙　表著
天冠

清竈之次第

一御幣
一御祓
一祝詞
一外宮大宮舞　一番
一別宮舞　四番
一内宮大宮舞　一番
一別宮舞　四番
一諸末社舞　八番
一八乙女舞　一番
一扇舞　一番
一山廻　一番
一恵比須舞　一番
一神上舞　一番
　已上

一修祓
一舞　四曲
一神酒上
一御湯上
　執行之次第
一御幣
一修祓
一祝詞
一外宮大宮舞　一曲
一同　別宮舞　四曲
一内宮大宮舞　一曲
一同　別宮舞　四曲
一諸末社舞　凡八曲
一八乙女立舞　二曲
一山廻　一曲
一恵比須舞　一曲
一神上舞　一曲

已上

又天保十（己亥）年九月十八日　禁中御代參、御差大和局御參宮、檜垣五神主常善神主の亭にて大々御神樂を執行せさせ給ふによりて、先例の如く獻上の品へ取添て差上る、凡例の事、兼日中老中衆議して予に補正せさせらる、予不才淺學を顧ミす、衆の需にまかせ傳來の凡例へ左の如く補正を加へつゝ、扨本紙ハ梅津修禮（號克所）に誂へて書しめて奉れり

大大御神樂凡例

神座（神籬 此云レ山）
　供進幷餝具
眞賢木
忌竹
志理久米繩
五百箇御統玉　形容
八咫鏡　形容
青和幣・白和幣　形容

高案　延喜大神宮式云、高案
御膳　延喜大神宮式云、依レ例供二進大神宮及度會宮朝夕御膳一
神酒瓶子　延喜大神宮式云、神酒、江家次第云、瓶子
北山抄内宴二、盞用二土器一杓用二瓶子一
御湯鼎
御薪松
和久津桶　杓　和名抄云、杓斟レ水器也、和名比佐古
御鹽　外宮儀式帳云、御鹽
執行座餝具
練絹帳　延喜太神宮式云、絹帳
注連　鳥居形　玉葛形　木綿志天　雛形
小志天　千道形　八橋形
錦柱巻
著二木綿賢木一　延喜式第五巻、凡齋宮諸門常立下著二木綿一賢木上
錦蓋　日綱　江家次第十一、内侍所御神樂條云、神御唐櫃上有二錦覆一、其上本引二緋綱一懸レ鈴
勤仕調度
御幣大麻
祓幣
錢切

散米
打米
太玉串　延喜大神宮式云、著二木綿一賢木是名二太玉串一
湯手草　古語拾遺云、以二竹葉飫憩木葉一爲二手草一
土器　延喜太神宮式云、土器
折敷　内宮年中行事云、折敷
江家次第云、折敷
捧臺
銚子　提　菅見記云、長祿三年云々、禁裏進二銚子提一、枕草子云、人の家につき〴〵しき物ひさけてうし
膝突布　江家次第内侍所御神樂條云、掃部寮膝突給
敷設　延喜大神宮式云、凡供二祭祀一鋪設云々
長筵　江家次第四方拜條云、先敷二葉薦一其上敷二長筵一
樂器
笏拍子
笛
鼓
太鼓
鈴

銅拍子　拾芥抄云、銅拍子

舞姫装束

天冠

千早　拾遺集第十詞書云、賀茂に七日まうてけるはてのゆめに、ミやしろよりとてちはや着たるをうなのふミをもてまうて來たり

袙　アコメハ衣篇ニ日ノ字ナリ、日ノ字マタ白ノ字ナドヲ書クハ非ナリ

懸帯　建久元年内宮遷宮記、文治五年八月廿三日、自二造宮所一母良・子等装束被レ送レ之云々、母良料生衣・黄裳・扇・懸帯等皆被二相具一也

裳　下袴ヲ裳ト書ルハ予カ一己ノ見ニアラズ、仲間ノ古帳ニモ下袴ノ事ヲ裳トカケリ

表著　堀河院百首、くれなゐの八重さく梅にふる雪ハ花のうはぎとミゆるなりけり

木綿襷　日本記允恭天皇巻云、諸人各着二木綿手繦一而赴レ釜探湯

蝙蝠　榮花物語音樂ノ巻ニ、いろ〳〵のかわほりをひらめかしつかひたるけはひありさまつき〳〵しうミゆ、夫木集ニ曰、くるれバ軒にとひかふかハほりの扇の風もすゝしかりけり

○蝙蝠扇ヲ末廣ト云ハ俗稱ナリ

執行次第

御幣

修祓

祝詞

外宮大宮舞　壹番

別宮舞　肆番

內宮大宮舞　壹番

別宮舞　肆番

諸社舞　捌番

八乎止女舞　壹番　八乙女ト書ハ乙ノ字假字ヅカヒタガヘリ、御鎭座傳記ニ道主子八乎止女乃齋奉云々

扇舞　壹番

山廻舞　壹番

惠比須舞　壹番

神上舞　壹番

以上

○神社の神わざに鼓を撃つ事

沙石集第十和泉式部貴布禰社に祈願の條に、年たけたるみこ赤幣たて竝へたるめくりをさま〳〵に作法して、鼓をうち前をかきあげてたゝきて三返めくりて云々、夫木集第卅二寂蓮法師ノ歌に、さ夜深き貴布禰の奥の松風にきねが鼓のかたおろしなるとあるを考ふれは、神事に鼓を撃つことも古

（下）付歌ノコト體源抄神樂ノ條ニアリ、內侍所御神樂ニアルコト也

き風儀《ナラハシ》なり、但吾神樂に用ふる小手鼓のミは他國に類なき珍器なり、喜早淸在か羯鼓なりと云る說ハよしやあしや考得ず、神境の一古物なるべし

○田中一口頭大夫錢當祝詞の事

田中一口頭大夫重央《シケヒロ》稱二勘大夫一の需に依て錢當行事の時に讀む祝詞を、足代先生弘訓神主の作られたる事あり、左に記す祝詞これ也、但《シ》錢當行事の時に祝詞をよむ事古今例なし、田中氏一己の意にて讀れたるなり、重央の父重主是亦一口頭大夫になられたり、二代の一口頭ハためしすくなき美事なりと人皆羨ミぬ

挂巻毛畏伎内外乃皇大御神乎始奉氐八百萬乃神達諸彌《モロ〳〵ニ》、田中一口頭大夫重央畏美畏美毛申久、神遊仕奉《ル》輩男毛女毛《ヲミナモ》己我《オノガ》齡乃次第《ツギテ》乃隨意《マニ〳〵》大御前爾竝集《ナミツドヒテ》氐、錢當乃作法《ワザ》行比天大御神達乃廣久厚伎大御惠乎畏《カシコミ》美嬉《ウレシミ》美思比奉留《マツル》形乎、平良氣久安良氣久見曾奈波志氐《ミソナハシテ》、今此大御前爾參集《マキツド》倍留人等誰毛《ドモタレモ》誰毛子孫乃八十《ヤソ》連屬《ツヾキ》萬代家《イヘノ》乃業《ワザ》不絕《タエズ》仕奉氐、命毛長久身毛全氣久惠美幸閉給倍登畏美畏美毛祈《ノミ》申

○神樂一座といふ事、同付歌の事

神樂一座・二座・十座・廿座・三十座なといふ事もふるき名目なり、又付歌《ツケウタ》といふことも古き名目なり、東鑑第十一建久二年十二月十九日條《ノ》に、爲《メ》二鶴岳八幡宮神事《ノ》一云々、早可《ク》レ被レ敎《ヘ》二立《テ》神樂一座之《ノ》所作《ヲ》一云々、同第十四建久五年十一月四日條《ノ》に、鶴岡八幡宮御神樂也、將軍家御參、右近將監大江久家唱《フ》二祕曲等《ヲ》一、畠山次郎重忠・梶原左衞門尉景季候《ス》二付歌《ツケウタニ》一云々

○里神樂の事

內侍所にて行はるゝを御神樂といひ、諸社にて行ふを里神樂といふと云へり、明月記に、建仁元年九月六日、參二詣住吉社《ノニ》一云々、里神樂、相撲三番勝負了《ル》、新敕撰集に、里神樂あらしはるかに音づれてよそのねざめも神さびにけり、玉葉集に、山もとやいづくとしらぬ里神樂聲する森ハ宮居なるらしなどあり、德辰按に、產土《ウブスナ》神社等にて行ふ所謂社神樂をバ里神樂といはん事ハ勿論なれど、何事も諸社と異なる我大神宮の御神樂をも、諸社のと同

様に里神樂といはん事ハ何《イカ》にあらん、似つかぬこゝちす、されど彼三祭禮の時行はるゝ鳥名子舞、すなはち宮中の神樂なれバ鳥名子舞を神樂といへる事は古書に見えたり、それに對して宮外の神樂をば里神樂といふべきにや、同じ大神宮の御神樂ながら宮中と里宅との差別あれバなり、猶よく考ふべき事なり

天保十三年壬寅九月二日しるし竟ぬ

神樂故事問

故事問　舊事或問トモ

一小子某云《マウス》、我神樂の故事ハ極て博《ヒロ》し、然とも邃遠深祕の義有は、容易ニ知かたし、予某《ソノ》家ニ生て某業を勤といへとも、其事の故《モト》をしらす、いたつらに其職ニつくのミ、然共これを憂る事久し、頃杲堂杉木氏か著す所の故實小傳を閲《ミル》ニ、專神樂の舊事《クジ》を記し、古老の傳說を擧《アゲ》、これか辨解をなす、我輩ニ甚益あり、されとも遺漏の義又多し、故ニ今杉氏か未レ辨所又未レ解事を問、願《ク》ハ吾子明ニこれを辨せよ

一神樂修行の家ニ竹を立、注連《シメ》を引て、不淨之輩入來を禁し、竈戸を淨め、神樂執行之座の餝、尤嚴重なり、これ里第《リテイ》に　皇神を請し奉れる事なれは、かく有へき義也、其餝之具・勤仕之調度・行狀等の見聞する所を問《トフ》事左のことし

一神樂の濫觴《オコリ》ハ日本紀神代巻ニ見えたれと、神樂といへる文字ハ不レ見、始て古語拾遺ニ見たり、我神宮の古記には所見多し、神樂をかぐらと訓するニ義ハ如何

一神座を山と云ハ如何

一神座の上ニ蓋《キヌカサ》を懸く、これを眞床《マトコ》と云、これ眞床覆《オホフ》衾《フスマ》の略語也ト尙舍老人云《イヘ》り、然りや

御鎭座本紀ニ、錦蓋覆《ニシキノキヌカサヲサシオホヒ》・日繩曳《アケノツナヒキハリ》《ヒノミヅナ》云々トあれ者、我黨常ニ御蓋《ガイ》といへるハ本記ニかなへるか

眞床・御蓋一物ニ名なるか

是を神座の上ニ懸ルハ其儀を得たり、神前天井の中央ニ懸ルハ寺堂佛前之儀《ヨソホヒ》ニ似たり、神前かくのごとき例ありや、又其形《カタチ》神器の錦蓋ニ遠く、佛氏の法蓋ニ

（下）錦蓋ノ事、延喜式ノ太神宮式ニ委ク見タリ、御遷宮ノ前、御神寶拜見ヲ諸人ニ許サル、予寛延・明和兩度コレヲ拜見セシカ、今以式ニ不レ違

(下)縵紙ノ事、予カ見サル所ナリ、尤如レ此公事ヲシラス、故ニ其本儀ヲシラス、敕使ノ供奉ハ津田氏某

近し、往古ハ御蓋の幹《ホネ》八枝有て、此骨ニひな形八枚を付ル、後世四枚ニ改、尙故《フルキ》を以一枝ニひな形二枚ツヽ八枚を付ルと古老の傳有、今ハ其事なく四枚を付ル、然ルに神宮の錦蓋ハ元より四枚也、これを以見れ者今のことく四枚なるか宜しか

蕨《ワラビ》手の端ニ網のことき志殿《シデ》を張ル、これをあミト云、網《アミ》トいへる名ハ甚拙し、其故名《コメイ》有へし、如何

一神座之門御座の板、昔ハなく、米二俵を積ミ、十二本の幣を立、其中ニ　神鏡を安《ヤスン》す、後世御座の板を設《マウク》ト云り、又御飯臺《ミハンダイ》の板ハ昔より有や、是あら者御座板も上古より有へき様也、御飯臺無レ之時ハ御膳ハいかヽ備《ソナヘ》たるや、各如何

一注連《シメ》莊り、四方の隅《スミ》ニ有ル大しでを、千道と云、此名義如何

一四方ニ鳥居形有、これ四方の諸神集會《シフヱ》之儀、神前ニ□諷へハ、諸神勸請の意なるへし、然りや

一鳥居の右ニけまん形有、左ニゆふしで有、けまんの事

上古ハしらす、中古佛器のことき金銅《コンドウ》の華縵《ケマン》二枚ツヽ、鳥居の左右ニ懸て、ゆふしでなし、四方ニ二枚ツヽ、都合八枚を懸ルと云、神前ニハ不レ懸ト見《ミエ》たり、其後此器を屏《シリソ》け、今のことく成たれ共、今尙華縵形ト云ハ遺恨なり

吉田にて恆例の官幣を諸社へ頒《アカチ》給ふ時、公卿各座ニ著《ツキ》給ふ後の方ニ、縵紙《マンカミ》ト云物、座毎ニ有、紙一枚を串にて張たる物也、是幔幕の意か、別の物か、其意を解せすといへとも、伊勢例幣使の供奉せし者の言所如レ此、これ今の華縵形ニ似たる事也

上古鳥居の傍《ワキ》ニ飾《カサレ》ル物、けまんニあらすして別ニ一種の物有へくおもふ、此義如何

一ゆふしてト名付て一種の物有、木綿志手《ユフシデ》皆しての惣名なれは別ニ形狀有へからす、一種の物トするハ後人の作爲なるへし、然りや

一ひな形ハ祓具の人形《カタ》ニ似たり、人形ならハ執行の後河流ニも捨へきに、願主殊ニ頂戴し隨身の守トす、

加之《シカノミナラス》四方ニ飾ル數も式定有て三十六枚也、又諸社の舞を奏する數も三十六番也、彼是を以考ル時ハ、神の御體《ミスカタ》を形容せるかことし、然とも神形を設ル事ハ我神宮の好さる所也、又ひな形と名付ルも、衣裳形書たる物をひな形トいへは、此等を以いへるか、尙名實ともニ正義を如何

一八橋ト云ル物を巽《タツミ》の隅ニ莊ル、此事深祕の口傳有ト故人云り、天上降りト云歌ニ此義あり、如何

一小志手《シテ》を垂四手《タレシデ》と云ハ重言なるへし、タレシデ同義也、唯志殿《シテ》とはかり言たき物か、如何

一神座ニ立ル十二の幣幷舞姫の執物《トリモノ》、榊葉の幣、其形相同し、此幣の形ハ神宮の式ニ遠く、他社の幣ニ似たり、又修祓ニ用ル幣、神宮の式ニもあらす、他社の幣ニも似す、不思議なる物也、又錢切紙の裁樣も式よりハ大也

朝廷公儀の御神樂之時ハ、神宮の式を用ひて、十座祓・一座祓、各本式ニ違ハす、然は平日の神樂ニも祓《ハラ》幣《ヘ》ハ如レ此有たし、今常に用ル祓を一座祓といへと、串ハ四角ニて幣紙ハ巾廣く長《タケ》長し、是いかなる式そ

一山の中間《ナカコロ》ニ付ル志殿《シテ》を腰帶といふ、或こししめともいふ、或《アル人ノ》曰《ク》、これを山の腰帶トいふ事ハ、又各正しき名號《ミヤウガウ》如何

一蝶花形といへる物、瓶子ノ口、銚子・提筩《ヒサゲ》等ニ付ル、雌雄の分チ有て、陰陽相合の儀を取り萬の賀儀ニ是を用ゆ

或《人ノ》曰、これハ蝶ニあらす、(予忘たり)何とやらいへる鳥の形也と、蝶ハ朝ニ生シ夕ニ死す、かけろふのこときはかなき物なれ者、祝賀ニ用ゆへきニあらす、全ク鳥の形ニして四季の花をかさる物也ト云り、然りや

一天井の四方ニ垂ル帳を水引といふ、これ水ハ清淨之義、水と云ルも天井の緣なるへし、然りや

一錦綾《ニシキアヤ》を以、柱を裹《ツヽム》、是皆清淨ならしめんため也ト尙舍老人いへり、然りや

一神座の傍榊枝ニ、玉・鏡・和幣《ニキテ》の三色を懸ル、上古の

形如レ此なりや、如何

一神前の正面列座の砌ニ、長床《ナカトコ》席《ムシロ》を敷、中古ハ毛氈《モウセン》を敷り、今尚長床をせんといふ人有、上古ハ何を敷たるや、如何

一太鼓《タイコ》、神都の方言ニがくといふ、是古言也、併我神樂ニハ上古がくなしトいへり、又何ノ比ゟ始れるにや又雅《ガク》鼓の架《アシ》を見ルニ、牡丹ニ獅子を摸するかことし、是獅子ニあらすと云ル人有、がくの摸様梧桐《キリ》ニ鳳凰・牡丹等を圖す、此等何の義そ、各古義をいかん

一小手鼓ハ古キ物といへり、樂器之中ニ如レ此物有りや、又神都の故物ニして故名有や、如何

一笏拍子・笛・鈴等ハ

禁中御神樂ニもあれハ論ニ不レ及、調《トウ》拍子ハいかなる物ぞ、木々《シヤ》合々《クヒヤウシ》ハ調子《テウシ》をとゝのへ、拍子《ヒヤウシ》の緩急を正す物と云り、然ルニ今笏拍子の拍《ウチ》方を見ルニ、其式なくミだりニして、甚無用の物のことし、唯初終をしらせる拍子木ニ異らす、尤古來の打方有、八乙女立の時ハ

別ニ習有と故人いへり、各正義如何

一御幣之具、麻・綿・絹・紙等ハ子細不レ及レ問ニ、段帶《ダンノオビ》ト云ル物ハいかなる物そ

一竈清ハ竈《ヘツヒ》御前を祭り、祓を修し、家内安全を祈る、神樂ハ最上の祈禱なれは、如レ此家内の清め嚴重也トいへり、是神樂以前の祈禱なるへし、然りや否や

一竈淨め一の舞之囃子《ハヤシ》ニ、湯男ト稱《イヘ》ル事有て、ひな形を笹ニ付て竈前ニ奉ル、これ何の義ぞ

一第三ノ舞過《スキ》て、一口頭熊野ニハ――の時、和卓《ヲシキ》に米を盛て捧く、此義如何、又せんぞかう・まんぞかうハ何之義そ

一次ニ神酒上の時、ゑひす・かくほふし酒まゐるト云事有、ゑひすハ蛭兒命なるへし、蛭兒《ヒルコ》へ蝦夷《エミス》ノ號《ナ》を冠《カフフラ》しめ奉ると聞り、然りや、又三所の夷とハ何を云ぞ、又かくほふしハ如何なる法師ぞ、ゑひすと同座せる八尊キ神人《ヒト》なるへし、如何

一次ニいりくまとて、供米《クマ》桶《ヲケ》ニ米を盛てゆる事有、其時

（上）陰陽家ノ祝詞ニ七萬八千ノ諸神云々
（上）願請本
の囃しニ、吉野匠《タクミ》か製したるばんのふたにて――、此
ばんの蓋とハいかなる物そ、又いりくまの義如何
一次ニ若宮の囃し有、是ハ内宮の末社なれは、二口頭囃
すへきを此所ニて一口頭是を勤ルハ如何
一次ニ御湯上の時一口頭云、いりくまハ乾隅《ノスミ》ニ入給ふ
云々、四方・中央各七萬七千の御神ニ――
此七萬七千の數ハ何の數そ
此節供米桶ニ盛ル散供ノ中ニ、松ニ火を燃し立て、其
前ニ鈴を振ル、是何之義そ
一執行列座の上首《カシラ》を一口頭と云、五口頭以下を表座ト號《カウ》し、且願狀元ト云、各正義如何
一上分之散供を打米ト云ヒ、打米を散す者を上分取ト云、
各名儀如何
一神樂の奉行する者を神之親と云、此義如何、近世是を
神納屋ト書、いつれか宜しきや
一神樂終ルをミてるト云、尤古言にして今以然り、此字
義如何

一神樂始らんとするを告知せる使の詞ニ、神樂まうで
――――ト云、此義如何
一執行女之老分を骨折ト云て四人有、此名義如何
一神樂最初の舞を市くらト云り、一幣《クラ》とも書、俗ニ一く
ら・二くらなと丶いへは、一座《クラ》・二座之義か、又巫女
をいちめト云、略していちとも云、我神樂の市くらハ
舞の名か舞女の名か、如何
一一幣先《マツ》立て神前ニ進ミ、湯手草を取て、御湯を捜《サグ》ル事
二返、次ニ御座の段ニ備奉る神供ニ、御湯を注《ソヽク》事二度、
次ニ鈴を執て一拜し、次ニ一口頭ニ向ひ一揖し蹲踞す、
次ニ神座ニ向ひ立て一拜し、次ニ装束の袖を整《トヽノフ》先左次ニ右、其後歌ニ従ひて舞、これ予か見ル所如レ此し、
此事實如何
一此舞の中比ニ袖を擧ル事有《アリ》、如何
一舞ニ末ニ至て、舞女足音をなして、ふミと丶ろかす事
有、これを俗ニしと丶ふむト云、此義如何、今此事大
方なし

(上)修祓ニ用ル錢切・散米モ、米錢ヲ以テ賽幣トスル上古ノ遺風ナリ、米錢ノ貴ヲ見ルヘシ、錢切ノ數九十六枚トスルナドハ後世ノ義ナルヘシ
蒔錢ノ事、或説ニ願主ノ人々神樂ノ妙音ニ感シ心神恍惚トシテ隨身ノ寶貨ヲ擲ツト云リ、又曰、願主興ニ乘シ無

一御座之時、備へ捧ル神供ハ、捧臺《モチ》ニ紙を敷、土器二枚麻の輪を敷今ハ紙にて包ム、かハらけニ紙を敷、上分の米を盛りて最初ニ御湯を注き、是を　兩本宮ニ供し奉る、これ何之義そ
一幣の裝束、上を長襖《ナカアヲ》ト云、裳を下袴ト云、背《ウシロ》ニ懸ルを懸帶ト云、前ニ下ルを下帶《サゲ》ト云、又上を長緒《ヲ》とも書、又千早ト云、然共他社の神人用ル千早ト云ル物トハ其製甚異り、各正義如何
一蒔錢とて、執行之座中ニ錢を擲《ナゲウツ》事有、其樣專吾黨へ施入物のことし、予おもへらく、錢ハ上古の貨《タカラ》至て貴キ物也、上世ハ只米錢の二物にて世用を辨し、金銀の通用ハいまたあらす、故ニ神樂執行之願望有ば、米六十斛を以其料ニ宛《アテ》、錢《セニ》を以幣として願主自《ミ》　神前ニ奉る、一社一番毎ニこれを散すハ、某々《ソレ〳〵》の神ニ奉る故也、後世金銀の通寶出來てハ、金銀をも奉れり、然共故《フルキ》を以今ニ錢を奉る事也、これを以我神樂の故《フルキ》を觀《ミル》へし、錢を座中ニ散かゆゑニ蒔錢ト云、蒔錢ト云ニ付て吾儕へ施物のことく思へるハ甚しき誤也、是《モト》故を知さるか故也
或曰、神ニ奉る幣物ならハ神前へ而已蒔へきに、席中ニ蒔ハ如何
答、神前ハ勿論座中ニ蒔へき義也、凡神樂の座ハ、兩太神宮以下八百萬神勸請之義なれは、集會せる神樂部の男女ハ、八百萬の群神にも比す、然は神前座中へ散すへき義也、其幣を得《エ》たる人ハ悅《ヨロコブ》、人悅則ハ神明悅フ、神明悅給ふ所、則祈禱ニして、四海泰平・五穀豐熟也、如レ此ナル時ハ神人和樂して、何レの願、何の望か、祈ルニ驗《シルシ》なからんや、これ祈禱之本致也、又云、上古神樂料配分の事、米錢之二品ニて、金銀の算法なし、後世金銀の算法出來たり、我黨古記の趣、錢の位ハ貴く、米賈《アタヒ》ハ下し、此等皆神樂之舊キ證也、凡《スヘ》て神樂之事跡ハ當世の眼を以見へからす、杉立る山田の原といへる時代故人の心眼を以觀《ミル》へし、皆殊勝の事のミ也、當代の浮華、馬上の偏見を以見ば、甚しき悪言を

上ノ財ヲ投ト云リ、此設各非ナリ、故實小傳ノ説最モ勝タリ

なすへし

此等の類ハ論するニ足らすと云々、此趣杉木氏か故實小傳ニ見《ミエ》たり、予此説ニ従ハんと欲す、如何

一料物配當之義、又御福・酒・雜掌・そめぎ、或ハ花賀等の義・公用《クヨウ》・へりもく錢之類、小日記・式目ニ出たる事ハ別紙ニ問へし

一中入とて神樂の中端《ナカハ》ニ、歌舞を止て、各酒飯を喫す、是師職ゟ饗せる事にして、古ゟ然り、これを中入ト名付ルハ後世の義也、今専中入トいへは、戯場《ゲシヤウ シバヰ》之儀ニ似て、信を失ふか如し、神事の折から勸盃・饗膳有ハ神宮の舊例也、古のことく吾儕へ赤飯・酒肴を饗し、同しく願主へもこれを饗せは、珍重にて祝賀之儀式目出度侍ル、然ルニ今師職家多くハ略儀ニして、我儕へハ酒肴をも饗せす、願主へ而已、美酒・珍膳を饗し、其間神樂執行を止て、願主恣《ホシイマヽ》ニ飲食《インショク》せるを、吾儕忙然と待のミ、如レ右も願主を別室ニ入て饗すれ者、願主ハ神樂役人へも如レ此美膳大饗ありとおもふへけれ者、願主ニおいて其咎なきに似たり、又甚しきハ神樂拝席へ提重・佳肴を出し、遊興躰ニ酒宴し、其間神樂を停て、神樂役人へハ湯茶をも不レ出、若出せは至てきたなき器、たはこ盆ハ火入計抔の類、往々有レ之、これ師職の面々故《モト》をしらす、當世の利慾を以願主ニへつらふ誤より如レ此し、權門盛家ニ給仕する輩ハ如レ此するをいミしき事と思へり、あゝこれ何そ、神徳の衰たるか、吾輩の不徳か明ニ辨せよ

一同し比、座中面々へ札を賦ル、此時ニ限りてこれを賦ルハ何之義そ

一八乙女立の舞ハ、市役の女是を勤む、市役ハ大社・箕曲社等以下八社を主とせる趣、小日記等ニ炳然也、然ルニ八乙女立之囃しハ　兩宮大宮・別宮・諸末社以下、日本國中の諸社ニ至ル、右之八社ハ八乙女立ニ預ル事なし、又末社のひろひニも藤社・赤畝社の外ハ曾て見えす、彼是を以見れは八乙女立ハ後人の潤色せるか、又すらんの舞トいへる名儀、又八乙女の末廣扇を持ル

事如何

一往古ハ執行之時、一口頭一人白キ布衣ニ折烏帽子を着し、山廻り之時ハ浄冠《キヨカンフリ》ト云物を著すと云々、此事故實小傳ニ見たれと、其儀ハ辨せす、正義如何

一山廻り之時、五臈八乙女ト共ニ神座を旋ルハ、僧徒の行堂せる儀ニ似たり、神事如レ此例有や、如何

一昔ハ五臈各小サ刀を帯せり、中古これを停ム、いつれか宜しや、如何

一小烏帽子の懸緒を上ニて結たる者有、又下ニて結ひたる者有、又懸緒をえほしの額《ヒタヒ》の折目ニ入たる者多し、又折目ニ不レ入、折目の内少し開《ア》キたる所へ緒を通したる者有、是ハ少しいつれか宜しや

一往古多氣國司ゟ吾黨を支配せられ、神樂役人中へ下知之御判物有たりト老人いへり、是何様之物そ、如何

一吾儕年老を以上座とする事如何

一神樂歌ニ問へき事數多也、事繁キか故別ニ問へし

一凡故事の見聞する所此レ如し、尚残ル所ハ來日を期、必爰ニ止ニハあらす

右之數ケ條、俗語を以記レ之、不分明之言多し、吾子審ニ察シ明ニ辨せよ、是予か所レ願也

(上)故實小傳ニ一口頭ハ浄衣、二・三ハ直垂、其次ハ褐布、自餘ハ素襖トアリ

神樂歌解

神樂歌解 一

神樂歌解一之巻目錄

總論部

神樂歌解一之巻

井阪徳辰謹撰

神樂歌傳來の事

吾黨の仕奉る御神樂歌《ノ》ハ、何れの世に誰《タ》が定め置けむ、今此歌等《ドモ》を熟《ツラ〳〵》視《ミ》るに、後世の詠歌及《マダ》俚言・俗調の歌の交れるなど、後世人《ノ》の所爲《シワザ》とおほしきことども多かり、此ハ吾職の庫《クラ》に藏《ア》る神樂歌の本の奥書に、古老曰《ノ》、往古毎《ハ》年會《シテ》二世義寺《ニ》一少々宛添二削《シテ》其文《ノヲ》一用《ケルニ》、至《テ》二近年《ニ》一無《キ》二其沙汰《ノ》一也とあるを以て考ふるに、昔《ムカシ》ハ時々其歌を除き、もし又新《アラタ》に加《クハ》へもしけむこと知るべし　かゝれば古へ用ひたりし歌の今ノ世に傳はらぬも多、かるべし　然れば今用ふる歌等《ドモ》ハ　今用ふる歌等とハ今在る神樂歌の本等に載たるかぎりを、云　古くより傳《ハ》れるものと、後に加へたるものと雜《マジ》れりと思はるゝなり　此古きと新シきとの差別を其歌の解の段毎に評め云はまほしけれど、思ふよしあれば今ハ云ハず、物よく識れる人ハ云ハ、ずともさとりつべし　然《サ》るを皆から後世のものなりと思ふ人もあるは、此等《レ》のよしをよく辨へざるものにてひがことなり　此歌等の中にハ古くめでたきも多かるを、後ノ人の物せる俗たる方になつミて、なべてを疑ふべきことかは

佛語及俗言の交れる事

神樂歌に所々佛語を交へたるは、甚々《イト〳〵》忌々《ユヽ》しくふさはしからぬ事なり、神宮にてはいみしく佛を忌て其すぢのことは、詞に云をさへ禁《イマシ》められたる御《ミ》式《サダメ》なるに、如《カ》此《ヽ》在《ル》はいかにと云に、中古よりなべて世のならひとして佛法を尊《タツト》まぬ人ハ一人もなかりければ、其道にしミたる心よりかへりて、然《サ》るすぢの交りたるを心深く尊《ト》きわざと思ひたるからのひがことなり　然るは五部の書などに佛語の多かるを見ても、そのかミの世のさまを思ひやるべし、さてまた内侍所の御神樂ノ歌にも佛語ありて、體源抄に、神樂に難義あり、星歌に、白衆等聽說晨朝清淨偈、此詞ハ涅槃經の文なり、而神樂ハ我朝の事赴、樂神世者如何とあり　然れバ佛臭き語等《コトドモ》ハ除《ノソ》かるゝかぎり除き、もし又本《モト》の意をもいたく失はぬ如く安らかに言を代《カヘ》もして歌ふべく思《オモヒ》慮《ハカリ》をめぐらすべきなり、又俗語の交りたるまゝ弖《テ》爾《ニ》袁《ヲ》波《ハ》の調ひの違へる歌等《ドモ》の多かるは、學《モノ》問《マナビ》の道に昧《クラ》き後世人《ノノ》の漫《ミダリ》に加へつるものと見えたり、然れともむげに近《キ》世のわざならねば、俗《サトビ》ながらに古くめでたきことも多かり　杉木吉昵主の言に、神樂歌の書ハ深く祕すへき物ならねど、非職ノ人の見て益なき物なれば、又露顯すべき物にもあらず、此を祕するは俚言・佛語あるが故なり、然れども吾神樂歌にかぎらす、神宮の古記・神典にも佛語多し、是神書も神樂歌も中古浮屠氏禍ヒして皆かくの如し、今神宮の神事・祭祀等に佛事なしといへども、神書・記錄等ハ古へのまゝなり、然れバ神樂歌に佛語ありとて難ずべからず、今平日の神樂には佛語を除キ去て歌はず、然れバ神樂歌の本に佛語ありても害なく、今削リ去ても又益なかるべし、若非職人此レを見て譏り笑ふとも吾儕の憂にあらず、誹る者の不學なりと思へは滯リなしと云ハれたる、實に然ることにぞ有ける、此杉木氏は字を野左衞門、後には叶と云ひて、物まめやかに和漢の學に心深く、殊に吾職なる神樂の事に主と心盡さし、よく其古傳・故實を辨へ知りて、種々功を立られたる人なり

解《キコエ》がたきこと、又誤りたることの多かる事

語意《コトバツキ》のいかにとも聞えがたき所の多かるは、彼方《カナタ》・此《コナ》方《タ》と寫《シ》傳ふるとてあらぬ文字《モジ》に書誤《カキヒガメ》しものか、又歌ふものは自然《オノヅカラ》訛《ヨコナマリ》も出來《イデク》るならひなれば、年を經《フ》るまに〳〵歌ひひがめつるにもあるべし、杉木氏の社號知れがたく詞の解ざるは、吾黨の古書なればなりと云《イ》はれし如く、考へがたく辨へがたきことの多かるぞ、此歌等《ドモ》の古き證《アカシ》なりける 誤字・脱字などありて意の通がたきことは、古、書にも例多かり、今かぞへ擧グるに遑あらず 故《カレ》聊にても疑はしとおぼゆる所ハ、必ひかうつしの文字《モジ》あらむか、訛《リ》の詞あらむかを思ひて、それよく味ひ見るべきなり、然《サ》れど漫《ミダリ》に改め直さむとするときは、かへりて物ぞこなひも出來《イデク》るものなれば、心すべきことになむ

諸本の事

此書今世《ノ》吾職の家々に藏《ア》るを閲《ミ》るに、古寫あり、新寫あり、皆本《モト》ハ一《ツ》なるべきをつぎ〳〵寫せるときに字《モジ》を見混《ミマガ》ひて書違へ、又脱しなどもせるにや、此本《ノ》と彼本《ノ》と異なること多く、はた互に得失《ヨシアシキ》ありて全く同しきと見ゆるもなほ少《スコ》しの違ひハなきことなし、其《ソレ》が中に最《モトモ》古きハ、藤田氏 稱二内匠一 に傳へ藏《モタ》る大永の年號ある本なり、かくて此本先年或《ル》人に貸置《カシオキ》たるに、其借《カリ》たる人身まかりて後いかになりけむ、其人の子《コ》に尋ぬれど知れざるよしにて、其本かへらずとそあはれ、其本に今世《ノ》にある本等《ドモ》に異《コト》なることもありけむと推量《オシハカ》られてゆかしきに、然行方《シカユクヘ》なくなりしはいともいとも惜《アタラ》しく慨《ウレ》たきことなりけり 然れど熟尋ねバ再び出まじきにもあらずと思ふ所由あり、次に古記ハ杉木成左衛門が家に昔より傳へ藏《モタ》りし天文の年號ある本なり 本の末に天文十一年壬寅二月吉日書レ之畢とあり、原本は杉木氏成左衛門が家廢絶《タエ》て後、其行方《ユクヘ》を失なひしかども 是又熟尋ねバ再び顯はるゝ事もあるべし、杉木吉昵主の既《ハヤ》く寫し置れたるによりて、其模本《ウツシマキ》ハ今に存《ノコ》れり 此模本今予が家に藏り、さて此本を見るに字の脱《オチ》たる衍《アマ》れる誤《マ》れるなとも多けれど、餘《ホカ》の本等《ドモ》とハ異なるめづらしきこともをりをりあり、此解《トキゴト》の中に天文本とて引たるは此本の事なり 若吉昵主此を寫し置れずハ今輙く此古本を見ること難かるべし、然れば吉昵主の此をいちはやく寫し置れたるは、いみしき功なりけり、故かゝる古本を私に祕藏むもまめならぬわざなれば、其と少しも違ふことなく書寫して、己さきに神樂中の文庫にをさめおきつ 此大永本・天文

本の二《ツ》をおきてハ、皆寛永・正保このかたの寫本《ウツシマキ》にて、ぬけいで、古くめづらしと見ゆるハ、なくなむありける、抑《ソモ》いかなれバかく今世《ノ》に誤《リ》なく正《タヽ》しき古本の傳はらざるぞと云に、應仁の比より鄙《ヒナ》も京《ミヤコ》も大に亂れて天下《ノ》なべて戰《タヽカヒ》のみなりしかば、大々神樂を奉《ツ》る人も甚稀《イトマレ》にて、僅《ワツカ》にかの産土神社の神樂を執行ふのみを業《ワザ》としたりしばかり、吾職も衰《オトロ》へたりしかば 此に云ところ、喜早清在が毎事問に云る說とハ表裏なり、此等の事委しくハ神樂考證に云り、其歌の本等《ドモ》も徒《イタヅラ》に櫃底にのミ在《リ》て、蠹魚《シミ》の餌となりしもあるべく、又神地《コノトコロ》の火災も度々の事なりしかば、其時々に失《ウシナ》ひしも多かるべし 又ゆくりなく吾職ならぬ人の手にわたりて隱れたるもあるへし、今ノ世にても外人の手にわたりて終に、行方なくなる類の稀々にあるハ、歎きても歎くべき事なりけり 然ればば今多かる本等《ドモ》ハ、東照神祖《ノ》命の天下《ノ》の亂を治め給ひて安國と鎭《シツ》めましけるより、年々に神樂を奉る人の多く出來るまゝに、ちりのこりたる本等《ドモ》の得失《ヨキアシキ》をも撰ばず、思ひ思ひに寫し傳へつるがひろごれるなるべければ、古《ヘ》のいと正しきも絕え、さもあらぬも普く流布《ホドフレ》るならむと推《オシ》量《ハカ》らるるなり、然《サ》れど彼此集《カレコレツド》へて比校《クラベミ》れば、誤を正すべき益《タスケ》となること多し 其異同及得失のことハ、其所々の解にことわれり

注釋の事

此書昔より注釋あることをきかず、然るに近世淺井直堅《ノ》主 稱㆓孫右衞門㆒ 神樂故事考と云もの 序に于㆑時明和四年陽冬日とあり を書きて、杉木吉昵主に其考等《ドモ》の得失《ヨキアシキ》の評《サダメ》を乞はれし事あり、其中に神樂歌の考あり 但シ所々の考なり、此解の中に、淺井氏ノ考とて引るハ是なり さて右の故事考を杉木氏のよきハよし、あしきはあしと論《アゲツラ》ひて、其自《ミヅカラ》の說をも加へられたる書を故事考愚案《ノ》と云ふ、其序《ハシガキ》に吾子曾《カツ》て故事考と云る書を著《ハ》して、予に示し校訂せよと云、予謹て拜閱するに、專神樂の故實を辨じ、神樂歌を注し、吾儕《トモガラ》の迷を解《トケ》り、誠に古今獨步の好書にして、予が常に懇望する所なり、然るに吾輩數百人それが中に心を爰に用ふる者いまだあらず、吾子始て此事を演《ノ》ぶ、これ神樂中の君子これ神德の盛なるが故と有難く覺《オボエハベ》待る、然して書中校正すべき事もあらねど、大命に依て毎章に愚按を記し憶說を贅し、且愚意に合《カナハ》ざる所を

ば憚らずこれを難して以机下《テ》に呈す、其詞の過當なるは平日の懇席によればなり、こひねがはくハ過當の罪を宥し、再校吟味し給はゞ、珍重たらむものか、多罪々々、安永四年十一月とあり、如此在《カヽレ》バ神樂歌の考を始て思ひ起されしは淺井氏になむ有ける、さて其考等《ドモ》を見るにいと〳〵稚《ヲサ》なく拙《ツタナ》き說《コト》も交りたれど、昔より誰も得《エ》手つけざることをかくいそしくも思ひ立れしハ、甚《イト》有難き志なりけり、然《シカ》はあれど其《ソ》は所々思ひよられたるをのミ說《トカ》れしものにて、なべての考《ヘ》にあらず、はた誤さへあれば不足《アカヌ》がちなるを、杉木《ノ》吉昵主深く此《コレ》が考《ヘ》に意を盡して疑《ハ》しきを明《アキ》らめ、不審《イブカシ》きを辨へられしによりて、いかにとも思ひわかで數多《アマタ》の年を經《ヘ》しことの且々《カツヾ》も明《ラ》けくなり、始《ソメ》たるはいミしき功《イサヲ》になむ有ける 又佛語を避もし、又餘の語に代もして、宜しく物しおかれたるも、かの主の功なり、さて右の考等ハ上に云る故事考ノ愚案に載られ、又自の神樂歌の本に書入などもし、又別紙に記しもして置れたるが傳はれるなり、此解の中に、杉木氏ノ考とて引るハ是なり 又石井《ノ》清水主《スガミ》 稱二源大夫一 もいかで此歌等《ドモ》の注釋を物せむとの志ありて、其考へ出られたる說ともを自《ミヅカラ》の本に書入おかれしとぞ、然《サ》れど其書入の

本何處《イヅコ》へ潛《ヒソ》まりけむ、今知《シ》れざれば其說も又傳はらず、僅に一《ツ》二《ツ》聞傳ふるのみなり 此解の中に、石井氏ノ考とて引たるは彼聞傳へに殘れるものなり、さて此清水主ハ古學に志あつく、常に御神樂に仕奉りて讀申されし祝詞も麗しく雅びてぞ有ける、此レ等を思ふにつけても、かの考ハいかによろしき考なりけむと推量られ、いとしぬばしくこそ かくて此三人《ミタリ》の考の中に、淺井氏のはいと少く、石井氏のは一《ツ》二《ツ》傳はれるのミなれば、杉木氏のぞ最《モトモ》こと廣く多《サハ》に有ける 今永田清記信晴翁の考と人の云あり、其ハ皆杉木氏の考なるを自の本へ書入られたるが傳はれるにして、さらに永田氏の考にあらず、思ひ混ひて杉木氏の功を覆ふことなかれ 德辰今此《ノ》考等《ドモ》を熟《ツラ》〳〵見るに、其說いまだ普《アマネ》く深くはゆきわたらず、委しからぬことや誤られたることどもありて、猶人の思ひ惑ふべきことぞ多かりける、故《カレ》おのれ負《オホ》けなくも思ひ起して、かの考に漏《モレ》たることどもを詳《ツバラ》に辨へ、又解誤《トキアヤマ》れるふし〴〵をも論《アゲツラ》ひ正すになむ、然《サ》るは吾職人《ツカサビト》等《ラ》の常に歌へども其意を知《シ》らである惑《マド》ひをもさとさまほしく、又めでたく尊きことのかくれたるをも顯《アラハ》さむとてなり、然れともなほ思ひ得《エ》難《ガタ》きことも少《スクナ》からねば、其等《ソレラ》は姑《シバラ》く默止《モダシ》て後の考をまち、又ことの紛《マギラ》はしくて一方《ヒトカタ》に定めがたきなどは、姑《シバラ》く二《フタ》むきに解《トキ》て是《レ》はた後の評《サダメ》をま

つなり、○或人云《ヘ》らく、凡《スベ》て辨へ難きことを強《アナガチ》に解《トカ》むとすれば必僻說《ヒガコト》の出來《イデク》るものなり、然《サ》れば推量《オシハカリゴト》言せずて其儘《マヽ》に有べきなりと云る、實《マコト》に然《サ》ることなれども猶よく思ふに、かの疑《ハ》しきを不可知々々々《シラレズシラレズ》との云ひてすておかむには悟《サト》る世なく、殊に吾職のことを何《イカ》なる意とも得知《シ》らずで仕奉らむはいと不足事《アカヌワザ》なれバ、當れりや當らずや定めがたくとも考の及ばむかぎり試《コヽロミ》には云べきなり、然《サ》れとかの書誤《カキヒガメ》歌ひひがめなど熟《ヨク》正して本《モト》の言《コト》を得たりとて、今私《ワタクシ》に改め歌《ウタ》はむは中々《ナカ〱》に宜しからず、誤《アヤマリ》にまれ、かく傳へ來《キ》つるも久しきことなれば、佛語などの所をこそ避《サク》も代《カヘ》もせめ、其他《ホカ》の所はさかしらせずて有べきなり

書體《カキザマ》の事

諸《ノ》本の古寫・新寫をいはず普く見るに、正字を當《ア》て書る處もあり、假字《カナ》にて書る處もありて、いづれもいづれも同様《オナジサマ》ならず、且《ソノウヘ》假字用格《カナヅカヒ》の誤ハかぞへがたかり、故《カレ》今おのれ彼此《カレコレ》の本どもを多く比校《クラベミ》てその得失《ヨキアシキ》を撰び、悉く假字《カナ》づかひを正して音の處までも正字を用ゐず、總《スベ》て平假字《ヒラガナ》を以て書きつ　此ハ古書に例ある事なり、さて又其傍に正字を配てたるは、見む人の速く解り易からむことを思ひてなり、但シ正字の配て、がたきによりて然せぬ處も多し　但《シ》發語のイヤまた添《ソヘ》て云《フ》ヤなどハ解《トキゴト》に用なきもじなれば略《ハブ》きてしるさず

二見《ノ》神樂歌の事

二見鄕《ノ》山田原村の社人彌總太と云が所藏《モタ》る神樂歌の本を、天保五年正月十六日、彼地の產土神社の御頭《ノ》神事を勤めに行《キ》ける時、彼《ノ》家にて委く見たりし、其《ソ》ハ二見鄕の御鹽殿及《マタ》氏神の祠々《ヤシロ〱》にて執行ふ里神樂に用ふる歌にして　二見鄕に右の里神樂を執行ふ徒數家あり、彌總太はすなはち其一人なり　大抵《オホカタ》ハ吾黨のと同様になむ有ける、然《サ》れど吾黨のになきことも多く交《マジ》り、又吾黨のに有《ル》ことの見えぬも多かり、佛語・俗言などは殊に繁くぞある　其甚しきを一云はゞ、宮河の年魚も佛、になりにけり、岩出の寺の鐘の響に　其本書《カケ》るもじは片假字《カタカナ》にて、奥書に、寛文十二壬子年二月吉日、右之本今年享保十四己酉閏九月吉日寫レ之、二見山田原村善十

郎とあり、又平假字にて書きたるをも見せたり、其《ソ》ハ近き比寫しつるものと見えて、紙も何も新《ラ》しくぞありける、予元來《モトヨリ》神樂歌の解をものせむの志あるを以て參考の便《タヨリ》にもならむかしと思ひて、其歌の本《マキ》の中に吾職のと歌のさまは同じくて、言《コト》の異《コト》なる處あるものをば拔萃《ヌキウツシ》來《キタ》れり（皆がら寫し取らまほしく思ひしかど、其暇なくて得物せず、さて其拔萃來れるハ、巻首より内宮ノ末社拾までの條々なり）、此解に多く二見《ノ》神樂歌とて引たるは是なり、さて其をり右の神樂歌を傳《ヘ》來つる謂《イハレ》を彼《ノ》彌總太に問《ヒ》しかども詳《サダカ》ならぬにや、唯《タヾ》古くより用ひ來れりとのみ答へき（今按に、此歌どもハむかし吾黨より傳へしならむと推量らるゝ所由あり、其ハ別に論ラふべし）

肥後國《ノ》神樂歌の事

本居《ノ》宣長が書る玉勝間《ノ》十一《ノ》巻に、肥後國《ノ》の神樂歌なりとて載たるを見るに、吾職に用ふるものとよく似たる歌とも交れり、抑《ソモ》伊勢と肥後とは遙に隔《ヘナ》れる國なれは互《カタミ》に思ひ寄《ヨ》るべくもあらぬに、如此《カヽ》在《ル》ハ何《イカ》なる所以《ユヱ》ならむ、いともいとも奇しく測《ハカ》りがたきことなり、此解の中に肥後國《ノノ》神樂歌とて引るハ、右の玉勝間に載たるものなり（此を見るにつけても、國々處々の神社にして執行ふ神樂歌を尋ねバ、似たること必スありて、此解の益となること多からむと思はれて、其いと聞カまほしくこそ）

外宮の神樂歌を內宮より乞《コ》へる事

古老茶物語に、近年內宮の大々神樂執行の様を外宮の様子に似せむと所作等も皆革《アラタ》め制《ツク》りたり、是に由て神樂歌を外宮の神樂役人に請《コ》へども許《ユル》さず、故に藤波修理京にて內侍所の役人にたよりて御神樂の歌を傳へ來り用るなり、四十年計《バカリ》已前の事なりとあり、此物語は延享三年に秦《ノ》倫興が書《カケ》るものにて、其をり四十年計《バカリ》以前とあれば、吾外宮の神樂歌を內宮より乞へるは寶永の比の事なるべし

だいじやうと云ふ名目《ナ》の事

だいじやうハ淺井氏《ノ》考に、字書に發《スルヲ》レ歌曰《ヲフ》レ唱《ト》とあれば大唱《ダイジヤウ》なるべし、家々に傳へたる本に大上・大帳・大全な

どあるハ書誤《リ》たるものなるべしとあり、杉木氏考《ノ》に云く、神樂歌の本を大じやうと稱するハ何れの比よりのことにや、予古き大じやうを見しに、表題に外宮神樂歌とありて大じやうとハなし、おもふに、巻首に大じやうたつてふとあるを以てかく云來《ヒ》れるか、巻頭にある語を以て外題とせる事は例あり、歌を多く唱ふるを以て大唱と云との說は然るべからず、又或家の本に大政《ダイジヤウ》とかけるあり、上古ハ祭政一致なりといへども、祭ハ祭祀敬神の儀、政ハ利世安民の法度を爲《オコナ》ふ朝廷の公事なり、故に大政官有て百官の上に居し、又神祇官有て諸官に冠たり、是神國の所以《ユヱ》あることなり、吾神樂の大じやうハ政事にあらず、然れバ大政とも云べからず、又或說に大嘗《ダイジヤウ》なりと云り、其《ソ》ハ御鎭座の初《メ》沼木平尾《ノ》の行宮に天人降臨《アマクダリ》て夜々神宴し、又御遷幸の夕《ユウベ》宮人等皆參り終夜《ヨモスガラ》宴樂せしと云故事によりて、吾神樂にも神前に御膳を供《ソナ》へ奉仕の徒《トモガラ》　酒飯 勸盃祝飯あるを云 を喫する故、彼《ノ》大嘗會・新嘗會などに思ひよりて云るなるべけれど、僭強の說なり、予憶《オモ》ふに、大じやうは樂の目《ナ》なるべし、神樂ハ遊神樂《ノ》なり、立《タツ》てふとあれば樂を作《タツ》ると云語なること明らけし、又漢土六樂の中舜の樂を大韶《タイセウ》と云、是樂の最勝たるものなり、然れとも神樂の樂を必しも大韶とは云べからず、大じやうの義ハ考得されとも、神樂の曲調の名目と見て可なり、前說の如く大唱・大政などにてハ、興《タツ》てふの調解せずと云れたり なほ云ハれたる說もあれど、あまりにくだ〱しけれバもらしつ 、徳辰今按《フ》に、大じやうと云名《ナ》目は巻　頭《マキノハジメ》にある言《コト》を取て本《マキ》の總名《スベナ》としたるに決《キハマ》れり、然《サ》るは彼《ノ》神樂歌に前張《サイバリ》と云は前榛《サイバリ》に衣《コロモ》ハ染《ソメ》む云々と云歌一《ヒトツ》曲の名なるを、他《ホカ》の歌をもかきて十六曲の總名になして大前張《オホサイバリ》・小前張《ヲサイバリ》と呼《ヨ》び、又催馬樂《サイバラ》と云は其初《メ》についでたる伊天安加己末波也久由支己世萬川知也末《イデアガコマハヤノユキコセマツチヤマ》云々とある、初《ハジメ》の二句馬を催す詞なるをもて催馬樂と名づけ、其《ソ》を諸《モロ〱》　の曲の總名とせると同例なり 漢籍にも其首の言を以て篇名とし、歌曲の名とせる例多し、さて此大じやうと云稱《ナ》ハ何れの比よりのことならむ、詳ならず、凡《スベ》てかゝる稱ハたゞ何となく云來れるものなれバ、其始《メ》の知れざること知るべし、然れども疑《ウツ》なく古くよりの稱とは聞えたり、彼《カノ》大唱・大政・大嘗・大詔などの説は皆取るにたらず、又或人の説に大しやうは此本の標題に神樂歌大成とかけるを以て、すなはち大成《ダイジャウ》と呼《ヨ》び來れるならむと云るも非《ヒガコト》なり、又大竹氏の所藏《モタ》る正保《ノ》本にハ御神樂之大帖とあり、字書に、帖音《ハ》貼《テフ》、説文《ニ》帛《ニ》書《ス》署也、通俗文題《ニ》賦《ヲ》曰レ帖《ト》と見え、書の名にもなに帖・くれ帖と云あるなど考合《ヘ》すれば、神樂歌の書と云義《コヽロ》にて大帖《ダイデフ》と名づけたるかとも思はるれと然《サ》にハあらず、又御神樂大掌と書《カケ》るもあり、さてその大上・大帳・大政・大帖・大掌などさま〴〵に書《カケ》るハ、巻首の語を以て本《マキ》の總名を大じやうとは云へど、其義詳ならず、正《マサシ》く當《アツ》べき字なきによりてまづ假《カリ》に題《シル》せるのみにて義《コトハリ》あることにはあらずなむ　又或本に、巻頭の題辭に、二所廣前度會御神樂執行座着大全集・大々神樂拜階と書き、同表題に、爰清爰淨遊神之庭惟寂惟寞守徳之宅と記せるあり、ことぐ〳〵しきかきさま何てふ人のしわざにや、いと可笑くこそ

調子・歌節等を重くすべき事

(上)清直補入

神樂庭燎　此は吾神樂の勤メ方・心得方を書せるものなり、十三箇條ありて奥書に、明暦二年正月廿一日寫レ之とあり、此ノ年に書たる物か、また寫レ之とあれば、それより以往にかきたる物か、よくたづぬべきなり　に云《ハ》く、神樂調子之事、梁塵祕抄に一越調《イチエツテウ》と有レ之候、然とも神樂の場《バ》廣狹を可レ考《キ》哉《カ》、凡狹《ソ》き座敷にてハ平調《ヒヤウテウ》より始《メ》、次第々々あげて後ハ雙調にて可レ留哉、又廣間などの　大きなる座敷にては雙調より始《メ》、黄鐘《ワウシキ》に上て止《ル》べし、若又願主大勢にて其座噪《サハガシ》くば次第々々に上て盤渉《ハムシキ》にても納むべし、兎角《トカク》其座之見合可レ爲二肝要一事と云り、如此《カヽ》在《レ》ば昔ハ調子をいと〳〵大事にして、歌舞・鼓吹の調《トヽノ》ひ美麗《ウルハシ》からむことを專《ムネ》と勤《ツト》めたりし事知られたり、すべて神樂の舞曲に屬《ツキ》たるもの　笛・鼓・笏拍子・大鼓・銅拍子等、何れも何れもたやすきはなけれど、とりわけ歌《ウタ》は其歌ひざま音聲の巨細《フトキホソキ》・長《ナガキ》短《ミジカキ》・昂《タカキ》抵《ヒクキ》曲節《フシ〴〵》など種々《クサ〴〵》ならひとも多かり、かくて其調《シラ》べいさゝかにても違ふときは、なへての拍子亂れて、自然《オノヅカラ》拙くなるものなり、抑祈禱のために神樂を奏ることハ、皇神のその歌舞・調曲のめでたくうるはしきに感《カマ》けまして、其願事《ネギコト》どもを幸《チハ》ひ給はむことを乞祈《コヒノミ》てなれば、其わざを重く嚴《オゴソカ》にすべきことは言《イハ》まくも更《サラ》なり、然る

體源抄ニ云、平調ハ金商也、西方音也、亡國音也、神樂者本者平調也、依レ爲二亡國音一、後ニ成二壹越調一云々、又ケヒノ宮神樂ハ周盤渉調云々

に其拍子拙くみだりなるときは、神の御心のほど何《イカ》にあらむ量《ハカ》りがたし、然《サ》るを近世《キ》になりては古の傳《ヘ》へに因《ヨラ》むと欲《ホ》する人少《スクナ》く、かの淺井氏の故事考に云《イハ》れたるが如く、ならひと云ことは絶《タエ》て拍子の利《キヽ》たる者が頭《カシラ》となりて故實を失《ウシナ》ふこと多きを、神は誠に寛仁大度にましませば、世のならひにおぼしゆるして、俗《ヨ》に所謂《イハユル》大目《オホメ》に見行《ミソナハ》してやましますらむと畏《カシ》こけれど、推量《オシハカリ》奉《ツ》られていとも恐《カシ》こくなむ有ける、あはれ吾職《ワガツカサ》の人々此《コ》をよく思ひ、かの考課令最《ノ》條に、神祇《ノ》祭祀《ハ》不《ルヲ》レ違《ヘ》二常典《ヲ》一爲《ス》二神祇官之《ノ》最《ト》一と見え、音樂克諧《ヨクトヽノヒ》不《ルヲ》レ失《ハ》二節奏《ヲ》一爲《ス》二雅樂之《ノ》最《ト》一とあるに傚《ナラ》ひて、古の傳《ヘ》へを守り、拍子を嚴《オゴソカ》にしてめでたくうるはしく仕《ツカヘマツ》奉らバ、彌《イヨヽ》ます〱吾職ハ榮《サカ》ゆべくこそ

歌の初中後にある辭の事

（イヤアンー）歌をうたひ出す初にある辭、杉木氏考《ノ》に、イ‖ヤのヤ‖は發語なり、イ‖はヤ‖の字母なり、又イヤ‖は彌《イヤ》數多を云の義にて祝語なり、アン‖、は餘音にて歌曲のふしなり、イヤ‖ハすべて歌のふしにて歌の初中後にあり、其外ふしの助辭多く、別に意なしとあるが如し、然《サ》れどアン‖、を餘音と云れしハ違へり、ア‖こそヤ‖の餘音なれ、ン、‖は然《シカ》らず、たゞ添《ヘ》て歌う聲なり、又ン、‖はン‖を重《カサ》ねたるにあらず、ン‖を長く引たるにてンー‖なれとも、ン‖と歌ふふしある故にン‖を重ねたるが如く聞《キコ》ゆるなり、さてン‖を添て歌ふことも古《フル》きことなる由ハ、催馬樂に繁《シヤ》に生《オヒ》たるをシンジニ生《オヒ》タルと歌ひ、我家《ワイヘ》をワイヘンと歌へるにて知《ル》べし猿樂の謠などにハ殊に多か、ることなり又我君のまします道にン‖綾をはへ、度會や山田の原のン‖あや杉はなどすべてン‖を添《ヘ》て歌ふ處多し、何れも皆此《コヽ》に云と同し添辭《ソヘゴト》なり、（イヤア）歌の初發毎にある辭、上に云と同じ、（ヤア）佐伊波良比に云々ヤ、云々ヤと歌ふヤ‖もじ句尾《ノシリ》にヤ‖もじを添て歌ふことハ神樂・催馬樂・風俗等の歌にも多し、（ヨオ）ヤン‖ノと云辭の前と、取歌の結とにある辭佐伊波良比《サイハラヒ》に、云々ヤ、云々ヤと歌ひ添《フ》るヤ‖もじと同格《オナジサマ》に添《ヘ》て歌ふ辭なり、（イヤンノオ）わたし歌の中、間にはさむ辭イヤ‖は上に云が如し、今ハイヤ‖を約《ツヾ》めてヤ‖と歌ふなり、ン‖は上に云が如く添《ヘ》て歌ふ聲なり、ノ‖

はナの轉《ウツ》れるならむか、東遊歌《ノ》に、云々奈《ナ》、云々奈《ナ》とナもじを添《ヘ》て歌へるあり、ヨンナァ（歌をわたす處にある辭）、イヤンノオと同格《オナジサマ》なり（ヨとヤとナとノとは通ふ音なり）、ハァヤァ（わたし歌をうけて下ノ句をうち出す前に歌ふ辭、但シ練拍子の時はヤァとのみ歌ふ、又あげ歌をうくる時ハハイヤと歌ふ）、ハレヤの轉《ウツ》りたるものか、催馬樂・東遊等の歌にアハレともハレともアハレヤともあり、歎辭なり（歎辭とハ感歎の時にも悲歎の時にも用ふ語なり）、ハエヤ（取歌の中間にはさむ辭）ハァヤァと同格《ジ》なり、ハイヤァ（あげ歌の取歌の初發、と中間とにある辭）上と同格《ジ》なり、さてハァヤァ、ハエヤ、ハイヤァは三種《ミツ》なれとも意ハ一《ヒトツ》なり、ア・エ・イは親《シタシ》く通ふ音なり、三に歌ひざまの別《ワカ》りたるハ、歌曲の調《シラ》べに従《シタガ》ひて語勢の自然《オノヅカラ》如此《カヽ》在《ル》ものなり、イヤノ（早歌の發語）、上に云イヤンノと同格《シ》なり、イヤ〳〵（早歌の次に歌ふ辭舞上の曲にも歌ふ）、又、イヤのことは上に云り、其《ソ》を重《カサ》ねたるものなり、○上件の辭等《コトバドモ》ハ杉木氏の云《ハ》れたる如く皆意なし、たゞ歌曲の調《シラベ》に文《アヤ》を爲《ナサ》むとて設けたるものなり

詳略の事

むかしは大々神樂のやう今世《ノ》に執行ふとハ舞《ノ》數《カズ》多かりき、然《サ》るは夷舞《エビスマヒ》論の時、慶安四年三月、總女中より御奉行石川大隅守《ノ》政長朝臣《ノ》へ差上《サヽゲ》たる訴状《ウタヘブミ》に、大々御神樂一座之舞三十六番御座候と見え（夷舞論のことは蠻舞例日、と云記録に委く見えたり）寛文十一年兩宮祓銘論の時、師職中の尋によりて書出《カキ》せし大々御神樂の次第書に、外宮大々神樂御祈禱執行之次第云々、外宮御本宮相殿市幣の舞、別宮四番之舞、內宮御本宮相殿市幣の舞、別宮七番之舞、兩宮諸末社十八番之舞、八乙女之舞、すらへの拍子舞、山廻り舞、ゑびす舞、くりなハ遊ひ、へんはい、注連擧之舞、以上三十六番と見え（但シくりなハ遊ひ・へんはいハ三十六番の數にいらず）又古き引付に、外宮大々神樂執行之次第云々、外宮御本宮市幣舞《ノ》、內宮御本宮市幣舞《ノ》、外宮別宮四番舞《ノ》、內宮別宮七番舞《ノ》、兩宮諸末社十八番舞《ノ》、八乙女之舞、スラヱノ舞、山廻《リ》之舞、ヱビスノ舞、シメアゲノ舞、以上三十六番也と見え、又神樂略式に、神樂勤仕《ノ》次第云々、妓女奏《ス》㆓舞一曲《ヲ》㆒（此云㆓一、幣舞㆒）、次奏《ニス》㆓同舞四曲《ヲ》㆒、次《ニ》云々、妓女奏《ス》㆓舞一曲《ヲ》㆒、次奏《ニス》㆓同舞七

曲、次云々、妓女奏二十八曲、次八乙女立舞云々、次須羅倍舞云々、次山廻云々、次夷舞云々、次注連上舞云々、都《スベテ》奏舞數三十六曲と見えたるにて知られたり、然《シカ》るにいと意得がたきことあり、其よし次に云ひてむ、彼次第のやう兩宮諸末社十八番とあるは館段より夷御前までの段《クダリ》〳〵の舞數をさして云ると聞えたるに、陀伊自夜宇《ダイジヤウ》の次第と照し合すれバ舞數四番あまれり、陀伊自夜宇に見えたるは館・神山・牟山・三宮神・八王子・八幡・天白・熊野・御嶽・日吉・三寶・天神・韓神・夷御前、すべて十四番なり、舞數を約《ツヾ》めて執行ふことはありとも、陀伊自夜宇《ダイジヤウ》に見えたる段《クダリ》〳〵の數よりも舞を多く仕奉ることはあるべきやうなしと思ふから、つら〳〵推量るに、上に別宮四番之舞・別宮七番之舞とあるは、外宮段に高宮・土宮・月讀宮・風宮・地護御前・北御門・高神・客神合《ハ》して七番ある中《ウチ》、四番は四所の別宮のなれば其《ソレ》をのミあげて、殘る三番ハまづさしおきて物に書付《ク》るをりなどハ、別宮四番之舞としるし、内宮段に荒祭宮・月讀宮・瀧原宮・若宮・伊雜宮・櫻御前・風宮・瀧祭・山神合して九番ある中《ウチ》、別宮ハ七所なれど、月讀宮に伊佐奈伎宮をこめ、瀧原宮に竝宮こめたれバ、舞數は五番なり、然れども物に書付るには五番とかゝむハ七所の數にたがひていかゞなれば、歌舞の次第に拘《ハ》らず七番と記《シル》したるなり、かくて内宮段九番の中《ウチ》、別宮のは上に云る如く五番なれど、七所の數に合《ハ》して七番をあぐれバ殘《ノコリ》二番となる、其二番と外宮段七番の中、別宮舞四番をあげて殘しおける三番とを合すれバ五番となる、其五番に館より夷御前までの舞十四番を合すれば十九番となる、其中《ウチ》三寶は社の數にハいれがたければ、其一番を除《オ》きて兩宮諸末社十八番之舞と書《カケ》るならむか、彼古き引付に、外宮御本宮市幣舞・内宮御本宮市幣舞・外宮別宮四番舞・内宮別宮七番舞、兩宮諸末社十八番舞と勤行の次第《ツイデ》に拘《カヽ》はらず書《ケ》るを見れば、然《サ》も有《アリ》げに思はるゝなり、然《サ》れど略式に次に云々、次に云々と次第《ツイデ》たるによれば、予《オノ》が今の考《ヘ》も是《ヨシ》とは云ひがたし、何《イカ》なることにかあらむ、思ひ定めがたし、其《ソ》はとまれかくまれ、昔ハ大々御神樂のやう今執行ふとは舞《ノ》數多く、すへて委《シ》く長かりしことは疑なし、心を深めて古《ヘ》を按《オモ》ふに、舊《モト》ハ陀《タ》伊《イ》自《ジ》夜《ヤ》宇《ウ》にあるかぎりの宮々社々の歌曲《ハヤシ》を、一《ヒトツ》も略《ハブ》くことなく約《ツヾ》むることなく悉《コト〴〵》に仕奉《ヘリ》しなるべし、一年《ヒトトセ》に一度《ヒトタビ》執行ふ寄合神樂の料《タメ》にのみ如此《カク》長々《ナガ〴〵》しきことを設けおくべきかは、かくて今の如き執行ひざまになれるは何れの比よりの事ならむ、其《ソ》ハよく尋ねて後別《ノチコト》に委《シ》く云べし、さて其執行《リ》ひさまの今の如く約《ツヾ》まりつるよしを考《フ》るに、古《ヘ》にもたぐひなきまでよく治《マ》りたるめでたき御代のしるしとて、國々より御神樂を奉ること年々に彌《イヤ》進み進ミて、是また古《ヘ》にたくひなきまで數《カズ》多くなり來《ク》るにつけて、上に云る如きの作法《サハフ》にてはいみしくいとまゐりて、神樂の數の多かる日などは殊に便《タヨリ》あしければ、それよくせむために相議《アヒハカ》りて然《シカ》改め定めつるなるべし　然れど今の如く歌の本のミをうたひて末を略くやうのことハなかりしなり、此ハいと近き比よりのならはしなり

予《オノレミ》御祖《オヤ》の系統によりて御神樂のわざ仕奉《ヘ》るだに幸ひとも幸ひなるに、天下《ノ》平《ラ》かに治りて、四方の國より御神樂を奉ること年毎に絶えせず、いとも〳〵盛《サカリ》なるめでたき大御代にしも生れあひて、　内外二所《ノ》皇大御神の尊き畏《カシコ》き大御惠を厚く廣く蒙《カヽフ》ることをし常《ツネ》かたじけなミ歡《ヨロコ》ぼしみ思ひ、はた　二《フタ》大宮の御《ミ》榮《サカ》えと諸共《モロトモ》に、八百萬千萬世の末まで長く久しく吾御神樂の彌高《イヤカタ》に彌廣《イヤヒロ》に榮えゆかむことをし常《ツネ》祈るにつけて、たゞなほやあるべきと思ふまに〳〵、此職《コノツカサ》につきたることの古例《フルキアト》ゆゑよし何《ナニ》くれと考へ尋ぬとしては、いはゆる陀《ダ》伊《イ》自《シ》夜《ヤ》宇《ウ》の歌書《ウタブミ》なむ吾《ワガ》黨《トモガラ》の專《ムネ》と重くすなる物なれば、此《コ》をつばらかに解明《トキアキ》らめずではえあらじものと思ひおこして、如此《カク》書出《カキイデ》たる此書《フミ》ぞ、然《シカ》ハあれとをぢなく拙《ナ》き徳辰が見ること聞くことの少《スクナ》きをもかへりみず、強《アナガ》ちに物したる解《トキゴト》なれば私意《ノ》にひかれたる僻說《ヒガコト》どもも多からむと、それいとこゝろもとなく思はるゝなり、物よく知《シ》れらむ吾職の人然《サ》るふしもあらば、いかでよく論《アゲツラ》ひ直してよかし、時《トキ》ハ天保の

六年といふ年の夏、如此《カク》云ふは度會宮《ノ》に奉仕《ツカヘマツリ》て神樂《カミアソビ》の
事執《ト》る宮掌大内人大中臣《ノ》秦《ノ》德辰

(奥書)大正十年三月、近藤勇助氏藏本複寫

神樂歌解　二

神樂歌解二之巻目錄

外宮部上

大宮段

多賀宮段

神樂歌解二之巻

井阪德辰謹撰

外宮

此《コヽ》に外宮と擧《アゲ》たるは卽外宮段《ノ》と云意なり、次々の歌等の初《メ》に、多賀《ノ》御前・土《ノ》御前などあるも、皆其宮々段《ノ》と

云意なりと知るべし、さて古本等《ドモ》にハ此《コヽ》に外宮てふ題名を載《ノセ》ず、そらの遊《アソヒ》の前に、もろさいはらひ・かたさいはらひ（さいはらひのことハ次に委く云べし）の二種《フタクサ》を擧《アゲ》たり、今此《コヽ》に宮號を擧げたるハ、一本に有《ル》に依れり（何れも何れも歌の初メに題名を擧たれは、此も必ズ外宮と、あるべき所なり）又もろさいはらひ・かたさいはらひの詞ハ、初段に用なけれバ此《コヽ》にハ載《ノセ》ず、其《ソ》ハ下に擧《アグ》べし（諸さいはらひ・片さいはらひと云二種の差別ある謂れハ、八乎止女立段に委く云べし）

そら《天》のあそび《遊》

杉木氏考《ノ》に、遊《アソビ》ハ樂を云なり、此段をそらの遊《ビ》と云は、天上の事を云故なりと云《イハ》れたる如く、天《アメ》上に坐す神々を、神樂執行の齋場《ユニハ》に請し奉る由を歌《ウタ》ふ段なれば、如《カ》此《ク》名づけたるなり（虚空と天とハ本別なれど、常にハ通ハして天をもそらと云ひ、虚空をもあめと云ことも多きハ、地より云へバ虚空も天の方なれバなり、さて此に云ハ天を指て云なりと知ルべし）さて古《ヘ》ハ凡《スベ》て樂を遊《アソビ》といひ、樂をするを遊ぶと云り、古事記（巻上）天岩《ノ》屋戸段《ノ》に、於《コヽ》レ是《ニ》天照大御神《アマテラスオホミカミ》以二爲怪一《アヤシトオモホシテ》云々、内告《ウチヨリノリ》者《玉ヘルハ》云々、何由以《ナドテ》天宇受賣者《アメノウズメハ》爲レ樂《アソビシ》、また天若日子段《ノ》

に、日八日夜八夜以遊《ヒヤカヨヤヨヲアソビタリキ》也、續日本紀十五に、皇太子の五節舞《ノ》を舞給へるを御覽《ミソナハシ》て、太上天皇詔《ノミコトノリゴト》に、今日《ケフ》行《オコナヒタマフ》賜布熊乎《ワザヲ》見行《ミソナハセバ》波直　遊《タヾニアソビトノ》止乃味爾波《ミニハ》不在之弖《アラズシテ》云々などあり　歌舞・管弦をもはら御遊と云ることハ物に多く見えたり、落窪物語にハ樂をあそびがくと重ねても云り、因に云ハむ、神遊をかぐらと云ことハ、いかなるよしにて何ノ比よりいひ始メけむ詳ならず、古クハかぐらとハいはざりしと見えて、神樂歌を古今集にハ神あそびの歌、とあり、六帖の題にハかぐらとかけり　抑《ソモ〳〵》あそぶと云言の本ハ、今俗に云と同意《ジ》なれば、何事《ナニワザ》にも云中に、歌舞・管弦ハ遊《アソビ》の至極《キハミ》なる故に、殊に其名を負《オ》へるなりと云り、○此初段《ノ》を凡《ベ》て佐伊波良比《サイハラヒ》と云名　義《ノコヽロ》ハ先拂《サキハラヒ》にて　伎を伊と云ハ音便にて、前比をサイ、ツコロ、幸をサイハヒなど云類なり　歌舞仕奉る狀《サマ》を中間《アヒダ》に立隔《タチヘダヽリサハ》　障る物無く詳《サダカ》に皇神の聞　食《キコシメサ》む料《タメ》に豫《アラカジ》め先《サキ》を拂ふとの意なり、神代紀皇孫《スメミマノ》尊御天降《ミアモリノ》段に、且　降《アモリマサムト》之間先　驅　者還《スルトキニミサキハラヒノカミカヘリマヰリテマウサク》　白とある御先驅《ミサキハラヒ》ハ更にもいはず、今世《ノ》先供奉人《サキトモノヒト》を先拂《サキハラヒ》と云も行先《ユクサキ》に妨《ゲ》あらせじとの講《カマヘ》なれバ、此《コヽ》の佐伊波良比も意　旨《コヽロバヘ》ハ一《ツ》なり、大祓詞《ノ》に、高山之伊穗理《イボリ》短《ミジカヤマノ》　山之伊穗理《イボリヲ》乎搔別《カキワケテ》氏所聞食武《キコシメサム》とあるも雲霧などの立掩《タチオホヒ》て障るを、わけはるかして明《サダカ》に聞《シ》食《サ》むと云意なるなど思合《ヒ》すべし、但《シソ》其ハ神の御《ミ》自《ミヅカラシカシ》　然爲給ふなれば、此方《コナタ》より拂ふとハ自他の差別あり、然《サ》れどことの本《モト》ハ同意《シ》ぞ、さて先《サキ》を拂ふと云ことを躰言《キコトバ》にして佐伊波良比と云ひ、其《ソ》を卽《ヤガテ》　調曲の名目《ナ》とせるにぞ有《リ》ける　然るを杉木氏ノ考に、神樂歌に前張と云曲あり、我神樂歌の佐伊波良比とハ異なれども、詞相近く似たることとなれバ其に據て付ケたる目と心得べき歟と云ハれ、又松村氏の蟬羽露惠と云ふものに、佐伊波良比ハ催馬樂歟と云ハれたるは共に非なり、前張も催馬樂も、此の佐伊波良比にハ縁あることなし　さて段毎の佐伊波良比と早歌《ハヤウタ》との狀《サマ》を考《フ》るに、七言・五言と四句に次第《ツイデ》たる　中には言の足ざる餘れるもあれど、惣ての體ハ違ふことなし　は古《ヘ》の今樣歌《イマヤウウタ》の調《シラベ》なり、古《ヘ》を思はむ人ハよく味ふべし

だいじやうたつてふかはら《河原》にハ

石井氏考《ノ》に、大ハ天の字の誤《リ》、たつハやすの訛《リ》にて、天上《テムジヤウ》安《ヤス》てふ河原なるべしと云《ハ》れたる、實《マコト》に然《サ》もあるべし　天を大に誤りたるこゝとハ古書にも例あり　今按《オモフ》に、じやうハ成の字の音讀にて、本ハ天《アメ》なるとありけむを字義に拘《カヽハ》らず、なるを成《ナル》とも書《キ》しより轉《ウツ》りて大成《ダイジヤウ》と歌ひ誤《ヒガ》めたるにもある

べし、天《アメ》なるハ天《アメ》に在《アル》と云ことなり、安《ヤス》てふは安《ヤス》と云と云ことなり、是《コ》ハ云《イハ》でもよき詞なれと安《ノ》河原とのミにてハ歌ふに言足《コトタラ》で調《トヽノヒ》あしければ、其《ソ》を助《タスケ》むためにてふと云辭を添たるなり、さて此《コヽ》に如此《カク》歌ひ出《イダ》せるハ古事記上巻に、八百萬神《ノ》於《ニ》二天安之《アメノヤスノ》河原《カハラ》一神集々《カムツドヒ〳〵テ》而云々、神代紀に、八十萬神《ノ》會《ツドヒ》二於天安《ノ》河邊《ノカハラニ》一計二其可レ禱之方《ヲ》一、古語拾遺に、會《ヘ》二八十萬神《ヲ》於天八湍《アメノヤスノ》河原《ニ》一議二奉レ謝之方《ヲ》一など見えたる天上の故事《フルコト》に寄《ヨセ》て諸〳〵神《モロ〳〵ノカミ》等《タチ》の集《ツドヒ》給ふことを云《ハ》むとてなり　本居宣長ノ説に、やすと云名ノ義ハ、古語拾遺に、天八湍河原ともあれば、彌瀨之河にや、神代の天上の故事を云る皆此河名を云て、他河名ハ見えざれハ、是ハ一ツの河ノ名にハあらで、たゞ流レのいくすぢもありて、大きなる河を云なるべしと云り、さて杉木氏ノ考に、大じやうの意未考へ得ざれども、たつてふとあれバ舞樂の名目なるべし、凡て樂を興行するを作とも興とも云ふ、伎樂を立など云語あり、かはらハ河原なり、神代の昔八百萬神等天安河原に集給ひし其故事を此に引て大じやうを立る河原と云なるべし、此段ハ神樂執行の場を天安河原に比して、諸神を勸請申なりと云ハれたるハ違へり、然れどかはらを河原なりと見られたるハ違ふことなし

だいしやうわうこそをりたまへ

石井氏考《ノ》に、こそハ神の草字を社《コソ》に誤《リ》たるにて、大《ダイ》小皇神居《シヤウワウジムヲリ》給へなるべしとあり、今按《フ》に、大じやうハ大神《ダイジム》の訛《リ》、おうハたちの字の書誤《カキヒガメ》　たちとおうとハ字ノ形能似たり、さて今ノ本等に多くわうとあるハ、おうより轉りたるなり　をりたまへのをりハよりの誤にて本《モト》ハ大神等《オホカミタチ》こそ寄給《ヨリタマ》へとありしなるべし、さて大神等とハ諸神を云なり、其《ソ》ハ等《タチ》と云にて知《ル》べし、凡て神を尊ミてハ大神《オホカミ》・皇神《スメカミ》など申《ス》こと古今常なり、寄たまへとハ寄集給《ヨリツドヒタマ》ふを云なり　居給へにても意は聞えたれど、然でハ神等の常に安之河原に集ひ坐す如く聞えていかゞなり、此段ハ神樂を執行ふとして皇神等を神籬に請し奉るにつきて、卽皇神等の諸共に天降坐むために先安之河原に集ひ給ふよしを云なれば、かならず寄と云べき處なり、故をりとあるを誤とハ云なり　さて如此《カク》諸《ノ》神等の天安之《アメノヤスノ》河原に寄集《ヨリツドヒ》給ふよしを先初《マヅメ》に云ハ、次に諸共に天降坐《アモリマシ》て云々と云むとてなり　杉木氏ノ考に、大しやうわうの義未タ考へ得ざれども、按フに、此ハ往昔天上にて神樂を主宰たる功神を指て大じやう王と云ならむ、さて其神今此場へ天降給へと云なるべしと云ハれたるハ信がした

あつちもひめくりもろとも《諸共》に

石井氏考《ノ》に、あつちハ天地《アメツチ》と云意、ひめくりハ神籬《ヒモロギ》の訛《リ》にて天地神《アメツチノカミ》も神籬《ヒモロギ》へ諸共にと云意なりと云《ハ》れたり

又或人もあつちハ天地の略語なりと云り　今按《フ》に、いかに言を略《ハブ》けばとて天《アメ》地《ツチノ》神と云ことをあつちとハ云べきにあらず、此《コ》ハかならず天路《アマヂ》をあつちと訛《リ》たるなるべし、又滿と津と字のよく似たる故《カラ》、書誤《カキヒガメ》たるにもあるべし　萬葉ノ五に、比佐迦多能阿麻遲波等保斯、とよめり　もハをの誤なるべし、もと云《イヒ》てハ言の條調《スヂトヽノ》はず、ひめくりを神籬《ヒモロギ》の訛《リ》なりと云れたるハ然《サ》もあるべし　本居宣長ノ說に、比母呂岐と云物ハ、榮樹を立テて其を神の御室として祭るよりして云名にて、柴室木の意なるを布志を切て比と云なり、萬葉三に、吾屋戸爾御諸乎立而、これ榮樹を立るを云、又十一に、神名火爾紐呂寸立而、又二十に、爾波奈加能阿須波乃可美爾古志波佐之、これら、も同じと云へり　己前《オノレサキ》にはひめくりハ經廻《ヘメグ》りにて、天路を經《ヘ》廻りつゝ、諸共にと云こと歟とも思ひしかど、廻《メグル》といふこと緣《ヨシ》なければ然《サ》思ひしハ誤なりけり、諸共《モロトモ》にとハ俗に云ば《ハ》皆一緒《イッシヨ》にと云意なり　杉木氏ノ考に、あつちハ何路の訛りにて天下萬國天津日の照ラし給ハぬ所なけれバ、四方八隅諸共に天津日の運旋し給ふと云義ならむ歟と云ハれたるハ違へり、又ひめくりハ太白神歟とも云ハれたれと、是又緣なき說なり

おり《降》て《而》やあそ《遊》びをしきわうし

おりてハ降而《オリテ》なり、やハ咲《サク》や斯花《コノハナ》、打《ウツ》や霰《アラレ》などの類のやにて降而《オリテ》や遊《アソビ》と續《ツヾ》くなり　あそびハ上に委く云り　しきわうしハ舊見聞給《モトミキヽタマ》へとありけむをミをしに誤り、きゝのきを一《ヒト》つ落《オト》してしきとかき　同音の重る言ハ一省ても云例あれバ、此も落たるにハあらで、舊よりミきとのミ有りたるにて、も有ルべし　又玉《タマ》へを王《ワウ》しに誤りて書傳へたるものなるべし　又按フに、しきハうけのうをしに誤り、けをきに通し歌ふにもあるべし、わうしハ上に云が如し、堀河百首師頼ノ歌に、千早振神の心も庭火たく、今夜の神樂うけざらめやハ　見聞《ミキヽ》ハ舞を見給へ、歌鼓吹を聞給へなり、續日本紀十五の詔詞に、見聞喜《ミキヽヨロコビ》侍《ハベリ》とあるなど思合《ヒ》すべし、此《コヽ》を古本等《ドモ》にあそび給へしきわうしとあるハ遊給《アソビタマ》へ見聞《ミキヽ》給へにて、御自《ミヽヅカラ》遊《アソビ》も爲《シ》給へ、見聞《ミキヽ》も爲《シ》給へと云意なり　杉木氏ハ、あそびたまへ四季王子と書る本によられしと見えて、其考に、しきわうしハ四季王神にて陰陽家に所謂四季皇帝なり、此四季を司る四神にて、すなはち造化の神なり、大しやうと云より此までの詞、天神地祇造化の神までも降臨して遊びたまへと請し申す義なりと云ハれたるハいと〳〵よしなき說になむありける、然るを猶さとらぬ人は祝詞式大祓詞の次に載たる東文忌寸部獻㆓横刀㆒時咒に五方五帝四時四氣と見え、又我神宮の古書等にもかやうのこと多く見えたる中に、殊に内宮年中行事正月一日神拜ノ段に、東方青躰龍王・南方赤躰龍王・西方白躰龍王・北方黑躰龍王・中央黃躰龍王、此各御坐ス方ニ向テ手一端宛などあれバ、此も杉木氏ノ說の如く四季王神なるべしと思ふべけれど、然るうるさきことを定規として此をも其類なりと心得むは古意にあらず、縱四季王子と書ケる本ありとも、其は地名の小坂を法師等が例の妄に大釋迦と書ると同じ類なりと思へバとかう云にたらず、かへすがへすも思ひ混ふことなかれ　〇一段意《ノ》ハ諸皇《ノ》神等先天之《タチマヅアメノ》安《ノ》河原

に寄《ヨリ》集ひ給ひ、然《サ》て各打連給ひて天路《アマヂ》を諸共に此の神樂執行ふ齋《ユ》場《ニハ》に設けたる神籬《ヒモロギ》へ天降坐《マ》して、笛吹鼓《フエフキツヾミ》撃《ウチミ》御遊《アソビ》の歌舞仕奉る狀を見給へ聞給へとなり　杉木氏ノ考の如くにてハ此段ノ意混はしくて辨がたし

五方のあそび

五方は東方・南方・西方・北方・中央を云、此段《ノ》を五方の遊《アソビ》と云は大八《オホヤ》島國《シマクニ》六十餘 六《ムソジアマリムツ》國々《ノクニ〳〵》嶋々《シマ〳〵》に鎭座《リ》す諸《モロ〳〵ノカミタチ》神等を、神樂執行の齋場に請し奉るとして、東南西北中央の德を稱《タヽ》へ歌ふ段なる故に如此名づけたるなり　五方のあそびとあれバ五方五帝を請する段なるべしなど、例の陰陽師風を云人もあるべけれど其ハ取にたらず　さて此も其神を請し奉るよしを云べきなれど、上のそらのあそびにも云ひ、又此《コヽ》にも云ときハ言の重りて煩《ワヅラ》はしけれバわざと云《イハ》ぬなるべし、然《シカ》ハあれど上のは天に坐す諸神等を請し奉る段、此ハ地に鎭《リ》坐す諸神等を請し奉る段にて、事別《コトコト》なれば言の重りて煩ハしくとも、必《ズ》此《コヽ》にも其言なくてハいかゞとも云べきなれど、五方の德を擧げ歌ふにて地に鎭坐す諸神等の御靈《ミタマ》を請し奉る意ハ明なり　上のハ天の遊ひ、此ハ地の遊の意なれハ本より事別なれど、歌ふ次第ハ一つゞきなれバ、同じことの重ねハふべきにあらず、若然《モシサ》なくバ五方のことを歌ふは何の爲《タメ》とかせむ　杉本氏ノ考に、此段ハ四方中央の德を擧げ云なりとのミ云れたるは委シからず

ひかし《東》にゝちりむ《日神》ひ《日》をいたす《照》

ひかしハ東《ヒムカシ》より、にちりむハもと日神《ヒノカミ》とありしを音讀の似たるをもて日輪《ニチリム》と心得、歌ひ傳へたるなるべし　天文本ににちりう、とあるハ訛なり　ひをいたすハ日をい照《テラ》すなり　いは發言にて言の上にそへて云こと古言に多し、いてらすをいたすと云ハてらてふ言の自然切てたとなれるなり、出すの意と心得むも理聞えたれバあしからねど、猶い照すの方ぞ勝れる、天文本にハいたしとあり　肥後《ノ》國《ノ》神樂歌には、東にハ日月さやかにひをてらすとあり、此《コヽ》の意は杉木氏考《ノ》に上の日輪ハ卽日神《ヒノカミ》、下の日《ヒ》ハ日夜《ヨルヒル》の日なり、此《コ》ハ日神の光華《ミヒカリ》によりて日《ヒル》をなすとの義にて、一に日神の御德を云なりと云《ハ》れたるが如し、さて如此東のことを歌ふハ東方に坐す神等を請する意なり

にし《西》にはゆふつくよ《夕月夜》をてらす《照》

ゆふつくハ夕《ユウ》月なり、月をつくと云ハ古言にて萬葉など多く見えたり　此に月をつきといはで、つくと云る、いとよし　さて此《コヽ》の意ハ杉木氏《ノ》考に、月の初《メ》ハ西に在て夕《ヘ》に光を現《アラハ》す、初中後西に在ルにはあらざれとも、月を以て西に配當すること故《ユヱ》あり、日を拜するにハ旦《アシタ》を以てし、月を拜するにハ夕《ユフベ》を以てする義あり、此《コヽ》ハ月《ノ》神の夜を照し給ふ御徳を云なりと云《ハ》れたるが如し、平田篤胤の玉襷《タマダスキ》と云書に　西方ニ向ひて月豫美ノ國に坐す神等を拜む詞の傳を云る條に　云《ハ》く、伯家部類に日《ノ》神月《ノ》神の拜式の處に、不レ拘《ハラ》二時刻《ニ》一、先《ヅ》向《テ》二東方《ニ》一再拜、此《レ》拜二日神《ヲ》一、次《ニ》向《テ》二西方《ニ》一再拜、此《レ》拜《ス》二月《ノ》神《ヲ》一と見えたるハ故實ある事と思はる、漢籍禮記に、祭《リ》二日《ヲ》於東《ニ》一、祭《ルハ》二月《ヲ》於西《ニ》一、以《テ》別《チ》二外內《ヲ》一、以《テ》端《ス》二其《ノ》位《ヲ》一と見え、玄學の書等にも此說あるは是また和漢の故實あひ符《ア》へる物かと云《ヘ》るなど思《ヒ》合すべし、肥後《ノ》國《ノ》神樂歌にハ、西にハよをつけよを經《ヘ》たまふとあり、さて如此西のことを月に寄《ヨセ》て歌ふハ即西方に坐す神等を請する意なり　天文本にハてらしとあり

きた《北》にハめうけむたいしやうぐむ《妙見大將軍》のとのづくり《殿造》

杉木氏《ノ》考に、めうけむは妙見星なり、妙見菩薩と云ひ、又此《コレ》を菩薩《ノ》大將と云ふ、北辰菩薩陀羅尼經に、我北辰菩薩、名《ヲ》曰《フ》二妙見《ト》一、今欲《ス》下說《テ》二神咒《ヲ》一、擁中護《セムト》諸《ノ》國土《ヲ》上、所作甚《タ》奇特、故《ニ》名《ヲ》曰《フ》二妙見《ト》一、處二於閻浮提《ニ》一、衆星中《ノ》最勝、神仙中《ノ》之仙、菩薩《ノ》之大將、光二目《シ》諸《ノ》菩薩《ヲ》一、曠二濟《ス》諸《ノ》群生《ヲ》一と見えたる是なり、殿造《トノヅクリ》とハ北方に位《クラヰ》するを形容《カタドリ》て云なりとあり、前川《ノ》正魚が云《ハ》く、殿造《トノヅクリ》ハ北極星を取廻したる上下左右に連《ツラ》なれる星のかこミを、紫微宮とも紫微垣とも云る如く、其《ノ》形いかにも宮殿に似たればバ如此見立て歌ふなるべし、さて此段ハ東日・西月・北星と三光の御徳を稱《タヽ》へたるなり、願《ネガハ》くハ妙見てふ佛語を除きて北辰大星宮のとあらまほしき所なりと云り、徳辰今按《フ》に、妙見大將軍と云ことの佛語なることハ更にも云《ハ》ず、伊勢の御神樂に星のことを歌ふハふさハしからぬことなり、其よしは藤井高尚の松の落葉てふ書

に、星をまつることは、吾皇朝《ミカド》の古《へ》にさらになき事《コト》にて、よその國の事《ワザ》なれバ佛を嫌《キラ》ひ給へる、同じ類《タグヒ》に伊勢に坐《マ》す大御神ハこれの甚《イタ》く嫌ひ給ふにこそ、然《シカ》云ふハ日本後紀十の巻に、禁《ズ》下今日祭《リ》二北辰《ヲ》一擧《ゲ》レ哀《ヲ》改《ムル》レ葬《ヲ》等《ノ》事《ヲ》上、以《テ》三齋內親王入《リ玉フヲ》二伊勢《ニ》一也と見え、續日本後紀四の巻承和元年八月の條《クダリ》に、禁《ズ》三京畿之《ノ》內、來月供《ルコトヲ》二北辰《ニ》燈《ヲ》一、以《テ》二齋內親王《ヲ》可レ入《リ玉フ》二伊勢《ニ》一也と見え、延喜式五の巻にハ、凡《ソ》齋王將《スル》レ入《リ玉ハムト》二大神宮《ニ》一之時、自二九月一日一京・畿內・伊勢・近江等國《ノ》、不《ズ》レ得下奉《リ》二燈《ヲ》北辰《ニ》一及《ヒ》擧《ゲ》レ哀《ヲ》改《ムルコトヲ》上　葬《ヲ》と見ゆれバなり、擧《ゲ》レ哀《ヲ》改《ムル》レ葬《ヲ》ハいミしき穢《ケガレ》のわざなるを其類《タダヒ》とも爲《シ》給へるハ、祭るまじき神を祭る事を天照大御神ハ深く惡《ニク》ミ給ふ御心なりけり、佛を嫌ひ給へるも然《サ》るゆゑにぞあらむかし、然《サ》れば神の宮人のともハ更にも云《ハ》ず、なべての人もこゝろして星神《ノ》をバ祭るまじき事なりと云《ヘ》るが如し、然《シカ》れどもはやくより佛を祭り、星を祭るやうの事《ワザ》をいミしきことにしたる、なべての世のならひなりしかバ齋內親王の伊勢へ入坐すなどの時、北辰を祭ることを禁ぜさせ給へるも、古へ既く星を信じて祭る人の多かりし故なり畏《カシコ》くも大御神の嫌ひ給ふことを忘れて、吾神宮《ノ》人さへ星を尊ミつると見えて、五部書《ノ》などにもをり〳〵星のこと見え、なべてハ信じがたき書ながら岡崎宮妙見本緣には、妙見本願、度會氏《ノ》遠祖大神主飛鳥《ノ》末孫大內人高主、貞觀元年己卯十一月十五日、一子前《ノ》大物忌子《ノ》入《テ》二御贄河《ニ》一卒去十五、才卽時《ソノトキ》從二御贄河《ノ》淵底二而得《テ》二妙見星《ノ》童形《ノ》像《ヲ》一奉《マツ》レ居《スヱ》二尾部《ノ》御陵以西《ヨリニシ》小田《ノ》岡崎《ノ》宮《ノ》靈地《ニ》一利《リ》祈《ル》二氏人之《ノ》繁昌《ヲ》一、爰《ニ》貞觀二年十一月十五日《ニ》、一胞二人《ノ》男子生《ル》、宗雄・冬雄是也、同三年十一月十八日《ニ》、同胞二人《ノ》男子生《ル》、春海・秋竝是也、同四年十一月十五日《ニ》、亦同胞二人《ノ》男子所《ル》レ生《マ》冬綿・春彥是也、仁和四年十一月十八日、神主春彥任《セ》二妙見尊星王《ノ》靈託《ニ》一、率《キテ》二氏人等《ヲ》一向《ヒ》二清淨《ノ》山谷《ニ》一、奉《ル》レ祭《リ》二本地妙見大菩薩・日光・月光・十二神王・廿八宿・諸天・三寶・孔雀王・帝尺神等《ヲ》一也、以《テ》二遊年戌夜《在イ》位歲《ヲ》一、爲二祭年《ト》一也、今號《ル》二山宮祭《ト》一是也、凡《ソ》岡崎宮座《ニス》妙見北斗尊星王者《ハ》神主等妻子專《ニシテ》二供養尊重歸依《ヲ》一、相《アフ》二應驗《ニ》一佛也《ナリ》とも見えたり、かゝる世のならはしにつれて吾神樂にも歌ひ始《ソメ》つるなるべければ、此歌定めけむ人の咎にしもあらず、又舊《モト》ハ北にハ星《ホシ》の殿造《トノツク》りとありしを、後に妙見大將軍てふ事々しきことを添《ソヘ》たるにもあるべし 今ノ世大々神樂執行の時、北にハ妙見云々、南ハほとけの云々の二句を略きて歌はぬハいと〳〵よろし、北南を云ハずとも日月のことを歌ふにて自ら四方にも通へり、然るハ四方ノ國に日月の御光の至らぬ處なければなり、附て云ふ、日月にならべて星をいミしきものに云ひさわぐハ漢國のさだにして、彼國籍にハ、日照レ晝、月照レ夜、星運二行於天一、民得レ取二其時節一也など云へり、皇朝にて星の事を云ふハ漢に倣ひてなれば、上古にハなきことなり 肥後國《ノ》神樂歌にハ、北には一れうめうけむ、大將軍とのとのづくりとあり、さて如此北のことを北辰に寄《ヨセ》て歌ふハ、卽《チ》北方に坐す神等を請する意なり

みなみ《南》ハほとけのミくに《御國》とかや

杉木氏《ノ》考に、南ハ佛の御國と云意ハ、法華經提婆達多品第十二に、卽往南方無垢世界坐寶蓮花成等とある、此等によれることと歟、此章《ノ》と前《ノ》一章とハ兩部習合の語なりと云れ《ハ》、又ほとけてふことを避《サリ》て南ハ壽老の御國とかやなど、歌ふべき歟、老人星ハ 壽星とも云ふ 北辰に對せりと云れ《ハ》たり、今按《フ》に、佛《ホトケ》てふことの忌《ユヽ》々しとて皆がら改め歌はむハ中々によろしからず、又壽老の御國などゝ云む《ハ》もいかゞなり、又今《ノ》世佛《ホトケ》てふことを忌詞を以て中子《ナカゴ》と歌へど、中子も佛も言《コト》こそ異《カハ》れ、實ハ一《ツ》なれバ猶佛臭氣《ブックサヽ》ハ去《サリ》かたかり、抑《ソモ〳〵》大御神の佛を嚴《イミ》しく嫌《キラ》ひ給ふことハ誰もよく辨《ワキマ》へつらむに、昔より改むる人なく如此歌ひ來《キ》ぬるハいと〳〵忌《ユ》々しく歎《ナゲ》かはしきことならずや、近比前川《ノ》正魚が考出《ヘ》せる說に、此ハ舊火氣《モトホノケ》とありしを 神樂歌弓立に、伊勢嶋や海士の刀禰等が焚く火の氣云々 言の似たるまゝに佛法に染凝《シミコリ》居し徒《トモガラ》の然《サ》る心からほとけと歌ひ誤《ヒガ》めたるが例となれるなるべし、さて三光につゞきて此《コヽ》に火《ヒ》のことをしも云故ハ、火のいと奇《クス》しく靈《アヤ》しきことハ更にも云ず、萬《ツ》の用をなす中にも別て闇《クラキ》を照すの德《イサヲ》あるを以てなり、神代の昔天照大御神天岩屋《ノ》戸に隱《コモリ》坐るを招禱《オキ》奉らむとして、八百萬《ノ》神等の神樂し給ふ時《ヲリ》、庭火を擧《アゲ》給ひしなど思合《ヒ》すべし、南方に火を

(上)新古今釋敎、俊成
今ぞこれ入日を見ても思ひこし、彌陀の御國に夕くれの空
續古今、後鳥羽院

まことには佛の國もよそならすまよふかきりそうき世なりける

配《アツ》ることハ物に多く見えたり、ゆめ佛てふ枉《マガ》ことにな惑ひそと云る、いといと拔出たる珍しき考になむありける、然《シカ》れども南方に火を配《アツ》ることも猶漢意なればいかゝはせむ、何《イヅ》れにしても此北南の二段《フタクダリ》ハ心よからぬ歌等《ドモ》なりけり　四方のことを云ふにハ東南西北と次第へきことなれど、此ハ先ヅ日月星と次第たる歌ざまなればバ、東西北南と奉たるなり、次第の違へりとな、思ひそ、さて天文本には、ミなミにハとあり　肥後國《ノノ》神樂歌にハ、南に南海をへだてたりとあり、さて如此南のことを歌ふハ卽南方に坐す神等を請する意なり

つる《鶴》のむれ《群》ゐ《居》るなかやま《中山》に

つるハ和名抄に、四聲字苑云《ニ》、鶴以《ハテ》レ鵠《ニ》長啄高脚《ナル》者也、和名豆流《ツル》とあり、むれゐるハ群《ムラ》がり居《ヲ》るを云、なかやまハ杉木氏考《ノ》に、四方に對て中央の義にて中山と云とあるが如し　天文本につるのむれゐる云々以、下四句の歌のなきハ漏たるなり　此《コレ》より下四句の歌は古き今様歌にあり、詞ハ彼是いさゝかづゝ異《カハ》れり、其《ソ》ハ此《コヽ》に引《ヒ》くを見て知べし　此に引く今様歌ハ予が所藏朗詠今様譜に見えたるものなり、其書の奧書に、文安五之曆戊辰夾鐘中九甲亥之時、以二洞院入道前内府尊翰一之令二書寫一畢、可レ祕者也、通議大夫中郎將源朝臣有儁とあり、通議大夫ハ正四位下、中郎將は中將の唐名なり　さて今様歌には、鶴のむれゐるまつ山とあり　杉木氏ノ考に、外宮の宮域を繞れる山を總て中山と云、高倉山・風音山の西南に中山と云あり、此より西、常勝寺なども中山の常勝寺と云、又常勝寺山より西北、天神山及橋村氏の山の邊までを總て中山と云、中山兵庫が家號も地名に依けるなり、又前山の北より東宮崎の中山寺、中山の入門寺など云邊までを總て中山と云との古傳を引て、此に云中山も其中山を指すとやうに云ハれたるハ誤なり、此ハ地名などに拘ハらず、廣く中央の義を以て中山とハ云なり、かへすがへすも思混ふ事なかれ、さて中央のことを中山と云《ヒ》なして歌ふハ、卽《チ》中央に坐す神等を請する意なり

きみ《君》にハちとせ《千年》をかさねつる

きみハ天皇《キミ》を指して申すなり、千年《チトセ》を重ねつるとハ鶴の千年《チトセ》の齡を天皇の重ね有《タモ》ち給ふと云賀詞《ホギコト》なり、上に群居《ムレヰル》とあるにて此《コヽ》に重《カサ》ねと云ことよく叶へり、今様歌にハ、千世《チヨ》に千年《チトセ》を重ねつゝとあり、此《コヽ》にハかさねつるとあれど、今様歌につゝとあるを以て思へば、此《コヽ》も舊《モト》ハつゝとありしを後につるに誤りたるにやあらむ　つるにてハかけ合いかゞに聞ゆ　さて中央の事を歌へる續《ツヾ》きに、天皇ハ國の眞中《ミナカ》に宮敷坐すとの意を以て、卽天皇の御事を歌

ひ出し奉り、其《ソレ》に鶴の千年てふ賀詞をかけ合《ハ》したるはいと〳〵よろし（堀河百首師時ノ歌に、君が代の爲に群居田鶴なれバ千年をかけて遊ふなりけり、肥後ノ歌に、君が代の長ゐの浦に群居つゝ共に千年を契る鶴かな、師頼ノ歌に、君が代ハ長ゐの浦にひまもなく群たる鶴の齢なるらむとあり、此の詞とよく似たる歌等なり、思ヒ合すべし）、○上に擧る東西北南ハ其方位に縁《ヨシ》あることを歌ふのミにて各別事《コトゴト》なり、中央以下ハ皆續《ツヾ》き詞なり

よはひ《齢》はきみ《君》のため《爲》なれバ

ためなれバは爲《タメ》に在《ア》ればなり（にあハな、と切まる）今様歌にハ、よはひは君がためなれやとあり

あめ《天》のした《下》こそのどかなれ

のどかなれハ安穏《ノドカ》に在《ア》れなり（のどかとハ、事なく安らかなるを云）今様歌にも、あめのしたこそのどかなれとあり（堀河百首河内ノ歌に、千年ふるたづの群居池水ハ波のた、つさへのどかなるかな）此《コヽ》は杉木氏《ノ》考に、天下泰平と祈《ノ》禱《ミ》中す意なりと云《ハ》れたるが如し、さて此五方のあそび、先初《ヅメ》に東西北南中央と次第に擧置《アゲ》て、其《ソ》を終《トヂメ》に天下と

（上）千載集、清輔
あめのしたのとけかれやとさかき葉をミかさの山にさしはしめけむ

とり總《ス》べて云る言《コト》の巧《タクミ》、いともいともおもしろくなむ

上分のあそび

上分と云稱《ナ》ハ古き稱にて、年中行事十二月十八日條《ノ》に、同夜私《ノ》御饌供進事《ノ》云々、詔刀《ノリト》云々、今年十二月十八日、今《ノ》時《ヲ》以《テ》田邊《タノヘノ》御神田苅《ノ》上分竝《ニ》云々、奉《ル》狀《ヲ》平《ケク》安《ケク》聞食《シテ》云々（年中行事に上分と云こと多く見えたれど、今ハ其一ツを云ふ）神宮雑事記に、天平十九年九月、太神宮御遷宮、卽《チ》下野《ノ》國金《ノ》上分令レ進給《フ》、また永承二年春比云々、抑皇太神宮天降御之時始天御饌《ヲ》備進乃水《ハ》云々、高天原乃天忍石乃長井水《ノ》持《ヲ》下天其上分《ヲ》八盞盛備進天云々など見えたり（神宮ノ古記・文書等を始メて其他の書等に大神宮ノ御領米を上分と云る例、また然らでも神に奉る物を何にまれ、上分と云る例數しれず、多く見えたり、さて杉木氏ノ考に、上分ト云ことハ諸事にあれども、取わけ田園のことに多し、米穀收納の役人に上分取升取と云あり、此ノ上分取と云ことハいと古き稱なり、往古ハ神税・公税を總べて上分と云、また數多の田の中に神税に上る田を上分田と云、また國々所々に神田或ハ伊勢田と號て公税免許の地ありて、其穀物一圓大神宮へ上る處あり、土俗これを上分田と云、また初穗をも上分と云、近國より初穗米を海陸より運送る、各此を上分と云ハ卽神税の意にて、是レ古稱の殘れるなり、今ハ神領より神税を貢上るをも御神領米と云ひて上分とハ云ハず、後世人心さかしらになりて古稱ハ廢れたるが如し、凡て米穀にかぎらず、己物を得て先神に奉る、此レをも上分と云、又此稱佛家にもありと聞ケり、さて古へ大々神樂執

行の料物ハ米十二俵づゝ十二箇合て六十石なり、是願主よりの幣物にて、卽大神宮への上分なり、然れども若干の米穀を悉く神前に供ふべきやうなければ、此ノ中正米一石を神座の納米とし、同二斗を供米とし、其一斗を上分米とし、今一斗は修祓の散米とす、かくて右の上分米を御供米桶に盛て、神樂執行の時、上分取ノ女一口頭の座上に居て、一社一番毎に是を捧ゲ奉る、是レ若干の幣物の上分を進る意なりと云ハれたる、實に然り　然《サテ》上分と云稱は何物にまれ美《ヨキ》を撰ひ取て俗に云正、味の處　先此《レ》を神に奉るを本《モト》にて神領ならぬ私《シ》の年貢、また運上など云類をも總て上分と云ること古き田畑の沽券などに見えたり、此《コヽ》に云上分ハ神に奉る稲穀を指て云なり、上分のあそびと名づけたるハ舞曲の初歌《メ》の首《カシラ》に上分とあるに依れり　また此ノ大宮段の歌舞を練拍子と云は緩に歩ミつゝ舞ふ故なり、神樂歌に、銀の目貫の太刀をさげはきて、奈良の都をねるや誰が子そ、梁塵愚案抄此ノ歌の注に、ねるとハあゆむ事を云とあるを思ヒ合すべし、また此ノ舞をいちくらと云ハ一幣と書く字義の如し、くらハミてぐらのくらにて、此ハ第一番に奉る舞曲なれバ一の幣と云意なり、内宮大宮の舞を二くらと云をも思ヒ合すべし、又巫女のことを市とも云へバいちくらも一の意にハあらて、市の意がとも思ハるれど然にハあらず、若然もあらば初メの舞にかぎらず、總べて市くらと云べき理なり、吾黨の古記に多く市くらと書キたるハ市役の市と混ひし物か、はた借字にてもあるべし、杉木氏ハ、小日記・式目・其外古記にハ市くらとありて一くらと書キたるハ見えず、一幣と書くハ近來の事なりと云ハれたれど、幣ノ字を當て書ケるをこそ古記にハ見ね、大々御神樂夷舞例目と云記録にハ一くらと書るをや、此例目ハ延毘須舞論訴の記録にて萬治三年に書る物なれバ古記なり

じやうぶむ《上分》なるぶむごよりたつミたつミ《巽》よりふきくる《吹來》
かせ《風》ハはな《花》のか《香》ぞする

上分ハ上に云が如し、なるハ生《ナル》にて產《ナリイヅル》の意なり、次《ノ》句へ係《カケ》て心得べし、ぶむごよりたつミ、此《コ》ハいと心得がたきを試《ミ》に強《シヒ》て云《イハ》ば、豐御《トヨミ》神《カム》田《カウタ》邊《ベ》にの誤ならむ歟、然ハ豐御をふむごと音讀に唱へ、かうとよりと字形《ノ》よく似たれバ見誤て書傳へ、また田《タ》べにのべにとつミと是又字形《ノ》よく似たるのみならず、次《ノ》句にたつミよりとある其《ノ》うつりにて如此《カク》書誤しより、後遂にぶむごよりたつミと歌ふことゝはなれるなるべし、さて田《タ》べハ田《タ》のほとりの意にハあらず、たゝ田《タ》といふことなり　此ハ海べ・野べ・岡べ・山べ・谷べなど云も皆たゞ、海・野・岡・山・谷と云ことなると同ジ例なり　豐《トヨ》ハ美稱《ホノタヽヘ》て云言にて、豐食《トヨウケ》・豐御酒《トヨミキ》などの豐と同意《ジ》なり　豐てふ美稱言ハ古書に例、多し　御神田《ミカウタ》ハ神稅のハ云も更なり、總《スベ》ての田をも此《ノ》言にこめたるなり、然《サ》るハ皆大御神の御靈《ミタマ》によりて成《ナル》ものなれバなり　淺井氏ノ考にハ、ぶむごハ豐國〈豐前・豐後を云〉ならむ歟と云ハれ、杉木氏ノ考にハ、ぶむごは解ざれとも、思ふに、天皇の都を指して云ならむ歟と云ハれたれど皆僻說なり、但シ予が今の考へもかならずこれよしとにハあら

ず、猶熟考、ふべきなり‖たつミより八自《ヨリ》ニ東南《タツミ》一にて、即神宮の方位を指《シ》て云なり、例ハ續日本紀神護景雲改元の詔に、今《コ》年乃《トシノ》六月十六日申時仁《ミナヅキノトヲカマリムユカノヒノサルノトキニ》、東南之角爾《タツミノスミニ》當《アタリテ》天甚《イト》奇久《クスシク》異爾《コトニ》麗岐《ウルハシキ》雲《クモ》七色《ナヽイロ》相交《アヒマジリテ》天立登《タチノボリテ》天在《アリ》、此宇《コヲ》朕《アレ》自毛《ミヅカラモ》見行之《ミソナハシ》、又侍《マタサモラフ》諸人等毛《モロ〳〵ノヒトヽモモ》共《トモニ》見天《ミテ》怪備《アヤシビ》喜《ヨロコ》備《ビ》都々《ツヽ》在間仁《アルアヒダニ》、伊勢國守《イセノクニノカミ》從五位下《ヒロキイツヽノクラヰノシモツシナ》阿倍朝臣《アベノアソミ》東人等《マヅマヒトラ》我《ガ》奏久《マヲサク》、六月十七日爾《ミナヅキノトヲカアマリナヌカノヒニ》度會郡《ワタラヒノコホリ》乃《ノ》等《ト》由氣乃宮乃《ユケノミヤノ》上仁《ウヘニ》當《アタリテ》天五色瑞雲《イツイロノアヤシキクモ》起覆《タチオホヒテ》天在《アリ》、依此天《コレニヨリテ》彼形乎《ソノカタヲ》書寫《カキウツシテ》以進止《タテマツルト》奏利《マヲセリ》、神宮雜事記、神龜六年ノ條に巽方《タツミノカタノ》大神、天長六年ノ條に巽方大神、仁壽二年ノ條に巽方大神、また巽方內外大神、貞觀十五年ノ條に巽方大神、寛平三年ノ條に巽方大神、延長六年ノ條に巽方大神、天德三年ノ條に巽方大神と見え雜事記に見えたる中に、內外宮を指せるあり、內宮を指せるあり、又二宮を指るあり、此ハ皆京より指シて云る方角なり、此外の古書等にも京より神宮を指《サシ》て巽方ノと云《ヘ》ること何くれと多く見えたるにて知《ル》べし、吹來《ク》る風ハ花の香《カ》ぞするとハ、風の荒《アラ》び吹ことなく和《ヤハラカ》にそよくさまを美稱《ホメタヽヘ》たるなるべし此と同じ

下ノ句なる古歌あり、古今集春ノ部在原元方ノ歌に、霞たつ春の山べハ遠けれど吹くる風ハ花の香ぞするとある是なり、さて杉木氏ノ考に、巽風は陽氣にして萬物を生長す、殊に草木ハ震木に生して巽風に長し、東南の陽和を得て花を開くなり、故に草木陽風に會ひて生長するとの意を以て、五穀豐熟を祈る祝語に、如此ハ云なりと云れたるハ漢意なれバ取るたらず、また淺井氏ノ考に、富草の花のことなるべしと云れなる、も違へり　さて天文本に、‖上ふなるふんこハたつミよりやと書《ケ》るハ誤なるべし、又二ノ見神樂歌には、‖是より‖もぼんこハたつミたつミより、吹くる風ハ神の香そす‖るとあり此も誤なるべきか、一首ノ意は上分米の產《ナリイヅ》る御神田に京より東南《タツミ》に當る此ノ伊勢の大神宮の方より吹來《ク》る風ハいと和《ヤハラカ》に三月《ヤヨヒノ》比花風《ハナカゼ》の寛《ユル》く吹《フク》が如く香《カウバシ》き匂《ニホヒ》がするやうに思ハるゝと云意なるべし、我《ワガ》外宮の大御神は五穀の本元の大御靈《オホミタマ》に坐《マシマ》せバ、其大宮の歌舞の初《メ》に先《ヅ》此ノ歌を歌《ウタ》ひ出すことよくかなへり、あな尊きかも

わが《我》きみ《君》ハいま《今》ぞまし《坐》ますおほそら《大虚空》にあ《聽》しげのこま《馬》にた《手》づな《綱》ゆりかけ《懸》

我君《ワガキミ》ハ神を指て申《ス》なり我大神と申スと同し、今《イマ》ぞましますとハ今天降《リ》坐すと云意なり、坐《マ》すと云言は坐《マ》すことゝ往座《ユキマス》

（上）拾遺集九雑廉義公家のかミゑに、あをむまある所にあしの花毛の馬あるところ恵慶法師、難波江の蘆の花毛の交れるハ津の國かひの駒にやあるらむ

（上）後撰集、河原左大臣ノ歌、照月をまさきの綱によりかけてあかず別る、人をつながむ

こと、來坐《キマス》こと、に通《カヨ》はし云言なり 萬葉十七に、和我勢古我久爾幣麻之奈婆、古今集に、法皇西川におはしましける日云々、また布引の瀧御覧ぜむとて七月七日の日おはしましてありける時に云々などある類を思ふべし、俗言にも此處へ御座る、彼處へ御座、るなど來ることをも往くことをも御座ると云 ‖大そらにのに‖ハ‖をの誤なるべし ‖ににてハ、言通へず あしげのこまハ葦花毛の馬にて毛色《ケイロ》の葦 花《アシノハナ》に似たるを云なり、和名抄に、驄馬、説文云《ニ》、驄《ハ》青白、雜毛《ノ》馬也、漢語抄云《ニ》、驄《ハ》青馬也、黄驄馬《ハ》葦花毛《ノ》馬也、日本紀私記云《ニ》、美太良乎乃宇萬《ミタラヲノウマ》また連錢驄《ノ》、爾雅注云《ニ》、色《ニ》有㆓深淺斑駁㆒、謂《フ》㆓之《ヲ》連錢驄《ト》㆒、漢語抄云《ニ》、連錢驄《ハ》虎毛《ノ》馬也、一云《ニ》駼馬、又云薄漢馬、今案《ニ》、俗云《ニ》連錢葦毛是《ナリ》 と見えたり 萬葉十二に、於能禮故所罵而居者驄馬之面高夫駄爾乘而、應來哉 またこま‖ハ和名抄に、駒《ハ》馬子《ノ》也、和名古萬《コマ》と あれど古《ヘ》ハ總《ベ》て馬《ウマ》を古萬《コマ》と多く云り 此ハ鹿をも古くハ鹿子と云ひ、また猪をもゐのこと云、と同例なり ‖手綱《タヅナ》ゆりかけハゆ‖ハ‖をよの切《ツヾマ》りたるにて、手綱を搓懸《ヨリカケ》と云なるべし また結懸のひ‖を‖りに通はし云にもあるべし 猿樂なる葵《アフヒノウヘ》 上と云謠《ウタヒ》に 梓巫女詞に、天清淨、地清淨、内外清淨、六根清淨と云へる、同じつゞきに 寄《ヨリ》人《ビト》は今ぞ寄來《ヨリク》る長濱《ナガハマ》の葦毛の駒に手綱ゆりかけとあるハ、此《コヽ》と同 狀《オナジサマ》なる歌なり 此なると謠なると上ノ句ハ異なれども、下ノ句ハ全同じことにて、

一首ノ狀も大抵ハ似たるを以て考ふるに、此ノ歌ノ詞ハ事に隨ひて少しづゝハ異るべけれど、神下また靈寄などの類に普く昔シより用ひ傳へたるものとぞおぼゆる、猶、廣く尋ぬべきことなり さて此大宮《ノ》の段ハ最初《ハジメ》の遊《アソビ》なれバ、諸《ノ》神等《タチ》の集《ツト》ひ來《キ》坐すさまを如此《カク》は歌ふなりけり 年中行事六月十五日ノ條に、御巫内人自㆓外幣殿㆒鵄尾御琴請云々、次以㆑笏御琴搔三度、度毎有㆓警蹕㆒、次奉㆑下㆑神、其御歌、阿波利矢遊波須度萬宇佐奴阿佐久良仁天津神國津神於利萬志萬世、阿波利矢遊波須度萬宇佐奴安佐久良仁奈留伊賀津千毛於利萬志萬世、阿波利矢遊波須度萬宇佐奴安佐久良仁上津大江下津大江毛摩伊利太萬江云々、其後又御巫内人三度御琴搔、警蹕之後、奉㆑上㆑神、御歌如㆑本、但所㆑奉㆑下神御名申、今度歸御申云々とあ、る神下の歌をも思ヒ合すへし 一首《ノ》意は句の次第を置かへて一四五三二として心得べし 此歌より下、君ませバ云々の歌までの六首は皆神下シの歌なり

やつはし《八橋》をわたし《渡》そろへ《揃》てその《其》うへ《上》をくだり《降》たまふ《給》ぞたふと《尊》かりける

‖やつはし‖のやつ‖ハ橋《ノ》數の多きを云なり、七《ナヽツ》、八《ヤツ》と數《カゾフ》る八にハあらず、彌《イヤ》つ‖の約《ツヾ》まりたる言なり 神樂執行ふ齋場の四方に引渡す注連餝の中に、東西の隅に懸クる八橋と云物あり、此神幸の設ケにて、此歌の八橋と全同シ意なり、但紙を八段に彫るハ假に數を設るのミ 此ハ天より神樂の齋場へ神等の降《クダ》り給ふ料の橋にて、神代に所謂天《ノ》浮橋と同じことなり、さて如此《カク》多くの橋

を渡すよしを云ハ、八百萬《ノ》神等の降り給ふが故なり、播磨《ノ》國《ノ》風土記に、印南郡《ノ》益氣里《ノ》有《ニリ》二石橋一、傳《ヘテ》云《ク》、上古之《ノ》時、此橋《ノ》至《イタルアメニヤソノヒトドモノボリクダリカヨキキ》レ天 八十人衆上 下 往來故曰《フ》二八十橋《ト》一とある、此等《コレラ》によれば此歌の八橋《ヤツハシ》も數多の意にハあらで、諸神の降り給ふ橋ゆゑ八橋と云歟とも思はるれど、渡しそろへてとあれば猶數多《アマタ》の橋なること明《カ》なり、た‖ふとかりける‖ハ尊《タツト》く有《アリ》けるなり くあハ‖かと‖切るなり、さて諸本皆たつとかりけるとあり、‖ふを急促てつ‖と云ハ後世の‖俚言なれば、歌などにハ云ま、じきことなり、故今改めてたふとかりけるとは書ケるなり 二見神樂歌にハ八橋をわたしそろへてその上《ウヘ》をわたらぬ人ハたつとかりけりとあり さてまた此歌を天上降と云は、神の天より降り給ふよしを歌ふ故なり

わが《我》きみ《君》のまします《坐》みち《御道》にあや《綾》をはへ《延》にしき《錦》をしき《敷》て
ござ《御座》とふま《踏》せむ

此《コヽ》に云君も神を指て申《ス》なり、ましますミちハ來坐《キマ》す御《ミ》道《チ》と云ことなり、綾《アヤ》をハへハ綾を長《ナガ》く延《ノ》べ續《ツヾ》けて敷《シ》くと云意なり 長く續くことをはへと云こと例多し、字ハ古書に延ノ字を當てかけり、綾ハ和名抄に、野王ノ曰、綾似レ綺而細者也、和名阿夜、綾有二熟線綾・長、連綾・二足綾・花文綾・平綾等名一とあり さて如此《カク》するハ神

(下)鎌倉右大臣家集、八百萬四方の神たちあつまれる高天の

幸の御道《ミチ》の設《マウケ》にて所謂《イハユル》筵道《エムダウ》なり、一本にハ綾をはりとあり はり‖ハは‖への誤なるべし、張にてハなかるへし 錦をしきて御座《ゴザ》とふませむとハ、錦を敷設《シキマウ》けて其《ソ》を神の御座所とせむと云意にて、ふむ‖とハ御座に著《ツ》き給ふを云なり、其《ソ》ハ天皇の卽《クラ》位《キニツキタマ》給ふを踐祚と申し、踐祚は祚《クラヰ》を踐《フム》と訓《ヨ》むなどを思ひ奉りて知るべし、さて踏《フマ》せむハ令《シメ》レ踏《フマ》奉《ツ》らむと云ことなり 錦ハ和名抄に、釋名云、錦金也、作レ之用功重其價如レ金、故製二其字一帛與レ金也、和名邇之岐、本朝式ニ、有二暈繝錦・高麗錦・軟、錦・兩面錦等名一 一首意《ノ》ハ神の來坐《キ》す御道《ミチ》にハ綾を長く延《ノ》べ置き、御座所にハ錦を敷《シ》くとなり 萬葉六に、豫公來座武跡知麻世婆門爾屋戸爾毛珠敷益乎、十九に、牟具良波布伊也之伎屋戸母大皇之座牟等知者玉之可麻思乎と見え、源氏物語藤裏葉巻に、道の邊のそり橋わたどのには錦を敷と見え、たるなど思ヒ合すべし 肥後國《ノ》神樂歌にハ、水神のましましさきに綾はへて錦をはへてとくと踏せむとあり

さかきば《榊葉》にみてぐら《御幣》とりそへ《取副》をがむ《拜》にはよも《四方》のかみぐ《神々》
より《寄》きまし《來坐》ます

榊葉に御幣《ミテグラ》取副《トリソヘ》とハ、榊《ノ》枝に神に獻る物を附副《ツケソフ》と云ことなり さかき‖ハ榮えたる樹と云ことなり、賀茂眞淵ノ說に、さか‖きハもと一ツの樹の名にはあらで、たゞ常葉なる木を神事

原にき、高くして

・公事に讚稱て眞榮樹と云ひしなり、其中にとり分て鏡幣をかけ髻華にさしなどせしハ櫁なり、後世さかきと云物にあらずと云へり、新撰字鏡に、杜ハ毛利、又佐加木、また龍眼ハ佐加木また榊枕椗三字佐加木、和名抄に、楊氏漢語抄ニ、龍眼木ハ佐加岐、今按ニ、龍眼者其子名也、見二本草一、日本紀私記ニ云、坂樹刺立爲二祭神之木一、今按ニ、本朝式ニ、用二賢木二字一、漢語抄ニ、榊ノ字竝ニ未レ詳とあり、榊ノ字ハ日本後紀〈十六〉にも見えたり、また葉は和名抄に、陸詞切韻云、葉草木之敷二於莖枝一者也、和名波　さて御幣《ミテグラ》を著《ツク》るハ枝《エダ》なるに、葉《ハ》と此《コヽ》に云《フ》ハ榊ハ葉を主《ムネ》とする木なる故なり　神樂ノ採物ノ歌に、さかき葉に木綿取垂て誰代にか、神の御室と齋ひそめけむとあるなど思ヒ合すべし

ミてぐらハ何物にまれ神に獻る物の總名なり、諸祝詞ノなどを見て知べし　和名抄に、幣ハ美天久良、靈異記に、幣帛ハ美天久良とあり、名義ハ本居宣長說に、古へ神に獻る物、また人に贈りなどする物を凡てくらと云へりと見ゆ、さて手に取持て獻る意にて御手幣なり、又てハたむけの切りたるにて御手向幣の意にてもあるべし、何れにまれ御ハ下のくらに係るなりと云り　今此を音讀にごへいと歌ふハ拙し、ミてぐらと歌ふべきなり　杉木氏も既くミてぐらと唱ふべしと云れたり　とりそへハ手に取持《トリモチ》て着副《ツケソフ》ふを云なり　年中行事歌合大藏卿ノ歌に、夏引のあさの大ぬさとりそへて百官のみそぎす〻しもとあり　取《トリ》てふ言《コトバ》輕く見過《ミスグ》すべからず、さて榊に御幣《ミテグラ》を取著《トリツク》る事の起原《ハジメ》は、古事記上巻天岩屋戶段ノに、天香山《アメノカグヤマノ》之五百津《イホツ》眞賢木《マサカキ》矣《ヲ》根許士爾《ネコジニ》許士而《コジテ》、於《ニ》二上枝《ホツエ》一取《トリ》二着《ツケ》八尺《ヤサカノ》勾璁《マガタマノ》之五百津《イホツ》之御須麻流《ミスマル》之《ノ》玉《タマヲ》一、於《ニ》二中枝《ナカツエ》一取《トリ》二繫《カケ》八尺鏡《ヤタカヾミヲ》一、於《ニ》二下枝《シヅエ》一取《トリ》二垂白丹寸《シデシラニギ》

手《テ》・青丹寸手《アヲニギテヲ》一而《テ》、此種種物者《コノクサ〴〵モノハ》布刀玉《フトタマノ》命《ミコト》布刀《フト》御幣《ミテグラト》登取持《トリモタシテ》而云々　神代紀・古語拾遺ノ同段抜き合せて見るべし　とある是なり、をがむにハとは拜むときハと云意なり　古說にをがむと云語の義ハ、推古紀ノ歌に、烏呂餓彌弖菟伽倍摩都羅武とあるを本にて、折屈の約なりと云り　四方《ヨモ》の神々ハ四方に坐す神等《カミ〴〵》を云なり　續古今集、前内大臣基家ノ歌に、守れたゞ四方の社の天津神君ゆゑにこそ跡もたるらめとあり

さて此を諸本に四方《シハウ》の神《カミ》もと見え、今の現にも然《シカ》歌へどいと〳〵拙き云ひ方《ザマ》なり、故《カレ》一本に四方の神々とあるに依て今ハ然《シカ》定めつ、然《サ》るハ若宮社及韓神《マタカラカミ》の歌にも四方の神々云々とあれバ、此も然《シカ》歌ふべきこと勿論なり　杉木氏も四方の神々と歌ふべしと云ハれたり　よりきましますとハ此處《コヽ》に寄《ヨリ》來給《キタマ》ふと云ことなり、古事記に、大國主ノ神坐《マス》二出雲之《ノ》御大之御前《ミホノミサキ》一時《トキニ》云々、有《アリ》二歸來神《ヨリクルカミ》一、また次文ノに、於是《コヽニ》大國主ノ神云々、是時《コノトキニアリ》有二光《テラシテウミヲヨリクル》レ海依來之神《カミ》一、萬葉九に、神南備神依板爾爲杉乃《カムナビノカミヨリイタニスルスギノ》　神依板ハ神の託、坐す料の板なり　出雲國ノ風ノ土記に、天《アマツ》神《カミチ》千五百萬《イホヨロヅ》地祇《クニツカミ》千五百萬竝《マタ》當國《コノクニヽ》靜《シヅマリ》坐《マス》、三《ミ》百《モヽチマリ》九十九社《コヽノソコヽノヤシロ》及海若等《マタワタツミノカミタチ》、大神之《オホカミノ》和魂者《ニギミタマハ》靜《シヅマリテ》而荒《アラ》魂者《ミタマハ》皆悉《ミナコト〴〵ニ》依給《ヨリタマヘ》云々など見えて、よると云こと

ハ古言なり、肥後ノ國ノ神樂歌にハ、御幣《ミテグラ》を手《テ》にとり持《モチ》て拝《ヲガ》めバ四方の神も花とよむらむとあり、一首ノ意ハ、卽《チ》四方の榊《サカキ》に御幣《ミテグラ》を取副《トリソ》へて捧げ奉り、拝ミ奉る時ハ、卽チ四方の諸神等此所《コヽ》に寄來《ヨリキ》坐《マシマ》すとなり、○此歌段ノハ一幣ノ舞女御幣二夾《フタハサミ》を左右の手に捧げ持《モチ》て、歌に和《アハ》して四方中央を拝ミ、諸神を降し《ダ》奉る段にて、吾《ワガ》神樂の主《ムネ》と重《オモ》くする處なり（皇極紀に、元年八月朔、天皇幸二南淵河上一跪拝二四方一仰レ天而祈なとあれバ、四方を拝むことも古キ代よりのことなり）、此時捧《サヽ》げ奉る御幣は

圖の如く紙を平串《ヒラグシ》に夾《ハサ》ミ、串の上方《カミツカタ》に榊を着《ツク》るなり、紙は木《ユ》綿《フ》・麻《アサ》の代なり、また串の上方《カミツカタ》にいさゝか榊ノ葉を着るも實ハ皆がら榊ノ枝の意なり、串に夾《ハサ》むことは蜻蛉日記に、美弖具良《ミテグラ》一夾《ヒトハサミ》二夾《フタハサミ》と見え、年中行事に、寮ノ幣者《ハ》長《キ》串《ニ》用紙《ヲ》夾《ム》也とあるにて知《ル》べし

かみ《神》みち《道》ハち《千》みち《道》もゝ《百》みち《道》その《其》なか《中》になか《中》なるミち《道》は
かみ《神》のかよ《通》ひぢ《路》

神道《カミヽチ》とは大神の通ひ給ふ御道《ミチ》と云なり、千《チ》道百道《ミチモヽミチ》ハ上なる歌の八橋の八《ヤツ》と同じ意旨《コヽロバヘ》にて多くの道を云なり（神樂の齋場の四隅に懸る大垂を千道と云、是また八、橋と同ジ類にて、卽チ神幸の道に形容たる物なり）、其中《ノナカ》にとハ千道・百道と多かる道の其中にと云なり、中なる道《ミチ》はとは眞中《マナカ》にある御路《ミチ》ハと云なり、神の通ひ路《ヂ》とハ大神の通ひ給ふ御路《ミチ》と云なり、天文本また一本にハ、御前《ゴゼ》の通《カヨ》ひぢとあり（山廻りの時ハ神の通ひぢとハ歌はず、神のミちと歌ふ例なり）、さて此《コヽ》に云中《ナカ》なる道《ミチ》ハ大同本紀に、天牟羅雲ノ命ノの天上《アメ》に上坐《ノボリマシ》て天忍石長井水《アメノオシハノナガヰノミヅ》を持下《モチクダ》り給ひし事を云る段に、皇御《スメミ》孫命《マノミコト》詔《ノリ玉ハク》久何《イツレノ》道《ミチ》曾與利參上《マヰノボリ》止巳問給《トヒタマヘバ》申《マヲサク》久、大橋《オホハシ》波皇《スメ》大神竝《オホカミナラビニ》皇御《スメミ》孫命《マノミコトノ》乃天降坐《アモリマセル》乎恐《カシコミ》美後《シリヘノ》乃小橋《ヲハシ》與利奈母參《マキ》上《ノボリ》止巳申《マヲス》時《トキニ》爾皇御《スメミ》孫命《マノミコト》詔《ノリ玉ハク》久、後《シリヘ》爾毛恐《カシコミ》奉《ツカヘ》仕《マツル》事《コト》勇《イサヲシト》止詔《ノリ玉ヒテ》天、天村雲《アメノムラクモノ》命《ミコト》・天二登《アメノフタノボリノ》命《ミコト》・後小橋《シリヘヲハシノ》命《ミコト、》止云三《イフミツノ》名負《ナヲオフセタマヒキ》給支とある其《ソノ》大橋と意旨《コヽロバヘ》能《ヨク》似たり、一首ノ考合《ヘ》すべし（また古老口實傳に、神拝直道中央歩參事、可レ有二思慮一事とあるをも考合すべし）、意ハ大神の通ひ給ふ道ハ道と云道の中《ナカ》に眞中《マナカ》なる道ぞとなり

(上)壒囊抄一 馬ヲ一寸二寸ト云ハ何ト定ル事ゾ、凡ソ馬尺ト云ハ四尺ヲ定テ其上ヲ一寸二寸三四寸五寸六寸七寸八寸ト云、八寸ニ餘ルヲハ長ニ餘ルト云

(下)伊勢國風土記、安濃津 仁德天皇三年乙亥定二三津一、其一也、夷方之蠻舶本邦公私之著船湊入之船各來二于此一待二其風雲一擧國之名湊也

きみ《君》ませ《坐》ばたふと《尊》かりけりしきのまにあや《綾》のくらおき《置》
かみ《神》むか《迎》へせ《為》む

君ませバハ君來坐《キミキマ》せバと云なり 此も神を指て、君とハ申なり たふとかりけりとハ尊《タフト》く有《アリ》けりと云なり 諸本何れも皆たつとかりけりとあれど、急促てハ云ましきことなれハ、今改めてたふとかりけりと書ること上の八橋段と同し 一本にかりけるとあるハ誤なり 此ハ必りと云へき處なり しきのまハ杉木氏《ノ》考に四《シ》寸《キノ》馬《マ》なりと云《ハ》れたり、さて四寸《ヨキ》とハ馬長《ノタケ》四尺四寸あるを云なり 此ことハ壒囊抄に見えたり、詞花集に、逢坂の杉間《スギマ》の月のなかりせバ幾寸《イクキ》の駒《コマ》といかでしらまし、さて諸本皆假《カ》字《ナ》書《ガキ》にしきとあれど、此《コ》ハ四寸《ヨキ》の四《ヨ》もじを音讀に讀《ヨミ》誤《リ》て書傳へたるものなり、あやのくらおきハ綾《アヤ》の鞍置《クラオキ》なり、和名抄に、說文云《ニ》、鞍《ハ》馬鞍也、和名久《ク》良《ラ》、蔣魴《ガ》切韻云《ニ》、鞁以《ハテ》レ鞍駕《ヲスル》レ馬也、漢語抄云《ニ》、鞁鞍《ハ》久《ク》良《ラ》於《オ》玖《ク》とあり、神むかへせむとハ神を迎《ムカ》へ奉《マツ》らむと云なり また一つ思ふに、しきのまハ敷の間にて御座の間の意歟、大殿祭祝詞に、此乃敷坐大宮地、祈年祭祝詞に、皇神乃敷坐嶋、萬葉一に、太敷為京乎置而、二に、天皇之敷座國、また水穂之國乎神隨太敷座而などあるを思ふべし、また古へハ坐席のことをしきゐと云ひしと見えて、顯宗紀に席、天智紀に牀席、持統紀に坐と訓めり、然れハ此も敷居の間にてもあるべし、間ハ古事記ノ上巻に、八田間大室とあれバいと古くより云へることなり、さて增鏡秋乃ミ山巻に、法皇も同じまのうちにて御しとねばかりにておはします、村時雨巻に、震殿の階のまに御しとねまゐりて内のうへおはしまず、第二の間に后の宮その次云々とあり、あやのくらおきハ綾を御座所に敷設け置くてふ意なり、件の二つの考いづれよけむ、物よく識れる人の評を俟なり、 肥後國《ノ》神樂歌に、よき馬によきくらしきて手綱《タヅナ》かけ朝日にむいて神をせうせむ

つ《津》のはま《濱》のみなミ《南》のはま《濱》にやくしほ《燒鹽》ハうちと《內外》のごぜむ《御前》のみしほ《御鹽》なるらむ

津の濱ハ安濃《アノノツ》津の濱なり、南の濱とハ南方《ノ》なる濱と云ことなり、神宮雜事記に、延長六年四月十三日、一志《ノ》神戸嶋拔《シマヌキノ》御厨預《アヅカリラガ》等申文《ス》云《ニ》、當神戸者《ハ》是《レ》神宮御鹽調備供進之《ノ》所也、而御鹽濱四至阡陌所レ指有レ限と見え、神鳳抄に、一志郡《ノ》神戸白鹽一石二斗上るよし見ゆ、右一志神戸より上る御鹽ハ卽《チ》一志郡《ノ》濱にて燒《キ》しものなり、其一志郡の濱ハ安濃津《ノ》の濱の續《ツヾキ》にて卽南方《ノ》に當れバ如此《カク》歌ふなるべし 杉木氏ノ考に云て、飯高郡丹生村ノ明神社ノ近邊に潮のさす處あり、其所に石を立て細頸の南の浦にすすしほは丹生の內外のミしほなりけり、此歌を彫めりと或人に聞りと云れたり、さて丹生山ハ弘法大師留錫の地にて、山中に御鹽井とて潮の涌出る所あり、其は大師の加持法力を以て招きし潮のよしにて、此を浴る者ハ百病を治すとなむ、右細頸の云々

（上）御巫清直説にハごぜむハ御前にハあらず、御膳の音讀なり、内外のミけのみしほなるらむと歌ふべきかと云り

の歌ハ大師招潮の詠歌なりと云り、其ハ何にまれ其歌を作りかへて我が神樂に用ふるにハあらじ、自然言の似たるのミと心得べし

二見神樂歌にハ、みわたりの南の濱に燒《ヤ》く鹽ハ云々とあり　ミわたりハ一志郡の名所にて、尾津村と松崎との間に流る、川を云なり、字にハ三渡と書くなり、名寄西園寺入道歌に、伊勢の海三渡かへる波間より數も、かくれぬ安濃の鹽竈と詠る所なり　内外《ウチト》の御前《ゴぜム》《ミマヘ》ハ二所皇大御神を指し奉るなり、神を指して御前と申すことハ、本居宣長説に、凡て古言に神に前《マヘ》と云ること多し、古事記上巻に天照大御神の詔に、如《ゴトク》レ拜《イツクガ》二吾前《アガミマヘヲ》一伊都伎《イツキ》奉《マツル》、次《ツギニ》思金神者《オモヒガネノカミハ》取《トリ》二持前事《モチテミマヘノコトヲ》一爲政《マツリゴチテヨ》、中巻水垣宮段に、大物主神の詔に、令《シメ》レ祭《マツラ》二我御前《アガミマヘヲ》一者《ハ》神氣不《カミノケジ》レ起《オコラ》云々、同段に、於《ニ》二御諸山《ミモロヤマ》一拜《イツキ》二祭《マツル》意富美和之大神《オホミワノオホカミノ》前《ミマヘヲ》一と見え、龍田風祭祝詞に、龍田能立野爾小野爾吾《タツタノタチヌニヲヌニアガ》宮波定《ミヤハサタメ》奉弖吾前乎稱《マツリテアガマヘヲ》辭竟奉《タヽヘコトヲヘマツラバ》者云々など見ゆ、此中にたゞ事もなく其神の御前《ミマヘ》と心得てあるべきもあれども、又常に云前《フマヘ》の意にてはいさゝか通え難《キコ》きもあり、故思《レ》ふに、前《マヘ》ハ座《クラ》と同くて本其《ト》神の御座位《ミマシドコロ》を指て云言なり、さて御座位《ミマシドコロ》を指て云《シ》が卽《ヤガテ》其神を指て云かり、中昔の言にも貴人を指てハ意麻閇《オマヘ》と云り、今世にも御前と云是に同じと云るが如し、さて此下に多賀御前・土御前など御前と云こと多かるも皆同意にて、其神を直に指て云ハ恐あれバ御座位を指て然《シカ》云なり、年中行事に、興玉御前・荒祭御前・櫻御前・大歲御前、神祇本源神鏡篇に、多賀御前、（十）士佛參詣記に、多賀の御前などあり、是等思合すべし　然れバ土の御前の御前にハなどあるも重言にハあらず、土御前と云御前ハ卽神を指て云義、また御前にハとある御前ハ其神の、御前にて、常に云前の意なれバこと別なり、思混ふことなかれ　御鹽なるらむとハ内外宮へ上《タテマツ》る御鹽ならむと云なり

つ《津》のはま《濱》のミなみ《南》のさと《里》ハとこと《誰處》い《云》ふいつき《齋》のミや《宮》のたちぬひ《裁縫》のさと《里》

津の濱の南の里とハ何處《イヅコ》を指て云にや未考得《ダヘ》ず、とこといふとハ何《ナニ》と云處ぞと云意なり、此とこてふ言ハ俗言に常ある詞なり、言義ハ誰處《トコ》なるべし　常にハどことどもじを濁りて云へど、此ハ淸て唱ふべし、さてとゝたと通ふよしハたわむをとをむ、たわゝをとをゝなど通ハし云ること萬葉などに多し、又俗言に誰奴をどいつと云を、も思ふべし　誰處《タレガトコロ》と云ことを如此《カク》云《フ》ハ其處《ソノトコロ》をそこ、此處《コノトコロ》こゝなど云と同類《ジ》なり　本居宣長玉勝間に云く、童蒙抄に、山家冬夜と云こゝろを經信

(下)司中公文抄、正月十五日、氏神離宮院、踏歌神事、大司參二於離宮院一云々、下向之後、奉レ開二御政印殿一云々、大司向二御政印殿一口ノ内讀レ之云々、宮河ヤアナタコナタノハシツメナルハナソノニトミコソフレヤチヨヲフルマテト三度申

(下)兼盛集、まかねかねどあまたの人のすだくなるとミといふ物ぞたのしかりける

卿山里ハ夜床さえつ、明にけり、とかたぞ鐘の音のすなるハ是何方ぞと云べきを、とかたぞとよめり、いかゞとあり、今世の言にいづくをどこと云ひ、いづれをどれ・いづち、又いづかたをどちと、云ハ此とかたのとにやあらむと云り、是又思ヒ合すべし　又一《ヒト》つ思ふに、とことゝいふのいふとハにと字形《ノ》よく似たれバ書誤たるにて、本《モト》ハとことは《常常磐》にとありしにてもあるべし　とことハとハいつま、でも變らぬことなり　いつきのミやハ齋宮にて齋内親王の宮所なり、たちぬひの里は裁縫《タチヌヒ》の里歟　裁縫ハ衣服、を裁縫なり　また笠縫《カサヌヒ》の笠てふ字の竹冠《タケカフリ》を落して立縫《タチヌヒ》と書傳へたるもの歟、何れにまれ津の濱の南の云々、齋　宮《イツキノミヤ》の云々と云こと古證あることにや今辨へがたし、二見神樂歌にハ、ほそくミの南の里をとこといふ、いつきの宮のたちのひの里とあり　ほそくミハ細汲と書く、又細頸とも云り、飯高郡松坂の半里ばかり北の海邊にて伊勢敕使部類記に、保曾久美南江と見えたる處にて、即古の大道なり、其ハ後に松が嶋とて北畠信雄君の城を築かれし處なりと物に見えたり、津の濱とあるを正《タヽ》しとせむか、ほそくミとあるを善《ヨ》しとせむか、物識《シ》れる人いかで定《サダ》めてよかし

みやがは《宮河》のあなた《彼方》こなた《此方》によぶこゑ《呼聲》ハたいしのよぶか《呼歟》とびのまね《招》くか《歟》

よぶこゑハとハ呼《ヨバ》はる聲ハと云なり、たいしハ筏士《イカダシ》の音讀なるべし　いかだしのしハ土師・醫師な、どのしに同くて爲の意なり　字書に筏音《ハ》罰《バツ》とありてタイと云音にはあらざれども、筏を草字に茷と書き又代《タイ》てふ字に目を付るから漫《ミダリ》にタイと唱へたるが例となれるなるべし　和名抄に、論語注云、桴編二竹木一、大曰レ筏、小曰レ桴、和名以加太　また一本にたれしとあれバ誰《タレ》しにてもあるべし、しハ助辭なり　筏士誰ノ何れよけむ、熟、考ふべきことなり　とひバ鳶《トビ》なり　和名抄に、本草云レ鴟、一名鳶、和名土比とあり、また神武紀に金、色靈鵄飛來て皇軍を助け奉りし事見えたり　招《マネ》くかとハ鳶の鳴《ナク》聲ハ物を招き呼ぶが如くなる故に云なるべし、二見神樂歌にハ、宮河のあなたこなたに遊ぶ鶴宮へぞ參《マヰ》る羽《ハ》ねをそろへてとあり

ミやがは《宮河》のそこ《底》さへきよき《清》しらいし《白石》をそで《袖》もぬらさで《不濡而》と《取》るよしもかな

底《ソコ》さへきよきとは水底《ミナソコ》までも清《キヨ》きと云意なり、委く云《イハ》ば河水の表方《ウハベ》ハ清《スミ》ても底ハ泥砂などにて濁るもあるに、宮河ハ表方《ウハベ》は更にも云《ハ》ず、底の底までもいと清しと云

意なり、さてきよきと云詞ハ底と白石とに係《カヽ》れり、然《サ》れど此《コ》ハ白石のことを主《ムネ》と歌ふなれバ、白石を云《イハ》む序に如此《カク》云るにてもあるべし、天文本にハ底さへひかるイりとあり、此ハ白石の清く光るよしにて美禰《ホメ》詞なり萬葉五に、麻多麻奈須布多都能伊斯、七に、大海之水底照之石著玉とあるなど思合べし、、また一本にハ底さへしろきとあり、袖《ソデ》もぬらさでとハ袖《ソデ》も不《ズ》レ濡《ヌラサシテ》而と云なり、取《トル》よしもがなとハ取《リ》たきことかなと云なり、一首《ノ》意ハ、清き宮河の白石を袖も濡《ヌラ》さずに取《トリ》たきことかなとなり、二見神樂歌には、宮河の底さへ光《ヒカ》る白石を袖もぬらさでとるちゑを給《タ》べとあり

みや《宮》がは《河》のせ《瀬》にはやな《梁》さす《作》おの《己》がさす《作》やな《梁》をばさゝで《不作而》
きみ《君》のしめ《標》さ《指》す

瀬《セ》ハ和名抄に、水流《ル、》二於砂上《ニ》一也、世《セ》とあり、梁《ヤナ》ハ竹《タケノ》簀《ス》を瀬に打渡して魚漁《ト》る具《モノ》なり、然爲《シカスル》を梁《ヤナ》うつとも、梁《ヤナ》さすとも云なり、和名抄に、毛詩注云《ニ》、梁魚《ハ》梁也、和名夜奈《ヤナ》、唐韻云《ニ》、籍取《ハル》レ魚《ヲ》笱《ス》也、漢語抄云《ニ》、夜奈須《ヤナス》

とあり古事記神武段に、作レ筌有二取レ魚人一、神武紀に、有二作レ梁取レ魚者一、萬葉三に、梁者不レ打而また梁打人乃、十一に、八名打渡瀬速、などあり、さて宮河の瀬に魚梁《ヤナ》作《サス》ハ御饌に供る年魚《アユ》を漁《トラ》むとてなり宮河の年魚を供る元始ハ、御鎮座本紀に、度相河邊有二一人漁人一、名號二天忍海人一、取二年魚一蓄二神膳食一矣とあ、る是なり内宮儀式帳に、朝夕《アシタユフベノミ》御饌《ケ》仕奉《ニツカヘマツル》年魚《アユ》取《トル》淵梁作瀬《フチヤナウツセ》、倭姫命世記に、細鱗魚《アユ》取《トル》淵梁作瀬、御鎮座本紀に、年魚取淵梁作瀬などあり、おのがさすとハ己等《オノレラ》がさすと云ことなり、やなをハさゝてとハ梁を不《ズ》レ作《サヽ》而《シテ》と云なり、君《キミ》のしめさすとハ大御神の御饌に供る年魚を漁るハ此處《コヽ》ぞと、木竹などを標《シルシ》に刺《サシ》立て領ずると云ことなり、續日本紀に、天平寶字三年冬十月戊申、去《ル》天平勝寶五年遣《シテ》二左大辨從四位上紀朝臣《ノ》飯麻呂一限《リ》二伊勢大神宮之《ノ》界《サカヒヲ》一樹《タテシム》レ標《シメヲ》、標《シメ》已畢而《ニテ》云々、萬葉七に、葛城乃《カヅラキノ》高間草野《タカマノカヤヌ》早知而《ハヤシリテ》標指益乎《シメサヽマシヲ》今悔拭《イマゾクヤシキ》、十に、吾屋戸爾《ワガヤドニ》殖生有《ウヱオフシタル》秋芽子乎《アキハギヲ》誰標刺《タレカシメサス》吾爾《ワレニ》不《シ》レ所《ラ》レ知《サデ》、堀河百首大進《次郎》歌《ノ》に、千早振神のしめさす榊葉の榮行《サカユク》御代に逢《ア》ふがうれしきなどありまた宮河の河上河邊より其間三十町ばかり隔テて東南に當る山里に注連指村と云、あり、度會郡の內なり天文本にハ。きみをしめさすと見え、

(下)拾遺集十、元輔、源遠古朝臣子うませて待りけるに、おり

又一本にはきみがしめさすと見ゆ、一首《ノ》意ハ宮川ハ大御神の御領にて卽《チ》瀬に梁を作《サシ》て御饌に供る年魚を漁《ト》る河なれバ己《オノレラ》等などが私《シ》の梁ハ作《サ、》ずと云なるべし、猶熟《ヨク》考ふべきなり

わたらひ《度會》をたれ《誰》ゆか《行》まほし《欲》われ《我》こそはゆか《行》まほし《欲》けれいへち《家路》とおも《思》へば

度會ハ和名抄伊勢國《ノ》郡《ノ》名に、度會和《ハ》多良比とある是なり、古說に度會ハ上代より廣き名と聞えて、書紀神功《ノ》巻に、百傳《モヽヅタフ》度逢縣之《ワタラヒガタノ》折鈴《サクスヾ》五十《イ》鈴宮《スヾノミヤ》、また垂仁《ノ》巻に、渡遇《ワタラヒノ》宮などあるハ內宮のことなり、然れどもなほ其初《メ》ハ外宮のあたりの地《ノ》名にこそありつらめ、故《カレ》二宮を竝べ言《イフ》ときハや、後《ノチ》までも外宮をなむ度會《ノ》宮とハ云りける 延喜式などにも、かくざまに云り 名《ノ》意ハ倭姫命世記の奥に、風土記曰《ニク》、夫所《ユ》三以《エ》號《ナヅケシ》二度會郡《ワタラヒノコホリト》一者《ハ》畝傍《ウネビノ》橿原宮《カシハラノミヤニ》御宇《アメノシタシロシメシ、》神倭磐餘彥《カムヤマトイハレヒコノ》天皇《スメラミコト》詔《ミコトノリシテ》二天日別命《アメノヒワケノミコトニ》一覓《マガシムル》レ國《クニ》之時《トキ》云々、大國玉神《オホクニタマノカミ》遣《ツカハシテ》レ使《ツカヒヲ》奉《マツル》レ迎《ムカヘ》二天《ノ》日別《ノ》命一、因令《オカレシム》レ造《ツクラ》二其橋《ソノハシヲ》一不《イマダ》レ堪二造畢《ツクリアヘヌ》一、于レ時《トキニ》到《イタリマシヌ》、令《シメ》下以《モテ》二梓《アヅサ》弓《ユミヲ》一爲《ナシ》レ橋《ハシトテ》而度《ワタラキ》上焉、爰《コヽニ》大國玉神《ノ》資《ノツカヒビトミ》彌豆佐々良比《ヅサヽラヒ》賣《メノ》命參來迎《マヰキテムカヘ》二相《アヒテ》土橋《ツチハシノ》鄕岡本《サトヲカモトノ》村《ムラニ》一云々、度會《ワタリアヒキ》焉、因以《カレ》爲《セリ》レ名也《ナト》とあり、此《コレ》を以て見るにも本ハ外宮のあたりの地《ノ》名なりしことしるしと云り、さて此《コヽ》に云わたらひも外宮のあたりを指《シ》て云と知《ル》へし、一首《ノ》意は、度會を誰が行《ユカ》ま欲《ホシ》く思ふぞ我《ワレ》こそ家路《イヘヂ》なれバ行《ユカ》ま欲《ホシ》く思《オボ》ゆれとなり 行まほしハ行たし、とねがふ意なり 二見神樂歌に、度會の誰かハほしいし我こそハゆきまほしけれ神路と思へばとあるハいたく訛れるなり

わたらひ《度會》ややまだのはら《山田原》のあやすぎ《杉》はとし《年》はふれども《雖經》いろ《色》もかはら《不變》ず

度會ハ上に云り、山田原《ヤマダノハラ》ハ外宮儀式帳に、等由氣《トユケ》大神宮《ノノ》院事 今稱二度會宮一、在二度會郡沼木鄕山田原村一 大神宮式に、度會宮《ノ》四座在二度會郡沼木鄕山田原一、祝詞式に、度會《ワタラヒノ》乃山田原乃《ヤマダノハラノ》下津《シタツ》石根《イハネ》爾《ニ》稱《タヽヘ》辭竟奉流《ゴトヲヘマツル》豐受皇神《トヨウケノスメカミニ》爾申《マヲサク》久など見えて古き名なり、あ

ひしけれ平野の原のあや杉よこき紫にたちかさぬべく北村季吟抄ニ、あやすぎハちひさき杉なり、今按、是說非ナリ新古今集、神祇歌、讀人不レ知、千早振香椎の宮のあや杉ハ神のミそきにたてるなりけり季吟抄ニ、あや杉ハうつくしき葉のしなひてもくなと紋のある木也八幡愚童記、神龜元年ニ、筑前國若椙山香椎ノ宮ヲ造テ云々、此社頭ノ椙ハ梢平ニヲビタリ、御殿ノ前ニアヤスギアリ、敕使參着シテ枝ヲ折テ鳳闕ニ奉ル

や杉ハ杉を美稱《ホメ》て云なり、如此《カク》云杉の取わけあるにハあらず、‖あやとハ文《アヤ》あると云ことなり、宮河歌合に西行、萬代を山田の原のあや杉に風しきたてゝ聲よばふなりとあり、色もかはらずを天文本にハ色は云々とあり、何《イツ》れにても通《キコ》えたり、二見神樂歌にハ、沼木の郷山田の原のあや杉ハさよはへれども色もかはらずとあり

おほ《大》みや《宮》のミ《御》かき《垣》には《生》ゆるたま《玉》かづ《葛》らか《插》ざし《頭》にさ《插》して
みや《宮》へま《參》ゐらむ

大宮の御垣ハ外宮儀式帳に大宮壹院とある條に、瑞垣壹重・玉垣貳重・板垣壹重・蕃垣參重とある是なり古今異同の事ハ延經神主、殿舍考證を見て知べし　はゆるハ生《ハエ》るなり、萬葉二に、川藻《カハモ》毛《ヽ》敍《ヅ》干者《カルレバ》波《ハ》由《ユ》流《ル》とあり、然《サ》れど此ハ葛《カヅラ》を云なれバ‖はへると云《イハ》ま欲《ホシ》き處なり‖蔓葛ハ古歌に多く、‖はひ・はふ・はへる‖と詠ミて、常の草木の如く‖はゆる・おふる‖など、ハよまず　萬葉十二に、谷迫《タニセバミ》峰邊《ミネベニ》延《ハヘ》有《ル》玉葛《タマカヅラ》令《ハヘ》レ蔓《テ》之《シ》有《アラバ》者年《トシニ》二不《コ》レ來《ズ》友《トモ》、また山高《ヤマタカミ》谷邊《タニベニ》蔓在《ハヘル》玉葛《タマカヅラ》などあるを見て心得べし、玉葛《タマカズラ》ハ惣て‖かづら‖の類を美稱《ホメ》て云ことなりと古說なり、かざしにさしてとハ神代の昔天岩屋戸《ノ》の前にて天《ノ》宇受賣命《ウヅメノ》眞析葛《マサキノカヅラ》を以て鬘《カヅラ》と爲《シ》て俳優し給ひし故事を傳へて玉葛を插頭《カザシ》に插《サ》すを云なり、古今集採物歌《ノ》に、卷向《マキムク》の穴師《アナシ》の山の山人と人も見るがに山鬘《ヤマカヅラ》せよ、此《レ》を奥義抄に神樂するにハ眞前葛《マサキノカヅラ》にて頭を結《ユフ》なり、其《ソレ》を山鬘とハ云と註せるなど考合《ヘ》すべし和名抄に、楊氏漢語抄云、鈔頭花賀佐之、俗用二插頭花一とあり、古今集雜歌に、綿津見のかざしにさせる白妙の波もて結る淡路嶋山

宮へまゐらむハ大宮へ參らむと云なり、風俗歌《ノ》に、止《ト》見《ミ》久《ク》佐《サ》乃《ノ》波《ハ》奈《ナ》天《テ》仁《ニ》川《ツ》見《ミ》禮《レ》天《テ》見《ミ》也《ヤ》戸《ヘ》末《マ》井《ヰ》良《ラ》牟《ム》とあり、さて或人云《ノハ》く、古老口實傳に、宮中掃治之《ノ》間正殿・寶殿・瑞垣等仁生付懸《オヒツキカヽル》玉葛不二掃退《ハルヒケ》一者也、神明御饌在レ之云々、故近《ニクハ》則建長正殿、文永同正殿・東寶殿・棟持柱《ムナモチハシラ》・南面瑞垣《ノ》仁生懸《オヒカヽル》玉葛守《テ》二舊記《ヲ》一不レ被レ拂《ヒ》二退之一也、玉葛者《ハ》皇帝御代《ノ》天地無窮長久瑞吉葛也、因以神籬爲《ノル》レ餝緣也云々、神歌詠《ノ》分明云々とあれば、御垣に生《ハユ》る玉葛を插頭《カザシ》に插《サシ》てと歌ふこといかゞと云る、實

に然《サ》も聞えたれど猶熟《ヨク》按に、大宮の御垣にはゆるとつゞけたる詞ハ玉かづらを云《イハ》む序《ハシコトバ》に云るにて、彼《カノ》御垣の玉葛を採《トリ》てかざすと云ことにはあらじ、さて此歌を歌ふ時《ヲリ》、一幣《ノ》舞女袖を肩に被《カウフ》るハ卽玉葛をかざしにさす意なり

わし《鷲》のわい《脇》は《羽》のもと《本》しろ《白》を

わしのわいはハ鷲《ワシ》の脇羽《ワキハ》なり きをいと云ハ、例の音便なり、もとしろとハ羽の本《モト》の方の白《シロキ》を云なり、源平盛衰記 四十二 に、鷲羽《ノ》・鷹羽《ノ》・鶴本白《ノモトシロ》矧合《ハキアハセ》たる矢《ヤ》と云る見えたり、一本にわしのわきはのもとしろハ、又一本にハわしのわかはのもとしろハとあり、もとしろハとあるハもじハ誤なり、わきはとあるハわいはとあるよりよし、又わかはハ誤《アヤマリ》歟、はた稚羽《ワカハ》にて羽を美稱《ホメ》て云にてもあらむ歟、物を美稱《ホメ》てわかと云《ヘ》ることハ例多し、○此段《ノ》を凡て早歌《ハヤウタ》と云、名義ハ歌法《ウタヒザマ》の早く急《スミヤカ》なるに依《ヨ》れり、又神樂歌に早歌と云あり 其歌ハ、いつれそもとうとまり、かのさきこえて、ミやまのこつゞら、くれ〳〵こ、つゞら云々 歌法《ウタヒザマ》ハいさしらず、句の連續《ツヽキ》ハ吾黨のと相近し

たいとうたいしかぬり《塗》はいて《作》

たいとうハ最能《イトヨキ》《サイノウ》の音讀の訛《リ》にて舊《モト》ハいとよきと歌ひけむを、ふと字音に唱へしが例となれるにやあらむ い‖さ‖ のうとたいとうとハ音近きのミならず、字も又よく似たれバ、誤しものなるべし、たいしハ大矢《ダイシ》にて此《コレ》も舊《モト》ハおほやと歌ひしなるべし、又かハにの誤なるべし 字形の似たる、故書誤しなり、天文本にハ、たいこう・大しの°とあり、ぬりはいてとハ塗作而《ヌリハギテ》と云ことなり、大神宮式神寶二十一種條《ノ》に、征箭《ソヤ》一千四百九十隻 長各二尺三寸、鏃長二寸五分、以二烏羽一作レ之、鏃塗二金漆一、筈塗二朱沙一、又箭《ヤ》七百六十隻 長二尺四寸、鏃鋍箭以二鷲羽一作レ之、以二雜丹漆一畫レ之、また箭《ヤ》七百六十八隻 以二鷲羽一作レ之、古事記中巻 神武段 に丹塗矢《ニヌリヤ》、山城國風土記《ノ》に丹塗矢など見えたり、さて神へ弓矢などの兵器を奉ることの始《メ》ハ、垂仁紀に、二十七年秋八月癸酉朔己卯、令《ノリコチテカムヅカサニ》二祠官一卜《シムルニツハモノヲセムト》二兵器一爲二神幣《ノマヒト》一吉《シ》之、故弓矢及横刀《タチヲ》納二諸神之《ノ》社《ニ》一、仍更定《ニテ》二神地

（下）舞童、東鑑十九、承元四年八月七日條、鶴岡放生會舞童十二人參二幕府一、別當相二具之一、即於二鞠御壺一及二調樂一

神戸《ヲ》一以レ時祠《ヲル》レ之、蓋兵器《ツハモノヲモテ》祭《ルコト》二神祇《ヲ》一始興《テル》二於是時《ニ》一

也とある是なり

ろくしよ《六所》のございしよ《御在所》おしひらき《押開》

六所の御在所とハ何《イツ》れを指《シ》て云にや詳《サダカ》ならず、淺井氏《ノ》考に、本宮・四所《ノ》別宮及齋宮を指て申す歟と云れたれどいかが、前川正魚ハ外宮儀式帳に見えたる陸《ロク》院、大宮壹院・御倉壹院・直會所壹院・齋内親王御膳殿壹院・御酒殿壹院・齋館壹院のこと歟と云《ヘ》り、然《サ》れど猶其《ソレ》なりとハ定《メ》かたし、予も未考得《ダヘ》ざれとも思ふに、六所てふことハ此《コヽ》にのミならず、下段《ノ》にも多《サハ》見えたれバ必由縁《スユヱヨシ》あることなるべし、御在所ハ音讀に歌へど此《コ》ハ必ミあらかと歌ふべきなり、賀茂眞淵《ノ》説《ノ》に、あらかは在所なり、所をかともことも云りと云《ヘ》るを以て心得べし、又六所をもむどこと歌ふべきなり、おしひらきハ御殿《ミアラカ》の御戸《ミト》を押開《オシヒラキ》なり、繼體紀《ノ》歌に、避能伊陀圖《ヒノイタド》嗚《ヲ》飫斯毘羅枳《オシヒラキ》、大祓詞《ノ》に、天盤門《アメノイハトヲ》乎推披《オシヒラキテ》氏などあり

ふとうにゐさせむとぞおもふ《思》

ふとうにゐさせむハ本《モト》ハ太殿《フトヾノ》に納《ヲサ》めむとありけむ、太《フト》殿《ドノ》をふどうと訛り、をとゐと通《カヨ》ひ、めとせと通ふ、故にをさめむをゐさせむとハ訛れるなるべし　また太殿ハもと大殿とありけむを後に訓誤しなるべし、大殿と云ことハ古書に多かれど、太殿と云へることハ曾て見えず、思ふに、此ハ大前を太前と誤訓せると同類な、るべし　一本にハゑさせむとあり、ゐ・ゑ・をハ共に通《カヨフ》音なり、此段《ノ》意《ノ》ハ拾遺集《ノ》神樂歌に、よもやまの人の寶《タカラ》にする弓を神の御前《ミマヘ》に今日《ケフ》奉《タテマツ》るとあると同狀《シサマ》にて、鷲羽《ノ》大矢《ノオホヤ》を神に奉るよしを云なり　杉木氏ノ考に、ふとうにいさせむハ舞童に射させむなるべしと云れたるハ誤なり、他社にてハ流鏑馬など云事もあれど、伊勢の神宮に於て弓射る事なけれバ如此云へくもあらず、縦射る事なりとしても御在所を押シ開キて弓射ると云ことハ一向に通えぬことなるをや

御座《ゴザ》のあそび

此段《ノ》を御座の遊《アソビ》と云よしハ歌解《ノ》に云べし

わがきみ《我君》のござ《御座》めすとき《時》はあや《綾》かさ《重》まあや《綾》にもまさ《勝》れる

(下)山家集、神樂に星を、ふけて出づるミ山もミねのあか星

ハにしき《錦》なるらむ

我君ハ神を指て申すなり、御座めす時はとハ大御神の神籬より舞殿の出御所《イデマシドコロ》に出御《イデマス》ときと云意なるべし、め‖す‖ハ所知食《シロシメス》・所聞食《キコシメス》、また馬にめす・輿《コシ》にめすなど云めす‖と同意《ジ》にて何に《ト》よらず御身に有《タモ》つを云なり　本居宣長ノ説に、めす‖てふ言の本ハミす‖にて物を見ることなるを、聞くことにも知ることにも食ふことにも通ハし云なり、然るハ御身に受ケ入有つ意ハ同き故なりと云、るを思ふべし　さて舞殿に出御《イデマ》す故ハ舞曲に愛《メデ》給ひてなるべし、此《ノ》時殊更に糈米《クマシネ》の御饌を捧臺《モチダイ》に立《タテ》て、一幣《ノ》舞女此《コ》を供進《ヘ》るも然《サ》る故にぞあるべき、又右の御饌を供進るに依て出御《イデマ》すにてもあるべし、あやかさまハ古說に綾重《アヤカサネ》なり　かさま‖ハかさね‖の訛なり　と云るが如し、此《コ》ハ出《イデ》御すにつきて設る御座の料なり、此段を御座のあそびと云も此《コレ》に依《レ》る名なり　二見神樂歌にハ此、段を御膳とあり　綾にも勝《マサ》れるハ錦なるらむ、此《コ》ハ打聞《キ、》きたるまゝにてハ一首意《ノ》綾錦の勝劣を主《ムネ》と云が如くにて、出御の事さだかに聞えがたかり、故思《レ》ふに、此ハ御座の料に綾を敷重ね、また其綾に勝る錦をも重《カサネ》敷くと云意歟、猶熟《ヨク》考ふべきことなり　さて舞殿の中央に藺莚を敷き、其上に紙二枚を重ね居き、此を御座紙と稱て童女も此を除て踏む事なく重くすなる、是此段に云御座の料なり、綾重ねと云と思ヒ合すべし、また天井の中央に御蓋を懸クるも同く神の御蓋にて雛形四枚を付るハ御蓋を指覆ひ奉る供奉神に形どりたるものなり、龍氏ノ神樂祕蹟問答に、問、天井懸二眞床一、其下藺莚・紙各敷二二枚一、於二其前一奏二兩本宮舞二番一、此事如何、答、敷二御座席紙等一、以清二潔於其座一、敬二請神之來臨一者也と云るが如し、杉木氏ノ說に、一幣の時御座莚と紙とを敷くハ莚道にて是神幸の設なりとのミいはれしハ委しからず、また同人ノ神樂故事問に、御蓋を神座の上に懸るハ其儀を得たり、神前天井の中央に懸るハ寺堂・佛前の儀に似たり、神前かくの如きの例ありやと云れたるハ、神籬の内なる御蓋をのミ神座の覆と思ひて、天井の中央に懸るハ出御す時の覆なりと云ことを得辨へられざりし故なり、御蓋・御座紙のこと猶委き考あれど、こと長けれバ此にハもらしつ、二見神樂歌にハ、我君の御前の御座めす時のやゆ衣ハやゆ衣あやにもまされるハ錦なりけりとあり　淺井氏考に御座のあそびハ前に高天原のことを歌ひ、次におりてやと天降り給ふことを云へバ、神のほこらに坐マすを云歟と云ハれたるハ違へり、また杉木氏ノ考に、神の神殿に坐すを云にハあらず、神殿に坐す神を勸請申せバ卽神樂の場へ神の來臨御座すを云ならむ、上に我君のまします道に綾をはへ錦をしきて御座とふませむとあるを以て知べしと云れたるもいかゞ

わがきみ《我君》のござ《御座》めすとき《時》ハやまのは《山端》につき《月》まち《待》え《得》たるこゝろ《心》こそすれ

一二句《ノ》ハ上に云が如し、月待得たるこゝろこそすれとは月の出るを待《マチ》得て見たる心持《ココチ》こそ爲《ス》れと云意にて、

ハ月まちえたるこゝちこそすれ後拾遺集、加賀左衞門ノ歌、宿ごとにかはらぬものハ山のはの月まつほどの心なりけり

(上)杉木氏の引れたる、久方の天の岩戸の云々の歌ハ、續千載集俊光ノ歌なり、岩戸山ハ近江の名所なりと云り

神の出御の御儀《ヨソホヒ》を美稱《ホメ》たるなるべし、二見神樂歌にハ、我君の御前の御座めす時ハ山のはに月待えたるハ心なりとあり　新敕撰集師季ノ歌に、待えても心やすむるほどぞなき山のはふけて出ヅる月かげ　一首《ノ》意ハ大御神の神籬より舞殿へ出御《イデマ》す時ハ山の端《ハ》に月の出るを待得て見たる心持《コヽチ》こそ爲《ス》れとなり　淺井氏ノ考にハ、此歌ハ神の岩戸より出させ給ふを云なるべしと云ハれ、杉木氏ノ考にハ、久方の天の岩戸の山の端に常闇はれて出る月影とよめる、古歌とすがた相似たりと云れたれど、共に、精しからぬ說なり　さて此歌の末を歌ふ時、一幣《ノ》舞女彼差上《サヽゲ》持《モ》たる糈米《クマシネ》の御饌の捧臺をバ女立居ゑ渡すなり、また大御神も神籬の本座へ歸《カヘリマ》坐すなるべし、あなかしこ

わかきミのこさめすときハやまのはにつきまちえたる
こゝろこそすれ

(上)金槐和歌集雜、さとミこかミゆたてさゝのそよ〳〵になひきおきふしよしや世

湯の舞

一本には御湯《ミユ》の舞と書り　また一本にハ湯の閒と書り、閒ハまひをあひに誤しなるべし

此段を湯の舞と云ハ舞女湯手草を以て御湯鼎なる御湯を振灌《フリソヽ》ぎつゝ舞ふ故名と爲《セ》るにて、他社の神事に所謂湯立《ユタテ》なり、此に湯の舞と云も湯立舞の意なり、さて湯立の故實未考得《タヘ》ず、或人說《ノ》に、湯立ハ應神紀に、天《スメラ》皇《ミコト》敕《ミコトノリシテシメ》之令下請二神《マヲサアマツカミクニツカミニ》祇一探湯《クカダチス》上、是以《コヲモテ》武內宿禰《タケシウチノスクネト》與《ト》二甘美內宿禰《ウマシウチノスクネ》一共《トモニ》出《イデヽ》二于磯城川濱《シキノカハノベニ》一爲《ス》二探湯《クカダチ》一とあるを起元《ハジメ》として、今ハ誠を盡して禱《イノ》ると云ことを神に盟《チカ》ふものならむ歟と云り、然《サ》もあらむ歟、猶熟《ヨク》考ふべし、其謂《イハレ》ハ何《イカ》にまれ湯立と云事ハ古きことと見えて、貞觀儀式園韓神祭段《ノノ》に、御神子先廻《ヅリ》二庭火《ヲ》一供《ス》二湯立舞《ヲ》一とあり、また後《ノチ》ながら中原康富記に、文安六年九月廿九日、粟田口《ノ》神明有《ニリ》二湯立一、參詣拜見とあり、さて此舞《ノ》の時、湯を振灌《フリソヽ》ぐ料に竹葉《サヽバ》と榊葉とを結束《ユヒツカ》ねて此を湯手草《ユタグサ》と云ふ、其起元は古事記　巻上　天岩屋戸段《ノ》に、天宇受賣命《ノ》云々、手《タ》二草《グサニ》‐結《ユヒ》天香山之《アメノカグヤマノ》小竹葉《サヽハヲ》一而《テ》云々、古語拾遺同段に、以《テ》二竹葉《ノ》飫憩木《オケノキ》葉《ノハヲ》一爲《シ》二手草《ト》一　今多久佐　とある是なり、神樂《ノ》採物歌《ノ》に、水垣の神の御代より小竹《サヽ》の葉をたぶさにとりて遊びけらしも　手草をたぶさと歌ひ誤れるなるべし　然《シカ》れども其ハ湯を振灌く料《タメ》の手草にあらず、古說に、打振音《ル》のサァ

の中

(上)歌枕秋寝覺丹波いなむら山の條に此歌をハ引り
夫木集資之歌
かくばかりゆたけき年に稲むらの山田守をバ又もあひきや
内宮儀式帳〈二月例〉、大神宮朝御饌夕御饌供奉御田種蒔下始
(下)催馬樂歌、櫻人之末川多乎止萬知川久禮留

サァと鳴《ナ》るに就《ツキ》て調曲の料に用ひし竹葉《サヽバ》なりと云り、我神樂の湯手草は湯を振灌く料と打振音のサァサァと鳴るを以て鼓吹に和《アハ》す料との二《フタ》つを兼たるなり、龍氏《ノ》神樂祕蹟問答に、問《フ》、神樂場《ノ》居《ニ》レ釜《ヲ》、沸《ワカシ》レ湯《ヲ》、結《テ》二篠《サヽノ》葉《ハヲ》一名《ク》二湯手草《ト》一、有《リ》二其謂《ノレ》一哉、答《フ》、以二天香山之《ノ》小竹葉《サヽハヲ》一爲《スト》二手草《ト》一、見《エテ》二舊事記・古事記《ニ》一而無《シ》二湯手草《トハ》一、想《フニ》依《テ》レ用《ルニ》二湯立《ニ》一爾云也乎《シカイフナラムカ》、然《レドモ》湯釜事《ノ》不レ見《エ》二本記《ニ》一、未《ダ》レ知《ラ》二可否《ヲ》一、蓋《シ》後人之《ノ》潤色也《ナラム》、我神宮《カ》亦倣《モ》二他社《ヒテ》一而用《ニ》《ル》レ之歟《ヲ》とある、湯手草の說ハよく叶《カナ》へり、湯釜を後世の潤色と云ひ、又他社に倣ひて用ふる歟と云る說ハ何《イカ》にあらむ定がたし　ついでに云、御湯釜の下に松を焚くハ御湯を沸さむためのミにあらず、庭燎をも兼たるなり、古語拾遺に、於二石窟戸前一云々、擧二庭燎一とあるを見て知べし、また江家次第内侍所御神樂段に、第三間西砌燒二庭火一をなど有をも思ふべし

いな《稲》むら《群》たけ《嶽》よりたね《種》おろ《下》す

いなむらたけとハ稲《イネ》の群《ムラ》がりたる狀《サマ》の高大なるをバ嶽と見立て云なり、杉木氏《ノ》考に稲叢嶽《イナムラガタケ》ハ大和國《ノ》吉野郡《ノ》吉野山にあり、天川庄《ノ》洞《ドロ》川村の南なり、然《サ》れど此《コヽ》ハたゞ祝語と見て強《シヒ》て所《トコロ》を覓《モトム》べからずと云れたるが如し　神名式に常陸國久慈郡稲村神社見ゆ、たねおろすハ穀實《タネ》を蒔《マ》くを云なり、種を蒔《マ》くを下《オロ》すと云は古今常《ツネ》なり、上に稲群嶽《イナムラタケ》よりとあれば下《オロ》すと云ことよく叶ひて聞《キコ》ゆ、さて嶽《タケ》ハた‖もじ清《スミ》て唱ふべし　濁ハ訛也

ま《蒔》いたるたね《種》ハす《數》ま《萬》むごく《石》

一本にハまきたるとあり、石《コク》ハ和名抄に、漢書律曆志ニ云、龠合升斗斛所《ハ》三以《ナリ》量《ル》二多少《ヲ》一也、野王按、說文《ニ》云、十斗爲《ヲス》レ石《ト》、石猶《ハ》レ斛《ノ》也とあり　或人說に、斛ハもと十斗を納る器の名なれバ、量名ハ石と云ぞ本なる、右ハセキの音にてコクの音ハなけれど、コクと云ハ東宮の音をうつして春宮をもトウグウとよぶに同じ、石をコクとよむもいたく後の事、二見神樂歌にハ、蒔たる種ハふん萬町とあり　ふん萬町ハ心得がたし

さ《五》つき《月》にうゑ《殖》たるち《千》まち《町》だ《田》ハ

さつきハ五月なり　本居宣長ノ說に、田殖る農業を凡て佐と云、その苗を佐、苗殖る女を佐少女、殖始むるを

佐開、殖終るを佐登など云が如く、其業する月なる、故佐月とハ云なり、さなへ月と心得るハ本末違へり千《チ》町《マチ》田《ダ》の千《チ》ハ數の多きことなり、町《マチ》ハ和名抄に、蒼頡篇云《ニ》、町田《ハ》區也、和名末知《マチ》と見え、田令に、凡田《ハ》長《サ》卅歩、廣《サ》十二歩《ヲ》爲《ヨ》レ段《ト》、十段《ヲ》爲《ヨ》レ町《ト》と見えたり、さて大抵《オホカタ》の本に千町田と見えてはもじハなき故、千町の二字《フタモジ》を音讀に歌ふ人多し、今ハ一本にはもじあるに依れり

あき《秋》ハかる《苅》らむもゝ《百》たび《度》

一本にハもゝちたび、又一本にハもゝのたね、又一本にハもゝたびにとあり、一見神樂歌にハ、秋ハ苅田もゝくらんとあり、此《ノ》四句ハ杉木氏《ノ》考に、皆祝語なり、五穀豐熟を祈る義、外宮大宮の御神徳に相叶ふものなりと云《ハ》れたるが如し、○天文本・寛永本・正保本等に御座の遊《アソビ》の歌また湯の舞の早歌なきは心得がたし、漏《モレ》たるならむ歟

(下)沙石集一、神明慈悲ヲ貴給事尾張國熱田神官ノカタリシハ云々、去ル承久ノ亂ノ時云々、大明神ヲオロシマヰラセテ御タクセンヲ仰クベシトテ御神樂マヰラセテ諸人同心ニ祈請シケルニ云々

おほみや《大宮》さう《左右》のあひどの《相殿》とう《東》ほうでむ《寶殿》さい《西》ほうでむ《寶殿》げ《外》

へい《幣》でむ《殿》しじ《四至》のすめ《皇》かミ《神》にあそび《遊》のじやう《上》ぶむ《分》をまゐら《進》するほめ《讃》きこしめせ《所聞食》たま《玉》のほうでむ《寶殿》

大宮ハ豊受皇大御神の鎭《リ》座す大宮なり、左右の相殿ハ同御殿《ジミアラカ》に坐す皇神等を申すにて、倭姫命世記に、相殿神三座、大一座天津彦彦火瓊瓊杵尊云々、前《マヘ》二座天兒屋命・太玉命云々、大左方坐《ハノニス》、前《マヘ》二座右方坐《ハノニス》と見えたる是なり、東寶殿・西寶殿ハ儀式帳に、寶殿貳宇と見えて月次祭條《ノ》に、大物忌父波開《キテ》二東寶殿《ヲ》一御《ミ》調《ツキノ》絲《イトヲ》進入《タテマツル》、神嘗祭條《ノ》に、大物忌父波東幣帛殿《ヲ》開《キテ》氏御《ミ》馬《ウマノ》鞍《クラノ》具進上《ヲタテマツリ》畢《ル》とある是なり、外幣殿ハ儀式帳に、幣殿壹宇と見えて、新任辨官抄に、幣殿一宇也《ナリ》、在《リ》二正殿《ノ》後《ニ》一、瑞垣・玉垣等外《ノ》也、舊損《ノ》神寶・幣帛納《ム》二此殿《ニ》一、作《リ》様如《シ》二東西寶殿《ノ》一とある是なり、さて天文本・其他《ソノホカ》諸本に、大宮・東寶殿・西寶殿・左右相殿《ノ》・外幣殿に云々とある如く、然《シカ》歌ひしを近比杉木氏の其次第《ツギテ》を改めて、左右相殿《ノ》を大宮の次《ツギ》に歌ふべく定められたるハいと〱宜し相殿ハ上にも云如く同御殿に坐す皇神等なれバ、大宮の次に申すべきこと勿論なり、此ハ舊ハ然ありしを後にお

き所を混へつ、るなるべし　四至《シヾ》の皇神《スメカミ》ハ神名祕書に、四至神ノ四十四前、宮中祭ニルレ之ヲ、號スニ式外社ト一也とある是なり　四至とハ田令に、具録二町段及四至一、義解に、謂二田之四面所レ至表驗一也、とある如く、宮中の四方四隅至る所と云義なるべし　此《コノ》四至ノ皇神と云ことハ何《イツ》れの本にもなかりしを、杉木氏の新《アラタ》に加《クハ》へられたるなり、遊《アソ》びの上分ハ杉木氏考ノに、上分ハ最上の義また荷《ノ》前《サキ》の意にて、神樂調ノ曲の美《ウルハシ》き狀を進《マヰラス》ると云ことなり、即《スナハチ》遊神の樂に付て幣物の上分進《ス》ると云意、此調ノの中に含《コモ》れりと云れたるが如し、ほめきこしめせは杉木氏考ノに、舞奏る狀を讃聞《ホメキコ》し食《メ》せと申《ス》にて、平《ラ》けく安《ラ》けく所聞食《キコシメ》せと申《ス》と同じと云《ハ》れ、玉の寶殿ハ同《ジ》考に、美稱ノ詞《コトバ》にて宮社を指《サ》す、是敬神の義なり、或說にうけきこしめせとあり、是又通ずと云《ハ》れたるが如し　ついでに云、遊びの上分を云々の歌を歌ふをばグワム・ジャウと云、此を淺井氏ハ願成なるべしと云ハれ、杉木氏ハ此ノこと意ハ明カにて文字ハ知れがたし、願請と書くも又通ず、然れども強に文字を穿鑿すべからず、猶古老に尋ぬべきなりと云ハれたり、予思ふに、願請の字なること疑なし、即ねぎこふよしの語なり、石崎氏ノ神樂次第に願請と書れたる、いとよろし　さて天文本にハ此《コ》所《ロ》を、千代の御神樂まゐらするとあり、此段ノのミならず、凡て何所《イツコ》も何所《イツコ》も皆然《シカ》ありて、あそびの上分と云ことハ一《ヒト》つも見えず、又二見神樂歌には、正殿との左右の相殿・東寶殿・西寶殿・外幣殿・御池殿のふるとの社に千代のあそびの上分をまゐらするほめきこしめせ玉のほんてんとあり、又此段の名目をこ‖てかへしとあり、○天文本ハ諸ノ本と異なること多かる中に、此ノ大宮段ノの歌の次第ハ大に異なり、其《ソ》を此《コヽ》に云《ハ》む、先《ヅ》上分なる云々、次にわたらひを誰《タレ》ゆかまほし云々、次に我君ハ今ぞましますす云々、次に我君のましまます道に云々、次に神道ハ云々、次に君ませバ云々、次に八はしを云々、次に津の濱の南の濱に云々、次に津の濱の南の里ハ云々、次に宮河のあなたこなたに云々、次に宮河の底さへひかり云々、次に宮河のせにハやなさす云々、次にわたらひや山田の原の云々、次にさかき葉に云々、次に大宮の御垣にはゆる云々、次に大宮とうほうてん・さいほうてん云々、次にわしのわいはのもとしろを云々とあり如此《カク》次第の混亂《ミダレ》たるハ如何《イカ》なる故にやいといぶかし

多賀《タカノ》御前《ゴゼム》の歌《ウタ》

倭姫命世記に、多賀宮《ノ》一座、豊受荒魂也《ノアラミタマナリ》、伊弉那伎《イザナギノ》神所生神《カミノウミマセルカミ》、名伊《ミナハイ》吹戸《ブキド》主《ヌシ》、亦名曰《マタノミナハマヲス》二神直日大直日《ノ》神《ト》一是也とあり、土(士)佛參詣記《ノ》に、大宮のたつミに御池を隔《ヘダテ》て高き山にましますハ高宮《ノ》と申、古語にハ多賀の御前《ゴゼム》と申《ス》なりと見えたり

たか《多賀》のごぜむ《御前》のたからもの《寶物》

寶物《タカラモノ》ハ次に云大刀《タチ》・小刀《カタナ》・矢・馬を指す

しろかね《銀》こがね《金》のたち《大刀》かたな《小刀》

和名抄に銀は和名之路加禰《シロカネ》、金は和名古加禰《コガネ》、また大刀《ハ》和名太知《タチ》、小刀《ハ》加太奈《カタナ》とあり、此《コヽ》に云ハ金作《ヅクリ》銀作《ヅクリ》の大刀《タチ》小刀《カタナ》なり　たちは斷の意にて斷具なる故名づけたるなり、またかたなと云名は片刃か片薙かの義なるべしと古說なり

(上)源氏浄雲、たゞもとよりのたから物えたまふへきつかさかうふり同梅枝、よろづにめづらかなるたから物ども

(下)夫木廿七、實清朝臣、山高ミ石ふむ道のはるけきにたつの馬をも今えてしかな同廿七、たつのこまも今もえてし

あくじ《悪事》をはらふ《拂》はゆみや《弓矢》とかや

悪事ハまがごとゝ歌ひたきことなり、御門祭祝詞《ノ》に、天能麻我都比登云神乃言武悪事爾《アメノマガツヒトイフカミノイハムマガコトニ》云々とあり、凡てまがとハ諸の凶事・悪事を云なり、多賀宮《ノ》ハ神直日大直日《ノ》神に坐せバ、悪事を拂ふと歌ふこと御神徳によく叶ひていと尊《ト》し、其《ソ》ハ古事記巻上伊邪那岐命《ノ》御滌《ノミソギノ》段に、次爲《ニシ》レ直《ナホサムト》二其禍《ソノマガヲテ》一而所成《ナリマセル》神名《ノミナハ》神直毘神《カムナホビノ》、次大直毘神《ニ》《ノ》とあるを見て知《ル》べし、弓矢を以て妖魅不祥を拂ふことは皆人の知《ル》ことなり　淺井氏ノ考に、悪事ハ悪魔の書誤リならむ歟と云れたるを、杉木氏の論ひて悪事にてよく意ハ聞えたり、悪魔ハ聞苦しと云ハれたる、い、とよし、淺井氏ノ説はかへすかへすもひがことなり　天文本にハ弓矢かやとあり

そら《虚空》をかける《駈》ハりうのこま《龍馬》

りうのこまは龍馬なり、萬葉五に、多都能馬母伊麻勿《タツノマモイマモ》愛弖之可阿遠爾與志奈良乃美夜古爾由吉帝己牟丹米《エテシカアヲニヨシナラノミヤコニユキテコムタメ》、また多都乃麻宇阿禮波毛等米牟阿遠爾與志奈良乃美夜《タツノマヲアレハモトメムアヲニヨシナラノミヤ》古邇許牟比等乃多仁《コニコムヒトノタニ》とあり、たつのまは橘千蔭《ノ》說《ノ》に、

か青によし
ならの都を
ゆきてミむ
ため

周禮に凡馬八尺以上爲《ヲス》レ龍《ト》とあるを以てよめるなりと云《ヘ》り、此《コヽ》のりうのこまも其《ソレ》と意ハ同じ、さて駒ハ和名抄に馬子《ノ》也、和名古萬《コマ》とあれバ、此《コヽ》に云龍《リウ》の駒《コマ》いかにぞや聞ゆれど、古《ヘ》ハ總《スベ》て馬を古萬《コマ》と多く云ること上あしげのこまとある歌ノ段に云が如し、そらを駈るとハ馬勢《ノ》のいミしきを美稱《ホメ》て云なり二見神樂歌にハ、高の御前へ參られバ北の御門より參られよ、北の御門より參られバ衆生の願をミてたまふとありて、吾黨、の歌の北御門ノ社ノ段と混雜たるがごとし　さて此段ハ大刀《タチ》・小刀《カタナ》・弓・矢馬のことを云とて、大刀《タチ》・小刀《カタナ》にハ銀《シロガネ》・金《コガネ》と云ことを冠《カウフ》らせて其飾《カザリ》の美《ウルハ》しきを擧げ、弓矢にハ惡事を拂ふと云ことを冠らせて、其德の雄々《イサヲヽ》しきを擧げ、馬には龍《リウ》と云ことを冠らせ且虛空《カツソラ》を駈ると云ひて其勢のいミしきを擧げたり、是各其物《ノ》を美稱《ホメ》たるなり

たか《鷹》のこ《子》はをさなき《稚》ほと《閒》ぞす《巢》にはゐる《居》はね《羽》をそろへ《揃》て
そら《空》とばむ《將飛》とて

鷹は和名抄に、廣雅云《ニ》、一歳名《ク》二之黃鷹《ヲ》一《ト》俗云和賀太加、二歳名《ク》二之撫鷹《ヲ》一《ト》俗云加太加閉利、三歳名《ク》二之青鷹《ヲ》・白鷹《ト》一、今按《ニ》、

○次頁頭注(上)谷口重義説に、みさを‖ハミさきを‖のきもじの脱たるならむと云へり、然もあらバ、二見神樂歌に御山をとある山ノ字ハ崎ノ字の誤なるべし、和名抄に、唐韻云、岬山側也、日本私記云、

青白隨《ハテ》レ色名《ク》レ之《ヲ》、俗說《ニ》、鷹白者《ノキハ》不レ論《セ》二雌雄《ヲ》一、皆名《クシ》二之良太賀《ラタカト》一、不レ論《セ》二青白《ヲ》一、大者《ナルハ》皆名《ク》二於保大加《オホタカト》一、小者《ナルハ》皆名《ク》二勢宇《ト》一、漢語抄《ニ》、用《テ》二兄鷹《ノ》二字《ヲ》一爲レ名《ト》、所レ出未レ詳、俗說《ニ》、雄鷹謂《ヒ》二之兄鷹《ヲ》一《ト》、雌鷹謂《フ》二之大鷹《ヲ》一《ト》也、巢ハ同書に孫愐切韻《ガ》云、鳥巢在《ルヲ》レ穴曰《ニフ》レ窠《ト》、在《ルヲ》レ樹曰《ニフ》レ巢《ト》、訓須《ハス》、一云須久不《ニスクフ》とあり、はねハ同書に爾雅集注《ニ》云、羽本《ヲ》曰《フ》レ翮《ト》、和名八禰《ハネ》、一云《ニ》羽根《ノ》也とあれど、羽《ハ》のことを廣く羽《ハ》ねと云《ヘ》ること古例《ヘ》多し、今も然《シカ》り、さて石井氏《ノ》說に、高宮《ノ》の歌《ウタ》に鷹のことを歌ふハ俗意に近しと思ふ人もあるべけれど、此《コ》ハ高《タカノ》宮と云に就《ツキ》て鷹のことを歌ふばかりにはあらず、此御山《ノ》にハ昔より鷹の巢《スク》ふこととある故、如此ハ歌ふなりと云《ハ》れたる、實《マコト》に然《サ》もあるべし、二見神樂歌には、鷹の子《コ》ハまだをさなきに日をさしてとくら《鳥栖》さだめてみるぞうれしきとあり、年中行事六月十七日條《ノ》に、祭使《ノ》舞御歌云《ニク》、大宮ノ戸影ニキヰルオキノ鳥ソレヲミテソラノ荒タカトビカケルナリ

三左木
(上)(付箋)和名抄云、鵙鳩、爾雅集注云、鵙鳩云々、和名美佐古云々、高橋氏文云、水佐古、鶚屬也、好在江邊山中亦食魚者也
(付箋)光基云、みさをみおろす、をハコを謠ひ誤れるにて美佐古なるへし、鵙鳩ハ海邊に棲てよく魚を捕る物也、白鳥ハ白鷹をいふならむ、廣雅云、三歳名二之青鷹・白鷹一とあり、されハ鵙鳩ハ高くそらに舞て水中なる魚を見下し、摑捕る物なから白鷹のわさにはなほいたらて鵙鳩もそのわさの低ければ白鳥の威光あるをいふ意ならん

たか《鷹》にてもみおろす《見下》しらとり《白鳥》はなほたか《猶鷹》にても

ひかり《光》ましま《坐》す

みさをミおろすとハ何《イカ》なることにや未考得《タヘ》ず、天文本にハ、ミおろしとあり、また一本に、ハミさつと書り、今試《コヽロミ》に強《シヒ》て云《イハ》ば、二見神樂歌に、鷹にても御山《ミヤマ》をミおろす云々とあれば、みさをハ御山《ミヤマ》をの訛《リ》歟、またみね《峰》をの訛《リ》歟、よく尋《タヅ》ぬべし、白鳥は白鷹《シラタカ》を云なり、光《ヒカ》りましますとハ白鷹の羽毛の光彩ありて美《ウルハ》しきを云なるべし　天文本にハなほたかにてぞとあり

たかのこ《鷹子》はいづく《何處》のをより《峰》そだつ《育》らむおまへ《御前》のやま《山》のご《御》やう《山》すぎ《杉》より

いづくのをよりハ自《ヨリ》二何處之峰《イヅクノヲ》一なり、山にをと云に、峰《ヲ》を尾《ヲ》との二《フタ》つあり、此《コヽ》ハ峰を云なり　尾ハ山のすその長く引延たる處を云なれバ、鷹のことを云に叶はず、鷹ハ高山に巣ふ、ものなり、然れバ此なるをハ峰なること明けし　おまへの山ハ高宮の《ノ》御山と云ことなり　御前ハ常に云前にハあらず、神を指て云御前也　さておまへを今ごぜむと音讀に歌ふも本等《ドモ》に然《シカ》あるに依てなれと、天文本に御まへ、また一本におまへとあれば、昔《モト》は音讀ならざりしこと明《カ》なり、一本には御前《ゴゼ》の御山《オヤマ》のとあり、ごやう杉ハ五よう杉・五葉杉・五葉《ゴヨ》の杉・御用の杉・御《ゴ》やう杉などさま〴〵に書《カケ》る中に、御やう杉とあるぞ正《タヾ》しき、此《コ》ハ異《コト》なる杉の一名《ヒトツノナ》にハありで、たゝ高宮の《ノ》御山の杉を云なり、ごハ御《ミ》の音讀、やうハ山《ヤマ》の音便にて、山田《ヤマダ》をやうだと云と同類《ジ》なり、本《モト》ハ御《ミ》山杉《ヤマスギ》と歌ひしを後に如此誤《マ》れるなるべし、御前の山の御《ミ》山杉《ヤマスギ》と云へバ、山てふことの重《カサナ》りていかがと思ふ人もあるべけれど、かくざまに重ね云ことハ古今例多し　淺井氏ノ考に、五よう杉ハ五百枝杉のこと歟、五葉にハあらじと云れたるを、杉木氏論ひて云く、五葉杉ハ五百枝杉にあらず、御前の山のこよの杉とあれバ、高御前の山に五葉の杉と云る杉のありしなるべし、然れど今ハ知れず、また五葉杉・御用杉・御影杉何れならむ、未書にも見當らねバ定めてハ云ひがたし、此ハたゞごよの杉と云、高宮の名木なりと見て強に文字を穿鑿すべからず、また五百枝杉ハ外宮の神木にて年經たる杉なりと云傳ふれど、今ハ枯て其跡さへ詳ならず、士(十)佛參詣記に依て考ふれバ、三鳥居の外、今の僧尼拜所の邊にありしやうなり、然れども此杉をハ高宮の神木なりと云ることを聞ず、又早歌に、五葉杉ハ土御前に枝ハさすとあり、五百枝杉ハ名木なれバ、土宮の御前まで枝さしたりし歟、いとおぼつかなし、凡て杉ハ上へのミ伸る物なれど、上代よりの老杉にて枝の蔓りたりし故に、五百枝杉とハ云る歟と云れたるハ僻說なり、また大抵の本皆五葉杉とある故誰も然心得べけれど、五葉杉と云ことハいかにぞや、松にこそ五

葉と云あれ、杉にハ聞もおよばず、若さやうの異なる杉の高宮の山に古あらむにハ今猶云傳ふべきなり、また五百枝、杉の高宮に拘ハらぬことハ更にも云ハず、其を五葉杉とハいかでか云む、また御用杉と書るも所由なし、然れど五葉とあるを立て強て解バ、五葉杉ハ葉のいと繁く多かる杉を云歟、然るハ數の多きことを五十とも五百とも云へバ、五葉はもと五十葉とか五百葉とかありしを、中の一字を落して音讀に歌ひ來つるなるべしとや云む、然れど其にてハよもあらじ

たか《多賀》のご《御》ぜむ《前》のご《御》やう《山》すぎ《杉》

是又上に云が如く高宮《ノ》の御山の杉なり

つち《土》のご《御》ぜむ《前》にえだ《枝》をさす

此《コ》ハ土宮《ノ》の方へ御山の杉の枝ハさすと云なり、天文本にハえだハさすとあり、さて高宮《ノ》の方ハ山連續《ヤマツヾキ》にて樹木茂り、土宮の方ハ平地に連續《ツヾキ》て虚《ホガラカ》なれバ自《オノヅカラ》然其方へ枝のさすべき理なり

かぜ《風》わか《若》みや《宮》のりう《流》すい《水》は

風若宮ハ風宮《ノ》を云、若ハ日本紀に宮を美稱《ホメ》て日之少宮《ヒノワカミヤ》 古事記・日本紀に と云る少《ワカ》と同《ジ》くて、此《コヽ》も美稱《ホメタヽヘ》て若《ワカ》とハ云なり

(上)若宮と云に三箇の義あり、一にハ其宮を美稱へて云意、二にハ新に造立て勸請したる由にて今宮・新宮など云と同じ意、三にハ本宮の御子神を祀る意是なり、此ハ其所に就て辨知るべきなり

若室と云るも見ゆ、此わかてふ美稱、詞ハ美豆垣の美豆など丶同意なり 流水《リウスイ》ハ風宮《ノ》の後の方なる池を指《サ》す歟、今ハ池の形《カタ》あるのミにて水なけれど、昔ハ流水にやありけむ、猶熟《ヨク》考ふべし

しやうぶ《菖蒲》がいけ《池》にぞたゝへ《湛》たる

しやうぶか池ハ何《イツ》れにや、未考得《ダヘ》ざれども、風若宮の流水《リウスイ》ハ云々とあるつゞきに依て推量《オシハカ》るに、二《ノ》鳥居の南なる下《シモノ》御池のことなるべし 上御池ハ西御殿の前なるを云ひ、中御池ハ今の御洗手所の流を云なり、流ハ一條にして御池ハ三所なり、上中、下三所の御池のことハ古老口實傳に見えたり しやうぶが池《イケ》と云名ハ物に見えざれど、昔《シ》菖蒲の生《ヒ》たりしによりて負《オヘ》るなるべし、菖蒲ハ和名抄に、養性要集云《ニ》、昌蒲、一名臰《ハ》蒲、和名阿夜女久佐《アヤメグサ》と見えて、今五月五日簷《ノキ》にさすものなり 杉木氏ハ神風小名寄に、御川池、或古書云、豊受の御前を流とほる川侍り、今ハあせて御池と云と云々、是勿論神前の御池の事なるべし、御川の其跡の池といふ心の名にこそ、上代ハ外宮の神前を川の流れし事もありと古く云ひ傳へたり云々、御池ハ今もあり、齋宮式竈炭竈山戸御川池等神祭とあるハ是なるべし、外宮の齋王候殿ハ御川の近邊にありしとなり、夫木集今年おひの御川の池の菖蒲草長きためしに人ハひかなむ女御徵子女王云々、これも齋王候殿などにてよませ給ふ御歌にやとあるを、此に引れたれど其ハ齋宮の御川池なるを外宮の御池のこと丶心得たるひがことなれバ、此なる菖蒲が池の考證にハ爲がたし

（下）拾遺集七、物名、鹿皮の行騰、かのかはのむかはきすぎ

湯の舞

上に云《へ》り

たか《多賀》のごぜ《御前》むのめすもの《物》は

めすと云言《コトノ》意ハ上御座のあそびの段に云《へ》り

きり《切》ふ《符》なか《中》ぐろ《黒》ほろのそや《征箭》

きりふなかぐろハ羽の斑文《フ》によれる稱《ナ》なり萬葉十九に、眞白部乃多可とあれバ、フ、と云こと古し、平家物語・源平盛衰記に切府矢《キリフノヤ》・中黑《ナカグロノ》征矢《ソヤ》見えたり、新井氏の本朝軍器考弓矢類條に、凡羽《ソ》の文《フ》を我朝にハ符《フ》としるし、又生《フ》の字をも用ふ、おもふに、もとハ文《フ》の字を用ひて聲のまゝによびしを後の俗《ヨ》かくは誤れるなるべし、石打・中黑大小・切符・本白・護田鳥尾《ウスベヲ》などハ古代《ノ》より聞えし物なり、是等を始《メ》て其名特《コト》に多けれど、本白・中白・妻白《ツマ》・本黑・中黑・妻黑・切符・護田鳥尾等の外に出る事なし、世に羽形・羽揃など云て昔より圖《カタ》にゑがきし物あり云々、其中《ノ》石打と云ハもと鷹尾《ノ》の名所《ナドコロ》にて、中黑・切符・本白など云類ハ羽の文《フ》をもて名《ナ》づけしなりとあり、ほろとハ鳥の上尾《ウハヲ》を云《フ》、ほハ秀《ホ》の意、ろハ助辭なり又鳥の腋下の毛をも保呂羽と云よし古書に見えたり、然れど、其ハ含まれこもれる意のほなればこと別なり平家物語に黑《クロ》ほろの矢《ヤ》見えたり、そやハ和名抄に、征箭《ハ》和名曾夜《ソヤ》とあり、本朝軍器考弓矢類條に、征箭《ソヤ》の事、征戰の時用ふる所なれバかくハ名づけたるなりと云《へ》り、さて此《コ、》に云征箭《ソヤ》ハ切符・中黑・ほろの三種に係《カ、》れるもじと知《ル》べし、一本に、きりうなんこのほろとかや、又きりうなるくろほろのそやとあるハ訛れるなり

よき《能》くつ《沓》むかばき《行騰》なる《鳴》ひきめ《蟇目》

よきハ能《ヨキ》にて沓《クツ》・行騰《ムカバキ》・蟇目《ヒキメ》の三種へ係《カ、》れる美稱辭《タ、ヘゴト》なり、くつハ和名抄に、唐韻《ニ》云、草曰《ヲ》レ扉《ト》、麻曰《ヲ》レ屨《ト》、革曰《ヲ》履《ト》、和名竝久豆《ニ》、用《フ》二韜字《ノヲ》一、むかばきハ本朝軍器考弓矢類條に、令の武官の禮服に錦《ノ》行騰《ムカバキ》あり、股脛を覆《オホ》

て深からバわたらでたゞにかへるばかりぞ

ひ衣をして飛揚せざらしむ物なりと註せり、順の和名抄にハ行旅具《ノ》に載たり、釋名を引て行縢ハ行縢也、脚《アシ》を裹《ツヽミ》て跳騰すること輕便ならしむべき物なりと注しぬ、古ハ錦をもて作りて武官の禮服とせしに、順の比既に行旅具《ノ》とのミなりしなり、進士志《サクワム》　定茂が有馬の湯へ行《ク》とて行縢を人にかりてはかむすべ知《ラ》さりし事、著聞集に載たれバ、承元の比まで猶然《シカ》ぞありける、然《サ》れど武士の騎射する時ハ必はきし物なり、豊後守中原高忠が聞書に、昔ハ今の人の上下《カミシモ》着るやうに衣裳にもはきけり、然《サ》れバ何事をもせよ、行縢はきてせしほどに、今に笠懸・小笠懸・流鏑馬、又ハ獵する時も式々の時ハ皆はくなりと見えたり、鎌倉殿の時、御家人等が御弓矢など進《マキ》らする時にハ、御行縢をも副《ヘ》て進らす、賜る時にもかくぞありける、おもふに、古の禮服と後代《ノ》の物とハ其名と其用とハ同じけれど、其制ハ異なりしにや、武士の行縢ハ皆鹿皮《ノ》を用ひしなり、夏毛を用ふる事定まれる式なり、秋ふた毛とわり合せにする事もありし、塗行縢《ヌリムカバキ》とて漆にて塗《リ》たるもあり、又それより後代《ノ》には、或熊《ハ》皮《ノ》、或豹《ハ》虎の皮などを以てわり合せにしたるもあり、緒《ヲ》の革ハ菖蒲革を本とす、黒皮・ふすべ皮などをバ晴の時ハ用ひず、蟇目とゞめ沓ごミの緒など云《フ》あり、足利殿の時、御所の御行縢緒《ノ》にハ紫革を用ひられて、裏にハ色々に染たる綾唐の織物などをうたれし、又裏うたれぬをもめとれしとなむ、又神事に用ふる行縢ハ其制《ノ》すこしく異なり、又沓も歩射・騎射ともに鼻高を用ひしと云ふ、高忠が説に、昔ハ晴の時にハとも皮の沓をバはかざりし由見えたりとあり、職人盡歌合に、秋ふかきほしハくもれど行縢《ムカバキ》の白毛の月のさやかなるかな、祈りても逢《アフ》せやあると町人の行縢皮のなでものもがなとよめり、なるひきめは鳴蟇目《ナルヒキメ》なり鳴とハ射れハ、鳴行故なり、本朝軍器考弓矢類條に、蟇目と云ことハ其《ノ》形の蝦蟆の目に似たれバかくハ名づけし、たとへばつくり皮《ノ》の皺《シハ》めるが蝦蟆の背に似たれバ此木波太《ヒキハダ》と云が如し、此矢《ノ》の鳴《ナ》る音蝦蟆のなく聲に似たれバかく名

（上）和名抄装束部、腰帯類に、楊氏漢語抄云、勤萬肚巾、波良岐、一云腹帯とあるハ武具の腹巻とハ別なり

づく、此事深き義ありなど云ことハ心得られず、昔人の物《ノ》名つけし事やすらかにしてむつかしからず、此物《ノ》の異名を志禰久利《シネクリ》と云事ハ志禰《シネ》と云《フ》鼠ハ蘆根《アシノネクラ》食ふ物なり、其《ノ》聲此《ノ》矢の鳴る音に似たる故にかくも云なりなど云說のあれバ 三議一統、蟇目と云も其聲《ノ》に取れるなど云ひしにや、古《ヘ》の物今も世に遺《ノコ》りしハ、靜原二宮の神寶にある天武天皇の內庫《タイ》の物なりと云《フ》もの、其長《サ》一尺二寸、桐《ノ》木を以て作りて胴に、ハ竹をふせて胴巻せり、其餘ハ今の制にかはれりとも見えず云々、凡《ソ》蟇目の制犬射・笠懸誕生の時に用ふる式ことに多かりとあり、職人盡歌合にくり鉋 片入《カムナカタイリ》したる破 目《ヤブレメ》のそのまゝにすむ引目《ヒキメ》やの月、我戀ハ笠懸引目塗《ヌリ》こめていとめも見えず、なくなミだかなとよめり、一本にハ、金銀むかばきなるひきめ、又金銀はらまきなるひきめとあり、何《イツ》れ善《ヨ》けむ未 決《イマダサダ》め得ず 金銀ハ其莊餝を云ふ、はらまきハ本朝軍器考甲冑類ノ條に、腹巻と云物ハ何れの代にや始りけむ、允恭天皇の御時、玉田宿禰が甲を襖の中に服たりし事の日本書紀見えしこそ、後代に下腹巻など云ことのやうに覺ゆれ、此物ハ古の物猶今もあるすくなからず、其制大やうハ鎧にかはらねど前より左右に繞りて後にて引合す、又背板と云物を以て後の透間をふさぐ事、たとへハ鎧の脇立の如し、此ノ板を又臆病の板と云ふにや、然れど此板の事昔の物には見えず、吉野の吉水院に古き腹巻あり、義經の物なるにや、藍革に紅と白と紫との絲を以て威せしなり、背板など云ふ物ハあらず、某が家にある所も古代の物なり、其背板は腹巻と代を同じくせし物とハ見えず、此ノ制もとハ衣の下に着むずる物なるを、上腹巻など云事出來たれバ背板など云物も出來しなるべし云々とあり

こむ《紺》やくれなゐ《紅》しらいと《白絲》

こむハ紺絲、やハ添《ヘ》て云辭、くれなゐハ紅絲 くれなゐハ本呉國より渡參來たる物にて、呉國の藍と云ことなり、此ハ今紅花と云物にて其紅花を以て染る色をくれなゐと云より轉りて然らぬをも、あかき色をくれなゐと云、こと古今常なり しらいとハ白絲にて各鎧《ヨロヒ》の威《オトシ》を指《シ》て云にて、卽《チ》紺絲威・紅絲威・白絲威の鎧と云意ならむ歟 絲と云もじハ紺・紅・白の三つに係れるもじと知べし、さて淺井氏ノ考に、紺や紅白絲ハ鎧名を云歟と云れたるを、杉木氏の論ひて鎧名とも決めがたし、ただ絲の品々を云歟と云れたるハ何にあらむ、ひがこととも云ひがたけれど、此前の一句を一本に、金銀はらまきともあるを以て考合すれば、此に云ハ鎧の、ことならむと思はるゝなり、猶熟考ふべし さて此湯《ノ》の舞段《ノ》、天文本・寛永本・正保本等になきハ漏《モレ》たるにやあらむ

たか《鷹》にてもみおろす《見下》しらとり《白鳥》はなほたか《猶鷹》にても
ひかり《光》まし《坐》ますたか《多賀》のごぜむ《御前》にあそび《遊》のじやうぶむ《上分》をま《進》

ゐらするほめ《讃》きこしめせ《所聞食》たま《玉》のはうでむ《寶殿》

意ハ上に云《へ》り

（奥書）大正十年三月、近藤勇助氏藏本複寫

神樂歌解　三

神樂歌解三之巻目録

外宮部下

神樂歌解三之巻

井阪徳辰謹撰

土《ツチノ》御前の歌

神名祕書に、土宮《ノ》三座、大年《オホトシノ》神一座・宇迦魂《ウカノミタマノ》神一座・土御祖《ツチノミオヤノ》神一座、大治三年六月五日官符《ノ》、改《メテ》社號《ヲ》爲《スト》宮、預《ル》祈年・月次・神嘗祭幣《ニ》也、是宮河堤《ノ》爲守護神也とあり

つち《土》のごぜむ《御前》のひろど《廣戸》より

ひろとハ杉木氏《ノ》考に、田舎にて家宅の大戸口を廣戸と云、此に云廣戸ハ廣前など云廣と同く美稱辭《タヽヘゴト》なるべしと云《ハ》れたるが如し、天文本にハ、ひろとへハとあり

いとげ《絲葺》のくるま《車》をやりかけて

いとけのくるまは延喜式に絲葺《イトゲノ》車とある是なりと杉木氏の云れたる如く、絲にて飾《カザ》れる車なり、肥後國神樂

歌にハ、南おもてのひろ縁にいとけの車やりすゑてとあり、さて此宮段に車のことを歌ふは何《イカ》なる所由にあらむ、未考《タヘ》得ざれとも試《コヽロミ》に云《イハ》ば、車ハ地上をひくものなれバ土《ツチ》に縁ある故なるべし、一本にハ、‖やりつけてとあり‖

いのち《壽命》ながえ《轅》にみて《御手》をかけ《掛》とびのを《小轅》よりぞのりたまふ《乗給》

いのちとハ淺井氏考《ノ》に、ながえと云むとて云ひかけたるなりと云れたるが如し、和名抄車具に、轅和《ハ》名奈加《ナカ》江《エ》、俗在《ニルヲ》レ前謂《ニ》二之轅《ヲト》一、在レ後謂《ヘニフ》二之鴟尾《ヲトビノヲト》一、或云《ハ》小轅とあり、さて此段意《ノ》ハ御手をかけ云々乗《ノリ》給ふとあれバ神の出御《イデマシ》の狀を云なるべし

つち《土》のざ《座》にあとたれ《跡垂》たまふ《給》ミや《宮》のまへ《前》ゆふ《木綿》さかき《榊》ば《葉》にこ《御》さ《座》はまします《坐》

土の座にとハ山田原《ノ》の地主の座位にと云う意なり、御鎭座本紀に、山田原《ノノ》地護《ノ》神定《トメ》祝《ヒ》祭《ル》也とあるをハ思ふべし、あとたれ給ふとハ鎭《シヅマリマス》座と云意なり、抑《ソモ〳〵》跡を垂《タル》ると云ことは佛道の本地垂迹の說に惑《マド》ひて、神も本地ハミな佛ぞと心得たるより云ひならへる僻說《ヒガゴト》なれど、中昔よりこなたの歌にハ此類《ノ》いと多し、天文本には、‖つちのさとにそあとたれたまふ‖とあり、宮の前とハ豐受大御神の大宮の御前にと云なり　神祇本源に、土御祖、社在二大宮前一とあり

ゆふさかき葉に御座ハましますとは、木綿　神代紀に、掘二天香山之眞坂木一而、上枝云々、中枝云々、下枝懸二以栗國忌部遠祖天日鷲所作木綿一、古語拾遺に、令下天日鷲神以二津咋見神一穀木種殖之、以作中白和幣上是木綿也、寶基本紀に、謂下以二穀木一作白和幣上、名二號木綿一、和名抄祭祀具に、本草注云、木綿折レ之多二白絲一者也、和名由布とあり、さて此物古へハ布にしてあまねく用ひたりしに、後世ハたゞ紙にのミして布にすることハ絶たり　を著《ツケ》たる榊を立廻《タテメグラ》して御室《ミムロ》とせる中に神は坐《マシマ》すと云意なり　御座ハ御前と云と同く神をさす、として其御座位を申すなり　神樂歌に、榊葉に木綿《ユフ》取垂《トリシデ》て誰代《タガヨ》にか神の御室《ミムロ》と齋《イハヒ》そめけむとあるなど考合《ヘ》すべし　吾神樂執行の時、神座の料に設る神籬、所謂山と稱ふものの形、狀、榊を立廻らして其枝に木綿四手と云を著るをも思ヒ合すべし

さて一本にハ、五社《ゴサ》ハましますと書《カケ》り　然書る意ハ何ならむ思ひ得ざれども試に云ハば、神祇本源に、豐受皇大神宮御鎭座次第麗氣曰、攝社大、土祖神、亦名五道大神、雙二五所大明神一坐也とあるなどに依れるか

一首意《ノ》は、土宮《ノ》ハ山田原《ノ》地主の神と坐《マシ》て大宮の御前な

る神籬《ミアラカ》に鎮座《シヅマリマ》すとなり

さかきば《榊葉》にたち《立》まふ《舞》そで《袖》のおひ《追》かぜ《風》になびかぬ《不靡》かみ《神》は
あらじ《不有》とぞおもふ《思》

此歌は金葉集康資王母《ノ》歌に、榊葉やたちまふ袖のおひ風になびかぬ神はあらじとぞ思ふとあるを取れるなり、さて天文本又一本にハ、さかきまふとあり 山廻リの時ハさかきまふと歌ふ、例なり 訛《リ》なるべし、土宮段《ノ》に此歌を歌ふ所由ハ未考得《ヘ》す 但シ此歌ハ何れの宮段《ノ》に用ひても宜き歌なり

あめつちをふくしゆとついてさいはひをもたらむひとの
とはざらむには

此歌意《ノ》、未考得《タヘ》ず、一本にハ、もたらぬひとのとあり、又もとらぬひとのと書《カケ》る本もあり

つち《土》のごぜむ《御前》のおまへ《御前》には

おまへハ常に云御前《オムマヘ》なり

（上）（付箋）狭衣物語三ノ上〈二丁四丁〉、アメツチヲフク

しやくのつくゑ《机》をかき《昇》たて《立》、

しやくのつくゑハ赤《シャク》の机かと思はるれど然《シカ》らず、百《モヽ》机《ツクヱ》の百てふ字の音讀ヒヤクをシヤクと訛《リ》たるなり、古事記に、令《シメ》レ持《モタ》二百取机代物《モヽトリノツクヱシロノモノヲ》一云々、また具《ソナヘテ》二百取机《ノ》代物《ノヲ》一為《シテ》二御饗《ミアヘト》一云々、神代紀に、夫品物悉備二貯《ソノクサ〴〵ノモノコト〴〵ニソナヘアサ》之百机《ヘテモヽトリノツクヱ》一而饗《アヘマツリキ》之 本居宣長ノ説に、百とハ其數の甚多きを云るなり、書紀にハ百机とあれど、これハ机の數を云にハあらず、机に置ク物の數の多きを云なり、机ハ本坏居にて飲食の器を居る由の名なりと云へり 萬葉十六に、高坏《タカツキニ》爾盛机《モリツクヱニ》爾立《タテヽ》而とあり、かきたてヽとハ昇《カキ》持來《モチキ》て立置《タテオク》を云なり 机を昇てふことハ、貞觀儀式・延喜式等其外古書に見ゆ、假殿遷宮要須記にハ、物忌案於云々、二脚、昇二立之一と見えたり 卽品《クサ〴〵ノモノ》物を御饗とし置《オキ》たらはせる机を昇立なり

しやくのつくゑ《机》のおもて《上》には

おもてハ机上の意なり、水面《ノオモ》、庭面《ノオモ》などの面《オモ》と同じ

しらげ《精》のよね《米》こそふり《降》かゝ《懸》れ

ロニヌヒテトアルハ、ハ、シロカナラハシキコエタルイハヒコトナメリ
蜻蛉日記中〈二丁〉、はらからとおほしき人またふしなから物きこゆ、あめつちをふくろにぬひてとすゞるいとをかしくなりて云々

しらげのよねハ精米にて、卽白米のことなり、和名抄に、楊氏漢語抄云《ニ》、粺米《ハ》精米也、和名之良介與禰《シラケヨネ》とあり、御田祭歌《ノ》にハ、しらげこそふれやとあり、さて一本にハ、しらけのよねぞふりかゝるとあり また一本に、しらけのよねこそふりかゝるとある、る‖もじハ誤なり、そ‖と云と、きハる‖と結び、こそ‖と云ときはれ‖と結ぶ言の格なり ○此早歌《ノ》意ハ、土宮《ノ》の御前に種々《クサ〳〵》の御食物を置足はしたる机を舁《カキ》持來て立置たる、其机上に白米《シラケヨネ》こそ天上より降かゝれとなり、卽土宮の神等ハ稲穀のことに御靈《ミタマ》を施して功德《ミイサヲ》ある神に坐す故にかくハ歌ふなりけり

月讀の歌

月讀宮《ノ》ハ神名祕書に、神名內宮與《ト》同躰神《ノ》也、在《リ》二沼木郷一《ニ》、大河原村坐《ニス》 內宮と同體とハ內宮の月讀宮と同體とのことなり、卽月夜見命・荒御魂命二座をバ齋祀るなり、儀式帳にハ、月讀神社正殿貳區とあり、今ハ壹區也 神祇本源に、准《シ》二土宮《ノ》嘉例一《ニ》依《テ》レ申《スニ》二子細一《ヲ》、承元四年五月廿二日、被《レ》レ下《サ》二依《レ》レ請 宣旨一《ヲ》、被《レ》レ授二宮號一《ヲ》了《ヌ》とあり、さて此《コヽ》の題名を天文本にハ月よミのつくり物と書《カケ》り、つくり物とハ何《イカ》なることにやいぶかし、誤《リ》にてもやあらむ

つき《月》のよ《夜》すぐれて《勝》やさしき《優艶》はじふし《十四》やじふご《十五》のつき《月》とかや

天文本にハ、十四よと見え、今の大抵《オホカタ》の本等《ドモ》に、八十四夜とあれといかゞ、此《コヽ》に云十四やのや‖ハ夜のことにハあらず、月や花やなと云ときのや‖にて、よ‖と云と同《オナジ》意旨のや‖なり 若夜のこととせバ、下にも十五夜のとあるべきなり

にじふさむや《二十三夜》のよは《夜》のつき《月》

一本には、にしふさむやは‖とあり、よは‖ハ古説に夜間《ヨマ》のま‖をは‖に通《カヨ》はし云にて、朝間《アサマ》・晝間《ヒルマ》・夕間《ユフマ》などの間なり、夜半《ヨハ》と書半《カクハ》もじハ假字なりと云り

さてはみかづき《三日月》いと《甚》やさし《優艶》

さては‖と云こと別に意なし、たゞ輕く見てあるべし

やまだ《山田》にはとに《外》つき《月》よみ《讀》のまし《坐》ませばうべこそまつ《待》は
ひさ《久》しかりけれ

とにつきよミのましませバとハ宮域の外に月讀ノ神の宮敷坐《シキマシマ》せばと云なり 天文本にとのつきよミ、のとあるは誤れるなり うべとハ尤《モツトモ》と云意にて、うべ・うべこそ・うべしこそなど多くよめり 然るを植こそと心得たる人あるハ俗意なり、一本にハ、植てぞ松ハとあり、是又俗意より出たる誤リにこそ まつハひさしかりけれとハ月の出るを待《マツ》間の久《ヒサ》しきと云なり かりけれをかりけるともかりけ、りとも書る本あり、共に誤なり 一首ノ意ハ、月讀ノ宮ハ宮外に隔《ヘタ、》りて坐す故に其出《ソノイデ》給ふを待間の久しきもうべなり、尤なりとなり 此ハ本宮の方より指シて云意の歌なり、さてかく月を待ツ間の久しきと云も、月影を深く賞するより起れることなれば、此宮ノ段に然歌ふにぞありける

（上）本居宣長の新古今集美濃家裏なる此歌の注に、二句ハ天竺の靈鷲山にて佛のことなり、四ノ句ハ此レも佛ノ道の意にて、佛の假に神と現れたるよし

はるか《遙》なるわし《鷲》のたかね《高峰》のくもゐ《雲居》よりかげ《影》やはらぐる《和》
つきよミ《月讀》のもり《森》

一本にハ、かげやはらかにとあり、此歌ハ新古今集西行法師ノ歌に 端詞に伊勢の月讀社に參り、て月を見てよめるとあり さやかなる鷲《ワシ》の高《タカ》峰《ネ》の雲居より影《カゲ》やはらぐる月讀の森とあるを取て、聊上ノ五《イツ》字を替たるものなり、一首ノ意ハ北村季吟抄ノに、鷲の高峰《タカネ》は靈鷲山とて釋迦如來法華經を說《トキ》給へる所なり、兩部習合の神道には、神も本地は如來の衆生濟度の方便に光を和げて神と跡垂《アトタレ》給ふといへば、其心にてよめるなるべしと注せるが如し、故《カレ》杉木氏考にハ、此歌ハ神佛混合の意なれば、神樂歌に歌ふハ好しからずと云《ハ》れたり、實《マコト》に然《サ》ることとなり

つきよミ《月讀》いざなぎ《伊弉諾》いざなみ《伊弉冉》をどの《小殿》やしろ《社》かはら《河原》やしろ《社》
なか《中》にまします《坐》いちもと《一元》のごぜむ《御前》にあそび《遊》のじやうぶむ《上分》
をまゐらする《進》ほめ《讃》きこしめせ《所聞食》たま《玉》のはうてむ《寶殿》

伊弉諾・伊弉冉を此《コ、》に擧《アゲ》奉りたれと、此《コ》ハ内宮附《ツキ》の宮なり、按《フ》に、内宮ノ月讀ノ宮段に如此ある故、混雜《マギレ》て此《コ、》にも擧《アゲ》奉れるなるべし、小《ヲ》殿《ドノ》社は古說に、古は月讀ノ命と荒魂《アラミタマノ》命と竝び坐《マシ》しと見えて、儀式帳には正殿二區とあり、然れとも神祇本源に、建曆元年辛未、造宮使増《シ》二作《リ》神殿《ヲ》一、准《シテ》二内宮《ニ》一加《ヘ》二作《ル》小殿以下《ヲ》一、同十二月十八

なり、凡て神祇ノ歌に、影和ぐる・光和ぐ・塵にまじはるなどよむ詞は、漢籍老子に和光同塵と云るより出て、意ハ佛ノ道の意にてよめるひがことなり、神に然ることあらむやは、そもほうしのよまむハ猶然も有べきを、ほうしの云にならひて、たゞ人も常によむことゝなれるハ、いとかたはらいたきわさなかりかし

○御巫清直説にハ月讀社ニ詠合せたる鷲の高峰ハ鼓嶽の南なる鷲嶺山のことなるべし、季吟の靈鷲山を云るなりと解たるハ穿鑿に過ギたりと云り(下)して‖ノ反せ‖也

日、奉《リ》レ成《レ》二遷宮一畢とあれは、荒魂命の御殿は建曆より以前に絕《タエ》たりしと聞ゆ、かくて建曆再興以後、應永の比まではありしにや、應永頭《ノ》工日記に、應永二十六年正月四日《ノ》炎上事《ノ》、月夜見宮・同小殿・川原社・忌火屋殿御燒と見えたれど、今ハ其小殿も絕て、正殿一區・瑞垣一重のみなり、御殿一區になりて後ハ二神を一殿に鎭祀《シヅメマツ》れるにや、應永二十二年《ノ》記にハ靈形二座坐すと載たりと云《ヘ》るにて知《ル》べし、河原社ハ儀式帳官帳十六社の內なる高河原社なり、神名式に、川原坐《ニ》國《スクナ》生《リノ》神社、神名祕書に、高河原社《ノ》、一名川原坐《ニス》國生神《ノ》、月夜見神《ノノ》御玉、在二沼木鄕山田村月讀宮《ノノ》東《ニ》一とあり、中《ナカ》に坐《マシマ》す一元の御前ハ內宮附の末社なり、此《コレ》もまた上なる伊弉諾・伊弉冉と同じく混雜《マギレ》て此に擧《アゲ》申せるなるべし　一元御前のことハ內宮月讀宮段に云べし

つき《月》はいづ《何》く《處》かくま《隈》もなき《無》

くまハ隈にて、隈《クマ》もなきとは、かくるゝ所なく明《アキラカ》なるを云なり、一本には、いづくそ‖とあり、また一本にハ、くまもなし‖とあり

さら《更》しな《級》をば《姨》すて《捨》す《須》ま《磨》あか《明》し《石》

更級《サラシナ》・姨捨《ヲバステ》ハ信濃《ノ》國　古今集に、我心なぐさめかねつ、更級や姨捨山に照る月を見て　須磨・明石ハ播磨《ノ》國にて共《トモ》に月の名所なり

ゑ《繪》しま《嶋》がいそ《磯》のあり《有》あけ《明》は

繪嶋が磯ハ名所方角抄に、淡路《ノ》國の北の海邊なりとあり　千載集に、さよ千鳥ふけひの浦に、音づれて繪嶋が磯に月かたふきぬ、ありあけハ有明《アリアケ》の月なり

さ《眞》やか《明》にてら《照》せくま《隈》もなし《無》

今はさやかにてらして云々と歌ふ

風宮《ノ》の歌

神名祕書に、風神《ノ》社、件《ノ》神者《ハ》內宮《ノ》風神《ノ》與《ト》同躰也とあり

同書内宮條に、風神、社謂二志那都比古神一社記に、正應六年三月廿日ノ官符ニ、改テ二社號ヲ一、奉リレ授ケ二宮號ヲ一、預ル二官幣ニ一、依テン二異國降伏ノ之御祈ニ一也

きく《聞》にこゝろ《心》のすむ《清澄》ものはほふ《法》もむ《文》ほけ《法華》きやう《經》のりの《法》こゑ《聲》

天文本にハ、ほふてむとあり法典、なり此ハ甚忌々《イトユヽ》しき佛語なるを、如此歌ひ來《キ》ぬるハ歎《ナゲカ》はしとも歎《ナゲカ》ハしきことなり、故《カレ》杉木氏の此一句を避て神樂催馬樂笛の聲など歌ひて宜しと云れしと、然ることなれど皆がら改め歌はむハ中々に宜しからず、かゝるところは似、たる語を求めて直し置むぞ穏なるべき識者の評《サダメ》を俟《マツ》なり

なミ《波》のたつ《立》おと《音》まつ《松》のかぜ《風》つま《爪》おと《音》やさ《優》しき《艶》こと《琴》のおと《音》

凡《スヘ》て物の音聲の遠くも近くも聞ゆることハ皆風神ノ御《ミ》靈《タマ》に賴《ヨ》ることとなる、故に如此ハ歌ふなり平田篤胤の玉襷に、拜二龍田風神一詞を注せる條に云へし、此神の成坐る事ハ、伊邪那岐命すでに國を生竟まして後に、我が生りし國狹霧のミ薫滿たりと宣ひて、其を吹撥ひませる御息に成坐たり、其御息やがて風の始めにて、此神すなハち其御靈に坐なり云々、風ハ卽神の御息にて何處までも通ふこと、古事記に、下照比賣之哭聲與レ風響到レ天と見え、天御柱・國御柱と申すも、風ハ天地の間を通ひ保つ故の御名なるを以て知べし、然るに人の息また風にて音聲を成し語言を爲すも皆此ノ神の御靈に賴ことなり云々、天津神は天之磐門を押披きて聞食し、國津神ハ高山・短山の伊穗利を掻別けて聞食すことも全此大神の御德に依ことなりと云り、然れば神樂を皇神等の聞食すことも皆風神の御恩賴に依るなれバ、吾黨ハ取別、此大神を仰ぎ尊ミ奉るべきなり

かぜ《風》ならばきぬ《衣》のつまよりいり《入》なましいか《何》にその《其》み《身》のおほき《大》なるらむ

杉木氏ノ考に、かぜならバとハ風にてあるならバと云意、きぬのつまよりいりなましとハ衣《キヌ》の隙《ヒマ》より入らむと云意、いかにそのミのとハ何《イカ》なれハ我身のと云意、おほきなるらむとは大《オホキ》にあるやらむと云意なりと解《トカ》れて、伊勢物語なる吹《フク》風に我《ワガ》身をなさば玉簾《タマスダレ》隙求《ヒマモト》めつゝ入《イリ》なましものをと云歌を證《アカシ》に引《ヒカ》れたり、さて一首を總《スベ》たる意ハ、あはれ我身《ワガミ》が風の如く聊なる物の間《アヒ》より入る事《コト》の叶《カナ》ふものならバ、思ふ人の衣服のつまより分入《ワケイリ》て肌《ハダ》ふれなむものを、何《イカ》なれバ我體《ワガミ》の大にして然《サ》る事《ワザ》の叶はぬにやと云《ヘ》るにて、戀ノ歌なれと、實ハ風神ノ奇妙《クシビ》なる御德を美稱たるなり

いけ《池》はちす《蓮》つばき《椿》まき《眞木》ふぢ《藤》きく《菊》かへで《鶏冠木》たに《谷》かぜ《風》ふかば《吹》
なび《靡》けあを《青》やぎ《柳》

池蓮《イケハチス》とハ蓮《ハチス》ハ池《イケ》に生るものなれバ云なり、まきハ眞木《マキ》にて、何の木にもあれ美稱《ホメ》て云なり、古歌等に、眞《マ》木葉《キノハ》・眞木《マキ》柱《ハシラ》・眞木《マキノ》板戸《イタト》・眞木《マキノ》戸《ト》・眞木《マキ》立山《タツヤマ》など云る是なり 彼柀と云一種ノ木とな思ひそ かへでハ 諸本皆かいでと書れど、其ハ訛リなれば今ハ正しきに依る 和名抄に、楊氏漢語抄云、鶏冠木《ハ》賀倍天乃木《カヘデノキ》、辨色立成云《ニ》、鶏頭樹《ハ》加比留提乃木《カヒルデノキ》、今按《ニ》是《レ》一木《ノ》名也と見え、萬葉十四に、和可加敝流氏能毛美都麻氏《ワカヽヘルデノモミツマデ》とよめるものにて 名義は蛙手なり、然云ハ其葉蛙手に似たれバなり 所謂紅葉木《モミチノキ》なり、谷風《タニカゼ》ハ春風を云、爾雅に東風謂《フ》二之《ヲ》谷風一と見え、月令廣義に春風者《ハ》谷風とあり

こと《琴》のね《音》にみね《峰》のまつ《松》かぜ《風》かよふ《通》らしいづれ《何》のをより
しらべ《調》そめ《初》けむ

此歌《ノ》ハ松風入夜琴と云ことをよミ給へる齋宮《ノ》女御《ノミ》御歌《ウタ》なり、拾遺集 雑部 に載たり、四句《ノ》をもじハ琴《コトノ》絃《ヲ》と山尾とに係《カケ》て云るなり、三句《ノ》一本に、かよふらむとあらむもじハ云までもなく誤なり

かぜ《風》のわかミや《若宮》にあそび《遊》のじやう《上》ぶむ《分》をまゐら《進》するほめ《讃》
きこしめせ《所聞食》たま《玉》のはうでむ《寶殿》

風の若宮ハ上 高宮ノ早歌ノ段 に云が如し、天文本にハ、風わかミやにとあり、竈清《カマギヨメ》なる風宮《ノ》段《ノ》にハ風の宮・風の若宮と一宮のことを重ねても云り、又一本にハ、此一《ノ》段なし、さて杉木氏《ノ》考に、風宮《ノ》ハ本《モト》風神社《ノ》と申せり、かくて宮號宣下ありしハ正應六年なり、然れども歌にハ正應以前風宮《ノ》とよミたるあり 名寄西行ノ歌に、此春ハ花を惜までよそならむ心を風宮にまかせて 按に吾神樂歌にも古《ヘ》より風宮《ノ》と歌へるなるべしと云れたる、實《マコト》に然《サ》もあるべし

つまおと《爪音》やさしき《優艶》ことのおと《琴音》よふくる《夜深更》まゝにね《音》ぞまさる《増》
はむしきてう《盤渉調》はふえのね《笛音》や

(上)清直云、‖タムナタリ‖ヲ笙ノ樂トイフコト不審ナリ、‖タムナタリヤラ‖ムナタリチリラトウタフハ横笛・篳篥等ノ唱歌ナリ、ソノウヘ‖笙ノ樂‖トイフコトアルヘクモアラス、サレハコノ今様ノ下ノ二句ハ盤渉調の笛ノ聲タムナタリトぞ、唱歌・吹・くトイヘルヲ、の・ヲハニアヤマリ、そ・ヲはニアヤマリ、か・ヲのトシ、ふ・ヲかトアヤマリタルナラムカ

(上)神祇本源神鏡篇瑞器記曰、攝社大土祖神、亦名二五道大神一、雙五處大明神座也、山田原地主神、亦號二鎮

盤渉調《バムシキテウ》ハ調の中にも高き調子なり、笛《ノ》音ハ調《シラベ》の高き物なる故如此《カク》ハ云なり、天文本又一本にハ、‖ふえのこゑ‖とあり

たむなたりとはしやう《笙》のがく《樂》

たむなたりハ催馬樂《ノ》酒飲《ノ》歌に、さけをたうべてたべゑうて云々、たんなたりやこんなたりちり《らイ》うとあるを、梁塵愚案抄に、たんなたりハ笛《ノ》聲を表したる歌のふしなりと注せるにて知《ル》べし　一本に、たんなんたり、又たなんたりなどあるハ誤なり

地護《チゴ》御《ノ》前の歌

神境紀談土宮《ノ》條《ノ》に云く、此宮《ノ》の以北《キタ》に地護宮　或作二兒宮一　と稱する小祠《ホコラ》あり、舊《モト》ハ此《ノ》山の奥に在りしを、慶長十九年に御炊物忌父《ノ》度會《ノ》重正　藤原三郎右衛門　再興して今の所に移し作れり、何れの神を祀ると云こと詳ならず、然れども本紀に土宮《ノ》三座を山田原《ノ》の地護神《ノ》と定祝《メ》祭《ヒ》ると載けれバ、地護の神徳を崇《アガ》め祭りて別に小祠を建けるなるべし、或ハ兒宮《ノ》とも稱するハ和訓の通ふ故に誤り稱せるなるべしと云り　喜早清在が毎事問に、ちごの宮と云名ハ、山を出してより已來、孰ともなく云ひ出たることにて、神體知れされバ地護とも兒とも書クのミなりと云るハ例の妄説なり、又常彰神主の神民須知に、龜田如心聞書に土宮の左ノ方に在ル神を兒宮と申なり、是ハ高皇産靈尊を祝奉るなり、昔ハ元服してハ此宮へ參りしと云、是も又一説なりとあるハ何にあらむ、正説ともおぼえず、さて杉木氏考《ノ》に、地護を兒《チゴ》と誤りて世俗《ヨノヒト》此宮に小兒のことを祈るハ、俗傳ながら古きことなり、然れハ歌に兒《チゴ》のことを云《ヘ》るも難《トガム》べからず、是《レ》チゴと云言《コト》に依て幼兒のことを云のミにて深意あるにハあらず、此《コ》ハ多賀宮《ノ》段《ノ》に鷹のことを歌ふが如しと云れたるハいとよし

をさなき《幼稚》きむだち《公等》やまてら《山寺》へ

きむたちハきミたちの音便なり、催馬樂歌にも左支无《サキム》多知也《ダチヤ》など多く見えたり、肥後國神樂歌には、をさなききむだちミやしろに、學問せよとてあげたれば、梅と櫻にたはふれて、五葉の松とぞなりたまふとあり、さて山寺とハ幼兒の學問するてふことを云《ハ》むとての言

護神一山田大路元長參詣記云、一鏡云寶志和尚儀軌、地宮・兒宮同印明見夕リ、分身御神坐哉、宮人云地宮内宮別宮坐荒祭宮并坐、依二御託宣一外宮寫奉、就二左地宮一宮計東向立賜別様義、祕奉義習有一御事也、高御宮モ内宮別宮坐セシヲ寫ト云へト無其義、兒宮ハ外宮ニカキリタル御事ニテ、最極所化坐トソ〈兒宮之御事ハ近江ノ叡山ヲ本トシ、彼山ニハ兒宮ノ事奉祕トソ〉、然者兒宮ト地宮トハ大ニ替タル御神ニ坐也、寶志和尚唐鷹巢出生ノ人也、其身ハ百越ニ乍レ有太神宮十一所別宮儀軌ヲ

にて、よくかなひてハあれど、神樂歌にハふさはしからず 忌詞に寺を瓦葺と、云なとを思ふべし 然れバ肥後國のに效ひて此《コヽ》もみ《御》やしろ《社》とや歌ふべき

がく《學》もむ《問》せ《爲》よとてあげ《上》たれはうめ《梅》とさくら《櫻》にたはふれ《戯》て

此《コ》は幼兒の花を折《ヲリ》かさしなどして戯れ遊ぶを云なり、一本に、ハうめやさくらに云々とあり、それもよし

こえふ《五葉》のまつ《松》とぞさかえ《榮》たる

此ハ幼兒の生長《オヒサキ》を祝《ホギ》て云なり 一本に、さかえたりとある、りもじハ誤なり

をさな《幼稚》ミてミやで《宮路》もしらぬ《不知》ちご《幼兒》のこ《子》になに《何》とせ《爲》よとて

かみたゝ《神託》るらむ

ミやてハ 一本にハ、宮てとあり、又ミあてと書る本もあり 宮路《ミヤヂ》のぢをでに通はして歌ひ來れるにて、宮へ參《マヰ》る道を云なるべし 古歌にも宮路を行むなどよめり に、又宮路通は、しらぬハ不《ザル》レ知《シラ》なり、ちごのこハ幼兒《ヲサナゴ》 和名抄 ちごのこと子もじを重ね云る、いかゞと思ふ人も、有ルべけれど、如此ざまに重ねたる例古へ多かり なり

に、赤子、和名知子、今按《ニ》云、含《ク》レ乳《ヲ》之義也とあり、なにとせよとてハ、何《ナニ》を爲《セ》よとりなり、かミたゝるらむハ神託《カミカヽ》るらむのかをたに誤れるなるべし 崇るらむにてハ意趣とゝの、はず 託《カヽ》るとハ神の託著《ヨクツキ》給ふを云なり 小兒に神の託坐て何事にまれ御誨ありし事ハ古へ例多く、今、世にも時々有る事なり 一首《ノ》意ハ、幼稚《ヲサナク》して神の宮へ參る道も未《タエ》得知らぬ程《ホド》の小兒《チゴ》に、何と爲《セ》よとて神の託著坐て御誨《ミサトシ》の有ことにや、諸事辨へ知たる大人にのミ著坐て御託宣ハあるべきことなるに、神の御意《ミココロ》ハ凡人《タヽビト》の測《ハカリ》知りがたきものなりと含めたるなるべし

をさな《幼稚》くとあそび《遊》し《爲》たま《給》へちご《兒》のごぜ《御前》ふすま《袴》のした《下》に

くつ《沓》はき《著》ながら

をさなくとハ雖《トモ》二幼稚《ヲサナク》一と云なり、天文本に、をさなくともとあるにてよく聞えたり 一本に、をさなくてと、あるてもじハ誤なり あそびしたまへとハ遊《アソビ》を爲給《ナシ》へと云なり、ちごのごぜハ 一本にハ、ごぜむとあり 兒《チゴノ》御前なり、此《コヽ》は假《カリ》に神を幼兒に譬へて申なり 然るハ、上にも云如く、ちごと云稱に付キてなり、ふすまのしたにと

書ケ渡シタリシ人也、太神小神勸請ノ印明ニ在レ是
（上）○前頁頭註
源氏若菜上、をさなき君もいとうつくして物し給ふ

ハ或說に、袴《ハカマ》の下《シタ》にと云なり、ふすまハはかまの誤なるべしと云り、誠に然《サ》も有《ル》べし　然るハ袴てふ字を被てふ字に見混ひて書誤しなどにや　和　あむ、被ハ下にしき、上に覆ふものなれバ、此にかなハず、さらて天文本にハ、ふすまのしたにてとあり、‖てもじハ衍リ也　名抄に、蔣魴切韻云《ニ》、袴脛上《ノ》衣《ノ》名也、和名八賀萬とあり、‖かつはきながら‖ハ或說に、‖かつのか‖ハくの誤《リ》にて沓著《クツハキ》ながらなりと云り、是又然《サ》も有《ル》へし、萬葉十四に、安思布麻之奈牟《アシフマシナム》、久都波氣和我世《クツハケワガセ》　足踏しむな沓著け我夫なり

ちご《地護》のごぜむ《御前》にあそび《遊》のじやう《上》ぶむ《分》をまゐ《進》らするほめ《讃》き《所》
こし《聞》めせ《食》たま《玉》のほう《寶》でむ《殿》
ちご《地護》のごぜむ《御前》のおまへ《御前》には

おまへハ常に云御前《オムマヘ》なり

はむて《半疊》ふたゝみ《疊》をしき《敷》なら《竝》べ

半疊《ハムデフ》ハ字の如く半疊《ハムダヽミ》なり、其《ソレ》に‖又たゝみ‖と云ことを添たるハ、半疊《ハムデフ》の疊《タヽミ》と云意なり　‖のもじを加へて心得べし　和名抄坐臥具《ノ》に、本朝式云《ニ》、掃部寮長疊《ニ》・短疊、和名大々美《タヽミ》とあり、神宮舊記《ノ》に、繧繝端《ウムケムベリノ》半疊《ハムデフ》・御半疊・宮《ミヤ》半疊・紙端《カミベリノ》半疊なと見えたり　海人藻芥に、疊事云々、神、佛前半疊用ニ繧繝緣一とあり　しきならべハ御前に敷竝《シキナラ》へなり、地護神《ノ》三座の出御《イデマシ》の料なり　‖ならべとあるにて一神ならぬ事ハ知られたり　古事記上卷　海神ノ宮ノ段　に、美智皮《ミチノカハ》之疊《ノタヽミ》敷《シキ》二八重《ヤヘヲ》一、亦絁疊《マタキヌタヽミ》八重《ヤヘヲ》敷《シキアツメ》二其上《ソノウヘニ》一、坐《マセマツリ》二其上《ソノウヘ》一而《テ》、同中卷　白檮原ノ宮ノ段ノ大御歌　に、須賀多々美《スガタヽミ》伊夜佐夜斯岐《イヤサヤシキ》弖《テ》、和賀布多理泥斯《ワガフタリネシ》

はむで《半疊》ふたゝみ《疊》のおもて《上》にハ

敷竝べたる半疊の其上《ソノウヘ》にハと云なり

ちご《地護》のごぜむ《御前》ぞおり《降》たまふ《給》

降給《オリタマ》ふとは半疊《ハムテフ》の上《ウヘ》に出御《イデマス》を云なり

北御門の歌

倭姫命世記《ノ》に、北御門社《ノ》、一名若雷《ワキイカツチノ》神、加茂社《ノ》同《ト》神也、度會行忠《ノ》神主の奉仕來歷に、若雷《ワキイカヅチノカミ》神、天八《アメノヤ》

（下）沙石集二、ヨロツノネカヒモシテ給フニ云々

（下）拾遺集十神樂歌、榊葉にゆふしてかけて誰世にか神のミまへにいはひそめけむ

重《ヘ》雲《クモヲ》 四方《ヨモ》仁《ニ》薄《タナビカシテ》 歴天《ナシテミ》爲二御垣《カキトウツリマ》一遷 幸《ス》之間《アヒダヲマツリカクシキ》 奉レ圍 之、故《カレ》崇《アガメテ》二 于北《キタノミ》 御門《カドノ》 神《ト》一、 奉《マツルソヘ》レ傍二豐受宮《トヨケノミヤニ》一とあり

みや《宮》へまこと《眞實》にまゐ《參》られバ

大宮へ眞實に參らむとならバと云意なり ‖一本にハ、ま‖ゐれバとあり

きた《北》のみかど《御門》よりまゐ《參》られよ

一本にハ、北の御門へ云々とあり、さてより‖と歌ふよりへ‖と歌ふ方便《カタタヨリ》よき故、今多くへ‖と歌へと、より‖と歌ふ方趣意よく聞えてよし

きた《北》のみかど《御門》よりまゐ《參》ればぞ

此も一本には、ミかとへ‖とあり、是又上《カミ》に云如く、よりと歌ふ方よし

よろづ《萬》のねがひ《願》をみ《滿》てたま《給》ふ

よろづのねがひハ本等《マキドモ》に衆生のねがひとある如く、舊《モト》然《シカ》歌ひしを近比《キ》改めたるものなり 下によろづのねかひ、とあるところ皆同じ 然《サ》るハ杉木氏の言に、衆生ハ佛語なれば聞苦《キヽグル》し、然《サ》れバ此をもろど《諸人》の願《ネガヒ》、また萬《ヨロヅ》の願など唱ふべしと云《ハ》れたるに依りてなり 此等杉木氏の功なり、ミてたまふハ一本に、み‖て丶たまふ‖ともまたミて丶たぶ‖とも書《カケ》り 下によろづのねがひとあるところ皆し、千載集賀茂重《ノ》保《ノ》歌に、君を祈る願《ネガヒ》を空《ソラ》に滿給へ別雷の神ならば神

さかきば《榊葉》にみてぐら《御幣》そへ《副》てたれ《誰》がよ《代》にきた《北》のみかと《御門》といは《齋》ひそめけむ

天文本にハ、きたのミかどは云々、又一本にハ、きたミかどとハ云々とあり、此歌ハ神樂歌に、榊葉に木綿《ユフ》取垂《トリシデ》て誰代《タガヨ》にか神の御室《ミムロ》と齋《イハヒ》そめけむとあるを取《トリ》て、所々言《コト》をハ替たるなり、二見神樂歌御幣歌にハ、榊葉に木綿しでつけて誰《タレ》か代に神のいかきといはひそめけむとあり

おほぞら《大空》にふみ《踏》とゝ《動》ろか《響》すなる《鳴》かミ《神》はつち《地》におり《降》ては
やしろ《社》となる《成》

おほぞらにのに‖もじハを‖とありたし　に‖にてハ下へ、の續いかゞ　ふミとゞろかすのす‖もじハし‖とありたし、古今集に、天《アマ》の原ふみとゞろかしなる神も、おもふ中《ナカ》をバさくるものかはとあり、なるかミは和名抄に、兼名苑云、雷公、一名雷師《ハ》、和名伊加豆知《イカツチ》、一云奈流加美《ニナルカミ》とあり、さて天文本にハ、なるかミもとあり、つちにおりてハとハ地《ツチ》に降《クダリ》てハと云なり　一本に、おちてハ、とあるハ誤なり　、年中行事六月十五日御占《ミウラノ》神事歌に云々、奈留伊賀津千毛於利萬志萬《ナルイカツチモオリマシマ》世《セ》とあり

きたみかど《北御門》なる《鳴》いかづち《雷》はたから《寶》にてきのふ《昨日》もけふ《今日》も
ゆふだち《夕立》ぞする

此歌ハ夏月雷鳴《ナ》り白《ユウダチノアメフ》　雨降る時ハ田水《ノ》涸《カレ》ず、稲穀のために大益ある故に如此歌ふにて、卽雷神の御徳を美《タヽ》稱《ヘ》たるなり、臨時祭式に載《ノセ》たる祈雨神《ノ》八十五座の中に賀茂別雷社あるなど思合すべし

きたみかど《北御門》なる《鳴》いかづち《雷》しち《七》りうはち《八》りうくりう《九》さむ《三》
しよ《所》にあそび《遊》のじやう《上》ぶ《分》むをまゐ《進》らするほめ《讃》きこしめせ《所聞食》
たま《玉》のはう《寶》てむ《殿》

七りう・八りう・九りう・三所ハ未考得《ダ》ず、然《サ》れど試に云《イハ》ハ、りう‖ハらい‖の訛《リ》にて、八りうは卽《スナハチ》古事記に、大雷《オホイカヅチホノ》・火雷・黑《クロ》雷・拆《サク》雷・若《ワキ》雷・土《ツチ》雷・鳴《ナル》雷・伏《フシ》雷と見え、神代紀に、大雷・火雷・土雷・稚《ワカ》雷・黑雷・山《ヤマ》雷・野《ヌ》雷・裂《サク》雷と見えたる、八雷神《ヤクサノイカヅチガミ》のことか　り‖う‖ハらいの訛りならむと云ハ、本居宣長の玉勝間に、對馬國ノ式社の事を記せる條に、雷命神社、下縣郡佐須郷阿連村にあり、神階従五位下、今ハ八龍殿と申すと、あるを思ヒ合してなり　杉木氏《ノ》考にハ、八雷のことかとも云《ハ》れ、又字書に、靇音龍、靇雷《ハ》、霆聲《ノ》也《ナリ》とあれバ、靇《ノ》字かとも云《ハ》れたり　予思ふに、字書を引て云ハれたるハ穿鑿に過たる說なり　、又七りう・九りうと云ことハ何《イカ》にとも辨《ワキマ》へがたけれど、思ふに、此《コ》は八りうと歌ふに付て其前後の數　七九　を歌曲の章《アヤ》に何《ナニ》となく副《ソヘ》て歌ふにやあらむ、若然《モシサ》もあらば三所

ハ七八九を總《スベ》て云ならむか、事實に拘《カヽ》はらず如此《カク》ざまに歌ふ處、吾神樂歌にハ多し

きた《北》には《》たか《高》き《》やま《山》ぞ《》ある《有》

北御門には高き山ぞあると云意なるべし、然《サ》れど北御門《ノ》神社の邊《アタリ》、高山にあらざれば如此歌ふこといかゞと思ふ人もあるべけれと、宮山の內《ウチ》なれバ山と云《ハ》むも強《シヒ》言《ゴト》にあらず、又高きとは尊きことにも通はし云へハ、敬の詞と見《ミ》てもよからむか

しようろばやしにたかきをか

しようろはやしハしようハ松の字の音讀、ろハのもじの誤にて松《マツ》の林《ハヤシ》なるべし、北御門《ノ》社より西《ノ》方、國見《クニミ》社より北《ノ》方、館《ノ》町家の西の末《スヱ》を松原崎と云など思合《ヒ》せて考ふべし 一本に、しゆろうはやしのたかきを、かとあるハ、いたく訛りたるなり 、さて前にハ高き山と云ひ、此《コヽ》には高き岡と云ふなどハ、詞の章《アヤ》と見るべし、又宮山を藤岡山と云へバ岡《ヲカ》てふ言所由《ヨシ》なきにあらず

にち《日》せむ《山》こく《月》せむ《山》なか《中》のま《間》に

にちせむハ日山《ニチセム》、こくせむのこく‖ハぐわつ‖の訛《リ》にて月山《ガワツセム》なるべし 一本にハ、こつせむと書き、又一本にハ、こくけむと書り、共に誤なり 、さて日山・月山とハ事もなく、前に山また岡とあるに付て設《マウケ》たる詞なるべし 物を二つ竝べ云とき、日月・陰陽・天地など、比へて云こと古今例多し 、なかのまにとハ北《ノ》方なる山岡の中《ナカ》に御座《オハシマシ》てと云意なるべし 其ハ次句をむかへて心得べきなり

よろづ《萬》のねがひ《願》をみて《滿》たまふ《給》

○右《ノ》早歌《ノ》意、今一《ヒト》つ思得《オモヒエ》たるを云む《ハ》、○北にハ高き山ぞあるとハ紫微北極の高虚《タカヲカ》を指《サシ》て云なるべし、然《シカ》云《フ》ハ北御門てふ北の方位に縁《ヨシ》あるを以てなるべし、○しやうろはやしに高き岡、しやうろはやしハ舊星《モトホシ》の林《ハヤシ》とありけむを、後に星を字音のまゝシヤウ 但し呉音なり と唱へ、の‖もじをろ‖もじに誤れるなるべし、萬葉七に、

天海《アメノウミニ》丹雲《クモノ》之波立月《ナミダチツキノ》　船星《フネホシノ》之林《ハヤシニ》　丹榜隱《コギカクルミ》　所レ見《ユ》とあり、さて星之林とハ星の群《ムラガリタル》在を云ひ、高き岡とハ紫微北極の高虚《タカヲカ》を指て云なり、◯にちせむこくせむ中のまに、にちせむハ日神《ニチジム》、こくせむハ月神《ガツジム》の訛《リ》なるべし、さて日神とハ東方を表せる義、月神とハ西方を表せる義なり、日を東に配し月を西に配する事ハ故實なり　其由ハ上五方の遊の段に、云が如し　如此歌ふにて、中《ナカ》のまにとハ北方ハ東西の中間に當る故に、實ハ北御門の方位を指て稱《タヽ》へたるなり、然《シカ》れは若雷命《ノ》ハ北御門に御《オハシマシ》座てと云意なりとして、此次《コノツギ》なる萬の願《ネガヒ》を滿給《ミテ》ふと云句をむかへ見るべし、◯右歌の考ハ一方に定めがたくてなむ、姑《シバラ》く二むきに說《トケ》る　然れど二つながら推量說なれバ、むげに取ところなき考へにやならむ、識者よく評てよかし

客神の歌

此《ノ》題名、諸本皆客神の歌とあれど、高神・客神二社《ノ》段なり　此ハ二所竝び坐る社の事由、名、其一ツを擧て二ツを兼たるなり　此二社ハ茜社の南の山嶺《ノイタヾキ》ハ竝び坐す、東方高神社《ノ》・西方客神社《ノ》なり、神名祕書に、高神社《ノハ》天日別命《ノ》五世孫《ノ》建日丹方命《ノ》、客神社《ハ》信濃國諏訪《スハノ》明神是也、一名號《ス》二御馬屋神《ノト》一とあり　所謂、諏訪明神ハ建御名方命なり

かう《高》じむ《神》か《客》くじむ《神》のおや《御》ま《山》にハ

高神・客神の御座す御山にハと云なり　諸本皆荒神・くわう神など書たれど、今ハ高の假字以てかうと書つ、さて杉木氏ノ說に、神宮ノ古記には荒神とも皇神とも書り、然れども高神と書ク方ぞ宜き、然るハ荒神ハ三寶荒神に混ひ、皇神ハスメ神に混ふ故ぞと云ハれたる、誠に然ることなり

とし《年》をひさ《久》しくすぎ《杉》たて《立》る

杉木氏考に、年久しき杉の立《タテ》る故、如此ハ云なり、千枝《ノ》杉・燈臺杉なと皆年舊《ヒサ》しき杉なり、其外老杉多しと云《ハ》れ、又としをのをもじハ意なしと云《ハ》れたるが如し　天文本にハ、すぎたてるらむとあり、らむの二字ハ衍なるべし

やま《山》のね《峰》なれバおひ《生》たて《立》る

杉木氏《ノ》考に、やまのねハ山の峰なり、なればと云こと

ハ深意なしと云《ハ》れたるが如し 一本に、ならバ‖とあるハ誤なり

ごぜむ《御前》のちかべ《近邊》におひたて《生立》る

ごぜむハ高神・客神社《ノ》を指《シ》て云なり、ちかへハ杉木氏考に、近邊なりと云《ハ》れたるが如し ちかへを誓の義と心得るハ誤りなり

かくしむ《客神》やま《山》すぎ《杉》のむら《群》だち《立》おほけ《多》れどなか《中》にもなか《中》にもおもふ《思》すぎ《杉》あり

客神山ハ客神の御座す山なり 神宮古記にハ高神山とありて客神山とハ見えねど、吾神樂歌に古より如此歌へれバ客、神山とも云ひけるなるべし 杉のむらだちハ杉樹の群《ムラガリ》 立るを云なり、おほけれどのと‖もじハ‖はもじの誤なるべし とにてハ意、通えかたし 中にも中にもとハ俗に云《イハ》ハあちらにもこちらにもと云意なり、さて中にも中にもと言を重ねたるは杉群の多きよしを強く云《ハ》むとてなり、思ふ杉ありとは何怜愛《アハレメデタ》しと思ふ良《ヨ》き杉《ノ》樹ありと云意なり、二見神樂歌には、客神山杉のむらたち多けれと中にも御前の思ふ杉ありとあり

かくじむ《客神》やま《山》おる《降》とのほる《登》とねら《緩歩》むこ《子》にはかま《袴》をきせ《著》て
うはぎ《上著》かさね《重》む

降《オ》ると登《ノボ》るとゝハ山を降《クダ》る時と登《ノボ》る時とゝ云意なり、ねらむとハ杉木氏《ノ》考に、神樂歌に銀《シロガネ》の目貫《メヌキ》の大刀《タチ》をさげはきて奈良の都をねるや誰《タ》か子《コ》ぞ、注にねるハ歩《アユ》むことを云とあるを引て、緩《シヅカニアユム》歩と云ことなりと云《ハ》れたるが如し 此は此ノ山の坂路いと嶮くて、登るにも降るにも、急にハ歩ミがたき故、緩に練行にてもあるべし 子《コ》とハ男をも女をも親《シタシ》ミて云稱なれど、此《コヽ》なるハ舞女を指《シ》て云《ヘ》るなり 杉木氏ノ考に、此歌ハ下なるかほよきミことある歌と併考ふべしと云ハれたるハ、實に然ることなり はかまをきせてハ袴を令《セ》レ著而《キテ》なり、うはぎかさねむハ上著《ウハギ》將《ム》レ重《カサネ》なり 堀河百首仲實ノ歌に、紅の八重咲く梅に降る雪ハ花の上著と見ゆるなりけり、肥後ノ歌に、板間あらミ霰漏る夜ハ白玉や夜の衣の上著なるらむ、二見神樂歌にハ、かくじむ坂《サカ》おるとのぼると云々とあり

かうじむ《高神》かくじむ《客神》にあそび《遊》のしやうぶ《上分》むをまゐら《進》する
ほめ《讃》きこしめせ《所聞食》たま《玉》のほうでむ《寶殿》

かうじむ《高神》かくじむ《客神》のおまへ《御前》にハ

二見神樂歌にハ、荒神・客神の舞殿《マヒドノ》にとあり

かほよきみこそ《容姿美麗神子》まひあそべ《舞遊》

かほハ顔面に限らず總《スベ》て容貌を云なり、神子《ミコ》ハ神に仕奉る女を云稱なり、さて一本にハ、ひめこそとあり是もよし、二見神樂歌にハ、かうよきミこぞまひあそぶとありかうハかほの音便なり

しゆくしよ《宿所》はいづく《何處》ととう《問》たれば

宿所ハヤドコ又はスミカなどゝ唱へたきことなり、とうたれバは問《トウ》て有《アレ》ばなりとうたれバのうハひの音便にて、賜ひけりをタマウケリ、言而をイウテ、思而をオモウテなど云類なり、ハの行の通音と、心得てふと書くハ非なり、音便にフと云例なし二見神樂歌にハ、宿所ハ誰とそとうたればとあり

まつがさき《松崎》なるとびをとこ《富男》

松が崎ハ何處《イヅク》のことにや未考得《タヘ》ず杉木氏ノ考にハ、今の松坂の東北の方に松崎

(上)光明寺所藏康正三年六月文書云、箕曲郷船江河崎字松崎足代家所藏永享十年四月文書云、中嶋之郷松崎

と云地あり、若これにてハなきか、古へ一志郡小倭村より毎三月十五日に白拍子來て、宿館大麻所にて舞を爲せしこと、年中行事・子良館祭奠式等に見えたれバ、古へ松崎より舞童などの來て、高神・客神の御前にて舞しこともありしかと云ハれたれど、證なければ信かたし、予ハ國見社より西北の方、館の俗家の西の末を松原崎と云へバ、所謂松ケ崎ハ此ノ松原崎のことにてハなきかと思へと、是又證なければうけはりては云ひかたし、猶よく考ふべきことなり一本にハ、松がさきのとびをとことあり、とびをとこハ富男《トミヲトコ》にてみとひとハ殊に親く通ふ音にて、ミ・ひ通は富《トミ》は稱し云る例古へ多し、吾神樂歌にハとミと云べきところを多くとびと書り、とびぞ汲るゝ・とびかつらなどミな然り辭なり稻を富草と云な、と思ヒ合すべし一本にハ、とミをとことあり、二見神樂歌にハ、松が崎なるとミ男とあり、○肥後國神樂歌にハ、たんなんたひらの神棚に、かほよき女躰おはします、をつとハたれぞととひたれは、松のうら葉のとミ男とあり

おほみや《大宮》のふもと《麓》のたけ《嶽》におはします《御坐》かうじむ《高神》かくじむ《客神》にもむ《二門》のうぢがみ《氏神》しもむ《四門》のうぢがみ《氏神》ミやざき《宮崎》ろくしよ《所》たちばなやしろ《社》にあそび《遊》のしやうぶむ《上分》をまゐらする《進》ほめ《讃》き《所》こしめせ《聞食》たま《玉》のほうでむ《寶殿》

大宮の麓の嶽《タケ》とハ高神・客神の御座す山嶺《ノ》を指《シ》て云な

（下）郷談、神樂歌ニアル立花社ハ黒瀬村ニアリ、二軒茶屋ノ東北ノ方、路ノ右ナリ、社域ノ東方ニ橘ノ樹アリ、慈鎮ノ歌ニ、此頃ハ伊勢ニ知ル人オトツレテ便ウレシキ花柑子哉ト詠セシハ此樹ナリト或人ノ語リキ

り、さて麓の嶽と云ことハいかゞなれど、能《ヨク》思へバ、大宮山の麓の方なる嶽と云こと、聞えて詞のつゞき明なり　高神・客神の坐す處も山ノ嶽にハあれど、宮山の總てに比ぶれハ猶麓の方なる故、如此ハ云なり、和名抄に、説文ニ云、麓山足也、和名不毛止、　高神・客神と云ことハ數本に漏たり、今ハ一本にあるによれり　高神・客神と云こと、此に、なくては嶽てふこと用なし　二門氏《ノ》神ハ乙乃古《ノ》命　武烈天皇御代、二所大神宮大神主　の二男飛鳥　繼體天皇御代、二所大神宮大神主　なり、四門氏《ノ》神ハ乙乃古《ノ》命の四男小《ヲ》事《ゴト》　欽明天皇ノ御代、二所大神宮大神主　なり、宮崎六所とハ度會《ノ》大國玉姫《ノ》神社　儀式帳官帳十六社の内なり、祭神ハ大國玉命・佐々良比賣命二座なり、社地ハ神名、祕書に、在㆓繼橋郷字宮山㆒高神山南尾崎と見えたる是なり　伊我理《ノ》神社　儀式帳未官帳八社の内なり、祭神ハ伊加利比女命なりと云へり、社地ハ神祇本源に、在㆓大國玉比賣社南迫㆒とある是なり、　御田口《ノ》社　神祇本源に、御田口社在㆓井足北従㆑道西㆒と見えたれど、社ハ絶て其地詳ならず、或説に、此社の舊跡ハ宮崎なる梶が、森なるべしと云り　山末《ヤマズエノ》　社　儀式帳官帳十六社の内なり、神名祕書に、山末社、大山津姫命也、在㆓繼橋郷字宮山小梨谷㆒、御田口社南也とある是なり　田上大水《ノ》社　儀式帳官帳十六社の内なり、神名祕書に、田上大水社、大神主小事靈、在㆓繼橋郷字宮崎㆒、東田上、西大水、在㆓前社㆒とあり、前社ハ小事の女宮子靈を祭るなり　宮崎氏《ノ》神社　神祇本源に、宮崎氏神社坐㆓度會郡宮崎㆒、右度會神主氏遠祖天牟羅雲命とあり、社地ハ氏神社の西の端の森なり、又此社前なる小祠六社ハ、或説に、大若子命・弟若子命・爾波・飛、鳥・水通・小事を祭るなりと云り、然れど古記にハ見えず　此六社を指《シ》て白《マヲ》すなるべし　淺井氏ノ考に、宮崎六所ハ田上大水社を分て二座とし、大國玉姫社を分て二座と

し、其に山末社・氏神社を合せて六所と白すかと云ハれたるを、杉木氏の非なりと云ハれしハいとよし、然れど杉木氏も六所のことハ未ダ得考へられざりしとおぼえて、其言に六社の事ハ追て考ふべし、勢陽、雜記に宮崎七社と云ありとあれと、其社號ハ見えずなど云ハれたり　たちばな社ハ未《ダ》考《ヘ》得ず　思ふに、此ハ宮崎の邊、又ハ宮、域近き地にありけるなるべし　さて此一段、天文本また一本になきハ漏《モレ》たるなるべし、二見神樂歌にハ、荒神・客神・宮崎六所・山宮七所・四所の氏神・れんだいじ・かくわうじ、總じて四十末社におちずあぶれず、千代のあそびの上分をまゐらする、ほめきこしめせ玉のほんでんとあり

○或人、地護《ノ》御前・北御門《ノ》社・高神《ノ》社・客神《ノ》社ハ、儀式帳名社　十六社八社　の内にもあらぬを、別宮と同格《ヒトシナミ》に一社一番の歌舞仕奉るハ何《イカ》なる義《コトワリ》にかと問《トヒ》けるに、答《ヘ》けらく、地護御前ハ古説の如く山田原《ノ》の地護《ノ》神に坐す大土御祖《ノ》神の御靈を殊に尊ミ敬ひ崇め祀《マツ》れるなれバ、其御恩《ミタマノフユ》頼を仰ぎ奉るとして、一社一番の歌舞仕奉るなるべし、さて地護《ノ》社のこと、神宮《ノ》古記にハ所見《ミエ》されども、吾神樂奉仕の儀にいと古くより如此《カク》在にて止事《ヤムコト》なき神社なる事分明なり、北御門社・高神・客神の祭

奠重きよしハ、古老口實傳九月ノ條に、懸税稲《ノ》、一禰宜七束之中、大宮《ハ》三束、高宮・土宮・月讀宮各《ハ》一束、風神社《ハ》四把、北御門同、皇神・客神各《ハ》三把也、但《シ》風宮號之後《ハ》八把加増也と見え、また次に傍官禰宜分五束之中、大宮《ハ》二束、三所《ノ》別宮各《ハ》八把、風神社・北御門社《ハ》四把、皇神・客神各《ハ》二把也、但《シ》風神宮號以後《ハ》四把加増也とあるにて知るべし、又神名祕書に此社々を載たるなどをも思ふべし

外宮末社ひろひ

此題名ハ諸本一《ツ》ならず、外宮末社ひろひ・外宮ひろひ・外宮末社などさま〳〵に書《ケ》り、天文本・又一本にハ、何とも題名なく直《タヾ》に社號を書出せり、さて此ひろひは淺井氏考に、外宮攝末社の社號を一度《イチド》に白《マヲ》しあげ奉るにて、歌曲《ハヤシ》の略なりと云れたる如く、社々を拾ひ集めて其々《ソレ〳〵》社號を唱へて神樂を聞食《キコシメシ》給へと白《マヲ》す段なり、さて此比呂比《ヒロヒ》の中に同社を重《カサネ》出せる、又脱《モラ》すまじきを漏《モラ》せる、又神宮附ならぬ社々を數々擧たる、又社地知《レ》がたく聞《キヽ》も及ばぬ社號を載たるなど不審《イブカシキ》こと多かるハ、何《イカ》なる義《コトワリ》にか未《タ》思《ヒ》得ざれども、熟《ヨク》考ふればバ是吾神樂のいと〳〵古き證なり、其故ハ今世《ノ》ならば先《マツ》官帳に所レ載の名社十六社を始《ハジメ》とし、次に官帳に未レ載の名社八社を擧げ、然《シカ》して後に諸《ノ》末社を擧ぐとやうにして次第よく物すべきに、然《サ》る巧《タクミ》ハ聊もなく、しとげなきまで大《オホ》らかなるを以て知るべきなり、又今世《ノ》神宮の末社ならぬ社の古《ヘ》末社なりしもしるべからず、神宮の古書の絶て傳はらぬも多しとおぼゆれバ、今存《ア》る古書等に見えずとて、此《ノ》比呂比の中なる末社ならぬ社々を神宮に所縁《ヨシ》なしなど強《アナガチ》には云ひかたきをや

ちやう《聽》しや《舍》やしろ《社》

廳舍ハ儀式帳御酒殿一院内に務所廳一間とある是なり、此舍ハ子良館の西南にあり禰宜・物忌父等集りて番文・奉下・政印を執行ひ、其餘年中の諸祭、種々の務を執行ふ所な

（上）御巫清直說にハ、をとの社ハ本ハ古殿社にて正殿の古殿を云なるべし、二見神樂歌大宮段にふるとの社とあるを併考ふべし、さて古殿とありしを假字にこ殿と書き又こを小に誤てをとのと歌ひ來つるなら

り　凡て神宮に衆議裁判することあるをバ廳裁と云ひ、神領郡縣・祠官職掌人等へ下知するの下文をバ廳宣と云ふハ、此舍に就て行ふ故の稱なり、と云へり　さて此舍《ノ》は神の御在所ならぬに、如此擧《アゲ》たるはいかにと云べけれど、此《コ》ハ大宮段《ノ》に、東寶殿・西寶殿・外幣殿等を歌ふと同事《シ》にて、吾神樂歌には如此《カヽ》在《ル》例いと多かり、また社とあるも由《ヨシ》なけれど、此ハ輕く添《ソヘ》たる言と見てあるべし、二見神樂歌には、ちやうさい社とあり、ちやうさいハ廳裁なり

をとのやしろ《社》

未考得《タヘ》ず、假字《カナ》もをかおか詳ならず、此社號は二見神樂歌にも見えたり

さかどの《酒殿》のやしろ《社》

儀式帳 御酒殿一院内 に御酒殿一間、同書 正月朔日條 に、禰宜・內人・物忌等云々、御酒殿拜奉《ミル》、然《シテ》卽白散御酒《ノ》供奉《ヘル》、御鎭座傳記に、酒殿、伊弉諾・伊弉冉尊《ノ》所レ生《ノウミマセル》和久產《ワクム》巢日神《スビノカミノミコ》兒豐宇賀能賣神《トヨウガノメノカミ》、神名祕書裏書《ノ》に、以《テ》二石神《ヲ》一爲《ト》二正體一也、仍酒殿造替幷修補之時、奉《ハ》レ遷《ルシ》二調御倉《ノニ》一也、古老口實傳に、酒殿者《ハ》神居《マス》殿也《ナリ》、故預《ニリ》二出納一外雜《ハ》人輙《タヤスク》無二出入一者也《ナリ》、又人用雜物《ノ》等不レ納二置之《ヲ》一、祭器《ハ》置《ニ》方角在レ之とあり、此殿は 子良館と廳舍との間にあり 御酒を納《ヲサメ》置《オカ》る殿なり

みかま《御竈》のミやうじむ《明神》

御竈明神《ノ》ハ杉木氏考に、御炊殿 忌火屋殿とも御竈屋とも云 のことなりと云れたる如く、儀式帳 齋館一院內 に御饌炊殿一間とある是なり、燈油神事《ノ》詔刀《ノノリト》に、豐受皇大神乃御酒殿・調《ツキノ》御倉・御竈屋《ミカマヤ》仁《ニ》坐留《マセル》宇賀御魂《ウガノミタマノ》神等《カミタチ》乃廣前仁恐美恐美毛申とあり、此殿ハ 子良館の南にあり 朝夕の御饌を炊《カシ》き奉る所にて、西間《ノマ》を御炊殿《ミカシキトノ》と稱《イ》ひ、東間《ノマ》を御舂殿《ミウス》と稱《イ》ふなり

ちミやしろ《社》

一本には、ちいミ社とあり、此社ハ石崎氏《ノ》 文雅 說に、

むかと云り

搔祓所《カイハラヒ》（子良館の南にあり、物忌子良經候あれバ退下して月事終て後、解任の時祓除する所なり）のことかと云れたれども信《ウケ》がたし、予さら〳〵考ふるに、ちゝミハ地見《クニミ》にて地見社《クニミヤシロ》と唱ふべきを、地《チ》てふ字音に泥《ナヅ》ミてクニてふ訓を忘れしより如此《カク》誤《リ》つるにもあらむか（も然もあらバ一本に、ちいミとあ、しるいゝハちの餘音にぞあるべき）然《サ》れど下にも國見社を載たれバ其《ソレ》とも決《サダ》めがたし

からたちやしろ《社》

からたちハ子良館《コラタチ》のこゝをかに通《カヨ》ハし云《ヘ》るならむか、二見神樂歌にも、からたち社とあり、子良館《コラ》と云稱《ナ》、古くハ新任辨官抄・年中行事等に見えたり

にあそび《遊》のしやう《上》ぶ《分》む《進》をまゐらするうけ《受》たま《玉》のほう《寶》でむ《殿》

此詞、天文本又一本にハ見えず、然《サ》るハ定《サダマ》りたる詞なる故、略きて書《シルサ》ぬにやあらむ、さてうけたまの寶殿と云詞ハ杉木氏考に、受給《ウケ》へ玉の寶殿と云詞のたまへを略《ハブケ》るなりと云れたるが如し、然《サ》るハ給と玉とを兼《カネ》てなり

ミやざき《宮崎》ろく《六》しよ《所》

上に委く云《ヘ》り

みやがさきやしろ《社》

未考得《タ》ず（杉木氏考にハ、宮崎の中に岩が崎と云所あり、考ふべしと云れたり、岩か崎とハ世義寺腰より中山寺の方へ行道、岩石の出張たる所を云なり）

たが《田》ミ《上》やややしろ《社》ミづ《水》のやしろ《社》おほ《大》ミづ《水》やしろ《社》

此三社ハ杉木氏考《ノ》に、田上大水社のことなるべし、一社のことを如此重ね歌うことは例あり、朝熊社をハ大あさくま・小あさくまと歌ふなど思ふべしと云れたるが如し、然れバたかミやのやゝハのもじの誤か、又ハ漫《ミダリ》に添《ヘ》たるもじにてもあるべし（高宮社と書る本もあれど、其また誤なり、思ひ惑ふことなかれ）また一社を分て歌ふことは例あるのミにあらず、神名祕書（此社ノ條）に東田上、西大水とあるを思へバ、別

に所由《ヨシ》ありてのことならむと思ハるゝなり、猶よく考ふべし

やまたやしろ《社》

未《タ》考得ず、二見神樂歌に、やまうた社とあるハ同社《シ》なるべし 杉木氏考に、やまた社ハ宇治山田社かとも思はるれど、其ハ内宮附の社なれば別なりと云れたり

(上)御巫清直説‖にハ、‖やまた社‖ハ宮崎瀧波山の北の尾崎なる小田社‖なるべきか、‖小の字を‖山‖に誤りて‖やまたと歌ひ來れるならむかと云り

をかべやしろ《岡邊社》

杉木氏考に、神道僧俗問答に、宮崎邊のことを云る中に、岡邊《ヲカベ》山《ヤマ》の霧《キリ》を別《ワケ》て云々とあり、其山《ハ》何處を指て云るにや詳ならざれども、岡邊と云地《トコロ》ありと聞えたれば、岡邊社ハ其所なるべし、宮崎の東北なる妙見堂を岡崎《ノ》宮と云へバ、岡邊・岡崎・岡本相近かるべしと云れたり 一本にハ、をかべ社を宮が崎社とたかミや社との閒に載せたり

やまミややしろ《山宮社》

未《タ》考得ざれども此《コ》ハ山宮祭の祭場ならむか、山宮《ノ》神事と云ふハ 此神事ハ妙見菩薩を祭るよしにて、神主春彦任㆓妙見尊星王靈託㆒仁和四年十一月十八日、岡崎宮妙見本緣に、率㆓氏子等㆒向㆓清淨山谷㆒、奉㆑祭㆓本地妙見大菩薩・日光・月光・十二神王・二十八宿・諸天・三寶・孔雀王・帝釋神等㆒也云々、今號㆓山宮祭㆒是也と見え、右祭ノ詔刀にも其事を載せたり 毎年十一月下旬吉日を撰て、岩戸山の東の麓、氏神社《ノ》の西北の地《トコロ》にて勤行はるゝなり、卽《チ》其地をハ山宮谷と云ふ 舊名ハ瀧谷と云、ひしと古傳なり さて此祭場古《ヘ》ハ前山の邊なりしと見えて、詔刀に、當祭者《ハ》於《テ》㆓繼橋《ノ》郷前山《ノ》邊㆒仁、雖《モ》㆑令《ムト》㆓勤行《セ》㆒、撰《ビ》㆓定《テ》清淨《ノ》靈地《ヲ》於瀧谷《ガ》㆒仁、建武二年所㆑奉《ル》㆑遷《シ》㆓祭庭《ヲ》於當所《ニ》㆒也とあり 神事ハ所謂山宮谷に椎・萓・藤等を以て假殿を作り、其前にて勤行はるゝなり、假殿ハ神事、終て後破却するなり、委くハ子良館祭奠式を見て知るべし 然《シカ》ハあれど山宮社てふ社號ハ神宮の古記にも見えず、其社地も何處《イツク》にや、今詳ならざれとも年中行事に見えたる内宮の山宮祭のさま 年中行事三月中旬、山宮祭木目神事條に、二門氏人者城田鄕内字津不良谷祭、谷三箇所也云々、無㆑社、只地上石居置其上祭也、三箇年閒無㆓氏人之闕㆒於㆓一谷㆒祭㆑之時、稱㆓宮立㆒殊勝祭也云々、一門氏人同鄕内於㆓椎尾谷㆒二箇所祭也、但當時宇治鄕小谷勸請とあり 又宮中末社遙拜所に山宮社と云號出《イデ》たるなど考合《ヘ》すれバ、外宮にも其祭場に小祠、又は石積《イシヅミ》などありて、其《ソ》を山宮社と稱《マヲ》したりけむとおぼゆるなり、然《サ》れバ山宮社と云ふハ内宮のミならず外宮に

もありしこと、吾《ワガ》末社拾《ヒロヒ》に見えたるを以て證とすべし
と云とも強說《シヒゴト》とは云ひがたくなむ
に《二》もむ《門》のうぢ《氏》がみ《神》し《四》もむ《門》のうぢ《氏》がみ《神》
上に云り
たちはなやしろ《社》
詳ならさるよし上に云り
にあそび《遊》のじやう《上》ぶむ《分》をまゐらするうけ《受》たま《玉》のほう《寶》てむ《殿》
くら《闇》たに《谷》やしろ《社》
今詳ならず、此は杉木氏《ノ》考に云れたる如く、闇谷口《クラタニグチノ》
邊に在《アリ》しなるべし　（一本に、くらたに殿とあ、るハいかが、誤なるべし）二見神樂歌
にも此社號出《イデ》たり、闇谷口と云稱《ナ》、古くは古老口實傳
に見えたり
あかふねのミやう《明》じむ《神》

産土神八社の内なる茜《アカネ》社のことなり、神拜記に、茜社とも茜根《アコネ》社とも載たり、吾黨の古記にハ、赤畝《アカウネノ》社とあり、或說に、永享頭工日記に、御船代祭《フナシロマツリ》茜根にて仕《ル》云々と見えたるによれば、茜根は地名なるべし
と云り
ちはやぶるくに《國》み《見》やしろ《社》のゆふ《木綿》だすき《手襁》かけ《懸》たまはり《給》てち《千》
よ《代》のよ《世》をへ《經》む
ちはやぶるハ賀茂眞淵《ノ》の冠辭考に、上世《カミツヨ》ハ荒振《アラブル》神と猛き人などにのミ冠《カウフ》らしめたるを、中世《ナカツヨ》より轉《ウツ》り行《ユキ》て善惡《ヨシアシ》の別《ワカチ》なく神てう冠辭とのミなりたり云々、古今集にちはやぶる賀茂の社、其後にちはやぶるかしひの宮など云《フ》が如く、神のます所にハ此語を冠らしむることとなれるなりと云る《ヘ》にて知るべし、國見社ハ北御門《ノ》社の西方《ノ》にあり、儀式帳（官帳十六社内）に度會國都《ワタラヒノクニツ》御《ミ》神《カミノ》社、神名祕書に、度會國《ノクニミ》御社、天日別《ノ》命《ノ》子《ノ》彦國見賀岐建與束命《ノ》、在二沼木郷《ノ》山田村一《ニ》とある是なり、木綿手

襁ハ允恭紀に、諸人各著《カケ》二木綿手襁《ユフタスキヲ》一而《テ》赴《テ》レ釜探湯《クガタチス》とあるが物に見えたる始《ハジメ》にて、神事の時、手行《テワザ》ある人此を懸て仕《ヘ》奉る事常なり、肥後《ノ》國《ノ》神樂歌に、天照大神宮のゆふだすきかけてののちぞたのしかるものとあり、古今集 戀歌 に、ちはやぶる賀茂《ノ》社の木綿《ユフ》手襁《ダスキ》一日《ヒトヒ》も君をかけぬ日ハなし、拾遺集 戀歌 に、石上布留社《イソノカミフルノヤシロ》の木綿《ユフ》手襁《ダスキ》かけてのみやハ戀《コヒ》むと思ひしとあり、かけたまはりてハかけハ木綿手襁を懸なり、たまはりてハ神より賜《タマハリテ》而なり 神より賜はるとハ、神に仕奉る、として懸る木綿手襁なれバなり 千代の世を經《ヘ》むとハ千代の世を經《ヘ》つゝ仕奉らむと含めたるなり、二見神樂歌にハ、かけたまはりて千代のためしにとあり

くに《國》み《見》やしろ《社》

上に云り

ふぢ《藤》のミやう《明》じむ《神》

產土神八社の內なる藤社のことなり、神境紀談に、此社ハ國見社の西方《ノ》にある石壇なり、何れの神を祠《マツ》るとも古記にハ見えず、或書に、此神ハ專女《タウメ》、又の名ハ大宮比賣《ノ》神と載《ノセ》しかども、怪迂の說にして信ずるに足《タ》らずとあり、或說に、此《ノ》社は國見社の舊跡ならむを、其ほとりに藤のいと多ければ、後世藤社とは云ひならはしけむ、然《サ》るを寛文年中、宮司精長朝臣攝社再興の時、心づき給はで其傍に國見社を建給ひけるなるべしと云《ヘ》り、猶熟《ヨク》考ふべきなり

おも《御》ひ《井》やしろ《社》

藤岡山の麓なる上《ノ》御井《ノ》社なり 忍穗井と云、天村《ノ》雲《ノ》命をハ祀《マツ》れり 此御井の御傳は大同本記を見て知るべし、さて此御井をおもひと稱《マヲ》すハ御水《オモヒ》の義なり、和名抄に、主水司ハ毛比止里乃豆加佐《モヒトリノツカサ》と見え、催馬樂歌に、美毛比毛左牟之《ミモヒモサムシ》とあるにて知るべし

ひ《比》が《谷》ひやしろ《社》

未考《タ》得ず、古老口實傳に、土宮織《ニ》物出來《セバ》、同座人《ノ》西方《ノ》比《ヒ》比《ヒ》谷《カヒ》江退出也 比谷一本ニハ日加江と作り と見え、正月七日にハ比谷《カヒノ》神事と云あり、祭場ハ正殿と上《ノ》御井との中間《アヒダ》なり神事の狀ハ子良館、祭奠式に見えたり 是等に據《ヨリ》て考ふれバ、此社ハ其邊にありしなるべしと思はるれど、然《サ》る社號ハ神宮の古記にも見えず 杉木氏ノ考にハ、山幡の近所にまんしよと云地あり、又ひかい所と云ありて、古き沽劵にひかい所のまんじよの田とあり、然あると此ノ次にしとミなでかけ社などを擧たるとを參へ考ふれバ、所謂ひかひ社ハ山幡のひかい所にありしかとも思はるゝなり、又宮山ノ內に比谷と云所あるよし聞と、未タ考得ず、又或說に、御井をひか井とも云と云りとあり、此に山幡の近邊なるひかい所のことを引れたるハもの遠し、又御井をひか井とも云との說ハ予未タ思ヒ得ず、識者にあふて熟尋ぬべきなり

しとみ

儀式帳 官帳十六社內 に、蔀《シトミノ》野井《ヰ》庭《バノ》神社、神名祕書に、志等美《ノ》社、木《ノ》神、一名蔀野井庭《ノ》社、在二沼木鄕《ノ》山《ヤ》幡《ハタ》村《ニ》一神祇本源に、東大《ハ》河內、中志《ハ》等美、西打《ハ》懸とあり、祭《ル》神ハ神名略記に、志等美ハ葦《アシツ》津《メ》女の略語にて鹿《カ》葦《アシツ》津姫《ヒメノ》命なりと云り

なでかき《懸》

なでかきハなでかけのけをきに訛れるにて、儀式帳 未官帳八社內 に打懸《ウチカケノ》社とある是なり 打懸社を撫懸社とも云ハ、忌詞に打を撫と云を以てならむと古說なり、祭《ル》神ハ神名略記に宇知《ウチ》と比知《ヒチ》と通ひ、和名抄に、靈ハ美《ミ》加《カ》介《ゲ》とあれバ土《ノ》靈埴安《ハニヤスノ》神なりと云《ヘ》り

とゞむのやしろ《社》

此社號ハ物に見えざれども、しとミ・なでかき・とゞむと竝べ擧たるを以て考ふれば、志等美社・打懸社と同所に坐す神社と聞えたり、然れバ大河內社《ノ》 儀式帳官帳十六社內なり、神名祕書に、大河內社大山罪乃神、在二沼木鄕山幡村一 の一名にてもあらむか、のやしろ 天文本にハのもじなし ハ三社を總《スベ》て云なり、神祇本源にも、志止見・打懸・大河內《ノ》社と社てふ字一《ヒトツ》を以て三社を兼《カネ》書《カケ》り、思合《ヒ》すべし

にあそび《遊》のじやう《上》ぶむ《分》をまゐらする《進》うけ《受》たま《玉》のほう《寶》でむ《殿》

やばたやしろ《山 幡 社》

此社ハ志等美社・打懸社《ノ》・大河内社《ノ》右三社のことなり、然稱ふハ古書に見えたる如く、山幡村今ハなしに坐《マシ》し故なり、さて此社の舊跡ハ古説に、辻久留町なる牛頭天王社《ノ》上之郷の産土神なりと云り

ひゝらぎやしろ《社》

詳ならず、杉木氏考《ノ》に、外宮假殿遷宮要須に、心《ノ》御柱奉《ル》レ採《トリ》云々事云々、件御柱如《キ》二大治元年假殿日記《ノ》一者於二字《コアザナハ》比《ヒ》比《ヒ》良《ラ》木《ギノ》杣《ソマニ》一奉《ル》レ採《リ》先例也《ナリ》云々とあれば杣ハ山のことなり、御遷宮の御用材を採る、山入をバ御杣作と云ふ 外宮領《ノ》内に比々《ヒヽ》良《ラ》木《ギ》山《ヤマ》と云あるべし、其《ソ》ハ今の宮山内《ノ》にあるか、また大倉村の邊にあるか熟《ヨク》尋ぬべきなりと云れたり、二見神樂歌に、ひらゝき社とあるハ訛《リ》と聞えたり

おほ《大》くら《倉》やしろ《社》

大倉村の社なるべしと杉木氏考《ノ》にあり、大倉村ハ神鳳抄に、度會郡《ノ》大藏《オホクラ》山《ノミ》御園《ソノ》と見えたる所なり、二見神樂歌に、おほから社とあるは訛《リ》なるべし

むく《椋》のみ《實》のみやう《明》じむ《神》

詳ならす、一本にハ、むくミの明神とあり、杉木氏考《ノ》に、大くら社の次にむくのミの明神とある以て考ふれバ、今の大倉村古《ヘ》は大椋《オホクラ》と書《キ》しか、神名式に見えたる朝明郡《ノ》八十《ヤソ》積椋《ツミクラノ》神社・山城國久世郡《ノ》旦椋《アサクラノ》神社・巨《オホ》椋《クラノ》神社など皆椋をクラと訓《ヨメ》り、然れバ此《コ》の大倉村も古《ヘ》大椋《オホクラ》と書たりけむと思はるゝなり、さて椋ハムクと云木なれば、其《ソレ》より轉《ウツ》りて云《イ》ひ出せる椋子《ムクノミ》の明神なるべし、此《コ》ハ決《キハ》めてハ云ひがたけれど、大くら社の若宮にやあらむと云れたり

みくまやしろ《社》

未《タ》考得ず 杉木氏ノ考に云く、神名式に見えたる大和國吉野郡吉野水分神社ハ水神なり、然れバ此に云ミくま社も同じく水分神にて、所謂ミくまハミくまりの下略ならむか、佐八村なる川原社ハ祭神月讀命ノ御玉にて、其月讀命ハ水德ノ神に坐すと云へバ、此を水分社とも稱すならむかと云れたる、ミくまをば水分の義とせるハまことに然もあるべく聞えたれと、川原社を強てミくま社にかなへむと

て、月讀命の水德に坐にてふ僻說をさへに附會られたるハよしなき論ひなり、又同ジ考に、淸野井庭社を俗に小閒社と云へハミくまハミこまかとも云れたれど、是又穩ならず、信かたき說なり

おむま《大閒》

おむまハおほまの音便にて大閒社なり、子良館舊記等にも大閒《オホマ》をおんまと云ること見えたり、儀式帳官帳十六社內に、大閒國《オホマク》生《ナリノ》神社、正殿貳區、神名祕書に、大閒國生社、大若子・弟若子命、在沼木鄕山田村、東大閒・西國生社とあり、大閒社ハ大若子命、國生社は弟若子命なり

くさなぎ《草奈支》

儀式帳官帳十六社內に草奈支神社、社記に、坐沼木鄕山田村、大閒社西座、標《ミシルシノツルギ》劍仗、神名祕書に、大閒社西座、草薙劍座、また大若子・小若子命亦伊勢國度會郡沼木鄕坐、大閒・草薙社是也とあり、二見神樂歌に、くいなき社とあるハ訛なるべし

ひいつち

未考得ず

ならふのやしろ《社》

未考得ず、然《サ》れどおむま・くさなぎ・ひいつち・ならふと竝べ擧げ、社字一《ヒトツ》を以て總《スベ》たるを思へバ、ひいつちもならふも大閒國生社・草奈支社の同邊に在し社と推量《オシハカ》らるゝなり

おほやしろ《大社》

にあそび《遊》のじやうぶむ《上分》をまゐらする《進》うけ《受》たま《玉》のほうでむ《寶殿》

杉木氏考に、產土神八社の內なる櫟《イチノキ》木町の大社かと云れたり

わかミやしろ《若宮社》

未考得ざれども、此《コ》ハ八日市場村山氏居宅ノ東なる今若宮《ワカミヤ》

（上）勢陽雑記度會郡、條、小坂社、川崎への道左の方の森の中也、往古に釋尊寺と云寺院有しと云々、其寺をさして社の名に云なせりとかや、度會氏四門の氏寺と云説あり、或時山田へひき移し、今の慶寶寺是也と云々、俗に釋迦堂とも云しけれハ御釋迦を略語してをさかとも云傳ならし

八幡《ハチマム》と云社のことか、或説に、此社ハ八幡にあらず、八日市夷《エビス》社の若宮なりと云り

をさか《小坂》やしろ《社》

此社ハ杉木氏《ノ》考に、越坂天機院の北、崇恩寺の東方《ノ》に在《ア》りて舊《フル》き社なり（造營・社地ともに田中中、西久大夫家の支配なり）祭《ル》神詳ならず、思ふに小坂《ヲザカ》（小坂ハ地名にて、古き沽券にも小坂とあり、後世越坂と書けど此をヲサカと訓べし、昔は此邊より走下の邊まで少く高き丘にて、今の走下と云所ハ坂の下口にて、北より南ハ自然走リ下リける故然名づけしとぞ、今ハ坂もなく下リ口もなけれども、走下と云稱にて小坂の義よく聞へたり）の地主神《ノ》なるべしとあるが如し

すゝめのやしろ《社》

未《ダ》考得ず、一本にハ、のもしなし、二見神樂歌にハ、すゝめ社（又すゝ見社）とあり

みづ《水》のやしろかう《神》やしろ《社》

みづの社（一本に、わかの社とあるハ、水と若と、草書のよく似たる故、書誤しものなり）かう社ハ儀式帳（官帳十六社内）に水戸《ミナトノ》御食都《ミケツ》神社、神名祕書に御饗《ミケノ》社、水戸《ノ》神、名《ハ》速秋津日子神《ノ》、亦《ノ》名《ハ》水戸御饗都神、在二箕《ミノ》曲《ワノ》郷大口村《ニ》一、三社内《ノ》也とある是なり、大口村ハ神名略記に今云《フ》神社《カミヤシロ》村とあり（此神ハ神社村ノ南の川岸、にあり、土俗水社と云）宮司精長朝臣寛文三年五月二日、此社を造營し給ふに依て、當時の奉行八木但馬守日下部《クサカベ》《ノ》宗直《ノ》宿禰の御許《モト》へ差出し給ひし勘文に、水戸御食都神社、是ハ只今神社《カミヤシロ》と申所の社の事に御座候歟、水戸御食都神社と申を、上を略して下の神社ばかりを申にて御座候、此社ハ天照大神御鎭座の砌、宮川より御船にて二見浦へ遷幸、其《ソレ》より御裳濯河を内宮へ御鎭座の時、倭姫命《ノ》御水飲《ノマム》と詔《ノ玉ヒ》て御水の御饗奉支、其水門《ミナト》に水饗神社定賜《サダメタマヒ》、其《ソレ》より二見浦へ御船にて遷幸御座候へバ、此所能《ヨク》遷幸の道筋に叶ひ申候歟、但《シ》大湊の浦を遷幸にてハ無二御座一候、小林の南の川を遷幸にて御座候歟、其上神社を水之《ミヅノ》社と申の由、彼社の神人申候、又正躰もなき書ながら、末社ひろひと申物にも水のやしろ・神やしろと御座候へバ、今の神社慥に御饗社にて御座候御事と書給《カキ》へるを思へ

バ、當時《ソノカミ》吾神樂歌末社《ノ》拾《ヒロヒ》に水乃社・神《カウ》社‖かうはかミの音便なり‖と
あるを以て證《アカシ》と爲《シ》給ひしこと明《アキラカ》なり 正しく吾末社拾なるを證と爲ながら、正
躰もなき書としも書出し給ひしハ、何、にぞやハとも憤らしきことなりけり 水社《ノ》と稱《マヲ》す由ハ倭姫
命世記に、從《ヨリ》二其處《ソコ》一幸行《イテマシ、カバ》波有《アリ》二小濱《ヲハマ》一、其處《ソコニ》取《トル》レ鷲老《ワシオキ》
公《ナ》在《アリキ》支、于《ソノ》レ時倭姫命《トキヤマトヒメノミコトミ》御水飲《モヒノマムト》止詔《ノリタマヒテ》弖、爾老《ソノオキナニ》爾何《イヅ》
處《コニシ》吉水在《ミヅアリヤトトヒタマヒキ》問給支、其老《ソノオキナモテ》以二寒《サムキミ》御水《モヒヲミ》一御饗奉《アヘマツリキ》支、于《ソノ》
レ時讃給《トキホメタマヒテミナトニ》水門爾水饗《ミケノヤシロサダメタマヒキ》神社定賜支、其濱《ソノハマノナ》名鷲取小《ヲワシトリノヲ》
濱《ハマトナヅケ玉ヒキ》號支とあるにて知《シ》られたり 鷲取清水の舊跡ハ大湊の、西方の里はづれにあり
又二見神樂歌に、ミづあひの御前とあるも此社のこと
にて、所謂ミづあひハ水饗なり

かはら《川原》やしろ《社》

杉木氏考《ノ》に、川原大社なるべしと云れたるが如し、儀
式帳 官帳十六社內 に川原社《ノ》、神名祕書に川原大社、川神《ノ》・
水神《ノ》、字三社《ハミツ》・杜社《モリ》二座、同玉垣《シ》內《ノ》、在二箕曲《ミノワノ》鄕勾《マガリ》
村《ムラニ》一とあり、今は新開村にあり

ほうさう《法道》やしろ《社》

さうハたうの誤にて、法道《ホウタウノ》社なり、此社は神祇本源
に、在《アリ》二箕曲物部近末《ミノワノモノベノチカスヱガイ》居住乾《ヘノイヌヰニ》一とあれど今詳ならず、
或說に、箕《ミノ》曲町の南裏なる畠中に榎一本ある所舊跡な
りと云《ヘ》れと、今の箕曲町ハ古記に、繼橋鄕《ノ》美乃乃《ミノノ》村《ムラ》と
見えたる所にて、鄕の箕曲《ミノワ》とハ別なれば此說信《ウケ》がたし、
此社の舊跡の論《サダ》ハ光明寺所藏久安の沽券に、箕曲鄕《ノ》津
邊村 又號二小江一 字法《ハ》道社《ノ》前《ノ》とある其津邊村又小江とも云
ひし所を先《マヅ》尋得て後《ノチ》ならでハ云ひがたし、又二見神樂
歌にも、ほふさう社とあり

いかづち《雷》やしろ《社》

神名式に、度會郡《ノ》雷電神社、神祇本源に、雷社と載た
れども詳ならず、或說に、小俣村明野の西、柏村の東
に當《アタ》りて雷社の森と云あり、是かと云り

にあそび《遊》のじやうぶむ《上分》をまゐらする《進》うけたま《受玉》のほうでむ《寶殿》

その《園》やしろ《社》はなその《花園》やしろ《社》

園社ハ神祇本源に、園御《ソノ》社、又園社と見え、神名祕書に、宇《ウ》須《ス》乃《ノ》野《ヌノ》社、五穀《ノ》靈神、在㆓高向郷《ノ》高向村㆒、二社同玉《ジ》垣《ノ》内、鳥居一基、園御《ソノ》社與《ト》㆓同座㆒也《ナリ》とあれども今詳ならず、花園社ハ杉木氏《ノ》考に、然《シカ》云《フ》社の別にあるにハあらず、たゞ詞を重ねたるのミと云れたるが如し、二見神樂歌にハ、園社ハなくて花その社を載たり

かぶらやしろ《社》

高向村にあり、かむら社とも云り、此村の產土神なり（今字にハ蕪社と、も鏑社とも書り）さて今の高向村を古《ヘ》ハカムラとも云ひしと見えて、榎倉氏《ノ》所藏文安年中の文書に、高向郷加《カ》村《ムラ》また高向字加村とあり、然れバかぶらハかむらの訛《リ》にて其社號ハ地名に因るなり、是等に依て思へバ神祇本源に出たる神村社ハ此社のことなるべし（神村を加村と書る）ハ、古記に玉丸とあるを今田丸と書くと同シ事にて、同音の重るを一つ略きて云より起れるなるべし）杉木氏《ノ》考にも、神村社ハ末社記・神境紀談等に社地知れずとあれど、思ふに此かぶら社のことならむかと云れたり（然るを或説に、かぶら社を縣社なりと云るハ何を證とせるにや、心得がたし、縣社ハ儀式帳末官帳八社内にて、神祇本源に在㆓高向㆒とあれと今詳ならず）

いそ《磯》やしろ《社》

神祇本源に、磯《ノ》神社とも伊蘇《ノ》社とも出たる是なり、此社は磯村にありて今八王子《ノ》社と云《ヘ》り

の《野》より《依》やしろ《社》

神祇本源に出たる野依河田《ノ》社・野依中《ノ》社、此二社《ノ》内なるべし、野依河田《ノ》社ハ上野依村、野依中社ハ下野依村にあり、さて諸本やしろとハなくのよりかたしたの御前と讀《ツマ》けたれど、今は一本にあるに依れり

かた《片》しま《嶋》のごぜ《御前》む

神祇本源に、野依片嶋《ノ》社とある是なり、社地今詳ならず、神境紀談に野依片嶋社ハ野依村の領地に舊跡あり

（上）神鳳抄、度會郡摩加江御園見えたり、サとマと音通ひ、へとエとハ常に混る、假名なれは、サカへはマカエの訛などにハあらずや、摩加江村ハ宮河の河上なり、

しかども認失《ミトメウシナヒ》ぬと村人云りとあり、杉木氏考《ノ》には、片嶋と云所ハ今に野依村にありと云れたり、天文本にハ、かたしまごぜむとあり、二見神樂歌には、のいりのかた嶋とあり、のいりは訛《リ》なり

りくう《離宮》のうぢがみ《氏神》

離宮院舊跡の森《ノ》内なる中臣氏社 春日社とも云 是なり、祭《ル》神ハ武甕槌《タケミカツチノ》命・齋主《イハヒヌシノ》命・天兒屋根《ノ》命・栲幡《タクハタ》千々姫《ノ》命四座なり、此社ハ舊《モト》度會《ノ》郡津嶋崎と云所に在しを、延暦十六年、離宮院を湯田郷《ノ》に移《ウツシ》立られける時、彼院《ノ》の西方《ノ》に遷《ウツシ》奉ると神宮雜例集に見えたり、天文本には、りくうのうぢがミやしろ、又一本にハ、りくうの氏神のやしろとあり、二見神樂歌にも、社の字を副《ソヘ》たり、有《アル》も無《ナキ》も意《カハ》ハ異ることなし

さかへやしろ《社》

未考得《ダヘ》ざれども試《コヽロミ》に云《イハ》ば、神祇本源に、在㆓三橋村《ニ》㆒とある湯田清階社 今詳ならず のことか、清階の訓《ヨミ》今辨へかたけれども、音讀にセイカイと云ひしをサカへと訛《リ》つるにやとぞおほゆる、又二見神樂歌に、湯田《ユタ》に坐《マシマ》すさかなひ社とある、其《ソノ》さかなひもセイカイの訛《リ》にてハなきが 三橋村ハ湯田郷にて田丸の北方なり 又一《ヒト》つ思ふにさかへのさハ伊を佐に誤《リ》たるにて、神祇本源に在㆓内宮月讀宮北《ノニ》㆒とある伊賀戸《イガヘ》社にハあらずや 杉木氏ノ考にさかへ社ハ大淀村なる佐々牟江社のことか、彼さむえの橋を俗にさゝべの橋とも云へば、社をもさゝべ社と云か、然らバさかへハさゝべの轉語なるべしと云れたるハ何にあらむ、猶考ふべし、佐々牟江、社ハ内宮附なり 一本にハさかへの社、又或本にハ坂邊社とあり

にあそび《遊》のじやう《上》ぶむ《分》をまゐらする《進》うけ《受》たま《玉》のはうでむ《寶殿》と《外》にはろく《六》しよ《所》ぞおは《御》しま《座》すうち《内》にハしち《七》しよ《所》ぞおはし《御》ます《座》

外にハ六所、内にハ七所てふことは、未考得《ダ》ず

しだいどうじのみや《宮》ミや《宮》に

又按に内宮攝社なる田邊村に坐す坂手神社にてハなきか、又三重郡に東坂部村・西坂部村と云あり、其ハ神鳳抄に三重郡坂部御厨と見えたる地なれは其處にてハよもあらじ

(下)御巫清直説に、源氏物語橋姫巻に、あやしく夢がたりかむなぎやうのひのきとはずがたりするやうにと見えたるを思へバ、古より巫女の神託のさまして舞遊ぶことをとハずかたりと云ならはしならむかとし云り

新古今集戀、大納言俊賢母歌に、諸ともにあはれといはずハ人しれぬとはずがたりを我のミやせむ

しだいは次第、とうじはわうじのわをとに誤《リ》たるにて皇神《タウジン》《スメカミ》なるべし、二見神樂歌（内宮さいはらひ）に、次第とう神《シム》の宮々《ミヤ〱》にとある神《シム》に字に心をさけて考合《ヘ》すべし、意ハ次第々々に皇神等《タチ》の宮々にと云なるべし（皇神とハ尊ミて申すなり、宮々と云も同ジく尊ミてなり）

あまねく《普》あそび《遊》をまゐらする《進》

漏《モル》ることなく落《オツ》ることなく神樂《カミアソビ》仕奉《ヘ》ると云意なり、二見神樂歌に、おちずあぶれず千代のあそびをまゐらするとあるなど思合《ヒ》すべし

あなうれし《嬉》あなよろこばし《悦》

あなとハ古語拾遺に、阿那於茂志呂《アナオモシロ》・阿那多能志《アナタノシ》とある所の細注に、事之《コトノ》甚切《ナルニ》、皆稱《イフ》二阿那一《ト》とある如く、何事にまれさし當りて切《ヤチ》に思《オボ》ゆる時《ヲリ》に云辭《コト》なり（後にハ轉てあらとも云、なり）嬉《ウレ》しと悦《ヨロコ》ばしとを竝へ云例ハ、續日本紀の詔《ミコトノリ》詞《ゴト》に、有禮志與呂許保志《ウレシヨロコボシ》とあり、さて此《コ》の詞つきハ古語拾遺なるとよく似ていと〱めでたし

かくあらば《如此在》とはずがたり《不問語》をわれぞする《我為》

不問語《トハズカタリ》ハ常に云と異《カハ》ることなく不問《トハザル》に語《カタ》る由なり、堀河百首國信歌《ノ》に、荻《ヲギ》の葉《ハ》の不問語《トハズガタリ》のそよめきにすゝろに目をもさましつるかなとあり、さてとはずがたりをのをもじ大方の本にハとあれど、然《サ》てハかくあらバのハもじと重なりて拙く聞ゆ、故《カレ》今ハ一本に、をとあるに依れり（又一本に、とはずかたりやとあるやもじハ誤なり）われぞするのすもじ大方の本にハしとあり、然《サ》れどしるると云よりすると云方優《マサリ》たれバ、今ハ一本に、するとあるに依れり、○あなうれしと云てよりわれぞすると云までの詞、内宮の末社拾にのミありて、外宮の末社拾にハなき本多かり、今ハ天文本又一本にあるに依れり、此詞ハ二宮ともにあるべきことなり

○二見《ノ》神樂歌なる末社拾をバ參考のために左に記す

末社ひろひ　ちやうさい社、おとの社、なるいかづち

社、からたち社、しとミ社、くにミ社、おもひ社、宮さき社、やまうた社、四所の氏神、くらたに社、ミなくち社、ゆわ森大法天王、水社、ゆふだすきかけたまはりて千代のためしに、大ま社、くいなき社、つ丶ミ社、ひら丶き社、やわた社、まつ村社、小俣社、離宮の氏神社、のいりのかた嶋つんほい社、花その社、うとの社、ゆたにましますさかなひ社、をかなき社、ほうさう社、す丶め《見イ》社、いがの森、三河に坐す宮崎社、いらごの明神、ミくりや七所のかミやしろ、水あひの御前、おほから社、總して四十四《末イ》社に、おちず、あふれず、千代のあそびをまゐらする、ほめきこしめせ、たまのほんでん

（奥書）大正十年三月、近藤勇助氏藏本複寫

神樂歌解　四

神樂歌解四之巻目錄

神樂歌解四之巻

井阪徳辰謹撰

内宮　渡歌

内宮大宮段ノなり、此題名は諸本一ツならず、内宮のわたり歌・内宮へわたり歌・内宮わたし歌・内宮渡歌・内宮の歌などさま〴〵に書ケり、渡とハ外宮の歌舞仕奉りヲヘ竟て内宮の歌舞に渡《ワタ》るとの義か、又歌曲を三渡《ミワタシ》五渡《イツワタシ》七渡《ナヽワタシ》など云渡《ワタリ》の義か、此二《フタ》つの中《ウチ》なるべけれど何れならむ、未定《タメ》得ず、熟《ヨク》考ふべきなり

と《外》には ろくしよ《六所》ぞ おはし《御座》ます うち《内》にハ しちしよ《七所》ぞ おはし《御座》ます しだい《次第》とうじの みや〳〵《宮々》に あまねく《普》 あそび《遊》を まゐら《進》する

此歌のことハ外宮末社拾段ノに云り、此《コ》を内宮大宮段ノに歌ふ由縁《ヨシ》ハ未《タ》考得ず

わたらひ《度會》を ゆたか《悠》に とほり《通》て うぢをか《宇治岡》を はしら《柱》に たて《立》ゝ なか《中》に かよ《通》はむ

度會ハ一郡の總名なれども、此《コヽ》ハ専《ムネ》と外宮の御敷地の方を指て云るなり　度會のことハ外宮大、宮ノ段に委く云り　ゆたかにとほりては寛々《ユタヤカ》に通りてなり、此ハ神代紀に、行去、此云ヲ二騰褭褭《トホル》一とある字の如く、度會の方を通《トホ》り過《スギ》てと云意なり、天文本にハ、とほりてのてもじなし　また一本に、ほもじなきハ脱たる、なるべし　宇治岡ハ神境紀談に、尾部坂より浦田坂までの岡を云なり、宇治郷ノに屬したる岡なる故に斯號《カクナツケ》けるなるべし、又此岡を長峰とも云なりとありて、年中行事　禰宜參二外宮一條　に、下向自二宇治岡一月讀・伊佐奈岐宮ノニ參ル、嘉暦敕使記ノに、來月十九日、公卿敕使可ノレ被ルレ發二遣セ一旨所レ被二仰下一也、而ルニ宇治岡ノ官道可キ二修治一所々有レ之、自二尾上坂《ヲベ》一迄《マテ》二浦田坂一、相二催シテ上中村・尾崎・楠部ノ村人等ヲ一令メヨレ致サレ修二治之ヲ一、永正記ノに、年中ニ三度大掃除ノ事、三度ノ祭月十二日、從二宇治ノ山路ノ饗所一　是宇治、岡也　東鑑に、伊豆江ノ四郎經テ二大神宮御鎭座ノ神道山《カミヂ》一ヲ遁ル二隱宇治岡一ニ、氏經日次記に、贅海ノ神態、依テ二大水一テ宇治岡仁輪《イタリ》松尾ヨリ黒瀬ノ中濱仁出とあるを引キたり、はしらにた

てゝとハ宇治岡を指て柱《ハシラ》と云なり、其《ソ》ハ古事記に、生《ウミ玉フ》二伊《イ》伎《キノ》嶋《ヲ》一、亦名《ノ》謂《ハイフ》二天《アメ》比《ヒ》登《ト》都《ツ》柱《バシラト》一、神代紀に、以《テ》二磤《オノ》駁《ゴ》盧《ロ》嶋《シマヲ》一爲《ス》二國《クニ》中《ナカ》之《ノ》柱《ト》一、萬葉三に、淡路嶋中《ナカニ》爾立置《タテオキテ》而とあるなどを考合せて味ふべし　淺井氏ノ考に、宇治岡ハ皇神を宇治岡姫と申シ奉、柱に立てとハ日本の柱と云へるな、るかと云れたるハいかゞ　天文本又一本に、たちてとあるハ立の字を謬訓《ヒガヨミ》せるなり、中にかよはむハ中《ナカ》に見立《ミタテ》て通《カヨ》ハむとなり、一首意《ノ》ハ外宮御敷地　所謂度會なり　を悠《ユタカ》に通《トホ》り過《スギ》て宇治岡を中柱《ナカバシラ》と見立て內宮の方へ通はむとなり　つらつら按に、此歌ハ度會ノ宮の神樂を寛に仕奉り竟て、是よりハ內宮の神樂を仕奉らむとの意を含めたるなり、かくて宇治岡をしも先云へるハ、外宮の地より內宮の地に到る疆なれバなり、故此歌をハ內宮ノ段の初發に歌ふにぞありける、題名に內宮へ渡り歌とあるをも思ひ見よ

うぢをか《宇治岡》をけさこえミれば《今朝越見》まつのみのこくどにふりてふ《松子幾許降千》くのたねかな《種々》

松子《マツノミ》ハ和名抄に、萬豆乃美《マツノミ》とあり、こくどハこゝだの訛なるべし、凡て物數の多き《ノ》をこゝだ・こゝだく・こゝば・こゝばくなど云《ヘ》ること古書に多く見え、萬葉に字ハ多く幾許と書り、ふりては散而《チリテ》の意なり、ふくのたねのふくハちゞの誤なるべし、然るハちゝとふくと字形《ノ》のよく似たる故見混《ミマガヒ》て書誤しものなるべし　然るを杉木氏ノ考に、國土をクヌチ、福をトミと唱へたしと云れたるハ、國土福と書る字にのミ泥みて言に心のつかざりし故とぞおほゆる、然る字を當て書るハ後人の誤にてしかも俗意なるをや

うぢをか《宇治岡》をかほるほそすりもとりきてわがみすさほにかゝれほそすり

此歌ハ諸本異同ありて、かほるほそすりをかほるほそするとも、かほるほそミちとも見え、もとりきてをもと行てとも書き、わがミをわが身とも記し、ほそすりをほそすれともあり、かくて一首意《ノ》いと〳〵心得がたきを強《シヒ》て考れハ、もと宇治岡《ウヂヲカ》の薫《カヲ》る細道《ホソミチ》廻《モトホ》り來《キ》て我身《ワガミ》も裙《スソ》も薫《カヲ》りこそすれ　又我裳の裙も薫りこそすれ　などありけむを、後にさま〴〵に誤《アヤマリ》たるにもやあらむ　もとほるハめくると云ことの古言にて、萬葉四に、磐間乎射往廻、同九に、嶋山乎射往廻流河副乃など見え、字鏡に、邅また趪を轉也信也移也、毛止保留とあり、さて此にもとほりをもとりと云るハとの韻におを含ミ、ほの韻、にもおを含めれバ自然略かりたるものなり　猶熟考《ヨクカムカヘタヾ》正すべき

なり、一本にハ此歌なし、二見神樂歌にハ、うぢ岡を
こゆるほそする《れイ》もとりきて、わがミハさわ《ほイ》にかくれ
こ《ほイ》そすり《れイ》とあり　此又誤多しと聞ゆ
うぢをか《宇治岡》にちゞ《千々》のまつ《松》ありちゞ《千々》ながらよは《齢》ひもとし《年》も
ひさ《久》しかりけり

諸本皆千《セム》の松あり千《セム》ながらとあれど、杉木氏の藏本にちぢの松ありちゞながらとあるに依《ヨリ》て、今は其《ソレ》に定めつ、字音《モジゴヱ》ハ聞にくければなり、よはひもとしものとし、諸本皆ときとあれど、其《ソ》ハとしの誤《リ》なること疑《ウツ》なければ今ハとしに定めつ、ひさしかりけりを天文本又一本にハ、ひさしかる代はとあり、いかゞ、此《コ》ハ云までもなくかりけりとあるべき處なり、さて此歌に據《ヨ》れハ今の長峰の地、古《ヘ》ハ松多く生《オヒ》たりしとぞおぼゆる　杉木氏ノ考に、千の松ハ五十鈴ノ原の數千の松を云なるべしと云れたるハ何なる僻心得ぞや、宇治岡にとあれば宇治岡のなること明カなり、宇治岡と五十鈴ノ原とハもとよ、り別なれバ混ふべきにあらず　二見神樂歌にハ、うぢ岡に千の松あり千ながらいはひもとびもいづれ若《ワカ》まつとあり

うぢをか《宇治岡》によき《美》ふで《筆》ぐき《莖》のある《有》ものをしよこく《諸國》のよね《米》を
かきよせ《書寄》のふで《筆》

ふでぐきハ筆莖《フデグキ》にて筆軸《フデノジク》に爲《ス》べき竹を云なるべし、天文本にハ、よきふでのくきとありて、のもじを上下にせり　筆ハ和名抄に、布美天とありて、書手の義なり、萬葉十六に、吾毛等者御筆波夜斯とあり　あるものをハあるとは其竹の生ると云意、ものをとハ其物を以てと云意なるべし、諸國の米《ヨネ》とハ國々處々の神領より上《タテマツ》る米を云なり　古へ諸國に神領多かりしことハ神宮雜例集・神鳳抄・神領給人引付等の書に委し　さて諸國《ショコク》をバ杉木氏ハ、モロコと唱へたしと云れたれど、然《シカ》云までもなく、のもじをはぶきてモロクニヨネと歌ひてよろし、かきよせの筆とは其《ノ》諸國の神領より上《タテマツ》る米をそれぐ〵神税の帳へ書寄記《カキヨセシル》す筆柄《フデヅラ》に爲むと云なるべし、一首《ノ》意ハ宇治岡に筆柄《フデヅカ》に爲《ナリ》ば宜《ヨ》かるべき竹の生る、此《コ》を以て諸國の神領より上る米を神税の帳へ寄集《ヨセアツ》め書記す筆柄に製《ツク》らむと含めたるなるべし

(上)司中公文抄、正月十五日、大司向御政印殿口ノ内讀之バンセイラク、センシウラク、ヘイシアムニスコシツヽ、トシヲシテ、サヨヲフルマデト三度マウスベシ

(上)大和志、吉野郡式外八幡神祠有二四座一、一座在二檜垣本村一、北荘七村相共祭典、一座在二善城村一、有二永正十七年六月祭禮日記及修正會講式、其詞日百石一ニ八十石添テ玉出シ、乳フサ報、今日ゾ我スル、今ゾ我スル、今日セデハイツカハスベキ、年モヘヌベシ、サヨモヘヌベシ云々

うぢ《宇治》のさと《里》いすゞ《五十鈴》のはら《原》のひめ《姫》こまつ《小松》とし《年》(朱書)「さよ」ハふれども《雖経》
いろ《色》もかはらず《不變》

宇治のさとハ和名抄度會《ノ》郡《ノ》郷《ノ》名に、宇治《ウヂ》とあり、五十鈴《ノ》原ハ御鎮座の地なり、儀式帳に宇治《ノ》里伊《イ》鈴《スヾノ》河上、倭姫命世記に五十鈴原《ノ》、年中行事十二月十七日ノ條に宮司舞《フ》時御歌云《ニク》、宇治山ノイスヾノハラニミケタチテ萬代マデニカナデアソバムとあり、一本には、いすゞがはらとあり、がは之《ノ》の意か、又河原《カハラ》の五十《イ》鈴河原《スヾカハラ》とよめるも古歌に多かり、然《サ》れどがと歌ふハ宜しからず、のとあるに従ふべきなり、又としハふれどもをさよはふれともと書る本多く、今歌ふにもさよと歌ふ人多かれど、天文本又一本に、としとありて其方優《マサ》りて聞ゆれば今ハ其《ソレ》に定めつ、さよハさハ眞《マ》の意、よは代《ヨ》にて御代《ミヨ》と云と同し意《コヽロバヘ》旨ならむか、杉木氏考《ノ》にハ、久代《ヒサヨ》の義なりと云《ハ》れたり、猶熟《ヨク》考ふべし、さて此歌は古今集冬の賀茂祭の歌に、千早振賀茂の社の姫小松萬代《ヨロヅヨ》經《フ》とも色ハかはらじとある、藤原《ノ》敏行《ノ》朝臣《ノ》歌に依れると見えたり

さかき《榊》ば《葉》にみて《御幣》ぐらとり《執》そへ《副》をがむ《拜》にハよも《四方》のかミ《神》ぐ《々》
より《寄》きまします《來坐》

此歌のことハ上外宮大宮ノ段に云り

ふか《深》くいり《入》かみぢ《神路》のやま《山》をながむれ《眺》バゆう《木綿》しで《垂》かけぬ《不懸》
さかき《榊》ば《葉》もなし《無》

神路山ハ神鏡廣博記に、五十鈴《ノ》宮《ノ》之山《ノ》之名、天照《アマテル》山共《トモ》、鷲日《ワシヒノ》山共、津《ツ》長原《ナガハラ》共、神路山共とあり神路山のこと委くハ神境紀談・齋居通・神民須知等、の書に見えたりゆふしでかけぬハ木綿《ユフ》のことハ上土ノ宮ノ段に云り、しでハしだれを約《ツヾ》めたる言なり此こと委くハ古事記傳八ノ巻岩屋戸ノ段に見えたり、かけぬハ不《ヌ》レ懸《カケ》なり、さて此歌ハ千載集圓位法師《ノ》歌に、深く入《イリ》て神路の奥を尋ぬればまたうへもなき峰の松風、堀河百首師《ノ》時歌に、神垣の御室の山に霜降《フ》れば木綿垂《ユフシデ》かけぬ榊葉ぞなきとある、此二首《フタウタ》を取合せて作りしなるべし、一首意《ノ》ハ神路《ノ》山深く分入《ワケイリ》て

眺《ナガ》むれバ神に手向《タムケ》奉《マツ》る木綿《ユフ》を懸《カケ》ざる榊は一本もなしと
なり、二見神樂歌にハ、神路山その山深くたづぬれば
ゆふしでかけのさハもなしとあり　ゆふしでかけのさハもなしハ、本ゆふしでかけぬさかきばもなしとありしを誤りたるなるべし

みもすそ《御裳濯》のせ《瀬》にふす《伏》いは《磐》にはねおへて《羽生而》とばむ《将飛》よ《世》までも
きみ《君》ハましませ《坐》

みもすそハ御裳濯河《ミモスソガハ》なり、倭姫命世記に、五十鈴之川《イスヾノ》上仁遷幸于時河後《ウツリイデマストキニカハジリ》仁天志、倭姫命《ノ》御裳《ミモノスソ》齋長計加禮《ケガレ》侍介留於洗給倍利、從《ヨリ》其以《ソレノ》降《チ》號《イフ》二御裳須曾河《ミモスソガハトナリ》也　御裳濯河のこと八神境紀談・齋居通等ノ五十鈴河條に古書等を引證て委く論リ、瀬に伏《フ》す磐《イハ》ハ瀬ハ、年中行事　月次祭條　に、御裳須曾河渡《ノワタリセ》瀬と見え、新古今集中院入道右大臣歌《ノ》に、立かへり又も見まくの欲《ホシ》きかな御裳濯河の瀬々の白波、拾玉集に、神風や御裳濯河の春の波昔の瀬にも立かへるかな、夫木集源有仲《ノ》歌《ノ》に、小忌衣《ヲミゴロモ》御裳濯河の早き瀬に岩きる波の絶《タエ》ぬ御代かななどよめり、伏《フ》すとハ磐《イハ》の狀《サマ》を見立《タテ》て云なり、式の祝詞に、白雲能《シラクモノ》

(上)御裳濯河のことをミもすそとはかりいへる例、山家集、初春をくまなくてらす影を見て月にまつしるミもすそのきし、ミもすそのきしの岩ねによをこめてかなめたてたる宮はしらかな

墜坐向伏限《オリヰムカブスカギリ》、萬葉に、天雲《アマグモノ》向伏國《ムカフスクニ》とある伏《フス》てふなと思合《ヒ》すべし、磐《イハ》ハ和名抄に、陸詞《ガ》云、磐大《ハ》石也《ナリ》、和名以《イ》波《ハ》とあり、一本にハ、せにふすいは根《ネ》にとあり、はねおへてハ羽生而《ハネオヘテ》なり、とばむよまでもハ一本に、とばむ千代までもとあり、きミハましませハ一本に、きミハましますとあり、然《サ》れどせ‖とある方よし　春日ノ若宮ノ社ノ神樂歌に、鶴の子のまた鶴の子のやしは子の育たむ代まで君ハましませ、本居宣長ノ玉勝間ノ三に見えたり

おほミや《大宮》のそでかけ《袖懸》まつ《松》のたかまつ《高松》にてかけ《手懸》むひと《人》ハち《千》
よ《代》のよ《世》をへ《經》む

袖懸松《ソデカケマツ》ハ未考《タ》得ず、二見神樂歌にハ、大《オホ》ばにハ袖かけまつる高松にてかけう人ハちよのよをへむとあり

おほみや《大宮》のした《下》つ《津》いは《磐》ね《根》にちぎ《千木》かけ《懸》てあめももらさぬ《不漏》ひ《日》
のミかげ《御影》かな

此歌ハ新古今集西行歌《ノ》に、宮柱下津磐根に敷立《シキタテ》て露も曇《クモ》らぬ日の御影かなとあるを、所々言《コトバ》かへて後世人《ノ》の

物せるなり、かくて下津磐根に千木かけてとつゞけたるハ何《イカ》にぞや、又露も曇らぬとよめるハ日ノ大御神の天地の限《カギリ》聊も曇りなく照《テリ》わたり給ふよしを云る意なるを、然《サ》りとも辨へずして雨ももらさぬと歌ひかへたるなどハ、いといと拙く意さへ通《キコ》えがたくなむ、二見神樂歌にハ、大宮のしたとうはてに千木かけて雨ももらさで日を《もイ》ミかけかなとあり

と《外》にはろくしよ《六所》ぞおはします《御座》うち《内》にはしちしよ《七所》ぞおはし《御》ます《座》しだい《次第》とうじのミや〳〵《宮々》にあまねく《普》あそび《遊》をまゐらする《進》

此ノ早歌、天文本にハ右の歌を載《ノセ》ずして、君のよはひをへむことハあまつこやねの羽衣《ハゴロモ》よ云々の歌（櫻ノ宮ノ段のさいはら）ひと同ジ歌なりを擧《アゲ》たり、按《オモフ》に舊《モト》ハ然《シカ》歌ひしか、猶考ふべし

御座のあそび

御座のあそびのことハ上（外宮ノ段）に云り

わかきミのこさめすときハあやかさまあやにもまされるハにしきなるらむ

わかきミ《我君》のござめす《御座》とき《時》はやまのは《山端》につき《月》まち《待》え《得》たるこゝろ《心》こそすれ

わがきミのござめすときハやまのはにつきまちえたるこゝろこそすれ

湯の舞

きみ《君》ハまむざい《萬歳》おはしませ《御座》

一本にハ、おはしますとあり

われら《我等》もおまへ《御前》にさむらはむ《侍候》

此《コ》ノ上句を受《ウケ》て我等も君と共《トモ》に萬歳まで存命《ナガラヘ》て恙《ツヽミ》なく御前に侍候《サモラハ》むと云なり（古事記傳に、佐母良布ハ佐ハ眞の意、母良布ハ母流を延たる言にて、母流とハ何事にまれ心をつけて伺ひ考へ居るを云、つねに物を守ると云も又人目をもるなど云も此意なり、又目をつけて物をつく〴〵と見るをまもると云も此意なり、されバ仰せ賜ふ事などあらバ奉らむと伺ひ居る意にて、凡て君の御前に在るを佐母良布と云なり、此言もと佐母良布なるを中昔よりハ佐牟良布と云ひ、又訛て佐宇良布と云ひ、又約めて曾呂とも云ハいと〳〵俗しと云り）

(上)猿樂なる翁の謠に、所千代までおはしませ我等も千秋さふらはう鶴と龜とのよはひにてさいはひ心にまかせたり

つる《鶴》とかめ《龜》とのよはひ《齡》には

　一本にハ、よはひにてとあり

さいはひ《幸》こゝろ《意》にまかせ《任》たり

福徳《サイハヒ》は意のまゝなりと云なり、一本にハ、まかせつゝとあり、○天文本・寛永本・正保本等に、御座の遊《アソビ》の歌、又湯の舞の早歌なきは漏《モレ》たるならむか、心得がたし

おほみや《大宮》さう《左右》のあひどの《相殿》とうはうでむ《東寶殿》さいはうでむ《西寶殿》げ《外》へいでむ《幣殿》しじのすめかミ《四至皇神》おほみや《大宮》のいぬゐ《戌亥》のすミ《角》にお《御》はしま《座》すおきたま《興玉》のごぜむ《御前》にあそび《遊》のじやうぶむ《上分》をまゐら《進》するほめ《讃》きこしめせ《所聞食》たまのはうでむ《玉寶殿》

大宮ハ天照皇大御神の鎮《シズマリマシマ》座す大宮なり、左右の相殿ハ同《オナジ》御殿《ミアラカ》に坐す皇神等《タチ》を稱《マヲ》すにて、儀式帳に、同《オナジ》殿坐神二柱《ミアラカニマスカミフタハシラ》、坐《マスヲ》二左方《ノニ》一稱《マヲス》二天手力《ノタチカラ》男神《ヲノト》一、坐《ヲ》二右方《ノニ》一稱《ス》二萬幡豐秋津姫命《ノト》一とある是なり、東寶殿・西寶殿ハ儀式帳に、寶殿二宇と見えて、兵範記に、仁安三年十二月廿七日、神主注進、東寶殿所《ニハ》二奉納《スル》一臨時奉幣使《ノ》參宮時《ノ》、被《ラル》二進納《セ》一綾《アヤ》兩面繧繝、神服《カムハトリ》・麻續《ヲミ》兩機殿神部《ノ》等勤進《スル》二季《ノ》神御衣《カムミソ》、毎年六・九兩月御祭時《ノ》宮司勤《ニ》進《スルノ》荷前《サキミ》御調《ツキノ》絹絲《キヌイト》等、西寶殿所《ニハ》二奉納《スル》一往古御神寶《ノ》幷《ニ》毎年九月御祭時《ノ》被《ニラル》二進納《セ》一官下《ノ》御鞍《ミクラ》等とある是なり、外幣殿ハ儀式帳に、幣殿《ミテグラトノ》一院、殿一宇、玉垣一重と見え（玉垣は、今亡し）春宮坊《ミコノミヤ》幷《ナラビニ》皇后宮《キサキノミヤノ》幣帛《ミテグラ》幷《ナラビニ》東海道《ウメツミチノ》驛《ハユマ》使《ヅカヒノ》之幣帛及《マタ》國々處々之調《ミツキノ》荷前《ノサキノ》雜《クサ〴〵》物等《ノモノドモハ》納《ヲサメト》二外幣《ノミテ》帛殿《グラドノニ》一踰《コエテトシヲ》レ年卽《チ》禰宜給《ニタマフ》之とある是なり、さて天文本・其他《ソノホカ》諸本に、大宮・東寶殿・西寶殿・左右相殿《ノ》・外幣殿と擧《アゲ》たる續《ツヾキ》の如く然《シカ》歌ひしを、近比杉木氏の其次第を改められたること外宮段《ノ》と同じ、四至《シヽ》の皇神《スメガミ》ハ神名祕書に、四至神《ノ》四十四前、宮中祭《ニル》レ之號《ヲス》二式外社《ノト》一無《シ》二寶殿《ノ》一とある是なり、此《コノ》四至皇神《ノ》と云ことハ外宮段《ノ》にも云ごとく、何《イヅ》れの本にもなかりしを、杉木氏の新《アラタ》に

加へられたるなり、大宮の戌亥の角《スミ》に御座《オハシマ》す興玉《オキタマノ》御前ハ倭姫命《ノ》世記に、興玉神《ノ》、無二寶殿一、衢《チマタノ》神、猿田彦《ノ》大神是也、一書曰《ニ》、衢神《ノ》孫《ノ》大田命《ハ》是土公《ツチギミ》氏《ノ》遠祖神《ノ》、五十鈴《ノ》原《ノ》地主《ノ》神也、御鎮座傳記に、興玉神《ノ》託宣云々、于時倭姫命《ノ》、皇大神座《ノマシマス》正宮《オホミヤノ》之西北角《イヌキノスミニ》祝祭也《イハヒマツリ玉ヒキ》とある是なり 年中行事六月十五日ノ條に、同日戌剋興玉神態云々、興玉御前參在二鋪設一云々、詔刀申、今年六月御祭十五日今時以興玉廣前恐恐申、地祭物忌子忌齋奉御神酒御贄等清靜聞食宮中平神事藝令二奉仕一給、禰宜神主內外物忌色々職掌供奉人等長久勤令二奉仕一給恐恐申、于レ時拜八度手兩端云々、天文本にハ、興玉《オキタマノ》御前の上に大宮のと云詞なし、さて此《ノ》段天文本には、興玉《オキタマノ》御前の次《ツキ》にとようけ大神とあり 此ハ何れの本にもなきことなり、めづらし 其《ソ》ハ御橋《ミハシノ》 神拜所 此ハ豐受大御神を祭る所にして、儀式帳に、御橋一處、石疊一處、大神宮正南御門在二伊鈴御河一、當二此御門一流二一俣也、此中嶋爾造二奉石疊一、常造宮使營作奉、此止由氣大神乃入坐御坐也と見え、年中行事旬神拜條に、以往御河有二入江一黑木橋渡、仍號二御橋神拜一と見えたる是なり、今ハ御橋も中嶋も絕て第四ノ御門の南の石磴の下なる石壇に齋祭るなり を指《サ》せるか、又荒祭宮《ノ》の西なる外宮遙拜所の石壇《イシヅミ》 年中行事旬神拜條に、豐受宮遙拜、荒祭宮於二西砌一以レ良爲レ上坤列蹲踞拜云々 を指せるか、何《イツ》れにまれ外宮を指せるなり、〇天文本には、此大宮東寶殿西寶殿云々の歌を大宮の下津磐根に千木かけて云々の歌の次《ツギ》に載たり

荒祭御前《ノ》の歌

倭姫命世記に、荒祭宮《ノ》一座、皇大神《ノ》荒魂《アラミタマ》、伊弉那伎《ノ》大神所生《ノウミマセル》神、名《ミナハ》八十《ヤソ》枉津《マガツ》日神《ヒノカミ》也、一名《マタノミナハ》瀨《セ》織津《オリツ》比《ヒ》咩《メノ》神是也

あら《荒》まつり《祭》ご《御》ぜむ《前》のこま《馬》のかず《數》

馬《コマ》のことを歌ふ據未《ダ》考得ず、然《サ》れど試《コヽロミ》に云《イハ》ば、儀式帳荒祭宮《ノ》神財八種《ノ》條に、青毛土《ノ》馬一匹、高《タカサ》一尺、鞍立髮金餝と見え、年中行事 九月十七日條 に、抑今度御祭神《ノ》馬三疋之《ノ》內、二疋者《ハ》引二立《テ》內院《ニ》一、一疋者《ハ》御鹽所《ニ》留《メ》置《ク》、如《ゴトキ》二傳《ツタヘ》言《イフガ》一者《ハ》、一疋《ハ》大神宮《ノ》御料、一疋《ハ》荒祭、一疋《ハ》月讀宮《ノ》御《ノ》料歟《カ》云々と見えたる、是等を據とすべきか

く《九》じふ《十》く《九》ひき《疋》ぞおは《御》します《座》

九十九疋と歌ふこと未考得《タ》ず

(上)一本にハ、とこわかやとあり

(上)江河ノ岸ト云コトカ

くじふくひき《九十九疋》のそのなか《其中》に

九十九疋ある馬の其中《ソノナカ》にと云なり

あしげ《驄》のこま《馬》こそとこわか《常若》に

とこわかハ常若《トコワカ》にて美稱なるべし 常とハ何までも更らぬ意、若とは稱て云フことなり、二見神樂歌にハ、荒祭御前のこまのかず云々、あしげのこまに御前めすとあり

あらまつり《荒祭》こうかのきし《岸》ハたか《高》くともなほ《猶》よせ《寄》かけよ
くに〱《國々》のよね《米》

こうかのきし、一本にハ、こんかのきしとあり、神《ミ》河《カハ》《カウカ》の岸《キシ》の誤なるべし、岸《キシ》ハ和名抄に、集注《ニ》云、水邊《ヲ》曰《フ》レ涯《ト》、涯陗《ケハシクシテ》而高《キヲ》曰《フ》レ岸《ト》、和名岐之《キシ》とあり、さて此神《ミ》河《カハ》ハ荒祭宮《ノ》の西方なる河にて、年中行事 八月一日ノ條 に、荒祭御前《ノ》西《ノ》山河《ノヤマカハヘユク》行道と見えたる西《ノ》山河すなはち是なり、二見神樂歌にハ、荒祭御前のかのきしハ高くとも

たゞよせかけや國々のよねとあり

しやくのいと《赤絲》しやく《赤》のうはぎ《上著》をぬひたて《縫立》ゝあらまつり《荒祭》ご《御》ぜむ《前》とまつ《奉》はま《申》をさむ

しやくのいとハ赤《シャクノイト》《アケノ》絲なり、赤絲《ノ》を以てと云意なりとして次句《ノ》をバ心得べし、しやくのうはぎハ赤《シャクノウハギ》《アケノ》表著なり、ごぜむハ天文本には、ごぜとあり、とハにの誤、はハりの誤にて、荒祭御前に奉《マツ》り申《マヲ》さむなり、大神宮式荒祭宮《ノ》装束に、緋《アケノワタノミソ》綿衣一領・緋《アケノミモ》裳一腰見えたり

あらまつり《荒祭》あらく《荒》てめす《召》かねりぎぬ《練絹》をねり《練》てはめさで《不召》
はだ《肌》やはら《和》かに

ねりぎぬハ和名抄に、蔣魴《ガ》切韻云《ニ》、練熟《ハ》絹也《ナリ》、和名禰《ネ》利岐沼《リギヌ》とあり、大神宮式荒祭宮《ノ》装束に、絹被《キヌノフスマ》一條・絹綿《ノノ》衣一領見ゆ、一首意《ノ》ハ荒祭宮《ノ》ハ荒魂《アラミタマ》に坐《マ》せバ絹《キヌ》をも肌和《ハダヤハラカ》に練《ネリ》てハ召《メシ》給はずして荒《アレ》のまゝにて召《メシ》給ふかと云なるべし、二見神樂歌には、荒祭あらくハめし

てねりぎぬのねりてハめさではだやはらかにとあり

あら《荒》まつり《祭》さむ《三》しよ《所》のミや《宮》ご《五》しよ《所》のわか《若》ミや《宮》さは《澤》た《田》のし《清》

ミづ《水》にあそび《遊》のじやう《上》ぶむ《分》をまゐらする《進》ほめ《讃》きこしめせ《所聞食》

たま《玉》のほう《寶》でむ《殿》

あらまつり、此五もじ天文本又一本にハなし、三所の宮ハ未考得《タ》ず、五所の若宮ハ未考得《タ》ざれども試に云《イハ》ば、月讀《ノ》宮・伊佐奈岐《ノ》宮・瀧原《ノ》宮・瀧原竝《ノ》宮・伊雜《ノ》宮を指せるにて、此《ノ》五所の別宮の遙拜所、卽《スナハチ》荒祭《ノ》宮の西なる石壇なれバ、其縁を以て此《コヽ》に擧たるにやあらむ、澤《サハ》田《タ》の清水《シミヅ》ハ杉木氏《ノ》考に、荒祭御澤《ミサハノ》水これかと云れたり、さて此段を一本にハ早歌の次に載たり、又一本にハなし

(上)皇太神宮御鎮座記云、御澤在ニ本宮西一、亦云御池廻百八十五間

(上)宇治ニ澤田ヲ家號スルアリ、神宮家也

あら《荒》まつり《祭》ごぜむ《御前》のりう《龍》のこま《馬》

龍馬《リウノコマ》のことハ上 外宮多賀ノ宮ノ段 に云り

ばむばがすゑ《末》にひき《牽》いだし《出》

ばむばハ杉木氏《ノ》考に、馬場《バムバ》なりとあり、すゑハ端《ハシ》の意なり、天文本又一本にハ、すゑへひきいだしとあり

それ《其》にしち《七》しよ《所》のり《乘》めして《召》

七所ハ未考得《タ》ず、二見神樂歌にも、あらまつり七所の御前とあり、天文本又一本にハ、七所ぞのりたまふと見え、又一本にハ、七所ぞのりめしてとあり

よろづ《萬》のねがひ《願》をみて《滿》たまふ《給》

湯の舞

湯の舞の早歌ハ諸本《ノ》に載せず、然《サ》るハ上なる佐伊波良比の歌と同じき故略《ハブ》きて記《シル》さぬにやあらむ、今ハ一本にあるに依り、又多賀宮《ノ》段《ノ》の例に従ひて此《コヽ》に出しつ

あら《荒》まつり《祭》ごぜむ《御前》のこま《馬》のかず《數》くじふく《九十九》ひき《疋》ぞおはしま《御座》

すくじふく《九十九》ひき《疋》その《其》なか《中》にあしげ《聰》のこま《馬》こそとこ《常》わか《若》に

（下）神谷四郎兵衛藏本和歌、いるひかくるひかまわるひかせんだいどうしのともらひか

月讀の歌

此《ノ》題名、月讀の歌とあれど月讀宮《ノ》・伊佐奈岐宮《ノ》二宮段《ノ》なり、右二處《ノ》宮地《ノ》は宇治鄕中村にて、年中行事、月讀《ノ》・伊佐奈岐《ノ》兩宮《ノ》祭禮《ノ》詔刀《ノ》にハ、度會宇治河原田村《ノ》下津石根《ニ》大宮柱太敷立云々とあり、さて儀式帳にハ、月讀宮《ノ》一院、正殿四區之《ノ》中、此一稱《ヲマヲス》伊《イ》弉《ザ》諾《ナギノミコトト》尊、次稱《ヲス》伊《イ》弉《ザ》冉《ナミノミコトト》尊、次稱《ヲス》月讀《ノ》尊《ト》、次稱《ヲス》荒魂《アラミタマト》とあれど、今ハ正殿二區にして、東方《ノ》月讀宮《ノ》に荒魂命《ノ》を合せ祀《マツ》り、西方《ノ》伊佐奈岐宮《ノ》に伊佐奈美命《ノ》を合せ祀《マツ》れり、三代實錄に、貞觀九年八月二日、敕《シテ》伊勢國《ノ》伊佐奈岐・伊佐奈彌《ノ》神改《メテ》社《ヲ》稱《シ》宮《ト》預月次祭《ニ》竝置《ニ》内人一員《ヲ》とあり、さて此《ノ》二宮段《ノ》の歌舞を一番に總《スベ》て仕奉《ヘ》るハ、あかねこゝちせらるれど、儀式帳に四《ヨハシラノカミ》　神の正殿四區を總て月讀宮《ノ》一院と擧《アゲ》たるを思へば所由《ヨシ》なきにはあらず、然《サ》れと此段に月のことを云《ヘ》る歌をのミ用《モチ》ひて、伊佐奈岐宮《ノ》に縁《ヨシ》ある歌の一首もなきハいかか

ひがし《東》のおやま《御山》のふもと《麓》よりじふごや《十五夜》つき《月》こそいで《出》たま《給》へいる《入》ひ《日》か《歟》くる《暮》ひ《日》か《歟》まかる《罷》ひ《日》か《歟》

此《コ》ハ十五夜の滿月の出る光景《アリサマ》を、夕日《ユフヒ》の赤《アカ》くきらやかなるに比《タグ》へて云なり、入日《イルヒ》・暮日《クルヒ》・罷　日《マカルヒ》皆同《ジ》意なるを如此《カク》重ね云ぞ歌曲の文《アヤ》なる

ぜむざいとうしのともしび《燈火》か《歟》

ぜむざいとうしハ前川正魚考《ノ》に、千臺燈油《セムダイトウユ》の訛《リ》なるべし、此《コ》は月光《ノ》の明《ラ》けきを千臺燈《セムダイノトモシビ》　火に比《タグ》へたるなり、十二月晦日夜《ノ》の燈《ト》油《ユノ》神事など思合《ヒ》すべしと云る然《サ》もあるべし、杉本氏考《ノ》にハ、善財童子かと云れたれど例の佛臭し　善財童子ハ華嚴に福城長者ノ子とあり　、然《シカ》ハあれど中古以來神佛を混合せること多ければ、善財童子ならむも亦知るべからず、猶考ふべし、ともしびは和名抄に、四聲字苑云《ニ》、

(上)金葉集九雑上、僧都頼基、もろともに西へやゆくと月影のくまなき峯を尋ねてそこし

器照《ニスヲ》曰《フ》レ燈《ト》、和名度毛師比《トモシビ》とあり

にし《西》へゆく《行》つき《月》にもの《物》をとひ《問》なましよる《夜》やたつ《立》らむ

ほし《星》か《河》はのいち《市》

天文本にハ、月にも物ハと見え、一本にハ、月にハ物をとあり、星河ハ員辨郡《ノ》にあり、伊勢名所拾遺集に、桑名より一里ばかり上《カミ》、額田村の川むかひなり、神名帳《ニ》、員辨郡《ノ》星河社《ノ》とあり、此所に星河山安渡寺と云寺もありとありて、名寄長明《ノ》歌に、かぎりあれバ橋とぞなしぬ鵲《カサヽギ》の立るしるしに星河の水、夫木集光俊《ノ》歌に、明《アケ》ぬとて空さかり行《ユク》星河に我《ワレ》さへ影や見えずなるらむとあるをバ引《ヒケ》り、神鳳抄に、員辨郡《ノ》星河御厨《ノ》また星河大明神《ノ》神田見えたり、星河の市《イチ》のことハ未考得《ダヘ》ず、一首《ノ》意ハ星河の市ハ夜《ヨル》立《チ》やすらむ其《ソ》ハ西へ行《ユ》く月に問《トヒ》てぞ知るべきとなり 夜や立らむとハ、星ハ晝ハ見えざるものなる故云へるにて、其ハ星河てふ名の縁につきてなり

ひがし《東》やま《山》こ《小》まつ《松》かき《掻》わけ《別》いづる《出》つき《月》にし《西》へもやら《遣》むこ《此》ゝ《處》もてら《照》さむ

小松かきわけとハ小松の生《オヒ》たる山より月の出る狀《サマ》を云なり、萬葉二に、天雲之《アマクモノ》八《ヤ》重《エ》搔別而《カキワケテ》云々、大祓詞《ノ》に、高山之《タカヤマノ》伊穗利《イボリ》短山之《ミジカヤマノ》伊穗利乎《イボリヲ》搔別氐《カキワケテ》云々、拾遺集貫之《ノ》歌に、常《ツネ》よりも照《テリ》まさるかな山の端《ハ》の紅葉《モミヂ》を別《ワケ》て出る月影とあり、西へもやらむ此所《コヽ》も照《テラ》さむとは、西方《ノ》へも光を至《イタ》らし、此所《コヽ》をも明《ラ》けく照《テリ》わたらさむと云意にて、月の御影《ミカゲ》の普《アマ》ねきを美稱《タヽヘ》たるなり、上に東と云ひ下に西と云る對句いとよし

つき《月》とひ《日》といづれ《何》かまさる《優》かゞみ《鏡》やま《山》つき《月》こそまされ《優》

よる《夜》をてらせ《照》ば

此歌一本にハ、早歌の次に載《ノセ》たり、さて此歌ハ此段月讀《ノ》宮《ノ》段なれば、月のことをいミしよ美稱《ホメタヽヘ》たる意なれど、日《ヒ》にも優《マサ》るよしを云《ヘ》るハ何《イカ》にぞや、思ふにいと畏《カシコ》し、天文本・其他古《ホカフルキ》本どもに、此歌を載《ノセ》ざるハいと宜《ヨロ》し、

(上)公文筆海抄公文所初心抄、別宮月讀・伊佐奈岐兩宮正殿同小殿

(上)應永十五年、頭工注文、月よミのミや二百廿貫文、いさなきのミや二百廿貫文、おなしきいちもと二せん廿貫文、おなしきをとの百廿貫文

かへすがへすも歌ふまじき歌になむ、あなかしこあなかしこ 此ノ歌を歌ふまじきよしハ先輩も既に云へり

つきよみ《月讀》いざなき《伊弉諾》いざなみ《伊弉冉》をどのやしろ《小殿社》なか《中》にましま《座》す
いちもと《一元》のごぜむ《御前》にあそび《遊》のじやう《上》ぶむ《分》をまゐら《進》するほ《讃》めきこしめせ《所聞食》たま《玉》のほう《寶》でむ《殿》

をどのやしろハ神名祕書に、仁壽二年八月廿八日、依《テ》二洪水《ニ》一神殿流損《ス》云々、伊弉諾神與《トト》二伊弉冉尊《ノ》一、又月夜見命與《ト》二同荒魂命《ノ》一、正體洪水之《ノ》時、御同座之《ノ》間奉《リ》レ任《セ》二神慮《ニ》一奉《ル》レ鎭《メ》二于同殿《ニ》一也、貞觀九年改《テ》二社號《ヲ》一稱《シ》レ宮《ト》、置《ク》二內人《ノ》員《ヲ》一、同十年增二作《ル》寶殿《ヲ》一、但伊弉冉《ノ》社・月夜見之荒魂命《ノ》社《ハ》無二增作《ルコト》一也如《レ》本、今號《スルヲ》二小殿《ドノト》一是也《ナリ》、本殿東西向座《ニヒス》と見えて、神體坐《マサ》ざる二宇の御殿の稱《ナ》れど今ハ絕てなし、一元《イチモトノゴ》御前《ゼム》ハ一元神社《ノ》なり、此社《ノ》八年中行事 六月十九日月讀ノ神態ノ條 に、月讀宮《ノ》御前《ノ》半疊《ニ》跪《ヒザマヅキ》 倭舞云々、伊弉奈岐《ノ》宮《ニ》參《ル》、拜八度手無《シ》レ之、其後《ノ》一元神社《ノ》所御社楊田社《ノ》等《ノ》拜と見えたれど今詳ならず、然《サ》れど此《コヽ》に中《ナカ》に座《マシマ》す云々とあれバ、月讀宮境《ノ》內に在《アリ》しこと知《シ》られたり 或書に、一元神社ハ楠部村なる大土御祖社のことかとも思はるれど然にハあらず、同邊に在しなるべしと云るハたがへり、猶熟《ヨク》考ふべし

つき《月》のひかり《光》のくまなき《隈無》はしら《白》〳〵はま《濱》のまつ《松》ばらよ

しら〳〵濱《ハマ》は倭姬命世記に、白濱《シラハマ》眞《ナ》名胡國《ゴノクニ》申《トマヲシキ》支とある白濱《シラハマ》卽《チ》是《レ》にて、多氣郡《ノ》なる濱田村の邊《アタリ》なるべし 神鳳抄に、多氣郡濱田御薗・飯野郡眞名胡御薗見ゆ 今も其邊《ソノアタリ》の濱邊《ハマベ》をバ白濱《シラハマ》と云と聞《キケ》り、勢陽雜記にも、遷幸要略《ニ》云《ク》、白濱眞名胡國《ノ》止白云々、如《カクノゴトク》レ此なれバ白濱ハ大淀《オホヨド》に到り給はぬ前《マヘ》かとなり、然れバ今の濱田村なるべし、當國の名所白良《シラヽ》濱《ノハマ》と云も此《ノ》所ならむか云々、古歌、幾夜《イクヨ》寢《ネ》む白波よする白良《シラヽ》濱《ハマ》濱松《ハママツ》が根に松葉折敷《ヲリシ》き、齋宮歌合、月影の白良《シラヽ》の濱の白貝《シラカヒ》ハ波も一《ヒト》つに見えわたるかな、古歌、月夜にハ根倉《ネグラ》の森も闇《クラ》からずまして白良の濱何《イカ》ならむ、此歌の續《ツヾ》き根倉村・白良濱《ノ》ハならべる名所なりと云《ヘ》り 催馬樂歌に、紀國や白良の濱に眞白良の濱に來て居る鷗はれ其玉持來、梁塵愚案抄に、白良の濱は伊勢と紀伊との兩國の名所に載たりと

あり、紀伊國の白良濱ハ牟婁郡にあり、里人ハ白濱と云と或書に見えたり、又伊勢名所拾遺集にハ、白良ノ濱ハ其ノ所知れがたし、荅志の嶋にしろが崎と云所あり、若ハ是かと云ひ、志陽略志にハ、鷺嶋在二荅志村一、此浦沙石悉皆白石而不レ交二黒石一矣、故曰二鷺嶋一、又名二之白崎一、古之所謂白良濱則是也乎、また白濱在二御座村一、此浦之風致景趣非レ所レ及二他之海濱一也、歌枕名寄等書有白良濱疑謂二此白濱一也歟と云り、かくて白良濱をよめる古歌ハ伊勢名所拾遺集・志陽略志に多く載たり、又萬葉にハ地名に拘らで清白濱などよめること所々多く見えたり、さて此《コヽ》ハ月の隈なきと云《ヘ》るに對《ムカヘ》てしら〳〵とハ云《ヘ》るなり、天文本にハ、‖しら〳〵のはまとのもじを‖加へたり

(上)御巫清直説に、‖しら〳〵‖ハ‖しらヽ‖と書たるを誤りしものなりと云り

まつ《松》ばら《原》しげり《繁茂》てやさしき《優美》ハ

‖やさしき‖とは杉木氏考に《ノ》、優美の意にて、松原の景色を賞《ホメ》て云なりと云《ハ》れたるが如し

くろつのはま《濱》のあけぼの《曙》のそら《空》

くろづの濱ハ杉木氏考に《ノ》、黒部《クロベ》の濱かと云《ハ》れたるに依《リ》て、徳辰今按《オモフ》に、此《コ》ハ‖くろべのへもじをつ‖に誤りて書《カキ》傳へたるなるべし、神宮雜例集に、飯野郡《ノ》黒部《ノ》御廚、神鳳抄に、飯野《ノ》郡黒部《ノ》御薗見ゆ、さて此《コヽ》ハ松原繁茂《シゲリ》てとあるに因《ヨリ》て、其松原の黒く見ゆるよしを含《フクマ》せて黒部《クロベ》の濱とハ云るなり　松原の繁茂たるハ遠く望るに黒かるものなり、曙の比ハ猶さら然り　すなはち是《コレ》前に白《シロ》と云ひ後に黒と云ふ黒白の對句にぞありける　近江國所名にも黒津ノ里と云ありて、名寄俊重ノ歌に、たかなミのうへに夜な〳〵旅寝して黒津の里になれにけるかなとあれど、此なる黒つの濱ハ其にてハあらじ

瀧原の歌

瀧《ノ》原宮《ノ》・瀧原竝《ノナラビノ》宮二宮《ノ》段なり、大神宮式に、瀧原《ノ》宮一座、大神《オホミカミノ》遙宮、在《マス》下伊勢與《トノ》二志摩一境《サカヒノ》山中《ヤマナカニ》上云々、瀧《ノ》原《ノ》竝宮《ノ》一座、大神遙宮《ノ》、在《マス》二瀧《ノ》原《ノ》宮《ノ》地內《ニ》一、神名祕書に、瀧原宮《ノ》一座云々、水戸神《ミナトノ》、名《ハ》速秋津日子神是也、竝宮《ノ》一座云々、速秋津日子神《ノ》妹速秋津比賣神是也とあり、宮地ハ度會郡《ノ》野尻村にて、東瀧原宮、西竝宮《ノ》二宮竝《ナラ》び坐《マ》せり、瀧原《ノ》ハ地名にて倭姫命世記《ノ》に、大河之《オホカハノ》瀧《タキノ》原之《ハラノ》國《クニ》と見えたる是なり　年中行事瀧原、竝ノ二宮祭禮ノ詔刀に、度會河上瀧原村下津石根大宮柱太敷立云々

われら《我等》がみせざか《三瀬坂》こえ《越》しとき《時》

三瀬《ミセ》ハ倭姫命世記に、其瀬《ソノセヲ》乎眞奈胡《マナゴノ》御瀬《ミセト》止號弖《ナツケテ》、御《ミ》瀬社《セノヤシロ》定《サダメ》給《タマヒキ》支と見えたる地《トコロ》にて、河をバ三瀬河《ミセガハ》と云《イ》ひ、坂をバ三瀬坂《ミセザカ》と云ひ、村をバ三瀬村《ミセムラ》と云なり、瀧原《ノ》宮に詣《マキ》る道なり、天文本にハ、われ〱がみせざかこえしときはとあり

いぬかひ《犬飼》わらは《童》をさき《先》にたて《立》

犬飼《イヌカヒ》ハ犬牽《イヌヒキ》なり、わらはハ和名抄に、禮記《ニ》云、童《ハ》未《ダ》《ザルノ》レ冠《リセ》之稱《ナ》也、和名和良波《ワラハ》とあり

おほたか《大鷹》こたか《小鷹》をて《手》にすゑ《居》て

和名抄に、鷹廣雅《ハ》云《ニ》、一歳名《ケ》二之黄鷹《ヲ》一《ト》俗ニ云和賀太加、二歳名《ケ》二之撫鷹《ヲ》一《ト》俗ニ云加太加閉利、三歳名《ク》二之青鷹《ヲ》・白鷹《ト》一、今按《ニ》、青白隨《ハテ》レ色名《ニク》レ之《ヲ》、俗說《ニ》、鷹白者《ノキハ》不レ論《ニ》二雌雄《ヲ》一、皆名《ケ》二之《シ》良太賀《ラタカト》一、不レ論二青白《ヲ》一、大《ナル》者《ハ》皆名《ケ》二於保太加《オホタカト》一、小《ナル》者《ハ》皆名二勢宇《クセウト》一、漢語抄《ニ》、用《テ》二兄鷹《ノ》二字《ヲ》一爲レ名《ス》所《ト》レ出《ル》未レ詳、俗說《ニ》、雄鷹謂《ヒ》二之兄鷹《ヲ》一《ト》、雌鷹謂《フ》二之大鷹《ヲ》一《ト》也、また鶬《ハ》兼名苑《ニ》云、鶻、一名《ハ》鶻鶬也《ナリ》、野王按《ニ》、鶬似《テ》レ鷹《ニ》而小《ナル》者也《ナリ》、漢語抄《ニ》云、波之太賀《ハシタカ》、兄鶬古能里《ハコノリ》、西宮記に、大鷹《オホタカ》飼鶬《ガヒコタカガヒ》飼、催馬樂歌に、多加乃己波《タカノコハ》、末呂爾多波良无《マロニタバラム》、天爾須惠天《テニスヱテ》云々、宇津良加良世无《ウヅラカラセム》、也左支无多知也《ヤサキムダチヤ》、堀河百首基俊歌《ノ》に、矢形尾《ヤカタヲ》の鷹手《テ》に居《スヱ》て朝たてバ片野《カタノ》の原に雉《キヤス》鳴《ナク》なり

(上)山家集、鷹狩、あはせつる木ゐのはし鷹をきとらし犬かひ人の聲しきる也

夫木集三十三、袴公朝、降雪におち草とむる犬かひのかいの袴はミるもおそろし

(下)堀河次郎百首、雉忠房、きゝすなく野へを霞はつゝめともほろゝともれて聲そきこゆる

同、常陸、あふことのかたのゝきゝす妻戀にむべほろ〱とたちゐなくらむ

夫木集五、和泉式部、かりの世と思ふなるへし春の野のあさたつきゝすほろゝとそなく

けい〱ほろゝのとり《鳥》とらせむ《執》

けい〱ほろゝの鳥《トリ》とハ啼聲《ナクコヱ》を以て云るにて、すなはち雉《キヤス》のことなり、天文本又一本には、けい〱ほろ〱のとりとあり、古今集誹諧歌平貞文歌《ノ》に、春の野の繁《シゲ》き草葉の妻戀《ツマゴヒ》に飛立雉《トビタツキジ》のほろゝとぞ鳴《ナ》くとあり、さて此段キヾスともキジとも云《イ》はで、けい〱ほろゝの鳥《トリ》と歌ふ、いと〱おもしろし、とらせむハ令《シメ》レ執《トラ》むなり、さてとらせむハ未然を云辭《コトバ》なれば、初句《ノ》に越《コヱ》しときとしてふ過去辭《ノ》を用《ツカヒ》たるに合《カナ》はず、然れば此《コヽ》ハ

とらせしと云べき所なり、又とらせむとあるを立《タテ》て云《イ》はゞ、初句に越《コエ》しときとあるを越《コエ》むときと云《イ》はでは合《カナ》はぬなり

たき《瀧》のはら《原》いか《何》なるかみ《神》にてまし《坐》ませバこゝろ《心》もみづ《水》も
はや《早》くまし《坐》ます

三句ましますぞとある本多し、一本にハ、いかなるかミにおはしますとあり、一首意未考得ず　四ノ句のろもじハらの誤にて、幾許の意にてもあらむか、凡て物の數の多かるを大よそに云とて、こゝだ・こゝらなど云ること古書に多し、此ハ瀧ぢ流るゝ早河の河波の繁かるを云にや、味ふべし

の《野》ぢ《路》とほ《遠》しや《山》まぢ《路》のおく《奥》にお《御》はしま《座》すならう《竝》のミや《宮》に
あそ《遊》びまゐ《參》らむ

初句のしもじハきの誤なるべし、しにてハ二句への續《ツヾ》きいかゞ、ならうハならびの音便なり　然ればうと書べし、はの行の通音と心得てふと、書しハ非なり　夫木集爲家歌に、瀧の原ならびの宮の神《カム》寶《ダカラ》なほ末《スヱ》つゞくおきつ白波《シラナミ》とあり、四句天文本又一本にハ、ミやへとあり

たき《瀧》のはら《原》なら《竝》うのミや《宮》のないげさ《内外社》ハしきながいけ《長由介》のご《五》
しよ《所》のわかミや《若宮》

たきのはらならうのミやハ瀧原宮・瀧原竝宮二宮を云るなり　竝宮のミを云る、にてハあらず　ないげとハ杉木氏考に、内外社《ナイゲサ》かと云れたる然もあるべし、しきハ未考得ず、ながいけハ杉木氏考に、長由介《ナガユケ》かとあり、長由介社ハ年中行事瀧原御祭條に、其後神拜、先《マツ》瀧原、次竝宮、次河嶋、次長由介、次天《ニアメノ》若宮と見えて、瀧原宮の南方にあり、祭神ハ猿田彦太神なりと或書に云り、天文本又一本にハ、しきいけなからとあり、其《ソ》ハ何《イカ》ならむ、未思得ず　訛りにてもやあらむ　五所の若宮ハ五所ハ詳ならず、若宮と申すハ瀧原宮の東方にあり、竈清《カマギヨメ》なる瀧原段にハ五社の若宮とあり、一首意何《イカ》にとも辨へかたし、一本にハ此歌を次歌の次《ツギ》に載たり、又一本には此歌なし、二見神樂歌にハ、たけのはらならぶにをうぎのごぜむならうな

(上)千載集公光ノ歌、皆人の心にそむく櫻花いくしほ年に色まさるらむ

(下)竹取物語、翁竹をとること久しくなりぬ、いきほひまうのものになりにけり

らぶないげさにあそびの上分を云々とあり

たき《瀧》のはら《原》みや《宮》の《野》にはゆる《生》はつ《初》を《尾》ばな《花》いく《幾》しほそめ《染》て
いろ《色》まさ《増》るらむ

宮野《ミヤノ》ハ宮地《ミヤドコロ》の《ノ》野にて宮地の山をバ宮山《ミヤヽマ》と云と同じ　氣多ノ郡に宮野と云地名もあれど、其ハ野尻村、より程遠き地なれば、此に云とハ別なり　初尾花《ハツヲバナ》ハ初《ハジメ》て穂《ホ》に出たる芒《スヽキ》を云　尾花と云意ハ穂ノ形の獸ノ、尾に似たる故なりと云り　萬葉十に、左小《サヲ》牡鹿《シカノ》之入野《イリヌノ》乃爲酢寸《スヽキ》初尾花《ハツヲバナ》云々とあり　同十五にも波都乎花、同二十にも波都乎婆奈、見えたり　天文本に、はつ花ハとあるハ誤なり、いくしほそめてハ幾度染而《イクタビソメテ》と云なり　物ノ色を染ムる度數を一しほ・二しほと云、しほハしほりのりを略けるにて、本ハ絞る意なりと云り　堀河百首河内歌《ノ》に、紫《ムラサキ》に幾《イク》しほ染《ソメ》し花なれバ途《ミチ》ふかゝらむ池の藤波

たき《瀧》のはら《原》ならう《竝》のみや《宮》ご《五》しよ《所》のわか《若》みや《宮》いし《石》がミ《神》ご《御》ぜ《前》むかまふのとびにあそび《遊》のじやう《上》ぶ《分》むを《進》まゐらする
ほめ《讃》きこしめせ《所聞食》たま《玉》のほうてむ《寶殿》

石神の御前ハ次段《ノ》に云べし、かまふのとびハ一本にハ、かまふのとミねとあり、未考得《タ》ず、さて一本にハ此段を早歌の次《ツキ》に載たり、又一本にはなし

たき《瀧》のはら《原》のおまへ《御前》には

瀧《ノ》原《ノ》宮の御前にハと云なり

まう《茫》なるだい《大》が《河》そながれ《流》たる

まうなるハ茫在《マウナル》なり、茫ハ字書に謨郎《ノ》切、音忙滄《ノ》、茫水《ハ、ノ》貌《カタチ》、又茫茫廣《ハ》大貌《ノ》とあれバ此《コヽ》によく合《カナ》へり、但《タヾシ》マウは呉音なり　漢書は、バウ　古今著聞集九《ノ》に、夜更《ヨフケ》て彼《カノ》堀のはたへ車をよせければ、女、棧敷の蔀《シトミ》をあげて、簾《スダレ》を持《モチ》あげける、其時鵄《ノトビノヲ》尾より越入《コエイリ》にけり、堀の廣《ヒロ》さをもまうなりけるに、うへざまに飛入《トビイリ》けむ早業《ハヤワザ》のほど凡夫《ボムフ》の所爲にあらずと見えたるなど思合《ヒ》すべし　淺井氏ノ考に、まうハ猛なるべしとあるを、杉木氏ノ考に、猛の字と心得むハ宜しからず、水に縁あるまうの字あるべしと云れたるハいとよし、猛の字なりと見むハ云までもなく非なりかし

（下）建久九年内宮假殿遷宮記云、正殿葺萱朽損江津利露顯

これ《此》もおまへ《御前》のかは《河》なれバ
おまへハ神を指《サシ》て申す御前《オマヘ》にて　常に云前と、は別なり　卽《チ》御前《オマヘ》の
河《カハ》とハ神の御河《ミカハ》と云意なり

こゝろ《心》きよく《清》ぞなかれ《流》たる

石神の歌

若宮《ノ》社《ノ》段なり、此《ノ》社ハ瀧原《ノ》宮の東《ノ》方にあり、年中行事に天若宮《アメノワカミヤ》と見えたるハ是なり、祭《ル》神ハ或書に大田命《ノ》なりと云り、さて石神《イシカミ》と載たれバ此《ノ》社は石を以て神體《カミザネ》とせるにやあらむ、神祇本源　内宮別宮篇　に、神寶日出祕府曰《ニ》、瀧原《ノ》神鏡云々、猿田彦所化乃以《テ》二靈石一《ヲ》爲二正體一《ト》也、三《ミ》尊坐《ハシラマシマス》也云々とあるなど所由《ヨシ》ありげになむ思はるゝ、猶考ふべし

わかみや《若宮》さむしよ《三所》をつくる《造》にハ
三所ハ未《タ》考得ず

かやや《茅》えづり《蘆萑》やぬひぼこや

茅《カヤ》ハ屋上《ヤネ》を葺《フ》く料なり　かやハ古事記上巻に、訓二葺草一云二加夜一と註せるが如く、もと何にもあれ屋葺む料の草を云フ名なり、茅と云一、種あるも屋葺くに主と用る故の名なり　えづくりハ和名抄に、楊氏漢語抄云《ニ》、棧瓦《ハカハラノ》乃衣都利《エツリ》、日本紀私《ノ》記云《ニ》、蘆萑私名同《ジ》レ上《ニ》とあり、杉本氏《ノ》考に、えづりハ屋根の下地《シタヂ》なり、今屋造《ヤヅクリ》のナゴと云物、茅屋《クサヤ》にハ是をエヅリと云、假殿遷宮記等の中にもエツリと見えたり、民家の草屋を造るにハ、エツリ・ヲシボコ・ヌヒボコ等《ナド》常ノ語なりとあり　エツリは屋根の下造を竹などにて作りたるを云名なり、又壁の下立をもエツリと云と民家にて聞ケり、屋根の下造も壁の下立も廣狹の差別こそあれ、其狀の大よそハ等しき故、同シ名を負るなるべし、但シ此に云ハ壁の下立を云、エツリにハあらず、屋根、の也　ぬひぼこは屋上《ヤネ》を葺《フケ》る草《カヤ》の中間《アヒダ》に竹を横《ヨコ》たへ、挾《サシハサ》ミ繩《ナハモ》以て結《ムス》びたるをぬひぼことも ぬひぼこ竹《タケ》とも云是なり　此ハ草葺の中に挾める竹故常にハ見えず、但シ、古く損じたる屋上には自ら顯れて見ゆるなり　此《コ》ハ屋上《ヤネ》の草《カヤ》をバ結び固《カタ》めて噪《ソヽギ》なからしめむ料《タメ》の具なり
大殿祭ノ祝詞に、引結弊留葛目能緩比取葺計魯草乃噪岐無久と云る上古のさたなど思ヒ合すべし

(上)司中公文抄、正月十五日、大司向御政印殿口ノ内讀之、シンネンアラタマンテ、タカラノ御宇ウデンニマイリキタリテ、カタジケナクヲガミタテマツレバ、クロガネノハシラヲヨリタテ、シロカネノタルキヲカケ、コカネヲモテコ、ノヘト、フキタテマツリタル御宇ウデントヲカミタテマツルカナ、ヤソウ〳〵

(下)六家集、伊豫の湯の湯桁はいくつ左八右ハ九中ハ十六

しろかね《銀》みがける《磨》したたるき《下椽》

しろかねハ銀なり、したたるきハ下椽《シタタルキ》にて下《シタ》へ垂《タ》る木《キ》と云ことなり、古事記上巻に、其室《ソノムロヤノ》毎ㇾ椽《ゴトニタリキ》云々、和名抄に、釋名云《ニ》、榱《ハ》在《テ》二穩《ムナキノ》旁《ノ》下《ニ》一垂《ル》也、兼名苑云《ニ》、一名橑《ハ》、一名椽《ハ》、和名太流岐《タルキ》、楊氏漢語抄云《ニ》、波閉岐《ハヘキ》、字鏡に欂櫨《ハ》也、枅也、太利木《タリキ》また橑《ハ》比左志乃太利木《ヒサシノタリキ》とあり、さて此句意《ノ》ハ白く清《キヨ》らかに削《ケツ》りなしたる椽《タルキ》をバ銀《シロカネ》を磨《ミガキ》たるに比《タグ》へて美稱《ホメ》たるなり、天文本にハ、

‖したんたるきとあり

こかね《金》まじり《交》のみす《御簾》だれ《簾》

こがねハ金なり、みすハ御簾《ミス》なり、凡《スベ》て竹などを編《アミ》ならべて間《アヒダ》の透《スキ》たる物を簀《ス》と云、簾《ス》も其《ソノ》意の名なり、すだれハ簀垂《スダレ》の意なり、和名抄に、野王曰《ノ》、簾編《ハム》ㇾ竹帳《ヲ》也、和名須太禮《スダレ》とあり、さて此句意《ノ》は御簾《ミス》の黄色にして清く麗《ウルハシ》きをバ黄金《コガネ》の交《マジリ》入たるか如《ゴト》しと美稱《ホメ》たるなり

わかミや《若宮》のまひて《舞人》ハいくつ《幾》ひだり《左》やつ《八》みぎ《右》はこゝのつ《九》
なか《中》はじふろく《十六》

まひてハ舞人《マヒビト》なり、左《ヒダリ》・右《ミギ》・中《ナカ》ハ所謂若宮三所を指せるなるべし、八《ヤツ》・九《コヽノツ》・十六《ジフロク》の數《カズノコヽロ》義ハ未考得《タ》ず、杉本氏考《ノ》に、伊豫國《ノ》なる道後《ドウゴ》の溫《ユ》泉の湯桁《ユゲタノ》石に伊豫の溫《ユ》泉の湯桁《ユゲタ》の數は左《ヒタリヤツ》八、右《ミギ》ハ九《コヽノ》、中《ツナカ》は十六、此歌を彫《キザ》めりと或人に聞《キケ》りとあり 是又據あること、にや詳ならす 天文本には、若宮の御前《オマヘ》にハまひはいくつひだり八《ヤツ》云々とあり

わかみや《若宮》にそで《袖》ふりかけ《振懸》てまふ《舞》ときはよも《四方》のかみ〴〵《神々》よりき《寄來》ましま《座》す

袖《ソデ》ふりかけてとハ袖を振《フリ》もし肩《カタ》に懸《カケ》もしてと云意なるべし、下なる韓神《カラカミノ》段《ノ》歌にも韓神に袖ふりかけてまふときは云々とあり、堀河百首俊頼歌《ノ》に、韓神《カラカミ》に袖振《ソデフ》るほどは主殿《トノモリ》の伴《トモ》の御奴《ミヤツコ》御火《ミヒ》白《シロ》く焚《タ》けとあり、四方《ヨモ》の神々《カミ〴〵》寄來《ヨリキ》ましますは舞曲を愛給《メテ》ひてなり

わかみや《若宮》さむしよ《三所》にあそび《遊》のじやうぶむ《上分》をまゐらする《進》
ほめ《讃》きこし《所聞》めせ《食》たま《玉》のほうでむ《寶殿》

若宮三所にあそびの上分を云々、天文本にハ漏《モレ》たり、
○此ノ段ノ早歌ハ諸ノ本に載せず、然《サ》るハ佐伊波比ノ歌と同じき故なり

伊雜ノ宮の歌

儀式帳に、伊雜《イサハノ》宮《ミヤ》一院、在《マス》二志摩ノ國答志ノ郡伊雜《イサハノ》村一ニ云々、稱《マヲス》二天照大神ノ遙宮《ト》一、倭姬命世記に、活目入彦《イクメイリヒコ》五《イ》十狹茅天皇《サチノスメラミコト》卽位《ノアメノシタシロシメシ、》廿七年戊午秋九月、鳥鳴《トリノナク》聲高聞弖《コヱタカクキコエテ》晝夜不《ヒルヨルズ》レ止囂《ヤマカシマシ》、此異《コハアヤシト》止宣弖《ノリタマヒテ》云々、罷行《マカリユキテ》見波《ミレバ》、嶋國伊《シマノクニイ》雜方上葦原中《ザハノベノアシハラノナカニ》在《アリ》二稻一基《イネヒトモト》一、生《オヒタル》本弖《モトハ》一基爾爲弖《ヒトモトニシテ》、末波《スヱハ》千穗《チボ》茂《ニナモシゲリタル》也、彼稻《ソノイネヲ》白眞名鶴《マナツル》咋持《クヒモチ》廻乍鳴支《モトホリツ、ナキ、》云々、彼稻《ソノイネヲ》伊佐波登美《イサハトミノ》神乎《カミヲ》爲弖《シテ》抜穗《ヌキボニ》爾令《シ》レ抜弖《ヌカテ》云々、彼稻生《ソノイネノオヒタリシ》地《トコロヲチ》千田號《ダトナヅケ玉ヒキ》支、在《アリ》二嶋國伊《シマノクニイ》雜方上《ザハノベニ》一、其處《ソコニ》伊佐波登美《イサハトミノ》神宮造奉《カミミヤツクリマツリテ》皇大神《スメオホミカミノ》爲《ナシキ》二攝宮《フサネノミヤトハ》一伊《イ》雜宮此也《ザハノミヤコレナリ》、彼鶴《ソノツルノ》眞鳥乎《マトリヲ》號《ナヅケ》二稱《マヲシテ》大歳神《オホトシノカミト》一、同處《オナジトコロニ》一祝宛《イハ》奉《ヒマツリキ》也、また伊雜ノ宮一座、天ノ牟羅雲ノ命ノ裔、天ノ日別ノ命子《ノミコ》玉柱屋姬ノ命是也云々とあり、宮地は志摩ノ國答志ノ郡磯部《イソベ》上ノ郷村なり

いづれ《何》かいざう《伊雜》へまゐる《參》みち《道》

いざうハ伊射波《イザハ》の音便なり、二見神樂歌にハ、いざうにとあり

しろかね《銀》こがね《金》のかみぢやま《神路山》

しろかね・こがねとハ美稱《ホメ》て云なり、さて神風小名寄に、とりわきてハ内宮より伊雜ノ宮へ行《ユ》く山道を神路山と云なりと云るハいかゞなれど、此ノ歌と合考《セ》ふれバ所《ヨ》由《シ》有《アリ》げなり、二見神樂歌にハ、しろかねミがける神路山とあり

それ《其》をふみわけ《踏分》まゐれ《參》ばぞ

（上）源氏夕顔、まだ少將にものしたまひし時ミそめ奉りたまひて
同末摘花、ミそめていミしう心くるしく

ふみわけハ一本にハ、ミちわけ《道別》とあり此レもよし、神代紀に、稜威之道別道別而とある、をバ思ふべし二見神樂歌にハ、その山かきわけ參られバとあり

よろづ《萬》のねがひ《願》をみて《滿》たま《給》ふかみぢやま《神路山》つる《鶴》のミそめ《御》におはします《御座》いざう《伊雜》のみや《宮》にあそび《遊》まゐらむ

神路山ハ内宮御鎮座の山のミの名にハあらず、廣き名なりと齋居通・神民須知等《ナド》に云り委くハ其書を披、見て知るべし然れバ伊雜宮《ノ》のあたりの山をも如此《カク》云なるべし、志陽略志伊雜宮條に、今號《ルハ》㆓逢坂山《アフサカヤマト》㆒、則皇女相《ヒ》㆓遇《フノ》大田命《ノニ》㆒之地《ナリ》、其處《ノニ》有㆓叢杜《モリ》㆒、有㆓華表《トリヰ》㆒、其杜《ノモリヲ》謂㆓神路杜《ヒカミヂノモリト》㆒、其流《ノヲフ》謂㆓神路川《ト》㆒、また古蹟條神路川《ハ》伊雜《ノ》宮《ノ》御手洗也《ナリ》とあるなど思《ヒ》合すべし、つるのミそめハ鶴《ツル》の御戸代《ミトシロ》の邊のトシロを約《ツヾ》めてそ‖と云ひ、ノべを約《ツヾ》めてめ‖と云るならむか御戸代ハ或説に、御年代なりと云り、年ハ稲を云なり、代ハ其御稲を佃る地にて、苗代など云代と同じく卽チ田のことなり、又そ‖ハたの‖誤寫《ウツシヒガメ》たもじとそもじとハ、字ノ形よく似たりめ‖ハべ‖の音を通《カヨ》はしたるめとべを通はしたること例多しにて鶴《ツル》の御田邊《ミタベ》にてもあらむか何れにても意、ハ違はず然《サ》るハ彼世《ノ》記に見えたる眞名鶴《マナツル》の咋持《クヒモチ》し千《チ》穂稲《ボシネ》の千田《チダ》の邊にと云意なるべし、四句《ノ》一本にハ、い‖ざりの御前《ゴゼ》にとあり、結句一本にハ、あそびまゐらせむ‖とありもじあまりハ聞苦しけれど、せ‖もじある方意詞よく通えたり、あそびハ神樂を云、まゐらせむハ仕奉らむと云意なり

いざう《伊雜》へははる《春》こそまゐ《參》れひろのもをよきよ《善代》にあひ《遇》てうらのもをきむ

春こそ參《マヰ》れとハ春ハ萬物《ノ》の榮《サカ》ゆる時なれバ云なるべし、ひろのもハ緋色衣《ヒイロゴロモ》のイを略き然るハヒの韻、卽イなればなり、コロを約《ツヾ》めての‖と云るならむか緋色の裳と見むハ違へり、をもじハ天文本又一本にハ、は‖とあり、四句《ノ》ハ神の御惠を蒙《カウフ》りて其身《ノ》の榮ゆるよしなり一本にハ、よきよにあそびて、とあり、そもじハ衍なるべし、うらのもをきむハ上衣《ウハゴロモ》に着《キ》むの‖ハを‖ら‖に通《カヨ》はし、コロを約《ツヾ》めての‖と云ひ、に‖を‖に誤《リ》たるならむか裏の裳にハあらず、一首《ノ》意ハ、伊雜宮《ノ》へ參詣《マヰテ》むとならバ萬物《ノ》の榮ゆる春こそ參詣《マキ》るべけれ、然らバ神の御惠を蒙《カウフ》りて家富榮《トミサカ》え緋《アケノ》

衣《コロモ》五位の袍なりを上衣《ウヘノキヌ》に着《キ》む身とぞ成昇《ナリノボ》るべきと云意にやあらむ神樂歌に、皇神を吉日祭れバ明日よりハ赤の、衣をけごろもにせ《きイ》むとあるなど思合すべし二見神樂歌に、ミもすそをかきあげわたるひろのもをよきよにあひてうらのもにきむ、いざうへハ春こそ參《マヰ》れ磯《イソ》にある海松藻青苔和布《ミルメアヲノリフカメ》たばりに

いざう《伊雜》をバみや《宮》とはをがめ《拜》まへ《前》ハうみ《海》うしろ《後》はお《御》やま《山》なか《中》はご《御》ざい《在》しよ《所》

二・三句《ノ》二見神樂歌にハ、宮《ミヤ》とハをがむまへハ河《カハ》とあり

ほ《穂》おとし《落》につほ《壺》をならべ《竝》てミづくめ《水汲》バミづもろとも《水諸共》にとび《富》ぞくまる《汲》ゝ

ほおとしハ天文本にハ、大としとあり、其《ソレ》もよし、此《コ》ハ倭姫命世記に云々其文ハ此ノ段の初に、引れバ此にハ略きぬまた大歳神《ノ》一座、國津神子《ノミコ》、御鎮座傳記朝熊神社六座條に、保於止志神《オホトシノ》一座、懸税《カケヂカラノミタマノカミ》靈神、神名祕書に、大歳神《ノ》一座、件《クダリノ》

神者《カミハ》速須佐之男命《ハヤスサノヲノミコト》娶《ミアヒテ》二大山津見《オホヤマツミ》之《ノ》女《ミムスメ》名《ミナハ》神大市比《カムオホイチヒ》賣《メ》一、生《ウミマセル》子《ミコ》大年神《オホトシノカミ》、化《ミヽヲカヘテ》天爲《ナリ》二眞名鶴《マナツルト》止一、咋《クヒ》レ穂《ホヲ》天《テ》自《ヨリ》二上天《アメ》一飛來利《トビキタリ》、此之所《コノトコロニ》爾穂《ホヲ》落止須《バオトス》、因《カレ》以名《ミナヲ》稱《マヲス》二大《オホ》歳神《トシノカミト》一と見えたる神にて、伊雜宮の西南の山に坐《マ》す、保於止志《ホオトシノ》社とも大歳社《ノ》とも俗にハ高宮とも稱《マヲ》す是なり、さて此《コヽ》にほおとしにとあるハ保於止志《ホオトシノ》社の山下なる小河《ヲガハ》にと云意か、又ハ彼《カノ》鶴の穂を落《オト》しゝ古跡なりと云傳《ヒ》ふる穂落池《ノ》にと云意か、何《イツ》れにまれ河《カハ》とか池《イケ》とか云ことを初句《ノ》に含《フク》ませて心得ずでハ水を汲《ク》むよしを云ること聞《キコ》えがたし、つぼハ和名抄瓦器類《ノ》に、楊氏漢語抄云《ニ》、坩壺也、和名都保《ツボ》、今按《ニ》、木謂《ヒ》二之壺《ヲト》一、瓦謂《フ》二之坩《ヲト》一とあり、とびぞくまるゝハとひハ富《トミ》のミをびに通《カヨ》はしたるにて、上外宮高神客神ノ社ノ段に、とび男《ヲトコ》とあるとびと同じ、くまるゝハ水諸共《ミヅモロトモ》に富《トミ》を得《ウ》ると云意なり、御田祭歌《ノ》にハ、白金《シロカネ》の罐《ツルベ》を下《オロ》し水汲《ミヅク》めは水諸共《ミヅモロトモ》にとび《富》ぞ汲《クマ》るゝと、あり、年中行事六月十七日御祭ノ條謳歌の中に、イサタチナム、ヲシノカモトリ、ミヅマサラバ、トミゾマサラム、ま

（上）内宮儀式帳六月例、廿五日、伊雑宮祭供奉行事條云、佐美長神社一處、御前四社　今モ大歳社ノ前ニ小社數宇アリ　神名式志摩國答志郡神乎多乃御子神社　神乎多ハ神小田ナリ、コ、ノ歌ニ若宮ニトアルハ此神乎多乃御子神社〈儀式帳云、佐美長神社、建久内宮年中行事云、大歳御前〉ノ事ニテ、倭姫命世記ニ、

たオホミヤノ、マヘノカハノゴト、カハノナガサ、イ
ノチモナガク、トミモシタマヘ

いざう《伊雑》ほ《穂》おと《落》しつる《鶴》がみそめにたち《立》はじまり《始》わかミや《若宮》
ならう《竝》のミや《宮》ご《五》しや《社》のわかミや《若宮》にあそび《遊》のじやうぶむ《上分》を
まゐらする《進》ほめ《讃》きこしめせ《所聞食》たま《玉》のほうでむ《寶殿》

つるがみそめハ上に云り、たちはじまりハ宮造《ミヤツクリ》立《タテ》
始《ハジメ》たるよしなり、若宮竝《ナラウノ》宮五社若宮ハ未《ダ》考得ず、志
陽略志〈伊雑宮大歳宮ノ條〉に、上古《ハ》伊雑《ノ》宮《ニ》有《リ》㆓八十末社㆒、多《ク》移㆓
之《ヲ》内宮《ノ》之地《ニ》㆒而今廢亡、纔《ワヅカニ》存《ス》㆓五社《ヲ》㆒、所謂月讀《ノ》宮・熊
野遙拜宮・子易《ノ》社等也、其《ノ》外末社《ハ》則磯部郷《ノ》處々《ノ》田間《ニ》
在㆓其基跡《ノ》㆒とあれど證としがたし、此《コ》ハ熟尋《ヨクタヅネ》て後に云
べし

あそびのはま《濱》のおほ《大》な《波》ミハ
あそびのはまハ遊ひのはまとも書る本あり、故《カレ》熟々《ツラ〱》
按《オモフ》に、遊ひと書るハゆもじに遊もじを用ひたるにて、
ゆひならむを得辨へずして、其《ソ》をアソビと讀誤《ヨミヒガメ》たるな
るべし、さてゆひの濱と云ハ志摩國《ノ》答志郡《ノ》に飯濱《イバマ》村と
云あり、是なるべし、此村ハ志陽略志〈答志郡村里條〉に、井
濱村在《リ》㆓下郷村《ノ》東二十餘町㆒《ニ》、又舟行則《スルトキハ》九町とあり
〈井濱と書くハ、後世の事なり〉、右飯濱を今はイバマと呼《ヨ》べと、舊《モト》ハイヒ
ノハマまたイヒハマなど云ひけむ、かくていとゆとハ
通《フ》音なる故にゆひとハ訛《リ》たるにやあらむ〈壹岐嶋を萬葉十五に、由吉能之麻とよミ、和名抄にも、壹岐、嶋ハ由岐とあるなど思ふべし〉、或書に、伊雑《ノ》御浦飯濱村《ノ》神
社《ハ》素戔鳴尊《ノ》・稲田姫命《ノ》・大歳三座也《ナリ》、また飯濱村《ノ》神社
以《テ》㆓正月子日《ノノヲ》㆒奉《ル》㆑供《ヘ》㆓御饗《ヲ》㆒、子良相㆓具十二膳《ヲ》㆒とあるを
思へバ、伊雑宮《ノノ》段に飯濱のことを歌ふこと所由《ヨシ》あり
〈飯濱村神社、志陽略志にハ、八皇子社在㆓井濱村㆒、又有㆓牛頭天王社・山祇神社・鎭守社・山神社・水神社㆒と見えたり〉、此《ノ》飯
濱村より毎年伊雑宮《ノ》へ御供米を獻るよし彼村人《ノノ》に聞《キケ》り
〈予前にハあそびの濱ハ、あそハ舊志摩國英虞郡、今ハ伊勢國度會郡に屬る阿曾、ひハ海の上略ミを通はしたるにて、阿曾海の濱ならむか、神鳳抄に志摩國阿曾御厨など見えたれば縁なきにあらずと思ひしかど然にハあらざりけり〉

ち《千》よ《代》とい《云》ふこゑ《聲》おと《喧》なりて《響》

伊雜宮一座云々、大歳神一座〈國津神子〉トアルニ合ヒ、ならうの宮、五社の若宮トアルハ、大歳社ノ前ナル小社ヲ合セテ云ナルヘシ

(下)神宮雜例集、四月十四日條、内宮供₂種蕾於櫻御前₁事

千代と云聲《フ》とハ波の音を祝《ホギ》て云なり、古今集賀歌に、鹽の山さし出《デ》の磯に住《ス》む千鳥《チドリ》君か御代をバ八千代《ヤチヨ》とぞ鳴《ナ》く、年中行事六月十五日贄海《ノ》神事《ノ》歌に、我君乃《ワガキミノ》御濱《オハマ》出乃《イデノ》御座《ゴザ》船乃《ブネノ》蟬乃《セミノ》上仁《ウヘニ》千代《チヨ》止《ト》云鳥舞《イフトリマヒゾ》遊《アソブ》とあるなど思合すべし、おとなりてハおとなひてなり、ひとりとハ横通《ヨコニカヨフ》音なり、神代紀に、喧響此云₂淤等娜比《ヲフオトナヒト》₁とありて、此言《ノ》ハ中古《ナカムカシ》の物語また歌などにも多く見えて、おとなふとも云り、おとなりを音鳴《オトナリ》と思ふハ違《タガ》へり淺井氏ノ考に、音なりてとハ音のするを云なるべし、天照大御神宇治五十鈴河上に御遷坐の昔、鳥の鳴聲を聞カし給ヒて、倭姫命其を尋ねさせ給ひけるに、鶴の稲を咋持鳴たりしとある、其ノ故事を云るかと云れたるハ僻説なり

せいとぐはるのみや《宮》びと《人》は

一本にハ、せいとく濱《ハマ》とあり、せいハ未《ダ》考得ず、とくハ土貢《トグ》にて彼《カノ》土貢《トグ》嶋《ノシマ》のことならむか、はるハ一本に依れバはまの誤なるべし、土貢《トグ》ハ東宮とも作く今伊勢國《ノ》度會《ノ》郡に屬《ツキ》たれども、舊《モト》ハ志摩國《ノ》英虞郡《ノ》なり神鳳抄に志摩國土貢見ゆ、伊勢名所拾遺集に、土貢嶋とハ南嶋慥柄《タシカラ》のつゞきなり、俗にとうぐと云、柏流《カシハナガシ》の神事、昔《ムカシ》ハ此嶋より大神宮へ柏をさゝぐるよしなり、此祭《ノ》風宮《ノ》にてあり、内宮年中行事曰《ニク》、柏流《ノ》神事七月四日云々とありて、藻鹽草寂阿《ノ》歌に、思ふこと土貢《トグ》の御嶋《ミシマ》の長柏《ナガガシハ》長くぞ頼《タノ》む廣き惠《メグミ》をとあるを始めて古歌を多く引《ヒケ》り、宮人《ミヤビト》とハ其《ノ》柏《カシハ》を獻る人民《ヒトドモ》を指《サシ》て云にや、猶考ふべし淺井氏ノ考に、せいとくハ生得かとあるハ何にぞや信がたし

はく《百》じ《千》ざい《歳》のよ《世》をぞふる《經》

はくじざいハ百千歳《ヒヤクセムザイ》とありし千の字を十の字に誤《リ》たるを、其《ノ》まゝ百十歳《ハクジサイ》と歌ひ來《キタ》れるなるべし、百歳《モヽトセ》・千歳《チトセ》の云々など歌はまほしき所なり、神樂歌に、千歳千歳千歳《チトセ》や千歳の千歳や云々淺井氏ノ考に、百歳の世をぞ經るなるべしと云れたるハ、委しからぬこそあかね、其説ハ宜し、杉本氏ノ考に、はくハ思ヒ得ざれどもじざいハ自在ならむとあるハあやまりなり

櫻宮《ノ》の歌

櫻宮《ノ》ハ一殿の巽方《ノ》の石壇なり、櫻大刀自神《サクラオホトジノ》を祭る所

なり此ノ神ハ朝熊社に坐す神なり、此《コ》ハ宮號の神社にハあらざれとも古《ク》より宮と稱《イヘ》り、神皇實錄にハ櫻《ノ》社とあり、年中行事にハ櫻《ノ》宮とも櫻《ノ》御前とも見え、同書六月十六日條に載たる詔刀にハ櫻《ノ》皇神とあり重く祭らるゝ社なることハ、年中行事を見て知るべし、歌にハ皆櫻《ノ》宮とよミたり、弘安元年通《ノ》海參詣記に、櫻《ノ》御前、是ハ一殿巽《ノ》方に向《ヒ》て櫻《ノ》木を拜《スル》也云々、康永元年《ノ》士(十)佛參詣記に、櫻《ノ》宮と申《ス》ハ大宮のまぢかき所にましますが、御殿もなし、たゞ一本の櫻を神躰とすとうけたまはりおよぶ云々

きみ《君》のよ《齡》はひをへ《經》むことハあまつをとめ《天津少女》のはごろも《羽衣》よ

天文本を始《メ》て多くの本皆あまつこやねの羽衣よとあり、今ハ一本に、をとめとあるに依れり、こやねの羽衣ハ聞《キヽ》つかぬこゝちす、猿樂なる翁《オキナ》の謠にも君の千年《チトセ》を經《ヘ》むことハ天津《アマツ》をとめの羽衣よとあり

(朱書)「續歌林良材抄〈天の羽衣いはほを撫る事〉、和訓栞はノ部見ルベシ、中島廣足、橿下枝ニ天羽衣ノ事委シク輯メ記セリ、雅言集覽はノ部はころもノ條ニ委シク諸書ヲ引テイヘリ」

(上)夫木十八、六條院大進、くもりなき豊のあかりにミつるかな天津をとめの舞のすかたを 新古今集春下、崇徳院、山たかミいはねのさくらのちるときハ天の羽衣なづるとそミる 江家次第十、新嘗祭ノ條、縫司供二天羽衣一

まれ《稀》にひとたび《一度》おりいつ《降來》ゝ

おりいつゝハいハ來《き》の音便なり、居《ヰ》と心得むハ違《タガ》へり

なづ《撫》ともつきせぬいはほ《不盡巖》なるらむ

天文本に、なづともつきじ云々とあるじもじハ誤なり、寛永本にハ、なづともつきぬ云々とあり、○此歌ハ拾遺集賀歌に、君が代ハ天《アマ》の羽衣稀《マレ》に來《キ》て撫《ナ》づとも盡《ツキ》ぬ巖《イハホ》なるらむ、また動《ウゴ》きなき巖のはても君ぞ見むをとめの袖の撫《ナ》で盡《ツク》すまでとあるを取れるなり、歌意《ノ》ハ奥義抄に、經云《ニク》、方四十里の石を三年に一度梵天より降《クダ》りて三銖《サムシュ》の衣《コロモ》にて撫々《ナデ〳〵》盡《ツク》すを一劫とす、薄《ウス》く輕《カロ》き衣なり、此意《コノコヽロ》をよめるなりと註せるが如く、君か代ハ如此《カク》撫《ナデ》ても盡《ツク》ることなき巖《イハホ》の如しと賀《ホキ》たるなりまた續後拾遺集に、君が代に天津少女の行通ひ撫る巖の、動きなきかな、此レ又同ジ意なり、さてかゝる歌を歌ふハ此段《ノ》酒殿《サカドノ》の樂《アソビ》をも兼たる故に、丹後國《ノ》風土記に、比《ヒ》治《ヂノ》山《ノ》頂《ニ》有《リ》レ井、其名《ノヲ》云《フ》二眞《マ》奈《ナ》井《ヰト》一、今既成《ニレリ》レ沼《ト》、此《ノ》井《ニ》天女

八人降來《リテ》浴《ム》㆑水《ヲ》、于時有㆓老夫婦㆒云々、此《ノ》老《オキナ》等至《テ》㆓此《ノ》井《ニ》㆒而、竊《ヒソカニ》取《トリ》㆓藏《カクス》天女一人《ノ》衣裳《ヲ》㆒、卽《チ》有《ル》㆓衣裳㆒者《モノハ》皆天《ニ》飛《ビ》上《ル》、但無《キ》㆓衣裳㆒女娘一人留《リ》、卽《チ》身《ヲ》隱《シテ》㆑水《ニ》而、獨懷《リテ》㆑愧居《ヲリ》、爰《ニ》老夫謂《テ》㆓天女《ニ》㆒曰《ク》、吾《レ》無㆑兒《シ》、請《フ》天女娘汝爲《ナレ》㆑兒《ト》、天女答《テ》曰《ク》、妾《ワレ》獨《リ》留《リ》㆓人間《ニ》㆒何《ゾ》敢《テ》不《ラム》㆑從《ハ》、請《フ》許《ユルセ》㆓衣裳《ヲ》㆒、老夫《ノ》曰《ク》、天女娘何存《ゾ》㆓欺心㆒、天女《ノ》云《ク》、凡《ソ》天人《ノ》之志、以《テ》㆑信《ヲ》爲《ス》㆑本《ト》、何《ゾ》多《クシテ》㆓疑心㆒不《ル》㆑許《サ》㆓衣裳《ヲ》㆒、老夫答《テ》曰《ク》、多《キハ》㆑疑《フコト》無《ラム》㆑信《マコトヲ》、率土《ノ》之常《ナリ》、故《ニ》以《テ》㆓此《ノ》心《ヲ》㆒爲《ル》㆑不《ト》㆑許《サノミ》耳、遂《ニ》許《ス》、卽《チ》相副《テ》而往《キ》㆑宅《ニ》、相住《ムコト》十餘歲、爰《ニ》天女善爲《ヨクツクル》㆑釀《カミ》㆑酒《ヲ》、飮《テ》㆓一杯《ヲ》㆒吉《ヨク》萬病除《ク》㆑之《ヲ》、其《ノ》一杯之《ノ》直《アタヒ》財、積《テ》㆑車《ニ》送《ル》㆑之、于時其《ノ》家豐《ユタカニ》土形《ヒヂカタ》富《メリ》云々、天女云々、復《マタ》至《テ》㆓竹野《ノ》郡船木《ノ》里奈具《ナグノ》村《ニ》㆒、卽《チ》謂《テ》㆓村人等《ニ》㆒曰《ク》、此處《ノ》我《ガ》心奈具志久《ナグシク》、乃《チ》留㆓居此村《ニ》㆒、斯所《レ》謂竹野《ノ》郡奈具《ノ》社《ニ》坐《ス》、豐《トヨ》宇賀能賣命《ウガノメノ》也《ナリ》とある、其《ノ》天女のことより附會《ヒキツケ》たるわざなるべし

おほば《大庭》にハさくら《櫻》ぎ《木》かみ《神》のまし《座》ませバうべこそまつはひさ《久》しかりけれ

おほばハ年中行事に大庭《オホバ》とありおほには、の意なり、櫻宮《ノ》・一殿の邊《アタリ》を總《スベ》て云稱《ナ》なり、天文本又一本にハ、二句《ノ》さくらに神のとあり、又一本にハ、ざくら木の神とあり、下句《ノ》ハ上、外宮月讀宮《ノ》段《ノ》山田にハ云々の歌のと同じ、結句けり・けるなどある本ハ誤なり、さて此歌ハ上下かけ合たることもなき歌なり

さくら《櫻》ばな《花》ふか《吹》ばちり《散》こ《來》よわ《我》がやど《宿》へやへ《八重》やま《山》ぶき《吹》のなか《中》にやど《宿》さむ

二句《ノ》一本にハ、ちらバちりことあり、其《ソレ》もよし、萬葉八に、落者《ナラバ》雖落《チルトモ》、また吹者《フカバ》將落《チリナム》とあり、やへやまぶきハやへハ彌重《イヤヘ》なり、やまぶきハ祕傳花鏡に、棣棠とあるものなり、和名抄に、款冬を夜末布木《ヤマブキ》とし、萬葉集《ニ》云山吹《ノ》花とあるハいかが、款冬ハ蕗《フキ》のことにして所謂山吹《ヤマブキ》にハあらずと云り、結句一本に、やどらむとあるらもじハ誤なり、一首《ノ》意ちりこよと云ことを三句《ノ》の

次《ツギ》へ置《オキ》かへて心得べし

さくら《櫻》さかどの《酒殿》やしろ《社》にあそび《遊》のじやうぶむ《上分》をまゐらす《進》るほめ《讃》きこしめせ《所聞食》たま《玉》のほうでむ《寶殿》

さくらハ櫻宮《ノ》、さかどのハ酒殿にて、下なるやしろハ二《フタ》つを兼たるなり、かくて櫻さかどの社とつゞけたるハ、櫻の咲《サ》くと云ことに云ひかけたるなり、酒殿ハ一殿《ノ》の北方、由貴殿《ユキドノ》の西方にあり、儀式帳御酒殿一院内に、酒殿一間、同書正月朔日ノ條に、禰宜・内人・物忌等云々、御酒殿拜奉《ミル》、然《シテ》卽白散《ノ》御酒供奉《ヘル》、倭姫命世記に、酒殿《ノ》神《ノ》天逆大刀・逆鉾・金鈴藏㆓納之《ヲ》㆒、御鎭座傳記に、酒殿《ノ》神一座、神靈器《ミタマウツハニマス》座傳記ノ抄に、私曰、件神靈、或云、納㆓瀧祭仙宮㆒、或云、納㆓五十鈴宮酒殿㆒也、初納㆓酒殿㆒後納㆓瀧祭㆒歟、數、度遷宮記且炎上舊記不㆑見㆑在㆓酒殿㆒也、さて此殿ハ靈器を神躰とするよしハ物に見えたれど神名をバ載《ノ》せず、今按《フ》に、外宮酒殿《ノ》神と同《ジ》く豊宇賀能賣命を齋《イツキマツ》祭るか

（下）一本どうト濁點ヲサシタルヲ思ヘハ筒ナリト知ラル

（下）堀河院次郎百首、隔一夜戀、兼昌、白浪にゆられてくるより竹のひとよもねゝハ戀しかりけり

さくら《櫻》のごぜむ《御前》のあそび《遊》をバくも《雲》をわけ《別》てぞまひあそぶ《舞遊》

雲を別《ワケ》て云々と云ハ櫻御前《ノ》なるが故なり、古今集序《ノ》に、吉野の山の櫻ハ、人麻呂《ヒトマロ》が心にハ雲かとのミなむおぼえけるとあり、其他《ソノホカ》櫻花を雲にたとへたる例多し

くも《雲》をわけ《別》てまゐれ《參》ばぞよろづ《萬》のねがひ《願》をみて《滿》たまふ《給》

風宮の歌

風日祈《カザヒイノリノミヤ》宮と稱《マヲ》す、神名祕書に、風《ノ》神社謂㆓志那都比《マヲスシナツヒ》古神《コノカミト》㆒とあり、宮號宣下ハ外宮《ノ》風宮《ノ》と同時なり

もろこし《諸越》たう《唐》《どう》《筒》なるふえたけ《笛竹》ハ

もろこしハ唐土を云、たうハ唐《タウ》にて其《ソ》ハ本《モト》カラと歌ひけむを、後《ノチ》に音讀にハ歌ひ傳へたるなるべし、さてカラとハ總《スベ》て西方《ノ》なる外國を云稱《ナ》にて、唐土も其戎《カラ》の内《ウチ》なり、然《サ》れバ此《コヽ》にもろこしたうと云ハ、唐《モロコシ》と云《フ》戎《カラ》と云《イハ》むが如し、又古《ヘ》よりカラに唐字《ノ》を用《フ》るも常《ツネ》のことなり、歌意《ノ》は唐土《モロコシ》の戎樣《カラザマ》なる舞樂に用《フ》る笛ハとなり

(上)六百番歌合、寄笛戀、中宮權大夫、はる〴〵と波路わけくる笛竹をわか戀妻と思ハましかは　判云、浪路わけくる竹をといへる、おほくの浪をこそハ分いたるなと云、郢曲の心にや艶なるに似たるへし

(上)和名抄、微風、古加世

(下)月令に季秋之月霜始降

なにしにこれ《此》まで《迄》ゆられきて《來》

なにしハ波路《ナミヂ》の訛《リ》なるべし、これまでハ此《ノ》日本の地までと云意、ゆられきてハ渡來《ワタリキ》てと云意なり

とき〴〵《時々》こかぜ《小風》にさそ《誘》はれて

とき〴〵こかぜにさそはれてとハ、古遣《ヘ》唐使歸朝の時《ヲリ》、又彼《カノ》國人の渡參來《ワタリマヰキ》し時などに、唐土《モロコシ》の樂笛の我大御《ワガオホミ》國《クニ》に傳はり來《キ》つると云意にて、時々《トキ〴〵》とハ其《ノ》時々と云意、小風《コカゼ》とハ其時々の便《タヨリ》にと云意、さそはれてとは其時々の便《タヨリ》によりてと云意なり

おほく《多》のなミま《波間》をわけきたる《別來》

千里の波濤を淩《シノ》ぎて渡來《ワタリキ》つるよしなり、一本にハ、わけきつる、又一本にハ、わけいたるとあり、○淺井氏《ノ》考に、もろこし云々、遠所《トホキ》よりと云るなるべし、此《ノ》四句何れも唐よりして音樂の渡りしを、風の便《タヨリ》に來りしと云るなるべしとあるハ委しからず、然《サ》れど意ハ違ふことなし

あききぬ《秋來》とめ《目》にハさやか《眞明》にみえねども《雖不見》かぜ《風》のおと《音》にぞ
おどろ《驚》かれぬる

二・三句《ノ》目《メ》にハ其《ソレ》と明《アキラカ》に見えざれどもと云なり、此《ノ》歌ハ藤原《ノ》敏行《ノ》朝臣《ノ》歌なり、古今集《ノ》に載せて端詞《ハシコトバ》に秋立日《アキタツヒ》よめるとあり

かぜふかば《風吹》あちこち《彼方此方》なびけ《靡》をぎのは《荻葉》におき《置》こそまされ《増》
あきのよ《秋夜》のしも《霜》

初句一本に、かせふけバとあるけもじハ誤なり、荻《ヲギ》ハ葉も花も共に芒《スヽキ》に似て大なるものなり、和名抄に、野王按云《ニ》、荻與《ハト》レ乱《アシ》相似而《テ》非《ズ》二一種《ニ》一矣、和名乎木《ヲギ》、霜《シモ》ハ同書に、陸詞切韻《ガ》云《ニ》、霜凝露《ハ》也、和名之毛《シモ》とあり、秋《ノ》夜の霜ハ初霜《ハツシモ》なり　秋ノ霜ハ古歌にもよめり

あきのたのほのうへ《秋田穂上》てらす《照》いなづま《稲妻》はひかり《光》とともに《共》

あそび《遊》まゐらむ

此《ノ》歌ハ古今集戀歌に、秋の田の穂の上《ヘ》を照《テラ》す稲妻の光《ヒカリ》のまにも我《ワレ》や忘《ワス》るゝとあるを取《トリ》て所々詞《コトバ》を替《カヘ》たるなり、さて三句《ノ》はもじ聞えがたし、のの誤なるべし、結句一本にハ、あそびまゐらせむとあり 此ハ伊雜ノ宮ノ段にも云が如く、もじあまりハ聞苦しけれと、せも、しある方意詞よく聞ゆ 此歌ハ或人説《ノ》に、風宮段《ノノ》に歌ふこと所縁《ヨシ》なし、按《オモフ》に、穂落社《ノ》の歌なるべしと云る、實《マコト》に然《サ》も聞えたり、此《コ》ハかならず穂落社《ノ》のなりしを、ふと誤《リ》て此宮段《ノノ》に歌ひ、それ卽《ヤガテ》例とハなれるなるべし、稲妻ハ稲都流比《イナツルビ》とも云ひて 和名抄に、電和名伊奈比加利、一云、伊奈豆流比、一云、伊奈豆、萬 稲穂《イナボ》と此光物《ノヒカリモノ》と交會《ツルビ》て稲成《イネナ》ると云へバ穂落《ホオトシノ》神社の歌に用《フ》ること所縁《ヨシ》いとも深《フカ》かり 神祇百首度會元長ノ歌に、秋の田の穂落の神のいにしへを思へバ久し鶴の萬代、 二見神樂歌四季歌條に、秋の田の穂の上《ウヘ》てらす稲妻ハ光の間よりとび《富》ハましますかぜ《風》のわか《若》みや《宮》にあそび《遊》のじやう《上》ぶむ《分》をまゐらする《進》ほめ《讃》きこし《所聞》め《食》せたま《玉》のはう《寶》でむ《殿》

風の若宮ハ上 高宮ノ段に風若宮とある條 に云が如し、一本にハ、かぜわかミやとあり、また天文本に、かぜのと云ことなく、たゞにわかミやにとあるハ漏《モレ》たるなるべし、又一本にハ此段《ノ》なし、又八乎止女立《ヤヲトメダテ》及竈淸《カマギヨメ》にハ御裳濯《ミモスソ》の吹《フキ》上《アゲ》の浦《ウラ》におはします風の宮、風の若宮に云々とあり 吹上の浦のことハ八乎止女立ノ段に云べし

かぜ《風》のミや《宮》のおまへ《御前》にハぶつほふ《佛法》をうご《擁護》のかは《河》もあり

擁護《ヨウゴ》は守護と云むが如し、かはもありハ天文本にハ、なにもあり、又一本にハ、浪もありとあり、何《ナニ》と書《ケ》るも浪《ナミ》と書《ケ》るも共《トモ》に河《カハ》の字を誤りたるものなり

しゆ《衆》じやう《生》さい《濟》ど《渡》にはし《橋》かけ《架》て

衆生濟渡は諸人を救《スク》ひ助《タス》くるよしの意にて、佛經に多かる語なり、さて渡濟とハ濟《サイ》も渡《ド》も水《ミツ》をわたるよしの字義なれバ、橋かけてと云む縁語に云るなり、橋かけてハ衆生濟渡の爲《タメ》に橋架《ハシカケ》てなり 明應年中風宮橋勸進の廳宣に、可㆘早以㆓諸國貴賤之合

力㆓大神宮御裳濯川御橋致㆗再興沙汰㆖事、右件御橋以外令㆓所損㆒之間、及㆓近々㆒可㆓頽落㆒者哉、然者禰宜竝祠官諸役人等、神事參勤不㆑可㆑叶、亦自㆓諸國㆒參宮貴賤往還不㆑輒、洪水時者不㆑拜㆓神前㆒、空令㆓下向㆒歟、因㆑茲勸進聖度々及㆓數輩㆒、雖㆑致㆓修造㆒、依㆑爲㆓大營㆒不㆑遂㆓其功㆒焉、爰法師觀阿存㆓神忠㆒令㆑勸㆓進諸方㆒、以㆓十方檀那助緣㆒欲㆑令㆑再㆓興之㆒條、神妙之至也、然早任㆓誓願之旨㆒、遂㆓勸進㆒之節、爲㆑令㆑致㆓再興沙汰㆒、所㆑宣如㆑件、以宣、明應四年五月日、禰宜荒木田神主連判

しゆじやう《衆生》さいど《濟渡》をし《爲》たまひ《給》て

天文本又一本にハ、しゆじやうさいどをわたるにハとあり、又一本に、したまハてとあるハもしハ誤なり

えむねむ《延年》する《爲》こそやさし《優美》けれ

延年《エムネム》ハ舞曲の名なり、やさしハ舞曲の優艶なる狀《カタチ》を美《ホ》稱《メ》て云なりと、杉本氏《ノ》考に云れたる《ハ》が如し、東鑑九に、勸《スヽメ》㆓盃酒《ヲ》㆒及《ブ》㆓延年《ニ》㆒、二十に、召《シ》㆓進《ス》遊女等《ヲ》㆒、是《レ》皆摸《シ》㆓兒童《ノ》之形《ヲ》㆒、評文《ノ》水干付《ニテ》㆓紅葉・菊花等《ヲ》㆒着《シ》㆑之《ヲ》、各《々》郢律《ノ》盡《ス》㆑曲《ヲ》、此土《ノ》堪藝若少之類《ノ》及《ブ》㆓延年《ニ》㆒、四十一に、及《テ》㆓三嶋《ノ》新宮遷宮之義《ノ》㆒《ニ》、陪從御神樂有㆓童舞・延年等㆒、○此《ノ》早歌は例の忌々《ユヽ》しき佛語を取交《トリマゼ》たり、然《サ》れば杉木氏の云れし如く、風《ノ》宮の御前《オホマヘ》にハ、五十鈴《イスヾ》の河《カハ》ぞ流れたる、八百《ヤホ》萬代《ヨロヅヨ》に橋《ハシ》かけて、延年《エムネム》するこそやさしけれと歌はまほしくこそ

瀧祭の歌

此《ノ》社ハ儀式帳（官帳社廿五處內）に、瀧祭神社《ノヤシロ》、在㆓大神《ノ》宮《ノ》西《ノ》川《ノ》邊《ニ》㆒、無㆓御殿㆒、倭姬命世記に、瀧祭神《ノ》無㆓寶殿㆒、在《マス》㆓下津底《シタツソコニ》㆒水神《ノ》也、一名澤女神《ハサハメノ》、亦名美都波神《マタノミナハミツハノ》とあり、他に異《コト》なる謂《イハレ》ありていと〳〵重《オモ》く祭らるゝ神に坐《マ》すことハ、儀式帳（六月十七日條）に、以㆓十七日平旦《ノアカトキ》㆒《ニ》云々、又荒《マタアラ》祭宮竝瀧祭合二所御食波《マツリノミヤナラビニタキマツリフタトコロノミケハ》、其當宮物忌《ソノミヤノモノイミ》・內人等《ウチヒトラ》此大神宮之如《コノオホミカミノミヤノゴトク》㆓御食《ミケノ》㆒、同日夜《オナジヨ》具《コトヾクシメ》令㆓備持《ソナヘモタ》㆒、此禰宜《コレネギ》・內人四人《ウチヒトヨタリ》引率《ヒキヰテ》參入《マヰリ》、祭供奉《マツリツカヘマツリ》拜奉《ヲガミマツル》・行事大神宮《オホミカミノミヤト》同《オナジ》、年中行事（六月十九日條）に、瀧祭御神《ノ》態云々、今夜無㆑告、初鳥聞《ヲ》密々《テ》參事《ニル》、有㆓其謂《ルノレ》㆒歟云々、彼宮《ノ》祭《ノ》禮去《ル》十六日《ノ》夜被《レ》㆑行畢《ハヌ》、然《レドモ》重奉《テル》㆑祭之條《ノ》、有㆓其謂《ルノレ》㆒歟などあるにて知るべし（儀式解に、瀧祭神は大御神の美加介を川合淵の邊に祭りしなるべし、何

の代祝ヒ奉りけむ、大御神の荒魂を祭る宮を荒祭と稱ふとひとしく、大御神の御靈を瀧ぢながる、早川に祭りしより、瀧祭とあがめ申す歟、或説に、瀧祭ハ水派女神を祭ると云ひ、又哭澤女神を祭ると云へど、たしかなる書にハ見えず、日本紀纂疏に、天瓊矛納二于瀧祭一とあるハ覺束なしとあり

まむ《萬》ごう《劫》とし《年》ふる《經》かめ《龜》やま《山》の

萬劫年經《マムゴウトシフ》るは龜《カメ》と云む序なり、さて萬劫《マムゴウ》の劫ハ佛語なり、梵書に、以《テ》二一世《ヲ》一爲《ス》二一劫《ト》一、楞嚴經に、儒爲《ハシ》レ世《ト》、釋爲《ハシ》レ劫《ト》、道爲《ハス》レ塵《ト》とあるにて知《シ》るべし、然《サ》れバ此《コ、》ハ萬《ヨロツヨ》世年經《トシフ》ると歌ひてよろし、龜山《カメヤマ》ハ奥義抄に、龜山とよめるハ蓬萊なり、龜の背《セ》にある山なれバ云なりとあり、瀧祭宮《ノ》を古書等《ドモ》に仙宮なりとも云へれバ、彼《カノ》蓬萊によせて龜山とハ云なるべし、一本にハ、かめやまやとあり

した《下》なるいづミ《泉》がふか《深》ければこけ《苔》むす《生》いはほ《巖》にまつ《松》おひ《生》て

いはほにハ天文本にハ、いはにとあり、まつおひてハ

一本には、松うゑてとあり、うゑてハ誤なり

こずゑ《梢》につる《鶴》こそまひ《舞》あそべ《遊》

一本にハ、こすゑにつるぞまひあそぶとあり、今様歌に、蓬萊山にハ千年ふる、萬歳千秋かさなれり、松の枝にハ鶴巣《ス》くひ、いはほがそハにハ龜あそぶとあり

たき《瀧》まつり《祭》いは《岩》ま《間》をわけ《別》ていづる《出》ミづ《水》あさく《淺》な《勿》いでそ《出》

ふか《深》くたの《賴》まむ

いはまを、天文本に、いしまと書るハ、いはに石の字を當《ア》て書るを訓誤《ヨミアヤマ》りたるものなり、淺《アサ》くな出《イデ》そとハ淺《アサ》く出《イツ》ることなかれと云なり

こゑ《聲》なく《無》ハこゑ《聲》うけ《請》にハせよなる《鳴》たき《瀧》へつゞみ《鼓》がたけ《嶽》にこゑ《聲》くばる《配》なり

二句《ノ》せもじハこもじの誤なるべし、こハ來《コ》にてことハ來《キタ》れかしと云《フ》なり、なるたきとハ河水の落沸《オチタギリ》ていミ

(上)堀河院次郎、永久四年百首、仲實、ための猶河瀬のいさこ年ふりてまこふの石とならむ世までに

興福寺、延年舞式云、亂拍子一聲、萬歳年經龜山ノ下ニハ泉ノフカケレハコケムス巖ニ松オヒテ梢ニ鶴コソ遊フナレ

(上)(朱書)續歌林良材抄、かめの上の山の事

(下)新古今集、神祇歌、おもふ事身にあまるまてなる瀧のしバしよとむを何うらむらむ

しく水音の高きを云なり、又鼓《ツヾミ》と云む縁語なり拾遺集に、清原元輔肥後守に侍りける時、かの國のつゞみの瀧と云フ所を見にまかりたりけるに、ことやうなる法師のよミ侍りける、音に聞くつゞミの瀧をうち見れバたゞ山、河のなるにぞありける　一本にハ、なるたきのとありのもじハ誤、か四句ノ一本にハ、つゞミかたけへとありへもじハ誤、ならむか

さて鼓《ツヾミ》　嶽《ガタケ》ハ神風小名寄に、內宮の御山よりハ酉戌の方にあたり、外宮の御山より巽《タツミ》にあたりたる高山なりとある是なり、名義《ナノコヽロ》ハ西に宮河、東に五十鈴河、此二《コノフタ》つの河《カハ》に挾《ハサマ》れたる故なりと古說なり、名寄長明ノ歌に、林崎《ハヤシザキ》舞はでハいかでとほるへき鼓《ツヾミ》　嶽《ガタケ》をうち眺《ナガ》めつゝとあり、一首ノ意ハ山の名を鼓嶽《ガ》と云のミにて聲なくば瀧《タキ》ぢ流るゝ早河へ聲を請《ウケ》に來《コ》よかし、然《シカ》らバいミしく落沸《オチタギ》る水音ノをハ鼓嶽《ガ》に配分遣《クバリヤ》るべきなりとなり、

二・三句ノをうちかへして心得べし

たきまつり《瀧祭》のわかみや《若宮》にあそひ《遊》のじやうぶむ《上分》をまゐらす《進》るほめ《讃》きこしめ《所聞》せたま《食玉》のほうでむ《寶殿》

わかミやとハ美稱《ホメ》て云ことなるよし上高宮ノ段風若宮とある條に

云が如し、瀧祭ハ宮號の神にハ坐《マシ》まさねど、年中行事にも宮と云ひ、古歌にも瀧　宮《タキノミヤ》とよめり

きミ《君》はまむざい《萬歲》おはしませ《御座》

一本には、おはしますとあり

われら《我等》もおまへ《御前》にさむらは《侍候》むつる《鶴》とかめ《龜》とのよはひ《齡》にて

天文本又一本にハ、よはひにはとあり

さいはひ《幸》こゝろ《意》にまかせ《任》たり

此ノ早歌ハ內宮湯舞ノノ早歌と同じことなり、按《フ》に、所由《ヨシ》あることなるべし上に引ケる儀式解の説など思ヒ合せ味ふべし

山ノ神の歌

此ノ社ハ宇治橋の東なる山の麓にありて、大山祇《オホヤマツミノ》神を祀《マツ》れり、年中行事正月七日ノ條に、山神ノ祭事件神在所岩井田村也、今日七日、河原神ノ事以後、自㆓酒殿㆒酒一瓶・菓子一籠・

贊一隻・小帖紙一帖被レ奉二後神一、其後《ノ》祭禮也、又三度《ノ》御祭竝《ニ》六《ノ》節會《ノ》之時、同自《ク》二酒殿一度別《ゴトニ》米二升請《ヲ》預《ケテ》、件《ノ》社《ノ》禰宜 山守 調備供也

やま《山》のかみ《神》のおまへ《御前》にはなに《何》かはせむざい《千歳》たま《玉》つばき《椿》

何《ナニ》の木かは生《オヒ》たる千《チ》歳經《トセフ》る玉椿《タマツバキ》こそ生《オヒ》たれと云意なり、玉椿の玉《タマ》ハ玉葛《タマカヅラ》・玉篠《タマサヽ》など云玉《タマ》と同じことにて、美稱《ホメ》て云ことなり、さて玉椿を千代《チヨ》・萬 代《ヨロズヨ》などよめる歌ハ數しれず多し、奥儀抄に、古有《ヘリ》二大椿 者《ト云モノ》一、以《テ》二八千歳《ヲ》一爲《ス》レ秋《ト》、以《テ》二八千歳《ヲ》一爲《ス》レ春《ト》也、されば白玉椿《シラタマツバキヤ》 八千代《チヨ》などもよめりとあり 大椿八千歳の語莊子にあり

それ《其》にはうたる《延》とび《富》かづら《葛》

それにとハ其《ソノ》玉椿にと云なり、はうたるハう‖ハひ‖の音便にて延在《ハヒタル》なり う‖をふと心得て書、くハ例の誤なり 萬葉十四に、彌年爾《ミネニ》波比多流多麻可豆良《ハヒタルタマカヅラ》とあるを思ふべし、一本にハ、は‖うたる‖を‖そうたる‖とあり、此《レ》又う‖ハひ‖の音便にて添在《ソヒタル》なり、とびかつらハび‖ハミ‖を通はしたるにて富葛《トミカヅラ》なり 上に云富男・富ぞ汲、る、など皆とびと云り 富ハ美稱にて玉葛など云玉と同じ 富草と云こともある、など思ヒ合すべし

ちとせ《千年》ちよ《千代》とぞさかえ《榮》たる

ちとせハ諸本皆千年《セムネム》と見え、又歌ふにも千年を音讀に唱《トナ》ふれども、今は天文本に、ちとせ‖と假字書《カナガキ》に書《ケ》るに依れり 此ハかならず天文本、の如く歌ふべきなり さかえたるのる‖を天文本又一本に、り‖とあるハ誤なり 然でハ上にぞ‖とあるにかなはず

やま《山》にすむ《住》をしか《牡鹿》のつの《角》のかたさり《片去》てあはれひとしほなすよしもがな

をしかハ和名抄に、爾雅集注云《ニ》、牡鹿曰《ヲ》レ麚《ト》、日本紀私記云《ニ》、牡鹿《ハ》佐乎之加《サヲシカ》とあり 佐ハ例の眞に、通ふ佐なり つのハ和名抄に、野王按《ニ》、角獸《ハ》頭《ノ》上出骨也《ナリ》、豆乃《ツノ》とあり、かたさりてとハ二《フタ》つあるものの一方去《サ》るを云なり、此《コ》ハ鹿《ノ》角の一《ヒト》つづゝ解《オツ》る狀《サマ》を云なり、萬葉四に、枕 片去《マクラカタサル》、

（下）神代記、麓山祇、○麓山足曰レ麓、此云二簸耶摩一

（下）薗田守良神主内宮攝社考、石井神社、石井ハ地名なるへし、今の世に岩井田村といふありて、俗に伊保田といふ地あり、此地を古へハ石井とのミ云けん、今も岩井氏あり

（上）やうそあるらむノやうハよしヲようと誤作り、又ようヲやうニ作レルナラム歟

（上）源氏をとめ、かくおきて、きこえたまふやうあらんとハ、おもひたまへなから

十八に、夜床加多左里《ヨドコカタサリ》とあるも、二つある物を一方避《サ》るよしなり、あはれハ歎辭なり賞る時にも悲む、時にも云語なり天文本にハ、あはれをとあり、をもしハ衍《リ》なり、又あれをと書る本も多かり其ハ、誤かひとしほハ俗に云と同じ、なすよしもがなハすハくの誤にてくとすとハ横に通ふ音なり鳴《ナク》よしもがななるべし、一首《ノ》意ハ鹿ハ角《ツノ》の解《オツ》る比《コロ》ハ鳴《ナカ》ざるものなれバ、其聲いとゞゆかしくこそあれ、あはれ一《ヒト》しほ鳴聲《ク》をば聞《キカ》まほしきことかなと云意なるへし、二見神樂歌にハ、山にたつをしかの角《ツノ》のかたなれてあれをひとしほなすよしもがなとあり

おく《奥》やま《山》にたつ《立》べきまき《眞木》のえら《撰》れきてはやま《端山》にたつ《立》もやうぞあ《有》るらむ

初句天文本に、おくやまのとあるのもじハ誤なり、たつべきハ生《オフ》べきと云《ハ》むに同じ、大殿祭祝《ノ》詞に、奥山乃《オクヤマノ》大峽《オホガヒヲ》小峽爾《ガヒニ》立留《タテル》木乎《キヲ》とあり、まきは眞木《マキ》にて、眞《マ》ハ美《ホ》稱《メ》て云《フ》ことなるよし、上外宮風宮ノ段にも云が如し、萬葉

三に、眞木之《マキノ》立荒山中爾《タツアラヤマナカニ》、六に、奥山之《オクヤマノ》眞《マ》木葉《キノハ》などあり、えられきてハ一本にハ、しられきてとあり、しハえを誤《リ》たるなり、さて被《レ》レ撰《エラ》の義《コヽロ》か被《レ》レ得《エラ》の義か未《ダ》思《ヒ》得ず、はやまハ端山《ハヤマ》なり、此《コ》ハ奥山に對《ムカ》へて云なり、古事記上巻山津見ノ八神中に、奥山津見神《ノ》・羽山《ハヤマ》津見神《ノ》羽ハ借字なり見えたり、一首《ノ》意未《ダ》考得ず

いはうた《岩井田》やはな《花》のその《園》よりおり《降》たまふ《給》いは《巖》をたか《高》かみ《水上》てむとう《天童》しち《七》しや《社》やま《山》のかみ《神》しち《七》しや《社》ご《五》しや《社》のけむぞく《眷屬》ないくう《内宮》はちじふ《八十》まつしや《末社》にあそび《遊》のじやうぶむ《上分》をまゐ《進》らするほめ《讃》きこし《所聞》めせ《食》たま《玉》のほうでむ《寶殿》

いはうたハうハゐの音便にて岩井田《イハヰダ》なり詣をまうでと云など思ヒ合すべし、やハ助辭なり、花《ハナ》の園《ソノ》ハ未《ダ》考得ず杉本氏ノ考に、通海參詣記、内宮風宮條に、去ル建保年中、夢想の告に依て、岩田園を以て、風日祈社の饗料所とすべき由、宣旨を下さる、神わざ絶る事なし、とあるを此花の園の據に引れたれと、其ハ朝明ノ郡なる岩田なれバ違へり、神鳳抄に、朝明郡岩田御園と見え、檜垣兵庫家舊記に、朝明郡岩田、一名霜野、毎年七月四日當宮風日祈之《ノ》饗料、米廿一石開事とあるをバ思ふべしいはほたかかみハ杉本氏《ノ》考に、いはほハ巖《イハホ》、たか、みハ高水上の略語なりと

(下)大經〈下末〉六、親眷屬涅槃經、爲眷屬　源氏夕顏、くゑんぞく　史記樊噲傳、大臣誅二諸呂召須嬃屬一　索隱曰、嬃音眷　通海參詣記云、此內外二宮時に當りて參詣神祇兩機殿式內攝社末社四至神眷屬神靈惣の拜侍るへき是口傳故實也

云れたるが如く、儀式帳未官帳社十五處內に、石井神社《イハヰノヤシロ》、大《オホ》水上兒高水上命《ミナカミノミコタカミナカミノミコト》、形石坐《ミカタイシニマシマス》とある是なり、儀式解此社條に、當社ハ宇治鄕《ノ》岩井田山にあり、地名を社號としたるなり、一名を岩《イハ》社と云、其《ノ》社地に大なる巖ありて其《ソレ》を神躰とす、仍《ヨリ》て岩社と云か、年中行事正月十一日神拜云々、次《ニ》山《ノ》神巖社、又四月初申日、氏神祭、石部氏《ハ》岩井田山《ノ》口祭《ニル》と云も皆こゝを云なりとあり、天文本にハ、いはゐたかミとあり、其《ソレ》もよし 杉木氏ノ考に、高水上ハ高靇と同じく水神なり、又高靇をたかゝミとも云べしと云れたれど、高靇ハ神代紀ノ一書に、伊弉諾尊拔レ劍斬二軻遇突智一爲二三段一、其一段是爲二雷神一、一段是爲二大山祇神一、一段是爲二高靇一と見えて、高水上とハ別なり、況て儀式帳に、高水上命ハ大水上兒とあるをや、さて此ノ高水上ノ神の御祖に坐す大水上神と稱すハ、即大山津見神の、一名にて、高水上神卽チ大山津見神の御子に坐すなり てむとう七社ハ未考得《ダ》ず 杉木氏ノ考に、山神社地内に子安社と云あり、祭ル神は木花開耶姫命なりと云り、然れど此を天童とハ云べくもあらず、天童或ハ天道、何れも佛語ならむか、然らバ天童七社の一句除きても宜しきか、又天道神ハ牛頭天王のことか、又日輪をも天道と云へど皆此に合ハず、正說未タ考得ざれども、姑く天童七社に隨ふとあり、德辰按フに、てむとう七社の一句除きても宜しきかと杉木氏の云ハれたる、佛語ならバ然ることなれど、佛語ともたしかにハ決めがたく、又七社と云こと所由ありげなれバ、除かむこと恐なきにあらず、猶考ふべし、山《ノ》神七社此《コ》も未考得《ダ》ず、二見神樂歌にも、山《ハ》神七所の御前とあり 杉木氏ノ考に、七の數を用ふるハ俗說か、但シ八卦の乾天一・兌澤二・離火三・震雷四・巽風五・坎水六・艮山七・坤地八、艮山七にあたれハ此ノ數に據るか、又神系圖に、中山祇・麓山祇・正勝山祇・雝山祇・奧山祇・羽山祇・原山祇、此ノ七神見えたる、此に據るかとあれどおほつかなし 天文本にハのもじなし 杉木氏《ノ》考に、神代紀《ノ》一書に、伊弉諾尊《ノ》斬《テ》二軻遇突智命《ノ》一爲二五段《イツキダト》一、此各《レ》化《ナ》二成《ル》五山祇《イツ、ノヤマヅミト》一、一則《ハ》首《カシラ》化《ナ》二爲《リ》大山祇《ト》一、二則《ハ》身中《ムクロ》化《ナ》二爲《リ》中山祇《ト》一、三則《ハ》手化《ナ》二爲《リ》麓《ハ》山祇《ト》一、四則《ハ》腰化《ナ》二爲《リ》正勝《マサカ》山祇《ト》一、五則《ハ》足化《ナ》二爲雝《リキシギ》山祇《ト》一と見えたる、此《コレ》に據《ヨ》るかと云れたる、然《サ》もあるべし、眷屬《ケムゾク》ハ日本紀にヤカラと訓《ヨメ》り、八十末社ハ此《コ、》ハ八十の數の限らず攝社・末社を總《スベ》て指《サセ》るなり、八十末社と云由《ヨシ》ハ末社拾《ヒトヒ》の初《ハジメ》に辨《ワキマ》ふべし

いは《磐》ね《上》にた《立》てるたま《玉》つばき《椿》あれ《彼》をくるま《車》につくら《造》ばやご《御》ぜむ《前》のじゆ《壽》みやう《命》をながえ《轅》にて

御前《ゴゼム》ハ神を指《シ》て申すなり、一本寛永本也にハ、おまへとあり、御前の壽命とハ山神《ノ》の壽命と云意にて、然《シカ》云ハ山ハ動きなく萬代までも變《カハ》るまじきものなればなり、轅《ナガエ》ハ車具《ノ》の名なるを壽命の長《ナガ》しと云ことに云《イ》ひかけたるに

て、上外宮土ノ宮ノ段に、命《イノチ》ながえに御手《ミテ》をかけとあると
同じ云《イ》ひかけなり
これ《是》ら《等》をわ《輪》とし《爲》てまひ《舞》あそ《遊》ふ
これらをハ一本にハ、これをとあり、輪ハ和名抄車具ノ
に、野王按ニ、輪ハ車脚ノ所二以轉進一スルナリ也、和名和《ワ》とあり

(奥書)
大正十年三月、近藤勇助氏藏本複寫

神樂歌解　五

(下)常基古今雜事記第二、寛永廿一年七月ノ條ニ、四十末社・八十末社ト云コト見エタリ

神樂歌解五之巻目錄

內宮部下

末社比呂比段

神樂歌解五之巻目錄

井阪德辰謹撰

內宮末社ひろひ

此ノ題名ハ諸本一《ツ》ならず、內宮末社ひろひ、內宮ひろひ、八十末社などさま〳〵に書《ケ》り、天文本にハ八十末社の歌とあり、又何《ナニ》とも題名なく直《タヽ》に社號を書出せる本もあり、ひろひと云稱《ナ》のことハ外宮末社拾《ヒロヒノ》段に云が如し、さて八十末社と云由緣《ヨシ》ハ、神民須知に、神祇本源內宮別宮篇を見れバ、官帳社ノ二十四所・未官帳社ノ十五所合《セ》て三十九所なり、是に瀧祭を加へて四十所とす、此ノ外年中行事神拜式に出たる社を加《クハ》へ、又天神・鏡石等を拾ひて八十餘社とす、其ノ以前形《カタ》ばかりの遙拜所を設け置たるを、石川大隈守ノ殿慶安遷宮の餘金を以て、今の遙拜所の八十末社を造立ありて、此ノ後朽損の度《タビ》ごとに公儀より修覆あるなり、是より世に普《アマネ》く內宮ハ八十末社と唱《トナ》へ來るものなりとあり毎事問に云へる、四十末社・八十末社の說ハ例の妄說なれバ取るにたらず、其ことハ毎事問失考にも論辨へたり德辰今按に、世に普《フ》く八十末社と唱へ來れるハ、慶安以後の事にてもあるべけれど、其名目の古きことハ吾神樂歌の天文本に八十末

社と見えたるにて明《アキラカ》なり、さてまた其遙拜所を八十末社と云より轉《ウツ》りて、今世内宮攝末社の事を總《スベ》て八十末社と云こともあるハ俗稱に似たれども、吾神樂歌の末社拾の題名にも如此あれば、社數に拘らずおしなべて八十末社と云ことも古稱と聞えたり　毎事問を書キし喜早清在、神民須知を書れし度會常彰神主在世の時に、吾神樂歌の天文本に八十末社と云フ稱出たることを語らバ、清在も妄説を云ことあたはじ、常彰神主も其古稱なるよしを引證て物にしるし置カるべきものぞ、又末社拾に不審《イブカシキ》こと多かるよしの論《サダ》ハ、外宮末社拾段に云り、考合べし

しま《志摩》のくに《國》

民部式に、東海道志摩國下管答志《タフシ》・英虞《アゴ》、和名抄に、東海國志摩之萬《ハシマ》、また志摩國管二答志《タフシ》・英虞《アゴ》とあり、志摩の名義ハ海中に出たる國なれバ嶋《シマ》の意なり、さて志陽略志に、志摩州古之所謂伊勢嶋也、此故今所在志陽之名所・舊蹟、古詠和歌者多、以伊勢國稱之、可併考《シセフ》焉と云るが如く、志摩・伊勢舊《モト》ハ一國なり、然《サ》れど兩國となりしも後《ノチ》のことにハあらぬよしハ、持統紀に、六年三月辛未、天皇不從諫、遂幸《イデマス》伊勢、壬午賜所過《スギ》神郡及伊賀・伊勢・志摩國造《ミヤツコドモニ》等冠位と見えたるにて知《シ》られたり

ちくりがうら《智久利浦》におはします《御座》あくし《惡志》あかさき《赤崎》あくし《惡志》くしよ《九所》のおまへ《御前》にハ

神祇本源に、赤崎《アカサキノ》社、在《マス》智久私嶋《チクシシマニ》　杉木氏ノ考に、智久私の私ハ利の字の誤なりと、あり　年中行事　六月十五日贄海ノ神事ノ條　に、到着阿原木《シアハラキ》神崎、先祭《マツル》崎々神々、詔刀同刀禰申、其詞云、惡志《アクシ》赤崎《アカサキ》加布良古《カフラコノ》明神幷浦々崎々神達申云也とあり、惡志《アクシ》ハ志陽略志　答志郡古蹟條　に、飽石浦《アクシノ》在網兒之山下、或曰八反田浦、是則江淮而加茂川流出此江淮入于海、毎冬於此淮漁鰡魚、是謂楯漁《タテトリト》、故是稱鰡江、傳言、古此江波底有岩石而爲行舟之碍《サマタゲト》、故土人測《ハカリテ》潮汐盈昃穿鑿其石、今則無其碍也、當時《ソノカミ》以謂《イヒシヲ》飽碍之石遂爲其浦之名矣、又謂惡之浦《アクシノ》其石爲行舟之碍、故是惡之謂乎、然則《トキハ》惡字當去聲、其此

誤哉と見えたる地《トコロ》にて鳥羽城《ノ》邊なり、赤崎《アカサキ》ハ同書同郡同條に、在《リ》㆓船倉《ノ》南《ノ》方海濱《ニ》㆒、また同書同郡神社條に、赤崎《ノ》神《ノ》社《ハ》在㆓船倉《ノ》南隣赤崎《ノ》海濱《ニ》㆒とあり、さて赤崎社《ノ》ハ外宮儀式帳なる未官帳八社の內なれバ、外宮末社《ノ》拾に載すべきを、然《サ》ハなくて此《コヽ》に擧《アゲ》たるハ便宜に因《ヨ》れるなるべし、惡志《アクシ》九所の九所と指す所ハ何《イヅ》れにや未《ダ》考得ず、二見神樂歌にハ、ちくりの浦におはしますあくしあかさきあくし大ぼさつの御前にハとあり

あま《數》た《多》のふね《船》こそうか《浮》むだれ

うかむだれハうかミたれの音便なり、たもじを濁るハ音便にひかれてなり、たれとハてあれの約《ツヾマ》りたるなり、天文本にハうかびたれとありミとびハ親しく通ふ音なり、二見神樂にハ、まうなるふねぞうかミけりとあり

とも《艫》にはあか《赤》さき《崎》のり《乘》たま《給》ふへ《舳》にはだい《大》みやう《明》じむ《神》のり《乘》たま《給》ふ

和名抄舟具《ノ》に、艫《ハ》兼名苑注《ノ》云《ニ》、船後《ノ》頭謂《フ》㆓之艫《ヲト》㆒、楊氏《ノ》曰、舟後《ノ》刺催《ノ》處也《ナリ》、和語云《ニ》度《ト》毛《モ》、また舳《ハ》兼名苑注《ノ》云、船《ノ》前頭謂《フ》㆓之舳《ヲト》㆒、漢語抄云《ニ》、舟頭《ノ》制《スル》㆑水處《ヲ》也《ナリ》、和語云《ニ》閉《ヘ》とあり、さて大明神ハ諸本《ノ》に大菩薩《ダイボサツ》とあるが如く舊《モト》ハ然《シカ》歌ひしを、其《ソ》ハいと忌々《ユヽ》しき佛語なれバ、神樂歌にはふさハしからずとて、近世改めて大明神と歌ふことゝなれるハいと〳〵宜しき事になむ然れど神を菩薩と稱すこともひがことながら古きことにて、神名式に、常陸國鹿嶋郡大洗磯前藥師菩薩明神社・那賀郡酒烈磯前藥師菩薩神社・筑前國那珂郡八幡大菩薩筥崎宮・豐前國宇佐郡八幡大菩薩宇佐宮など見えたり、さて艫《トモ》にハ云々、舳《ヘ》には云々と云ふ意ハ、萬葉十九贈㆓入唐使㆒歌に、墨吉《スミノエ》乃《ノ》吾大御神《ワガオホミカミ》、舶乃倍爾宇之波伎座《フナノヘニウシハキイマシ》、船騰毛爾御立座而《フナドモニミタヽシイマシテ》、佐之與良牟《サシヨラム》磯乃崎々《イソノサキ〴〵》、許藝波底牟泊 々爾《コギハテムトマリ〴〵ニ》、荒 風波爾安波世受《アラキカゼナミニアハセズ》、平 久率而可敝理麻世《タヒラケクヰテカヘリマセ》、毛等能國家爾《モトノクニイヘニ》とある如く、此浦《ノ》に坐す神等《カミタチ》の海津路《ウミツヂ》を往來《ユキコ》ふ數多《アマタ》の船を、惡風《アシキカゼ》荒波《アラキナミ》の難《ワザハヒ》に相《アハ》せ給《タマ》はず、平《タヒラ》けく安けく夜《ヨ》の守《マモリ》日の護《マモリ》に守護《マモリ》坐《マ》す御《ミ》狀《アリサマ》を稱《タヽ》へ申《マヲ》すなるべし

(上)御巫清直説に、ごぜむハ御膳の音讀なるを御前と書る本もあるハ誤なり、此ハミけにまゐると歌ぶべきかと云り、内宮儀式帳に、志摩國神戸百姓供進鮮蚫螺等御贄乎机上爾備置弖

ちくり《智久利》がうら《浦》のかい《貝》のみ《身》をたれ《誰》く《食》ひそめ《始》てごぜむ《御膳》にまゐる《進》

初句天文本又一本にハちくりのうらのとあり、三句《ノ》一本にハたがくひそめてとあり、結句天文本にハ御ぜむへまゐるらむ、一本にハ御ぜむへまゐる、又一本にハ御ぜむへまゐらむとあり、貝《カヒ》ハ和名抄に、尙書注《ノ》云《ニ》、貝《ハ》水物也《ナリ》、和名加比《カヒ》とあり、此《コノ》歌ハ內膳式に、諸國貢進《ノミ》御贄《ニヘ》旬料云々、志摩國《ノ》御廚鮮鰒《ナマアハビ》螺《サヱ》起《リ》二九月《ニ》一盡《ク》二明年《ノ》三月《ニ》一、月別《ゴトニ》上下旬、各二擔、味漬・腸漬《ワタ》・蒸鰒《ムシアハビ》・玉貫《タマヌキ》・御取《ミトリ》・夏蚫等、月別惣《ニテ》五擔とある、此等《コレラ》を據として考ふべきか、二見神樂歌にハ、かぶらこの千尋《チヒロ》の底《ソコ》の貝《カヒ》のミをたれくひそめてごぜへまゐらむとあり

ちくり《智久利》しちしよ《七所》あくし《惡志》くしよ《九所》のだいみやうじむ《大明神》

七所・九所と指《サ》す所ハ未《ダ》考得ず　年中行事旬神拜條に、浦浦坐三十八所御神達拜とあれバ、此七所・九所も其三十八所の內にハあらずや

かぶらこ《加布良胡》のとミね《峰》にたてる《立》ひめこまつ《姫小松》さはたてる《多立》まつ《松》は

ちよ《千代》のためし《例》に

加布良胡《カブラコ》ハ志陽略志　答志郡古蹟條　に、加布良胡《ノ》瀬渡《セド》在《リ》二安樂《ラ》嶋《シマ》村《ノ》前《マヘノ》海《ニ》一とあり、とミねハ外峰《トミネ》の意か、又ともじハをもじの誤にて小峰《ヲミネ》か　此ノ小ハ小サからねども小田・小野・小濱など云小にて美稱の意なり、萬葉十四に、相摸、彌乃乎美彌見可久志云々　猶考ふべし　上瀧原宮ノ段にもかまふのとミねと云ことあり、とはたてるまつハ多く竝立《ナミタテ》る松と云ことなりと杉木氏考《ノ》に云れたるが如し　多きことをそは、と云ハ古言なり　二見神樂歌には、かぶらこのとさきにたつるひめこまつ三本たてりハちよのよをへむ、又かうざきのとミねに立るひめこまつ三本たてりハ千代のためしにとあり

かぶらこ《加布良胡》のおき《沖》のしほひか《潮引》ハみやこ《都》へなびけ《靡》われ《我》もなび《靡》かむ

ミやこハ大御神の宮處《ミヤコ》か、天皇《スメラミコト》の宮處《ミヤコ》か、熟《ヨク》考ふべし、さてなびけとハ何《ナニ》に靡《ナビ》けと云にや、心得がたし、御巫清直は二見神樂歌に、ちくりのうらのもしほぐさ

みやこへなびけわれもなびかむとあるに依て考ふるに、此もしほひかばの下にもしほぐさの五もじありしを後に脱《オト》したるにやあらむと云り

かぶらこ《加布良胡》のだいミやうじむ《大明神》

此《ノ》社ハ志陽略志（答志郡神社條）に、加布良胡大明神在《ハ》二安樂嶋《アラシマ》村《ニ》一、倭論語云《ニ》、號《スル》二志摩大明神《ト》一是也、或人曰《フ》、志摩《ノ》國《ノ》一《ノ》宮也、此《ノ》社《ノ》前《ノ》海《ヲ》謂《フ》二加《カ》村子《ブラコノセ》瀬渡《ドト》一也、往古雖《ヘドモ》レ在《リト》二社頭地《ノ》一、自二戰國一以來亡《ウシ》二失《ナフ》之《ヲ》一とあり（安樂嶋村ハ同書に、在二坂手村以南三十五町一、舟行至、焉、士人家二海濱一）猶此社のことハ下なるあらさい社の條に云べし

にあそび《遊》のじやうぶむ《上分》をまゐらする《進》うけたま《受玉》のほうでむ《寶殿》

此《ノ》詞天文本又一本にハ載せず（下皆同じ）、然《サ》るハ定《サダマ》りたる詞なる故略《ハグ》きて書《シルサ》ぬにやあらむ、此《ノ》詞の解ハ外宮末社拾段《ノ》に云り

（上）（朱書）清直云、國崎村ニツヽミノ御前ト稱スルハナシ、鏡宮トイフアリ、サレハつハかノ誤字ニテカヽミノ御前タルヘシ

くざき《國崎》には

國崎《クザキ》ハ倭姫命世記《ノ》に、倭姫命《ノ》御船《ミフネニ》乘給《ノリタマヒテ》御膳《ミケノ》御贄《ミニヘ》處定《ドコロサダメニ》幸行《イデマシ》嶋《シマノ》國《クニ》國崎嶋爾《クザキシマニ》朝《アシタノ》御饌《ミケ》夕《ユフベノ》御饌《ミケ》止《ト》詔《ノリタマヒテ》而湯貴潛《ユキノカヅキメ》女等定給《ドモサダメタマヒテ》天云々と見えたる地《トコロ》なり、志陽略志（答志郡村里條）に、國崎《クザキ》村在《ハリ》二相差《アフサス》村艮《ノウシトラニ》一、舟行一里、又蹈《テ》二海濱岩石《ノ》一危《キヲ》二歩險阻《ハヲ》一則二十餘町也《ナリ》とあり、さて此《ノ》國崎《クザキ》にハと云詞ハ下なるひめ社まで係《カヽ》れり

つゞみ《鼓》のごぜむ《御前》

國崎《クザキ》村にあるか未《ダ》尋ね得ず、二見神樂歌にも、くざきのしまにおはします白《シラ》ひげのせうつるぎの御前つゞみの御前とあり（備中國賀夜郡にも鼓神社と云あり、神名式に見えたり）

しらひげ《白鬚》のごせむ《御前》

志陽略志（答志郡神社條）に、國崎村白鬚《ノ》明神《ノ》社見えたり

つるぎ《劍》のごぜむ《御前》

（上）國崎村神社覺書云、海士御前、祭神潜女神

（下）鄉談、大筑海小筑海大明神ハ答志村ニアリ

一本にハつるぎの社とあり、此社《ノ》ハ志陽略志 答志郡神社條 に、劍宮《ノ》在《ハリ》國崎村《ニ》、傳《ヘ》言《フ》下野《ノ》阿闍梨圓成於《テ》此《ノ》海濱《ニ》拾《ヒ》得《タリ》寶劍《ヲ》、故創《ニ》建《シテ》一社《ヲ》而號《ナツクトケムノミヤト》劍宮《フ》云事蹟出《タリ》大平記二十五巻《ノニ》とあり、又同書 同郡古蹟條 に、劍崎在《ガハリ》國崎村《ノ》海濱《ニ》、大平記曰《ニク》、阿闍梨圓成於《テ》此《ノ》海濱《ニ》得《ルト》寶劍《ヲ》云々、今其處《ノ》謂《ヲフ》劍崎《ガト》とあり 國崎ノ浦より寶劍上りしハ、光明天皇御代貞和四年のことにて、卽チ其劍元暦の比、壇浦に沈ミし寶劍なりとて都へ奉りしこと、委くハ太平記を披見て知るべし

ひめ《姫》やしろ《社》

未《ダ》考得ざれども、試《コヽロミ》にいはゞ、志陽略志 答志郡神社條 に、國崎村蜑《アマノ》御前と見えたる社のことにてハなきか、國崎村人《ノサトビト》に會《アヒ》て尋ぬべきなり

かみしま《神嶋》のなをしのだいみやうじむ《大明神》

神嶋《カミジマ》ハ志陽略志 答志郡村里條 に、神嶋村在《ハリ》答志村艮《ウシトラ》巨海之中《ノニ》、舟行二里、斯嶋《コノ》形象《ノカタチ》似《タリカメニ》甕、故俗稱《ニ》甕嶋《スカメシマト》、土地悉《ク》岩石《ニシテ》而不生《ゼ》菜苗《ヲ》、此故土人《ノニ》以《テ》魚肉《ヲ》爲《ス》恆食《ノト》矣、海畔有《リ》二一巖穴《ツノ》、其一《ノツノ》巖穴深《キコト》不可量知《リル》、未《ダ》入《テ》穴窺《ニヘバ》之《ヲ》、則玲瓏《トシテ》不陰暗《ナラ》、其巖腹《ノニ》刻《ム》梵字《ヲ》、未《ダ》知何《レノ》世誰《レノ》人所爲也、自斯嶋《ノ》至《ル》參州伊良湖村《イラゴニ》、其間《ノ》海上一里とあり、神鳳抄に志摩國《ノ》答志郡《ノ》神嶋《カミシマ》見ゆ

なをしの大明神ハ未《ダ》考得ず、二見神樂歌にハ、かミしまになうしけの御前とあり、志陽略志 答志郡神社條 に、八幡宮在神嶋村《ニ》、又有白鬚《ノ》明神・辨財天女・風《ノ》宮・鎭守《ノ》神社・山神《ノ》禿宮《ホコラ》とハ見えたれど、なをしの大明神ともなうしけの御前とも云ハ見えず、此《コ》ハ神島土人《ノ》に會《アヒ》てよく尋ぬべきなり 試に云、なをしハ穴主の訛にて、此嶋の巖穴を主領坐す神を稱すにてハなきか、如此靈しき巖穴に神の坐すことハ世に類多きことにて、神名式にも備中國英賀郡に比賣坂鐘乳穴神社・井戸鐘乳穴神社と稱す見えたり

おほつくみこつくみ《大筑海小筑海》のだいミやうじむ《大明神》

志陽略志 答志郡古蹟條 に、大筑海小筑海《オホヅクミコヅクミ》在《リ》答志村前海中《ニ》、產《ス》五色細石《ノヲ》、稱《ス》涌砂《ト》、今禁《ズ》妄《リニ》出《スコトヲ》他邦《ニ》、また同書 同郡神社條 に、小筑海《コヅクミノ》明神社在《ノハ》答志村小筑海《コヅクミニ》、不知祭《レノ》何神《ナルコトヲ》也、又有《リ》白鬚《ノ》明神社《ノ》、又有《リ》石權現《ノ》

（下）尾張名所圖會第六知多郡條云、幡頭崎〈師崎〉村にあり、又羽豆ともかけり〉、羽豆神社〈幡頭崎の頂上にあり〉、祭神建稲種命俗に幡頭崎八幡と禰す

（上）民部式に、東海道三河國上管碧海・賀茂・額田・幡豆・寶飫・設樂・八名・渥美、風土記抄に、參河國有三河、一日男川、二日豐川、三日矢作川

（上）參河國内神名帳、從五位上八劍天神坐寶飯郡

（下）參河國内神名帳、正三位伊良久（子ィ）大明神坐渥美郡

杜《モリ》、社廢《ハ》亡矣《ス》とあり、二見神樂歌にハ、おほつくミこつくミの御前とあり　此ノ大つくミ嶋・小つくミ嶋ハ、内宮儀式帳及神宮雜例集ノ内宮神堺ノ條に載せたる都久毛嶋なるべしと或説に云り

ミかは《參河》にハ

あそび《遊》のじやう《上》ぶ《分》むをまゐ《進》らするうけ《受》たま《玉》のほう《寶》でむ《殿》

和名抄に、東海國參河三加波《ハミカハ》、また參河國《ノ》管八碧海《アヲミ》・賀茂《カモ》・額田《ヌカタ》・幡豆《ハヅ》・寶飫《ホ》・設樂《シタラ》・八名《ヤナ》・渥美《アツミ》とあり、さて此參河《コノミカハ》にハと云詞ハ下なる御廚《ミクリヤ》七所まで係れり

ミたにさき《三谷崎》

參河國《ノ》二葉松《フタバノマツ》と云書　此ハ元文の比、寶飫郡宮崎郷長山村ノ人、佐野監物知堯が著せしものにて、參河國の事を委しくしるしたる書なり　に寶飫郡《ノノ》郷村《ノ》條に、三谷湊《ミナト》、また神社條《ノ》に、寶飫郡《ノ》三谷《ミヤ》村八劍大明神　社領六石六斗四升六合、神主竹内左門五郎とあるに據《ヨリ》て考《フ》るに、所謂ミたにさきは此社《ノ》のことなるべし、此三谷村《ノ》ハ海邊なれバ三谷崎とも云なるべし

こまがだけのだいミやうじむ《大明神》

こまがたけのことハ二葉松《ノ》にも見えず、或人説《ノ》に、駒嶽《コマガダケ》と云ハ渥美郡《アツミノ》にあり、吉田里《ヨシダノ》の近邊なりと云り、猶よく參河人に尋ぬべきなり

はづがさき《幡豆崎》のだいミやうじむ《大明神》

二葉松《ノ》式内神社條《ノ》に、幡豆郡《ハヅノ》羽豆神社《ハヅノ》、在《リ》宮崎村、また幡豆郡《ハヅノ》郷村條《ノ》に、宮崎　磯　とあり、按《フ》に、はづがさきの大明神ハ此羽豆《ノハヅ》神社《ノ》のことなるべし、二見神樂歌に、三河に坐す宮崎社とあるも此社《ノ》のことなるべし

いらご《伊良胡》のだいミやうじむ《大明神》

二葉松《ノ》渥美郡《ノ》郷村條に、伊良湖《イラゴ》　浦、また神社條《ノ》に、渥美郡《ノ》伊良湖村大明神　除地二十五石二斗五升、神主粕谷《カスヤ》助之進とあり、神鳳抄に、參河國　外宮　伊良胡《ノ》御廚見ゆ、又外

(下)一本にハあ‖はのみしほ‖社とあり

宮神拜式本《ノ》に、伊良胡《ノ》神社、また伊良胡三所など見えたるあり 伊良胡ハ參河國渥美郡なれど、古へハ伊勢國に屬たりしにや、萬葉一に、麻續王流二於伊勢國伊良虞嶋一之時人哀傷作歌云々とあり

ミくりや《御廚》しちしよ《七所》

御廚《ミクリ》ハ神郡・神戸より上る租税・御贄《ミニヘ》等凡《スベ》て大神宮所用の雜物を貯《タクハヘオ》置く所なり、和名抄居宅類《ノ》に、說文云《ニ》、廚《ハ》庖屋也《ナリ》、庖《ハ》斷二理《スル》魚鳥一者《ヲモノ》謂《フ》二之《ヲ》庖丁《ト》一、俗云《ニフ》倉廚也《ナリ》、和名久利夜《クリヤ》とあり 俗に云臺、所なり 參河國《ノ》御廚のことハ神鳳抄に委く見えたり、七所と指《サ》す所《トコロ》々《〲》ハ未《ダ》考得ず、二見神樂歌にハ外宮《ノ》末社拾に、三河に坐す宮崎社・いらごの明神・ミくりや七所のかミやしろとあり

いけのうら《伊介浦》のだいミやうじむ《大明神》あは《淡》のみしほどの《御鹽殿》やしろ《社》

伊介浦《イケノウラノ》大明神淡《アハノミ》御鹽殿社《シホドノヤシロ》と續《ツヽ》けて心得べし、大明神ハ一本にハ大‖の字なし、此社《ノ》ハ伊介浦《ノ》に坐す粟皇子《アハミコ》社のことにて、倭姫命《ノ》世記に、其鹽淡《ソノシホアハク》滿溢《ミチアフル、》浦《ウラノ》名乎《ナヲ》伊《イ》氣浦《ケノウラトナヅケ玉ヒキ》號支、其處《ソコニ》參相弖《マキアヒテ》御饗《ミアヘ》仕奉《ツカヘマツル》神乎《カミヲ》淡海子《アハミコノ》神止《カミト》號弖《ナヅケテ》社《ヤシロ》定《サダメ》給《タマヒキ》支、儀式帳 官帳社二十五處內 に、粟御子《アハミコ》神社《ノ》一《ヒト》處《トコロ》、稱《マヲス》二須《ス》佐乃乎命《サノヲノミコトノ》御玉道主《ミタマミチヌシノミコト》命一、形《ミカタチ》石《イシニ》坐《マシマス》、神名祕書に、粟皇子《アハミ》社《コノ》云々、在《リ》二伊介嶋《イケノシマニ》一とある是なり、さて此社舊跡ハ中嶋《ノ》と云にあり、然れども嶋半《シマナカバ》崩《クヅ》れて社を建《タテ》がたき故に、傍《カタハラ》の海濱に今の社を造《ツクリ》立《タテ》たるなりと云り 和名抄度會郡鄉名に、伊氣、神宮雜例集及神鳳抄に、度會郡伊介御廚、未木集寂蓮歌に、松に吹ク伊介の浦風わたるらむ波に、たゞよふ浮嶋の山 さて伊介浦《ノ》大明神《ノ》と云ハ伊介浦《ノ》に坐す故の稱《ナ》なり、又あはの御鹽殿《ミシホドノ》と云、あは‖ハ彼世記《ノ》に云る淡《アハ》の意なり 淡海子神と號け給ひしも、其海の鹽の淡々しかりしに依りてなり、子ハ男女に限らず親ミて云稱なり、粟御また粟皇、など書るハ借字なり 御鹽殿《ミシホドノ》ハ杉木氏考《ノ》に、伊介浦の海《ワタ》中《ナカ》なる粟皇子社《ノ》の舊跡の邊《アタリ》をしほや‖と云と云れたるにて心得べし

かたかみ《堅上》やしろ《社》

年中行事 六月十七日酒立神事條 に、祝《ハフリ》一人堅上社祝《カタカミノヤシロノハフリノ》役とあり 同書に堅上御園、と云も見えたり 志陽略志 答志郡村里條 に、堅神《カタカミ》村在《ハリ》二鳥羽

以《ヨリ》西二十餘町、また同書同郡神社條に、八皇子社在堅神村、又有鎮守神社・土宮・天䰟社・山神社と見えたり、二見神樂歌にハ、かたかミに土《ツチ》の御前牛頭《ゴヅ》天王とあり

みのぜ《美乃瀬》はろく《六》しよ《所》のご《御》ぜ《前》む

杉木氏考に、松下村の山上より美乃瀬越《ミノぜゴエ》とて鳥羽へ通ふ近道あり、其處《ソコ》に小堂ありて此《コレ》を美乃瀬《ミノぜノ》藥師と云、此《コ》ハ朝熊村の地下寺の持分《モチブム》にて、二十一年目に堂葺《ノフキ》替《ガヘ》ありて入佛供養あり、其式攝社の神遷に似たり、近郷の人民參詣する中に、舊家の者《モノ》ハ烏帽子・素襖を着《キ》て佛前に鏡餅・酒肴等を供《ソナ》へ拜《ヲガ》むとなむ、按《オモフ》に、美乃瀬六所御前ハ是《コレ》なるべしと云れたり 右の事等をつら〳〵考フるに、此ノ堂今ハ藥師を安置たれども、本ハ攝末社の舊跡ならむも知るべからず 六所と云所由《ヨシ》ハ未《ダ》考得ず

とび《飛》しま《島》のおま《御》へ《前》をはしる《走》よも《四方》のふね《船》せきやはら《和》かに
なみ《波》のこもな《無》し

飛嶋《トビシマ》のことハ下に云べし、御前《オマヘ》とハ飛嶋大明神の御前《オマヘ》の海上をと云意なり、はしるとハ海上を行通ふ船の狀《サマ》を見立《ミタテ》て云なり、四方《ヨモ》の船とハ四方の國の船と云なり、四句せきハいと心得がたきを試にいはゞ、風氣《カザケ》の訛にてはなきか、杉木氏考にハ、飛嶋の邊に小《コ》ぜきと云所ある、此《コレ》を云かと云れたり、天文本又一本にハせきあはらけにとあり あはらげのことハ下に云べし、猶考ふべし、なみのこもなしハこもじハともしの誤にて、波《ナミ》の音《ト》もなしと云ことなるべし、萬葉二に、浪音乃茂《ナミノオトノシゲキ》濱邊《ハマベ》とあるなど思ふべし、さて波の音《オト》をおもじを略《ハブ》きて、波のとと云ハの韻《ヒヾキ》、卽《チ》おなれバなり、此例猶多し、此歌ハ上に艫《トモ》にハ云々、舳《ヘ》にハ云々とある歌と同じく、飛嶋に坐《マ》す神の其御前の海を往來《ユキコ》ふ船等《フネドモ》を風波《ナミカゼ》の難《ワザハヒ》あらせず平《ラ》けく安《ラ》けく守護《マモリ》給ふよしを含《フク》めたるなるべし

あは《淡》ら《良》げ《伎》はしま《嶋》はなゝ《七》しま《嶋》そ《其》のなか《中》にけな《毛無》しくてゐ《合》ハや《八》しま《嶋》なるらむ

あはらげハ淡良伎《アハラギ》なり　キとケとハ親、く通ふ音なり　倭姫命世記に、海中《ワタナカニ》爾在《アリ》二七箇嶋《ナヽツノシマ》一、従《ヨリ》レ其以南《ソコミナミ》海鹽《ウシホ》淡《アハク》甘《アマカリキ》支、其嶋乎《ソノシマヲ》淡良伎之嶋《アハラギノシマ》號《トナヅケ玉ヒキ》支、内宮儀式帳及神宮雜例集神堺條《ノ》に、阿波良伎嶋《アハラギシマ》、年中行事　六月十五日贄海神事條　に、役人狩衣《ヲ》着《シ》、神歌奉《ヲ》レ仕《ルヘ》、其詞《ノ》、阿婆羅氣耶《アハラゲヤ》、嶋者七嶋止申世《シマハナヽシマトマヲセ》止毛《ドモ》、氣奈志賀弖天者八嶋奈利《ケナシカテヽハヤシマナリ》、松葉抄に、神嶋のむかひにちいさき嶋々七《ツ》あり、此《レ》をあはらげといふ、其《ノ》外に草木もおひぬいはほあり、毛無《ケナシ》嶋と云る是なるべし、志陽略志　答志郡古蹟條　に、不毛嶋《ケナシシマハ》在《リ》二小濱村前《ノヘノ》海《ニ》一、不毛謂《ハフ》下不《ノ》レ生二草木《ヲ》一之地《ヲ》上、また阿波良伎嶋在《アハラギハリ》二同村前《ノヘノ》海《ニ》一、竝此嶋有《ニノ》二六嶋一、凡七嶋《テ》是謂《ヲフ》二飛嶋《トビシマト》一とあり、四《ノ》句天文本一本にハけなくしてゑはとあり、共《トモ》に訛《リ》なるべし、此《コ》ハ年中行事歌《ノ》に、氣奈志賀弖天者《ケナシカテヽハ》とある　賀弖天ハ合てなり、物を合すことを然云ハ古言なり　萬葉十六に、醬酢爾蒜都伎合而とあるを思ふべし　に従ふべきなり、二見神樂歌にハ、あはらげハ七嶋《ナヽシマ》とハまをせども其《ノ》中にけなしともにハ八嶋《ヤシマ》なるらむとあり

あはらげ《淡良伎》はち《八》しよ《所》とびしま《飛嶋》のだい《大》ミやう《明》じむ《神》

あはらげ八所ハ所謂八嶋を指《シ》て云なり、一本にハ八所を八《ヤ》ところとあり、飛嶋《ノ》大明神ハ志陽略志　答志郡神社條　に、飛嶋明神在《ハリ》二小濱村前《ノヘノ》海飛嶋《ニ》一、稱《スレドモ》二神號《ヲ》一不レ建レ社《ヲ》、未《ダ》レ知《ラ》二何《レノ》神《ナルコトヲ》一也とあり、年中行事　六月十五日贄海神事條　に、詔刀同《ジク》刀禰《トネ》申《ス》、其詞《ノ》云《ニク》云々、又說《ニ》云、伊介神崎阿原《イケカムサキアハラ》木《ギ》邊嶋於木止志《オホトシノ》皇神廣前《ニ》云々　木ハ本の誤かと云り　とあり、二見神樂歌にハ、あはらげ八所の大明神とあり

にあそび《遊》のじやう《上》ぶむ《分》をまゐらする《進》うけ《受》たま《玉》のほう《寶》でむ《殿》、かうざき《神嶋》のだい《大》みやうじむ

かうざきの大明神ハ儀式帳　官帳社二十五處内　に、神前神社一處、稱二國生神兒、荒前比賣命一、形石坐《ニス》、神名祕書に、神前《ノ》社在二宇治郷《ノ》下松下一《ニ》とある是なり、此《ノ》社ハ松下村に屬《ツキ》て二見《ノ》立石崎より東の海邊あはらぎの神崎にあり、さて諸本多く河崎《カウサキ》の大明神とあるハ神《カム》を音便にカウと唱《トナ》ふるより轉《ウツ》れる誤寫《アヤマリ》にて、河《カハ》をも音便にカウと云へ

（下）（朱書）橘ノ江ノコト勢陽雑記ニ載タリ、併考フヘシ

（下）勢陽俚諺三、橘の江、松下と鹿海との間、朝熊領に在、近頃まて入江にて侍りしかとも、今は新田になり侍る、名所の致景もなくなり、いとあさまし、此所ハ山を橘山と云、龜か森の近邊也、神祇百首、花と見し常世の浪も絶ぬなり橘の江ハ神さひにけり、元長

バなり 又一本に河嶋とあるハ、崎を嶋に誤れるなり 二見神樂歌にハ、かうざきの社とあり

はらひ《祓》しま《嶋》

祓嶋ハ神前社ノの邊より西ハ洲崎までを云名なり、一本にハはらへしまとあり

とほる《通》しま《嶋》

とほるしまハとほるハ潜通《クヽリトホ》る意にて、潜嶋《クヽルシマ》の一名なるか 重ねて歌ふことハ、吾神樂歌に例多し 二見神樂歌にも此稱《ナ》出たり、考ふべし

くゞる《潜》しま《嶋》のだい《大》ミやう《明》じむ《神》

潜嶋《クヽルシマ》ハ神前社ノの東にあり、さて大明神と云ことハ祓《ハラヒ》嶋《シマ》・通嶋《トホルシマ》・潜嶋《クヽルシマ》此ノ三に係《カヽ》れり、此《コ》ハ此ノ嶋々を主領給《ウシハキ》ふ神等《カミタチ》を指《サ》すなり

なべが《南部谷》はやしろ《社》

此ノ社ハ杉木氏ノ考に、松下村にあり、南部谷社《ナベガヒ》と云、祭神詳ならず、同村森本八郎大夫と云者《フ》の持分の社にて、社頭・造替・祭祀等彼ノ家の所役なりと云れたり ‖はとひとハ通‖ふ音、一本に此《コ》をなべさき社とあるハ誤なり 志陽略志に、鍋崎在二城なり 南廓裏一、往古此處有二深淵一、其形象似レ鍋、故爲二崎之名一、淵中有二河童一、動害レ人也、九鬼家之時、塡二埋之一、以爲二家士之宅地一矣とあれど、此ハ其にてハあらず、、思混はぬ爲に如此ハ云なり 二見神樂歌にはなべかべ社《ニイ》とあり

たちば《橘》なやしろ《社》

此ノ社ハ江村にあり 松下村天王社、に近き所なり 社地に橘樹《タチバナノキ》ありて其ノ邊の字《アザナ》をも橘《タチバナ》と云り 宮河ノ河上に立花村と云あり、其は神鳳抄に度會郡立花御園と見えて古き所なれば、若其地なら、ずやとも思へど然らず 此ノ社號ハ二見神樂歌にも出たり

かいすくちやしろ《社》

未《ダ》考得ず、杉木氏ノ考にハ、堅田社ノの西南なる出口《デグチ》社のことかと云れたり、一本にハかいくち社とあり 予杉木氏ノ考

にさきて又按に、かいハ海の音讀、すくちハ出口の訛りならむか、出口社と云社號も、海への出口なる出口村に坐す故の稱と聞えたれば、海出口社と云むも強言にハあらずとぞ思はるゝ、福井公清神主の二見志に、出口神祠在二御津村東北、堅田神社西南一、また出口村趾在二堅田神社西一、延暦內宮儀式帳曰、堅田神社坐地一町三百歩、四至、東山、南公田、西溝、竝百姓家、今按、百姓家者出口村乎

ミ《御》つ《津》くり《國》やしろ《社》

ミつくり社ハ御津《ミツ》國社《クニヤシロ》にて にをりに通ハし云フ例ハ、稲荷をイナリと云にて知るべし 二見鄕《ノ》御津《ミツ》村 今ハ三津村と作く の西北なる今八王子と云社のことならむか、上古《イニシヘ》ハ鄕も郡も皆久爾《クニ》と云れ《ヘ》バ、御津《ミツ》國《クニ》とも云まじきにあらず 彼二見國と云へるなとを思へ、地名を以て其《ノ》社號とするハ常のことなり、此《ノ》御津村ハ倭姫命《ノ》世記に、御《ミ》船《フネノ》泊志《ハテシ》處《トコロノ》名《ナヲ》號《ナツケ玉ヒ》二御津《ミツノ》浦《ウラ》一支《トキ》と見えたる地《トコロ》にて、夫木集長明《ノ》歌に、我もさぞ頼《タノミ》ハかくる伊勢嶋や戀しき君を御津《ミツ》の浦波とよめるも此所《コヽ》なり 杉木氏ノ考に、年中行事贊海神事ノ歌に、我君乃御倉乃山仁鹽乃滿如富古曾入坐とあるを引キて、ミつくり社ハ三倉社かとやうに云れたるハ、御倉乃山とあるを地名ならむと心得られたるからの誤なり、其ノ御倉ハ字の如く御倉なり、其ハ結句に入坐せとあるにてしるきをや、又千載集俊頼歌に、御倉山眞木の屋たてゝ住む民は年を積むともくちじとぞ思ふとよめる御倉山ハ、山城國の名所なりと或書に云り、思混ふべからず

(十)(上)士佛參詣記二見浦ノ條云、彼寺〈大江寺也〉より桙の浦にくだりて眺望するに、曲渚波を隔て、所々の松繪にかけるかことし、是や此音にきゝしまきゑの松なるらんと思へとも、誰にとふべしともおほえす、いそ物とるあまのをとめにとへどもこたへす、船さしのぼるますらをあり、もしやと尋侍し程に、此入江をまきゑとや申らん、それハしらす云々

ふ《二》た《見》みのう《浦》らのか《貝》ひし《繁》げミま《蒔》き《繪》ゑに《似》にたるまつ《松》のむら《群》だち《立》

二見ハ倭姫命《ノ》世記ニ、二見濱御船坐、于レ時大若子命仁國名何問給、白久、速雨二見國止白支と見えたる地《トコロ》にて、和名抄度會郡《ノ》鄕《ノ》名に、二見布多美《ハフタミ》とある是なり、三句《ノ》ハ貝《カヒ》が繁《シゲ》さにと云なり、四句《ノ》天文本又一本にハまきゑにミするとあり、又此《ノ》歌上五もじのなきハ脫《オト》したるか、又舊《モト》よりわざと云はぬにてもありなむ、さて此歌ハ金葉集大中臣輔弘《ノ》歌に、玉櫛笥《タマクシゲ》二見の浦の貝繁《カヒシゲ》み蒔繪《マキヱ》に見ゆる松の群立《ムラダチ》とあるを取《ト》れるなり、蒔繪松《ノ》ハ古說に、二見鄕《ノ》江《エ》村と三津村との閒《アヒダ》の山にある松を云《フ》、一本の松を指《シ》て云にはあらずと云り

ま《松》つは《千》ちと《歳》せをふ《經》る

天文本にハ千《セム》ざいふる、又一本にハ千《セム》ざいをふるとあり

(上)郢曲譜、雑藝、白うすやらこぜんしの紙まきあけの筆ともゑかいたる筆のちくやれことうとう

(下)勢陽雑記度會郡條、蒔繪明神、江村より三町ほと南の林中に社あり、いつれをまつりけるにや、内宮の神樂歌に唱と云々、其外何事にも見えすと云々、神名帳、榎村神社と有、古ハ此所に人家ありしかとも、海少隔し故海上の仕業勝手よからすとて、今の村へ人家計移し侍ると古老の傳也 神風小名寄、江神社の外に卷江明神とて江村の山に御社有、いかなる神にかおほつかなし、是里神樂の内

きみ《君》はいかゞ《如何》ふる《經》

きミハ天皇《キミ》なり

まむざい《萬歳》をこそふれ《經》

天文本又一本にハをもじなし

やれかむとう〳〵

此ハ古《フル》き謡物の辭とおぼしくて、風俗歌に、於保止利《オホトリ》乃波禰仁《ノハネニ》、也禮名《ヤレナ》、之毛不禮利《シモフレリ》、也禮名《ヤレナ》、また加乃由《カノユ》久波《クハ》、加利加久久比加《カリカクヾヒカ》、加利奈良波《カリナラバ》、波禮也《ハレヤ》、止宇止宇《トウトウ》、加利奈良波《カリナラバ》、奈乃利曾世末之《ナノリゾセマシ》、奈本久久比奈利也《ナホクヾヒナリヤ》、止宇止宇《トウトウ》、催馬樂歌に、安介萬支也《アケマキヤ》、止宇止宇《トウトウ》、比呂《ヒロ》波加利也《ハカリヤ》、止宇止宇《トウトウ》、左可利天禰太禮止毛《サカリテネタレドモ》、萬呂比安《マロビア》比介利《ヒケリ》、止宇止宇《トウトウ》、加與利安比介利《カヨリアヒケリ》、止宇止宇《トウトウ》とあり、考合すべし　猿樂なる翁の謠にも、鳴るハ瀧の水、日ハ照るともたえずとうたりあり、うとう〳〵、あけまきや　一本にハやりかとむととあり　恵毘須舞　とんとうや、ひろはか、りやとんとうやとあり　の時、白金の御器ありがとむどと歌ふも、此詞と同事と聞えたり

まきゑ《蒔繪》のだいみやうじむ《大明神》

蒔繪《ノ》大明神ハ江《エノ》神社の一名なり、此社《ノ》ハ二見郷《ノ》江村にあり、儀式帳　官帳社二十五處内　に、江《エ》神社一處、稱二天須婆《スアマノスバ》留女命《ルメノミコトノミコナガク》兒長口女命《メノミコト、ミカタ》一形在レ水《ニ》、又大歳御祖命《オホトシノミオヤノ》、形無《ミカタナシ》、又宇加之御玉《ウカノミタマ》とある是なり、二見神樂歌にハ、

まきゑの明神とあり

にあそび《遊》のじやうぶむ《上分》をまゐらする《進》うけたま《受玉》のほうでむ《寶殿》

たていし《立石》のさむぐうじ《三狐神》

立石《タテイシ》ハ皆人の知る所なり、夫木集西行《ノ》歌に、逆艫《サカロ》おす立石崎《タテイシザキ》の白波ハ荒《アラ》き潮《シホ》にもかゝりけるかなとあるも此《コ》處のことなり、さむぐうじハ立石崎の山《ノ》下なる今しやぐじの社と云是なり、勢陽雑記にも、しやぐじの宮、立石の近所山根《ノ》に小祠ありと見えたり、立石崎に坐《マ》す故立石のさむぐうじとハ云なり、一本にハ三宮神と書《カケ》り、二見神樂歌にハ、立石の三宮神とも立石の三狐神《サムグジ》

宮末社のうたひ物に有、其外ハ傳説もなし
（下）士（十）佛參詣記、山陰とほくめくれる、入海の方をたつねて、江寺と申觀音の靈地にまゐりぬ、苔ふミのほる石ばしハ、磐折にて、溪の濳おとかすかなり

とも書り、さて三狐神ハ御食都神《ミケツカミ》の借字にて、卽宇加《ウカ》能美多麻《ノミタマノ》神の一名《マタノミナ》なり、其ハ倭姫命世記に、調御倉《ツキノミクラ》神、宇賀能美多麻《ノ》神、三狐神《ミケツカミ》、御鎮座傳記に、御倉《ノ》神云々、宇賀之御魂《ウカノミタマノ》神、亦名《マタノミナハ》専女《タクメ》、三狐神《ミケツカミ》、また調《ノ》御倉神、宇加能美多麻《ノ》神座《マス》云々、神祇官社《ノ》内《ノ》座《ニマス》御膳《ミケツ》神《カミ》是也《ナリ》、亦神服《カムハトリノ》機殿《ハタドノニ》祝《イハヒマツル》三狐神《ミケツカミ》同《トオナジク》座神《マスカミ》也《ナリ》云々とあるにて心得べし、又三宮《サムグウ》と書るハ三狐《サムグ》《ミケツ》の音讀より轉《ウツ》れるわざなるべし（また神名式に、山城國紀伊郡稲荷神三社とあれハ、所謂三宮神ハ三社神の意にて書ケるにてもあらむか、稲荷神三社ハ本殿宇賀御魂、第二殿ハ須佐之男命、第三殿ハ大市比賣なりと或書に云り、さて宇賀能美多麻神を御食都神とも申す故に其を三狐神とも書たるを、世俗心得ひがめて稲荷神を狐なりと云ひ、又其より轉りて狐を祀れる祠をも今ハおしなべて稲荷祠と云こ、となれり）下三宮《サムグ》神殿《ジノ》に、なつのさむぐうじ・槝柄《タシカラ》のさむぐうじ・御座《コザ》のさむぐうじ・そらのさむぐうじ・地《チ》のさむぐうじ・峰《ミネ》のさむぐうじ・所々のさむぐうじ・かきこしのさむぐうじ・村《ムラ》のさむぐうじとあるも皆同神なるべし

えのやしろ《江神社》

此《コ》ハ諸本に江寺《エデラ》の觀音とあるが如く舊《モト》ハ然《シカ》歌ひしを、其《ソ》ハいと忌々《ユヽ》しき佛《ノ》名なれバ、かけても云まじきことなりとて近世如此《カク》ハ改《アラタ》めつるなり、江《ノ》神社のことハ上蒔繪大明神條に云り

しらやまごむげむ《白山權現》

しらやま權現《ゴムゲム》ハ江村なる潮音山大江寺の本堂の左《ノ》側《カタハラ》にある小祠《ホコラ》是なり（今ハ此小祠を興、玉神とも云なり）さて白山《ハクサム》と云はでシラヤマと云《ヘ》るハいとよし、權現ハ佛《ホトケ》此《ノ》土に垂跡して權《カリ》に神と現《アラハ》れたるとの意にて、例の僧徒の云ひ出せる妄稱《ミダリゴト》と聞えたれバ（最勝王經に、世尊金剛躰權現㆓於化身㆒、盂蘭盆經に、十地菩薩權現㆓比丘㆒など見えた、るを思ふべし）此《コ》を除《ノゾ》きて社《ヤシロ》と改めまほしくぞ思ゆる、神名式に、加賀國《ノ》石川郡《ノ》白山比咩神社《シラヤマヒメノヤシロ》と載《ノセ》られたるをバ思合《ヒ》すべし、二見神樂歌にハ、江《エ》には白山ちむじう《鎮守》とあり

さむしよのかたゞのおまへ《三所堅田御前》には

三所の堅田のことハ下に云べし、二見神樂歌にハ、かたゞ三所の御前にハと見えたり

とち《杼》くり《栗》ばやし《林》ぞおもしろ《面白》き

和名抄菓《ノ》類に、杼《ハ》爾雅集注《ニ》云、栩、一名《ハ》杼、和名止知《トチ》、莊子《ニ》云狙公賦《ト云》㆑杼《ヲ》是《ナリ》、また栗子《ハ》兼名苑《ニ》云、栗、一名《ハ》撰子、和名久利《クリ》、また林野《ノ》類に、林《ハ》說文《ニ》云、平地《ニ》有《ルヲ》㆓叢木㆒曰《フ》㆑林《ト》、和名八也之《ハヤシ》とあり

なつ《夏》はれいし《嶺枝》のせみ《蟬》のこゑ《聲》

嶺枝《レイシ》ハ山嶺《ヤマノミネ》なる木枝《キノエダ》なり、蟬《セミ》ハ もと蟬の字音なる歟、ミ‖に轉してセミとハ云るにて錢をセン蘭をランと云類なり 品類いと多し、和名抄にも種々《クサぐ》載たり

あき《秋》ハこがね《黄色》のてふ《蝶》あそぶ《遊》

こがねの蝶とハ黄金《コガネ》色の蝶と云意にて所謂黄蝶なり、二見神樂歌にハあそぶ‖をあそび‖とあり

さむしよ《三所》のかたゞ《堅田》のあづさ《東》のごぜむ《御前》

三所の堅田のあづさの御前ハ儀式帳 官帳社二十五處内 に、堅田《ノ》神社一處、稱《ス》㆓東方堅田《ノ》神社《ト》㆒、形《ミカタ》石坐《ニス》とある 東方堅田神社の社‖もじなき本多し 是なり、此《ノ》社ハ三津村の東北、出口社の東北にあり、三所とハ神殿三宇あるを云なり、儀式解 堅田神社條 に、社の左右に寶殿二宇造立《ツクリタテ》り、件の寶殿ハ近世村人等尊信のあまり誇《ホコリ》て造立《ツクリタテ》たるなりとあれど、此《レ》又古《ク》よりのことなる所由《ヨシ》ハ此《コヽ》に三所の堅田とあるにて著明《アキラカ》なり、あづさの御前ハ杉木氏《ノ》考に、儀式帳に東方堅田神《ノ》となるを思へバ、あつさのさ‖ハま‖の誤にて東《アヅマ》の御前なりと云れたるいとよし、さて又儀式解に、東方堅田神社《トフハウカタヽノヤシロ》ハ東方ハ音讀なり、當社ハ何《イヅ》れの神を祭るにや、倭姫命世《ノ》記によれバ佐見都日女《サミツヒメ》なるべく見ゆ、佐《サ》ハ發語、見津《ミツ》ハ地名、卽チ今の三津村なり、地名を以て其神號とするハ常のことなり、東方の堅田と云へバ西方にも堅田と云神社あるに似たり、或人堅田《カタヾ》ハ地名にあらず、鹽堅《シホカタヽ》多にて堅鹽を云、當社の西方《ノ》御

(上)む、み一本

鹽殿あり、其《ソレ》を鹽堅多殿《シホカタヽドノ》と云ひ、鹽焼事《ヤクワザ》を守り給ふ神を此《ノ》殿の東方《ノ》に祭りて東方堅田《ノ》神社と云よし云りとあるに依《ヨリ》て考ふれバ、此《コヽ》も舊《モト》ハひがしの御前と歌ひしを、東の字をアヅマとも訓《ヨ》む故《ソレ》に其《ソレ》より轉《ウツ》りて然《シカ》唱へつるが例《ナラハシ》とハなれるなるべし　東をアヅマと云ハ、景行紀に、日本武尊毎有下願二弟橘媛一之情上、故登二碓日嶺一而東南望之三歎曰二吾嬬者耶一、故因、號二山東諸國一曰二吾嬬國一也とある、是始なり　又あづまをあつさと訛《リ》たるハまとさとハ横通《ヨコニカヨフ》音なればはなり、二見神樂歌にハ、かたゞ三所かづさの御前とあり、其かづさもあづまの訛にて東《ヒムカシ》の意なり

いせ《伊勢》のうみ《海》ミて《雖》どもしほ《滿潮》のあまらぬ《不溢》ハふたミ《二見》のうら《浦》の
ひろき《廣》なるらむ

二見神樂歌にハ、いせのうみミてどもしほのあまらぬは二見がうらのミしほなるらむとあり

たき《沖》よりふね《船》こそうか《浮》むだれ

たきよりと云詞ハ二見の浦に云々の詞へ係《カヽ》れり、うかむだれハ浮《ウカ》ミて在《ア》れと云ことなるよし、上に云り

たから《寶》をつむ《積》むだるふね《船》なれば

つむだるハむハミの音便、たるハてあるの約《ツヾマ》りたるなり、一本にハつミたるとあり

ふたみ《二見》のうら《浦》におしつけ《推着》てみしをどの《御鹽殿》へぞをさめ《納》ける

御鹽殿《ミシホドノ》のことハ次《ツギ》に委く云べし

みしをどの《御鹽殿》のやしろ《社》

御鹽殿《ミシホドノ》ハ二見郷《ノ》庄村の東北にあり、俗にハ御鹽《ミシホ》でむと云、兩宮の御饌料の御鹽を焼調《ヤキトヽノフ》る所なり、外宮儀式帳に、御鹽焼《ミサキ》物忌、无位《ノ》神主乙繼女、右人《ノ》行事、卜《ヒ》定《メ》任《ル》日、後家《ノノ》雜罪事祓浄氐立《タテ》二忌館《イミタチヲツクリ》一造、卽《スナハチ》御《ミ》鹽殿《シホドノ》造奉《ツクリマツリテ》氐御《ミ》鹽焼《シホヤキ》儲氐《マケテ》、朝《アシタノ》御饌《ミケ》夕《ユフベノ》御饌《ミケ》爾《ニ》日毎《ヒゴトニ》仕《ツカヘ》奉《マツル》、また父无位《ノ》神主蟲麻呂、右人《ノ》行事、與《ト》二物忌《モノイミ》一共《トモニ》副仕《ソヒツカヘ》奉《マツル》、又《マタ》御《ミ》鹽山《シホヤマノ》木《キ》乎《ヲ》御《ミ》鹽殿《シホドノ》爾《ニ》切運《キリハコビテ》氐、荒鹽《アラシホ》爾焼《ヤキ》

儲氏《マケテ》、御鹽《ミシホ》堝作《ナベツクリ》 儲氏《マケテ》、物忌爾《ニ》令《シメ》レ燒氏《ヤカテ》、朝《アシタノ》 御饌《ミケ》夕《ユフベノ》
御饌《ミケ》爾日《ニヒ》別《ゴトニ》 奉《マツリ》レ進《タテ》、又濱《マタハマノ》 御《ミ》鹽《サ》燒《キ》殿《ドノ》幷《ナラビニ》 廻《メグリノ》 垣《カキ》修理《ツクロヒ》掃《ハラヒ》
浄《キヨメ》仕《ツカヘ》奉《マツル》 とあり、夫木集長明歌《ノ》に、二見潟《ガタ》神さび立《タテ》
る御鹽殿《ミシホドノ》幾千代《イクチヨ》みちぬ松蔭《マツカゲ》にして

さびやしろ《佐見社》

さびやしろ（寛永本也‖一本にさ‖いやしろ）ハ杉木氏考《ノ》に、佐見社《サミヤシロ》なりと云
れたるが如し（‖ミとびとハ親‖く通ふ音なり）、佐見社ハ堅田《ノ》神社の一名
にて、倭姫命世記に堅多社《ノ》定《サダメタマヒ》 給支とある傍《カタヘ》に、佐見
社とも佐見同名也《ナリ》とも小《チヒサクカケ》 書る本あり、然るハ佐見都《サミツ》
日女神《ヒメノ》を祀《マツ》れる社なればなり、(十)士佛參詣記《ノ》（二見條）に、
此《ノ》浦に佐美《サミ》明神とて古《フル》き神ましますと見えたるも此社《ノ》
のことなり

こまがたけのだいみやうじむ《大明神》

未《ダ》考得ず（上なる三河にハ云々の條に、出たるとハ別ノ社なるべし）、天文本にハが‖もじな
し、又駒《コマ》が嶽と書る本もあり

にあそび《遊》のじやうぶむ《上分》をまゐらする《進》うけたま《受玉》のほうでむ《寶殿》

ひめやしろ《姫社》

此《コ》ハ鹽合《シハヒ》の渡《ワタシ》にある姫宮《ヒメミヤ》と稱《マヲ》す社のことなるべし、二
見志に、姫宮《ヒメミヤノヤシロ》 神祠在《リ》二鹽合《シハヒノ》渡口《ニ》一、所《ノ》レ祭《ル》之神一座、倉《ウガノ》
稻魂命《ミタマノ》とあり

ちはやぶるかゞみのミや《鏡宮》のゆふだすき《木綿手襁》かけ《懸》たまはり《給》てち《千》
よ《代》のよ《世》をへ《經》む

鏡宮《カヾミノミヤ》ハ小朝熊《ヲアサクマ》社《ノヤシロ》の一名なりと古傳なり（小朝熊社のことハ下に云べ）
し、年中行事（六月十五日贄海神事條）に、自《ヨリ》二鏡宮前《ノノ》一船乘《ニリ》云々、
鴨長明伊勢記《ノ》に、朝熊河を隔《ヘダ》てゝ晝河《ヒルカハ》の横根と云山あ
り、其山の西のはなに鏡宮《ノ》おはします、續拾遺集前大《ノ》
僧正隆辨歌《ノ》に、神代より光《ヒカリ》をとめて朝熊《アサクマ》の鏡宮《ノ》にすめ
る月影とあり、歌意《ノ》ハ外宮末社拾、千早根國見社の木《ユ》
綿手襁《フタスキ》云々とある條に云るを見て准《ナヅラヘシ》 知るべし

（上）元長神祇百首、七夕歌自注、朝熊ノ鏡ニ彼星合ノ影寫リ玉フ由書タル事一書アリ、彼宮ノ御鏡以上五面之内二面朝熊ニ坐歟、大朝熊・小朝熊トテ坐歟、二面ハ日天・月天是夜ノ守日ノ護ニテ坐

かゞみ《鏡》のごぜむ《御前》のたまてばこ《玉手箱》あけ《開》てミ《見》たれバにしき《錦》なるらむ

歌の據《ヨリドコロ》ハ未《ダ》考得ず、下句《ノ》ミたれバとあれど然《サ》でハなるらむと結《トヂ》めたるに合《カナ》はす、此ハミたらバと云べき所なり、又ミたれバと云ときハにしきなりけりと結《トチ》めざれバ合《カナ》はぬなり、二見神樂歌にハ初・二句あさくまやかゞみのミやのとあり

おほあさくま《大朝熊》こあさくま《小朝熊》

大朝熊《オホアサクマ》ハ杉木氏考《ノ》に、大朝熊と云ハなれど、此《コ》ハ小朝熊に對《ムカ》へて設けたる詞なりと云《ハ》れたるが如し、又小朝熊と云《ハ》む序に云るにてもあるべし　然れど古へハ小朝熊社と前社と大小二宇の御殿山上に竝び坐しければ、其ノ二宇を指て大朝熊・小朝熊と稱たりけむも又知るべからず、猶熟考ふべきことなり　小朝熊ハ儀式帳　官帳社二十五處内　に、小《コ》朝熊神社《アサクマノヤシロ》一處、稱神櫛玉《マヲスカムクシタマノ》命　兒大歳　兒櫻　大刀自《ミコトノミコオホトシノミコサクラオホトジト》、形石《ミカタイシニ》坐《ス》、又苔蟲《コケムシノカミ》神、形《ミカタ》石《イシニ》坐《ス》、又大山罪　命　子朝熊　水　神《オホヤマツミノミコトノミコアサクマノミヅノカミ》、形石《ミカタイシニ》坐《ス》云々、正殿一區云々、前《マヘ》社一處云々とあり　倭姫命世記・御鎭座傳記・神名祕書等にハ櫛玉命・保於止忠神・大山祇神を加へて六座とせり、故朝熊六社とも云、さて小朝熊の小もじハ美稱る意なり、小サきを云小の意にハあらず、　此社ハ宇治鄕《ノ》朝熊村の北、鹿海《カノミ》村の東の山上《ノ》にあり、二見神樂歌にも大あさくま小あさくまとあり

かゞみ《鏡》のごぜむ《御前》

鏡御前《ノ》ハ小朝熊神鏡沙汰文　正治元年六月六日、小朝熊祝磯部時次、御前社祝宇羽西重時注進狀　に、抑《ソモ〳〵》當社幷《ニ》御前社《ノ》寶殿者《ハ》共有《ニリ》高山之上《ノニ》、其《ノ》山下坤《ヒツジサルノ》方隔《ルコト》江河《ヲ》二十餘丈之程《ノ》、水邊岩上《ノニ》件御鏡二面、自往昔之當初所御坐《オホシマス》也、云大風洪水之《ノ》比《ト》、云海潮湛滿之時《ノト》、猛浪雖《トモ》浮《ト》其上《ノニ》、鎭座更無《ニシ》相違とある是なり　神鏡二面のこと猶委く右の沙汰文に見えたり、又此神鏡の古傳に不審き事ある、其論ハ儀式解なる小朝熊神社條に委く見えたれバ、其を披見て知るべし

おほもり《大森》こもり《小森》のあひだ《間》のだいみやうじむ《大明神》

杉木氏考《ノ》に、大もりハ彼小朝熊《ノ》に對《ムカ》へて大朝熊と云ると同じことにて、許母利《コモリノ》社に對へて云る詞ならむか、一本にハ大森小森のあひだの大明神とあり、猶考ふべ

しとあり、今按《フ》に、二見神樂歌に、かのミ《鹿海》には大森・小森・田中の明神とある、其大森・小森ハ西鹿海《ニシカノミ》村産神の森と其東方なる加努彌《カヌミ》社の森なるべし、また田中の明神ハ郎《チ》加努彌社のことにて、其社地田中《ノ》にある故如此《カク》ハ云るなるべし、然れバ此《コヽ》に云大森・小森も其《ソレ》なるべし、又あひだの大明神ハ加努彌社のことか、然《サ》るハ田間《ノ》に坐《マ》す故如此《カク》ハ稱《マヲ》すにて、彼田中《ノ》の明神と云ると同意なるべし 同社を重ね云ことハ、吾神樂歌に例多し 若然《モシサ》もあらバ一本に大森小森と書るよく合へり、天文本又一本にハ大もり小もりあひたの大明神と見え、又一本には大もり小もりのあひた大明神とあり、又一本にハ大もり小もりあハたの大明神とあり、あハたはあひたの誤寫《アヤマリ》か、又河端《カハバタ》の義にてハなきか、熟《ヨク》考ふべし、加努彌《カヌミ》社ハ儀式帳 未官帳社十五處內 に、加努彌《ノ》神社、大歲神《ノ》兒《ノミコ》稻依比女命《イナヨリヒメノミコト》、形《ミカタ》石坐《ニス》とあり 此社ハ森のミ、にて寶殿なし さて上に擧《アゲ》たるこもりハ許母利《コモリ》社 儀式帳未官帳社十五處內に、許母利神社、粟嶋神御玉、形無とあり、社地ハ松下村神前社の西南なる山巓にあり、寶殿なし にて、大森と云ハこもりに對《ムカ》へて設けたる詞な

(下)七尾ノ森ト云、土俗ノ說ニ、尾七ツアル大蛇ヲ祭ルト云ヘリ

らむかとの說も然《サ》もありげに聞えたれど、二見神樂歌に據《ヨリ》て考ふれバ鹿海《カノミ》のなること著明《アキラカ》なるをや

七尾五社太明神
なゝをハごしやのだいミやうじむ

杉木氏考に、七尾明神《ナヽヲノ》ハ一宇田村と東鹿海村との閒《アヒダ》の山中にあり、里人《サトビト》かりや神と云とあり、五社と云よしハ未思得《タヒ》ず、天文本にハなゝをハのハもしなし 此ハなくても宜しきもじなり

宇治田上社
うぢたみやしろ

うぢハ宇治、たみハ田上《タカミ》の約《ツヾマ》りたるにて、御遷幸の舊跡、宇治家田田上宮《ウヂノイヘタタカミノミヤ》のことなり、此《コ》ハ倭姫命世記に云々、次《ツギニイヘタ》家田田上宮遷幸支《タカミノミヤウツリマシキ》、其宮坐時《ソノミヤニマシマストキ》云々、御《ミ》田《タ》定奉支《サダメマツリキ》、宇遲田《ウヂタ》田上爾在名拔穗田《タカミニアルナハヌキボタ》是也《コレナリ》、儀式帳に云々、次《ツギニモ》百船《フネヲ》乎度會《ワタラヒノ》國佐古久志呂《クニサコクシロ》宇治《ウヂノ》家田《イヘタ》田上《タカミノ》宮坐支《ミヤニマシマシキ》と見えたる所にて、其舊跡《ノ》ハ儀式解に、田《タ》上《カミ》ハ宇治《ウヂ》の御田《ミタ》の邊なれば田の邊の心もて號《ナヅケ》しにや、

(下)伊勢名所記といふものに、杉木神社楠部入口後田の中小森、社なし

(上)慶光院年貢納帳、慶長六年、やうた田、又やまた田トモアリ、中村ナリ
蘭田守經神主藏、慶長十四年二月八日文書云、山田田一段

然《サ》らバ御田を定《サダメ》給ひし後の名なるべし、尾崎《ヲサキ》の北を流る丶川堀町の堰《キセキ》の邊、俗に米かし淵と云淵の南岸に大なる森ある、これ田上宮《ノ》跡なりと云り、其眞僞をしらず、元祿勘文、件の森廣《ヒロ》さ廻《リ》百四十八間五尺と見えたりと見えたり

やま《山》だ《田》みや《宮》やしろ《社》

此社ハ儀式帳（官帳社二十五處内）に、宇治《ウヂノ》山田《ヤマタノ》神社一處、稱《ス》二大水《オホミヅノカミノ》神兒《ミコ》山田《ヤマタ》姫《ヒメノ》命《ミコト》一、形無《ミカタナシ》とある是なり、儀式帳解（宇治山田神社條）に、今世《ノ》當社絶て其跡《ノ》さへ知る人なし、比年《トシゴロ》其《ノ》跡を尋ね古書によりて考《フ》るに、今の中村火焼里の東邊に、毎年二月十二日禰宜參《マキリ》て酒肴に預《アヅカ》る地《トコロ》あり、其處《ソコ》に石疊と森あり、此處《コヽ》にや、又中村上森《ウヘモリ》（俗に興玉森と云）の南西なる田地の邊にや（中村の南西、中人神の淵の北岸、杉二、三株ありて、昔宇治橋此《ノ》處に在し時の橋守神の社地なりと云ヒ傳へたる所、宇治山田社の跡か、宇治橋上古ハ此處にわたせしと云ハ妄言なり）、此兩《ノ》所の地を見るに此儀《ノ》式に載《ノセ》し四至《シヽ》に大凡同じとあり、さて一本（寛永本也）にはやまた社とありてミやてふもじなし、此《コ》ハミやてふもじなきぞよろしき、二見神樂歌にも山田社とあり、思ふに、ミやハ後世人《ノ》の加筆にてもあらむか、凡《スベ》て神樂歌ハ歌ふに便宜《タヨリヨカ》らむため、或《アルヒ》ハ重ねても云ひ、又ハ延《ノベ》もし約《ツヾ》めもして云る所多かれバ、是等《コレラ》のこと強《アナガチトガム》難るには及《オヨ》ふべからず（又二見郷山田原村の南方、破石・ゑほし岩の近邊にも山田社と云あり、其ハ勢陽雜記に、山田社、ゑぼし岩のならびにあり、二見山田原村領内往來より三町ばかり山の方にありと見えたる社なり、此に云山田社と思ヒ混ふことなかれ）

すぎさすやしろ《社》

未《ダ》考得ず（勢陽雜記に、杉森山田社の近處とあれども、其ハ二見郷山田原村領なる山田社の近處のなれバ此の據にハしがたし）

すぎ《杉》もと《本》やしろ《社》

此《ノ》社ハ楠部《クスベ》村爾加宇森《ニカウモリ》の北なる田中の小森なり、或書に此《コレ》を外宮末社なりとあり、天文本に杉もし社とあるしもじハ誤なり

（下）寛永本に賀久社トアルニ依テ考フレハ、鹿海社ノコト歟、鹿海ノ本語カノミナシト、今カナメトモ云リ、メ。トヘ。ハ常ニ通ス

あら《荒》さい《崎》やしろ《社》

い‖ハき‖の音便にて荒崎《アラサキ》社なり、此《ノ》社ハ儀式帳（未官帳社十五處内）に、荒前《ノ》神社、國《ク》生《ナリノ》 神《ノ》兒《ミコ》荒前《アラサキ》比賣《ヒメ》命《ノ》、形《ミカタ》 石坐《ニス》とある是なり、儀式解（荒前神社條）に、荒前ハ阿良佐岐《アラサキ》とよむべし、當社ハ志摩《ノ》國答志《ノ》郡安《ア》樂《ラ》嶋《シマ》の崎なる加夫良古《カブラコ》明《ノ》神なるべし云々、前《サキ》ハ崎《サキ》の借字なり、當社座《マシマ》す村を安《ア》樂《ラ》嶋《シマ》村と云《フ》も、もとは荒前村なるべしとあり（加夫良古明神のことハ上、に云り）、一本に山田《ヤマタ》宮《ミヤ》社より此《ノ》荒《アラ》前社まで（合セて四社）なきは脱誤《モレ》たるものなるべし

を《尾》さき《崎》やしろ《社》のだい《大》ミやう《明》じむ《神》

一本にハ尾崎大明神とあり、天文本又一本にハの‖もじなし、此社ハ宇治鄕《ノ》尾崎村なる大土御祖《ノ》社・國津御祖社を云るなり、儀式帳（官帳社二十五處内）に、大土神《ノ》社一處、稱㆓國《スク》生《ナリノ》 兒《ミコ》大國玉命《ノ》、次《ツギニ》 水《ミツ》佐々良比古命、次《ニ》佐々良比《ヒ》賣命《メノト》㆒、形《ミカタ》 石坐《ニス》、國津御祖《ノ》神社一處、稱㆓國《ス》生《ノ》神《ノ》兒宇治比賣命《ノト》㆒、形《ミカタ》 石坐《ニス》、又田村比賣命《ノ》、形《ミカタナシ》 無云々、坐《マシマス》

地《トコロ》 大土《ノ》神社四《シ》至《シノ》内とあり

にあそび《遊》のじやう《上》ぶ《分》む《進》をまゐらするうけ《受》たま《玉》のほう《寶》でむ《殿》

かなやしろ《社》かなつほやしろ《社》

二社ともに未考得《タ》ず、一本（寛永本也）にハかなやしろをかなへ社とあり（かな社ハ田邊鄕蚊野村なる蚊野社の野をなに‖通ハし云るか、又此ノ社地を俗に加奈母利と云も蚊野森の轉なるべしと云へバ、所謂かなつほ社ハ蚊野津森社と云ことの訛りにて、此又同社を重ね云るならむかとも思はるれど然らず、若蚊野社のことならバ楯原社等の前後に云べきなり）

かみ《上》つ《津》なが《長》しも《下》つ《津》なが《長》のだい《大》ミやう《明》じむ《神》

津長《ツナガ》ハ宇治鄕《ノ》なる地名にて、倭姫命世記に、御《ミ》船《フネノ》 泊《トマ》留《マリ》在志處《シトコロヲ》 乎《ツ》津長原《ナガハラト》止號《ナヅケ玉ヒキ》 支、其處《ソコ》爾《ニ》津長《ツナガノヤシロ》 社定《サダメ》 給《タマヒキ》 支と見えたる是なり、按《オモフ》に、上津長・下津長ハ宇治今在家の西畑町の西《ノ》山なる津長社《ノ》、同社《シ》の南なる大水社《ノ》、此《ノ》二社を云なるべし（凡て二處なるものを上某・下某と云ことハ世に例多かり）、儀式帳（官帳社二十五處内）に、津長大水神《ノ》社一處、稱㆓大水上《スオホミナカミノ》 兒《ミコス》栖長比《ナガヒ》女命《メノト》㆒、形《ミカタ》 石坐《ニス》、大水神《ノ》社一處、稱㆓大山罪乃《スオホヤマツミノ》御祖《ミオヤ》命《ト》㆒、

形《ミカタ》石坐《ニス》とあり、二見神樂歌にハ、うへつながしたつながとあり 年中行事巻末に、上津長同先々雖二勤仕一、從二故浦田長官之時一、成二不輪公判一、子良菜料勤仕也とあるハ、神鳳抄に志摩國上津長御厨と見えたる所にて、此の津長とハ別なり、思ヒ混ふべからず

つち《淵》やしろ《社》く《熊》まつち《淵》やしろ《社》

つち社・くまつち社ハ杉木氏《ノ》考に、つちハふちの訛《リ》にて熊淵社《クマフチヤシロ》なるへしと云れたるが如し、此社《ノ》ハ儀式帳 未官帳社十五處内 に、熊淵神社《ノ》、大水神《ノ》兒多《ミコタ》支《キ》大刀自《オホトジ》、形無《ミカタナシ》とありて、五十鈴河《ノ》上雲津《クモヅ》と云所より二町ばかり南にあり、さてつち社・くまつち社と云るハ例の重詞《カサネコトバ》なり、天文本一本にはつしやしろ・くまつしやしろとあり 此レ又訛リなり、又一本《寛永本也》につちやしろとのミありて、くまつちやしろのなきハ脱《モレ》たるなり 予前にハつち社を土社と書る本もあれば、此ハ尾崎村なる大土御祖社のことにて、舊ハ大土社とありしを、後に大てふ字を脱したるにハあらずやと思ひしかど、然にハあらざりけり

二見神樂にハくまつ《もイ》社とあり

き《切》れよはなれ《離》よをきつのだい《大》ミや《明》うじ《神》む

(上)應永十五年頭工注文、くまうちやしろ三十貫文

皇太神宮御鎭座記云、熊淵神社、末社有二宮山西、百乃木所川原西一

(下)應永十五年頭工注文、いしたうやしろ三十貫文

(下)(付箋)石登宇社、五十鈴河上ノ石磴ノ邊ニアルヘシ、勢陽雑記ニモ石堂熊淵ノ上ニアリ、内宮八十末社ノ中也トアリ、少ク據アルニ似タリト御巫清直イヘリ、石磴ハイシバシニテ俗ニ云飛コエ也

きれよはなれよハ未《タ》考得ざれども、此《コ》ハを 麻なり、和名抄に、説文云、麻枲屬也、和名乎、一云阿佐 と云む序《ハ》に云るならむか、大祓詞《ノ》に、天津菅曾《アマツスガソ》乎本苅斷末苅切氏《ヲモトカリタチスヱカリキリテ》八針爾取辟氏《ヤハリニトリサキテ》とある 菅曾の曾ハ佐乎の約りたるにて眞麻の意なり など思合《ヒ》すべし、をきつの大明神ハ未《タ》考得ず、おきつ又奥津《オキツ》と書る本もあり、又二見神樂歌にハきれいなれと見えたり

も《裳》す《須》そ《蘇》やしろ《社》

那自賣《ナジメノ》社のことならむか、此社ハ儀式帳 未官帳社十五處内 に、那自賣神社《ノ》、大水上御祖《オホミナカミミオヤノ》命、同御玉《ミタマ》、御裳乃須蘇比《ミモノスソヒ》女命《メノ》とあれバ、其神名に依て裳須蘇社《モスソヤシロ》と云るにや、猶考ふべし、那自賣《ナジメノ》社ハ宇治の岡田山《ヲカダノ》神《ノ》と云是なるべしと古説なり

い《石》しとう《登宇》やしろ《社》

此社ハ年中行事に出たり、社地ハ五十鈴河《ノ》上鏡石の邊なりと云へど詳ならす、二見神樂歌に、いしとやしろ

とあり　神拝式本に石戸社と書るあり

三代實録卅四、元慶二年九月十六日戊申、授㆓石見國石塔鬼王帝釋天王國社神従五位下㆒

公文筆海抄、恆例石塔下文様、石塔用途事、當年分任㆑例一石可㆑沙㆓汰渡鎰取行次㆒也者、依㆓祭主三位殿仰㆒、執達如㆑件、建長八年三月一日權禰宜

おほ《大》はな《花》だ《田》こ《小》はな《花》だ《田》はな《花》だ《田》やしろ《社》

未《タ》考得ず、はなだと云こと三擧《ミツアゲ》たるハ例の重詞《カサネコトバ》と聞えたり、一本にハ大花田小はなだ社とありて、下なるはなだ社を載す

その《園相》やしろ《社》

此社ハ杉木氏《ノ》考に、沼木郷《ノ》津村なる園相社《ノ》なりと云れたるが如し、儀式帳　官帳社二十五處内　に、園相《ソナフノ》《ソナヒ》神社一處、稱《ス》㆓大水上《オホミナカミノ》兒曾《ミコソ》奈《ナ》比《ヒ》比《ヒ》古《コノ》命《ト》㆒、形《ミカタ》石坐《ニス》、倭姫命世記に、園《ソノ》作神參相天《ツクリノカミマヰアヒテ》御園地《ミソノドコロ》進支《タテマツリキ》、其處《ソコヲ》悅給《ヨロコビタマヒテ》、園相社《ソナヒノヤシロ》定給支《サダメタマヒキ》とあり、二見神樂歌に、おくの花ぞのくちの花ぞのとあるも此社のことか

み《御》かまのミやう《明》じむ《神》

一本にハみくまの明神とあり、此社《ノ》のことハ次に併《アハ》せ云べし、此社《ノ》號ハ二見神樂歌にも見えたり

み《御》たま《靈》のミやう《明》じむ《神》

みくまの明神　今ハ一本にみくまとあるに依る　みたまの明神ハ一社のことを如此《カク》別《ワケ》て云るにて、此《コ》ハ懸稅靈《カケチカラノミタマノ》神社のことなるべし、みくまハ卽《チ》懸稅の意なり、和名抄祭祀具《ノ》に、粨米《ハ》和名久《ク》萬《マ》之《シ》稱《ネ》と見え、同書淡路國《ノ》三《ミ》原《ハラノ》郡鄕名に、神稻《ハ》久《ク》萬《マ》之《シ》呂《ロ》とあるなど思ふべし、さて懸稅靈《ノ》神《ノ》社ハ宮中末社遙拜所に其號ハ出たれども今詳ならず、若《モシ》くハ八束穗《ヤツカボノ》神社　此ハ倭姫命世記に云々、彼鶴佐々牟江宮之前葦原中還行鳴、使到見㆓葦原中㆒、生稻本波一基爲天、末八百穗茂也、咋捧持鳴支云々、竹連吉比古等爾仰給、先穗抜穗令㆑抜、半分大稅令㆑苅、皇太神御前懸奉、拔穗波號㆓細稅㆒、號㆓大苅大半㆒弖御前懸奉、仍天都告刀、千稅餘八百稅止稱白弖仕奉也、因茲其鶴住處八握穗社造祠也と見えたる社にて、社地ハ大淀村佐々牟江社の傍にあり　のことくか、又御鎭座傳記朝熊神社《ノ》六座條《ノ》に、保於止志《ホオトシノ》神一座、懸稅靈《カケチカラミタマノカミ》　神と見えたれば、大歳神《ノ》を指て然《シ》稱《シカマヲ》すか、大歳神《ノ》を祭れる社ハ處々に多かり、熟《ヨク》考ふべし　杉木氏ノ考にも、みくまハ御供米か、みたまの明神ハ懸稅靈神社かとかつ〲云れたり

（下）光明寺所藏、建暦二年九月廿四日文書、繼橋鄕内蒜田社

（上）氏經日次記、永享十三年二月十二日條、尼田坊、文安六年六月廿日、阿摩多神事行之

（下）あまた社ハ雷社を見誤て、雨田社と書るにはあらすや、雷の字を雨田と誤リ書たることハ他にも例あれば、如此ハ云なり

いなふやしろ《社》

いなふハ稲生《イナフ》か、又稲穂《イナボ》のほをふに通ハしたるかにて、懸税靈神社・八束穂神社・大歳神社などの一名にハあらずや、杉木氏考にハ、奄藝《アムギ》郡式社伊奈富《イナホ》神社のことかと云れたり 伊奈富神社ハ奄藝郡稲生村の乾の松山にあり、正一位稲生大明神と云なり 、猶考ふべし、此社號ハ二見神樂歌にも出たり

あまたやしろ《社》

此社ハ杉木氏考に、年中行事 二月十二日條 に、勸盃・配膳・御箸・三獻次第如昨日、件饗料田一段尼田《アマタ》坊知行云々と見え、尼田《アマタ》と云地名、宇治鄕中村にあれバ其處ならむかと云れたり 此尼田坊ハ年中行事贄海神事條に云々、當時尾崎坊沙汰料所知行とあるをと同ジ類に、て僧坊なり 、猶考ふべし、一本にあなた社とあるハ訛なるべし

すまやま《山》やしろ《社》

未考《タヘ》得ず、二見神樂歌に、すやま社とあるも同社にハあらずや すやま社、此レ又詳ならざれども、神鳳抄安西郡某神田・某神田と多く載たる條に、須山神田と云見えたるを思へバ所由ありて聞ゆ、また同書に志摩國中井須山御厨と云も見えたり、考ふべし

ひるたやしろ《社》

此社ハ杉木氏考にハ湯田鄕晝田《ヒルタ》村に在べしと云れたり、度會郡晝田《ヒルタノ》御廚神鳳抄に見ゆ、又神祇本源 外宮末社 に、林社在繼橋鄕蒜田《ヒルタ》村と見え、神鳳抄に度會郡蒜田御《ヒルタノミ》牧《マキ》と見えたる、其蒜田村今詳ならざれども其地名に依れる社號にもあるべし

しら《白》かは《川》ら《原》やしろ《社》

此社ハ儀式帳 官帳社二十五社處内 に、川原神社一處、稱月讀神御玉《タマ》、形無《ミカタナシ》とある是なるべし、川原神社は社記・神名祕書等に在沼木鄕佐八村とあり、儀式解 川原神社條 に、當社ハ沼木鄕佐八村にあり、宮川邊なれば川原と云ひしか、又此鄕を上古川原と云ひしか、然《サ》らバ地名を社號としたるべしとあり、さてしら《白》と云ことを上に

添《ソヘ》たる意ハ何《イカ》ならむ、思得《ヒ》ざれども凡《スベ》て川原は望《ノゾ》むに白《シロ》く見ゆるものなる故如此《カク》冠《カウフ》らしめたるならむか　古歌等にも地名に拘らで白濱など、よめるあり、思ヒ合ずべし　一本にハ白川社とあり、二見神樂歌にも白川社とあり

ちはやぶるすなをのみや《宮》のゆうだすき《木綿手襁》かけ《懸》たまは《給》りてち《千》
よ《代》のよ《世》をへ《經》むすなをのだい《大》みやう《明》じむ《神》

すなをハ一本にハすなほとあり、大明神ハ天文本又一本にハ大の字なし、さてすなをハ何《イヅ》れの社にや、未《ダ》考得ざれども試《コヽロミ》に云《イ》はゞ、園相《ソナフ》の　園相社のことハ上に云り　訛《リ》か、又ハ佐那《サナ》の訛《リ》か、佐那社《ノ》ハ多氣郡《ノ》佐奈仁田村にあり、古事記上巻　皇御孫命御天降條　に、手力《タチカラヲノ》男神者坐《ハマス》二佐那《サナ》懸《ガタニ》一神名式に多氣《ノ》郡佐那《ノ》神社、大神宮式　社十二處條　に佐那《ノ》社、神祇本源　造宮式造替六社條　に佐奈《サナ》、また同書　御竈木帳四十七前神社條　に佐奈《ノ》社とあり、さて此社ハ神祇本源外宮別宮篇に載《ノセ》たれば、外宮に附屬《ツキ》たる社なり

(上)應永十五年頭工注文、そなうノやしろ七十貫文

さゝこのやしろ《社》

天文本にハのもじなし、此社ハ杉木氏《ノ》考に、田丸の近邊に佐々上と云地名あり、考合《ヘ》すべしと云れたり　杉木氏ノ又考へに、大淀村なる佐々牟江社を篠笛社とも云ひ、篠笛橋をサゝベノ橋とも云フもて考ふれバ、佐々牟江社のことならむか、又外宮末社拾に、とかへ社と云見えたり、是サゝノベ社か、さゝこ社・さかへ社何れ一つハ佐々牟江社なるべしと云れたるハ、是ともおぼえぬ説なり　其佐々上《ノ》ハ倭姫命世記に、速河彦《ハヤカハヒコ》詣相《マヰアヒキ》支、汝《イマシガ》國名何《クニノナハイカニト》問給《トヒタマヘバ》白久《マヲサク》、畔廣之《アビロノ》狹田國止《サダノクニト》白天《マヲシテ》佐々上《サヽカミノ》神田《ミトシロ》進《タテマツリキ》支、其處《ソコニ》速河《ハヤカハノ》狹田社《サダノヤシロ》定給《サダメタマヒキ》支とある是なり

むく《椋》のみ《實》のみやう《明》じむ《神》

外宮《ノ》末社拾にも出たり、其《ソレ》と同社ならむか、猶考ふべし、一本にハむくの明神とあり、誤か

りくう《離宮》のうぢがみ《氏神》

外宮《ノ》末社拾に出たると同社なり

たのひの《田邊》うぢがみ《氏神》

たのひの田邊《ハタノヘ》なり へ‖をひに通ハし、云ことハ例多し 此社ハ倭姫命世記に、天見通命《ノ》社《ノ》定《ヲサダム》田邊《タノヘノ》氏神《ウヂガミノ》社是也《ナリ》、神祇本源に、田邊《ノ》氏社、荒木田氏《ノ》神社、天御中主二十世孫《ノ》天見通命《ノ》是也、年中行事 四月初申日氏神參條 に、彼社《ノ》頭參《ニル》、但件《シノ》社兩所《ハ》也《ナリ》、荒木田氏二門田邊《ハ》本社《ノ》參《ニリテ》祭《リ》、同一門《ハヲ》小社《ゴソユ》湯田《タノ》野社《、ヤシロ》參《リテ》祭《ルナリ》也とある是にて、田邊《タノヘノ》鄕田邊《タノヘ》村にあり 氏神社と云

をごその《小社》うぢがみ《氏神》

此社ハ年中行事に、所謂《イハユル》 上に引く 小社《ヲゴソユ》湯田野《タノ、》社是なり、其社地今詳ならず 上に引く年中行事氏神參ノ條に、但當時宇治鄕岩井田山勸請と見えたれバ、其後舊地を失ひしと見ゆ、此を杉木氏ノ考に、湯田鄕小社村なる小社神社なるべしと云れたるハ違へり、小社神社ハ儀式帳に大水上兒高水上命と見えて、荒木田氏祖神、にハあらざるをや 二見神樂歌にも此田邊《タノヘ》・小社《ヲゴソ》兩所の氏神見えたり 又たのひの社・をごその社ハ此兩所の氏神の前に別に載たり

はやかはのやつゐるくゞひもろともにはねをそろへてご《速河八居鵠諸共羽揃御》

ぜむへまゐる《前參》

速河《ハヤカハ》ハ下に云べし、のもじハ鵠《クヾヒ》へ係《カヽ》れる辭なり、鵠《クヾヒ》ハ和名抄に、野王按《ニ》、鵠《ハ》大鳥也《ナリ》、漢語抄云《ニ》、古布《コフ》、日本紀私記云《ニ》、久々比《クヾヒ》とあり、神樂歌に、湊田《ミナトダ》に鵠《クヾヒ》やつ居《ヲ》りと《取》ろち《鞴》な《無》や云々、夫木集に、湊田の苅田《カリタ》の面《オモ》に雪降《フ》れバ八《ヤツ》に限《カギ》らて居《ヰ》る鵠《クヾヒ》かなとあり 萬葉四に、早河之、湍爾居鳥之云々 結句へ‖もじ 寛永本也 一本にハ‖にとあり、二見神樂歌 外宮大宮ノ段 に、宮河のあなたこなたにあそぶ鶴宮《ミや》へぞまゐるはねをそうへて

はやかはのだいみやうじむ《速河大明神》

此社ハ湯田鄕《ノ》佐田《サタ》村 田丸の東入口 なる狹田國生《サタクナリノ》社、俗に波《ハ》伊古《イコ》社と云 波伊古ハ古說に、速川比古の轉訛なるべしと云り 是なり、倭姫命世記に、速河彦詣相支《ハヤカハヒコマヰアヒキ》云々、其處《ソコニ》速河《ハヤカハノ》狹田社《サダノヤシロ》定給《サダメタマヒキ》支、儀式帳 官帳社二十五社處內 に、狹田神社《ノ》一處、稱㆓須麻留女《スマルメノ》神《カミノミコ》兒速川比古《ハヤカハヒコ》・速川比女《ハヤカハヒメ》・山末《ヤマスヱノミ》御玉《タマミ》三柱《バシラ》㆒、形《トミカタ》無《ナシ》と見え、社記・神名祕書等に在㆓湯田鄕《ノ》佐田村《ニ》㆒とあり、

さて速河《ハヤカハ》とハ狹田國生社《ノ》の東なる河を云るなるべし、今ハ速河と云べき狀《サマ》なる河にハあらねど、上古ハ瀧ぢ流るゝ速河《ハヤカハ》にやありけむ、速河彥・速河姬と申すも其速河の邊を主領《ウシハキ》ませる神なる故の御名とハ聞えたり、天文本又一本には大明神の大‖の字なし

みや《宮》こ《子》にお《御》はしま《座》すなゝ《楢》はら《原》やしろ《社》

諸本多く七《ナヽ》はら‖、また七原《ナヽハラ》‖などあれど、皆ならはら‖の誤なり、二見神樂歌に、ミやこにハ七《ナヽ》はら社とあるも同じ誤なり、此社ハ儀式帳 官帳社二十五處內 に、楢原《ナラハラノ》神社一處、稱《ス》二大水上《オホミカミノ》兒《ミコ》那良原比女命《ナラハラヒメノ》一《ト》、形《ミカタ》石坐《ニス》と見え、社記・神名祕書等に在二城田鄕《キタノ》宮子村《ミヤコ》一《ニ》とあり

す《須》は《麻》ら《留》め《賣》やしろ《社》

此《コ》ハ杉木氏《ノ》考に、須麻留賣《スマルメノ》社なるべしと云れたるが如し ‖まとはと音通ひ、るとらと音通ふを思ふべし‖ 此社《ノ》ハ御鎭座本紀に、須麻留賣《ノ》神、今號《マヲス》二須麻留賣社《ノト》一是也《ナリ》、大神宮式 社十二處條 に須《ス》

（下）速川比古・速川比女ハ須麻留女神ノ御子ナル故コヽニ其社號ヲ出シテ白スナルヘシ

（上）楢原をならはらと云るハ訛なから、古くよりのこと、見えて、神鳳抄にも奈々原神田とあり

（上）すはらめハ棒原女ニテ、田邊鄕田邊村ナル棒原社ノ事ニテハナキカ、此社ハ天須婆留女命ノ御玉ニ坐ス、鳥ヲト、水ヲミ、沼ヲヌナト云フ例ニヨレハ、棒ヲストモイフヘキ也

麻漏賣社《マロメノ》、神祇本源外宮別宮篇 造宮使造替六社及御竈木帳四十七前神社條 に須麻留賣《スマルメ》と見えて、御絲鄕《ノ》垣內田村なる今俗に粒形《ツボカタ》社と稱す是《マヲ》なり、さて此《コ》ハ外宮附の社なるを此所《コヽ》に擧《アゲ》たるハ便宜に依《ヨリ》てにやあらむ、二見神樂歌に歌にハすはらミ社とあり

はや《速》か《河》はのだい《大》みやう《明》じむ《神》

上に此號《ノ》出《イデ》たれバ此所《ココ》なるは衍《アヤマリ》ならむか

と《外》にはろく《六》しよ《所》ぞお《御》はしま《座》すうち《內》にはしち《七》しよ《所》ぞお《御》はしま《坐》すしだい《次第》とうじのミや《宮》ミや《宮》にあまねく《普》あそび《遊》をまゐら《進》するあなうれし《嬉》あなよろこばし《悅》かくあらば《如此在》とはずがたり《不問語》をわれ《我》ぞする《爲》

外に‖ハ六所ぞおはしますとあるより下の詞等《ドモ》のことハ、外宮《ノ》末社拾《ノ》段に云り、又とはずがたりをのをもじをは‖ともや‖寛永本 とも書《カ》き、われぞするのすもじをしと書《カケ》る本あること、是又外宮《ノ》末社拾段に云が如し

○二見神樂歌なる末社拾をバ參考のために左に記す
末社ひろひ、しまの國、ちくりのうらに、おはします、あくし、あかさき、あくし大ぼさつの御前にハ、まうなるふねぞうかみけり、ともにハあかざきのりたまふ、へにハ大ぼさつのりたまふ、あくし九所、ちくり七所、ちくりのうらの、もしほぐさ、ミやこへなびけ、われもなびかん、うのみこハ、いづくかすミか、しほのうへ、ちくりのうらの、わか松のえだ、あくし九所、ちくり七所、かぶらこに、うけびきするハ、たれやらん、うちとの御前の、おもふうけびき、かぶらこの、ちひろのそこの、かひのミを、たれくひそめて、ごぜへまゐらん、かぶらこの、ときにたつる、ひめこまつ、三本たてりハ、ちよのよをへん、かぶらこの大明神に、ちよのあそびを、まゐらする、くざきのしまに、おはします、白ひげのせう、つるぎの御前、つゞみの御前、たと中山、神じま、なうしけのミやうじん、ゆふだすき、かけたまはりて、ちよのよをへん、かミじまに、なうしけの御前、こうぞうぼさつ、べんざいてん、ミふね六所に、千代のあそびを、まゐらする、九十九疋のあらこま御前、四郎の御前に、千代のあそびを、まゐらする、をうさき御前、おほつくミ、こつくミの御前、たうしとうなし、うきしま、こりやう御前に、ちよのあそびを、まゐらする、ほめきこしめせ、玉のほんてん、あはらけハ、七嶋とハ、まうせども、その中に、けなしともにハ、やしまなるらん、あはらけ八所の大明神、いけのうらの大明神、かたかみに土の御前、こづ天王、かうざきの、とミねに立る、ひめこ松、三本たてりハ、千代のたのしに、かうざきのやしろ、とほるしま、くゞるしま、はらひしま、えにハ白山ちんじう、松下やしろ、まきゐの明神、立石の三宮《三狐イ》神、おき神《玉イ》の御前、かたゞ三所の御前にハ、とちくりはやしぞ、おもしろき、夏ハれいしのせミのこゑ、秋ハ金《コガネ》のてふあそび、かたゝ三所、かづきの御前、いせのうみ、ミてどもしほの、あまらぬは、二見がうらの、ミしほなるらん、ミしほどのやしろ、をうそねやしろ、たかまつやしろ、こづてんの、なべかへ《いイ》やしろ、たちばなやしろ、かめが森、やとりかさき、こうつめ、山田やしろ、かのみにハ、大森、小森、田中の明神、たにのうは水、たにのした水、かゞミの宮、大あさくま、小あさくま、所のミやしろ、あらさい社、かめ社、上の社、尾崎社、きれいはなれ、いなふ社、ミたな社、ゆうをゝ社、かゞみ社、うへつなが、したつなが、かやもと社、くま《もイ》つ社、いしとやしろ、おくの花その、くちの花その、いなつきの社、すのゝもり、わかゝら社、ミせ社、ミかまの大明神、すやま社、白川社、すハらミ社、こむらの大ほ天王、ミやこにハ七はら社、かへいのミ社、たのひの社、をごその社、たのひのうぢ神、をごそのうぢ神、總てハ八十末社のやしろに、おちず、あぶれずちよのあそびを、まゐらする、ほめきこしめせ、たまのほんてん

（奥書）大正十年三月、近藤勇助氏藏本複寫

増補大神宮叢書 23
神宮近世奉賽拾要 前篇
平成二十七年(二〇一五)三月三十日 第一刷發行
藏版者 神宮司廳
發行者 吉川道郎
發行所 株式會社 吉川弘文館
郵便番號一一三—〇〇三三
東京都文京區本郷七丁目二番八號
電話〇三—三八一三—九一五一(代表)
振替口座〇〇一〇〇—五—二四四
http://www.yoshikawa-k.co.jp/
印刷＝株式會社 平文社
製本＝誠製本株式會社

© Jingūshichō 2015 Printed in Japan
ISBN978-4-642-00403-9

JCOPY 〈(社)出版者著作権管理機構 委託出版物〉
本書の無断複写は著作権法上での例外を除き禁じられています．複写される場合は，そのつど事前に，(社)出版者著作権管理機構(電話 03-3513-6969，FAX 03-3513-6979，e-mail : info@jcopy.or.jp)の許諾を得てください．